[MIRROR]
理想国译丛
068

想象另一种可能

理
想
国
imaginist

理想国译丛序

"如果没有翻译,"批评家乔治·斯坦纳(George Steiner)曾写道,"我们无异于住在彼此沉默、言语不通的省份。"而作家安东尼·伯吉斯(Anthony Burgess)回应说:"翻译不仅仅是言词之事,它让整个文化变得可以理解。"

这两句话或许比任何复杂的阐述都更清晰地定义了理想国译丛的初衷。

自从严复与林琴南缔造中国近代翻译传统以来,译介就被两种趋势支配。

它是开放的,中国必须向外部学习;它又有某种封闭性,被一种强烈的功利主义所影响。严复期望赫伯特·斯宾塞、孟德斯鸠的思想能帮助中国获得富强之道,林琴南则希望茶花女的故事能改变国人的情感世界。他人的思想与故事,必须以我们期待的视角来呈现。

在很大程度上,这套译丛仍延续着这个传统。此刻的中国与一个世纪前不同,但她仍面临诸多崭新的挑战。我们迫切需要他人的经验来帮助我们应对难题,保持思想的开放性是面对复杂与高速变化的时代的唯一方案。但更重要的是,我们希望保持一种非功利的兴趣:对世界的丰富性、复杂性本身充满兴趣,真诚地渴望理解他人的经验。

理想国译丛主编

梁文道　刘瑜　熊培云　许知远

[美] 乔纳森·利维 著　鲁伊 译

美国资本主义时代

JONATHAN LEVY

AGES OF AMERICAN CAPITALISM:
A HISTORY OF THE UNITED STATES

北京日报出版社

AGES OF AMERICAN CAPITALISM
by Jonathan Levy
Copyright © 2021 by Jonathan Levy
Simplified Chinese translation © 2024 by Beijing Imaginist Time Culture Co., Ltd.
All rights reserved.

地图审图号：GS（2023）3681号

北京版权保护中心外国图书合同登记号：01-2024-1428

图书在版编目（CIP）数据

美国资本主义时代 /（美）乔纳森·利维著；鲁伊译. — 北京：北京日报出版社，2024.9（2024.11重印）
ISBN 978-7-5477-4835-0

Ⅰ. ①美… Ⅱ. ①乔… ②鲁… Ⅲ. ①经济史－研究－美国 Ⅳ. ①F171.29

中国国家版本馆CIP数据核字（2023）第254265号

责任编辑：姜程程
特约编辑：黄旭东
装帧设计：陆智昌
内文制作：陈基胜

出版发行：	北京日报出版社
地　　址：	北京市东城区东单三条8-16号东方广场东配楼四层
邮　　编：	100005
电　　话：	发行部：（010）65255876
	总编室：（010）65252135
印　　刷：	山东临沂新华印刷物流集团有限责任公司
经　　销：	各地新华书店
版　　次：	2024年9月第1版
	2024年11月第2次印刷
开　　本：	635毫米×965毫米　1/16
印　　张：	74
字　　数：	965千字
定　　价：	189.00元

版权所有，侵权必究，未经许可，不得转载

如发现印装质量问题，影响阅读，请与印刷厂联系调换：0539-2925659

目 录

序　言...001

第一卷　商业时代（1660—1860）

前　言　商业...025
第一章　重商主义...032
第二章　有机经济、家户经济...............................069
第三章　共和主义政治经济学...............................101
第四章　资本主义与民主政治...............................137
第五章　信心博弈...177
第六章　在奴隶制与自由之间...............................208

第二卷　资本时代（1860—1932）

前　言　资本...255
第七章　南北战争与资本重建...............................261
第八章　工业化...303
第九章　阶级战争与家庭生活...............................340
第十章　民粹主义造反运动.................................387
第十一章　福特主义.......................................422

第十二章　大萧条..............461

第三卷　控制时代（1932—1980）

前　言　控制..............505
第十三章　新政资本主义..............512
第十四章　新世界霸主..............561
第十五章　战后转折..............594
第十六章　消费主义..............625
第十七章　黄金时代的考验..............662
第十八章　工业资本危机..............696

第四卷　混乱时代（1980—　）

前　言　混乱..............747
第十九章　市场魔术..............756
第二十章　新经济..............803
第二十一章　大缓和..............849
第二十二章　大衰退..............888

后　记..............927
致　谢..............939
图片出处..............943
图表出处..............949
关于文献来源的说明..............955
注　释..............957
索　引..............1095

序 言

任何一个历史学家都会告诉你，溯本求源是个非常棘手的问题。一个开端，通常只不过揭示了另一个开端的存在。不过，撰写这本书的由头，我还是大致知道的。

十多年以前，我正走在新泽西的普林斯顿城里。时间是2008年的9月15日，星期一。第二天，我要去一趟纽约城，跟我一个在华尔街工作的朋友共进午餐。

但我收到了来自这位朋友的一条短信，显然，鉴于当时正在发生的事情，他没办法在周二赴约了。发生了什么事情？我之前并没有关注新闻。一个月前，我刚来到普林斯顿大学，当时的我，是个正拼命赶着完成博士论文的新晋助理教授。刚刚被录用的我，实在是够幸运的。很快，学术就业市场也将崩溃。专注于完成论文，从而保住工作的我，并没有意识到，我所选择的这一学术课题——资本主义——当时正在以最蔚为壮观的方式从内部垮掉。因为，就在2008年9月15日星期一那天，纽约投资银行雷曼兄弟（Lehman Brothers）宣布破产。惊恐万状的银行家们几乎全面停止了相互交易。陷入停顿的全球金融体系濒临垮台。美国财政部部长汉克·保尔森（Hank Paulson）对着办公室里的一只垃圾桶干呕不已。大衰退（The Great Recession）就此开始了。

我完成了我的学术论文。2009年春天，发生了一系列银行"压力测试"，恐慌最终平息了。我为一群热情洋溢的本科生开设了一门美国资本主义史的课程。授课内容到第二次世界大战之后不久便告终止，而这是当时现存历史文献所触及的最近节点。这时候，他们很不满意。这些学生想要知道故事的全貌，想要知道所有一切是如何拼在一起的。我也想知道。

自那时起，我出版了自己的第一本书，一部关于19世纪风险与金融的史学著作。我还在讲授着这门课，只不过最后是在芝加哥大学，我在那里拿到了博士学位，目前也受雇于这所学校。每一次讲授这门课的时候，课程内容的终点都会朝着当下移近一些，而2008年则相应地变远一点。我试着去捕获故事的全貌，搞清楚所有一切是如何拼在一起的。于是，我写下了这本书。然后，就在我2020年完成书稿之时，经济再一次急转直下。

撰写这本书的过程，如同接受一次教育。自从2008年以来，在我所接触到的各个学术圈中，"资本主义新历史"的说法此起彼伏。不管我喜不喜欢这个标签，我都被当成其践行者之一。尽管这一新的学术著述领域多有精彩之处，在我看来，其中却欠缺了与经济学的联系。为了撰写这本书，我学习和借鉴了20世纪的一个经济学思想传统，约翰·梅纳德·凯恩斯（John Maynard Keynes）、索尔斯坦·凡勃伦（Thorstein Veblen）、约瑟夫·熊彼特（Joseph Schumpeter）、约翰·希克斯（John Hicks）、尼古拉斯·卡尔多（Nicholas Kaldor）和阿尔伯特·赫希曼（Albert Hirschman）这样的思想家令其得以延续。我还从20世纪以前的那些所谓古典政治经济学家那里汲取了灵感，他们中的许多人不仅与亚当·斯密（Adam

Smith）彼此唱和，而且也与卡尔·马克思（Karl Marx）桴鼓相应。在向这些作家学习的过程中，我逐步建立了这本书所使用的经济学框架。

这些人全都死了，而且几乎全都死了很长一段时间。为什么还要回到这些在世时声名显赫，但毕竟离世已久、想法也久已过时的人那里呢？毕竟，在那之后的这么多年里，在知识上，经济学已经取得了长足进步。但这种进步一直是朝着一个特定方向的，它穿凿出的这条求索之径，要比经济学家们一度自行开辟而成的那条道路窄得多。今天的主流经济学，遵循着一条数学上极尽严谨的小径，但正是因为这一优点，它却未能给有关经济生活的其他解释——其中包括历史解释——留下多少余地。我试图在这项历史研究中，为经济学留出一个空间。那包括了当代经济学及其分支学科"经济史"，该部分学术著作至关重要，如果没有它们，这本书根本不可能被写出来。但我也想为经济学中的历史分析以及针对"何为经济"的一种更广阔的视野争取一席之地。经济学思想中的某些如今处于休眠状态的传统，一度主张过这一立场。为了复苏它们，我试着重新凿开一条更宽阔的路径，从而为纳入从政治学到社会、从环境到心理学的诸多学科开辟空间。这些学科曾经被普遍视为对于理解我们所处其中的经济有着重要意义，但今时今日却已不复如此。我坚信，这些学科和许多其他学科如今仍有重要意义。将它们一一纳入的必要性，是我写出这样一本大部头的借口。

因此，在经济史之外，这本书还可以被当成一部单卷本的美国历史。它是一部美国经济生活的编年史，始于17世纪英国殖民者定居北美，延续至大衰退时期。这本书被分成了美国资本主义的四个时代：第一卷，商业时代（1660—1860年）；第二卷，资本时代（1860—1932年）；第三卷，控制时代（1932—1980年）；第四卷，混乱时代（1980年至今）。

因为美国经常被恰如其分地视为资本主义社会之典范,一个经济学视角的确能为了解其历史提供独特的借力点。一部美国经济史必须包括许多内容:人口趋势、贸易模式、增长率、能源体系、激励措施和生产力指标。但它也必须包括托马斯·杰斐逊（Thomas Jefferson）对英国人的鄙视,亨利·戴维·梭罗（Henry David Thoreau）对商业的道德批判以及赫尔曼·梅尔维尔（Herman Melville）的回应,林肯（Abraham Lincoln）政府的腐败,劳工暴力运动,富兰克林·德拉诺·罗斯福（Franklin Delano Roosevelt）的笑话,白人至上的积习难改,20世纪的购物中心建筑,第二波女性主义者对婚姻的批判,诸多股票市场投机行为的随心所欲,罗纳德·里根（Ronald Reagan）关于市场的乐观主义,贝拉克·奥巴马（Barack Obama）对于银行家的爱恨交加。诸如此类的更多内容,将在后面的篇幅中一一谈及。

1. 资本主义的一个定义

对于历史学家而言,罪莫大于误植年代颠倒历史,也就是说,过度地透过当下的滤镜解读过去。尽管对这一危险心知肚明,我还是要坦白承认,我所写的是一本"立足当下"的书,它始终着眼于我们正身处其中的和即将到来的那些非凡的经济时代——只不过借鉴了发生在过去的那些事情。在进入正文之前,我想扼要介绍一下作为本书纲要的经济学愿景,其核心概念和主题,以及贯穿其中的关于资本主义及其美国历史的三个首要论点。

或许我们应当先从"资本主义"这个术语开始。这个词已经被众口交传了一个多世纪,但它一直缺乏一致认可和精确定义,而这引起了许多争议。出于这一原因,一些学者选择对它弃而不用。

就我对资本主义的理解而言,居于核心地位的自然而然是资本。

在我看来，正是资本相对于此种形式的经济生活的核心地位，令使用资本主义这一术语兼具必要性和启迪性。在后面的篇幅中，资本被当成了理解经济和经济变化的框架，而不是学者们经常用来阐述以往经济现象的任何其他指导性框架，比如市场、增长、经济理性和工业化或其他别的东西。

在学术界，关于资本这个词的含义的争论，其棘手难缠不亚于关于资本主义的争论。我已经在其他地方发表过关于这一话题的文章，因此就无须在这里过多停留了。[1] 但在工业革命之后，许多经济学思想家开始将资本定义为一个具体的"生产要素"。按照这种观点，资本是一种单一的物质"原料"。最后，许多20世纪的经济学家将资本与另外一种生产性投入——"劳动力"——一道，塞进了"生产函数"。经济学家对待资本的方式，在这些年里变得日益精密复杂，但将资本当成一个生产的具体要素的概念，却一直延续下来。

而这是一个过于狭隘、限制过多的资本定义。本书的第一个论点便是——

论点一：与其说资本是一个具体的生产要素，一样东西，毋宁说它是一个过程。确切地讲，资本是一个合法资产依照其产生未来金钱利润的能力而被赋予金钱价值的过程。

资本首先是一个金钱投资的对象。只有这样，它才会成为一种生产工具，假如它确实是一种生产工具的话。作为一个投资对象的资本，是一种合法的财产形式。一个资本化的对象是与众不同的，因为它有能力产生高出其创造、购买和维护成本的未来金钱收益——因此也就成了某种形式的资本"资产"。[2]

资本不是一个具有某种内在价值的惰性事物。在历史事件的洪流中，资本投资的价值总是不确定的。协调一致的人类能动主体必须令某个对象资本化，或是向其注入金钱价值。[3] 通过投资和减资，他们创造资产也毁灭资产。在美国历史上,资本化已经以这种方式将各种各样的实体转化为资产:土地、被奴役的黑人、工厂、房地产或金融债券,而这些只是最突出的几种形式。在一个资本主义经济中,经济生活普遍围绕着对未来的习惯性预期而加速运行,按照这种预期,资本资产将为它们的拥有者带来高出其成本的金钱回报。

在这种情况下,资本和资本主义并不是完全由其与生产或市场交换的关系来定义的。我的观点是,作为第一原动力的投资,是观察资本主义运作的最佳视角。没有投资,根本就不可能有生成财富的劳动力和生产、商品的市场交换以及作为经济生活之终极关键的消费。

与这种主要聚焦于投资的观点相关,这种对资本的定义,有着数个关键维度。它们是:货币、信贷和金融的重要性;各种预期的至关重要的作用;对拥有稀缺价值的资本资产的需求;资本与收入之间的区别。

首先,我们的定义将货币、信贷和金融视作资本的不可或缺的基本组成部分。在主流经济学中,在有关商品生产、交换和消费的"实体经济"与货币、信贷和金融这些不太看得见摸得着、不太具象的领域之间,通常存在着一道界限。[4]在这种"实体"的伪装下,资本再一次以某种生产要素——比如说,一座工厂——的形式出现,它随后在生产中被消耗殆尽,生成了财富和金钱收入。这种活动定义了工业革命,一个位于本书叙述核心的划时代事件。但生产要素只是资本可能采取的一种形式。某个金融资产——比如说,一只股票或是债券——很可能会在不同市场中轻而易举地显著增值,从而为其拥有者产生货币收入。正如凯恩斯曾经指出的,"与其说资本是生产性的,还不如说,在资本的生命周期中,其产出超过了它的原始成本"。[5]资本是一个估值过程,在其中,资产被期待会产生未来的金钱利润。这个过程可能有赖于劳动力和财富生产。但是,通过不把资本限制性地定义为一种生产要素，我们当下的这个资本定义，便宽泛得足以容下作为资本主义经济之关键传动部件的货币、信贷和金融了。

其次，我们对资本的定义强调了预期的作用。[6] 令资产成为资本资产的，乃是附加于其上的预期产出。如果资本仅仅被当成一种有形之物，那么按照这种定义，其起源必须来自过去。它必须代表一种过去的积累，而且经常是以积蓄的形式。与之相反，在我们的定义中，不仅过去与现在之间存在着重要关系，未来与现在之间，也存在着这种重要关系。正如美国经济学家欧文·费雪（Irving Fisher）很久以前在《资本和收入的性质》（*The Nature of Capital and Income*，1906）中阐述的，对于资本资产，"当把各种价值考虑在内时，因果关系并非从现在到未来的一种关系，而是从未来到现在的一种关系"。[7] 在资本主义时代，除了过去留下来的遗产，对未来的各种预期——它们不同于过去，永远都是一桩不确定的生意——在相当大的程度上决定了经济现状。例如，构成信贷的，就只是对某个未来预期的信任，而信贷可以像过去积累下来的物质财富——比如农业中，将收获得到的种子保存过冬——一样，为资本投资提供资金。因此，一个资本主义经济中的现在，是由混杂在一起的许多过去的预期和现在的预期所决定的，那些过去的预期仍在通过各种行动进行着自我实现，而现在的预期则将或长或短的未来展望反过来与现在联系在一起。如果预期正常发挥作用，那么个体和集体对未来的心理投射便在资本主义经济中扮演着一个动态的角色。

如果说将资本定义为过程确实足够宽泛的话，它也有一个重要的限制。资本资产必须拥有稀缺价值。对资本资产的合法拥有与控制，并不是免费的，也不是面向所有人的。在一个资本主义经济中，一定不能只有资本。必须要有资本家——资本的拥有者，他们肩负着一项关键的任务，那就是在自己喜欢的时间和地点进行资本投资，由此启动资本主义经济过程。正如凡勃伦所主张的，资本家本质上用资本资产为市场奠定了基石。[8] 又如马克思在凡勃伦之前便强调的，这就是为什么不拥有资本的人必须为资本家工作才得以生存，更不用说发展壮大了。资本的拥有者控制了投资决策。最重要的是，正是投资权，令资本家变得如此大权在握。

存在许多操纵和维持某种资本资产之稀缺价值的方法。比如说，土地可以被圈起来。又比如，法律——尤其是财产法——就一直是一种首当其冲的方法。[9] 以其原始货币形式表现出来的资本稀缺价值，在很大程度上取决于利率。而决定利率的那些东西，则是一件复杂的事。但几个世纪以来，金属货币本位制限制了货币数量，这其中就包括了以利率现行价格的形式表现出来的信贷可得性。而在更晚近一些的年代，中央银行——在美国是联邦储备银行——这样的国家权力机构通过设定利率的办法，掌握了扩大和限制货币及信贷数量的最大权力。在国家重申货币稀缺价值后出现的那些价格上涨期——它们发生在三场战争之后，还有一次出现于和平年代，即以美联储主席保罗·沃尔克（Paul Volcker）命名的1979—1982年的沃尔克利率"冲击"——全都构成了美国资本主义历史上的关键时刻。在其他条件相同的情况下，市面上存在的资本越少，拥有资本的人就能借此获得更多——假如他确实拥有资本的话。

最后，是资本与收入的区别。资本资产的价值与其预期金钱收入相关。但资产必须与其产出区分开来，也即将资本与收入区分开来。这一区别在查考重要经济变迁时非常重要。资本与收入的区别也有助于对美国政治经济演变中的历史沿革进行条分缕析。美利坚合众国的诞生，伴随的是一种锚定于生产性资本在白人男性之中普遍分布的政治经济学——这些生产性资本主要是地产，但也有被奴役的黑人。在工业革命的过程中，私人资本所有权开始较高程度地集中于相对较少的资本家手中。而美国的政治也转向了一个新的焦点，不再朝向资本的分配，而是朝向资本产出的收入的分配。在罗斯福新政（The New Deal）之后，整个20世纪期间以及进入21世纪以来，被我称为"收入政治"的这样东西业已占据主导地位，不管它到底采取的是纷繁复杂的哪种形式：收入所得税、工会集体谈判、非营利性慈善事业或再分配性福利政策。因此，资本与收入的区别为我们提供了一个有利的角度，去理解资本主义制度下政治与经济之间的关系，尤其是当它涉及平等与不平等的问题之时。本书的基本论证之一，就将围绕着"收入政治"和资本政治之间的区别而进行。

2. 关键但并不充分的营利动机

在前一部分，我主张，因为资本基于未来的这一性质，对未来的心理投射在理解资本主义时是至为重要的。如果说将资本仅仅当作某个生产要素是一个常见的误解，那么另外一个误解，就是相信包括资本家在内的所有经济主体的纯粹理性心理。在这里，关于资本家的通常概念是，他们就像大型计算机，总是有足够的驱动力进行资本的理性投资，以追求尽可能高的金钱回报或利润。其结果，便是经济效益。

与之相反，本书主张——

论点二：资本是由对未来金钱利润的追求来定义的。没有资本对金钱收益的习惯性追求，就没有资本主义。但资本家的营利动机从来都不足以驱动经济史，甚至是资本主义史。

不妨将这一论点视为一个聊备一格的经验法则，而不是严格死板的规则。必须承认，这个问题是复杂的。在极端情况下，一直存在着那种病态的例外状况，即资本拥有者只追求资本的最高金钱收益，仅此而已。与此同时，各种资本主义经济拥有对寻求金钱利润的经济主体施加诸多约束性义务的一干手段——例如许多法律合同，尤其是债务。此外，在资本主义经济之中，难道营利不是以一种深层次的结构性方式在发挥作用吗？需求和获取金钱收益的动机，难道不是一直影响着几乎每个人的生活吗？难道我们不是无论如何都要工作，即便干着一份自己不喜欢的活儿？难道我们不是一定要消费吗？所有这一切，难道不都是为了让资本获得收益？感觉上，答案肯定是——是的！

然而，这种聊备一格的假设认定，即便是古往今来最伟大的资本家，也总是纯粹地出于理性动机，不惜一切代价、不顾所有其他考量地追求利润的最大化。但这种假设经不起历史的细察。那种资本主义经济由我们基于内在本性的理性经济推演所支配、一门心思只管赚钱的意识信念，在我们的文化中是如此根深蒂固，难以动摇。但仅凭营利动机，完全不能解释经济中发生的各种情况或这些情况发生的原因。尽管资本施加压力以追求利润，与此同时，它也需要外援。它所获得的帮助以及对其附加强制条件的抵抗，具有决定性的意义。

这在某种程度上是一个悖论。利润预期对经济生活的拉动，定义了资本主义。然而，某个资本主义经济的参与者，必须有动力去追求其目的——利润，而这种动力来自目的以外的其他东西。确切地讲，这些动机并不必然是无私的或值得称赞的，尽管可能的确如此。对于资本主义至关重要的技术创新，经常来自令人敬佩的培育英才之举。大胆的创业冒险也经常值得大加表彰。但奴隶主也曾是具有冒险精神的资本家，时刻盯着盈亏底线，即便他们的动机也包括对种族支配的谋求。或者，在工业化时代,安德鲁·卡内基(Andrew Carnegie) 于 19 世纪 70 年代放弃了作为金融投机者炒买炒卖铁路股票和政府债券这一有利可图的业务，转而成为一名钢铁制造商，获得了更大的利润，但他在回首往事时说，所有这一切只是因为"我想要做点儿看得见摸得着的事儿"，因为当时他开始认为自己的金

序 言

融投机是一种寄生行为。[10] 亨利·福特（Henry Ford）是另一位出色的工业利润制造者，在他的内心深处，始终把自己当成一个勤勉的工匠，尽管是一个拥有异乎寻常之极权主义野心的工匠。福特的至交密友之一曾评价说，"汽车业务"只是"他真正的业务，也就是造人业务"的一个副产品。[11] 我不相信，我的那些来到芝加哥大学这所全球顶尖高校的学生，目的只是为其家庭对他们"人力资本"的投资赢取金钱回报——尽管有大量证据表明，在劳动力市场上，高等教育的金钱回报在近几十年中一直在激增。在大衰退期间，高盛（Goldman Sachs）首席执行官劳埃德·布兰克费恩（Lloyd Blankfein）曾评论道，他的银行正忙于"做着上帝的工作"，他很可能真心相信这一点。[12] 毕竟，自欺欺人是资本主义道德心理学的重大主题之一。与此同时，考虑到气候变化的各种风险，继续对化石燃料进行资本主义式投资从长远来看到底是有利可图的呢，还是最好解释为那些相当不理性且具破坏性的人类动机的外在表现呢？

总而言之，资本对金钱收益的追求，总是会被大量理性和不理性的人类动机变得复杂起来——有时候，这些动机为它赋予能量，有时候，正如我们即将看到的，这些动机也会令它失去活力。尽管确实存在，营利动机却一直以复杂的方式与更大的个体和集体计划纠缠在一起。例如，在我看来，划分美国资本主义之不同时代的，并不是严格的经济变量，而是政治举措：大英帝国 17 世纪 60 年代的重商主义计划，令羽翼未丰的北美殖民地发生了翻天覆地的变化；19 世纪 60 年代反对奴隶制的共和党赢得大选胜利，而南方蓄奴州则宣布脱离联邦；20 世纪 30 年代为了应对大萧条的罗斯福新政；始于 1979 年的沃尔克利率冲击，以及随之而来的罗纳德·里根于 1980 年当选总统。

而且，起作用的不仅仅是资本家。例如，倘若不理解许多家户对土地所有权所赋予的政治独立感和社会自主感的平等主义渴望，便没法理解美利坚合众国成立初期的商业扩张。而如果不理解19世纪男性气质的创业冲动与女性气质的家庭温情这两者之间的道德与心理分化，工业化也难以索解。假如不清楚工会命运——包括它们对不受限制的资本主义牟利行为的抵制——的来龙去脉，20世纪的收入产生与分配更是很难被解释清楚。在消费主义背后的产品淘汰现象，占到了今时今日收入支出的主要部分，而其本质常常不过是对借助购买商品实现个人转变的个体与集体幻想而已。对美国资本主义的任何叙述，都无法绕过"非营利"慈善财富兴起这一话题。如果不讨论这些计划，以及许许多多的此类计划，我们就无法充分理解我们身处其中的这个经济体的运作原理。

简而言之，推动资本主义的，不是任何一个单一驱动力。无论是经济上的理性营利动机，还是别的什么，没有任何一个单独的人性特质可以释放出资本主义的洪荒之力——假如阻挡它的那些障碍被移除了的话。这个问题的核心在于：变化无穷的搭配组合，彼此冲突的诸般动机，以及各种各样的生产压力，杂糅成了形形色色的经济和非经济动机及因素，它们共同令一个资本主义经济体运作起来。

让我们总结一下到目前为止的内容：

资本主义是一种经济，一种生产用于消费之物品的工具手段，开足马力向着实现资本之目的，也即金钱收益而前进。资本不是某种惰性事物、某个生产要素。它是一种合法资产，是某个资本家拥有的财产，形形色色的人和机构向其中注入了某种与预期金钱收益联系在一起的特殊价值。因此，这个财产被资本化了。资本可以被投资于不同的对象或资本形式。投资——而不是生产、交换或消费——才是资本主义经济中的第一原动力，尽管投资与其他这些经济场域之间的关系也必须加以详细考察。

尽管利润是经济制度的目的，个体或群体的理性营利动机却永远都无法独占风光，而且也不足以驱动资本主义。我们必须留意启发和维系了资本过程的许多因素，留意那些反对阻挠这一过程的因素，这些因素解释了包括利润和薪酬在内的金钱收入的产生。这就需要将资本主义经济置于各种各样的历史背景之中。那些假定存在的非经济问题，其关键作用正是有必要撰写一部资本主义史的主要原因之一，这也是为什么，接下来的篇幅将不仅包括图表和统计数据，还将包括政治演说、家庭主妇的日记、诗歌和绘画。

如果说资本是资本主义的核心经济过程，那么，"资本主义"（capitalism）这个词的英文词根"ism"（既可以指"主义""学说"，也表示"行为""行动""结果"），也肯定了许多通常落在狭义上的"经济"视野之外之事物的重要性。焦点必须被扩大，景深应当被增加。资本主义的历史必须是经济史，但也应当不止于此。

3. 经济问题

投资在经济舞台上扮演的关键角色，解释了资本主义作为一个经济制度的那些独特特征。针对这些特征，这本书提出了第三个中心论点。资本主义自出现以来经历了长期的经济发展和增长。经济增长，也即人均生产价值随时间而增长，是资本主义最显著的特征之一，而高增长率长期以来一直将美国经济与其他经济区分开来。但资本主义发展总是会被反复出现的繁荣与萧条周期打断。

在漫长的人类历史中，资本主义直到很晚近才出现。无论某个历史学家将这一登场划定于哪个世纪，其存在都仅代表了时间长河中的一粒沙。在资本主义之前，各个人类社会通常都仅能勉强维持生存。物质财富的拥有者极少将其财富视为资本。没什么能够诱使他们根据盈利预期而围绕投资开展经济活动。在这种意义上，他们缺乏经济学家阿尔伯特·赫希曼所称的那种"投资能力"。[13] 更常见的做法，是把任何盈余财富都囤积起来，而这样做的原因，也只是富人们要通过囤积其社会和政治权力的方法来实现自我投资。至于那些处境最糟糕的人，所期望的不过是不要饿死而已。然而，某些事情随之起了变化。那就是资本主义。财富的拥有者变成了资本的拥有者，他们以多种方式运用自己的权力，试图将其财富投资于谋求未来的金钱利润。资本主义的出现，在一定程度上必须以某种历史偶然性来解释：出现了一种全新的投资能力和投资意愿，由此启动了全新的创造财富的劳动与生产。

但是，资本主义一旦得偿所愿，一种囤积倾向便会一直威胁着再度胜出。

论点三：资本主义的历史，是短期囤积倾向与长期投资能力和投资诱因之间一场永无止息的冲突。这一冲突是解释历史上许多资本主义动态变化的关键，其中就包括了那些长期经济发展与增长的阶段，以及反复出现的繁荣与萧条。

建立于论点二基础上的这个论点，认为长期的有保证的投资并不会凭空发生。在这种投资发生时，其原因必须接受诘问；单纯诉诸超越历史的经济理性是行不通的。在这里，假定存在的非经济因素至关重要。例如，17 世纪的新英格兰清教徒相信，商业利润证明了他们的灵魂得救，因此，他们才会投资商业。这样的原因可谓数不尽数。但囤积倾向仍会战胜投资能力和投资诱因。这在过去发生了很多次。在当前的这个时代，它又再度发生。

论点三的主旨，是凯恩斯在大萧条期间首次提出的，虽然只是一带而过。在《就业、利息和货币通论》（*The General Theory of Employment, Interest, and Money*，1936）结尾的一段文字中，凯恩斯设想：

> 在整个人类历史中，储蓄倾向大于投资诱因是一个积习难改的长期趋势。任何时候，投资诱因的软弱无力都是解释经济问题的关键。[14]

一个欣欣向荣的资本主义经济——在其中，投资总是流向效率最高、最有利可图的用武之地——并非一种自然状态。凯恩斯认为，长期投资的诱因软弱无力，是因为资本拥有者的短期"流动性偏好"通常都要更强大。[15]

流动性是一个抽象概念，而且可能正因如此才令人心生畏惧。它是本书的核心主题，因此，需要加以定义和解释。[16]流动性是包括资本资产这一子集在内的商品的一个相对特性。一种流动资产首先是一种可以不受时间影响而保持其价值的资产。[17]对于它的拥有者来说，它相当于一个安全的价值栈房，一个财富仓库，一个远离焦虑不安的风平浪静之所。在大部分历史时间里，货币都是像黄金这样的硬金属，因为不会出现物理损耗，其价值一直能保持稳定。当货币可以保持不受时间影响的稳定价值时，它便因此获得了流动性的一个属性。

但定义流动性的，还有第二个属性。货币在通常情况下是一种流动性相对较高的资产——在运行良好的资本主义经济中，是流动性最高的资产——其原因在于永远存在现成的买家。确切地说，货币的一个功能，就是作为一种交易手段；货币可以很容易地被交易。[18]因此，在各个资本主义经济中，货币也是一种投机手段，也即为了追求短期金钱收益在资本与资产之间快速出入转换。因此，一种流动资产不仅为其拥有者提供了一个以策万全的风平浪静之所，还提供了一种有力的投机——也即快速投资和撤资——之手段。例如，今天的股票市场便是围绕着流动性原则而组织起来的，而这一原则认定，对于每一种资产，应当都一直存在一个愿意出价的买家。

　　流动性的这两个属性，产生了一个矛盾。令某种资产具有流动性的一个特征——它随时可以被交易的这个事实——也可以是它成为不受时间影响的保值手段的一个原因。当资产被囤积起来时，流动保值手段令下一次投机性出击成为可能，但也可能导致全面撤出经济活动，或是出于审慎储备财富。如果说以信贷形式出现的货币能够加速供给侧的经济活动的话，囤积起来——没有以作用于投资或消费的购买力形式花出去——的货币，就只会大挖需求墙脚，令经济跛足不前，无法实现其生产潜力。

　　在这一点上，有必要进一步区分流动性的差异，从而深入把握眼前的这个矛盾。我将要称之为"交易性"流动性的这一概念，针对的是流动性的一个基本层面，也即市场上现成存在的商品买家。接下来的第二种流动性，我将以"投机性"流动性相称，因为流动性令快速买进卖出多种资本资产以谋求短期投机收益成为可能，尽管这种可能性并未被实现。最后，还存在一种对"预防性"流动性的偏好：财富的拥有者选择将不受时间影响的价值储存起来，寻求安全感的心理回报，甚至可能以金钱利润为代价。投机行为和预防行为看似彼此对立。前者活跃有力、主动出击，而后者神经兮兮、尸居余气。但当资本以流动形式被囤积起来时，两者都是可行的选择方案，而且两者都以不同形式表现出了与长期投资诱因相对立的短期囤积倾向。

　　事实上，这一链条的最后一环，涉及以各种面目出现的流动性与长期投资之间的关系。货币可以作为一种交易手段和一个财富仓库。但是，货币本身并不会产生任何东西。如果货币是通常意义上最具流动性的商品，那么，购买相对非流动性的生产要素——将货币作为一种长期投资的手段——便会为朝向创造财富的实业与生产的巨大飞跃做好准备。例如，在工业革命期间，资本所有者们放弃了流动性，投资了许多大规模的工厂。这些资产是非流动性的。工业革命在某种程度上需要一种所谓的"非流动性偏好"。很难去为亨利·福特位于底特律城外的里弗鲁日工厂（River Rouge factory）*定价，更不用说将其出售了。这些工厂还会在使用过程中发生物理损耗，逐渐贬值并失去金钱价值。然而，它却担起了经济生产力之划时代跃进的使命。不过，作为一个主要的投机行为批评者，福特是资本主义的罕见异类。

在美国资本主义历史进程中，对创造财富之生产的投资，通常都是借助投机性投资热潮而实现的。信心为这些热潮提供情绪上的燃料，而货币信贷提供的是经济上的燃料。例如，19世纪30年代的投机性投资热潮，导致了土地和奴隶的资本化，以及深入密西比河谷的商业空间扩张。它为更大规模的经济生产提供了动力。相比之下，20世纪80年代的投机性投资热潮，其投机性则要大得多。它并没有在很大程度上推动更大规模的经济生产，尽管的确在金融服务行业及相关行业中催生了新的就业形式。[19] 短期投机行为有可能本身就成为一种目的，只不过是以货币形式转动资本的陀螺而已。

与此同时，资本的流动性也令急刹车、大逆转和走老路成为可能。如果对未来的信心崩溃了，长期投资也会随之崩盘。在金融恐慌中，焦虑不安的行动者尤其担心长期投资的风险。一度近在眼前的未来变得渺茫起来。预防性囤积削弱了需求，并借助该渠道进一步削弱供应，从而损害经济活动，导致衰退。例如，在1837年和1839年接踵而来的两次金融恐慌之后，信贷紧缩，经济发展减速。它在罗斯福新政后的控制时代得到了抑制，但那之后，20世纪80年代的投机性投资热潮，宣告了反复出现的资本主义信贷周期及与

---

* 又名 River Rouge Complex。rouge 是"红色"的法文，River Rouge 有胭脂河工厂、红河工厂、鲁日河工厂几种常见中文译名。本书依《世界地名翻译大辞典》，统一译为里弗鲁日工厂。（本书脚注均为译者所加）

之相伴的周期性衰退的卷土重来。

　　流动性与非流动性都是相对特性，它们必须由众多行动者归加到各种资本资产之上。它们不是这些资本资产的基本属性。如果对某种通货的信心崩溃，其价值就会变得不稳定，而它也就不再具有流动性。在几个世纪的美国历史中，被奴役的黑人是具有相对流动性的——在南方资本市场上，他们要比土地更容易被转手，而且是一种被选择的价值仓库。那时，地产本可以相对更具流动性。但关键在于，南方的奴隶经济并没有被其管理者像对待地产那样，从制度上、法律上或心理上加以组织安排。但当时，被奴役的个人也可以是缺乏流动性的。他们是人，在他们的被剥削劳动通过生产为其主人产生利润的过程中，其价值也在随着生命周期不断降低。又或者，在更晚近的时候，作为另一种增值资产的"抵押贷款担保证券"（mortgage-backecl securities，简称 MBSs），在 2007 年以前被众多交易它们的银行巨头视为极具流动性——其流动性几乎可以和现金媲美——直到住房抵押贷款违约率上升，其价值才遭到质疑。突然之间，信心崩溃了，抵押贷款担保证券和几乎所有其他以某种方式与之相关联的资产，全都一下子变得不可交易了，也即不具流动性。这是因为，作为今日全球金融体系存在之先决条件的，正是流动性原则，而它当时几乎崩溃——假如不是美联储介入资本市场、为交易性流动性提供了有力支持的话，很可能会彻底崩溃。要使一个资本主义经济运转起来，某种资产，或另外一种资产，必须要拥有流动性属性。资本主义经济需要一种相对而言最具流动性的资产作为心理锚点。如果不是货币的话，也会是别的什么东西。

　　从流动性偏好的角度查考投资诱因的相对强弱，令我们得以看到一些关于资本投资之方式和目的的决定性原因：随着时间的推移，资本是如何及为何在某些时间被投资到了实业中，但在另外一些时间又并如此。它令这样一部历史成为可能：从供给侧理解把握大规模的长期非流动性投资热潮，以及资本主义躁动不安的生产方式转变。它是劳动史、市场扩张史、技术创新史、白手起家史和增长史，而且无论是否公平合理，它也是一部财富与货币收入史。但它也促成了另一种可能，即理解把握那种发生在包括货币资产和类货币资产在内的不同资产之间的投机性资本兑换，以及那些削弱需求的囤积行为发生的时刻：反复出现的强劲上涨和恐慌下跌的资本主义繁荣与萧条周期。

总而言之，流动性偏好将这本书的三个论点联系在了一起。它为对资本过程中各种相关因素的分析开辟了空间，这些因素驱动了生产，却不能被简化为资本的生产性；资产的流动性令以不理性的形式出现的投机行为和预防行为成为可能，任何一种现行的关于经济过程背后总有一种纯粹出于理性的营利动机在发挥作用的观点，都会被这些行为所瓦解；正是流动性，促成了一次又一次的生产性繁荣和萎靡不振的衰退。它们不是围绕着任何"真实的"市场均衡而产生的振荡。它们都是一部风波迭起、因果相续的资本主义历史的一部分。

在这个总体框架之内，本书的前半部分讲述了美国资本主义崭露头角的故事，其重点放在投资能力的广泛扩张之上，这些投资主要投向了商业、土地和被奴役的黑人。在商品市场不是始终存在的那些经济体中——直到相当晚近的时候，每一个经济体都是如此，其中也包括了早期的美国——交易性流动性的存在是值得怀疑的。在几个世纪的时间里，借助市场机构的缓慢建立，商业的兴起开始意味着更多的交易性流动性——这是一个更大的销售空间，因此也就意味着更多的商业行为。这种情况是如何发生的，又为什么会发生？本书第一卷"商业时代"的绝大部分内容，便是有关这段历史的。本书的第二卷"资本时代"，开始于南北战争和废除奴隶制及奴隶资本之后。在工业革命的高能耗、以化石燃料为动力的"生产要素"

上，是如何涌现出新的长期固定投资的？又为什么会如此？这一卷将对此予以解释。

本书的前半部分，是一个关于长期经济发展的故事。它是一部某些人商业机会不断扩大、另外一些人蒙受支配控制的历史，但不管怎样，这给创造财富的生产带来了诸多非凡成就——首先是通过商业的倍增效应，最后则借助了工业投资的倍增效应。发展将包括人在内的许多资源吸引到一个新兴的资本主义经济中，在其中，经济生活和经济关系拥有了新的形态。在19世纪的某个时刻，就财富生产和货币收入增加这二者而言，美国都成了世界上增长速度最快的经济体。到这个世纪末，它已经成为地球上规模最大、财富最多的国民经济，尽管在资本主义发展的过程中，经济不平等也加剧了。可以说，有史以来，再没有比18世纪和19世纪的美国更超乎寻常的经济发展案例了。这一时期美国的高投资诱因，是一个必须被解释的现象。

但是，伴随着更高的货币收入，削弱投资的投机行为和预防行为之可能性也出现了。一个看似矛盾的现象是，货币收入越高，货币导致削弱投资之流动性偏好的风险也就越大。在20世纪20年代，诞生了以电为动力的福特主义式大量生产，这是世界历史上幅度最大的生产能力飞跃，工业革命由此达到顶峰。然而，加速这一进程的，却是一次大规模的、由信贷推动的投机性投资热潮——20世纪20年代的大牛市，以及随之而来的资本主义历史上最大规模的经济崩溃——20世纪30年代的大萧条。

本书的后半部分，便循着从大萧条到大衰退之间的漫长历史弧线展开。它始于第三卷"控制时代"。在20世纪30年代，新政自由主义试图对资本家加以控制，监管是一方面，吸引私人投资进入提供就业的生产领域也是一个手段。在这样做的过程中，罗斯福新政的各种政策依然是在把收入从资本转向劳动。但如今，一种新的囤积理由出现了，这就是资本家对政治干预自身投资权的反对。在投机性流动性偏好和预防性流动性偏好之外，一种新的流动性偏好形成了——我将称其为"政治性"流动性偏好，因为资本所有者会威胁说，除非其政治诉求得到满足，否则就不会进行长期投资。[20]不管怎样，在第二次世界大战期间，国家终于出手干预，通过对军工生产的公共投资这一财政倍增器，终结了大萧条。美国登上了世界经济霸主的宝座。战后时期见证了私营企业投资在工业领域的蓬勃发展，消费主义的兴起，以及用冷战自由主义稳定美国国内及世界经济形势的尝试。

但冷战自由主义失败了，工业社会也走向消亡。1980年后，一个新的时代开启了，本书第四卷"混乱时代"就审视了这个时代。我认为，从那时起，出现了一种相对转向过程，向着一种由高度投机性流动性偏好来定义的资本主义转变。资本告别了固定的实体结构，变得更加金融化、无形化和杠杆化，变得日益漫游无定。

我将这称为资产价格升值型资本主义，它并没有把新产生的收入之大部分转向劳动收入（薪资），而是转向了资本的拥有者，无论这种资本是那个时代的金融资本、"人力资本"还是"社交资本"。这种资本主义极大程度地加剧了不平等，为其提供动力的，是资本主义信贷周期和投机性投资热潮的回报，而以历史标准而言，这种回报的投机性非常之强。在投机性投资的新模式中，暗伏着再度发生2008年9月——我的那位在华尔街工作的朋友告诉我无法共进午餐之后的那一周——那场恐慌性下跌以及紧随其后的大衰退的可能。2008年之后，同样的动态变化定义了经济复苏，而令人吃惊的是，它表现出了与大衰退之前的经济模式的连续性，直到美国经济在2020年春天经历了一场更令人目眩神迷的崩溃。借助流动资产的这个渠道，投机性的流动性偏好再度为种种恐慌防备之表现和被削弱的经济生产与就业让了路。

就是这样，囤积倾向在我们的时代再度取得胜利。投资在质和量两方面的弱点，是关键的经济问题。如果说这本书打算反对某个在过去几十年中非常突出的观点的话，那便是认为在放任自流的情况下，资本的自由流动将与任何理性或明智设计相符的主张。该观点认为，私人投资将最大化地实现经济潜力，达成理性、优化和公正的商品分配。我反对这种观点。

在全书中，我的某些道德和政治同情将会变得十分明显，但我的首要动机，是秉笔直书，让历史记录说话。有一种看法，相信存在着某种经济机制，只要不加干扰，资本投资模式通过这一机制便能导向最好的结果。历史并没有证实这一看法。在诸多可能的结果之中，一种可能是囤积倾向会最终取胜，加剧不平等现象，令各种经济可能性陷于瘫痪。因为仅有营利动机还不够，一个强烈的投资诱因，必须源自狭义上的经济制度之外的某个地方。历史表明，政治和集体行动，通常就是其来源所在。

无论是好是坏，投资都有可能战胜流动性偏好，而历史记录揭示了关于两者的许多例子。接下来的章节，将会呈现这段历史，让人们看到，在美国资本主义的各个时代中，它是如何发生的，为什么会发生，在何时发生，又伴随着哪些后果。

第一卷

商业时代（1660—1860）

前言

商业

营利动机从来都不足以推动长期的资本主义发展。资本主义要出现，不仅必须克服针对私人投资的那些障碍，还必须有多种诱因。美国资本主义的起源可以在一个特定政治计划的历史中找到，这个计划将各种各样的驱动力集成为一个变化无穷的搭配组合，从而创造出某些新事物。这个计划，便是帝国。

它不是随随便便的某个帝国。美国资本主义首先是17世纪英吉利帝国试图在加勒比海地区和北美大陆的大西洋沿海地区进行殖民的结果。这个计划的执行者，是帝国的政治家、虔诚的基督徒、贵族老爷和绅士资本家——这些身份经常出现在同一个人身上，例如第一代沙夫茨伯里伯爵安东尼·阿什利·库珀（Lord Anthony Ashley Cooper，他是第一章的主角）——而他们受到了诸多原因的推动。无论强弱，商业自利（commercial self-interest）都是其中之一。

不同物品彼此互换，是为商业，其存在之久远已经不复为人记忆。期待获得金钱利润的资本主义商业，则要更为具体且晚近。它的特征，是一种前瞻性的投资，投资于借助贸易而产生收益的行为。早在英国殖民北美之前，资本主义商业曾零星存在于欧洲和全世界许多共同体之中。到了17世纪，英国殖民者带着他们的祈祷书、农场动物和历经海上风浪考验的勇气，将资本主义商业带到了北美。他们遇到了众多土著民族，后者中有许多人也想交易不同物品，但他们对经济生活有着完全不同的概念。

这些英国人及随后大英帝国的努力，促成了第一个北美大陆上的政治-经济解决方案。它花了一些时间发展壮大，却从17世纪晚期一直延续到了美国独立战争爆发。本书第1章"重商主义"的主题便是它。重商主义是帝国主义的一个变种，统治者将对外贸易视作国家财富和权力的一个关键来源，因此是一桩"国家事务"。奉行重商主义的帝国争先恐后地夺取世界贸易的更大份额。从根本上讲，国家与市场——既包括公共市场也包括私人市场——彼此从内部便已相互纠缠混合在一起。因此，在欧洲各大帝国之间角逐大西洋世界市场进入权的背景下，英国北美殖民地的商业，与某个大西洋地缘政治计划完全是密不可分的。

正如一个世纪后亚当·斯密在《国富论》(*An Inquiry into the Nature and Causes of the Wealth of Nations*，1776）中描述的，帝国启动了商业增长的进程。在第一章中介绍的"斯密型增长"，也即商业自利、劳动分工和市场范围的相互作用而产生的积累过程的概念，有助于解释贯穿这一时代的长期商业发展。通过扩展各种市场机构，斯密型增长既依赖更大的交易流动性，同时也创造了更大的交易流动性——例如更大的销售空间以及更多的商品交易。更多的商业活动带来了越来越多的回报。这种所谓的"斯密型商业倍增器"，其作用是为整个共同体生成更多的财富，而不管其分配。

正如在早年间的美洲所呈现出来的，斯密型增长过程的核心，是欧洲人对非洲人及其后裔的奴役。被奴役的人作为生产性资本的可移动形式,可以被强迫转移到他们不想去的地方,从事劳动。尽管斯密本人批判奴隶制度,但从斯密型增长这方面而言,种族奴隶制既增加了市场范围,也增进了大西洋世界的劳动分工。在17、18世纪,一系列来自殖民地、基于奴隶劳动的商品对欧洲的出口量激增,其中就包括糖、烟草和后来的棉花。因此,对帝国荣耀、种族支配和金钱利润的渴望,结合为多股猛烈的牵引力,助长了英国人在美洲投资的动机。

在这个时代,各种商业诱因与对商业的严苛限制并行存在。一方面是主张商业帝国的宗教讨论,但另一方面是对于商业"贪婪"和"自私"的宗教禁制。一方面是商业自利,但另一方面还有对维护社会等级的深层次义务。在一个工业革命前的时代,在化石燃料能源的供应得到大举开发之前,生态环境为财富生产设定了一个硬性的有机标准。在这一背景下,第二章"有机经济、家户经济"介绍了家户(the household)这个美洲经济生活的主要机构,它的支配地位一直延续到了19世纪。

家户以集体形式组织劳动与生产。尽管有些家户拥有奴隶,但土地才是他们的主要财产形式和生产性资本。通常而言,直到这个时代即将结束之时,大多数家户直接消费了他们的大部分产出。但他们也会将多余商品带到商业市场,换取他们无法生产的东西,或许还能增加自己的财富。每个家户通常有一个"户主"(head),这是一个成年男子,身为丈夫、父亲和主人。依附于他的,是他的妻子、孩子、仆人和奴隶。在政治意义上,这个户主是"独立的",他被授予公民身份,可以参与政事,也可管理家务——相当于帝国的一个次级主权(sub-sovereign)。土地所有权在英属北美殖民地的家户中十分普遍。尽管大西洋商业取得了成功,拥有财产的白人男性户主却成了这个时代占支配地位的角色。他们的目光,锁定于北美大陆上的原住民帝国、部落和共同体的土地。

七年战争（1756—1763年）是一场以大英帝国击败法兰西帝国而告终的全球性冲突，北美也牵扯其中，而伦敦的帝国官员认为，殖民地居民没有承担他们所应承担的帝国财政负担。加征给北美商业的帝国税收，以及大英帝国对向西部移民的限制，引发了一场政治危机，最终导致了1776年的美国独立战争。

美国独立战争之后，围绕着独立后的政治经济解决方案，在新成立的共和国中发生了一场政治斗争，而这是第三章"共和主义政治经济学"的主题。生于加勒比海地区的独立战争领袖亚历山大·汉密尔顿（Alexander Hamilton）领导了一个由国家精英构成的政党，他们公共权力和私人权威并用，试图效仿英国的榜样，利用从事银行业务的股份公司和汉密尔顿口中的"金钱资本"的催化力量，触发商业、农业和制造业的长期经济发展。汉密尔顿的许多改革措施都经住了时间的考验。它们催生了一个新的货币、金融和信贷体系，尽管并未能马上通向工业化。最后，共和党人对美国政治经济的一种不同的长期愿景获得了胜利，这便是来自弗吉尼亚州的托马斯·杰斐逊所主张的自由帝国。这一方案令某种财产政治——广泛存在于白人男性户主中的对土地和奴隶的财产所有权——成为美国政治经济的支柱。为了确保这一点，它将焦点放在了对西部农地的殖民之上，而这种殖民是商业性和基于奴隶制的。

在美国独立战争后诞生的美利坚合众国，并不仅仅是一个共和国，它也加入了早期现代帝国的大家庭。在1812年战争结束后，肯塔基州的参议员亨利·克莱（Henry Clay）主导了一次新汉密尔顿主义的立法运动，试图用法律形式确定一个"美国制度"，自上而下地指导全国性的商业发展——这其中包括了全国性交通运输基础设施、工业品关税和一个美国银行（Bank of the United States）。这项运动失败了，被民主党总统安德鲁·杰克逊（Andrew Jackson）所扼杀（本书第四章"资本主义与民主政治"的主题）。民主政治在美国的兴起，助长了一种针对商业活动参与权的广受民众支持、近乎民粹主义的愤怒。一种关于商业机会平等的反精英主义政治就此诞生。那些奉行君主政体的帝国，长久以来通过消弭本地差异的办法统治着它们的殖民地。改头换面之后，这个"剧本"也在自由帝国中被搬演。在杰克逊主义的美国，各州在很大程度上都得以对其经济发展予以政治引导。尽管并非全部，仍有一些州资助了公路和运河等公共基础设施的建设，以求扩大市场进入，而这带来了北美大陆上的斯密型增长。北方各州开展了废奴运动。而因为接踵而至的棉花繁荣以及白人对种族支配的幻想，南方各州也没有将基于奴隶制的商业生产扩散至西部。

在这个商业时代，生产性资本的主要形式是土地和奴隶。但与此同时，反复出现的资本主义信贷周期也初露峥嵘，这个周期由信心、信贷和投机性投资构成，随之而来的是一轮又一轮的恐慌、囤积和商业紧缩。投机性投资的那种自相矛盾的驱动力，催生了创造财富的劳动和企业。但帝国征服和商业扩张的两波全民巨浪，被1819年和1837年的金融危机打断了。第五章"信心博弈"的主题，就是各色人等的不同尝试，从作秀人P.T.巴纳姆（P.T.Barnum），到超验主义者亨利·戴维·梭罗，再到小说家赫尔曼·梅尔维尔，他们尝试从道德层面对商业在日常美国生活中日益重要的地位做出解释。这一章还阐明了几个重要的概念，它们对于理解贯穿各个时代的长期经济发展与反复出现的资本主义信贷周期之间的关系至为重要。

这个自由帝国并不持久，民主政治的兴起开始对它进行分化瓦解。杰克逊的民主党坚持将政治经济划入不同领域，也即解除政府与私人市场活动之间的绑定关系。例如，在杰克逊主义者的"反垄断"政治中，长期以来一直被视为对公共实体和私人实体兼容并蓄、由国家完全出于"公共目的"而特许成立的公司，开始越来越多地依据法律被打上"私有"的标记。商业活动日益被视作有别于政府的私人事务，即便其后果可能还是会受到政治监管。政治事务与经济事务之间的这种紧张的新关系，源于一种彼此有别的外部关系，而不是混为一体的内部关系。这种民主愿景锁定了联邦政府的能力边界，因为担心它或许会将政治"特权"授予精英人士，而不是确保商业机会平等。几乎出于默认，私人商业之间的纽带，被赋予了将一个国家政治联盟捆绑在一起的重任。

仅靠商业本身，并无法胜任这一使命。这是因为，到18世纪40年代时，几个世纪的商业发展已经导致了北方和南方两种泾渭分明的美国资本主义的兴起，而这便是第六章"在奴隶制与自由之间"的主题。在南方，遵循着以往的同一模式，将迎来另一次西部棉花繁荣。与之相反，在北方，更新奇的变革却在加速发生。以"自由劳动"形式出现的向西部殖民，征服了五大湖地区。在1840年前，商业借助密西西比河道系统将"旧西北地区"和"旧东南地区"连接起来，但在那之后，西北部的贸易开始流向东部——在水路之外，还借助了新建成的铁路。在那里，它与一个全新的城市工业社会搭上了关系，在这个社会中，经济投资正在转变为工业革命的生产性资本，而独立是由自我所有权（self-ownership）而不是土地或奴隶所有权来定义的。同样重要的是，北方的道德和情感投资，正在转向那种新式的丈夫赚钱养家、妻子操持家务的家庭模式，它与以往的家庭完全不同。这种丈夫赚钱养家、妻子操持家务的家庭，不仅将私人领域与公共领域分隔开来，也将家庭与工作分隔开来——这是另一种借助彼此对立而非纠缠交织实现的稳定牵引力。

最大的对立，将出现于北方与南方之间。在许多方面，北方资本主义与南方资本主义的差异自1840年之后变得尖锐起来。但并不存在决定性的原因，令这些分歧无法通过政治方式解决。确切地说，统治者在设计早期现代帝国时，其意图便是要将不同的经济、社会和文化纳入同一复合政治秩序之中，重点在于促进不同物品的交换——也就是更多的商业活动。

为美国商业时代画上终止符的，正是启动这一时代的那个问题——一场围绕商业和某种特定类型的商业而产生的地缘政治斗争。从17世纪起，蓄奴资本在整个北美地区的资本主义生产扩张中扮演了一个至关重要的角色。北方的自由劳动愿景如今希望阻止其进一步扩大。在19世纪50年代围绕奴隶制在西部扩张而引发的几场全国性政治危机中，共和党得以崛起，它迫切希望达成一个新的政治经济解决方案。在阐明这样做的道德与经济原因这件事上，没有人能比该党1860年总统大选的候选人亚伯拉罕·林肯做得更好。林肯说，奴隶制应当仅存在于它业已存在的地方，而且终有一日将彻底消失。

当林肯于1860年当选为总统时，共和党人宣布，奴隶主的西部征服业已结束。美国奴隶制的兴起与衰落，便是这样勾勒出了这个商业时代的框架。

第一章
重商主义

财富就是权力，权力就是财富。这句格言通常被归到政治哲学名篇《利维坦》（*Leviathan*，1651）的作者、英国人托马斯·霍布斯（Thomas Hobbes）头上。后来，亚当·斯密在有史以来最伟大的商业专著《国富论》中援引了这句话。[1] 斯密是苏格兰人，不是美国人，但直到1776年，苏格兰人和美国人都拥有某些共同点：两者都是大英帝国的臣民。在这个商业时代，帝国与资本主义是相辅相成的。

几个世纪以来，各个帝国一直在筹算着它们对土地、人口和应税资源的控制到底价值几何。在截至18世纪的欧洲，商业已经成为帝国财富与帝国权力最富活力的发动机。[2] 国家如何最大化地促进商业发展，是斯密在《国富论》中的核心议题，这本书出版的那一年，13个北美殖民地正式宣布脱离大英帝国而独立。斯密说，英国或许促成了这些殖民地的离去，他认为，被他称作"重商主义制度"（mercantile system）的那些帝国政策，并没有促进国家的财富增长。正是这些帝国政策，定义了大英帝国与其殖民地之间的商业关系，而当时北美殖民地居民反抗的，也是这些政策。斯密对英属北美殖民地的商业特性赞赏有加，如今，许多人将他视为资本主义的主保圣徒，因为据说他对政府干预"市场"的一切行为都持批评意见。[3]但事实并非如此。[4]斯密是一位政治经济学理论家，关心的是权力秩序与财富产生之间的关系。他并没有直截了当地将政治事务与经济事务——或是国家与市场——分开。对他来说，问题在于它们之间的关系以及其复杂交互作用的后果。各个国家的财富，只能是行之有效的政策制定之结果。

然而，《国富论》并不是从政策分析入手的。相反，这本书的第一卷阐明了斯密对经济商业化的诠释。为了理解工业革命前资本主义的动态，没有比这更好的起点了。[5]《国富论》的第一卷，是解释美国资本主义发展的关键，这一发展历程始于17世纪的英国殖民定居，一直延续到美国内战，横跨了整个商业时代。

斯密阐明了，对商业利润的自私追逐在孕育出更多商业活动的同时，也趋向于增加劳动分工。当需求侧的商品"市场范围"扩张时，受到竞争压力下自身利益的驱策，生产者选择向专业化发展，而在供给侧，劳动分工增加。劳动生产率也是如此。对"贸易收益"的不断追求，吸引了更多的资本投资。在积累过程中，经济活动带来了递增的回报。[6]每个人都能从贸易中获益。各个国家的财富也随之增长。这便是今天的经济学家所说的"斯密型增长"，它是自利、劳动分工与市场范围相互结合、相互作用而产生的结果。[7]

《国富论》第一卷对商业的分析相当清楚明晰，却并不完整。因为各个北美殖民地及其商业特征，都是有意识的政治产物，在其中，政治与斯密型增长的相互作用变幻莫测。在英国长期投资于帝国扩张之前，北美不存在资本主义。出于被迫无奈，各州不得不扩大"市场范围"。

如此执行的英国计划，带有帝国主义的特征，而且属于重商主义之一种。重商主义并没有固定的、自成一体的教条。[8]是斯密本人为他论战的假想敌赋予了"重商主义制度"的名号，因为无论是他，还是之前的其他人，都未曾用过这个术语。不管怎样，17 世纪和 18 世纪期间一系列关于政治生活与经济生活之间关系的共同基本假设，就此被打上了重商主义这个标签。

重商主义者最主要的特点，就是大肆宣扬国家与市场之间并非泾渭分明的这一政治经济学理念。斯密继承了这一遗产。但与斯密不同，重商主义者将国民经济繁荣定义为存在与其他国家的正向"贸易平衡"（balance of trade，或译为贸易差额）。更大的市场进入权与更多的商业活动是帝国财富的来源，但只有当一个国家出口商品的价值大于进口商品价值时才是如此，即便交易对象是其殖民地。以牺牲其地缘政治竞争对手的利益为代价，更多的钱币滚滚流入国库。"对外贸易产生财富，财富产生权力，而权力保护了我们的贸易和宗教信仰。"东印度公司总督乔赛亚·蔡尔德（Josiah Child）在 1681 年如此断言。[9] 重商主义者把全球经济视为一个理所当然的零和游戏，占据其中的是彼此冲突敌对的各国，永远都在为了国外市场进入权而打来打去。[10] 不是所有国家都能从贸易中获益，至少肯定不能同时获益。

在这种经济战中，海外殖民地的商业重要性可能具有决定性意义，这是因为在这个时代，水上运输远比陆路运输更经济划算，因此大部分商业活动都通过海运进行。英国内战后，王政复辟时期的英国政府调整政策，要将放任自流的早期北美殖民地纳入其正在扩张的帝国主义和重商主义轨道中来。在这样做的过程中，重商主义发生了转变，而美国资本主义就此诞生。

1. 第一代沙夫茨伯里伯爵

英属北美商业发展的重要支点，是 1660 年之后的那段时期。当时，英国国会扶持查理二世（Charles II）复辟王位，而这就发生

第一章　重商主义

在他父亲在英国内战中被处决十一年后。直到那时为止，英国的殖民活动一直都是无计划的随意而行，几次早期尝试带来的是反复的失败——从生存的角度况且如此，就更不用说从商业收益的角度了。[11]少数几次冒险旅行已经在加勒比海地区、切萨皮克和新英格兰"安插"了一些长期的定居点，但对于英国本土来说，这些殖民地依然是付之度外的存在。亚洲，也即所谓的"东印度群岛"，更能激发他们的兴趣。

复辟时期的英国政府重申了对大西洋殖民地的权威。这包括一系列国会通过的《航海法》（Navigation Acts）在内的立法，试图将大部分北美殖民地商业活动限制于英吉利帝国的内部［在英格兰与苏格兰于1707年缔结《联合法》（Act of Union）之后，变成了大英帝国内部］。这项政治–经济解决方案将在18世纪中一直持续下去。[12]大英帝国在大西洋的势力增强了，商业繁荣发展，北美殖民地也生机勃发。

在那些跨越英吉利海峡、前往荷兰说服查理二世从流放中归来的人里面，就有安东尼·阿什利·库珀爵士，他很快便会成为阿什利勋爵。1672年，在查理二世御下担任大法官的阿什利，成为第一代沙夫茨伯里伯爵。[13]沙夫茨伯里将成为复辟时期英格兰的主要人物。整个内战期间，他在王室与国会之间反复周旋，最终加入了奥利弗·克伦威尔（Oliver Cromwell）的常胜军。克伦威尔死后，沙夫茨伯里随即帮助查理二世复辟王位。但他始终直言不讳地批评皇权专制主义，并成为奉行自由主义的辉格党的创始人之一。他反对查理二世以其信奉天主教的弟弟詹姆斯二世（James II）作为王位继承人的心愿，并在1673年与这位国王彻底闹翻。最终，1682年时，沙夫茨伯里逃离英格兰，前往自己在荷兰的流放地。但他在阿姆斯特丹病倒了，并于1683年去世。

那时，沙夫茨伯里已经名誉扫地。当国王第一次与他决裂时，这位伯爵的劲敌、伟大的法国重商主义者让-巴蒂斯特·柯尔贝尔（Jean-Baptiste Colbert）已经在欢呼"英格兰最狡诈、最不讲公道和最不老实的人"的政治垮台。[14]与此同时，在英国本土，阿什利勋爵的政敌也在谴责他为了自己的个人商业利益而玷污了"古老可敬的共和原则"。

身为一个公共人物，沙夫茨伯里的确拥有大量私人商业利益。他是正在崛起的英吉利帝国中的一个"绅士资本家"。[15]作为中上阶层之一员，他在多切斯特（Dorchester）拥有大片土地。和许多辉格党人一样——不同于他们的托利党政敌——沙夫茨伯里属于那种更有进取心的英国领主。他试图"改良"自己的土地，从而增加其生产率和商业回报。在此过程中，土地不再仅仅是维持中上阶层统治的财产和财富，它还变成了生产性资本的一种形式。

沙夫茨伯里还参与了许多海外商业项目，尽管他会避开那些业已存在的与欧洲和亚洲的商业路线。他对新英格兰兴趣欠奉。霍布斯曾在其名著中称自然状态为"卑污、残忍而短寿"，克伦威尔则将新英格兰形容为"贫穷、寒冷且无用"。[16]沙夫茨伯里的私人商业利益主要集中于西印度群岛。

在英属殖民地巴巴多斯（Barbados），阿什利勋爵与其他人共同拥有一个占地205英亩的种植园，打理这个种植园的，是白人契约仆役和非洲奴隶。他还是"玫瑰号"（The Rose）的东主之一，这艘船参与了非洲奴隶贸易。他后来的投资，还包括巴哈马、百慕大和新普罗维登斯等海岛上的地产。沙夫茨伯里的私人利益遍布西印度群岛。对大西洋殖民地事务的主动关注在他的从政生涯中显得特别突出，就一点都不足为奇了。沙夫茨伯里的一位传记作者声称，在王政复辟之后，他对于美洲的"殖民地事务要比任何一个英格兰人都心中有数"。[17]1672年，沙夫茨伯里创立了大权在握的贸易与垦殖委员会（Council of Trade and Plantations），并出任其会长。

有那么一段时间，这位伯爵几乎充当了主管北美殖民地事务的英国大臣的角色。在沙夫茨伯里身上，私人利益与公共权力的纠结缠连，几乎已经到了合为一体的程度。

这就产生了一股向前推进的能量。在沙夫茨伯里和其他出身绅士阶层的帝国资本家开始谋求一个大西洋帝国的那个时刻，这项计划到底有多么异想天开，是很难做出恰如其分的评价的。这之前从来不曾发生过类似事件。陈规旧习所能提供的指导就只有那么多。沙夫茨伯里或许对美洲比任何一个英格兰人都心中有数，但不确定性的浓雾依然四下弥漫。[18] 就最低限度而言，哪怕只是尝试实施某项远洋商业冒险活动或帝国建设远征，都要花上几个月的时间，有时甚至长达数年。包括沙夫茨伯里在内，没有任何人可以出于理性地期待，这个大西洋帝国计划能够在他们的有生之年实现。对权力和荣耀的渴望，对虔诚和利润的追求，以及在某些个例中不为人知的其他理由，混合成了一个动机，意欲将英吉利帝国的影响范围扩展到整个北美洲和南美洲——从而为更多的商业活动开辟道路。

沙夫茨伯里手中的一项计划，要比其他计划更被看重，这就是卡罗来纳殖民地——他的"宝贝儿"。[19] 1663 年，他是最初从英王那里获得卡罗来纳独占特许的 8 位领主之一。对这个绵延 350 英里、横跨弗吉尼亚南部到西班牙属佛罗里达，以及根据特许状声明可以向西延伸至"南太平洋"的想象空间，他有许多宏大的设计方案。十年后，在动身前往流放地、身染疾病并亡故于荷兰之前，这位伯爵经常会现身于伦敦的小饭馆，死缠烂打求人移民到殖民地。今天南卡罗来纳的阿什利河及库珀河，便是以他的名字命名的。

当沙夫茨伯里上台时，他的身边形成了一个志同道合者的小圈子。1666 年，当时担任财政大臣的沙夫茨伯里因为罹患肝病而去了趟牛津。一位年轻的外科医生在他的腹部安了个银质引流装置，这很可能救了他的命。这位年轻的外科医生也是一位哲学家，他就是约翰·洛克（John Locke）。洛克住进了他的新保护人位于伦敦的宅邸，靠着给贸易与垦殖委员会当秘书赚份收入。洛克甚至投资了巴哈马项目，与沙夫茨伯里一道起草了（从未得到执行的）《卡罗来纳基本宪法》(Fundamental Constitutions of Carolina, 1669)。在其保护人去世几十年后，洛克将着手写出批评皇权专制主义的名著《政府论·第二篇》(Second Treatise of Government, 1690)。这部著作的哲学论证，就建立于一个古老的"自然状态"之上，也即"在最早的时候，全世界都像美洲一样"。[20]

日后，洛克被视为现代自由主义的奠基人。的确，沙夫茨伯里身边的知识分子圈子都倡导宗教宽容和信仰自由。在王政复辟之前，沙夫茨伯里集团的少数成员也是哈特利布圈子的成员，他们是哲学家和政治家弗朗西斯·培根（Francis Bacon）的追随者，以流亡英国的普鲁士博学之士塞缪尔·哈特利布（Samuel Hartlib）为中心，而后者相信，对世界进行无穷无尽的"改良"是可能的。[21] 这些感性认识会最终成形，种种折射衍生为18世纪的英国启蒙运动。但在政治上，沙夫茨伯里的小圈子并不反对行使国家权力。王政复辟在很大程度上就是一项政权建设计划。

在公职官员中，沙夫茨伯里显得特别突出，这是因为他试图将殖民地美洲的商业活动明确定义为一项"国家事务"。本杰明·沃斯利（Benjamin Worsley）在王政复辟之前曾是哈特利布圈子中的一员，那之后则加入了沙夫茨伯里的小圈子。他解释说，商业中的国家利益"与其中以金钱为目的的那部分（利益）大不相同"。[22] 因为商人的本分，并不是考虑公共利益，而是自己的"私人利润"。沙夫茨伯里同意这一点。国家应当提倡商业，这是帝国财富的一个更至关重要的来源。但国家也必须对私人利益予以监管，从而令商业活动达成理想的公共目的。国家权力机关应当鼓励私人商业活动的财富创造能力，但依然要对商业自利——一种威胁道德和政治秩序的危险驱动力——加以限制，这一悖论定义了重商主义。它也将定义美国的商业时代。仅有"私人利润"的动机是不够的。即便在它发挥作用之时，一个历史悠久的英国政治经济传统也会假定，它绝不能不受制约地狂飙突进。

2. 重商主义传统

通过拉紧英格兰与各北美殖民地之间的帝国纽带，沙夫茨伯里及其小圈子令重商主义的教条发生重大转变，从而开启了一个北美商业发展的漫长历史时期。然而，这些人共享的这个以重商主义特征为基本原则的世界观，却是继承而来。

英国商业活动在17世纪早期欣欣向荣，但在1618年，荷兰对西班牙统治的反抗，切断了英国与欧洲大陆的布匹贸易，而这是英格兰的主要出口来源，并由此导致了一轮猛烈的英国商业紧缩。[23]这些艰难时刻，促成了早期的北美殖民，但在英国本土，关于这场萧条的原因的争论却集中在英国的重商主义思想上。其结果，便是沙夫茨伯里这一代人所致力于其上的三个基石："共和国"（commonwealth）的道德理想、"政治经济学"的国家理论，以及"贸易平衡"的经济学说。

重商主义首先是对作用于共和国概念中的宗教激情的政治转译。共和国是一个理想化的"政治体"，由彼此独立但等级分明的各阶层构成。占据上风的譬喻是解剖学意义上的。上帝为首。接下来的是贵族，居于存在之链的下一层。最穷的"那帮"平民百姓，位于最底层。作为一个有机整体，共和国的作用是实现共同（或公共）福利的集体利益。在其中存在着谋求自身利益的商业活动的空间，但个体的巧取豪夺可能会打乱其秩序。经济生活的最终目的，不是私人商业利益。相反，人们应当依据各自在整个大经济体中发挥的作用，赢得适当的份额。共和国不是平等主义的。尽管如此，它依然实现了一种关于公平的伦理及宗教理想。[24]

商业自利被理解为一个可怕的对手，因为道德主义者意识到，它出自人性中一个或许永无止境的源头。在基督教神学中，"自恋"是原罪之表现。但中世纪经院哲学同样承袭了亚里士多德的观点，他在《政治学》中写到，自然界是有限的。但在商业活动中，人们可能会寻求"无限地扩大他们钱币的数目"，因为人的欲望是"无限的"。[25]几个世纪之后，霍布斯在《利维坦》中像是在说一件显而易见之事那样提到，在英国商业社会中，人们心中也有一种"得其一思其二、死而后已、永无休止的权势欲"。[26]加之对利润的商业追求，这可能会危险地释放出无穷无尽的人类欲望。对某种本质上有限之物的无限追求，将破坏宇宙的自然和谐。

等到英国殖民者第一次登上北美大陆之时，商业自利这个魔怪已经被从瓶子里放了出来。英国殖民者将美洲的游鱼、飞鸟和大自然均视作"大宗商品"。[27]许多美洲原住民自然也渴望与欧洲人交易他们自己并不拥有或无法生产的东西。在这一基础上，将加勒比海地区与大陆连接起来的长距离原住民交易网络早已存在。[28]然而，一些印第安人注意到了英国人经济个性中的某些不同和怪异之处，而一些英国人也对此表示同意。一位新英格兰皮毛商人托马斯·莫顿（Thomas Morton）猜想："（印第安人）过着更幸福、更自在的生活，无忧无虑，而这种忧虑折磨着众多基督徒的心灵。他们不喜欢那些花里胡哨的小玩意儿，只喜欢有用的东西。"[29]那个"原始印第安人"——一群未受商业利益败坏之人——的神话就此诞生。事实上，对于各个印第安人部落而言，商业活动固然与亲族关系和友好关系密不可分，但也与掠夺俘虏和交战联盟休戚相关。一些英国殖民者试图逃离他们的定居点，加入原住民共同体。但更多的人选择了在商言商，埋头做自己的事。

第一章　重商主义

一位历史学家曾认为，资本主义是随着"第一舰队"从欧洲来到美洲的，而整个计划不过是一个商业策略。[30]但各种各样制衡资本逐利的方法也随之而来，这些方法不仅限制了那种对金钱收益的追求，也为它赋予了某种正当性。共和国理想中的那些伦理－信仰理念，也漂洋过海来到殖民地北美。新英格兰清教牧师托马斯·谢泼德（Thomas Shepard）担心，商业自利是一片"狂暴之海，如果不设堤岸，可能会吞没所有的人"。[31]1606年时作为一家股份公司而组织成立的弗吉尼亚殖民地，在17世纪早期的时候，几乎是对商业化英格兰的一个讽喻。按照一位历史学家的说法，这里的一切，都由"对个人利益的那种不计后果、一门心思的追逐"所驱动。[32]然而，17世纪的英格兰及其殖民地，也充斥着对肆无忌惮的个人"觊觎"与"贪婪"的宗教谴责。

在早期新英格兰移民定居点，奉行俭朴的加尔文主义是对商业化英格兰之"贪婪觊觎"的一个回应。担任早期马萨诸塞湾殖民地总督的约翰·温思罗普（John Winthrop），是一位来自萨塞克斯郡的颇为富有的律师，那里是英格兰商业化程度最高的地区之一。1630年，他登上"阿贝拉号"（*Arbella*），驶向美洲，并坐下来写出了《基督徒慈善的典范》（"A Model of Christian Charity"）一文。温思罗普的"山巅之城"，其蓝图是共和国的一个模板。等级制度是上帝之意："无论何时，都必定有人富裕，有人贫穷，有人位高权重，尊贵显荣；另外一些人则平庸偏狭，从属臣服。"温思罗普问道："借贷之时，我们必须遵从何种规则？"有时候，"借商业之道"与世人打交道是合适的，而在另外一些时候，则并非如此。"愉悦"和"利润"的诱惑永远都不能保证道德秩序。但这并不意味着商业活动之不存，一定是会有商业活动存在的。毕竟，马萨诸塞湾殖民地（1629年）也是作为一个股份公司而获特许成立的，有着自己的投资人。最大的问题将是调和商业自利与"共同福利"

之间的矛盾。[33]

新英格兰的清教徒们，为了适当平衡的问题深感苦恼。罗伯特·凯恩（Robert Keayne）是一个伦敦商人，也是17世纪30年代前往北美的清教徒移民大军中的一员。1639年，一个商人同行指控他把每磅6便士的钉子卖到了10便士，牟取暴利。温思罗普对凯恩处以200英镑的巨额罚款，而且凯恩还被传唤到波士顿第一教会（First Church），在那里公开忏悔自己的"贪婪觊觎"，而约翰·科顿牧师（Pastor John Cotton）则对他依据"一个人卖出时尽可能地开高价，买进时则尽可能地压低价格"的"不老实的"原则而交易之行为予以痛斥。那可不是"公道的价格"。[34] 可什么才是公道的价格呢？科顿含蓄地提到了集体规范和商品的内在价值。没有人能确切地说明，到底多贵才算太贵，但人们应当对此存有某种迫切的道德良知。

这些相互作用的张力，为更多的商业活动提供了能量。宗教信仰上的顾虑不安，或许限制了商业自利，但在清教徒的经济个性中，他们也会把商业活动道德化，从而自相矛盾地带来了更大的商业投资——由此构成一种反向的驱动力。商业成功总是一件带有很大不确定性的事，而这或许标志着灵魂的预定得救。根据德国思想家马克斯·韦伯（Max Weber）在《新教伦理与资本主义精神》（*The Protestant Ethic and the Spirit of Capitalism*，1905）中提出的观点，这种可能性催生了一种清教徒的商业进取心，尽管它充满焦虑，却依然是一种进取心。

就在凯恩忏悔自己的贪婪觊觎之时，在英格兰，公益原则正在从宗教道德教化转变为政府的政策制定。道德谴责能做的只有那么多。以强制性的国家机器为后盾的善法，对于协调商业与公益而言是必要的。正是本着这种精神，出现了连篇累牍的各种重商主义市场法规，监管着从价格、工资到产品质量的各项事务。[35] 国家便是

第一章　重商主义

以这种方式着手开展了"政治经济体"的工作。

在17世纪的理念中,并没有一个像"经济体"(the economy)这样的如今为人所周知的、有别于其他人类经验舞台的独特领域。[36] 在18世纪晚期,亚当·斯密在写作有关"政治经济学"的著作时,仍在使用"oeconomy"的这种拼写方法。"Oeconomy"这个词源自希腊词根"oikos"(家),它让人联想起对一个家庭各种经济资源的审慎管理。斯密将政治经济学描述为"政治家的科学",旨在为国家消费获取"充足的"资源,同时又能为"国家或共和国提供用于公共服务的足够收入"。[37] 政治生活和经济生活是纠结缠连在一起的。具有象征意义的是,沙夫茨伯里的一位传记作者强调说,在这位伯爵的私人生活和公共生活中——假如它们可以从某种程度上分开的话——他就是一个"混杂了多重性格、出于各种混杂动机而行事"的人。[38] 在整个商业时代,政治经济学将一直保留拒绝将国家与市场分开、对公共福利和私人利益一并追求的这个核心属性,并一直延续到19世纪。即便它在那之后已经不复居支配地位,这一基本重商主义原则依然历经各个时代,存在到了今天。

虽然重商主义政治经济学的灵感来自维护本国公益的道德需要,它却是生而外向的。重商主义形成于发生在欧洲各个帝国间的一系列看似无休止的帝国主义战争之中,而这些战争的目的,往往是获得对殖民地商业市场的进入权。[39] 东印度公司的蔡尔德并没有从互相交换的角度定义商业,而是将其视为"一种战争"。[40] 在大西洋,伊比利亚半岛上的各强权*首先宣称对整个美洲拥有支配权。英国人在1625年定居巴巴多斯,部分原因便在于西班牙对其视若不见。英国人不得不大动干戈,才能获得并保住他们在大西洋

---

*　即 the Iberian powers,指西班牙和葡萄牙。

上的殖民地。在与西班牙交战时，克伦威尔于1654年向加勒比海地区派出了一支舰队，其目的就是征服伊斯帕尼奥拉岛（Hispaniola，即今天的海地岛），但英格兰将接受对牙买加的暴力殖民。[41] 在17世纪60年代和70年代，英格兰与荷兰进行了一系列战争，显然是为了争夺全球市场进入权。[42] 在1664年，查理二世派遣舰队征服了新荷兰（New Netherland），而它从此变成了纽约殖民地。英国在大西洋地区的殖民，就是这样进行的。

王政复辟之后，看到发生在天主教徒与新教徒之间的（又一轮）波及整个欧洲的宗教流血事件，英格兰的统治者相对转变了看法，更多地从商业利益而不是信仰征服的角度来思考帝国问题。[43] 沙夫茨伯里认为，已经发生了太多的宗教屠杀，这位伯爵在上书查理二世时写道，除此之外，"贸易"的考量"如今也远比以往更加重要"。如果说"商业利益"以前曾遭"忽视"的话，"近年来"，它已经成为"国之急务"。因为"唯独贸易与商业能带来财富积聚，且其在海上航运之潜能，是无可比拟的"。[44] 欧洲国家开始受到被亚当·斯密的好友和苏格兰老乡大卫·休谟（David Hume）称为"贸易猜忌"的那种情绪的困扰。[45] 沙夫茨伯里对英王说，如果没有大西洋商业活动所产生的财富，英国人将在荷兰人和法国人（甚至是瑞典人）面前变得软弱无力。这是一个艰难而又沉重的平衡之举，一方面要面对本土商业扩张而起身捍卫公益，另一方面则要代表国家的地缘政治利益推动海外商业活动。

在这一背景下，"贸易平衡"这个重商主义的经济概念，就成了一个时刻变化的、计算到底哪个帝国主义国家在全球零和商业斗争中胜出的记分卡。这个信条有其哲学基础，同样地，在新亚里士多德的有限宇宙概念中，均衡——而不是增量——才是万事万物的自然状态。随着时间的推移，任何形式的经济活动——包括商业活动在内——都无法持续产生不断增加的回报。[46]

作为一个会计框架，"平衡"（balance，或译为差额）这个概念是从佛罗伦萨、威尼斯和热那亚这些意大利商业城邦那里借来的，当地的复式记账法让商人们可以冲销自己的赊账和欠款，而在那些地方，平衡与协调的文艺复兴美学理想也占有很高地位。重商主义者寻求增加国家财富，但他们并没有生活在一个拥有指数级经济增长的资本主义世界中，从来没有人有过这样的体验。一个财富与商业存量均为有限的有限宇宙之概念，反映了在一个大多数人口勉力挣扎维生的经济世界中必定看起来不可避免的残酷事实。盈余必定只能以他人的损失为代价——或是来自一个所谓的"新世界"的未经开发的财富。

在最简单粗暴的公式化表达中，当流入一个国家的金银多于流出之时，这个国家便达成了贸易顺差。为了实现这一目标，母国需要出口更多具有更高金钱价值的商品，超过其进口额。在今天的经济学中，这被称为拥有"经常项目盈余"。

亚当·斯密将贸易平衡的这个信条拙劣地表现为一个等式，将国家财富与一堆金银相提并论，仿佛重商主义政策的目标，就只是尽可能地堆起金山银山。这并不是一个完全错误的表达。"让获利贸易的基础被奠定下来，"弗朗西斯·培根宣称，"从而令出口的本国大宗商品在价值上超过进口的外国商品；这样我们便能确保国库积存逐年递增，因为这时，贸易平衡必定会以货币或金银形式产生回报。"[47] 然而，近来的学术著作已经强调指出，许多 17 世纪的经济思想家在对货币进行分析时要深思熟虑得多——比今天某些相信货币只不过是一种取代以物易物的"中性"工具、没有"真实"作用的经济学家更加深思熟虑。[48] 最敏锐的那些重商主义者意识到，货币是经济发展中的一个动态因素。因为除了作为交易媒介和记账单位，货币还可以是一种信贷形式——从而成为金钱资本的一种形式。位于资本主义神经中枢的信贷，可以资助并拉动更多的商业活动、劳动和创造财富的企业。由此便解锁了更多的经济活动回报。

经济思想中常见的一个迹近神话的观点认为，资本必须源于积累和储蓄，或者节制花费。这样一来，贷款利率就成了平衡储蓄供给和投资需求的市场价格。当然了，储蓄能够为投资提供资金。但以信任、信心、预期和想象力（假如不全是空想的话）为后盾的信贷，也能为新的企业经营活动提供资本投资。企业由此创造新的财富，产生更多储蓄结余，这样一来，投资可能带来储蓄，便正如储蓄可能通向投资。[49]一些经济思想家在17世纪下半叶几乎纯出偶然地得出了这一观点。

从那些解剖学意义上的共和国比喻中汲取灵感，17世纪的重商主义者经常哀叹货币的稀缺性，将其比作缺乏"循环的血液"。[50]例如，在《利维坦》中，霍布斯就在提到货币时将其比作"国家的血液流通"。[51]借鉴了之前的欧洲实践，英国商人–银行家开始接受硬通货存款，然后以此为担保发行单据凭证。这些单据凭证像货币一样被转手交易，从而增加了货币的流通。或者，这些商人–银行家甚至还会超出其存款准备金进行投资，或发行超出同一存款准备金的商业贷款。[52]这些行为加在一起，就像是通过某种炼金术过程一样，"银行货币"或"信用货币"得到了增量。货币的数量，依然与铸造出来的硬通货的额度挂钩。但因为金属货币为银行货币的扩增提供了背书，更多的硬通货便可能带来信贷倍增和更多的资本投资，从而为整个共同体带来更多的企业和生产。亚当·斯密非常了解这一过程。[53]在美利坚合众国，独立战争之后，亚历山大·汉密尔顿也将对此大加鼓吹。

王政复辟前的哈特利布圈子在17世纪50年代时，告别了新亚里士多德主义关于有限宇宙的观点，开始对信用货币痴迷起来，将其视作商业扩张和文明"改良"之源泉。在这个经典重商主义思想的修订版中，目标不再是大量囤积金属货币。恰恰相反，目标成了增加货币和信贷的流通,从而令商业活动倍增,产生新的财富。出于这一原因,这个圈子十分青睐低利率,它要求扩大货币的数量或供应量。但是,对货币的需求或许也会决定利率。衰退时的焦虑可能会令商人们对未来失去信任。出于谨慎小心,他们或许会增加对货币的需求,将其作为一个安全的保值手段——而不是将货币作为商业资本借出去。其结果将会推高利率。[54]"高利率会损害贸易,"一位英国重商主义者在1621年写道,"从利息中获得的好处,将大于贸易利润,而这会令富商放弃经营,贷出其库存以获取利息,小商人则会破产。"[55] 几十年之后,蔡尔德在他的《关于贸易和货币利息的简要观察》(Brief Observations Concerning Trade and Interest of Money,1668)中指出,"将货币利息降到非常低的水平"无异于繁荣的"直接有效原因"(causa causans)。[56] 自古以来,历史记录与这一论点并不相抵触。[57]

在这一背景下,禁止高利贷的各项法律成了重商主义的工具。这些禁令示明了重商主义的宗教起源。以高息形式表现出来的过度贪婪觊觎,是要被禁止的,因为它威胁到了公益的伦理理想。然而,为高利贷设定上限也会将利率保持在低位,从而防止商人–银行家利用金属货币的稀缺价值牟利。通过降低商人的防范心,国家干预就起到了引导更大规模商业投资和冒险行为的作用。1571年以后,英格兰的法定利率是10%。1624年,它被降低到了8%。1651年,利率跌到了6%,并一直保持到1714年。据已知数据,在实践中,17世纪晚期大多数英国商业贷款的利率在6%上下浮动。[58] 蔡尔德主张,政府应当将英国利率进一步压低到2%至3%之间的现行荷兰市场利率。当然,如果有更多的商业投资,更多的财富生产,也就会有更多的财政资源用于帝国间的战争——其中便包括蔡尔德的东印度公司争夺亚洲市场进入权之战。

总而言之,确保硬币不会从共同体中流失、进而打断信贷和商业倍增过程的方法，是确保出口超出进口，从而拥有正向的"贸易平衡"。但是，正如有时候平衡会被当成变态崇拜的对象，重商主义者也感觉到了关于经济发展的一些重要真相。政府对市场进入权和商品需求的控制越多，专业制造的增长幅度也就越大。从那时起，制造业成了一个比农业更有活力的财富生成器。由此，工业的出口需求或许会转化为被某位后世经济学家称为"外贸倍增器"的事物，因为额外的需求量或许会反作用于供给侧的生产和创新，鼓励其增长扩大。[59] 重商主义者支持那些有能力生产出口商品的本土工业。此外，殖民地还可以充当保底的消费者市场，或是制造商的"倾销渠道"。因为即便商业和制造业同步扩张，城市工业也会为共和国带来风险——也就是说，如果本土工业发生衰退，便会滋生贫困和失业。"腹地之叛乱是最糟糕的"，培根如是声称，仿佛英格兰的统治者们需要有人提醒，而他们其实并不需要。[60] 重商主义者通常都会推行各种补贴、税收和关税政策，以保护就业密集型和赚取硬通货的出口制造业。[61] 他们想要有更多的商业投资，而他们还会为其规定目标——也就是工业。直到今天，补贴国内制造商的政策，仍会被称为重商主义政策。

3. 转变后的重商主义

王政复辟后，沙夫茨伯里及其圈子继承了这一重商主义传统，并对它进行了改造。然而，政策信条并不会自己付诸实施。国家必须培养自己行使有效权力的能力。就其本身而言，英吉利帝国在大西洋世界的扩张取得了惊人的成功。它为整整一个世纪的北美商业发展和第一次长期的美洲经济繁荣奠定了政治和法律的基础。

这项任务十分艰巨。轻描淡写地说，无论是哪个年代的重商主义理论，当时都与英格兰北美殖民地的实践大相径庭。不管王室自谕之天命是否为专制主义及其专制程度如何，帝国主权更大程度上是一种雄心壮志，而非既成事实。历史学家口中的"复合"或"多方"治理——权力被分散到不同的机构之中——十分常见，即便在英格兰内部也是如此。[62] 最有力的证据便是，由私人投资者所有的股份公司——一个复合帝国的次级主权——最早被委以殖民北美、管理英国子民的任务。[63] 作为一位主张统一集中的国家主权的伟大理论家，霍布斯在《利维坦》"论国家致弱或解体的因素"这一章中提到了"过多"的股份公司*的问题，认为它们多得像"一个大国家的肚子里有许多小国家一样，类似于自然人肠道中的虫子"。而事实上，霍布斯本人便是弗吉尼亚公司的一个股东。[64]

主权——统治权——势必会遭到挑战和分享，尤其是在帝国的边缘地带。因为在北美，当时存在着多个土著政权。从一开始，某些欧洲殖民者便会宣扬那种美洲原住民正在慢慢消失的神话，以此为鼓吹欧洲殖民张目。[65] 事实上，美洲原住民部落将会长期占据北美内陆的大片地区，而且在与欧洲人发生接触后的很长一段时间里，还将继续控制大部分沿海地区。初来乍到的欧洲人可以煞有介事地插上一面旗子，立起一座十字架，宣读一份公告，但在这块土地上，这些做法全都没多大意义。[66]

英国人扩大其飞地的过程来得十分缓慢。1636 年到 1638 年，与纳拉甘西特（Narragansett）和莫希根（Mohegan）部落结盟的新英格兰各殖民地，对佩科特（Pequot）部落发起了一场毁灭性战争，而在 1646 年，弗吉尼亚殖民地征服了保厄坦部落联盟（Powhatan Confederacy）。[67] 随着欧洲强权开始从沿海和河畔的前哨呈扇形铺开，致命的病原体开始蹂躏一些土著人群。在那些地方，

---

* corporation 一词有"股份公司"和"市政当局"两层含义，由黎思复、黎廷弼翻译的《利维坦》中文版将其译为"自治市"。

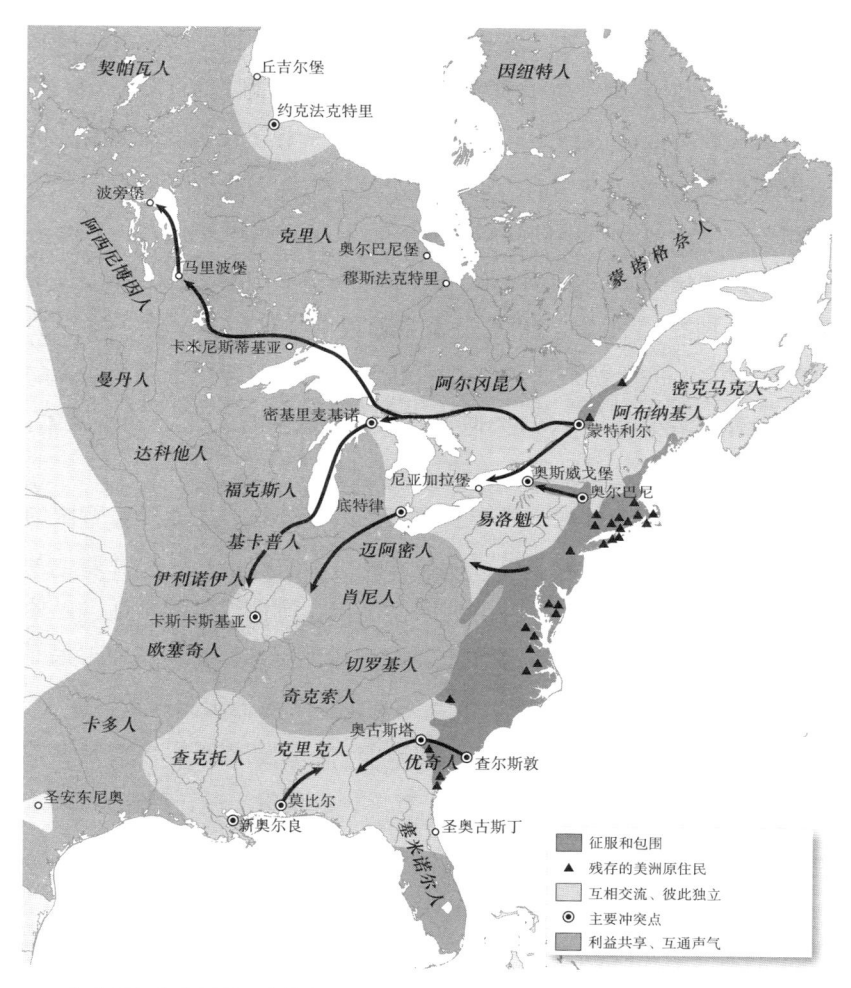

1750 年前后与北美原住民有接触的欧洲殖民区

尽管面对欧洲殖民者的征服，在几个世纪中，美洲原住民一直控制着北美大陆的绝大部分地区。

欧洲势力遇上了许多土著政治共同体，后者通常都管辖着存在已久的土著商业线路。到那时为止，与英属北美发生接触的最有组织的原住民势力，是与多个印第安人部落均已建立起贸易联盟的易洛魁部落联盟（Iroquois Confederacy）。通过动物皮毛贸易，易洛魁人将早期欧洲定居殖民者吸纳入了他们此前已存在的商业网络。[68]强大的原住民势力这一无情事实,是沙夫茨伯里这样的人把关注点放在各个殖民地与母国之间的大西洋商业关系之上的一个原因。伦敦帝国当局想象着对美洲大陆内地宣示支配权,但在一开始的时候,这只是一个幻想而已。[69]

事实上,伦敦当局对其大西洋殖民地行使的支配权是相当薄弱的。[70]原则上,殖民地商业活动的存在是为了帮助英格兰实现贸易顺差。殖民地不应生产制成品,而只应从英格兰进口,从而刺激英国的就业和出口。殖民地居民不得与英格兰的敌人进行贸易,而必须把商业活动的机会留给母国。克伦威尔1651年的《航海法》以立法形式定下了一条长期存在的规矩,那就是所有殖民地贸易都必须以英国船只进行。但是,这些法律很少会得到施行。巴巴多斯的殖民地居民对待1651年《航海法》的方式是几乎宣布了商业独立:宣称有权同所有欧洲势力进行贸易。牙买加的殖民地居民惯常与西班牙贸易往来,而用来自波托西银矿的白银铸成的西班牙"八披索"(pieces of eight),为几乎所有的英格兰殖民地提供了最初的"血液流通"。英国殖民地居民还会寻求廉价的荷兰信贷及船运。[71]新英格兰干过的那些违法行为,几乎是荒谬可笑的。马萨诸塞公然推行了自己的重商主义政策。这个殖民地鼓励自己的制造商,监管自己的物价和工资,铸造自己的银币。[72]新英格兰的商业经济,试图全盘复制英格兰的商业经济。出于这一原因,加勒比海地区的种植园主费迪南多·戈杰斯(Ferdinando Gorges)在一份1674年写给沙夫茨伯里主管下的贸易与垦殖委员会的备忘录中抱怨说,新英格兰对于帝国价值有限,而且其"害处"要多过"对这个王国的益处"。[73]

沙夫茨伯里的首要任务,便是重新确认那些业已成文的帝国法律和规范。他还对其加以补充。1660年的《航海法》确认了英国殖民地贸易必须以英国船只进行的原则。1660年的该法还规定,英国船只的船东和船长也必须是英国子民，而且船员要有四分之三为英国人。此外，该法还明确列出了可以从殖民地出口，但只能出口到英格兰的"下列大宗商品"。这些大宗出产——大部分是糖和烟草——为王室带来了最多的收入。接下来的1663年《大宗出产法》（Staple Act）宣布，所有进出殖民地运往欧洲的商品——而不仅仅是列出的那些——都必须先在英格兰卸船，征税后再重新装船。这项1663年立法的前言部分将其目的说得很清楚。它试图在英格兰及其殖民地之间建立起"更大的一致性和善意"，这意味着将殖民地置于"更紧密的依从关系"之下。这些新的法律法规将会在英格兰"进一步提升就业"，增加"英国航运业务"，并且将英国的"制成品""倾销"给殖民地的买家。[74]

几部《航海法》确定了帝国的目标。沙夫茨伯里无论在政府内外都有不少对手，他们并不相信，英格兰应当致力于继续对北美移民。[75]过分夸大这位伯爵的影响力是错误的。然而，直到他于1673年与查理二世闹翻，沙夫茨伯里始终是行之有效的美洲殖民地政策得以制订的背后推手。作为检验标准的，是国家必须为了帝国公益——不管如何对它进行定义——而指导长期商业发展的这个重商主义的前提。沙夫茨伯里在1669年提醒英王，即便是在"商人交易获利巨大"之时，仍存在着"国家损失"的可能性。[76]

这些《航海法》要求有新的帝国行政和法律职能来保障其实施。殖民地越来越多地被置于王室权威之下，这一权利通常被授予某个殖民地议会，但也有可能是某位皇家总督。沙夫茨伯里主管下的贸易与垦殖委员会开始每周召开两次会议。[77]委员会审查殖民地特许状和殖民地立法机构通过的那些法案条例，也会听取殖民地的讼案。它向皇家总督发号施令。它力求保证殖民地出口产品拥有"更大的价值、作用和声誉"。[78]它收集信息，以确保贸易平衡。一份1668年的备忘录要求获知，"对于从这个国家任何一个港口或海关出进口的所有大宗商品，如何进行适当、准确的核算，从而实现完美的贸易平衡"。[79]

与此同时，沙夫茨伯里也使用了怀柔手段。殖民地居民的私人商业利益不可以信马由缰，但从策略上，它们必须得到承认。全盘忽略这些私人商业利益，将可能令大西洋地区的英国主权成为一纸虚文。沙夫茨伯里并不是一个皇权专制主义者。美洲的商业活动几乎不受合股式贸易垄断公司控制（和在亚洲不一样，那里是东印度公司的管辖范围），而且向所有英国男性开放。相对而言，对殖民地居民的征税微乎其微。沙夫茨伯里的顾问担心，新英格兰正"处于宣布放弃对王室任何依从性之边缘"。一些人建议，至少应当发出一封"恐吓信"。最后，沙夫茨伯里主管的贸易与垦殖委员会只不过派出了一个软弱无能的调查团。[80] 他意识到，新英格兰与其他帝国进行贸易，是因为从商业角度上选择无几。或许，为了起步，卡罗来纳也应当如此行事。沙夫茨伯里从来不曾试图将大英帝国的政治经济变成一个完全封闭的循环。肯定会有"无照经营者"、走私贩子和海盗，严格执行几部《航海法》或许实际上会阻碍英国殖民和贸易的发展。[81] 沙夫茨伯里的统治之道，与美国独立战争动荡时期埃德蒙·伯克（Edmund Burke）的做法很接近，后来，这种态度被称为"明智且有益的忽视"。[82]

与此同时，重商主义的平衡概念也开始改变。不同殖民地的商业利益必得到承认。在得到适当监管的情况下，它们各自都能为帝国整体做出独特的贡献。商业活动依然是一场零和的地缘政治斗争。例如，荷兰人就必须被排挤出大西洋的航运贸易。但在英吉利帝国内部，假如对方兴未艾的殖民地商业活动予以适当引导，则可能把帝国经济的这张饼做大。这就是"自由贸易"的好处，而这个词的原始定义指的是在帝国内部进行的自由贸易。在一个井井有条的帝国政治经济中，每个人都有可能从贸易中获益，即便母国独享贸易顺差。[83]

即便颇为含蓄微妙，在有关经济可能性的意识观念上，这依然是一个重大的转变。[84]沙夫茨伯里的辉格党圈子，正在将王政复辟之前哈特利布圈子主张的、很快便会化作启蒙思想的那些理念归为己有，这些理念关乎"改良"，也关乎一种物质财富不断丰富扩大、从而超越稀缺匮乏的可能性。在沙夫茨伯里的贸易与垦殖委员会担任秘书的洛克，将会在《政府论·第二篇》中指出，人类劳动和才智是价值和财富的真正源泉。由此，沙夫茨伯里的小圈子令英国的重商主义进一步远离了财富等同于金银的严格等式。就在一闪念之间——哪怕只是惊鸿一瞥——他们看到了某种可能性：更大规模的商业投资可能带来不断扩大的回报和成倍增长的财富，也即指数级的资本主义经济增长。

沙夫茨伯里的殖民地议程，直到他于1682年身遭流放、匆匆离世之后，才趋于成熟。1685年，信奉天主教的詹姆斯二世登上了英国王位，他试图将北美殖民地重新改组为自己独揽大权的势力范围。他颁布了带有更大皇权专制主义色彩的对《航海法》的实施办法。在新英格兰、纽约和马里兰叛乱四起，随之而来的，是1688年的光荣革命，以及英国议会迎回奥兰治的玛丽和威廉即位。[85]辉格党人重掌大权，他们更青睐商业利益，并以牺牲托利党贵族的土地利益为代价。不断扩大的公债，资助了海外的帝国战争。新成立的英格兰银行（1694年）在提供资金的同时，基于新的原则对货币创造（money creation）进行安排。这家公办成立、私人所有的银行，拥有发行纸质"银行票据"（bank money）作为法定货币的独家特权。金属货币的价值仍将锚定于某个固定的金属货币本位，然而信用货币却可以超出金银储备而增发，从而为商业投资提供动力。货币资本的扩张如今取决于银行家对未来商业利润的预期。公权和私权混合在了一起，立时推动了长期的帝国扩张和商业发展。[86]

第一章　重商主义

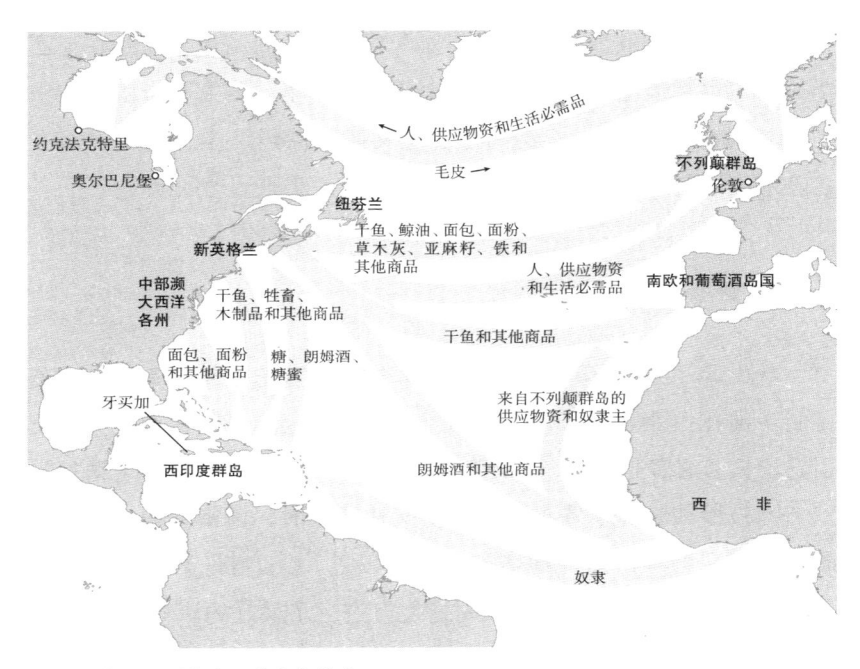

[地图：1750年前后英国的大西洋商业模式]

地图标注：
- 约克法克特里
- 奥尔巴尼堡
- 新英格兰
- 中部濒大西洋各州
- 纽芬兰
- 牙买加
- 西印度群岛
- 不列颠群岛
- 伦敦
- 南欧和葡萄酒岛国
- 西非
- 人、供应物资和生活必需品
- 毛皮
- 干鱼、鲸油、面包、面粉、草木灰、亚麻籽、铁和其他商品
- 干鱼、牲畜、木制品和其他商品
- 面包、面粉和其他商品
- 糖、朗姆酒、糖蜜
- 人、供应物资和生活必需品
- 干鱼和其他商品
- 来自不列颠群岛的供应物资和奴隶主
- 朗姆酒和其他商品
- 奴隶

1750年前后英国的大西洋商业模式

英吉利帝国为殖民地北美在大西洋地区的商业繁荣创造了必要的政治条件。这是主要大宗商品交易的基本情况。

与此同时，在17世纪90年代期间，北美殖民地居民与英国议会之间的谈判差不多都会以回到维持沙夫茨伯里时代的现状而告终。英国官员就任于殖民地海关。贸易委员会（Board of Trade）——一个继承了沙夫茨伯里主管下贸易与垦殖委员会之行政权力的机构——于1696年正式成立。洛克是委员会成员。到这时为止，英国近三分之二的收入来自对海外贸易征收的税金，这为一个强大的英国提供了资金，而这个财政-军事国家的崛起，便建立在创造财富的商业活动之基础上。英格兰的政治经济辩论依然唇枪舌剑，而在18世纪20年代，最初的辉格党联盟土崩瓦解。但到那时，大不列颠已经做好了成为大西洋商业主要势力的准备。1714

年,西班牙王位继承战争以对英国有利之条件而结束,荷兰在大西洋的势力也在退缩之中。在接下来的一百年里,英吉利帝国将与法国展开抗衡。但18世纪英国重商主义的政治经济学,如今已经在北美殖民地落地生根。殖民行动向前推进,商业活动欣欣向荣。

4. 斯密型增长的根源

从1688年的光荣革命,到1756年与法国的七年战争爆发,英吉利帝国在大西洋地区得享非同寻常的制度稳定性。重商主义制度引发了长期的商业繁荣。这个积累过程,是一次典型的"斯密型增长"。

当被恰如其分地置于其帝国主义背景下时,斯密型增长这个概念有助于我们理解殖民地美洲的经济发展。《国富论》从理论上对工业革命前的经济体如何扩大财富生产进行了最好的诠释。这是"劳动分工"的一个功能。斯密给出了一个大名鼎鼎的别针工厂的例子。当工人们将制作一枚别针的工序在内部进行分工、每个人专门负责一道工序时,这家工厂可以生产出更多的别针。这种劳动分工让生产中的"劳动力"(powers of labor)增加成为可能。

什么决定了劳动分工?答案是"市场范围",或销售的范围。这也就是说,必须存在足够的交易流动性——需求侧的现成商品市场。当商品需求市场扩大时,生产者便会就此开展竞争。他们进行专业化生产,并投入更多资本,以寻求行业效益。他们这样做,是因为一种人类的自然倾向,要去"倒进倒出,讨价还价,用一样东西交换另一样东西"。正是商业自利——或是人类天性——成了劳动分工的主要动力。但是,这种劳动分工只会与"市场范围"成比例存在。[87]

总而言之,增加商业活动的回报是可能的。[88]就整个共同体的财富生产而言,存在一个"斯密型商业倍增器"。(该共同体内部的分配问题是另外一回事。）斯密型增长的那些必要条件是彼此相互作用的，而且，正如需求和供应相互促进，它们也是自我维系的。如果不受阻挠，这个斯密型增长的循环过程似乎可以自力更生。斯密曾将其形容为"看不见的手"。[89] 但斯密型增长是如何在18世纪的北美最初产生的呢？

沙夫茨伯里的公心与私利，直接促成了奴隶种植园在英格兰的西印度殖民地的诞生。18世纪的北美殖民地首先长驱直进，迎来商业繁荣。在很大程度上，北美的商业时代开始于英吉利帝国对黑人奴隶制的参与投入。如果没有它，早期美洲的商业活力将会大打折扣。[90]

黑人奴隶制并不是一种历史必然。它是英格兰统治者做出的一个选择。如果商业活动是"某种战争"，从本质上讲，这一决定无异于向非洲人和非洲人后裔发起了一场长期持续的战争。一开始时，美洲殖民地本应只是一个"倾销渠道"，向这里倾倒的不仅是制成品，还有英格兰的多余人口。第一波移民绝大部分是英国人，很多人是契约仆役*。但在移民、疫病和内战的共同作用下，英国人口开始减少。包括沙夫茨伯里在内的许多官员此时都开始主张，英格兰应当维持其人口。[91]

这之后，通过拥抱奴隶制的方式，殖民得以继续进行。在这期间，出于各种原因，伦敦的意见领袖们并不都对此表示赞成。种族奴隶制的支持者必须赢得一场辩论；关于帝国何去何从，存在着不同的愿景。[92] 美洲殖民地居民最初曾经试过贩卖印第安人奴隶，尤其是在东北地区，在17世纪，那里缺乏一个像北方的易洛魁联盟这样的组织力量，而这意味着政治动荡——正是奴隶贸易肆意横行的理

---

* indentured servants，最早时指那种为借贷金钱而与债主签署契约、在约定期间担任债主仆役的人，类似于中国的典身。英格兰向美洲殖民过程中，会将一些本国囚徒的刑期折成仆役契约卖给殖民地的自由民，前者期满后便可获得人身自由。

想环境。[93] 合股制的皇家非洲公司（Royal African Company）于1672年重新成立，它享有非洲西海岸的贸易垄断权。沙夫茨伯里认购了该公司的股票，这足以证明英格兰的帝国主义意图。到18世纪中叶，由黑人奴隶生产的大宗商品，占到了出口到母国的所有殖民地美洲大宗商品的80%。[94] 不仅商业扩张有赖于帝国扩张，种族剥削的可能性也支撑着长期预期，并刺激了投资北美的冲动。[95]

英属大西洋地区的第一枚商业明珠是巴巴多斯。17世纪的殖民地巴巴多斯，必定是有史以来存在过的最糟糕的人类社会之一。自由移民根本不会去到那里。这个长21英里、宽14英里的热带岛屿，遍布致命的病原体。种植甘蔗和炼制蔗糖的劳动辛苦至极。巴巴多斯在1640年到1700年间"进口"了13万非洲俘虏，到1660年时，岛上的黑人数量已经超过了白人。1661年《巴巴多斯奴隶法》确认了对人身动产（human chattel，即奴隶）的普通法财产权，并且为其他英属殖民地立下了一个司法判例，其内容十分严厉残酷。[96] 而这还算是轻描淡写。工头会将不服从的奴隶吊在树上，并覆以铁笼，让他们活活渴死，以儆效尤。到18世纪10年代时，最初作为英国海盗据点的牙买加以几乎同样的方式进行着糖的生产，而且产量超出了巴巴多斯。[97]

亚当·斯密痛恨奴隶制。然而，倘若有可能的话，他或许会选中一座巴巴多斯的奴隶种植园而不是一家英国的别针工厂来说明劳动分工的道理。一家糖料种植园所需的大额资本投资，经常是以信贷形式体现的，这迫使种植园主必须最大限度地增加金钱收入。巴巴多斯的种植园主专门种植糖料。那里的总督注意到，一直延伸到"海边"的每"英尺土地"，都种满了甘蔗。[98] 平均每家种植园拥有约250名黑人劳工，那里保持着十分精细的劳动分工。被奴役的黑人是资本资产，在各个大西洋市场的价格颇具竞争力。[99] 他们可以通过购买的方式予以补充。当把所有因素都考虑在内时，不用顾及他们是否会迅速贬值的做法，通常是更划算的——换句话说，尽可活着干、死了算。[100] 关于"改良"的启蒙理想，遂以种族支配的面目而出现。

专门生产糖的巴巴多斯，不得不从其他地方购进许多必要的经济资源。对于虔诚的新英格兰人来说，巴巴多斯这个市场简直是上帝的恩赐。身为一名优秀的重商主义者，温思罗普总督一直希望马萨诸塞"所出"多于"所入"。但一开始，马萨诸塞除了从美洲原住民那里买来的动物毛皮之外所出无几。温思罗普担心，新英格兰很可能会面临商业崩溃的危险。然而，早在1647年之时，一位巴巴多斯的种植园主便写信给他，请求"交易可供饱腹之物"。巴巴多斯糖料生产的繁荣，增加了对新英格兰鱼类、食品、木材和牲畜的需求，扩大了斯密笔下的"市场范围"。温思罗普在日记中写道："这打开了我们与巴巴多斯进行贸易的大门，这是令我主上帝喜悦的。"[101] 贪婪的罗伯特·凯恩，很快就在西印度群岛的贸易中发了财。无论这些利益来自我主上帝，还是看不见的市场之手，巴巴多斯和新英格兰都从贸易中获益甚多。商业活动得以倍增。西印度群岛的贸易信贷，帮助新英格兰进口英国制成品。英吉利帝国的以三角贸易为特征的多边大西洋商业体系，开始成形。光荣革命之后，清教徒领袖英克里斯·马瑟（Increase Mather）前往伦敦，为获取一份新的马萨诸塞特许状而进行谈判。英国政治经济学家威廉·佩蒂（William Petty）依然在建议，新英格兰人放弃他们"无利可图"的荒野之旅，全部搬迁到西印度群岛去。[102] 但马瑟给伦敦的官员上了一课，告诉他们，倘若没有新英格兰的物资供应，西印度群岛的殖民地将无法存在。向西印度群岛出产的糖征收的各项税款潮水般涌入英国海关，带来巨额收入。对于帝国官员来说，马瑟的逻辑是无可辩驳的。

英国的奴隶制度继续扩张。1689年，皇家非洲公司的垄断经营终止了，奴隶贸易和所有其他大西洋商业活动一样，向全体英国人敞开了大门。伊比利亚半岛上的各个势力长期以来主导着奴隶贸易，单纯从数量上看，英国将一直无法与之比肩。然而，英国奴隶主一共将260万非洲奴隶带到了美洲，其中绝大多数发生于18世纪期间。大约有391060名奴隶登陆北美，而超过200万人来到了西印度群岛。[103] 黑人奴隶劳动为大西洋殖民地层出不穷的一系列出口大宗商品热潮提供了资本。

位于最南端的那些北美殖民地，复制了西印度群岛的商业成功路线。[104] 到1700年，沙夫茨伯里的"宝贝儿"卡罗来纳已经出口了40万磅主要由奴隶种植的稻米。1708年，卡罗来纳成为第一个黑人奴隶占人口多数的北美殖民地。[105] 呼应1661年的《巴巴多斯奴隶法》，沙夫茨伯里和洛克的《卡罗来纳基本宪法》宣布："每一个卡罗来纳的自由人都拥有对其黑人奴隶的绝对权力与权威。"白人奴隶主的权威，加上作为次级主权的股份公司的统治，成为殖民地中"复合"帝国统治的另一个侧面。如果说帝国总是暗含着"御万民以万法"之意的话，正如该领域的史学权威所指出的，种族奴隶制便成为一种可能的统御模式。[106]

1829年，英国哲学家杰里米·边沁（Jeremy Bentham）如此总结洛克的《政府论·第二篇》："财产是政府关心的唯一对象。只有那些拥有财产的人值得被代表。西印度群岛是该自由阵营这些原则的巅峰体现。"[107] 到1740年时，卡罗来纳出口的稻米已达4300万磅。靛蓝是排名第二的出口大宗产品。在西部，随着克里克部落联盟（Creek Confederacy）势力逐渐壮大，以及美洲原住民开始贡献另一种出口大宗产品——鹿皮——以换取枪支、马匹和金属，印第安人奴隶贸易渐趋衰落。[108] 稻米和靛蓝的销售额稳定保持在卡罗来纳出口获利之75%的水平，很快，在与之毗邻的佐治亚殖民地，也呈现出同样态势。[109]

在弗吉尼亚,种植园主借着17世纪烟草这一大宗商品热潮之势,赢得了18世纪的财富与权力。[110]烟草原产于美洲,由阿尔冈昆人(Algonquians)介绍给英国人。[111]为了种植烟草,种植园主首先依赖的是白人契约仆役。规模较小的种植园十分常见,其中一些由契约期满、获得自由的白人契约仆役拥有并经营。但到17世纪70年代时,不受印第安人部落控制的可用土地正在减少,而烟草的出口市场也一落千丈。出口市场的价格波动,是殖民地商业经济的一大祸害。[112]曾经一度,弗吉尼亚的农场主、种植园主和印第安人部落之间陷入了三方鏖战。[113]其结果,是印第安人仇恨情绪的高涨,等到烟草市场再度繁荣之时,大种植园主已经通过"进口"非洲奴隶巩固了自己的势力。相对于支付给白人契约仆役的费用,黑人奴隶变得更有性价比。[114]到1750年时,在弗吉尼亚大约有10万名黑人奴隶,约占总人口的40%。某种白人种族支配的意识形态得到了强化。[115]马里兰的切萨皮克殖民地和特拉华的部分地区也走上了类似的殖民地繁荣之路。

奴隶种植园由此成为英属大西洋地区的第一批商业中心。因为奴隶制的存在,南方的各个北美殖民地保持着富甲一方的地位,仅次于西印度群岛。每一个英属北美殖民地都有奴隶。然而,在18世纪期间,中部和北部的那些殖民地虽然没有那么富裕,却成为举足轻重的商业势力,而且在某些方面要比南方的殖民地更有活力。

北部和中部殖民地发展出了更加多样化的商业经济。殖民地居民"纺织布匹,制作家具,蚀刻银器,出版报纸,绘制画像,建造船只、木桶、房子和城市"。[116]殖民地之间的海岸贸易十分活跃。在陆上,"市场范围"的壁垒却依然很高。[117]即便是在北部殖民地,绝大多数的商业活动仍是面向大西洋的。[118]由康涅狄格、马萨诸塞、新罕布什尔和罗得岛构成的新英格兰地区,向外出口食品、牲畜、鱼类、鲸鱼产品和朗姆酒。它的商人阶级很快便在包括奴隶贸易在内的大西洋运输贸易中壮大起来。[119] 到 18 世纪中叶,中部殖民地——纽约、宾夕法尼亚和新泽西——则更加欣欣向荣。拥有肥沃土地的中部殖民地,在大西洋谷物贸易中获得了更大的成功。费城和纽约市有了自己的商业精英,并且最终超过波士顿,成为商业中心。[120] 在北部殖民地,殖民地议会逐渐变得更能代表白人男性人口。相对于南方,更大的政治平等和更大的创业活力似乎联翩而至。[121] 到 1750 年,北部和中部殖民地进口的消费品超过了南方,尽管道路不畅,这些商品还是穿透到了更密集的本地市场。"奴隶几乎不花什么钱。"康涅狄格的教士贾里德·埃利奥特(Jared Eliot)于 1759 年写道。[122]

亚当·斯密不止阐释了商业增长的过程,他还提到了一个"商业社会"的到来,在其中,商业活动——而不是地位、恐惧或暴力——定义了人与人之间的关系。[123] 在这样一个社会中,每个人都将"在一定程度内变成了商人"。[124] 这并不是一个自私自利者的共同体。斯密主张,在自由放任的情况下,商业活动将通向一个开明的共和国。18 世纪的殖民地北美——更多的是北部地区而不是堪称社会灾难的早期西印度群岛——开始折射出斯密的道德愿景。咖啡馆、图书馆和剧院出现了。殖民地精英争先恐后地加入英属大西洋地区的消费文化中,以一种良性的重商主义的方式,为英国制造商维系了可观的消费市场。到 18 世纪 50 年代,北美是增长速度最快的英国产品销售地。[125] 商业消费上的精致品位,成为一种身份地位的标识。[126] 作为英克里斯·马瑟的儿子和约翰·科顿的外孙,牧师科顿·马瑟(Cotton Mather)戴着各种时髦的伦敦假发。[127] 在被称为"第一次大觉醒"(First Great Awakening)的 18 世纪 30 年代和 40 年代的一波福音派宗教觉醒运动中,一些宗教领袖开始将商业利益与灵性得益等同起来。新泽西的教士约瑟夫·摩根(Joseph Morgan)在《财富的本质》(*The Nature of Riches*, 1732)中宣称:"贪婪觊觎有利于公共利益。"[128] 只有费城殖民地那样的商业社会,才有可能产生出本杰明·富兰克林（Benjamin Franklin）这样的人物，这样一个由博学之士和商业道德主义者转变而来的大西洋地区名流。富兰克林曾在1759年与亚当·斯密共进晚餐，他劝斯密写一本关于商业殖民政策的书，并向他宣讲了一番"自由贸易"的好处，哪怕这种贸易发生在英吉利帝国之外。[129]

伦敦一直保持着商业中心、金融中心和帝国权力中心的地位。美洲种植园主先是在自己承担风险的情况下出售殖民地大宗出产，或是将这些商品委托给英国的居间代理商发售；后来，在某些情况下——比如在切萨皮克——本地商人会设立乡村商店。总而言之，英国债权人很愿意为北美贸易提供资金。[130] 英格兰银行监管着发行纸币的银行网络，这个网络资助了18世纪的大西洋几次大宗商品热潮。物价稳定支持了日益复杂的英国公共债务和私人债务的资本市场。低利率释放出了面向殖民地的信贷，因为1732年的《简易追索国王陛下于美洲种植园及殖民地之债务法》（Act for the More Easy Recovery of Debts in His Majesty's Plantations and Colonies in America）让英国债权人可以更容易地收回包括奴隶在内的"不动产"。这强化了对英属殖民地投资的信心。[131] 直到与法国的七年战争于1756年爆发，在英国的第一个"廉价货币"时代，短期和长期利率都在下跌。1714年，英国法定高利贷利率跌到了5%，但在那之后，包括在大西洋贸易之中，通行市场利率都跌到了更低水平，这表明了一种与货币分离的意愿和对商业未来的信心。

英属大西洋地区的商业和金融复杂性，它的信贷链、汇票、信息流、保险和再保险保单，全都令人叹为观止。因为供应与需求的本地变化会跨越大洋引起震动，一些经济史学家将这个帝国的特征描述为展示于外的各种均衡动态（exhibiting equilibrium dynamics）。[132] 看起来，英属大西洋地区的商业活动完全能够自我协调。

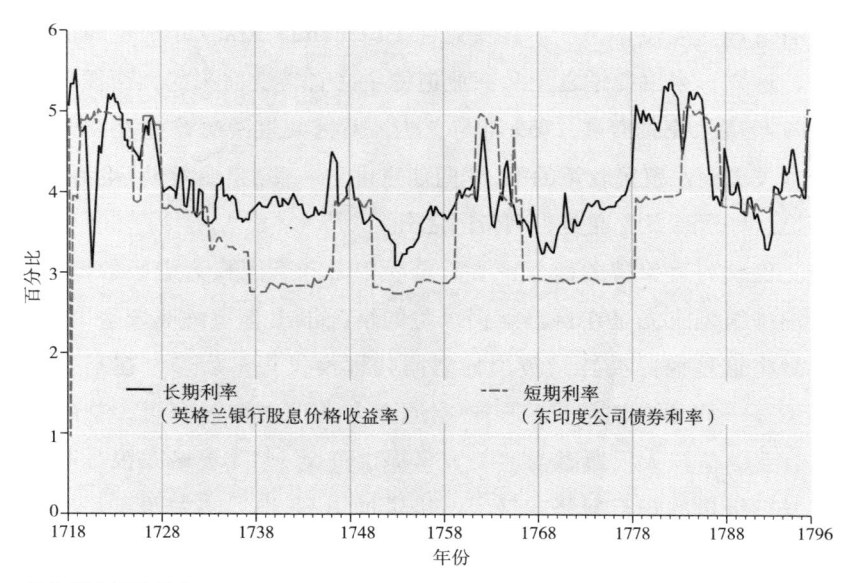

英吉利帝国的利率

从历史上看，低利率与商业繁荣相辅相成。在18世纪的英吉利帝国，它们与北美殖民地商业的"黄金时代"同时发生。

    这个帝国经济从来都不是一个闭环。走私是既成事实，与帝国竞争对手之间的交易也十分频繁。[133] 然而，在英吉利帝国内部的贸易变得让双方都有利可图，以至于《航海法》几乎得到了自动执行。殖民地居民抱怨的话题包括硬币的短缺（殖民地立法机构尝试使用违反帝国法律的纸钞），帝国对支持自由移民的拒绝，以及针对与拉丁美洲进行贸易的帝国禁令。从政治上看，大多数殖民地居民都站在英国辉格党的"爱国派"（Patriot）这一边，他们看好美洲商业活动，对西印度群岛的糖业利益不那么在意。[134] 总的来讲，许多富有的18世纪美洲殖民地白人变成了充满自豪的英国臣民。以其自身标准计，沙夫茨伯里及其小圈子的重商主义计划业已被证明是一个光彩夺目的长期成功。

5.重商主义的功过是非

最后,让我们来分析一下,重商主义到底为美国资本主义的历史留下了何种遗产?

其中一个遗产,是将人视为动产的残暴奴隶制度,以及现代种族主义的诞生,美国资本主义直至今日仍未能摆脱其阴影。在17、18世纪的几乎每一个人类社会中,各种奴役支配形式都是一种常态,但奴隶制已经在西欧消失了。黑人奴隶制在美洲的崛起,是欧洲统治者和资本家做出的一个选择。

那么,贸易平衡又如何呢? 18世纪英国与北美殖民地之间的贸易差额是有利于母国的,正如重商主义教条所反复强调的。美洲殖民地通常保持着与西印度群岛的贸易顺差,而英国保持着与西印度群岛的贸易逆差。尽管精确数字无法认定,这或多或少是一种帝国内部的循环。[135]

这重要吗?斯密型商业倍增器触发了创造财富的企业的扩张。信贷流动维系了商业活动,带来更多面向市场的生产活动。亚当·斯密在《国富论》中多次抨击了贸易平衡的教条。他从一个国家生产的商品的"可交换价值"之角度来定义国家财富,而不管其贸易差额为何。这个标准后来为更现代的衡量标准——比如今天的国内生产总值(gross domestic product,简称GDP)——提供了灵感。按照那个标准,英属北美殖民地居民在英国的"重商主义制度"之下变得十分富有。西印度群岛依然是最富有的殖民地,原因在于这里的奴隶的市场价格和劳动,但北美缩小了差距。1700年,按人均计算,巴巴多斯的富裕程度要比北美殖民地高出50%。到1800年,同新成立的美利坚合众国相比,其富裕程度就仅高出20%了。[136]根据最可靠的粗略计算,美洲殖民地居民的人均收入增长保持在每年0.5%区间,在工业革命以前的时代,这是一个很大的数字。被征服的土地和自然资源，意味着美洲殖民者在生活水平上拥有更大的优势。到美国独立战争前夕，"普通美洲殖民地居民要比普通英国人吃得更好，长得更高，活得更长"，而且，很可能和任何一个地方的普通人相比，都是这样。[137]

一些历史学家提出了一个与现存事实相反的假设，他们想要知道，如果没有那些重商主义的限制，美洲殖民地是否会发展得更好。[138] 这个问题过于空想，而不顾实际上发生了的那些事情。英属北美的斯密型增长，发生于光荣革命后的长期政治经济解决方案的框架内。各殖民地的内部商业活动或进入陆路市场的机会都十分有限。他们是在向英国市场进行海外销售的过程中变富的，这些市场为殖民地提供了至关重要的有效需求来源。英国议会的立法经常是有利于殖民地居民的。一项1705年颁布的法律，给予新英格兰的造船木料以超出波罗的海进口木料的特殊待遇。1784年议会通过的一项政府津贴，补贴了卡罗来纳的靛蓝生产。与此同时，帝国的管控依然是微乎其微的。到1750年时，80%的殖民地谷物出口以南欧为目的地，但议会对此一言不发。[139] 英吉利帝国推动了对殖民地北美商业活动的投资。最后，从母国的角度来看，殖民地美洲对英国的财富做出了巨大贡献，而且甚至可能催生了工业革命的到来。[140]

正因如此，帝国的空间征服慢慢地将信心预期灌输到人们心中。在这个商业时代，斯密型"市场范围"很大程度上是一个地缘政治现象。在实践中，工业革命之前的斯密型增长是与空间有关的，通过扩展面向跨地域市场的商业活动和生产活动而实现。英国的重商主义将北大西洋转变为一个巨大的帝国贸易区。扩张领地是帝国本能地要去做的事情。从历史上看，各个帝国一直都是有力的商业市场空间扩展者，并以此确保其广大臣民的市场需求。斯密型动态出现于所有的欧洲帝国之中，也出现于莫卧儿帝国统治下的印度、德

第一章　重商主义

川幕府统治下的日本、易洛魁联盟、清朝统治下的中国、奥斯曼和波斯帝国以及撒哈拉南部的博尔努帝国（Bornu Empire）（似乎很久以前的罗马帝国也是如此）。[141] 历史记录清晰可见。"自由贸易"从来都是以法律为依据的国家权力基础的一项成就。[142]

亚当·斯密曾经想象过，在国家相对缺席的情况下，商业活动会是何种状态。这是一个值得称扬的思维练习，但也仅此而已。斯密本人深知国家政策至关重要，而且，今天的"自由市场"倡导者，最好在看《国富论》时多读几页，不要只看了第一卷就作罢。斯密对"重商主义制度"有时将财富等同于金银，并且在某种程度上导致18世纪道德败坏的批判，直至今日仍能引起共鸣。但许多以极其复杂精细形式出现的重商主义信条，却值得对其权衡利弊。货币和信贷从前和现在都是资本主义经济发展的神经中枢，它们从来都不是"中性的"。在经济发展的过程中，制造业已被证明为一个动态要素。除了第一个实现工业化的国家，也即英格兰，几乎每一个走上工业化之路的国家，包括美国在内，都是在某种保护性关税之下得以达成目标的。因此，尽管英吉利帝国启动了美洲在18世纪的长期商业繁荣，到这个世纪末，它却开始限制北美的经济发展，而这是通过禁止殖民地居民印制自己的信用货币、鼓励本地制造业发展而实现的。殖民地居民变得富有，是借了今天被称为全球大宗商品"超级周期"（super cycle）的光。然而，更重要的一点是：无论好坏，各国政府都展示出了精心协调长期经济发展的能力。

最后，我们必须考虑一下那个最基本的重商主义假设，也即否认要将政治与经济、公共与私人、国家与市场划分为不同范畴的做法。[143] 私人利益和公共福利或许可以互为促进地纠结缠连在一起的这种想法，会一直持续到美国独立战争时期，但对两者之间紧张关系的根深蒂固的道德疑虑，也与之并存。在沙夫茨伯里生前，在讥讽不平之声中，已经响起了一个熟悉的音符，它不太关心沙夫茨伯里各项政策的结果，而更在意他的动机。诗人约翰·德莱顿（John Dryden）在写于1681年到1682年间的讽刺诗《押沙龙与亚希多弗》（*Absalom and Achitophel*）中，对这位第一代沙夫茨伯里伯爵大加嘲弄：

> 他们谋求的利益动摇了国基，
> 把个人责任当成奇货可居；
> 他们让王位成了他们的犹太市场；
> 装作出于公益，其实却只为自己。[144]

沙夫茨伯里真的是个公忠体国之人，还是一介奸险狡诈之徒？就个体而言——尤其是那些手握大权而又拥有可观私人利益的个体——真的可能完全出于公益而无私行事吗？或者，归根到底，还是亚里士多德说的对：一旦商业自利的魔怪被从瓶子里放了出来，我们所有人——不管是大权在握还是无权无势——全都会成为自身无限欲望的奴隶。

第二章
有机经济、家户经济

英国重商主义为殖民地美洲的商业活动设置了政治限制。然而，在早期的美洲经济中，最大的限制却并非来自人，而是来自自然。

用历史学家 E.A. 里格利（E.A.Wrigley）的话来说，殖民地美洲经济是一个"先进的有机经济"——所谓先进，是因为它的商业特性；而有机，则是因为其经济生产原始投入之性质。[1] 大多数制成品都是用有机物加工而成的，不管是羊毛、兽皮、稻草还是毛皮。水力、风力、人力和畜力为生产提供着动力。如果河流干涸成一道小溪，或是在冬季结冰，水力磨坊就会停止运行。（当时还没有蒸汽动力。）如果关节炎让一个女人四肢无力，纺车就会停止旋转，因为当时也没有电。动物的气力——人的臂力或一头公牛的腿劲儿——设定了生产限度。

通过直接或间接的光合作用，太阳贡献了经济生产中的绝大部分能量。日照量定下了工业革命之前的经济生活的节奏。无论是以为人类和牲畜提供热量的方式，还是以燃烧后照明取暖的方式，植物占到了殖民地北美能量供给的约 98%（风能和水能占余下的

2%)。[2] 为工业革命前的生活提供动力的各种流式能量（flows of energy），表明自然并不是一个惰性的"生产要素"，不是一个仅供人类劳动和聪明才智加以利用的资源，其过程是经济生活中的积极动因。能量和经济紧密相连，拥有着与各个历史时期对应的特定关系。

在一个先进的有机经济中，生产资本的主要形式是土地。生态——而不是商业——才是殖民地经济生活中占支配地位的要素。食物、燃料、衣服和栖身之所，皆出自土地。许多动物都需要有牧场供其吃草放牧，才能让人类吃上肉，更不用说获得羊毛或皮革了。在那些工业革命之前的经济体中，如果不扩大耕种土地的数量或是增加其生产力，增长几乎是不可能的。否则，就没有足够的食物供每个人食用，而且无论如何也没有很多劳动可以从农业转移到制造业和商业上去；不可能有贸易收益，不存在劳动分工，也不存在斯密型增长。然而，归根到底，地球表面可供耕种的面积只有这么多，将农耕扩大到贫瘠的土地之上，并不会提高生产率。如果说在商业活动中，斯密型商业倍增器是一种令经济活动回报与日俱增的可能性的话，当时在农业中，出于生态原因，回报递减的恐惧却始终存在。稀缺始终如幽灵般徘徊于侧，这是一个残酷的现实。

仅仅是生物圈，便已经为工业革命前的经济体设定了限制。其中一些限制是偶然发生、为期颇短的。比如说，一座安第斯火山的喷发，或许会导致欧洲连续数年的坏收成。[3] 根据英国人托马斯·马尔萨斯（Thomas Malthus）在《人口论》（Essay on the Principle of Population，1798）中的观点，最糟糕的那些制约条件则是残酷的——饥荒、瘟疫和战乱。没有哪个政治经济学家能比马尔萨斯更深切地理解自然在经济生活中扮演的主动角色。他认为，如果"植物和动物王国"的所有物种都幸运地拥有那种令其繁衍的后代可以超出更替水平的生育能力，那么人口的增长便最终会遇上"恐怖的自然资源"的回应。马尔萨斯在《人口论》的第二版中提出,人口的过早死亡,将成为诸多可能的"实际制约条件"之一,让人口回到与自然平衡的数量。[4]

这就难怪在1850年时,苏格兰历史学家托马斯·卡莱尔(Thomas Carlyle)将政治经济学形容为一门"令人忧郁的学问"。[5]几千年来,尽管阶段性的商业繁荣不断出现,在全世界范围内,物质财富却像手风琴一样时伸时缩。[6]种种限制,就摆在那里。亚当·斯密承认,每个人都可能从贸易中获益,但即便是他,也会谈到,任何一个经济共同体最终都必将进入一个"停滞或衰退的状态"。[7]

一个有机经济的生产限制必须被超越,才会令现代的、可自我维系的经济增长成为可能,而这是资本主义经济和文明的典型特征。通过开发以无机形式存储起来的化石燃料,而不是依赖有机能量的流动循环,工业革命让各个经济体越来越快地变为能源密集型经济体。当然,大自然将不会停止扮演它的主动角色,考虑到气候变化的迫在眉睫,马尔萨斯陷阱或许依然布设在那里,随时准备反扑。大自然或许依然会笑到最后。

1. 早期北美的生态与经济

到17世纪时,英格兰已经没剩下什么可供人类开垦和占领的土地了。土地稀缺推动了英国人对北美的殖民。[8]在这样的过程中,他们以家户为单位,将北美转变为一个先进的商业社会。

在千禧年的头几个世纪,气候逐渐变暖,英国农业生产的扩张与人口增加并驾齐驱。[9] 1300年时,英格兰只有不超过10%的面积为森林。17世纪诗人亨利·沃恩(Henry Vaughan)在《林》(The Timber)这首诗的一开始便感叹道:"诚然,你曾枝繁叶茂!"[10]但气候随即开始变冷,开启了一个被考古学家称之为五百年"小冰期"（Little Ice Age）的时代。在大饥荒（1315—1322年）和黑死病（1347—1353年）之间，英国人口减少了一半，有机经济的压力得到缓解。[11] 接下来的，是一个商业回升时期，但人口周期仍在不断重复。马尔萨斯解释说，尽管人口是成几何级数增加的，但财富生产以及食物生产却是呈算术级数扩张的。

少数早期抵达北美的英国人报告说，他们无意间发现了一个失落的伊甸园。这是一片处女地，居住其上的印第安人很奇怪地并没有充分利用其潜力。一些人怀疑，亚当的诅咒是否尚未被解除。1607年，弗吉尼亚公司将大约6000名殖民者带到了詹姆斯敦殖民地。当第一轮冬季到来时，许多人都饿死了。一些死者甚至被同伴吃掉。到1622年时，只有不超过1200人还活着。[12] 然而，在第一轮殖民定居之后，饥荒在很大程度上远离了英属殖民地，这主要是因为英国人汲取了原住民的生态环境经验及知识。土著人口很快便开始蒙受饥饿、瘟疫和战乱的打击。在新英格兰，1616年和1633年的疫病流行夺去了大量马萨诸塞、佩纳库克（Penacook）、万潘诺格（Wampanoag）和纳拉甘西特印第安人的性命。然而，在殖民地北美，某些情况下——比如18世纪出售鹿皮的克里克部落联盟——原住民人口实际上增加了。[13] 欧洲殖民者遇上的并不是一个失落的伊甸园，而美洲原住民也并没有一下子就开始消亡。

不过，英属北美殖民地依然为资源受限的英国提供了一块缓冲之地，一位经济史学家将其称为生态意义上的"影子耕地"（ghost acreage），它缓解了工业革命前夕的生态限制。[14] 相对于英格兰，北美殖民地的土地十分充裕。土地的相对充裕——而非稀缺——或许是北美商业时代的首要经济事实。因为这一点，美洲殖民地居民要比他们的欧洲同时代人长得更高、更壮、更健康。[15] 马尔萨斯注意到，在北美殖民地，"增长的速度几乎是史无前例的"。这证明了他的总体推断，即在不受制约的情况下，人口"在二十五年间

第二章　有机经济、家户经济

便可翻倍"。直到现在，这依然是对美洲殖民地人口的足够准确的描述。[16] 因此，与18世纪大西洋商业的长期繁荣同时发生的，是英国殖民者迅速繁殖人口以征服领地的行动。

与有机经济相互作用的这段历史，其主要行动者是众多的家户。家户是早期美洲经济生活的中心机构——事实上，是全部生活的中心。[17] 亲属关系、风俗习惯、法律和远近亲疏，定义了他们的特征。家户承担着"经济"——对家户财产进行管理——的任务。家户还是治理机构。在一个"复合"或"多方"主权的世界里，帝国权威在其前沿地带力量微弱，而家户和股份公司一道，变成了行使管理职权的英吉利帝国次级主权。个人在家户这个"小共和国"（little commonwealth）中的相对地位，是由性别、年龄和种族定义的，而这又决定了他们的民事地位。男性——丈夫、父亲和主人——是"独立"的一家之主；地产是他们政治"自由"的靠山；妻子、孩子、仆人和奴隶是他们的"依附者"。一个家户是一个社会等级系统，在其中，"占上风的是往来互惠的权利，而不是彼此平等的权利"。温情慈爱是如此，残忍虐待亦是如此。[18]

一个家户的所有成员都过着基本的经济生活。家户以集体形式分配资源、调度劳动以及转移财产和财富。当前计算某个国家经济体的国内生产总值（GDP）时，被称为"家户经济部门"（household sector）的这一块很大程度上不被统计在内。但在早期美洲的经济生产中，它却几乎占到了全部，而且其中大部分注定被用于直接消费，而不是商业贸易。[19] 在这个时候，任何区分家庭与市场、居家与工作的行为，都不会有太大意义。经济不是一个单独的领域。因此，一个重商主义的主题再次出现了。与重商主义政治经济学十分相似，家户也将公益与私利搅在一起，成为一个紧张而充满活力的混合体。家户的混合特性再次表明了，在早期北美，商业活动是如何一方面继续前行，但另一方面又同时受到各种制约的。

在早期北美，家户经济和有机经济深深地交织在一起，而这或许只是因为各个殖民地仍主要是乡村社会。当美国独立战争爆发时，至少80%的人口仍耕作于土地之上，不超过5%的人生活在城市，而城市的定义，是拥有超过2500名居民的具有城市特征的定居点。对早期美洲经济的描述，必须注意到有机经济与家户经济的相辅相成、协调发展，因为商业活动就随着它们的兴衰而起落。

2. 财产

美国的艺术表达，一直反映出一种对北美大陆广阔无垠的由衷敬畏。在商业时代登上艺术巅峰的，是哈得孙河画派的一众画家。其中一例，便是托马斯·道蒂（Thomas Doughty）的《在自然的奇境中》（In Nature's Wonderland，1835）。

看上去，人类对自然景观的治理驯化未能留下任何痕迹。但这片大陆并不是无主之地（terra nullius），不是一个空旷空间，不是一片等待人类征服的不羁荒野。

土著居民以集体和个体的形式，对各种自然资源实施控制。与某种长期流传的殖民地神话所说的相反，美洲原住民确实拥有财产。就算后来未必如此，最早的那几代英国殖民者也的确意识到了这一点，而原住民财产制度和英国财产制度在某种程度上的等量齐观，是早期接触和外交往来的媒介——通过这一媒介，某些原住民部落试图将欧洲人口纳入自己的政治世界，也是通过这一媒介，英吉利帝国寻求令原住民部落臣服于自己的复合帝国主权之下。[20]

然而，殖民者带到美洲的，是一种在美洲原住民看来并不总是合情合理的财产制度。它是一种最独特的英国法律制度：私有财产（private property）。私有（private）意味着拥有某种排他性的权力与权利，它"排除"了其他对象——甚至包括国家，虽然可能只是

托马斯·道蒂,《在自然的奇境中》(1835 年)

这幅哈得孙河画派的经典画作,捕捉到了那种对大自然的由衷敬畏,以及未经开垦之荒野的神秘之感。请注意那个在自然环境中相形见绌的渺小个体,这是该画派的一个共同主题。

在某种程度上——占有、使用或交换某一特定物的独占权。对于美国资本主义历史而言,英国私有财产制度最意义重大的原则便是"改良"这个启蒙主义的信条。与这一时代若合符节,改良为英吉利帝国权力和私人商业活动在北美的同步扩张确定了合法性。[21]

令地产私有的那种制度,不仅保证了对它的占有权,还保证了对它进行激进的商业种植的权利,大多数殖民者相信,这是撬动物质进步和文明发展的一个杠杆。我们可以参考一下哈得孙河画派大师阿舍·布朗·杜兰德(Asher Brown Durand)的画作《进步——文明的前进》(*Progress—The Advance of Civilization*, 1853)。壮美的自然仍位于大陆左侧,但农耕和商业活动已经在右侧突飞猛进。

阿舍·布朗·杜兰德，《进步——文明的前进》（1853年）
在这幅哈得孙河画派的画作中，清晰可见密集的商业活动正从东向西侵蚀着自然景观。

很快，对早期美洲自然景观的浮言赞美便在"人类帝国占领大自然的争夺战中被弃诸一隅"。[22]

资本是一种财产形式。从法律上讲，当代私有财产权——今天，包括了知识产权、人类基因乃至于数字音乐流媒体播放等各样事物——的起源是土地。一路溯源至古罗马，完全所有权（dominium）这个法律概念是与土地所有权相关的，在其中，"所有权是绝对的：独特、单一且排他"。[23] 在早期现代欧洲，国家的形成与财产的形成是同步的。欧洲统治者将完全所有权的概念拿来为己所用，将它作为一个借以实施其对"民众以及某个划界领地"之主权的原则。[24] 早在对北美殖民之前，有别于公共请求权（public claims）的、可以得到认可的"私有"财产权利（rights to property），便已经开始在欧洲出现，尤其是在英格兰。[25] 但在欧洲对地球表面不断扩大的商业驯化过程中，早期现代的财产法仍将私人"利益"与公共完全所有权（public dominium）缠连在一起。在公与私之间做出清晰划分是不可能的。

出于这一原因，英美的地产历史有时候是一个令人困惑的问题。在英格兰，1066年的诺曼征服之前，土地可以是"保有绝对所有权的"（alodial），意味着它不受任何封建领主的管辖。保有绝对所有权的土地是后来美国"公有土地"（public domain）的起源。在诺曼征服之后，王室宣布对英格兰的所有土地都拥有所有权。理论上，英王的主权并不可出售。土地能被某个臣民"持有"，却不能被"拥有"。但在实践中，英国的土地却成为保有权制度（a system of tenures）的统辖对象。王室放松了控制，地产落入世袭贵族的掌握之中。国王土地承租人（tenants-in-chief，拉丁文：in capite）是那些以某种形式（通常是承担兵役）向王室效忠的人。国王土地承租人持有的土地，成为贵族领主财富和地位的基础。然而，大多数中世纪的英国人都是平民百姓——普通农民而不是贵族——且没有任何合法保有权。为了满足基本生活需要，农民为保住自己对土地的习惯法用益权（customary use rights）——一种法外占有（extralegal possession）——而展开了激烈斗争。领主们从农民那里榨取经济剩余价值，但他们也有义务确保后者的安全和基本生计。关键在于，除了君主主权，理论上的那种对土地的绝对性、排他性私有产权并不存在。

14世纪的黑死病开始改变这种情况。一半的人口死去了，土地－劳动力比率剧增。农民占据了空出来的土地，领主需要有新的激励措施招募农民劳力。一种新的土地保有权制度出现了，与国王土地承租人制度展开了竞争。"以领地为限"（ut de manore）的原则限制了对王室负有的义务，领主们直接管辖其领地上之占有人的权力范围也缩小了。一些农民获得了能够被依法执行和继承的"副本土地保有权"（copyholds）。领主们予以反击，将"副本土地保有权"易之以"租赁权"(leaseholds)。农民如今可以通过商业租约租赁土地。随着英格兰的商业化,王室将国王土地承租人的各种义务折抵为货币(税收)。随着越来越多的直接商业关系形成于英国臣民和作为物权客体的地产之间,一层层的产权要求(propertied claims)慢慢地显露出来。在关于财产问题的讨论中,以私有制的基调引出的古罗马关于绝对完全所有权的法律概念,遂成为新的突出主题。[26]

越来越多的领主转变为绅士资本家,他们心心念念的都是所拥有的地产的商业收益。在英格兰,关于多种土地保有权之法律性质的辩论在17世纪上半叶十分激烈。最终,一系列议会法案——以在沙夫茨伯里时代出台的《保有权法》(Statute of Tenures,1660)为高潮——降低了英国财产法的复杂性。朝向排他性和绝对性法定所有权的转变发生了。土地所有权变得更加资本主义化了。用一位历史学家的话来说:

> 土地的绝对性财产权意味着这样一种权利:权利所有者可以使用和管理它;通过允许他人使用而获得收入;以礼物或遗赠形式将其转给他人;通过出售将土地的资本价值变现;主张该财产免于被征用;经营时不受对拥有这些权利设限之条款的约束。[27]

致力于商业"改良"的领主,会把他们的承租人驱赶到"圈为私有"(enclose)的土地上,变成领主的排他性私有财产。这些土地本来不是任何一个所有权的客体,它既包括"公地"(commons),也包括既存多种共有用益权(communal use rights)的其他地块。一个分化出来的农业人口开始成形,他们由不同阶级构成,定义其阶级的,除了社会等级之外,还有不同程度的财产所有权。[28]

当时存在着无地或几乎无地的英国"雇农"（cottagers），有些人乘船去了美洲。在领主与无地者之间，出现了"庄稼汉"（husbandmen）这样一个新的中间阶层。许多人都是承租人，但也有一些人获得了宝贵的共有公地财产请求权（commoner property claim），这是另外一种形式的保有权，可以据此主张"不限定继承"（fee simple）的土地所有权。这意味着他们是"不动产的终身保有者"（freeholders），并因此成为财产的"独立"所有者。他们是独立自主的"户主"（heads），可以组建自己的家户。在英国的不动产终身保有者中，最具商业活力的是"自耕农"（yeomen）。对于身为白人男性的户主来说，殖民地北美即将成为一个自耕农的天堂。[29]

在大举开展殖民的前夕，英国逐渐趋向于支持更具排他性、更个体化的土地私有财产权，这可以与英国地产和财富缓慢但稳定地向资本转化之趋势等同起来。然而，这一转化既不彻底，也非一早注定。英国地产依然是令人摸不着头绪的一团乱麻，保有权（tenures）、所有权（titles）、请求权（claims）、反请求权（counterclaims）、承租权（rents）、受益权（entitlements）、封地所有权（fees）和连带义务产权（dues）全都掺杂在一起。即便是可终身保有、不限定继承的所有权，也绑定了一定的法律义务，需要承担税收，服从国家对私有财产的征用权（eminent domain），取决于女性的嫁妆权（dowry rights）。[30] 英国的圈地运动直到19世纪才宣告结束，而几乎所有的北美殖民地都划出了某种形式的共有"公地"。然而，无论其商业价值如何，地产都继续为其所有者带来弥足珍贵的"独立自主"的民事和政治地位。[31] 不必对任何领主卑躬屈膝，不受任何主子的使役，拥有依附于自己的一大家子人。无论是在思想还是经验中，财产常常在很大程度上都是一件关乎人格个性和自我肯定的事——也许有时候，也关乎互利互惠和统治支配。

在土地保有权的问题上，殖民地北美并没有回避昔日封建传统。王室将"特许独占"（proprietary）某些殖民地的权利赐给了信奉罗马天主教的巴尔的摩勋爵（Lord Baltimore）（马里兰，1632 年）、沙夫茨伯里在卡罗来纳的投资者小圈子（1663 年）、新泽西的创建者们（1664 年）以及身为贵格会信徒的贵族威廉·佩恩（William Penn）（宾夕法尼亚，1681 年），他们全都是国王土地承租人。这些拥有特许独占权的领主（proprietors）理论上会把土地分成小块，分配给向他们支付准封建"免役租"（quitrents）的殖民者，假如这些租税能被收缴上来的话。在哈得孙河谷，荷兰的"大地主"（patroons）*建起了巨大的庄园，假装自己本是封建领主老爷，而不是荷兰的普通市民。在其他地方，殖民地居民诉诸公共荒地制度（common fields system），在这片开放式的野地上，捕鱼、采集、放牧和狩猎的集体用益权占据了主导地位。[32]

不管怎样，相对于母国，殖民地美洲都算得上拥有不动产终身保有权的自耕农的一个美梦。殖民地立法机构通常会按照"公地继承权"（headright）或是家庭成员的数目将土地发放给所有的英国自由民。在弗吉尼亚，大种植园主与这个制度玩起了博弈游戏，他们依据自己拥有的黑人奴隶的数目来请求获得土地。这是美国宪法五分之三妥协条款（three-fifths clause）†的一个不祥之兆。又或者，各家户索性"擅占"（squatted）于土地之上，希望自己的财产请求权能够得到法律上的追认。从法律角度来看，绝大多数美洲殖民地居民享有弥足珍贵的土地终身保有权或不限定继承所有权。私有财产权在殖民地美洲以一种更强大的形式涌现出来。[33]

白人男性的一家之主，享受着他们出身农民的祖先梦寐以求的

---

* 在荷兰殖民时期享有大宗地产特权的地主。
† 即 three-fifths comprimise，1787 年美国南北双方在制宪会议中达成协议，将美国黑人奴隶人口按五分之三的比例换算，以此作为计算众议员成员名额和税收的标准。

某些权利。一位纽约的苏格兰—爱尔兰移民在1737年写给老家的信中这样说：

> 读一下这封信吧，尊敬的浸礼会博伊德牧师，好好看看，然后告诉你那里的每一个穷人，上帝已经为他们的拯救打开了一扇门……因为在这里，一个人所有的辛苦劳作，都是为了自己；在这里，没有收税的狗腿子，把收成从我们手中夺走……没有人会夺走你的玉米、你的土豆、你的亚麻和你的鸡蛋。[34]

与欧洲相比，北美拥有更多把土地当成一种资本的小地主。一位纽约官员观察到，"希望拥有自己的土地，希望成为独立的地主，这是诱使人们来到美洲的主要原因"。[35] 正如约翰·洛克阐明的，没有不受随意干涉的可靠的土地财产权，便不会有共和自由的保障。

在美洲自耕农可以主张不限定继承的土地保有权之前，殖民者不得不从印第安人的手中抢夺土地。在这里，私有财产与主权统治的携手并进得到了最终的证明。这是因为，英国人和原住民之间的冲突，通常会表现为彼此不同且互不相容的"公地"之间的角力，这种"公地"制度，将财产向某个共同体或公众开放，供其使用。在美国独立战争前，原住民"因殖民者划定公地而导致的财产损失，其程度不亚于某种殖民地形式的圈地运动"。[36] 许多东北部的美洲印第安人部落原本是随季节迁徙的，即便他们经常也会从事园艺农耕。新英格兰的纳拉甘西特、马萨诸塞和万潘诺格这些人口众多、操阿尔冈昆语（Algonquian）的土著部落均是如此。在这样的有组织的土著群体中，主权和财产通常并不等于永久不变的土地占有，无论这种占有是公共占有还是私人占有。[37] 主权更多地来自人际关系，而不是领土占有，而后者又会表现为对资源的控制，从而赋予多重资源请求权以合法性。控制土地使用是合情合理的，正如承认另一个部落对一块边界模糊的领地的占有（尽管用围栏将土地圈起来的做法并不常见），甚至在某些情况下，用益权的交换也是得到认可的。清教徒牧师罗杰·威廉姆斯（Roger Williams）是罗得岛殖民地之前身的创始人，他曾这样评价纳拉甘西特人："据我所知，他们内部有交易往来，会为买卖一小块或是大量土地而讨价还价。"[38]但对绝大多数美洲原住民部落来说是很难理解的，是从人类和精神世界中各种关系的"生命活动"里将土地完全抽离出来，让个人依据强制性的法律机器断然宣称对土地的排他性权利。[39]原住民财产制度和英国财产制度之间的相称性，终究是有限度的。

欧洲的法律传统规定，没有正当理由，土地不可以被剥夺，即便是从"野蛮人"手中。洛克在他的《政府论·第二篇》"论财产"一章中提供了一个正当理由，而这牵涉到了改良主义的信条。洛克从一个基本的假设开始，假定人类对上帝慷慨给予的自然恩赐拥有共同权利。[40]当一个自认为拥有所有权和请求权的人将自己的劳动与公共所有权之内的资源"混合"起来之时，财产就产生了。洛克所说的劳动，并不仅仅意味着体力劳动；他的意思，是人性向外部世界的扩展。在这样做的过程中，这个扩展者从公共所有权的共用资源中取出了对其中某些部分加以控制的排他性权利。洛克写道，正因如此，在"美洲"射杀一头鹿的"未开化的印第安人"，拥有这头鹿的尸体和鹿肉，却不能对他在其中猎杀鹿的树林主张所有权。后者需要有意识地清理土地、栽种耕耘并在土地周围竖起围栏。这种改良行为因此导致了对"其他人公共权利"的排除。[41]洛克选择了一名印第安猎鹿者作为例证，尽管他明知道更好的例子——事实上，印第安人的确改良过土地，只不过是按照自己的标准。[42]但洛克关于财产的这段著名论述的隐含之意，却是美洲原住民并未改良这片土地，因此整个美洲仍处于公共所有权之下，时机已经成熟，只待掠夺。

洛克其实部分借用了殖民地居民自己的论点。来自英格兰一个封闭农业区的马萨诸塞湾总督约翰·温思罗普，主张"那些仍属共有的、从未被增益或降服的（土地），可为任何占有并改良它的人自由拥有"。最早来到那里的印第安人，拥有对这片土地的"自然"权利。但他们没有"圈占"和"改良"这片土地，于是便丧失了自己的"民事"权利，浪费了良机。约翰·科顿也随声附和。在"一片空旷的土地"中——这个描述用在有原住民居住的美洲身上，简直就是个笑柄——他"占有了它，在其上耕耘种植，辛勤劳作，他就对它拥有权利"。[43]对农业改良的信念是如此根深蒂固，以至于一些殖民地居民开始相信，这样甚至可能改善气候。[44]不管怎样，改良成了英国公共财产和私有财产——其公地和独立地块——合理合法地掠夺印第安人土地的借口。

洛克给出了一个例外：那些夺取土地为己用的人始终承担着一个义务，那就是为任何其他人留下足够的用益空间，假如这些人想要将自己的劳动与这片土地结合、对它进行改良并提出所有权请求的话。这的确是一种改良和文明进步之精神，也即对土地的占有必须不能让任何其他人的生计受损。后来，这个教条变成了"洛克但书"（Lockean proviso）的灵感，后者出现在罗伯特·诺齐克（Robert Nozick）的《无政府、国家和乌托邦》（*Anarchy, State, and Utopia*，1974）这一开创性的关于自然财产权利的20世纪文本中。[45]当时，洛克本来也可能从殖民地那里顺手拿来另一个论点的。是否为印第安人留下了足以谋生的土地（以及，这些异教徒们倘若不曾被基督徒开化，日子是否可能会过得更好）？

洛克写道，之前的许多土著美洲人已经推测出，鉴于英国人对土地的渴望，事实上土地或许并不够用。殖民者饲养的那些四处觅食的牲畜——他们的财产——经常是掠夺土地的战斗第一线。受够了的原住民领袖、皮斯卡塔韦部落（Piscataways）的马塔贡德（Mattagund）于 1666 年向马里兰的殖民地居民抱怨说：" 你们的牛和猪伤害了我们，你们住得离我们太近，把我们从一个地方赶到另一个地方。我们没法再远走高飞了，让我们知道能住到哪里，如何确保将来不受猪和牛的伤害。"[46] 到最后，两个多世纪后的小说家约瑟夫·康拉德（Joseph Conrad）在《黑暗的心》（*Heart of Darkness*，1899）中写道："所谓对土地的征服，其意义在大多数情况下不过是把一片土地从一些肤色和我们不同的人们手中抢夺过来……这绝不是什么漂亮事，你只要深入调查一下就会知道。"届时正值又一轮欧洲帝国对土地的强取豪夺。[47] 白人花了相当长的时间，才把美洲原住民从他们在北美的土地上赶走。[48] 当康拉德写作时，这类事仍在发生。

3. 土地的资本化

改良为主张对土地的财产权提供了依据。"种植园在其初始阶段有足够多的工作要做"，温斯罗普注意到。那些来到美洲的人有"各样事情要做，正如在创世之初"。[49] 动物和人类劳动驯化了土地，将其化作财产、财富和资本的有机形式。商业活动需要营运信贷（working credit），但更重要的是，大量劳动力投资是令农场资本化的不可避免的手段。

许多殖民者对农业都所知甚少。大量英国移民是城市或村镇居民，不是农夫。[50] 清理土地的任务早在英国久远的过去便已完成。一些欧洲移民来自那些前不久才进行过清理土地的地方，但许多英国人不得不反复试错，向其他欧洲人、印第安人和被奴役的非洲人学习，或是依赖后者的帮助。殖民地美洲居民发展出的是一种"混血农业"（mestizo agriculture）。[51]

清理土地是一项极其艰巨的任务。小石头和大石块必须装在木制的运石平底橇（stoneboats）上被清走。唯一用得上的机械器具是木杠杆，一种古老的工具。印第安人使用计划烧除的方式为农耕清理荒地，而欧洲人则用斧子砍倒森林。[52] 此外，还可以将树木"环状剥皮"（girdled），这是一种印第安人的处理办法，但斯堪的纳维亚定居者也引进了此种操作。约翰·史密斯船长（Captain John Smith）记载道，环状剥皮的方法，是"绕树一周在树皮上切下巴掌宽的凹槽"，然后等上几年时间，让树慢慢死掉。[53] 没有公牛的助力，移除树桩几乎是不可能的。旅行者对殖民地美洲的农场评头品足，那里密密麻麻地布满了被环状剥皮的灰败枯干的死树，以及未被移除的树桩。一个男人大约要花上 30 天时间，才能清理出一英亩土地。奴隶完成了大部分工作，这是北方奴隶制存在的一个原因。一匹马能够提供相当于一个人 6 倍的工作量，公牛还要更多些。17 世纪的殖民者不惜跨越大西洋，将驯养的动物带到美洲。

混合了英国和土著居民的耕种方式，殖民地家户会在三块田里将玉米、南瓜和豆类与欧洲的谷物和豆科植物轮作。从一开始，玉米就是普遍作物。早在欧洲人到来之前，玉米就已经从墨西哥向北散布到了密西西比河谷。所到之处，人口便会急剧增加。（许多土著民族开始生活在城市中。）随着玉米向西北传播，于公元 1000 年到 1300 年之间的某个时期传到新英格兰，众多原住民开始将它与豆类和南瓜混种。[54] 玉米几乎可以被种在任何地方，甚至是坡地和山丘，而且几乎是杂草不侵。它可以被种在仅以人力和锄头开垦出的土地中。在英属北美，锹和犁都是用木头制成的（或许包有铁鞘）。玉米每年只需要有 50 天的时间加以管理照料。它的收成远比小麦、燕麦和黑麦这些欧洲谷物高得多。一英亩良田可以产出 30 蒲式耳到 50 蒲式耳玉米。殖民地居民食用玉米布丁、玉米面包、玉米粉、玉米粥和玉米糊。蒸馏后的玉米变成了威士忌，晒干的玉米苞叶用来填充床垫，晒干的玉米秆则充当厕纸。两英亩玉米便能使一个典型的殖民地家户吃饱，五英亩玉米可以提供吃用不尽的收成。[55]

各种牲畜——马和公牛，奶牛和猪，绵羊和家禽——在草地上啃食青草，或以玉米为食，它们的粪便和豆科植物一道，为土壤补充了肥力。它们为殖民地居民提供了能源和生产力。[56] 早在远古时代，牛很可能便成了第一种生产性资产或"资本品"——它们生出小牛，数目增加，由此带来回报。在拉丁文中，"资本"（capital）这个词的词根有几重含义，其中之一便是"牛头"，而"金钱的"（pecuniary）这个词的拉丁词根"pecus"，意思是"畜群"。从远古世界一直到17世纪，通过对动物能量的利用，实现了工业革命之前的绝大部分生产力增长。[57] 所谓动物，也包括人类。在英属北美，奴隶劳动帮助了殖民地美洲的农业"改良"计划。[58]

除耕作之外，还有许多工作要做。新英格兰人建起了装有护墙楔形板的房子。在其他地方，小木屋随处可见。斧子和框锯被用来切割修饰圆木。再用单边刃的大木工斧把这些木材砍成大木方。窄刃扁斧被用来开凿榫卯。马鞍榫是圆的；来自瑞典的鸠尾榫则是直的。短柄小斧被用来制作屋顶用的木瓦，木槌和铁羊角锤——另一种古老的工具——敲打着木制的方钉。同样被建造起来的，还有外屋、谷仓、熏制房、猪圈、鸡舍、木棚、装玉米穗的仓库和制作苹果酒的作坊。独具特色的美式无桩蛇形栅栏弯弯曲曲地立了起来，将牲畜隔在田地之外，也确定了地产的分界线。

制造和加工占据了许多时间。作物收获之后，便轮到了屠宰牲畜。人们要对屠宰后的动物进行放血、去毛、去头蹄和内脏的一系列处理，它们的皮要被刮洗绷平。橡树皮是鞣制生皮用的丹宁的主要来源。家家户户都会绷扯鞣制皮革，用来制作自己的鞋子。他们要炼制猪油，用于烹饪，并将其储存在猪尿脬里，需要熏制火腿和培根，留着过冬。绵羊需要被洗净，修剪羊毛。家家户户都会用纺车纺线，织机织布。需要制作出更多的工具——凿子、短柄镰刀、长柄镰刀和干草叉*。大多数经营农场的家户都拥有一座果园。为了制作苹果酒，要将那些有碰伤的苹果捣成果泥，置于草垫子之间，然后进行压榨。榨完汁剩下的果渣，用来制作苹果酱。殖民地居民在夏天饮用牛奶，到了冬天，则以苹果酒和威士忌——以及长燃不熄的炉火——暖身。这意味着要准备好动手砍柴。"懒惰的"人家冬天只能用玉米生火。到了春天，又是播种的时间。种植玉米需要每天弯腰6000多次。

一个家户需要花上大约50年时间，才能建成一座功能完备的农场。殖民地农场的平均面积大约在125英亩左右，相比较于一般英格兰农夫所拥有的土地，这多得有些令人难以招架。在农场上，时间和经济生活的主要运动是周期性的。[59]《圣经》上如此允诺，"地还存留的时候，稼穑、寒暑、冬夏、昼夜就永不停息了"(《圣经·创世记》第8章第22节)。每一年，只有大约75天的时间，可以进行耕耘、播种和收获，种植与收割贯穿了整个夏天。秋天则为屠宰牲畜所占据。家庭制造业是冬季里的主要活动。即便是受孕，也有其年度节律，在3月和9月达到峰值。

在17世纪和18世纪期间，英吉利帝国边界的势力范围向西推进了200英里到300英里。在西部，土著势力经历了一轮自身重组，但仍实力强大。尽管斯密型增长很大程度上是一个空间现象，主要是跨地域扩大市场范围，但北美的定居模式却是非常零散稀疏的。亚当·斯密和他的许多同时代人一样，将商业化与城市化联系在一起。在漫长的18世纪商业繁荣过程中，英属北美殖民地却变得农村化了。尽管生活在城市中的绝对人口数量在增加，1680年之后，城市人口占殖民地人口的比重实际上却在下降。[60]为什么殖民

---

* 原文中在短柄镰刀和长柄镰刀之间还有一个词"bores"，指的是农田灌溉用水井，但似乎与其他几项很难归为一类。

地美洲不是一个更加城市化的社会呢？为什么殖民地美洲居民如此躁动不安？或许是因为家家户户对拥有地产、享受独立自主的渴望太强烈了。本杰明·富兰克林推测，"没有任何一个有能力拥有一块自己的土地、靠自己的劳动便足以养家的男人"会甘愿留在城里，冒着贫困和"为某位主人劳作"的风险。[61] 因为这种做法加剧了同法国和一系列原住民部落之间的紧张关系，伦敦的帝国当局对殖民地居民不断向西推进并不满意。1763年《王室公告》（The Royal Proclamation of 1763）沿着阿巴拉契亚山脉画了一条线，界定了一个新命名的印第安人保留地（Indian Reserve），并禁止向其西部殖民（这损害了一些既存的财产请求权）。殖民地领袖们很快便着手游说英国议会，争取修改其内容。

4. 独立与依附

土地所有权和一个正常运行中的农场并不足以令一个人真正"独立"。英式自由也有其关系属性。一个独立的人，是家户的户主——身为人夫人父，或许还是那些依附于己者的主人。社会等级制度和家户体制中密切的个人关系，塑造了所有人的经济生活。

家户——类似于股份制贸易公司或自治市——是英吉利帝国的次级主权。它是一个"小共和国"。家户之"首"是统治者。这个解剖学上的比喻并非偶然。一家之首代表家户做出决定，他在民事和公共事务上发声。一家之首在殖民地议会中参加选举，与人签订合约，担任陪审员。一家之首具有合法拥有财产的地位，因为在这个时代，财产所有权是投票选举的必要条件。在美国独立战争前夜，三分之二的男性美洲殖民地居民具有投票资格（相比之下，英格兰只有四分之一）。[62] 在殖民地，政治权利和土地财产在白人男性中分布得相对平均，存在着许多小的资本所有者。

早期美洲还有着很高的"依附率"（dependency rate）。因为土地丰足，结婚率上升了，而因为出生率较高，殖民地美洲家户规模很大。在1790年，美洲家户规模的中位数是5.7个自由人；将奴隶包括在内时是7.04。[63] 这意味着，在独立战争前夜，50%的殖民地人口是儿童。[64] 80%的殖民地人口在法律上属于某种依附者，与之相比，英格兰小于70%。[65]

从人口的角度来讲，英属殖民地北美是最严厉的家户统治和父权制的一片沃土，它滋养了父亲严厉且高高在上的权威。父权制——对依附者的绝对权力，甚至包括他们的生命与肢体——是17世纪晚期被发明出来的一种政治传统。罗伯特·菲尔默爵士（Sir Robert Filmer）的政治论著《君父论》（*Patriarcha*）（在他死后于1680年出版）是其检验标准，该文主张，父亲的统治是所有主权的基础。洛克对此持不同意见。在公民和政治社会中，统治权始终是同意（consent）的结果。家户之首同意接受管制，这样他们的财产权才不会被侵犯。在洛克的共和主义之外，父权制的意识形态在各个殖民地大行其道，尤其是在南方殖民地的大种植园主中。弗吉尼亚人威廉·伯德二世（William Byrd II）是菲尔默的一个远房亲戚，他很可能多次强奸了自己的众多奴隶。他引用《圣经》中以色列族长的生平为自己辩护：

> 就像一位族长，我拥有自己的羊群和牛群，我的男仆和女仆，以及在我自己的仆人之间进行的每一种交易，这样我便可以过着一种独立于除上帝（Providence）以外的任何人的生活。然而，这种生活尽管无须花费，却伴随着诸多烦恼。我必须加倍留心，让我所有的属民都尽忠职守，拧紧所有的发条，让所有人都得到公平的一份，让这台机器向前运转。但在这个沉寂的国度，这也是一种娱乐，对我们的耐心和经济手腕的一种持续磨炼。[66]

显然，具有资本家特征的这些大种植园主，在18世纪弗吉尼亚经济发展中转向了黑人奴隶制，同样也是一个自觉的父权制安排。

婚姻是一种独特的经济关系。关于已婚妇女法律身份（converture）的英国法律原则，将妻子定义为法律人格消融于丈夫法律人格之中的"有夫之妇"（femes coverts），在这之中，有着父权制的因素。英国法学家威廉·布莱克斯通（William Blackstone）的《英国法释义》（*Commentaries on the Laws of England*，1765），将主人与仆从、丈夫与妻子、父母与孩子、监护人与被监护人以及公司之间的关系纳入了"经济关系"（oeconomical relations）这同一个法律区间之内。[67] 对于婚姻问题，布莱克斯通是这样解释的：

> 通过婚姻，丈夫和妻子成为一个法律人格；这就是说，女性之存在或合法存在（legal existence）在婚姻存续期间被中止了，或者至少是被合并到了丈夫的合法存在之中：在他的翼护之下，她执行各样事务；在我们的法律用法语（law-French）中，这被称为"有夫之妇"（feme-covert）……在她婚姻存续期间，她的身份地位被称为已婚妇女法律身份（converture）。[68]

离婚并不常见，有时候是不可能的。通常而言，一旦进入婚姻，妻子就不能再拥有财产，签订合约，或是在法庭上享有法律地位。在布莱克斯通的书中关于丈夫和妻子的那一章之后，是关于父母和孩子的一章，这两章通常得到类似的解读。直到年满20岁、彻底"获得自主权利"（emancipated）以前，孩子都要臣服于户主。[69]

有机经济和家户经济彼此响应。大多数殖民地居民相信，性别差异源于自然，因此为男性的权威赋予了合法性。自然决定了男性和女性不同的经济角色。男性要耕田、播种、收获、打猎和捕鱼，

第二章 有机经济、家户经济

再生产劳动的责任则完全落在女性头上。家宅及其周围的场院、菜园和附属建筑物,是女性经济活动的场所。女性要记录账目、烹制三餐、照料病弱、挤取牛奶、擦洗清洁、抚养子女、买菜购物和纺纱织布。以下是一位 18 世纪 60 年代生活在马萨诸塞殖民地塞勒姆镇颇有地位的家庭主妇的日记摘选:

> 洗衣服……
> 熨衣服……
> 擦洗房间……
> 烹小牛头肉仿海龟汤……
> 种豌豆……
> 切芦笋 36 根……
> 买鸭子 11 只……
> 杀猪,重 164 磅……
> 制作两桶肥皂。[70]

经济活动是一项公共事业,女性对经济生活的贡献至关重要。在这一领域,女性劳动一眼可见,价值显著,这就令她们居于早期美洲经济活动的中心地位。[71]

男性户主的权威有其局限。根据法律,妻子、孩子和仆人可以被处以"适度"的体罚,但户主对于其生命及肢体没有父权制的生杀予夺之权。马萨诸塞禁止对妻子处以身体"惩罚"。此外,户主有义务在经济上供养其依附者。女性也可行使权力,通常以其性别为基础。与此同时,对于许多家养动物,尽管它们注定要被屠宰,但依然存在着真诚的爱护之情。或许大多数殖民地家户关系都没有那么父权专断,而更多的是家长式的。如此之多的殖民地日常活动发生在家户之中,经济和情感生活必然是复杂且相互冲突的。

婚姻关系与父母身份，在家户的四种经济关系中居其二。剩下的两个，是主人与仆人、主人与奴隶之间的关系。在殖民时期，大约有半数以上的自愿移民是某种形式的契约仆役。[72] 有两波白人契约仆役潮，一波发生在 17 世纪，以切萨皮克为移民目的地，接下来的一波发生在 18 世纪，终点是特拉华谷。契约仆役的服役期通常会持续四年到七年，动身远行的年轻男性通常希望借此改善自身处境、建立自己的家庭，许多人都成功了。但从法律上看，白人仆役和黑人奴隶一样，都成了主人家户中的成员。

威廉·莫利（William Moraley）是一个英国契约仆役，他于 1729 年从伦敦扬帆远航，来到宾夕法尼亚的伯灵顿（Burlington）。莫利加入了一个由"一个妻子、两个女儿、一个侄子、一个黑奴、一个买来的仆人和我自己"组成的家户。家里还有一位"贵妇"。[73] 按照契约，他要为自己的主人服役五年。为了换取食宿及衣服，他要制作钉子，修理钟表。他和家户中的成员一道用餐。他和与自己一起担任仆役的人同睡一张床。莫利请求把自己卖到费城的一个人家之中，但他的主人拒绝了，于是他便逃跑了，他随即被抓到，关进监狱，遭受责打。因为劳动力短缺，契约仆役在某种程度上可以和他们的主人讨价还价。费城市长居间协调，达成了妥协，莫利回到原来的主人家里，但他的契约期被减了两年。

在主人和仆从这一范畴内，除了仆役契约，还有两个子集。一个是雇佣工作（wage work）。美洲的薪资要比英格兰的薪资高，但"受雇者"（hireling）依然是一种从属的法律地位。受雇者在服务期满之前不能合法辞工。如果他们这么做了，便不能要求获取以前工作的薪酬。在这些重要方面，雇佣劳动仍不能算是真正意义上的"自由劳动"。[74] 反过来，主人对雇佣劳动者也负有义务。受雇者不能被解雇。如果他们在履行职责过程中受伤或生病，他们的主人必须照料他们的生活。这些互惠互利但"不平等"的权利，占据了主流

第二章　有机经济、家户经济

地位。[75]

另一种仆从，是失去户主照拂的其他家户的成员。各个殖民地用家户治理缓解贫困问题。这就是说，一些殖民地并不拨款建立济贫院，也不发放"贫困补助"，而是给那些收留孤儿、老人和残疾人的一家之主付钱。[76]"仆人"与"监护人"之间的关系是布莱克斯通定义的另一种经济关系，但两者之间的区别，其界限可能十分模糊。

最后一种经济关系，是主人与奴隶之间的关系。奴隶制的不同之处，在于其种族特征、它的永久性和可继承性。被奴役的人们没有脱离这一身份地位的合法权利，殖民地解放奴隶的行为并不常见。40%的殖民地外来移民都是非洲俘虏，在美国独立战争前夕，20%的英属北美人口是奴隶。殖民地中96%的黑人是某个白人家户中被奴役的成员。[77]尽管剩下的那4%没有被奴役，他们依然没有任何有保障的法律地位，无法自行组建家户。

黑人奴隶是人身动产。关于奴隶制的殖民地法律最初时沿用了影响深远的1661年《巴巴多斯奴隶法》，但它越来越倾向于将奴隶认定为拥有与土地相同的法律属性的私有财产。[78]英国议会在1732年通过的《简易追索国王陛下于美洲种植园及殖民地之债务法》，让英国债权人可以更容易地追回不动产，其中就包括了他们的奴隶。[79]被奴役的人是其白人主子的私有财产。

黑人奴隶受到的待遇，通常都要比任何一种白人仆役受到的待遇更严厉。在18世纪中叶的宾夕法尼亚——对于当时的黑人奴隶来说，并不是最糟糕的地方——莫利观察到，白人契约仆役的生活"很艰难"，但"黑奴们的境遇"简直"难以忍受"。莫利逃跑了，他的契约期得以缩减。但一名逃跑的"黑奴"却会遭到"无情的鞭打"。[80]莫利相信，一位被杀害的黑人奴隶的鬼魂经常出没在他床边。显然，黑人奴隶制度的存在，令莫利对自己的契约仆役身份感觉好多了。

　　自由是一个不断变化的目标，而在这一时期，奴隶制存在于从经济依附到不自由这一身份范围的边缘地带。对于这一范围中的各种身份，身体胁迫都很常见，白人契约仆役甚至可以被卖掉。在一片自由的土地上，奴隶制并不特别被视为反常，但黑人奴隶制是各种经济关系中最卑鄙可耻的一种。这一时期的经济依然与家务（domesticity）紧密相连。"domestic"这个词指的既可以是家庭，也可以是亲密情感关系，但它也会让人联想起驯化和支配的过程。动物被驯化和人类被奴役的历史，长久以来都交织在一起，如果说牛是世界上第一种处于人类支配之下的生产性资产的话，接下来的，就要算是奴隶了。一位历史学家曾经将奴役称作对人类的有意识"动物化"。[81] 威廉·伯德二世提到自己的畜群和男仆女仆时，使用的是同一种高高在上的家长式语气。美洲蓄奴者的"家长主义"（paternalism）意识形态，将是一种19世纪的现象。根据一位历史学家的观点，在18世纪，被奴役的个人是"家户及其财产的一部分"，却"并不经常被视作家庭成员。"[82] 根据另一位历史学家的说法，主人们通常视其奴隶为"不幸的、时运不济的野蛮人"。他们带着怀疑、疏远和恐惧的眼光打量着他们，主人们在日记中将其奴隶称为"魔鬼"，并不稀奇。[83] 残忍和不合常规的惩罚十分常见，其中包括为奴隶打上烙印、毁伤他们的肢体，对他们进行阉割、剪掉他们的耳朵、活活烧死和大卸八块。

　　一些主人幻想着将他们的奴隶变成资本化的劳动力，而且就只是资本化的劳动力，但奴隶生活的某些方面永远都是与资本过程格格不入的。非洲人和非洲后裔通常都会激烈反对对自身的奴役，非裔美洲人的家庭和文化形成了。[84] 与西印度群岛不同，北美奴隶的生育率很高，这让黑人的亲属关系有了不同的特性。但与此同时，黑人的生儿育女和再生产劳动对于白人主子而言，代表着一种资本积累。奴役黑人女性，对白人主子来说代表着资本资产升值的一种潜在形式，因为未来的添丁进口意味着预期的商业收益。被奴役的非洲人和非洲后裔在生物学意义上的增长，与资本概念的起源和资本倍增观点的出现形成了呼应。[85]

存在于那一时期的各种不自由，如今已然无存，因此，很难按照今天的标准评价殖民地社会秩序的各个方面。如果我们从家户收入和财富的角度衡量经济不平等，1774年，13个北美英属殖民地在经济上要算全世界最平等的社会了（这是可以被衡量的），而且享受着全世界最高的生活标准。美洲家户收入平均要比英格兰的家户收入高出56%。因为资源丰富，美洲的相对生活成本想必是很低的，财富、财产和资本分布得更加广泛。不存在贵族阶层的各个殖民地，更多地由那些"中产者"支配，他们是拥有财产的家户之主，在政治事务上有发言权。许多今天的经济史学家相信，更高程度的平等和更充分的政治参与带来了经济利益。[86] 按照这些衡量标准，在1774年，各殖民地在经济上要比21世纪早期的美国更加平等。回到那时，收入最高的1%的人（其中包括奴隶主），其收入占总收入的8.5%。在21世纪早期，收入最高的1%的人，收入增加了一倍——占到全美国收入的20%。[87]

这些数字，说明了21世纪早期经济分配模式的某些十分重要但也令人沮丧的现实，但它们并没有反映出全部真相。按照家户收入的衡量标准，美洲奴隶的经济生活标准要比那些最贫穷的拥有人身自由的英国平民高。[88] 在这种比较中，某些显然更重要的东西被忽略了。在作为殖民地美洲生活中心机构的殖民地家户之中，等级制度是一种常态。殖民地北美或许相对平等，但"依附率"却很高。当时，这并不必然是一种矛盾。享受自由正意味着与各种人身依附者一道过着某种经济生活，无论是管理他们、爱护他们还是两者兼而有之。

总而言之，从经济上看，对于一名成年白人男性来说，无论是富是穷，北美都绝对是一个好地方，而它将在很长一段时间里都一直如此。

5. 赌徒与农夫

长久以来，历史学家一直在对早期北美家户经济生活的正确解读问题上争论不休。[89] 有人提出了一些非此即彼的问题：家户是否以市场为导向？殖民地美洲居民是否拥有经济理性？

问题在于，早期美洲家户是一个错综复杂、难以定性的机构。非此即彼的问题并没有多大帮助。正确的求导目标，应当是那种特殊的张力，它既为家户商业活动提供了能量，也对其加以制约，既为其赋予合法性，同时也施加限制。

伟大的经济史学家威廉·帕克（William Parker）曾经目光敏锐地指出，早期美洲家户拥有分裂的经济人格。[90] 这种冲突存在于被他称为"农夫"心理和"赌徒"心理的两个理想型之间。所有的殖民地美洲家户，都在某种程度上是农夫和赌徒。农夫渴望拥有地产——这是财产所有权的政治保障，一家老小的栖身之所，以及以非商业形式获取生活基本经济必需品的途径。对于农夫来说，地产和财富一样保障了某种生活水平，但它也并不仅仅是资本。相反，赌徒视地产为资本。渴望获取未来金钱收入的赌徒，追逐着亚当·斯密口中的"贸易收益"。

赌徒和农夫一样，都渴望获取有保障的土地保有权和财产权利，但他们有着不同的动机。赌徒想要拥有财产权，是为了保证自己对某个资本资产的金钱投资。在殖民地美洲，投机性的资本主义地产市场蓬勃发展。早期殖民者一开始时借助"持续性的多方谈判，用上了一系列礼物交换、相互承认、协议约定和协议修正条款（的手段）"，与印第安人部落谈判形成了"印第安人土地所有权"制度，

第二章　有机经济、家户经济

但随着时间推移，这个制度变成了殖民地居民以此掠夺印第安人土地的胁迫和欺骗工具，其目的经常只是把这些土地放到市场上进行私下交易（private sale）。[91]到17世纪末，即便是在奉行清教主义的新英格兰，也已经成立了从非美洲居民的投资者那里募集逐利资金的土地投机辛迪加。[92]英国议会1732年通过的债务追讨法，令殖民地土地比其他社会中的地产更具有流动性、更类似于货币。一个世纪后，著名的美国法律思想家约瑟夫·斯托里（Joseph Story）在《美国宪法评注》（*Commentaries on the Constitution*，1833）中着重指出："通过赋予其全部的转让便利，全部的个人财产即时支付适用性"，土地变成了"货币的替代品"。考虑到土地的适销性和金属货币的短缺，土地所有权成了一种保存价值的手段——哪怕只是为下一次出手投机做好准备。

投机行为给早期殖民者以丰厚回报，这些人是"锁定了某项利益"的土地猎手。当殖民之势迎头追上时，便会得到资本回报——资产价格上涨。阅读创建了美利坚合众国的那一代人写下的书信，感觉就像是不小心闯入了一个由精明的土地投机者组成的小圈子。弗吉尼亚的种植园主和土地测量员乔治·华盛顿（George Washington）在1767年发出警告："任何人……倘若忽视了当前寻找优质土地并以某种方式将其划为己有、以免让他人定居其上的时机，将会永远无法再获此良机。"[93]

根据一位历史学家的说法，在殖民地美洲，尤其是在弗吉尼亚，存在着"风气异常败坏的土地投机"。[94]殖民地有时候会为虎添翼，将领地打包分给投机性的"土地公司"，通常以这些公司会在其上定居并强化殖民为条件。最臭名昭著的一例，是弗吉尼亚于1748年将20万英亩土地颁授给了有内部关系的俄亥俄公司（Ohio Company）。伦敦无法阻止这一行为。殖民地居民照理是不能直接从印第安人那里购买土地的，因为只有王室主权才有"优先购买权"

（preemption）。但不管怎样，殖民地居民还是投身"直接交易"之中，这本身便是一种土地投机的形式，而随后又引发了更多的无耻欺诈。1757年的卡姆登－约克法律决议（Camden-Yorke legal decision）削弱了印第安土著居民请求权，令北美的许多"直接交易"合法化了。对于投机者来说，登记可能存在的土地请求权成为一种法律伎俩。这种讼争一直持续到下个世纪。

一旦某个赌徒获得了土地，无论是否出于投机目的，商业生产都将是通向金钱收入的光明大道。殖民活动首先把手伸向了离海岸和通航河流最近的那些土地，它们最便于市场进入。道路状况很差，限制了内地的市场范围，但殖民地的农场主依然会赶着大篷车和畜群长途跋涉，走过那些极其糟糕甚至根本不存在的道路，去售卖自己的产品。[95] 赌徒们对土地进行改良，一方面令农场的商业开发更可行，另一方面也是为了增加其作为可转让资本资产的价值。他们或许会进行专业化种植，将越来越多的土地用于大宗商品生产。日益贪婪的他们，或许会延长工作时间，增加工作强度，从而赚到更多的钱，这样才有能力购买更多的英国消费品。[96] 在漫长的18世纪商业繁荣中，随着利率在整个大西洋地区的降低，赌徒们还会背负重债。信贷为北美大陆的商业结算提供了能量（现在依然如此）。考虑到大西洋大宗商品价格的波动性，殖民地赌徒冒着可能无法偿还债务的巨大风险，而这可能意味着所有的财产都被债主拿走。为了支撑投资者的信心，1732年《议会法》（Act of Parliament）同样以法律形式确保了债权人的财产权利。[97]

农夫对土地的渴望毫不逊色，而且他们不介意出手掠夺，只不过原因不同。由于缺乏精英们那些申报土地所有权的手段，农夫们希望，"改良"土地或许足以为获得法律认可的权利请求提供基础。他们希望得到不会招致异议的财产权利，因为地产和财富——只有地产和财富——才能为他们提供生活免受任意干涉的自由。为了从

第二章 有机经济、家户经济

印第安人那里获得土地,农夫并不会巧妙地跟他们玩弄花招;他们会暴力攻击他们,而这经常是与帝国当局对着干的。在美国独立战争前夕,这种行为在一系列以掠夺土地为目的的边远地区"治安维持员"(Regulator)运动中达到了顶峰。[98]

农夫也想拥有土地,因为土地财富提供了直接满足基本生活需要的可能。关于"贸易收益",亚当·斯密拥有许多天才的见解,但他对潜在的贸易损失,却相对而言没有什么发言权。[99]对于无须听命于上的美洲自耕农来说,土地所有权不仅带来了不受社会和政治权力任意干涉(这种不确定性是斯密最担心的)的自主,也带来了免遭商业市场激烈变动影响的独立。市场范围并不总是有保障的。农民心理凭直觉便能感知到,市场经济并不总是能够保证存在着对生产者供应的所有商品的充分需求。

弗吉尼亚的种植园主、奴隶主和独立战争领袖托马斯·杰斐逊尽管自己并未有过亲身经历,却对此做出了最精确的论述——他经常如此。在《弗吉尼亚笔记》(*Notes on the State of Virginia*,1785)中,杰斐逊写道,"那些在地里劳动的人是上帝的选民"。那些人依靠"自己的土地和勤劳来过活",因此获得了独立,而不像那些"依赖意外事故和顾客的变化无常"的人。[100]由于商业活动、资源丰富和奴隶制,殖民地美洲的自耕农(尤其是南方的自耕农)享受着在当时来看很高的生活标准。满足基本生存需要的生产,在各个殖民地中并不必然意味着与贫困缠斗,在拥有125英亩土地的情况下肯定不会如此。那么,为什么要将全部生产置于商业风险之下呢?为什么要赌上一座农场?杰斐逊所说的意思是,一种单纯依赖商业的经济生活太过不稳定,无法充分支撑起一个"独立的"家户。家户必须能够自我维持。只有在它的生产盈余超过了自身消费时,才是前往市场的时机,而交易的目的,或是换取家庭未曾生产或不能生产的那些东西,或是赌一下能否从中获利。

两全其美经常是可能的。在高"依附率"的背景下,经常存在现成的劳动力将一座商业农场资本化,且仍可生产出基本的生活必需品。125 英亩的土地,通常足够用来在种植基本生活必需品的同时,生产出用于商业交换的产品。一些地区有更好的市场进入途径,一些地区有更优良的土壤(不像砾石密布的新英格兰),但几乎没有多少地区是完全与市场隔离的。市场参与和市场收缩形成了循环。并不存在向资本主义的一次性转变,而是针对着某个地理位置的一连串"市场革命"和反革命。

到了殖民时期末期,大种植园主和中产自耕农一样,普遍实施着一种商业化的、"安全第一"的农业体系,各家各户称之为实现"温饱"(competency)。[101] 一个早期美洲的中人之家,直接消费了大多数家中生产的产品。但到殖民时期即将结束时,9%—13% 的殖民地经济生产都是面向大西洋市场的,殖民地居民之间的沿海商业贸易或许会反映出类似的数字。[102] 因为交通不便,内地的陆上商业活动在量上略逊。加在一起,在那些高度商业化的区域,三分之一到一半的产品都会进入市场。[103] 但是,土地提供的心理安全感和基本生存物资既引诱了对商业的经济投资,也在同等程度上制约了这种投资。

然而,冲突有时候还是会突然爆发,天平可能随之倾斜。随着市场范围扩大,交易流动性增加,一旦贸易收益初露端倪,商业自利是否会令赌徒心理跃跃欲试、最终压过了农夫心理?斯密型增长是否会加速?资本及其对金钱收益的追逐,是否会令财富生产的过程与其目的相称?

从弗吉尼亚的立场上发声的托马斯·杰斐逊,成为一种流行经济学意识形态的最能言善辩的捍卫者和倡导人。这种意识形态主张,商业活动在必须加以促进的同时,也必须受到制约。这一愿景将被他带到独立战争之中。

第三章

共和主义政治经济学

在几十年的时间里，英国重商主义对北美商业活动的直接征税微乎其微。然而，在英国与法兰西帝国代价巨大的七年战争之后，1765年《印花税法》（Stamp Act of 1765）向美洲财产加征了一项新的税费，以此增加帝国财政收入。额外的税负，加上伦敦当局反复试图约束殖民者侵入印第安人土地的做法，导致引发了美国独立战争的对立情绪。1776年，殖民地宣布脱离英吉利帝国独立，最后在1783年，英王乔治三世（George Ⅲ）的代表签署了《巴黎条约》（Treaty of Paris），承认了美利坚合众国这个新成立的共和国的地位。

一个大西洋世界的革命时代，就此开端。[1]但是，年轻的美利坚合众国的处境依然岌岌可危，在外有来自欧洲各个帝国的威胁，在内则有印第安人势力和分离主义者的心腹之患。只有在与大不列颠进行了第二次战争——1812年战争——之后，永久性的国家独立才得以达成。到那时，从所谓的"长期美国独立战争"（long America Revolution，1765—1815）中涌现出来的共和主义政治经济学的特征已经十分清晰。

在信奉人民主权论（popular sovereignty）、让"人民"当家做主的新共和国中，那些老的问题出现了。在这样一个政体中，商业应当被摆在什么位置最合适？何种政治权威得以在监管商业的同时鼓励其增长，又当借助何等手段？这种行为到底是为了实现哪些公共目的？美国独立战争在很多方面来看都是一场内部冲突，当美洲居民及其政治领袖聚在一起、试图回答关于其政治经济学特征的根本性问题时，过程十分艰难。[2] 几个世纪之后，情况依然如此。

1. 巨大的个人仇恨与政治敌对

1815年，在漫长的革命时代即将结束时，弗吉尼亚人托马斯·杰斐逊已经于六年前完成了两届总统任期。此时，他生活在自己蒙蒂塞洛（Monticello）种植园的宅邸里，身处法国美酒和满室藏书之中，黑人奴隶环侍在侧，还有许多小玩意儿以娱身心。（这个人拥有转椅发明人的合法请求权。）而在与阿伦·伯尔（Aaron Burr）的决斗中殒身的亚历山大·汉密尔顿，已经在地下长眠了十一年。

杰斐逊和汉密尔顿毫无疑问都属伟人之列，但历史并不只是记载下来的伟人壮举。它也关乎平民百姓的生活与时代，关乎那些被人类的谋算设计塑造，但也令这些谋算设计始料未及的更大的力量，比如资本主义。18世纪90年代早期，在杰斐逊和汉密尔顿之间出现了"作为美国编年史中经典桥段的巨大个人仇恨与政治敌对"，这段传奇故事显然已经被讲了太多遍了。[3] 但不管怎样，二人的彼此厌憎成了一个交点，革命者之间关于某个共和主义政治经济解决方案的冲突便在这一点上一触即发。想要阐明美国独立战争在美国资本主义历史中的重要意义，再没有比这更好的出发点了。

从对主权的抽象概念，到日常所见所感，美国独立战争改变了美国政治生活的方方面面。[4] 但在革命时代，日常经济生活的特征表现出了某种连续性：家户依然居于中心地位，它的性别动态是相当稳定的；共和国继续农村化，土地、牲畜和奴隶在生产性资本库存中占主要地位。此外，在进行了数个世纪的重商主义帝国建设后，大多数参与其中的人都充分意识到，政治与经济紧密交织在一起的益处。用历史学家高塔姆·拉奥（Gautham Rao）的话说："国家与市场必须区分开来的概念当时根本不存在。"[5] 在这个时代，政治家——不是企业里的生意人——才是对勾勒共和国长期经济蓝图负有最大责任的人。谁会记得埃利亚斯·哈斯克特·德比（Elias Hasket Derby）呢？尽管这位萨勒姆商人是美国独立战争后最富有的人之一，而且还曾于1787年开辟了同中国的直接贸易。[6] 在整个革命时代，偶然性的政治事件——而不是企业创新——最大限度地决定了经济变革的轨迹。

　　革命领袖的任务是艰巨的。在经济上，殖民地居民在英吉利帝国的统治之下已经取得可观成就，完全摆脱英国重商主义是有风险的。战争阻碍了大西洋商业活动，打消了海外的商品需求，而这在一个多世纪的时间里一直是殖民地居民通往富足的主要途径。军事行动给经营农场的家户带来巨大破坏。就生计艰难而言，一位历史学家认为这一时期堪与20世纪30年代的大萧条相提并论。[7] 混乱无序的公共财政和持续了一段时间的货币通胀，导致信贷系统的崩溃，而紧随其后的是独立战争结束后的通货紧缩和巨额债务，依然坚持重商主义的英国切断了美国同西印度群岛市场的通道，失去这个长久以来至为宝贵的市场，只有让一切变得更加糟糕。从1770年到1800年，据估测，美国的人均收入下跌可能超过了20%。[8]

　　正是在这一经济背景下，继1788年宪法正式批准通过后，汉密尔顿和杰斐逊之间的政治冲突首次公开化了。两个人都在联邦政府任职，两个人都是乔治·华盛顿总统的内阁部长。撰写言辞华丽的宣言及基本法的时刻已经过去。现在，治理国家的时候到了。

正因如此，1789年成了一个独特的历史时刻，一个所有经历了革命的社会都会共同面对的时刻。美国独立战争依然是不久前才发生的事，即便是最平庸无奇的一项立法，似乎也可能带来最严峻的后果。一切攸关大局，政治家们可能会把个人的轻慢之举理解为对其革命理念本身的挑战，而真实的政见异议，则会被视为直接针对个人的挑衅。[9] 这种动态关系可能会导致像决斗这样的仪式行为——汉密尔顿（还有他的儿子）就因此而丧生。人们为独立战争的不同记忆和真正意义争斗不休，而这在多年的时间里定义了政治形态，革命领袖的不同个性成为意识形态投射的对象，而这又反映出了独立战争本身的政治断层。[10] 在18世纪90年代，这样的事情就发生在汉密尔顿和杰斐逊身上。

在日后被称为汉密尔顿集团和杰斐逊集团的这两群人之间，最早的分歧看起来是微不足道的：国会到底应当向进港的英国船只征收多少税？然而，这一分歧却引发了一场惊天动地的冲突。

对外商业政策并不是什么微不足道的小事。出口市场不仅为美国商业提供了至关重要的需求来源，从地缘政治的角度来看，美利坚合众国诞生伊始，便是身处彼此争战不休的各大帝国之间的一个微小势力。汉密尔顿选择的解决办法，是与英吉利帝国在商业上重归于好。与此同时，身为财政部部长的他，效仿英国模式启动了一项雄心勃勃的联邦政府计划，以此启动长期的国家经济发展。金融、商业和制造业将齐头并进——大张旗鼓的启蒙式"改良运动"。为了启动经济发展，汉密尔顿采取了机会主义的做法，重新改组了公共财政。他令联邦政府将长期公债资本化，正如英国经验所表明的，这是朝着培育富有活力的私有资本及信贷市场而迈出的重要一步。他还仿照英格兰银行的模板，特许成立了美国银行（Bank of the United States）。作为手中多项计划的代表，汉密尔顿总是力图将私人逐利行为与公共权力、市场和国家结合在一起。

杰斐逊对此持反对意见。作为国务卿，他迫切渴望美利坚合众国摆脱——立即摆脱——对重商主义英吉利帝国的所有商业依赖。通过向所有国家开放港口，美利坚这个共和国将成为面向全世界的"自由贸易"灯塔。与此同时，如果说汉密尔顿个人更倾向于城市商业精英的话，杰斐逊的同情心则属于那些乡村地区的白人户主，甚至是地位略低的自耕农。汉密尔顿向东看，取法英国的长期经济发展模式。杰斐逊向西看，着眼于美洲大陆内部。共和国的长远未来在他眼中，更多地在于定居式殖民主义，其中就包括了基于奴隶制的殖民主义。共和主义政治经济学的目标不该是金融、商业和制造业的齐头并进，而应当是广泛的白人男性财产所有权。

在18世纪90年代，汉密尔顿和杰斐逊的不同个性以及他们针锋相对的共和主义意识形态，成为这个国家最早的两个有组织的政治派别——汉密尔顿和联邦党人，杰斐逊和民主共和党人——的基础。新生的民主政治将在这两个关于独立战争后政治经济解决方案的长期愿景中做出选择。出于天性，汉密尔顿一心渴盼着斗个高低，而杰斐逊的性格则要更精细谨慎。但不要误会：托马斯·杰斐逊的确痛恨亚历山大·汉密尔顿。

2. 汉密尔顿与"金钱资本"

杰斐逊的恨意是多年积累而成的。

1788年宪法批准通过后，二人作为华盛顿总统班子里最重要的两名内阁成员，来到了临时首都纽约市。他们面对的第一个问题，就是政府无法筹到资金以偿还美国独立战争遗留下来的债务。令事情更糟糕的是，英吉利帝国业已将其重商主义国家机器调转头来，对付其前殖民地。

共和国的货币与金融体系——最关键的是其公共财政——大

步倒退，处于完全混乱之中。在美国政治中，所谓的"钱的问题"（money question）历史悠久。[11] 在独立战争前，殖民地居民长久以来便在抱怨着硬币短缺的问题。英国重商主义一直禁止殖民地居民铸造通货。殖民地居民尝试过不顾禁令发行纸币，这些纸币以不同形式的土地抵押为担保，而殖民地政府借助税收和纸币收回（有时候通过焚毁的方式）的手段消耗掉它们，以压制通货膨胀。英国议会通过的1751年和1764年《通货法》（Currency Acts）进一步地严加管制。[12] 1765年的《印花税法》以英镑为单位向殖民地征税，这是一种连富人也并不拥有的货币，由此引发了政治危机。[13]

为了进行独立战争，美国人借了钱。受益于18世纪长期的廉价货币时代，他们在欧洲以5%—6%的利息销售公债，承诺以硬通货偿还。他们还以基本上相同的利率向国内的债权人发行了本票。1790年，财政部部长汉密尔顿预计，联邦政府仍欠有2 900万美元的本金。此外，各个州欠下的债务加在一起也有2 500万美元之多。但在独立战争期间，美国人重新开始发行纸币。

大陆会议和各个州都印刷了没有任何铸币作为担保的纸币。叛乱殖民地便是这样宣示了自己新的主权权力。大陆会议印刷了大约2.415亿美元的"大陆币"（continentals）。为了满足供养军队需求而激增的农产品市场，推动了生产活动。[14] 然而，在战乱之中，多数生产出来的产品都被用于直接消费，货币数量超过了适销商品的产量。到1781年时，167美元的大陆币只能交易1美元铸币。通货膨胀动摇了对商业未来的预期，它开始削弱商业信心和市场参与。

当汉密尔顿和杰斐逊走马上任之时，信贷体系丝毫没有好转。消费者的抵制活动在独立战争期间一直是有力的政治武器，但在1783年《巴黎条约》之后，后独立战争时代的美国人再次踊跃购买英国商品，而伦敦也再次向他们提供了购买商品所必需的信贷。英国议会通过的几部《航海法》将美国人排除在了有利可图的西印度洋群岛航运贸易之外，作为殖民地居民的他们，一直凭此获取购买英国进口商品所必需的贸易信贷。英国人"抢走了我们与西印度群岛的贸易"，弗吉尼亚人詹姆斯·麦迪逊（James Madison）抱怨道。[15] 在 18 世纪 80 年代中期，来自英国的进口产品是美国出口产品的 3 倍。[16] 债务填补了缺口。《十三州邦联宪法》（The Articles of Confederation，起草于 1777 年，1781 年被批准通过）将大陆会议描述为在英国重商主义面前一蹶不振的形象。9 个州通过了针对英国进口产品的重商主义限制措施，但这些限制措施也针对其他州。例如，在 18 世纪 80 年代，康涅狄格向来自马萨诸塞的商品征收了高出大不列颠进口商品的关税。[17] 全国性的贸易政策压根不存在。

18 世纪 80 年代晚期，与英国的贸易逆差导致了一场债务危机和一轮猛烈的商业紧缩。1785 年，英国债权人变得紧张起来，在要求偿还债务的同时停止发行新的信贷。与此同时，大多数州都暂时关停了印钞机，颁布法律要求债务人以硬通货形式偿付债权人。各州提高了税收，以此偿付他们的独立战争债。随着货币被税收吸纳，各类市场上的支出都缩减了，城市工资和大宗商品价格暴跌。但许多债务都与高昂的物价挂钩，家家户户试图节俭储蓄以清偿债务，可这进一步缩减了开支，导致价格下跌。由此积重成疾，便出现了 20 世纪美国经济学家欧文·费雪在 20 世纪 30 年代大萧条的剧烈动荡之时提出的"债务通缩"（debt-deflation）的恶性循环，经济萧条便因之而生。[18]

户主们在州立法机构寻求政治上的补救。独立战争之所以爆发，就是为了反抗那种行政权力可以为所欲为的观念，而独立战争之后的各州政府，在当时那个时代是相对民主的行政机构。[19] 农场主们对债务和税收减免的要求格外迫切。[20] 1784 年，一位南卡罗来纳的代理治安官传召农场主赫齐基亚·玛哈姆（Hezekiah Maham）到庭与其债权人对质。玛哈姆不仅对此加以拒绝，还将这份令状塞进了这位代理治安官的嘴巴里,让他把它咽下去。[21] 1786 年到 1787 年的谢斯起义(Shays's Rebellion),是一场发生在马萨诸塞乡村地区的抗税运动,它为分布在各地的身为债权人的精英人士敲响了警钟。债务缠身的农场主要求以实物形式——比如玉米或牛——偿还债务,而不是稀缺的现金。还有更多的人要求各州重新开始印制纸币,以通胀形式消解其债务。有些州慨然应允,依此而行。

绝大多数债权人,都是秉持世界主义的城市精英,他们对此深感担忧。在那些忧虑不安的人中,便包括了汉密尔顿和麦迪逊。(杰斐逊当时正作为外交官出使巴黎。)债务即契约,也即债权人的财产权利。毕竟,美国独立战争打响,正是因为大不列颠帝国未经同意便向美国人的财产征税。此时,那些过分热心的抱有民主思想的"大多数"却践踏了私有财产权利。汉密尔顿还认为,债务必须被全额偿付,因为假如人人都像赫齐基亚·玛哈姆这样赖账不还,富有的美国人将不会再投资于美利坚合众国,更不用说是那些拥有投资海外之资本的欧洲人了。汉密尔顿担心投资者信心的问题。那些持有硬通货的人,将会出于恐惧而不敢与其流动资产分离,而证券信用制(paper credit system)也将陷入停滞。到 1786 年,"国内和国外的信贷已不复存在"。[22]

为 1787 年举行于费城的制宪会议铺平道路的那些举措,在今天可能会被称为紧缩政治(a politics of austerity)。[23] 在债务和消费激增之后到来的,是信贷危机、通货紧缩和经济衰退。债务人要求减免债务,债权人从道德上对"懒惰行为"和"挥霍无度"加以攻击,并要求以硬货币偿还欠债。债权人呼吁采取财政紧缩和高税收措施,以防止进一步的挥霍浪费。他们及其鼓吹手们主张,这种来自州政府的保证将有助于安抚供给侧的投资者信心——其中就包括了外国投资者(英国投资者也在内)。这些投资者威胁着要置身局外,预防性地囤积自己手头的货币、信用和资本,直到其政治需求被满足为止。[24] 同样的言论将在几个世纪中一再被重复。

对于货币问题，1787 年《宪法》论及颇多。它是有利于债权人的。第一条第 8 款禁止了州政府印刷纸币，并将铸造货币的权力完全置于新成立的联邦政府手中。各州的印钞机至此停了下来。此外，第一条第 10 款禁止各州"损害契约义务"。这包括了债务人偿付债权人的义务。第三条设立了一个新的联邦法院体系，在此时与汉密尔顿意见一致的麦迪逊认为，这一条是必须的，部分原因在于州法院会对经营农场的债务人过于友好。只有约半数的美国人口支持这部宪法，为了让它能被成功批准通过，麦迪逊和汉密尔顿通力协作，并借助了约翰·杰伊（John Jay）的部分力量，三人一道在 1787 年到 1788 年间匆匆写成了《联邦主义者文集》*。[25]

宪法批准通过后，麦迪逊和汉密尔顿这两位 18 世纪 80 年代热心的"民族主义者"来到纽约，着手实施新的宪法，这时，他们是盟友。一开始的时候，这两个依然青春鼎盛的男人，会一起言笑晏晏地在曼哈顿下城散步。一位老妇人后来回忆道，在她的少女时代，曾经见过二人"和一只爬进邻居院子里的猴子逗着玩"。[26] 但很快，他们的关系便急转直下。

当第一届国会于 1790 年召开时，汉密尔顿提出了《拨款法》（Funding Act），其中承诺新成立的联邦政府将对各个州的独立战争债务承担财政责任——这便是"承继"（assumption）政策。据他估算，加上利息，这笔款项将高达 7 900 万美元（真实数字接近 7400 万美元）。[27] 这些数字具有重大政治意义。公共债务可以被认为是这个革命时代大西洋两岸最富有争议的政治问题。英国的

---

* 由汉密尔顿、麦迪逊和杰伊共同执笔完成的这一组文章，原本发表在报纸上，结集出版后名为 *The Federalist Papers*。此前曾被译为《联邦党人文集》，但它忽略了作为政党的联邦党（Federalist Party）是后来才成立的史实。不过本书中的相关引用文字，仍以商务印书馆程逢如、在汉和舒逊译本为参考。

公共债务导致了1765年的《印花税法》，并最终引发了美国独立战争。法国的公共债务令法王路易十六（Louis XVI）召集了三级会议（Estates-General），进而促成了1789年法国大革命的爆发。可以想见，美国的公共债务也有可能动摇这个年轻的共和国的根基。

凭直觉知道兹事体大，天生善于从危机中看到机遇的汉密尔顿，拿出了一项重组美国财政的大胆计划，并在1790年1月的《关于公共信贷的报告》（*Report on the Public Credit*）中予以宣布。这份报告是阐明汉密尔顿关于共和主义政治经济学之宏大愿景的一系列文采超群的官方文件之一。[28] 他提出了以下建议：美利坚合众国将全额偿付外国债权人；至于国内债权人持有的债务，则将通过发行等面值债券的形式进行再融资，除了某些技术性细节，这些债券将支付4%的利息——比最开始承诺的低了2%，从而将联邦政府财政马上面临的付款需求降低了三分之一。对于所有的债务持有人，不管是外国人还是本国人，汉密尔顿保证一律以硬通货形式偿付利息，而这只是一个未来偿付方案的预演。[在1791年的《关于建立铸币局的报告》（*Report on the Establishment of a Mint*）中，他将为新发行的美元确立金银复本位制。]接下来，汉密尔顿提议，联邦政府承继所有州债。最后，联邦债务将是永久性的，重新发行的美利坚合众国债券没有到期日。本金或许永远都不会被偿还，但利息支付将一直延续到无穷无尽的未来。汉密尔顿说，目前联邦政府只能支付利息。为了这样做，他计算得出，新的联邦政府将需要每年280万美元的财政收入。将会对财产征收小额国内税，比如对烈酒产品征收消费税。汉密尔顿还提议，对外国商业活动"分类估税"（impost），这是对进口商品——主要是英国制成品——征收的一项小额关税。

国会一开始就对汉密尔顿提议的债务等面值再融资进行了辩论。在战争期间，许多现有的债务持有人都以低于面值的价格购买了这些债务。这些票据曾被广泛发行,其中就包括代替军饷发到士兵手中的那些。因为户主缺席劳动,他们的农场蒙受了损失,于是士兵们转手将这些票据以折扣价卖给了商人。通过这种方式,尽管战时的商业停滞拉平了经济上的不平等,票据却缓慢地汇集到了富有的城市商人手中。到1790年,仅有不到2%的美国人拥有独立战争债。[29] 汉密尔顿的措施——以硬通货形式等面值兑换,而且设定了合理的利率——让这些精英人士得以大发横财。在国会中,批评者争论说,汉密尔顿没有"区分"债务的原始持有者和投机性购入债务的那些人,这是不公平的。那些为独立战争流血牺牲的原始债务持有人,难道不应该得到某些特殊待遇吗?站出来组成反对派的,不是别人,正是国会议员詹姆斯·麦迪逊。但他没能获得足够的选票,于是,这些措施通过了。[30]

麦迪逊的同情之心此时已转向自己所在的州,远离了他的朋友的那些政策。对于联邦政府对州债的"承继",麦迪逊认为,不像其他州那样深陷债务危机的弗吉尼亚,在汉密尔顿的方案下将会付出高出合理份额的代价。麦迪逊在国会中控制了足以阻止该项措施通过的票数,而他的确也这么做了。

在麦迪逊成功阻止这项措施后不久,杰斐逊在华盛顿总统家门附近的某条街道上遇见了正在踱步的汉密尔顿。杰斐逊后来回忆道:"他的表情忧郁憔悴,沮丧到了难以言喻的地步。甚至他的穿着也很随意,不修边幅。他要求跟我谈谈。我们在门旁边的街上站下来。"汉密尔顿向杰斐逊解释说,承继法案对其政府行政的"总体财政安排"有着重要意义,恳请他施以援手。杰斐逊答应了,安排"麦迪逊先生"和"汉密尔顿上校"在自己位于曼哈顿下城的公寓里共进晚餐,进行一次"友好的讨论"。[31]

对于汉密尔顿来说,债务承继至关重要。它保正了新成立的联邦政府的权力和合法性。债务承继还将扩大国债的规模。从经济角度，这正中汉密尔顿下怀。他将永久性债务称为"国家福祉"。因此，在独立战争之后不久，他便开始援引英国经验。1688年光荣革命后，公办特许成立、私人运营的英格兰银行（1694年）投资了永久性的英国国债。英国变成了如今历史学家口中的"财政—军事国家"（fiscal-military state），拥有了打赢帝国主义战争的资源。[32] 以公共权力为担保，一个私人资本市场就此形成，其费率及合同条款均锚定流通中的公债。英国公债业已成为国家和帝国实力的象征，同时还是长期资本主义发展的触发器。在英格兰，工业革命开始了。

与大不列颠不同，在美洲，被汉密尔顿称为"金钱资本"的这样东西——或用于私人投资的货币和信贷——并不足以完成对长期经济发展的资本化，汉密尔顿认为，鉴于美国拥有的诸多自然资源及其商业遗产，这个国家经济发展的潜力是非同寻常的。正如汉密尔顿在《关于公共信贷的报告》中阐述的，要使经济潜力化为当前现实，适当的金融体系必不可少。答案便是"银行货币"或"信用货币"，而且是英式的那种。以专门划拨出来的未来财政收入为担保的永久国债一旦存在，美利坚合众国的公共债务便可以在私人投资者手中流通，满足"货币的大部分效用"，公共债务市场还将为一个证券私人资本市场奠定基础。汉密尔顿想要在1791年的《关于建立铸币局的报告》中确立美元的硬通货价值，而美国宪法已经禁止了各州的纸币印刷。货币的稀缺价值得到了保障。如今，汉密尔顿可以将扩大货币和信用供应的自由裁量权交付到追逐利润的商业精英手中。一个由国家精英组成的投资人阶级将从供给侧刺激制造财富的实业投资。对这个阶级，汉密尔顿知之甚稔。

亚历山大·汉密尔顿生于1757年，出生地很可能是英属西印度群岛的小岛内维斯（Nevis）。[33] 1772年，15岁的他在圣克鲁瓦岛（St. Croix）商户们的资助下来到纽约市，就读于国王学院（后来更名为哥伦比亚大学）。18岁的时候，他撰写了一本支持殖民地起义的小册子《驳法默》(*The Farmer Refuted*, 1775)。年方19，他已经成为一名陆军上尉。作为一个众口交誉的勇于冲锋陷阵的人物，汉密尔顿成了乔治·华盛顿将军最信赖的副官(aide-de-camp)。他的妻子出身名门望族，拥有一张据他妻妹形容的"令人难忘的脸"。[34] 独立战争后，汉密尔顿读了法律学位，回到纽约市，在大陆会议中任职。很快，他便开始就必须成立一个'强有力"且"充满能量"的国民联合政府的问题而奋笔疾书。

汉密尔顿并不是一个重商主义者，因为他不相信任何一种贸易平衡的信条。[35] 但他对政治经济学的各种理论早已深入了解、融会贯通。他认为必须有商业活动存在，但也必须有所制衡。在1788年纽约的宪法批准会议上，汉密尔顿在大会致辞中说，"要抵挡自私自利的洪流，其难易程度不亚于改变人的本性"。但"明智的立法者可以巧妙地因势利导，令之尽可能地有利于公共利益"。[36] 目标在于创造恰到好处的组合——这听起来和第一代沙夫茨伯里伯爵的口气很像。正如汉密尔顿在《联邦主义者文集》第12篇中阐述的，"目前，所有的开明政治家都看出并承认，商业的繁荣是国家财富的最有效和最丰富的来源，因而成为他们政治上关注的主要对象"。[37] 一些反联邦主义的宪法批评者曾表示,商业自利本身便可充当"联盟的纽带"。[38] 汉密尔顿并不同意这一观点。在一个共和国中，只有国家权力才能调和私人自身利益和公共利益之间的紧张关系。私利与公益必须也必将纠缠在一起。问题在于如何才是适当的结合，以及如何实现这种结合。

汉密尔顿堪称一位具有原创性的政治经济思想家。"汉密尔顿主义"的这个标签恰如其分地总结了他的思想。[39] 他读过亚当·斯密，经常提及劳动分工的益处。他敏锐的金融头脑出类拔萃。[40] 他深知，资本主义经济发展是由金融投资带动的。他大胆断定，适当行使国家权力很可能会催生出一个美利坚合众国的金融体系，它可以同时实现商业、农业和制造业的资本化。同样，他依据当时的英国范例判断出，正在迅速成为国际关系权力杠杆的，不再只是更多的商业活动——像经典重商主义所追求的那样，从世界贸易这个大蛋糕中分得更大的一块——而是密集型的国民经济发展。最后，汉密尔顿也颇想行使一下国家权力，他已经做好充分准备，要以非凡的胆量一试身手。

值得一提的，是汉密尔顿世界观的另一个方面。作为一个出身低微的非婚生子，一个外来移民，他是一个白手起家的精英论者。一个正在组建中的新的联邦政府，正是他实现雄心壮志的大好时机。汉密尔顿是一位独立战争中的革命领袖，一个共和主义者，但他坚信政府应当由智者、富人和有才干者组成。他对民主政治没什么好感。他在制宪会议上宣称："人民是狂暴易变的；他们很少做出正确的判断或抉择。"[41] 汉密尔顿崇拜他身边那些为他树立了效仿榜样的绅士阶层的商人。他们文质彬彬，精明世故，不过也正如一位批评者指出的，他们可能"在鼾声中完成了普林斯顿大学的四年学业"。[42] 当时，这个阶层最多不超过美国人口的5%。独立战争对经济的破坏，以及18世纪80年代一系列大众的"过火暴力行为"（excesses），让他们在本地和州一级的权威遭到削弱。宪法是在国家层面将他们重新确立为一个代议制共和国之合法统治阶级的机会。[43] 汉密尔顿希望将精英们的商业自利与建立强大国民联合政府的项目绑定在一起。作为回报，一个强大的国民联合政府将从商业精英那里得到更多的私人投资。[44] 必须指出的是，制定宪法的那些人里，没有几个是农场主。

1790年夏天，在杰斐逊位于曼哈顿的家中，汉密尔顿与麦迪逊一起吃了顿晚餐，并达成了妥协。麦迪逊接受了联邦债务承继方案。汉密尔顿则同意对迁都表示支持，最终，首都从纽约市迁到了波托马克河畔的一片破沼泽地，这就是未来的华盛顿特区。

汉密尔顿还没罢休。几个月后的1790年12月，他发布了亲笔撰写的《关于国民银行的报告》(Report on a National Bank)，提议颁发一份为期二十年的联邦特许状，组建成立一家美国银行。亚当·斯密曾阐述过一种银行家借出货币高于其所持铸币准备金(specie reserves)的银行制度，这在今天被称为"部分准备金"(fractional reserve)银行制度。汉密尔顿援引斯密的话指出，这种制度的好处在于，私人银行可以借此将硬币——或"呆滞库存"(dead stock)——转化为"纸币流通的基础"。它超出硬通货准备金的额度扩增信贷，从而为金钱资本形成及商业倍增生成了更多的资金。这家营利性的美国银行将借助其遍布美利坚合众国的各个分支机构发放私人贷款。由此，它将同时增加"流通货币量并加快流通速度"，令金钱资本处于"不间断活动"的状态。[45]

美国银行将私人利益与公共权力缠连在一起，将货币与主权混为一体。和所有美国独立战争时期特许成立的股份公司一样，美国银行是一个共和政府的次级主权，而这个独特的合股制次级主权及其持股人将拥有巨大的权力。在这家银行最初的1000万美元的资本总额（超过了当时美利坚合众国所有现存银行的资本金）中，800万美元将为私人持股者所有，而联邦政府仅拥有200万美元。美国银行将垄断联邦政府的银行业务。由于其庞大的体量，美国银行将不可避免地坐享大权，实际上操控着美国货币和信贷供应的扩张与收缩。

汉密尔顿再一次遭遇了国会的阻力。在英吉利帝国中，1720年《泡沫法》(Bubble Act of 1720)之后，只有王室拥有特许成立股份制公司的权力。殖民地北美一直不曾拥有任何股份制银行——一家都没有。在独立战争之后，涌现出了一大批州立股份制公司，这些获特许成立的公司都是以营利为目的的，但每一家都有着明确的"公共意图"——其中有海上保险公司和收费公路公司，但也有一些经营银行业务的公司。[46] 对于批评者来说，股份公司是有悖共和精神的，散发着强烈的王室特权和垄断气息。一些人甚至不希望看到州立股份公司获特许成立。[47] 国务卿杰斐逊和国会议员麦迪逊对汉密尔顿倡立的美国银行提出了违宪抗议，认为在宪法的"必需与适当条款"中并没有明确授权联邦颁发成立公司的特许令。汉密尔顿迅速反驳了这两位弗吉尼亚人*的法律异议。特许令通过了，美国银行于1791年7月4日正式开始接受入股认购。一个小时之内，股票就一售而空。

3. 杰斐逊的"自由帝国"

詹姆斯·麦迪逊惊恐地看着这一幕。他向托马斯·杰斐逊报告说："股票投机压倒了其他一切。咖啡馆里永远回荡着赌徒们喊喊喳喳的声音。"[48] 投资者不需要支付每股400美元的高价，因为只要花上25美元，他们就能买到所谓的"认购证"（scrip），以此获得在未来某个时间购买该股的权利。认购证是可转让的，很快便开始流通。只凭想象力与意志，亚历山大·汉密尔顿复活了金钱资本市场。对于杰斐逊来说，这无异于对独立战争的背叛。脱离英吉利帝国本应是为了促进乡村地区白人户主的利益，而不是让那些金融资本家坐收渔利。

汉密尔顿和杰斐逊都是共和主义者，但并不是所有的共和主义者都有着一致的政治信念。[49] 美国独立战争的革命者们自称"辉格党人"，汉密尔顿和杰斐逊都对辉格党1688年光荣革命的政治遗产深表认同。这两个人都对18世纪的英吉利帝国有着理想化的看法，当时的殖民地日子过得很不错，而这两人也都主张，独立战争实有

---

* 本章中指代来自弗吉尼亚州的杰斐逊和麦迪逊。

必要，因为乔治三世的政策背离了真正的英国自由原则。但在独立战争之后，汉密尔顿的共和主义变得缓和下来，而杰斐逊的共和主义却激进起来，至少是变得更反英了。他认为，汉密尔顿的"认购证狂热症"（scrippomania）肯定是不符合1776精神的。

托马斯·杰斐逊和亚历山大·汉密尔顿一样，都是在英吉利帝国的外围地带成长为主张共和的革命家。[50] 但相似之处到此为止。汉密尔顿英俊潇洒，风度翩翩；杰斐逊又高又瘦，笨拙羞涩。汉密尔顿出身低微；杰斐逊一生下来，就注定要成为弗吉尼亚统治阶层的一员。从威廉与玛丽学院（William and Mary College）那里接触到启蒙主义思想后，杰斐逊在政坛迅速高升，26岁就加入了弗吉尼亚下议院（House of Burgesses）。1769年，他开始动工建造自己的宅邸蒙蒂塞洛，1773年，继承了妻子的遗产后，他的财产包括了1万英亩的土地和180名奴隶。32岁时，杰斐逊在大陆会议上拥有了一席之地。独立战争期间，他成为弗吉尼亚州州长。战后，他肩负着贸易使命动身前往法国。他在巴黎亲身体验了攻占巴士底狱的狂风暴雨。华盛顿将他召回，出任国务卿。

杰斐逊和汉密尔顿（以及麦迪逊）都不同，他并不是一个有原创性的思想家。他最大的天分在于为启蒙运动摇旗呐喊，而这种天分之高令人惊叹。已经在前面被引用过的《弗吉尼亚笔记》中关于政治经济学的那段话，值得被再次全文引用如下：

> 那些在地里劳动的人是上帝的选民，如果上帝曾经有过选民的话，上帝使他们的胸膛成为贮藏真正美德的地方……农民大众道德败坏这种现象是任何时代、任何国家都举不出一个例子的。道德败坏是另一些人的标志，那些人不像农民那样仰望上苍，依靠自己的土地和勤劳来过活，而是依赖意外事故和顾客的变化无常来从中获利。依赖心会产生奴性及唯利是图，扼

杀美德的萌芽,为野心家的阴谋提供合适的工具……一般说来,在任何一个国家,其他各阶级公民总数与农民总数之比,就是不健康部分与健康部分之比,并且是反映腐化程度的理想的指标。因此,当我们有地可以耕种的时候,绝不希望看到我们的人民在操作机器或纺纱。[51]

这一段文字,是对农村美国家户商业安全第一策略的共和主义解读。自由需要独立——这包括独立于顾客的变化无常,独立于商业需求的变幻莫测,而这是任何一个基于市场的经济制度都无法保证其和谐一致的。任何一个弗吉尼亚的烟草种植园主,都已经从多年来大宗商品异乎寻常的价格波动中知道了这一点。正因如此,在商业中,依赖性总是一种若隐若现的威胁。

共和主义者坚信政治代表制度。因为这一原因,在政治上,领导了美国独立战争的革命领袖们痴迷于个人"美德"。共和国的领导人必须行事"大公无私",代表共同福利。政治不应当是实现自私自利之个人野心的场所,因为这将导致"腐败"。如果一位政治代表不"独立",如果他并不拥有足够多的财产,他的"依赖心"就会令其易于腐败,不符共和规则。对所有这一切,汉密尔顿都会表示同意。但杰斐逊走得更远。他认为,不仅是共和国的领导人,就连共和国的公民,也必须"道德高尚"且"独立自主"。为此,他们必须拥有特定种类的财产和财富。这不能是金融"认购证",因为它代表了金融的冲动随意以及随之而来的依赖风险。共和国的公民应当真真正正地拥有土地。

杰斐逊的这种意识形态,是另一项英国遗产。1694 年英格兰银行获特许成立后,银行与国家的纠缠不清,曾经成为政治辩论的题目。"老辉格党人"、"激进辉格党人"、"共和派"(Commonwealthmen)或"在野派"(Country Party)这些名号不一的政治派系,对罗伯特·沃波尔（Robert Walpole）的主政内阁予以攻击，认为他们贪污腐败。[52]确切地说，为了掌控权力，沃波尔之前曾将英格兰银行的股票分赠给他的政治支持者。[53]在整个18世纪，沃波尔的对手还是一直咬住财政腐败问题不放，变得越来越不顾英国政治本身。但是殖民地美洲居民——他们拥有的银行股票微不足道，土地却相当之多——仍在一味轻信此种意识形态。[54]一位主要的英国"在野派"政治理论家，是第一代博林布罗克子爵亨利·圣约翰（Henry St.John）。乔治·华盛顿的整个人生规划，简直就像是要把自己变成一位从这个博林布罗克子爵的著作《论爱国之君》（*The Idea of a Patriot King*，1738）中跳出来的人物，而他基本上也做到了。所有人都认为，华盛顿总统拥有共和主义者的"品质"。

杰斐逊令"在野派"的共和主义民主化了。他的理想共和国公民不是冷漠古板的绅士农场主，而是身强力壮的美国自耕农。这还用说吗？杰斐逊并不是一个头脑简单的自耕农。他奴役黑人，对他们进行身体、两性和情感上的剥削。他自己的共和主义"品质"几乎不合格。汉密尔顿曾称他为"卑鄙的伪君子"，不管是否卑鄙，至少杰斐逊是个伪君子无疑。[55]他所拥有的不是"品质"，而是现代意义上的"个性"，而这是他直到今天仍能让我们着迷的原因——与之相对，华盛顿虽然更令人仰慕，却让人感觉无聊乏味。对于个人生命中几乎所有的一切，杰斐逊都是自相矛盾的。他痛恨城市，却热爱巴黎；他讴歌商业独立，去世时却留下了如山债务。很可能，他还认为他爱上了自己的一个奴隶。[56]

但从政治角度，杰斐逊对白人自耕农户主的承诺是真诚的。当然，自从17世纪晚期仇恨印第安人和奴役非洲人的政治转向以来，种族团结一直是弗吉尼亚政治领域的头号准则。在战争期间，杰斐逊曾经提议，向弗吉尼亚的自耕农阶层大规模重新分配土地。他支持在弗吉尼亚废除长嗣继承制（primogeniture）和限嗣继承制

（ential），并获得成功，由此扩大了白人的土地所有权。总体上，新的州宪法"扫除了关于土地继承、析分和转让的大多数残余封建限制"。[57]与此同时，战争调节了烟草市场的平衡，杰斐逊和其他弗吉尼亚种植园主一道，重新考虑了自己的观点，甚至不当真地想过要废除奴隶制。[58]在他的启发下，出台了1787年《西北地区法令》（Northwest Ordinance of 1787），禁止了旧西北地区（未来的威斯康星、密歇根、俄亥俄、伊利诺伊和印第安纳各州）的奴隶制。在那之后，杰斐逊对奴隶制的罪恶就仅限于口头抨击而已。亚历山大·汉密尔顿集蔑视民主政治与反对奴隶制为一身，而作为奴隶主的托马斯·杰斐逊却成了扩大民主覆盖范围的倡导者，这是美国最异乎寻常的几大历史悖论之一。

杰斐逊的长期政治经济计划，其动机之狂热丝毫不亚于汉密尔顿的版本，内容却很简单：从空间上扩大这个白人自耕农的农业共和国的领地，向西看。[59]压倒一切的问题是，美国人需要生存空间（Lebensraum），他们必须拥有财产权利以保障其自由。商业活动必将存在。地产是资本，但也不止于此。土地将为道德化的共和主义政治"独立"及"美德"奠定基础。白人绅士和自耕农将融入一个农村化的"中产场景"，商业自利和乡村共和主义的简朴生活达成一种启蒙后的和谐平衡。这个共和国的那些道德高尚、作为次级主权的家户，将其乐融融地生活在"幸福的中庸之境"。[60]杰斐逊相信，终有一天，奴隶制将在其他人的努力下消亡。黑人必须回到非洲。印第安人应当变得文明起来，否则就要被征服。1780年，杰斐逊首次将这一愿景称为"自由帝国"。他的这个独立战争后解决方案的愿景，是一种财产政治，一种关乎广泛的白人男性财产所有权的政治经济学。

杰斐逊认为，汉密尔顿太痴迷于效仿英国的政治经济学了。1790年1月，关于汉密尔顿即将发布《关于公共信贷的报告》的消息被提前泄露给了公众,泄密人正是财政部副部长威廉·杜尔（William Duer）。纽约投机商人安德鲁·克雷格（Andrew Craige）与6名新英格兰国会议员同住一所寄宿公寓,因为他知道,"没什么安全投机的办法"能比得上私下得知"公共信息"。[61] 听到有关债务承继的谣言后,投机者以远低于面值的价格抢购了83.7万美元的弗吉尼亚州债和351万美元的南卡罗来纳州债,此时,他们立时便赚取了可观利润。[62] 杰斐逊向麦迪逊抱怨说,投机者是在以"联邦垃圾"做交易。[63] 日后,他回忆道：

> （汉密尔顿是个）非凡的人物。他悟性强,公正无私,在一切私人事务中光明磊落,待人接物和蔼可亲,私生活中注重道德,然而被英国的榜样迷住了心窍,走上了邪路,竟然完全相信腐败是一个国家的政府绝对不可缺少的。[64]

在他看来,这项建设共和国的计划不应当与金融逐利绑在一起。杰斐逊确信,在制造出一份永久性的公共债务与一个联邦特许成立的国民银行之后,一连串英国的丑恶现象将接踵而至：金融寡头,官商勾结（government patronage）,寄生虫式的官僚政治,沉重的税负,一支常备陆军和海军,然后是战火四起。只看出身的贵族制度,甚至可能还有君主制,都将卷土重来。

汉密尔顿的各项政策对杰斐逊来说意味着一个更直接的问题：它阻碍了杰斐逊和麦迪逊二人自己关于经济发展的立法计划,而他们手里的确有一项计划。他们的第一条政纲,就是反重商主义的"自由贸易"原则,这是一个激进的启蒙运动理想。在独立战争期间,美洲港口向全世界的船只开放。1784年,杰斐逊出使巴黎,就被他称为"全面商业解放"的事项进行谈判。[65] 基于务实的态度,汉密尔顿认为,与英国重商主义重归于好是审慎之举,而他对自由贸易的抽象哲学不太感兴趣。然而，杰斐逊却寻求彻底摆脱英国重商主义的束缚。就让横跨整个大陆空间的美国自己做主，决定如何在欧洲——这一片遍布工作台、纺纱杆、大城市、证券市场和腐败分子的土地——处置自己的过剩农产品吧！杰斐逊见过巴黎，但他在纵横捭阖上并不擅长。重商主义的欧洲对他来说是冷酷无情的。

两位弗吉尼亚人改变了他们的反对策略，转为以自由贸易为目的、从战术上运用重商主义限制措施。第一届国会召开时，当国会议员麦迪逊提出一个针对英国进口商品的《航海法》（Navigation Law）——几乎就是一项禁令——时，两个未来集团之间的角力出现了。麦迪逊错误地认为，丧失美利坚合众国市场的可能将会把英吉利帝国带到谈判桌上。但杰斐逊却赞同他的观点。汉密尔顿的财政部报告受到了应得的赞扬，不过国务卿杰斐逊不那么深入细致的、对英国重商主义大加攻击的《关于美利坚合众国商业活动在外国所获优惠和所受限制的报告》（*Report on the Privileges and Restrictions on the Commerce of the United States in Foreign Countries*，1793），却乏人问津。

汉密尔顿绝对无法接受向英国进口商品征收巨额关税，因为当时美国进口商品的77%都源自英国。[66]他提议的适度关税并不是为了打击英国进口商品，而是为了增加财政收入，从而为债务承继、永久性国债乃至整个汉密尔顿主义的发展计划提供所需的资金。

最终令杰斐逊和汉密尔顿卷入公开冲突的，是汉密尔顿1791年12月发布的《关于制造业问题的报告》（*Report on the Subject of Manufactures*）。这是汉密尔顿最大胆的一击。汉密尔顿写道，美国银行的建立和流通公债都是朝向"资本扩增"的最初几步。接下来，将需要"政府的刺激和扶持"，鼓励那些紧张不安的私人投资制造业。汉密尔顿特别指出，各级政府必须顾及"那些谨慎精明的资本家的信心"。[67]为了吸引工业投资，他提议政府向某些入选的美国制造商提供直接补贴——这在今天被称作挑选赢家的"产业政策"。此外,汉密尔顿还批准了在新泽西成立一家制造业股份公司的特许状,这就是实用品制造业筹建协会(Society for Establishing Useful Manufactures,缩写为 SEUM)。该公司的主管,便是前任财政部副部长、汉密尔顿的朋友威廉·杜尔。

然而,杜尔并不是一个制造企业的长期投资者,他是一个金融投机商。实用品制造业筹建协会的初始股票认购几天之内就卖光了,认购证的价格最开始每股只有 19.91 美元,很快就飙升到 50 美元。[68] 杜尔迅速买进股票,然后转手卖掉以获取即时利润。然而,他最青睐的投机种类,却是美国公债。1792 年春天,他与其他投机者建立了一个资金池。他从实用品制造业筹建协会借贷现金,以此获取更多的担保抵押,希望能推动美国债券价格上涨,但债券价格却下跌了。到 3 月初,杜尔借来的钱已经耗尽。汉密尔顿掌管的财政部要求杜尔归还发放给他的个人贷款。杜尔的债主们威胁着要把他从债务人监狱里拖出来,当街开膛破肚。1792 年的这场短暂的金融恐慌,是共和国经历的第一次此类事件。汉密尔顿机敏地动用了财政部的资金来收购资产——这在今天被称为"公开市场操作"(open market operations)——以恢复交易流动性,稳定资本市场价格。恐慌迅速解除了。[69]

但与此同时,杜尔的所作所为已令杰斐逊无法忍受。不管汉密尔顿本人是否贪腐,他正在打造的这个政治经济体,却令威廉·杜尔这样的人得以出现——仅是这一点就足够糟糕了。

的确,汉密尔顿的手是伸得太长了。可以确定的一点是,工业化不能被视作理所当然。汉密尔顿认为,许多"谨慎精明"的资本家更倾向于囤积财富,而不是冒着资本损失的风险投资于长期工业企业。在这一点上,他是对的。除了营利动机,还需要其他一些东西来催化工业发展。汉密尔顿相信,国家的激励措施可以提供这种外部助力。但是，尽管汉密尔顿运用联邦权力建立的此种资本市场可以吸引这种投资，它的流动性——资产可以在当下即时转换的这种方式——也令短期投机成为可能。杜尔已经证明了这一点。政府能够提供诱因，但企业家仍需具有投资工业企业的能力和欲望。

最后，汉密尔顿犯了一个政治错误，他冷落了当时的美国制造商的要求，而后者是正在崛起中的"机械制造业利益群体"。这些人由技术娴熟的手工艺人组成，他们的业务是以家户为基础的，并非合股公司——这些人都是财产所有者，却有着很低的资本需求。汉密尔顿错误地认为，他们永远都不可能成为工业化的重要来源，因此，他的工业计划在很大程度上绕过了这些人。

与此同时，杜尔破产了。《关于制造业的报告》在国会没有激起半点动静。两位弗吉尼亚人看到了一个政治机遇，可以借此将杰斐逊关于白人自耕农的思想体系加以扩展，将北方的机械制造业从业者甚至是熟练技术工人也包括在内，而这些人根本找不到门路参与计划中的联邦财政部资产拍卖。1792年，麦迪逊撰写了一篇匿名的报纸文章，指责汉密尔顿"更偏向于富人，而不是社会中的其他阶层"，而且相信"人类没有能力管好自己"。[70] 到了那年年底，杰斐逊的"共和利益群体"——或共和党人（Republicans）——公开摆出了与汉密尔顿的"财政部"——或联邦党人（Federalists）——作对的阵势。

华盛顿试过修补裂痕。汉密尔顿采取的还击方式，却是在报纸上匿名发表了数篇攻击杰斐逊的长文。他在私下里对总统自辩道：

> 我知道这一点：自从杰斐逊先生来到纽约市就任现职的那一刻，我就一直是他一贯反对的对象。我从最可靠的信息源那里得知，我经常是最不友善的流言蜚语和含沙射影的攻击对象，

而这些都来自同一阵营。我早就看出，在这个立法机关中，在他的支持下，形成了一个一心要让我倒台的政党。[71]

被汉密尔顿排挤出华盛顿内阁的杰斐逊，选择辞去国务卿之职。与此同时，他写信给华盛顿说：

> 我不会让自己的引退因为某个人的诽谤而蒙上阴影，这个人的历史，打从历史屈尊留意到他的那一刻起，便是反对国家自由的阴谋诡计之一部分，而这个国家不仅接纳了他，供养了他，还将诸多荣誉加在他的头上。[72]

再也不会有修复关系的可能了，而杰斐逊并没有真的引退。

4. 联邦党人和共和党人

事已至此，赌注已下，汉密尔顿主义和杰斐逊主义的计划都可随时被付诸行动并发生冲突。手掌实权的汉密尔顿占有先机，他的财政政策获得了惊人的成功。[73] 美利坚合众国的商业蓬勃发展。但出于某种原因，在政治上，汉密尔顿依然走向了失败。

一开始的时候，联邦党人所向披靡。但在汉密尔顿推动国会通过了一项基本上只有象征意义的关于酒精生产的国内税之后，宾夕法尼亚西南地区爆发了一场抗税起义，在那里，手头缺乏现金的农场主将威士忌作为交换媒介。1794年7月，华盛顿和汉密尔顿纵马奔赴当地，未经一战便平息了威士忌叛乱。[74] 一个月后，在伐木之战（Battle of Fallen Timbers）中，一支进攻的合众国陆军击败了由35个印第安部落形成的俄亥俄谷部落联盟。《格林维尔条约》（The Treaty of Greenville，1795）将俄亥俄谷割让给了美利坚合众国。[75] 到那时为止，法国的激进派共和主义者已经处决了路易十六，而恐怖统治时期（the Terror）也已开始。法国大革命战争为保持中立的美国船只提供了绝好的贸易机会。1795 年，约翰·杰伊与重商主义的大不列颠签署了一项条约，它允许美国人经营"分解航程"（broken voyages）业务，将法属和西班牙属西印度群岛的产品首先运到美利坚合众国，然后再次出口到欧洲。鉴于伐木之战的影响力，英国政府还同意遵守《巴黎条约》，放弃他们在西部的军事要塞。最后，与西班牙帝国签署的《平克尼条约》（Pinckney's Treaty, 1795），确保了美国在密西西比河上的通航权，其中就包括在新奥尔良港存放货物的权利。联邦党人借此确定并扩大了美国在泛密西西比以西地带的稳固地位。

与此同时，美国的公共财政大为充实。1789 年到 1791 年间的联邦关税收入总计 439.9 万美元。1795 年，这个数字超过了 558.8 万美元。[76] 此时，汉密尔顿宣称联邦政府将"处于最富富有余的状态"，并从财政部部长的位子上退了下来。"我已经为那些国家大事打下了良好的基础，"他私下里写道，"我要打点一下自己的事了；它们对我的需要可不是一点半点。"[77]

汉密尔顿选择了最合适的时机。美利坚合众国迎来了第一次全国性的商业繁荣。汉密尔顿财政改革措施的成功，值得被记上一笔。美国银行提供各种私人贷款，扩大了货币和信贷供应。"金钱资本"倍增。在各州层面上的发展，也同样至关重要。在 18 世纪 90 年代，各州政府特许成立了 28 家银行（在 18 世纪 80 年代只有 3 家）。[78] 1791 年，英国贸易委员会称赞了新的美国宪法对外国投资者的种种保护措施，欧洲投资者的信心恢复了。[79] 金融资本涌入美国市场。[80] 出现了斯密型商业化的大爆发。[81]

然而，18 世纪 90 年代经济繁荣最重要的直接原因，是法国大革命战争以及由此带来的大西洋商业机会。欧洲人需要美国的食物，这对种植谷物的中部濒大西洋诸州（mid-Atlantic states）和美国的航运利益来说都意味着繁荣，而后者为北方的港口城市带来了好处。尽管南方种植园主并没有获益太多，他们却发现了一种新的出口大宗产品——棉花。在与英国重商主义修好之后，从经济上，年轻的美利坚合众国基本回归到了其原有的殖民地位置，向西印度群岛供应物资并与其贸易往来，只不过此时打着中立的旗号而已。贸易信贷再次为进口英国制成品提供了资金。[82]一位美国观察家指出，"欧洲事务令财富从天而降；我们所能做的只不过是找到承接漫天金雨的盘子而已"。[83]

政治学家常说，经济状况良好的时期，通常有利于在任的政治家，正因如此，1800年杰斐逊和共和党人与联邦党人在政治上的轻易决裂，才格外引人注目。[84]事实证明，共和党人在玩弄党派民主政治上，技巧远远更为高超。[85]尽管有着18世纪90年代的大西洋商业繁荣，在白人户主——尤其是农村地区的白人户主——之中，联邦主义却缺乏足够的民众支持者。波士顿、纽约和费城这几个主要的东北港口，从这场漫天金雨中获益最多。[86]汉密尔顿的改革正在步入正轨。但自耕农阶层、机械制造业利益群体、雄心勃勃的城市中产熟练技术工人以及许多南方奴隶主，在与被战火肆虐的欧洲进行大西洋商业贸易之外，都希望得到一些不同的东西。[87]

从政治的角度看，联邦党人约翰·亚当斯（John Adams）的政府任期，证实了民主共和党人最坏的猜疑。在《杰伊条约》（Jay Treaty）与英国达成和平之后，对美国商业的最大威胁，便是法国针对保持中立的美国航运业的报复反制措施。到1798年时，与法国的全面战争成为一种可能。联邦党人提高了各种国内税，并通过了一项印花税。汉密尔顿和其他人暗示要建立一支永久性的军队。对于民主共和党人来说，这简直是一而再，再而三地照搬英式贵族统治和君主政体的剧本。常备军、国内税、股份银行、国家债务和掌握统治权力的商业精英都将一一登场，而在联邦党人极力令1798年《客籍和镇压叛乱法》（Alien and Sedition Act）通过之后，对政治异见的压制也将随之而来。

在1800年的总统大选中，作为南方候选人的杰斐逊，在宪法五分之三条款的帮助下获得胜利。该条款按五分之三的比例将奴隶计为有代表权之个人，从而增加了南方选举人势力。[88] 共和党人以悬殊票数将联邦党人彻底击败。汉密尔顿发表了一封语无伦次的长信，用54页的篇幅对亚当斯大加诋毁，从而实质上结束了自己的政治生涯。[89] 在公开场合，接掌大权的杰斐逊表现得宽宏大量，但在私下里，他写道，"通过确立共和主义原则"，他将"把联邦主义打入深渊，令其永无再起之日"。[90]

心灰意冷的汉密尔顿在1802年得出结论，"除了从这个政治舞台抽身而退，我还有什么更好的办法呢？每一天都在加倍向我证明，这个美洲世界不是为我而设的"。[91] 两年后，在他与阿伦·伯尔的那场致命决斗发生几个小时前，汉密尔顿宣称，美国之疾，正在于"民主"。[92]

当杰斐逊就职之时，他要求其财政部部长阿尔伯特·加拉廷（Albert Gallatin）揭发"汉密尔顿的错误和不端行为"。加拉廷向这位总统汇报说："汉密尔顿没有犯任何错误，也没有实施任何不端行为。他什么都没做错。"[93]

5．独立战争后的解决方案

杰斐逊于1780年首次提出了"自由帝国"的概念，以此描绘一个有利于乡村地区白人户主——以自耕农为代表的共和国次级主权——的政治联盟。假如不跨过密西西比河向西殖民的话，这一政治联盟就不可能实现。这个计划还要求将一个杰斐逊口中的"商业分支"转向密西西比河。[94] 1801年刚刚就职总统之后，杰斐逊便着手将这一计划付诸行动。它的成功，将终结美国在商业上对大西洋商业活动的依赖。但同样利益攸关的是，同一现象也曾在重商主义时期催生了美国的商业时代——这，便是市场进入与贸易的地缘政治学。

密西西比河是北美大陆的商业大动脉。《巴黎条约》将加拿大以南、密西西比河以东的所有英国领地割让给了美利坚合众国。密西西比河的西边，是西班牙属路易斯安那，七年战争之后，西班牙从法国手中得到了这块领地。它一直向东延伸，跨过了墨西哥湾沿海的狭长地带，直抵西班牙属佛罗里达。在这里，西班牙人曾控制着作为密西西比河重要口岸的新奥尔良的进出通路。西班牙人宣称拥有路易斯安那以东、北至田纳西的这一片领地的所有权。他们资助了众多印第安人盟友，其中包括克里克部落、查克托（Choctaw）部落和切罗基（Cherokee）部落。但阿巴拉契亚山脉以西最活跃也最充满敌意的那些行动者，却既不是欧洲各大帝国，也不是印第安人部落，他们是美洲殖民者。一些人一直打着脱离美利坚合众国独立的主意，但这些身为自耕农的白人户主是杰斐逊的选民。1780年，就在杰斐逊宣布"自由帝国"方案的同一年，他知会西部，国民联合政府不希望控制对那里的移民。"为洪流让行，势在必行。"[95]

开辟道路的机会出现了。在法国大革命的连年征战中，西班牙帝国欠下了沉重的公共债务。拿破仑于1800年以极其低廉的价格重新买回了路易斯安那。接下来，他开价1 500万美元，向美利坚合众国出售这块领地，这令美国的外交官员深感震惊。美国政府在欧洲资本市场上的信誉——这多亏了汉密尔顿的财政体系——令杰斐逊政府得以为1803年的路易斯安那购地案（Louisiana Purchase）筹到足够的资金。路易斯安那领地方圆82万平方英里，形成了一个以新奥尔良、未来的明尼苏达州及爱达荷州为顶点的三角形。美利坚合众国的国土面积顿时增加了一倍,看起来,杰斐逊就职典礼上许下的那个宏愿——这个自耕农共和国拥有"足够空间",足以延续"百代千代"——已经实现。[96] 在资本市场上,对美利坚合众国政府的信心,为美国跨越空间的长期帝国扩张提供了资金。

1803年的路易斯安那领地,"与其说是一个地方,毋宁说是一项权利主张"。[97] 宪法已经赋予了联邦政府分配公共土地和与印第安人部落缔结友好关系的权力。联邦党人一开始希望对殖民定居加以控制,放慢其步伐,正如独立战争前英吉利帝国的官员曾经做的那样。他们通过条约从印第安人部落那里获取土地,然后将大块土地卖给富有的投机者(或许就是他们自己),以增加财政收入。但在杰斐逊就任总统之后,美国国会将联邦土地的最低购买单位从640英亩降到了320英亩,定价为2美元1英亩,且提供慷慨的信贷条款。在1804年,一片60英亩的土地,出售价格只有1.64美元每英亩。[98] 对西部土地的投机市场形成了,赌徒们欣然而来。白人殖民者——假如未曾购买土地的话——公然违反各种条约,擅占并"改良"印第安人的土地,寄希望于在日后申报获法律认可的权利主张。在1800年到1830年,美国国会33次通过"优先购买权"法律,将擅占行为合法化。[99] 在独立战争之前,只有英国王室享有优先购买权。而此时,自耕农家户也可以步其后尘。人民主权就此诞生了。1795年,阿巴拉契亚山脉以西的美国人口只有15万人。到1810年,这个数字已经超过了100万。美利坚合众国的农村化进程仍在继续。

颇具讽刺意味的是,在某些方面,杰斐逊的自由帝国越来越像18世纪的英吉利帝国。[100] 国会废除了所有国内税收,军事预算减半。[101] 1789年宪法的"商业条款"授予国会监管"各州之间"商业活动的权力,禁止州与州之间的重商主义歧视措施。其结果是对各州的歧视政策予以制衡,从而开辟出一个统一的商业空间,扩

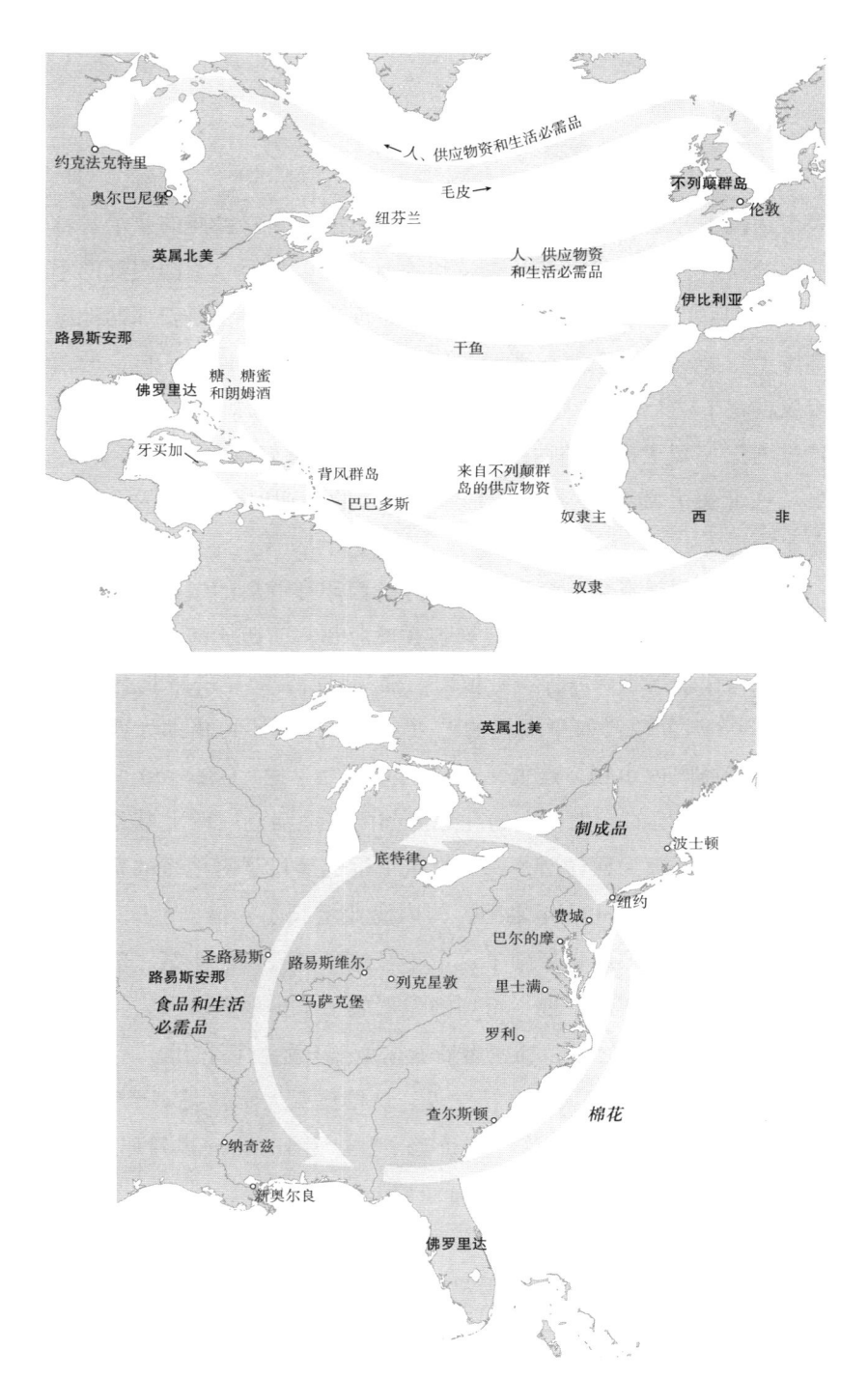

1750 年前后的英属大西洋商业模式 / 1820 年前后的早期美国全国性商业轮盘

具有讽刺意味的是，19 世纪美利坚合众国这个自由帝国的大宗商品贸易，与 18 世纪英属大西洋帝国的大宗商品贸易如出一辙，密西西比河谷南部仿佛充当了美国的英属加勒比海地区的各个奴隶社会。

大市场范围并进而增加商品需求。各个帝国在建立共同的政治管辖范围的同时，也会包容多元主义和统治差异，从而令帝国内部的不同人群均可以从事商业活动。从这一方面来看，路易斯安那购地案本质上令美利坚合众国在密西西比河谷南部垂手而得到了自己的西印度群岛。[102] 到1810年时，已经有16%的美国奴隶人口生活在越过阿巴拉契亚山脉的西部地区。新兴的基于奴隶制的三角贸易，出现在北美大陆之上，形成了一个巨大的、逆时针转动的全国性商业轮盘。

不同于以前将食品海运到东北方的西印度群岛的做法，旧西北地区将食品和生活必需品装载到俄亥俄河和密西西比河的内河船只之上，运往新兴的南方棉花种植园。棉花则沿着海岸一路北上。[103] 随着1808年大西洋奴隶贸易的结束，奴隶过手不再借助大西洋市场，而转经国内市场，这便是所谓的"第二中途"（Second Middle Passage）。本地的、大城市的和地区间的商业活动——尤其是在东北地区和中部濒大西洋诸州——在量上远远超过了跨地区的贸易活动。在1793年到1807年之间，国内商业增长了4倍。[104] 但不管怎样，这些跨地区纽带帮助了这个年轻的联邦联盟的团结。随着自由帝国不断征服西部土地，市场的无形之手牢牢地攥着白人主子的皮鞭。在整个大陆之上，斯密型商业倍增器开始发挥作用。

1800年，幻梦破灭的联邦党人、哥伦比亚大学教授塞缪尔·米奇尔（Samuel Mitchill）这样评价道："从大陆的这一边到那一边，众声咆哮着'商业！商业'，所有一切都是'商业'。"[105] 一个独特的美国"商业社会"开始出现。[106] 它是野蛮生长的，也是粗鲁不文的。亚当·斯密和许多其他18世纪知识分子曾经相信，商业将会令社会变得平和完善。但根据一位英国旅行者的记载，尤其是在美国农村地区，美国人随时可能将讨价还价变成动手打架——挖出眼珠，咬掉鼻子，扯裂"彼此的睾丸"。[107] 美国的本土文化远没有那么彬彬

第三章 共和主义政治经济学

有礼。即便这种文化有其民主色彩,它也是低俗的。许多低俗小说,比如苏珊娜·罗森(Susanna Rowson)的《夏洛特·坦普尔》(*Charlotte Temple*, 1794)等,都是畅销书。《本杰明·富兰克林自传》(*The Autobiography of Benjamin Franklin*, 1791)也在畅销书之列,它开启了这种神话式"白手起家者"传记的文学模式。

一直以来,杰斐逊总统都对一种商业形式怀有戒心。他想要打造自由帝国,令其商业活动面向西部,但在1803年后,拿破仑战争升温,大西洋的中立航运再次蓬勃发展。从1805年到1807年,仅是航运运费一项,便超过了美利坚合众国的国内出口。

战争中的英国于1805年通过了对美国航运的诸多限制措施。[108] 基于共和原则,美利坚合众国缺乏予以反击的国家实力,其中就包括了海军力量。于是,1807年12月,国会附议杰斐逊的提案,通过了一项禁令,禁止所有美国船只驶往外国港口,外国船只也被禁止出口美国商品。它们可以承运某些列选出来的进口商品,但只能装载压舱物空船驶离。杰斐逊此举,无异于从法律上禁止了商业繁荣。1808年,美利坚合众国的出口暴跌,关税收入也急剧下降。[109] 这项禁令在国内不得人心,在海外则全然失败。欧洲与美洲帝国之间的自由贸易遥遥无期。

杰斐逊退回到蒙蒂塞洛,而他的行政班子陷于瘫痪,但他已经受够了美利坚合众国对欧洲的商业依赖。[110] 这项禁令将把美洲经济生活转向内部,一个国内市场将会提供需求。杰斐逊这时开始谈到美国"制造商"与美国"农民""并肩"协作的话题,这两类生产者身处一场永无止息的争战之中,共同面对着寄生吸血、不讲共和精神的商人投机者。[111] 这项禁令刺激了国内商业和制造业——主要是小规模的、以家户为单位的那种,但也有更具创新性和持久性的纺织厂和机械加工车间。[112] 这是脱离殖民地时代的一个重大转变。美国人如今不再依照以往作为英国臣民的消费者身份定义自己,新的定义标准,是他们共和主义的"生产性劳动"。

国会于1809年3月终止了这项禁令。就在同一个月,詹姆斯·麦迪逊宣誓就任总统。但与英国的战争却已落到不可避免的境地。当战争于1812年正式爆发时,美利坚合众国并没有做好准备。麦迪逊已经坐视美国银行的联邦特许状于1811年过期,这样一来,它便无法帮助联邦政府调动资源。美利坚合众国的国债逾期了。军事行动形同闹剧,1814年夏天,英军入侵大西洋沿海地区。英国军队打了美国人一个措手不及,并纵火焚烧了华盛顿特区。

华盛顿作为首都的地位,是麦迪逊总统在四分之一世纪以前与当时的财政部部长亚历山大·汉密尔顿几经磋商而确定的。汉密尔顿已经死了,杰斐逊也退休了。与美利坚合众国的军队一道身处首都之外,麦迪逊总统只能坐看白宫熊熊燃烧。他认为,美利坚这个共和国的长期实力既不会来自国家行政权力,也不会来自那些如今正燃烧着的宏伟的公共建筑,而是来自白人户主自下而上的共和主义信仰。但它肯定不会来自逃兵率达12%的美国陆军。美国人无法赢得这场战争,但大不列颠也无法控制横跨大西洋到密西西比河之间的北美大陆。《根特条约》(Treat of Ghent, 1814)结束了1812年战争,确立了一种几乎相当于战前原状的局面。拿破仑很快便被打败了,大西洋的中立商业权利将不再成为一个问题。

就算杰斐逊的行政能力有所欠缺,他的直觉却是正确的。自由帝国正在转头向西。向英国宣战时,麦迪逊曾经指责英国人惊扰了西部的印第安"野蛮人"。[113]一个复合英吉利帝国的地理布局,曾经给了原住民部落一些回旋余地,其中就包括了商业上的回旋余地,但它让位给了某些不同的东西。[114]自由帝国在这一点上不同于各个欧洲帝国:它更不尊重印第安人主权。这个帝国不那么在意贸易,而更看重征服。针对各印第安民族的民众暴力行为,被放任不理。[115]

深得民心的田纳西民兵部队少将安德鲁·杰克逊,是1812年战争中的军事英雄。在西南地区，杰克逊少将此时发动了一场全面战争。[116] 1814 年 3 月，他在马蹄弯之战（Battle of Horseshoe Bend）中全歼了一支克里克军队。他夸口说，我们已经征服了"克里克地区的精华，开辟了从佐治亚到莫比尔（Mobile）的通道"。[117] 毫无疑问，密西西比以东的美洲原住民是这场长期美国独立战争中最大的输家，而最大的赢家，则是农村地区的家户之长们。美利坚合众国的诞生，伴随着一种将一直持续到 19 世纪的财产政治，这是一种白人男性广泛享有财产所有权的政治经济学。

在长期的美国独立战争时代诞生的共和主义政治经济学，促成了接下来的解决方案。正如汉密尔顿所说，他为"金钱资本"的扩增奠定了基础。美元与硬通货挂钩，货币资本的稀缺价值得到了保障。通过发行超出金属货币准备金的纸币，美国银行扩大了货币和信贷供应——从而令经济发展资本化。杰斐逊无法动摇这一早期资本主义金融体系。等到美国银行的联邦特许证于 1811 年到期时，州立特许银行已经纷纷成立。事实上，各州政府有力地推进着各种形式的经济发展，从特许成立公司，到建设可扩大市场范围的基础设施，再到北方的废除奴隶制。[118] 但在全国层面上，白人户主的民粹主义民主动员不仅推翻了君主制，也将一切贵族统治和寡头政治的残余打倒在地。[119] 作为精英分子的全国性政党，联邦党人无法掌控联盟大局。全国性的经济发展计划遭到废弃。杰斐逊的自由帝国最终胜出。自下而上、民粹式的共和民族主义，对美洲原住民土地的殖民，家户治理，奴隶制扩张，以及商业自利，所有这些把联盟团结在一起。

这够用吗？1815 年，麦迪逊总统呼吁建立一个"道路和运河"的全国体系，从而"将我们幅员辽阔的邦联之多个部分更紧密地联结在一起"。[120] 南卡罗来纳参议员约翰·C. 卡尔霍恩（John C. Calhoun）表示赞同："让我们征服空间。"[121] 但在共和党人之间，并不存在关于联邦基础设施项目合宪性的一致意见。然而，长期独立战争的政治经济辩论，已经接近尾声。1812年战争之后，民主共和党得出结论，汉密尔顿之前是正确的：一个国民银行不仅必要，而且大有用武之地。1816年4月10日，麦迪逊总统签署了美国第二银行（Second Bank of the United States）*的特许状。

---

* 之前的美国银行也被称为第一美国银行。

第四章

资本主义与民主政治

美利坚合众国最初并不是一个民主国家。独立战争之后,即便是在白人男性之中,投票选举也受到财产所有权的限制。亚历山大·汉密尔顿和其他革命者将民主政治视为一桩可疑之事。民主政治必须在共和国之中"兴起",而这一兴起过程最关键的几十年,是1812年战争后的那一段时间。[1] 到1828年时,财产所有权已经不再是白人男性选举权的必要条件。在那一年的总统大选中,安德鲁·杰克逊将军凭借着一场自觉的民主动员之力,一路青云直上,入主白宫。

必须加以强调的是,选举民主是有限制的,女性不能投票。而且还不只是限制:美国白人男性公民权的逻辑,意味着对自由黑人公民权的剥夺。[2] 不管怎样,杰克逊的两届总统任期是一次戏剧性的国家政治重组。杰克逊派自封为杰斐逊政治遗产的继承者,称自己为"民主党"(the Democracy)。他们的反对者则自称辉格党(the Whigs)。美国资本主义与民主政治之间的经济和政治关系,堪称世界史上这二者的第一次接触,我们对它的初始解读,必然要涉及资本主义与"民主党"之间的关系。

在美国资本主义历史的这一时刻，政治依然只是一种视察权。在经济生活中，主要方面仍在很大程度上保持着与长期独立战争期间一样的连续性。在生产活动中，有机经济得以延续。家户作为自由帝国最大的次级主权，仍是居中心地位的经济单位。商业中的斯密型动态依然存在，而这意味着跨越空间的市场地缘政治扩张成为增长的引擎。白人对印第安人占有的土地的侵略性掠夺，向西部扩大了自由帝国的疆域。作为独立战争后解决方案之核心的财产政治，依然占据稳固地位。

那么，有什么变化呢？首先，商业活动增加了。但它也被赋予了新的政治意义。[3] 阿列克西·德·托克维尔（Alexis de Tocqueville）的《论美国的民主》（*Democracy in America*，1840）认为，民主不仅意味着那些正式的政治机构——它还包括一个国家的精神。在美国的这个例子中，这个精神是商业精神。[4] 托克维尔远不是唯一一个以此看待美国人的欧洲旅行作家。英国小说家范妮·特罗洛普（Fanny Trollope）在《美国人的家庭风俗》（*Domestic Manners of the Americans*，1832）中评论道："蜂巢中的每一只蜜蜂都在积极寻找着那种海布拉之蜜，也就是俗称金钱的阿堵物；无论是艺术、科学、求知，还是享乐，都无法诱使它们停止这种追逐。"[5] 向往贵族生活的这些欧洲势利眼们，倒也捕捉到了某种程度上的事实真相。

美国民主的兴起，伴随着两次以信贷为主导的、投机性的商业投资热潮。第一次从1812年战争结束时起，持续到1819年恐慌。第二次始于19世纪20年代末，持续到1837年和1839年的两次恐慌。美国第二银行超出硬币储备增发货币，扩张信贷，在全国范围内实现对创造财富的劳动和企业的资本化，这基本上和汉密尔顿所预言的如出一辙。[6] 从美国民主文化的源头深处，一种投资商业的高诱因喷涌而出。斯密型商业倍增器开始发挥作用,商业经济的增长速度可能超过了人均国内生产总值的1.5%,从而令刚刚开始工业化的美利坚合众国一举成为按现代指标计算全世界增长速度最快的经济体。[7]

党派民主政治影响了商业动态(commercial dynamism)中的每一种驱动力。当1812年战争结束之时,一些以肯塔基国会议员亨利·克莱为首的、后来成为辉格党人的国家级政客,提出了一项长期国家商业发展计划——这是自汉密尔顿以来的第一项类似计划。联邦政府将管理土地的收购和销售,由此产生财政收入。对外国制成品征收的高额关税,将保护新兴的美国制造商们,并为工业生产活动提供赞助。来自二者的收入将为公共投资提供资金,投向一个相应的"内部改良"的联邦"制度",也即为了满足扩大市场进入需求而必不可少的道路、收费公路及运河等公共基础设施。美国银行将从上面管理货币价值的稀缺性,在合适的时机提供私人信贷。克莱将他的这个方案称为"美国制度"(American System)。

杰克逊的民主党就像杰斐逊和他之前的民主共和党,对国家经济规划犹豫不决。最后,美国民主政治的兴起并没能带来一个积极的国家经济政策制度。

民主党紧盯不放,确保这个制度不会出现。美国制度违背了杰克逊主义的"平权"原则。与商业增长——尤其是美国金融体系的增长——同步的是,这一时期的经济不平等加剧了。[8]民主党归咎于政府,认为导致不平等的是联邦政府对精英经济利益集团的偏袒。公办成立、享受政府补贴的美国银行将信贷发放给被其选中的宠儿,这就坐定了它是一个"腐败的"平等权利侵犯者。有利于北方制造商的关税,牺牲了南方英国制成品消费者的利益,这同样事涉偏私。出于同一原因,民主党对联邦基础设施项目的公共投资也心怀疑虑。最后,杰克逊主义者主张,应当由经常狂热过激的私人投资项目——而不是冷静镇定的联邦管理措施——来引导对印第安人土地的殖民化。

总的看来,民主党对美国政治经济学的改弦更张,将成为一次比独立战争更重大的转折。杰克逊总统在他1837年的告别演说中总结道:"只有一个安全准则,那就是将这个广义政府(General Government,即中央政府)严格限制在其适当职权范围内。"[9]民主党要求将国家与市场、公共与私有解绑。[10]这种划分范畴的行为,造就了新的政治经济紧张关系——它们围绕着边界划分而生,不涉彼此的牵连纠缠——时间将证明,它对商业时代的发展壮大至为关键。在平等的旗帜下,杰克逊主义顿时令长期的联邦政府计划举步维艰,并由此催生出一种对不受政治阻碍之市场的民粹主义的民主信仰。

用某位历史学家的话来说,这一时期的一个产物是商业"能量"的极大释放。[11]而另一个产物,则是一种独具美国特色的亲商业"反垄断"政治,它是反精英主义的和原始民粹主义的。反垄断要求商业机会平等,进而要求禁止"腐败的"官商勾结和徇私舞弊。富有戏剧性的是,杰克逊否决了美国银行。在各个州,民主党领导了一场民主运动,争取向所有人"开放"成立公司的权利。长期以来作为次级主权的公司,开始摆脱其公共身份,转移到私有经济领域。[12]最后,根据民主原则,将不会存在规划全国商业发展的总体方案。

具有讽刺意味的是,对政治特权和政府精英的攻击,很快便将为经济特权和公司精英的成长铺平道路。不管是否自相矛盾,美利坚合众国的民主兴起引发了大众对政府权威的怀疑。与此同时,美国仿佛变成了斯密型经济增长的一场自然实验。[13]全国性市场被从政治导向中解放出来,并受到黑人奴隶制持续扩张的推动,它将在未来的几十年中把美国这个共和国引向一条危险的政治道路。

1. 棉花繁荣与银行萧条

1815年拿破仑在滑铁卢最终战败后，英国工业革命进入了最紧锣密鼓的阶段。英国纺织品制造商催生了对原棉的需求，南方的奴隶生产活动则为战后对商业生产的投机性投资热潮提供了能量。棉花决定了商业发展的新节奏。[14]

就算是在1807年杰斐逊实施禁运之前，棉花出口也已经占到了美国出口总额的22%。[15] 1816年的这一数字是36%。[16] 到那时为止，美利坚合众国种植的棉花数量已经超过了印度，而后者长期以来一直是位居全球之首的棉花生产国。[17]

长期依赖稻米和靛青生产的南卡罗来纳州和佐治亚州，很快便改种了这种新的作物，这两个州种植的品种是产量更高的"短绒棉"（short staple），而且充分利用了效率更高的"锯式"轧棉机。[18] 与此同时，西部殖民对生产活动的激增也做出了巨大的贡献。

更多的土地掠夺和土地投机行为出现了。相比于其他国家，美利坚合众国拥有更发达的土地交易市场，因此在这里，土地依然是一种相对流动性较高的资产。国会试图纾缓殖民进程，却徒劳无功。[19] 在弗莱彻诉佩克（*Fletcher v. Peck*, 1810）和约翰逊诉麦金托什（*Johnson v. M'Intosh*, 1823）这两起涉及有争议的土地请求权的案子中，美国最高法院根据"改良"理论支持了投机者和擅占者的权利。这些判决确保了私有财产权利，而这向大众灌输了可能从未来的西部殖民中获取商业利益的预期。投机者和擅占者有时候会成为志同道合的盟友，联起手来大干一场。"这个年轻国家历史上前所未有的西进移民"出现了。[20]

在旧西南地区，1812年战争期间，安德鲁·杰克逊将军从克里克部落那里夺取了大约1 400万英亩土地。这片"克里克割地"（Creek Cession）是一块新月形的狭长地带，长约300英里，宽约

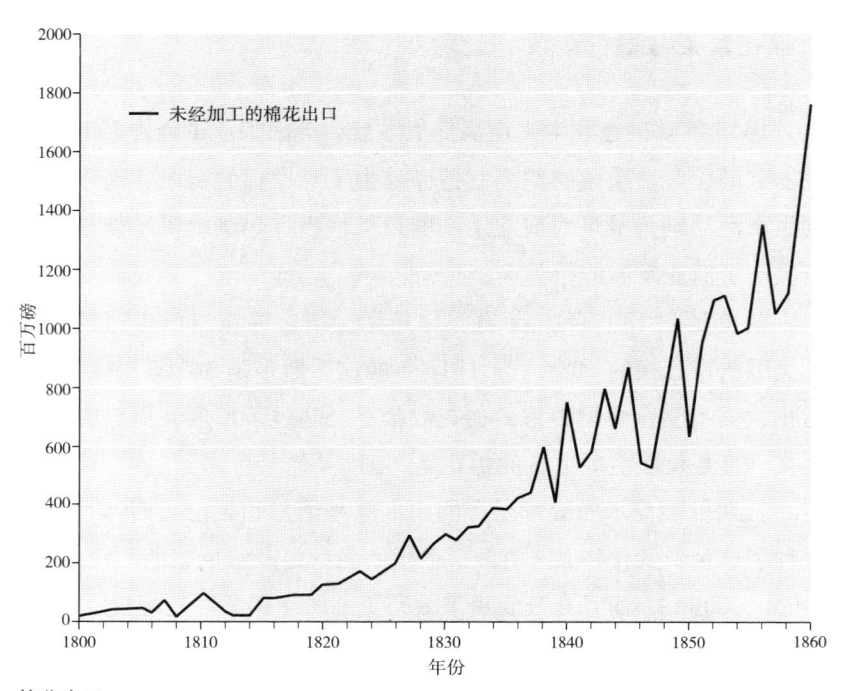

棉花出口

棉花到此时为止一直是南北战争爆发前美国的首要出口商品，它们令南方的白人奴隶主变得十分富有。请注意，出口量增加的时期与信贷周期中投机回升的阶段相吻合。

25英里，从田纳西州的西北角一直向下，穿过密西西比州（1817年建州）中部，横跨了整个亚拉巴马州（1819年建州）。该地区很快便将变成世界上最具农业价值的土地。

联邦政府于1812年设立了土地总局（General Land Office）。公地销售迅即激增。[21] 在旧西南地区，掀起了一场"亚拉巴马热"。1810年，后来成为亚拉巴马州和密西西比州的这块领地，其人口除印第安人以外只有4万人。到1820年，已经有了13.2万白人和11.8万黑奴。切萨皮克地区业已向西输送了12.4万奴隶。黑人女奴旺盛的生育力，确保白人对其奴隶资本未来增值以及未来金钱利润

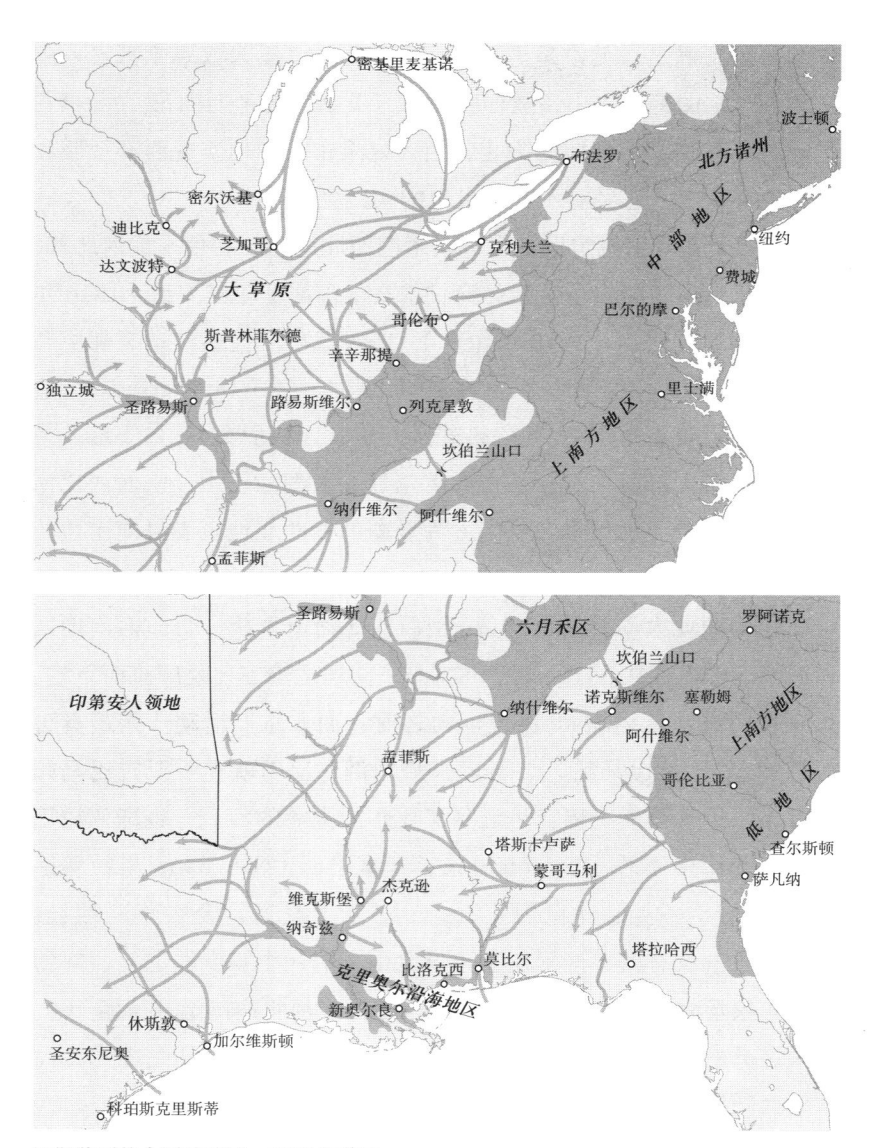

早期美国的全国性殖民，1820年前后

箭头指示的是发生在旧西北地区和旧西南地区的美国殖民与定居的主要动向。俄亥俄河和密西西比河从商业和政治上将这两个地区联系在了一起。

的期望得到满足。无论是男是女,是老是少,黑人奴隶全都投入到了清理土地的劳动之中,随即将数百万英亩土地种上棉花。[22] 棉花是一种新作物,但到此时为止,白人奴隶主在如何实现西部征服和殖民这件事上,已经有了几个世纪的实践经验。

与此同时,殖民定居者也进入了旧西北地区。在俄亥俄河北部,伴随着玉米和生猪农场带延伸穿过俄亥俄南部、印第安纳(1816年建州)和伊利诺伊(1818年建州),新兴城市匹兹堡、辛辛那提和路易斯维尔的规模不断扩大。许多的"南方大兵"(butternuts)*违反法律规定向北方迁移,他们带着黑人奴隶,帮助自己开垦土地。[23] 许多印第安人部落依然合法占有着紧邻五大湖的土地,密西西比河以西的土著势力也很强。以南方为导向的旧西北地区于是向南边的密西西比河挺进。

作为商业大动脉的俄亥俄-密西西比河道系统,将旧西南地区和旧西北地区连接在了一起。这时候,交通运输主要是顺流而下的。只有在距离水路运输 40 英里以内之时,商业生产活动才是最具可行性的。"亚拉巴马热"之所以来势汹汹,原因就在于亚拉巴马州拥有不下于 5 条能将棉花运送到莫比尔通潮港的河流,也即亚拉巴马河、汤比格比河(Tombigbee)、卡霍巴河(Cahaba)、塔拉普萨河(Tallapoosa)和库萨河(Coosa)。陆上交通,要么路况糟糕,要么根本就没有路,这限制了市场范围。对一个宾夕法尼亚西部的家户式农场来说,借助俄亥俄河和密西西比河将商品运往下游 1000 英里之外的地方,然后再通过沿海航线运往费城,要比翻山越岭向东借助陆路运输同样的商品更加划算。30 英里陆路运输的平均运费,大致相当于跨越大西洋的航运费用。[24]

---

* 原指灰胡桃树,其树皮曾被用来提取淡棕色颜料。当时美国南方的士兵身着淡棕色土布军装,由此得名。

旧西北地区的基本生活物资顺流而下,有时用于再出口,有时用来供养旧西南地区的奴隶种植园,那里有很高比例的土地被用于棉花生产,以此来获取现金偿还债务——在很大程度上与17世纪巴巴多斯的糖料种植园很像。棉花沿着海岸被运往东北地区,通常以转运到欧洲为最终目的。不过,以体量来计算的话,本地和地区内部的商业活动要高出全国性和跨地区的商业活动。[25] 尽管如此,棉花的确连起了一项全国性、跨地区的贸易活动,并成为经济需求的重要来源及国家团结的政治纽带。

众多家户向西迁移,从空间上扩大了商业市场范围,引发了斯密型动态发展。即便是擅占者,也需要货币和信贷令辽阔大地上的各种新机遇资本化。1816年特许成立、总部设在费城的美国第二银行起到了带头作用。这家公私合营银行的资本额为3500万美元——比第一美国银行多出了2500万美元。1817年,美国第二银行设立了19家分行。一些分行设在新近才有人定居的地方,但无论是位于肯塔基州的列克星敦*,还是在俄亥俄的奇利科西,这些分行发行纸币时都超出了银行的铸币准备金。美国银行的信贷支持了州立特许银行的纸币超发。[26] 随着美国银行网点为此起彼伏的棉花繁荣提供资金,货币和信贷扩张了,劳动和生产也实现了资本化。[27]

1819年,繁荣转为萧条。信贷是以想象力和信任为后盾的。金融体系需要在这些预期化为现实之前,便通过资助充分但不过度的生产活动来履行承诺。不管美国的供应是否超过了当时的英国需求,还是买家们开始预期会发生这种状况,总之,利物浦的棉花价格下跌了一半。美国银行及其分行一直是获取英国信贷和资本的渠道。伦敦的各家银行纷纷撤资,随之而来的是连锁反应。各个地方的债权人都在回收贷款,并要求以硬通货偿付。这耗尽了农村地区的铸

---

* 这个列克星敦是肯塔基州的第二大城市,非马萨诸塞州的列克星敦。

币。大宗商品价格和土地价值一起暴跌，令债务变得更难以偿付。对美国银行体系的信心烟消云散。人们惊恐万状，囤积货币，而这又加剧了恶性循环。信贷枯竭，价格下跌，这是自18世纪80年代以来的第一次螺旋式债务－通缩周期。

美国银行并未出手相助。1818年，它提取了价值200万美元的硬通货，用以偿付因路易斯安那购地案而欠法国的一笔到期债务。美国银行在本土和海外的金融债务已经超出其金属铸币准备金10倍。在恐慌期间，美国银行从州立特许银行处回收贷款，并要求以硬币偿付，这破坏了全国各地的本地信贷扩张，令商业陷入停顿。在1792年恐慌期间，财政部部长亚历山大·汉密尔顿曾经精明地进入金融市场，以保持货币与信贷市场中的交易流动性，从而平息了恐慌。美国第二银行并没有这样做，它的所作所为令1819年的恐慌进一步恶化了。

投机性的投资热潮可能会转变为萧条。和1792年不一样，恐慌效应开始蔓延开来，导致了商业经济中的艰难时刻。比如，正在进行中的对密歇根的殖民便戛然而止。在密西西比河以西，印第安人的毛皮贸易也遭到打击。回到东部，那里面对的是城市人口失业和公司破产。然而，南方产棉州受到的打击却最重。棉花价格将永远不会再攀升到19世纪第一个十年时的水平，而且，棉花再也不会对国家商业起到如此重要的驱动作用。

赌徒被刺痛了。然而，土地财富和财富一样，仍不只是资本而已。土地依然为农村地区的家户提供了基本的生活必需品。金融恐慌的打击力度，并不像未来的金融危机那么大，届时，资本将在更大程度上掌控经济生活。1819年之后，农民再度出现了，他们从商业经济退回到了家户经济。费城的政治经济学家马修·凯里（Mathew Carey）在《政治经济学随笔》（*Essays on Political Economy*，1822）中引用了一位纽约州北部的养牛场主的话，这位农场主怀疑，遭此重创之后,"大家伙儿很快便会只把力气用在种植粮食养家糊口上",全然把商业抛在脑后。[28]萧条的确让一些美国人停了下来。他们当时还没有"市场""商业周期"或"经济"的概念,不能以此从概念上理解所发生的一切。伦敦的信贷回收怎么就转化成了巴尔的摩的城市人口失业问题?到底是通过何种机制,所有这一切才会联系在一起的?

美国人相当一致的答案是:这全都怪政府。人们的指责落到了美国银行头上。的确,美国银行的管理层在经营业务时马虎大意,经常把贷款发放给那些没有抵押物的人。"让所有的夏洛克*都从自己的藏身之处出来,在光天化日之下磨刀霍霍,好从他诚实的邻居心头取走'一磅肉'!"当美国银行宣布在许多分行暂停支付票据后,巴尔的摩的记者赫齐基亚·奈尔斯(Hazekiah Niles)大声疾呼道。[29]对于绝大多数美国人来说,没法儿不一下子将这些经济事件视作由政治和政府所导致的恶果。

美国银行遭到了政治上的强烈反对。[30]独立战争后的18世纪80年代,就在债务-通缩周期的最后时刻,债务人和债权人之间的阶级冲突愈演愈烈,这一历史在很大程度上重演了。为了应对来自债务人的民众施压,田纳西州、肯塔基州、俄亥俄州和其他西部各州的州立法机构通过了推迟提起债务诉讼的延付法令(stay laws)和防止抵押土地被没收的抵押物发还法令(replevin laws)。[31] 1820年的《联邦土地法》(The Federal Land Act)为以往的土地购买者提供了暂时救济。[32]通过释放家户当下的购买力,而不是把钱存下来以便在日后偿还逾期债务,这些债务减免法令有助于维持经济支出,对所有人都有益。(2008年的家庭债务危机之后,国会未

---

* 莎士比亚剧作《威尼斯商人》中以放高利贷为生的犹太商人,曾以倘若违约便从担保者身上割下一磅肉的条件借钱给剧中主角。

能通过的正是此种类型的法令。)

然而,美国银行在华盛顿依然拥有自己的捍卫者。在美国最高法院的麦卡洛克诉马里兰州(*McCulloch v. Maryland*,1819)一案中,首席大法官约翰·马歇尔(John Marshall)认为,马里兰州向美国银行征收的一项恶意州税是违宪的。这一判例似乎永久性地确立了美国银行的基本合宪性,而这是一个一直可以追溯到杰斐逊和汉密尔顿的老问题。在华盛顿,美国银行最有力的捍卫者之一,是众议院议长、肯塔基州国会议员亨利·克莱。

2. 美国制度

如果说在商业时代之中,有那么一刻,联邦政府有可能掌握对国家商业发展长期过程的控制权的话,那便是此时——就在这个国家历史上第一次真正的投机性投资繁荣与萧条的短期周期之后。

在艰难时刻,公众会本能地指望国家出手相助。奴隶主对联邦权力心存疑虑,但棉花的繁荣与萧条仍未令这些棉花巨头变成一个有自觉性的阶级。迅猛的西部移民意味着有更高比例的美国人生活在新的定居点,这是史无前例的,也是不复再现的。在政治上,联邦党人已经彻底失败。民主共和党人手掌大权,并不存在令其分裂的有组织的政治派别或政党。在这背后,联邦政府至少表面上是一个团结一致、有序运转的公共利益的代表。这一时刻实际上呼唤着以国家为主导的全国统一,而信心满满的亨利·克莱便是带头冲锋者。

克莱1777年出生于弗吉尼亚州东部,1797年在里士满学习法律,随后加入了向肯塔基州的大举移民。他定居在列克星敦,这座城市位于路易斯维尔和俄亥俄河东边,与之相距70英里。在那里,他成为一名奴隶种植园主、土地投机者和商业律师。但他不种棉花,不打算成为一名棉花种植园主,在国会中也并不代表这些人的利益。

路易斯维尔的种植园种的是大麻。作为一个杰出的演说家,克莱于 1810 年被选入国会,当时只有 33 岁——他是一个"鹰派"(hawk),一双目光锐利的蓝眼睛窥伺着与英吉利帝国一战的时机。在自己的首个任期内,他便引人注目地成为众议院议长。他在战后的繁荣时期发了财,但以私人信用为许多不良票据背书之后,又在萧条时期损失了一大笔钱。他于 1821 年离开国会,回到肯塔基,着手修补自己的财务状况。作为一名律师,他为许多债权人辩护,其中就包括了常年作为其私人客户之一的美国银行。在肯塔基州,恐慌发生后的五年时间里,一个代表债务人利益的救济党(Relief Party)在立法机构中占据了主导地位。克莱私下里哀叹着"对债权人的不利法令"。[33] 1832 年,在克莱的财务状况恢复正常后,肯塔基州重新将他送入了国会,尽管他所持的是力挺债权人的立场。

他重新得到了众议院议长的职位。众议院全体大会上,他在一整天的多次演讲中提到了 1819 年恐慌之后遍及"整个合众国"的"普遍困难"。他提出了自己关于美国制度的主张。那些与沙夫茨伯里式重商主义的共和理想一样古老的政治经济学主题,被他再度提及:

> 商业会自我调节!是的,一个大手大脚花掉传给他的祖传财富的挥霍成性的继承人,他的奢侈浪费最终会自我调节。但这种调节,最终必定会令他身陷监狱的高墙之内。商业会自我调节!明智的各级政府却不应坐视其发生,它们的职责,是在事前防范那些遥远的罪恶;其途径,便是审慎的立法。[34]

将会存在更多的商业活动,而且势必如此,但国家必须对商业发展予以引导和制衡,这样才会达到理想的公共目的。

克莱合情合理地辩称,当前的首要问题,是美利坚合众国在商业上依然存在对"外国"的依赖,尤其是对英吉利帝国。与 18 世纪时没什么不同，美利坚合众国依然是英格兰的大宗农产品出口国，同时又是这个国家的制成品、资本和信贷进口国。如果说，克莱在抱怨债务人救济措施、将萧条归咎于过度投资的这两点上犯了错误的话，认为棉花繁荣是由错误投资导致的这一观点却诚然是正确的。信贷集中于棉花，牺牲了其他企业的利益，而西部殖民定居的迅猛扩张远远走在了包括交通基础设施在内的政治建构前面。与之相对，美利坚合众国需要的是一个更大的"国内市场"，以确保有效需求。只有这样，才能形成一个充分的"倾销渠道，用以消化我们的劳动产出的剩余产品"。[35] 这是一个古老的重商主义原则，只不过被克莱转手应用于国家背景之下。同样地，这样一个全国市场将由公共政策有意识地打造而成。政策将制衡私人利益，尤其是一心要以最快的速度对印第安人土地进行殖民的普通白人男性户主的利益。

这个美国制度是一个联邦的全国性经济规划项目，它由四项基本原则构成。第一，克莱毫不含糊地向美国银行提供支持，后者如今正处于费城银行家尼古拉斯·比德尔（Nicholas Biddle）的审慎经管之下。美国银行仍是克莱的私人客户，1824年，他在美国最高法院的奥斯本诉美国银行（*Osborn v. Bank of the United States*）一案中成功地为该机构进行了辩护（此案推翻了另一项针对美国银行的州税，只不过这一次是在俄亥俄州）。美国银行是一家特许成立的公私合营机构，一个公司形式的次级主权。公共利益与私人利益不可避免地纠缠在一起，寄希望于二者能处于一种和谐的紧张关系之中。根据这种观点，身为国会议员的克莱从代理美国银行中获取个人利益并没有什么错，只要美国银行有利于公共利益即可。

第二，克莱主张放缓西部殖民，哪怕只是为了让国家基础设施建设可以跟上来。联邦政府应当提高公地价格，而这也会带来更多的联邦财政收入。

第三，克莱提议对外国制造商征收更高的关税。这将有助于扶持东北地区的制造业,令美利坚合众国摆脱对英国进口商品的依赖。1816年,他曾推动过实施一项贸易保护主义的关税,但其税额并不够高。英国工业革命的制成品依然像洪水一样涌入美国消费市场。1824年的关税是到那时为止贸易保护主义色彩最强烈的,它将进口商品的关税平均提高了30%。

第四,来自土地销售和关税的收入,将为一个公共投资"内部改良项目"的国家制度提供资金。改良是一个古老的启蒙运动理想,它将私有财产权利定义为一种与社会公共利益互惠的关系。为了令私有财产具有价值,对公共基础设施的进一步改良势在必行。1811年,国家公路(National Road)在波托马克河边的马里兰州坎伯兰市正式动工修建,于1818年最终修到了俄亥俄河旁边。但除此之外,国会一直都只为一次性项目提供资金:比如说,一条从佐治亚州阿森斯市通往新奥尔良的公路(1806年),或是一条从俄亥俄州肖尼敦市通往伊利诺伊州卡斯卡斯基亚市的公路(1816年)。1816年,克莱曾经试图将美国第二银行支付给联邦政府的150万美元特许证费用于投资一个内部改良的国家制度,但麦迪逊以违宪为由否决了这一提案。"如果国会可以修建运河",一位北卡罗来纳德国会议员附和说,"他们就可以更名正言顺地解放"奴隶。[36]1824年,克莱与战争部部长(Secretary of War)*约翰·C.卡尔霍恩联手,令《一般测绘法》(General Survey Act)得以通过,它为未来的基础建设项目提供了机会,而这些项目将与一个综合性的全国方案完美配合。[37]

克莱的美国制度是一个立法项目,但它也是1824年总统大选的一个选举承诺。那一年,民主共和党人因几位候选人的问题发生

---

* 1789年设立的美国战争部的首长,属于总统内阁成员。1947年被拆分为陆军部长和空军部长,与海军部长一道成为国防部长手下的非内阁成员。

了分裂,这些候选人包括克莱、卡尔霍恩和马萨诸塞的约翰·昆西·亚当斯(John Quincy Adams)。在竞选过程中,一批反建制派的选民动员起来,推出了第四位候选人,他就是当时正担任田纳西州参议员的退伍将军安德鲁·杰克逊。

赫尔曼·梅尔维尔将会在《白鲸》(Moby-Dick,1851)中写道,一位"伟大的民主之神!……您也曾从卵石堆中把安德鲁·杰克逊扶起来,抛到一匹战马上,使他青云直上,位过至尊!"[38]而不见得对杰克逊将军持赞许态度的哲学家拉尔夫·沃尔多·爱默生(Ralph Waldo Emerson),也将他称为美国的"代表人物"。1767年出生的杰克逊,家境甚为普通,他的故乡瓦克斯霍(Waxhaws)是北卡罗来纳州和南卡罗来纳州边境上一个与世隔绝的苏格兰人及爱尔兰人定居点,而他本人很小便成了孤儿。13岁的时候,他入伍参军,在独立战争中打过多次游击战,从那时起,他便对英国人一直怀有仇恨。杰克逊学习了法律,在21岁时移居纳什维尔。凭借强大的意志力,他很快便打入了当地有权有势者的圈子,他先是一名土地投机者,后来又成了奴隶种植园主,就此发了家。他在1796年进入国会,整个任期并不引人注目。他站在民主共和党人这一边,真正的热情却在军事之上。1802年,他成为民兵部队的一名少将,当1812年战争爆发时,杰克逊接过了指挥权,宣布全国性的"复仇时刻"就在眼前。他对英国人和印第安人给予了一视同仁的打击。从各方面来看,安德鲁·杰克逊都是一个脾气暴躁、睚眦必报的男人。

但他也是一位大受欢迎的战争英雄。他属于那种新出现的、富有传奇色彩的、白手起家的美国民间英雄,与他比肩的,是西部拓荒者丹尼尔·布恩(Daniel Boone)这样的人物:"我的根啊,要追溯到/上校丹尼尔·布恩/他的边陲小镇/名叫布恩伯勒/那里的棕皮肤居民/都由他亲手赎救/因为这位民间英雄/拥有野性的自由/他挥舞着鲍伊猎刀,打败了印第安人。"[39]

但当1819年恐慌发生时，富有的杰克逊站在了债权人这一边——也就是克莱一边。"这边的光景很糟糕"，他在纳什维尔写道，并对人们囤积硬通货的行为表示惋惜，表示"信心完全被摧毁，硬币支付被暂停，根本搞不到外国钞票——而且有多达600桩（债务人）诉讼被退回到了我们的县法院"。[40]杰克逊大声疾呼，为什么"要对债务人滥施同情之心，债权人却什么都得不到"。[41]1822年，他考虑过竞选田纳西州州长，却因为其不受欢迎的亲债权人立场而遭到了劝止。

1824年的总统大选已经是一个截然不同的政治时刻。[42]到这时，1819年恐慌后的债务人抗议已经在各个州立法机构最终遭到挫败。[43]杰克逊并没有公开发表过多关于债权人和债务人的言论。他的黑马候选人身份所吸引的，是国家战争英雄的支持者，以及觊觎印第安人土地和西部土地的擅占者及投机者。他还吸引了并不支持克莱的美国制度的精英人士——这些人主要是奴隶主，他们担心联邦政府权力扩张，痛恨向其消费的英国商品征收关税。[44]他们想要的是"自由贸易"，而且并不觉得1815年后的棉花繁荣有什么不对，除了它最后转为萧条这一点。根据弗吉尼亚参议员约翰·泰勒（John Taylor）在《揭露暴政》（*Tyranny Unmasked*，1822）一书中的看法，克莱提出的所谓国家利益"纯属想象"。商业"自利"的"催化作用"已经足以带来所有可能的"互惠互利"。[45]

最后，另一批选民将其观点加诸杰克逊将军身上。这一群人和他一样，对那些秉持世界主义的全国精英心怀不满，而克莱、卡尔霍恩和亚当斯无疑都属于这种精英。[46]根植于杰斐逊式的全民动员，这一经久不衰而又极端情绪化的美国民粹主义传统首度出现了。

1824年，正如一位宾夕法尼亚的观察家所说，"杰克逊主义把所有东西都混在一起，吸收了一切力量"。[47]民主党的民粹主义支持者包括了农村地区的白人户主，他们住在远离商业网络的地方，并非没有依据地担心着，克莱的全国性内部改良计划或许会将城市商业精英联合在一起，却绕过了自己。这些支持者也包括城市的"机械制造业利益群体"，他们是从事小规模制造业的独立有产阶级。如果说大规模的制造商会在克莱提议的关税制度下蓬勃发展的话，这些人却可能会面临阶级下滑，沦落为"依附性"的工薪阶层。杰克逊的民主党支持者还包括美国第二银行的批评者，这些人认为，对货币和信贷的内部控制会损害他们自己的商业成功期望。他们中还包括对州立银行和其他股份公司的组建过程持批评意见者，这些人指控各州立法者将成立公司的特权贪为己有或分赠亲友。让他们集结在一起的，是对精英人士独享政府"特权"这一方式的反对。他们坚持认为，所有白人男性都享有"平等权利"才是正确的做法。

杰克逊在1824年的总统大选中赢得了多数票，但他获得的选举团选票却不够。这场大选被交到众议院进行表决。出于策略，克莱无视其老家肯塔基州立法机关的指示——他们更青睐杰克逊——支持了另一位落选的候选人约翰·昆西·亚当斯。当亚当斯总统提名克莱为国务卿时，杰克逊的支持者痛斥了这场"腐败交易"。但克莱谋算错了——亚当斯的总统任期没有做成任何实事。能言善辩的亚当斯，雄心勃勃地对国会发表了首次演讲，请求让联邦政府采取行动。他教育那些国会议员说，就算他那些关于内部改良——修建道路和运河，创办一座天文台，打造一所全国性大学——的立法提案不受其选区选民欢迎，他们也应当投票赞同。然而他们并没有这样做。亚当斯的总统任期的确产生了一项更具保护性的关税，其税率此时保持在60%上下，而这随后在南方被称作1828年的"可憎关税"（Tariff of Abominations）。但他能做的也就是这么多了。

党争激烈到了卑鄙无耻之地步的1828年选举，根本不构成一

第四章 资本主义与民主政治

场竞赛。在有选举资格的选民中，56%的人投了票，而在1824年，这个数字仅为25%。[48]杰克逊将军成为总统。

3．"范布伦先生，这家银行想要搞死我，但我会干掉它！"

杰克逊在就职演说中热情赞颂了"我国制度的首要原则，也即由多数人实行统治"。[49]当杰克逊着手将自己对于人民主权的理解转化为行动时，他要做的第一件事，便是解除国家公共权力与腐败的私人利益之间的捆绑纠缠。政府领域与商业领域必须被分开，并在两者之间建起一道硬性边界。这将确保白人户主——财产、财富和土地及奴隶资本的拥有者——拥有平等的商业机会。

即便不是商业，与各印第安人部落打交道的权力也肯定是一个宪法明确规定的联邦政府行动范围。杰克逊的首要任务，便是迁移密西西比河以东地区的印第安人。这种迁移并不是预先注定的。在1815年到1830年间，美利坚合众国从印第安人部落手中购买了1.82亿英亩土地，而普通白人民众用暴力夺取的土地远超于此，但在杰克逊就职时，约有13万名印第安人仍占据着密西西比以东7700万英亩的土地。在旧西南地区，生活着被美国白人称为"五大文明部落"（five civilized tribes）的印第安人残余势力，他们是切罗基人、奇克索人、查克托人、克里克人和塞米诺尔人。切罗基人已经签订了数个条约，明确承认他们在其祖传土地上拥有主权。他们业已接受了包括黑人奴隶制在内的商业化农业，制定了部落"宪法"，并且在很多情况下都已皈依了基督教。佐治亚州的老百姓对此并不满足，他们依然发起了进攻。杰克逊表示支持，并签署了1830年的《印第安人迁移法》（Indian Removal Act）。该法案将50万美元拨给战争部，用于迁移所有密西西比河以东的印第安人，此外，它还赋予了杰克逊用密西西比河以西的土地交换密西西比河以东土地的权力。对印第安人的迁移,是缓慢、暴力且充满悲剧色彩的。[50]

1834 年的《印第安人往来法》(Indian Intercourse Act)*在密西西比河以西确立了一片印第安人领地。几个世纪以来,白人陆续来到密西西比河谷的另一边,但如今,他们不是来与印第安人部落进行商业往来,而是要夺取他们的土地。[51] 1841 年的《优先购买权法》(Preemption Act)最终赋予了那些占据并改良联邦土地的擅占者以不超过每英亩 1.25 美元的价格购买 80 英亩到 160 英亩土地的权利。密苏里画家乔治·凯莱布·宾厄姆(George Caleb Bingham)的画作《擅占者》(The Squatters,1850),便记录下了白人自耕农阶层的这场胜利。

与此同时,1830 年 5 月,就在国会通过《印第安人迁移法》的前一天,杰克逊总统否决了一项国会立法。之前,国会投票决定入股一家肯塔基公司,也即梅斯维尔、华盛顿、巴黎及列克星敦收费公路公司(Maysville, Washington, Paris, and Lexington Turnpike Company)。这家股份公司是在肯塔基州获特许成立的,其"公共目的"在于修建一条公路,将亨利·克莱的家乡列克星敦与只修到俄亥俄河旁边的国家公路连接起来。梅斯维尔公路将贯穿整个肯塔基州,但这个内部改良项目延展了一条自东向西的陆上通道,并借助俄亥俄河与密西西比河实现了南北贯通。杰克逊否决了这项《梅斯维尔公路议案》(Maysville Road Bill)。他的国务卿马丁·范布伦(Martin Van Buren)与田纳西州国会议员詹姆斯·K. 波克(James K. Polk)一道,帮他起草了否决意见。总统表示总体上支持公共基础设施项目,但认为梅斯维尔投资项目违宪,因为提议修

---

* 从 1790 年到 1834 年,美国国会一共通过了六项旨在监管移民定居者与土著人之间商业活动的立法,在不同语境下,这些立法被统称为《不往来法》(Nonintercourse Act)、《印第安人往来法》(Indian Intercourse Act)或《印第安人不往来法》(Indian Nonintercourse Act)。

第四章 资本主义与民主政治

乔治·凯莱布·宾厄姆，《擅占者》（1850 年）

生活在密苏里州的宾厄姆在政治上是一名辉格党人。他这样解释自己的这幅画作："作为一个阶级的擅占者，并不喜欢辛苦耕作，他们在那些部落领地的偏远角落建起简陋的棚屋，丰富的猎物满足了他们的物质需求。当这一生存来源随着周边定居点的增多而日渐衰竭时，他们通常便会卖掉这些拿到了土地'优先购买所有权'的微不足道的改良成果，再次追随着野蛮人后撤的脚步而去。"

建的这条公路只穿过肯塔基州一个州，并不足以引起举国关注。杰克逊将不会考虑任何会被视为克莱口中的国家"制度"的个别项目。

杰克逊明确反对把国家公共投资投向一家肯塔基州的特许公司，这只会令其私人股东获益，而其中一些股东正是政客。1828 年，联邦政府花了 40.1183 万美元资助内部改良项目的直接公共建设。它还花了 100 万美元用于认购州立特许公司的股票。[52]但当时，总统宣布，对公司股票的联邦公共投资将被认定为违背共和精神且事涉腐败："拥有每家州立公司半数资本的美利坚合众国政府，将会通过败坏本州民众的方式操纵各州选举。"[53]杰克逊并不反对纯粹的公共基础建设项目。很快，国会便向他呈上了120万美元的一揽子拨款方案，其中充斥着不同国会议员的私人项目。这位总统并没有加以否决。事实上，在杰克逊的两届总统任期内，国会花在内部改良项目上的款项超出了整个国会历史上的此类开支。与此同时，美国邮政总局（American Postal Service）为地区间的商业扩展做出了至关重要的贡献。[54]然而，杰克逊就是不肯就一个简单的原则做出让步。亚当斯政府曾以联邦股票认购方式购买了200多万美元的州立特许股份公司的股票，但在杰克逊总统任期内，这项巨大的开支彻底归零。杰克逊无法忍受联邦政府出面成为私营公司股东的赞助者。

当然，一家股份公司令所有这些都相形见绌。美国第二银行拥有联邦特许证。它的3500万美元的股本中，有五分之四为私人持有，剩下的则归联邦政府所有。美国银行负责经办联邦政府的财政资金，作为回报收取150万美元的年费。在比德尔的领导下，这家银行的声誉在1819年恐慌之后已经有所恢复，而1816年获得的美国银行特许状，在二十年内都不会到期。然而，在1832年总统大选前夕，感觉政治上占有优势的克莱与比德尔联手，决定国会应当重新颁授给这家银行一份特许状。"如果杰克逊予以否决，"克莱在国会辩论中声称，"我就否决他！"这份特许状于7月得到批准，比德尔在他的华盛顿寓所举行了一场庆功会。喧嚣声透过杰克逊白宫房间的窗户依然可闻。几天后，范布伦走进白宫，发现病恙缠身且旧伤发作的杰克逊卧在一张躺椅上。"范布伦先生，这家银行想要搞死我，但我会干掉它！"他说。[55]

美国第二银行拥有凌驾美国经济生活的非凡权力。货币与主权，公共权力与私人利益，全都混合在一起。美元的硬通货价值维持了货币价值的稀缺性，但美国银行有权以发行票据和贷款的方式，扩大纸币流通量，为其股东赚取利润。1830年，美国银行的纸币发行量约占美国流通媒介的40%。通常而言，每发行两美元的纸通货，对应的铸币准备金只有一美元。在所有的美国商业贷款中，15%到20%的贷款是美国银行经手的——在西南地区和西北地区，比例还要更高一些。与此同时，美国银行有权叫停货币和信贷扩张。它的许多本地分支机构可以购买州立特许银行发行的钞票，拿到发钞银行"兑换"硬通货。仅是这种威胁，便对州立银行的纸币发行设定了限制。对美国银行钞票之价值的广泛信任与信心加在一起，支持了州立特许银行的银行票据扩发，从而生成了更多的货币和信贷。信贷令更多创造财富的投资、实业和生产活动得以资本化。[56] 利物浦的棉花价格再度上涨，美国银行大发信贷，尤其是向着西南方的新兴棉花前沿地带。[57]

比德尔一直都在要求不受政府监管的完全独立自主。他坚称，没有任何一个"自总统以下的政府官员，拥有干涉这家银行各项事务的一星半点的权利、权力和口实"。[58] 与此同时，比德尔也会迎合政府的喜好。他用美国银行的资金支持对该银行有好感的政客的竞选活动。他向那些有影响力的报纸编辑提供贷款。他将贷款批给许多缺乏信用担保的国会议员，有时候最终无法清偿。他还任命马萨诸塞州参议员丹尼尔·韦伯斯特（Daniel Webster）为常任受薪法律顾问。有一次，韦伯斯特给比德尔写信说："我的聘用协议并未像往常那样得到续签。如果你方希望继续我与贵行之间的关系，还请将聘用协议依惯例寄送给我。"[59] 如果说这种安排看起来事涉"腐败"的话，那是因为，审视者是从杰克逊式民主的视角看待这件事的。比德尔、韦伯斯特和克莱并不觉得，让美国银行在服务于公共利益的同时帮助充盈他们个人的小金库有什么不对。这正是政治经济学的基本要素。

杰克逊总统不同意这一点。他否决了这家银行的新特许状。一位财政部官员阿莫斯·肯德尔（Amos Kendall）与司法部部长罗杰·B. 塔尼（Roger B. Taney）一道，协助他撰写了否决声明，而这无疑是美国政治历史上最具轰动性的文件之一。杰克逊的总体判断是，美国银行所拥有的、来自政府的公司"特权"，"对于人民的自由权利而言是危险的"。[60]

这位总统宣称，银行业"和农业、制造业或任何其他行业一样"。它是一桩"生意"。因此，它应当向所有公民平等开放。但事实正相反，私人股东却控制了美国的货币和信贷体系，这些人里"有那么几百名是我们自己的公民，主要来自最富裕的阶层"，此外还有外国股东，甚至是最糟糕的英国股东，他们利用政府的垄断特权中饱私囊。这家银行"将权力集中于对人民群众不负责任的少数人手中"。这位总统用几句激动人心的话结束了他对银行特许状的否决意见。"令人遗憾的是，"杰克逊悲叹道，"有钱有势的人经常会篡改政府法令，来满足其自私的目的。"因为：

> 在充分享受上天的恩赐与工业、经济及美德的优异成果之时，每个人都平等地享有法律的保护；但当法律试图在这些自然且公正的优势之上再人为加以区分，当这些法律将所有权、金钱利益和专属特权拱手相送，从而让有钱人更富有，掌权者更强大，而出身卑微的社会成员——那些农场主、机械工和劳动者——却既没有时间也缺乏手段为自己谋求同样的好处时，后者自然有权去抱怨政府的不公。[61]

一个民主国家，无论如何不能将特权或好处授予特殊的经济利益群体。它必须确保所有人的"平等权利"和公平机会。

克莱和比德尔很高兴。比德尔说，这个银行否决令让他联想起了法国大革命期间的激进分子让－保罗·马拉（Jean-Paul Marat）

和马克西米利安·罗伯斯庇尔（Maximilien Robespierre）。"它会面对一只被关在笼子里、锁链缠身、咬啮着铁栅的黑豹的全部狂怒"，他写道，随即动用美国银行的资金四处散发克莱的竞选文稿。[62] 但很快，比德尔就不得不停止在媒体上施压：银行否决令大受欢迎。事实证明，杰克逊是一位民主政治修辞和传播大师。在一个金融与商业大举扩张但经济不平等也随之加剧的时代，杰克逊技艺高超地煽动起了民众对银行业和政府精英的不满情绪，而后者感到万分惊讶。他们看到了繁荣富足的到来，却未曾预见到这一点。

克莱的美国制度完全失败了。美国银行此时即将面对特许证过期的命运。内部改良公共基础设施的全国计划并不存在。国会并没有放慢民众西部殖民的脚步。接下来，杰克逊签署了1832年《关税税则》（Tariff of 1832），降低了对外国制成品的进口税率，削弱了对北方工业的保护——在杰克逊看来，这是另一个特殊利益集团。对南卡罗来纳州来说，这项减税措施还不够，现已辞职的杰克逊的副总统约翰·C.卡尔霍恩就来自这个州，他宣布该项法律在自己所在的州中"无效"。南卡罗来纳最终在总统的敌意面前做出了让步。然而，关税税率将一直呈下降趋势，这令南方的英国商品消费者深感满意——而且至少令一部分南方奴隶主保留在民主党的阵营之中。1832年，杰克逊正式打着民主党（Democratic Party）的旗号参加总统竞选，以压倒性优势击败克莱。"杰克逊的事业，"力挺杰克逊的《华盛顿环球报》（*Washington Globe*）于1832年宣称，"就是民主和人民的事业，与腐败无耻的贵族统治作斗争的事业。"[63] 一位民主党人表示："在摧毁了这家银行之后，所有的垄断和所有的特权也必将走向毁灭。"[64]

民主党试图限制联邦权力，从而将公共领域与私人领域分开。它旨在将私人商业领域从政府垄断特权中解放出来，向所有白人男性户主平等开放。然而，拆解特权不仅仅意味着确保平等的商业机

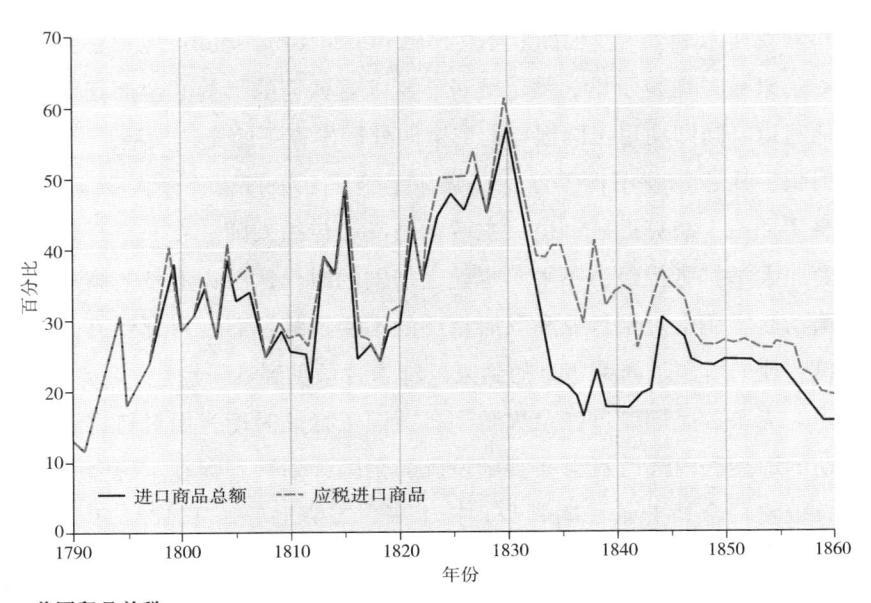

美国贸易关税

被南方的英国制成品消费者深恶痛绝的这项关税,是一个引发了激烈抗议的政治议题。杰克逊总统反对克莱倡导的美国制度的高关税,但他依然向实行奴隶制的南方各州强制征收了这些关税。

会。在实践中,它还意味着削弱联邦政府做出任何长期指导全国商业发展计划的权力。

但是,亲商业的"反垄断"政治诞生了。比如,纽约记者、民主党人威廉·莱格特(William Leggett)就呼吁"银行与国家的全面分离",要求彻底消除国家对"自然经济"的干预。任何一种私人形式的行动主体,都不应拥有超出硬通货基准扩大货币供应的权力。[65] 拉尔夫·沃尔多·爱默生宣称,这些人"是自由的狂热分子;他们痛恨道路通行费、税收、收费公路、银行和管理者,还有几乎所有的法律。"[66]

事实上,与其用无法无天来形容,倒不如说,对公共领域和私人领域的区分催生了一系列新的政治经济紧张关系。为了依法确保商业活动向所有人开放，一个杰克逊主义的法学分支发展起来，它对私有财产权利呵护备至，却对任何涉及"特殊利益"或"共同利害关系"（class）的立法怀有敌意。[67]将公共领域与私人领域区分开来，并不意味着国家权力在其宪法限定的适当范围内必须被削弱。远远不是这样。民主党建立了一个更公开、更专业的国家官僚体系。[68]在"反垄断"的旗帜下，纽约和其他城市放开了对公共食品市场的监管。但像市镇供水系统这样的公共事业，却变成了仅限政府专营。[69]杰克逊派承认地方一级的公共监管和政府"治安权"（police power）。在所有这些个例中，杰克逊主义的政治经济学均助长了一种新的顾虑，即要对公共治理行为与私人商业活动之间的界限保持警惕。

民主党渴望定义一个私人商业领域，从而以"平等权利"的名义将其开放给所有白人男性。这当然会产生后果。它的一个直接效应，便是释放出了一股大众化的、民主主义的和从事更多商业活动的驱动力。

4. 一个发展中经济体

对昔日经济生活的延续随处可见。城市化终于开始了，尤其是在东北地区。然而，即便是在这个地区，直到1840年，仍有81%的人口生活在农村地区。[70]自由帝国的政治经济解决方案依然从根本上建立在白人户主财产所有权政治上，而杰克逊下定决心，要一直保持这种状态。土地改良依然是最主要的一类生产性投资。[71]有机经济依然为生产和市场范围设置着种种限制——更不用说还有糟糕的道路和未通航的河流。大量家户——其中大多数是杰克逊的支持者——依然基本上远离商业网络。

自17世纪以来，向一个更加市场化之经济的过渡，不只包括那些一次性的关键时刻，还包括一次又一次的市场参与和市场收缩，既有市场变革，也有反对变革的开历史倒车，而所有这些都因地理位置而情况各异。不管怎样，商业发展是大势所趋。而在其中，一个周期性循环出现了：这是一个反复出现的资本主义信贷周期，在投机性投资繁荣之后，萧条总是接踵而至。

的确，杰克逊的第二任期正好赶上了又一次由信贷推动的斯密型增长热潮，令其成为可能的，是协助了白人对印第安人土地的持续殖民进程的政府基础设施项目。但这一扩张并没有受到任何总体性的全国政治计划的指导。它在更大程度上是被各种情绪和投资者心理——譬如野心、逐利、渴望土地和追求种族支配——所驱动的。对未来繁荣的种种预期加在一起，在已经气焰高涨的美国人的投资诱因上又添了把柴，导致对土地、商业和奴隶的投资猛增。随即，这次繁荣再次变为萧条。

南方的棉花经济从1819年恐慌的萧条中恢复过来之后，再度蓬勃发展。新奥尔良的棉花价格从1831年的每磅9美分跃升到了1835年的每磅15美分。旧西南地区新开发的棉花产区再度扩张。棉花出口在1831年到1836年间翻了1倍，达到全美出口总额63%的这一历史新高。旧西北地区种植玉米和养殖生猪的农场主再次将商品运往新奥尔良以再出口，或供应旧西南地区的种植园。俄亥俄河－密西西比河上的贸易往来，继续领先于东北地区与西北地区之间的商业活动。此时出现的一项重大革新，是新发明的蒸汽动力内河船只，它令逆流而上的航运交通成为可能，并开辟了密西西比河支流的航道。内河汽船的航速为每小时20英里，它将自新奥尔良逆流而上、驶至俄亥俄河的航程从3个月缩短到了8天。随着新奥尔良在全国商业贸易中的重要性达到顶峰，它的人口超过了10万，而这座城市也成为美利坚合众国的第五大城市。同样情况也出现在俄亥俄州的辛辛那提市。位于新奥尔良上游1600英里，堪为其北方镜像的这座城市，被称为伟大的"猪肉之城"（Porkpolis）。两个城市的市场价格开始趋同。长久以来一直作为西部印第安人毛皮贸易中心的圣路易斯，也开始参与到这个棉花—玉米—生猪的商业链条中来。[72]

尽管如此，美国各地区内部的贸易量仍然令地区间贸易量相形见绌。[73]地区性商业经济和大城市商业经济的结合体出现了。比如，新英格兰的农场主便转向了"商品蔬菜栽培"（truck farming），向附近的城市供应牛奶、肉类、黄油、奶酪、水果和蔬菜。勤劳的农场主满足了消费者对本地制成品的大部分需求。画家乔纳森·费希尔（Jonathan Fisher）的《蓝山村晨景》（*A Morning View of Blue Hill Village*，1824），就描绘了一幅多元化商业种植的景象：画的背景中是一系列城镇，而位于前景的山坡上的田地为那些城镇供应着所需物品，它们被一条地界线分隔开来。

美国中部濒大西洋诸州的农场主在谷物种植上拥有比较优势，但他们也供应着该地区不断扩大的城市人口。在纽约、费城和巴尔的摩，小规模制造业的产品主要售往大城市和地区市场。巴尔的摩是面粉和造纸中心。一个东北地区的城市核心地带正在破土而出，斯密型劳动分工出现了。波士顿和普罗维登斯成为多元化的制造业中心，而新英格兰边远地区的城镇则专门从事纺织品、靴子和鞋子的生产，康涅狄格州的城镇制造着马口铁器皿、纽扣、勺子、盘子、钟表和帽子。纽约市成为"成衣"中心。本地贸易占更大比重的东北地区商业经济，其增长率甚至高出了南方产棉州。[74]

斯密型增长发生的部分原因在于，市场范围的扩大提供了充满活力的需求来源。尽管杰克逊主义令联邦政府陷入瘫痪，一场由州政府主导的市场基础设施"交通革命"却促进了商业发展。从1787年到1860年，联邦政府总计在交通基础设施上投入了5400万美元的资金，而各州进行的公共投资总额达到了4.5亿美元。[75]

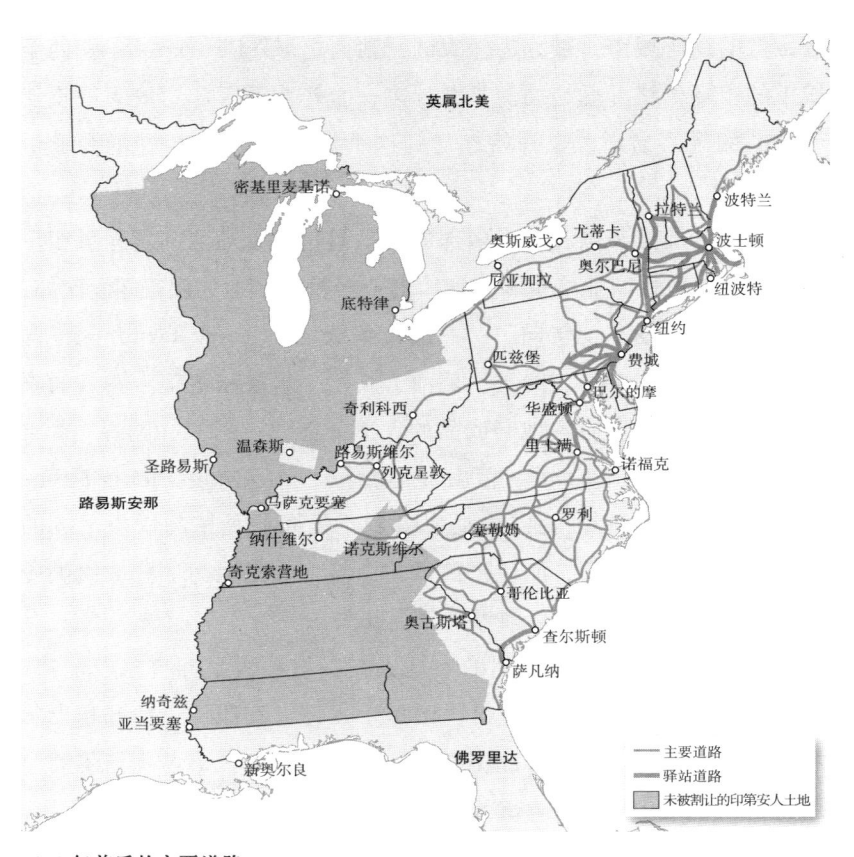

1800 年前后的主要道路

在这个商业时代，交通基础设施在相当大的程度上决定了市场范围以及斯密型增长的可能性。

这段历史的开始最早可以追溯到 18 世纪 90 年代，当时许多州都特许成立了股份制收费公路公司，尤以东北部各州为甚。在这之前，道路通常都是路况很差的穿林小径，每每由那些以"劳役"抵税的公民开辟而成。1804 年，俄亥俄通过了一项法令，规定路面上的树桩不能高于 1 英尺。许多农场主等待着冬天到来，好在冰雪路面上用雪橇装运他们的庄稼。在南方，奴隶拖着"泥驳"（mud

第四章　资本主义与民主政治

boats)将棉花运往最近的河岸或溪岸。在沼泽和湿地里,圆木被一根挨着一根铺成"木排路"(corduroy roads)。桥是木头的,只有少数石桥。过河通常意味着要找到一个浅滩。第一条成功的大型收费公路是开通于18世纪90年代、连接兰卡斯特和费城的兰卡斯特收费公路。

在东北地区,收费公路公司——因为其"公共目的"而获特许成立的股份公司——以通航水路为起点呈扇形分布开来。最好的公路是用石头建造的,路面以沙砾铺筑平整并设有排水沟槽。在1800年到1830年间,新英格兰和中部濒大西洋诸州特许成立了将近千家收费公路公司。它们征收过路费,但赢利的寥寥无几。看起来,普通的农村地区投资者并不总是为了获得利润而投资。相反,他们为公共利益掏钱,但这一公共利益也关乎巨大的私人利益,那就是市场进入权。在东北地区,收费公路公司扩大了大城市和地区性的商业市场范围。[76]

继之而来的,是运河修建。1815年,美利坚合众国的运河加起来只有100英里长。1817年,纽约州开始了伊利运河(Erie Canal)的公共建设。在向国会请求拨款遭到断然拒绝后,该州通过州税和公债销售相结合的办法,筹得了所需资本。从布法罗城中穿过的伊利运河,全长363英里,将伊利湖与哈得孙河畔的奥尔巴尼连接起来。运河中段于1819年开通,收取的运河通行费资助了整个项目在1825年前正式完工,纽约州北部地区的小麦生产立即繁荣起来。1821年仅有1 500名居民的罗切斯特市,十年之后人口便达到了1万人。[77] 已经掌控了南方棉花转运贸易的纽约市,此时进一步扩张,将来自该州北部农业腹地的商品贸易也抓在手中,从而成为自由帝国无可置疑的商业巨人。

贸易的地缘政治是这个商业时代的重大主题。宪法的《商业条款》禁止各州相互征收贸易关税,但它并没有禁止在那些可以增加市场进入的公共基础设施项目上展开竞争。伊利运河之所以成功,部分原因在于它整段航道都在一个单一主权管辖范围内。其他地方的商业精英因为这条运河的大获成功而深感恐慌,他们争先恐后地寻找可以将其所在的大西洋港口与越过密西西比河的西部地区连接起来的线路。修建穿越多个州的线路常常会受到政治阻挠。宾夕法尼亚州的干线运河(Main Line Canal)开工于1826年,它以匹兹堡为终点,从而将费城与流经该城的俄亥俄河连接起来。为给这个项目筹集资金而发行了州债。这条运河不得不翻越阿勒格尼山脉(Alleghenies),直到1833年才开通。其他各州的成功更是寥寥无几。各州中的运河经常是重复过剩的,并不存在一个全国体系。尽管如此,到1830年时,整个美国已经修建了1 277英里长的运河,绝大部分资金来自各州的公共财政。[78] 到1841年,这个数字达到了3 326英里。1836年,伊利诺伊州开始建造伊利诺伊与密歇根运河(Illinois and Michigan Canal),从而开辟一条流经新城芝加哥、连通密西西比河和五大湖的商业水道。俄亥俄州是当时最大手笔的运河建造者。[79]

联邦政府和各州朝着截然相反的方向前进。在公共财政问题上,各州越来越多地从税收转向资本市场。与之相反,杰克逊于1835年还清了所有联邦债务。各州的州债总额从1815年时微不足道的数字增加到了1830年时的8 000万美元,到1841年时已达2亿美元。[80] 杰克逊在联邦层面终止了联邦政府对股份公司的投资,但当各州并不直接建设基础设施时,他们会投资于本州特许成立的公司,希望通过股息分红获取财政收入。在西部,各州更常见的做法是出售债券,而不是投资股市。最后,各州还会向外国投资者——尤其是英国投资者——出售州债。在公共基础设施落后的西南地区,州债销售实现了州立特许股份制银行公司的资本化。奴隶抵押贷款经常会被当成抵押资产,用来为公共债务或公司股本担保。[81] 美利坚合众

第四章 资本主义与民主政治　169

19世纪20年代和19世纪30年代的交通革命
由各州主导的道路和运河建设，促成了与美国民主兴起同时出现的商业繁荣。

国是一个迅速增长的发展中经济体，它从不列颠吸收资金，而后者当时正在经历工业革命，是资本积累的世界中心。英国资本追逐着来自北美大宗商品前沿地带——南方蓄奴州也包括在内——扩张的预期收益。

如果说公共财政刺激了增长的话，私人资本也在其中发挥了作用。美利坚合众国不再缺乏亚历山大·汉密尔顿口中的"金钱资本"。[82] 美国人均投资额从1819年的14美元增加到了1835年的

20美元。[83]杰克逊或许一手扼杀了美国第二银行，但就数量繁多的州立特许银行公司而言，美利坚合众国却是在全世界都首屈一指的。[84]特许成立银行集中在东北地区。[85]与公债市场一样，越是往西去，外国资本的影响力就越大。总的来看，在1820年到1836年间，美国货币供应以每年7%的速率增长，而这部分是为了应对更多贸易活动的需求。[86]

债务经常会推动资本主义发展。公共债务和私人债务加在一起，激发了更多的劳动和生产，因为它会向种植园主施压，迫使他们最大化金钱收入。出于这种原因，对奴隶的剥削程度恶化了。总而言之，在西部，尤其是西南地区，19世纪30年代的繁荣是高度金融杠杆化的。美利坚合众国的预估债务与国内生产总值之比达到了19世纪的历史最高点，超过了60%。从1832年到1836年，纸币发行量从1.19亿美元攀升到了2.03亿美元，大宗商品批发价格上涨了50%。只要价格还在猛增，一切就都不成问题。

然而事与愿违，金融恐慌还是在1837年和1839年爆发了。杰克逊拒绝重新发给美国银行特许证之后，他的政治对手组织起来，自称辉格党，自比为向不受约束之君主权力发起反抗的独立战争那一代人，而在他和这些有组织的政敌之间发生的银行之战（Bank War），主导了19世纪30年代末的那段时间。当时，许多人都将萧条发生归罪于其中一方或另一方。在那之后的很长一段时间里，历史学家也是这样做的。[87]杰克逊政府从美国银行中取走了政府存款，将它们存放于州立特许"优待银行"（pet banks）中。[88]辉格党人称，这些优待银行不顾经济生产活动的前景，超发票据。美国银行不再拥有从流通中追回不良票据的权力。信贷过度扩张，超出了未来的商品供应量，从而导致了必然的市场修正，并以恐慌萧条相继而来的形式表现出来。有部分证据表明，这种说法是正确的。[89]然而，一系列国际事件才是最重要的原因。

第四章　资本主义与民主政治

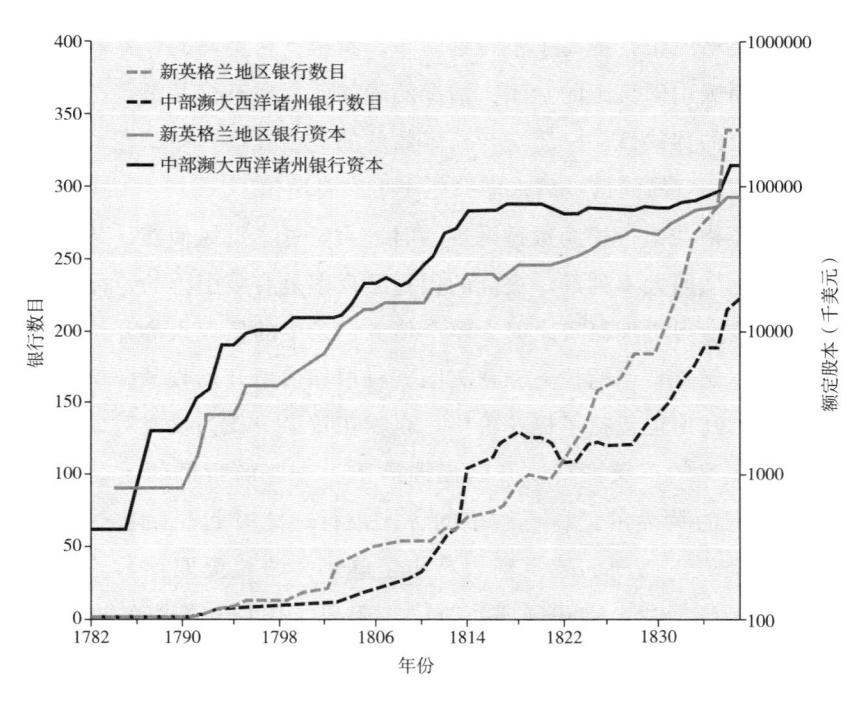

[图表：州立银行的增长，横轴为年份1782—1830年代，左纵轴为银行数目（0—400），右纵轴为额定股本（千美元，100—1000000）。四条曲线分别表示：新英格兰地区银行数目、中部濒大西洋诸州银行数目、新英格兰地区银行资本、中部濒大西洋诸州银行资本。]

州立银行的增长

各州特许成立的银行实现了早期美国商业发展的资本化。

这一阶段货币与信贷扩张的主要原因，在于美国的硬通货储备增加了，它支持了纸币的成倍增发。墨西哥开采出的白银尤其令美国的硬通货储备激增。因为英国在亚洲的鸦片贸易，这些白银不再流向中国从而为英美商业交易提供资金。它留在了美利坚合众国内部，为进一步的国内信贷发行提供支持。[90] 然而，在所有这些因素当中，英格兰银行充当了金融飞轮（financial flywheel）的角色。英格兰银行贷款给其分支银行的优惠利率（prime interest rate）——所谓的"银行贴现率"（bank rate）——决定了大洋两边的纸币与铸币的杠杆比率。1836年，英国黄金储备有所减少，部分原因在于英国对美利坚合众国的资本出口。为了保持英镑的硬通货价值，英格兰银行提高了银行贴现率，希望支付更高的存款利率可以将铸币吸引回英国的金库，情况的确如此。但英格兰银行把维持英镑价值的稀缺性——让它与一定数量的黄金挂钩——放在了优先地位，国际贸易的信贷需求便只能居于次要地位。

当英格兰银行提高银行贴现率时，大量资本见风使舵，从美利坚合众国撤回大不列颠。更高的银行贴现率是有吸引力的，而当货币和信贷变得更加昂贵之时，整个债务链条中的债权人都开始回收贷款，以偿付自己的债务。在美国，货币和信用开始收紧。价格由此下跌，其中也包括了棉花价格。在棉花贸易中作为投资对象、保有大量库存的英美商行，开始摇摇欲坠。一些商行倒闭了。把钱借给他们的新奥尔良和纽约市的各家银行，此时起开始蒙受贷款违约的损失。储户们感觉到银行出了麻烦，争相提取存款，将票据兑换为硬通货。囤积硬通货进一步阻碍了信贷和投资的持续流动。同样，美国银行的特许证到期，令人们对整个银行体系愈发失去信心与信任。[91] 此外，杰克逊在1836年发布的《铸币流通令》（Specie Circular）要求美国公民以硬通货购买政府土地，这将东部银行的铸币引流到了西部，减少了他们的铸币储备。[92] 但是，导致这场萧条的终极原因在于，这个发展中的美国经济，落入了受英国银行贴现率支配的资本市场的罗网。货币信贷收紧，支出告竭。这是美国历史上的第三次债务—通缩衰退。

当美国银行失去其联邦特许证时，比德尔迅速在宾夕法尼亚成立了另一家银行。这家银行投机于棉花贸易，在欧洲承销和推广美国证券——尤其是美国的州债。1839年，比德尔的银行倒闭了，部分源于棉花投机失败。[93] 这再一次触发银行体系的负链式反应，并导致了1839年的恐慌。紧随其后，一场州级主权债务危机爆发了。

1841年，美国各州州债总额达到了1.98亿美元，其中半数以上是1837年之后发行的。西部土地价格暴跌。西部银行纷纷倒闭。

在很多地方，公共基础设施建设都戛然而止。随着外国资本流出美利坚合众国，各州不再能够借助通行费和税收偿还债务。1841—1842年度，路易斯安那、马里兰、伊利诺伊、阿肯色、宾夕法尼亚、密歇根、密苏里、印第安纳各州和佛罗里达领地全都出现了债务违约。俄亥俄州和纽约州勉强逃过一劫。[94]

当一个国际金融体系建立在与固定硬通货价值挂钩的某种通货的前提上时，这个体系便能充分支撑起投资者的信心与预期，从而将稀缺的资本充实到一个发展中经济体里——在这个例子中，该经济体正是美利坚合众国。但是，当霸权中心——在这个例子中是伦敦——提高利率以维持硬通货本位时，鉴于之前资本一直在向外围流动，它便可能突然回流，导致信贷终止和价格崩溃。一个全球信贷周期就此告终。

因为这一周期自那时起已经重复了太多次，它的常规模式如今一望可知。然而，在当时，绝大部分美国人只能模糊地意识到，在英国霸权之下，全球经济的相互依存性到底有着怎样的分量。尽管如此，具有讽刺意味的事依然比比皆是。杰克逊曾谴责过英国人对美国银行股本的所有权。而克莱也曾注意到，美国商业经济依赖于英国对棉花的需求。在某种意义上，对于美国外贸经济对英国资本和信贷的依赖性，他们的评估分析要比他们的政治攻讦更有意义。到1840年时，美国经济的艰难时刻再度回归了。

5．尾声：公司

政治上的艰难时刻也重现了。1840年，杰克逊的继任者马丁·范布伦在总统大选中输给了辉格党候选人威廉·亨利·哈里森（William Henry Harrison），后者在竞选政纲中承诺进行全面"改良"，支持内部改良项目、道德改革和公共教育。[95] 然而，从政治上，经济衰退已经令各州泥足深陷。[96] 问题在于那些特许公司。

金融恐慌之前，与联邦政府不同，各州政府已经在那些州立特许股份制公司上——无论是运河建设公司还是银行——投资了数亿美元。各州还向公司资本征税，以此避免征收在政治上不受欢迎的财产税，也即向土地和奴隶征税。股份公司肩负着各种公共使命，公共主权和私人利益纠缠混杂在一起。首先，各州特许成立这些公司，是因为他们拥有某个"公共目的"。立法机关就每一个"专营"特许证投票表决。在这种意义上，股份制银行公司与一家慈善机构、一座医院或一所大学十分相似。由于它们的公共目的——发行商业活动所需的货币，或是提供高等教育——这些公司享有法律特权，比如法人资格、有限责任（在某些情况下）和某些时候的垄断权。公司和家户一样，都是自由帝国的次级主权。

这对民主党人来说是绝对无法接受的。就算不是什么贵族特权，公司垄断也带着寡头政治的气息。在《什么是垄断？》（*What Is a Monopoly?*，1835）中，西奥多·塞奇威克（Theodore Sedgwick）写道，封闭式的专营特许公司是"以立法的名义私分好处"。这既"有悖自由贸易的基本准则"，也与"平等权利的民主政治"不相容。但如果成立公司的权利"可以为所有人自由取得"，那么这些公司就将"与权利平等和贸易自由完美兼容"。[97] 曾任杰克逊内阁成员、与他共同起草了《银行否决令》（Bank Veto）的罗杰·B.塔尼，如今是最高法院的首席大法官，他在查尔斯河桥梁公司诉沃伦桥梁公司（*Charles River Bridge v. Warren Bridge*，1837）一案中取消了州立公司的垄断特权。[98] 1838年，纽约州通过了"自由银行业务"立法。这项立法的倡议者将它称为"一个伟大且可敬的进步，改正了它所取代的那种腐败的政治垄断"。[99] 只要满足了对所有人一视同仁的准备金要求，任何一个纽约州公民都可以经特许成立银行。在19世纪40年代期间，许多州都开始通过针对银行业、制造业甚至是所有企业的"一般性公司设立"(general incorporation)法令。有些州全面禁止了"专营"特许制度。直到19世纪70年代,一般性公司才会取得最终胜利。但这个趋势如今已经起步。[100] 到1860年时,18个州已经通过了自由银行业务法令,从而开启了"自由银行时代"。公司特许证数量激增,数以千万,而这些公司成了独特的美国企事业联合体。[101]

一般性公司是一个重大变革,崇尚平等权利和平等机会的这一企业制度,是对精英人士的一记重拳。关于公司人格的最古老的法律理论,是所谓的"授予"(grant)或"让渡"(concession)理论。只有主权者(the sovereign)才能授予公司特许证,从而创造出一个新的次级主权。[102] 然而,在一个民主政体中,人民主权当家做主,授予理论便构成了一个悖论。立法机关怎么能把主权授回给本来就拥有主权的"人民"呢?为什么设立公司的特权不能是一种民主权利,被所有人平等拥有?

一般性公司设立法令将股份制公司的设立推入了一个刚刚出现的私有商业领域,从它们身上剥除了某些作为交换条件的公共义务,也剥夺了它们作为次级主权行使权力的官方角色。在1839年恐慌之后,主权债务危机促成了针对州政府资助之内部改良项目的杰克逊主义式厌恶情绪。各州停止投资私营公司股票,开始向财产征税,以获得财政收入。[103] 这是杰克逊主义划分政治经济不同领域的另一个例子,尝试让私营商业领域在意识形态和法律层面上同时摆脱政府的越界干预。

随着一般性公司的兴起,股份制公司的"私有性"增强了,但公共领域和私营领域的彻底分离并未发生。无论是有限责任公司还是永久性公司,都依然享有政府授予的法律特权,即便设立公司已经向所有人开放,政府权威机构仍可监管私营公司。此外,公司内部民主式控制权(每个股东拥有一票)与财阀式控制权(一股一票）的对立经常也是持续存在的。[104] 没有法律强制要求任何一家公司——甚至是股份制公司——只能谋求商业利益，不得涉足其他项目。[105] 类似于 20 世纪晚期和 21 世纪初期的那种追求利润最大化的公司，此时还未登上历史舞台，而且对于这种仍具有相当大可塑性的公司形式而言，还需要进行大量的实验。[106] 但是，虽然出于无心，对政治特权的攻击却令一个出乎意料的后果成为可能，那就是公司将有可能成为私有经济权力扩大的载体。

在政治经济学中，杰克逊主义的领域划分方案，催生了各种新的紧张关系和矛盾冲突，它们以外部的边界问题为前提，而无关内部的牵涉纠缠。这个试图划分出一个私营市场领域的方案，有效地令任何试图为商业化进程提供长期政治方向的行动举步维艰。

与之相反，经济发展只随波逐流，顺应短期信贷周期的变化。直到 1844 年价格终于开始上升，美国商业经济才从最近一次债务-通缩衰退中走出来。这一衰退发生在货币与信贷体系中，但不管市场价格如何，经济生产活动和产出仍在继续扩张。被民主党人刚刚从政治和经济精英的僵化之手中解放出来的新兴全国市场，到底会将这个共和国引向何处？一切仍需拭目以待。但诸多美国商业之轮再次转动了起来。信心回归了。

第五章

信心博弈

"让我们细细思量度过自己人生的方式。这世界就是一个生意场。怎样一场无休无止的奔忙！"[1]美国超验主义思想家亨利·戴维·梭罗在1854年的一次公开演讲中如此大声疾呼。他并不打算讨论政治经济学。他对于公司特许证、关税税率或内部改良所知甚少，也不感兴趣。毕竟，他的导师拉尔夫·沃尔多·爱默生曾在《超验主义者》("The Transcendentalist"，1842）一文中表示，"银行和关税"是一些仅供"沉闷之人讨论"的"无趣沉闷"的话题。[2]梭罗想要讨论的，是"度过自己人生的方式"。

梭罗那个时代的美国人，已然经历了一系列由信贷推动的商业繁荣以及紧随其后的金融恐慌和债务-通缩衰退。但在接踵而至的1837年和1839年恐慌之后，这个商业经济重新恢复了生机，不只是梭罗，许多人都感觉到，商业开始以前所未有的方式冲击着经济生活，甚至是生活本身。商业自利已经跳出了那些古老的制约（无论是道德上的反对意见，还是一条不通航的河流），进而幻化出一个属于自己的天地。市场范围确实扩大了，深深嵌入到美国人的本质存在。与之利害相关的，不仅是政治经济学，似乎还有社会和文化生活，乃至于心理和伦理生活。一个"商业社会"是怎样一种社会？什么样的人才能在其中取得成功或走向失败？更多的商业活动到底对人类的灵魂造成了怎样的影响？

这是一些年深月久、反复出现的问题。但在迅猛的斯密型增长的背景下，它们在梭罗的时代变得尖锐起来。不久前，亚当·斯密曾说过，商业活力不应当来自国家，而是来自"人性"的普遍动机。斯密在《国富论》中就人性做出了许多思考，而在同样精彩绝伦、富有启迪意义的《道德情操论》(The Theory of Moral Sentiments, 1759)中，他解释说，一个商业社会要求其成员拥有某种特定的伦理道德，才能蓬勃发展：这就是诚实、审慎和敬畏的资产阶级美德。[3] 斯密将它们比作朋友关系。[4] 商业以自利为前提，但需要同情心才能发挥作用。这其中或许存在道德张力，但商业是以愿意接受讨价还价而不诉诸暴力为先决条件的，只要这种讨价还价是限于双方同意的关于价值和事实陈述（representation）的惯例之内即可。正因如此，斯密和他那个时代的其他思想家才如此偏爱商业。宗教权威一直摈斥商业为不圣洁的。贵族们对商业的粗鄙不文嗤之以鼻。但在几个世纪的血腥宗教战争之后，许多启蒙运动知识分子开始视商业为一种潜移默化的教化之力。[5] 它会带来道德"改良"。[6] 从本杰明·富兰克林到托马斯·潘恩（Thomas Paine），颇有几位美国名人是这一智识传统的继承者和弘扬者。

美国的"商业社会"最终走上一条颇为崎岖坎坷的道路，但启蒙运动支持商业的伦理学观点，却在大众中得以广泛传播，其中一例，便是约翰·弗罗斯特（John Frost）的《青年商人》(The Young Merchant, 1839)，一本写给南北战争前那些心怀大志的美国商人的教科书。它出版于1837年恐慌之后，而这绝非巧合。这种文学体裁并不新，可以一直追溯到意大利文艺复兴时期。本杰

第五章　信心博弈

明·富兰克林的《穷理查年鉴》(*Poor Richard's Almanack*，1732—1758）令它在18世纪的美国流行起来。[7]《青年商人》的目标读者，是在最近几次商业繁荣中充当突击部队的商行职员。[8]它倡导诚实和公平公正，认为这在商业生活中高于一切。或许，对商业自利的充分监管并不需要一个重商主义者所深信不疑的、跟在屁股后面的国家权力机构，甚至也不需要"公平价格"（just price）这一传统中的道德训诫。它所需要的，不过是我们今日所谓的适当"商业道德"而已。

《青年商人》向青年商人传授关于"是与非的永恒不变准则"。但它也主张，"在众多商人中表现出高尚品格"是"赢得信用的首要元素"。[9]《青年商人》开出的处方中，包含了一种古老的形而上学的二元性，一种表象与真实之间不可避免的紧张关系：一方是通常以信贷和债务为前提的一个商业社会的种种表象；另一方则是公开宣称的那些永恒不变之道德准则的真实。商业表象要求将未来搬演出来，而这在某种程度上是一个不确定的领域。因此，它就在表象的不确定性和所谓的真实之确定性（其中包括了是与非的道德确定性）之间，打开了一道鸿沟。

做生意的时候，看起来是一回事，而实际上是另外一回事，是否仍有可能取得成功？当然如此！如果商业社会中的人类不再自相残杀、务求置对方于死地，而是讨价还价、从而得以共同生存，然而他们却相互欺骗，以此为实现自己未来个人商业目的的工具手段，这样又如何？如果他们都是一帮假模假式、满嘴谎言的骗子，一心想的只是赚几个钱，那又如何？

被如此纷杂的商业喧嚣充斥耳际，许多南北战争前的美国作家和艺术家痴迷于表现这种两难处境，表达那些对商业表象业已吞噬真实所在、生活正在成为一场信心博弈的担忧。梭罗的《瓦尔登湖》（*Walden*，1854）便是这种文学体裁的一座丰碑，而同一体裁的作品还包括埃德加·爱伦·坡（Edgar Allan Poe）的侦探小说名作《失窃的信》(*The Purloined Letter*, 1844)。在视觉艺术中，光色主义（Luminism）出现了，这一派画作使用闪亮的颜色，试图令现实呈现变得明亮起来。[10] 换言之，在美国文化的各个领域，都存在着一种对"骗人把戏"的迷恋。

在日益增多的商业活动的影响下，怎么可能再去对事实和虚构、真心诚意的创业设想和巧饰伪装的诈欺骗局进行区分？假如美国人不得不在终日奔走中不停追问自己这些问题，他们到底又生活在怎样的一个道德领域之中？

在赫尔曼·梅尔维尔的小说《骗子》(*The Confidence-Man*, 1857)中，一开场，一个哑巴在一艘密西西比河汽轮的墙上贴出了一张告示，上书"别信"（No Trust）两个大字。[11] 如果与你打交道的某人，只不过是一个正在营造骗局的骗手，那么，你就必须撤回对这场骗局的投资，把自己的信心和信任囤积起来。但如果没有信心和信任，商业活动也就不复存在。囤积信任可能同囤积资本一样危险。两者的代价，都是对未来的投资不复存在。汉密尔顿便曾明智地警告过这种"谨慎精明的资本家"可能带来的不利经济效应。

数个世纪以来，发生过的每一场金融危机，都是一场信心危机。为什么资本主义如此依赖人与人之间的相互信任和心理上的信心状态？当美国人经历 1837 年的恐慌时，他们是真的惶惶不可终日。[12] 为什么资本主义永远带着一点信心博弈的味道？

1. 骗人的把戏

梭罗和梅尔维尔写作的年代，是文学史中被学者称为美国文艺复兴的那段时期。仅仅七年时间，便接连出版了爱默生的《论自然》

(*Nature; Addresses and Lectures*，1849)、纳撒尼尔·霍桑(Nathaniel Hawthorne)的《红字》(*The Scarlet Letter*，1850)、梅尔维尔的《白鲸》(1851)、梭罗的《瓦尔登湖》(1854)、弗雷德里克·道格拉斯(Frederick Douglass)的《我的奴役生涯与自由岁月》(*My Bondage and My Freedom*，1855)、沃尔特·惠特曼(Walt Whitman)的《草叶集》(*Leaves of Grass*，1855)和玛格丽特·富勒(Margaret Fuller)的遗作《国内与海外》(*At Home and Abroad*，1856)。爱伦·坡发表了多部短篇小说，艾米莉·狄金森(Emily Dickinson)也在写着诗。这在当时被认为是有意识的民主主义美国文学表达的开端，但回头看去，它却是这种表达的巅峰。[13]

在这一连串杰作之中，我们必须再加上一部作品，那就是《巴纳姆自传》(*The Life of P. T. Barnum, Written by Himself*，1855)。菲尼亚斯·泰勒·巴纳姆(Phineas Taylor Barnum)是个制造骗局的高手，用他自己的话说，是一位"骗术之王"(prince of Humbug)。[14] 巴纳姆将欺诈变成了一种艺术形式和诚实的生活之道。与梅尔维尔及梭罗不同，他还是一名畅销书作家。《巴纳姆自传》刚出版便一售而空。他的另一本自传《奋斗与胜利》(*Struggles and Triumphs*，1869)也是如此。这本书以讲述他的辉煌事迹为主，在接下来的二十年里频繁增补再版。《巴纳姆自传》大约卖出了16万本。这位骗术之王发明出了一种新的文学体裁，即大众流行类的创业宝典。

巴纳姆1810年生于康涅狄格州的贝塞尔，在家庭农场中度过童年。他犁过地，也给牛挤过奶。他坦然自承，在一个崇尚职业道德的文化中，"我从未真心喜欢过工作"。[15] 他先是当过一名职员，然后又开了一家自己的店，最后才进入到被他称为"作秀人"(showman)的这个行当中。今天，巴纳姆最广为人知的业绩，是他作为巡回马戏团承办人的这最后一幕。但他最开始扬名立万却是在博物馆的生意中。1841 年,美国博物馆(American Museum)在纽约市的下百老汇开门接客。这一时期的博物馆,与今天的博物馆颇为不同。它们那时是文化奇观,更像是戏院。凭借着以德拉蒙德灯打造的舞台照明和设在二楼的管弦乐队,美国博物馆让旁观者目不暇接、眼花缭乱。到 19 世纪 40 年代中期,这家博物馆每年接待的付费顾客达 40 万人,据说,它是那时美利坚合众国最热门的必游景点。

博物馆的商业成功归功于一件事,那就是巴纳姆巧妙地利用了表象与真实之间的区别。"装出做生意的外表,"他在自传中着重指出,"通常真的生意就会随之而来。"[16] 巴纳姆的主顾在门口付费购票,从而得以目睹这位作秀人事先承诺的某些东西。那可能是老迈糊涂却拥有天赐金嗓子的乔伊丝·赫思(Joice Heth),"160 岁"的她曾是乔治·华盛顿的奴隶。巴纳姆之前花了 1000 美元把她买了下来。或者也可能是与巴纳姆有同一位五世祖、隔了两房的堂弟,这个侏儒小孩,化身成了拇指将军汤姆(General Tom Thumb)。不管看到的是什么,那究竟是真的,还是骗人的把戏?巴纳姆所从事的,是一门培养怀疑之心的生意。历史学家詹姆斯·库克(James Cook)指出,每一样东西"都足够可信,让人当真,但也足够可疑,叫人拿不定主意"。[17] 巴纳姆退后一步,让观众自行决定。他并没有以权威的身份出现。被他拿出来售卖的,是那种难以置信的体验。

要理解巴纳姆博物馆中所发生的一切,需要先理解发生在其外的那些事。纽约市业已取代波士顿和费城,并成功战胜新奥尔良的挑战,成为巨大的全国贸易中心。这座城市是南方棉花航运换装贸易的目的地,也是伊利运河的转口港。在 1840 年到 1860 年间,这座城市的人口从 312 710 人攀升到 813 669 人。美国的城市化起步甚晚,但终于还是开始了。1840 年,美国城市人口占全国人口的比例达到了 11%。到 1860 年,这个数字几乎翻了一倍,达到 20%,

第五章　信心博弈

人口从 200 万增加到 600 万。[18]

巴纳姆迎合了一个新兴的城市商业阶层。日益扩大的市场范围和不断增加的劳动分工，催生了一个规模更大的、由各种从事与商业有关职业的人构成的阶级。他们是商人、职员、银行家、批发商、二道贩子、经纪人、投机者、零售商、杂货店主、小贩、旅行推销员、掮客、代理商、拍卖商和簿记员。他们的主要任务是生成交易流动性，这是一种贸易意义上的流动性，超出了简单的买进卖出的范畴。为了实现这一任务，他们要建立各种市场机制，将为数众多的生产者和消费者连接起来。自从殖民时代以来，这种商业"居间"阶层便支配着美洲大陆。在《商人杂志与商业评论》(*Merchant's Magazine and Commercial Review*) 1839 年的创刊号中，它给美国人打上了这样的标签："本质上和实际上的一群生意人。"[19]

即便如此，与那些小规模的贸易城镇相比，纽约还是大为不同的，乡村地区就更不用说了。这座大都市是一个陌生人的世界。许多初来乍到者涌入了这座城市早已人满为患的寄宿公寓，他们寻求着家庭小圈子之外的公共娱乐。而在商业上，人们不得不同陌生人进行生意往来。由于普遍缺乏各种约定俗成的法律关系，生意人只好自行加以补救。1841 年，为了在 1837 年和 1839 年两次恐慌之后重新确立信任，纽约商人刘易斯·塔潘（Lewis Tappan）成立了商业征信所（Mercantile Agency）。很快便改名为邓氏公司（R.G.Dun and Company）的它，是一家信用评级机构。[20] 各种问题依然层出不穷：那个价格是否真的是现行价格？那个商人的名字是不是他的真实姓名？或者一切都只不过是一场信心博弈？商场之中，可谓鱼龙混杂，疑虑丛生。

然后，货币问题又令事态变得更加不确定。所谓的"部分准备金银行业务"体系，从来都不具备足以支持其发行的所有纸币和信贷的硬通货准备金。如果所有的票据持有者因为缺乏信心和信任而同时前去"赎回"硬通货的话，所有的银行都将倒闭。这种"银行挤兑"伴随着1819年、1837年和1839年的几次恐慌而出现。当巴纳姆的美国博物馆于1841年开门接客时，曾经运用其市场支配力从流通中追回不良票据的美国第二银行，早已不复存在。"自由银行业务"——或所有人皆可设立银行公司——的时代在许多州均已开始。的确，各州设立的银行业务委员会对银行票据发行予以监管，维持着信心稳定，但各家银行依然发行了价值远远超出其硬通货准备金的纸质票据。只有在人们对这些钞票怀有信心和信任的情况下，这种做法才行得通。正如巴纳姆精明地避免自称权威，不对他的各种骗人把戏予以评论，纸币的世界也不再拥有一个中央权威，去告诉他人，他们所见之物是否拥有真正的价值。

在杰克逊否决了美国第二银行之后，人与人之间的信任与信用，愈发成为汉密尔顿口中的"金钱资本"的基础所在。农场主拥有自己的土地；奴隶主拥有他们的奴隶。但生意人所拥有的，不过是信任而已。失去信任，就不再能持续不断地生成信贷，最后的清算便会到来——在那一刻，所有的债务都到期待偿。如果这一时刻真的来了，结果便是银行挤兑和金融恐慌。根据其设计原理，这个体系并没有足够的硬通货来偿付所有债务。当下的诸般真相不足以抵偿未来的种种虚构。因为资本主义金融体系是一种永恒的信仰之跃，一次又一次，信心成为经济活动在情绪上和心理上的主要推动力。

没有人比 P.T. 巴纳姆更了解这一点。他的骗人把戏与票据信用经济虚拟推定的人际关系，有着惊人的相似性。他兜售那种将信将疑的体验，玩弄人们对表象并非现实、而现实不露端倪的恐惧心理。美国博物馆位于百老汇和安街的街角，离纽约市金融区中心华尔街不远。大多数访客都来自这个新兴的、从事居间业务的商业阶级。他们白天彼此讨价还价，到了晚上，则会携起手来，试图搞清楚巴纳姆卖给他们的到底是什么玩意儿。

第五章　信心博弈

巴纳姆最受欢迎的展品，是1842年向公众开放的斐济美人鱼（Feejee Mermaid）。这条斐济美人鱼由一只猴子和一条鱼拼合而成，巴纳姆宣称，它是原产于太平洋小岛斐济的一种稀有物种。在门口付费，你就能看到它，然后自己来做出判断。它是真的，还是一个骗人的把戏？身为市场营销天才的巴纳姆，最开始打广告说，"这个动物曾经活在世上，自在往来……所有见到它的人都必须承认，这不容置疑"。几天后，巴纳姆在一份报纸上匿名发表了一篇揭底文章，表示来自博物馆内部的某人凭"印象"判断，这条美人鱼是个"骗人的把戏"。第二天，巴纳姆愤怒地以真名予以反击。这些指控全都是无稽之谈！接下来，他秘密建起了另一家博物馆，其中展出了另一只斐济美人鱼。两家博物馆的收益，都被他纳入囊中。在同一份纽约报纸上，刊登着两则广告，一个广告宣传的是原装的斐济美人鱼，另一个则叫卖它的仿制品，两个广告并列在一起，相互攻击对方的无凭无据。[21]

就在斐济美人鱼粉墨登场的1842年，商业活动正在从最近几次恐慌中恢复过来。在这个不断重复的周期循环中，信心回归了，信贷体系画出了新的海市蜃楼。它们值得被信任吗？每个人都必须自己做出判断。

有什么可以对商业活动与生俱来的不确定性做出限制或制衡吗？比如，有谁并非身处美国博物馆之内？有哪些非商业性的权威角色不在这个舞台之上？没有哪一位国王、政治家或中央银行家挺身而出，区分真实与表象。美国银行不是一个家庭农场——并没有一位父亲来做出决断，也没有一位奴隶主在场。那么上帝呢？从百老汇的美国博物馆步行10分钟，过了市政厅，就是查塔姆街礼拜堂（Chatham Street Chapel）。那位一手打造了商业征信所的刘易斯·塔潘，将这座礼拜堂租给了当时正在进行中的"第二次大觉醒"（Second Great Awakening）运动里最受欢迎的福音派传道士查尔斯·芬尼（Charles Finney）。

芬尼本人在某种意义上也是一个作秀人。他说，让你的灵魂得救是自己的责任。你——而不是上帝——必须相信自己的意志，决定你是否想要被拯救。这与新英格兰清教徒所秉持的加尔文主义正统教义截然不同，后者坚持，唯独上帝为真理、真实及真知，也只可相信唯独上帝知晓个人灵魂的真实状态，其中就包括了最后审判日之后你能否得进天堂。芬尼宣称，你需要选择自己是否得救。在依仗信仰之跃的资本主义信贷体系与芬尼的信仰之跃神学理论之间，一种血缘上的相似性是显而易见的。这两者都不存在一个超然世外的权威角色。如果你不奋身一跃，如果你没有信心，你的灵魂就无法得救。同理，如果不这样做，资本主义金融体系也可能会崩溃。[22]

巴纳姆成长于奉行联邦主义的康涅狄格州，却是一个信奉杰克逊主义的民主党人，他的骗人把戏也有着某种民主特性。[23] 在美国博物馆之内发生的，是一场对真相的民主化，它把做出决断的民主责任赋予个人。在美国的政治经济学中，无论是亨利·克莱的美国制度还是任何其他长期的政治发展计划，都没有对商业繁荣起到指导作用。实现商业活动和商业生产资本化所必需的货币和信贷，如今正在以一种民主的、基于人际信任和普遍信心与预期的形式，自下而上地发酵放大。由这些兴奋、担心和疑问而引发的情绪状态及心理动机，助长了信贷周期中的投机性上升，而这诱发了投资行为，带动了商业发展。

斐济美人鱼是一个巨大的商业成功。但并不是所有人都对此表示赞同。发表于《纽约先驱报》（The New York Herald）上的一篇评论这样写道："这条美人鱼纯属骗人的把戏，确凿无疑。我们无妨偶尔上个小当，但这实在让人无法下咽。"[24] 但我们不得不怀疑，在这篇评论之后，是否也有着那位骗术之王的操弄。

2.瓦尔登湖

亨利·戴维·梭罗对于骗人的把戏完全没有胃口。1842年，当斐济美人鱼在曼哈顿展出时，梭罗生活在他的故乡——马萨诸塞州的康科德，和他的导师拉尔夫·沃尔多·爱默生一家人住在一起。和巴纳姆一样，梭罗的父亲之前遇到了商业上的困难。有那么很短一段时间，亨利为父亲工作，从事铅笔制造。爱默生建议梭罗记日记。1845年，梭罗在瓦尔登湖旁的一座简陋的小木屋里住了一段日子。与巴纳姆位于康涅狄格州布里奇波特、被他称为"伊朗尼斯坦"（Iranistan）的那栋极尽铺张奢华的豪宅相比，这间木屋是一个巨大的反差。而就在巴纳姆撰写自传之时，梭罗也在将他对自身经验的反思编纂为那本超验主义的名著《瓦尔登湖》。

《瓦尔登湖》尖锐谴责了资本主义商业活动，这种商业活动不是那种以物易物的交换行为，而是为了追逐金钱利益而进行的交换。梭罗当然有可被指摘之处，因为他从来都不曾在瓦尔登湖畔过着一种超然物外、自给自足的极简式隐居生活。[25]事实上，他经常进城，而且会把换洗衣服放在母亲家中让人清洗。《瓦尔登湖》中，可没出现过任何当妈的洗洗涮涮的情节。然而，重要的不在于地点，而在于某种心态和某种存在方式。梭罗称，一个人要找到现实，哪怕只是存在于自我意识中的现实，也必须要有能力将喧嚣吵闹的商业世界丢在身后。在理想状况下，一个人应当寻求自然，寻求那个通向内在真理的世界。而这个过程应当是有机的。记日记很有助益，因为借助这种方式，一个人是在与自我而非他人对话。或者，和三五好友聊聊天也行。梭罗相信，他的这种独立思考——假如他的确拥有一些独立思考的话——的自身体验，就是全部的真实所在。所有其他的一切都不过是表象，不能被信任。但在《巴纳姆自传》中，却没有提到任何与自然有关的东西——没有森林，没有河流，没有田野。巴纳姆把有机经济远远抛在了身后。

知识分子是如何开始思考商业的道德价值的？对于这一观念转变，《瓦尔登湖》提供了一个最好的范例。古老的对于商业自利的批判，是更加保守的——这是一种宗教批判，带着贵族主义的腔调。在美国政治传统中，杰斐逊主义的惯用腔调却较少对市场本身评头论足，而是更针对那种对某些特定市场的依赖性，无论是股票市场还是公债市场。毕竟，杰斐逊对于"自由贸易"的地缘政治可能性抱有乌托邦式的幻想。杰斐逊式共和主义已经转化为一种杰克逊主义的民主言论，它对特权和寡头政治的怀疑之心更甚。尽管如此，一大部分杰克逊的拥护者主要反对的是垄断经营，他们积极渴望获取商业机会平等。无论是那些关于商业泛滥之危的陈腐宗教规劝，还是对潜在市场依赖性的杰斐逊主义的批判，与之相对的《瓦尔登湖》都代表了一个新兴的、在大西洋两岸同时发生的智识运动，也就是从整体上对资本主义商业化产生怀疑的浪漫主义运动。

这些浪漫主义者担心，放眼看去尽是商业表象的无情世界，正在取代现实。他们的智识宗师是18世纪的法国人让-雅克·卢梭（Jean-Jacques Rousseau），在反商业化的启蒙运动中，他的地位堪比亚当·斯密，而卢梭的《论人与人之间不平等的起因和基础》（*Discourse on the Origin and Basis of Inequality Among Men*，1754）则成为浪漫主义者的试金石。卢梭所设想的经济发展史，承认了商业活动和劳动分工在文明发展中的益处。卢梭在《爱弥儿》（*Emile, or on Education*，1762）中写道："没有任何一个社会可以摆脱交换而存在。"[26] 与就《论人与人之间不平等的起因和基础》撰写过一篇负面书评的斯密不同，卢梭担心商业活动并不必然从道德上改善人与人之间的关系。与之相反，商业社会却会滋生各种不良的依赖性——恶劣的社会关系和严苛的自我关系。商业社会是矫揉造作的，充满了各种虚伪狡诈。自由、独立和人类的本性，全都被个人的"自恋"所败坏，而这种"自恋"是一种过滤的产物，须得时时透过他人之眼，完成对自我的评价（正如今天发生在社交媒体上的一切。至于社交媒体，卢梭肯定会十分讨厌，但毫无疑问还是会照用不误）。[27] 卢梭的商业社会史，是一部讲述道德沦丧的历史，尽管在他晚年的作品《社会契约论》（*The Social Contract*，1762）中，他英雄气概十足地宣布，自己已经发现了一个解决方案：一个由一群相互平等的公民之"公意"（general will）实现治理的小共和国。后来，年事渐高又遭流言蜚语的巴黎社会排挤的卢梭，经常在乡下孤独漫步，写下了诸多原始超验主义的遐思，而他对昔日不和之人的指斥也混杂其中。[28]

对商业的浪漫主义批判一直传到了德国的狂飙突进运动（Sturm und Drang）一代，随后透过伊曼纽尔·康德（Immanuel Kant）和格奥尔格·黑格尔（Georg Hegel）哲学作品的滤镜，在卡尔·马克思撰写的《1844年经济学哲学手稿》（*Economic and Philosophic Manuscripts*，1844）中体现出来。正值青年的他，将卢梭的依赖性概念转化为"异化"（alienation）这个名词。[29] 在英格兰，对商业的批判在很长一段时间里依然是保守性的。保守派散文家托马斯·卡莱尔（Thomas Carlyle）在1843年就社会问题哀叹道，"人与人之间的关系"已经变成了仅是"现金支付"关系而已。[30] 工业革命期间，在英格兰也出现了全面左倾的知识批判。例如，查尔斯·狄更斯（Charles Dickens）在《艰难时世》（*Hard Times*，1854）这些后期作品中表现出来的社会批判，就与《匹克威克外传》（*The Pickwick Papers*，1836）这一类轻快俏皮的早期作品中对商人戏剧化但富有同情心的描写风格迥异。到19世纪50年代，在新兴资产阶级的子女一代中，思想潮流已经向着反对资本主义商业的方向转变。对无休无止、压倒一切的商品化的批判，就此诞生。一个世纪后，在奥地利经济学家约瑟夫·熊彼特的《资本主义、社会主义与民主》(Capitalism, Socialism, and Democracy, 1942）一书中，他对资本主义趋势做出这样的评价：资本主义总是会为知识分子提供足够充裕的物质财富，让他们有时间和闲暇来对之加以批判。[31]

和狄更斯一样，梭罗的导师爱默生一生也经历了不同阶段。一开始时，他颇为赞同斯密和潘恩的主张，认为商业交换有着积极的道德和政治意义。就在《青年美国人》("The Young American", 1844）发表的那一年，价格终于从1839年恐慌中恢复过来，爱默生写道："新兴的和反封建的商业力量，是此时此刻对美国人而言最重要的政治事实。"[32] 然而，爱默生的口吻很快便开始浪漫主义化了。继狄更斯在《游美札记》(American Notes for General Circulation, 1842；该书标题一语双关，影射了最近的几次美国金融恐慌)*中对美国文化表示批评后，爱默生在他的《英国人的性格》(English Traits, 1856）中，也对正在经历工业化的英格兰做出了这样的评价："一种粗俗的逻辑，支配了英格兰上上下下所有的灵魂。"[33] 爱默生与梭罗一道，打量着身边那个商业化的世界，得出了某些东西正在沦丧的结论。表象——或骗人的把戏——正在腐蚀着那些更真实、更深刻的东西：人们心中的感觉与情操。从这个角度来看，斯密对商业自利行为之公共益处的颂赞，便成了对道德败坏的保守主义辩护。[34] 和斯密一样，爱默生和梭罗也都歌颂友谊。但和斯密不一样，与康德一脉相承的二人都强调了友谊的非商业化、非工具性的特性。商业并没有促成文明教化，它并没有驯服人类的狂野激情。相反，它令人心变得粗糙低劣，破坏了达成亲密和信任

---

* 该书英文标题中的 general circulation，既可理解为"（货币和信贷的）普遍流通"，也可以理解为"环游、周游"。

第五章 信心博弈

关系的可能。

梭罗深信,商业社会就是一个骗局,美国人已经落入了它的钜钩密网。即便是乡下,如今也受到了威胁。梭罗到瓦尔登湖畔居住之前,他先想过务农为生。按照他的性格,梭罗走遍了康科德的各家农庄,探访农场主们的生活到底如何。那个时候,康科德的农场正在经历商业化。[35] 勤劳的农场主开始进行专业化种植,增加劳动分工,延长工作时间,要求内部改良项目(爱尔兰工人在瓦尔登湖附近修建了一条铁路),砍倒树林,圈起大草场上的公地,按揭抵押自己的农场,生产更多的适销剩余产品,从城市中购买更多的消费品。梭罗意识到,康科德有机经济的微妙生态平衡正处于危险之中,事实证明,他的看法是正确的。在《瓦尔登湖》措辞尖锐的第一章"经济"之中,梭罗对康科德的农场主们这样说道:

> 但是,人们的劳作受到了错误的支配。人的精华部分很快埋进了泥土,化作肥料。受表面命运的支配,也就是人们常说的必要性,人们终生忙碌,如同一本古老的书里所说,积累财宝让蛾子咬、锈迹生、诱引盗贼破门而入,劫掠而去。这是一种傻子的生活,他们如果不能及早发现,那么活到最后终会发现的确如此。[36]

农场已经不再能提供逃离商业活动的可能了。

梭罗并不反对将工作当成达成某种目的的手段,他反对的是工作变成了目的本身。毕竟,文学创作也是一种工作,一门手艺,一种获得民主的艺术表达的手段。恰到好处的语句会自然而然地从那些自力更生的作者笔下流出,而这样一位作家应当与自然为邻。梭罗宁愿真的从头到脚沉浸在瓦尔登湖的绿叶和泥土之中。他最多不过种了一点豆子，以及豌豆、玉米、马铃薯和芜菁。它们可以用来交换他想要但无法自行生产的物品——但不是为了金钱利润。考虑到"一个人灵魂的重要性"，他所做的，要比"康科德任何一位农场主都更好"。梭罗在瓦尔登湖畔领悟到了：

> 倘若一个人简朴地生活，只吃他种植的粮食，而且吃多少种多少，不用粮食去交换没完没了的奢侈品和昂贵东西，那么他只需要耕种几十平方码的土地就足够了。这么点土地也用不着牛来犁地，用锹翻地更便宜，每次更换一块新的土地，省得给旧地施肥，所有必要的农活儿做起来易如反掌，在夏天偷空就把活儿干完了。

梭罗并不信任正在经历商业化的农场主对日新月异、与日俱增的无尽追求。专业化和劳动分工并没有增加国家财富，反而将每个人都变成了"一个人的九分之一"。[37]

这一指控直指"超验主义"的内核。托马斯·杰斐逊曾经歌颂过共和主义的独立美德，而这是以对地产、财富和资本的私有财产权及控制为前提的。土地必须被人拥有，被耕作于上，才能获得独立之感。对于梭罗而言，没有任何外在于自我存在的私有财产能够充分奠定独立和自主的基础。他想要以最恶劣的方式实现独立。他举目四顾，看到土地所有权已经不再是一个牢靠的根基。因此，他给出的忠告——一个人必须转为依靠自我，探寻它的深处，在普遍之中寻得真理，在"超灵"（over-soul）*之中寻得自己的灵魂，从而实现自有、自知、自立和自信，最终完成自我创造。[38] 梭罗与大自然，以及他的思想和日记，这就是全部。只有在拥有这种体验之后，

---

* 即指上帝。

他才能重新回归社会，与那些同样在自我中发现了何为真实的人建立友情。到那时——也只有到了那时——所有人才可能平等地生活在一起。

追求金钱利益的商业活动并无济于事。你必须找到自己的瓦尔登湖，哪怕只是因为资本主义商业总是想要让你从真正重要的那些事上分心。梭罗在他的演讲《没有原则的生活》("Life Without Principle"，1854）中对此发起了挑战。他认为，"你可能赚到钱的那些方式，几乎无一例外通向沉沦"。梭罗抱怨着邻里之间的嚣张的"轻浮"和"虚妄"。[39] 一整套生活方式都是虚妄的——这是一个惊人的哲学谴责。过着一种不仅仅是轻浮、不仅仅是不道德，甚至还有点虚妄的生活，到底意味着什么？有没有可能，这种生活是如此虚妄，以至于无论是在它之中，还是与它相关的一切，都无法被信任，因为这种生活中的每个人都不过是一个骗子，每一样事情都不过是一场骗局？正如梅尔维尔的小说《骗子》中那个哑巴张贴在墙上的标语，"别信"。

美国民主政治已经变得虚妄起来，因为外在的商业表象已经战胜了内在现实。这两者之间的差距已经变得如此巨大，现实已经不再能够被表象所代表。

> （美国人）崇拜的不是真理，而是真理的映像；因为一种对贸易、商业、制造业、农业和诸工百业的绝对崇拜已经令我们的心灵扭曲且狭窄，而所有这些都不过是手段，不是目的。

《青年商人》的工具主义商业价值，正在腐蚀着年轻一代。但梭罗还没有说完。对于当时的那些从地理上增加了市场范围的内部改良项目，他的评价是："你能筹到足够的资金去凿通一条穿山隧道，却无法筹到足够的资金去雇用一个只关心自己事情的人。"梭罗哀叹着那些"为了一个未经改良之目的采取的改良手段"。对于亚当·斯密，他说："有些哲学家盲目地认为，进步和文明恰恰取决于这种交换与活动——这种一群苍蝇围绕着糖蜜桶嗡嗡打转的活动。"[40]梭罗简直无法相信，作为这个世界上的第一个民主政体，美国所能提供给这个世界的，竟然不过是围绕着糖蜜桶的价格讨价还价这种无聊至极的事。然而，在他抱怨不休的同时，巴纳姆却开启了征服欧洲之旅。拇指将军汤姆迷住了维多利亚女王。

最后，梭罗主张，资本主义商业与民主生活根本不相容。自行判断斐济美人鱼到底是不是一场骗人把戏的自由，不可能是真正的自由。在我们内心深处，一定有某些东西值得以民主的方式细心培育。在欧洲之旅后，即便是巴纳姆也会对美国人做出这样的评价："（尽管）拥有天下人已知的最普遍的通往幸福的途径，我们却并不幸福。"他开始相信，问题在于无须工作的假期——"我们根本没有假期"。[41]然而在梭罗这边，他得出的结论却是："即便我们承认，美国人已经从政治暴君的手中将自己解救出来，他却依然是一位经济和道德暴君的奴隶。"[42]

3．朋友

对于赫尔曼·梅尔维尔来说，梭罗的超验主义不啻为一名道德暴君。梅尔维尔也意识到，许多针对商业的道德制衡正在迅速消失，他对此也很担心，但在资本主义商业道德的问题上，他却得出了与梭罗不同的想法。梅尔维尔并没有对市场推崇备至，也不打算奋起反击市场与之俱来的腐败效应，他想要知道，商业投资是否能够被用作实现道德价值目标的一种手段。他认为这是可能的，但他也有自己的疑虑。

赫尔曼·梅尔维尔出身于纽约市的一个名门望族，在百老汇的一栋宅邸里度过了养尊处优的少年时代。他的父亲不善理财，英年早逝。全家人搬到了奥尔巴尼，与亲戚住在一起。20 岁的时候，梅尔维尔开始外出旅行，向西一直走到了密西西比河，然后乘上一艘捕鲸船出海环游了全球。梅尔维尔最早的两篇小说《泰比》（*Typee*，1846）和《奥穆》（*Omoo*，1847）在商业上大获成功，其内容都是关于他在波利尼西亚的旅行生活的。它们之所以畅销，可能和人们掏钱参观另一样波利尼西亚特产——巴纳姆的斐济美人鱼——的原因如出一辙。爱默生在自己的日记中点评了这位年轻小说家的才华。

很快，梅尔维尔和他刚刚组建的家庭便住进了曼哈顿阿斯托广场的一栋联排别墅，与恩典教堂（Grace Church）隔街相对。他的小说变得严肃起来，他会在傍晚长时间漫步街上，经常穿过华尔街的金融区。只需向西走过一个街区，在百老汇左转，他就能看到美国博物馆。1847 年，刊登于《扬基佬》（*Yankee Doodle*）报上的一幅名为"巴纳姆大楼一瞥"（View of the Barnum Property）的涂鸦画，很可能就出自他的笔下。[43] 巴纳姆确实令梅尔维尔心醉神迷。他在同一年发表的关于墨西哥战争的系列短篇小说《老扎克逸事集》（*Authentic Anecdotes of Old Zack*），就曾多次提到了这位"骗术之王"。

很可能，梅尔维尔曾经与这个原创骗局大师擦肩而过。骗子这种文化范型几乎普遍存在于所有时代，在意大利文艺复兴时期的即兴喜剧（commedia dell'arte）传统中，便已经出现了某种代表商业社会、模式化的"骗子"角色。然而，骗子的英文表达 confidence man，却是一个美国特产。1849 年，一个名叫威廉·汤普森（William Thompson）的人在曼哈顿因盗窃而遭逮捕。汤普森的骗人把戏，是同一个路人并肩而行，然后问他"你信不信得过我，把表放在我这儿，明天再还给你？"汤普森用这种方式骗到了好几块表才被抓获，囚禁在新新惩教所（Sing Sing）*中。在他被抓获后不久，一出名为《骗子》（The Confidence Man）的戏剧便在纽约上演了。《纽约佬》（The Knickerbocker）†的一位作者认为，汤普森并不比典型的华尔街生意人更恶劣。梅尔维尔必定对所有这一切都心中有数。[44]

梅尔维尔把全家搬到了乡下，开始写一本关于捕鲸的"玄奥之书"。他申请了两笔按揭贷款，加上岳父——声望卓著的马萨诸塞州最高法院大法官莱缪尔·肖（Lemuel Shaw）——提前给到他妻子手中的预留遗产，再加上从朋友那里借来的钱，梅尔维尔在马萨诸塞州的皮茨菲尔德买下了一座农场，紧挨着祖传的家族地产。作为副业，他成了一名农场主，种植玉米和马铃薯。当有最伟大的美国小说之称的《白鲸》出版时，这座农场却在商业上一败涂地。1856年，梅尔维尔卖掉了部分农场，然而全靠岳父帮忙，他才免于蒙受父亲当年所经历的商业失败。

与此同时，骗子却再度归来。出狱后，威廉·汤普森于奥尔巴尼再度被捕，这一次，他使用了塞缪尔·威利斯（Samuel Willis）这个名字。他的新骗局，是冒充一位共济会员。不管梅尔维尔到底知不知道这位骗子的卷土重来——他很可能知道——他终究是坐下来写了《骗子》。最开始时打算以连载形式发表的这篇小说，正如当时的某位评论家抱怨的，不过是发生在一艘密西西比河轮船乘客之间的"45场谈话"而已。[45]《骗子》几乎没什么情节，也欠缺故事走向。它在某种程度上与《巴纳姆自传》十分相似，都是蜻蜓点

---

* 全名为 Sing Sing Correctional Facility，是纽约州的一所监狱，启用于1826年，距纽约城约50公里。Sing Sing 此名源于当年居住在这里的印第安人部落名称 Sinck Sinck，意思是"石上之石"。

† 创刊于1843年的一份日报。knickerbocker 是一种在膝下扎紧的灯笼裤，被视为纽约荷兰殖民者的传统服装，后来便以此戏称纽约人。

第五章 信心博弈

水的泛泛而谈，迹近逸闻趣事的大杂烩。确切地讲，《骗子》的内容章节将45种独特的商业交易呈现在读者眼前，其中许多交易都是不可思议的，因为梅尔维尔希望读者能够借此思考商业中表象与真实之间的关系。另一位评论家较为公允地指出，这本书的章节既可以从前往后读，也可以倒着来看。（我曾让我的学生们试过一次，的确奏效。）毫不令人意外，与巴纳姆的自传不同，《骗子》销量惨淡，梅尔维尔的财务困境依然没有得到解决。

这部小说分为两个部分。第一部分是一连串的骗局，由几个不同的"操盘手"实施，他们可能是同一个骗子顶着不同的伪装，但也有可能不是。一开始，一个名叫黑几尼的黑人乞丐请求众人发慈悲给他一点施舍，他向乘客提供了一份名单，上面的人都愿意为他所言为真作保。名单上的乘客都在随后的章节中出现了，而每个人原来都是一个骗子。这时候，一个"带着黑纱"的男人从一名轻信的商人那里搞到了一笔贷款，作为回报，他向商人透露了一则布莱克拉皮兹煤矿公司的股票内幕消息。名叫皮切的角色拒绝了一个心机深重的草药郎中的提议，却落入了费城某个职业介绍所的销售代表的圈套。第九章的标题，是"两个生意人成交了一笔小生意"。第十一章的标题，是"就那么一两页"，情况也的确如此。小说中提到了巴纳姆，那位美国博物馆的"瘦子"以及博物馆中的暹罗双胞胎。一个骗子设局骗了一个理发师，这让人联想起巴纳姆自传中的某一幕。不过，小说的第二部分相比之下变得沉稳起来，故事情节沿着"世界主义者"弗兰克·古德曼与各色人物的相遇而发展。在某一时刻，几乎难以分辨到底谁在欺骗着谁。小说就此结束。和美国博物馆一样，《骗子》并没有一个画外音给出对骗局的权威判断，或是做出何为真相的裁决。

从历史的角度来看，衡量资本主义存在的最佳标准，可能不是定义它的许多特征——资本、市场活动、技术创新、雇佣劳动或其他——是否存在。所有这些都已经或多或少地存在了很长一段时间,即便只是存在于边缘。定义资本主义存在的,并不是某种实在,反而是某种相对的缺失。在美利坚合众国,商业时代已经来到了一个足以令梅尔维尔提出下面这个问题,并写出一整本小说对其反复思考的时刻:如果经济生活——毋宁说是生活本身——不过是一连串为追逐未来金钱利润而进行的商业交易,那么到底会发生什么?就像巴纳姆的美国博物馆一样,《骗子》中那艘虚构的汽船"菲德尔号"上,既没有国王和贵族,也没有农夫或领主。那里没有小家庭也没有大家户,没有父亲也没有儿子女儿。那里没有主人,也没有奴隶。出场角色没有自己的历史,政府和法律权威一律缺席。即便是土地本身象征的稳定性,也是不存在的。整部小说都发生在密西西比河之上,正如当时的商业活动也经常是沿着水路进行。在"菲德尔号"上,除了商业性的讨价还价,什么都没发生。商业本身就是人际关系的基础结构。亚当·斯密曾经写道,当市场扩张时,"每个人都以交换为生,或者在某种程度上成为一名商人"。[46] 从任何角度衡量,在《骗子》这部小说中,所有的乘客都是"进行着交换的商人",除此无他。[47]

当然了,无论资本的跨度有多大,它永远都不是涵盖一切的。只有在虚构作品中,才可能试图想象除了商业一切都不存在的情况。然而,梅尔维尔在这部虚构作品中的反思,却依然具有启发性。

在"菲德尔号"上,弥漫着一种疏离和不信任感。梅尔维尔不厌其烦地告诉我们,这些乘客都是些"陌生人"。在《骗子》这部小说中,梅尔维尔使用了不下 60 次"陌生人"这个词。小说开始时,一个男人上了船。"他没有朋友陪伴,"梅尔维尔写道,"从人群中的肩头耸动、吃吃笑声、窃窃私语和惊讶之色来判断,很显然,他是那种最严格意义上的陌生人。"[48] "菲德尔号"一直在接载新的乘客,"因此,尽管一直装满了陌生人,她却在某种程度上持续不断

第五章　信心博弈

地向陌生人中增加着新的陌生人，或是用更陌生人的人取代原来的陌生人"。在船上，有的只是问题和疑惑。黑几尼请求人们的施舍。这是一场骗局吗？他的主人在哪里？有迹象表明，黑几尼可能事实上是个白人。在这里，即便是美国人最基本的身份标志——种族——也不再确定，不再可信。或许这个黑几尼不过是假扮成黑人？1836年，巴纳姆曾经与一位假扮成黑人的滑稽歌舞演员在南方进行巡回演出。在这部小说中，甚至连性别都不再是一个可靠的身份标志。每样东西都可能发生变化，正如交易中的流动性。《骗子》中的每一个角色，都曾经被一度称作陌生人，这是一个将永远不会从美国艺术表现形式中消失的角色。试想一下 20 世纪的黑色电影（film noir）。亚当·斯密有句名言说得好，商业社会中的每个人在某种程度上都会变成一个商人。那么在"菲德尔号"上，所有的乘客就都在某种程度上是彼此的陌生人——甚至对他们自己而言，也是如此。

在小说中的某一处，一个骗子宣称，他对某个人的了解要比他对自己的了解还要多。"为什么，"这个人回答说，"我相信我是了解自己的。"那个骗子解释道："然而，有些人认为，自知不是那么容易。谁知道呢，我亲爱的先生，某一刻，你或许会把自己当成别的什么人？更奇怪的事情可都发生过。"这听起来很像是让-雅克·卢梭担心商业社会中流言蜚语和沽名钓誉会损害独立自主性时的口吻。的确，卢梭在《骗子》中露过一次面，他的名字出现在了第 26 章的标题中。如果在一个商业社会中，我们对于自己都是陌生人的话，那么，真正的自知和独立看起来是不太可能的。[49]

这里的口吻，也很像梭罗，他呼吁大家从商业活动中抽身远离，退回到更真实的个人思考当中。但在"菲德尔号"上，却找不到这样的隐退之处。在其中一章里，一个骗子试图与自己进行一场严肃的对话，却失败了："社会是他的兴奋剂，孤独让他精神萎靡。"在"菲德尔号"上,孤独滋生的不是自知和独立,而是"忧郁"和"压抑"。[50]个体已经深陷商业交易之中,一旦从中脱离,已经不再能够认出自己。商业之外,已经不再有任何坚实的立足点,没有法律,没有上帝,没有自我,没有真实,也没有真理。所有这一切都只不过是骗人的把戏吗?我们已经没有据以对此进行分辨的独立立场可言了!《骗子》这部小说真正的主人公,是疑惑。形形色色的角色感受着这些疑惑;试图揭开骗局的读者,也在感受着这些疑惑。梅尔维尔写出了最高明、最高端的骗局。

这就是梅尔维尔对商业社会的描述。至于他自己对商业社会的看法,他并不确定。当然,《骗子》中呈现的道德世界有些令人毛骨悚然。每个人都是骗子,每件事都是骗局。一切都是皮相,没有半点实质。对真理的感受屈从于深刻的怀疑主义。如果从商业活动中全面撤退只会滋生萎靡与忧郁而不会导致任何社会交往,那么除了孤独,还剩下什么?看起来,剩下的就只有愈发令人毛骨悚然的虚无,一种真实存在的、梭罗所形容的"虚妄"。

在这一点上,《骗子》中最让人惊心动魄的角色,是那位守财奴。梅尔维尔笔下另外的角色,都很难信任彼此,但通常他们最终还是会交出信心,进行交换。至少,这让骗局得以继续进行。这位守财奴却几乎是个例外。一位商人——当然是一个"陌生人"——偶然在船舱内一条狭窄的走廊尽头发现了这个守财奴,他住在移民舱的一个幽暗角落,那里简直就是一个"炼狱"。

> 这个守财奴是一个干瘦的老人,身上的肉仿佛腌鳕鱼,干巴巴得好像一点就能着起来;他的脑袋如同是被哪个笨蛋用木瘤切削出来的一样;干瘪瘦削的嘴巴挤在鹰钩鼻子和尖下巴之间;他的表情阴晴不定,时而乖戾,时而白痴。

第五章 信心博弈

这个守财奴的身体状况很糟。渴得要命的他,向陌生人求告,"哎哟,哎哟——水!"陌生人答应了,给他拿了一杯水。守财奴问他,"我怎么回报你好呢?"陌生人回答说,"给我你的信心"。不仅如此——"给我 100 美元。"守财奴惊慌失措。他紧紧抓着藏在枕头下面的某些东西,开始胡言乱语:"信心?不成,胡扯八道!信心?不过是骗局,泡影!——信心?都是些阴谋诡计和敲竹杠!——100 美元?——100 个魔鬼吧?"陌生人承诺,通过投资可以将守财奴的 100 美元变成 300 美元,但他不愿说明投资到什么地方。守财奴必须信任他。饱受折磨的守财奴提议投资 10 美元。这个骗子拿过金币,哀叹道:"这最后时刻的信心,病榻之上的信心。"但当陌生人离开时,守财奴改变了心意。"不,回来,回来——收据,我的收据!哎哟,哎哟,哎哟!你是谁?我干了什么?你去哪儿?我的金子,我的金子!哎哟,哎哟,哎哟!"[51]

守财奴的可悲处境是一个道德教训。在一个商业社会中,任何囤积信心、拒绝相信他人的人,都是孤立悲惨的。他不是一个睿智的超验主义者,心平气和地坐在瓦尔登湖边写着自己的日记。事实上,他是一个病人。在梅尔维尔看来,超验主义式的抽身远离商业社会,在道德意义上是同样卑鄙可怜的。他似乎一直在说,有时候必须要接受那些社会表象,真实才可能存在。商业社会或许颠倒了理论上的先后次序。但已经没有回头路了。能做的,就只有抓住那个表象,凭一己之力将其化为现实,构建自我道德价值——这是不确定的伦理投资,但依然有可能开花结果。与之相反,惊慌失措和焦虑不安的守财奴,却几乎失去理智,只能胡言乱语。最好做出那信仰之跃,相信那个骗子,其中也就包括了我们内心深处的骗子。这样才会有商业活动的存在,而梅尔维尔也暗示道,商业社会中的生命及其意义本身,也源自于此。

守财奴的可悲处境也是一个经济教训。在《骗子》的各个章节中，几乎所有的场景都不仅是商业交换而已，还是一种特定类型的交换：一次可能的投机性投资。在"菲德尔号"上，货币不只是一种交易媒介，它还是一种潜在的投资财力。但是，它也仅仅只是一种潜在财力而已。一个人也可以选择像那位守财奴一样，把钱紧紧攥在手上，当成安全的保值手段——这或许是出于某种对安全感的病态需求，或许是因为对那种不可避免的、与承诺和不可撤回的投资行为息息相关的风险感到不安。但没有这样的投资，资本主义便会枯竭，在经济上不会发生任何事情。如果一个人可以在无须承担长期风险的情况下做出投资，那不是两全其美吗？比如仅通过短期投机获益，尽可能地让自己拥有诸多随时可行的方案，却不付出任何机会成本？又比如像那个守财奴所盼望的那样，进行投机，却一直都能随时把自己的钱拿回来？

梅尔维尔的小说分析了这些自相矛盾的欲望和情绪状态。他的分析是正确的：在他那个时代初露端倪的资本主义繁荣与萧条的信贷周期，是由一种自相矛盾的投机性投资动机所驱动的。矛盾在于，尽管由信贷推动的活跃投机行为可能带来真正的资本主义投资繁荣，促进创造财富的工商企业，但个人也可能抵挡不住短期投机行为本身的诱惑。在这种短期投机中，受益于资本市场的交易流动性，他们可以赌博式地将资产买进卖出，满怀信心地谋求短期收益。但是，投机行为可能并不会长期锁定在某些投资对象上，不足以实现长期的经济发展。资本只不过是在像陀螺一样疯狂旋转而已。而且，那种渴望所有可能的投资方案都随时开放的投机心理，充其量不过是种幻想。因为假如所有的方案都保持随时可行的状态，却从来都得不到施行，那么实际上也就什么都不会发生。

接下来，假如信心崩溃了，守财奴就会再度出现。出于恐惧，守财奴不会为了任何原因花钱，更不用说是短期投机了——至于投资，也是无从谈起。因此，这个终极矛盾，便在于货币资本的双重属性，它既促进投机行为，也助长审慎行为，既导致基于信心的繁荣，也促成萧条衰退，二者无分轩轾。

梅尔维尔形象地说明了，无论是过度投机还是过度审慎，都可能损害对于创造持久价值——存在价值、共同伦理价值和经济价值——所不可或缺的那种长期承诺投资。正如梅尔维尔在小说中描述的，极端的短期投资行为会在没有任何叙事可言、没有任何总体构思的发展中蒙受损失。与此同时，梅尔维尔笔下的那个出于审慎而非投机原因囤积黄金硬通货的守财奴，却拥有最强的流动性。他牢牢把持着所有的行动方案、所有的欲望和所有对未来的可能预期，以开放和积极的态度面对一切可能。然而，这位一直病态地囤积着的守财奴，却从未将任何一种可行方案付诸实际。在他享受到任何生命之乐以前，死亡便会先行到来。囤积行为和投机行为本属同一情结。

在18世纪80年代，亚历山大·汉密尔顿曾经对那些"谨慎精明的资本家"做出警告，但那个时候，众多的家户式生产还没有转向以商业和金钱利润为目的，因此他所担心的问题，是密集式经济发展的缺乏——而不是经济活动本身的缺乏。在梅尔维尔写作时，许多家户式生产在几十年后一如以往。但在《骗子》的虚拟宇宙中，极端的、有损投资的囤积行为却带来了经济归零的问题。

梅尔维尔并不是唯一一个让人们注意到资本主义经济中守财奴的灾难性经济后果的思想家。时间更早、涉及面更广的文学作品，是法国小说家奥诺雷·德·巴尔扎克（Honoré de Balzac）的《欧也妮·葛朗台》（*Eugénie Grandet*，1833）。马克思是巴尔扎克的忠实读者，《资本论》（*Capital*，1867）中的守财奴形象，或许就是源自这里："这种对致富的无穷冲动，这种对价值的热烈追逐，是资本家和守财奴的共同特征；但守财奴不过是一个发了疯的资本家，而资本家是一个理性的守财奴。"囤积货币是非理性的，马克思写道,因为资本主义积累需要"把货币一次又一次地投入流通"。[52]后来,在20世纪,守财奴还会再次出现,现身于对囤积行为最深刻的经济学研究之作的中心舞台,那就是英国经济学家约翰·梅纳德·凯恩斯写作于大萧条期间的《就业、利息和货币通论》。[53]和马克思不同,凯恩斯不是从过去积累,而是从未来"预期"的角度对资本进行思考。他创造了流动性偏好这个术语,准确地捕捉到了资本所有者或是对流动金融资产进行短期投机,或是过度谨慎地紧抓货币不放这两种倾向,二者都会以长期承诺投资和经济发展为代价。[54]

在资本主义信贷市场中,对交易流动性的维护是一个制度问题。今天,它是各个中央银行的职权所在。在梅尔维尔的时代,英格兰银行设定短期利率的权力,会影响到大西洋两岸的流动性。作为小说家的梅尔维尔有着不同的顾虑。当然,在《骗子》的虚拟宇宙中,国家不存在,更不用说是中央银行。然而,对于"别信"的标语,存在着一剂道德解药,它将整个解读从心理分析的角度转移到了社交关系的角度。这剂解药便是友谊。

友谊是商业社会的一个核心伦理主题,在关于商业道德价值的争论中,论战各方都会对此加以论述。巴纳姆在自传中经常会提到自己的朋友;斯密在《道德情操论》中对友谊大加赞颂;黑格尔视友谊为自由的精髓;爱默生关于友谊的杰作出现在《随笔:第一辑》(*Essays: First Series*,1841)中;哈得孙河画派大师阿舍·布朗·杜兰德的画作《志同道合》(*Kindred Spirits*,1849),画中人便是杜兰德和他的画家好友托马斯·科尔(Thomas Cole);梭罗在《河上一周》(*A Week on the Concord and Merrimack Rivers*,1849)中收录了一篇文字优美的关于友谊的随笔;他的诗作《友谊》(*Friendship*,1838)则提到了"两棵茁壮的橡树"。"它们在高处几乎从不接触/但在深深的地下/你将满怀敬意地看到/它们的根相互盘绕/不可开交。"而友谊也是许多与奴隶相关的优秀叙事作品的重要主题，其中就包括了道格拉斯的《我的奴隶生涯与自由岁月》(My Bondage and My Freedom)。[55]

《骗子》中的每一个角色，都打着"陌生人"的标签。但当把信心赋予陌生人时，他们便立即变成了"朋友"。例如，那个守财奴交出金币时宣称，"我信，我信；但我信不足，帮助我，我的朋友！"*[56]《骗子》在第三十九章"假定的朋友"中明确论述了友谊的问题。那个接近骗子弗兰克·古德曼的"陌生人"，是一个介于"扬基小贩"和"鞑靼神父"两者之间的人物，读者后来才发现，他的真实身份是神秘的马克·温瑟姆先生。这个角色几乎完全以拉尔夫·沃尔多·爱默生为原型，一个力证便是紧随其后的弟子艾格伯特——他极其明显便是梭罗。古德曼请求艾格伯特考虑下面的这种情况：

> 有两个朋友，他们是总角之交，知心好友；其中之一平生第一次手头缺钱，第一次向另外一个人开口告借，而那个人就其财富而言，绝对有能力把钱借给前者。

温瑟姆先生的哲学是否允许艾格伯特借出这笔钱？艾格伯特的回答是否定的，因为把朋友当成实现某种商业目的的手段是错误的："为一笔贷款而讨价还价，这是一种商业交易。而我不和朋友做任何交易。"的确，存在着"生意上的朋友"，但一个"真正的朋友不会与贷款发生任何关系；他应当拥有一个超越了借贷之事的灵魂"。梅尔维尔在这里，必定是在影射这位超验主义者主张的"超灵"。借贷只能来自"某家没有灵魂的银行公司"。艾格伯特援引温瑟姆

---

* 这段话是对《圣经·新约·马可福音》第 9 章第 34 节生病男孩之父求告耶稣所说的话的戏仿。

的《论友谊》证明,朋友之间的借贷只会导致他们的"陌生疏远"。[57]

在这些假名的伪装之下,梅尔维尔借爱默生和梭罗之口,表达了正在日益高涨的那种对商业无法取信的维多利亚时代情绪。无知无觉、冷酷无情的商业,必须被看守在其特有的领域之内。一堵牢靠的高墙,必须一直把市场同友谊和家庭的温情隔开。市场一直在突破着自己的边界,威胁侵蚀着其他领域,因此,必须加以警惕,对它进行围堵。

但是,一个人真的必须把市场和道德对立起来吗?[58]梅尔维尔指出,这样做会让市场脱离道德的束缚,同时削弱道德规范。存在着另一条路径,尽管这是一条有风险的道路:试着将资本的逐利动机化为己用,让它朝着有价值的、非营利的目的前进。当然,梅尔维尔曾经从他的朋友那里借钱买下了阿罗黑德农场(Arrowhead Farm),在那里写下了《白鲸》。这位参与到骗局之中的人,希望这个世界可以"延迟认可一种禁止从世上获得帮助的哲学"。这是一种"不近人情的哲学"。[59]如果超验主义禁止朋友之间的财务援助的话,它就成了一个道德暴君。资本主义或许以不确定性为前提,这的确值得人们怀疑,但不确定性并不必然损害真正的道德价值和道德承诺。一种实用主义的伦理希望,是有可能的。[60]

此外,人类并不是自给自足的,或者说,要想获得真正的友谊,禁欲式的独立充其量是一个弱前提。我们彼此成为朋友,是因为作为人类的我们彼此依赖。囤积信心的梭罗在《骗子》这部小说中,被奚落为道德上的守财奴。梅尔维尔写道,一个没有"信心"的世界,将是既"孤独"又"泯灭人性"的。或许正是出于这种原因,美国博物馆的众多主顾才心甘情愿地把来源于疑惑的物质利益拱手相送给巴纳姆这位"骗术之王"。[61]

梅尔维尔的挚友之一,是作家纳撒尼尔·霍桑。他们是邻居,

第五章　信心博弈

都住在马萨诸塞州西部的乡下，爱默生和梭罗热爱的康科德就在正东边一百多英里以外的地方。梅尔维尔似乎从他的岳父那里搞到了一笔贷款，以部分满足他继续生活在阿罗黑德的目的，同时也得以继续同好友保持密切关系。梅尔维尔将《白鲸》献给了霍桑。在完成《骗子》之后，因为工作过重而精疲力竭的他，再次从岳父那里获得了财务支持以前往欧洲度假。在英格兰，梅尔维尔和霍桑在利物浦附近的某个海滩一起散了个步。霍桑在笔记本上记下了这次谈话：

> 梅尔维尔和往常一样，开始凭借理性推断天意与来世，以及所有超出人类理解范围以外的那些东西，然后告诉我，他已经"基本上接受了自己将会彻底被湮灭的事实"；但他看起来并不满足于这一预感；而且，我认为他永远都不会满足这种预感，直到他牢牢把握住一个确然无疑的信念为止。他的这种坚持真让人惊异——而且自打我认识他起，而且可能更早以前，他就一直这么坚持了……他既不能信，也不满足于自己的不信；而他又太诚实、太勇敢了，无法在两者之间做出取舍。

梅尔维尔在他的日记中写道："愉快的交谈。"[62]

第六章

在奴隶制与自由之间

随着信心的恢复,1837年恐慌之后,发生了又一次美国南方的棉花繁荣。棉花种植园主向西迁移,寻求新的土地,不管这些土地是从印第安人部落那里夺来的,还是在得克萨斯合并案(Texas annexation,1845)期间取得的,或是在1846年到1848年的美墨战争中征服的。在理查德·卡顿·伍德维尔(Richard Caton Woodville)的那幅被广为复制流传的画作《来自墨西哥的战报》(*War News from Mexico*,1848)中,兴奋的白人男性大声朗读着新闻,而在角落里,一名黑人男性和一个黑人孩子却一副疲惫而忧伤的样子。

白人奴隶主强迫被奴役的黑人迁移到自由移民不肯去的那些地方,从事着那些没有人愿意干的辛苦劳动,而所有这一切,都是为了生产出每个人都想要消费的商品。

到这时,一切看起来已经很熟悉了。这个商业时代的基本经济动力是地缘政治性的,牵涉到为了满足跨空间市场的需求而投资于扩大生产规模。几个世纪以前,奴隶种植园是17世纪大西洋地区

第六章 在奴隶制与自由之间　　　　　　　　　　　　　　　　　　　209

理查德·卡顿·伍德维尔，《来自墨西哥的战报》（1848 年）

伍德维尔出生于美国，但常年居住在欧洲。他是一位以全新题材进行创作的流行艺术家，即关注北美新开辟的前沿地带的日常景象。一个人物将帽子抛向空中，庆祝战争和征服的消息。位于右下角的一名黑人男性和孩子的反应则截然不同。

英国重商主义的发展前沿，如果一个生活在那个时代的巴巴多斯糖料种植园主神奇地穿越到 19 世纪 50 年代的密西西比河谷以南地区，他很可能会对新的汽船技术和农作物种子的大幅度生物"改良"惊叹不已。[1] 但剩下的，或许就都似曾相识了。在 19 世纪的自由帝国中，与 18 世纪的大英帝国大致相仿，资本所有者依然充满自信地投资于对种族奴隶制未来空间扩张的长期预期。实际上，一些南方统治者甚至对奴隶制的未来怀有某些异想天开的帝国愿景。[2]

之前美国曾经历过两次棉花繁荣，每一次都是借着资本主义信贷周期的投机回升的势头。19 世纪 40、50 年代的这第三次繁荣有所不同的，是它的结束方式：不是以金融恐慌收尾，而是以一场南北战争告终。为什么这一次会产生如此灾难性的后果呢？

资本主义发展就其本身而言，并没有注定宣告种族奴隶制的末日。尽管在抽象概念中，以金钱形式体现的投资过程定义了资本主义，但在更加具体的层面上，存在着资本主义的各种可能性，在其中，资本家以及他们所处的社会共同体或许会优先投资于不同的资本形式。在美国南方，从严格的经济意义上讲，被奴役的非裔美国人是"资本化的劳动力"，用经济史学家加文·赖特（Gavin Wright）的话来说，是一种"对潜在劳动力的固定成本投资"。[3] 到了第三次棉花繁荣发生之时，美国南方已经是一种独特的、基于奴隶制或"种族奴隶制"的资本主义的大本营了。[4]

原则上，多种资本主义形式可以在同一帝国政治体制中共存共荣。事实上，早期现代帝国所扮演的历史角色，一直都是调和地方差异，打造一个复合政治秩序，其目的正是令不同共同体之间的商业活动可以蓬勃发展。毕竟，帝国的功能之一便是保障帝国内部对不同商品的市场需求。只有到了 19 世纪末，当现代民族国家坚持要求对自己的领土（其中包括它们的帝国殖民地）拥有更明确的管辖权时，同一民族国家中多种经济秩序的存在才开始显得互不相容起来。

到 19 世纪 40 年代时，美国南方从商业上依赖着一个存在于别处的工业化资本主义，而在那些地方，奴隶制并不存在。与此同时，一个方兴未艾的工业化资本主义同样依赖着南方奴隶的原棉生产。

到 1860 年，棉花占到了美利坚合众国出口总值的 54%，英国棉花进口总值的 99%。[5] 然而，棉花贸易并未在实质上打破基于奴隶制的资本主义与非奴隶制资本主义之间的泾渭分明（正如 20 世纪 70 年代美国与苏联之间的小麦贸易并不会打破资本主义与社会主义之间的壁垒）。在这个商业时代，棉花贸易揭示了美国南方对大英帝国市场需求的依赖程度，而后者已经开展了奴隶解放运动。[6] 与此同时，在这个自由帝国的复合秩序之中，奴隶制存在于路易斯安那州，但在新兴工业资本主义正在萌生的马萨诸塞州，却没有一席之地。

一个拥有更多民族统一特征的美国资本主义，将成为共和党开启的一段政治历史之结果。诞生于 1854 年的这股激进的政治力量，得到了急剧变化的北方经济的支持，于 1860 年夺取了联邦政府的大权。它将使"自由遍及全国"，也将令北方的资本主义形式遍及全国。

从 1837 年恐慌中恢复过来之后的那几十年中，在经济生活方面，开始在北方形成的那种资本主义要比南方的任何经济发展都更具有开创性。它同样根植于过去，因为自从 18 世纪以来，北方的商业活动在密集程度、创业精神和平等性上便一直胜过南方。[7] 尽管如此，只有在 1840 年之后，一个美利坚合众国的工业资本主义才正式登场，对固定工业资产的投资定义了这种资本主义。它的那些更鲜明的不同特征也出现了，其中包括"自由的"受薪男性劳动力，使用蒸汽动力进行生产，区分家庭生活与工作，确立男性和女性"划分不同领域"的意识形态，以及把儿童从劳动中解脱出来，送他们接受学校教育。所有这些加在一起，令将奴隶视为人身动产的制度终于开始显得不合时宜。在北方，反奴隶制和废奴主义的社会运动也开始涌现，并最终促成了共和党的兴起。

一些历史学家主张，美国南北战争的爆发与经济毫无关系，只是一场道德圣战的结果，或者仅仅是一群愚蠢政客导致的政治偶然事件；在1858年一场煽动性的演讲中，纽约共和党人威廉·苏厄德（William Seward）曾宣称，存在着一种"无法遏制的冲突"。然而在这些历史学家眼中，这场战争很难说是这种冲突的产物。[8] 但是，这种地区冲突事实上源自1840年之后经济上南方僵化守旧与北方转型变革的分道扬镳。最关键的一点是，我们必须回到这个商业时代的某个基本问题上，从第一代沙夫茨伯里伯爵那时起，一直到1860年共和党人亚伯拉罕·林肯参加总统大选为止，这个问题一直至关重要，那就是商业的帝国地缘政治。

这是导致南方各州在林肯1860年总统选举获胜后脱离联邦的关键问题。南方的经济预期和白人对奴隶资本的投资，全都根植于由联邦政府担保的、未来西部扩张的持续可能性之上。林肯和共和党人表示，未来奴隶制将只能存在于既有的蓄奴州中。那么，跨过密西西比河的西部联邦领地，还会向奴隶制敞开大门吗？或者根本就毫无可能？一旦这个互不相让的问题被提出来，杰斐逊的自由帝国之未来，便处于风险之中。

1. 晚期奴隶制资本主义

尽管我们把关注重点放在了1837年恐慌后的棉花繁荣上，但也有必要退后一步，从总体上评估一下美国奴隶制的资本主义特性。除了评估美国奴隶制在南北战争前那几十年的发展轨迹，在这里，我们的重点是突出比较南方蓄奴州和发生了更多全新经济变化的北方各州之间的差别。

历史学家对于资本主义与奴隶制之间的关系存在着激烈的分歧。在这里，我无法对这些辩论评头论足。[9] 这本书的出发点是资本。奴隶制是一个古老的制度，它在几个世纪的时间里表现出了诸多的共同特征，但资本化并不是其中之一。[10]

然而，纵观美国历史，被奴役的黑人却一直都是资本资产。[11] 19世纪40年代和50年代的最后一轮棉花繁荣，令某些问题最终尘埃落定。正如卡尔·马克思在其身后出版的《资本论·第三卷》(*Capital*, 1894)中指出的："在这里，为奴隶支付的价格……只不过是将从他身上榨取出来的、预期可得的资本化剩余价值或利润。"[12] 然而，因为营利动机永远都不是充分条件，许多其他动机结合在一起，决定了奴隶的现行价格。[13] 加在一起，诱使白人投资黑人奴隶的那些因素是非同寻常的。

在发达的南方资本市场中，被奴役的人和财产一样，是可以依法转让的，因此也就获得了交易流动性这一属性。与此同时，奴隶也是生产性资产，他们被剥削的劳动生成了财富——这正是奴隶资本的所有者期待从其投资中获益的原因。在奴隶价格对应奴隶所有权的预期金钱收入这一点上，马克思是对的。[14]《里士满问讯报》(*Richamond Enquirer*)在1859年解释道："众所周知，棉花的价格在很大程度上调节着南方奴隶的价格，一包棉花和一个'挺不错的黑奴'，在估算金钱价值的天平上是等量齐观的。"[15] 1850年，一名奴隶的平均价格是300美元。1860年，这个数字是800美元，而在新奥尔良，一个"种田能手"能卖到1 800美元的高价。当时的近400万美国奴隶，其身价加在一起可达30亿美元。南方的奴隶财产远远要比南方的土地更有价值，甚至也超过了北方的工厂。[16] 30亿美元相当于1860年整个美国工业资本存量的3倍。[17] 从任何定义来解释，被奴役的人都是被高度剥削的劳动力。然而，他们并不是"廉价劳动力"。他们的成本由其作为一种被奴役的人力资本的稀缺性所决定，同时将它们未来的金钱收益也考虑在内。

黑人奴隶资本市场的看涨预期，部分说明了1860年以前人们想象中奴隶制的命运。值得一提的是，南方各州的利率在南北战争即将发生之前的那段时间下降了。[18] 在南方，对货币甚至是土地的需求都下降了，因为奴隶主更喜欢将他们的财富以奴隶的形式储存起来，从这个意义上说，奴隶成了所有南方资产中最具有流动性的。"黑奴存在于此地，并将永远存在于此地；这是我们的财产，而且永远是我们的财产。"《里士满观察家报》（*Richmond Examiner*）在 1854 年夸口说。[19]

被奴役的人获得了许多其他资本资产的特性。他们是私有财产权的客体，具有可转让性和预期未来金钱收益等属性。与此同时，作为资本资产，他们也拥有一些独特的经济特性。首先，被奴役的人是"可移动的"。奴隶资本可以被强迫跨地域移动，这是奴隶制在整个商业时代成为经济扩张中重要动态因素的原因之一。[20] 土地没有办法被移来移去，工厂和机器要笨重得多，而且需要固定在某个地方。在铁路和电报于 1840 年后普及之前，货币和信贷的移动速度不可能比人更快。在一个前工业化的背景中，作为生产单位的奴隶种植园，却可以相对快捷地跨地域移动。

最初开始于 17 世纪期间的、以奴隶劳动为基础的殖民计划，在 1837 年恐慌后的棉花繁荣中得以继续。但这最后一次的向西推进，经过了密西西比河谷以南的南方最肥沃的土壤。从地图上看，这个由大型棉花种植园组成的地区，呈现为砧形。砧角部分，是孟菲斯下方的密西西比河三角洲，一头落在南至巴吞鲁日（Baton Rouge）的密西西比河支流冲积洼地，另一头落在亚拉巴马中部肥沃的黑土大草原。两股迁移而来的种植园主，定居在这个地区。从东边来的，是南卡罗来纳州和佐治亚州的棉花种植者。从南边来的，则是与东北地区保持着紧密商业联系的路易斯安那州种植者。在 19 世纪 50 年代，棉花种植园逐渐扩展到了阿肯色州的泛滥平原和东得克萨斯的红土地带。到 1860 年时，四分之三的美国棉花作物都被种植于阿巴拉契亚山脉以西。[21] 黑人奴隶再次肩负起了开垦荒地、开辟新种植园的任务。借助一个复杂精密的金融体系，在与东北地区和欧

第六章　在奴隶制与自由之间

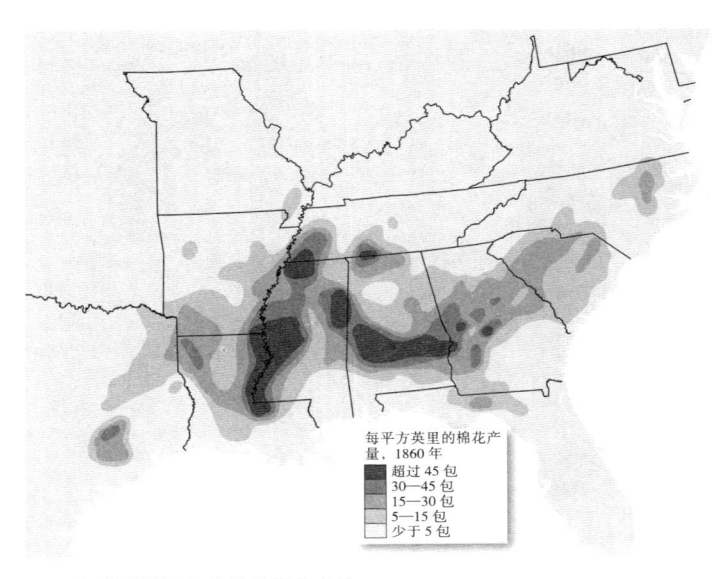

1860 年美国每平方英里的棉花产量

在美国南北战争前夕，密西西比河以东的一个砧形地区主宰了以奴隶劳动为基础的棉花生产。

洲商人及银行家的勾结之下，以奴隶财产为抵押担保的信贷提供了必要的营运资本。[22]

在 1820 年到 1860 年之间，在一场大规模的被迫移民中，约有 87.5 万名奴隶从上南方地区（upper South）离开，前往下南方地区（lower South）。[23] 这个数字是 1808 年美国奴隶贸易停止之前被贩入北美的非洲奴隶人数的两倍，也是 1790 年到 1820 年间从上南方地区移民到下南方地区之人数的 8 倍。约有 60%—70% 的流动人口来自国内奴隶贸易。[24] 巴西和古巴拥有国内奴隶市场，但在南北美洲的任何其他地方，都不存在美利坚合众国式的地区间奴隶市场。专业的奴隶贩子走访南方种植园，监督着城里的奴隶市场——其中最大一座设在新奥尔良——在那里，站在拍卖区里的奴隶会被人连捆带戳，仔细检查。[25] 大量的奴隶买卖就发生在本地。曾经在肯塔

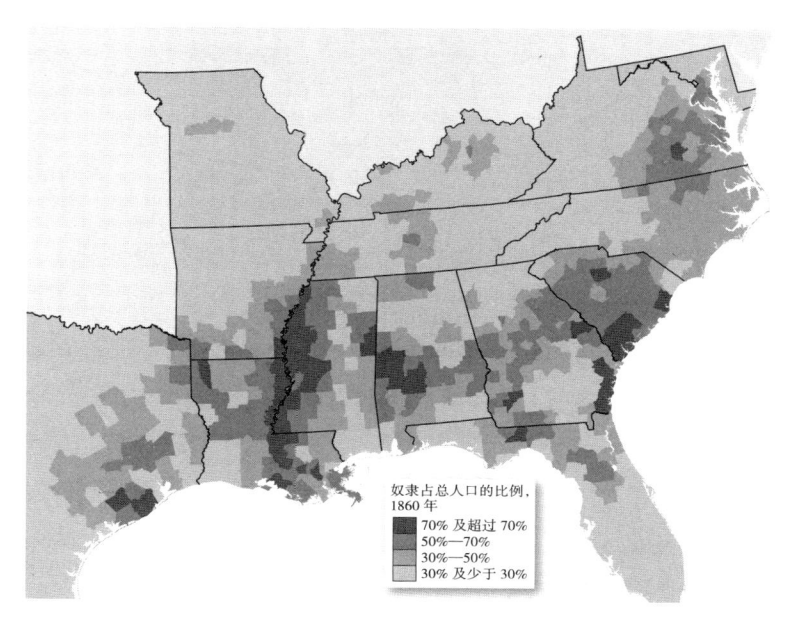

1860 年美国蓄奴状况的地理分布

高度密集分布于密西西比河沿岸的奴隶，是大举逼迫美国黑人向西移民的结果。作为资本资产的奴隶，之所以价值不菲，正是因为他们是具有高度可移动性的生产要素。

基州当过奴隶的阿梅莉亚·琼斯（Amelia Jones）这样回忆自己的奴隶生涯：

> 主人怀特对他的奴隶很好，他给我们吃得不错，也安排了不错的地方让我们睡觉，而且他只有在确有必要时才会鞭打我们，但他会毫不犹豫地卖掉任何一个奴隶。他说，"你们都是我的，如果你不喜欢这一点，我就会把你落袋为安"。[26]

在结束了奴役期后，北卡罗来纳州的奴隶本·约翰逊（Ben Johnson）回忆道：

> 我出生于奥兰治县，是家住希尔斯伯勒（Hillsboro）附近的吉尔贝·格雷格（Gilbert Gregg）先生的财产。关于我的妈妈和爸爸，我一无所知，但我有一个兄弟吉姆，他被卖了，好给小小姐的婚礼添妆。我就坐在那棵树的下面，看着他们把吉姆卖了。我坐在那儿，哭啊，哭啊，尤其是在他们把锁链套到他身上、把他带走的那一刻，我这辈子从未感到过如此孤独。我再也没听到过吉姆的消息，我现在有时候会想，不知道他还活着不。[27]

对许多被奴役的黑人来说，这就是可转让性——一种资本的共同法律属性——的真实含义。

历史学家们就种植园主生产力增长的源泉问题争论不休。在实行班组劳动制（gang labor system）*的大型棉花种植园中，存在着斯密式的专业化和复杂劳动分工。[28] 1833 年的《南方农学家》(*Southern Agriculturalist*) 在描述一座种植园时，口气就像是在描述亨利·福特的 20 世纪工业生产线："种植园应当被视为一个机器；要想顺利运转，所有的部件都应当协调一致，恰到好处，而且驱策力也当保持规律稳定。"[29] 种植园主建立了一个度量标准——"棉花包/每人手"——以此来跟踪、评估和改进奴隶劳动强度。托马斯·阿弗莱克（Thomas Affleck）的《种植园记录与账簿》(*Plantation Record and Account Book*, 1847) 在 19 世纪 50 年代行销各地，它帮助了许多种植园主算数记账。[30] 迫使奴隶不得不辛苦劳作的原因，除了被卖掉的威胁，还有噼啪作响的九尾鞭、造成钝击伤害的牛皮刑杖和让人皮破血流的牛鞭。在新开辟的棉花前沿地带，暴力

---

* 奴隶种植园中的一种劳动分工形式。将奴隶按身体状况分成不同的班组，无论是壮年劳动力还是老弱妇孺，均要在一整天的时间里同步开展工作。与当时存在的任务工作制（task system）相比，这种制度强度更高也更加残酷。

程度或许要更糟，那里的种植园主负债更多，棉花种植面积也更大。最后，在19世纪30年代，种植园主从墨西哥进口了一种名为"小海湾"（Petit Gulf）的新种棉籽。迄今为止最全面的统计分析结果认为，对这一时期之后的生产力增长贡献最大的，便是该棉种的传播与培育，也即生物"改良"。[31]

棉花经济是最重要、最有活力的南方经济部门。棉花是一种全年作物，而且"在南北战争前的美洲，可以不受限制地让女性从事田间劳动，是奴隶制的主要经济优势之一"。[32] 从4月到7月，奴隶们在间距12英寸的整齐田垄间播下棉籽，然后疏间棉苗，再用犁铲和锄头培土来灭除杂草，保持土壤疏松。采摘棉花的季节从9月一直持续到11月，各项任务需要大量的体力、耐力和心灵手巧。棉花必须经过轧制，去掉棉绒中的"杂质"。它被压成棉花包，由奴隶拖到码头或港口。按任何标准衡量，南北战争即将爆发前的棉花种植园都具有极高的经济生产力和效率。种植园主不仅从空间上扩大了棉花种植面积，随着时间的推移，他们还成功地增加了经济生产的强度。在19世纪30年代，奴隶平均每天采摘的棉花超过150磅。在棉花大丰收的1860年，这个数字达到了300磅。[33]

棉花经济并非南方经济的全部。在奴隶主的命令下，奴隶们还要种植其他作物：在南卡罗来纳州，是水稻，在路易斯安那州，则是糖料作物。新奥尔良、莫比尔和萨凡纳全都经手棉花贸易并为其提供相关服务，但像里士满和伯明翰这样的城市，还拥有精心布局的城市制造业。上南方地区的种植园种有烟草、大麻以及小麦。弗吉尼亚的奴隶经济催生了麦考密克谷物收割机这样的技术创新。[34] 这一地区在商业和制造业方面更加多样化。以弗吉尼亚为中心的、有组织的大规模南方多样化运动和农业"改良"运动在19世纪50年代蓬勃发展。[35] 但是，即便上南方和下南方地区的经济并非取决于棉花，它们也受到了内部奴隶贸易的决定性影响。一位弗吉尼亚

第六章　在奴隶制与自由之间

的作家给出了最好的解答：弗吉尼亚的奴隶价格并不"由我们的利润来调节，而是因他们的劳动在其他州所取得的利润而调节的"。[36]

总而言之，借助 1812 年战争、1819 年恐慌和 1837 年及 1839 年恐慌之后的一系列资本主义信贷周期的持续上涨走势，南方白人奴隶主变得既强大又富有。他们是通过三次外贸出口大宗产品——主要是棉花——的生产繁荣而实现这一点的。依赖外国需求的大宗商品繁荣，可以令那些很好地融入全球市场的地区变得富裕起来，但它们的确存在明显的发展限制——比如说，缺乏来自本地斯密型商业倍增器或工业投资连锁反应的递增回报。[37] 例如，种植园经济未能将一大群生活在内地的白人自耕农户纳入自己的商业体系，这些人中许多都以自给自足为目标。[38] 最好这样来理解美利坚合众国的奴隶经济：借着投机性信贷周期上涨和下跌的势头，白人奴隶主逐渐榨干了一个有机经济稀缺资源中每一点生产力增长的可能，不管这意味着从被奴役的男男女女身体中榨取每一分能量，还是对最肥沃的土壤展开殖民，或是对作物种子进行生物改良创新。在未来的某个时间点上，所有这些因素都可能导致回报的递减——比如说黑人体力耗尽，或土壤肥力耗竭。

尽管如此，在 1860 年，以人均国内生产总值为衡量依据——当然，这只是一种依据——美国南方地区要比欧洲除英国以外的任何国家都更富有，而且当下经济趋势看起来十分强劲。在 19 世纪 50 年代，南方人新增了 300 万英亩的棉花种植面积，在那十年间，来自出售棉花和奴隶资产价格飙升的获利，令大种植园主的财富平均增加了七成。[39] 南卡罗来纳的参议员詹姆斯·亨利·哈蒙德（James Henry Hammond）1858 年在参议院全体大会的演讲中替许多南方奴隶主张目，并对他的北方同僚说出了一番著名的嘲讽之辞。"不，你不敢向棉花开战。地球上没有任何一种力量敢于向它开战。棉花为王。"[40]

历史学家尤金·吉诺维斯（Eugene Genovese）笔下提及这位詹姆斯·亨利·哈蒙德时，说他是"一个不忠的丈夫，一个不怎么尽责任的父亲，一个好色的叔叔，一个需索无度、惯常严厉的奴隶主"，这恐怕还是留了情面。哈蒙德提供给其监工的那些说明书里，满是对效率的疯狂追求，这可能会让一位 21 世纪初的企业咨询师露出会心的微笑。但哈蒙德还在日记中这样写道："我爱我的家人，他们也爱我。这是我在尘世上唯一的牵挂。这个家也把我的奴隶纳入其中，但对我来说，世界至此为止。以外的一切，都是空白。"[41] 1856 年，哈蒙德盼咐他身为白人的合法继承人亨利说："不要让路易莎或是任何一个我的孩子——有嫌疑的那些也包括在内——成为陌生人的奴隶。在自己家里当奴隶，是他们在尘世上最幸福的状态。"[42] 恐怕没有任何一个 18 世纪的美国奴隶主会在日记中或给子女的信里写下这样的字句。哈蒙德信奉的这一种改头换面的白人至上主义的蓄奴理念，其根源在于种植园家户的家庭亲缘关系，也即家长主义。[43] 1840 年之后，在南方，变化最大的并不是经济。1837 年恐慌后棉花繁荣的动态，与之前的那些棉花繁荣十分相似。全新的，是一种向不受限制的商业活动公开表示敌意的、家长式的蓄奴理念，美国奴隶资本主义的转变，正是源于家长主义的胜利。

历史学家口中的，这一语境之下的"家长主义"，是一种不太靠得住的 19 世纪基督教"内部革命"，它试图改革奴隶制最残酷的那些方面。[44] 家长主义有两个核心特征。首先，18 世纪时的普遍看法是，奴役就等于试图把人当成牛马，但家长主义背离了这一观点，它宣称认可黑人奴隶的"人性"，但依然视他们为劣种之人。南卡罗来纳州哥伦比亚一位举足轻重的神学教授詹姆斯·亨利·桑韦尔（James Henley Thornwell）说："我们的奴隶是符合道德的存在。"[45] 和许多之前的奴隶主不同，家长主义者欢迎他们的奴隶皈依基督教。他们拒绝殖民地北美的那种父权专断的蓄奴理念——那种父亲对其家中亲属仆从的严厉的、高高在上的统治。与之相反，他们倡导"亚伯拉罕式"的大家长作风，其中的主奴关系应当是更亲密、更慈爱的。上帝的律法制约着主人的支配权力。[46] 其次，家长主义为南方的家庭生活打上了一道维多利亚时代家人温情的道德之光。黑人奴隶不再只是家户中的成员或经济单位。从情感上讲，他们还是自家人。伦道夫－梅肯学院（Randolph-Macon College）的院长威廉·A.史密斯（William A. Smith）在他的《关于哲学和奴隶制实践的演讲》（*Lectures on the Philosophy and Practice of Slavery*，1856）中捕捉到了这一要义。他宣称："家庭奴隶制是家庭关系的一部分。一家之长是主人，奴隶是他的臣属……正如其他家庭成员一样。"[47]

这次有目的且步调一致的家长主义运动，花了几十年的时间才取得成功，而这一切都发生于不断变化中的经济场景之内。在大西洋奴隶贸易于1808年终止之后，奴隶所有者无法再从海外补充资本存量。奴隶资本将不得不通过两性生殖方式自我繁育，与此同时，白人奴隶主对黑人女性生育力的依赖也变得更严重了。从1790年到1860年，美利坚合众国的奴隶人口每二十八年就会翻倍，年增长率达2.5%。[48] 除了"可移动性"，与其他资本形式相比，被奴役的人力资本的第二个独特特征，就是它可以添丁进口。

大西洋奴隶贸易终止这个现实，为家长主义者们撬开了一个道德缝隙，把一个从道德上改良奴隶制度，但同时继续挽回其长期经济可行性的机会放在了他们面前，至少他们是这么认为的。1837年的恐慌导致了接下来的这个决定性的经济事件。在债务通缩的打击下，许多奴隶主决定让他们的种植园在经济上更加自给自足，更少依赖通过商业市场获取食物。他们仍将依赖对棉花的市场需求，却会减少对某些种植园基本必需品市场供应的依赖。羽翼已丰的美国"棉花和玉米"体系出现了，它有别于古老的、更大程度上以经济作物为导向的西印度洋群岛模式。在这个体系中，奴隶主将足够多的土地用于种植玉米，以满足种植园的基本生活物资需求。这种新的"安全第一"的策略，因此成为对冲商业风险的一种手段。

这一转变有其资本主义逻辑。因为奴隶资本的最后一个特征，就是它的"固定"属性。奴隶一方面是具有相对流动性的，因为他们在市场上转手很容易，也可以被当成投机的标的。虽说如此，他们也具有非流动性，因为随着时间的推移，他们会逐渐贬值，不管是因为劳累过度还是自然衰老。[49] 在这种严格的意义上，被奴役的人力资本就像是一个正在生锈且不断贬值的工厂。此外，一旦奴隶被某人拥有，持有奴隶的成本——为他们提供食物、衣服和照护——会不断产生，正如一座工厂不管是否投入运行都将随着时间的推移而发生锈蚀一样。因此，针对出租奴隶劳动的市场和法律出现了。[50] 换言之，奴隶所有权的成本，是经济学家口中的"沉没成本"。

每一个奴隶在无所事事中度过的每一个小时，都是持有成本。棉花是一种季节性作物，每年春种秋收。仅是栽种棉花，不可能占据奴隶一生中醒着的每一个小时。用来填满奴隶的闲暇时间的，是基本生活物资的生产。1850 年，在美国的棉花种植园中，平均有 30% 的奴隶劳动时间被用于种植棉花，但有 31% 的时间花在栽种玉米和照料牲畜上，而且到这时为止，大多数出产都被直接用于种植园自家消费。另外 31% 的时间，花在生产其他基本生活物资（比如马铃薯和豌豆）、家庭制衣、清理土地、建筑施工和一系列由奴隶主和监工发明出来的、让奴隶保持忙碌的零散活计上。儿童奴隶三四岁就要开始劳动［成为家中仆役或作为班组劳动制中"废物班"（trash gangs）的一员进行田间劳动］，一般来说在他们 9 岁时就已经开始为其主人提供超出自身消耗的剩余价值。男孩或许在 11 岁时就开始采摘棉花。过了 35 岁的体力高峰后，奴隶平均仍会为其主人生产剩余价值，直到年近八旬。[51] 年老的、生病的和残疾的奴隶，仍可照料孩童，看守鸡舍。在1860年，随着棉花价格的激增，只有在那些拥有15名以上奴隶的种植园中，棉花产量才继续占到种植园总产量的50%以上。[52] 奴隶主分给其奴隶"黑人自留地"（Negro plots），让他们可以在周日休息的那一天自己种点什么。奴隶们紧抓着这些自留地不放，主张对其拥有非正式的财产权利，并将这些地块转成个人或社区自治集体的宅基地。[53] 总的来说，19世纪40年代和50年代棉花繁荣时期的奴隶种植园，要比1837年恐慌及萧条之前时更加自给自足。[54]

自相矛盾的是，1837年后转向"安全第一"的战略，虽然最多只能被解读为资本主义式的风险对冲和一种压榨方式，其目的是尽可能榨干被奴役家庭中所有人员的经济价值，但它为家长主义理论家们创造了一个机会，得以重新把种植园家户塑造为一个置身于商业之外的家人亲情的所在。在口头上，家长主义对不受制约的商业活动充满敌意。的确，家长主义者像爱默生和梭罗一样，欣然接受来自大西洋对岸的、浪漫主义的商业批判，但他们也编造出了一些不同的东西。[55] 在这里，在奴隶主最新编织出来的"家人式的"基督徒责任与承担中，最被大肆宣扬的，就是在商业之外为奴隶提供基本生活物资的义务。在家长主义的意识形态中，无情商业和家人亲情之间的道德对立变得尖锐起来。因此，鉴于奴隶代表着运营成本和固定成本，一个关于投资的独特经济逻辑催生了一个大规模的种植园家户基本物质生产部门，它令家长主义者得以做出这样的意识形态宣言，即南方经济生活已经为商业侵略设下了硬性限制。

密西西比州种植园主学院（Planters' College）院长E.N.埃利奥特（E.N.Elliott）曾经编辑过具有里程碑意义的支持奴隶制的文集《棉花为王及支持奴隶制的论据》（*Cotton Is King, and Pro-Slavery Arguments*，1860）。他对家长主义的经济意义做出了经典的总结：

> 奴隶制是奴隶为了实现主人和奴隶的共同利益而进行劳动的职责和义务，它承诺在任何情况下为奴隶提供保护和舒适的基本生活物资……奴隶主作为这个制度中的为首者，有权利得到奴隶的服从与劳动，但奴隶同主人一体，拥有共同权利：被保护的权利，获得劝告和督导的权利，满足基本生存需要的权利，在生病和老年时得到照料看顾的权利。[56]

家长主义看似复活了前资本主义时代的传统，甚至是昔日的封建主义传统，但实际上，它是一种被发明出来的、南北战争即将爆发前的奴隶资本主义的传统。它再次触及了商业时代的那个老问题：如何在促进商业活动的前提下，仍对其加以制约，令其处于合适的范围之内？到19世纪40年代时，商业已经在过去的数世纪中取得了长足的进步。作为对商业活动最可行的道德及社会制约，南北战争即将爆发前的家长主义指向了那种"家人式的"主奴关系。

虽然家长主义者援引了各种反商业传统，但这并不意味着南方地区在资本主义程度上略逊一筹。事实上，家长主义的商业批判反倒令南方白人投资黑人奴隶的诱因合法化了——从而以一种自相矛盾的方式推动了奴隶资本主义向前发展。至于对商业活动的适当制约，南北战争即将爆发时的北方将给出一个不同的答案，它优先考虑一套不同的经济、道德和心理投资方案，而这个方案拥有一组不同的生产性张力。与此同时，家长主义者事实上的确令奴隶制道德化了，只不过是以一种在道德上令人厌恶的方式。[57] 是谁犯下了更大的道德罪行？是那个只想从肉体上榨取奴隶劳动力的奴隶主，还是那个怀着私欲、试图转变被奴役者灵魂的奴隶主？

不管怎样，就其本身而言，家长主义的成就并非微不足道。在南北战争即将爆发的那段时间，奴隶主养活照料其奴隶的责任，被写进了许多南方的法规汇编。与之相关的一个变化是,奴隶主不再能单纯出于恶意无缘无故地杀害奴隶,更不用说将其肢解,而奴隶也慢慢成为一类拥有准法律人格的人(quasi-legal persons)。家长主义为另一次经济繁荣提供了动机和动力,它还令杰克逊总统任期后几十年中的政治发生了转变。随着奴隶主将奴隶称为家庭成员,加上公共和私人领域的分开,家长主义开始将家庭奴隶制定义为私人事务。1857 年,总统詹姆斯·布坎南(James Buchanan)在第一次年度致辞中对国会说:"奴隶主与奴隶和其他一些人之间的关系,是'家庭制度'(domestic institutions),全然有别于带有政治特征的那些制度。"[58] 这意味着,联邦政府除了无权征用南方私有财产,也无权干涉南方的私人家庭生活。这个转变实际上呼应了同一时期公司制度的转变;公司和蓄奴家户长期以来一直是帝国的次级主权,却被打上了私有的新记号。

总之,南北战争即将爆发时的南方奴隶制,是独立战争后政治经济解决方案的一次意义重大的转折。在共和国成立早期,土地所有权——而不是奴隶制——才是南方所主张的自由的基石,也是身为奴隶主的托马斯·杰斐逊口中之"独立"的基石。但奴隶价格的上涨,导致了蓄奴的集中化和南方经济收入不平等的增加——这或许是到 19 世纪 40 年代时北方收入增长超过了南方的一个原因。[59] 不拥有奴隶的南方白人与其北方同类相比要穷得多。为了保持他们在政治上的忠诚度,南方精英在男性户主中大肆鼓吹白人种族主义和同性团结。[60] 1837 年,南卡罗来纳州的约翰·C. 卡尔霍恩在美国参议院大会发言中公开支持新的亲奴隶制意识形态,便是这一转变的明证。他大声疾呼:"在这个世界上,自由制度最安全和最稳定的根基",并不是普遍的土地所有权,而是黑人奴隶制和白人种族团结。[61] 家长主义既证明了旧式蓄奴资本主义残留的合法性,也为一种有别于北方民主政治的新型蓄奴民主政治的前景提供了担保。[62] 有权有势的南方白人几乎把所有一切都下注于对美国黑人的长期奴役之上。

2. 工业社会的兴起

在南方，无论家长主义者如何谈论商业，家户依然是企业的基本单位。与之相对，在北方却发生了一次重大转折。在那里，对家庭生活的浪漫主义理想化，发生于一个不同的经济背景之下，产生了一种不同的能量和张力。随着男性赚钱养家、女性操持家务模式的家庭开始出现，北方的经济生产开始成为一个独立于家庭之外的领域。与家庭生活的历史息息相关的，是北方资本向工厂转移的运动过程，作为生产性资产的工厂，有着与奴隶资产十分相似但又迥然有异的许多特征。

从量上看，美国工业历史上增长幅度最大的二十年，发生于1840年到1860年。这一时期，在东北地区，工业生产以每年7.5%的速度递增，总计增加了5倍。[63]

作为比较，不妨看一下1840年前北方工业生活的概况。"工业"这个词，或许会让人顿时联想起冒着滚滚浓烟的庞大而笨重的工厂，一群满脸煤灰、弓腰驼背的男人疲惫地穿过工厂的铁拱门，在里面等着他们的，是各种笨重的机器。对于美国制造业在南北战争即将爆发时的迅猛发展，这是一个错误的想象。1840年前，有机经济的种种限制仍然存在；占支配地位的生产单位依然是家户，而斯密型商业倍增器也依然只是个动态因素。

换言之，这仍然是商业时代。在1840年，只有8.7%的美国劳动力从事着制造业。[64] 商业市场范围是最重要的。历史学家托马斯·C.科克伦（Thomas C. Cochran）很久以前这样解释道：

第六章 在奴隶制与自由之间

在 19 世纪早期的美国,与硬化路面相比,机器纺织厂的重要性微乎其微;早期的蒸汽机对河道运输的改进要比对制造业的改进更显著;与运河相比,熟铁搅炼法和轧制技术在带来立竿见影的进展方面并不那么要紧。[65]

对商品的需求——而不是生产方法上的变化——才是扩张的驱动力。考虑到东北地区密集的商业地理分布,制造业的增长是对本地和地区城乡需求的一种回应。[66]新英格兰的纺织业和制鞋业,康涅狄格州的钟表业和铜器业,纽约州北部的面粉加工业和奶酪制造业,纽约市的成衣制造业,新泽西州托伦顿(Trenton)的铁器业,以及费城的机器和炉具加工业,都是这种情况。工业扩展主要源自交通基础设施。[67]到 1840 年,因为各州支持的内部改良项目而带来的交通状况改善,一条从地理上贯通一气的东北地区工业走廊正在初具雏形。

促成此种连续性的原因在于,人类劳动和水力继续保持着主要动力来源的地位。煤炭很少被派上用场,其主要用途是家庭取暖。制造业紧紧挨着水道,因为要靠立井水车把动力传输给磨盘。1850 年时,几乎在所有地方,用蒸汽动力做一马力功的成本都要高出水力。[68]大规模的制造业就算出现了,也出现于彼此相距遥远的乡村制造厂。[69]即便是制铁,也是一种乡村工业,沿着从弗吉尼亚州开始,穿过宾夕法尼亚州和纽约州,向北一直延伸到佛蒙特州的矿脉而分布。

此外,迄今为止大多数美国制造业生产,都涉及对有机材料——小麦、皮革、羊毛和棉花——的加工。木材也很重要,因为建筑不可避免地主导了正在扩张中的城市里的制造业。西部殖民也需要乡村建筑材料,用于建造房屋、磨坊、谷仓、马车、轮式器具和家具。因为供应充足,木材——不是铁,更不可能是钢——依然是最主要

约翰·尼格尔（John Neagle），《帕特·莱昂在铁匠铺》（*Pat Lyon at the Forge*，1827年）

直到1840年，小规模的家庭制造业仍占据着美国工业的支配地位。这幅著名的早期美国的画作，便描绘了一位曾经当过铁匠的波士顿富商和发明家。莱昂在委托创作这幅画时说："先生，我希望你按真实比例画一幅我的全身像，它要表现出我身在铁匠铺中，身边摆放着风箱、锤子和铺子里的一应物件。尼格尔先生，我希望你能清楚地了解到，我不想在画中以绅士的面目出现——我配不上那种形象……"请注意背景中的年轻学徒。

第六章　在奴隶制与自由之间

的建筑材料。

　　1840年，一个从事制造业的美国企业平均只雇用4名工人。[70]家户依然是占支配地位的工业生产单位。小规模的私营企业在数量上占绝大多数，对生产性资本的要求很低，熟练劳动力才是最关键的。1841年，一位辛辛那提居民夸口说，"除少数外，我们的制造业企业……是实打实的制造业，是真真正正的手艺活儿"，这道出了大多数美国工业从业者的心声。[71] 在工场铺子中，雇主和被雇用者是"师傅"和"伙计"。身为"工匠"的主人雇用"学徒"和学徒期满、一心想要成为"独立"技术工人的"熟练工"（journeymen）。[72]伙计负有法律义务，必须履行雇用合同条款，接受师傅的管教。住家和工场通常都在同一个地方。

　　1840年前，即便是在工作离开住家的时候，家往往也会跟着工作走。在乡村制造业中，商人通常会把织布工作"发包"给勤劳的妇女，让她们在农闲时纺织，领取"计件工资"。接下来，在罗得岛州、康涅狄格州和马萨诸塞州南部，新一代工业资本家在杰斐逊实施禁运政策后从大西洋商业贸易中撤出资本，建起了大规模的纺织厂，并在其中雇用整个家户。在这里，更大的生产性资本投入是至为关键的，它们被用于购买节约劳动力的机器。未受过专门训练的女性和儿童操作着水力驱动的纺纱机。

　　公司形式的工业企业随即出现了。在1813年的马萨诸塞州，受益于1816年之后的保护性关税，曾经从事大西洋贸易的一些商人凭特许状成立了波士顿制造公司（Boston Manufacturing company）。[73] 他们采用了集纺纱和织布于一体的英式动力织机，虽然驱动织机的依然还是水轮。根据马修·凯里在《政治经济学随笔》中的记载，建在马萨诸塞州沃尔瑟姆（Waltham）的第一家工厂里，雇用的"主要是邻近农场主的女儿"。[74] 接下来建在洛厄尔（Lowell）的规模更大的一批工厂也是如此。[75] 在1832年，不下40%的美国制造业受薪劳动者是女性或儿童。他们和成年男性从事着一样的工作,获得的报酬却更低。制造业的规模越大,对资本的要求就越高,依赖未经专业训练的女工和童工的企业也就越多。在雇员超过15人的纺织企业中,73.4%的员工是女人或女孩。[76]无论是在大规模的棉花种植园中,还是大规模的纺织业工厂里,女性和儿童的劳动都是左右生产的关键因素。[77]

但是当时——大约在1840年后——一种不同的工业化显然已经在东北地区开始了。在生产中,对劳动分工起到补充作用的,是更密集地使用新的工业生产性资本形式。通过同步扩大和增加城市及乡村的市场范围和商品需求,斯密型商业倍增器为工业投资倍增器的出现奠定了基础。工厂变得更大了,生产力也提高了。

日后的生产力增长估算结果,将19世纪50年代认定为转折时刻。[78]一种全新的、关于加大固定资本投资的逻辑,已经出现在工业中。[79]相对于劳动力而言,制造业中生产性资本——厂房和设备的价值——的"密集度"增加了。利用杰克逊主义的一般性公司设立法令,企业家成立了股份公司,募集扩大经济生产规模必不可少的资本和信贷。从1840年到1860年,美国制造业的就业人数增加到初始时的3倍。[80]到1860年时,每家制造业企业的平均雇员人数已经是1840年时的两倍多,高达9名劳动力(这几乎达到了奴隶种植园的平均水平,后者的对应数字是10人)。[81]企业规模扩大了,超出了家户,因为大规模的工厂需要一个与住宅分开的物理空间。相对于熟练技术工人,对未受过专业训练的非熟练工的需求更大。日益增多的欧洲移民取代了女人和孩子,成为美国劳动力大军中的中坚力量,其人数达到了330万——他们大多数来自爱尔兰和德国,在1847年到1857年间来到美国。[82]在19世纪50年代,北方制造业推高了有机经济的生产极限。燃煤蒸汽发动机开始为许多生产线提供动力。[83]英国政府的调查报告《美国制造业体系》

("The American System of Manufactures", 1855)注意到了美国工业一直以来的那些独特特征：在制造业装配中使用"标准化"组件、高速机器和更大的工作强度。所有这些加在一起，在1860年的东北地区，制造业劳动生产率——投入同等劳动力所获得的产出量——很可能要比世界上任何其他地方都高。[84]

纺织业是一个最具说服力的例子。在东北地区，1840年时的家庭制造业产值为900万美元，但到1860年时就只有250万美元了，而且就连这也主要源于他们在南方继续保持的主导地位。[85] 在北方，纺织业生产已经离开了家庭。[86] 机器和男性移民非熟练工人取代了女人和孩子。在一家位于洛厄尔的纺织厂里，1836年时，男性移民工人只占全部劳动力的4%。到1860年时，他们已经占到了62%。

对此更近一步的观察，会得到怎样的印象？让我们来看一下波士顿"工匠型企业家"约纳斯·奇克林（Jonas Chickering）的例子吧。奇克林在托马斯·杰斐逊参选总统之前生于新罕布什尔州的一家农场，17岁时当上了一名细木工学徒。三年后，他在波士顿学徒期满成为熟练工，然后在1819年加入了一个钢琴制造师的工场。很快，他本人便跻身于钢琴制造大师之列。

奇克林雄心勃勃，但他需要资本。新英格兰那些抱团排外的银行不愿意为他提供资金。1830年，奇克林开始与一位富有的退役海船船长合伙经营。当这位船长在前往巴西海岸寻找木材的旅途中失踪时，奇克林从其继承人手中买下了他持有的股权。在1837年恐慌之后，生意曾一度停顿，但奇克林稳步扩大着经营范围。他的公司建造了一座新的工厂，增加了劳动分工。它将制造高品质、标准化钢琴的成本降低了，并建立起了一个全国性的市场营销网络。奇克林自己是一个资本所有者，但他也是一个"匠人"，住在离生产车间很近的地方。这种工匠型企业家聚在一起，形成网络，彼此学习。[87] 奇克林向美国专利局提交了数项工艺"改良方案"，而当时大量的专利表明了,一种民主的创新文化正在冉冉升起。[88]

1850年,P.T.巴纳姆委托奇克林为有"瑞典夜莺"之称的珍妮·林德(Jenny Link)即将展开的全国巡演制造一架钢琴。从1829年制造的那47架钢琴起家,到1850年时,奇克林每年生产的钢琴已达1000架,占到了美国总产量的九分之一。他于1853年兴建了另一家工厂,当时,该公司的固定资本投资已经有10万美元,其中包括一栋6层楼高的工厂和20多个独立的专业生产部门,雇用了100多名受薪工人。奇克林发了财,但有报道称,他有时仍会在车间里与其员工并肩工作。从各方面考虑,他都是一个好人,一个和气的老板。[89]

在北方,雇佣劳动的地位正在发生巨大转变。它不再依赖于家户,转而成为各种各样的自由劳动。从意识形态上看,雇佣劳动正在从一种与女性气质相关联的依附性,转变为男性独立的徽章。从法律角度来看,它将主人与仆人转变成了具有不同法律义务的雇主和受雇者。值得注意的是,出现在美国的自由劳动学说与其他国家的自由劳动学说相比,要更加"激进"。[90]它们并不是资本主义发展预先注定的终点。

北方的废奴运动,开启了当地自由劳动的历史。早在美国独立战争期间或其后不久,新英格兰便率先废除了奴隶制。[91]在其他地方,这要花上更长时间。[92]当奴隶主试图与被解放的奴隶签订长期仆役契约时,关键的时刻到来了。北方以法律判决形式令这些诡计花招归为无效,动摇了各种形式的长期契约的法律根基,其中甚至包括某些形式的学徒契约。[93]自由劳动不仅要求废除非自愿的劳役,它还要求宣布工作场合中多种形式的胁迫和不自由为非法。

慢慢涌现出来的,是一种美国式的辞职权,几十年后,这个信条以法律形式被正式确立下来,也即"自由就业"(employment at will)。契约仆役和对劳动合同持续期间"逃避服役"的法律惩罚,全都被弃置路边。对劳动者的体罚,即便是在该行为仍属合法的地方和那段时间里也不再可行。因为工人一旦被打,通常便会索性离职——然后要求为已经完成的工作支付报酬。英国普通法明确规定,劳动报酬是针对"完整"履行合同任务的,而在美国,劳动合同如果没有另行规定的话,都是一年一续的,这一原则早在马萨诸塞州的斯塔克诉帕克一案(Stark v. Parker,1824)中就得到了支持。没过多久,美国法律便承认了这些实践中的变化。大约到1840年时,美国的雇佣工人享有了一经通知即刻辞职的合法权利,而且不管怎样都能收到对已经完成的工作的"部分酬劳"。一个具有"高度流动性"的劳动力市场出现了。[94]这些变化是一把双刃剑,美国的工薪阶层获得了新的权利,但也失去了长期工作的保障,因为雇主的义务也被弱化了。南方拥护奴隶制的理论家们在为家长主义辩护时,对后者大做文章。[95]

奇克林是一位从赚取工薪的学徒阶层中步步高升的资本家老板。这种向上的阶层流动不只是一种远大志向,而是可能实现的。制造业中雇佣劳动的密集程度,源自机器的应用,但有理由相信,许多就算不是移民也都正值年轻力壮的美国劳动者,想要加倍努力工作并赚到更多的钱,从而有朝一日开设自家的店铺。许多雇佣劳动者都渴望成为资本所有者。

与此同时,在东北地区,除了市场与政府、家庭与工作业已分属不同领域,第三种初现端倪的领域划分也在同等程度上预示着工业资本主义的未来:资本主义生产与慈善财富之间的分裂。[96]即便奇克林本人实现了杰克逊主义商业机会平等的理想,他也是个政治上保守的辉格党人。他不仅相信经济的福音,还相信道德的改善,其中就包括社会改革。他没有把从钢琴制造业务中获取的利润用于扩大自身资本投资,而是把它们变成了慈善财富。他将这笔钱投入以股份公司形式成立的各种"志愿服务协会"中,用于促进艺术、教育和宗教信仰的发展。在南方，这种股份公司寥寥无几，在奴隶种植园中更是付诸阙如。

此外，奇克林是一名钢琴制造商，这种乐器是正在兴起的城市中产阶级绅士风度的象征。在北方，这些人日常起居在一个全新的家庭空间中，也即会客厅（home parlor）。用历史学家埃米·德鲁·斯坦利（Amy Dru Stanley）的话说，工薪收入从一种依附性的标志转变成了自由劳动的象征，而帮助实现这种转变的，正是北方家庭生活"把各种依附性圈在家中保护起来"的那种能力。[97]在道德和意识形态上的藩篱之外，这种屏蔽也是物理上的。

在家长主义的南方，涌现出了丝毫不亚于英国维多利亚时代之家庭温情，两者做一比较，是很能说明问题的。在南方家庭建筑中，最明显的物理界限将种植园及其宅地——大宅、外屋、田地、花园和奴隶住的小木屋——与外部世界隔离开来。在种植园大门之内，南方家庭通常都拥有宽敞、高大的门廊、游廊和阳台——一方面是为了在夏季保持凉爽，一方面也是为了监控种植园中的一举一动。[98]北方的景观设计师弗雷德里克·劳·奥姆斯特德（Frederick Law Olmsted）在其游记《棉花王国》（The Cotton Kingdom，1861）中写道，即便是南方的穷人，也会建起一个"小小的方形木屋，前院有一个大敞四开的棚子或是阳台"。[99]最富有的那些种植园的豪宅，拥有更壮观的门廊。通常，奴隶住的小木屋都没有门。在种植园里，家庭与工作之间是没有物理界限划分的。

南方的门廊与北方的会客厅形成了鲜明对比。在北方，工业化的经济生产已经离开了居家所在，而家庭随即获得了新的意义。[100]深受欢迎的纽约建筑师安德鲁·杰克逊·唐宁（Andrew Jackson Downing）在《独栋住宅》（Cottage Residences，1842）中解释道，"家"必须将这个家庭的内部世界与外部世界隔离开来。远离商业自利的这个地方，是一个为"内在之善"——不牵涉经济

第六章　在奴隶制与自由之间　　235

拉科斯特种植园宅邸，圣伯纳德堂区，路易斯安那（1938年）

与外部世界相隔绝的北方家庭会客厅，同图中南方家庭建筑中的门廊形成鲜明对照。后者表明，在种植园里，家庭和工作之间的界限仍是松懈的。门廊还可以用作监视奴隶劳动的所在。这座宅邸的历史可以追溯至1727年。

利益的爱——而设的空间。用一句浪漫主义的习语形容，它是"我们心中最珍爱的地方"，一个把外部世界的种种邪恶挡在外边的"可靠的壁垒"。[101] 唐宁的建筑设计把会客厅藏到了住宅内部深处。这是"家庭小圈子"亲密融洽地待在一起的空间。在这些年中，描绘中产阶级会客厅家居生活的民间艺术画作数量激增。伊拉斯塔斯·索尔兹伯里·菲尔德（Erastus Salisbury Field）的《约瑟夫·穆尔一家》(*Joseph Moore and His Family*，约1839年）就是一个例证。

教育改革家凯瑟琳·比彻（Catharine Beecher）是《汤姆叔叔的小屋》(*Uncle Tom's Cabin*，1852）之作者哈丽雅特·比彻·斯

伊拉斯塔斯·索尔兹伯里·菲尔德，《约瑟夫·穆尔一家》（约 1839 年）

这种家庭室内画的风格，从 17 世纪荷兰共和国的市民资产阶级那里一直传到了 19 世纪美利坚合众国的中产阶级群体之中。穆尔是一位巡回牙医，是画家菲尔德的邻居。这幅画的"乡民"气质——那些引人注目的怪僻细节——反映了这一时期中产阶级家庭生活范式的普及。

托（Harriet Beecher Stowe）的姐姐。她在《关于家庭经济的论文，供年轻女士在家中和学校使用》（*A Treatise on Domestic Economy, for the Use of Young Ladies at Home and at School*，1841）中教导说："房屋外面不应有难看的门廊。"家庭生活与外部世界之间的界限是神圣不可侵犯的。比彻姐妹把会客厅的英文从"parlor"改成了"home room"。[102] 借用某份中产阶级杂志 1844 年刊登的一篇代表性文章的标题，家是"女性的领地"。在这个"家"里，妻子和母亲的任务,是"培养心中最美好、最神圣的情感"。"女性的支配空间"乃是"温情慈爱"。男性的领域则在家的外面,在"人声鼎沸、川流不息的市集,经由一条金光闪闪的野心之路而到达的欺诈之地"。[103]

两性"划分不同领域"的这一意识形态,是公共领域与私人领域划分的另一个范例,它催生了一种工业社会特有的、以彼此外部界限分明而非内在纠缠联系为前提的张力。这与试图通过厘清种植园家户中的道德与经济的复杂关系,从而弥合分歧的家长主义是不同的。[104] 当然,中产阶级女性仍需在家中劳作。1860年时,一名农场主妇的劳动价值,依然抵得上一个雇来的男性帮工。贫穷女性在家里家外都需要劳动。[105] 但不管经济真相为何,意识形态上的转变才是关键。随着女性劳动以金钱价值而计逐渐贬值,她们在情感上的付出变得更值得称道了。这令男性在工业部门中从事一份赚取工资的工作成为一个新的男性独立和"自由"的符号,而不再是依附性的标志。[106]

最后,北方家庭生活见证了另一个家户依附者——儿童——的地位变化。女性的生育活动并没有停止,但通常伴随着城市化和工业化的现代"人口转型"(demographic transition)却已经开始,出生率下降了。[107] 在东北的城市和工业区,尤其是在那些富裕人群中,童工变得不那么重要。得益于辉格党的公立学校运动和奇克林这种崭露头角的慈善家的捐赠,孩子们开始上学。生儿育女被重新设想为一种更纯粹的爱心之举。在学校教育相对不普遍的南方,公共教育得到的支持较少,"人力资本"绝大多数情况下为奴隶资本。[108] 通过支付公立学校税,北方家庭开始对其子女未来的经济生活进行经济和情感上的投资。与此同时,在北方,相对于财产性收入而言,薪酬收入——自由的、受教育程度较高的人力资本的回报——在这些年中不断增加。在南方,情况并非如此,那里奴

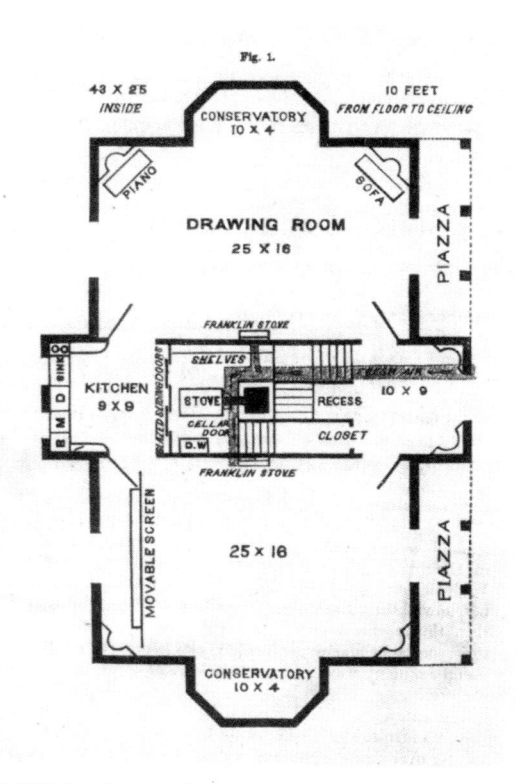

凯瑟琳·比彻和哈丽雅特·比彻·斯托，家中一楼的平面图（1873年）

图中所示为比彻姐妹对家庭内部空间的重新调整定位，即会客厅中有专门用来摆放诸如钢琴一类的中产阶级装饰品的位置。女性气质的家庭会客厅，从物理空间和情感上都与男性看重自身利益的商业生活分开了。转引自比彻姐妹的《新管家手册》（*The New Housekeeper's Manual*）。

隶资产价格的上涨主要是增加了财产性收入，而不是工资。[109]

总的来说，投资行为发生了诸多转变，这是最宽泛意义上的投资——不仅是资本投资，还有情感寄托和由性别定义的理想抱负。在劳动法中发生了关键性的改变，新的慈善组织诞生了，住宅建筑出现了各种创新，新的重点被放在了儿童教育之上。所有这些都开始令一个工业社会的诸多特性确立下来。从经济上看，在向工业转变的过程中，如今更具活力的北方拥有了更大的潜力，能令经济活动回报与日俱增。与之相比，奉行奴隶制的南方却仍是一个农业社会，建立在残酷压榨黑人劳动的前提下，而其回报递减的宿命迫在眉睫。工业投资令财富生产倍增的潜力，要大于任何其他因素。

然而，在接下来的一个世纪中，对于工业秩序而言，没有什么能比丈夫赚钱养家、妻子操持家务的家庭更至关重要，甚至连新建的工厂都无法与之相提并论。这种家庭，是商业时代晚期针对同一个老问题的另一种解决方案：如何在促进商业活动的前提下，仍对其加以制约，令其处于合适的范围之内？在 19 世纪 40 年代和 50 年代，家庭生活的组织结构清晰地表明，南方和北方就这一问题给出了两个截然不同的答案。与经济分化几乎同时发生的日益扩大的分歧，导致了政治上的种种不安和躁动。

3．处在奴隶制与自由之间的林肯

如果两个地区的资本主义变得如此不同，会发生怎样的情况？这个自由帝国和所有早期现代帝国一样，其设计意图便是包容不同的统治形式。从经济上，各个帝国都会确保不同的共同体拥有其商品的出口市场，而从政治上，商业纽带也有助于保持帝国团结统一。自从独立战争以来，跨地区的商业活动——尤其是沿密西西比河顺流而下的商业活动——在促成这个自由帝国的团结上起到了很大作用。然而，在从 1837 年恐慌中恢复过来之后，市场这只看不见的手，开始插手干涉政治联盟。商业活动的扩张开始加剧地区差异，而不是予以缓解。[110] 维持美利坚合众国的任务落到了政客手中。要说明民主政治力量对资本主义前景的决定作用，没有比 1854 年后反对奴隶制的共和党之突然兴起更好的例子了。[111]

在 1854 年，出台了《堪萨斯—内布拉斯加法案》(Kansas-Nebraska

Act of 1854)。这项国会立法极具煽动性，因为它首先便破坏了一系列各州在西部联邦领地奴隶制问题上业已达成的政治妥协方案。1820年的《密苏里妥协案》(Missouri Compromise of 1820)认可了密苏里为蓄奴州，但也禁止了北纬36度30分线以北、前路易斯安那购地范围内的奴隶制。然后，终结美墨战争(Mexican-American War，1846—1848年)的《瓜达卢佩–伊达尔戈条约》(Treaty of Guadalupe Hidalgo)将加利福尼亚州和今天的内华达州、犹他州、亚利桑那州和部分科罗拉多州、新墨西哥州及怀俄明州"割让"给了美利坚合众国，这之后，垂垂老矣的亨利·克莱精心策划了1850年《妥协方案》(Compromise of 1850)。该方案承认加利福尼亚州为自由州；赋予南方制定更严格的惩罚逃亡奴隶法令的权利；确立了在新墨西哥和犹他这两个领地决定奴隶制未来的"人民主权"原则。那些地方的居民将举行投票，由多数人决定奴隶制是否可以存在。

1850年后，来自伊利诺伊州的强力民主党参议员斯蒂芬·道格拉斯(Stephen Douglas)搅乱了这一脆弱的事态。道格拉斯希望国会出头，组建一个新的内布拉斯加领地，一条横贯北美大陆的铁路从其中穿过，而道格拉斯本人将就此渔利。南方代表很在意国会中的权力平衡。明尼苏达和俄勒冈北部边界，业已为1846年同大英帝国签订的某个条约所确定，这两个地方已经很可能会要求给予州的地位（他们的确在1858年和1859年这样做了）。在北纬36度30分线以上，很可能会有更多新的自由州从建议设立的内布拉斯加领地中划分出去。对于南方来说，如此多的自由州已经足以引起不适。

道格拉斯提出的1854年《堪萨斯–内布拉斯加法案》推翻了《密苏里妥协案》。不允许在北纬36度30分线以北实行奴隶制的禁令，将不再适用于通过路易斯安那购地案而获得的土地。与之相反，"人民主权"将在堪萨斯和内布拉斯加这两个新领地上决定奴隶制的命

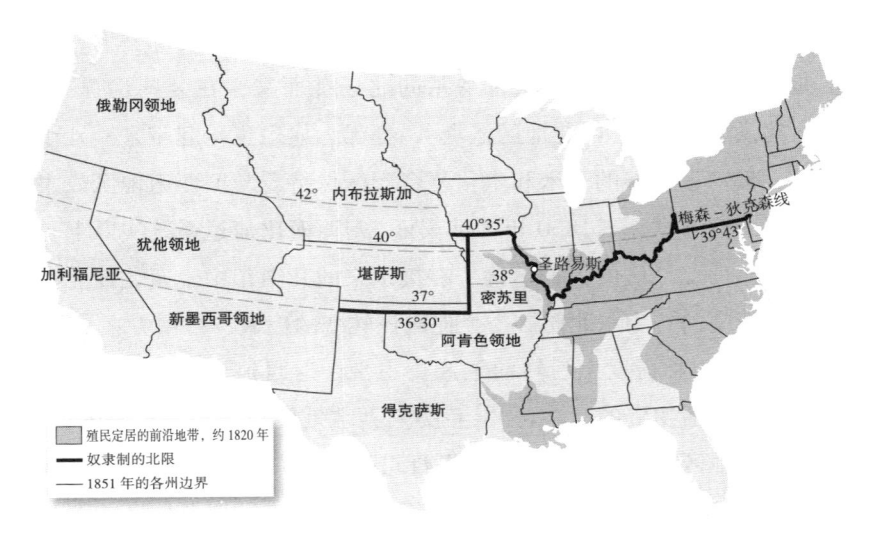

第六章　在奴隶制与自由之间　　241

1854 年《堪萨斯–内布拉斯加法案》

在政治上引起轰动的 1854 年《堪萨斯–内布拉斯加法案》推翻了 1820 年《密苏里妥协案》，后者本已禁止在北纬 36 度 30 分以北、经由路易斯安那购地案而获得的土地上实行奴隶制。1854 年的这项立法，将这些领地上奴隶制存留与否的问题留给了当地政府来解决，而这些政府正在试图以州政府的身份行使行政管辖权。

运，前者向西一直延伸到今天的科罗拉多，后者向北直抵加拿大。在这些领地中，白人男性户主将投票决定是否采取奴隶制。

对《堪萨斯–内布拉斯加法案》的国会投票，几乎完全打乱了地区和党派阵营。自从 19 世纪 30 年代民主党和辉格党兴起以来，两个党派草率地拼凑起了全国性的跨地区选区。《堪萨斯–内布拉斯加法案》的表决立即导致了辉格党的分裂，这个党派事实上已不复存在，而道格拉斯的民主党也陷入了混乱。[112]

与此同时，1854 年之后，在投票表决堪萨斯领地奴隶制存废问题的准备过程中，北方和南方的殖民者蜂拥而入。两个彼此敌对的帝国版本——一个是自由劳动的帝国，另一个是奴隶制帝国——狭路相逢了。

西部其实并非向来如此。最早在旧西北地区定居的那些人，其实是"南方大兵"。他们从肯塔基向北迁徙而来，在某些情况下，还会违反1787年《西北地区法令》，把黑人奴隶也一起带来。几十年来，俄亥俄河谷的玉米和生猪复合产区保持着与旧西南地区奴隶种植园的商业联系。1830年，俄亥俄－密西西比河运系统实际上包揽了整个西北地区的商业运输。在接下来的几十年中，西北商业活动将从西南向转为东北向。一个促成该转变的因素，是南方在1837年和1839年恐慌发生后转向了家长主义，退回到"安全第一"的保障基本生活物资的策略。[113] 南方对西北地区食物的需求减少了。新建成的地区间铁路跨越群山，将西北地区和东北地区连接了起来。所有因素加在一起，到19世纪50年代时，大多数西北地区的商品都由铁路运往东部，而不再是顺流而下运往南方。[114]

商业扩张在西部不再具有那么强大的凝聚力了。相反，西部在北方阵营和南方阵营这两者之间发生了分裂。在全国性的经济发展计划欠奉的情况下，各州支持的公共基础设施项目为商业活动制定的发展道路丝毫无益于政治联盟。正如反对奴隶制的马萨诸塞州参议员查尔斯·萨姆纳（Charles Sumner）在1848年的一次演说中指出的，通过棉花贸易，各种纽带仍在把"挥动鞭子的老爷们"和"操纵织机的老爷们"联系在一起。纽约市的商人和金融家在南方拥有巨大的经济利益。[115] 但在密西西比河以西的西部地区，反对奴隶制的区域性斗争却不断出现，而商业已经于事无补了。

这些变化中的商业模式，反映了一种全新的、充满活力的五大湖区殖民趋势。一条中西部的小麦带，业已出现于旧西北地区玉米和生猪带的北部。1848年，伊利诺伊和密歇根运河将密西西比河与新兴城市芝加哥连在一起，到1860年，伊利诺伊州已经光荣地成为美国最大的小麦生产州。西北地区的小麦农场主和南方的棉花生产者一样，也是出口商。大英帝国于1846年废除了《谷物法》（Corn

第六章　在奴隶制与自由之间

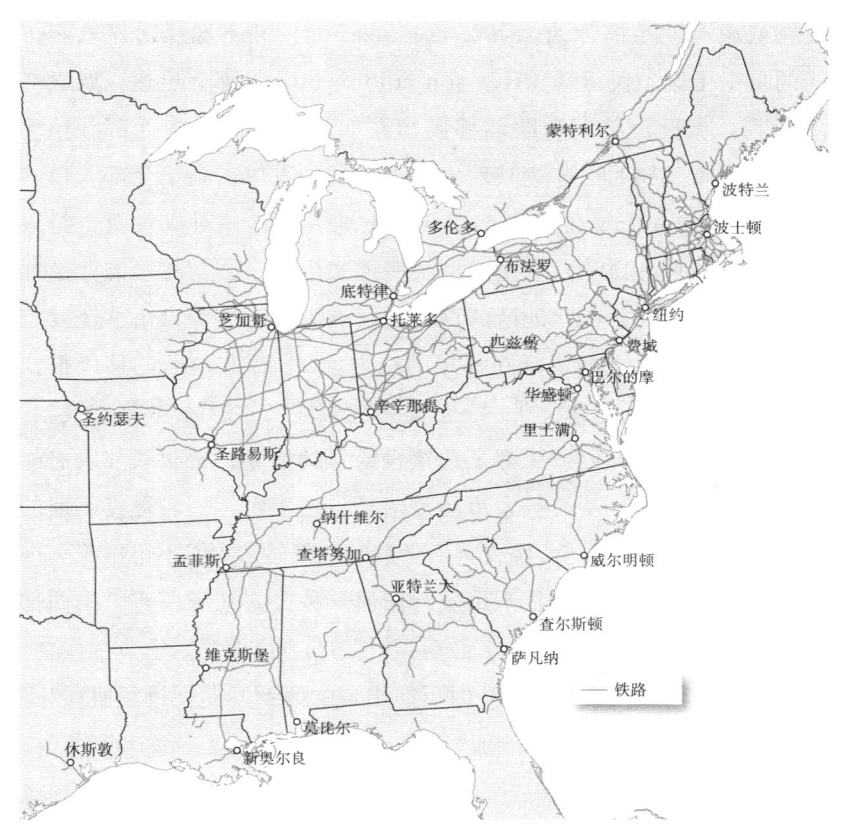

1860年的美国铁路

西北地区的铁路建设建立了该地区与东北地区的商业联系，从而减少了沿俄亥俄河及密西西比河顺流直下的南向商业活动。1840年之后，地区间商业活动的增长不再能够缓解南北地区的政治冲突，反而加剧了这种冲突。

Laws），加上克里米亚战争（Crimean War，1853—1856年）的爆发，这两者都制造了欧洲需求。五大湖区迅速成为国际化的农业重镇。[116]

五大湖地区移民定居的推进，将主张"自由土壤"（free soil）、反对奴隶制扩张的定居者带到了堪萨斯和内布拉斯加领地之中。尽管都以农产品出口为导向，它却与南方的殖民扩张形成了鲜明对照。奴隶资本是可移动的，这是它价值昂贵的原因之一，但在中西部，支持奴隶制的殖民运动（slave colonization）并不像反对奴隶制扩张的自由土壤殖民运动（free soil colonization）那么迅速，奴隶并不便宜。相反，美洲和欧洲移民却在如潮水般涌入中西部。1850年，威斯康星和明尼苏达领地出生于外国的人口占到了全部人口的44%。[117] 占支配地位的资本形式是土地，而它相对奴隶而言是很便宜的。一种人口和商业密集型殖民模式出现了。与移居旧西南地区的奴隶主不同，西北地区的移民定居点不得不成为自由移民发家致富之前便愿意选择生活在那里的地方。[118] 西北地区的移民很快便建起了学校、教堂和公路——一整套的文明"改良"公共基础设施。五大湖盆地的大部分选民都把选票投给了辉格党，希望联邦政府能够资助湖港建设，从而扩大市场范围。与之相对，一名得克萨斯的定居者夸口说："我深信，得克萨斯必将兴旺发达。我们不用付税……以成本价获得土地，而且不用履行任何一种公共义务。"[119] 中西部选择了一条不同的致富道路。最后，与棉花不同，小麦是季节性作物，收获期只有两星期。小麦收获时可能出现的瓶颈问题促进了机械化，而它释放出的人口涌向了芝加哥这样的城市。在那里，到1860年时，一个以制造农场设备——比如机械化收割机——为主的大工业前景已经开始出现。[120]

总而言之，西北地区的北部正在形成一种更多样化、更有活力的经济，它开始变得越来越像东北地区的经济。新近通过贸易而彼此联系在一起的两个地区的居民，相互之间的关系按任何标准衡量，显然都要比西南地区居民之间的关系更平等，即便在1850年时，因为奴隶所产生的财富，西南地区的人均收入要比中西部的人均收入高出25%。这个事实必定令许多当地新移民怀恨在心。[121]

1854年，随着《堪萨斯-内布拉斯加法案》的通过，反对奴隶制的共和党在五大湖地区的威斯康星州和密歇根州成立了。这并非一个偶然。通过支持反对奴隶制扩张的《宅地法》（Homestead

Act）和有助于扩大市场范围的联邦资助内部改良项目，共和党人在前民主党和辉格党阵营中迅速赢得了五大湖地区小麦盆地选民的支持。而寄希望于放慢自由土壤殖民速度的参议院里的南方议员，却阻挠了《宅地法》的通过。东北地区则是另外的一个故事。在那里，《堪萨斯—内布拉斯加法案》最初的受益者并不是民主党，而是一无所知党（Know-Nothing Party）。

这是一个非同寻常的政治时刻。辉格党与民主党的两党制度陷入了混乱之中，而西部事实上面临着被"擅占者主权"掠入手中的命运。与此同时，在东北地区，工业变革提出了新的政治问题。工业化的东北地区很可能是世界上增长最快、最富裕的经济区，但这并非故事的全貌。[122] 北方的城市化也很迅猛。货币收入增加了，住房、供水和公共卫生的情况却恶化了。人的预期寿命实际上呈下降趋势，身高和体重指标也是如此。[123] 此外，城市工业化的发生业已加剧了收入不平等。[124] 更多的资金被投入到了工业资本品和塑造劳动需求之上，这加大了熟练技术工人和非熟练技术工人之间的薪资差距。金融体系的持续增长和以往一样，令原本最富裕的人坐收渔利。[125] 然后，在1854年，一场突如其来的工业衰退加重了打击。[126] 杰克逊主义的机会平等并不必然带来结果平等。

《堪萨斯—内布拉斯加法案》通过之后，民主党的选民们——白人男性平等主义的拥护者——变得更加以南方为大本营了，而辉格党则彻底解散。但在一开始时，东北地区的受益者却是一无所知党。这个新成立的政党，其政治主张混合了反对移民的诉求和对不平等的批判。在纽约市，出生于外国的、大部分未受过专业训练的工人，其人数两倍于本地劳动者。[127] 尽管世上的奇克林们仍在不断涌现，手艺精湛熟练的工匠"中产阶级"却在空心化，而这是不平等加剧的根本原因。[128] 一无所知党指责说，共和党已经落入了一群激进废奴主义者的掌握之中，这帮人更关心南方奴隶的困境，而不是北方工人不断下降的生活水平以及"工资奴隶制",这些工人中有许多正面对着非熟练技术移民工人的竞争。共和党人不得不精心设计出一个具有吸引力的经济口号。

他们的确设计出来了,那就是"自由土壤、自由劳动、自由人民"。[129]熟练技术工匠中产阶级的空心化已经相当严重,却还未成定局。在男性就业人口,甚至是移民群体中,向上的流动性依然存在。[130]在共和党人大肆宣扬"自由劳动"的希望的同时,拥有一家私营企业和自己的生产性资本的理想依然十分强烈。每一个工薪阶层有朝一日都可能会成为资本拥有者。赚取工薪并不必然损害白人户主的独立性。然而,在措辞上,共和党人还要说服相当一部分北方劳动人口,"蓄奴势力"(Slave Power)才是导致他们经济困境的主要原因。

美国废奴主义者此前尝试过拿经济问题来说事,却没有获得太大的成功。乔舒亚·莱维特(Joshua Levitt)的《奴隶制的金融强权》(*The Financial Power of Slavery*, 1841)将1837年恐慌归罪于奉行奴隶制的南方。莱维特表示,正是南方从北方吸走了货币和资本。这些攻击并未奏效。最成功的废奴主义批判,是奴隶制犯下的"针对家庭的暴行",哈丽雅特·比彻·斯托是这一主张的代言人。[131]在19世纪50年代早期,美国废奴主义正处于转型期,它在政治上十分弱势,激进派与温和派内部分裂、意见不一。[132] 1852年,反对奴隶制的自由土壤党(Free Soil Party)在全国各地的选举中表现十分糟糕。

1854年,共和党人为了迎合许多对经济变革带来的不平等深感沮丧的北方人,仓促推出了杰克逊主义的反垄断政策,只不过把新的打击对象换成了奴隶主的不义之财。在这之前,反垄断针对的是"金钱势力"(Money Power)。但是,在自由银行业务的背景下,伴随着来自加利福尼亚淘金热(California Gold Rush)的硬货币扩大了货币供应，18世纪50年代期间的货币问题，却诡异地从国家政治中消失了。共和党人巧妙地将反垄断政治转向了"蓄奴势力"。《纽约论坛报》（*New York Tribune*）的编辑霍勒斯·格里利（Horace Greeley）是一个精明能干的共和党笔杆子，他指控说，"蓄奴势力"虽说无意阻挠成立公司，却企图让那些反对奴隶制扩张并依《宅地法》获取政府公地的移民（free soil homesteaders）无法进入西部领地。然而，西部是"校正劳动力与资本之间关系的重要调节器，我们这个工业社会发动机的安全阀"。[133] "蓄奴势力"是北方各项经济状况下滑的罪魁祸首。或许，许多北方工人发现，怪罪奴隶主导致了不平等和贫穷的生活条件并从中渔利，要比怪罪他们自己的老板容易得多，因为许多工人依然渴盼着有朝一日自己也能成为老板。

这个策略的确奏效了。从1855年到1856年，共和党人只用了6个月的时间就压倒一无所知党取得优势。时机和运气替他们开了路。欧洲移民在1855年停了下来，这消解了一无所知党的政治诉求。1854年工业衰退后的恢复过程十分迅速，为自由劳动注入了新的希望。然后，在"堪萨斯内战"（Bleeding Kansas）中，反对奴隶制扩张的殖民者和支持奴隶制的殖民者先是非法夺取了肖尼印第安人（Shawnee Indian）的土地，随即便调转火力彼此相斗。1856年5月，激进废奴主义者约翰·布朗（John Brown）率领一帮人谋杀了5个支持奴隶制的男人。[134] 与此同时，一个被操纵的、支持奴隶制的联邦领地立法机构，向华盛顿呈送了一部支持奴隶制的州宪法，但国会却不肯予以批准通过。道格拉斯提出的《堪萨斯-内布拉斯加法案》，是一场彻底的灾难。

1858年，道格拉斯准备竞选连任参议员，共和党推出了亚伯拉罕·林肯作为其竞争对手。[135] 身为前辉格党人的林肯，一度宣称亨利·克莱是他"心目中十全十美的政治家"，他曾在19世纪

40年代晚期担任过一届辉格党伊利诺伊州议员，却并未搞出什么名堂。[136]这之后，他回到伊利诺伊州斯普林菲尔德，重拾律师业务。只有在《堪萨斯－内布拉斯加法案》引发了这场政治危机之后，才促使他再度进入国家政治领域。

林肯的身材异常高大，他是6英尺4英寸（193厘米）的瘦高个儿，长着一双大耳朵和一对灰色的眼睛，嗓音尖锐刺耳。在法庭上，他磨炼出了一种引人入胜、平易近人的讲话风格。熟悉他的人对他的雄心壮志倍加赞许。他并不是共和党早期创始人之一，但他是一位能言善辩的自由劳动代言人，曾说过"自由劳动能激发希望；纯粹的奴隶制没有希望"。他不认为在"资本"和"劳动"之间存在根本性冲突，因为受薪劳动者有朝一日也能成为拥有财产的生产者。[137]他补充说，让更多人有机会接受"教育"是关键。1858年，林肯在一系列著名的政治辩论中对阵道格拉斯，提出了自己关于奴隶问题的立场。

林肯一直声称，奴隶制在道德上是错误的。美国的开国元勋们并不打算让它一直延续下去。但在政治上，林肯的态度却要温和得多。在那些认定奴隶制合法的州中，奴隶主拥有受其州政府保护的财产权，而联邦宪法对此避而不谈。[138]在西部领地上，联邦政府有权决定奴隶制是否应当存在。他说，联邦政府在那里必须有所作为，禁止奴隶制并进而遏制南方的奴隶制运行机制，从而最终促成奴隶制在南方的消亡。林肯相信，尽管黑人拥有道德和政治权利，但各人种不应当相互交往，更不应彼此通婚生育。他赞同克莱支持黑人对非洲进行反向殖民的观点。[139]

林肯对参议员道格拉斯的攻击很简单。"蓄奴势力"正在大搞阴谋活动，不仅要在西部放手施行奴隶制，还要将其扩大到整个美利坚合众国。道格拉斯正在从旁协助，煽风点火。首先，《堪萨斯－内布拉斯加法案》废除了《密苏里妥协案》。然后，在德雷德·斯

第六章　在奴隶制与自由之间

科特诉桑福德（*Dred Scott v. Sandord*，1857）一案中，首席大法官罗杰·B. 塔尼以及在南方势力控制下的最高法院做出了一项里程碑式的白人至上主义判决，打消了黑人获得公民权利的任何可能性，并禁止联邦政府在任何宪法签署后获得的联邦领地上对奴隶制度进行监管。在德雷德·斯科特一案后，出于对奴隶制扩张的未来赢利的预期，奴隶资产价格迅速攀升。[140] 林肯预测，最高法院将会宣布奴隶制在包括北方之内的各地均为合法。奴隶制将遍及全国。在对参议院发言时，林肯宣称，"若一家自相纷争，那家就站立不住"。*美利坚合众国无法"永远这样一半奴隶、一半自由地持续下去"。[141]

道格拉斯义正词严地做出了回应，为什么不呢？这正是联邦政府的宗旨——确保"拥有各自独特利益"的"各个地方"都能让这些地方利益得到承认，获得通融方便——这样商业才能在地方之间繁荣发展。除了允许"每个州和每个领地的人民自行决定奴隶制问题"的"人民主权"，还有什么更好的办法，能明确界定包括奴隶制问题在内的这些地方利益到底为何吗？道格拉斯并不耻于欣然接受白人至上主义，对"林肯先生真心相信黑奴与他生而平等、因此是他的兄弟"大加攻击。[142]

道格拉斯于 1858 年成功连任参议员，在盛产玉米和生猪的伊利诺伊州南部地区取得了压倒性胜利。然而，值得一提的是，林肯在北部各县、芝加哥市区和伊利诺伊州的小麦主产区获得了多数票。不管怎样，林肯与道格拉斯的辩论，都令林肯成为全国性的政治人物，虽然是候选人中的一匹黑马，他仍将继续在 1860 年赢得共和党总统候选人的提名。得知获得提名时，他正坐在斯普林菲尔德家中的会客厅里。这座房子仅以篱笆墙与公共街道隔开，甚至没有一

---

* 林肯在这里引用了《圣经·新约·马可福音》第 3 章第 25 节的 A house divided against itself cannot stand，但 house 这个词一语双关，亦指议院。中译转引自《圣经中文和合本》。

个朝街的门廊。林肯在1855年装修时将其拆掉了。

1860年总统大选的选区形势是这样的：尽管有着"操纵织机的老爷们"，反对奴隶制的新英格兰却是共和党的地盘。尽管有着纽约市这一民主党的大本营，共和党人依然可以在纽约州取得胜利。共和党人用与辉格党人类似的关税保护方案收买了宾夕法尼亚州，尤其是这里的铁匠。渴望开展内部改良项目的五大湖小麦带，是坚定的共和党阵营。要让林肯赢得大选入主白宫，共和党必须在俄亥俄州南部、印第安纳州和伊利诺伊州赢得足够多的选票。

在国家级的共和党政客中，林肯是独特的。他生在肯塔基州，父亲是一个小农场主，之前带着一家人沿着俄亥俄河一路向北迁徙，先是到了印第安纳，然后又落脚于伊利诺伊。几十年来，奴隶主们违反1787年《西北地区法令》，打着长期契约仆役的旗号，将奴隶带到了俄亥俄河岸以北。1815年，一位生于肯塔基州的奴隶玛丽·克拉克（Mary Clark）就是被她的主人以此种契约形式带到了印第安纳，只有在1821年印第安纳最高法院做出裁决后，她才能获得解放。[143]林肯与众不同，正是因为他来自处于奴隶制与自由之间的那片土地。

林肯知道奴隶制是怎么回事，他亲眼见过其运作，并从道德上对它深为鄙视。根据一项后来的预测结果，到19世纪50年代时，在为期4个月的玉米收获期雇用一名领取工资的工人，其成本大约相当于一个成年男性黑奴一年的开支。[144]假如经济刺激再倾斜一些，又假如政府允许的话，仅凭该州南部玉米农场主的种族主义观点，便不再能阻止他们购买黑人奴隶。在德雷德·斯科特案之后，林肯通常会对奴隶制在北方的扩散做出悲观预测。其中多数——假如不是大多数的话——都是精心计算后的政治言论。然而，我们可以怀疑，林肯的确真的担心黑人奴隶制可能会在伊利诺伊州南部这样的地方卷土重来。俄亥俄河以北的玉米农场主是否希望蓄奴者将其奴隶作为抵押，大笔买下最好的土地？他们能否竞争得过河对岸

第六章 在奴隶制与自由之间

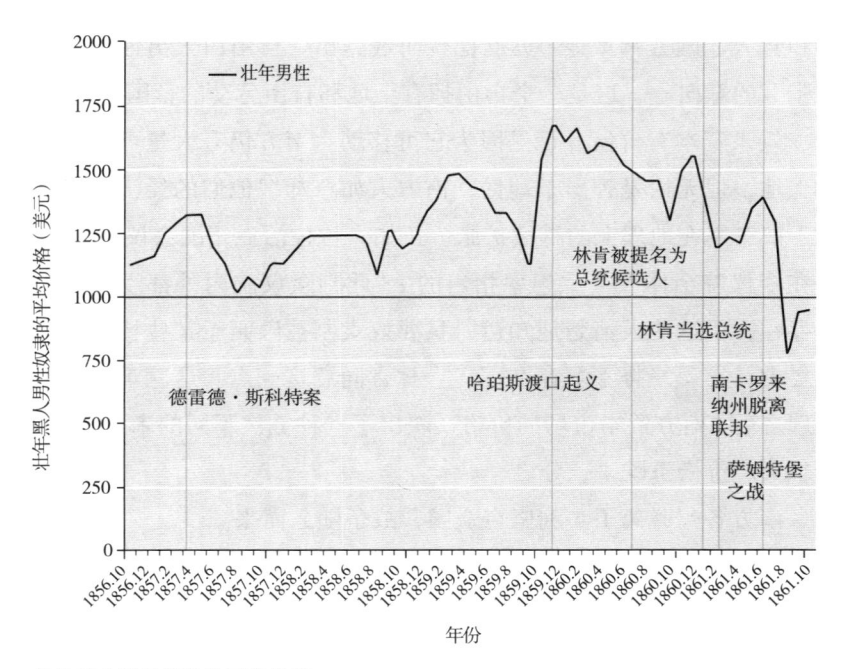

壮年黑人男性奴隶的平均价格

黑人奴隶的价格反映了白人奴隶主对奴隶制未来可行性的长期预期。在林肯选举获胜后,这些预期发生了急剧变化。当时壮年男性指的是年龄在18岁到30岁之间的男子。

或堪萨斯州和内布拉斯加州的奴隶劳动力?林肯吓唬着这些人。在1858年到1860年间,共和党的选票在伊利诺伊州南部、印第安纳州和俄亥俄州的几个县中恰到好处地增加了。他将在伊利诺伊州和印第安纳州以刚刚超过50%的得票率胜出,在俄亥俄州则为52%。尽管他只获得了40%的全国普选票,但已足够令选举人团将他送入白宫。[145]

林肯总统下定决心要结束奴隶制跨地域的地缘政治扩张,正如我们已经看到的,这个商业时代的首要主题正是自由帝国政治经济解决方案的核心。此外,他宣布美利坚合众国不能以一半奴隶制、一半自由的形式永远存在下去,这就意味着自由帝国已经不复存在。

共和党人、国务卿威廉·苏厄德转而透露出"自由白人男性帝国之扩张"的意向——这是一个自由拥有土地和自由劳动的帝国。[146]

奴隶资本有价值,正是因为它可移动。南方仍有大量可供耕种的土地,但无论是否出于理性,南方人如今却把他们的经济预期寄托于奴隶制在地理上的继续扩张。正如一位佐治亚州国会议员1856年在众议院全体大会上坦率指出的:"此刻众议院内外都没有奴隶主存在,但这些人清楚地知道,只要奴隶制被限制于某些特定的界限之内,它便终将不复存在。"[147] 林肯同意这一点。这就难怪在他当选之后,南方资本市场的价格反映出了一种截然不同的未来预期,奴隶资产价格下跌了三分之一。

南方各州脱离了美利坚合众国,战争随之而来。[148]

第二卷

资本时代（1860—1932）

前言
资本

1860年，黑人奴隶的价值超出了美国工业资本存量的总值。仅从政治上摧毁奴隶资本这一件事，便注定会开启一个美国资本主义的新时代。美国历史上势头最凶猛的一场工业革命发生于南北战争之后的那几十年里，并不是一个偶然。这个资本时代，见证了工业资本主义的出现。

工业革命是一场实实在在的革命。在距今1万到1.2万年前的那场新石器革命中，发生了狩猎采集人口向定居农业的永久性转变，在经济史上，只有它的重要性堪与工业革命媲美。工业时代从19世纪70年代一直延续到了20世纪70年代，对于许多在此期间从事写作的历史学家来说，现代工业经济似乎是一种自然状态。他们的疑问在于，到底是哪些障碍长久以来一直挡在半路，阻挠了工业化的发生？但是，工业化并不是不可避免的，也并非在所有地方都以同样的方式进行。工业革命的奇特之处，必须得到充分认识。

第七章"南北战争与资本重建"介绍的内容，是共和党在废除奴隶制后打造的全新政治经济，它将在很大程度上塑造美国工业化的未来格局。杰斐逊主义的自由帝国已经不复存在。奴隶制已被废除。联邦政府坚持自身拥有更强大、更统一的主权,它下放给家户、股份公司、各州和印第安主权的管辖权要比以往小得多。政府转而向私营工业发展提供各种具有吸引力的优厚条件。它向铁路公司发放补贴,这些公司不再是自由帝国的次级主权,而是更完全的营利性私有企业,很快,它们就会像财产所有者一样拥有受宪法保护的权利。密西西比河以西的印第安人土地,被联邦政府从其居住者手中购买或强抢过来,它们被铁路公司一分为二,又被白人定居者所占有。共和党人通过了一项保护东北地区新兴制造商的关税税则。联邦立法确立了一种全国统一的本国货币和一个国民银行体系,将货币和信用从全国各地汇聚到纽约市欣欣向荣的资本和信贷市场。货币资本和信贷如今集聚华尔街。与之相对,在南方,以前的奴隶沦为收益分成佃农制的牺牲品,在这种制度下,信贷对他们而言极度稀缺。

战后没过多久,便出现了这个资本时代占主要地位的两种发展动态:其一,是大规模工业投资带来的倍增效应所释放出的生产力线性上升;其二,是反复出现的、投机性的繁荣与萧条信贷周期。

首先,工业革命改变了生产。资本流入那些非流动性的"资本品"中,也即厂房建筑、机器和设备这些大规模生产的过渡性生产资料。借助劳动与企业生产,资本品在产生收益的过程中被耗尽,随着时间逐渐贬值直至最终失去价值。仅是资本品在经济生活中更大规模的存在这一点,便足以为这个时代正名。至关重要的是,工业革命的资本品能源密集程度更高,它们利用了新发现的化石燃料储藏资源,超越了有机经济所借助的能量流(来自太阳、人力和畜力)的自身限制。随着时间的推移,生产力和经济增长均呈指数级上升。更多的财富被制造出来,即便分配不平等加剧了,货币收入却增加了。在实践中,商业时代的斯密型增长是通过从地域或空间上扩展商业活动而实现的。这个资本时代的经济生活，却与另外一种财富积累过程紧紧联系在一起，而其发展动态更多的是时间上，而非空间上的。通过投资于新出现的能源密集型资本品，各个地方的工业生产者开始系统性地追求以时间为维度的生产力提高。在斯密型商业倍增器之外，一个工业投资倍增器打开了经济活动回报递增之门。

这个时代的第二个发展动态，是由信心博弈——心理能量而不是化石燃料能量——主导的繁荣与萧条的投机周期。它的旋律拍号不是线性的，而是不断重复的。由债务驱动的投机行为，可以加快对显著改变生产的新型资本品的长期投资。但是，一旦信心崩溃，恐慌便会竞相在资本所有者中爆发，这个周期就会逆转。货币和其他类货币流动资产为躲避投资风险提供了一条退路，在对它们的短期囤积中，价值和价格一落千丈。工业投资的倍增效应减弱了，其结果并不是长期的增长。工业发展放缓，经济每况愈下。这样一来，投机性投资充满矛盾的驱动力——投机、投资与囤积之间的冲突——便导致了周期性的繁荣与萧条。

这个资本时代的叙事弧线，追随着工业化最紧锣密鼓的那几十年中信贷周期的波动起伏，这段时间始于19世纪晚期，贯穿了福特主义电动装配线创造出史诗般生产成就的20世纪的前二十年，最后止于有史以来最大规模的资本主义崩盘——"大萧条"。在这个时代，无论是按照历史标准衡量，还是与其他经济体相比（甚至包括第一个实现了工业化的英国），美国的投资诱因都异乎寻常地强大。我们对于为什么会是这样并没有简洁明了的解答。许多问题都需要被探讨。

第八章"工业化"从安德鲁·卡内基选择告别重建时期金融投资领域这一冲突时刻开始，回顾了他在钢铁制造业取得的非凡工业成就。通过分析工业革命的总体特征，这部分重点关注了化石燃料及制造业中的动力革命，随后又探讨了美国东北—中西部制造业带的地理布局——这是一个将持续一个世纪之久的工业地理布局。在考察了芝加哥这个新兴工业城市之后,本章转向了西部和发生在那里的乡村工业化。在这个时代,美国成为世界农业强国。耕作土地随时间推移而回报递减的惯例,似乎可能被超越。在各个地方,资本触动着越来越多人的生活,远超以往商业活动所触及的幅度。长久以来,土地都不只是资本,它为占据其上者提供了不依赖商业渠道而实现自给自足的可能性,也是享有共和国公民权利的政治锚点,但土地正日益成为一种资本资产。在乡村地区,资本密集型农场被单独划分出来,与保持原始荒野状态的国家公园和一家一户的居家生活分处不同领域。

第九章"阶级战争与家庭生活"论述了工业时代的阶级形成。约计 2350 万来自东欧、中欧和南欧的无产阶级"新移民",充实了美国的雇佣劳动大军。从 1877 年的铁路大罢工,到 1886 年的大动乱,再到 1892 年发生在卡内基钢铁厂的臭名昭著的霍姆斯特德罢工事件,美国劳工冲突的历史记录针锋相对,异常暴力。这一章以亚当·斯密的《国富论》为切入点,援引了卡尔·马克思的《资本论》以探讨工业投资新逻辑中雇佣劳动的重要性,以及企业中关于工时、工作条件和工资问题的旷日持久的阶级斗争。美国劳工联合会(American Federation of Labor,简称 AFL)成立于 1886 年,它奉行的薪酬政治认定在产业资本家和工薪阶级之间存在着普遍的阶级紧张关系。然而,该组织和作为其对手的雇主却在一个问题上达成了原则性共识,那就是有必要将温情脉脉、女性气质的家庭生活与各种形式的有偿工作分开,并对前者加以保护。

在这个时代,商业时代的财产所有权政治经济学让位于一种新的收入政治经济学。土地和奴隶财产所有权曾是南北战争以前美国政治经济学的锚点。那之后,在工业化的过程中,缓慢出现了另一种政治主张,它不那么刻意强调资本所有权的分配,而着眼于对私人资本投资所产生的高额货币收入进行切分。美国劳工联合会采取了一种关注收入和男性赚钱养家的政治主张。新的所得税方案取代了财产税和对外贸易税。关于监管私营公司资本投资"回报率"的新理念出现了。最后，卡内基开辟出了慈善事业的道路，这是一种全新实践，它借助从营利公司中脱离出来的新型非营利性公司，把利润作为慈善财富——而不是资本——分配出去。

到 19 世纪 90 年代时，新的收入政治经济学已经初具轮廓，却仍未站稳脚跟，尤其是在西部和南部的乡村地区，在那些地方，财产所有权、债务和通货紧缩依然占据主导地位。1893 年恐慌和另一轮周期性衰退，导致了一场农业政治风波。第十章"民粹主义造反运动"所论述的，便是发生在西部和南部的一场广得民众响应的农村社会运动，而其目的，是要改变南北战争后的政治经济状况。民粹主义者向美国政府已于南北战争后恢复的金本位制发起攻击，因为它限制了货币和信贷供应，导致了长时段的大宗商品价格下跌。他们也向那些无视民众呼声、不受民主约束的大型垄断铁路公司和银行公司发起了攻击。高举杰克逊主义的反垄断和平等商业机会大旗，民粹主义者将"人民群众"的利益与工业和金融精英们的利益定义为针锋相对的两个阵营。但是，被民粹党（Populists，另译为平民党）和民主党共同推选为总统候选人的威廉·詹宁斯·布赖恩（William Jennings Bryan）在 1896 年输掉了总统大选。黄金作为本位货币的稳定性得到了确认。1896 年之后，东北－中西部地区的制造业带见证了美国历史上最大规模的公司并购与整合。大并购运动（The Great Merger Movement）从公司的角度重新定义了资本。

然而，许多民粹党的主张得以留存，汇入了 20 世纪早期进步主义运动的潮流，后者试图扩大政府权力基础，代表一种重新想象的公共利益对公司资本产生的收入予以监管。

第十一章"福特主义"把视角转回了工业革命，当福特和他手下的工程师于 1913 年在底特律城区建起第一条电动装配线时，这场革命远未结束。这一章介绍了大量生产的兴起，也描述了福特本人作为大众名流的上升轨迹。福特的里弗鲁日工业综合体——世界上最大规模的工厂——成为工业现代性的一个根深蒂固、里程碑式的象征符号，从经济意义、社会意义和美学意义上均是如此。在电气化的高速助力下，美国人进入了机器时代。

20 世纪 20 年代，在福特主义兴起之后，一场巨大的繁荣继之而来。但在第十二章所关注的"大萧条"期间，这场繁荣也难逃由盛转衰的宿命。金本位制在第一次世界大战期间被暂停，对它的恢复伴随着资本市场一段时间的信心激增。20 世纪 20 年代，工业领域劳动生产率的巨大飞跃和资本主义信贷周期这两大发展动态，以前所未有的程度集中在一起。这场工业革命所创造的财富，远远超过了商业时代中贸易所创造的财富。它带来了更高的货币收入，尽管并未得到公平分配。但是，政策制定者对金本位制的因循固守，加剧了繁荣与萧条周期变化的破坏作用，而这意味着这个资本时代将以有史以来最大规模的一场萧条而告终。价值一落千丈，为大量生产而设的工厂闲置一旁。大萧条令数百万赚钱养家的男性丢掉了工作，流落街头，资本深陷预防性囤积行为导致的流动性陷阱，资本所有者也无法从中逃脱。在经历了多个世代的非凡经济活力之后，他们的勇气受到了狙击。

第七章

南北战争与资本重建

诞生于美国独立战争的共和国,以一场巨大的失败而告终。美国南北战争(1861—1865年)令60余万士兵丧生,致残人数更远超于此,它也引发了一场全国性的、关乎存亡的危机。[1] 因为这场战争的动员规模及其对平民的战略性袭击,有人称它为世界上第一场"全面战争",是许多即将到来的工业化战争的不祥之兆。[2]

南北战争以黑人奴隶制的废除而结束。[3] 这场恐怖的磨难至少在某种程度上是有意义的,因为400万美国黑人获得了自由的新生。[4] 就经济上而言,奴隶解放摧毁了价值30亿美元的奴隶财产。[5] 白人奴隶主不再能够胁迫黑奴劳动;他们无法在信贷市场上将奴隶当作抵押担保;他们也不能在上涨的资本市场上出售黑人。正如历史学家查尔斯·比尔德(Charles Beard)和玛丽·比尔德(Mary Beard)在几乎一个世纪前指出的,"彻底摧毁"奴隶财产而不进行任何补偿,肯定是"盎格鲁—撒克逊法律体系历史中最愚蠢的财产没收行为"。[6] 毫无疑问,它将南北战争变成了美国资本主义历史上最重要的转折点。

战争之后，迎来了国家和资本的重建。如果黑人奴隶不再能够被资本化，那么还有什么选项呢？资本将以何种条件被投资到经济生活中去？

塑造了最终结果的，是一种新的国家政治经济学。在南方脱离联邦、建立南部邦联（Confederate States of America，简称 CSA）后，共和党成为事实上的一党制政府，也即"联邦"（the Union）。共和党人立即推出了代表其选区居民利益的立法。他们为西部的白人户主提供了宅地。他们通过了一项有利于东北部制造商的工业关税税则，保护其不受廉价英国商品的冲击。联邦政府缺乏调动资源发起内战的经济能力；于是，它从密集的北方商业经济中征用了许多资源，即便战争期间的工业产出有所下降，它仍将公共权力与私人利益、"爱国主义和赢利"结合成了一个充满活力的混合体。[7] 最引人注目的是，为了赢得战争，联邦政府在国际资本市场上发行了大笔公债。通过将银行和政府混于一体，这个联邦政府在打败奴隶主的同时，也催生了一个新的纽约市金融家阶层，他们投资于联邦政府的未来，也与这个未来命运相依。[8] 一个新的政治经济学就此落地生根，为长期的经济发展开辟了道路。

南北战争还催生了一个全新的、以纽约为大本营的国家货币体系和信贷网络。它的日常运作及其操盘手们，将会决定随后流向实体企业和生产制造的货币资本。在战争期间，联邦政府曾靠着使用被称为"绿背"（greenbacks）的纸币来应付局势。[9] 纽约的金融业兴起，令我们必须对这种回归金属通货本位的"恢复"（resumption）政治予以关注。

尽管在南方进行的实地重建工作得到了更多的关注，但其结果却是由恢复硬币支付这一举措决定的。这是因为，恢复硬币支付需要采取财政紧缩政策，以确保回归金本位，因为联邦政府并没有出钱资助重建工作，除了囤积起充足的黄金准备金以捍卫公开市场上南北战争前的美元黄金汇率，它并没有其他选择。这些步骤只会导致资源从意义深远的南方转型过程中流出。此外，鉴于奴隶解放摧毁了战前南方奴隶制信贷体系的资产基础，恢复硬币支付的政策将会影响到被解放的南方黑人的经济未来，因为他们只能继续从事田间劳动。战争刚刚结束的那段时间里，南方产棉州对于信贷简直饥不可耐。

东北部的金融家呼吁恢复硬币支付，而他们在政府中找到了盟友。他们希望实行金属货币本位，以保证货币资本的稀缺价值，确保纽约银行家和金融家在战后货币信贷体系中至高无上的位置，从而得享左右投资流动的大权。此外，战后主张恢复硬币支付的那些人，希望借助将美元与黄金挂钩的方法，创造出一个稳定的国内投资环境，从而重新从欧洲——尤其是作为国际金本位守卫者的大不列颠——获得资本品进口。

到最后，尽管遭到反对，恢复硬币支付的主张还是胜出了。[10]一种不公正且效率低下的佃农分成制（sharecropping system），令南方泥足深陷，它阻碍了南方的长期经济发展，即便这令白人至上的政治重构成为可能。与此同时，新的资本投资流入了西部。毕竟，不管是否会实行奴隶制，西部经济发展的特征都是一开始战争打响的原因。既然自由帝国已经不复存在，联邦政府对本地管辖和地方差异的包容性都要小得多了。早在战争持续期间，联邦军一边将奴隶主们扫进历史的垃圾堆，一边就已经向密西西比河以西的印第安人部落主权发起了袭击。[11]战后，重建资本随着联邦骑兵团一道驰入了西部。这些资本是通过股份制公司实现流动的，而这些公司日益与公共目的分道扬镳。最终，重建资本资助的并不是黑人的自由事业，而是西部的铁路，并不是推翻南方种植园主阶级，而是征服密西西比河以西的美洲原住民土地。

繁荣的确随之而来。一场对铁路建设的投机性投资热潮，带来了美国独立战争后的第一次经济扩张,而这始于 1868 年。在北方,对恢复硬币支付的承诺带来了信心和预期的激增,华尔街将资本输送到了固定的、非流动性的工业化投资之中。但是,针对铁路股票和债券的华尔街证券市场的兴起,也令短期流动性投机成为可能。重建时代的政治经济解决方案,直接引发了投资热潮,从而带动了信贷周期中的投机性上升。逆转随之而来,这就是 1873 年恐慌,资本时代的第一次经济衰退。随后的困难时期,促成了 1877 年南方政治重建的那一个令人遗憾的最终结局。

但千万不要弄错,借用后来一位诗人的话说:"内战之后,就在林肯亡故之后,/ 却正是持有铁路股票的好时候。"[12] 对走向尽头的黑人奴隶制进行最终清算,以及实现林肯在葛底斯堡呼唤的自由的新生,这项艰巨的任务被资本主义的奇思异想所取代了。

1. 北方联邦的战争经济

1861 年 2 月,杰斐逊·戴维斯(Jefferson Davis)成为南部邦联的总统,这是一个致力于实现人皆生而不平等原则的共和国。1861 年 3 月,亚伯拉罕·林肯正式就任美利坚合众国第 16 任总统,共和党人几乎全面控制了第 37 届国会。4 月的时候,在南卡罗来纳的萨姆特要塞(Fort Sumter)发生了交火事件,一场旷日持久、代价高昂的血腥战争开始了。[13]

联邦政府开战时拥有惊人的优势:以人力计为 2.3 比 1,工业产量比为 10 比 1,股份银行的股本比为 4 比 1,财产价值比为 3 比 1(其中包括奴隶)。[14] 信心满满的共和党人做的第一件事,便是强行推进了那些南方脱离联邦前遗留下的未竟事务。[15]

甚至在林肯正式就任之前,国会就通过了 1861 年《莫里尔关税税则》(Morrill Tariff of 1861,以一位佛蒙特国会议员的名字命名），以履行一项关键的竞选承诺，这对宾夕法尼亚的钢铁制造商来说尤为重要。[16] 共和党人援引了诸多理由，比如民族主义计划、民众的反英情绪以及辉格党人对"各种利益和谐共处"的新重商主义、新汉密尔顿主义的宏大构想。然而，似乎任何一个请求关税保护的人——其中包括拥有个人利益的国会议员——都能得偿所愿。[17] 按照杰克逊民主主义的标准，共和党的战时国会简直腐败透顶。

接下来，共和党控制下的国会通过了农业立法。1862年5月20日，林肯签署了《宅地法》，令其正式具有法律效力，它为忠于政府的公民和移民授予160英亩联邦土地，这些土地均来自公有土地（public domain）。支付10美元的费用，再在这片土地上居住5年并进行改良，这块地就是他们的了。同一年，1862年《莫里尔法》（Morrill Act of 1862）还颁授了许多公共土地用于建立州立农业学院（林肯曾说过，自由劳动意味着"教育"），而在林肯的建议下，国会还授权成立了农业部。《宅地法》实现了"自由土壤"的选举承诺，并帮助向密西西比河以西土地移民定居的白人户主扫清了道路。《宅地法》最终将授出2.7亿英亩的土地。最后的一次土地所有权请求，是在1988年于阿拉斯加做出的。[18]

最后一项经济立法，是授权修建一条横贯大陆的铁路的法案。政府支持令这项潜在的投资变得格外诱人。国会于1862年和1864年通过了两部《太平洋铁路法》（Pacific Railway Acts）。前者创建了自美国第二银行以来首家联邦特许成立的股份公司——联合太平洋铁路公司（Union Pacific Railroad），它从林肯选中的起点——内布拉斯加的奥马哈动工，向西修筑铁路。与此同时，加利福尼亚州特许成立的中央太平洋铁路公司（Central Pacific Railroad）则从西部着手修建。为它提供财力支持的，是自称"合伙人"（associates）、以科利斯·P. 亨廷顿（Collis P. Huntington）为首的一帮萨克拉门托的小商店店主。一开始的时候,投资者并没有涌向中央太平洋铁路公司或联合太平洋铁路公司中的任何一家。但在1862年和1864年的两部法令相继通过之间,联合太平洋铁路公司获得了一块联邦赠地,其面积相当于新罕布什尔州和新泽西州之和,而中央太平洋铁路公司则获得了一块面积相当于马里兰州的赠地。通过这些和日后的其他联邦赠地,各家铁路公司将获取1.31亿英亩土地。此外,两部《太平洋铁路法》以美国国债形式向联合太平洋铁路公司和中央太平洋铁路公司提供了为期30年、总计1亿美元的贷款。这两家公司投桃报李,在1864年的法案通过前,联合太平洋铁路公司向政府成员派发了25万美元的债券。亨廷顿本人从加利福尼亚前往华盛顿特区,对国会开展游说,向那些"有影响力的朋友"送出了许多秘而不宣的礼物。[19]

安德鲁·杰克逊倘若泉下有知,或许早已辗转反侧不得安息,而一条横贯大陆的铁路,也不会带来任何立竿见影的战时效应,但是,战争经常会在公共权力与私有经济行动计划之间生成一种卓有成效的张力。一种高效运转的腐败政治经济学,帮助联邦政府赢得了战争。联邦政府将冲突爆发时那一支由2.5万名士兵组成的军队发展成了"到那时为止世界历史上规模最大、装备最精良、供给最丰富、力量最强大的战争机器"。[20]联邦军的士兵人数在1863年达到60多万的峰值。在它的带动下,成立了诸多公共面包房和公共军火库,而兵工署(Ordnance Department)本身便制造了60%以上的联邦军火。然而,大多数战时的联邦开支都流向了私人承包商。军需署(Quartermaster Department)的承包系统更青睐大公司。对于面粉厂、肉类加工厂、军需制造商和服装制造商来说,生意相当不错。[21]北方的铁路公司是战争基础设施建设中的关键环节,他们赢得了丰厚的利润。相对于南方邦联,联邦政府还拥有另一项战前优势:铁路里程比为2比1,前者长达2.2万英里,后者只有

9500英里。[22] 为了协调人员和物资流动，联邦政府完全依仗着私有的、各州特许成立的铁路公司。[23]

一种新型企业家大步登上舞台。1861年，宾夕法尼亚铁路公司（Pennsylvania Railroad）的杰出主管和副总裁托马斯·A. 斯科特*（Thomas A. Scott）被林肯总统任命为战争部助理部长。斯科特听命于战争部部长西蒙·卡梅伦（Simon Cameron），他是斯科特的朋友、联邦政府中最腐败的政府官员。[24] 斯科特在前往华盛顿时，甚至并未辞去他在宾夕法尼亚铁路公司的职务。他之所以能够谈条件，原因在于联邦政府迫切需要他的专业知识。

最终，林肯于1862年将卡梅伦这个"慈眉善目的恶棍"赶出了战争部，很快，斯科特也因涉嫌腐败而被逐出，回到宾夕法尼亚铁路公司全职工作。但他一直保持着随时应召出山的状态。1863年9月，在一次关键的军事行动期间，战争部召回了斯科特，由他来协调铁路运输。不同的公司拥有不同的铁路，当时并不存在统一的全国铁路网。[25] 斯科特前往肯塔基州的路易斯维尔，直接向总统汇报工作。他在那里为宾夕法尼亚铁路公司侦察了几条可以在战后实施收购的线路。[26] 借助被战事改变了的华尔街资本市场的力量，斯科特的宾夕法尼亚铁路公司接下来会进行多次战后收购。

南北战争令联邦政府付出了18亿美元的代价。[27] 美国通过发行公债资助了65%的开支。林肯的第一任财政部部长是来自俄亥俄州的萨蒙·P. 蔡斯（Salmon P. Chase），他是共和党中为首的反对奴隶制宪法理论学家，在金融方面却是个新手。1861年秋天，财政部向纽约、波士顿和费城的银行集团出售了一笔1.5亿美元的贷款。然而，1862年秋天，联邦公债的销售额却只有令人失望的1360万美元。海外销售未达预期。欧洲资本和黄金纷纷逃离美

---

* 作者在书中多将他称为"汤姆·斯科特"。

利坚合众国。[28] 于是，蔡斯求助于他在俄亥俄州的"朋友们"——如今定居于费城的银行家兄弟杰伊·库克（Jay Cooke）和亨利·库克（Henry Cooke），他们承诺在市场上将小面额公债发售给普通公民。[29]

1862年2月，国会授权财政部发行5亿美元的债券，利率为6%，5年后偿付，应付期为20年；这些债券后来被称为"五厘息廿年券"（five-twenties）。蔡斯任命杰伊·库克为"认购总代理"，支付给他的佣金为头1 000万美元成交额的0.5%和余下成交额的0.25%。到1864年1月，库克及其手下的2 500名认购代理人已经将5亿美元债券全部售出，最低面额仅有50美元。蔡斯认为库克是一位爱国金融家，公共舆论却强烈反对，蔡斯不得不减少库克的佣金。[30]

国债从6 500万美元增加到了27亿美元，这令美国的金融体系发生了转变。正如亚历山大·汉密尔顿一度预测的那样，公共债券市场推动了全国性的金融资本增益。持有债券也开始将一个更统一的银行业务体系推广至全国。在战前，尽管美元拥有统一的金属货币基点，但在不同地区流通着各种各样的银行票据，远距离交易时伴随着很高的贴现率。例如，辛辛那提市的银行票据在波士顿就不那么值钱。到1862年时，积存在纽约市的美国债券已经成为银行间标准化支付体系的基础。在各个地方，规模较小的"乡村"银行都向大银行中存款，他们的准备金就是这样一层一层地"向上集中"到了纽约最大的银行那里。纽约持有的准备金汇票成为整个北方通用的支付手段。更大的交易流动性帮助了市场整合和商业流动。票据贴现减少了，并最终实现了合并。[31]

更多的变化随之而来。最初的作战物资政府采购将黄金分散到了公众手中，但因为战时的不确定性，预防性流动性偏好——对价值仓库和无息证券的偏好——增加了。大量黄金被私下囤积起来。欧洲的黄金储备被调拨回本国。以银行货币形式实现的信贷扩张，导致金库中的黄金已不足以支持票据发行。1861年12月，联邦政府脱离了金属本位。这之后，财政部仅以黄金担保公债的利息支付，其他的就都谈不上了。

1862年2月，国会通过了《法定货币法》（Legal Tender Act of 1862），授权发行一种不能兑换硬币的纸通货和法定货币，因为使用绿色油墨印刷，它被称为"绿背纸币"。战争期间，国会印制了面值为2.5亿美元的绿背纸币。[32]黄金仍是国际交易通货，而绿背纸币和银行票据与美国债券一道，成为国内商业贸易货币。绿背纸币开始以特定贴现率——所谓的"黄金升水"（gold premium）——与黄金交易，而一个黄金市场也逐渐成形，于1864年10月以纽约黄金交易所（New York Gold Exchange）之名正式成立。纸币贬值了：1862年，1美元的黄金可以购入1.30美元的纸币，而在1864年，交易价格就到了2.33美元。但黄金升水是波动的，取决于对联邦政府战事的未来预期。绿背纸币的投机卖空者，据说会在证券交易场中用口哨吹奏南方各州的战歌"迪克西"（Dixie）。[33]然而，脱离金本位令美国国内的货币和信贷供应不受国际金融状况的影响。由于战时的不确定性，发行绿背纸币也压倒了预防性囤积的流动性偏好，从而引发了更大规模的商业和生产活动。仅靠政府权力支持的纸币，宣示了一个更强有力的国家经济主权的存在。

1863年和1864年的《国民银行法》（National Banking Acts）创建了一个全新的联邦特许银行体系。[34]因为"自由银行业务"的杰克逊时代导致了各地区银行与支付系统的自行其是。当战争打响时，美国一共有近1 500家各州特许成立的经营银行业务的股份公司，它们依据29项各自不同的州立法，发行了超过5 000种纸质票据。新成立的那些国民银行将持有联邦特许状。随着美国债券取代黄金成为货币供应的基准，这些银行按照法律规定需要持有相当于其资本准备金三分之一的公债。以这些准备金为依托，货币监理署

（comptroller of the currency）以每家银行的名义发行了另一种全国性纸通货——"国民钞票"（national banknotes）。国会向各州发行的钞票征收高税,慢慢地将它们逐出了流通领域。多种货币就此让位于一种单一的本国货币。

这样一来,两部《国民银行法》便为美国公债营造出了一个即时市场。它们从法律上确认了银行业务实践中近来的变化,要求国民银行层层追加准备金。小规模的乡村银行需要在18个选定城市中的银行中留存准备金,而这些银行又需要在纽约市的银行中留存各自的准备金。该效应将货币资本和信贷集中于华尔街。正如投机者丹尼尔·德鲁（Daniel Drew）日后所言："在那些日常事件之外,我们这帮华尔街的家伙还可以投机于战事无常,而且那总是会在证券交易所里搞出大动作。这就叫浑水摸鱼。"[35] 联邦的战争命运和资本主义的盈利预期绑在了一起。

最后,联邦政府不得不拨款偿付债务。关税以黄金形式支付了利息,却几乎没动本金。1862年的《国内税收法》（Internal Revenue Act of 1862,于1864年进行了修订）引入了一个全国税收体系,提留25%的联邦政府岁入。[36] 新成立的国家税务局（Bureau of Internal Revenue）向一长串商品征收了消费税,除了神职人员,几乎每一种职业也都被加征了执照税。印花税进一步增加了税收。股份公司需要支付盈利税。国会通过了一项针对个人收入的累进税,尽管大多数工薪阶层都能得到豁免。只有10%的联邦家户支付所得税。[37] 税收吸纳了绿背纸币的问题,抑制了战时的通货膨胀。战争期间,物价的确翻了倍,但通货膨胀并未泛滥失控。北方平民百姓的消费甚至很可能并未下降。[38]

北方联邦战时经济的特点可以总结如下。联邦政府并没有强制征用私营经济活动,却通过发行货币和债务的方式令其进一步资本化了。交通革命、银行业务增长、更大的市场密度和方兴未艾的工业化定义了一段长期的北方斯密型增长,在这之后,政府可以从许多私营经济活动中汲取能量,以协助联邦军事动员。联邦政府乐于将其权力与强有力的私营经济利益群体——尤其是银行家和金融家——结合在一起。在这种政治经济学中,或许很难分清到底是谁在借谁的光,但公共权力与私人利益的融合,的确催生了一个富有成效的联邦战争经济,即便其最终目标是摧毁消灭。

2.南部的自相残害

邦联的经济动员揭示了北方资本主义与南方资本主义之间重要的经济差异。[39] 南部邦联并没有诸多政党,但前民主党人把持了邦联国会,而早期的政府声明也承诺,要对中央政府做出限制。到最后,南部邦联除了对南方经济生活实施掠夺,已经别无选择。

仅是南部邦联的战时岁入,就与北方联邦形成了鲜明的反差。1861年,邦联财政部成功发行了1 500万美元的债券,随后的发行工作却在本土和海外停滞不前。[40] 和北方联邦一样,邦联国会也暂停了金属货币本位,开始印制钞票,但它并没有打造出一种全国性的、独一无二的货币。在各种各样的私人票据之外,又加上了价值15亿美元的南部邦联钞票。无法抑制的通货膨胀就此开始,因为发行纸币并没有带来更大规模的经济生产。南方的商业地理分布并不像北方那样密集,它是稀稀落落的,而且以远距离出口为导向。它无法通过印制更多纸币的方法轻易动员起来。钞票必须以某种方式为更多的生产活动提供资金。随着白人劳动力开赴战争前线,奴隶不愿像从前那样卖力劳作、只为了让自己可以继续受奴役了。因此,更多的货币竞相购买着同等数量,甚至是更少的商品。到1863年时,南部邦联的物价已经上涨到原来的13倍。[41]

税收本可以起到回收纸钞和限制通货膨胀的作用。南部邦联试过征税。1863年的南部邦联税收法案看上去与北方联邦1862年的立法颇为相似，它向每一样东西收税，只有奴隶除外。一项独特的邦联税是向家户生产的"小麦、玉米、燕麦、黑麦、荞麦或稻米"加征10%的实物税。南部邦联没办法供给自己的军队，而在北方，中西部的食品物资却源源不绝地涌入军队仓库。南部邦联没有一个欣欣向荣的食品物资内部市场，因为南方奴隶主一直在奉行着棉花玉米的轮作制度。源于南方庞大的自给自足经济，它的用于食品物资运输的交通基础设施只不过聊胜于无。南部邦联试着建起一个内部铁路网，却徒劳无功。[42] 南方种植园主阶级拒绝从棉花种植改为战时生产。与此同时，这些南方种植园主还对外国棉花销售采取了非正式的禁运措施，希望不列颠可以承认南部邦联的合法地位，但当英国棉花制造商选择从印度进口时，这一招也失败了。[43] 邦联军只好饿着肚子，而因为联邦实施的海上封锁，种植园主们的一包包棉花只能在码头上烂掉。接下来，随着实物税落到自耕农家户的头上，大规模的抗税行动爆发了。1863年，里士满一群参与暴动的女性扬言道，"没有面包就流血"。[44] 在南方，爱国主义和商业自利相互冲突，而不是协调一致，这削弱了作战行动，而没有为它注入能量。南方的内部市场经济根本没有得到充分发育，南部邦联无法启动一场迅速的战时扩张。

南部邦联转而对南方的经济生活进行了激进且有害的干预。更高比例的战时岁入来自对私有财产的直接"征用"。这种侵占行为令南方人退出了本已寥寥无几的商业活动，随即导致了更粗暴的自相残害。在工业领域，南部邦联强制征用现有的制造商，比如弗吉尼亚州里士满的特里迪加钢铁厂（Tredegar Iron Works），它生产了几乎全部的邦联军械，甚至还有铁甲战舰。南部邦联也兴建了自己的制造厂，其中包括位于亚拉巴马州塞尔马和佐治亚州奥古斯塔的火药厂。[45] 南方各州之所以脱离联邦，是担心联邦中央政府权力

第七章　南北战争与资本重建

过大。但战争期间,中央政府权力对经济的干涉却不可避免地增加了。这个具有讽刺意味的事实,所有人都看在眼里。[46]

南部邦联拥有一样北方联邦并不拥有的经济资产——奴隶。尽管战争的直接行动有利于汤姆·斯科特和杰伊·库克这样的北方资本家,对奴隶主来说却没有什么好处。奴隶是政府强征入伍的对象,奴隶主却不愿意交出他们。[47]奴隶们逃走了,寻找着联邦军队行动路线,他们相信了主人告诉他们的话——共和党打响这场战争,是为了结束奴隶制。[48]出于绝望,到1864年时,南部邦联开始向奴隶征税,但为时已晚。尽管如此,对南方奴隶财产的侵犯,还是削弱了南部邦联的立身之本。

北方在经济动员上的优势,并没有立即转化为军事上的胜利。在某些特定时刻,南部邦联本可以达成和平独立的目的。[49]厌战、避税、抗议征兵和罢工(物价上涨加重了工薪阶级的负担)都令联邦军队的行动受阻。林肯并不确定自己能于1864年重新当选。北方的经济不平等继续加剧。[50]但北方联邦最终战胜了南部邦联,对内对外均已一败涂地的后者,于1865年4月9日在阿波马托克斯宣告投降。北方联邦摧毁了奴隶制资本主义。

3. 恢复高于重建

南北战争立即带来了两个巨大的经济变化。30亿美元的奴隶资本不复存在。而对于联邦来说,为摧毁奴隶制而必须组建起的军队,却也导致了26亿美元的公共债务。

这笔债务被新成立的国民银行体系资本化了,而该体系将资本与信贷汇集到了华尔街上。战后,北方经济利益集团关注的头等大事,便是回归金属货币本位,从而得以捍卫货币资本的稀缺价值。这将防止可能出现的通货膨胀侵蚀债权人的利润,从而在保证以往投资的同时鼓励新的投资。联邦获胜之时，1美元的黄金按照战前的平价汇率可以兑换1.5美元的纸币。这项回归平价汇率的政策被称为"恢复"。由于恢复硬币支付意味着财政紧缩和信贷收缩，而政府又资源有限，想要实现有针对性的南方政治和经济重建，政治意志将必不可少。在南方经济重建过程中，可供攫取之物所在多有，而没什么能比对土地和劳动力的控制更关键的了。

1865年12月6日，国会批准通过了废除奴隶制的《宪法第十三条修正案》。林肯此时已经身故——他在4月被约翰·威尔克斯·布思（John Wilkes Booth）射出的子弹暗杀。前田纳西州民主党人、身为奴隶主的安德鲁·约翰逊（Andrew Johnson）就任新总统。按照约翰逊最初的重建计划，他要赦免大多数邦联支持者，并在前邦联各州批准通过《宪法第十三条修正案》后将他们重新接纳回联邦。

然而，就在修正案最终批准通过一周后的12月18日，众议院中的共和党激进派领袖、宾夕法尼亚州的撒迪厄斯·史蒂文斯（Thaddeus Stevens）便在大会上挺身而出。仅是废除奴隶制是不够的。史蒂文斯要求赋予黑人完全的公民权和政治权利，其中也包括选举权。为了确保这些权利得以实现，史蒂文斯呼吁没收前邦联叛乱分子的种植园，拆分后作为黑人宅地。[51]

在南方，对土地的控制至关重要，而它与对未来黑人劳动力的控制密不可分。[52] 土地是南方剩下的唯一一样资本资产——奴隶制已经被摧毁，该地区的货币和金融体系也糟成一团。战争期间，在被联邦军队占领的邦联领地上，扬基军官们教育黑人说，他们应当与土地拥有者签订雇佣劳动合同，彼此也应当订立婚前协议。[53] 但被解放的奴隶希望得到土地："给我们自己的土地，我们会自己养活自己。"[54] "我们想要宅地。"[55] 1864年，在威廉·特库姆塞·谢尔曼（General William Tecumseh Sherman）将军那次臭名昭著且极具破坏性的穿越南卡罗来纳行军途中,他发布了《第 15 号战地令》(Field Order no.15),授予黑人家庭对 40 英亩土地的临时产权。1865 年,约翰逊总统废除了此类所有权,要求将这些南方土地归还给曾为南部邦联成员的白人所有者。[56] 黑人们怒吼着,对"那个曾把我绑在树上、打了我 39 鞭,还剥光了我母亲和姐妹的衣裳、痛打她们的人"表示抗议。[57] 与此同时,约定工资的劳动合同违反了北方"自由就业"的自由劳动原则。黑人不能辞去受这种合同约束的工作。南方立法者通过了一系列《黑人法令》(Black Codes),公然批准了诸多肆无忌惮的限制自由措施。1865 年秋收时,许多种植园主不肯向工人支付工资,反而提出给他们发放奴隶定量供应物品。[58] 史蒂文斯关于只是废除奴隶制本身还远远不够的说法,看上去很有说服力。

就在史蒂文斯发言的同一天,另一位激进共和党人、马萨诸塞州的约翰·B. 阿利(John B. Alley)也在众议院大会上发表了一席不那么具有前瞻性、不那么花哨的演讲。他提出了如下的解决方案:

> 兹决议,本众议院由衷赞同财政部部长关于收缩货币确属必要的观点,以期在国家商业利益允许的前提下,尽早恢复硬币支付;我们在此承诺,为达成这一目的,将尽快采取合作行动。[59]

收缩货币将意味着限制货币和信贷的供应,并可能令价值和价格缩水。

"自由土壤、自由劳动、自由人民"这个让共和党人得掌大权的口号,没有提到任何关于货币、银行或金融的问题。这些话题在 19 世纪 50 年代的政治讨论中是缺失的,而当时,共和党人已经将对"金钱势力"的杰克逊主义评判转向了对"蓄奴势力"的攻击。

但在战后，钱的问题卷土重来，再次登上国家政治舞台。[60] 它将导致共和党的分裂，以紧缩为手段阻挠政治重建，并对黑人争取经济自由的斗争造成直接和间接的破坏。

就在国会为黑人自由问题展开辩论的同时，它也在为"恢复硬币支付"的问题展开辩论。阿利业已请求国会批准通过财政部部长休·麦卡洛克（Hugh McCulloch）的行动计划。麦卡洛克是印第安纳州的一位前银行家，这个老辉格党人，几十年前便对杰克逊的银行否决令提出过批评。1862 年，他曾赴华盛顿抗议蔡斯提议的国民银行体系，但随即改变了主意，凭许可证成立了一家国民银行。麦卡洛克成为第一任货币监理署署长，该机构负责发行新的国民钞票。于 1865 年就任财政部部长的他，下定决心要让绿背纸币退出流通，令美元重回金属货币本位制。他在 1865 年 10 月的演讲中宣称：

> 唯有黄金和白银是真正的价值衡量标准。它们是必要的贸易调节器。我本人毫不怀疑，这些金属就是由全能的上帝出于这一目的而为我们预备的，正如我毫不怀疑，铁和煤也是为了它们如今的用途而预备的。我偏爱一种有充分保证的可兑换纸通货——没有任何一种其他选项能在任何程度上适当替代硬币。[61]

"有充分保证的可兑换纸通货"意味着一种其数量并不由民主政治决定的金属通货。因此，这便在稳定总体物价水平的同时确保了货币资本的稀缺价值。酌情超出硬通货本位扩张银行货币依然是银行的特权，而纽约的各家银行高居准备金和贷款金字塔的顶端。所有这些都要求联邦政府收回绿背纸币，令美元贬值，从而最终让通货再度与战前兑换黄金和白银的固定汇率挂钩。这就是恢复政策。

华尔街同意了。[62] 除了来自全能的上帝的支持，它还提供了另一个有力的观点：大不列颠实行的便是金本位制。在19世纪60年代，英国工业革命急剧加速。[63] 更高的但分配不公的货币收入，意味着英国拥有大量以储蓄形式表现出来的、可用于出口的过剩资本。[64] 美国东北地区的银行和金融共同体希望能引入这些资本，并且控制其流向。为此，美利坚合众国必须做出足以令人相信的承诺，一方面恢复硬币支付，另一方面在日后始终如一地维护资本的稀缺价值，这样才能确保外国资本永远不会在美利坚合众国的国土上贬值。正如纽约商会对国会所言：

> 审慎的人不会心甘情愿地把他们的钱投向……遥远的市场，那里的黄金升水高达40%，而在他们的回报得以在市场上出售之前，却有很大可能会跌去15%或20%。[65]

战争业已证明，由政府主导的、与黄金脱钩的国内信贷生成可以肩负起启动更大规模经济生产的重任。华尔街的金融家们是被这一体系所塑造的，但如今，他们转而反对该体系，以确保自己的利益和自己染指外国资本的渠道。

事实上，主张恢复硬币支付的那些人，有着不止于黄金的一整套政治经济计划。他们在思想上的领袖是宾夕法尼亚州的共和党人戴维·A.韦尔斯（David A. Wells）。[66] 1865年，麦卡洛克任命他为一个专门成立的税务委员会（Revenue Commission）的首长。在第一份年度报告（1866—1869年）中，韦尔斯号召"采取简单纯粹的收缩举措，不要花里胡哨或拐弯抹角"。[67] 要承诺推行始终如一的金属货币本位制，美利坚合众国将不得不贬值货币，紧缩财政。它必须弥合财政赤字，向投资人发出这样的信号：对于政府债权人所拥有的那些公债，它将永远不会采用抬高其价值的手段帮助融资。[68] 紧缩政策意味着战时的各项税收即便不被彻底取消，也可被压低到原有水平，这也平息了私人投资者对税收的恐惧。尽管为了筹得偿付债务的黄金，高关税势不可少，但它也能够被大幅度减少。联邦岁入应当被用来收回绿背纸币，使"黄金升水"更接近战前平价汇率。最后，南方将在其中扮演的角色，是尽快地恢复棉花生产，因为棉花是美国出口的唯一真实来源，因此也就是支持恢复金属本位货币支付必不可少的硬性外汇收入来源。早期的报道指出，那些如今拥有自家土地的被解放者并没有将所有的土地用于棉花生产，而是采取了安全第一的策略，麦卡洛克这种人对此深感不喜。[69] 总的来说，满足恢复政策的要求必须凌驾于南方重建工作之上。向以前的奴隶支付赔偿金是不可能的，因为政府根本无力负担，这种说法在多年中一直此起彼伏，不绝于耳。

1865年12月，国会议员阿利提出的支持恢复硬币支付政策的众议院决议通过了。约翰逊总统批准了该决议，痛斥"不能兑换硬币的通货之种种罪恶"。[70] 1866年2月，参议院提出了一项法案，正式授权财政部部长麦卡洛克以赎回票据的方式收缩纸通货。绝大多数来自东北地区银行和金融重镇的共和党人支持了该举措。但在国会议员史蒂文斯的领导下，主要来自中西部的一个共和党激进派的议员集团挫败了这些坐庄者的图谋。恢复政策导致了激进派的分裂。[71]

激进派中的史蒂文斯集团将绿背纸钞视为国家主权的象征。他们认为，一场真正的南方重建必定需要联邦财政资源，而这却是恢复政策所禁止的。被解放者新近获得的"商业自由"，呼唤着在亟需现金和信贷的南方扩增通货。一位举足轻重的前联邦军将军、马萨诸塞州的国会议员本杰明·F. 巴特勒（Benjamin F. Butler）宣称：

> 我提议发行一种纸通货……其价值不仅基于本国的黄金，也基于其他各种资源和这个国家繁荣富强的各个要素……它是

第七章　南北战争与资本重建　　279

> 一个自由国度的通货，这里的人民足够强大，能维持［金本位制以外的］其他金融制度，免受与之为敌的他国政府所操控的世界风云变幻的影响；这里的人民也足够有力，可以保持彼此之间商业交易的计量标准，在最低限度上独立于各国君主，也不受银行家们的摆弄，而这些银行家如今是世界上最霸道的强权。[72]

要想将真正的黑人经济自由充分资本化，通货与信贷的扩张是必不可少的。

此外，对于史蒂文斯派来说，没有黄金或白金担保的绿背纸币将令美国国内资本市场进一步摆脱对外国的依赖。重返金本位则会把美国和英国的货币与资本市场联系起来。1866年，一场银行业恐慌使得伦敦的金融市场陷入崩溃，英格兰银行提高了短期货币市场中的利率，这导致了以追逐更高回报为目的的、从美利坚合众国向不列颠的大举黄金外流。但因为绿背纸币并没有与黄金挂钩，美国的货币市场依然未受干扰。民族主义政治经济学泰斗亨利·凯里（Henry Carey）对美国脱离英国操控的"货币独立"大加夸耀。美利坚合众国"用不着黄金，如果它在海外有需求的话，我们可以说，'随它去吧！'"[73]

最后，反对恢复硬币支付政策的激进派，代表了东北地区和中西部地区的利益，那里缺乏银行资本，却拥有发达的工业。战争期间，通货膨胀大幅度提高了制造商的利润。收缩信贷和开支的恢复政策将导致制造业衰退。一位宾夕法尼亚州的实业家表示，在恢复硬币支付政策之前，"我们想要的只不过是休养生息……开发我们的资源——开采煤矿和铁矿，将我们的钢铁制成铁轨和机器"。[74]出于类似的原因，最早的全国性工会组织美国劳动联合会（National Labor Union，1866）也公开反对恢复硬币支付。[75]

在北方民主党人的支持下，国会最终于1866年3月通过了《恢复法案》（Resumption Bill）。约翰逊总统很快便签署了法案，令其具有法律效力。此时此刻，恢复政策是国会和总统唯一能达成一致的事项，因为几个星期前，国会刚刚推翻了约翰逊对1866年《民权法》（Civil Rights Act of 1866）的否决令。依据恢复政策，所谓的麦卡洛克收缩（McCulloch Contraction）随之而来。从1865年到1867年，美国货币供应收缩，物价下跌。"黄金升水"幅度变窄了。[76] 因为欧洲的农业歉收，美国大宗农产品的价格相对稳定，但工业资本和工业劳动在价格下跌的过程中却经受了最大的打击。麦卡洛克收缩于是便构成了一个名为激进重建（Radical Reconstruction）的全新政治阶段的经济背景。[77]

在1866年的国会选举中，约翰逊总统展开了针对共和党激进派的攻势，争议的焦点便是有关南方的一系列问题。承诺对南北战争损失做出赔偿的共和党激进派在国会取得了压倒性的胜利，在通缩衰退初露端倪之时接过了南方重建的烂摊子。在前邦联各州重新加入联邦之前，新一届国会要求通过《宪法第十四条修正案》，将1866年《民权法》正式列入宪法。国会将南方划分为5个北方军队占领区，美利坚合众国陆军对计划于1867年开始的各州制宪会议予以监督。南方依然是一个混乱不堪、暴力泛滥的地方。[78] 担任税务委员会委员长的韦尔斯在1868年做出预测，南方重建的年度开支将激增至6 300万美元（这很可能是个低估的数字），占清偿债务以外的全部联邦开支的25%。[79] 激进重建方案在政治上十分高调，但受限于恢复硬币支付政策，用于真正的南方重建的财政资源却根本不在其位。[80]

在南方制宪会议上激辩的同时，激进共和党人把持下的国会也在对其他经济立法进行投票。保护性的工业关税在战后得以保留，税率事实上还有所增加。1870年，对成品钢轨征收的进口关税提升

第七章 南北战争与资本重建

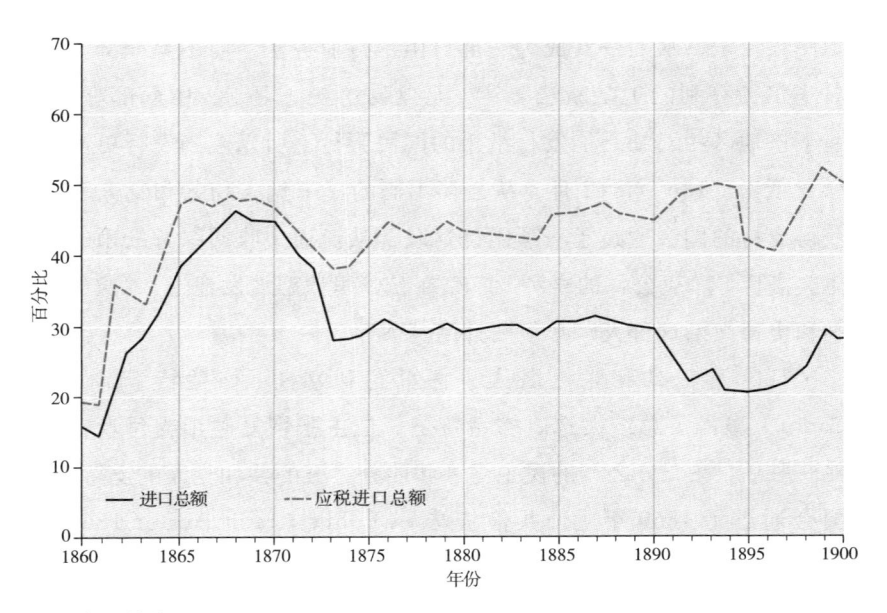

美国贸易关税

尽管遭到民主党人的反对,在重建时期,共和党人还是成功地保留了战时的高关税。美利坚合众国将在关税保护下实现工业化。

到了每吨 28 美元,相当于其英国售价总价。[81] 关税与持续性的财政紧缩意味着战时的各项税收可以被削减。从 1866 年开始,一系列法案条例逐渐降低并最终取消了所得税、消费税和执照税(酒精和专利药品除外)。[82] 战后的美国工业化将在新重商主义和保护主义关税的背景下展开。[83] 在追求恢复硬币支付的同时,共和党人也对其制造业部门呵护有加。

然而,到 1867 年时,严厉的麦卡洛克收缩政策造成了民主党的地区阵营分裂。与东北地区的民主党人不同,中西部的农场主、中等商人和小工厂主举起了杰克逊主义反垄断的大旗,反对货币与信贷集中于东海岸地区。底特律商人摩西·菲尔德(Moses Field)的《为绿背纸币申辩》(*A Plea for Greenbacks*, 1868)要求"修订国民银行法,从而令其成为一部自由银行业务法,而不是一部(只对华尔街有利的)垄断法"。[84] 无视政党立场限制,中西部呼吁,鉴于该地区相对缺乏能发行纸币的国民银行,所以应当发行更多的绿背纸币。1867年12月,从心怀不满的民主党人和共和党人那里获得支持的国会通过了一项阻挠财政部从流通中收回绿背纸币的法律。杰伊·库克公司的亨利·库克在私下里愤怒地发泄道:"像巴特勒和史蒂文斯这种人,必须被打倒。"[85]

1868年,共和党提名人、将军尤利塞斯·格兰特(Ulysses Grant)赢得了总统大选。格兰特是一位主张恢复硬币支付者,在他获胜后,在三分之一的民主党人和四分之三的共和党人的支持下,国会通过了1869年《公共信贷法》(Public Credit Act of 1869)。该法保证联邦政府将以黄金偿还所有的美国公债,并向全世界承诺终会按照战前平价恢复美元的金属货币本位。[86] 从政治上来看,恢复政策大局已定。

这给南方的经济重建带来了重大后果。1866年之后,全国性的麦卡洛克收缩举措正好赶上南方毁灭性的信贷紧缩,从而对南方正在进行中的关于土地与劳动力的斗争起到了决定性影响。其结果,便是黑人佃农分成制的兴起。

战前,奴隶资本是南方信贷体系的资产基础。要想在一夜之间完成对某一类新型资产(土地是一个明显的例子)的资本化并非易举。[87] 1865年,在饱受战争蹂躏的南方,没有几家南方银行能屹立不倒,流通中的国民钞票和绿背纸币也寥寥无几。在1865年到1868年间经联邦特许成立的1688家国民银行中,只有20家是在五大棉花种植州成立的。[88] 很快,所谓的作物留置权(crop lien)便出现了,这是一种提供给种植园主的、承诺未来以棉花偿付的信贷。[89] 当然,棉花种植仍需要投入劳动,于是,凭借一系列《黑人法令》,种植园主试图重新建立起类似于大规模班组劳动的劳动制,只不过如今将其命名为"squads",但黑人采取了大规模的抵抗。[90]
尤其是黑人女性,无论是耕作于种植园田地中的,还是在白人家庭
里担任厨娘、洗衣工、熨衣工、裁缝和女仆的,全都拒绝继续劳动。
古老的种植园家户已死,因为黑人家庭要求对自己的劳动拥有更大
的自主权,而他们也的确成功得到了。[91]与此同时,黑人劳动力的
退出,再加上恶劣的天气,导致了1865年和1866年的棉花歉收。[92]
所有这些都使得种植园主处于接连不断的信贷麻烦中。

到1868年,一种佃农分成制度业已成形——对于被解放者而
言,这要比奴隶制好,却很难说是最佳结果。[93]手头现金稀缺的种
植园主开始将黑人的工资折抵为谷物分成。种植园主将土地分成面
积为30英亩到50英亩的小块佃田,每个黑人家庭每次可以在其上
耕种一年。土地所有者为佃农提供种子、住房、燃料、家畜、饲料
和农具。黑人家户的一家之长作为承佃人组织劳动。种植园主对劳
动的控制远比在奴隶制下时为少。佃约列出了耕种每种作物的土地
数量,很快,土地所有者与佃户之间的谷物分成比例就定在了五五
开。有最后决定权的是当地的供应商,最开始时与急需信贷的种植
园主打交道的他们,开始直接与黑人佃农交易。最后,白人土地所
有者和黑人佃农都未能得到自己想要的东西。"你们的这个制度让
人没法儿选择,"一位种植园主抱怨说,"必须对那帮黑鬼唯命是从。
他们整个儿控制了事态。"[94]

到1880年,黑人土地所有者仅耕种着9.8%的南方耕地。[95]
然而,与奴隶制相比,黑人的经济收益却是看得见摸得着的。奴隶
制之后,黑人劳动时间减少了30%左右。1859年,对于自己生产
出的商品,奴隶仅消费了其市场价值的约25%。1879年,黑人佃
农消费了45%。[96]相应地,南方的收入不平等减少了。[97]但佃农
分成制是一个后果无法衡量的制度失败,而麦卡洛克收缩更是雪上
加霜。1865年到1868年,在全国价格通缩和信贷收缩的背景下,

作物留置权将南方农业经济困锁于一种既不公正，也缺乏经济效益的信贷制度中。

昔日的奴隶经济其实拥有某种经济理性，而这是种族歧视时代（era of Jim Crow racism）*所缺乏的。[98] 可以说，它是一种更高效的资本主义经济，让资本投资和劳动生产率都能随着时间推移而增加。[99] 佃农分成制却并不如此。在它的激励下，出于清偿债务的目的，棉花生产立即得到扩张，但它并未带来更大规模的长期资本投资。[100]

佃农分成制的基础，是通过债务对黑人家庭进行本地的、政治上的剥削。没有土地的被解放者转向了民主政治。[101] 将黑人选举权写入《宪法第十五条修正案》于1870年被批准通过。然而，面对白人的暴力和土地财产权，仅靠投票表决并不足以阻止佃农分成制从此确定下来。南方白人精英似乎并不那么介意经济活力的缺乏。在联邦层面丧失政治权力之后，白人至上主义开始在地方一级兴风作浪。种植园主阶级成功地维持了自己的统治——转变后的种族主义如今开始阻碍经济发展。[102] 黑人佃户内德·科布（Ned Cobb）日后对南方的经济瘫痪做出了这样的反思：

> 在这个国家，每当有色人种按照老规矩发展得太快时，他们就会千方百计地削弱你，盘剥你。所以呢……爬太快是没用的；但爬太慢也没用，因为他们反正都要在你爬到高处时拿走你努力争取到的每一样东西。[103]

南方的经济制度失败一直延续到20世纪30年代罗斯福新政进

---

* Jim Crow 的说法源自19世纪30年代的一首同名流行歌曲，演唱者是一个故意把脸涂黑并身着破烂衣裳的白人。此后，Jim Crow 逐渐成为对黑人的贬称，进而用以指代对黑人的种族歧视和种族隔离。

行政治干预之时。[104]大多数南方黑人都将在美国工业化时代继续保持与乡村种植园经济的绑定关系,而这对他们的经济处境是不利的。与其他任何国家的工业化不同,美国的工业化将从国外吸引其工业劳动力。

"很可能,我们本可以做得更多,"被解放黑奴事务管理局(Freedmen's Bureau)局长、将军奥利弗·霍华德(Oliver Howard)在1869年的国会报告中已经做出这样的反思,"如果我当初能够为每个家庭提供一小块土地、供他们耕种于上的话。"[105]不是很可能,而是一定如此。

4.两面派企业家

1868年,麦卡洛克收缩有所缓解。战后资本稀缺价值的恢复带来了投资者信心的激增和信贷周期上升期的投机性投资热潮,在这个资本时代,这种情况还会多次发生。(第一次世界大战和20世纪20年代将是下一次。)战前未能如愿西进的美国资本市场,再次向西发力。[106]重建资本借铁路之势放眼西部。新一代资本主义企业家既享受着杰克逊主义商业机会平等的成果,也从战时政府大手笔的拨款中得益。在接管过那些日益与公共利益松绑的巨型铁路公司的过程中,他们琢磨透了新成立的华尔街货币信贷体系中的操控手段。

1868年时,杰伊·古尔德(Jay Gould)只有32岁。出身寒微的他,老家在纽约州的卡茨基尔山,内战爆发时,他正生活在纽约市。他借钱购入了一个小型铁路公司的股票。从各方面看,这都是一个羞涩、纤弱和内向的人,但他很快便会变成美国历史上最伟大的金融操盘手。他在战后凭智谋巧胜当时的美国首富科尔内留斯·范德比尔特(Cornelius Vanderbilt),就此证明了自己的能力。

绰号"海军准将"的范德比尔特在战争结束时已经71岁了,他是靠汽船生意发家的。1867年秋天,他大量买进纽约中央铁路公司(New York Central Railroad)的股票,希望可以获得这家公司的控制权。纽约中央铁路是把东北地区和密西西比河以西的西部地区连接起来的4条国有"干线"铁路之一。汤姆·斯科特的宾夕法尼亚铁路公司规模最大,而巴尔的摩和俄亥俄铁路公司(Baltimore and Ohio Railroad)、伊利铁路公司(Erie Railroad)及纽约中央铁路公司在很长一段时间里并驾齐驱。范德比尔特使用了代理人暗中行事,因为谣言会在交易场上传来传去,再顺着新架设的电报线散播开来,而这能决定证券的价格。[107] 华尔街投机者丹尼尔·德鲁碰巧正是伊利铁路公司的会计。他以个人名义借调了伊利铁路公司的证券,将其作为抵押,贷款购入纽约中央铁路公司的股票,从而提高了范德比尔特收购该公司的代价。但那时双方已经达成了交易。如今,纽约中央铁路公司和伊利铁路公司的股价齐头并进,两人都从中获利颇丰。

接下来,德鲁和古尔德及其合伙人小詹姆斯·菲斯克(James Fisk, Jr.)联手,以"资金搁死"(lock up)的手段欺骗了范德比尔特。他们借债购进了更多的公司证券,以之为抵押物获得更多贷款,然后将所有可能到手的货币和信贷放入保险箱,"搁死在那里"。华尔街的信贷枯竭了,动摇了股价,而这正合他们的心意。三个人通过借股对伊利铁路公司的股票进行空头交易,寄希望于将其卖出后能以更低价格买进,从而获取利润。1868年1月,伊利铁路公司的股价暴跌,因为范德比尔特与菲斯克之前进行过交易,这便损害了范德比尔特的新头寸。伊利之战就此开始。[108]

几部《国有银行法》和战后的恢复硬币支付政策令这些复杂的操作成为可能。那些规模最小的乡村银行的储备金层层上缴,汇集到纽约的银行中,为流动性极强的短期华尔街"通知借款"(call money）市场，也即短期现金债务市场提供了资金。此外，层层上缴的银行准备金是由财政部正在根据恢复政策而清偿的美国公债构成的。[109] 即便是在麦卡洛克收缩时期，也会将硬通货释放到华尔街上，成为银行信贷扩张的基础——但这仅限于华尔街上。

此外，新成立的国民银行体系有个缺陷。银行准备金层层上缴到纽约市，但在收获期，资金却外流到乡村地区以资助农作物的运输。[110] 因此，像古尔德这样的投机者知道，随着通知借款市场上的交易流动性枯竭，收获期便成了实施"资金搁死"的最佳时机。在伊利之战期间，短期借款利率从3.5%飙升到了17%。[111] 古尔德绝对是个深谙该系统种种可能性与脆弱性的大师，而他对这两者都进行了充分利用。

整个1868年，伊利之战和激进重建的新闻争相登上报纸头条。古尔德、菲斯克和德鲁为伊利公司的股票"灌水"（watered），这是一种未必正当但当时尚未被认定为非法的实践。他们发行的股权证书超出了该公司生产性资产的合理价值。（德鲁年轻时曾经是一名牧牛人，他给自己的牛喂盐，让它们多喝水，从而增加出售时的体重——这也是一种"灌水"行为。*）一位同范德比尔特有交情的纽约法官发布了针对股票灌水行为的禁制令。于是，古尔德、菲斯克和德鲁带着价值数百万美元的被"搁死"的债券、股票和绿背纸币逃到了新泽西城。就在此刻，许多南方分成制佃农正在为他们的贷款支付着高达60%的利息。接下来，古尔德带着"满满一箱绿背纸币和见票即付的支票簿"匆匆逃往奥尔巴尼，但谁能想到呢？纽约立法机关竟然通过一项法令，动摇了范德比尔特的禁制令的法律效力。最后，出人意料地，德鲁决定向范德比尔特投降，二者达成了交易。全面休战就此开始。范德比尔特无奈接受了1亿美元的损失，

---

* stock 在英文中既可以指"股票"也可以指"牲畜"，watered stock 是一语双关。

却确保了对纽约中央铁路公司的控制权。古尔德成为伊利铁路公司的总裁。[112]

德鲁和菲斯克其实是相当笨拙的投机者,范德比尔特和古尔德却不同。他们是两面派企业家,会在决定到底要进行投机还是投资的时候难以取舍。

操纵新的国民货币和信贷系统,押注金融资产的增值,进行短期投机,这当然能赚到钱。资本市场中的估值是面向未来的,这是一个有关心理预期的问题。[113]这场博弈(它的确就是一场赌局)的关键在于争相操控那些预期和信息,使用信贷和代理人投注于股票和债券的上涨和下跌。收买一下关键位置上的州立法机关成员也是大有助益的。

与此同时,铁路也是一项长期进行中的业务,范德比尔特和古尔德都是能力出众的公司主管。他们知道如何通过承担风险,放弃流动性,将货币资本投资于以铁轨、蒸汽机和有轨机车形式存在的耐用资产获取利润。在这一点上,让一家公司赢利的唯一方法,便是增加运营收入而不是运营成本。这些南北战争后的铁路公司除了掌握金融投机的艺术,还发明了许多现代管理科层制方法,其中就包括了会计技术、组织层级和有节制的技术革新等。[114]

这样一来,投机性的信贷周期的确会诱发对创造财富的企业和生产的长期投资。到1870年时,铁路资本化总额飙升到了25亿美元。[115]范德比尔特的纽约中央铁路公司于1870年率先完成了贯通纽约和芝加哥的铁路线。在1868年到1873年间,铁路公司新建了24 589英里铁路,其中半数以上是在密西西比河以西的西部地区和远西地区。[116]铁路的斯密式增长扩大了市场范围,也增加了整个北美大陆市场对商品的需求。[117]

然而,对于在哪里付出自己的时间、精力和资本的问题——无论是短期投机还是长期的耐久性投资——这些伟大的铁路实业家总

第七章　南北战争与资本重建

是犹豫不决，甚至会发生激烈的内心斗争。

当轻而易举就能获得信贷的时候（至少对这些人来说如此），为什么还要耗时费力、冒着不确定性去实际修建一条铁路，保持它在有利可图基础上的日常运营？如果在交易场上恰到好处地放出风声，他们可以通过对金融资产进行杠杆投机的方式迅速获利，甚至不必放弃流动性，无须让资本落地变成固定的运营成本。南北战争后，长期的、高信用等级的铁路债券，利率一直稳定在6%的低水平区间。[118]这是从经营实业中获取利润的一个障碍。假如一个人可以从短期金融投机中获利而不用给任何人发工资的话，为什么还要那样做，明知必定要将一些资源用于支付工人的薪酬？在这个时代经济不平等的增加，很大程度上是因为许多重建资本的拥有者有时无法很好地回答这些问题。他们玩弄金融，只为了让自己发财。[119]

古尔德是一个为自己的即时利益而操纵各种未来预期的高手。他还以自己的名义大量买进地产，然后将其卖给伊利铁路公司，通过自利交易中饱私囊。1869年，古尔德曾试图垄断黄金市场，结果未能如愿。[120]亲商业的《金融家》（Financier）杂志将古尔德称为"所有现代社会犯罪分子中成就最高的一人"。报人约瑟夫·普利策（Joseph Pulitzer）称他为"一个最最邪恶的人物，像蝙蝠一样掠过美国人民的视野"。[121]在视觉文化中，绰号"蜘蛛"的古尔德经常以不似（或胜似）人类的动画形象出现。有时，他也会被描绘为一个犹太人。伟大的漫画家和政治讽刺作家约瑟夫·开普勒（Joseph Keppler）和托马斯·纳斯特（Thomas Nast）一再把古尔德作为笔下人物。[122]

在与其兄小查尔斯·弗朗西斯·亚当斯（Charles Francis Adams, Jr.）合作出版的名为《伊利篇章》（Chapters of Erie, 1871）的书中，约翰·昆西·亚当斯的孙子亨利·亚当斯（Henry Adams）撰写了一篇激烈抨击古尔德的文章。两兄弟直指要点。问题不是个人的贪

托马斯·纳斯特,《杰伊·古尔德的私人保龄球道》(1882年)

出生于德国的纳斯特被称为美国最伟大的政治漫画家。在纳斯特有关镀金时代的名作中,这几幅是最直白的。被媒体称为"蜘蛛"的古尔德,经常以卡通形象或犹太人的形象出现在画家笔下。

托马斯·纳斯特,《困在网中的正义》(1885年)

第七章　南北战争与资本重建　　　　　　　　　　　　　　　　291

婪——毕竟，不受制约的商业自利自古以来便一直是个道德问题。真正的问题在于，特许公司和州立法机构在特许状中授予它们的法律特权正在成为超乎想象的大规模私人收购的工具。亚当斯兄弟写到范德比尔特时说：

> ［他］将个人的自然权力与公司的拟设权力结合在了一起。路易十四的名言"朕即国家"，正代表了范德比尔特在铁路问题上的立场。他无意识地将专制独裁引入了企业生活。然而，他也无非是指明了其他人将要践行的方式而已……范德比尔特只不过是这样一类人的先驱，他们将在国家内部行使某种权力，这权力由中央政府一手铸成，却变得尾大难掉。

他们继续写道，在这个奴隶解放的时代，"我们的大公司正在迅速地脱离国家而实现自身解放，或者更确切地说，它们将中央政府置于了自己的控制之下"。[123] 查尔斯·亚当斯率先将范德比尔特和古尔德称为"强盗资本家"（robber barons），把他们比作在安全通航的河道上勒索通行费的强盗贵族。[124]

古尔德是一个几乎毫无政治意识形态可言的人。与之相反，年长的范德比尔特在19世纪30年代和40年代却曾经是那种信奉竞争、开放准入和反垄断的杰克逊主义式商人的代表。[125] 民主党人曾呼吁过结束腐败"特权"，但某些事态的发展却走上了歧途。从经济上，鉴于发展铁路的经济规模收益递增这一现实情况，先行一步的人攫取垄断性市场份额的风险隐隐浮现。现在，那些争相收买法官和议员的大权在握者，正在无所顾忌地玩弄着杰克逊主义者对商业机会平等的呼求，以此来获得政治上的领先优势。[126] 除了伊利之战，在林肯授权兴建的横贯大陆的铁路线的修建过程中，联合太平洋铁路公司和中央太平洋铁路公司的企业主管，一方面向一大批议员行贿，另一方面成立了许多空壳建筑公司以进行自利交易，中饱私囊，联合太平洋铁路公司的美国动产信贷公司（Crédit Mobilier）就是其中最臭名昭著的一个。[127]

当时，政府并没有通过禁止此种行为的立法。与之相反，除了提供各类补贴，政府还会为私有经济参与者提供保护。斯蒂芬·J. 菲尔德（Stephen J. Field）是另外一位年事已高的老杰克逊派民主党人。1863年，林肯任命这位主张联邦主义的民主党人为最高法院法官，菲尔德随即态度坚决地采取行动，发动了一场被某位历史学家形容为"在私人权利与合法政府干预之间划定明确界限的十字军东征"的战役。[128] 政府和市场必须保持在各自的领域之内，即便存有实施适当政府监管的空间，私有经济权利所占据的领域也是相当可观的。在菲尔德的影响下，最高法院将对战后的《宪法第十四条修正案》做出解释，以保护"缔约自由"这个包罗万象的私有经济活动领域，它虽受到政府监管，却与政府泾渭分明。[129]

最高法院走得更远。以民权案例（Civil Rights Cases, 1883）*为高潮的一系列最高法院决议，实际上否定了南北战争后的几个宪法修正案旨在赋予被解放黑人的公民权利。最高法院还在布拉德维尔诉伊利诺伊州（*Bradwell v. Illinois*, 1873）一案中收回了数项女性权利，裁定女性无权从事专业工作。与此同时，在菲尔德的启发下，圣克拉拉县诉南太平洋铁路公司（*Santa Clara v. Southern Pacific Railroad Company*, 1886）一案将《宪法第十四条修正案》规定的保护权利赋予了公司财产。曾经于1868年撰写过一篇经典宪法学

---

* 源于堪萨斯州、哥伦比亚特区、密苏里州、纽约州和田纳西州的联邦法院各自审理后又由美国最高法院一并加以审理的五个案件。此五案均涉及1875年3月1日《民权法》。依该法，旅馆、剧场、公共交通工具和娱乐场所等均需平等地为所有人提供充分的设备，不能因种族、肤色等差异而有所区别。最高法院判定该法违宪，认为它既不符合美国《宪法第十三条修正案》，也不符合《美国宪法第十四条修正案》。此后又有布朗案。这些案件成为此后大量种族隔离案件中所引用的前例。（词条释义引自《元照英美法词典》）

论文的另一位前杰克逊主义者、密歇根最高法院法官托马斯·库利（Thomas Cooley），在1870年明确表示，构成铁路公司的不是别的，正是"排他性的私有财产，它为一个私营公司所拥有、控制和经营，目的是为其成员谋取利益"。[130] 联邦政府不愿强制实行对黑人权利的保护，它也不允许各州侵犯公司的财产权。

最开始的时候，杰克逊主义的公私领域划分是为了保护商业机会不受政府许可的垄断行为的侵占——即便这也意味着剥夺了公司所负有的公共义务。毕竟，私营公司依然能被监管。然而，当资本时代开始时，无论是否出于有意，菲尔德和其他法学家却为包括公司在内的私有经济参与者创设了许多十分强大的权利保护制度，以至于新的风险不再是政府拒绝提供平等的商业机会，而是私有部门的高度集权可能会凌驾于民主政府之上。当时出版的两部敲响警钟的美国小说尤其值得一提，它们是亨利·亚当斯的《民主：一部关于美国的小说》（*Democracy: An American Novel*,1880）、马克·吐温（Mark Twain）和查尔斯·达德利·沃纳（Charles Dudley Warner）合著的《镀金时代》（*The Gilded Age: A Tale of Today*,1873）。镀金时代之名，最早就出自这里。

南北战争见证了中央政府权能的大幅增强。然而，在那之后，金融家们掉过头来针对政府，试图在恢复硬币支付的过程中通过紧缩政策缩小政府权能，而杰克逊主义公私领域划分的论调也重整旗鼓。正如南北战争前的那个时代，建造公共交通基础设施——这一次是铁路，而不是收费公路和运河——的全国性计划将不复存在。英国人安东尼·特罗洛普（Anthony Trollope）的《如今世道》（*The Way We Live Now*, 1875）以小说的形式描述了尔虞我诈的英国投机者对北美铁路的投资活动，其精彩程度更在《民主》和《镀金时代》之上。特罗洛普在小说中正确地指出，伦敦会客厅里的精心算计和晚宴上的怠慢冷遇，足以决定铁路将建在美利坚合众国的哪个地方。

事实上，重复兴建的线路比比皆是，不计其数；一位铁路公司发起人承认，这种"对现有系统不必要的模仿重复"就其"公共必要性"而言，既"徒劳无功又多此一举"。[131]

公共利益的本质需要被重新想象，而针对私营公司权力范围的重大政治斗争，注定将在不久的将来浮现出来。[132] 但首先，南北战争后的繁荣时期仍会兴建起更多的铁路。在19世纪60年代末，由通常充当欧洲投资人代理的波士顿和纽约金融利益集团出资兴建的一系列"格兰其"农资运输铁路（Granger railroad），以芝加哥为起点，穿过密西西比河一直向西铺开。1870年，第一条铁路修到了内布拉斯加的奥马哈，这正是林肯指定的联合太平洋铁路的终点。

修建横贯大陆铁路线时经过的那些土地，经常是被土著民族占据的，而且他们通常拥有这些土地的完全产权。在南北战争结束时，美利坚合众国政府并不拥有对密苏里河以西的大平原地区（Great Plain）的控制权，生活在这片领地上的约6.5万名印第安人依然有能力激烈抵抗美军的征服。[133] 正如此时担任美国陆军总司令的前联邦军将军威廉·特库姆塞·谢尔曼（William Tecumseh Sherman）后来回忆的，"在文明与野蛮的伟大战斗中，过去跟在后面的铁路，如今正与前哨部队齐头并进"。[134] 1867年，国会成立了一个与大平原印第安人（Plains Indians）谈判缔约的和平委员会。十多年前的1851年，《拉勒米堡条约》（Treaty of Fort Laramie）承认了大平原印第安人部落的主权占有，同时赋予合众国兴修道路和建造军事堡垒的权利。1867年，在堪萨斯州的梅迪辛洛奇克里克（Medicine Lodge Creek）举行了一次会议，南方平原部落的某些成员——科曼切人（Comanche）、凯厄瓦人（Kiowa）、阿帕奇人（Apache）和南夏延人（southern Cheyenne）及南阿拉珀霍人（southern Arapaho）——将部落土地割让给了联邦政府。1868年，在拉勒米堡举行的另一次会议上，一些克罗人（Crow）、拉科塔人（Lakota）、北夏延人和阿拉帕霍人也割让了领土。这些美洲原住民部落之后将生活在政府监管的保留地上。对那些不愿意背井离乡住进保留地的印第安人，合众国宣了战。这被称为"和平政策"。[135]

美国的殖民战争从某种维度上看是经济性的。为了恢复硬币支付而致力于紧缩政策的国会，将"和平时期"的美国陆军规模缩减到了不足5万人。剩下的陆军对印第安人政治和军事权力的经济基础发起了积极打击。在南方白人至上主义者向黑人公民实施令人发指的暴行之时，军队跟随着铁路公司向西挺进到了密苏里河谷。1868年冬天，美军向印第安人的冬季营地发起了毁灭性的连番突袭，而联合太平洋铁路公司及其南方分公司——堪萨斯太平洋铁路公司（Kansas Pacific Railroad）——则把水牛群一截为二，从而切断了大平原印第安人的食物供应。到1869年春天，大平原印第安人在经济上遭到了重创，他们的有组织抵抗被破坏了。根据南北战争后的《宪法第十四条修正案》，印第安人并不是美国公民，因此，他们不同于那些铁路资本的所有者，无法享受宪法赋予的产权保护。印第安人部落曾经参与到商业时代之中，与白人建起了诸多贸易纽带。[136] 但在这个资本时代，印第安人的经济生活遭到了毁灭性的贬值，并最终被摧毁。

1869年5月10日，在犹他州的奥格登，利兰·斯坦福（Leland Stanford）钉下了那颗将中央太平洋铁路和联合太平洋铁路连接在一起的"金道钉"（严格来说，它是铁做的）。1868年，作为内线的斯坦福承包与金融公司（Contract and Finance Company of Standford）和那些"合伙人"联手，向中央太平洋铁路公司收取了超过1 600万美元的建造费用。他们从中央太平洋铁路的修建中赚取了1 000万美元的利润。[137] 美国动产信贷公司的赢利高达1 600万美元。尽管联合太平洋铁路公司负债累累，而且迄今为止没有在业务运营中实现赢利，然而通过金融操作和公司股票升值，这家公司的原始发起人所投入的那些原始投资赚到了480%到610%的利润。[138]

宾夕法尼亚铁路公司的汤姆·斯科特不想错过良机,而在所有人之中,他对横贯大陆的铁路拥有一个最大胆的梦想:他将建起第一条南方干线铁路,将宾夕法尼亚铁路的巴尔的摩站和新奥尔良连接起来。他将从那里开始,建造一条穿过得克萨斯的公路,然后继续向上,通往南加利福尼亚和太平洋。它将是一条从大西洋通往太平洋的真正的大陆横贯线。[139]

1868年到1873年间,在南方出现的铁路建设热潮,贡献了全国铁路修建里程的16%。[140] 由奉行重建政策的共和党人所把持的南方各州立法机构,向私营公司发放了土地转让证和州政府补贴债券,或是以折扣价格将各州控制的铁路线卖给他们。斯科特的干线铁路及其支线切分了南方的山麓地区,这些农业区在南北战争之前大部分都是以自给自足为导向的。通往内地的道路即便为北方所拥有,也会将棉花种植、作物留置权和劳役抵债等实践一道传播开来。棉花种植面积扩大了,虽然生产率未必提高。[141] 1870年到1871年间,认为宾夕法尼亚铁路有助于扩大北方佬影响力的"三K党"(Ku Klux Klan)人沿着汤姆·斯科特的某些代理铁路线(proxy lines)发起了公然袭击。格兰特总统签署了一项法律(他的内政部部长是斯科特的朋友),联邦政府出面干预,平息了最严重的暴力事件。

5. 重建结束

南北战争之后,美利坚合众国作为一个单一民族的独立国家,其主权在它不断扩大的管辖范围内变得更统一、更强大了。然而,恢复政策和重返金属货币本位的渴望却削弱了国家主权,因为恢复

第七章 南北战争与资本重建

硬币支付令美国的金融体系暴露于国际货币资本动荡的影响之下。1873年，一场大西洋地区的金融恐慌令1868年后的美国铁路繁荣戛然而止，而这场恐慌正是欧洲信贷紧缩与脆弱的战后华尔街金融体系之间相互作用的结果。随后的经济衰退导致了南方政治重建的告终。

恢复硬币支付政策将美国经济与国际金本位制绑在一起，从而令其与国际经济事件的时运息息相关。1873年，黄金开始从美国流向英国。在维也纳证券交易所崩盘之后，欧洲不稳定的信贷状况导致了资本所有者的连锁恐慌，令他们争相持有安全的流动资产。[142] 因为所有人都在争抢黄金，英格兰银行发现，支持英国银行体系的黄金储备正在减少。作为回应，它把短期银行利率从4%提高到了9%。为了寻求更高的回报，同时担心出现一场全面恐慌，黄金存款从包括美国在内的各个地方涌入了英国的银行。华尔街的信贷开始收缩。[143]

美国的国内状况也加剧了信贷短缺。1873年夏天，因为到了一年一度的收获季节，美国的货币和信贷进一步收紧。另外一个问题在于，为筹集运营资金，负债如山的美国铁路公司越来越依赖短期通知借款市场实现债务展期。美国的铁路公司债已经从1867年的4.16亿美元攀升到1870年的22亿美元。[144] 到1873年，新发行铁路债券的利率收益保持在6%。然而，短期通知借款市场的利率却从3.8%飙升到了61.23%。[145] 考虑到这些利率，还款的另一种选择是产生收益，也即业务利润。但尽管铁路公司建造了数千英里的铁路，他们的商业模式却是一场信心博弈。南北战争后的那些公司，都是先动工修建，然后希望日后可以赢利。[146] 另一种债务偿付选择，是借更多的债。然而，如果信贷市场收紧，甚至哪怕只是有谣言说信贷或许会收紧，整座纸牌屋都可能会坍塌。

美国的1873年恐慌，始于北太平洋铁路公司（Northern

Pacific Railroad）的倒台，这家公司是 1864 年国会授权成立的。1867 年，国会授予该公司一份土地转让证，这片土地横跨明尼苏达州，直抵太平洋。但这条铁路缺乏之前给予联合太平洋铁路公司的那些财政补贴。费城银行家杰伊·库克之前靠出售美国国债发了财，但在恢复硬币支付过程中的紧缩政策影响下，他需要新的业务。1870 年，他开始代理北太平洋铁路公司债券的销售。但北太平洋铁路公司货运业务所产生的利润，并不足以令其履行债务合同条款。在夏季总体信贷状况紧缩之后，杰伊·库克公司于 1873 年 9 月 18 日倒闭。北太平洋铁路公司宣布破产。[147]

杰伊·库克公司的倒闭引发了一场金融恐慌。通知借款市场中的贷款高达 360%。[148] 储户争先恐后地从纽约的各家银行中提取存款，担心一旦被要求清偿债务，这些银行也会倒闭。债权人开始收回贷款。1873 年 1 月时，欧洲投资者投到美国铁路证券上的钱不少于 8 270 万英镑，他们开始把自己的资本撤回国内。[149] 信心崩溃了，预防性囤积行为全面爆发。信贷和物价的崩溃抑制了消费和商业活动。铁路股票贬值了 60%，半数的美国铁路公司以破产告终。

察觉到机会的杰伊·古尔德倾力而出，掌控了摇摇欲坠的联合太平洋铁路公司。[150] 恢复政策以其他地区（和人民）为代价，将信贷导向了华尔街；但在此之外，恢复货币资本的稀缺价值还导致了资本所有者的预期高涨，从而引发了投机性借贷行为，然而这却有赖于实现恢复硬币支付必不可少的高利率。当信贷周期逆转时，以高利率获得的宽松货币常常会导致极其严重的衰退。

美国人之前经历过反复出现的信贷周期，但 1873 年恐慌之后的经济衰退却展示出了这个新兴工业资本主义时代所特有的某些新特征。工业资本是固定下来、落到实地之上的，因此也就失去了流动性。即便是潜在的消费者囤积货币、商品需求一落千丈之时，工业资本家依然会让机器保持运转，以部分收回先前的投资。商品依

第七章　南北战争与资本重建

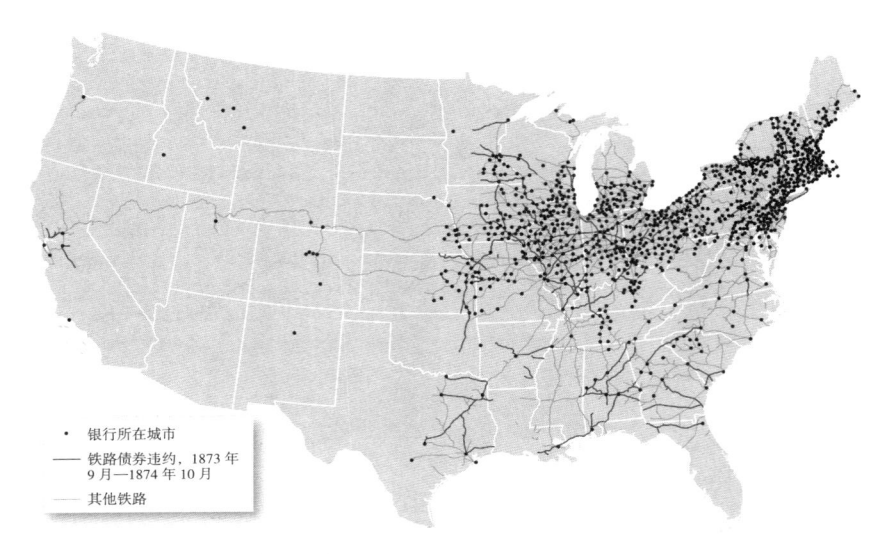

1873—1874 年的金融和美国铁路网

南北战争后的铁路建设热潮紧紧跟随着重建金融资本的流动——反之亦然——直到 1873 年恐慌导致大规模破产。

然如潮水般涌入市场，物价进一步下跌。[151] 1873 年恐慌后的经济衰退并不是经济产出的衰退。[152] 与之相反，它是以大西洋两岸物价急剧下跌的形式出现的。这被称为物价"大萧条"。

在华盛顿掌握大权的共和党人，几乎没有提供任何帮助。"自由土壤、自由劳动、自由人民"的口号，也几乎没有为纷纷涌现出的工业困境——物价下跌、在大规模财富创造过程中产生的贫困和不平等以及罢工——给予任何指导。[153] 林肯遇刺已有八年，无法再把罪名推给"蓄奴势力"。共和党重新回归恢复硬币支付的逻辑，呼吁加大政府紧缩力度，而这进一步恶化了通缩。格兰特总统的助理财政部部长宣称，"要想实现信心的全面恢复，只能借助一个缓慢而审慎的过程，获取对真实价值的深刻认识"，以及"在更坚实的基础上开展业务，减少通货膨胀，更多地关注真实的可行性及内

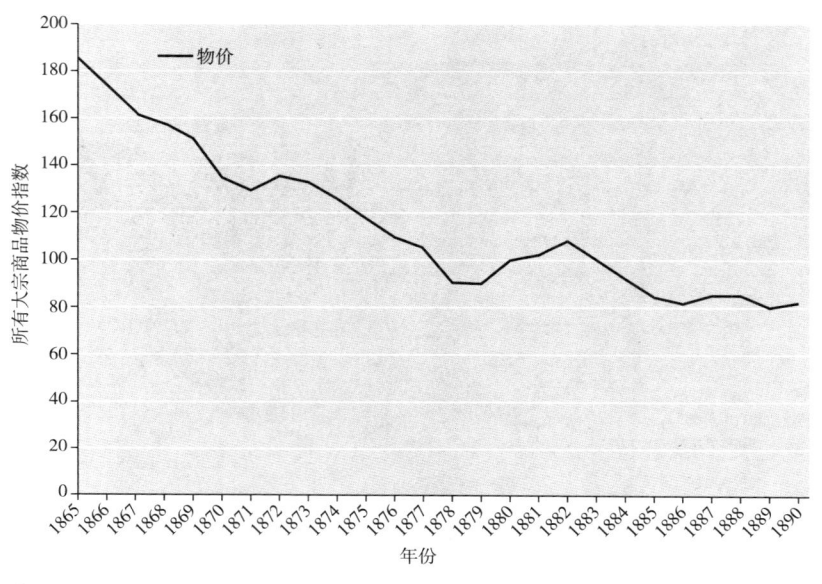

美国物价下跌

19世纪晚期，术语"大萧条"指的是这个时代的急剧物价下跌——在美国，它是由恢复硬币支付政策引发的。

在价值"。[154] 为了解决通缩，需要更大规模的通缩，为了解决破产问题，需要有更多的公司破产——这些呼声将响彻整个资本时代，一直持续到20世纪30年代的大萧条。在19世纪70年代，美国财政部的确发行了2 600万美元的绿背纸币，达到了法律允许的上限。但除此之外，即刻恢复硬币支付被放在了优先位置。

在1874年的国会中期选举中，民主党击败了共和党，这是该党自南北战争以来首次掌控众议院。即将下台的共和党激进派，操纵国会通过了1875年《民权法》（Civil Rights Act of 1875），日后，它被美国最高法院在民权案例（1883年）中宣告无效。此时驻扎在西部、旨在将印第安人逼入保留地的军队，要比驻扎在南方强制保护黑人公民权利与政治权利的军队还多。1877年秋天，曾任被解放黑奴事务管理局局长的奥利弗·霍华德将军把一群一直与合众国结盟的内兹帕斯（Nez Perce）印第安人逐出了加拿大边境40英里，从而结束了"最后的印第安战争"。[155] 大平原地区向白人的资本主义发展敞开了大门。

即将下台的共和党国会通过的1875年《恢复法》（Resumption Act of 1875），要比1875年《民权法》拥有更直接的重大影响。它在经济衰退中宣布，联邦政府有意在1879年1月1日前将美元恢复为战前平价金属本位。这项法案本质上是在呼吁进一步压低物价，因为要在那一天到来前确保汇率挂钩，财政部不得不囤积足够的黄金准备金。最后，作为临别一击，马上就要解散的共和党国会提高了保护主义工业关税的税率。

1876年总统大选中的两位候选人——纽约州民主党人塞缪尔·J.蒂尔登（Samuel J. Tilden）和俄亥俄州共和党人拉瑟福德·B. 海斯（Rutherford B. Hayes）——全都主张恢复硬币支付。蒂尔登在普选中获胜，但选举人团中的势力均衡，却取决于南方各州饱受争议的计票结果。人们担心，地方割据的暴力事件可能会卷土重来。[156] 猜猜是谁介入其中，促成了妥协方案？正是汤姆·斯科特。[157] 斯科特计划就其本质而言，是南方接受共和党的胜利，以换取南方白人至上的全面"回归"（redemption），而联邦政府也将为斯科特业已破产的南方大陆贯通线得克萨斯太平洋铁路提供补贴。[158]

斯科特无法说服共和党人做出承诺，在海斯总统任职期间为得克萨斯太平洋公司提供补贴。南方国会政客不关心任何一种形式的经济繁荣，也不在乎由来自东北地区和欧洲的人拥有铁路，他们如今放在第一位的投资目标是对地方管辖权的恢复，从而让自己得以维持白人至上主义。[159] 共和党人对此表示默许。在1877年《妥协方案》（Compromise of 1877）中，海斯成为总统。美利坚合众国军队撤离了南卡罗来纳、路易斯安那和佛罗里达，对南方的军事占领正式结束。重建工作完成了。1877年年底,尽管关于总统大选的辩论仍在激烈进行中,众议院已经通过了一项废除1875年《恢复法》的法案。参议院仅以一票之差否决了该法案。1879年1月1日,美利坚合众国恢复了美元在战前的金属货币本位制。[160]

当然,自从上一次美元与黄金白银挂钩时起,很多事情都发生了变化。奴隶资本已经被摧毁,400万被解放的美国黑人得享自由新生。但是,在南方佃农分成制令白人对黑人劳动的剥削得以继续的同时,战争期间及战后兴起的货币与金融体系令华尔街坐收渔利,而私营股份公司的所有者则越来越多地摆脱了加诸己身的公共义务。在战争期间,战时"爱国主义和赢利"的动态结合曾推动了经济活动。战后,投机性投资自相矛盾的驱动力,为经济生活注入了能量,因为短期投机会引发对实业的长期投资,直到信贷周期逆转,带来另一次金融恐慌、预防性囤积和全面经济衰退。与此同时,作为对南北战争带来的全国性创伤的回应,产生了对政治经济学的悲观怀疑态度,爱国主义消失了,对利润的追逐却还依然故我。新重商主义、新汉密尔顿主义和杰克逊主义的传统,全都蒙上了恶名。

1879年3月,物价终于开始上涨,衰退止跌回升。信心恢复了,工业化加速前行。[161]

第八章

工业化

1865 年，当格兰特的大军向里士满进军时，29 岁的安德鲁·卡内基辞掉了自己在宾夕法尼亚铁路公司的工作。这家公司的总裁 J. 埃德加·汤姆森（J. Edgar Thomson）恳求他留下来，承诺破格提拔他。但卡内基还是走了，"下定决心要发家致富"。[1]

卡内基生于苏格兰，他的父亲是一位操作手织机的纺织工人，英国工业革命时代蒸汽动力织机的出现让他丢了饭碗。[2] 一家人于 1848 年移民到宾夕法尼亚西部离匹兹堡不远的一个地方。正值少年的卡内基并没有上学。1853 年，汤姆·斯科特雇用他担任电报接线员，20 岁时，卡内基已经成为斯科特的个人助理。

斯科特将自己所知道的一切对卡内基倾囊而授。宾夕法尼亚铁路公司在铁轨、车厢和机车上投入了大量生产性固定资本。因为消耗这些资本所产生的运营成本，铁路公司必须尽可能地令其车厢快速、满载运行。为此，这家公司成为第一家大规模的现代管理企业，很可能是当时世界上效率最高的科层化商业机构。[3] 斯科特教会了卡内基工业资本的逻辑，运营成本决定了销售价格。面对固定成本和运营成本，要想赢利，就必须提高运营量和周转率，才能实现充满活力的规模经济。

但是，从长期投资财富生成企业中获利需要时间，而汤姆·斯科特不可能一直等下去。作为一个两面派企业家，斯科特还教会了卡内基短期投机流动性资本市场和公司自利交易的门道。1856年，斯科特借给卡内基600美元，用于购入亚当斯快运公司（Adams Express Company）的股票，这家公司是宾夕法尼亚铁路公司的货运经手人。铁路公司把货运生意发包给亚当斯快运公司，很快，股票就开始暴涨。靠着金融资产迅速的增值，卡内基随后收到了生平第一张10美元股息支票。他在自传中回忆道：

> 在我有生之年，我将一直记着那张支票……它给了我第一笔资本收入，一笔不是我埋头苦干赚来的血汗钱。"我发现了！"我叫道，"这就是下金蛋的鹅。"[4]

亚里士多德很久以前写道，金钱就其本质而言是不会自我繁殖的。[5] 因为钱本身不能生钱，那么当它实现了自我繁殖时，这便是不自然的。卡内基却发现了一枚金蛋——这种金蛋通常都会掉落在汤姆·斯科特的朋友圈中。很快，卡内基的投机收入便远远超出了他在宾夕法尼亚铁路公司的薪水。

卡内基退出了铁路公司，声称："我有钱了，我有钱了。"[6] 作为一名全职投机者，他离开了匹兹堡，和母亲一道住进了纽约一家酒店的套房。他前往欧洲募集投资。"是笔大生意，安迪。"斯科特这样称赞他。[7] 回国后，卡内基、斯科特和汤姆森通过市场运作，挤进了联合太平洋铁路公司的董事会。斯科特渴望成为公司总裁，但令他失望的是，卡内基抛售了手中的股票，以获取巨额利润。这时候，是1868年，33岁的卡内基被内疚感压倒了。"人必须拥有偶

第八章 工业化

像。"他在日记中写道。但"积聚财富是最坏的一种偶像崇拜。没有比崇拜金钱更令人卑下的偶像崇拜了"。[8] 内心激烈斗争的他退出了金融投机活动。

是什么导致了这种心意转变？"在进行那些投机冒险的过程中，"一位卡内基的传记作者写道，"他感觉自己就像一个寄生虫，一个附着在斯科特—汤姆森号财富之船侧翼上的藤壶。"[9] "我希望创造一些看得见摸得着的东西。"卡内基回忆道。或许回想起了父亲的辛劳，卡内基后来还说，"我在匹兹堡生活了足够长的时间，以至于沾染了那里有别于投机精神的制造业精神"。[10] 于是，卡内基回到匹兹堡，下定决心进军钢铁制造行业。美国的各家铁路公司正在经历着从铁到钢的转型，这种更耐用的金属不仅被用于制造铁轨，还被用于制造机车、车厢、车钩、制动器和车轮。[11] 存在着对此类商品的需求，这是毫无疑问的。

但是，为什么要这么做？当一个人可以像卡内基曾经做过的那样，住在纽约第五大道温莎酒店的豪华套房里，随心所欲地进行投机，为什么还要费钱费力地把资本固定于地面上——为此建起一座钢铁厂，组织生产，雇用工人，制造产品，然后再去寻求钢铁的终端市场，寄希望于最终销售价格能超过生产成本？汤姆·斯科特一直在两边下注。为什么要彻底退出信心博弈，一门心思地以工业生产为目标？

工业化并不是凭空发生的。卡内基转向制造业是一个偶然行为。据他自己总结，他那时良心不安，深感罪孽深重，渴望着创造出一些实打实的东西。制造钢铁能赚钱，这倒也是真的。但那不过是事后诸葛亮。卡内基的计划在当时只是空中楼阁。他必须做出信心一跃，而他的确这样做了。

一开始的时候，卡内基拉上了汤姆森和斯科特，于1872年成立了合伙企业。在1873年恐慌期间，斯科特在得克萨斯和太平洋铁路公司（Texas & Pacific Railway）遇到了麻烦。这家公司紧张不安的债权人们开始收回自己的贷款。斯科特把卡内基叫到费城，恳求这位前门生为得克萨斯和太平洋铁路公司的票据背书。"在所有的人当中，你最应伸出援手。"汤姆森哀求道。卡内基将其称为"我一生中最艰难的时刻之一"。[12] 然而，他到头来还是没有支持自己的昔日导师。感觉被出卖了的斯科特和汤姆森，迫使卡内基买断了二人在其钢铁制造企业中的投资。为了筹集资本，卡内基启航前往伦敦，向移居国外的美国银行家朱尼厄斯·S. 摩根（Junius S. Morgan）卖出了公司债券。

到1874年时，尽管已经与汤姆森闹翻，卡内基还是将自己的首家工厂命名为埃德加·汤姆森钢铁厂。厂址位于工业潜力巨大的匹兹堡以南12英里处。三条河流和两条铁路干线——宾夕法尼亚铁路和巴尔的摩及俄亥俄铁路——从这座城市中穿过。丰富的烟煤和焦炭就蕴藏在附近，它们是炼钢所必需的能源。

埃德加·汤姆森钢铁厂的造价达125万美元，这是一笔非同寻常的固定投资。卡内基着手将他在宾夕法尼亚铁路公司学到的管理原则应用于炼钢。"大火车满载快运"变成了大工厂满负荷快速运转。很快，卡内基便意识到，炼钢行业居然没有任何一个人在计算着生产成本：

> 我极其惊讶地发现，大家对那么多道工序中每一道的成本都不了解。我向匹兹堡几个为首的制造商打听了一下，结果证实了这一点。这是一个大宗生意，直到年终清点存货和平衡账目以前，制造商对结果一无所知。我听说，有人以为年终时会亏损，却实现了盈利，反之亦然。[13]

卡内基遇到的，是资本时代的一个常见问题。多个世纪以来，

第八章 工业化

在商业活动中，目标一直都是在市场价格足够有竞争力时逢低买进、逢高卖出。早期的制造商知道其原材料或劳动力的成本，因为它们的市场价格是现成的。但工业企业规模越大，固定投资越多，就越难对制造成本——运行一座熔炉或运输原材料的消耗资本——进行列表核算，因为在企业内部并不存在为这些活动定价的市场。宾夕法尼亚铁路公司和其他铁路公司一道，率先开发出了新的会计方法计算这些无法由市场定价的运营成本。被铁路公司会计师称为"经营比率"（operating ratio）的这个指标，衡量的便是超出生产成本的那些收入，也即不同时段的单位产出。[14]

卡内基冷酷无情地将产品成本核算应用到了钢铁制造中。他曾经对手下说：

> 给我看你的成本表。知道你用多低的成本把这件事干到多棒，要比知道你赚了多少钱更有意思，因为一个是暂时性的结果，很可能是特殊贸易条件使然，但另一个意味着某种永久性，只要一直这么干就管用。[15]

"卡内基从来不想知道利润有多少，"他的弟子查尔斯·M.施瓦布（Charles M. Schwab）回忆道，"他总想要知道成本是多少。"[16] 一位才华横溢的前铁路公司高管和成本会计师威廉·P.希恩（William P. Shinn）成了卡内基的运营主管，他向簿记部门引入了全新的会计实践。当货物和原材料在生产过程中发生移动时，他会为其附上凭单。公司按照标准化的时间单位计算价格成本比。"那个该死的簿记员来了。哪怕我比上个月多用了一打砖头，他都会知道，跑过来问为什么！"据说，一位炼钢工人曾这样说道。卡内基的计划是"抢占市场"，永远比和自己最接近的竞争对手开价低。"降低价格，抢占市场，让工厂满负荷运转。"[17]

卡内基还采用了经济学家口中的"资本深化"（capital deepening）操作。在增加劳动分工之外，他将更多的生产性资本投入到同一名劳动者手中。这促进了劳动生产率的与时俱增。每当市场上出现了能够以较低单位成本生产出更多产品的资本设备，他就会对其进行投资——有时候甚至会报废掉那些完好的现有装置设备。一名17世纪的巴巴多斯奴隶主会让自己的奴隶辛苦劳作，干到死为止，然后再从非洲奴隶贸易中加以补充。与之相似，卡内基也采取了极其严苛的、让钢铁厂满负荷运转直至报废的方法——这与被卡内基责为过分娇宠工厂的英国钢铁制造企业十分不同。负责车间运营工作的比尔·琼斯（Bill Jones）曾经是一名机工，在南北战争中担任过联邦军上尉，他以在生产方面的专业经验得享大名。作为一种象征，卡内基支付给他相当于美国总统的薪水。琼斯研发出了"琼斯混铁炉"（Jones mixer），这个巨型容器可以承接从高炉中直接倒出的250吨铁水（从而消除了生铁阶段），直到该倒入贝塞麦转炉时为止。以英国人亨利·贝塞麦（Henry Bessemer）命名的这种转炉，形如巨瓮，高温熔化的铁被倒入其中，在那里通过进一步氧化去除杂质，从而令铁变成钢。琼斯还研发出了一种将钢直接浇注到放在移动平板车上的铸模之中的方法，它预示着机械化装配线生产的出现，而后者在亨利·福特的汽车工厂中创造了这个资本时代生产的顶峰。

与此同时，卡内基扩大了他的作业规模。"价格低廉程度与生产规模成正比，"他说，"每天制造10吨钢的单位成本，是制造100吨钢的好几倍。因此，作业规模越大，产品就越便宜。"[18] 更大的生产规模，要求对自始至终、"纵向整合"的生产过程进行更多的行政协调。卡内基本人能够帮助在终端市场上销售最终产品。"联合太平洋铁路公司的西德尼·狄龙（Sidney Dillon）是我的一个私交。［中央太平洋铁路公司］的［科利斯·P.］亨廷顿是个朋友……这些人都是铁路公司的总裁。"[19] 作为对全新生产性资本的再投资，金

第八章　工业化

钱利润不断地被重新注入企业，很快，卡内基便不再依赖银行家和外部融资人，也独立于他的那些赌徒合伙人。卡内基依然下定决心要发家致富。但他此时比从前任何时候都更痴迷于以更低的成本制造更多的钢铁。

结果是令人难以置信的。1875年，埃德加·汤姆森钢铁厂生产了21 674吨钢。1889年，同一家工厂的产钢量达到了536 838吨。钢轨的生产成本从每吨58美元跌到了25美元，质量的显著提高也实现了。一条钢轨的平均寿命从两年提高到了十年。一辆有轨机动车的承重量从8吨跃升到了70吨。事实上，利润已经在自行增长。在投入运营的第一个月里，汤姆森钢铁厂便实现了11 000美元的利润——卡内基认为，这是美国制造业历史上前所未有的一个数字。1888年，卡内基钢铁公司（Carnegie Steel Company）的年利润为200万美元。到1890年，这个数字已达540万美元。[20] 在世界历史中，制造业领域从未发生过这样的情况。

一切都来得顺风顺水。美国资本市场在南北战争时期的转型，令卡内基有可能在早年借助投机获取财富和启动资金。卡内基逐渐生出了一种意志坚定的实业家所具有的创业精神。整个国家对钢的需求是有弹性的。从一开始，于战时通过并在战后增加的工业关税，便保护他免于同英国进口钢材展开竞争。[21] 而与世界其他地方的竞争者相比，卡内基的生产性资本也有着新的特性。他的生产过程不仅资本密集度更高，能源密集度也要远超同侪。煤为他的工厂提供了动力。卡内基的工厂对各种技术水平的雇佣劳动者都有巨大需求。来自东欧和南欧的移民为匹兹堡提供了充足的雇佣劳动力。最后，卡内基还扩大了生产规模，以充分利用管理经济学和技术经济学成果。所有这些加在一起，在他的工厂中便实现了劳动生产率的激增。

确切地讲，卡内基在他的钢铁厂中创造出了一个工业时代的新体制。商业时代的经济动态主要与空间相关，因为市场范围会随着帝国的领土征服而扩大。南北战争后，铁路的铺设进一步强化了这种动态。[22]但卡内基又在其上增加了新的活力。其结果便是标准单位时间内更大的生产密集度——每小时有更多的员工以更低的成本从事生产。正如主张恢复硬币支付的前美国税务委员会委员长戴维·A.韦尔斯在《近来的经济变化》(Recent Economic Changes, 1889) 中指出的："在亚当·斯密的时代，10个人一天制造48000枚别针被视为奇迹般的成就，但如今，3个人可以在同样的时间里制造出750万枚品质更加卓异的别针。"[23]一些事情已经发生了变化。

货币资本的旋律拍号是周期循环的。资本主义的信贷周期——繁荣与萧条的大起大落，投机狂热与谨慎惶恐的戏剧变化——一直在重复出现。与之相反，工业生产领域资本乐章的拍号，却是抽象、线性和标准化的。卡内基对成本和利润进行核算，以这些单位向其员工支付工资。在商业时代，生产的经济年限也是周期性的，因为它要适应太阳、季节和地方特殊性所设定的模式。铁路公司是第一种大规模的固定资本工业，是最大的时薪劳动者雇主，但除此之外，它也更全面地令时间标准化了。为了协调铁路交通，铁路公司率先将北美大陆分为四个"标准"时区。标准时间于1883年11月8日开始生效。费城的中午12点，也是匹兹堡的中午12点。[24]标准且抽象的时间协调了全国的铁路交通，它也将支配投资到工业中的生产性资本的生命周期。

最后一个要考虑的问题，是这个新的工业投资倍增器的功能，在实现经济活动回报增长这方面，它如今已经与斯密型商业倍增器互为补充。一个农场主或许可以收割小麦，在有竞争力的市场上将其卖出，赚取更高的货币收入，但这也就到此为止了。与之相反，卡内基制造的是钢铁。作为一种"过渡性商品"或"资本品"，钢铁可以成倍生成一整套反向和正向的联动，刺激下游对煤和焦炭的需求，以及对其工厂构件的需求，同时又为前阶段供应铁路公司或建筑业所需的商品。[25]因为卡内基的种种成就,各家公司开始期待这些活动能在未来实现盈利,于是,他们便在当下采取行动,生产全面扩张了。卡内基制造钢铁的单一驱动力,便是这样帮助启动了一个更大规模的、累积式的工业化进程。

卡内基曾经做出猜测,如果他的公司在竭力降低成本的同时专注于生产更多的钢铁,利润便会自行增长。他是对的。通过想象一个从性质上与过去截然不同的工业经济的未来,安德鲁·卡内基或许成了最伟大的美国工业革命家。

1. 何为工业革命?

在整个经济史上,只发生过两次重大的根本性转折。第一次是发生在大约1万到1.2万年前的新石器革命,当时,许多人口永久地转向了定居农业,彻底抛弃了狩猎和采集。第二次则是工业革命,它开始于18世纪的大不列颠。美国加入到了第二波革命之中。

英国历史学家阿诺德·汤因比(Arnold Toynbee)在1883年时普及了"工业革命"(industrial revolution)这一术语,那时候,美国的工业化已经进入了最紧锣密鼓的阶段。[26]五年后,美国经济学家约翰·贝茨·克拉克(John Bates Clark)又普及了"资本品"(capital good)这个术语,它指的是一种独特的生产性资产。[27]资本品是"生产要素",一种已经被生产出来的或"过渡性的"生产资料,从属于更大规模的财富生产(与作为自然禀赋和本原的土地不同)。在其后的一个世纪里,许多追随克拉克的经济学专业人士将资本品等同于资本本身,将其他可能的资产——比如货币、土地或奴隶——排除在外。然而,考虑到克拉克写作的时期,他的定义限制是说得过去的。在提及资本品时,经济史学家会谈到诸如"资本深化""资本密集度"之类的指标,所有这些在克拉克的时代都在增加。

一般来说，对工业革命的最佳定义是，这是一个投资模式最终转入过渡性资本品、培育新的经济习惯的过程。在同一批劳动者手中，存在着更多的生产性资本。劳动生产率提高了，而随着货币收入倍增——不管它到底如何分配——企业也会逐渐生成更多的财富。[28] 在这个过程的某一特定时间点上，会达到一个临界值；从此再也没有回头路了。

这种经济转折，怎么强调都不过分。从数字来看，工业革命催生了经济学家所称的"现代经济增长"——可自我维系的人均收入递增。斯密型增长启动了这一现象。不管怎样，工业化都从量级上实现了对过去的突破。这个转折也是一种质变：工业革命总体上是一个文明教化的过程。工业社会被称为世界上第一批城市社会，文化乃至审美体验都发生了变化。因为对于一代人来说，占支配地位的颜色都将是工业化的煤灰和炭黑，"黑色的靴子，黑色的高筒大礼帽，黑色的公共马车和私家马车，黑色的铁艺壁炉架，黑色的锅碗瓢盆和黑炉灶"。[29]

工业革命为什么会发生？[30] 其原因并不在于某个单一因素——这种因果关系是循环往复的，也是相互累加的。[31] 然而，要观察其展开过程，能量是最好的起始点。

在工业革命的种种生产壮举中，居于核心地位的是化石燃料。[32] 这种新出现的资本品，最显著的特征便是其更高的能量密集度。工业化中的许多反向和正向联动，只有在使用新的能量储备的前提下才成为可能。此外，能量储备作为会逐渐消耗殆尽的生产要素，本身便表达出了"资本品"的逻辑。[33] 这是因为，造成差别的，并不仅仅是能量的绝对数量。正如一位环境历史学家所说的，"煤的逻辑根本不同于太阳能的逻辑"。[34]

这种差别，存在于能量流经济和能量储备经济（economies of energy flows and stocks）之间。煤是一种地质聚集产物，作为一种

第八章　工业化

过渡性经济投入，它拥有远远超出木柴、风或水的可燃功率。煤和资本品一样，是大规模生产的生产资料，两者之间存在惊人的响应作用。此外，作为能量储备的煤，可以被运输到一个特定的地点并在那里集中起来。在广泛使用煤炭之前，商业经济一直是乡村经济，原因就在于能源流不可能被储存或运输。生产必须分散到那些有水力的地方。商业时代的经济发展呈空间分布，其中一个原因便是，人口必须移动而非集中，才能开发利用各种能源流。然而，伴随着工业化进程，跨越空间的"专业化增长"得到了相应的"动力增长"的补充。[35] 集中在一起的能量储备可以被运到集中在一起的生产场所。值得注意的是，在有机经济中，唯一可移动的能量储备，便是被奴役的人类。[36] 1885 年，法国人口学家埃米尔·勒瓦瑟（Émile Levasseur）注意到，法国现有的蒸汽动力相当于 9800 万被强迫劳动者所贡献的能量，"（它们是）真正的奴隶，能够想象出的最清醒、最温顺、最不知疲倦的那种"。[37] 但是，将人类劳动力（即便是奴隶）聚集在一个地方所产生的动力，无论如何都无法与诸多燃煤蒸汽机所产生的动力相媲美。

在 18 世纪的不列颠，当煤炭被大规模用于生产时，随之而来的是一连串的正反馈循环，驾驭着各种能源奔向更大规模的生产。人们在英国煤矿中发明了蒸汽机，首先用它来泵出矿井里的水。蒸汽机把工业活动从只能靠近水力的地方解放了出来。它可以聚集在城市里，在 19 世纪晚期英国经济学家阿尔弗雷德·马歇尔（Alfred Marshall）命名的这些"工业区"中，资本、劳动力、商业和技术革新都聚集在一起并形成网络，相互补充，从前后两个方向增加供应与需求。[38]

但是，如何把煤从煤矿运到城市？这只有在蒸汽动力铁路的帮助下才成为可能，后者沿着铁轨（后来变成了钢轨）运行，全赖制造业中新出现的高能耗技术，才令其成为可能——而这又要以开采煤矿为前提，因为需要蒸汽动力。在美国，铁路的兴起促使卡内基投资于钢铁制造，它为这部滚雪球式的发展史增添了新的例证。最后，将如此多的生产力集中于一个地方，也令资本所有者雇用大量受薪劳动者成为可能——假如供应有保证的话。工业革命，是煤、蒸汽、铁和钢这些新兴生产经济动态互补的结果。

通过这种方式，工业资本主义在超越有机经济各种生产限制的同时，开辟了一个制造金钱利润的新领域。长期的、指数级的"现代经济增长"成为可能。然而，与流量不同，储量是会被耗尽的，而且正如现在已经很明显的，工业化会带来生态上和气候上的诸多后果。但是，工业生产紧密交织在一起的各种联动关系，只会令工业化的能源体制一经建立便很难转型。

在美国，煤、蒸汽、铁和钢的工业经济是在何时、何地、如何以及为何首次出现的？宾夕法尼亚铁路公司和卡内基钢铁公司都是发生在那个世纪中叶的宾夕法尼亚东部工业转型的衍生事物，在那里，一个全新的能源和资本密集型工业经济的新兴属性最早开始生根发芽。[39]

1850年，煤在美国能源供应中所占比例不到10%。[40]木材到处都是。地球上四分之三的无烟煤矿床一度位于某个方圆500平方英里的地区之内。该地区起始于宾夕法尼亚州东北部的卡本代尔（Carbondale），向西南方穿过利哈伊河谷（Lehigh River Valley），直抵斯库尔基尔河边的波茨维尔（Pottsville）。这里成为美国第一个煤矿开采区。[41]

煤产生于数百万年前的地质运动。北美的煤田开始形成于不同的时间，最古老的可以追溯到3.6亿年到3亿年前的石炭纪，最晚近的是在距今1.45亿年到6 600万年的白垩纪。死去的动植物在缺氧环境中腐烂，几千年后便会形成一种被称为泥煤的海绵状生物物质。重力作用和来自地核的热量去除了泥煤中的水分和气体，剩下

第八章　工业化

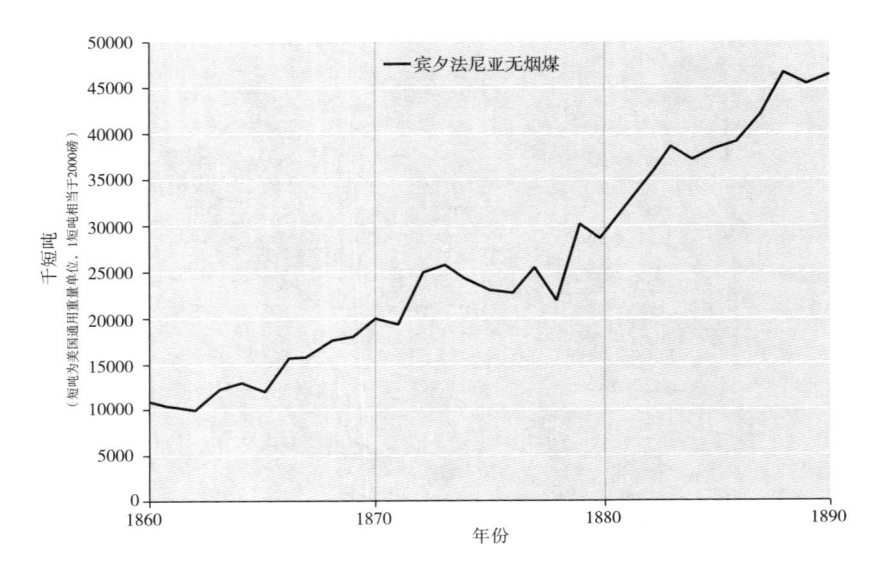

宾夕法尼亚的无烟煤生产

因为有现成的化石燃料煤矿，中部濒大西洋地区成为能源密集型美国工业革命的发源地。

的就是高浓度的炭。数百万年后，泥煤沼泽变成了煤矿。从泥煤中去除的水分和气体越多，炭浓度就越高。泥煤变成了褐煤，然后又转化为次烟煤和烟煤。在构造板块运动的压力的作用下，生成了几乎为纯炭的无烟煤。与其他类型的煤相比，它燃烧时间更长，产热温度更高，也更清洁。[42]

在内部改良项目的公共基础设施降低了运输成本之前，开采无烟煤并不具经济效益。直到19世纪50年代，水作为一种工业动力源，成本都要更低廉。因为宾夕法尼亚的制造商离煤矿近，他们率先转向了煤。宾夕法尼亚的铸铁炉产业早在19世纪30年代便已经十分繁荣了，它在冶金过程中就用到了无烟煤。到南北战争爆发时，宾夕法尼亚的钢产量已达50万吨，煤炭的年消耗量为150万吨。到那时，宾夕法尼亚铁路公司已经是世界上最大的工业企业和煤炭

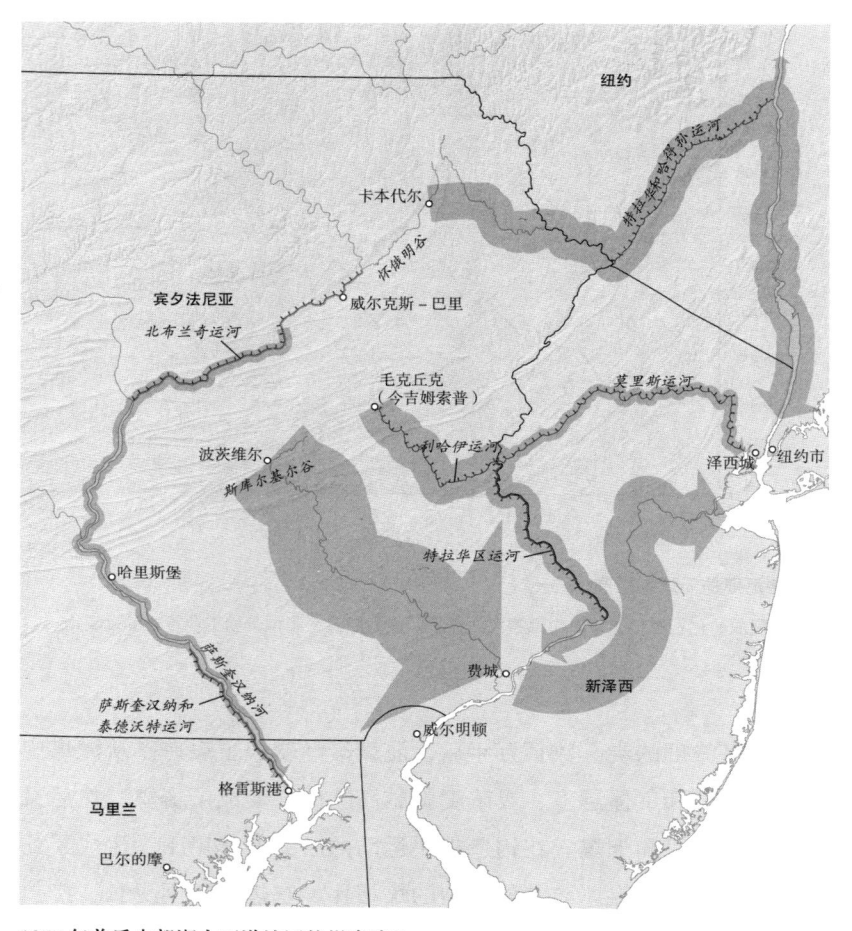

1855 年前后中部濒大西洋地区的煤炭流动

与其他大宗商品一样,煤炭沿着先前运输革命设定的线路流动。商业时代令资本时代成为可能。

消耗大户。在 1840 年到 1870 年间,费城制造业能耗增加了 25 倍。尽管企业的规模依然很小,费城却在金属加工、染色、漂白、玻璃加工和造纸等热能密集型工业流程中占据了比较优势。第一批蒸汽机车中,许多便是费城的铸造厂生产出来的。[43]

正因如此,中部濒大西洋地区的工业化与新英格兰的工业化大为不同。它专注于金属和机器这种过渡性资本品的生产,而不是纺织品这样的消费品。在新英格兰,水力驱动着纺织厂,因此它们在小乡村中遍地开花。[44]但在中部濒大西洋地区,煤、蒸汽、铁和钢的反向和正向联动首先出现在城市中。到1870年,宾夕法尼亚的无烟煤田中已经拥有700台蒸汽机。[45]廉价的煤炭令在制造业中使用固定式蒸汽机变得经济划算。更大规模的城市制造业群落成为可能,而这生成了网络效应。城市人口增长与蒸汽机在制造业中的应用有着很强的关联性。[46]在城市工厂中,燃煤蒸汽机按照指令不间断地运行着。不同于水轮和风车提供的动力,蒸汽动力不受自然气候状况和天气变化的影响。卡内基让他的钢铁厂每周7天、每天24小时运转。人造钟表——另一种过渡性资本品——为工作设定了节奏。各个产业不仅实现了上下游的联动,它们还开始依序进行、齐头并进。一位观察家指出,在城市的工业区,每时每刻都能听到和看到"蒸汽的嘶嘶作响,链条的丁零当啷,车轮和其他机器的吱吱嘎嘎,熔化的玻璃和铁以及下方熊熊燃烧的煤炭发出的耀眼光芒"。[47]

城市对人造光(以及机器润滑油)的需求,催生了对另一种化石燃料的发现与开掘,它就是石油。美国第一次石油开采热潮于19世纪50年代发生于宾夕法尼亚州的泰特斯维尔(Titusville)。蒸汽机为石油钻机提供了动力。[48]

中部濒大西洋地区工业化的进一步区别在于,它既是能源密集型的,也是资本密集型的。这意味着巨额的固定资本成本。煤炭开采本身便是资本密集型产业,因为要想染指那些有时深藏在地表下方几英里处的矿脉,必须投入大量的资本。在制造业中,蒸汽机是最主要的资本品,工业革命最伟大的"通用技术"。[49]连续不断的蒸汽旋转运动,为各种各样连带产生的"创新互补产业"的工业流程提供了动力。罗得岛州的发明家乔治·科利斯（George Corliss）研发出了一种新型固定式蒸汽机，它可以提供更大的运动稳定性，并能借助自动的"调速器切断阀"（governor cutoff）控制突然的负载变化（在轧钢厂中，这是一个特殊优势）。切断装置的应用，使得工厂不再需要儿童完成同类任务。科利斯发动机将能量传输提高了50%。就在科利斯的专利过期的1870年，美国制造业中对蒸汽动力的使用最终超过了水力。在新英格兰洛厄尔的纺织厂，1867年时首次应用了蒸汽动力，当时，它不过是河水结冰时对水力的补充，但很快，纺织厂就完全转向了蒸汽动力。[50] 以煤为燃料、以蒸汽为动力的工业化取得了胜利。[51]

为了迎接1876年的费城百年纪念博览会（Philadelphia Centennial Exhibition），科利斯建造了有史以来最大的蒸汽机。欧洲参观者离开展会时，无不为美式机械震撼不已。到那时，线缆、齿轮、传动轴、冲床和曲柄已经驯服了蒸汽动力，将其应用于各种各样的机器和工业生产步骤中。1876年的博览会上，重点展出了：

> 蒸汽机车、蒸汽消防车、蒸汽农用发动机、蒸汽压路机和汽船发动机。展品还包括蒸汽泵、蒸汽压缩机、蒸汽打桩机、巨型蒸汽锻锤和超巨型蒸汽高炉鼓风机。[52]

美国工业正在赶上英国，并且很快便会加速跑到前头。

最后，中部濒大西洋地区也是一种新型工业生态和能源使用场景最早出现的地方。城市工业区开发了到那时为止都完全无法想象的能源和动力源。借助铁轨运输能量储备，令工业城市成为只进不出的能源消耗大户，而开采能源的地方则遭到掠夺破坏。这些环境"牺牲区"或"集约化场景"（landscapes of intensification）所留下的，是灰云蔽日的大气，光秃凋敝的森林，伤痕累累的地表，以及

第八章 工业化

制鞋与皮革石油公司及福斯特农场石油公司，位于宾夕法尼亚州下派厄尼尔伦（lower Pioneer Run）（1895年）

新的化石燃料能源体系对工业革命至为关键，但它在当时造成的生态后果于此类照片中清晰可辨。可以将这幅图片与几十年前哈得孙河画派的绘画作品做一比较。

污浊的黄绿水体。[53] 在工业化进程中，"美国将变得更像宾夕法尼亚那些饱受劫掠的山谷，而不是新英格兰的模范工厂小镇"。[54]

1870年那一年，美国制造业中的煤炭用量超过了所有其他能源的消耗量，但它依然只占全部能源使用量的25%。1885年很可能是化石燃料成为主要能源的一年。[55] 制造业正全面转向以化石燃料为基础的能源密集型和资本密集型产业，在许多地方——比如卡内基钢铁公司——这种转型已经完成。

2. 美国制造业带

经济生产向化石燃料能源体系的转变将会是全方面的。出于这个原因以及其他考虑，卡内基堪称工业化种种鲜明特征的具体象征，尽管他并不是一个有代表性的案例。形形色色的工业主义——尤其是起源于南北战争前的那种小规模的、"自由劳动"式工业主义——依然在19世纪下半叶蓬勃发展。哪一种工业主义能够最终胜出，既关乎政治，也关乎经济或能源体制的硬性规定。围绕着新型资本品的财产所有权、工作场所中的社会权力分配，以及南北战争后货币与信贷体系的具体规则，发生了激烈斗争。我将在下一章中探讨这种斗争。但无论如何，在19世纪80年代这个卡内基的辉煌十年，一条占据独特地理位置的"制造业带"，"一个大区"，开始嵌入美国地图。[56] 它横跨了东北地区和中西部，形成了一个"以格林湾（Green Bay）、圣路易斯、巴尔的摩和缅因州的波特兰为四角的平行四边形"。[57]

到1900年，80%的美国工业生产将发生在这片占国土面积六分之一的地带上。[58] 很快，无论以何种标准而计，它都将成为全世界生产力最高的工业区。[59]

工业发展的次序是一个地理分布问题。[60] 市场进入的范围依然至为关键。在"内部改良"时代进行的交通基础设施建设所开辟出的路线，是战后工业区能否大获成功的重要预测因素。就这方面而言，南北战争堪称具有决定性意义。在冲突中遭受损失的南方落后了，在几十年的时间里，亚拉巴马州伯明翰的钢铁厂和山麓地区的纺织厂将是全国工业地图上唯一值得一提的南方亮点。[61] 与此同时，南北战争为中西部提供了庇护，让该地区"自由土壤、自由劳动、自由人民"式的工业主义得到了发展的机会，直到铁路带来东北地区蒸汽动力工业主义的激烈竞争。[62] 在19世纪80年代，当1873

第八章　工业化

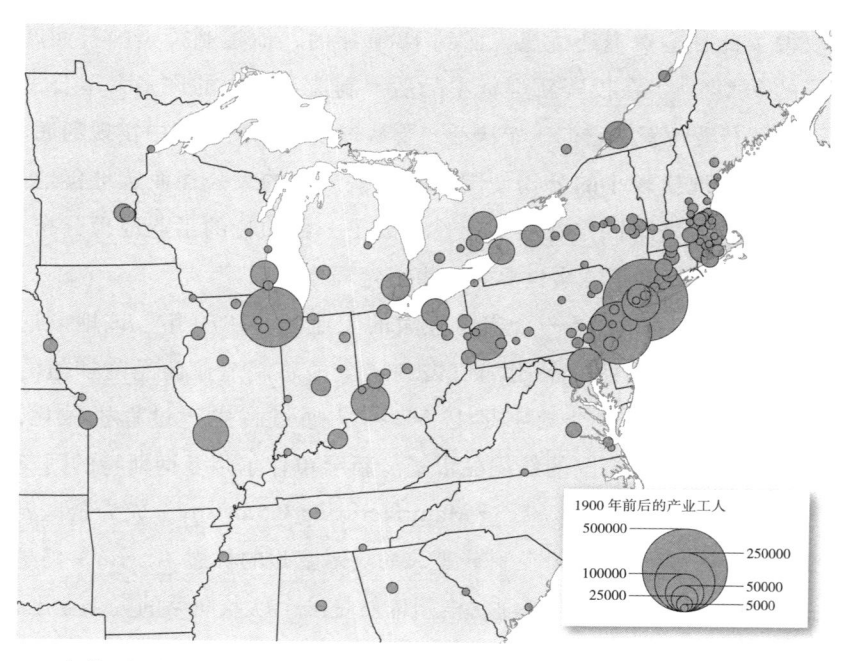

1900年前后的美国制造业带

由于固定资本投资高昂，许多工业企业一旦占据行业位置，便已把潜在的竞争对手挡在了门外。值得注意的是，铁路线的布局对工业区的位置有着决定性的影响。

年经济衰退止跌回升、信贷周期再次开始时，铁路公司建成了一个全国性的铁路网。[63]

东北地区和中西部地区的先行者们——那些最早进行投资、最早涉足经济领域并扩大生产规模的人——把潜在的竞争对手挡在了门外，赚得盆满钵满。许多人开发出全国性的市场营销和分销系统，帮助他们的商品占领市场。[64] 与此同时，为了收回其固定成本和运营成本，铁路公司向现有的大生产商提供了部分运费退还和其他补贴，因为这些生产商可以保证铁路获得稳定的运费及收入。这就让新近加入工业生产的参与者更难充分扩大企业规模。例如，俄亥俄州的约翰·D. 洛克菲勒（John D. Rockefeller）便与铁路公司谈判获得了此种运费退还优惠,而到 1880 年时,他控制了美国石油产能的 90%。[65] 在投资新型资本品后,制造业带中的许多大型公司占据了行业位置,它们下定决心,要从过去的沉没投资中实现利润。相应地,规模较小的公司便围绕着这些成功的大公司而选址落地。大量生产性资本固定在实地上,形成了一种独特的工业地理分布,它将一直持续到第二次世界大战事成定局之时。[66]

新英格兰依然是一个实力强大的工业区。1870 年,该地区通过制造业创造出的商品附加值占到了全国总制造业商品附加值的 24%。1890 年,这个数字是 17.5%。[67] 通过将生产过程机械化,新英格兰主导了全国的纺织品市场。新罕布什尔州曼彻斯特的阿莫斯凯格制造公司(Amoskeag Manufacturing Company)成为全世界最大的纺织综合企业。在制鞋业,马萨诸塞州的林恩(Lynn)仍是最大规模的生产中心。康涅狄格州依然是一个欣欣向荣的轻工业区,是黄铜器皿、铜器、帽子和钟表的生产基地。作为科利斯蒸汽机诞生之地的罗得岛州普罗维登斯,成为一个专精于珠宝制造并多元化的制造体。

至于中部濒大西洋地区,以制造业附加值计,这里贡献了 1870 年全国总值的 42% 和 1890 年的 40%。该地区依然专注于能源密集型产业,比如铁、钢、漂白、染色和纸制品。作为一个多元化的城市,纽约是服装和成衣业的专业生产基地。同样多元化的费城,则继续主导着机器和机床的生产。新的工业区应运而生。受益于附近的长石矿、黏土矿和硅石矿,新泽西州的托伦顿在制造金属绳索和线缆之外还制造陶瓷。很久以前汉密尔顿倡议设立但最终失败的实用品制造业筹建协会,选址于新泽西州帕特森(Paterson),此时,这里成了"丝绸之城"。

将东北地区和中西部地区连接起来的,是一条最初沿着伊利运河而兴起的工业走廊。在 19 世纪 80 年代,因为可以轻松获取纽约

第八章　工业化

的铁矿石和宾夕法尼亚的烟煤，布法罗的工业实力超过了罗切斯特和奥尔巴尼，成为该州最大的钢铁厂的所在地。失去有竞争力的工业，从而导致某些一度在制造业上大获成功的地方经历投资减缩和失业，这就是去工业化。它从一开始便紧随着工业化的进程。

环绕着五大湖发展起来的中西部工业，始于宾夕法尼亚州西部。到1890年时，中西部地区的制造业附加值已经超过了新英格兰地区。[68]在宾夕法尼亚州西部，烟煤田的开采加快了阿勒格尼山脉以西的工业化进程。卡内基所在的匹兹堡，以及规模略逊的哈里斯堡（Harrisburg），都发展出多家钢铁厂。从内部改良时代建起的运河和铁路，在作为煤矿和铁矿之乡的俄亥俄州内部纵横交错，城市工业活动星罗棋布于其中。在伊利湖边冉冉升起的克利夫兰，是一个多元化的制造业基地，洛克菲勒的公司和许多炼油厂便坐落在这里。在密歇根州，大急流城（Grand Rapids）成为一个更大规模的木制家具制造地。位于密歇根湖畔的密尔沃基（Milwaukee），则演变为另一个小规模的多元化制造中心。这座湖的南端，是美国制造业带的西部边界，在那里，发展出了令人叹为观止的工业城市芝加哥。

从来没有人见过芝加哥这样的城市，在整个资本时代，它的增长速度是举世无双的。[69]最初不过是西北地区的一个商业中心的芝加哥日积月累，不断更新，最终变成了一座拥有史无前例之周密部署和庞大规模的工业城市。令这成为可能的，是煤、蒸汽、铁和钢这些新兴工业经济各种特性的合力作用。

芝加哥是由一批房地产投机者在19世纪30年代建立起来的。[70]1848年，伊利诺伊和密歇根运河在五大湖和密西西比河之间开辟出了一条内陆水道，作为这一内部改良项目的结果，芝加哥与长期作为印第安毛皮贸易中心的圣路易斯展开了竞争，二者都想成为通向西部的"门户城市"。对初级大宗商品的加工——面粉厂、木材厂、啤酒厂和肉类加工厂——令芝加哥成为一个举足轻重的制造中心，尽管辛辛那提多年前便已后来居上。南北战争加快了工业生产，尤其是受益于军需制造的服装加工厂和肉类加工厂。[71]

铁路交通让芝加哥首度成为经济中心。[72]这座城市成为东部干线铁路和西部格兰其农资运输铁路的"断点"（break point）。所有自东向西和自西向东的线路，都以这座城市为终点。到1889年，芝加哥的道岔区占地达400平方英里。占全世界铁路里程数约15%的铁路从这座城市经过，而芝加哥调车场成了全世界规模最大的调车场。铁路运载的货物和人员，也以芝加哥为终点。农产品需要搬运和仓储。在西部农产品之外，东北部的工业产品和来自东北地区及欧洲的金融资本也接踵而至。[73]仅铁路修车场这一项，就令芝加哥的重工业强大无比。到1870年时，芝加哥已经开始向外出口工业成品了。[74]

从19世纪30年代的第一个定居点开始，芝加哥的人口发展到了1870年时的30万人，但就在那时，这座城市几乎在1871年的大火中被烧成平地。它被重建起来，不是用木头，而是用石头、玻璃和砖块（后面这两样都是工业化之后才被大量使用的热能密集型建筑材料）。[75]1880年，芝加哥拥有了超过50万居民。到1890年时，通过自身增长和向外吞并，该城人口达到了110万。芝加哥超过费城，成为仅次于纽约的美国第二大城市。

纽约市诞生于商业时代，在曼哈顿下城，残留着那个时代的许多印记。商业城市都是步行城市，那里人员稠密，五方杂处，百业云集，为商业活动提供了足够的空间。但城市规模很小。在工业化的芝加哥，大规模的制造业加上铁路和城市有轨电车，扩大了城市的地理布局。白天，芝加哥人需要长途奔波——先是骑马，然后再乘坐有轨电车。卡内基制造的钢材为芝加哥的高架铁路系统提供了结构支持。不同的活动被分隔在不同的区域——这是一种城市的、建筑的和工业化的领域划分。工业资本品拥有自己的运营场所，与商业生活和居家生活从空间上隔绝开来。[76]林荫大道和其他的物理屏障，将商业、零售和金融服务聚集其中且俗称大环（the Loop）的中央商业区与火车站、制造业中心区和臭名昭著的联合牲畜饲养场（Union Stockyards）分隔开来。接下来，又建起了更多的界限，将这些空间与等级森严的住宅区分开——芝加哥的黄金海岸（Gold Coast），住着清一色的湖岸精英，比尔森附近街区（Pilsen neighborhood），则是在牲畜饲养场工作的捷克裔工人的家园。工人阶级居住的街区，基本上都是有毒工业废料的倾倒场。

从环境角度来看，芝加哥是一座"让人震惊的城市"。来访者会实实在在地感到震惊，因为芝加哥对各种感官的冲击是全方位的。[77]这座城市消耗了数量庞大的煤，城中处处堆起巨大的煤山。[78]正如詹姆斯·麦克法兰（James Macfarlane）在《美国煤炭产区》（*The Cold-Regions of America*，1873）中指出的，伊利诺伊州出产的烟煤与无烟煤相比，品质"非常低下"，因为"会产生煤渣、煤灰、煤烟和烟雾"。[79]芝加哥的空气乌烟瘴气是出了名的。1881年，市政当局聘任了一群"气味监察委员"，并出台了美国第一部禁止释放"浓烟"的法令。[80]尽管如此，英国作家拉迪亚德·吉卜林（Rudyard Kipling）在19世纪80年代赴美旅行时，仍对芝加哥做出了"空气污浊"的评价。他"在街道上看不到任何颜色，也看不到任何美景"。[81]年迈的"自由土壤、自由劳动、自由人民"支持者霍勒斯·格里利反驳说，这种"烟熏黑"是进步和繁荣之色。[82]没有人会歌颂芝加哥河，这是一条露天的臭水沟，上面浮着一层"肮脏的泡沫"，由工业废物、动物粪便和"一片片油垢"混合而成。[83]吉卜林说，他看到了"黑如墨水的运河"和"难以描述的糟糕景象"。[84]直到19世纪90年代蒸汽泵改变了这条河的流向之前，每年都会暴发霍乱。以另一种工业主义的正反馈循环形式，芝加哥用导致生态破坏的那些工具解决了生态破坏的问题。[85]在芝加哥的污水处理系

站在泡溪（Bubbly Creek）污水结成的硬壳之上的男人（1911年）

芝加哥是世界上第一批大规模工业城市之一。19世纪末访问这座城市的人常常会被城市工业化带来的环境后果震惊，尤其是在目睹了淤积于芝加哥河及其支流中的工业废物之后。

统、自来水厂和气化综合企业的起步过程中，燃煤蒸汽机、钢铁管道和线缆全都贡献了各自的力量。

美国的城市人口从1860年时的620万攀升到了1900年的3000万，在各个地方，城市生活都越来越像芝加哥的样子。但芝加哥依然独树一帜。吉卜林感觉，在这座城市中，他也看到了某些新生事物，嗅到了它们的气息。离开时，他思考着美国对工业文明的贡献。"亲眼见识之后，"他评价说，"我迫切期盼再也不要见到它。它已经被野蛮人占据了。"[86] 与之相反，生于伊利诺伊州、身为瑞典移民之子的诗人卡尔·桑德堡（Carl Sandburg）则在诗作《芝加哥》（1914）的开篇向这座城市致敬道：

> 你是整个世界的杀猪匠,
> 工具制造商,你把麦子堆满麦场,
> 你操控着铁路,指挥着这个国家的货运;
> 你风风火火,孔武有力,大叫大嚷,
> 这座城市属于那些强壮的臂膀。[87]

工业文明能够变得宜居吗?它带来的经济福祉,它生产出来的超额财富,是否能为人所享用?在芝加哥市中心,卡内基钢铁公司生产出来的钢梁充当了世界上第一批摩天大楼的骨架。作为全世界最具想象力的现代建筑的故乡,这座城市将成为城市工业社会的伟大实验室之一。

3. 乡村的工业化

因为其潜在的倍增效应,商业和制造业将为经济活动带来递增的回报。然而,在农业中,回报递减的可能性却一直存在。地球表面只有这么多土地,而且其中某些地方不如其他地方丰饶高产。新的工业能源体制总是伴随着潜在的自然资源限制,但这些限制会在20世纪70年代显现威力,而不是在19世纪70年代。在整个资本时代,当工业革命横扫北美之时,回报递减的问题还不在人们的考虑之中。无论是制造业中的省力机械,还是农业中的节地技术,生产力增长可谓遍地开花。

制造业带的诞生和工业城市的兴起,与乡村的产业转型实现了无缝对接。例如,芝加哥就拥有庞大的市场腹地。如果说这座城市的人口在1890年达到了100万的话,内布拉斯加州的人口也有这么多。[88]芝加哥扎根于制造业带的西部地区,但它也是西部(the West)这个横跨达科他州产麦区、得克萨斯州产牛区和亚利桑那州产铜区的第二经济地理布局的东部终点。在 19 世纪 80 年代，因为白人人口的全方位扩张、密集化的节地耕种方法以及农场家户为市场生产出更多产品的压力，西部地区也经历了经济产出的大跃进。它供养了工业化——城市人口的餐桌全仰赖于此。农村地区更多的货币收入也为城市制造出来的各种新产品提供了关键的需求来源。

在 19 世纪期间，按照绝大多数标准衡量，美国的农业部门都与美国的工业部门旗鼓相当，甚至稍占胜场。1870 年，农场主和农场工人仍占到全部劳动力的 46%。[89] 但是，资本品集约化的逻辑开始出现在乡村地区。在采矿营地中出现了蒸汽泵发动机，在大草原和平原上，出现了钢刃犁。能源转型再次成为关键：煤为铁路提供了动力，没有铁路，对西部大草原和西部平原的市场进入将不可能存在。[90] 煤、蒸汽、铁和钢这些新工业经济的新兴特征，同样在乡村地区扩散开来。

不过，也存在着一个明显的差异。美国农业的全球化程度更高，而且经受着国际市场和定价的竞争压力。美国制造业的资金来源却主要来自国内，受到共和党关税政策的保护，有赖于国内的需求来源。此外，正如卡内基的生产体系所表明的，成本决定了定价。与之相对，尽管农业在美国出口中占有支配地位，这一时期的农场主却只能接受其产品的国际定价，别无其他选择。与此同时，西部地区（包括西部的铁路公司）从欧洲进口了资本和信贷。[91] 在农业领域，同样的动态也出现于世界其他地区。阿根廷的潘帕斯草原和加拿大的大草原与平原，也都是以出口为导向的大宗商品新兴产区，通过与金本位制挂钩，它们从英国引入资本。澳大利亚的墨尔本就是一个小号的芝加哥。与工业化同步出现的，是资本时代的白人殖民主义者在全世界范围内对土地的大肆掠夺，从而为工业化榨取必不可少的资源。美国西部所做的，只不过是把一切放大到极致而已。[92]

对于这种农业生产的突飞猛进，"这个世界从未见过堪与之相

第八章 工业化

比（的前例）"，威尔斯在《近来的经济变化》中夸口道，而他是正确的。[93] 在19世纪70年代，美国农场面积增加了44%。1880年以前，在达科他领地，小麦种植闻所未闻。1887年，一轮白人移民定居热潮后，达科他的小麦产量超过了6 000万蒲式耳，占到美国小麦总产量的七分之一（相当于整个印度的小麦年出口量）。[94] 1871年，在大平原上放牧着约363万头牛，其中大多数漫无目的地四处游走。到1885年时，用于工业屠宰的牛已高达750万头。[95] 除了密苏里的铅、加利福尼亚的黄金和宾夕法尼亚的无烟煤，"在19世纪的前三分之二时间里，美国的矿业发展依然乏善可陈"。但"欧洲矿工用几个世纪才做到的事，美国人只用了比一代人稍长一点儿的时间就实现了"。1859年，在内华达州发现了卡姆斯托克银矿脉（Comstock Lode）；1862年，在蒙大拿州发现了黄金；1869年，在犹他州发现了白银；1874年，在达科他州的布莱克希尔斯（Black Hills）发现了黄金。科罗拉多州的煤田于19世纪60年代和70年代得到了开采。在19世纪80年代，科罗拉多州、犹他州和内华达州开始在铅矿开采中占主导地位。直到明尼苏达州北部的梅萨比岭（Mesabi range）被开采前，密歇根州和威斯康星州的山区是最大的铁矿石来源。中西部的油田开采优势，则一直保持到了1901年在得克萨斯州斯宾德尔托普（Spindletop）发现石油，以及随之而来的加利福尼亚州的勘探工作。[96] 到1900年，美国在工业矿物的开采方面处于世界领先地位——在煤炭、铁矿石、铜、铅、银、钨、钼、石油、砷、磷酸盐、锑、磁铁矿、汞和盐的开采上排名第一，在黄金和铝土矿的开采上屈居第二。1870年后，矿物产出的增长同工业产出一样，令美国的人口增长率提高了1倍。各家公司获得了令美国制造业带成长为全球领先制造业地区所必需的物质投入。[97]

于是，自然也经历了新的资本化过程。对能源密集型资本品——蒸汽动力钻机，或威力更强大的爆破剂——的大规模应用，令回采率与日俱增。铁路公司不仅运输商品，募集到必要资本的他们，还会雇用受薪劳动者、组织进行大规模的矿产挖掘。与此同时，1866年和1872年的《采矿法》（Mining Law）几乎没有对公司的大肆采矿行为予以规范。探矿者拥有"脉尖"（apex）权，也就是说，无论矿脉有多深多宽，其所有权都归属于脉尖——矿脉最高点——的所有者。[98] 作为"社会共同财产领域极度资源耗竭的力证"，环境牺牲区出现了。[99]

西部采矿业和农业之间的相似性是发人深省的。《到哪里致富》（Where to Go to Become Rich，1880）是出版于芝加哥的一本西部指南，其中有几章内容专门介绍金矿勘探和小麦种植。[100] 公司也进入了农业经营。在19世纪70年代和80年代，高度资本化的公司在达科他州和加利福尼亚州中央谷地经营着面积从1 000英亩到10万英亩不等的"特大"小麦农场。[101] 他们将蒸汽动力犁和蒸汽动力脱粒机引入田间。然而在西部，雇佣工人依然是季节性的，在1870年到1890年间，用工人数实际上减少了。[102] 公司主导了采矿业，但在农业中，家户依然是占支配地位的经营单位。西部家户通常拥有的土地在150英亩到200英亩之间。但无论如何，工业化都令有机经济的农场家户发生了转型。[103]

在商业时代，农场家户通常采取的都是商业安全第一的经营策略。资本时代的农业则是完全不同的一回事。在密西西比河以西，大草原逐渐变成了平原。没有现成的木材用于建筑，水路也寥寥无几。没有铁路，也就没有市场进入可言。牛舌形状的包铁木犁没办法翻开平原上布满草根的表层土。出于必然，更多的农场投入及产出现在要借助商业市场转手。农场家户那种赌徒加农夫的分裂经济人格，如今已经过时了。

农业此时需要对生产性资本进行更大规模的货币投资。《到哪里致富》推荐人们前往大平原时带上1 000美元。[104] 这笔钱能够以6年分期贷款的形式买到160英亩土地,首付只有150美元。1870年之后,一个"西部抵押贷款市场"将来自欧洲(主要是英国)和东北地区的金融资本输送到西部。银行公司购买西部农场抵押贷款,然后将其中大部分卖给北方的人寿保险公司。或者,它们也会将其重新打包为"无担保品债券"(debenture bonds),也即今日的抵押贷款担保证券,卖给东部的普通民众。在19世纪80年代,曾经出现过一次西部农场抵押贷款热潮,美国的农场抵押贷款债务增加了42%。到1890年时,农场主以抵押贷款购入的土地占到了密西西比河以西、落基山脉以东农场面积的30%到40%。[105]

抵押贷款买入了土地和许多其他经营农场的必要投入。位于芝加哥的公司将现成的轻捷木骨架(balloon-frame)农场住宅运往西部。一位来自伦敦的旅行者注意到,可以"在芝加哥签订(预制房屋购买)合同,自下订单之日起,不到30天就能搭建于离铁路一定距离内的任何地方"。[106]资本密集型的木材公司砍伐了威斯康星州北部的五针松林。原木沿着密歇根湖漂流而下,芝加哥的木材厂在1880年运出了超过10亿英尺的木板。[107]当北方的森林被砍伐殆尽之后,19世纪90年代,新的伐木营地在濒太平洋西北地区和南方逐渐成形。

在城市中,工厂制造着各种农具,它们一旦被运出,便可在田间实现更高的生产力,而这与工厂在工业化过程中所实现的成果是一样的。美国人完善了钢套犁[其中包括约翰·迪尔(John Deere)的"陡坡犁"(steep plow)]、耙子、斧头和镰刀的设计。弗吉尼亚人塞勒斯·麦考密克(Cyrus McCormick)于1834年获得了一项机械化收割机的专利,收割机上形如鲨鱼牙齿的三角排刀可以通过交错转动切断麦秸。[108]19世纪50年代,这种收割机在大草原上的销量呈爆炸性增长,麦考密克明智地将其工厂迁到了芝加哥。机械化的"自耙型收割机"出现于1875年,这是一种带有机械化皮带的马拉收割机，可以将谷物从地面收集到边台上完成捆扎。"自动打捆机"是从纺织厂中借鉴而来的装置。[109] 美国劳工部部长在1886年写道："如今600人所做的工作，在15年到20年前需要2 145人完成。"[110] 美国西部的农业生产力很可能要比世界上任何其他地方都高。美利坚合众国拥有更多的生产性资本，更有活力的土壤和劳动力（来自依附性的家户成员和雇佣短工），更具生物创新性的作物种子。[111] "我计算得出，把5英亩小麦的收成从芝加哥运到利物浦，其成本甚至低于为1英亩英格兰麦田施肥的费用。"一位英格兰德文郡的农夫于1886年哀叹道。[112]

在西部，固定运营成本遵循着另一种逻辑。钢犁属于沉没成本，抵押贷款需要偿还。为了收回成本和偿付债务，农场主们不管其产品的市场报价如何，都要进行生产——正如铁路不管车厢是否满员都要运行一样。这样一来，西部地区便将潮水般的大宗商品释放到了世界市场上。例如，到1890年时，明尼苏达州已经是最大的产麦州，而明尼阿波利斯面粉厂主查尔斯·皮尔斯伯里（Charles Pillsbury）投入了巨额固定资本，用全新的"钢辊磨工艺"取代了以水为动力的磨石。"明尼苏达精制"面粉席卷欧洲市场。[113] 面对美国食品原料的低价竞争，许多中欧和南欧的生产商永久地失去了原有的国内市场。农民们启航前往美国——一些人将工作于卡内基的钢铁厂，那里轧制的钢板将被用于制造把移民带到北美的汽船的船底。[114] 到1900年，约20%的美国制造业产出是加工食品。[115] 这里面包括了皮尔斯伯里面粉、金宝汤（1869年）、可口可乐（1886年）和家乐氏玉米片（1894年）。

美国的食品原料在竞争激烈的国际市场上销售。到1890年，通过电报实时传送的芝加哥、纽约和利物浦小麦价格几乎趋于一致。[116] 一条完整的、由商行和批发商形成的供应链，将相距迢遥的生产者和消费者连接了起来。为农产品定价的，是新的"期货"

交易所，芝加哥期货交易所（Chicago Board of Trade）是其中规模最大的一家。这家交易所使用装有蒸汽动力谷物升运器的谷仓，从而开发出了一个评级系统（比如"2号冬小麦"），因为商人们将产品入库储存的决定取决于他们对未来价格走势的预期。商人们开始销售这种装有谷物升运器的谷仓的仓单，以此为投机标的物，然后生成"期货"合约，为尚不存在的大宗商品定价并进行交易。期货让农场主可以保护其仍在田间的农产品免受价格波动的影响。同样，它也令商人和证券经纪人——甚至是广大公众——有可能对"交易场"中的期货价格进行投机。[117]

与此同时，对于许多种类的动物来说，食品体系的工业化是一件恐怖的事。[118] 南北战争期间，联邦军队切断了得克萨斯南部平原与新奥尔良屠宰场之间的牛群运输路线。300万头牛挤在了一起。在铁路公司铺设的线路穿越高地平原（High Plains）之后，向北驱赶牛群便有利可图了。1867年，一位伊利诺伊州的牲畜贩子约瑟夫·J.麦科伊（Joseph J. McCoy）在一个堪萨斯州的铁路线尽头站买下了250英亩土地，第一座以养牛为业的城镇阿比林（Abilene）就此诞生。牛可以从那里运往芝加哥。1875年，在得克萨斯州的潘汉德尔（Panhandle），一群科曼切部落的战士最终战败。在完成了对平原印第安部落的征服之后，19世纪80年代早期出现了牛业贸易的大发展。[119]

在大平原上，牛取代了另一个物种，那就是野牛。[120] 维系着印第安人经济生活的野牛，其种群数量已经在下降中，在19世纪60年代时保持在1 500万头左右。随着铁路的到来，屠杀开始了。从1872年到1874年，超过400万头野牛死于猎人的步枪之下。野牛肉喂饱了铁路建筑工人，野牛皮制成了更结实的皮带，被用于机器设备之上。费城的制革工使用最新的热能密集型方法鞣制生皮，欧洲对皮革制品的需求尤为强劲。在19世纪80年代早期，高地平原遭到了袭击。在蒙大拿州，某个名叫格兰维尔·斯图尔特（Granville Stuart）的人写了一本名为《边疆四十年》（Forty Years on the Frontier，1925）的书。由金矿勘探者改行成为牧牛人的斯图尔特写道，漫天蔽野的北美野牛一度到了"令平原掩色"的地步。但到1883年秋天，就已经连一头北美野牛都不剩了。[121]

高地平原上，满是得克萨斯长角牛。一开始的时候，牧牛人驱使着牛群一路向北，穿过一片开阔的牧场。但农场主抱怨说，牛踩倒了他们的作物，还会传播疾病。牧牛人使用一种新的工业技术——带刺铁丝网围栏——圈起了放牧空间。1876年，一家马萨诸塞州的公司沃什伯恩与莫恩（Washburn and Moen）购入了一位伊利诺伊州农场主1874年设计的双股刺绳专利，它的每根铁丝末端都环绕着尖刺。到1880年，超过5万英里的带刺铁丝网作为围栏被布设在原本开阔无阻的牧场上，这样做有时候是合法的，但也经常游走在法律边缘之外。[122] 火车和电报将人类从空间限制中解脱出来。带刺铁丝网却把动物禁锢在某个地方。它还确立了明确的产权界限，而这与农业生产增长和土地价值增加是息息相关的。[123]

用某位历史学家的话来说，"牲畜变成了一种资本形式"。[124] 一位南北战争时的将军詹姆斯·S. 布里斯宾（James S. Brisbin）写了一本《牛业财富宝藏；或如何在平原上致富》（The Beef Bonanza; or, How to Get Rich on the Plains，1881）。"啊，西部！伟大的西部！"他热情地赞颂道。他在书中收入了一份资产负债表，其中"投资于牛的25 000美元现金资本5年内利润估值"一项，数字足以令安德鲁·卡内基露出微笑。[125] 正如联邦政府公布的《美利坚合众国放牧及圈养牛业的报告》（Report in Regard to the Range and Ranch Cattle Business of the United States，1885）所指出的，"管理大型畜群时，每头牛的平均成本要比管理小型畜群时的成本低得多"。随着规模的扩大，各家公司试图整合牛的贸易。[126] 在牛群啃

第八章　工业化

光了草原上的草之后，规模最大的那些公司将牛圈在围栏里，喂给它们玉米，使其最终育肥，然后再把它们转运到芝加哥。[127]

在芝加哥，"死亡本身也以新的形式呈现"。[128] 联合牲畜饲养场在1865年实现了资本化，芝加哥猪肉加工商协会（Chicago Pork Packers' Association）和这座城市的9家最大规模的铁路公司为此付出了100万美元的巨额固定成本。这些牲畜饲养场将经手处理10万余头牲畜。作为对亨利·福特装配线的预演，这里的工人们用木槌敲打猪的头部，然后用钩子将它们大头朝下地挂到机械化的"分割流水线"上，切开它们的喉颈放血，直至牲畜死亡。与之相对应，牛只需用大头棒击打至死。[129] 到1900年时，芝加哥每年都会接收1 400万头待屠宰的牲畜。[130] 吉卜林留意到了一位身处牲畜饲养场中的年轻女子："站在一块儿阳光地里，鲜红的血就在她的鞋底，生机犹存的牲畜尸体围着她挂了一圈儿，一头正流尽生命之血的小公牛，离她不过6英尺远，整座死亡工厂就在她的周围喧哗运行。她好奇地打量着，目光坚定无畏，并不以之为耻。"[131] 从吉卜林1891年的游记，到厄普顿·辛克莱（Upton Sinclair）1906年出版的揭黑小说《丛林》（*The Jungle*），对牲畜饲养场的描述并没有太多变化。

劳动分工将随后的屠宰和加工分解成了细小的步骤。固定资本中的沉没成本，促使各家公司拼尽全力从牲畜尸体中榨取每一分钱。牛骨成了小学生外套上的纽扣。与此同时，肉类加工商寻找着可以全年无休一直工作的方式。他们从威斯康星州获取冰块，以之冷却肉类加工车间。很快，富有进取心的肉类加工商便开始使用冷藏火车车厢。（首个专利于1867年获得。）[132] 到19世纪80年代末，芝加哥的肉类主导了全国牛肉市场。美国牛肉也征服了欧洲。1876年，由法国汽船"冷藏号"（*Frigorifique*）载运的鲜肉首次跨越了大洋。美国冷藏肉运到了英国，与英国资助的布宜诺斯艾利斯肉制品展开竞争，其数量在1876年为近200万吨，到1886年则达到了1 180万吨。在此期间，优质牛肉的价格下跌了18%。[133]

在商业时代，土地还扮演着资本之外的其他角色。在这个新时代中的过渡性资本品却拥有更加绝对的工具性逻辑。一台琼斯混铁炉假如不用于炼钢，还有什么用呢？同样的问题也适用于土地：如果不能生产出适销商品，不能产生货币收入，那它有什么用呢？等到答案变成"根本没用"的地步时，经济生活也便就此转型。农场变成了企业化经营的实体，除此之外就再没什么其他作用了。地质矿产成了大自然的生产性资本。牛变成了肉身呈现的分类账，上面记着前期投资、运营成本、预期利润和已实现利润的数字。抵押贷款债务迫使农场主按照资本资产的标准为自己的土地估值，把其他连带其上的价值都排除在外。[134]铁丝网事实上把新开辟出的前沿地带围了起来，专门留给远道而来的资本投资。只有经济的或不经济的两种可能，其他的估值模式全都被抛弃了。1887年，白人殖民活动彻底摧毁了各个印第安经济体之后，《道威斯法》（Dawes Act）试图将印第安人"同化"到资本主义的耕作方式中来。[135]当这一尝试失败后，更多的印第安人土地被夺走，并入白人的资本主义投资区。印第安人保留地成为经济价值灾难性下跌的所在。[136]在其他地方，新的"国家公园"保留了大自然最原始野性的状态，从而令其免遭任何形式的资本主义侵蚀。如今占地3 500平方英里的黄石国家公园（1872年），是最雄心勃勃的项目。为了打造这样的一个空间，美国陆军不得不赶走或逮捕自给自足的白人农场主、擅占者和猎户。国家公园不是资本，所以其中不得存在任何经济生产。[137]工业社会正是建立在这种界限分明和彼此对立的前提之上。

这一点当然有过于夸张的可能。无论是被几个世纪连续不断的大宗商品繁荣擦身而过的阿巴拉契亚的白人农场家户，还是在离私营铁路和采矿营地不远处一边经商一边自耕自食的西南地区西班牙裔村镇,自给自足式经济一直存在。[138]在新墨西哥,纳瓦霍(Navajo)人通过把园艺与牧羊结合起来,保持了经济自主。[139]资本并没有染指一切。但除了财富与产出的惊人增长,不同之处还在于资本实现了多大程度的转变。商业几乎从未为经济生活留下如此重大的印记。

另一次转折还关系到一个问题,那就是随着启蒙运动关于"改良"和富饶大自然的梦想转变为以化石燃料为动力的集约化经济,资本密集型生产到底在其身后留下什么?其结果不仅是更多的生产活动和财富,还有更巨大的破坏。1878年,在明尼苏达州,最早使用钢辊磨的一家面粉厂发生了爆炸,屋顶被炸飞到空中,足有100英尺高,18人因此丧生。[140]环境"牺牲区"出现在北美大陆的各个地方。在干旱贫瘠的高地平原,农场主将大片土地转为农田,那里的土质却令资本主义农业难以为继。雨水并没有"追随耕犁而至",反而为日后的"干旱尘暴区"(dust bowls)种下了祸根。在南部平原上,牛群过度放牧令牧场主开始将畜群赶往北方。在1886年和1887年两个异乎寻常的凛冬中,多达100万头牛在日后被称为"大灾亡"(Great Die Up)的天灾中丧生。为了躲避冬日的暴风雪,牛群疯狂涌入农场主的铁丝网围栏,然后被困在那里,活活冻死。

4. 霍姆斯特德

1886年到1887年冬天,正当"大灾亡"肆虐之时,埃德加·汤姆森钢铁厂却处于停工之中。卡内基一直在寻找可以削减成本的地方。但固定成本终归是固定在那里的。于是,他把目光转向了可变成本之上,也就是劳动力。[141]但是,当他削减工资时,他的工人就会甩手不干。负责操作这些新型资本品的人类的自身意愿,与这些资本品存在的潜在原因——以更低的成本生产更多产品——是相互冲突的，因此也就违背了卡内基整个业务运营的逻辑。

一开始的时候，卡内基和他的工人关系还不错。与许多竞争对手不同，无论市场状况如何，他一直让自己的工厂满负荷运转，这意味着他的员工从未蒙受过阶段性失业之苦。同样不同寻常的是，他愿意与工会谈判，其中就包括了组建于1876年的钢铁工人联合协会（Amalgamated Association of Iron and Steel Workers）。该协会是那种"同业工会"（craft union）之一，成员都是技术娴熟、见多识广的男性体力劳动者，他们联合起来，与雇主就工资和工作条件问题展开谈判。[142] 1878年，卡内基曾指示比尔·琼斯上尉削减工资支出，但琼斯反击道："差不多就行了。"他教育卡内基说："低工资并不总是意味着廉价劳动力。就我所知，优厚的工资加上优秀的工人是最廉价的劳动力。"在埃德加·汤姆森钢铁厂，资本品刚刚开始实现钢铁生产的机械化，公司的需求刚开始从技术工人转向非熟练工人。琼斯依然需要兢兢业业的技术工人。他成功说服卡内基，从12小时工作制转为了8小时工作制。然而卡内基随即改变了主意，因为每日三班倒要比两班倒成本更高。埃德加·汤姆森钢铁厂重新恢复到12小时工作制。工人们每周轮流从事日班和夜班工作，时不时会轮上一次令人精疲力竭的24小时长班。[143]

1886年冬天，卡内基还在埃德加·汤姆森钢铁厂实行了浮动工资制。当钢价下行时（情况确实如此，因为卡内基削减了成本），他认为工资也应当按比例下调。作为回应，埃德加·汤姆森钢铁厂的工人举行了罢工。为了安抚他们，卡内基选择不雇用新的工人加以替代。埃德加·汤姆森钢铁厂停工了5个月，直到工人们屈服为止。卡内基赢了。

1889年，发生于埃德加·汤姆森钢铁厂的一次高炉爆炸夺去了琼斯的生命。但在其下游1英里处、位于宾夕法尼亚霍姆斯特德（Homestead）的一座新建成的钢铁厂，不久前已经取代了埃德加·汤姆森钢铁厂的地位。在这座霍姆斯特德钢铁厂，炼钢过程几乎完全集成化了。它是美国最早采用平炉冶炼工艺的钢铁厂之一,这就减少了手动"搅炼"(puddling)铁水的需求——在同业工会的技术等级体系中,"搅炼工"的地位以前一直几乎是至高无上的。就在琼斯去世的1889年,卡内基钢铁公司与钢铁工人联合协会签订于1886年的合同到期了。当卡内基坚持要把浮动工资制写进新合同中时,罢工爆发了。卡内基指示他在霍姆斯特德工厂的管理人员效仿自己两年前在埃德加·汤姆森钢铁厂的应对模式:不会雇用替代工人,但也不会进行谈判。但是,一位受命负责此事的年轻主管畏缩了,他与钢铁工人联合协会签订了一份有效期三年的合同,其中接受了修改后的浮动工资制,以换取公司认可该工会为所有霍姆斯特德工厂工人的唯一集体谈判代理人。勃然大怒的卡内基痛斥了这位下属"在惊慌失措下"妥协就范的行为。因为这样一来,"其他工厂的人如今就知道,我们会向那些违法犯禁之辈让步了"。[144]

到1892年时,在1889年的霍姆斯特德合同到期后,生产成本和钢价进一步下跌。尽管到手的利润依然有增无减,卡内基却决定,工资必须同步下调。此时,他的主要商业伙伴亨利·弗里克(Henry Frick)已经改变了他对于工会的看法。二人决定,钢铁工人联合协会应当被消灭。正如另一位合伙人日后回忆的:"这加重了改良的负担,因此联合协会必须消失。"[145]

卡内基并无兴趣出手行动,弗里克却不然。卡内基启航前往欧洲,进行他一年一度的猎松鸡之旅。他在英格兰写信给弗里克:"我们将与你站在一起,直到最后。"[146] 在与钢铁工人联合协会的谈判开始前,弗里克命令手下在钢铁厂周围建起一堵8英尺高的墙,沿墙布设起12英尺高、装有探照灯的平台,上面开有可容步枪枪口插入的孔洞。在这堵长达4英里、把钢铁厂团团围起的墙上,密布着带刺的铁丝网。

第九章

阶级战争与家庭生活

  1892年,在卡内基钢铁公司的霍姆斯特德钢铁厂,成立于1876年的钢铁工人联合协会*已经拥有了24 000名全国会员。它是美国劳工联合会最强大的成员工会。作为一家全国性同业工会联合会的美国劳工联合会,成立于1886年。宾夕法尼亚的霍姆斯特德是该联合会组织最完善的地方分会。同业工会与产业工会(industrial union)不同,前者按照劳动者的职业和技能将他们组织起来,而后者则以工作场所为依据,不考虑职业和技能。在霍姆斯特德钢铁厂,钢铁工人联合协会从3 800名员工中吸纳了800名会员。[1]

  亨利·弗里克认为,这家联合协会正在阻碍卡内基钢铁公司实现安德鲁·卡内基一门心思为它设下的目标:在降低成本的前提下增加钢产量。联合协会试图与弗里克谈判达成一个新合同,合同条

---

* 此处原文为"Amalgamated Association of Iron, Steel, and Tin Workers",实际即指钢铁工人联合协会。

第九章　阶级战争与家庭生活

款包括更高的工资标准和更好的工作条件，以及限定的工作节奏。因为熟练劳动力占很大一块成本，弗里克希望得到用机器替代熟练劳动力、将任务分配给非熟练工人的权力。美国制造业以其生产流程的高速而闻名世界，而各种新机器——工业革命的资本品——将进一步加快生产速度，但钢铁工人联合协会却在阻挠新机器的应用。卡内基手下的一位经理抱怨说，这家公司"在分配工作、排定班次和变更机器的做法上，也就是说，这家大工厂运行的每一个细节，全都会受到某个无事生非的钢铁工人联合协会代表的干涉"。[2]

　　钢铁工人联合协会也会遭到抱怨。例如，协会中的一部分工人掌握着"搅炼"钢铁这门对技术水平要求很高且涉及繁重体力劳动的手艺。他们长年积累下来的生产工艺知识，一直以来不仅是他们讨价还价的基础，也是对自身劳动的男性自豪感之来源。[3] 在托马斯·波洛克·安舒茨（Thomas Pollock Anshutz）的画作《钢铁工人的正午》（*The Ironworkers' Noontime*，1880）中，便形象地描绘了这种钢铁工人的精干有力，可不过十年后，在卡内基的钢铁厂中，他们便面临着被取代的危险。资本深化的过程——将更多的生产性资本交到同一名工人手中——令管理层对这些工人的依赖性降低了。例如，在霍姆斯特德，新的平炉轧钢工艺就免去了"搅炼"钢铁这一步骤。

　　下跌的钢材价格是公司生产力提高的成果，它为公司所有者带来回报。卡内基认为，工人的工资也应当相应下调。但是，就算不准备返回欧洲，那些年轻的单身男性临时工也很可能希望尽快赚上一笔钱，然后开始下一段人生，浮动工资制对他们的远大抱负构成了威胁。对于已婚男人来说，工资降低威胁到了他们赚钱养家的能力，而这是工薪阶层另一个常见的共同愿望。他们希望阻止妻子离开家庭进入有偿劳动领域，根据中产阶级的规划，这本应是只属于男人的一片天地。如果丈夫无法赚到足以养家的工资，妻子——甚至可能还有孩子——或许就不得不忍受外出工作赚钱这一中产阶级

托马斯·波洛克·安舒茨，《钢铁工人的正午》（1880 年）

安舒茨在西弗吉尼亚州的惠灵附近画下这幅画。自然主义的风格重点强调了炼钢工人的精干有力以及工业化工作场所中的同性特征（同性恋亚文化普遍存在于当时当地）。画中的单调荒凉景象让它的第一批观众深感忧虑，他们担心这预示着工业化的未来前景。注意画中人物的姿势，其中许多会让人联想起古典画作中的人物形象；揉搓着肱二头肌的那个男人，与帕台农神庙上某个雕像的姿势如出一辙。

的耻辱。1890 年，35 岁以上的女性中，超过 90% 为已婚状态，其中只有 3.3% 从事着家庭以外的有偿劳动。[4] 这家公司就此威胁到了霍姆斯特德工厂工人们的"男性气概"。

1892 年，当卡内基钢铁公司的利润预计达到 400 万美元时，弗里克建议把霍姆斯特德工厂工人的薪资降低至少 12%。钢铁工人联合协会还价到 4%。弗里克表示拒绝，并且开除了几名与工人联合协会有关系的工人。出于同情，剩下的人也都离职不干了。7 月 29 日，弗里克关停了工厂，把所有劳动者都锁在门外。[5] 钢铁工人联合协会的全国总会禁止地方分会吸纳非熟练工人入会，但主要由出

第九章　阶级战争与家庭生活　　　343

生在美国的新教徒构成的霍姆斯特德地方协会，却对缺乏专业技能的斯洛伐克和匈牙利天主教移民表示了欢迎，这为罢工赋予了更广泛的工人基础。在1880年到1920年的无产阶级移民运动中，从中欧、南欧和东欧来到美国的欧洲人——波兰人、斯拉夫人、匈牙利人、捷克人、犹太人和意大利人——有2 350万。罢工者就来自这些人之中。他们之中一大部分有返乡计划，后来也的确这么做了。[6]但与此同时，他们也改变了美国的劳动力市场，他们提供的雇佣劳动，令工业化成为可能，也令卡内基的钢铁厂得以存在。弗里克把不和谐的罪名，归到了这些"匈奴人"（Huns）的头上。[7]

　　霍姆斯特德城里的8 000名居民，全都与这座美利坚最大的轧钢厂有着直接或间接的联系，他们同情工人一方。身为市长的"老实人"约翰·麦克勒基（John McLuckie）是一名联邦军老兵，以前当过钢铁工人。他在爱尔兰移民、轧钢工休·奥唐纳（Hugh O'Donnell）领导的钢铁工人联合协会顾问委员会中担任委员。奥唐纳看到，卡内基钢铁公司在钢铁厂周围建起了8英尺高的围墙，用带刺铁丝网连接起来，还布置了瞭望塔、射击孔和探照灯，这时候，他知道弗里克正计划招入未加入工会的替代工人。奥唐纳向钢铁工人联合协会发出指示，要在"真正军事化的基础上"组织起来。[8]

　　闭厂停工9天后，两艘驳船出现在莫农格希拉河（Monongahela River）上，船上载有300名身着制服、配备温切斯特步枪的警卫。弗里克从平克顿侦探所（Pinkerton Detective Agency）雇来了这些人，付钱给他们，以保护即将到来的替代工人。当这些平克顿警探试图在河边上岸时，数千名霍姆斯特德工人以及本地支持者在临时搭建的钢铁路障后向他们表示了"欢迎"。这些人也装备了武器，其中有一部分是从南北战争战场上带回家的步枪，有7月4日独立日庆典烟花表演时剩下来的火药，还有两门火炮，其中一门曾为联邦军队所有，据说曾经效力于安提塔姆战役（Battle of Antietam）。

平克顿警探们登陆了，枪声响了起来，尽管一直都不清楚到底是哪一方最先开的火。双方交火长达14个小时。霍姆斯特德一方向手推车上浇注燃油，点着后推下堤岸。被团团包围的平克顿警探最终投降，作为交换，他们可以借助一条安全通道前往本地火车站，离开这座城市。但是，这条通往火车站的路，却变成了一段持续600码（相当于548.64米）的夹道羞辱。男人们从平克顿警探身上剥掉了他们的制服，女人们用雨伞和皮鞭抽打他们，孩子们也对他们大声辱骂。在这场"霍姆斯特德之战"中，两名平克顿警探和七名霍姆斯特德工人丧生。

7月12日，弗里克说服宾夕法尼亚州州长，以保护公司财产的名义向霍姆斯特德派出8 500名国民警卫队队员。主要由东欧移民和黑人组成的替代工人进入了钢铁厂。根据对南北战争期间一项法令的模糊解释，工人联合协会顾问委员会的成员被控以叛国罪，关进了监狱。与此同时，一名俄国无政府主义流亡者亚历山大·别尔克曼（Alexander Berkman）带着手枪登上了前往霍姆斯特德的火车——当时，他与同样身为俄国无政府主义流亡者的情人埃玛·戈尔德曼（Emma Goldman）一道，在马萨诸塞州伍斯特经营着一家冷饮店。他闯进弗里克的办公室，高喊着"凶手"向弗里克开了枪，而后者也高喊"凶手"予以回敬。别尔克曼拔出匕首，连刺弗里克数下，随即被最终制服。但这并不足以令目的达成；弗里克当天下午就回到了办公桌边。别尔克曼在狱中度过了十四年。[9]

霍姆斯特德的工人变得越来越绝望。一些人把仇恨转向了那些黑人替工，将他们称作弗里克的"黑绵羊"。[10] 在弗里克闭厂停工近4个月后，工人联合协会做出让步，投票通过了按照弗里克提出的条件复工的决议。但弗里克只让一小部分工人联合协会成员恢复原职。他赢了。工人联合协会在全国范围内都遭到重挫。卡内基结束了他的欧洲狩猎旅行，回到美国。他说，他对自己离开这段时间

第九章　阶级战争与家庭生活　　　　　　　　　　　　　　　　345

发生的一切深感难过。卡内基和弗里克的关系再也未能修复。后来，卡内基曾向弗里克主动示意，希望重归于好。弗里克断然回绝了卡内基的传话人，据说他是这么答复的："跟他说，我会在地狱里见他，我俩都会去到那里。"[11]

1.阶级战争

霍姆斯特德之战是资本时代劳资冲突中一个不寻常的暴力事件，但这并非孤例。仅1892年，各州民兵就曾23次出面干预，镇压罢工。[12] 在霍姆斯特德罢工之前，是长达近二十年的劳资纠纷，其开端可以一直追溯到作为1873年恐慌之后果的1877年铁路大罢工（Great Railroad Strike）。

卡内基的导师、宾夕法尼亚铁路公司的高管汤姆·斯科特当时被卷入了这次罢工。1873年恐慌之后，宾夕法尼亚铁路公司因业务骤减而蒙受损失，为了继续向那些不知餍足的股东派发股息，斯科特将工资削减了20%。资本品的成本是固定的，劳动力的成本却是可变的。其他铁路公司随即与宾夕法尼亚铁路公司相勾结，组建起了一个"联合体"（pool），在费率和工资问题上协调一致（这种做法当时尚未被认定为非法）。其中一家，便是巴尔的摩和俄亥俄铁路公司。[13]

1877年铁路大罢工在当年7月开始于巴尔的摩和俄亥俄铁路公司，它最早爆发于马里兰州的卡姆登，随后蔓延到了西弗吉尼亚州的马丁斯堡。面对减薪，工人们举行了罢工，并搭起路障阻碍交通。西弗吉尼亚州州长派出了州民兵部队恢复货运通道，但许多民兵对罢工者表示同情。一系列罢工陆续爆发于巴尔的摩、匹兹堡、芝加哥和圣路易斯，波及了巴尔的摩和俄亥俄铁路公司及许多其他铁路公司。只有南方腹地（Deep South）和新英格兰得以幸免。

大罢工——马里兰州第六团（The Sixth Maryland Regiment）在巴尔的摩城中战斗前进（1877年）

1877年铁路大罢工发生时，南北战争刚刚过去不久。劳工暴力事件令许多美国人担心，是否会出现另一场"不可平息的冲突"。

新兴工业城市是主要的冲突发生地,为了遏制暴力,市政当局左支右绌。[14]在匹兹堡,一群工人及其同情者——许多都是女人和孩子——封锁了宾夕法尼亚铁路公司的货场。与罢工者站在一起的匹兹堡警方不愿采取行动。州民兵赶到现场,对一些抗议者刺刀相向,并向人群开火,导致20人死亡。成千上万名愤怒的民众把600名民兵逼进了一座圆形机车库,后者在那里设起街垒,靠着一支加特林机枪固守阵地。暴民们摧毁了2 000多辆有轨机动车、100列火车头和近40座建筑物,并拆掉了宾夕法尼亚铁路公司的一段长达3英里的铁轨。更多的民兵从费城赶来,恢复了秩序。斯科特和宾夕法尼亚铁路公司后来成功地以财产损失为理由将匹兹堡市告上法庭。[15]

与此同时,在圣路易斯,铁路工人们发起了一场总罢工。由德国社会主义流亡者领导的美国劳工党(Workingmen's Party of the United States)在几天中控制了整座城市。罢工者并不总是归咎于老板们。在旧金山,一场由工人党(Worker's Party)领导的罢工演变为一场针对中国移民的集体迫害。[16]然而,最严重的暴力事件却发生在芝加哥。

芝加哥劳工党(Chicago Workingmen's Party)组织了数起示威游行。大幅标语上写着"打倒工资奴隶制"的口号。散发的传单对工人百般奚落,"你难道没有权利可言吗?——没有雄心壮志?也没有男子气概?"劳工党要求铁路公有,工资上涨20%,以及实行8小时工作制。一位曾经参加过夏洛之战(Battle of Shiloh)的爱尔兰裔联邦军老兵面对众人发表讲演:"我经历过那场战争。我为那些大亨——那些资本家——而战,你们中的许多人也是如此。可如今我们得到的回报是什么?资本家对我们做了什么?"芝加哥的资本所有者新近才组织成立了一个"公民协会",开始训练自己的私家"商人民兵"。芝加哥很快便被暴力吞没了。工人阶级街区

被破坏的铁轨,铁路暴乱——宾夕法尼亚铁路公司(1877年)

1877年铁路大罢工爆发时,宾夕法尼亚铁路公司是全世界规模最大的公司之一。这之后,因为图中所示破坏行为所造成的财产损失,这家公司以政府未能为铁路公司的私有财产权提供充分警力保护为由,将阿勒格尼县(Allegheny County)告上法庭并成功获得赔偿。

比尔森(捷克波希米亚移民的聚居点)和布里奇波特(Bridgeport,爱尔兰移民的聚居点)都举行了公开起义。芝加哥警方只要一看到单穿着一只袜子的女性,基于第二只袜子中必定装满石子、可以作为武器挥舞的假设,就会马上对其实行逮捕。警方和美国陆军刚刚在达科他打完苏族印第安人(Sioux)的两个连,一道杀死了30名成年男性和男孩,并将许多人悄悄埋到了石灰坑中。[17]

1877年夏天,铁路大罢工终于因自身能量耗尽而平息下来。新就任的美国总统拉瑟福德·B.海斯宣布,罢工是"非法的系列叛乱之举",刚刚从南方获赎州(the Redeemed South)撤兵的他,派出联邦军队恢复市政秩序。汤姆·斯科特做出了这一请求——但他再也未能从罢工带来的打击中恢复过来,很快便迎来首次中风,并在此后的一系列发作中迅速衰弱下去。[18]

地区冲突是否已经让位于同样无法平息的阶级战争?担任过

亚伯拉罕·林肯私人秘书的海约翰（John Hay），撰写过一部关于1877年铁路大罢工的流行小说。这本《养家之人》（The Bread-Winners: A Social Study, 1883）预测，这个国家将目睹无休无止的劳资纠纷。[19] 毋庸置疑，按照任何评价标准，在资本时代的美国，劳资关系的冲突与暴力程度都是全世界首屈一指的。[20]

2. 马克思的工业资本理论

要想了解商业时代，从阅读亚当·斯密的《国富论》入手是明智的。要想了解资本时代的劳资纠纷，我们必须求助于卡尔·马克思的《资本论》。[21]《资本论》是对斯密政治经济学的"批判"，但与其批判对象一样，它也是一个思想实验，目的在于把握住某个不受外部干涉阻碍的竞争性经济制度的逻辑。对于马克思来说，假如听凭资本主义自行发展，必将导致普遍性的阶级斗争。

在《资本论》中，各种各样的论证比比皆是，但马克思经济学理论的核心观点非常简单。在他看来，资本不是一种生产要素，而是以创造"剩余价值"为终点的生产过程的前提和结果。马克思主张，在资本主义制度下，作为一种商品的"劳动力"，是包括剩余价值在内的所有经济价值的源泉。这是因为，劳动力——也只有劳动力——这种商品能够生产出超过其自身生产成本的价值。假设存在一个竞争性的劳动市场的话，资本家便只会支付劳动力的再生产成本，或是工人的最低生存需求。劳动力生产出的、超过其自身再生产成本的超额价值，以剩余价值（或利润）的形式，被资本家收入囊中。

如果说，斯密认为经济增长和发展是通过商业倍增器的作用而发生的话，马克思的主张则是，实现经济活动回报递增的唯一途径，便是借助所谓的劳动剥削倍增器（labor exploitation multiplier）。

马克思因此得出结论:"资本不是一种物,而是一种以物为中介的人和人之间的社会关系。"[22]

他写道,资本家可以通过两种方式榨取劳动力的剩余价值。首先,他们可以在支付给雇佣工人同样多的工资的情况下让他们工作更长时间。这种马克思口中的"绝对剩余价值",在当时和今日都是一种被大量记录下来的资本主义牟利和剥削方式。然而,绝对剩余价值是有严格限制的,因为一天只有 24 个小时。其次,资本家还可以投资于资本品,而它们会在同一时间增量内生产出更多适销商品——从而提高劳动生产率。马克思将这称为"相对剩余价值"。

为了令这一理论成立,马克思做出了一个一般性的假设,那就是资本家总是会投资于资本品,而工业投资也永远都不会匮乏。那种出于审慎心理或投机动机将货币作为安全避险的保值手段,而不是把它当成一种获取更多剩余价值的投资手段的流动性偏好,被假设排除在外。资本家渴望着投资、生产和剥削。此外,该假设还以竞争性市场为前提,如果一个资本家要增加相对剩余价值才能维持业务的话,其他资本家也必须这样做。资本所有者被锁在了这个体制之中,其不自由程度不亚于工人。毕竟,这本书的名字是《资本论》,而不是《资本家论》。

马克思认为,资本迫使资本家投资固定资本品,也迫使他们重视技术创新。通过提高某个经济体的生产力,资本充当了一种进步力量。更多的财富生产令更大程度的人类解放成为可能。然而,抛开财富不谈,相对剩余价值却存在着一个问题。在竞争压力下,资本家变得痴迷于那些节省劳动力的资本品,但劳动力却是剩余价值和利润的唯一真实来源。通过削减劳动,资本家最终也会削减自己的利润。即便财富生成的回报不会递减,利润创造的回报也会递减。马克思指出,利润率的长期趋势将是下降的——因此资本主义注定会发生危机。

第九章 阶级战争与家庭生活

此外,从道德角度看,工人们难道不应得到自己的劳动成果吗?这里面就包括了产生剩余价值的那种能力所创造出的成果。马克思认为,资本主义是一种以不公正的劳动剥削和经济不平等为特征的经济制度。但他也预测说,无产阶级工人将对这种不公正的剥削产生政治自觉性。这个阶级将要求更短的工作时间、分享更多的生成财富的资本品。最终,它将要求集体所有制。马克思进一步预言,资本主义超越自身和阶级范畴,指向了一个物质极大丰富、从单调乏味的工作和统治支配中解放出来的未来,在那个未来世界里,每个人都可以自由发挥各自的全部人类潜力。[23]

值得注意的是,尽管商业时代的斯密型发展动态是空间意义上的,马克思的经济制度,其动态却只关乎时间。他所关心的,是随时间推移而变化的剥削率,是那种与日俱增的不断提高生产力的系统性冲动,是某个与当下有着本质不同的经济未来,那就是共产主义。

作为《资本论》的作者,马克思在哲学立场上未免过于偏向决定论。与之相反,他的历史著作,比如《路易·波拿巴的雾月十八日》(The Eighteenth Brumaire of Louis Napoleon, 1852),却对历史的偶然性有着某种奇妙的感知。相形之下,资本的那些偶然性动态——反复出现的信贷周期,货币、流动性、投机、恐慌和囤积的变化无常——并不是《资本论》的主题,尽管马克思在身后出版的作品中对它们偶尔进行过深邃精辟的论述。[24]《资本论》所阐述的,是一个关于某种特定种类的生产性资产——工业资本品——的理论。它的旋律拍号是线性的,且伴有强烈的宿命色彩。尽管如此,这本书依然充满了对作为工业革命之核心的这种资本的深刻见解。

时间实际上是固定生产资本的一个关键维度。假设资本所有者确实告别了流动性,对非流动性资本品做出了长期投资——19世纪晚期或许是他们最踊跃于做出如此举动的一个时代——其投资成本会随着时间推移固定下来。它变成了沉没成本,或是不可收回的成本。对于处在市场竞争条件之下(19世纪80年代的全美国铁路网合并加剧了这种竞争)的工业资本家来说,不管劳动力的可变成本在总成本中占多大比例,都显得特别突出。它是可替代的,既不固定,也不会沉没。马克思预测说,资本家将用机器取代劳动力,但19世纪晚期的美国工业家发现了补充资本品和劳动力的多种办法;因技能过时而遭替代的劳动力,要比被解雇的劳动力还多。[25]工业资本家依然牢牢把持着他们的资本品,而要增加利润,总是可以削减劳动者的报酬,一直减到劳动力市场所能承受的最低点为止。

尽管在利润率的问题上,存在某些规律性的长期趋势,但19世纪晚期美国的利润率下降,却更多地源于偶然性原因。恢复硬币支付政策和回归金本位,限制了货币供应。工业化生产出了更多的商品,而逐买这些商品的货币,其数量却以相对较低的速率扩张。[26]但是,资本主义生产者不得不保持生产,以收回自己的固定成本。越来越多的商品继续涌进市场,导致价格下行。这种价格下跌压低了利润。在这个时代周期性的金融恐慌期间,货币和信贷被囤积起来,对商品的需求日渐萎缩。生产有全面压倒需求的可能。然而,为了增加利润,工业资本家却可能会尝试削减劳动力成本,而他们也确实这样做了。

姑且不论马克思理论归根结底是否站得住脚,19世纪晚期的美国工业经济,倒的确很像是用漫画形式表现出来的《资本论》。正如马克思所预测的,工业化导致了生产更多财富的系统性驱动力。但许多美国工业资本家依然对自己的利润空间牢骚满腹。美国拥有全世界最长的工作日,1880年时高达10小时,资本家和工人们就工作时长(绝对剩余价值)展开了反复斗争。[27]在工作场所装备新的资本品导致的紧张关系不亚于此(相对剩余价值)。这一切会以激烈的罢工运动和周期性的暴力事件告终。阶级冲突比比皆是。

第九章 阶级战争与家庭生活

最终,尽管美国有着按国际标准而言较高的工资水平,工业城市中劳动人民的生活标准一开始时却并没有得到改善。不平等加剧了。更多的收入流向了资本所有者和收入分配结构中前1%的富人。[28] 在19世纪80年代,一些作品注意到了这种不平等加剧的趋势。亨利·乔治(Henry George)的《进步与贫困》(Progress and Poverty,1879)把罪名归到了地租上,这本书卖出了数百万本。[29] 此外,不管如何分配,经济增长带来的收入上升并没有立即改善人类福利。毕竟,工业化的积累过程是通过对"过渡性"资本品生产进行投资来实现的。例如,安德鲁·卡内基生产钢锭,却不生产拯救生命的药物或清洁的饮用水。他的那些英雄主义的生产壮举所产生的新增收入,大部分首先流到他自己手中,花到了成栋的苏格兰豪宅和多次猎松鸡之旅上,而大部分家庭依然把绝大部分收入花在食物、衣服和栖身之所上。[30] 就总体而言,生产总值和货币收入增加了,但又怎样呢?按照许多标准衡量,第一代工业社会的美国人,日子过得要比他们那些生活在边远地区的先辈差。他们个子更矮,身体更弱,吃到的有营养的食物更少,住在拥挤且不卫生的房子里,更早去世。婴儿死亡率增加了(或许是因为牛奶品质太差)。[31] 这一趋势最早要到1890年才得到逆转。[32] 对于这一代无产者来说,马克思的"贫穷化"观点看起来也有一定的道理。

3. 自由劳动的宿命

马克思在《资本论》中的分析,指出了一个庞大而抽象的系统的运作过程,而这个系统为资本和劳动力指定的角色是受到约束的。与之相对,对工业变革方向持有批评意见的与马克思同时代的美国人,更经常诉诸政治。他们相信,如果经济生活出了问题,归根结底要由政治来承担罪责,而不应归咎于一个抽象的经济制度。在美国工业化的过程中,"自由劳动"这个政治口号既是一个评估经济生活价值的基准,也是一个值得为之奋斗的、备受嘉许的理想。

与视奴隶为人身动产的制度不同,在19世纪50年代共和党政治动员中兴起的"自由劳动",包含了一个向上流动的核心原则——希望。1870年,27%的美国劳动力是工业部门的雇佣劳动者。[33] 林肯本人曾说过,雇佣劳动本应是一种暂时状态。最终目标是生产性财产所有权。这是一种财产政治。在美国,自17世纪以来,相对于其他社会中的对应群体,白人男性户主就已经拥有了广泛的土地财产权。这种分配还会在工业资本品的新时代得以延续吗?或者,某些人——资本家——会垄断资本品所有权的市场,强迫其他人永久地从事雇佣劳动?

安德鲁·卡内基的钢铁厂充分表明了增加工业企业规模可能带来的经济奖励。扩大规模降低了成本,带来递增的回报,而且拥有某种先发优势,能抵御潜在竞争者的威胁。但它也意味着雇用许多雇佣劳动者——他们将永远不会跃身于企业所有者的行列,或是与卡内基展开竞争。工厂中的非熟练操作人员越来越多地由欧洲移民担任,他们更倾向于接受长时间工作和尽可能高的工资,而不顾工作条件如何,因为他们的理想并不是成为小企业主,拥有和经营自己的生意,而是兜里揣着钱回到欧洲。[34] 他们的期待和偏好打乱了美国劳工组织的努力。19世纪70年代,移民的返乡率为10%,但在20世纪早期,这个数字将接近70%。[35] 然而,尽管工业企业的平均规模和雇佣劳动率在19世纪晚期都扩大和提高了,那种小规模、业主自营型的美国工业化模式依然存在。其中,资本密集度没有那么高,拥有技术的熟练劳动力扮演着更重要的角色,所生产的特殊商品专业化程度也更高。因为存在这种经济基础,财产所有权政治并未注定遭历史淘汰。[36]

然而,变化却已逐步到来。1870年,尽管存在对高技能白领工

第九章　阶级战争与家庭生活

大罢工——在西弗吉尼亚州的马丁斯堡封锁火车头（1877年）

1877年的铁路大罢工是一次大规模的集体行动。正如图中可见，包括女性和儿童在内的中产阶级罢工同情者也参与其中。当时的美国阶级结构还是流动性的。

人的新需求，他们却仅占工业劳动人口的4.8%。工业部门还创造出了对那些受雇劳动的非熟练操作人员的需求，处于收入分配最底层的他们，在1870年时已经占到了制造业劳动人口的63.4%。移民将继续补充这一行列。正如21世纪的服务业经济，工业化带来了中间阶层空心化的威胁。尽管如此，1870年，31.8%的制造业劳动力——不是白领工人——依然是"熟练技术工人"。[37] 这一群体包括了中产手艺人和工匠，他们拥有不太多的一点小资本，在自己的店铺里雇用着不太多的几个人。

1877年的铁路大罢工让汤姆·斯科特这样的人深感惊恐，因为它表明了一种可能，那就是中产的工匠型私营业主、熟练技术工人和未受过专门训练的、通常为移民的工业部门操作人员结成阶级联盟，局势飘忽不定。大罢工在很大程度上是一场自发行动，并没有意识形态上的细分。它举行于街头巷口，起事者有民主党人和共和党人，有绿背劳动党（Greenback-Labor Party）和劳工党，还有社会主义者和无政府主义者。因此，从表象上看，这场大罢工中反复出现的中心人物形象，是一群团结在一起的工人以及对他们抱有同情的中产者，其中就包括了衣冠楚楚的贵妇人和天真无邪的孩童。所有这些人都参与了示威。[38]

1877年铁路大罢工提出的问题在于，技术水平不一、身份上或为本地人或为外来移民的生产者所构成的这种鱼龙混杂的集体，是否能够从政治上组织起来，塑造美国工业化的进程？类似于卡内基钢铁公司这样的大企业，得益于更高的资本密集度、更大的规模和更高的运营效率，从经济上来说极具竞争力。然而，关于到底哪一种工业化才能胜出，又将在多大比例上获胜的政治问题，却依然悬而未决。

当然了，熟知马克思理论并不必然发展成为对工业变革不平等的批判。美国的批评家更倾向于向后看——回顾托马斯·杰斐逊"劳工共和主义"（labor republicanism）的革命遗产，重温白人男性普遍拥有财产权的政治——而不是展望任何一种社会主义、共产主义或无政府主义的乌托邦。他们相信，新的资本品应当被当成昔日的土地。首先，资本品应当被广泛分配到更多人手中；其次，尽管它们是资本，是一种生产资料，它们还应当是保证平等、民主的公民权利义务的财产。对那种"象征男子气概"的财产所有权的渴望——而不管其金钱利润率为何——与营利动机混合在了一起，它是诱使平民百姓投资工业的一个关键因素，而这与卡内基投资工业的诱因迥然有异。

在这个"自由劳动"的愿景中，仅发放工资是不够的，不管这份工资有多高。这种财产政治寻求的，是将工业资本所有权本身政治化。在1877年铁路大罢工之后，劳工骑士团（Noble and Holy Order of the Knights of Labor）是宣扬此种愿景的工会中最成功的一个。与马克思不同，劳工骑士团不相信存在普遍的经济阶级冲突。他们向所有的生产者敞开怀抱，甚至包括那些处于中间阶层的资本所有者。[39]

工会在美国并不是新生事物。南北战争前，工人们——依照其在家户中的依附性法律地位，他们是"仆从"——就曾组织起来，与其"主人"讨价还价。在马萨诸塞州诉亨特案（*Commonwealth v. Hunt*, 1842）中，承认了工会会员资格，尽管直到20世纪30年代出台一系列罗斯福新政法律法规之时，包括罢工在内的各种工会斗争手段的合法性一直存疑。相对于其他工业化国家来说，19世纪的美国工会运作于一个独特的、不友好的法律环境之中。[40] 长期的会员忠诚度，聘请专业人士担任领导，得到雇员认可的集体谈判，所有这些都难得一见。全国劳工联合会（National Labor Union，简称NLU）是第一个全国性的美国工会联盟，它组建于1866年。自发性罢工定义了工会运动的大部分内容。南北战争之后，全国劳工联合会的领袖们曾发起行动，反对恢复硬币支付和回归金本位的政策。1873年恐慌后的艰难时期，并不利于组织活动，全国劳工联合会解散了。随之而来的，是1877年铁路大罢工和劳工骑士团的迅速崛起。[41]

劳工骑士团于1869年成立于费城。[42] 一开始的时候，它更像是一个男性友好互助的兄弟会组织。但很快，它便转变为向所有"生产者"开放的产业工人工会。只要不是银行家、医生、律师或烈酒制造商，任何人都会被算作"生产者"。1879年，劳工骑士团的成员达到了1万人。那一年，宾夕法尼亚州斯克兰顿市（Scranton）市长特伦斯·鲍德利（Terence Powderly）成了该组织主席，他是国际机械师与铁匠联合会（International Union of Machinists and Blacksmiths）的会员。到了1886年，劳工骑士团已经拥有了72.9

万名"正式"的全国会员,610个地方分会。在南方,劳工骑士团接纳了黑人"生产者"入会,这些人通常都是从事某种农业体力劳动的工人。[43]劳工骑士团也向女性开放。它的全国章程中有一项"确保男女同工同酬"的承诺。1885年,劳工骑士团的成员中可能有10%的人是女性。[44]这些成员在意识形态和政治观点上存在很大差异:鲍德利是一名灰心失望的共和党人,靠着绿背劳工党的选票当选了斯克兰顿市市长,而芝加哥劳工党领袖艾伯特·帕森斯(Albert Parsons)则是一名社会无政府主义者。劳工骑士团希望把不固定的美国产业社会秩序组织起来。

在意识形态上,劳工骑士团高举反垄断的大旗。南北战争前,共和党在匆忙拼凑出"自由劳动"的意识形态之时,曾经把对"金钱势力"的反垄断批判转移到了对"蓄奴势力"的批判上。在民主党这个杰克逊主义的政党之中,反垄断势力依然强大。[45]两个党派的许多成员都很好奇,随着经济生活面临全新的激烈竞争,随着利润不断遭到挤压,这个世道上的古尔德们、斯科特们和洛克菲勒们,是如何能够在不以某种方式腐蚀政治活动的前提下积累巨额财富。他们还针对货币和信用提出了许多问题。[46]南北战争后的国民银行体系将银行准备金逐层向上集中到了华尔街。在华尔街上,19世纪70年代和80年代期间,现行利率下降了,但并不是所有人都能以这样的利率获得资本。中小规模的资本所有者既抱怨大公司不公平的竞争性商业行为,也对小规模私营业主难以获取创业和经营所需之货币和信贷的问题牢骚满腹。

作为这两个问题的具体象征,劳工骑士团的头号大敌,正是杰伊·古尔德。1884年到1885年,当劳工骑士团的地方分会对古尔德的"西南体系"予以成功打击之时,全美各地申请加入分会的人数激增。古尔德的这个体系,覆盖了4000多英里的铁轨,跨越了五个州和印第安人领地。其中包括了汤姆·斯科特的得克萨斯和太平洋铁路公司。1879年,在斯科特又一次中风发作之后,古尔德从他手中夺走了这家公司。

在西部,劳工骑士团反垄断诉求中的一个基本元素,是对华人移民的恶意歧视。[47]华人移民本来可以是劳工骑士团的天然盟友。他们中的许多人都是受雇于铁路公司的体力工人,在签订了长期劳务合同后被带到美国,但他们很有干一番事业的进取心,满怀着"自由劳动"的渴望,希望能拥有自己的生意。[48]然而,劳工骑士团却将华人视为铁路垄断巨头以"白人"无法接受的合同条件雇用而来的廉价工具。反华种族主义在西部最为盛行,但即便是波士顿的劳工骑士团成员乔治·麦克尼尔(George McNeill),也发出了对"黄祸"的警告。[49]鲍德利展开了支持1882年《排华法案》(Chinese Exclusion Law of 1882)的政治游说,该法禁止"熟练和非熟练华工及华人受雇于采矿行业",这是美国历史上第一项明确的种族主义移民禁令。[50]

在反垄断之外,劳工骑士团还批判了那种自身无产业者必须从事雇佣劳动才能存活的产业"工资制度"。[51]劳工骑士团号召采取那些显然意在取悦非熟练操作工的切实措施。他们要求,雇主必须每周向员工全额支付上一周的工作报酬。他们呼吁废除因犯劳动。有时候,对工资收入的批判是志存高远的。援引杰斐逊主义的"劳工共和主义"观点,麦克尼尔预见到了"劳动工资制度与共和政体之间不可避免、无法抑制的冲突"。[52]靠领取工资为生是缺乏男子气概、不合共和精神的依赖行为。这个观点所针对的,是中产资本所有者以及被雇用的熟练工匠,两者都担心着社会阶层下滑。劳工骑士团号召"废除工资制度",而这对来自欧洲的激进无政府主义者和社会主义者也有吸引力。用某位历史学家的话来说,劳工骑士团于是便将"对自主创业的希望与反资本主义的绝望"结合在了一起。[53]

劳工骑士团不只会批判，他们也拥有一个解决方案，那便是呼吁成立劳动者所有的合作制企业。一位劳工骑士团成员指出，这项"合作计划"相对于"工资制度"的优越性在于，"每个人都能感觉到自己的主人公地位……他能感觉到，也清楚地知道，自己的头脑和气力是同等重要的"。[54] 在一个强调职业道德的文化中，目睹被新的能源密集型资本品所释放出的巨大生产力，必定是一件令人心慌意乱的事。拥有这些资本品——即便是与其他劳动者共同拥有，而不是独自占有——也是让人"感觉"自身劳动仍具有某种意义的一种方式。在意识形态上，合作的理念具有广泛的吸引力。自由知识分子领袖 E.L. 戈德金（E.L.Godkin）支持合作制企业，而劳伦斯·格伦隆德（Laurence Gronlund）的《合作共同体》（The Cooperative Commonwealth，1884）则成为第一部公开从社会主义角度向美国读者阐述马克思主义思想的著作。[55]

19世纪80年代，劳工骑士团成立了数千家合作制企业，其中包括杂货店、铁匠铺和住宅抵押贷款信用社。许多合作制企业都是依法成立的特许公司。如何获得足够的资本和信贷始终是个问题，而这是劳工骑士团的反垄断立场与其对工业工资制度的批判相重合之处。劳工骑士团的全国联合会筹集了一笔资本金，用来资助各地的合作制企业。包括合作制企业在内的地方小规模工业，也采用了许多本地筹款方式，比如直销股票，或是在远离华尔街的小城镇上成立证券交易所。[56] 但是，稀缺的资本和信贷很少能满足初创合作制企业的需求。

在劳工骑士团中鼓动成立合作制企业的一个部门，是它的妇女工作部（Department of Women's Work）。[57] 许多女性都是就业于工业部门的雇佣劳动者——其中绝大多数是年轻的未婚女性，并且在缝纫、排版和制衣等特定行业中受到区别对待。[58] 在一个女性平均工资只有男性一半的时代，劳工骑士团号召实行男女同工同酬。女性组织起了工会，但只有两个全国性的男性同业工会——印刷工人工会和制衣工人工会——接纳她们入会。[59] 女工工会通常都会组建起合作制企业。年轻的凯特·马拉尼（Kate Mullany）出任了1869年成立于纽约州特洛伊的"洗衣女工合作公司"（Laundry Union and Co-operative Collar Co.）的主席。一份1870年出版的争取女性选举权的杂志刊登了马拉尼的一封信：

> 我写这封信，是想要了解，诸位女士在认购我们公司的股票这件事上有何行动。我们如今正处在起步阶段。我们拥有足够多的初始认购股，而起步之初的前景也很好，只要产品上市，便可迅速销售一空。当然，我们依赖着这个国家劳动人民的齐心协力，依赖着有能力也有意愿帮助劳动女性、希望看到她们自食其力的那些人。

这家合作制企业的债券定价为5美元。"劳动女性"最终将使用来自该企业的收入，把这笔债务转化为自有股权。她们筹到了足够多的资本。但是，男性拒绝把洗衣订单交给她们，于是生意最终失败了。然而，位于纽约州特洛伊的这家合作制公司依然成了劳工骑士团妇女工作部的榜样。[60]

出生于爱尔兰的织袜女工莱奥纳拉·巴里（Leonara Barry）是劳工骑士团中有全国影响力的组织者。年纪轻轻就成了寡妇的她，为养活孩子进了工厂做工。到1886年时，她已经成为纽约州北部地区劳工骑士团分会妇女协会的会长。为了在全国范围内组建妇女协会，她把一个孩子送进了修道院，让另一个孩子跟着自己的一个妯娌生活。为了建立替代血汗工厂的合作制企业，她进行了"许多不成功的尝试"。但即便是巴里，也相信在理想状态下，"男人本应是赚钱养家之人"。她在1890年嫁给一个劳工骑士团成员，辞去了组织工作。鲍德利在写给劳工骑士团地方分会的信中，将巴里的婚事比作死亡。"巴里姐妹的日子屈指可数了"，因为她受到了"冥河对岸"的召唤。莱奥纳拉·巴里再婚后，劳工骑士团妇女工作部便解散了。[61]

至此，劳工骑士团面对的整个形势都已急转直下。鲍德利和该团的国家级领导层已经无法控制地方工会；他们一直在举行罢工。鲍德利并不相信罢工，因为他担心，这会招致有产者中工人阶级潜在盟友的敌意。"反对罢工而罢工不休。"他哀叹道。[62] 这些罢工全都是自发举行的，而要求几乎总是一样的：不是彻底废除工资制度，而是一群心怀不满的工人，希望得到更短的工时和更高的工资。

到最后，是杰伊·古尔德彻底改变了劳工骑士团的命运走向。在1884年到1885年间，劳工骑士团的地方分会成功地打击了古尔德的西南体系，但是，古尔德很快便背弃了那些薪资协议。在他将得克萨斯州马歇尔市的一位劳工骑士团带头人物开除后，该州的101区分会（District 101 Lodge）举行了一场罢工。随着20万名西南地区铁路工人离开岗位，这场罢工蔓延开来。古尔德宣布得克萨斯和太平洋铁路公司破产，将该公司的部分业务交给联邦政府暂时接管。这家公司由此得以享受美国陆军对其财产的保护。[63]

针对古尔德的西南大罢工，引发了席卷全国的1886年大动乱（Great Upheaval）。那一年，至少有60万名工人参与到1 400余起罢工行动中，干扰了11 562家企业的经营。[64] 这一轮罢工潮打了鲍德利和劳工骑士团国家级领导层一个措手不及。它是自下而上发生的。罢工的主要诉求不是废除工资制度，也不是为合作制企事业获得更优惠的信贷条件。它要求的是8小时工作制——这是一个更简单的战斗口号，其目的更直接也更容易实现。

芝加哥再一次见证了最严重的暴力事件。罢工首先爆发于布里奇波特爱尔兰移民街区的联合钢铁公司（Union Iron and Steel

第九章　阶级战争与家庭生活

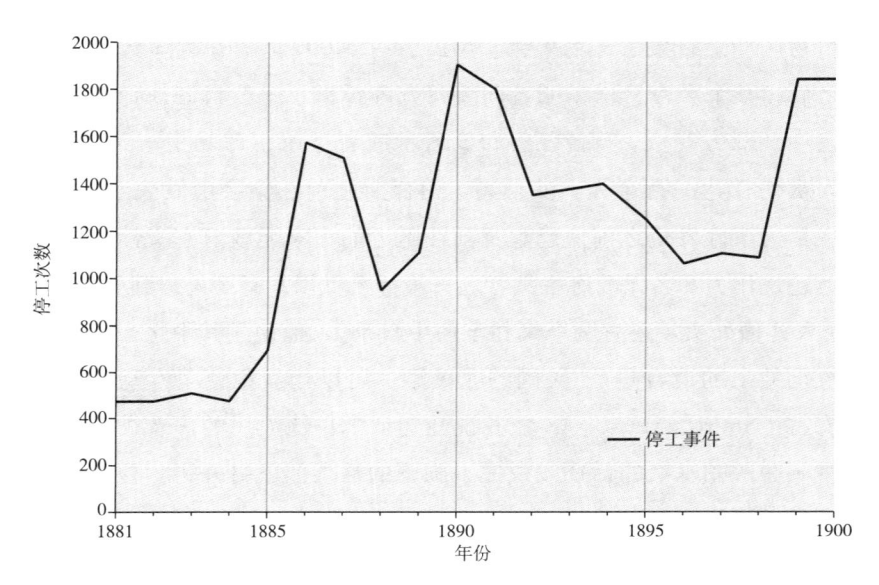

美国的停工事件

没有任何一个工业化国家的劳工运动历史能比美国的更具争议。工人的自发性罢工破坏了劳工骑士团建立基础广泛的生产者联盟的首选策略。

Company）。[65] 与此同时，一家新近成立、仅限熟练技术工人加入的全国性劳动者同业工会发出号召，在1886年5月1日举行一场全国总罢工。这家同业工会的领导人是曾经当过制雪茄工人的英国移民和工会代表塞缪尔·冈帕斯（Samuel Gompers，另译为"龚帕斯"）。

在芝加哥，分属各个工会组织的劳动者集结了起来。5月1日，艾伯特·帕森斯和露西·帕森斯（Lucy Parsons）夫妇以及他们的两个孩子带领着8万人在芝加哥密歇根大道上举行了一场游行。在整个美国，超过30万工人举行了争取8小时工作制的罢工，令1 000余家工厂关门停产。5月3日，芝加哥警方在麦考密克收割机厂外开枪打死了6名罢工工人。芝加哥的无政府主义者在干草市场广场上召集了一场集会，出席者有 3 000 人。在大多数人散去之后，某个至今身份未明者向警察方阵投掷了一枚自制炸弹。混乱之中，双方交火。7 名警察和 5 名示威者被杀，广场上一片狼藉，人员伤亡达一百余人。艾伯特·帕森斯之前在集会上发表了演讲，在暴力事件发生之前便已起身前往附近的一家无政府主义沙龙，但他还是作为 8 名无政府主义者之一被捕入狱。共有 7 人被判处死刑，4 人终遭处决（还有一个人在牢房中自杀），他便是其中之一。他在绞刑架上的遗言是："美国的人民啊，可以让我说话吗？马特森治安官（Sheriff Matson），让我说几句话吧！让人民的声音被听到！哦……"帕森斯的话还没说完，脚下的活板门就打开了。他被吊在那里，慢慢地窒息而死。[66]

这场大动乱，就此终结于干草市场广场之上。在芝加哥爆发了一场红色恐慌，警方对劳工组织者进行了长达数月的镇压。在西南地区，古尔德取得了针对劳工骑士团的最终胜利。他的律师团搞定了一个地方法庭，由其出具了一份针对罢工的"禁制令"，其理由是罢工者侵犯了受宪法保护的、未参与罢工的工人的"缔约自由"权，也即他们通过就业自由参与商业活动的权利。[67] 这是对杰克逊主义反对垄断、保护平等商业机会的政治遗产的瞒天过海、移花接木。

劳工骑士团自此一败涂地。1887 年，在路易斯安那州的蒂博多（Thibodaux），发生了一场针对数百名黑人劳工骑士团糖业工人的大屠杀，这让劳工骑士团在南方也陷入了困境。[68] 到 1890 年，其成员数量已经在逐渐萎缩。劳工骑士团留下的政治遗产包括产业工会制度理论（industrial unionism）、劳动者实现跨肤色跨性别联盟的可能性、不同于薪资和收入的财产与资本政治以及制度化的合作项目。但是，恶毒的反华种族主义所扮演的角色也不容忽视。占据劳工骑士团所留下的那个真空地带的，将会是一个截然不同的全国性劳工联盟。

第九章　阶级战争与家庭生活

1886年12月，美国劳工联合会正式组建成立。这是一家全国性的同业工会联盟，由塞缪尔·冈帕斯担任会长。与劳工骑士团相比，他致力于实现一个更狭隘、更基于阶级关系的劳动者大团结和组织运动理想。劳工骑士团本想拼合出一个将中产阶级和下层阶级团结在一起的生产者联盟，在这个联盟中，既包括小资本家和熟练技术工人，也包括主要由移民构成的非熟练操作人员。然而他们却失败了。在这些年中，更成功的阶级联盟是自上而下式的，它发生在美国收入和财富分配的最顶层。美国的工人阶级随着这个联盟的形成而四分五裂。出于对乌合之众的恐惧，一个巩固的美国中产阶级联盟形成了。

4. 自上而下的阶级意识

在出现新的赚钱方式、经济不平等随之加剧的那些时期，精英们通常都会自远于本国的同胞国民。在黄金时代的美国，除了阶级冲突，不同人群之间相互保持距离也是一条惯例。"自由劳动"和"划分不同领域"的性别意识形态同时出现，尽管前者的最终命运悬而未决，后者却在富裕人群中保持着相当大的影响力。家庭生活领域与工业生活领域之间那一道密布铁丝网的硬性藩篱，催生了一种对竞争的全新残酷理解：社会达尔文主义。

1886年大动乱爆发之时，上曼哈顿成为美国资本家展示其阶级意识的舞台。[69]在那里，这个国家最富有的人采用当时流行的古典装饰风格，建起了庞然大物似的仿法式城堡。他们的住宅中拥有蒸汽动力的中央供暖设备和抽水马桶（发明于1875年）。在托马斯·爱迪生（Thomas Edison）的珍珠街发电站1882年开始上网供电之后（这发生于爱迪生发明电灯泡灯丝的三年后），一些住宅中还拥有了人工照明。但每一天，仆从们依然要进进出出地提水、运煤和担柴。精英人士在联合俱乐部（Union League Club，约1863年成立）、纽约佬俱乐部（Knickbocker Club，约1871年成立）以及后来的大都会俱乐部（Metropolitan Club，约1891年成立）中交际应酬——所有这些地方都是时髦的新生事物，它们位于新近完成了空间区隔的工业城市中，远离工人阶级的沙龙和啤酒馆。卡内基直到1870年都在纽约城中拥有住宅。约翰·D.洛克菲勒于1884年购买了位于54街和第五大道街角的一处宅邸。1889年，中央太平洋铁路公司的科利斯·P.亨廷顿在57街和第五大道街角建起了一座大宅，与它隔街相对的，正是科尔内留斯·范德比尔特二世（Cornelius Vanderbilt II）所拥有的傲视群侪的巨型豪宅。而威廉·范德比尔特（William Vanderbilt）的三元大厦（Triple Palace），则是一座占据了整个街区的大规模建筑群。当亨利·弗里克最终离开匹兹堡时，他便租了一栋居住其中。[70]

1886年，波士顿知识分子领袖爱德华·阿特金森（Edward Atkinson）在一次关于"劳工问题"的演讲中，对"海军准将"科尔内留斯·范德比尔特的豪宅做出了这样的评价："这样的一座宅邸并不是资本"，因为"它不产出任何东西"。因为"资本是一种工具，一个手段，它要被应用于生产，用来增加物质的丰富"。[71] 这是对资本的一种限制性的新定义，它将资本定义为一种生产要素，一样事物——然而，从金融角度而言，镀金时代的豪宅的确是资本，因为它们是会在市场上增值的房地产资产。此外，发生在这些豪宅之中的许多交接周旋，都会变成资本和信贷——转化成了我们今天所谓的"社交资本"。[72] 但是，对这一时期资本主义阶级意识至关重要的维多利亚时代感性价值观，却是充满各种二元对立关系的。一系列比领域划分更斩钉截铁的割裂，为人们的意识感知设定了条理界限。

阿特金森针对"劳工问题"给出的解答，是工业资本与工业劳

第九章　阶级战争与家庭生活　　　　　　　　　　　　　　　　　367

雅各布·里斯，《一打 45 美分的过膝裤——勒德洛街上的血汗工厂》（约 1890 年）

摄影记者先驱里斯拍下了许多关于纽约市工人阶级街区中群租房和血汗工厂的照片。对于中产阶级和家境富裕的观众来说，在家庭中进行工业劳动的景象极其令人震惊，因为这违背了那种约定俗成的居家空间应当远离商业活动、神圣不可侵犯的原则。

动力必须在孤立个体之间的私有商业领域中彼此竞争。当这种竞争发生时，每一方都将获得其应得的回报——今天的经济学家将这称为"边际产品"（marginal product）。但是，资本主义竞争绝不能全线出击不遗余力。它发生在一个领域之内。在与这个领域截然分开的其他领域，其重要性丝毫不逊色。

在经济竞争的领域之外，家庭生活是一大焦点。[73] 家庭是一个约定俗成的带有女性气质的温情空间，远离商业的锱铢必较。事实上，当精英们发现，许多劳动人民的大部分经济生产依然发生于家中之时，没有什么能比这更让他们不安了。[74] 雅各布·里斯（Jacob Riis）在《另一半人怎样生活》（*How the Other Half Lives*，1890）

中用照片所揭示的真相,便提供了惊人的视觉证据。

对于精英人士来说,男性赚钱养家、女性操持家务的家庭经济是神圣不可侵犯的。工业资本家将这种道德意义上的劳动分工看得很重。在许多男性看来,这让他们或许不那么可取的唯利是营变得比较容易令人接受。它一方面制约了商业活动,令其处于自己的专属领域之内,但同时也确认了男性代表家人投资企业之诱因的合法性。在家中,即便是杰伊·古尔德,也是一个温情脉脉的多愁善感之辈,据他的传记作家说,简直就是一个"宅男"。他的情感生活井然有序,截然分明,一边是"激烈至极"的资本主义竞争,另一边则是波澜不惊的居家生活。[75] 在情感上,弗里克更偏爱自己的女儿海伦而不是儿子蔡尔兹,去世时,他将大部分财产留给了她。他还让艺术家们为她绘制了许多画像,画中人全都沐浴在天使般的柔光之中。

一眼可见的是,这些上层阶级女性的画像,其焦点通常都在心脏位置。在那个时代的这些画像中,构思最巧妙的那些出自约翰·辛格·萨金特(John Singer Sargent)之手,而其中最优秀也最奇特的一幅,是家住波士顿的伊莎贝拉·斯图尔特·加德纳(Isabella Stewart Gardner)的肖像。

这种女性特质崇拜(Cult of True Womanhood)日益成为一个精英女性参与其中的阶级展示项目。[76] 在公共领域中,中产阶级和上层阶级的女性经常会运用其个体女性气质的道德力量来施加影响力。1879年,弗朗西丝·威拉德(Francis Willard)成为基督教妇女禁酒联盟(Woman's Christian Temperance Union)的会长,由此掀起了一场旨在"保护家庭"免受商业力量侵蚀——其中包括工人阶级沙龙中蔚然成风的酗酒行为——的大规模妇女运动。[77] 威拉德也是一位女性参政权活动家。1890年时,之前相互竞争的几股以争取女性选举权为诉求的全国性"女权"运动实现了团结整合,

特奥巴尔德·沙特朗（Théobald Chartran），《海伦·克莱·弗里克（Helen Clay Frick）的画像》（1905年）

许多镀金时代的美国实业家认为，在男性的工作世界和女性的居家生活之间，存在着一条牢不可破的分界线。在亨利·弗里克为其女儿海伦·克莱·弗里克定制的此幅婉约、明亮的画作中，充分地体现了这一点。成年后，她成为一位著名慈善家和艺术品收藏家。

约翰·辛格·萨金特,《伊莎贝拉·斯图尔特·加德纳》(1888年)

生于纽约富商之家的加德纳,是波士顿航运和铁路金融家杰克·加德纳(Jack Gardner)的妻子,以"波希米亚范儿的百万富翁"而著称。加德纳夫妻二人皆是重要的慈善家和艺术品收藏家。这一时期,许多女性肖像的焦点都落在心脏部位。萨金特的加德纳女士肖像是对这一艺术样式的精彩呈现。

第九章　阶级战争与家庭生活

但到这时，这项运动已经脱离了劳动女性的贫苦生活。"这个协会毫无用处，纯属伪善，它从来不曾为劳动女性做过任何事。"愤怒的印刷女工工会成员曾如此斥责女性参政权活动家苏珊·B. 安东尼（Susan B. Anthony）。[78] 在这个时代，大多数赚工资的女工都是年轻未婚的女性。精英人士希望，如果她们不得不工作的话，至少也应当同工作场合中的男性分开。"在任何一个不分男女混在一起工作的地方，"美国劳工统计局的报告《大城市中的劳动女性》（*Working Women in Large Cities*，1889）如此警告说，"得到的就只有风纪败坏。"[79] 而紧随风纪败坏和寻欢作乐而来的，最终必定将是年轻女工的商业卖淫行为。[80]

精英女性因此而获得了某种阶级权力。但是，许多人也付出了代价。据说，《爱德华·达利·布瓦的女儿们》（*The Daughters of Edward Darley Boit*，1882）是萨金特最伟大的画作。画中的四个女儿身处居家空间之中，最小的一个位于前景，面露微笑，而最大的一个则远远地置身于背景中，看向别的地方；随着年龄增长，她变得越来越孤独、越来越郁郁寡欢。根据《美国的神经质》（*American Nervousness*，1881）一书作者、神经病学家乔治·比尔德（George Beard）的说法，在这些上流社会的女儿、妻子和母亲的会客厅中，许多无所事事的女性变成了焦虑不安的废人，饱受"神经衰弱"的煎熬。[81] 夏洛特·珀金斯·吉尔曼（Charlotte Perkins Gilman）的短篇小说《黄壁纸》（*The Yellow Wallpaper*，1892），描述了一位患上产后抑郁症，却被禁止从事包括工作在内的任何体力活动的女性所蒙受的精神折磨，它忠实记录下了这一时代状况。[82]

对于男性资本所有者来说，家庭生活的一个重要功能，便是为他们提供截然相反的道德补足品，而这正是他们所需要的。与圣洁的女性肖像形成鲜明对比，镀金时代大资本家的肖像，焦点不在心脏部位，而是在锋芒毕露的眼部——那是一种具有穿透力的、雄心

约翰·辛格·萨金特,《爱德华·达利·布瓦的女儿们》(1882年)
萨金特的画作描绘了中产阶级居家生活之理想的精神代价。

勃勃的目光,传递着心无旁骛的专注与勇往直前。一幅银行家J.P.摩根(J. P. Morgan,亦即J. Pierpont Morgan)1903年的照片,便充分体现了这一风格。照片中,光影落在扶手椅上,看起来仿佛是摩根手持利刃,作势欲刺。

许多资本家在所谓的社会达尔文学说中,为冷酷无情的经济竞争找到了美化现实的理由。查尔斯·达尔文(Charles Darwin)的《物种起源》(*On the Origin of Species*, 1859)是那个世纪知识界中的

第九章　阶级战争与家庭生活　　373

爱德华·斯泰肯（Edward Steichen），《J. 皮尔庞特·摩根先生》（1903 年）
这个时代的女性肖像绘制风格，通常会在视觉上聚焦于心脏部位，以传达家庭温情；与之相反，男性肖像绘制时惯常聚焦于企业家锋芒毕露的眼睛。

一枚重磅炸弹，在其出版几十年后，美国成为一个"达尔文主义的国家"，但这并非因为这里拥有大量国际知名的进化生物学家。[83]正相反，对达尔文的一个歪曲诠释，勾住了美国中产阶级的想象力。达尔文本人对此并无责任，他曾经写信给一位朋友说："我在一份曼彻斯特的报纸上看到篇怪有趣的小文章，说我证明了'强权即公理'，照这么说的话，拿破仑即公理，所有弄虚作假的生意人，也都是公理。"[84]

在上曼哈顿，达尔文主义的"适者生存"之说，让许多人顿时振奋不已。《物种起源》的第三章标题是"生存竞争"。接下来的那一章，本来题为"自然选择"，但在第五版中，达尔文将它改成了"自然选择，即适者生存"。创造了这个说法的，并不是达尔文，而是英国哲学家赫伯特·斯宾塞（Herbert Spencer）。[85] 斯宾塞的著作，令借生物学比喻社会的大众达尔文主义意象在美国流行起来。斯宾塞解释说，在争取适者生存时，"利己主义"的个人动机占到了主导地位，而社会是野蛮好战的。然而，在一个不断发展的工业社会中，第二种人类的基本心理动机——"利他主义"——却会最终胜出，带来心甘情愿的相互合作和辛勤劳动所创造的和平。如果顺其自然，工业化将会拥有一个美好的结局。

然而，美国的资本所有者和受他们追捧的那些知识分子，却忘了把斯宾塞的书读到最后。[86] 他们就停留在工业社会利己主义的贪婪无度那一阶段。与亚当·斯密的商业"自利"相比，"利己主义"是一个残酷得多的概念。[87] 它是抽象的、反社会的，而且无须在心平气和中进行，尽管斯密曾经认为，商业交往能让社会交往变得彬彬有礼，因此是对等级制度的重大打击。在爱德华·贝拉米（Edward Bellamy）的畅销乌托邦科幻小说《百年一觉》（*Looking Backward: 2000-1887*，1888）中，主人公朱利安·韦斯特（Julian West）身处2000年，回忆起了19世纪80年代的那些资本家："自私是他们的唯一科学。"[88] 事实上，在19世纪80年代完成对大北方铁路系统之整合的詹姆斯·J.希尔（James J. Hill）曾公然宣称："铁路公司的发家致富，是由适者生存法则决定的。"[89] 关于这一法则，卡内基做出了如是评价："它就摆在这里，我们无法回避。"此外，"尽管这一法则对个体而言，时或严苛；但对整个人类而言，这却是最佳选择，因为它确保了在各个部门，都只有最适者才能生存"。[90]

安德鲁·卡内基喜欢斯宾塞。[91] 他后来回忆说，自己第一次读到斯宾塞的书时,"我记得,一道光如潮涌入,一切豁然开朗。我不仅摆脱了神学和超自然理论,而且发现了进化的真理。'万物向好,故一切皆善'成了我的座右铭,我真正的慰藉之源"。[92] 1882年,当斯宾塞在他大获成功的访美旅行中来到纽约时,卡内基带他参观了自己的钢铁厂,斯宾塞却没有看到任何人类进步的证据,他评价说:"在这里待上6个月,足以让人自寻短见。"[93] 回到曼哈顿,在德尔莫尼科餐厅举行的告别晚宴上,斯宾塞发表了一席演讲。他在自传中回忆道:"我的演讲主要是对那种以过分投入工作为特征的美式生活的批判。"[94] 那些很可能目瞪口呆的听众对这一番话有何感想?我们没有找到任何历史记录。

斯宾塞1882年的这次赴美旅行,正值他在美国受欢迎度达到顶峰之时。届时,就连新教的神职人员,都已经转为信奉某个社会达尔文主义的版本,认为神圣意志乃其初因。这种新的宗教转变,令这些学说更易为信奉宗教的生意人所接受。美国最重要的进化论鼓吹者,很可能是前公理会传教士威廉·格雷厄姆·萨姆纳(William Graham Sumner),他后来成为美国社会学的奠基人。于1872年就任耶鲁大学政治与社会学教授的萨姆纳,在《社会各阶级彼此有何相欠》(*What Social Classes Owe to Each Other*, 1883) 中写道,竞争法则"与万有引力定律一样,不可撼动","那些百万富翁是自然选择的结果"。[95] 本质上,社会各阶级彼此互不相欠:"贫穷就是最好的政策方针。"[96] 剥削是不存在的——只有"缔约自由"。那些被认为自甘失业、不愿承担赚钱养家之责的男性,迹近于犯罪分子。精英们请求中央政府和市政当局通过制订"非自愿贫困劳动力法规"的方式,将不工作定义为一种犯罪。[97]

这一思路背后的政治寓意,是极度因循守旧的。《大众科学月刊》(*Popular Science Monthly*) 的编辑爱德华·尤曼斯(Edward Youmans)一度与撰写了主张财富再分配的《进步与贫困》一书的亨利·乔治展开过辩论。尤曼斯承认，诚然，"纽约城中腐败横行，富人们自私自利，没有为帮助穷人做过半点儿事情"。"那你对此有何打算呢？"乔治追问道。尤曼斯回答说："没什么打算！你和我根本什么都做不了。这就是一个进化问题。我们只能坐等进化。或许在四千年或五千年后，进化会让人类超越这一事态。"[98]萨姆纳称民主政治为"这个时代的小迷信"。[99]芝加哥、伯灵顿和昆西铁路公司（Chicago, Burlington, & Quincy Railroad）的总裁查尔斯·埃利奥特·珀金斯（Charles Eliot Perkins）将这种精英思想的反民主倾向表达了出来：

> 当我们的选民人数变成目前的两三倍，而财产所有者所占的总体比例微不足道之时，动摇社会大局的乱子便可能会出现，而建立一个或多个拥有大规模常备军的强力政府则将成为必然。[100]

在纽约的上层人士中，出现了普遍支持限制选举权的倾向。他们主张在市一级政府中按照财产所有权的多少决定投票权，限制"民主的过度扩张"。[101]

劳工运动中的暴力事件，加剧了资本家与其本国同胞的距离感，而这通常都会以种族主义的形式表现出来。在1877年铁路大罢工之后，约瑟夫·梅迪尔（Joseph Medill）——几十年前，他曾是"自由劳动"的倡导者，对亚伯拉罕·林肯首次获得总统提名大加颂赞——在《芝加哥论坛报》（Chicago Tribune）上发表了一篇题为《那些危险的阶级》（"The Dangerous Classes"）的社论。通常而言，最危险的那些人包括并非来自英格兰或德国，而是欧洲其他地方的"新移民"。"白人种族"的概念其时尚未存在。（一项1888年进行的、针对该主题的研究声称，美国的劳动人口中拥有多达63种不同的"种族"。）[102]美利坚这个共和国在诞生时，曾经是世界上经济较为平等的地方之一。但到1877年时，工业社会的阶级构成已经令梅迪尔这样的前废奴主义者写下了这样的话："那些危险的阶级"被"自己的激情所支配；他们品味粗俗，习气恶劣；他们愚昧无知，睚眦必报；他们随时会被最恶毒的蛊惑民心之人和颠覆分子煽动，很容易就会借酒撒疯"。最好的解决方案是什么？"不妨用一点儿点着了的火药，再在前头装上子弹，来给这些危险的阶级上一堂实属必要的课。"[103]

5．收入政治的诞生

在19世纪70年代和80年代，许多阶级之间的紧张关系都源自一种关于财产和资本的分配政治，也即谁拿到了什么，又拿到了多少的那个问题。然而，在19世纪80年代，一种新的分配政治已经初现端倪：这是一种关于收入而不是财产的分配政治，它所牵涉的，是如何在利润与薪酬之间分配资本利得的问题。鉴于在哪里投资、是否投资的权利是财产所有权的一个要素，这种收入政治尽管提供了实现再分配的可能，却将投资的特权拱手相让给了资本的所有者。

在20世纪，关于产业收入的政治策略，将成为分配冲突的主战场。它是在19世纪晚期从两个不同的地方浮现出来的。一方是塞缪尔·冈帕斯领导的、主要关注薪酬（劳动收入）的美国劳工联合会；另一方则是关注如何分配利润（资本收入）的新兴"非营利性"慈善事业。尽管一方勉强接受，而另一方欣然从之，两项社会运动都认可了资本所有权不会公平存在的这一事实。美国劳工联合会寻求的，是在利润和薪酬（劳动所得）之间进行更公平的分配。与此同时，"非营利性"的公司企业则自上而下地将利润从产业资本转化为再分配的、慈善性的财富——而不是资本。

1886年大动乱后，劳工骑士团一蹶不振，这之后，美国劳工联合会迅速成为占主导地位的全国性劳工组织。[104]美国劳工联合会是一个全国性的同业工会联盟,主要成员是熟练技术工人。它有着清晰透彻的阶级意识,但在试图提高其成员的工资收入、减少资本家的劳动剥削之时,它却只关注分配正义这一件事。从1870年到1920年,人均每日工作时间甚至略有上升。[105]10小时工作制是常态;8小时工作制依然是一个梦想。美国劳工联合会还倡导一种"高工资经济"。这家工会在一种充满敌意的工作场所和法律环境中运作,视雇主与被雇用者之间的敌对关系为理所当然。但是,美国劳工联合会在性别差异问题上,却与那些雇主们意见相同。美国劳工联合会的高工资经济,其意图在于驯服血气方刚的男性工薪阶层所崇尚的单身汉文化,这是一种为胸怀大志的男性赚钱养家者而设的经济,而它为女性操持家务的主张提供了支持。

冈帕斯于1850年生于伦敦,他的祖父是荷兰犹太人,一家子都是制雪茄工人。[106]1863年,冈帕斯一家移居到了纽约,他在父亲位于曼哈顿下东区某间群租房的作坊里学到了卷雪茄的手艺。当时,这一行业正处于急剧变化中。在一些作坊里,捷克和犹太女性移民正在取代熟练的男性技术工人,而他们已经在被卷雪茄机这样的新生资本品所淘汰。[107]1873年,冈帕斯加入了一位雪茄匠开设的作坊,身为德国流亡者的店主更喜欢雇用"志同道合的流亡社会主义者"。[108]在工人阶级的啤酒馆里,冈帕斯学会了德文,读到了马克思的著作。1876年,他成为雪茄烟业工人国际联合会第144地方分会(Local 144 of the Cigarmakers' International Union)的会长。然而,对冈帕斯影响最大的,却是另一个德国人的作品。卡尔·希尔曼(Carl Hillman)在他的《关于解放事业的几点实用建议》(*Practical Suggestions for Emancipation*,1873)中,呼吁实行纪律严明的行业工联主义,而不是一盘散沙的大规模行动。冈帕斯开始对劳工激进主义持批判态度,质问这到底能带来什么样的结果。

他相信，劳动者应当减少对在政治舞台上展示力量的需求，而要通过日常生活中的团结一致争取更多的经济利益。

冈帕斯把这称为"简单纯粹工联主义"（pure and simple unionism）。工会成员要做的，不只是自发罢工而已。他们还要定期缴纳会费。工会将设立罢工基金，还会提供失业、疾病和死亡福利金。工会职员将领取固定工资。他们将决定工人何时举行罢工。工会这一角色要与雇主展开谈判，争取更好的工资待遇和工作条件，其中就包括缩短工时。每当资本家于某时某地进行资本投资并谋求利润时，美国劳工联合会便会试图争取更公平的工资谈判。

冈帕斯曾与政府打过交道，而这对他的世界观形成有着重要影响。最初的时候，雪茄烟业工人国际联合会曾支持相关立法禁止在群租房中进行"不卫生的家庭作坊式生产"。血汗工厂式的劳动拉低了男性熟练技术工人的工资。1884 年，纽约州通过了一项法令，彻底禁止在群租房中生产雪茄。但在"就雅各布斯一案的法律裁决"（In re Jacobs，1885）中，纽约上诉法院驳回了这项法令，裁定其侵犯了劳动者的"人身自由"。后来，冈帕斯于 1885 年回忆道："我们发现，所做的一切都徒劳无功。"[109] 于是，在接下来的二十年中，一连串的法律裁决打击了"保护性劳工立法"，最终以美国最高法院在洛克纳诉纽约州（Lochner v. New York，1905）一案中的裁决达到顶点。秉承古老的杰克逊主义商业机会平等之理念，美国最高法院大法官斯蒂芬·J. 菲尔德撰写的这项裁决宣布，纽约州制定的一项规定面包师每天最多只能工作 10 小时的法规，是对《宪法第十四条修正案》所保护的"缔约自由"的侵犯。在一个充满敌意的法律环境中，以往杰克逊主义对政府特权的批判，如今被用来保护私营资本家的经济特权，工会除了自己的那些手段，别无其他选择。

冈帕斯不相信政府，这是有充分理由的，于是，他选择对政治行动敬而远之。作为一位精明的政治策略家,他感觉到,大多数自发式罢工都与工资待遇和工作时间这些实际问题有关,而与乌托邦式的理想无关。冈帕斯和美国劳工联合会宣布,全面支持 8 小时工作制。为了实现更严明的纪律,他在熟练技术工人这一同质化群体之外画了一条线。对于那些小规模资本所有者和"新移民"——仍在不断涌入的数以百万计的中欧和东欧非熟练工人——美国劳工联合会就算并非敌意相对,也刻意保持着距离。正如钢铁工人联合协会会长 1883 年对参议院委员会所说的,这些"匈牙利人、波兰人、意大利人和波希米亚人"根本不知道"轻活儿与重活儿、好工资与坏工资之间的差别"。[110] 延续着排华运动所设定的路线,美国劳工联合会对以立法限制欧洲移民表示了支持。美国劳工联合会的各地分会通常也会排斥黑人入会。

1886 年,美国劳工联合会的全国会员人数只有 5 万人。到 1890 年,这个数字已经达到了 20 万。[111] 冈帕斯继续精心打磨他所要传达的信息。美国劳工联合会在其薪酬政治策略上,大力支持从事工业劳动的男性赚钱养家者。冈帕斯领导的雪茄烟业工人国际联合会于 1867 年制定章程,向女性开放入会,但随着大规模的雪茄工厂用非熟练女工照管的机器取代了熟练的男性技术工人,冈帕斯不得不屈服于会员们的意志。同样的事情也发生在美国劳工联合会中。到 1904 年时,正如一位美国劳工联合会会员所说的:

> 我们主张这一原则,即允许我国女性被迫工作是错误的,因为我们相信,应当为男性提供一份体面的工资,从而让他的女性亲属免于外出工作。这个男人是一家人的供养者,他应当从自己的劳动中获取足够多的报酬,从而让家人过上有尊严的生活。[112]

第九章　阶级战争与家庭生活

1886年，无论是否符合事实，冈帕斯依然对国会说，工会会员们最想得到的，只不过是吃得上"肉"而已。他们想要"闲暇时间"，想要穿上一件"干净的衬衫"，想要"有时间阅读"，想要拥有"一幅漂亮的墙面装饰画，或是会客厅里摆上一台钢琴或风琴"。[113] 这种对不同领域之划分理念的形象再现，在迎合精英道德观念这一点上具有高度的策略性。8 小时工作、8 小时休息、8 小时"从心所欲"是一句充满魔力的口号。[114] 与此同时，为了保护男性的薪资水平，美国劳工联合会对针对女性的"保护性立法"予以支持。在里奇诉伊利诺伊州全体公民（Ritchie v. People，1895）一案中，伊利诺伊州最高法院裁定，针对女性的 8 小时工作制法令侵犯了受宪法保护的女性"缔约自由"，但是，美国最高法院却在马勒诉俄勒冈州（Muller v. Oregon，1908）一案中支持了针对女性的保护性劳动立法。[115] 男性赚钱养家的理想，也与美国劳工联合会排斥"新移民"的策略融为一体，被他们排斥的这些人，许多都是尚且没有家人需要供养的年轻男性。在一些城市，比如卡内基钢铁厂所在的匹兹堡，美国劳工联合会的那些精英会员，很可能赚着两倍于非熟练操作人员的工资。[116]

美国劳工联合会的愿景中，存在着一个盲点，那就是将私营领域的投资诱因视为理所当然。如果流动性偏好最终占了上风，资本所有者选择不去投资那些就业密集型的企业，那又怎么办呢？美国劳工联合会没有任何办法迫使这些资本所有者就范。与此同时，资本所有者继续抵制各种形式的工会组建，他们用对资本所有者表示同情的法院所出具的禁制令作为武器。在美国这片土地上，"依法院禁制令而治"（Government by injunction）是一道独特的风景。其他的普通法国家采取了不同的法律路径，比如发展出了仲裁制度（这是劳工骑士团倾向的解决方案）。[117] 据某个估测结果，在1880年到1930年间，美国各级法院发出了不少于4300份针对工会活动的禁制令。[118]虽然在组织劳动者方面胜过劳工骑士团一筹,但在"依法院禁制令而治"留给四面楚歌的劳工运动的狭小空间之内,美国劳工联合会的"简单纯粹工联主义"却是捉襟见肘,举步维艰。

与此同时,另一种收入政治出现了:非营利性慈善事业。1881年3月,就在去世前两个月,汤姆·斯科特给宾夕法尼亚大学托管财产理事会主席写了一封信(发出这封信的一个月后,他把自己拥有的得克萨斯和太平洋铁路公司的全部股份作价240万美元卖给了杰伊·古尔德)。[119]信中写道:"我有意向宾夕法尼亚大学提供5万美元年息6厘的债券,以此在人文学系资助一个数学教授讲席,因为我知道,此种性质的讲席确实需要支持。"[120]这个托马斯·A.斯科特数学教授讲席至今依然存在。非营利性慈善事业是镀金时代的另一项发明,汤姆·斯科特参与了它的创造,但将其提升至新的高度并加以完善的,却是斯科特的得意门生安德鲁·卡内基。

施舍捐赠并非新生事物,但作为其组织机构中心的这个实体却是全新的。在美国资本主义的商业时代,所有公司——包括那些从事施舍捐赠的公司——都是出于某个会对其经营活动加以限制的独特"公共目的"而获特许成立的,它们都是次级主权。一间获特许状成立的大学,不能成为一家孤儿院,正如一家获特许成立的股份制桥梁公司,不能转身一变贩卖保险。杰克逊时代的一般性公司设立法令打开了公司设立的大门,并为公司打上了全新的私营印记。

对公司成立的一些限制依然存在。[121]1873年,宾夕法尼亚州召开了一次制宪会议,主要原因便是部分立法机关成员希望能够约束宾夕法尼亚铁路公司购买矿山和其他资产的行为。他们认为,这些做法不但超出了该公司1846年特许状中规定的经营范围,而且还在左右立法。这次制宪会议所产生的新修州宪法,最终促成了1874年《一般性公司设立法》(General Incorporation Law of 1874)的颁布,就此引入了对商业公司的二分法——"营利性公司"

第九章 阶级战争与家庭生活

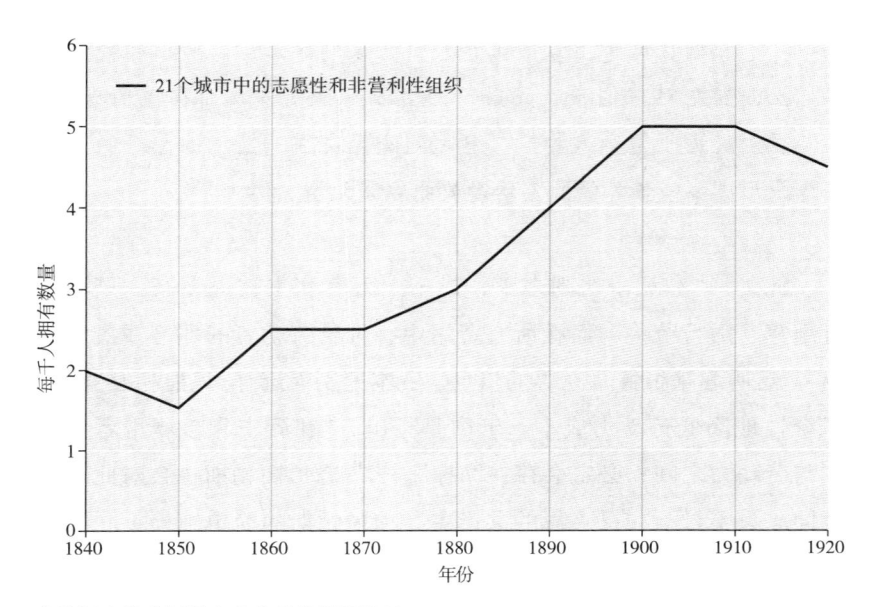

人均拥有的志愿性和非营利性组织数目

与营利性商业公司一道崛起的,是作为其假定对立面的非营利性公司,后者的任务是体现非市场机制的利他主义,对慈善财富进行再分配。

和"非营利性公司"。[122] 这种从制度上将资本一切为二、非此即彼的做法,反映了这个时代人们心理上的领域划分。通常被分别打上男性气质与女性气质标签的利己主义和利他主义,会在营利性和非营利性公司中找到各自的立足之地。[123]

卡内基将这种切分化为己用,并显著放大了它的规模,远远超出了一个数学教授讲席的范围。1889 年,他在波士顿文学杂志《北美评论》(*North American Review*)上发表了一篇名为《财富》的文章。"我们这个时代的问题,"他开篇写道,"在于对财富进行适当的管理,从而令血脉相连的手足情谊仍能让富人和穷人和谐共处。"他承认劳资之间阶级紧张关系的存在,并坦然表示,这些紧张关系直接源于自己各种各样的大规模、资本和能源密集型工业化举措:

> 我们让成千上万的工作人员聚集到了工厂、矿山和会计室里,雇主对他们不甚了解,乃至于一无所知,而在他们看来,雇主迹近于传奇人物。二者之间毫无交往。僵化的等级制度就此形成……各等级的人均对彼此冷漠无情。

此外,"在竞争法则之下,成千上万名雇主被逼无奈,只能精打细算、厉行节俭,而在所有费用中,付给劳动者的那笔钱最为突出"。这听起来很像马克思的口气。资本家别无选择,只能相互竞争,系统性地降低劳动力成本。卡内基指出,"在雇主和被雇用者、资本与劳动力之间,必定会存在摩擦"。[124] 恐怕冈帕斯也会对此表示赞同。只不过,在马克思的共产主义和冈帕斯的简单纯粹工联主义之外,卡内基对于如何解决这件事有着一个不同的方案。

"财富"的问题,实际上就是卡内基所说的"剩余收入"(马克思将其称为"剩余价值")的问题。资本家有几种方案可选,利润可以再次成为资本。资本家可以进行长期再投资,购入更多的生产性资本。利润还可能以货币资本的形式留存,用于短期投机,或出于防范心理而囤积起来。卡内基并不信任投机;胆量过人的他也没兴趣囤积;而他到手的利润数目如此庞大,自家企业根本无法将其作为新增投资而吸收消化。消费当然是另一种选择。卡内基购进了一艘名为"海风号"的游艇,还买下了一座被他命名为"斯基博"(Skibo)的苏格兰城堡。但是,伴随着工业化进程,货币收入急剧增加而其分配却并不均衡,富人的消费倾向根本赶不上趟。卡内基完全没办法把所有的钱都花光。而且,炫耀性的消费显然也无助于修补被工业化斩断的手足情谊。另一个可行方案,是向工人支付更高的工资,但这也行不通,因为"财富积累的法则,以及竞争法则"是不能被挑战的。这是一个进化问题。[125]

根据卡内基的说法,剩下的就只有"三种处置剩余财富的模式":

第一种是家族成员的财产继承；第二种模式，可以在去世后"出于公共目的而予以遗赠"；最后，"其拥有者可以在生前对其管理处置"。卡内基提倡最后一种可选方案。将"所有剩余收入视为自己蒙召经管的信托基金"，从而"为社会带来最有益的结果"，这是"富人的职责"。"富人因此成为其贫苦兄弟的代理人和受托者，用自己超人一等的智慧、经验和管理能力为他们服务，其益更胜于他们自行其是之时。""死时富有的人，他的死是可耻的。"这位资本所有者明智地在他一生中捐出了大笔剩余收入，将慈善之道身体力行。[126]

慈善并非施舍，后者多少带着依附于人的意味。[127]卡内基主张，像赈济饥民这种为解决眼前问题而"在众人中分发少量物资"的做法，只会导致"贪得无厌"和"放纵无度"（也即酗酒和纵欲）。[128]慈善家必须志向宏大，放眼长远。卡内基本人的长期工业投资已经为他的此种行动做好了准备。洛克菲勒说："最好的慈善，便是一直寻求终极目的——寻求本原，试图从源头上根治罪恶。"[129]在《财富》一文中，卡内基列出了慈善捐赠的最佳目标：图书馆、大学、音乐厅、公共浴室、公园、温室植物园和天文观测台。所有这些文化机构都有益于"全人类"，而卡内基将为许多此种机构慷慨解囊。

相当明确的一点是，慈善事业的首要任务是通过提升文化与文明来缓解阶级冲突。"各阶级的美国人民，"波士顿市长塞缪尔·C. 科布（Samuel C. Cobb）在波士顿美术馆（Boston's Museum of Fine Arts）1876年的落成仪式上解释道，"都将从观看这些赏心悦目的美好事物中获益匪浅，乐在其中。"波士顿美术馆成立于1870年，同一年，大都会艺术博物馆（Metropolitan Museum of Art）也在纽约成立。费城艺术博物馆（Philadelphia Museum of Art，1876）和芝加哥艺术博物馆（Art Institute of Chicago，1879）也相继成立。[130]这是另一种工业时代的分化对立，在资本及其对立面、经济生产与理想化的审美鉴赏之间画下一条界限。[131]当然，也存在着批评意见。最伟大的美国"生产主义"(producerist)艺术家沃尔特·惠特曼就哀叹道,"蜂拥而入的资本和资本家"资助了一种新的贵族文化生产模式,这是一种"反民主的痼疾与妖孽"。[132] 在艺术领域,反对将文化高高供奉起来、脱离现实经济生活的一股逆流很快便会出现。被称为"现实主义"的这股逆流,在美国的主导者是出身于波士顿上层阶级的威廉·迪安·豪厄尔(William Dean Howells,另译为豪威尔斯)。《时来运转》(*A Hazard of New Fortunes*,1890)这部以阶级冲突为主要内容的社会现实主义小说,就出自他的笔下。[133]

卡内基将再分配的慈善财富与追逐利润的资本截然分开。当然,他和其他的资本所有者一样,有权决定,所得利润中有多少是"剩余"下来、可以转变为慈善财富的。这种新出现的营利性与非营利性的分化对立,就如同一把剪刀的双刃,剪碎了合作制企业这一类将资本主义生产与利润最大化以外的其他价值观明确混在一起的组织机构的发展希望。利己主义和利他主义的动机表达,被有意识地突出强化了。与此同时,慈善事业承诺与工人阶级进行某种形式的接触互动。这种尝试,以及营利性和非营利性公司的分化,加上诸多图书馆、大学和博物馆的建设,开始从组织机构上、伦理道德上和建筑层面上造就了美国的工业社会。

终其一生,卡内基和洛克菲勒捐出了上亿美元。洛克菲勒出资捐助了许多大学,其中就包括1889年重获特许成立的芝加哥大学。在19世纪80年代阶级冲突的战火中诞生的非营利性慈善事业和纯粹而简单的工联主义,将一直延续下去。但是,通过回避党派民主政治,慈善家和奉行纯粹简单工联主义的工会活动家,将在19世纪90年代的那场政治危机中一道袖手旁观。引发这场危机的,不是劳资双方的阶级冲突,而是一场农场主的造反运动。

第十章

民粹主义造反运动

　　1896年夏天，民主党在芝加哥举行集会，目的是推选出一位新的总统候选人。这个政党诞生于商业时代，在安德鲁·杰克逊执政期间应运而生，它代表着谋求平等商业机会的主张，从反垄断的角度批评政府特权。但此时，党内的许多人都开始认为，集中的私营企业权力——而不是中央政府——才对民主政治构成了更大的威胁。他们的想法是，人民群众必须使用政府工具将权力夺回，并与经济特权和财阀统治——而不是政治特权和贵族精英统治——做斗争。

　　1896年，时任总统的纽约民主党人格罗弗·克利夫兰（Grover Cleveland）因为1893年恐慌后的经济衰退而渐失民意，令情况变得更加糟糕的，是美国政府对金本位制的坚持，尽管由英国推动的这一制度存在导致价格下跌的固有风险。克利夫兰坚信，作为一眼可见的、国际投资者信心和预期的锚定点，金本位制是神圣不可侵犯的。他不愿采取任何措施重新抬高物价，但他也不愿再次竞选总统。

美国宪法赋予了联邦政府铸造货币的权利,而汉密尔顿为美元确立了兑换黄金白银的基准汇率。但是,为了给恢复硬币支付做准备,为了实现在1879年以南北战争前平价汇率兑换美元与黄金的目标,国会通过了1873年《铸币法》(Coinage Act of 1873),而它取消了银币的自由铸造权,实际上令这种金属失去了货币资格。[1]金本位制的批评者指出,1834年《铸币法》规定,白银与黄金的兑换率为16比1。19世纪90年代早期,由于世界上没有重大的黄金发现,在美国西部白银开采激增之后,白银与黄金的市场汇率徘徊在30比1上下。主张自由铸造银币的人(Silverites)对"1873年的那场罪行"痛加谴责,要求美国铸币局以16比1的兑换率开放自由铸造银币。这将令生产白银的那些人发家致富,但同时也会增加美国的金属货币供应,刺激价格提升,促进信贷扩张,缓解经济萧条。

自从南北战争以来,民主党在货币问题上一直存在着地域分歧。[2]克利夫兰所代表的东北地区势力支持金本位制,西部的银矿主和负债累累的西部农场主则不然。反对金本位制阵营的一个带头人,是36岁的内布拉斯加州国会议员威廉·詹宁斯·布赖恩。1896年时,他冒进地做出了竞选总统的决定。他计划孤注一掷,通过在民主党大会上发表一席极具煽动性的演讲,让与会代表在情不自禁之下投票给他,从而赢得提名。

曾任律师的布赖恩,于1896年7月9日在芝加哥登上讲台,发表了一篇堪称美国政治史上最激动人心的演讲。[3]赢得热烈掌声的第一段话,便是对"生意人"(business man)的定义。

> 我想说,你们对生意人的定义,在其应用范围上是太局限了。那个为了领取工资而受雇于人的人,和他的雇主一样,都是生意人;一个乡村小镇中的律师,和一座大都市中的公司法

律顾问一样，都是生意人；在十字路口经营小店的店东，和纽约的大商人一样，都是生意人；那个黎明即起、终日劳作的农场主，春始夏继，躬耕无休，他把脑力和体力投入到这个国家的自然资源之上，创造了财富，这样一个人，和那个对贸易委员会唯命是从、就谷物价格下注的人一样，都是生意人；那些矿工，下到地底 1 000 英尺的深处，或是爬上一段 2 000 英尺的悬崖，把珍贵的金属从其藏身之处取出，注入贸易渠道，这些人和极少数身处密室、囤积货币的金融大亨一样，都是生意人。我们要讨论的，便是这种更广大的生意人阶层。[4]

这种民粹主义的修辞，将"人民群众"置于与一种邪恶且非法的、外在于政府建制的权力对立的立场之上。[5] 布赖恩声称，一个强有力的经济精英群体正在扼杀"更广大的生意人阶层"的经济机会，这呼应了作为民主党立身之本的杰克逊主义商业机会平等主张。但当他特别提到"农场主"的时候，整个会堂开始沸腾起来。"天哪！天哪！天哪！"一位与会代表喊道，将帽子抛向空中，击打着前面的空椅子，仿佛第一次遇到了一位直言承认其困境的政治家。[6]

布赖恩指出，金本位制只是"1776 年那个问题的历史重演"。美利坚合众国是否应当"奉行金本位制，只是因为英格兰这样做了？"他的回答是否定的：

> 站在我们身后的，是这个国家和全世界从事生产的广大民众，我们得到了众多商业利益群体、劳工利益群体和全天下劳苦大众的支持，对于他们提出的实行金本位制的要求，我们将要如此作答：汝不可以此荆棘之冠强加于黔首之额；汝不可将万民百姓钉死于黄金十字架上。[7]

布赖恩手指交叉,在头上比出了一顶王冠的样子,然后从讲台上退下,舒展双臂,做出十字架的形状。他保持着这个姿势,长达5秒。听众们默立无声。最后,他从台上走下来,回到了内布拉斯加州代表所在的席位。

"结束演讲时,"布赖恩后来回忆道,"我在让人深感痛苦的沉默中回到自己的座位。当我走近座位时,旁边的某个人突然发出一声叫喊,接下来,我就被高举了起来——立时群情汹涌,众声哗然。"[8] 一瞬间,"会场上所有的人似乎都站了起来,"《纽约世界报》(New York World)的报道写道,"大家似乎一下子都发了狂。"人山人海的会场中满是"尖叫的男男女女"。两位代表"痛哭流涕,大颗大颗的泪珠从他们眼中滚落到络腮胡子上"。[9] 这一番喧闹足足持续了25分钟。第二天,民主党人以一种丝毫不给该党在任总统和党内精英留半点情面的方式,提名布赖恩为总统候选人。

几个星期后,成立于1891年的人民党(People's Party)在圣路易斯召开了自己的代表大会。作为一家政治立场激进的第三党(third party)*,人民党以农业人口为基础。后来被称为民粹党的这群人,也把选票投给了布赖恩,提名他为总统候选人,从而与民主党的竞选攻势"拧成了一股劲儿"。共和党人此时已经提名了支持金本位制的俄亥俄州议员威廉·麦金利(William McKinley)为总统候选人。发自共和党全国代表大会的一篇报道这样写道:"会场中毫无生气。掌声空空落落;热情烟消云散,代表们坐在那里,呆若木鸡,不知所措。"[10] 1896年的"本位制之战"(battle of the standards)就此打响。

---

* 两党制政体下的其他小规模政党。

1. 民粹主义的正当诉求

布赖恩最终以颇为悬殊的票数差异输掉了总统大选。把自身命运同布赖恩当选绑在一起的人民党就此垮掉，很快便退出了政治舞台。麦金利总统签署了1900年的《金本位制法》（Gold Standard Act of 1900），正式废除了白银作为货币的地位。这样一来，除了一篇精彩的政治演讲和一场选举风波，此次"民粹主义造反运动"（Populist Revolt）到底意义何在？

一个意义在于，它保存了一直贯穿于美国政治之中的那股民粹主义潮流的活力。这种民粹主义潮流通常盛行于乡村地区，不信任精英人士和城市中的掌权者。它是民族主义和反全球化的，但在意识形态上也模棱两可。最重要的是，它具有一种独特的感情色彩（经常从实质到腔调都是宗教气息浓厚的）。它对经济不平等持批评态度，却经常为种族主义乃至反犹主义所绑架，把错归到替罪羊头上。例如，在19世纪90年代，在短暂尝试了实现跨种族团结之后，民粹主义造反运动在南方以一场种族主义的暴力狂欢而告终，从而令当地的白人至上主义又延续了整整一代人的时间。[11] 然而，民粹主义的确促成了一个意义超乎自身之上的20世纪之交的政治经济计划。不管经济精英是多么的经验老到，他们始终都可能滥用自身权力，所以应当面对批评意见，即便是那种没文化、少教养的批评意见。唯一的民主之道，就是求助于政府。"我们认为，政府——也即民有政府（of the people）——的权力应当得到扩张。"人民党（民粹党）的政纲中如此表述。[12] 通过重新想象全球化经济中国家公共权力的角色，民粹党参与设定了一项政治议程，而它一直延续到了这个资本时代结束之后。[13]

布赖恩本人以及在1896年向他表示支持的那些人，并不都是注定要被历史淘汰的乡巴佬。[14] 美国的农业部门并不落后：在这个工业化时代，从经济角度看，它的生产力要比世界上任何其他国家都高。19世纪90年代的农民运动，只不过是令工业经济变革的过程进一步政治化了。工厂主和被雇用者在19世纪80年代一直在为此而斗争，但劳资之间的阶级战争与这场民粹主义造反运动并不重合。在心怀不满的工业部门被雇用者和农户之间从未形成过实质性的联盟。到1896年时，19世纪80年代的暴力阶级斗争已经结束，远离选举政治、致力于保障男性劳动者薪酬待遇的美国劳工联合会所奉行的"简单纯粹的工联主义"正大行其道。但是在规模庞大的农业部门，民粹党对不受制衡的私营公司权力的批判，却引得那些拥有财产的农户大声叫好。他们的批评反对将对整个政治经济产生至关重要的影响。

例如，对英国支持的金本位制的批判，在细节上并没有错。尽管金本位制能带来国际信心和稳定的预期环境，美国却并不见得一定需要欧洲资本，而且金本位制还会放大金融波动的效应，并且先天具有导致通缩的弊病。正是因为国际金本位制的存在，才令20世纪30年代的大萧条变成真正意义上的"大"萧条，彻底终结了资本时代。可以说，1896年的美国总统大选是历史上第一次明确将经济全球化问题放到桌面上讨论的民主选举。然而，全球化这个看似抽象的过程，却绝不是最后一次伴着如此高亢的感情色彩渗入国家政治之中。

此外，与某些城市选民产生共鸣的民粹主义，也让反垄断的意识形态得以生机长存。这意味着，即便在1896年之后，经济向大规模、大企业的转向在政治舞台上依然会引发诸多争议。[15] 布赖恩于1900年再次以民主党提名候选人的身份竞选美国总统，并以更悬殊的票数差距再次败北，但他挑动的并不只是农本主义情绪（agrarianism）；他还在为小规模工业经济生活代言，力争捍卫关于市场竞争的美国价值观，正是出于这一原因，他祭出的那个"生意人"

的口号，才会激起如此深层次的情绪共鸣。

所有这些问题，都不会很快消失不见。布赖恩的落选令金本位制得以维系，但在 1913 年，去中心化的联邦储备系统（Federal Reserve System）成立了，它改革了美国的货币体系，而这得到了时任进步派民主党总统伍德罗·威尔逊（Woodrow Wilson）内阁成员的布赖恩的首肯。与此同时，在工业企业部门，规模继续急剧扩大。从 1895 年持续到 1904 年的大并购运动，是美国历史上工业企业联手做大做强的最关键时刻，它在很短的时间内实现了对相当大一部分工业部门的资本重组。大并购运动在布赖恩败选后才开足马力、高速进行的这一事实，绝对不是巧合。资本无论是在货币形式还是在生产资料形式上，都变得益发公司化了，它既包括公司股票和债券，也包括工厂的生产性资产。

工业企业的力量变得强大起来。1901 年，华尔街银行家 J.P. 摩根将安德鲁·卡内基掌控的多家钢铁公司合并为全球最大的工业企业——美国钢铁公司（U.S.Steel）。与此同时，民粹主义造反运动被更加城市化的进步主义运动所取代。在 20 世纪早期，关注工业企业和城市问题的进步党（Progressives）开始重新设想私营公司权力与公共利益之间的关系，打造出了"天然垄断"（natural monopoly）和"公用事业"（public utility）这些概念。通过将资本金钱收益政治化，进步党将对 20 世纪的收入政治做出巨大贡献。

在民粹主义造反运动的诸多戏剧性事件之中，美国政治经济学所针对的目标，一步步地从资本所有权转向了对资本投资所实现之收益的调节和分配，从而远离了财产分配政治，逐渐靠近收入分配政治。公共利益被重新想象，投资却成了公司企业的禁脔。在这种意义上，为农场主、小生意人和合作制商业项目辩护的民粹党及其日益逆时代潮流的财产政治，再次铩羽而归。

2. 农场主联盟与人民党

在这个工业化时代，家户依然是美国农场企业的核心生产单位。在1880年，43.8%的美国人——2 200万人——住在农场中。在1860年到1900年间，新增了375万座农场，其中绝大多数位于密西西比河以西。[16] 在全球市场中，美国的农业部门极其强大，既实现了全球化，也具有高度竞争力。

随着金本位制将价格保持在低位，而越来越多的大宗商品涌入国际市场，城市工业从日益廉价的生产投入中受益匪浅，而这全都归功于农业生产力的不断提高。农作物收获后，农场主被迫接受为其收成开出的竞争性全球市场价格。这个时代的农场主从绝对意义上来说变得更富有了。但相对而言，因为商业和制造业的回报增长，工业部门却攫取了新增生产力收益中的更大份额。[17] 尽管许多农场主都是负债经营，大型铁路公司却赚得盆满钵满。农场主依赖这些公司将其作物收成运往市场，后者依据自身成本为客户设定货运价格，而不像农场主那样，只能被迫接受竞争性市场价格。掌控着农场主获取信贷之渠道的银行家，自身收入也增加了。

在19世纪80年代后期，高呼反"垄断"口号的许多农场主，组建起了一系列农业联盟（Alliances），其主要目标就是建立农场主自有的商业合作社。这些合作社将使农场主得以自行存储作物收成，从而增加其市场权力——甚至可能把他们从被动的价格接受者转变为主动的价格设定者。信用合作社也会扩大农场主以更优惠的条件获取融资的机会。但是，这次合作社运动失败了。许多失望的农业从业者随即转向了选举政治，而后来加入了布赖恩雄心勃勃的1896年民主党总统竞选攻势的民粹主义造反运动，就此诞生。

成立于1877年的农场主联盟（The Farmers' Alliance）开始时基本上是一个农场主的互助协会和定期聚会的乡村社交论坛。1886

年，也就是产业工人掀起"大动乱"的那一年，农场主联盟开始有了新变化，而会员人数也随之激增。这一切始于得克萨斯州中部的克罗斯廷伯斯（Cross Timbers）地区，在那里，南方的棉花农场与大平原地区的小麦农场迎头相遇。[18]

克罗斯廷伯斯地区的问题，是农场主在势不可免的商业化过程中所必须接受的那些条件。1883年，杰伊·古尔德的得克萨斯和太平洋铁路公司将该地区一切为二，从而同时扩大了棉花和小麦商业化生产的可能性。大地主和牧牛人对他们土地所有权的窃取、歧视性的铁路运费、不充足的货币供应以及高负债水平，都令农场主抱怨连连。因为古尔德的得克萨斯和太平洋铁路公司，劳工骑士团也进驻此地。当劳工骑士团在1886年发起针对古尔德的那场注定失败的罢工行动之时，克罗斯廷伯斯农场主联盟对此表示了支持。1886年的大动乱是城市劳工运动的一个转折点。在古尔德最终获胜后，劳工骑士团走向衰败，城市劳工激进主义偃旗息鼓，而冈帕斯的美国劳工联合会及其薪酬政治，也即为赚钱养家的白人男性争取利益的策略盛行一时。但在美国农村地区，农场主联盟却在1886年之后发展壮大，接过了反垄断和财产政治的大旗。

1886年，在全国范围内不断壮大的农场主联盟，在得克萨斯州克利本县的克罗斯廷伯斯市举行集会，发布了十五项《克利本诉求》（Cleburne Demands），除四条外，全都与劳工骑士团1878年的纲领遥相呼应：

> 我们要求：承认行业工会、合作制商店和其他类似于产业工人阶级组织为改善其财务状况、促进全体福利而组建起的各类组织的公司地位；承认以具有法偿效力的国库券（Treasury notes）替代各家国民银行发行纸币的实践；美国国会应当对此种纸币发行予以监管，设定以本国国民人口为基准的货币流通

量,当国家人口及商业利益增长时,该流通量也应相应增加。[19]

得克萨斯州农场主联盟(Texas Farmers' Alliance)要求联邦政府不仅发行银币,还要发行绿背纸钞。此外,它还呼吁制定更有利于工会和合作制企业设立的公司法。这并不是一个简单直接的反商业公司诉求。当时的州一级立法,正在将公司形式切分为营利性和非营利性这两种,而得克萨斯州的农场主却希望设立某种处于中间地带的合作制企业。

1886年之后,农场主联盟成为一场真正的社会运动,它以反垄断的政治意识形态为支撑,以组建经济合作社这一雄心勃勃的创业计划为根基。在1887年到1888年间,农场主联盟的"讲员"(lecturers)——其中许多为女性——四处巡回演说,宣讲合作制企业的福音(不可避免地带着福音派基督教的色彩)。农场主联盟的地方分会犹如星火燎原,遍布整个南部和西部。[20]

大部分美国农场主并没有成为农场主联盟的会员。然而,在金本位制、高负债率、铁路定价策略和竞争性全球市场价格的共同作用下,许多小规模商业农场主的怨愤是真实的。在南方,不公平且低效率的作物留置权制度是罪魁祸首,它让黑人和白人佃农一窝蜂地涌进了棉花生产领域。棉花是一种国际大宗商品,南方却依然无法从国内劳动力市场和国际资本市场中获取外援,虽然后者程度略轻。随着埃及和印度棉花进入国际市场,需求日见不足,棉价随之下跌,而这加重了南方的债务负担。农场主联盟的各分会以及面向黑人的有色人种农场主联盟(Colored Farmers' Alliance)在1887年到1888年间大量出现于南方。[21] 与南方不同,大平原地区完全融入了大西洋资本市场。美国农场抵押贷款债务在19世纪80年代上升了42%,到1890年时,农场主已经将密西西比河以西、落基山脉以东30%—40%的农场耕地抵押了出去。[22] 更多的大宗商品

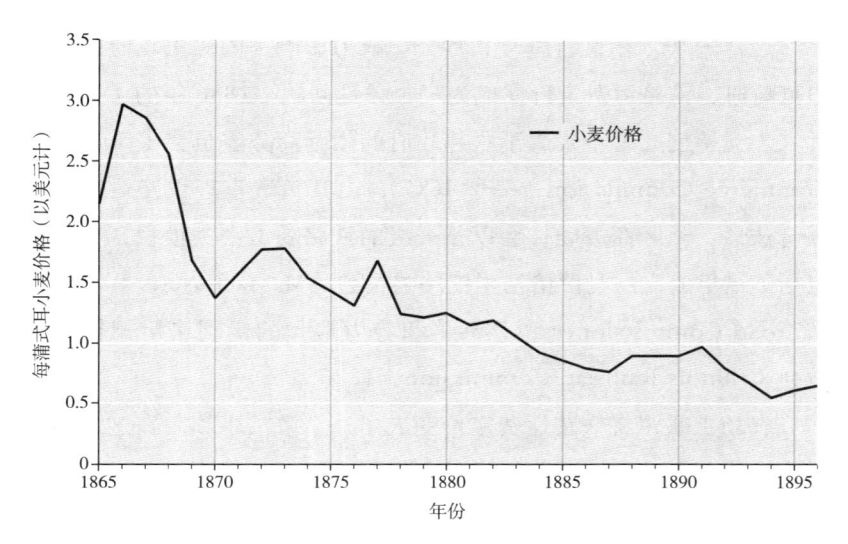

每蒲式耳小麦价格（以美元计）

在这个资本时代，美国是全球农业的领头羊，大量出口诸多大宗商品。但是，因为美国坚守会导致通缩的金本位制，大规模的生产反而促成了价格下跌，而这加重了许多农场主的债务负担。

涌入市场，甚至有将其冲垮的危险。此外，因为实行金本位制，硬货币的数量赶不上大宗商品生产的激增。价格开始下跌，进一步加剧了已有的债务负担。因限制货币供应和价格下跌而导致的债务危机，令许多西部农场主叫苦不迭。

铁路公司也为农场主带来了不少麻烦。农场主联盟指控铁路公司歧视边远地区的小客户，而这侵犯了财产所有者商业机会平等的权利。这个反垄断的指控不仅是对杰克逊式民主的召唤，也呼应了南北战争之后的格兰其运动（Granger movement）。在许多中西部州通过的一系列"格兰其法"（Granger laws）禁止实行铁路运费价格歧视。[23] 美国最高法院在芒恩诉伊利诺伊州（*Munn v. Illinois*, 1877）一案中也做出裁定，作为"公共承运人"（common carriers）的铁路公司"影响到了公共利益"。

这样一来，在重新思考私营公司权力影响下的民主政府公共权力范畴时，铁路运费定价便成为一个关键问题。1886年的《克利本诉求》支持创立一个隶属于联邦政府的州际商务委员会（Interstate Commerce Commission，简称ICC），由其负责审查铁路运费的公正合法性。州际商务委员会以州一级的铁路委员会为模板，其中就包括了最早成立的马萨诸塞州铁路委员会（Massachusetts Board of Railroad Commissioners，1869）和势力最大的伊利诺伊州铁路委员会（Illinois Railroad Commission，1870）。

农场主联盟将铁路运费定价变成了一个政治事项。在这个资本时代，倘若没有铁路公司提供的市场进入渠道，整个西部农业——甚至是包括社会交往在内的西部生活——都不可能存在（正如在21世纪初，对于许多人来说，没有互联网就没有社交生活）。对农场主而言，铁路公司的运费定价权诚然是异乎寻常的。在许多农业社区中，只有一家铁路公司为其提供市场进入渠道。作为率先进入某一特定地区、建起一条铁路线的铁路公司，它们早已将潜在竞争挡在外面。在缺乏市场竞争的情况下，铁路公司便可自行定价。

从经济角度来看，铁路正如密歇根大学政治经济学教授亨利·卡特·亚当斯（Henry Carter Adams）在其名作《政府与劳工行动之关系》（Relation of the State to Industrial Action，1887）中所定义的，乃是一种"天然垄断"。[24] 鉴于扩大铁路业务规模带来的递增回报，先行者总是会构成攫取垄断市场份额的威胁。铁路公司和许多大规模工业制造商一样，不是被动接受市场价格，而是依据其自身成本设定价格。因为它们的固定成本和运营成本都数目巨大，铁路公司更偏爱那些能保证其运费收入的大客户。因此，他们通常都会为大客户开出相对于小农场主而言更低的运费，而后者则因这种"歧视对待"而蒙受商业损失。

亚当斯对天然垄断的分析将是影响深远的。但是，农场主联盟

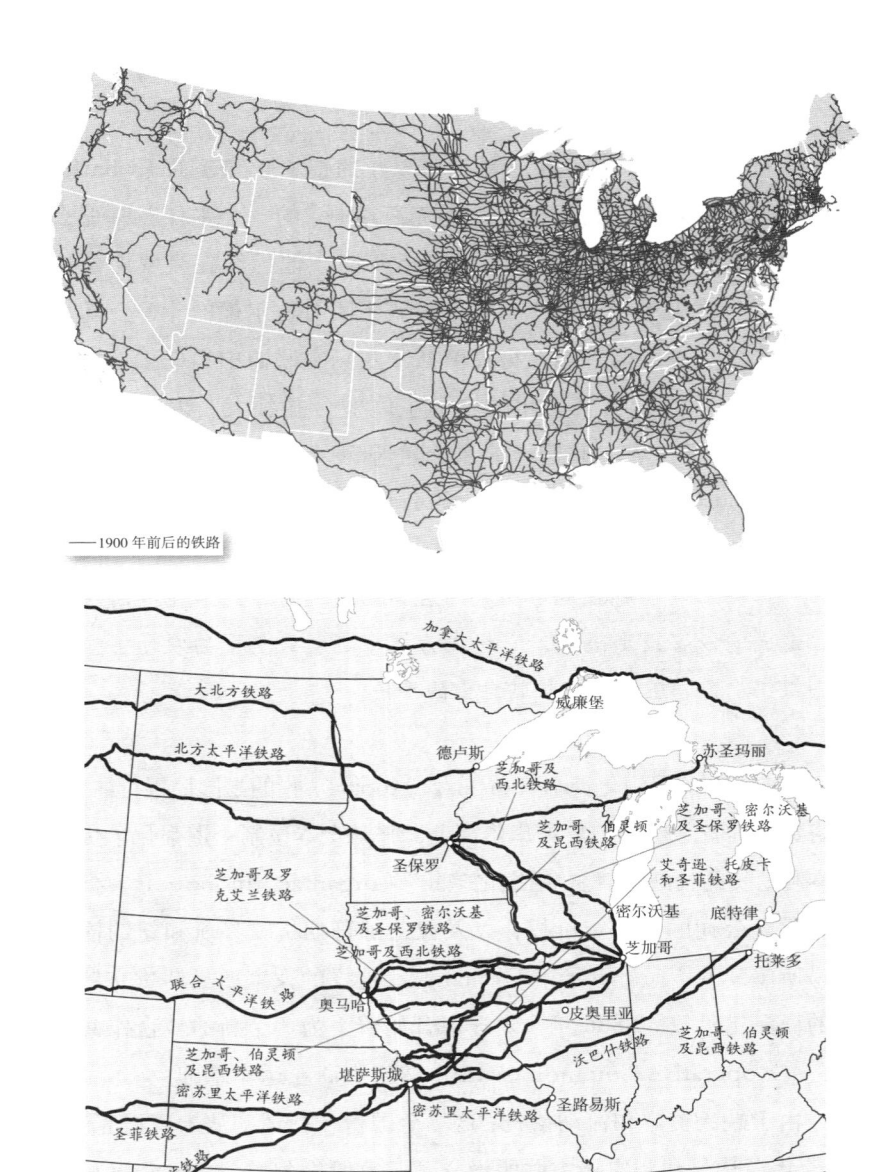

——1900年前后的铁路

1900年前后的美国铁路

在西部，因为缺乏水路交通，倘若没有铁路，便没有市场进入渠道。图中所示为19世纪末时的美国铁路网。它也表明了大型铁路公司凌驾于各平原州商业农场主之上的异乎寻常的强大势力。这些平原州因此成为民粹主义造反运动的温床。

并不缺自己的智囊文胆。生于威斯康星州的查尔斯·麦丘恩（Charles Macune），20岁以前还不过是北得克萨斯州*的一个牛仔。有那么一段时间，他还当过小丑。但到1886年时，他已经在克罗斯廷伯斯地区以行医为生了。他参与了劳工骑士团对古尔德的斗争，随后又加入了农场主联盟。他在得克萨斯州农场主联盟中担任了领导职务，而该组织开始与其他州的农场主联盟合并壮大。麦丘恩成为新组建的全国农场主联盟及合作制企业工会（National Farmers' Alliance and Co-operative Union）的会长。作为该组织代表，他宣称：

> 被正确理解且适当实施的合作制度，将给组织化垄断行为造成的侵害设定限度，它将成为抵押贷款重负下的农场主摆脱组织化资本压迫、维护其自由的手段。[25]

他口中的"组织化资本"（organized capital），指的是国民银行体系，它将银行准备金层层归集到华尔街上，并与金本位制一道强化了货币资本和信贷的稀缺价值。"组织化垄断"（organized monopoly）指的则是铁路公司的运费定价权，以及像芝加哥期货交易所和纽约棉花交易所（New York Cotton Exchange）这样的大宗商品期货交易机构的商品定价权。1886年，麦丘恩开始着手为一个新的"合作共同体"（Cooperative Commonwealth）奠定其商业运作基础。

由于缺乏资本和流动信贷，这场全国合作社运动从未真正起步。1887年，达科他州农场主联盟设立了一家股份公司，出面代表联盟成员展开谈判，购买农用机械。但大多数合作制企业的意图，只不过是推销其农产品而已。他们的想法是，如果农场主能联手拖延农作物收成上市，他们就可以囤积居奇，开出高价。

---

* 简言之，指得克萨斯中部的北部地区。

第十章 民粹主义造反运动

最雄心勃勃的合作制企业，是麦丘恩的得克萨斯合作社（Texas Exchange）。这家合作社以批发价格购进包括种子、机械和肥料在内的各种农用物资。然后，为了交换其农场主成员的作物收成，合作社发行了自己的票据，理论上，本地的银行家会接受这些票据作为货币。该合作社还将进一步在国际市场上就全部作物收成的销售进行谈判。麦丘恩向得克萨斯州农场主联盟的每名成员摊派 2 美元的费用。鉴于该联盟拥有 25 万名成员，麦丘恩希望能够为这家合作社筹集 50 万美元的股本。然而，真正筹到的钱只有 2 万美元而已。1889 年，新兴的农业合作社遍地开花。[26] 但到那一年年底，即便是得克萨斯州农场主联盟的这一最大胆的实验也宣告失败。这场轰轰烈烈的合作制运动，因为缺乏注资而迅速式微。

农场主联盟别无选择；此时，它不得不寄望于政府的监管权力，而不是支持自下而上的合作制项目。1889 年 12 月，全国农场主联盟和产业工会（National Farmers' Alliance and Industrial Union）成立了，它将麦丘恩领导下的、以得克萨斯州为大本营的这家组织与达科他州和堪萨斯州的农场主联盟联合在一起。它的政纲要求铁路由政府全资拥有，同时施行麦丘恩提出的"国库分库计划"（subtreasury plan）。[27] 根据这一方案，面向农场主发行联邦钞票、以换取其作物收成的联邦政府——而不是农场主所有的合作企业——将成为仓库货栈的所有者并负责其运营，而这些农产品将被储存起来，直到农场主选择将其出售时为止。农场主将不再是被动的价格接受者。他们将与铁路公司一样，拥有某种定价能力。因此，联邦政府也将为小规模生产者的市场权力提供补贴。

如今，全国农场主联盟已经无法避免进入选举政治领域了。但它将在现有的两党制下行动，还是会形成一个第三党？许多北部大平原地区的农场主联盟成员都倾向于共和党。但像麦丘恩这样的南方成员，则严重倾向于民主党。两大政党本身都是高度组织化的，他们的政治策略无所不有，从野餐会和集会游行，到贿赂腐败，再到"煽风点火"（beatings）与"异见扼杀"（killings）。[28] "种族文化"以及诸如禁酒运动这样的楔子问题（wedge issues），总是会造成选民分裂。[29] 共和党人保持团结的办法，是提供慷慨的南北战争退伍军人养老金以及民族主义保护性关税带来的额外收益。[30] 尤其考虑到这是一个赢家通吃的选举制度，第三党获得成功的概率微乎其微。

此外，农场主联盟至为关心的那些问题，在某种程度上获得了超越党派界限的支持。1889年，在艾奥瓦州和明尼苏达州，共和党控制下的立法机构通过了数项针对运费歧视的反垄断措施。1887年，在美国国会中，民主党人支持建立州际商务委员会，由其监管铁路运费歧视问题。"公平合理的竞争乃是一种公共利益。"州际商务委员会主席、密歇根州法学家托马斯·库利（Thomas Cooley）代表各个地方的农场主、中产商人和小规模生产者发出了这样的声明。[31] 1890年，民主党的选票推动了《谢尔曼白银采购法》（Sherman Silver Purchase Act of 1890）的通过，该法强制性要求联邦政府大量购进白银并铸造银币，从而在某种程度上抑制了白银在南北战争之后的非货币化。同一年，民主党人还推动了《谢尔曼反托拉斯法》（Sherman Antitrust Act of 1890）的通过，它赋予了美国司法部废止"意在限制贸易或商业活动"的合同或合并行为的法律权限。美国最高法院将对州际商务委员会的权力范围和《谢尔曼反托拉斯法》的含义拥有最终决定权。然而，这两个政党都没有对农业部门的呼声充耳不闻。[32]

最终，钱的问题促成了民粹党（人民党）的诞生。1892年，当民主党人提名强烈主张支持金本位制的前总统克利夫兰为总统候选人时，对于许多南方农场主联盟成员来说，这已经是最后一根稻草。当年7月，他们来到人民党的发源地奥马哈。民粹党人的《奥马哈纲领》（Omaha Platform）在其序言中如此开篇："我们认为，政府——

第十章　民粹主义造反运动

也即民有政府——的各项权力应当得到扩张。"这份纲领号召废除国民银行体系，允许以 16 比 1 的兑换率自由铸造银币。它还要求人均货币流通量不得低于 50 美元——如有必要，可以用没有金属货币支持的不兑现法定货币（fiat money）填补缺口。对于农业企业来说，增加货币供应将减轻债务负担，扩大信贷供应。此外，《奥马哈纲领》还呼吁实行麦丘恩的国库分库制度。其他诉求还包括实行累进式所得税和铁路、电报、电话公司政府公有制："我们认为，铁路公司要么对人民负责，要么为人民所有的时刻已经到来。"[33] 这一反垄断立场要求实行政府所有制，但并非出于政府自身利益。这是为了确保公平的市场进入以及平等的商业机会。在最后一稿中，支持女性选举权的最后一条政纲要点被删除了。

　　在 1892 年总统大选中，共和党人本杰明·哈里森（Benjamin Harrison）是竞选连任的现任总统，而民粹党提名了艾奥瓦州的詹姆斯·B. 韦弗（James B. Weaver），一名艾奥瓦州绿背劳工党前成员。民粹党人在大平原地区各州中得票率颇高，但在其他地方则不然。东北地区的农场主从事着更多元化的乡村经济，他们不那么容易受到国际市场价格波动和单一铁路公司运费的影响。但他们并没有导致民粹党的彻底失败，民粹党也未能吸引东北-中西部地区制造业带的小规模企业主。[34] 在南方，白人至上主义注定了民粹党不会成功。在民粹党试图同时吸引白人和"有色人种"农场主联盟选票的佐治亚州，年轻的民粹党狂热分子汤姆·沃森（Tom Watson）说，民主党反对民粹党的理由"归根到底就是一个词——黑鬼"。[35] 1892 年，民粹党只在堪萨斯州、科罗拉多州、爱达荷州和内华达州取得了胜利，仅获 8.5% 的全国普选票。该党最终得到的，只是寥寥几个国会议席而已。曾在 1884 年到 1888 年担任过一届总统的格罗弗·克利夫兰重返白宫，与此同时，支持金本位制的民主党在国会取得压倒性优势。民粹党的前景一片黯淡。

3. 全球化与1896年大选

倘若不是发生了1893年恐慌，这场民粹主义造反运动在1892年或许便会销声匿迹。正是这场国际性恐慌和随之而来的全面衰退，才令民粹党人和在民主党内犯上作乱的布赖恩于1896年走到了一起。那一年的总统大选，焦点问题正在于经济全球化的利与弊。

1893年恐慌的原因，不是别的，正是由英国主导的国际金本位制的正常运作。在1865年到1914年间，当时一直是全球最大债权国的英国向海外输出了40亿英镑的资本。[36] 尽管农业出口数量庞大，美国在这个全球化经济中依然是一个净债务国。坚持金本位制是进入世界资本市场所必须付出的代价。[37] 金本位制促成了资本的传递，但也会传导金融波动性和脆弱性。1893年恐慌——国际信贷联动的恶果——导致了又一次通货紧缩型经济衰退。

19世纪晚期既是一个帝国时代，也是一个全球化时代。[38] 借助大规模移民，各个劳动力市场实现了一体化，借助国际贸易，产品市场也达成这一结果。当各个国家或殖民地采用了金本位制之时，潜在外国投资者的信心会随之增长，他们相信，自己的投资不会在未来因为通货膨胀而缩水。[39] 利率下降，资本跨越国界流动到创造财富的企事业，而这增加了产出。

问题在于，无论出于任何一种原因，当黄金开始逃离本国时，政府别无选择，只能通过提高利率的办法吸引硬通货，从而捍卫其黄金-通货挂钩汇率。资本满世界流动，以充分利用机遇，但按照同一逻辑，当资本所有者的流动性偏好增加时，一旦出现一点点问题征兆，资本流动也能破坏整个系统的稳定性。面对危机，唯一可行的政府应对方案，便是提高利率，然后遏制信贷，但这徒然助长了金本位制本身的通缩弊端，导致令经济发展戛然而止的全面衰退。

第十章　民粹主义造反运动

例如，阿根廷曾是英国银行家的宠儿，他们希望将阿根廷的潘帕斯草原变成另一个美国西部。[40] 然而，在1890年，英国商人银行巨头巴林兄弟银行（Baring Brothers）对阿根廷的投资遇挫。英格兰银行和罗斯柴尔德家族财团联手安排了一次紧急援助。尽管如此，风波余震仍打击了英国信贷市场。英国的投资者争相把资产变为现金和有价证券，试图牢牢抓住最安全的保值手段——黄金。但鉴于大西洋资本市场的一体化，恐慌和衰退跨越民族国家的边界一直蔓延开来。[41]

英国资本也逃离了美国。英国资本曾资助了西部的采掘经济，也弥补了美国的商品贸易逆差。但当时，英国投资者撤回了已有投资，并停止做出新的投资，信贷变得更稀缺了，铁路建设停了下来。随着支出减少，国际大宗商品价格开始回落。1893年4月30日，美国财政部的黄金储备跌破了1亿美元大关。3月5日，纽约证券交易所（The New York Stock Exchange，简称NYSE）崩盘。7月，伊利铁路公司宣布破产。随着紧张不安的储户纷纷从银行中取回存款，恐慌爆发了。位于国民银行体系金字塔最顶端的纽约市的各家银行暂停了汇兑业务，储户们无法取款。银行收回旧的贷款，停止发放新贷款。信贷枯竭，各种类型的投资和支出江河日下，商业经济萎缩，经济产出和就业也一落千丈。[42]

由此而产生的萧条，其深重程度很难揣测。据日后估算，1894年失业率约在12.3%到18.4%之间。[43] 美国农场主首当其冲地受到这场衰退的打击。从1893年到1896年，农业收入下降了22%。能够提高利率或将黄金吸引回本国的美国公共权力机构并不存在。然而，即便那样做了，也只会扼杀信贷和商业活动，令衰退雪上加霜。这正是金本位制的负面后果。克利夫兰总统本人坚信，更大幅度的通缩和萧条是苦口良药。美国商品价格下跌将会增加美国的国际竞争力以及出口收入，从而将黄金吸引回本国。萧条将会涤除经济制度的腐败冗余，为恢复奠定基础。这种信念徒然令事态变得更加糟糕。与此同时，在1894年的国会选举中，共和党以美国选举史上最大的席位差异——120个议席——重新夺回了众议院。

1895年2月，美国财政部的黄金储备跌到了900万美元。纽约银行家J.P.摩根与克利夫兰总统在白宫会面。摩根最近向伦敦发了一份电报，表示美国正处于"金融混乱的深渊之际"。摩根告诉这位美国总统，他从自己的私人渠道得知，1 000万美元的黄金汇票即将被提交给美国铸币局，要求兑付。"你有什么建议吗，摩根先生？"总统问道。摩根提议由财团出面，向联邦政府贷出一笔款项，这会为美国财政部带来350万盎司的欧洲黄金，而作为交换的，是价值6 500万美元的三十年期债券。摩根往伦敦发送电报说，"我们认为形势危急，政客们似乎拥有绝对控制。倘若失败，与欧洲的谈判遭弃，则对美国之局面后果的任何预测均不过分"。国会未能采取行动，但克利夫兰总统接受了这笔贷款。以摩根和罗斯柴尔德为首的财团从佣金和自身投资中获得了600万到700万美元的账面利润。金本位制在美国得救了，苦难深重的萧条却仍在继续。民粹党的狂热分子玛丽·伊丽莎白·利斯（Mary Elizabeth Lease）谴责克利夫兰总统是"犹太银行家和英国黄金"的工具，而国会议员威廉·詹宁斯·布赖恩则让参议院的书记员大声朗读莎士比亚剧作《威尼斯商人》中痛斥犹太放债人夏洛克的那些段落。[44]

金本位制与流动性偏好之间的相互作用，是全球经济的一个根本性设计缺陷。试图在一个相当抽象和没有人情味的全球金融体系中为人类主观能动性锁定一席之地的民粹党，所做的只不过是归罪于那些置身于"人民大众"之外的精英人士——尤其是国际精英——而已。民粹主义的狂热情绪极度高涨。萨拉·E.V.埃默里（Sarah E. V. Emery）的《奴役美国人民的七大金融阴谋》（*Seven Financial Conspiracies Which Have Enslaved the American People*，1892）

就是一部代表作。与此同时，布赖恩成为民主党中最雄辩有力的金银本位制支持者。许多民粹党人都相信，一位支持金本位制的民主党人将在芝加哥赢得总统候选人提名，而布赖恩和他在民主党中的支持者将在那年夏天投奔民粹党的代表大会。但令人吃惊的是，布赖恩赢得了民主党的提名。合作社运动和农场主联盟合作社在经济上搞成了一团糟。民粹党在 1894 年的民意调查中也表现不佳，当时实在已别无选择。[45] 他们提名布赖恩为总统候选人，与民主党走到了一起。

布赖恩窃取了白银这个民粹党的议题，并在 6 个月的时间里采用了他们福音主义的乡间巡回竞选演说策略。[46] 这位"伟大的普通人"本可以展开一场更明智的选举攻势。在奉行白人至上主义的南方，极端保守民主主义（Bourbon Democracy）没有面对任何风险，共和党人也将在工业和金融资本密集的东北部地区获胜。布赖恩本应更多地关注中西部，以吸引那些产业工人阶级。但是，冈帕斯正在将美国劳工联合会和技术工人引向不同的方向。1895 年，他在美国劳工联合会的章程中加入了这样一段声明："党派政治在美国劳工联合会的代表大会中不应有一席之地。"[47] 后来，在 1896 年，他回忆道："布赖恩先生给我传了一些口信，说他急切地想要和我见面，但我未予答复。"[48] 与此同时，布赖恩公开宣扬的新教福音主义，也疏远了许多信奉天主教的非熟练移民工人。

他可能争取到的第二类中西部选民，本应是那些中小规模的企业主。但许多这种企业主之所以能够存在，是他们已经拥有了某种获取资本和信贷的渠道——即便这些资金来自本地而不是华尔街。[49] 共和党的关税政策要比银本位制更吸引他们。这一阶层本身就缺乏一致的政治利益，就更不用说团结起来支持民主党了。

与此同时，克利夫兰州的实业家马克·汉纳（Mark Hanna）参与了麦金利的竞选活动，供他支配的选战经费总数至少为 350 万美元，其中一大部分来自富人（约翰·D.洛克菲勒和J.P.摩根分别捐出了25万美元）。布赖恩的全部竞选基金只有30万美元。[50] 布赖恩拱手送给共和党一个良机，令共和党的实业家和民主党的金融家勾结到了一起。[51] 麦金利对保护性关税为产业工人和企业主带来的经济利益大加宣传。在钱的问题上，东北地区的知识分子阶层信誓旦旦地说，布赖恩一旦在选举中获胜，则将导致无政府状态。爱德华·阿特金森的《国家货币论：良币抑或劣币》(*The Money of the Nation: Shall It Be Good or Bad*, 1896) 宣称："源出黄金的货币，乃是良币；源出白银的货币，则为劣币。"[52] 提倡市场竞争和大力发展小型企业的布赖恩，被扣上了无政府主义、社会主义和共产主义的罪名。J.P摩根公司的合伙人乔治·珀金斯 (George Perkins) 称，布赖恩在芝加哥的演讲是"开历史倒车"和"邪恶"的。[53] 而在伦敦的《泰晤士报》(*Times*) 上，出现了"无法无天，实为对财产权、对公共和私有权利开战"的论调。[54]

1896年，金本位制胜机初现。尽管都站在民族主义的立场上，共和党倡议的、针对英国制成品的保护主义关税在东北—西北地区的制造业带所获得的支持，却丝毫不亚于反对英国金本位制的主张在南方和西部取得的成功。此外，1896年夏天，发生于南非、澳大利亚和加拿大克朗代克（Klondike）的几次金矿大发现令更多的黄金涌向了全球市场，价格随即开始回升。布赖恩在西部农业区获得了胜利，但他没有赢下密西西比河以东或梅森—狄克森线*以北的任何一个州。他以超过50万张普选票之差，在大选中铩羽而归。[55]

1896年民粹主义造反运动的失败，产生了两个戏剧性的直接后果。在南方农业区，爆发了一波白人大众种族主义暴力事件。

---

* 南北战争期间自由州与蓄奴州的界线，也是宾夕法尼亚州与马里兰州、马里兰州与特拉华州之间的分界线。

一种新的南方商品进入了市场：被私刑处死的黑人备受摧残的尸身照片。[56] 无论是否出于巧合，在南方对黑人的集体暴力行为，恰好与华尔街上投资者信心和预期的激增同步发生。这是因为，1896年大选后，在制造业带，美国工业历史上最大规模的企业兼并运动——大并购运动——发生了。

4．大重组

大并购运动发生于1895年到1904年之间。1893年恐慌后的衰退触发了这一运动，但它在1896年的大选之年中暂时中止了。布赖恩竞选失败后，金本位制的未来似乎得到了保障，于是并购加快了速度。随着1 800家小型工业企业变为157家公司制企业，总的来讲，不少于20%的美国国内生产总值在新的制造业公司企业中实现了整合。[57] 在资本重组的历史上，大并购运动是自黑人奴隶制废除以来最重大的转折。在民粹党的财产政治被弃之不顾的过程中，财产本身发生了转变。

大并购运动始于铁路行业的"摩根式重组"（Morganization）。J.P.摩根（他的朋友都称他为皮尔庞特）在他的父亲J.S.摩根去世后，于1890年控制了以伦敦为业务中心的合伙制银行德雷克塞尔摩根公司（Drexel, Morgan, & Co.）。到1895年时，这家公司已经转变为以纽约市为业务中心的J.P.摩根公司（J.P.Morgan & Co.）。一开始的时候，摩根专注于重组1893年恐慌之后的美国铁路部门，当时，该部门已经负债累累，但赢利状况却不佳。为了迅速扩大规模，确保先发优势，许多公司早已债台高筑，结果却导致了服务的供过于求。为了挽救它们，"摩根式重组"诞生了。[58]

摩根对这些铁路公司债权人做的，本质上无非以强制手段加以威胁，从而令他们的权利主张缩水。首先，摩根财团的银行家令铁路公司处于被称为"友好接管"(friendly receiverships)的优先购买权破产状态(preemptive bankruptcies)——这是对杰伊·古尔德在19世纪80年代使用过的一个法律伎俩的完善化。[59] 接下来,摩根家族财团仔细研究了每家铁路公司的收益、利率费用、运营成本和维护成本,预估出它的未来预期利润。这成为该公司最新估值的基准——以及这家公司可以偿付债权人的上限。在这之前,公司估值一直与实收资本(paid in capital)——股权证的票面价值(par value)——挂钩,而这些实收资本代表了该公司生产资本(换言之,它拥有的火车头、车厢、铁轨和其他设备)的"内在"价值。这是当时标准的关于公司价值的"信托基金"理论,刚由威廉·C.库克(William C. Cook)在《关于股票及股票持有人法的论文》(*A Treatise on the Law of Stock and Stockholders*, 1887)中加以阐述。[60] 在摩根的新式估值方法中,当前价值不再与过去投资的确定性挂钩,而是取决于预期的未来收益——就其定义而言,这是一件不确定的事,但它也是摩根家族财团的拿手好戏。

根据新的估值,摩根财团的银行家将铁路公司的债务平均削减了三分之一。固定成本——这个资本时代的商业顽疾——立时减少了。公司债券持有人将这种"剃头式资产减值"(haircuts)的行为诉上了法庭,但摩根家族财团对公司价值的重新定义最终占了上风。摩根进一步改变了公司的资本结构,经常以股权(equity)取代债务。他将公司债务以"收益债券"(income bonds)的形式重新发行,仅以未来实现的利润支付保障其偿付。这样一来,预期利润——而不是实收投资(paid-in investments)——成为公司重组和公司产权的新基础。

在19世纪90年代,不少于三分之一的美国铁路公司企业处于破产状态。铁路公司排起了长队,争取接受"摩根式重组"。那些面临失败的铁路公司的管理人或所有者,恭恭敬敬地登门拜访摩根。

第十章　民粹主义造反运动

他们所代表的公司包括南方铁路公司（汤姆·斯科特南方战略的产物）、伊利铁路公司（古尔德和范德比尔特精心谋划的结果）以及北太平洋铁路公司（杰伊·库克臭名昭著的项目）。华尔街投资银行家追随着摩根的脚步，库恩－洛布公司（Kuhn and Loeb）、奥古斯特·贝尔蒙特（August Belmont）和基德尔－皮博迪公司（Kidder, Peabody）均在此之列。通过将铁路公司置于自身控制之下，这些投资银行家对该行业进行了整合。到20世纪之交，美国铁路部门已基本上由6个州际铁路体系所支配。[61]

在铁路部门之外，投机银行家在大并购运动中还扮演了一个至关重要的角色。尽管如此，大并购运动背后的另一股推动力量，却是工业本身所特有的。

在大并购运动前夕，美国的工业部门可以根据其规模分为三类。首先，一大批中小型企业依然得以留存，它们通常以个人独资企业或合伙企业的法律形式存在。一般而言，它们的资本和能源密集度没有那么高，主要依赖熟练技术工人的劳动，生产专业化的商品。它们要么从留存收益（retained earnings）中自筹资金，要么求助于当时依然繁荣的本地资本和信贷市场。[62] 大并购运动并未能对这些企业造成太大的触动，而它们将一直蓬勃发展，直至20世纪30年代的大萧条。[63] 其次，是位于谱系另一端的大规模、资本和能源密集型企业，以非熟练、通常为移民的体力劳动者为雇员。它们无情地削减成本，以求用低价打败自己在欧洲大陆市场上的竞争对手，从而导致了价格下跌。卡内基钢铁公司就是一家这样的企业。最后，还有居于这两个极端之间的第三类工业企业。它们突然转向整合重组，是1895年到1904年间这场大并购运动声势浩大的主要原因。

这些企业——有些已经依法组建为公司，有些还没有——最终都遭遇到了那些规模甚大的固定成本生产商所共同面对的难题。在

19世纪80年代晚期和90年代初，它们在错误的时间进行了大规模固定资本投资。1893年恐慌后，销售一落千丈。为了收回其固定成本，这些生产商继续开足马力生产——很大程度上就像19世纪80年代晚期和90年代初的农场主一样。随着各家企业陷入夺取市场份额的残酷价格战，竞争徒然令事态变得更加糟糕，很难限制企业之间的竞争。出于自愿或"绅士做派"的价格协定最终全都失败了。接下来，美国最高法院在对1890年的《谢尔曼反托拉斯法》做出诠释时，将跨公司的价格协定认定为一种不合法的反垄断"贸易限制"。[64] 然而，在美利坚合众国诉 E.C. 奈特公司（United States v. E.C. Knight Co., 1895）一案中，法庭判决，大型制造业企业的并购整合并不违反《谢尔曼反托拉斯法》，因为制造业与商贸业不同。企业争先恐后地依法重组，以此确保可以限制产量，从而为其产品设定市场低价。[65] 这一策略与农场主联盟打算做的事——借助合作提高成员作物收成的价格——并没有太大差别。只不过，通过并购和收购，制造业企业最终取得了胜利。

为了实现并购，制造业企业需要在资本市场上筹集资金。此外，由此产生的新公司与被"摩根式重组"的铁路公司一样，也需要一个全新的资本价值及全新的资本结构——股票、债券和各种产权文书（ownership instruments）的组合。简而言之，新的公司必须进行资本重组。这正是投资银行的用武之地。

自从南北战争后金本位制恢复以来，华尔街的金融家一直致力于此。1896年布赖恩竞选失败后，华尔街资本市场上，信心与预期激增。一个特定市场——公司股票市场——如雨后春笋般兴起。作为战后国民银行体系的产物，小型乡村银行的储备金层层归集到纽约，成为短期"通知借款"市场的基础。在华尔街上，存在着大规模的债券市场，尤其是交易铁路公司债券的那种。然而，交易公司股权（股票）的市场并不大。事实上，直到大并购运动以前，美

第十章　民粹主义造反运动　　413

国最大的工业企业股票市场是波士顿证券交易所（Boston Stock Exchange）。在全国范围内，存在着许多交易有价证券的地方。[66]

在大并购运动期间的新一轮整合中，纽约证券交易所成为交易流动性最大的公司证券市场。投资银行乘机进入，在这里筹集并购和收购所需的资本。对专注于公司股票的流动性证券市场的整合，令工业企业投资成为与之相矛盾的投机性投资的新标的——这令新形式的信贷驱动短期投机成为可能，但也催生了对实体企业的长期投资。

当资本整合发生时，每家小企业的价值必须被重估，然后计入总值。接下来，为了让这一估值获得认可，资本市场必须吸纳新发行的该公司证券，从而为这家实体企业注资。通常而言，企业间的并购和收购谈判在由第三方——某家投资银行——实施估值的情况下，会进行得更顺利。[67]在资本化过程中，遵循"摩根式重组"的先例，总体趋势更偏好预期的未来盈利能力。[68] 1899年，《美国银行家》（American Banker）宣称，在通过最新的并购活动而"汇聚的资本"中，有25%"不过是痴心妄想而已"。[69]但是，正如威廉·洛（William Lough）和弗雷德里克·菲尔德（Frederick Field）在《公司理财》（Corporation Finance, 1909）这部关于大并购运动后期的权威著作中所指出的，"资本化应当基于公司（未来的）赢利能力，而不考虑其（过去的）资本投资"。最后，1912年，纽约州通过了一项法律，允许发行"不带美元记号"的股票，也即不标明其面值的股票。依据法律规定，公司股票估值此时公然成为一场信心博弈。

伟大的美国经济学家欧文·费雪在他的《资本和收入的性质》中解释了这一大并购运动后期新兴趋势背后的逻辑。就资本而言，"在考虑其价值时，因果关系不是从现在指向未来的，而是从未来指向现在"。[70]在这场大并购运动中明确表现出来的这种经济生活的逆时而动,堪称资本主义最伟大的变身戏法之一。[71] 即便不在摩根的掌控之内,这场信心赌局也将在纽约证券交易所粉墨登场。1896年,便是在布赖恩输掉大选的同一年,华尔街上发行的股票数量超过了债券数量。很快,纽约证券交易所便宣告了一种新的政治哲学——股票所有权将像很久以前的土地所有权一样,成为民主公民权利的财产锚点。[72]

这场大并购运动进入高潮的标志性事件,是美国钢铁公司的成立。1900年12月,在曼哈顿的纽约大学俱乐部举行的一场晚餐会上,卡内基钢铁公司总裁查尔斯·M.施瓦布大声谈论着钢铁行业进行一次并购的可能性——音量大得刚好能落入J.P.摩根耳中。[73] 摩根家族财团刚刚完成了对两家新公司——联邦钢铁公司(Federal Steel)和全国钢管公司(National Tube)——的整合。它们是卡内基钢铁公司的竞争对手。施瓦布一方和摩根一方的合伙人们在摩根的图书室中会面,匆忙草拟出了一份包括这3家企业、其他8家钢铁制造商以及苏必利尔湖联合矿业公司(Lake Superior Consolidated Mines)在内的并购方案。当施瓦布与安德鲁·卡内基在纽约州韦斯特切斯特县的圣安德鲁高尔夫球俱乐部打高尔夫时,卡内基在一张纸上写下了自己的开价——4.8亿美元。摩根同意了。卡内基说:"皮尔庞特觉得,他无所不能,因为他总是能在与华尔街上的犹太人打交道时占上风……要打败犹太人,必须靠扬基佬,要打败扬基佬,必须靠苏格兰佬。"卡内基后来对摩根承认,他出手价格太低了,很可能少要了1亿美元。"很有可能,安德鲁。"摩根回答道。[74]

卡内基以世界首富的身份退出了江湖,从此全身心地投入慈善事业中。根据美国钢铁公司——后来被人以"这家公司"(The Corporation)相称——的预期未来收益,摩根家族财团为这家新公司核定的资本估值高达14亿美元。美国钢铁公司的成立,需要首次公开募集 5 亿美元的股票。以摩根家族财团为首的联合财团由不少于 300 家股票承销商组成，他们向纽约证券交易所投放股票，维持其发行价格稳定。美国钢铁公司在华尔街工业证券资本市场上，不啻为一枚重磅炸弹，它占到了 1898 年到 1903 年间所有工业企业全部资本估值（50 亿美元）的十分之一。[75]

美国钢铁公司所掌控的生产性资本及其组织规模均是非同凡响的。这家公司控制了 213 家独立工厂，41 座矿山，以及纵横交错于整个东北-西北地区制造业带的 1 000 多英里铁路。它雇用了 16.2 万名员工。这家公司的资本估值中包括了另外一项预期——预计劳动力成本。它粉碎了 1901 年钢铁工人为争取自身有利地位而举行的一场罢工，以及 1902 年美国矿工联合会（United Mine Workers）组织的另一起罢工。《麦克卢尔杂志》（*McClure's Magazine*）在提及美国钢铁公司时说："它每年进进出出的银钱，超过了任何一个世界列强之政府的经手货币；它的债务，高出了许多欧洲小国的国债；那些命运处于它绝对掌控之下的人，总数相当于马里兰州或内布拉斯加州的全部人口，而受其间接影响的人数，还要两倍于此。"[76] 到 1905 年，制造行业的公司制企业——占全部所有制造业生产单位的 23.6%——拥有美国工业资本总额的 82.8%。它们雇用了 70.6% 的受薪劳动者。[77]《华尔街日报》（*Wall Street Journal*）坦率地承认，"对这件事的严重性深感不安"。[78]

或许在原则上讲，股票所有权可以被广泛地分配给大众，正如在商业时代的自由帝国中，土地所有权曾在白人农场家户户主中被广泛分配。但事实上，在这个资本时代，生产性资本的所有权却是以法人和公司制企业的名义被集中起来的。如果资本侧变得公司化起来，而不再是过于政治化的，或许，公司资本所产生的收入，也可以成为分配政治的标的。

5. 进步主义收入政治

美国钢铁公司的成立，令大型股份制工业企业成为一个既成事实。在 20 世纪最初的几十年里，基于城市的进步主义运动将其视线放到了为此种公司制定新的监管措施上。许多进步党人（Progressives）都是世界主义者，受到了来自大西洋对岸的智识潮流的影响（即便他们对大西洋对岸的资本市场几乎没什么发言权）。[79] 但是，像美国钢铁公司这样的大企业，相对而言是美国的特定产物。要对它们实行监管，进步党人颇采纳了一些民粹党的理念。[80] 然而，他们接受了对财产和资本进行公司化重建的事实。他们关注的，是对公司行为的监管。最重要的是，他们试图将公司收入政治化——从而打造出一种新的分配政治。借助收入政治，最终目标在于减轻贫困，并且将经济发展的收益更广泛地分配到迄今为止并未从 19 世纪晚期的工业化中获得太多好处的城市人口。

为了实现这一目的，进步党人重新定义了公共利益。此举未必尽然是光彩的，因为种族主义的优生学也是进步主义政治经济思想家的遗产之一。[81] 进步党人承认，公司制工业企业是一个业已取代商业市场的强有力"社会"实体，需要新形式的公共监管。未来的新政派分子雷克斯福德·特格韦尔（Rexford Tugwell）在《公共利益的经济基础》（*The Economic Basis of Public Interest*, 1922）中声称，"当市场被视为一种社会机制而非私人机制时"，便有了出于"公共普遍利益"而实行公权"控制"的余地。[82] 进步主义的政治构想，将白人男性户主广泛拥有土地的政治策略丢给了遥远的过去。相反，它将来自私营企业资本的收入当成了一项政治议题，主张采取多种方法支持男性赚钱养家，征收所得税（而不是财产税），以及规定那些影响"公共利益"的公司的合理"收益率"。

经过一段时间的政治辩论和政策创新，进步主义的立法突破在

第十章 民粹主义造反运动

州和联邦层面上发生了。这些突破涉及的领域包括税收政策、反托拉斯、公用事业、福利政策和银行业务，而所有这一切，都发生于南方民主党人伍德罗·威尔逊始于1913年初的第一届总统任期之内。

在19世纪，除了南北战争期间，财产和商业活动——而不是收入——才是被征税的对象。19、20世纪之交时，东北地区的进步主义知识分子和大学教授开始重新将公司设想为一个"真正的"法人，独立于其股东而存在。[83]征收公司所得税，将与对有血有肉的个人征收所得税没有区别。此外，进步主义所得税的原则建立在"支付能力"和"边际"税率之上，它将不会抑制私人消费和投资。设立一种新的所得税的提议，在19世纪80年代和90年代已经获得了民粹主义者的青睐。[84] 1913年，各州在农业势力集团和进步党人的支持下，批准通过了《宪法第十六条修正案》，将征收所得税写入宪法。民主党掌控下的国会大幅度削减关税，引入了针对高收入群体的公司所得税和个人所得税。[85]公司支付了首次所得税的一大部分。通过从员工工资中预先扣留部分收入，它们还"在源头上"协助了个人所得税的征收。最后，新的所得税中，包括了对向非营利性公司慈善捐款的豁免条款。[86]税收和税收豁免成为一个收入政治问题。

与所得税一样，反垄断也经历了一个从民粹主义向进步主义的转化过程。日后被以"反托拉斯"相称的这一事项，是1912年总统大选的核心议题。第一个所谓的托拉斯（trust），是约翰·D.洛克菲勒成立于1882年的标准石油公司（Standard Oil Company），40家不同的石油公司将其股本和企业实体控制权移交出来，以此换取标准石油公司的"信托书"（trust certificates）。洛克菲勒就此完成了对石油工业的整合——控制了产量，稳定了价格，也确保了利润。[87]在众口交传中，"trust"这个词变成了合并后的大型企业的代名词，尽管标准石油公司将在1899年重新注册成立为一家新泽西州的控股公司。届时，洛克菲勒旗下的公司已经完成了垂直整合，从石油勘探，到加工炼制，再到市场推广和最终销售，所有这些活动都在同一家公司之内完成。它还将实现横向整合，这意味着在很大程度上消除每一项具体活动的市场竞争。1911 年，美国最高法院在新泽西标准石油公司诉美利坚合众国（*Standard Oil Co. of New Jersey v. United States*）一案中分拆了洛克菲勒掌控的这家新泽西控股公司。该案判决宣告了"合理原则"，在"合理的"合法贸易限制和"不合理的"非法贸易限制之间做出了区分。一家经营特定业务的业已存在的公司，做出任何防止新公司进入其竞争领域的行为，均属不合理限制。垂直整合在很大程度上得到了保护。布赖恩抱怨说："托拉斯们已经赢了。"[88] 但是，限制市场竞争的横向联合，却受到了新的监管审查。威尔逊和民主党紧跟其后，出台了 1914 年《克莱顿反托拉斯法》（Clayton Antitrust Act of 1914），并创设了联邦贸易委员会（Federal Trade Commission，简称 FTC）。作为对争取商业机会平等的古老呼声的回应，该届政府视消除企业"不公平的竞争方式"为己任。最后，甚至连美国钢铁公司都将无法置身于竞争之外。[89]

作为小规模家户式企业的代表，民粹党曾呼吁过实行铁路公有制。首先，进步党人接过了民粹党的正当诉求——尽管更多地是在各个城市而非西部——将"天然垄断"的概念转入了"公用事业"公司的相关概念之中。[90] 从 1905 年到 1907 年，在争取有轨电车和地铁归市政所有的问题上，他们输掉了大部分的争斗，但是私有"公用事业"——交通、燃气、自来水和污水处理等市政基础设施——的资本，却受到了"公共利益"的全新影响。[91] 新的焦点并没有对准费率歧视，而落在了私有公司资本的"合理"回报率或收益率上。[92] 公用事业委员会开始决定何为"公平"的回报率。无论是从会计的技术角度上，还是从法律上讲，这都并不容易。美国最高法院在芒恩诉伊利诺伊州一案中裁定，铁路受"公共利益"影响，但在史密斯诉埃姆斯（Smyth v. Ames, 1898）一案中，却认为公司拥有受《宪法第十四条修正案》保护的正当法律程序权利，得以凭借其资本投资实现"合理回报"。总而言之，公司能够决定何时何地做出投资，但资本回报率成了一个新的政治问题。许多未来的新政派都是在公用事业费率监管领域起家的。

此外，在城市工业生活中，进步党人对男性赚钱养家、女性操持家务的家庭予以关注，在州的层面上给予了新的公共支持。[93]女性主义是进步主义的一个侧面，1920年，通过了确立女性选举权的《宪法第十九条修正案》。[94]刚出现的美国社会政策对"母权主义"和"父权主义"的不同主张兼容并蓄。进步党人于1912年设立了儿童局（Children's Bureau），于1918年和1922年通过了禁止童工的法律。[95]对于男性赚钱养家者，各州在1910年到1913年间通过了一系列男性工作者薪酬法规。此外，各州还在1911年到1919年间通过了多项"母亲津贴"法规，为家中没有男人赚钱养家的女性提供收入补贴。[96]新开征的公司所得税资助了这些美国福利国家的基石，其中也包括了对男性工薪阶层的再分配补助——一种针对男性薪酬收入的政治策略。

最后，进步党人还致力于监管金融、信贷和货币。[97]在1896年确保金本位制得以实行之后，大并购运动即将结束之时，华尔街的金融家开始看到成立一家美国中央银行的必要性。南北战争后的国民银行体系一直受到每年收获季节发生在纽约市的周期性货币和信贷收紧的负面影响，这时候，货币和信贷会回流到乡村，为农作物的销售提供资金。小型乡村银行层层向上归集准备金到纽约的做法，催生了短期贷款的"通知借款"市场，在大并购运动之后，这个市场成为维系价格水平、保持纽约证券交易所交易流动性的信用纽带——这为货币市场增加了额外的隐患。1907年秋天，随着准备金流向乡村，一场金融恐慌在华尔街爆发了。全靠 J.P. 摩根掌控下的一家支撑市场的私人财团的支持才恢复了信心，预防了一场更严重的信贷紧缩，甚至是一场全面的经济衰退。[98]

正如一些美国本土货币理论学家所指出的，一个真正的中央银行将拥有在此种危机发生期间成为"终极贷方"的公共权力。此外，通过在有必要时设定货币市场中的短期利率，它还能提高利率，将足量黄金吸引入该国，以捍卫美元兑黄金的汇率。最后，在黄金数量所设定的限制之内，通过接受各种票据作为贷款抵押品，中央银行将有权发行信贷，从而扩大货币供应，避免带来恐慌风险和预防性囤积行为的信贷周期逆转。[99]

1913 年的《联邦储备法》（Federal Reserve Act of 1913）能够通过，是因为国会中农业政治势力的影响，它所促成的 12 家地区储备银行的设立，既不同于货币理论学家的主张，也有异于华尔街银行家的期待。这些"银行家的银行"接受存款，为其他银行的票据提供贴现。按照法律规定，各家国民银行必须购入 12 家储备银行的股票，并在自家银行中持有其准备金。与所有权伴生的投票权，将决定这些地区储备银行的董事会成员和行长。地区储备银行印制了联邦储备券（federal reserve notes），它取代了国民钞票，成为美利坚合众国的唯一通货。美联储发行的通货，必须有 40% 由黄金储备支持。每家地区储备银行拥有自行设定面向其成员的贷款利率的裁量权。鉴于华尔街资本市场的重要性，纽约联邦储备银行立时成为 12 家银行中实力最强大的一家。一个由总统任命并经参议院确认通过的七人委员会将对美联储实施监督。[100]

在创立联邦储备系统的过程中，民主党中的农业利益集团展示了力量。根据 1913 年的这项立法，地区储备银行可以贴现一系列以农作物收成为担保的银行票据，这正是查尔斯·麦丘恩"国库分库"体系之精神的体现。接下来，国会出台的 1916 年《仓库法》

（Warehouse Act of 1916）赋予了地区储备银行另一项权力：地区储备银行可以向农场主发放信贷，只需后者将作物收成存放在政府仓库中并以仓单作为抵押即可。1913年的这项法律授权各家国民银行发放农业抵押贷款，而1916年《联邦农业贷款法》（Federal Farm Loan Act of 1916）创立了12家联邦土地银行，每家资本总额为75万美元，由财政部予以担保。信贷流向了许多农场主所有的合作社。[101]新成立的联邦农业贷款委员会（Federal Farm Loan Board）被赋予了监管私营农场借贷的权利。[102]倘若没有这些增强了农场主市场权力、从而有利于民主党农业选民基础的法律法规，1913年的《联邦储备法》很可能将无法在国会获得通过，而威尔逊很可能将无法在1916年的大选中赢得连任。威廉·詹宁斯·布赖恩亲手给代表农业区利益的民主党国会议员写了一张纸条——"我在一切微末事项上均与威尔逊站在同一立场"——这锁定了最后决定性的选票。[103]

与此同时，1913年这一年，也是工业界的奇迹年。就在国会通过《联邦储备法》的22天前，底特律的汽车制造商亨利·福特建起了第一条汽车流水装配线。在这个资本时代，工业革命仍未结束。

第十一章

福特主义

工业革命历史长卷中最伟大的成就，就在1910年到1920年间发生在密歇根州底特律城外。在那里，福特汽车公司（Ford Motor Company）于1910年制造了2万余辆T型车。这个数字到1916年时成了58.5万辆。在此期间，一辆T型车的价格下降了超过一半，从780美元降到了360美元。[1]

"大量生产"令这家公司的创始人亨利·福特成为国际名流。1922年，当福特汽车公司的汽车产量接近200万台时，他出版了被翻译成多种语言、轰动全球的《我的生活与工作》（*My Life and Work*）。[2] 福特并不喜欢书，他曾说过，"我不喜欢阅读"。为什么不喜欢？"它们让我脑子糊涂。"[3] 但是，福特至少读过一位作家的作品，这个他至为喜爱、被他称为"康科德哲人"的作家，就是拉尔夫·沃尔多·爱默生。[4] 商业记者塞缪尔·克劳瑟（Samuel Crowther）在与福特对话的基础上，代他撰写了《我的生活与工作》。福特的自传并没有从讲述一个密歇根州农场男孩的寒微出身开始，而是开门见山地提出了一个问题："本书的理念是什么？"[5]

第十一章　福特主义

这个理念是机器应当做更多的工作。1920年，美国人口普查数据表明，城市居民第一次占到了美国人口的大多数。这是工业城市化的产物，但福特认为，在大量生产的助力下，人类将拥有更多的闲暇去欣赏"树林、鸟儿、花朵和绿地"。正如爱默生或许会指出的，随着手中掌握的财富变多，人类将拥有更多的时间彰显自己的人性。《我的生活与工作》接着指出，为什么"每当有人提及不断增长的动力、机械和产业"，这个人通常都会设想出"一个冷冰冰的金属质感的世界"呢？难道工业文明一定就得是那个样子吗？难道"大工厂"的到来一定就只意味着仅有"金属机器和人类机器"得以存在？不——对"生活中的有关机器的那部分"有更深入理解的福特，做出了某种近于《圣经》福音的承诺："一个新的世界，一个新的天堂，一个新的尘世。"[6]

亨利·福特是一个复杂的多面人。"我将努力确保没人能知道我的底细。"他曾在一张写给自己的内省式笔记中随手写下这样的字句。[7]他诚然是一个怪人，但也是一个和平主义者和女性选举权支持者。出于健康原因，他对牛奶巴氏消毒法大加抨击。他持反犹立场，是《国际犹太势力》(The International Jew，1920)一书的出版者，这份出版物很快便出现在阿道夫·希特勒（Adolf Hitler）的书架上，书页被翻得卷了边。[8]福特还是一个工业天才，一个伟大的现代社会设想家。或出于勉强，或主动热情，希特勒和贝尼托·墨索里尼（Benito Mussolini）等人都是大量生产方式的膜拜者，福特与他们一道，均属于那种20世纪的罕见人物，他们运用自己的个人魅力，成功地将现代工业大众社会塑造为各自的集权化版本——只不过，最后全以失败告终。[9]

福特并不是一个大众政治家（尽管在他没有过多投入竞选的情况下，密歇根州就在1918年差一点将他推选为民主党参议员）。但他是一个大众资本家。他是一个非常独特的资本家，尽管自己变得极其富有,一开始的时候却并不太关心赢利。[10]对于福特自发生成的远大抱负而言,赢利这个目标太狭隘了。一个更宏大的动机,点燃了他对投资于大量生产的非凡热情。他并不会在短期投机还是长期投资的问题上自我斗争,更不用说是囤积居奇了。他把在流动性金融市场上的短期赢利行为与"国际犹太势力"联系在一起,自己从不参与其中,甚至在20世纪20年代纽约证券交易所从大牛市中获取暴利时也是如此。[11]从小规模生产者这个传统中作为一名工匠起家的福特,只对生产这一件事着迷。在这方面,他一心一意,心无旁骛,致力于将生产性成本落到实地,长期坚持,从而可以不断地生产、生产、生产——其专注程度此前没有任何资本家可以媲美,甚至连安德鲁·卡内基也无法与他相提并论。用他自己的话总结说,在这样做的过程中,"我发明了现代这个时代"。[12]

福特在生产性资本上留下了自己的独特印记。首先,他加快了生产中的能源革命,增加了商品在制造过程中的流转速度。1913年,他和手下的工程师推出了第一批以电为动力的装配线。燃煤发电站令其实现了机械化。其他制造商很快跟了上来。20世纪10年代和20年代的装配电气化,催生了更大规模的资本深化,令生产力的惊人增长得以发生。[13]从1900年时微不足道的数量起步,到1929年时,电已经为78%的美国工业部门提供动力。[14]在20世纪20年代,美国制造业生产力以超过5%的年增长率上升——这是有史以来最迅速的十年增长率。[15]

其次,通过专注于提高不间断流程速度,福特汽车公司重构了工厂建筑的概念。福特及其"工业建筑师"艾伯特·卡恩(Albert Kahn)将工厂本身想象为一台机器——一个自足式运动的机械装置。[16]"资本品"是机械化的。在新的电动速度之外,福特还以前所未闻的规模将大量固定、非流动性资本汇聚到了一起。福特和卡恩建造的里弗鲁日工业复合体(River Rouge Complex)是有史以来最大规模的工厂——这台巨大的机器，试图将许多反向和正向的工业中间环节都纳入福特的个人掌控之下。大众工业社会中的"大"，很大程度上指的是以建筑形式新表现出来的、规模远超以往的实地资本归集。工业社会就此获得了更大的"结构"。

同样重要的是，福特的产品是汽车。在曙光初现的机器时代，汽车比任何物品都更能攫取公众的想象力。汽车把个体从所在地解放出来，并迅速地改变了日常生活的特征。[17]"你不能坐在澡盆里去进城。"一名印第安纳州农场主妇在1919年这样说。"每当有一名女性学会了驾驶，便对昔日事物的秩序构成了一种威胁，而每一年，都有几千名女性这样做。"1927年的《汽车》（Motor）杂志如此说。[18] 从1910年时的46.8万辆起步，美国的汽车保有量到1920年时已达900万辆。到1929年，这个数字已经是2 300万辆——几乎每个美国家庭一辆，占到了全世界汽车保有量的近80%。[19] 以煤电和汽油为动力的汽车工业社会加快了化石燃料能源的消耗速度。[20]

汽车是一种消费品。工业革命最先带来的，是过渡性"资本品"的制造——比如最终转化为铁轨的卡内基的钢铁。卡内基的投资拥有对财富创造的倍增效应，因为在它们的诱导下，在反向和正向会涌现出从采矿到铁路服务的新企业实体，而所有这些都和钢铁制造联系在一起。同样地，福特生产的汽车也启动了一个工业投资倍增器。但他制造的是一种消费品，这样一来,除了在供给侧的生产成果，他还在需求侧引发了另一个具有倍增效应的经济发展动态变量——这就是消费主义。

事实上，这个电机时代见证了许多全新消费品的登场。在车库里，出现了汽车；在家庭中，如今有了以电为动力的吸尘器、熨斗和冰箱。电收音机的销售额从1922年的6 000万美元增加到了1929年的8.43亿美元，届时，每个晚上，都有3 000万美国人在旁收听。[21] 以电为动力的大众传播立即将美国人与大众社会和大众消费文化——汽车、收音机和最新时尚——联系到了一起。

最后一样大众产品也问世了，那就是"福特人"（Ford man）。福特的个人牧师塞缪尔·马奎斯（Samuel Marquis）成了福特汽车公司"社会学部"的首位负责人，他日后指出，认为福特"做的是汽车生意"的想法并不符实。汽车是"他真正的生意的副产品"。福特"真正"的生意，是"造人"。[22] 卡内基捐赠了许多图书馆，但他不过视其劳动大军为运营成本而已。正如福特在一份名为《福特人》（*Ford Man*）的公司报纸上宣布的，他拥有一个更为宏大的设计。福特把20世纪10年代花在了完善大量生产之上，但他很快便感觉到，关键的筹码是文明教化意义上的。从1922年的《我的生活与工作》开始，他运用自己的大众名人效应，成为一位工业预言家。

福特的愿景是全面控制。他看到，被大量生产装配线贯穿连起的，将不只是经济与社会，也包括政治与文化，身体与心智，灵魂与精神。1934年，被意大利法西斯势力关进牢狱的安东尼奥·葛兰西（Antonio Gramsci）在一篇颇具影响力的书简《美国主义与福特主义》（Americanismo e Fordismo）中，将福特的项目称为"迄今为止最大的集体行动，旨在以前所未有的速度和历史上无可匹敌的目的意识，打造出一种新型劳动者和新人类"。[23] 这种劳动者就像好兵一样，坚守在装配线之侧。作为对他服从听命的回报，他将赚取一份足以养家的工资——下班后，他能购买这个机器时代的新型消费品。福特对工会的敌意，不亚于他的反犹态度。因为他聚集起了如此多的资本，他制定了自己的薪酬政治——被大肆宣扬的1914年5美元日薪——而作为回报，靠男性赚钱养家的工薪家庭必须接受公司的家访。葛兰西说，美国的福特主义，其全面控制程度与意大利的法西斯主义、德国的纳粹主义等是一样的。这种比较十分恰当。正如历史学家亚当·图兹（Adam Tooze）所说，在第一次世界大战欧洲的自相残杀之后,美国资本主义的历史显然不再是一场"本国戏剧"。[24]

按照任何量化标准,全球经济的至高地位一直在向美利坚合众国转移,即便在装配线诞生前便已如此。福特主义把美国资本主义送上了巅峰王座。然而,这个现代时期的终极大奖,还是对美好生活的确切定义。工业社会催生了许许多多的现代"主义":法西斯主义、共产主义和资本主义。它们彼此借鉴,但为了争夺葛兰西口中的"霸权",它们也会在全球范围内展开殊死搏斗。

1.大量生产

在《不列颠百科全书》关于"大量生产"的词条——又一篇由人代笔之作——中,福特宣称:"所谓大量生产,即专注于一个遵循动力、精确度、经济效益、系统性、连续性和速度原理原则的制造业项目。"[25]福特汽车公司于1903年6月16日在密歇根州成立,当时,亨利·福特只有40岁。

福特成长于密歇根州迪尔伯恩附近的一座农场。他的父亲身为爱尔兰移民,希望儿子能够接管家庭农场的经营,但福特并不喜欢从事农业。和许多成功的工业创新家一样,福特是一个精通机械技术的能工巧匠,这在19世纪尤为突出。当时,由身处大型工业企业内部、受过大学教育的科学家和工程师专门负责创新的现象仍未出现。[26]正如经济学家日后所形容的,他是"边干边学"。[27]

亨利·福特十几岁时,他的父亲给了他一块怀表,这让他欣喜若狂。他一遍又一遍地把这块表拆开,然后又装回去。工业资本主义中关于抽象时间的主题,便在此时浮现出来,而这一刻,理当被视作大量生产的原点。刘易斯·芒福德(Lewis Mumford)的《技术与文明》(*Technics and Civilization*,1934)是迄今为止关于资本主义和机器的最佳论著。尽管经济史学家日后会对是否存在一项第二次工业革命的"通用目的技术"（general purpose technology）争论不休，芒福德却已经正确地认识到了，钟表是"现代工业时代的关键机器"。他解释说，工具（tool）和机器（machine）是不同的，因为"工具适于被操控"，而"机器适于自行运转"。[28]钟表的机械精度将在福特大量生产方式的"精确度"中一目可见。从时钟之中，生出了线性、标准时长的抽象工业时间。这一直都是卡内基旗下工厂的旋律拍号，但福特及其手下将它提升到了新的高度，例如，他们会使用秒表来对装配过程进行协调和计时。在装配线出现之前，很难知道工厂中的时间为什么会流逝、又是如何流逝的。大量生产将时间本身纳入了生产项目。"时间是世上最宝贵的东西。"福特的工厂报《福特人》将如是宣称。[29]

16岁的时候，福特移居到了底特律，成为一名熟练机工的学徒。大多数底特律的机工都出生于美国，要么就是德国人，他们是技术熟练的生产者——不是那种缺乏技能的欧洲"新移民"，而后者正越来越多地出现于钢铁制造业这种大规模、资本及能源密集型行业。身为师傅的机工穿着围裙站在工作台旁，操作着他的"车床"——一种将金属零件固定在轴上加以旋转的通用目的机床，而机工则会根据自己的特殊技艺对零件进行切削、钻孔、辊纹、砂磨或抛光。底特律拥有一大批机械加工车间，但它也拥有一种致力于工匠艺术的充满活力的创业文化。在本地资本和信贷网络的资金扶持下，小规模城市工业欣欣向荣。这种中西部美国人的"生产主义"创业精神，诞生于上一代共和党"自由劳动、自由土壤、自由人民"的主张，其后又间接地透过民粹主义的滤网表现出来，最后在福特手中发扬光大。[30]底特律与东海岸的金融势力集团相距甚远，纽约资助下的大并购运动尚未大幅度触及底特律的工业。[31]

福特在转向汽车制造业之前，还干过另一份工作。1891年，他

第十一章 福特主义

成为爱迪生照明公司（Edison Illuminating Company）的一名工程师。在那里，福特于1896年见到了自己心目中的英雄托马斯·爱迪生。能产生电流的发电机早在19世纪60年代便已经被研发出来，但爱迪生是设计出第一个中央发电站的人，那就是1882年的纽约珍珠街发电站。[32] 当他们见面时，爱迪生鼓励福特继续在业余时间试验以汽油为动力的、自行驱动的"不用马拉的车"。

发明内燃机的是德国人，而不是美国人：卡尔·本茨（Carl Benz）于1885年率先开始制造以燃气为动力的汽车。底特律成为美国早期汽车工业的发源地之一，因为它拥有正合适的本地工业群。一开始的时候，小型初创企业和相关的衍生公司占主导地位。借助合作网络，发明在企业之间传播开来。资金来源是非正式的，来自本地投资人而不是遥远的资本市场。汽车制造企业的数目在1909年达到了272家的峰值。然而，到那时，于1908年推出T型车的福特已经站稳了脚跟。一个汽车工业区业已形成，底特律完全支配了汽车生产。[33]

1899年，福特从爱迪生公司辞职，在一位底特律本地投资人的支持下组建了底特律汽车公司（Detroit Automobile Company），但这家公司很快就倒闭了。福特和同为能工巧匠的哈罗德·威尔斯（Harold Wills）随即设计出了一辆新车，本地投资人于1901年向这家亨利·福特公司（Henry Ford Company）投入了35000美元。但是，公司的所有人很快就把福特排挤出局，将公司改名为凯迪拉克（Cadillac）。1909年，在组建一家名为通用汽车（General Motors）的新控股公司的过程中，凯迪拉克被以超过400万美元的价格收购。福特此时与本地的煤炭经销商亚历山大·马尔科姆森（Alexander Malcomson）结成了合作伙伴关系，他从约翰·道奇（John Dodge）和霍勒斯·道奇（Horace Dodge）兄弟手中租用了一个机械车间，用来组装汽车。道奇兄弟制造发动机、变速器和车轴。福特和马尔科姆森付不起他们的费用，于是两兄弟要求获得一部分公司所有权。福特汽车公司于1903年正式成立。最初的12位投资人投入了28 000美元（相当于今天的35万美元）。这家公司的资本估值为10万美元。[34]

马尔科姆森希望福特建造一款豪华汽车，福特却已经做出了建造平价汽车的决定，于是全部买下了马尔科姆森持有的股权。N型车于1906年推出。在福特公司，一支非同寻常的团队组建了起来。詹姆斯·J.卡曾斯（James J. Couzens）是最初的投资人之一（后来他成为底特律市长和共和党参议员），他负责包括账目在内的日常经营。剩下的人都和福特一样，是那种缺乏正规学院教育的工匠型工程师。正如"铁人查利"索伦森（"Cast-Iron Charlie" Sorensen）后来在回忆录《我和福特的四十年》（*My Forty Years with Ford*，1956）中所形容的，他们相信"工作就是游戏"。[35] 人与人之间当然存在竞争，却不论职位高低。创新的过程是有来有往、相互合作的。索伦森在使用新的生产方式对钢铁进行冲孔、轧压和冲压这一领域经验深厚。团队中的沃尔特·弗兰德斯（Walter Flanders）是一位新英格兰机工，对北方地区使用互换性零件的实践十分熟悉。卡尔·埃姆德（Carl Emde）设计了各种专用机床。1905年，福特汽车公司买下了位于皮卡特大道的第一家工厂。

1909年，福特宣布，这家公司将只生产一种型号的汽车，那就是漆成黑色的T型车。到这时为止，工厂生产方式一直都是相当传统的。厂房建筑是一个用铁和砖石制成的空壳子，又长又窄，杂乱无章。这种乱大部分原因在于工厂是由蒸汽机提供动力的。由皮带、传动轴和曲柄组成的动力传动系（power train）从上方悬垂下来，各种机器必须聚集在这个动力传动系附近，否则功率损耗将是可观的。技术也参与了对生产和工厂空间的组织。机工们分别制成"调适好"的零部件——发动机组、气缸或底盘——然后再将它们依次装配成汽车。对每个部件的最终"调适"都带着某位熟练机工的个人印记。在熟练机工的工作台周围,是一群四处奔走、被称为"操作人员"或"帮手"的非熟练普通体力工人——卡车司机、推送工和清铲工。独轮车、手推车和升降机把加工材料运到机工的工作台旁。完成后的产品会继续移动,最后进入总装阶段。[36]"当我们在1910年铸造第一批T型车的汽缸时,现场中的一切都是手工完成的。"福特回忆说。在地板上,"堆满了铲子和手推车"。"这个工作是一份熟练技术工作。"[37]

短短几年之内,一切就都改变了。福特和他的工程师设计了专用的精密机床,上面配备了公司专门设计的夹具、卡件和标尺。这实现了零部件的标准化和可替换。它还增加了劳动分工。福特吹嘘说自己并不读书,但他或许会意识到,当他在1903年宣称"制造汽车之道,就是让一辆汽车与另一辆汽车完全一样,让它们全都一个样……正如从一家别针工厂里生产出来的别针都一模一样"之时,其实是在响应亚当·斯密的论述。[38]使用互换性零部件在美国制造业中早已成为普遍实践。然而,福特的工程师们走得更远,比如,他们甚至研发出了一种专门为T型车发动机汽缸钻孔的机器。只需一个动作,它就能在相同的精确位置上钻出45个孔。一名非熟练体力工人就能操作这台机器。到1914年,福特使用的机床达到15 000台,从数量上超过了他手下的13 000名员工。那一年,该公司在"工厂、建筑物、贮存罐和固定装置"上做出了360万美元的固定资本——非流动生产性资本品——投资,但在"机床设备"上做出的投资几乎一样多,达280万美元。[39]

与此同时,这家公司开始重新为机器编组。福特及其团队对工厂空间进行设计,从而让每个零部件在每个特定工作站都只需要进行一道处理工序。该道处理工序完成后,便为下一道处理工序备好了物料。他们还开始将机器以异乎寻常的近距离组合在一起。"我们的厂房不是为闲庭信步而设的。"他说。[40]

福特还系统地消除了劳动过程中的"浪费运动"。历史学家仍对福特是否有意识地应用了所谓的科学管理法而争论不休，这种方法的创始人是弗雷德里克·温斯洛·泰勒（Frederick Winslow Taylor）。一开始在米德韦尔钢铁公司（Midvale Steel Company），后来在伯利恒钢铁公司（Bethlehem Steel），泰勒进行了各种"时间－运动研究"，以消除浪费的身体运动。工人们对此予以抵制。因屡次尝试无果而灰心丧气的泰勒退休了。他出版了包括《金属切割工艺》（On the Art of Cutting Metals, 1907）和《科学管理原理》（The Principles of Scientific Management, 1911）在内的多本著作，宣传自己的理念。1911年，管理科学促进会（Society to Promote the Science of Management）成立了。泰勒的想法流传开来。[41] 例如，克里斯蒂娜·弗雷德里克（Christine Frederick）的《新家政：家庭管理中的效率研究》（The New Housekeeping: Efficiency Studies in Home Management, 1913）便将其应用到了家务劳动之中，而就在同一时间，福特正在对劳动过程进行合理化改革。无论是否有意为之，福特汽车公司对其劳动力进行了"泰勒化改造"（Taylorized）。

依照合理化的工序，汽车零部件从一个工作站行进到另一个工作站。装配班组轮流执行不同的任务，而各个工作团队将零部件送到装配点上。福特的工程师使用秒表编排每一个序列，就连递给同事一枚螺母或螺栓，都有正确的方式。专门的计时员监督着生产计划，福特汽车公司很快便拥有了一整个时间研究部门。[42] T型车的生产大幅跃进，它的质量提高了，价格下降了，销量也增加了。

汽车是一种耐用消费品，但许多工业革命积累过程中典型的反向联动都会由此而开启。T型车拥有相对于其自重（1 200磅）而言独树一帜的高功率（22马力），因为它是用钒钢制造出来的，这样一来，来自上游的、对制造T型车所用钒钢的需求，驱动了钢铁

第十一章 福特主义

制造业更大规模的创新。[43] 发动机组是整体铸造而成的。它有一个四缸发动机和带脚踏板的行星齿轮变速箱，令其更易于在泥泞的道路上奔驰如飞。这款车在乡村地区卖得特别好，因为与其他汽车不同，它能在恶劣的路面上行驶，甚至可以越野。为了销售T型车，福特发展起了一个庞大的经销商网络——这是其固定工业投资的倍增效应的另一例证。除此，他还在着眼于扩大生产。

福特找上了当地的建筑师艾伯特·卡恩，一名德国犹太拉比之子。卡恩没受过正规教育，但他在现代工业建筑领域的影响力将与福特在现代大量生产领域的影响力相媲美。[44] 1903年，卡恩为底特律的帕卡德汽车公司（Packard Motor Company）设计了工厂，这吸引了福特的注意力。卡恩舍弃了砖块，改用钢筋混凝土——这是一种革命性的新型建筑材料，福特汽车公司增加了对它的需求。艾伯特·卡恩的弟弟朱利叶斯·卡恩（Julius Kahn）是一个结构工程师，他为卡恩钢筋混凝土系统申请了专利——这是一种钢结构骨架，焊有朝向上方的翼墙，上面浇筑了混凝土。它将钢材的弹性和混凝土的抗压强度结合在了一起。1908年，福特在海兰帕克（Highland Park）的新工厂开始兴建，因为在砖和钢筋混凝土墙上吊挂了玻璃幕墙，工厂由此得到了"水晶宫"的绰号。[45] 钢筋混凝土建筑为连续开放的生产场所提供了空间，因为结构所需的承重柱的数量减少了。内部隔断墙便能满足需要。此外，福特的工程师也拥有了实验机器组合排列的更多空间。卡恩的工厂设计去除了不必要的浮华装饰，而这长久以来一直是工厂内部匠人精神的外在象征。他的建筑以简约理性的直线为特征——正如一句现代主义建筑箴言所云，仅仅是"环绕一个空间的平面而已"。自然光充满了更大的围合空间，令建筑群拥有一种迹近于庙堂的质感。1919年，《建筑论坛》（Architectural Forum）发表了一篇热情洋溢的文章《混凝土工厂》（"The Concrete Factory"），其中附有卡恩作品的多张照片。[46] 混凝土的优势在于，它的减震性能更好，从而减少了机器损耗和不断重新调试机器的需求。卡恩本人设计了海兰帕克工厂，尽管他声称，其基本原理均来自福特。这家工厂不再是一个生产的外壳。福特视自己的工厂为连续生产过程的一个部分。

完工于1910年的海兰帕克工厂立时成为全世界最大的工厂。1913年年底，《美国机械师》（American Machinist）杂志的弗雷德·科尔文（Fred Colvin）访问了这家工厂，离开时他目瞪口呆。当时，福特制造了美国汽车的半数。"我们觉得是20万辆吧，"科尔文倒抽着冷气说道，"我们已经对尺度没有概念了。"这意味着"100万盏灯、80万个轮子和轮胎、9万吨钢……200万平方英尺的玻璃"。科尔文想要知道，福特这位"至高无上的效率大祭司"，到底还有什么做不到的？[47]

他还将做到很多。海兰帕克工厂王冠上的至宝，是它庞大的发电站。这个发电站由福特设计的燃油内燃机和燃煤蒸汽机混合系统提供动力，它发的电足以供半个底特律城所需。游客蜂拥而至，只是为了看它一眼。大量生产需要电气化。电力比蒸汽效率更高，成本更低，它能无损耗地长距离运输动力。电线取代了皮带和笨重的传动轴，这便为合理化重组腾出了厂房空间。不再依赖单一的动力来源，许多不同的电动机令机器的"分组驱动"（group drive）成为可能，并很快实现了单个机器的"单元驱动"（unit drive）。工业生产不再依赖与某个动力源的物理相邻。被解放的生产得以依照全新的原理进行。

这些是时钟的原理，但同时也是电力本身的原理。福特在爱迪生照明公司担任工程师的那段经历留下了印记。1900年之后，随着交流电被发明家尼古拉·特斯拉（Nikola Tesla）和企业家乔治·威斯汀豪斯（George Westinghouse）研发出来，电力可以在无损情况下实现远距离传输。但是，电无法被存储起来。它不能待在那

第十一章　福特主义

里无所事事。它一直动个不停，它需要连续流动。像爱迪生这样的电力系统建设者，将发电机、变压器和电线组成的网络集成起来，让电流一直保持流动，直到最后被消耗。[48]福特的资本机械化不仅是由电力驱动的，它还捕捉到了电力传输的本质——对闲散不动的厌恶，对连续运动的渴望。而其顶点，便是电力驱动的移动式装配线。

它同样有着工业上的先例。[49]在19世纪晚期，动线生产已经在马口铁罐的制造中得到应用，铸铁厂也用动线削减劳动力。牲畜屠宰厂使用的是"分割流水线"：社会主义作家厄普顿·辛克莱曾在《丛林》中写到过它们在芝加哥屠宰场中的应用：在那里，牲畜的尸体被挂在钩子上，缓缓地转动，身体的各个部分被砍下、切碎、截掉。辛克莱后来还在另外一本受众不广但内容精彩的小说《廉价车之王》(*The Flivver King*, 1937)中写到了福特的汽车装配线。福特本人也承认受到过牲畜分割流水线的影响。1913年，他希望制造20万辆T型车；机组已经井然有序地各就各位，尽可能地彼此靠近。然而，福特、索伦森、威尔斯和另外两名工程师——不清楚他们到底是谁，尽管索伦森后来会揽下所有功劳——突然产生了一个想法，用管架和传送链组成的齐腰高的生产线取代一系列工作台。

1913年4月1日，永磁发电机——一种小型发电机，其磁铁可点燃T型车的发动机——的生产被投入到这种生产线上。在这之前，永磁发电机是在工作台上完成组装的。此时，工头告诉工人，只需执行一项任务——无论是拧松一枚螺钉，还是拧紧一个螺帽，或是夹紧一个磁性夹——然后便将这台永磁发电机传送到生产线的下一个环节。接下来，他们必须一遍又一遍地重复同一项任务，一直持续9个小时。工人抱怨说腰酸背痛，于是生产线被加高了6英寸。有些人干得太快，另外一些人则太慢。工程师意识到，如果他们让永磁发电机与链条同步移动，便可以设定生产节奏并令其整齐划一。

"福特海兰帕克工厂中永磁发电机的装配"（1913年）

照片所示据说为福特汽车公司的第一条装配线。

伟大的发现诞生了！8个月的研究之后，一直到底盘组装的全部工序都随即转到了装配线上。很快，便有了足够的电力为生产线提供动力。在引入装配线后，福特公司出版的《福特生产方式与福特车间》（Ford Methods and the Ford Shops）宣称，一辆T型车的生产时间已经从12.5小时缩减到了93分钟。[50]

索伦森宣称，福特汽车公司是一个"完美实现同步的运作"。[51]自推出以来，T型车的价格已经减半。公司利润飙升。为了更好地理解福特生产方式的生产力有多惊人，不妨看一下这些数字：1913年，福特制造了全美国近半数的汽车，也即26.1万辆T型车，与之相对的，是该行业其他公司总共生产出的28.7万辆汽车。福特拥有13 000名雇员。其他公司雇用了66 000人。[52]大量生产的到来，绝对一鸣惊人。

福特已经淘汰了许多体力劳动者，尤其是卡车司机、推送工和清铲工，但他的确需要有人站在装配线旁。这份工作需要不断重复，整齐划一。"这个新工业秩序的心理特征，"芒福德在《技术与文明》中写道，"早在其羽翼丰满地进入车间之前，便已经出现在了阅兵场上。"[53]靠鼓点实现整齐划一的战斗进行曲，其旋律拍号是机械化装配线上整齐划一的工作节奏的先声。劳动者被机械化逼入了更大规模的工业生产壮举之中。他们对此的最初反应，通常是在目瞪口呆之下晕头转向。约翰·多斯帕索斯（John Dos Passos）的小说《赚大钱》（*The Big Money*，1933）试图捕捉这种感觉，看起来，电动机械化的速度似乎已经消灭了单词之间的空格：

> 在福特工厂，生产永远都是即兴的；更少的浪费，更多的监工、狗腿子和打小报告的（午餐时间15分钟，上厕所3分钟），泰勒化的加速无所不在，伸手，调整垫圈，拧紧螺栓，伸手调整垫圈拧紧螺栓，直到每一分生命都被生产吸干，直到晚上工人们面如死灰、行尸走肉地回到家中。[54]

荒谬、幽默和若隐若现的疯狂，是对劳动机械化的常见反应。在查理·卓别林（Charlie Chaplin）的电影《摩登时代》（*Modern Times*，1936）中，流浪汉发现自己身处一家工厂的齿轮和嵌齿之中。这一场景十分滑稽，流浪汉最终却被穿上了束缚疯子的约束衣。

当时也存在着其他的反应。隶属于冈帕斯的美国劳工联合会、以熟练工匠为群众基础的底特律金属行业总会（Detroit Metal Trades Council）于1914年指出，福特正在消灭"熟练劳动力存在

《摩登时代》（1936 年）

在对人与机器之间关系的思考上，或许没有其他艺术作品能超出卓别林的这部电影杰作。这一场景的象征性是无与伦比的。

的必要性"。福特的工人将"变成纯粹的奴隶"。并非出于偶然，在福特公司组织劳工运动遇到了重重阻碍。福特禁止成立劳工联合会，开除那些加入工会的人。随着公司的生产逐步机械化，它不再雇用熟练机工，转向了那些不熟练的男性"新移民"（福特原则上不会雇用已婚女性），而这与他的生产性资本品形成了互补。[55] 1914 年，出生于美国的工人仅占福特公司劳动力的 29%，余下的 71% 来自超过 22 个国家，最常见的是波兰人、俄罗斯人、罗马尼亚人、意大利人和匈牙利人。仅是语言障碍本身，就足以令组织工会变得很难，更何况还有"不得交谈！"的禁令。卓别林的《摩登时代》是一部默片，是有原因的。（有声片已经出现了相当长一段时间。）福特的工头学会了用几乎每一种欧洲语言表达一个意思："快点儿。"[56]

福特的工人们并不是奴隶——他们是按照自身意愿受雇的劳动者。自从美式"自由劳动"的准则在南北战争之前兴起，美国的劳动力市场就以高流动性为特征，年轻男性工人——尤其是那些移民——跳槽的比例很高。在福特公司，人员更替率高得惊人。1913年，每一天都有1 300名到1 400名工人翘班——约占职工总数的10%。劳动力更替率高达370%。美国经济学家约翰·R.康芒斯（John R. Commons）称之为"持续的、无组织的罢工"。与此同时，激进的世界产业工人联盟（Industrial Workers of the World）试图通过游行至海兰帕克工厂门口、举行示威抗议的方法，联合福特公司的工人组成工会。另一个产业工会——载客马车、四轮马车和汽车工人联合会（Carriage, Wagon, and Automobile Workers Union）——也在现场。至于剩下的那些熟练劳动力——机工、制模工、电镀工和抛光工——美国劳工联合会则试图把他们组织起来。然而，所有的努力都在福特装配线的最后一个齿轮前失败了，这，便是5美元日薪。[57]

基本上，为了让生产线保持运转，福特用钱收买了他的员工。他抢在美国劳工联合会的薪酬政治之前，施行了自己的收入政治。和卡内基不同，他愿意从自己不断增长的利润中交出一部分。1914年1月5日，他大张旗鼓地公布了5美元日薪措施。工时从每天9个小时缩减到了8小时。非熟练工人的日薪翻倍，从2.5美元涨到5美元。福特公司人事部的门口，很快就排起了求职者的长队，到1915年时，劳动力更替率降到了16%。[58]

为什么福特要这样做？《我的生活与工作》宣称，动机是"社会正义"。[59]换一种思路，福特也意识到了，如果他不向自己的工人支付足够高的工资，他们很可能无力购买自己生产的汽车。福特制造的是一种消费品，而不是过渡性资本品，这一点意义重大。大量生产将带来一个大众消费的时代，在其中，消费主义与商业活动和产业投资一道，成为动态的经济因素。让安德鲁·卡内基考虑其手下工人是否能买得起自己生产的钢锭，将是一件荒谬的事。然而，不妨回想一下，在1913年，福特仅用13 000名雇员就制造了26.1万辆T型车。福特的员工很难构成充分的需求。

5美元日薪背后的另一个动机，在于大量生产极易受到大规模劳工行动的打击。装配线需要生产力，但它也需要机器一般的协调合作。只需一个工人——不管技术水平如何低下——就可以让整条生产线停下来。在面对产业工联主义和大规模罢工的时候，大量生产事实上相当脆弱。有鉴于此，福特甘愿花钱买个平安。当他将工资翻倍时，一些资本家同行抱怨说，他打破了工资的"铁律"，扰乱了劳动力市场中供应与需求的自然运作。《华尔街日报》将他关于社会正义的宣言当了真，抱怨说，福特的"社会活动犯下了经济上的大错，甚至是经济犯罪"。[60] 一位幻想破灭的福特前雇员E.G.皮普（E.G.Pipp）对此却有不同看法。他宣称，在1927年，福特本人曾告诉他，"机器在生产中发挥着如此重要的作用，一旦可以诱使人加快机器运转，那么高工资时的利润将会比低工资时还要多"。[61] 后来对福特汽车公司进行的经济学研究得出结论，5美元日薪事实上是一种"效率工资"。[62] 福特的这笔钱,花得很合算。

然而，福特到底真的有多在乎盈亏底线？更能激励他的，是可能实现的生产壮举，而不是赚取利润。促成5美元日薪最可能的单一动机，是他刚刚一手打造出了一台新机器——不是T型车，而是海兰帕克工厂装配线。他想要让其保持运行，甚至是加速运行，从而目睹这台机器到底能跑多快，看到它在工人们停止拖延磨蹭的情况下到底能实现怎样的丰功伟绩。开足马力，全速前进！如果工人们拖慢了生产，那就花钱让他们停止拖延。

第十一章 福特主义

福特还有一个终极动机：他从事的也是一个制造人的生意。5美元并非每日工资。其中一部分被称为分红（profit share），只有在特定条件下才会发放。工人需要生活得体面妥帖，因为公司的"社会学部"负责管理这个5美元日薪的项目。正如一位福特公司的经理所指出的，一个非熟练工"每天得到2.34美元作为劳动报酬"，而"另外的2.66美元作为按照公司希望的方式生活的代价"。"饮酒"和"行为放纵"是被禁止的，"不知节俭""家务纠纷""负债"也是如此。社会学部会进行家访，这样一来"没什么能瞒过他们的耳目"。"这个男人住在肮脏、不卫生的棚屋里。"福特公司的记录这样写道。要么就是"波兰婚礼，喝醉了"。"我老婆把什么事都跟他们说了。"一个工人哀叹道。福特的愿景，是全面控制。[63]

这就如同装配线延伸到了工厂大门之外，进入工人阶级的家庭，甚至进入工人阶级聚会的小酒馆，把啤酒从福特公司雇员的手上硬生生地夺走。这还是在假定他们有机会走进小酒馆的情况下。正如一位福特装配线工人的妻子在5美元日薪刚刚推出几星期后写给福特的信中所形容的：

> 您的这个连锁系统，就是一个奴隶监工！我的天！福特先生。我丈夫一回到家，就倒头不起，连晚饭都不吃——就是这么精疲力竭！难道就没点儿补救的办法？……一天5美元是一种恩赐——一种大出所望的恩赐，但这也是他们辛苦赚来的呀。[64]

为了拿到这5美元日薪，福特要求其员工每天准时上班到岗，保持清醒不得醉酒（1920年，就在大量生产诞生不久之后，一项宪法修正案使禁酒令得以实施），而且做好准备成为他这台巨大机器中一个无意识的齿轮。在家中，他们必须生活得体面妥帖。高工资买来了知情同意,但这并不意味着从单调乏味的苦役中解脱出来。

再说了,树林、花朵、鸟儿和绿地又在哪儿呢?

2. 里弗鲁日工厂

福特在《我的生活与工作》中写道:"动力与机器,金钱与商品,都只有在让我们得以自由生活时才有用。它们不过是达成某种目的的手段。"[65] 福特业已实现了对生产性资本的电动机械化,并且达到了前所未见的工业效率标准。然而,机械化并不能回答它自身带来的那个最根本性的问题:这种效率,除了制造更多的汽车,还能干些什么?

在种种另外的可能性之中,20 世纪将给出一个相当可怕的结果:发动全面战争和制造大规模死亡的效率。第二次世界大战期间,艾伯特·卡恩建筑事务所(Albert Kahn Associates)将设计超过 2 000 座工厂,其中就包括位于密歇根州伊普西兰蒂(Ypsilanti)的规模惊人的杨柳溪工厂(Willow Run Plant)。随着 20 世纪的参战国越来越擅长于对资本的机械化进行动员,将工厂中的纪律带到战场之上(或者也可能是反过来的?),大量生产和全面战争之间发展出了一种强大的依存关系。

需要替福特说一句公道话,他的确对战争颇多质疑。他反对美国加入 1914 年秋天爆发于欧洲列强之间的第一次世界大战。1915 年 12 月,福特资助了和平之船(Peace Ship),亲自前往欧洲展开公众宣传活动,试图说服士兵远离战壕。这并未奏效。美国经济蓬勃发展,向英国和法国出口各种原材料。华尔街则为它们的战争债务提供资金。德国军国主义者做出判断,即便打着中立的旗号,美国的经济实力最终也将打破平衡,于是,德国宣布了针对美国船只的无限制潜艇战。1917 年 4 月,美国国会投票决定参战。美利坚合众国的确帮助打破了平衡，1918年11月，停战决定宣布了。和平带来的是一场席卷全球的战后通胀与通缩经济周期，因为各国都曾脱离了金本位制，而如今又重新回归。[66]在美国，1920年到1921年的一场急剧衰退威胁到了福特试图建造另一家工厂的计划，这个工业化的庞然大物，便是里弗鲁日工业复合体。

里弗鲁日工厂的自身存在就是一个目的，当它于20世纪20年代末顺利完工之时，立即便成了这个机器时代的伟大象征之一。

1915年，福特选定了底特律以南10公里处的一块约1 110英亩的土地，作为里弗鲁日工厂的厂址。他于1916年宣布：

> 我的志向是雇用更多的人，将这个工业体系的益处带给尽可能多的人，帮助他们成家立业。为了做到这一点，我们将把利润中最大的一部分重新投入业务中。[67]

他原本计划用留存利润支付建造费用。华尔街并不是一个可选项。"福特先生不喜欢华尔街，因为那里有犹太人。"一名员工回忆道。[68]但是，福特公司的两位原始股东道奇兄弟拥有公司10%的股份，他们不愿把所有利润都再投资于里弗鲁日工厂的建设。他们想让福特按持股比例分红。事实上，道奇兄弟需要为他们自己的汽车公司注资。1916年11月，道奇兄弟把福特告上了密歇根法院，要求他将公司当前现金盈余的74%用于分红派息，考虑到当时的公司惯例，这是一个合情合理的数字。

福特拒绝了。他后来在《我的生活与工作》中宣称，"一家制造企业的主要目的"并不是为这家公司的所有者赚取金钱利润，而是"生产"。[69]这是福特的资本政治。如果道奇兄弟不喜欢这一套，他们可以卖出自己的股份，他很愿意将其买下。在道奇诉福特汽车公司（*Dodge v. Ford Motor Co.*，1919）一案中，密歇根州最高法院做出了有利于道奇兄弟的裁决，法庭宣布："一家商业公司的设立和经营，主要是为了股东的利益。"[70] 密歇根州法院裁令福特向其投资人追付1 900万美元的未派股息。

这样一来，福特就需要自己搞定建造里弗鲁日工厂的资本。当美国政府加入第一次世界大战时，他曾经给华盛顿打电话，提出愿意不赚取任何利润、以成本价建造反潜艇的鹰型战船（Eagle boats）。这场战争结束时，美国的大量生产尚未全面投入应用，但军工合同却为公司带来了现金，而美国陆军工程兵部队（Army Corps of Engineers）也将底特律河从98英尺拓宽到了295英尺，疏浚了河道，实现了港口通航。福特把在里弗鲁日修建数条公路、一条铁路和一个污水处理系统的账单开给了联邦政府。战争期间，卡恩设计的"B座楼"——里弗鲁日工业复合体的第一栋工厂厂房——是专为装配鹰型战船而建的。但是，仅靠战时军工合同并不够用。急切地想要摆脱掉那些指手画脚、追求利润的股东，福特专门雇用了股票经纪人做那些公司小股东的工作。他想要把他们手中的股份全都买回来。

斥资1.06亿美元，福特家族购得了福特汽车公司百分之百的所有权。包括福特本人的股票在内，该公司此时的估值为2.55亿美元。为了完成这起收购，福特不得不从某个纽约和波士顿银行财团那里贷款7 500万美元。[71] 尽管债台高筑，他却得享洛克菲勒或卡内基都不曾拥有过的、对名下企业的完全股权和全面控制。到这时，大量生产已经是显而易见的工业未来。20世纪20年代纽约证券交易所的大牛市开始了，福特的主要竞争对手通用汽车公司是这个牛市中的宠儿之一。福特汽车公司却是一个异类。福特业已确立了全面的控制。

在1917年到1920年间，福特向里弗鲁日工厂投资了600万美元。[72] 这堪称是有史以来最大的单笔固定资本投资。考虑到各种经济条件，这几乎导致了公司破产。第一次世界大战期间，为了支付战费，英国和法国除了从美国金融家——主要是 J.P. 摩根公司——那里大笔举债之外，还脱离了金本位制以扩大国内货币和信贷供应。战争结束时，随着经济生产回归到和平时期的生产目的，随着工人经济要求的提高——作为对他们在战壕中浴血奋战的补偿——对许多商品的需求都远远超出了供应。战后货币系统之未来的不确定性，动摇了人们的心理预期。所有因素加在一起，通货膨胀出现了，连番波动给美国带来了振荡。1919 年，多达 400 万名工人展开罢工，要求实行 8 小时工作制和提高工资。[73] 无政府主义者用炸弹袭击了 J.P. 摩根公司总部，令 38 人丧生。[74] 福特于 1919 年裁撤了社会学部：事实证明，他的工人根本不愿意忍受家访或类似的越界滋扰。

1920 年，在英国银行奋力恢复"一战"前作为大英帝国支柱的金本位制的同时，美联储大幅提高了利率。为了使各国通货与黄金的兑换率回归到战前平价，每个地方的货币与信贷供应都不得不紧缩。货币资本的稀缺价值将被强化。这是美国南北战争后恢复硬币支付政策的卷土重来。一轮惨烈的通货紧缩就此开始。货币、信贷和经济活动全都受到了限制，失业率接近 9%。[75] 在底特律，福特汽车公司帮助它的许多供应商以暴力方式破坏了一系列发生在港口、矿山和钢铁厂的罢工。在其他地方，美国钢铁公司也镇压了自霍姆斯特德罢工事件以来最大规模的一场钢铁工人罢工。俄国革命后，反布尔什维克的红色恐慌爆发了。在包括美国在内的世界各地，有组织的劳动运动都遭受了重创。

福特后来将"一战"后的这场衰退称为自己的"黑暗之冬"。[76] 在通货紧缩期间，他凭直觉本打算进一步降低价格以增加汽车销量，即便这意味着以亏损为代价维持生产。但是，有一件事，是连福特都没办法控制的，那就是总体经济中的有效需求。根本就没有那么多的汽车购买者。1920 年 12 月 24 日，福特汽车公司停止了生产。

当年9月，底特律的汽车制造企业雇用了17.6万名工人。到12月时，这个数字只有24 000人。福特欠了那些令他得以买下自己公司全部股权的债主2 500万美元。他还欠联邦政府一笔巨额税款，数目大约在1 800万美元到3 000万美元之间（主要原因在于第一次世界大战期间的几次所得税率激增）。此时此刻，华尔街的银行家开始登门造访福特，表示愿意为他效劳。[77]

纽约自由国民银行（Liberty National Bank of New York）的一位副总裁，就是其中之一。这家银行是J.P.摩根公司的网点机构。纽约自由国民银行最近对通用汽车公司进行了大笔金融投资，获取了数个董事会席位，是该公司的重大利益相关者。"我不需要借钱。"福特对这位银行家说。"我不觉得，"这人回答说，"我们知道你有多少应偿债务，我们知道你的现金储备，我们也知道你需要钱……谁会当上你们公司的新财务主管啊？""这和你没什么关系，是吧？"福特答复道。"哦，这当然和我们有关，"这位银行家说，"在谁会当上新财务主管的问题上，我们必须有点儿发言权。"福特拿起这个人的帽子，把他送出了大门。[78]他并不打算被"摩根式重组"。福特公司强迫自己的数千家汽车经销商"预付"现金，然后才会发货交车。海兰帕克工厂于1921年2月23日重新开工。很快，通缩便触底反弹，价格水平比1920年时低了三分之一。经济止衰回升，对汽车的需求也恢复了。1923年是T型车产量登顶的一年，一共生产了180万辆。[79]同一年，这家公司的市场份额也达到了66%的峰值。[80]

福特还清了欠债，将利润一股脑地投回到工厂建设中去。由福特——还有拥有"狂魔附体之能量"的索伦森——大力推动的这个20世纪20年代早期的"鲁日突进"（High Rouge）策略，目的在于让公司把从原材料到最终产品的一切都整合到一个无缝衔接的生产流程中去。[81]到这时为止的几十年中，对过渡性资本品的投资已

第十一章 福特主义

位于密歇根州迪尔伯恩的福特汽车公司里弗鲁日工厂（1927 年）
这可能是世界历史上最著名的一家工厂，本张鸟瞰图拍摄于该厂 1928 年正式竣工的前一年。

经催化了工业革命，在从生产到消费的上游和下游市场中生成了供应和需求。各个方面的产出都增加了；因为某个投资倍增器的存在，一家企业的投资会为其他企业带来大笔生意，反之亦然。所作所为迥异于前人的福特，希望将其投资的倍增效应内部化，全都集中在自家公司的屋顶之下。福特汽车公司此时试图将汽车生产中所有的反向和正向联动环节都纳入一个单一的运行单元之中。

到 1928 年竣工时，里弗鲁日工业复合体拥有 93 栋独立厂房，其中包括集成钢铁厂、铸造厂、玻璃厂、水泥厂、纺织厂、皮革厂、医院、电影实验室（福特公司发行了许多宣传片）和飞机场，还有超过 1 500 万平方英尺的厂房平面空间。复合体中有一座发电功率为 10 万马力的燃煤电厂，足可为一个人口过百万的城市供电。里弗鲁日工厂的员工总数超过了 10 万人。福特买下了底特律、托莱多和艾恩顿铁路公司（Detroit, Toledo & Ironton Railroad），从而确保了铁路通行。该公司还拥有自己的船队，为首的是611英尺长的"亨利·福特二号"汽船。为了供给里弗鲁日工厂的生产，福特大举收购地产，其中包括密歇根州的森林和铁矿，肯塔基州和西弗吉尼亚州的煤矿，以及一座因经营失败而臭名昭著的巴西橡胶种植园。[82] 一款名为福特森（Fordson）的农用拖拉机是在里弗鲁日工厂完成装配的，但这家工厂主要还是用于生产零部件。装配依然在海兰帕克工厂进行。然而，到1924年时，为了拉近同各个市场间的距离，T型车的装配厂遍布各地，远至安特卫普、波尔多、布宜诺斯艾利斯、哥本哈根、科克（Cork）、曼彻斯特、蒙得维的亚、圣地亚哥、圣保罗、斯德哥尔摩和的里雅斯特。[83] 福特汽车公司的供应链本身，正在变成一个全球帝国。

里弗鲁日工厂是由新近实现了标准化的建筑结构构件建成的。卡恩已经设计出了一系列由相距40英尺的钢筋混凝土柱提供支撑的单层建筑。这是一种新的工厂设计。福特此前要求建造这些单层建筑，以简化"原材料流程"。（与之相对应的是，海兰帕克工厂足有6层楼高。）原材料借助运河或铁路运进里弗鲁日工业复合体。这里的一项重大创新是"高架线"（high line），它是一个高40英尺、全长0.75英里、拥有5条配套铁路轨道的混凝土结构，起重机可以自动将配送到的原料转移到下方的移动车厢上。卡恩在《建筑论坛》上夸口说，他的设计纳入了"（对）制造流程（的考量），从而得以实现从接收原材料到装运成品的连续、直接流动"。[84] 所有一切，都处于同步运动中。

同样引人注目的，是这种生产性成本聚集的实在规模。福特将数量庞大的非流动性资本品落到了实地，固定下来，一劳永逸。短时间内，不会发生撤出投资这种事。里弗鲁日工厂诚然是一座丰碑，到那时为止，按照任何一种标准，它都是世界上最大的工厂。它令人敬畏,很快,这座工厂每年吸引的游客便超过了10万人——到1940年时是16.6万人。[85]《工业管理》(Industrial Management)杂志称,里弗鲁日工厂挑战了"久经时间考验供应与需求法则"。通过整合,福特从他的供应链中剔除了商业市场。里弗鲁日工业复合体背后的理念,是"完全控制"。[86]当美国文学评论家埃德蒙·威尔逊(Edmund Wilson)访问里弗鲁日工厂时,多次抨击福特,称其为"暴君"的他将底特律描述为一个"巨大的有机体"。威尔逊说,自里弗鲁日工厂中拔地而起的,是"一个工业社会的整个结构"。[87]

随着如此多的耐用工业资本的大量聚集,"结构"日益成为一个工业社会本身的隐喻。亲身经历了工业化的第一代人,经常对此有一种被连根拔起的感受——或许来自远离乡村生活和安稳土地的体验。许多福特的工人都是欧洲农民。然而,当人凝目仰望里弗鲁日工厂时,很难不联想起,在工业革命制造的大断裂之后,时间范围(time horizon)如今正在延展扩大,而经济生活终于落实到了某个长期的结构体上。

很快,在作为经济现代主义的象征符号之外,里弗鲁日工厂也变成了文化现代主义的美学符号。拥有瑞士和法国双重国籍的现代主义建筑家勒·柯布西耶(Le Corbusier)曾从卡恩那里学到了很多有关混凝土建筑的知识。他参观了里弗鲁日工厂,日后撰文说,自己离开时"沉浸入了某种呆若木鸡的恍惚状态",完全被那种"思想和行动的全面一体"迷住了。[88]剥除了所有靡费装饰、以简洁高效的直线为原则的卡恩式工业建筑,将会出现在各种高雅艺术表现形式之中。美国小说家舍伍德·安德森(Sherwood Anderson)在参观了一系列从事大量生产的工厂后,注意到了这种"机器主宰美式生活"的现象。他写道:

我感受到了所有这一切的诗意。我感受到了它的恐怖。几年不曾写下过任何诗句的我,在参观了几座城市工厂后,再次感到那种渴望。出于某些情绪,我想要写出工业的诗篇,机器的诗篇。对于美国人研发出来的机器,我所感受到的,就只有钦佩和热爱。[89]

由女性主义者简·希普(Jane Heap)组织筹办、举行于纽约的1927年机器时代博览会(Machine-Age Exposition),形象地说明了"建筑、工程、工业艺术和现代艺术之间的相互关联和相互影响"。[90] 事实上,从工厂、办公大楼和摩天大楼,到汽车和电动烤面包机这些消费品,其设计有许多地方都是相互联系的。机器曲柄的照片成了艺术品,比如保罗·奥特布里奇(Paul Outerbridge)的《马蒙汽车曲轴》(*Marmon Crankshaft*, 1923)便是如此。这台机器让人对重重联动和全面控制浮想联翩。"散文就是建筑",欧内斯特·海明威(Ernest Hemingway)宣称,他便在此时发展出了自己精确、简洁的写作风格。根据现代主义者威廉·卡洛斯·威廉斯(William Carlos Williams)的观点,一首诗应当是一台"由词语制成的小型(或大型)机器",它要"被修剪成完美的精简状态"。[91]

像威廉斯这样的现代主义者,将他们对被电能加速了的生活的迷恋用多种多样的文化媒介表达出来。西格弗里德·吉迪翁(Siegfried Giedion)在他的《机械化的决定作用》(*Mechanization Takes Command*, 1948)中评论道,动态——而不是透视——成为"表达心灵内容的图像语言"。[92] 在杰拉尔德·墨菲(Gerald Murphy)的《钟表》(*Watch*, 1925)中,福特童年时的那只表仿佛从他的口袋里炸开来,散布在整张画布上。与此同时,福特装配线的共时性也对流行大众文化产生了爆炸性影响。如果说,索伦森将福特汽车公司视作了一个"完美实现同步的运作"的话,德国文化评论

凯瑟琳·德赖尔（Katherine Dreier），"机器时代博览会"（1927年）

女性主义者简·希普组织筹办了这场博览会。它是现代艺术家大举借鉴机器美学原则的早期迹象。

保罗·奥特布里奇，《马蒙汽车曲轴》（1923年）

奥特布里奇是一位广告摄影师，他与视觉艺术中的精确主义运动关系密切。这张汽车曲轴的照片描绘出了机械工程的雕塑质感，它是为马蒙汽车公司（Marmon Motor Car Company）拍摄的广告。

杰拉尔德·墨菲,《钟表》(1925 年)

再没有比计时更意义重大的工业技术了。这幅画作的灵感,据说来自一只铁路专用计时表,它是为墨菲的家族生意、专门制造皮具的马克·克罗斯公司(Mark Cross Company)特别设计的。墨菲是一个旅居法国的美国人,属于"一战"后的"迷惘一代"。他的绘画生涯只在 20 世纪 20 年代持续了很短的一段时间。值得一提的是,这幅画非常大,足有 7 英尺见方。

家西格弗里德·克拉考尔(Siegfried Kracauer)则在新的消费娱乐项目——不管是"齐舞"(synchronized dancing)还是"花样游泳"(synchronized swimming)中看到了"大加浮饰"(mass ornament)的存在。[93] 同样,如果说卡恩的专利混凝土结构系统能够吸收并化解震动的话,音乐厅和录音室中的类似工程系统也开始令某种"现代"音景成为标准。[94]

里弗鲁日工厂本身启迪了许多伟大的艺术作品。摄影师、画家

查尔斯·希勒，福特汽车公司里弗鲁日工厂的交错传送带（1927年）

希勒接受福特公司的委托，带着广告宣传的意图拍摄了多张里弗鲁日工业复合体的照片。照片中的传送带体现出了这家公司对连续运动的执念，然而，这张照片也表达出了里弗鲁日工厂的巨大稳定性和结构感。

查尔斯·希勒（Charles Sheeler）1927年的时候在那里待了6周，他将这个工业复合体称为"我的工作对象中最激动人心、无与伦比的一个"。[95] 希勒的艺术作品——很快就被冠以"精确主义"之名——专注于里弗鲁日工厂简洁清晰的结构线条。但它也传递出那种庞大体量之感——不只是那些电气化和机械化的生产性资本，还有固定到位、井然有序的生产性资本。希勒这幅关于工厂的杰出画作，有一个直白的名字——《美国风景》（American Landscape，1930）。画中的工业景观，传达出静止沉默之感。里弗鲁日工厂的烟囱里冒出的烟，与天空中的云交融在一起——就如同这座工厂是一个自然而然的既成事实。如今的工业资本，是否已经像曾经的土地一样成为一种定局？这到底是一种新的有机经济，抑或不过是对昔日有机经济的向往？在这幅画中，工厂的尺度令一个几乎难以看到的人影相形见绌。"每个年代，"希勒写道，"都通过某种外在证据形式来表现其内部本质。"《美国风景》与描绘里弗鲁日工厂的一系列壁画形成了有趣的对照。1932年到1933年，墨西哥艺术家迭戈·里韦拉（Diego Rivera）在底特律美术馆（Detroit Institute of Arts）创作了组画《底特律工业壁画》（Detroit Industry Murals），他的委托人，是亨利·福特的儿子埃兹尔·福特（Edsel Ford）。里韦拉和许多马克思主义者一样，对生产怀有崇敬之心，他从里弗鲁日工厂那里得到了很多灵感，人类劳动在他的壁画中处于最突出的地位，而这些壁画的主题也是富有神话色彩的。里弗鲁日工厂是否不仅是一种自然伟力，也是一种超自然的神奇力量？1928年，《名利场》（Vanity Fair）杂志刊登了一张希勒拍摄的里弗鲁日工厂照片，图题是"大量生产之神的美国祭坛"。[96] 新一轮的工业资本机械化和大量聚集之中，暗藏着巨大的真理。

第十一章　福特主义　　　　　　　　　　　　　　　　　　　　　455

查尔斯·希勒，《美国风景》（1930 年）
19 世纪早期的哈得孙河画派画家经常会描绘一个在大自然之下相形见绌的孤独个体。一个世纪后，在希勒的这幅工业景观画中，几乎难以察觉的一个人正沿着铁轨奔跑。

3．福特之后的福特主义

里弗鲁日工厂是亨利·福特工业雄心的顶峰。20 世纪 20 年代期间，他的宏图大志开始演变为自大成狂。他的名人效应、领袖魅力和进取精神面对着各种限制，即便电动机械化扩展到了整个工业社会。大量生产的未来开始超出他的控制。

比如，福特汽车公司的劳工政策变得愈发反动。福特手下臭名昭著的反工会干将哈里·本内特（Harry Bennett）开始带着一把枪在里弗鲁日工厂巡视。在美国制造业中，工会成员占工人总数的比例，从 1921 年时的 19% 下降到了 1929 年时的 10%。[97] 20 世纪

20年代,出现了许多实验性质的"公司福利"计划,但在福特汽车公司,"激进反工联主义"政策依然根深蒂固。[98]即便工资依然很高,5美元日薪项目的各种花头伪饰却已逐渐消失不见。随着第一次世界大战导致的欧洲移民断流,以及排外性的1924年《移民法》(Immigration Act of 1924)的通过,福特开始雇用成千上万名从南方大举移居而来的黑人工人。黑人占到了福特工厂工人总数的10%。[99]他期待这些人以忠诚报答这个机遇,但当底特律的黑人居民不支持他自己选中的市政府成员候选人时,他剩下的就只有失望了。与此同时,到20世纪20年代早期,总部位于底特律、拥有至少4万名会员的全美汽车、飞机和交通工具工人联合会(United Automobile, Aircraft, and Vehicle Workers' Union),威胁要在里弗鲁日工厂组建工会。[100]福特汽车公司雇用间谍查出工会同情者,从而将他们开除。

福特曾为他的员工设想出了一种田园牧歌般的和谐生活。在里弗鲁日工厂建造期间,他还在乡下建造了一些卫星工厂。"一个拥有百万人口的城市,注定会有一些野性难驯、危险不安的东西,"福特写道,"一个大城市其实是无可救药的一团糟。"[101]卡恩设计了一些工业村,但最大规模的尝试,是福特开发马斯尔肖尔斯(Muscle Shoals)的竞标方案,这是位于亚拉巴马州西北部、田纳西河畔的一个经济凋敝的边远地区。战争期间,联邦政府已经开始在那里建造水电站大坝和硝酸盐工厂,却未能完工。福特向国会承诺,他会"以无私为准则"完成这个项目,不收取任何公司利润。他宣称,"我崇尚解放美国工业的原则",许诺要在"我们的密西西比河谷建起一座新的伊甸园"。[102]卡恩为马斯尔肖尔斯设计的兼具住宅和工业特色的方案,于1922年以照片形式刊登在《科学美国人》(Scientific American)上,建筑师弗兰克·劳埃德·赖特(Frank Lloyd Wright)对此深感雀跃,将其称为工业田园主义的"最佳范例之一",而他本人也有志投身于此。但是,国会拒绝了福特的折价方案。福特将代之以在巴西亚马孙地区福特公司的橡胶树种植园中建造"福特兰迪亚"(Fordlandia)。[103] 福特兰迪亚将以失败告终,而马斯尔肖尔斯的开发,则有待于罗斯福新政时的田纳西河谷管理局(Tennessee Valley Authority,简称TVA)了。

在业务方面,尽管里弗鲁日工厂业已完工,20世纪20年代福特汽车公司的市场份额却下降了。[104] 福特的竞争对手们采用了他的大量生产方式,在某些方面还加以改进。1921年后,通用汽车公司处于杜邦公司(DuPont Company)——一家位于特拉华州的炸药制造商——的实际控制之下。通用汽车公司的雪佛兰(Chevrolet)开始与T型车展开竞争。通用汽车公司的大量生产方式要更灵活。它打造出了更多的汽车产品线,以迎合不同的细分消费群体。福特心不甘情不愿地开始为T型车涂装不同颜色的车漆。通用汽车公司还鼓励其消费者贷款买车。通用汽车金融服务公司(General Motors Acceptance Corporation,简称GMAC)成立于1919年。福特原则上反对借贷,尽管他的儿子埃兹尔悄悄地开设了一家名为信用担保公司(Guaranty Trust Company)、独立核算经营的信贷机构。

福特意识到,T型车的时代已经结束了,1927年生产出来的第1 500万辆T型车会是这个型号的最后一辆。他不得不完全停产,为生产新的A型车(一款按照各种标准都很伟大的汽车)而进行改造——他的装配线速度很快,但不像通用汽车公司的装配线那样灵活应变。当这家公司重新调试它拥有的45 000台机床时,美国经济经历了一次短暂的衰退。随着福特开始依赖更灵活的供应商网络,"鲁日突进"策略慢慢丧失了冲劲。到1929年,福特和通用汽车公司各占有35%的汽车市场。产量是福特衡量产业成功的标准,但福特的现金收入只有通用汽车公司的一半。通用汽车公司是一家更能创造利润的公司。[105]

福特汽车公司已经失去了在大量生产方式上的主动创新精神。[106] 福特认为,他可以将汽车生产过程的每一步都纳入自己的公司内部。相反,他的大量生产方式却扩散到了其他汽车制造商那里。这些生产方式是可复制的,甚至可以被改进——变得更灵活,更有利可图。鉴于福特的个性,他并没有做好采取这些后续步骤的准备。

在政治上,福特汽车公司依然处于其创始人的个人冲动支配之下。与之相反,通用汽车公司专注于建立科层制度。福特的会计方法是"把到手的钱全都放在一个大桶里,当有一批原料运到时,伸手到桶里取出刚好的钱用于支付"。[107] 通用汽车公司采取了不同的方法,将管理与所有权分开。[108] 杜邦公司的股东发展出了新的层级管理法,让底特律的管理者可以尽职尽责。[109] 1923 年,麻省理工学院毕业生阿尔弗雷德·P. 斯隆(Alfred P. Sloan)在底特律走马上任,成为通用汽车公司的总裁。该公司发展出了一套精密复杂的科层制度,令权力和权责归属于非人格化的头衔和职位,而这是当时公司实践的大势所趋。[110] 机械化产生了对拥有一技之长的白领工人的大量需求。[111] 副总裁、公司经理、中层经理和副理鱼贯而入各家公司总部,坐进标准化的办公椅,对着标准化的办公桌,身处标准化的办公间。[112] 看似自相矛盾,但在一个大量生产的大众社会中,缺乏个性的科层制度和福特这样的文化名流居然同步崛起。公司聘请了新出现的"工业心理学家"为求职者进行标准化的个性测试。[113] 工业企业在自己的实验室中进行内部"研究和开发"。[114] 与福特和他手下最开始的那些崇尚生产主义的工匠和工程师不同,这些工业企业中许多人都上过大学。富兰克林·博比特(Franklin Bobbitt)的《课程》(*The Curriculum*, 1918)对新出现的"标准化"考试大加称颂。在公司的长期生产性资本投资方面,

第十一章 福特主义

公司会计应用了新的会计技术——"成本会计""资本预算"和"销售预测"。[115] 他们阅读专业期刊，比如行政管理协会（Administrative Management Association）出版的《管理与行政管理》（*Management and Administration*）。喜爱秩序和控制的那些人，被认为最适合从事这些工作。尽管在埃尔默·赖斯（Elmer Rice）的流行剧作《加算器》（*The Adding Machine*, 1923）中，一名公司会计崩溃后谋杀了他的老板。不管怎样，站在麻省理工学院毕业的阿尔弗雷德·P. 斯隆这类公司经理人身边，福特看起来越来越古板怪异。

科层制度、注重效率和职业精神，这些新的公司价值也进入了选举政治。从1910年到1920年间，进步党人倡导的就是这些价值。1928年，机器时代的美国人选出了一位前工程师赫伯特·胡佛（Herbert Hoover）担任他们的总统，这当然并不是一个偶然。20世纪20年代，担任商务部部长的胡佛组建了消除工业浪费委员会（Committee on the Elimination of Waste in Industry），呼吁应用"标准化"和"效率"的长处，以实现工业"唯一的、真正的目标——最大化生产"。[116] 1928年，六年前刚刚为福特代笔《我的生活和工作》的塞缪尔·克劳瑟，撰写了另一本书《总统职位与胡佛》（*The Presidency vs. Hoover*），对这位共和党提名的总统候选人大唱赞歌。福特甚至接受了克劳瑟的采访，让他有机会把自己对这位人称"大工程师"（Great Engineer）总统候选人的支持公之于众。

现代性和进步呼唤着高效、线性和直截了当的时间——这是福特得以提高电动装配线速度、有能力实现如此大规模生产的路径。但是，尽管福特对自己的公司保持着完全的财务控制，在20世纪20年代其他美国工业生产领域发生的大跃进，却是靠着另一股力量实现的，那就是反复出现的资本主义信贷周期中的又一轮投机回升。在纽约证券交易所，这是大牛市的十年，它发生于第一次世界大战后恢复金本位制所带来的投资者信心激增之后。

　　胡佛可以大唱效率的战歌,而福特也可以对华尔街和犹太人的要求恶言相向,但到这时,美国已经处于全球金融的中心地位。第一次世界大战后,整个世界欠了这个国家120亿美元。美国坐拥全球最大份额的黄金储备,而美联储此时则肩负起了维持全球金本位的责任。当国际金融体系崩溃之时,"大工程师"胡佛将会负责掌舵,而刚刚才实现了电气化的资本主义明灯,将会骤然熄灭。

第十二章

大萧条

在诠释这个资本时代的时候，存在着两种针对经济生活中资本中心地位日益提升的核心经济叙事，而最大的挑战在于，如何将这两者联系起来。

首先发生了工业革命。因为对生产的固定投资，资本沉淀为能源密集度更高的非流动性资本品。随着时间的推移，供给侧的劳动生产率增加了，而借助长期的工业经济发展，财富与货币收入也增加了——尽管它们的分配相对于以往更不公平。其次，资本主义的信贷周期反复出现。在这里，时间选择并不是线性的。阶段性的短期投机性投资热潮推动了工业经济发展，加快了工业革命的速度，但在这些热潮之后，总是继之以惊慌失措、竞相逃往安全流动资产的时刻。预防性囤积行为甚嚣尘上，需求一蹶不振，发展失速停滞。随着对生产性资本的长期投资戛然而止，创业活力就此萎靡不振。在信心恢复之前，出于惊疑不定，经济生活变得急功近利，只顾眼前。

这一动态在资本时代的开端便已出现。南北战争后恢复了金属货币流通，这之后，预期和信心飙升，推动了1868年后的铁路建设热潮。但1873年恐慌随即到来,一次债务通缩衰退接踵而至。经济复苏带来了有史以来最如火如荼的工业化时期,但周期性的繁荣与萧条依然不时出现。第一次世界大战后,重现了类似的周期运动,并在20世纪20年代大牛市的投机性投资热潮和20世纪30年代的大萧条中达到了高潮。从任何方面来看,这都是到那个时代为止最不寻常的现象。

1920年,战后回归金本位制的措施再一次导致了价格下跌,而这助长了资本所有者的信心激增——他们坚决守护着自己手中的货币资本的稀缺价值。20世纪20年代,在所有产业部门中都出现了大规模的投机上行趋势。因为福特主义的大生产,对工业生产未来收益的预期,变得前所未有地振奋人心:事后看来,20世纪20年代,电动装配线在福特汽车公司以外的推广使用,带来了有史以来最大幅度的劳动生产率上升。在大宗商品领域,全球农业生产一片繁荣景象。但随后,在1929年,信贷周期发生了戏剧性的逆转。预期变化了,纽约证券交易所崩盘了,农产品价格陡然下跌,很快便出现了恶性循环,生产经济土崩瓦解。信心未能回归。大萧条开始了。

下跌看不到底,这超出了人类忍受的极限。美国的失业率在1929年时为2.9%,但很快便超过15%。几乎所有已知的经济指标都一落千丈。最让人忧心忡忡的,是危害深重的价格下跌,这是大萧条最旷日持久的独特症状。[1] 1931年夏天,英国央行行长蒙塔古·诺曼(Montagu Norman)写信给法兰西银行行长说:"除非采取严厉措施加以拯救,整个文明世界的资本主义体系都将在一年内毁坏殆尽。"[2]

是什么导致了大萧条?米尔顿·弗里德曼(Milton Friedman)和安娜·施瓦茨(Anna Schwartz)在《美国货币史》(*A Monetary History of the United States*,1963)中给出了一个至今仍备受推崇

第十二章　大萧条

的学术诠释。该观点认为，大萧条是一系列来自外部的货币和金融动荡冲击生产、交换和消费的实体经济所导致的结果，而美联储决策失误令情况进一步恶化了，假如没有这些错误政策，实体经济很可能会迅速完成自我纠正，回复到自然的市场均衡状态。[3] 当然，决策失误是既成事实，而它们的确不必要地加重了大萧条的破坏力。但是，在"实体经济"和"金融—货币经济"之间做出断然且草率的切分，解决不了问题。要想给出有说服力的解释，必须将它们结合起来，而不能把投机性投资的动态置于实体经济恒久不变的市场均衡状态之外。

　　大萧条的起因，是各国政府坚持恢复第一次世界大战前的金本位，它要求央行利率必须保持相当高的水平。这样一来，推动20世纪20年代投资热潮的，实际上是极高利率的借款。高利率对日后的预期利润设置了很高的障碍。但是，20世纪20年代的心理预期，高到了足以在资本和信贷市场中创造一个非凡时刻的程度——那是一个信贷充裕而又昂贵的时刻。（南北战争后也曾出现过类似的时刻，它将于20世纪80年代再次出现。）[4]

　　在20世纪20年代，由债务推动的借贷和投机的确带来了机器时代的长期投资。对资本品的工业投资是一个累积的倍增过程，它提高了生产力和增长率。但以如此高息借来的钱，一旦遇上信贷周期逆转，其后果便会惨不忍睹：债主要求还清高息贷款，发生恐慌，资本避险求存，预防性流动性偏好盛行——这种流动性偏好不但不会带来对生产的固定投资，还会削弱对现有资本设备的使用。[5] 随着各种开支——以及生产、产出和就业——发生逆转，对商品的需求也荡然无存了。

　　所发生的一切正是如此：当对未来赢利的预期减弱时，信贷周期随即逆转。1929年2月，在10月的纽约证券交易所大崩盘发生的几个月前，美国的固定投资便开始下降。随着预期转变，农产品价格暴跌，而农业收入的下降进一步减弱了对工业制成品的需求。工业部门和农业部门之间的关系极其紧张。当各国勉力维持金本位之时，一系列余波连连的国际金融恐慌让情况变得格外糟糕。令人难以置信的是，根据日后估算结果，1929年时的美国国内私人投资总额为162亿美元，但到1933年时，它将跌到不值一提的3 000万美元。[6]

在资本所有者中，出现了一种惊慌失措的预防性流动性偏好。他们不愿把手头的钱花在投资能创造就业的生产活动上。经济生活因为欠缺心理能量而备受打击。现有的工厂和想要工作的工人，全都无所事事地闲置在那里。必须借助某种来自经济制度之外的力量，才能恢复需求并促进生产的全面复苏。

说起来似乎有些自相矛盾，但大萧条在一个世纪之前根本不可能发生。历次工业革命已经充分提高了货币收入，同时将芸芸众生卷入了商业经济之中，以至于无论是富有的投资者还是贫穷的消费者，其囤积货币的倾向都能叫停经济活动。只有在一个大量财富以货币形式表现出来（其表现形式是相反的，既可以是潜在的生产性投资手段，也可以是削弱生产活动的保值手段）的经济体中，一场崩溃才会起到如此颠覆性的经济作用。反复出现的资本主义信贷周期令长期的经济发展和大举财富创造成为可能，但在这样做的过程中，在一个几乎无法从资本主义以外获取维持生存之基本物资的社会里，它也令更大规模的崩溃和或许更深重的苦难成为可能。

在大量生产出现后，这么快便发生了大萧条，实属惊人。倘若没有相应的心理能量，电力能量是无法在生产中被释放出来的。1930年，英国经济学家约翰·梅纳德·凯恩斯在芝加哥大学发表演讲，这里离中西部最近一次大量生产的发源地不远。他评论道："这种生产能量的惊人爆发倘若竟带来贫困与萧条，那将是多反常的一种蠢笨无能。"[7]

第十二章　大萧条

1930年10月30日,一封从宾夕法尼亚州波茨敦(Pottstown)的无烟煤产区寄给赫伯特·胡佛总统的匿名信,对这个问题做出了恰当的诊断:"当钱因囤积行为而搁死时,就是一种犯罪。"[8]

1. 黄金枷锁

任何一种对大萧条之起源的叙述,都必须从第一次世界大战后展开的、注定不得善果的恢复国际金本位制行动开始。[9]大权在握的政治家和金融家认为,黄金是维持欧洲脆弱的战后和平之关键,也是恢复国际投资者信心以及与之密不可分的国家经济健康的支柱。一开始的时候,他们似乎是对的,但这种回归正统随即便导致了毁灭。[10]

一个第一次世界大战后的价格上涨与下跌大周期,一直延续到了20世纪20年代早期。在世界各地,和平首先带来了通货膨胀。欧洲各国主要通过印钞为战争提供资金,为了发行信贷以推动最大化生产,他们全面暂停了金本位。与此同时,华尔街取代了伦敦市中心,成为世界头号借贷方。在美国,因为战时出口和欧洲资本外逃,黄金储备在战争期间从20亿美元倍增至40亿美元。这占到了全世界黄金储备的三分之一强。[11]随着生产向和平时期过渡,美国膨胀的货币基数只会令美国的通货膨胀加剧。但是,导致通货膨胀的更大原因在于,天下太平释放出了大众对改善生活水平的需求,而这进一步推高了商品价格。

政治家和金融家原则上渴望回归金本位制。[12]托马斯·拉蒙特(Thomas Lamont)——1922年后的J.P.摩根公司首席合伙人,J.P.摩根公司这时已成为全球最大的银行业巨头——将其称为"老派信仰"。[13]只有固定的黄金通货挂钩汇率所带来的确定性,才能保证投资的未来价值,恢复全球跨境资本流动——这是第一次世界大战前经济发展的既成事实,那毕竟是一个史无前例的低利率和低资本流动性的时代。

主导美联储的,是作为地区储备银行的纽约联邦储备银行,以及由其私人股东任命、曾是摩根银行业务网络成员之一的行长本杰明·斯特朗(Benjamin Strong)。美联储率先确认了货币与信贷的稀缺价值。鉴于在货币供应之外,货币需求也可决定货币数量(银行可以制造信用货币),中央银行最好是通过设定利率的办法调控价格,而不是直接控制货币发行。1920年,纽约联邦储备银行将利率(该行向其成员银行收取的短期拆借利率)提高到7%,从而开启了通向通货紧缩和恢复硬币支付的全球化征程。南北战争之后,美国人曾亲身走过这一段恢复金本位制的艰难历程。在一封1925年写给坐在与自己对等位置上的英国银行家蒙塔古·诺曼的私信中,斯特朗说:

> (金本位制的缺位)或许会让外国通货与美元比价逐步确定下来,但这将意味着剧烈的交易波动;它将为那些异想天开、试图用金本位制以外的江湖偏方和权宜之计来贩卖私货的家伙提供一个诱因;它也将为那些时常玩弄各种滥印纸币、通货膨胀把戏的政府提供诱因。[14]

欧洲的央行行长们接连响应,提高了利率,随着各国国民经济开始艰难地回到金本位制的老路上去,一轮代价巨大的通货紧缩与萧条一路相随。

然而,在发生于美国、全面流向诸多国际贷款渠道的一场投机性投资热潮的推动下,各经济体很快便从战后的通胀和通缩周期中恢复过来。在1924年到1931年间,来自美国的贷款占到了国际贷款总额的60%。[15] 美国资本为欧洲重建提供了资金。这种信心可以部分归功于金本位制的恢复及其对贷款人未来价格稳定性的保证。这样一来，在20世纪20年代的资本市场，稳定价格、高借贷率和充裕资金这三者便结合在了一起。

共和党的沃伦·G.哈定（Warren G. Harding）在1920年竞选总统期间就曾呼吁过回归金本位制，最终获胜的他将其称为"回归常态"。要让任何事情回归常态，都要花上一些时间。惩罚性的《凡尔赛条约》（Treaty of Versailles, 1919）让德国背上了330亿美元的战争赔款，但英国和法国也欠下美国数额庞大的战争债务——分别为50亿美元和40亿美元。在巨额国际资本外逃之后，德国在1921年到1923年间遭受了一场著名的恶性通货膨胀。[16] 1923年，在通货贬值后，德国将货币重新与黄金挂钩。同一年，为了追索战争赔款，法国占领了德国的煤炭产区鲁尔河谷。芝加哥银行家查尔斯·道威斯（Charles Dawes）居间调停，促成了一项协议，法国于1925年撤军。道威斯计划将德国的直接战争赔款下调（最终数额未定），德国国家银行（German Reichsbank）开始接受外国监管。华尔街向德国提供了2亿美元的贷款，由某个摩根财团承揽。最终，英国于1925年回归金本位制，令英镑与黄金的兑换率回到了战前平价，这是恢复战前大英帝国的必要条件，但英国的工人阶级成了被牺牲的代价（英国的失业率依然居高不下）。法国在1926年终于将法郎与黄金挂钩。作为对法国政府承诺平衡预算的回报，J.P.摩根承揽了向其提供1亿美元维稳贷款的业务。

总的来看，美国提供给德国的贷款开始循环运动，变成了支付给英国和法国的战争赔款，然后又跨越大西洋回到本土，用于偿付英国和法国的战争债务。1925年，查尔斯·道威斯被授予了诺贝尔和平奖，并成为共和党总统卡尔文·柯立芝（Calvin Coolidge）的副总统。人们希望，稳健的金融措施能把德国军国主义拴牢，避免其卷土重来，从而维护和平。即将肩负起此项使命的，不是国际外交上的折冲樽俎,而是华尔街金融家的长袖善舞。[17]毕竟,美国并未加入伍德罗·威尔逊倡议成立、已经于1920年开始召集会议的国际联盟(League of Nations)。

到1926年,世界各地的官员们都认为,战后危机已经结束。金本位制和国际借贷似乎已经恢复。一场非同凡响的繁荣开始了。位于博德街和华尔街拐角处的纽约联邦储备银行,地下金库中储藏着价值15亿美元的金条,这就像一块巨大的磁石,将资本和信贷吸引到了纽约证券交易所的交易大厅中。

2.大牛市

自从20世纪20年代的大牛市以来,评论一直聚焦在一个问题之上,那就是这个国家的底层经济"基本面"是否足以支持美国股市价格的一路上涨。约翰·肯尼思·加尔布雷思(John Kenneth Galbraith)于1954年出版、影响深远的《1929年大崩盘》(The Great Crash, 1929)一书对此表示否定,近来,一些经济史学家则持有不同意见。[18]但是,要对投机性投资自相矛盾的作用力加以解析,并没有那么容易。[19]为什么纽约证券交易所在20世纪20年代的行情一路高歌,而在1929年秋天却急转直下、促成了长期固定投资的大范围崩溃?

20世纪20年代的纽约证券交易所,还是某种新生事物。在大并购运动期间,它在资本市场上的重要性有所提高,但在第一次世界大战前夕,只有不到1%的美国人拥有公司股票。资本市场依然是高度区域化的,有时局限于地方。[20]直到20世纪20年代,纽约证券交易所才开始主导全国证券市场。以交易流动性——对于每个挂牌上市的股票,都有一个愿意购入的买家——为基础而组建起来的纽约证券交易所,将长期投资调动起来,用于公司企业创造财

第十二章 大萧条

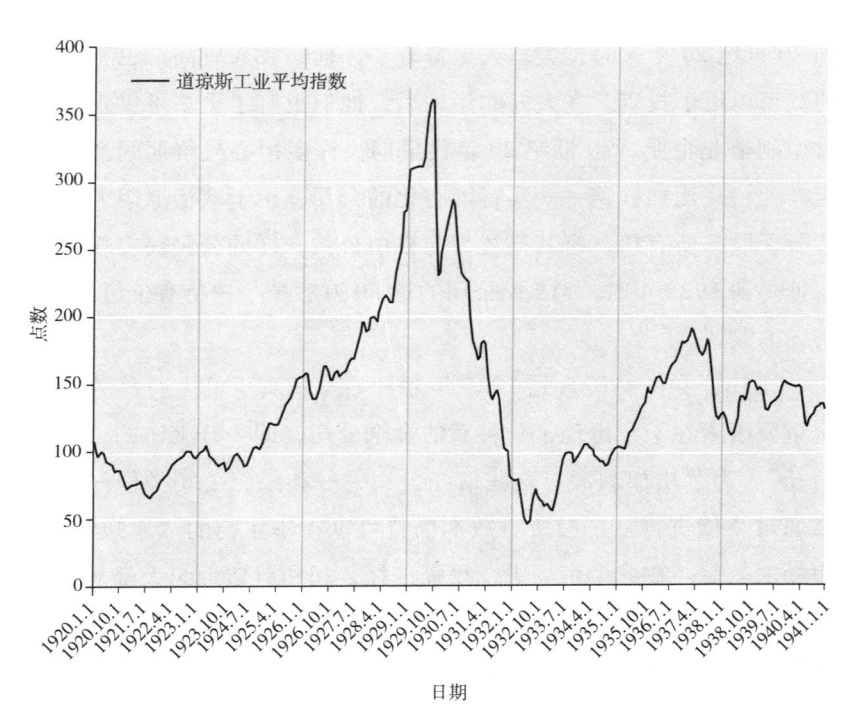

道琼斯工业平均指数

伴随着美国工业部门走向福特主义大跃进，上升的股票价格反映出了对未来繁荣的合理预期。但是，这场投机热潮变成了一座高杠杆率的纸牌屋。

富的生产经营。但同样重要的是，它还令短期投机成为可能。与此同时，在20世纪20年代，拥有股票的美国家庭数目增长了16倍。到1929年时，四分之一的美国家庭在纽约证券交易所里投了钱。[21] 20世纪20年代的大牛市是大众传播和大众心理的产物，不啻一场大众文化奇观。

而第一次世界大战的阴影，又成了一个重要的原因：美利坚合众国通过向3000万美国公民销售200亿自由公债（Liberty Bonds），为这场战争提供了资金。[22] 南北战争正是以类似的方式筹资打下来的，但它并没有催生出一个新的公司证券大众投资市场。

到20世纪20年代时，美国人更富有了，他们收入更高，也有更多的钱可以用于投资。在大并购运动后，他们也有了更多可供投资的大型制造业企业。20世纪20年代早期，许多担心战争期间会对特定产业——比如铁路——实行国有化的公司，出于政治原因大肆宣传公司股票所有权，将其描述为与自由公债一样的公民民主权利的象征。到1928年时，315家公司的近80万雇员手中持有价值10亿美元的股票。[23]

纽约证券交易所直到1925年才开始呈现真正的上行趋势。一个重要因素在于，出现了一种新的金融公司，即公开上市的"投资信托"。为了增加利润，这些信托公司——和经纪公司类似——经常通过举债进行杠杆投资。短期信贷可以在华尔街的"通知借款"市场上搞定。在这个市场中，投资信托公司和股票经纪人都能"凭垫头"（on margin）获取贷款，这意味着用于购买某只股票的贷款的部分担保抵押就是这只股票本身。如果股票价格暴跌，抵押担保就会贬值——贷款就会被收回。然而，只要股票价格一路上扬，就没有问题。原则上，因为金本位制，黄金的数量限制了这种信贷的扩张，其他种类的信贷也不例外。此外，20世纪20年代，在欧洲黄金涌入美国本土的过程中，纽约联邦储备银行行长本杰明·斯特朗曾经对流入的黄金予以"封存"（sterilized），有效地将它们撤出流通。[24]然而，信贷持续扩张。各个中央银行或许会限制货币和信贷供应，但当预期高涨时，需求也会创造银行信贷。在这一基础上，纽约证券交易所一飞冲天。

在很短的一段时间里，新的价格似乎是有理可循的。通常，一只股票的价格自然而然地与其支付给股东的股息——到期分配的以往公司利润——相关联。直到1927年，这种关系一直保持稳定。[25]此外，对未来工业盈利能力的预期是乐观的，考虑到新近出现的福特主义和电气化装配线，这并非不合理性的乐观。许多投资者在购

第十二章　大萧条

买股票时，似乎都将大量生产持续创新所带来的预期收益计入了价格之内。[26] 与此同时，像通用汽车公司和美国无线电公司（Radio Corporation of America, RCA）这样的股票市场宠儿，已经获利丰厚。作为最赚钱的美国公司，通用汽车公司的利润在1925年到1927年间增加了1倍。它的股票价格则增至原来的4倍。不过，考虑到历史均值，其股票市盈率依然是合理的（低于9）。[27] 大多数公司都不依靠纽约证券交易所筹集资本，而依赖于滚滚涌入的留存收益。然而，福特主义的诞生，以及新的大量生产方式，的确配得上这一场长期投资热潮。一个纽约证券交易所这样的流动性证券市场，可以成为一个资金流动渠道，将储蓄和信贷导向对创富企业的长期投资。

但情况并非总是如此。[28] 20世纪20年代晚期的大牛市，毫无疑问地演变为一个短期投机市场。事实上，资本和信贷市场出现问题的第一个迹象，出现在农业部门。在这一领域，战时曾因欧洲需求而保持高位的大宗商品价格，在1920年战后危机的通缩下行阶段暴跌。那之后，价格稳定下来，即便供应持续超过直接需求。然而，价格并未下跌。与之相反，商人们开始大量囤积农作物——在全面繁荣的心态影响下，期待价格终将上涨。[29] 与此同时，1928年，纽约证券交易所的上涨行情偏离了公司的已实现利润。投资信托公司、证券经纪公司和个人都在购进股票，希望能从股价的即时上涨中短期获利，他们看起来毫不关心公司业务赢利带来的长期股票分红是多少。到1929年时，约200万美国人购入了约770家不同投资信托公司的股票；350万人开设了股票经纪账户。[30] 凯恩斯后来写道："当一个国家的资本发展成为赌博活动的副产品时，这件事很可能就会搞砸。"[31]

对于一个问题，历史学家至今仍未给出令人信服的答案，那就是到1928年时，大牛市为什么竟然会被短期投机压垮？在归咎于全民流行的痴心妄想之外,是否还有其他原因?[32]

一种可能的解释是,在金融投机的逻辑与变化中的文化规范之间,存在着某种亲和性。这个机器时代令生产变得程序化,在工作中对人的身体予以压制约束。但是,新兴的追求愉悦和玩乐的大众消费文化,也提供了许多补偿性刺激——它们可以体现于百货商场、爵士音乐、金酒酒吧和驾驶T型车"兜风出游"之中,但也可以是股票市场投机。20世纪行为心理学创始人之一的约翰·B.沃森(John B. Watson)曾在1929年4月写道:"近年来,就连性也已经变得如此随心所欲和随手可得,不再能够提供它以往带来的刺激,华尔街上的赌博行为,是仅存的能让我们真正兴奋起来的东西。"[33]股票市场投机和性解放是携手同行的——20世纪20年代之后,下一次大牛市将出现于另一个性解放时代,也就是20世纪60年代(再下一次是20世纪90年代)。舍伍德·安德森在弗洛伊德的启发下创作了小说《多种婚姻》(Many Marriages, 1923),这部从标题即可知其大概的作品,对美国20世纪20年代转变中的性道德规范做出了极其敏锐的观察描述。不管是对男性还是女性而言(后者据说占到了1929年新入市股票投资者的三分之一),股票投机看起来都是一项充满生机活力的运动,投机者的欲望随着某只交易活跃证券(liquid security)的上涨下跌上下起伏。股票经纪人在电台上大做全国性广告,1929年时,估计有3 000万美国人每晚都会收听这些广播。[34]在大众传播领域,电台与20世纪20年代蓬勃发展的电影产业展开了竞争。那时候,好莱坞的"行业禁令"(Code)还没有禁止那些公然宣扬色情的内容。[35]20世纪20年代的大众性感符号,是女演员克拉拉·鲍(Clara Bow),她在默片《它》(It, 1927)中扮演了一位风情万种的女店员,她就是最初的"社交名媛"(It Girl)。在1928年和1929年,克拉拉·鲍是最红的票房保障,彼时,每周购买电影票的美国人有5 000万之多。事实上,几个世

第十二章 大萧条

纪以来,男性一直在把金融证券反复无常的价格变动与女性的水性杨花、朝秦暮楚画上等号。[36]

20 世纪 20 年代,斯特朗和纽约联邦储备银行曾经试图用"封存"流入黄金的办法抑制投机,以免导致信贷宽松。在那些唱衰这场持续性"投机狂欢"的人中,就有商业部部长赫伯特·胡佛。[37] 事实上,根据某位历史学家清醒的分析,1928 年之后,"投机狂欢"这种说法"在接下去的几年中变得如此陈词滥调,已经失去了其意义所在"。[38]

担任纽约联邦储备银行行长的斯特朗,早在 1925 年便开始称这种"投机狂欢"为耻辱,他逐渐形成了一种观点,那就是除了封存黄金,必须对此采取其他措施。[39] 但在 1927 年,他竟然将纽约联邦储备银行的短期利率降到了 3.5%——从而令英镑对于投资者来说更具吸引力,以此将黄金推回到英国,帮助其回归金本位制。金本位制会强迫主事者们将国际利益置于本国利益之上,这就是其中一例。倘若斯特朗提高利率以冷却美国的信贷市场,便会令英国回归金本位制的过程变得格外艰辛,而斯特朗认为,这件事即便对于美国经济而言也是有着重大象征意义的。与此同时,各家银行却在以 3.5% 的利率从美联储借款,然后转过头来便以 10% 的利率在短期通知借款市场上贷出,而这为纽约证券交易所的股票投机提供了弹药——日后,加尔布雷思在《1929 年大崩盘》中,将其称为"有史以来最赚钱的套利操作"。[40]

然而,1928 年 2 月,斯特朗开始逐步将利率从 3.5% 提高到 5%。就在这时候,长期受肺结核折磨的他病情加重并最终去世。美联储陷入了群龙无首的混乱局面。1929 年,斯特朗的继任者乔治·哈里森(George Harrison)将纽约联邦储备银行的利率提高到了 6%。美联储还出手干预,限制了投资信托公司在短期通知借款市场上借贷和凭保证金购买股票的能力。但大牛市依然一路直冲向前。

鉴于美国的银行金库里藏着如此多的黄金，纽约联邦储备银行自然成了国际货币体系的权力顶峰。然而，美联储失去了对局势的控制。即便借贷利率高居不下，投资者依然故我，继续以投机性投资为目的借款，而贷方也乐于把钱借出。

此外，在1928年之后，两个新玩家进入了纽约证券交易所，那就是美国的制造业公司和欧洲资本。各家公司开始将多余的商业利润转投到纽约证券交易所。一开始，在大量生产诞生之初，工业企业利润的上升幅度远超工资水平。[41]工薪阶层并没有参与到20世纪20年代的投机性投资热潮之中。[42]日益加剧的经济不平等，让更多的钱掌握在富人手中，他们一直在推动股价上涨，从而借助信贷杠杆增加自己从资产升值中获得的收入，而处于分配机制最底层的劳动收入则停滞不前。与此同时，欧洲资本正在逃离欧洲，加入华尔街上的狂欢派对。例如，德国的资本外逃导致了另一轮关于其战争债务的谈判，其结果便是1929年的"扬计划"（Young Plan）。欧洲各央行别无选择，只能继续提高利率，从而将资本吸引到本国银行体系中来，以求捍卫刚刚才得以恢复的金本位制。但是，黄金依然如潮水般涌向美国。总的来讲，金本位制在限制信贷扩张这件事上立时败下阵来（而这本是它应当做的），接着又迫使各央行把国际义务（维护通货与黄金挂钩）的优先性放在了本国的经济目标之上。

这个信贷周期在1929年初开始逆转。一些因素解释了当年2月固定工业投资的下跌，美国制造业公司的股市投机狂欢是其中之一。此外，公司利润也开始令人失望。试图抑制投机的美联储，将其短期现金利率提高了10个百分点。投机性投资的利率门槛变得极其之高，最终，信贷市场崩溃了。随着预期发生转变，货币和信贷收紧了。在农业领域，曾经出于投机目的慢慢囤积起大量农作物、相信未来价格终将上涨的经销商，如今改变了主意，将这些大宗商

第十二章 大萧条

品倾销到市场上。到 1928 年 3 月，经销商已经囤积起了 4820 万蒲式耳玉米。到 1929 年 7 月，他们将超过 3 000 万蒲式耳的库存倾销到市场上。价格一落千丈。农业收入骤减，进一步削弱了对制成品的消费需求。7 月，工业生产开始下跌，[43] 8 月，经济总产出也开始滑落。

纽约证券交易所坚持了一个月。1928 年初停在 191 点上的道琼斯工业平均指数，在 1929 年 9 月冲上了 381 点的最高点。股票市场于 10 月初开始下滑。接下来，便是 10 月 24 日那个黑色星期四。10 月 28 日，是黑色星期一。恐慌爆发了，尤其集中在投资信托公司近来运用杠杆和借贷手段炒高的公共事业股这一块。[44] 总体上，140 亿美元的股票市值迅速缩水。人群聚集在纽约证券交易所外的街道上，消息借助广播满天飞。卖家打电话向经纪人下达卖出的指令。一个试图交易止损的私募基金惨烈地失败了。信贷一度推高了市场行情，但那些接受股票作为抵押而贷出资金的银行发出了追加保证金通知，要求收回贷款，而借款人却无力支付，因为作为初始贷款抵押物的那些股票，此时其市值已经一落千丈。过度加杠杆导致了一场螺旋式的恶性下跌，为了获取流动性，人们竞相绝望地抛售股票，账面损失越来越大。各家欧洲银行刚刚提高了利率，以此与纽约证券交易所争夺资金，而这徒然助长了大规模的抛售。资本反向逃回欧洲。损失了 260 亿美元之后，道琼斯工业平均指数于 11 月 13 日最终停在 198 点上。在这次崩盘中失去全部私蓄的人中，就有喜剧演员埃迪·坎托（Eddie Cantor）。日后，他在《一场空！华尔街悲歌》(*Caught Short! A Saga of Wailing Wall Street*, 1929)中写道，在股市崩盘期间，他住进了"一家纽约市的大酒店"。前台的人问道："您此行目的为何？住宿还是跳楼？"[45]

在账面上，大崩盘抹去了美国全民财富的 10%。这一点再加上恐慌性抛售中信贷市场的收紧，不可避免地抑制了各种开支，投资

1929年10月29日：纽约市华尔街，黑色星期二股市崩盘后，劳动者们在恐慌中涌向街道。（1929年）

大牛市是20世纪20年代新出现的"大众"现象之一。而当大牛市崩盘时，聚集人群的照片捕捉到了这种大众气质。

和消费均包括在内。[46] 随着释放库存而导致的大宗商品价格暴跌，边远地区对制成品的需求也直线下降，进一步削减了支出。汽车产量从10月的31.9万辆跌到了12月的9.25万辆。[47] 许多耐用消费品购买都是借助信贷实现的，累计相当于国内生产总值的140%，直到21世纪第一个十年，才重又达到如此惊人的水平。[48] 不管现行利率多高，信贷如今还是收紧了。[49] 当时由经济学家欧文·费雪命名的债务通缩的局面开始呈现，在这一动态中，为了获取现金偿付债务，本已不景气的商品销售进一步压低价格，徒然令债务实值步步攀升。[50] 美联储在1930年初将利率削减到2.5%，向银行系注入了 5 亿美元的现金。但这为时已晚，且无异于杯水车薪。由于大批投资者逃向各种安全的债券并由此产生巨大需求，长期实际利率依然居高不下，而因为对企业的赢利预期业已崩溃，这一利率门槛进一步抑制了有风险的长期投资。[51]

显然，这场衰退是十分严重的。随着经济活动回缩，在 1929 年到 1930 年间，失业率从 2.9% 攀升到了 8.9%。许多观察家将正在发生的这一切与 1920 年到 1921 年间的上一次经济下行相提并论。在 1930 年年中，当工厂大量生产出的高价耐用消费品的销售开始急剧下滑时，那是一个颇有说服力的论断。[52] 然而，1930 年 6 月，胡佛总统信心十足地宣布："这场萧条已经结束。"[53]

3. 大工程师

按照历史学家威廉·J. 巴伯（William J. Barber）的说法："对于要在经济政策方面实现哪些目标，以及如何实施这些目标，没有任何一位美国总统在就职之时能比 1929 年的赫伯特·胡佛更胸有成竹。"[54] 在商业时代，许多美国人曾认为，决定经济繁荣与衰退的是政治。在这个资本时代，不管是工业化也好，达尔文主义进化论也好，还是什么别的进程，经济似乎变得更自行其是、不受人的主观能动性影响了。但在 1929 年，一个摇摇欲坠的资本主义经济体似乎落入了一个人的手中，他就是胡佛。在白宫中，这位总统做了很多事情，试图逆流而行，阻止经济崩溃。但那并不够。

胡佛 1874 年生于艾奥瓦州的一个贵格会教徒家庭，9 岁时就成了孤儿，由一位十分严厉的、在俄勒冈州担任学校校长的叔叔抚养长大。他于 1895 年以甲等成绩毕业于斯坦福大学，获得了地质学学位。很快，他便通过外派监督全球采矿业务而发了财。《采矿原理》(*Principles of Mining*, 1909) 是胡佛的第一本书。1914 年，40

岁的他退出商界，以无党派人士的身份进入了公共事务领域。[55]

胡佛是一个冲劲十足的进步主义者。他生性矜持寡言，深受其妻之宗教热忱影响，对技术专家十分崇敬。在第一次世界大战期间，他曾在欧洲组织了多项私人救济行动，赢得了公众的广泛赞誉。担任海军部助理部长的富兰克林·德拉诺·罗斯福曾称他为"奇迹"，公开表示，"我希望我们能选他当美国总统。不可能有更好的人选了"。[56] 这个时代对机器和动力设备之能量的膜拜，延续到了对胡佛这个充满活力的人物身上。1920年，他支持共和党人沃伦·G.哈定竞选总统，后者当选后，他成为商务部部长——"以及所有其他部门的副部长"，一位官员如此形容。[57] 哈定去世后，他继续在柯立芝总统手下任职并积极发挥作用，与之相对应，这位总统却乐得在白宫终日打盹，无所事事。

在经济政策方面，胡佛所倡导的，是20世纪20年代学术圈和政策圈中所谓的"新经济学"（new economics）。[58] 依照这种观点，在第一次世界大战期间，紧急军情和票据信贷曾将生产推高到极高水平，足以证明各国拥有超出以往认识的更大的经济实力。明智的人类行动可以超越悲观的经济法则。以经验为依据的经济调查和统计分析，可以带来更大的效率，而这能够提高经济产出。1921年，担任美国工程协会联合会（Federated American Engineering Societies）主席的胡佛委托进行了一项名为《工业中的浪费》（Waste in Industry, 1921）的研究，他认为，这一研究题目所涉之事是糟糕且能够被预防的。即便是商业周期，也能通过获取更好的信息平抑波动。例如，在萧条时期，政府可以增加开支，开展具有商业可行性的公共工程，为人们提供雇用机会。胡佛呼唤实行一种"行政情报"（administrative intelligence）的政治策略。[59]

胡佛认为，政府应当扶持私营企业，但永远都不能对其加以强迫。在他篇幅不长的《美国个人主义》（American Individualism,

1922）一书中，胡佛表示，工业社会中政府强迫行为的增长，尤其是俄罗斯布尔什维克的阴影，威胁着每个个体内心深处的"神圣火花"。个人主义绝不能意味着与"资本主义"不相容的"自私掠夺"，允许"少数人借助其对财产不受约束的控制来决定大多数人的福利"。相反，个人利益必须被制衡。胡佛呼吁商人借助行业协会进行"互助合作"，政府可以居间协调。1923 年，商务部部长胡佛甚至说服刚刚于 1919 年击垮了钢铁工人联合会的美国钢铁公司，让后者放弃了 12 小时工作制。他大力支持"以利他为目的的志愿组织的与日俱增"。政府应当支持非营利性公司。在洛克菲勒基金会一笔款项的资助下，胡佛协调组织起了多项私人救济活动，为 1927 年密西西比河谷下游大洪水的受害者提供援助。在《美国个人主义》中，他倡导了一种在政府支持下的"邻里互助"的政治哲学。[60]

在 1928 年竞选总统期间，胡佛宣称："政府必须是一股建设性的力量。"[61] 他于 1929 年 3 月整装上任，美国国家经济研究局（NBER）的一项名为《美国近期经济变化》（*Recent Economic Changes in the United States*, 1929）的研究成为他手中的武器。他最初的举措之一，便是下令让人口普查局收集更精确的失业统计数据，这充分体现了他的性格。但是，除了在纽约证券交易所持续进行中的那场他口中的"投机狂欢"，胡佛不得不加以应对的最迫切的问题，还是农业债务危机。

尽管大宗农产品的价格在第一次世界大战后的几年中跌了下来，在政府打击战后通货膨胀的措施的影响下，许多美国农场主依然只能以高息借贷。他们这样做或是为了扩大生产，或是为了实现生产的机械化，寄希望于价格就算不回升，也能稳定下来。当大宗商品价格于 1929 年暴跌时，这些农业债务依然记在账上。这种债务通缩的局面，与曾经导致了民粹主义造反运动的情势如出一辙，只不过这一次，由于 20 世纪 20 年代的高利率环境和价格的急剧崩溃、大幅跳水，情况要更糟糕，打击也来得更突然。1929年4月，胡佛召集国会举行特别会议，6月，他签署了《农业营销法》（Agricultural Marketing Act）。美国财政部为新成立的联邦农业委员会（Federal Farm Board）注入5亿美元资本，资助各种可能购进及存储农产品、以抵制价格下跌的农业合作社（这是一项民粹主义者多年来的要求）。农业委员会实现了胡佛"公私联合一体化"的愿景。[62]

当纽约证券交易所于1929年10月崩盘时，胡佛并不赞同其财政部部长、匹兹堡银行家安德鲁·梅隆（Andrew Mellon）臭名昭著的紧缩观点，胡佛后来回忆道，这个人"就只有那老一套"。这一套是：

> 清算劳动，清算股票，清算农场主，清算房地产。它将清除系统中的腐败。高昂的生活成本和浮华的生活方式将会偃旗息鼓。人们将会更加努力地工作，过着更道德的生活。价值观将得到纠正，有进取心的人会从缺乏能力的人那里接手残局。[63]

原则上同意梅隆的观点，一些其他的经济思想家也提议说，只有从全面破产之中，普遍繁荣才能浴火重生。这种说法的依据在于，导致危机的原因是对一场浮夸繁荣的过度投资，而在泡沫破灭后，这将减少投资。对系统的全面清理将重新恢复储蓄和投资的平衡，让利率保持在较高水平而物价（包括工资在内）保持在较低水平。但它将令经济重返健康状态，促成自然恢复。奥地利经济学家弗里德里希·哈耶克（Friedrich Hayek）的《价格与生产》（*Prices and Production*, 1931）、英国经济学家阿瑟·皮古（Arthur Pigou）的《失业论》（*The Theory of Unemployment*, 1933）和英国经济学家莱昂内尔·罗宾斯（Lionel Robbins）的《大萧条》（*The Great*

第十二章 大萧条

Depression, 1934）全都对这场萧条做出了这种总体诊断。最重要的是，"实体"经济的市场自我校正必须在没有政府干预的情况下发生。这些都是非常精细周到的逻辑论辩，由智慧非凡的经济学家做出，却都在为经济上的苦难而辩护。

他们错了。问题并不在于挥霍无度。被他们诊断为过度投资的行为，就其特征而言更适合以投机性错误投资相称。在一个货币经济中，当信贷推动的投机性投资繁荣让位于对流动资产的预防性囤积时，萧条中的问题随即变为投资不足。出于恐惧，资本所有者拒绝投资，流动资产锁死了购买力。需求受损，产出和就业也难逃一劫。问题不止于没有人做出新的投资。现有产能——那些状况良好的工厂和充满积极性的工人——也不必要地闲置在那里。没有收入的失业工人开支减少。普遍问题并不是实体经济以外的某些东西妨碍了市场的自我校正，而是资本主义企业生产自身内部的某些东西瘀滞在那里，亟须一剂猛药。

胡佛并不赞同梅隆的观点，表示他将"运用政府权力缓和局势"。[64]在电话中和两次白宫会议上，这位总统纡尊降贵，请求那些规模最大、受监管程度最高的行业公司高管们增加资本投资开支。1930年，铁路和公用事业公司挺身相助。[65]然而在其他领域，尤其是在住宅建筑行业，固定投资依然在下跌。胡佛意识到，20世纪20年代，公司利润一直领先于薪资水平，他相信，高工资可以稳定开支，是一件好事。"头一轮冲击，"他宣称，"一定落在利润而不是工资上。"[66]不管是不是出于胡佛的倡议，美国规模最大的那些雇主一致同意不削减工资，即便他们依然会开除那些自己不太想要的员工，而这成了一个一直延续下去的模式。[67]胡佛自豪地宣称，这些协议"并非政府对企业的命令或干预"。相反，它们是"政府请求的结果，请求你以审慎的方式与政府合作，以解决一个全国性问题"。[68]这位总统夸口说："这与三四十年前商业世界里那种任意胡为、损人利己的态度大相径庭。"[69]胡佛相信，他的"（公私）联合一体化"超越了杰克逊主义的公与私、政府与市场的领域划分，那种打着商业机会平等口号的做法，已经在整个资本时代令政府行为日益萎缩。但是，他也画下了一个底线：他不会强迫资本家投资。

胡佛总统也动用了联邦预算。1930年，财政部和国会按照计划削减了公司和个人所得税。胡佛曾设想过实行投资税收抵免，但财政部的官员对此犹豫不决。[70]国会通过了一项特别拨款，将高速公路建设开支加倍，同时向陆军工程兵部队提供了数笔专款。这并非福利或"救济"，而是对具有商业可行性，至少能够保证收支平衡的项目的公共投资。1931年，联邦政府开始出现预算赤字。[71]但问题在于，财政支出的体量依然微乎其微。减税额只有1.6亿美元。联邦政府开支从占国内生产总值不到1.8%攀升到了1930年时的2.2%，而国内生产总值这期间却在萎缩。胡佛还向州长们发出电报，表示"倘若道路、街道、公共建筑和其他此类建筑能够加速进行并适当调整，以扩大就业，那将是大有助益的"。[72]在1929年到1930年间，州一级和地方性开支占国内生产总值的比例从7.4%攀升到了9.0%，但许多州都曾在进步主义改革时期出台了平衡预算法，而且面临着税基侵蚀问题。他们无能举债。那种在大萧条期间仍可运用"财政倍增器"的观点，也即增加政府支出或许能起到增加私人支出和税收进款的实际作用，而不是单纯为他们弥补亏空的理念，还不存在。

在胡佛的领导下，联邦政府几乎没做更多的工作。这位总统不情愿地签署了保护性的1930年《斯穆特－霍利关税税则》（Smoot-Hawley Tariff）。世界贸易正在崩溃，但其原因一方面是世界各地的收入骤减，一方面也是保护主义的贸易战。[73]一如既往地，胡佛进一步请求私人非营利性公司为日益增长的失业大军提供救济。在资本失败的情况下，或许慈善财富可以填补空缺。洛克菲勒家族在纽约捐出了100万美元。在底特律，当亨利·福特被找上门来的时候，他却拒绝了，给出了一个奇怪的回应，"捐赠是想象力的麻醉剂，主动创新的毒品"。[74]

鉴于现有的政府权能和这位总统的个人意识形态，已经没什么太多可做的了。话说回来，赫伯特·胡佛也不认为需要做更多的事情。

4. 从萧条到大萧条

1930年，世界各地的政策制定者，都依然恪守着金本位制。但是，虽然第一次世界大战后金本位制的恢复带来了信心激增和国际借贷增长，它此时却也传递了金融的波动性和脆弱性。黄金枷锁令各国国民经济在坠入经济深渊的过程中成为任人宰割的对象。

所有国家的通货都能以挂钩汇率自由兑换黄金，使得资本在各个国民经济之间随意进出变得十分容易。因为一连串的政治和经济危机，这种情况如今的确发生了。如果从一个国家撤出的黄金数量过多，该国就会丧失按照规定汇率将其通货自由兑换为黄金的能力。唯一的选择，就只有提高利率，以此吸引那些趁机取利但也反复无常的货币资本回到该国。用胡佛总统的话来形容，在20世纪30年代早期，各国之间的短期资本流动变成了"一个风雨飘摇的时代中摆在世界之船甲板上的一门毫无约束的大炮"。[75] 然而，胡佛本人对金本位制的坚守，摧毁了美国经济，并让他自己的总统任期也与之一道化为瓦砾。

1931年，在全球规模最大的经济体中，最强大的美国和最脆弱的德国变得格外命运相连。20世纪20年代晚期，资本在两者之间展开了一场拉锯战。1930年9月，在希特勒赢得640万张选票后，3.8亿美元逃离了德国。[76] 1931年，右倾的德国政府与奥地利展开了关于关税同盟的秘密谈判，这违反了数项战后条约。当他们达成交易的新闻于当年3月传开时,更多的资本逃离了德国。接下来,在1931年5月,总部位于维也纳的信贷银行(Creditanstalt Bank)宣布发生巨额亏损,由罗斯柴尔德家族运营的这家银行,拥有2.5亿美元资产和50%的奥地利银行存款。[77] 该行之前曾在短期国际信贷和货币市场上大笔举债。因为法郎价值被低估而坐拥全球黄金储备之25%的法国,表示可以向奥地利施以援手,但前提是后者放弃奥德关税同盟。此时,银行挤兑席卷了整个中欧地区。无论是单纯出于恐慌,还是相信德国正在走上一条背信弃义的道路,半数德国黄金储备逃离了这个国家,德国无法支付拖欠的战争赔款。6月,胡佛宣布了一项推迟所有政治债务偿付的计划,其中就包括了德国的战争赔款。法国迟疑不决,但到7月该国最终同意暂停一部分德国政治债务偿付时,德国的金融体系已经崩溃了。[78]

金融传染病在这时殃及全球。人们不再相信银行有能力保住他们的存款,于是急于提取现金,紧张地逃奔安全所在。没有存款,各家银行甚至都无法履行其付款义务,更不用说借贷了。匈牙利的银行系统完全停止运行,挤兑出现于中东的德国银行分行。在拉丁美洲,全球出口商品价格下跌导致各国出现国际贷款违约。在1930年到1932年间,许多国家落入了军事独裁者手中。[79] 任何可以按规定汇率将手中通货兑成黄金的人,都在争先恐后地这样做,以防金库告竭。出于这个原因,陷入恶性循环的各国政府不再能够维持自由兑换。世界各国开始脱离金本位制,实施资本和外汇管制,促成本国货币贬值。[80] 在J.P.摩根公司财团贷款的支持下,日本刚刚于1930年采用了金本位制,但在1931年12月就宣告脱离。此时,所有的目光都集中在伦敦——它是国际金本位制的发源地,直到第一次世界大战为止,也是这一制度的守护神。[81]

在7月的最后两周,英格兰银行因为资本外逃而损失了一半的黄金储备,价值2500亿美元。紧张的投资者将自己的黄金转移到了其他国家。随着英国银行金库中的黄金告竭，英镑按固定汇率兑换的可能性便面临风险。为了将黄金吸引回来，英格兰银行将利率从2.5%提高到了4.25%。这却徒然令信贷和支出收紧，进一步削弱了已经处于低迷状态的英国经济。8月28日，一个由J.P.摩根公司牵头的财团和多家法国银行向英国政府提供了两笔2亿美元的贷款。只用了三周时间，这笔钱就全花光了。9月底，囊中空空的英国暂停了以英镑兑换黄金的操作。

英国脱离金本位制是一个具有历史意义的事件。国际金本位制本是一项大英帝国的制度，也是第一次世界大战之前全球化的锚点。在那个时代，利率一直保持在低位，国际投资数量庞大。用英国央行行长蒙塔古·诺曼一名友人的话形容，"脱离金本位对他来说，就如同一个女儿失去了童贞"。[82] 到1931年12月，英镑的价值从4.86美元下跌到了3.25美元。然而，接下来发生的事却很有说服力。英国的物价开始上升，这场萧条的震荡有所缓解。据说，英国社会主义者西德尼·韦布（Sidney Webb）曾惊呼，"没人告诉过我们，还能做到这一点！"[83] 对价格以及利润上涨的预期开始引发更多的投资支出。在1931年初奉行金本位制的41个国家中，到1932年开年时就只剩下了南非、法国、比利时、卢森堡、荷兰、意大利、瑞士和波兰，以及美国。[84]

美国会成为下一个资本外逃的受害者吗？就在英国退出金本位制的次日，法国中央银行出价5 000万美金收购金条。法国这时候需要黄金，倘若美国和英国一样，停止将本国货币与黄金挂钩，则5 000万美元能买到的黄金会立时少很多。换言之，国际货币合作业已彻底破裂。在接下来的那个月，"黄金集团"的欧洲央行行长和欧洲投资人们，令美国的黄金储备减少了7.5亿美元。[85] 但是，美国的黄金储备依然充足。尽管如此，如果说短期资本外逃曾动摇了美国银行系统的话，这个系统如今却正在从内部崩塌。

美国的银行素有爱倒闭之名。[86] 仅仅1929年就有659家银行关门停业,但在那十年里,这并不是一个高得离谱的数字:在1920年到1929年间,每年平均有630家银行倒闭。自杰克逊扼杀了美国第二银行时起,美国的政治策略长久以来一直对集中式的银行权力严防死守,这是联邦储备系统由12家储备银行组成的原因。"单位"银行业务("Unit"banking)十分盛行,这意味着各家银行并没有单独的分支机构——大多数银行都由一个业务单位构成。假设一家银行放出了多笔不良贷款,如果出现存款挤兑,它是没办法依靠多家分支机构共担风险的。1930年,美国有25 000家银行,其中只有三分之一是联邦储备系统成员,有分支机构的仅有751家。[87]

全球大宗商品价格的暴跌,沉重打击了农业区的银行。1930年秋天,田纳西州的纳什维尔爆发了一场银行倒闭潮。然后,1930年12月,美国历史上规模最大的银行倒闭案发生了。位于纽约的美国银行(Bank of United States)是一家私人金融机构,主要为中小犹太储户服务,它拥有2.86亿美元资产和40万名储户(是美国其他银行的两倍)。这家银行是短期通知借款市场上的玩家之一,借助杠杆参与了纽约证券交易所的投机活动。[88] 1930年,它停止了运营。

这只不过是一次彩排而已。1931年春天,银行挤兑开始在芝加哥出现。在欧洲金融危机后的几个月里,522家美国银行倒闭了。1931年,总计有2 294家银行倒闭,这将创下一个年度纪录(比1930年的数字高一倍)。这意味着每10家美国银行中就有1家倒闭,涉及金额占美国存款总额的4.5%(17亿美元)。[89] 与此同时,到1931年夏天,联邦农业委员会已经放弃努力,它不再增加库存,等待价格上涨。相反,联邦农业委员会将库存农产品投放到了市场上进行甩卖,进一步压低了大宗商品价格,进而令农村银行处于岌岌

第十二章 大萧条

可危的状态。此时，美国的银行体系已经在席卷全民的大举资金逃逸、寻求安全保障行为中溃不成军。幸存下来的银行停止放贷，囤积起准备金。[90]不管现行利率有多高，信贷依然被收紧设限。[91]经济史学家对于谁才是这场银行倒闭潮之罪魁祸首的问题争论不休：到底是流动性不足，还是资不抵债？到底是拥有充足准备金和优良信贷资产的银行无端为银行挤兑所累，还是它们真的已经不名一文？[92]在那些储备银行提供了大笔现金救命款、帮助银行扛过恐慌的地区，银行的幸存率要更高。[93]然而，储户并不会坐等真相大白：到底银行是因为金融全面崩溃而资不抵债，还是因为大众恐慌心理导致储户大举提现而陷入流动性不足？1931年，美国人提走了5亿美元的现金，把它们藏进"地洞、密室、外套里子、马轭、煤堆和树洞"。[94]公众手中持有的现金与银行存款之比急剧上升。[95]他们并不是意志薄弱的资本主义投资者。这是爆发于平民百姓中的、前所未有的人人自危时刻。

就在这时候，美联储犯下了最严重的错误。美国仍拥有足够多的黄金储备，但按照法律规定，每10美元联邦储备券（美国的流通货币）中，4美元必须有黄金储备作为支撑，还有6美元是所谓的实钞（real bills），也即由交易商品担保的纸币。如今，商品交易已经微乎其微，实钞额也就相应减少。这就在该系统中生成了增加黄金储备的需求。尽管美联储此前数次降低利率，1931年10月，它却将利率从1.5%提高到了3.5%。这是一个滔天大错，因为信贷和货币供应受限相当于对各种开支的又一记重击。[96]在全面恐慌和崩溃之中，对新增贷款的需求业已枯竭，而这导致了持续性的通货紧缩式经济收缩。美联储本可采取更多措施，比如以低利率自由放贷。但即便它精心谋划、周密安排，在促进经济活动这方面，美联储所能做的，也不过是这么多了。

通缩接踵而来，经济生活陷入一片黑暗。1931年9月，作为美国最大的雇主，美国钢铁公司将工资削减了10%，其他雇主也纷纷效仿。福特汽车公司在1929年时雇用了12万名员工，到1931年年底，雇员人数就只有3.7万人了。通用电气公司为了推动价格和生产提升，建议暂停所有的反垄断法律法规，允许各家公司串通定价。胡佛总统表示拒绝，将这称为"企图借助后门将法西斯主义私贩进美国"。1931年，随着对未来的预期进一步遭到削弱，美国的平均利润率跌入了负值区间。[97]这场萧条，演变成了一场大萧条。

在这个资本时代，金本位制是居首位的控制机制。胡佛总统根本无法想象任何其他的前进路线。他相信，英国所为只不过是无意识的冲动。美国必须坚定扮演国际领导者的角色，拯救作为国际合作之基础的金本位制。与此同时，假如不锚定黄金，商业活动就会出问题。这位总统会说，倘若没有黄金，"没有哪个商人能知道，等他的货物交付之时，他得到何种付款"。[98]信心将荡然无存，剩下的就只有更强烈的恐惧。1931年年底，为了给全世界做出榜样，胡佛起草了1932年《税收法》（Revenue Act of 1932），号召提高税收以平衡联邦预算——长久以来，这是应对金本位制下全球资本的例行操作，但在对抗通缩这一点上，是一剂错药。

接着，胡佛又按照他的典型作风把一群美国金融家请到了白宫开会。要让资本主义正常运转，资本家必须进行资本投资。这位总统恳求银行家主动将各自手中资源汇成一个资金池，站出来对抗银行恐慌。相反，紧张不安的银行家"却不断地把话题转向提议政府如此办理上去"。[99]最后，1932年1月，经胡佛批准，国会创设了重建金融公司（Reconstruction Finance Corporation，简称RFC）。该公司有权贷出15亿美元的款项，但必须以项目具有商业可行性为基础——这并不是"救济"。国会在1932年通过了一项立法，授权美联储将更多种类的票据用作发行联邦储备券的准备金。但是，这项法律依然对金本位制大表忠心。[100]

第十二章 大萧条

重建金融公司和美联储将更多的货币和信贷注入了金融系统，但这为时已晚，且又杯水车薪。[101] 1932 年，美国经济落入了短期"流动性陷阱"——不管短期利率多少，哪怕是降到零，也无法诱使资本所有者放弃流动性。[102] 1932 年 11 月，三月期美国国债的回报率降到了 0.05%，整个 20 世纪 30 年代，它都徘徊在这一水平上下。美联储小心翼翼地进行着公开市场操作，买进短期、接近现金面值的证券，以支撑其价格，降低其利率，但这在 1931 年就失去了效力。到 1932 年时，无论怎样增加货币供应，都无法令资本所有者心甘情愿地与资本分离，增加开支。如今，它也不再能够促使价格上涨。预防性流动性偏好——对现金和其他安全流动资产的需求——实在是太高了。投资者投资于那些金钱回报几乎为零的资产。营利动机已经消失——或者至少说，已经没有人再相信未来有任何赢利可能。与此同时，鉴于愿意放贷者寥寥无几，长期利率依然居高不下。公司债券的利率上升了 10%。[103] 在当时的这种情况下，以这种利率水平借款的企业还想要大幅度赢利，简直就是另一种痴心妄想。

这样一来，随着长期投资彻底崩溃，经济被扯入了一个惊慌恐惧的眼前状态，困于其中。各家企业就算仍保持着现有工厂的业务运行，产量也低于其产能。如果说资本家的做法是不计回报积累资产的话，普通美国人则把现金塞到了床垫底下。囤积者寻求的是现世安稳的心理回报，除此无他，而大众的通缩心态扼住了经济生活的命脉，潜在的投资者和消费者一样，全都不再花钱，坐等价格进一步下跌。而这就只会令价格进一步下跌。

在美国资本主义的历史中，这是一个可以被单独挑出来审视的时刻：1932 年秋天的流动性陷阱。从这一时刻起，生发出了一条延伸进入 21 世纪的历史长弧，始于大萧条，直至大衰退。沿着这条弧线的发展历程，对流动性陷阱的逃脱曾经在第二次世界大战期间实现过,通过公共投资,这场战争引发了一轮对生产性资本资产的长期工业投资热潮。在那之后的几十年里,这条弧线将伴随着20世纪80年代开始的又一个高度投机性的流动性偏好时代而前行,然后在2008年秋天,在投资银行雷曼兄弟破产之后的又一次预防性流动性陷阱到来时戛然而止。在21世纪10年代后期,资本主义勉强才从这个陷阱中爬出来,但2020年便又掉了进去。

至于这场大萧条,自1929年8月衰退开始到1933年3月触底的这段时间,各项数字可谓一塌糊涂。美国消费支出从790亿美元跌到了646亿美元。[104] 全球贸易以价值计下降了65%。[105] 美国物价水平下跌30%。美国工业产量衰退37%。在全部劳动人口中,22.9%的人处于失业状态,而在仍被雇用的那些人里,三分之一的人从事着非全职工作。工业部门的失业率达到了37.6%,经济产出下跌52%,农产品价格暴跌65%。1929年时盈利达100亿美元的美国公司,1932年时蒙受了总计30亿美元的损失。道琼斯纽约证券交易所股票指数低至41点,自1929年的峰值以来总计损失了90%。至少有60万名业主抵押贷款违约,70亿美元的存款烟消云散。《财富》(*Fortune*)杂志估计,在美国1.2亿人口中,有3 400万美国人没有赖以维生的现金收入。[106]

5. 因苦难而缄默

生活在这样一个令人头晕目眩的经济下行轨迹之中,到底是何感受?诸多回忆传递出了从恐惧到绝望的一系列情感,有时候甚至是愤怒。1931年,查理·卓别林制作了浪漫喜剧片《城市之光》(*City Lights*)。这部杰作的主人公是一个无家可归的流浪汉,其情节围绕着他同一位打算自杀的百万富翁的友情,以及与一名付不起房租的盲眼卖花女郎之间的浪漫爱情而展开。然而,从历史记录中,我

第十二章 大萧条

爱德华·霍珀,《周日清晨》(1930年)

大萧条是经济活动的戛然而止。投射在商铺门脸上的深重阴影,暗示着神秘力量的操弄。一些评论家认为,图中右边的大型建筑象征了大公司对小生意的威胁。

们更多看到的还是一种迷失感,甚至是困惑不解。一切都发生得如此迅速。爱德华·霍珀(Edward Hopper)的《周日清晨》(*Early Sunday Morning*, 1930)就捕捉到了这种戛然而止的感觉,一切活动都完全停止了。许多人没有办法充分表达他们的体验。在战争或自然灾难之后,历史记忆通常如此。大萧条也留下了许多未经处理的创伤。[107]

在乡村地区,将自然灾难与经济浩劫相提并论格外能引起共鸣,在那里,这两者事实上是携手并进的。[108] 在处境维艰的南方平原地区,1930年到1931年的旱情导致土地龟裂。天气和气候虽然要对此负责,但在20世纪20年代信贷推动下的过度开垦也难辞其咎。[109] 狂风暴雨接踵而至,"黑色风暴"(black blizzards)卷走了堪萨斯、科罗拉多、新墨西哥和俄克拉何马几个州中数亿英亩土地的表层土壤。在20世纪20年代末期的过度生产之后,土地

约翰·斯图尔特·柯里,《龙卷风袭向堪萨斯》(1929 年)

柯里是一位乡土主义(regionalist)画家。恶劣的天气是导致中西部农村地区萧条的直接原因。大多数情况下,这是由干旱引起的,但龙卷风更能捕捉到那种普遍的混乱无序之感。

变得不堪耕种。这些年中诞生的那些线条扭曲变形的风景画,比如约翰·斯图尔特·柯里(John Steuart Curry)的《龙卷风袭向堪萨斯》(*Tornado over Kansas*, 1929),就捕捉到了这场灾难的情绪基调。

数百万人开着车、坐上火车或是迈开双腿,将他们的家园抛在身后。前往加利福尼亚的农村移民所占比例最高。在其他地方,许多依然缺乏电力和室内给水系统的乡村地区情况略好。尽管难以置信,但乡村地区的货币收入的确从1929年的60亿美元下跌到了1932年的20亿美元。[110]

放在以前,货币收入骤减或许关系不大。在资本时代到来前,市场萧条不一定会产生类似效应。1837年恐慌之后,经济萧条使得

第十二章 大萧条

价格下跌，但并没有令总体产出受限。回到那时候，在市场之外，土地依然能让人维持生计。土地诚然是资本，但也是涵盖面更广的一类财富。但到20世纪20年代时，资本时代工业革命在生产领域取得的瞩目成果固然创造了高额货币收入，同时也让人们与市场经济融为一体。美国人当然是变得更富有了，但也对托马斯·杰斐逊很久以前描述过的那种商业经济的"意外事故和变化无常"产生了更大的依赖性。有效需求的急剧下降，很大程度上是由亚历山大·汉密尔顿曾形容过的"那些谨慎精明的资本家的信心（崩溃）"所导致的，这限制了大多数美国人赖以维持其经济生活的市场经济。经济生产率更高了，但造成巨大破坏的风险也更大了。更高的货币收入意味着更大的购买力，但只有当钱被花出去时才是如此。这便是在富足充裕中贫困不足的悖论。

城市中的情况也好不到哪里去。1932年冬天，底特律和芝加哥的失业率高达50%。最脆弱的群体——女人、孩子、老人、残疾人和少数族裔——受打击最大。黑人失业率高达白人的两倍。男女老少排起长队领取救济面包，流落街头乞讨为生，在垃圾桶里翻来翻去，住在"锈迹斑斑的车身"或"装橙子的木箱搭起的棚屋"中。那些抛弃了家人的单身男人——也有女人——成了"流浪汉"，他们跳上火车，从一个城市流窜到另一个城市，寻找工作，住在临时搭建的"胡佛村"（Hoovervilles）里。他们在那些施舍食物的人家的门廊上留下粉笔记号："这是盛况空前的乞讨"，一名男子这样回忆道。逮捕记录上，盗窃占到了绝大多数："从晾衣绳上偷衣服，从后门溜进去偷牛奶，偷面包……做个损人利己的家伙。你必须如此。"[111]

对于赚钱养家的男性，自责尤其突出。[112] 在这些年里，女性通常会选择在其中就业的那些劳动力市场部门，事实上表现要好一些。一位主要客户是中产阶级男性的芝加哥心理分析师说，"每个人都多多少少地为自己的懒惰懈怠、缺乏天分或运气不佳而自责"。[113] 作家舍伍德·安德森应邀撰写了一篇关于"社会反抗"的文章,后来被收入了《迷惑的美国》(*Puzzled America*, 1935)一书。他在其中写道,自己亲眼见到,"那些没有工作的人是如何因为穷困潦倒而责备自己,而不是责备资本主义,责备机器,责备我们的那些美国老爷们"。[114] 许多人似乎处于一种因震惊而麻木的状态。米拉·科马罗夫斯基(Mirra Komarovsky)的《失业男人和他的家庭》(*The Unemployed Man and His Family*, 1940)就注意到了在20世纪30年代失业男性中阳痿高发的现象。[115] 记者洛雷娜·希科克(Lorena Hickok)观察到,失业的人"态度冷漠","因苦难而缄默"。[116] 一位休斯敦的机械师于1930年自杀,并在遗书中写道:"我没办法接受施舍,也太过骄傲,不愿向亲朋好友求助,同时又太老实,不能去偷。所以我看不到还有什么其他的路好走。"[117] 耻于寻求施舍的态度十分普遍。"我只好杀死自己的自尊。"一位工程师在申请救济前这样说。[118] 男人通常都会在救济站前走过,然后又兜回来,连续几天一直如此,直到最后鼓起勇气走进去。黑人布鲁斯歌手维多利亚·斯皮维(Victoria Spivey)在一首流行歌曲《底特律哀歌》("Detroit Moan", 1936)中唱道:"底特律是个冷酷之地,而我已经一文不名,我就要去到济贫院中,可是上帝啊,你知道我是多么无地自容。"

不是每个人都会责怪自己。那又责怪谁呢?"我该向谁开枪?"在约翰·斯坦贝克(John Steinbeck)的小说《愤怒的葡萄》(*The Grapes of Wrath*, 1939)中,"俄克佬"穆莱·格雷夫斯("Okie" Muley Graves)这样自问。一些人责怪银行家。"我希望这帮罪人死之前就受到惩罚。"一封写给胡佛总统的匿名信中这样说。[119] 那位休斯敦的自杀者曾哀叹,在这样一片"流淌着奶与蜜的土地上",怎么会如此突然地就出现了如此多的贫困和匮乏?这个问题也让很

第十二章 大萧条

多人深感困惑。怎么会这样：如此多的人亟需工作与口粮，与此同时，工厂却闲置在那里，牲畜四处游荡直至倒毙，而农产品白白地烂在地里。

人们也可能会责怪政治制度和总统。一份 1930 年 11 月 18 日从新泽西州瓦恩兰（Vineland）寄给胡佛总统、并未署名的信这样写道：

> 我们能不能不用工作也不用吃东西。至于我们的孩子们，为什么我们把他们生下来，如今却有些天没有东西吃……我们的孩子有些天没学上，有些天没鞋穿，这片土地却如此丰饶，银行家们的钱包都快撑破了。为什么每样东西都拥有独特的价值，就只有人类除外——为什么我们受穷挨饿，心焦如焚，悲伤无助，这一切都发生在以你为首的任期中，而且来得如此迅速。你就不能找个利索点儿的方式将我们执行斩首，而不是把我们饿死……为什么不赶快终结这场萧条，你这个没有良心的家伙……然而我们得到的，就只有一个不公正的系统挤出的几点生命之水……你们这帮家伙就不能搞出个计划配额，把一切全拿走，然后让剩下的人全没得用……然而你们这些有余的，却当着我们的面克扣剥削我们——只为了你们自己。然而你们却用不上。人们已经绝望，而我写下的这些文字，是你治理下广大民众的呼声。我们怎么去当守法公民，教育我们的孩子，开开心心地面对一无所有，什么都不做，什么都不吃。同时你的系统却样样都在掌控之内，却派不上用场。但你也什么都不往外给。为什么取用超过了你的所需。为什么制定法律，还允许企业把一切都拿走。为什么制定的法律不能对所有人都一律公平，让那些企业不能把什么都拿走，不让我们成为你的特殊安排的牺牲品……我是个大老粗，而据说你有一大堆杰出的头

脑为你服务，但我代表在你治理下的千万人向你发出恳求，如果你做点儿什么，这些人都将是良好的美国公民。*

一名洛杉矶女性讥刺胡佛说："工程师们或许很聪明，但当总统真不行。"[120]

胡佛"邻里互助"的政治哲学已经被用到了超出其经济极限的地步。然而，邻里互助依然还有潜力可挖。我们之所以需要人类社会，主要就是它能帮人扛过那些无以言表的艰难岁月，事实上，这个主题是斯坦贝克大萧条时期的两部杰作《愤怒的葡萄》和《煎饼坪》(*Tortilla Flat*, 1935)的核心。在最贫穷的农业地区，比如阿巴拉契亚山脉南部，农场主事实上的确能够退回到满足基本生存需要的家户经济。"我们很大程度上是自给自足的，"一位弗吉尼亚乡村居民日后回忆道，"我们相互合作，彼此帮助。"[121] 在城市，一个失业者的记忆是每个人都"对他人心怀恶意"，"友情压根不存在"。但另一个人后来会对大萧条时期的"同志情谊"充满怀念。"你遇到了麻烦……但他们要是他妈的能帮一把的话，是会帮一把的。"[122]

同情心并不会在艰难的日子里消亡，但仅靠同情心无法解决经济问题。当时最流行的一首歌是《哥们儿，能给我一角钱吗？》("Brother Can You Spare a Dime?", 1932)，它引起了广泛的共鸣——很可能是因为哥们儿事实上做不到。大萧条的一大悲剧在于，它摧毁了一大批民间社会组织，那种仍在被胡佛总统倡导的志愿服务协会。[123] 胡佛否决了1931年的一项国会救济法案，部分原因是他认为救济不是政府的事，还有一部分原因在于，严格精简财政可以保护金本位制。他只允许重建金融公司向各州提供小额贷款，用

---

* 这封信的英文原文用词、拼写、标点和句法均不规范，应出自某个受教育程度不高的人之手，为便于理解但又忠实原意，译文做了适当变通处理。

于失业救济。到1931年年底，仅美国红十字会一家慈善组织，就救助了270万名乡村地区的旱灾灾民。[124]施粥所、当地福利机构、教会、慈善基金会、移民兄弟会组织和少数族裔的标会全都欠缺足够的资金和组织能力提供各种服务。这场苦难的规模太过巨大了。到1933年，至少有1300个市、郡、县和学区实际上已经破产。[125]一名美国劳工联合会领袖告诫国会说，"如果不采取措施，任凭饥饿继续存在"，那么，"这个国家的反抗之门将会被猛地撞开"。[126]

1931年到1932年间的政治动荡是十分普遍的。在北部平原地区的艾奥瓦－内布拉斯加玉米种植带，农场主因债务蒙受的损失大过了因干旱而导致的歉收，他们奋起反抗贷款人收回抵押品的行动，国民警卫队被召集起来参与平息暴动。[127]罢工活动集中在矿山。城市中，有组织的抗议活动令圣路易斯、芝加哥和纽约驱逐租客的做法被叫停。1932年3月，在亨利·福特的里弗鲁日工业综合体中，工人们举行了一场"饥饿游行"，迪尔伯恩警方开枪打死了其中4人。[128]在其他地方，没有工作的人组织起了失业者委员会和失业者同盟。1932年7月，最引人注目的一幕发生了：25000名失业的"一战"退伍军人在华盛顿举行游行，请求联邦政府付给他们一笔据说是政府欠发的服役补助金。这支"补助金大军"（Bonus Army）在波托马克河对岸弗吉尼亚州的阿纳卡斯蒂亚（Anacostia）安营扎寨。道格拉斯·麦克阿瑟（Douglas MacArthur）将军派出了坦克部队和刺刀战士，补助金大军才四散而去。[129]

一名在艾奥瓦州农场长大的男孩后来说，他被亲眼所见的"无助绝望和自暴自弃"震撼了。"少数人还心怀愤怒和反抗，但总的说来，那是一种静悄悄的绝望与消沉。"数十年后，一位富有的芝加哥银行家反思道：

（美国人民）就坐在那儿，全盘接受……回想起来，这让人吃惊，简直匪夷所思。他们要么是惊呆了，要么就以为会发生什么，将局面扭转……我妻子经常跟我谈起这件事。她认为，这种暴力抗议的欠缺，尤其是在1932年和1933年，是让人震惊的。[130]

6. 富兰克林·德拉诺·罗斯福

政治革命并未发生，但美利坚合众国是一个民主国家，在1930年的国会选举中，共和党人损失惨重。1932年将举行总统大选，而胡佛的总统任期大势已去。即便是一位支持这位总统的华尔街银行家也坦率承认，"一只猴子都可以在选举中胜过他"。[131] 一位记者写道，胡佛如今"龟缩在他的办公桌后面"，对着外国政府破口大骂。[132]

民主党的总统候选人，是纽约州州长富兰克林·德拉诺·罗斯福。生为特权阶级之一员，从小在哈得孙河谷的家族豪宅中长大，与范德比尔特和阿斯特家族为邻，富兰克林·德拉诺·罗斯福却是一个不同于胡佛的天生政治家。1921年，富兰克林·德拉诺·罗斯福染上了脊髓灰质炎，双腿失去功能。从疾病中康复改变了他，赋予了他同情他人的政治天赋。历史学家戴维·M.肯尼迪（David M. Kennedy）观察到，富兰克林·德拉诺·罗斯福"肤浅、傲慢的青年时代"让位于一个"弥足珍贵的禀赋，那就是立志有为的男子气概"。1931年，罗斯福州长创建了临时紧急救济管理局（Temporary Emergency Relief Administration），向苦难中的纽约民众提供了2000万美元的直接援助。1932年，他亲自前往芝加哥接受民主党的总统候选人提名。"我保证，"他大声说，"要为美国人民拿出新政。"[133]

第十二章 大萧条

富兰克林·德拉诺·罗斯福将会获胜，这已经是板上钉钉。至于一个罗斯福领导下的政府将如何应对这场萧条，却还是一切未明。富兰克林·德拉诺·罗斯福的竞选团队并没有就采取何种举措达成总体共识。但是，这位总统候选人的一个重要政治资产，是他在意识形态上的灵活性。和胡佛不同，他不是一个技术官僚，他也不是一个知识分子。因此，他就摆脱了困扰大多数从政的知识分子的那个问题，也即他们对一个宏大的意识形态体系的审美渴望，他们希望，在这个体系中，所有不同的部件都必须严丝合缝地结成一体。当在竞选过程中被问到他的"哲学"是什么的时候，富兰克林·德拉诺·罗斯福回答说："哲学？什么哲学？我是个基督徒，一个民主党人——仅此而已。"[134] 即便在知识层面上没有任何宏大设计，富兰克林·德拉诺·罗斯福却已经记下了每一个国会选区的投票倾向。

在巡回竞选途中，和所有的民主党老好人一样，富兰克林·德拉诺·罗斯福呼吁降低关税，支持农业。他批评胡佛未能平衡联邦预算。就这么多而已。他在自己身边召集起了许多顾问，这些人给出了各自不同、有时甚至相互抵触的建议。让他们大为吃惊的是，这位总统候选人对所有人都表示赞同。"是的！是的！是的！""好的！好的！好的！"这样一来，这帮知识分子彻底低估了富兰克林·德拉诺·罗斯福。最高法院大法官小奥利弗·温德尔·霍姆斯（Oliver Wendell Holmes, Jr.）某次评价富兰克林·德拉诺·罗斯福时说他拥有"二流的智力"，却有着"一流的好脾气"。记者沃尔特·李普曼（Walter Lippmann）将这位即将就任的总统称作"一个和蔼可亲的童子军"，缺乏"对公共事务的强硬手腕，也没什么特别坚定的信念"。胡佛认为，这位民主党的提名候选人是一个没什么希望的轻量级选手。在富兰克林·德拉诺·罗斯福1932年以压倒性优势战胜他之后，他预言，将会发生一场灾难。[135]

从罗斯福1932年11月当选到他1933年3月就任之间的这段

新旧政府过渡期，拖得特别的长。罗斯福获胜一星期后，即将卸任和走马上任的两位总统在白宫见了面。当他们于1933年1月再次会面时，胡佛说，他发现罗斯福"非常无知"。[136] 2月，他给罗斯福发了一份电报。又一场银行业恐慌发生在西部，然后波及了底特律。埃兹尔·福特的信用担保公司之前曾经提供购车金融服务，如今倒闭了。重建金融公司拒绝为其提供贷款，而认为信贷不道德的亨利·福特，也拒绝出资救助自己的儿子。这引发了进一步的恐慌。密歇根州州长不得不将550家密歇根州银行关闭8天。[137] 胡佛将这最新一轮的银行业恐慌归咎于罗斯福招来的通胀隐忧，这显然是没有说服力的。

在富兰克林·德拉诺·罗斯福入主白宫之前，胡佛缠着要他公开承诺维持金本位制。这位即将离任的总统警告美国公众，如果我们"令通货膨胀，继而放弃了金本位制"，后果将是"彻底的毁灭"。然而，罗斯福不愿承诺任何事。胡佛随即试图让罗斯福公开对胡佛派出的世界经济会议（World Economic Conference）代表团表示认可，这场会议将于1933年晚些时候在伦敦召开。罗斯福又一次敷衍过去——他要等到自己当上总统才会行动。经济继续急速下坠。1933年3月2日，纽约联邦储备银行的黄金储备跌破最低水平；3月3日，它损失了3.5亿美元——2亿美元为外国汇款，1.5亿美元为硬通货提现。[138] 钢铁公司当时以12%的产能保持运行。[139] 随着恐慌仍在银行系统中蔓延放大，不夸张地说，美国资本主义在3月4日富兰克林·德拉诺·罗斯福最终就任总统之时，已经近于停顿。

在富兰克林·德拉诺·罗斯福广受赞誉的个人品质中，有两样可圈可点：深不可测的满满自信，以及近乎不可思议的沉着冷静。与许多神经兮兮的资本家相反，据一位和他关系最密切的顾问说，富兰克林·德拉诺·罗斯福"压根儿没有神经"。在他就职演说中最令人难忘的一段话里，他宣称，美国人"唯一值得恐惧的就是恐惧

第十二章 大萧条

本身"。[140] 3月，走马上任几天后，罗斯福宣布所有国民银行放假一周，以此平息民众的恐慌与恐惧。随后，罗斯福表示，他将支持国会《紧急银行业务法》（Emergency Banking Act of 1933）中的一项条款，让行政部门可以控制国际国内黄金流动，而这让很多人都大吃一惊，其中就包括了他的财政部班底。这部新出台的法律授予了这位总统令美国脱离金本位制的权力。1933年4月5日，富兰克林·德拉诺·罗斯福签署了一份行政命令："禁止在美国本土囤积金币、金条和黄金凭证。"[141]

4月20日，罗斯福总统暂停了金本位制。这时候，美国的黄金储备已经恢复且颇为充足。在希特勒于1933年1月当选德国总理后，大量黄金逃向了美国。美元与黄金以每盎司20.67美元的汇率自由兑换，这个受到民粹党人抨击的汇率，自美国南北战争后的恢复硬币支付政策以来就一直被强制执行，如今它并没有受到威胁。脱离金本位制的目的，是刺激国内价格水平再度上扬，以及宣示对美国经济的政治控制。[142] 富兰克林·德拉诺·罗斯福宣布了一项"绝对控制下的通货膨胀"的新政策。[143] 美元价格此时可以在货币和黄金市场上浮动，相对于黄金和他国货币迅速贬值（兑英镑贬值了30%）。美国各类产品价格开始回升。终于实现了触底反弹。

富兰克林·德拉诺·罗斯福以极大的政治勇气打破了美国的黄金枷锁。罗斯福新政开始了。

第三卷

控制时代(1932—1980)

前言

控制

1933年3月4日，富兰克林·德拉诺·罗斯福就任美国总统。到这时，已经处于危险境地的各种已知经济指标，都仍在向错误的方向继续前进。令客观经济问题变得更糟糕的，是一种日益固化、很快就变得自我实现的恐惧与消沉叙事。"我们唯一值得恐惧的就是恐惧本身，这是一种难以名状、盲目冲动、毫无缘由的恐惧，可以使人们转退为进所需的努力全都丧失效力。"这位新就职的总统断然说。

一种普遍的灰心丧气心理甚嚣尘上。资本主义将无法从萧条中自拔——它被困在了急功近利的当下。恐惧是如此的强烈，以至于资本所有者更热衷于获得心理上的安全回报，而不是金钱利润，于是他们宁可坐失良机，也不愿投资冒险。许多手头有钱可花的人也加入了他们的行列。挤兑银行、提空存款的，要么把钱藏到床垫底下，要么在地上挖个洞埋起来的，不仅是资本家，还有普通的美国老百姓。出于恐惧，许多经济活动都不复存在。

来自这个系统之外的某些机制，必须施以援手。真能指望上的，也就只有联邦政府。美利坚合众国仍拥有可观的经济资源。在能源密集型大量生产领域的福特主义革命,依然是新生事物。在以往的历史中,几乎少有——甚至从未存在过——这样一个即将在以实业创造财富方面大步跃进的工业经济体。但是,它在飞跃过程中半道抛锚了。富兰克林·德拉诺·罗斯福是对的:唯一值得恐惧的,就是恐惧本身。

第十三章"新政资本主义",讲述了罗斯福新政如何开始逆转这一潮流的经过。当富兰克林·德拉诺·罗斯福着手令美国脱离金本位制之时,价格开始攀升。对未来的预期发生了转变,经济支出也回升了。接下来,罗斯福新政开展了一系列令人目眩神迷的政策实验。推动这些实验的至关重要的关键词,便是保障。首要目标在于控制:消除资本主义的不稳定性,为那些养家糊口之人提供工作。罗斯福新政的监管举措不只令银行业务和金融活动发生了转变,也促成了工业和农业实践的转型。收入政治正当其时。多项计划提高了大宗商品价格,稳住了农场收入。1935年的《社会保障法》(Social Security Act of 1935)提供了新的收入保障,同年出台的《瓦格纳法》(Wagner Act)实现了工会薪资集体谈判制度的合法化。

推行罗斯福新政的中央政府,也在资本侧推行了发展举措。新成立的联邦机构向农业和地产业发放信贷。他们对仍处于起步阶段的能源密集型、汽车工业经济的基础设施进行了公共投资,这其中就包括水坝、公路和电力设施。各项发展政策提供了诱因,但投资依然大部分掌握在私人手中。强监管、弱发展的民主党"自由主义"就此诞生。

尽管1933年之后出现了强劲的经济复苏,私人投资依然不足以终结男性产业工人大规模失业所带来的苦难。1937年到1938年间,在罗斯福政府试图平衡联邦预算、减少政府开支之后,罗斯福新政在政治和经济上连连碰壁。这导致了一场大萧条中的小衰退。

与此同时，在由经济和心理因素驱动的投机性和预防性流动性偏好之外，一种新的流动性偏好出现了：资本家将流动性偏好政治化了。资本所有者强烈谴责随心所欲的监管条例和税收，他们再一次撤回投资，要求制定符合他们心愿的经济政策。随着从未低于10%的失业率攀升到20%，在政治上，罗斯福新政举步维艰，进退两难。

最终将美利坚合众国从大萧条中搭救出来的，不是罗斯福新政，而是第二次世界大战，而这正是第十四章"新世界霸主"的主题。全面战争的"全面能量"发挥了关键作用，即便战争经济只擅长于生产炸弹、坦克和飞机。极有可能，世界各地的能源密集型战争经济决定性地把地质史带入一个人为气候变化的世代，也就是所谓的人类世（Anthropocene）。但通过对私人承包商运营的战争工厂进行大规模公共投资，第二次世界大战终结了美国的失业问题。公共债务和累进税——而不是私人的投机性投资——推动了经济上的战事准备。伴随着自由主义、大政府和私人投资的动态结合，美国的战争经济蓬勃发展，欣欣向荣。当战争结束时，世界上的大部分地区已处于经济废墟之中，美国却得享历史上前所未见的全球经济霸权。

然而，这个控制时代政治经济的最终解决方案，直到战后时期才尘埃落定。在美国试图重建战后资本主义世界经济这个大背景之下，围绕着该解决方案之命运的种种斗争，正是第十五章"战后转折"所论述的话题。1944年的布雷顿森林协议确立了与黄金挂钩的美元作为主要国际通货的地位。尽管新的国际政治经济恢复了世界贸易，布雷顿森林体系却授予各国政府实施跨境资本管制的权利，从而确保国家经济政策制定不受曾导致大萧条的跨境资本运动的影响，得以保持其独立自主性。在美国国家经济中，哈里·S.杜鲁门（Harry S. Truman）总统试图恢复罗斯福新政中某些最雄心勃勃的举措，但这在与苏联共产主义爆发冷战的背景下遭到挫败。到1948

年，一种新崛起的反共产主义意识形态为冷战时代的自由主义定下了硬性的左翼边界。对经济生活的战时政府管制被解除了，资本所有者重新赢得了对投资的控制。美利坚合众国成为资本主义世界经济霸主。战后的美国工业社会初具雏形。

一种新的政治上的"非流动性偏好"盛行一时。对于战后那一代人来说，立足长远的工业资本落到了实地。因为工会大权在握，还因为战后对萧条和男性失业卷土重来的恐惧，许多战后的工业资本家决定，必须投资于创造就业的企业实体。随着政府重拾收入政治——工会工资谈判、累进性和再分配式的收入所得税以及多种形式的监管——并将其作为美国政治经济学的核心目标，他们的确这样做了。但是，作为一项新的举措，联邦政府接过了在经济衰退时期逆周期增加开支的责任，紧缩政策不复存在。在财政政策问题上，政府认定，经济衰退时期的预算赤字是实现"宏观经济"的"经济增长"所必需的。一种新的倍增器诞生了，那就是凯恩斯主义的"财政倍增器"。

战后资本主义开始被高增长和经济"丰裕"所定义。第十六章"消费主义"所探讨的，便是消费如何开始前所未有地影响经济生活的问题。发生在城郊地区的战后地产繁荣，见证了独户住宅、高速公路、大型一体式购物中心（shopping malls）和沿公路分布式购物中心（strip malls）的兴建。一种消费主义汽车郊区生活的空间扩张，成为这个时代的一部分，正如种植园扩张曾成为商业时代的一部分，或是东北-中西部制造业带的建设成为资本时代的一部分。而随着战后公司广告行业开始寻找种种方式诱惑美国人购买业已拥有之物——汽车、电视机、洗衣机、服装和娱乐产品——的更新换代版本，在20世纪50年代，心理梦境也在消费主义中占据了中心地位。消费主义并不是这个战后时代的新生事物，但随着"消费者信心"和"计划淘汰"成为新的经济预期动态因素，消费主的文化意义和经济影响得到了强化。

在这个战后时期,已经从大萧条中恢复过来并赢得战争胜利的美国经济,实现了消费丰裕。这是一个资本主义的"黄金时代"。当时,按照历史标准而计,增长率、生产率、利润率和工资依然很高,而收入和财富上的不平等则得到了抑制。第十七章"黄金时代的考验"便考察了包括文化结构、社会心理结构和审美结构在内的战后工业社会诸多结构。在政治经济学领域,由联邦政府、公司制工业企业和非营利性组织所构成的财政三角,负起了工业收入的生产、分配和再分配的责任。工业企业的管理者投资于固定的、非流动性的资本。收入政治得到扩张。例如,在1965年的《社会保障修正案》(The Social Security Amendment of 1965)中,就创制了老年医疗保险(Medicare)和医疗补助(Medicaid)这两个公共医疗保健计划。基于志愿主义的"非营利性"部门,成为慈善历史和公私领域划分上的最新篇章。将战后的"自由企业"、民间"非营利性"部门和政府财政工作分隔开来的那些界限,壁垒森严且剑拔弩张。

政府财政工作开始负责"总体"的宏观经济表现——总体需求、总体投资、总体消费、总体产出和总体就业。职业经济学家第一次成为举足轻重的政策顾问,在1946年创立的总统经济顾问委员会(Council of Economic Advisors,简称CEA)中负衡据鼎。国民经济增长作为最重要的总体指标,在这一阶段势头强劲,但这些总体指标并未涉及日常经济制度与经济关系的组织结构。在总体之中,存在着许多细节。总体指标未能揭示投资与撤资的具体地理分布,也不关心被那些投资和撤资的决定所影响的个体、群体和地方的经济生活。最早由约翰·F. 肯尼迪(John F. Kennedy)总统提出的1964年《减税法》(Tax Reduction Act of 1964),试图以削减税收的方式促进持续性经济扩张。许多自由主义者希望,它可以刺激私人投资,从而满足某些人日益增长的经济预期——这些人,是生活在市中心贫民区的黑人、边远地区的贫穷白人以及劳动女性。迄今为止，他们一直被排除在专门为高薪白人男性养家糊口者而设计的经济体系之外。到此时，随着第二次世界大战已经成为过去，自由主义仅存的发展工具便只有所得税法了。在此之外，林登·B. 约翰逊（Lyndon B. Johnson）总统的"向贫困宣战"计划根本没有足够的资金。1964年的减税政策和越南战争一道，确实令国家宏观经济得到了蓬勃发展，但某些地方得到了过度激励，另外一些地方面临的却是资源不足。针对战后社会的不满情绪和不平等状况，爆发了大规模的政治抗议，自由主义开始分崩离析。

随着自由主义在20世纪60年代和70年代遭遇各种政治困难，其经济基础也开始瓦解，工业社会变得衰弱无力。第十八章"工业资本危机"便描述了工业社会和自由主义蒙受一系列动荡冲击的经过。1965年之后，利润增长首先开始萎靡不振。1972年之后，男性劳动力的平均报酬一直持平。大宗商品价格涨得过高，令工业部门与农业部门之间的关系紧张起来。1973年，尼克松政府宣布，结束布雷顿森林体系的美元与黄金挂钩制度，很快，美国便放开了对跨境资本流动的管控。同一年，石油输出国组织（Organization of the Petroleum Exporting Countries，简称OPEC）宣布对石油实施禁运。此时生产力增长率下降了，尤以能源密集型产业为最。接下来的1973—1975年经济衰退，是大萧条以来情况最严重的一次。常规的纠偏措施——刺激性减税和逆周期预算赤字——将美国的宏观经济从衰退中拯救出来，国民经济增长恢复了。但在总体之内，某些疾恙正在潜滋暗长。到此时为止，高通胀率和高失业率已经靡然成风，这就是"滞胀"。

与此同时，实体经济生活也在改变，变得动荡不定。它正在失去其产业结构。历史悠久的东北—中西部制造业带开始"生锈"。在得克萨斯州休斯敦这样的阳光带（Sunbelt）城市，经济生活不再主要围绕着在长期工业生产中用尽的资本或男性养家糊口者的工资运转，而更多的是以房地产升值和劳动密集程度较高、以往为女性所从事的服务经济为中心。回到华盛顿，自由主义失去了勇气。高通胀率动摇了长期预期，这让经济前景更加急功近利，政治控制踯足不前，一个解除管制的时代随即开始了。由于跨境投机者对美元发起的攻击，一项国际协调下的凯恩斯主义刺激计划被认定为失败之举。这之后，吉米·卡特（Jimmy Carter）总统内阁宣布了财政紧缩政策和全面的经济"解除控制"。

控制时代始于一场通缩危机，那时候，世界各地的民族国家正在立起重重藩篱，阻挡诸多国际经济力量——尤其是变幻莫测的跨境资本流动——的侵入。控制时代结束于一场通货膨胀率高达两位数的危机，斯时，美国的政策制定者宣布，需要在"全球相互依存"的新时代"解除控制"，而各国经济之间的壁垒正在坍塌。控制之所以能够奏效，是通过诱使资本在国境内部长期固定下来、落到实处而实现的，但使用强迫手段从来无济于事。归根到底，这项计划是发展进程中的一个失败。随着资本变得益发游离无定、短视犹疑，控制时代就此告终。

第十三章

新政资本主义

大萧条将国家经济的命运直接交到了各国政府的手中。对资本主义的信心危机至为深重，但对自由民主的信心危机更甚于此。[1]墨索里尼在1934年预言说，"自由国家注定灭亡"，而希特勒等人也声称，他们反自由主义的政府背后有着万众一心的民众的支持。[2]在整个拉丁美洲，独裁统治夺取了政权。在日本，军国主义者亦同样行事。记者沃尔特·李普曼建议富兰克林·德拉诺·罗斯福说："情势千钧一发，富兰克林。除了独揽大权，你可能别无其他选择。"[3]

富兰克林·德拉诺·罗斯福将会援用紧急权力，而罗斯福新政的一系列特征，包括其庞大的政府架构，都将与国外那些彻头彻尾反自由主义政体的政策同声相应——在经济动荡的背景下，这是一个鲜明的反差。[4]同样，罗斯福新政也将从美国本土的反自由主义传统中汲取能量。仍掌控着南方的白人至上主义，并不是自由的典范，而富兰克林·德拉诺·罗斯福很乐于同南方种族主义者合作，因为他需要国会中的民主党人选票。尽管如此，许多自由民主机制——定期选举、独立的司法系统、或多或少的集会自由和道德良

第十三章 新政资本主义

知自由——在美利坚合众国得以幸存下来。[5] 富兰克林·德拉诺·罗斯福相信民主政治，因为他曾就读的格罗顿中学和哈佛大学，早已将教科书式的美国真理灌输到了他的心中。此外，这位总统深谙民主政治的"三味"。罗斯福新政始终具有一个选举政治逻辑。[6] 用某位历史学家的话来说，在把"大城市里的大老板、南方白人、农场主和工人、犹太人和爱尔兰天主教徒、少数族裔和非裔美国人"拉扯到一起，拼凑成一个长期存在的支持新政自由主义的选举集团这件事上，富兰克林·德拉诺·罗斯福得到了很大的乐趣。[7] 自由主义这个词，只不过是富兰克林·德拉诺·罗斯福采用的一个特殊标识，它与19世纪的经典自由主义或"自由放任"式的自由主义有很大区别。此时，共和党人变成了"保守派"。当政治在全球范围内对经济生活施加新的管控之时，富兰克林·德拉诺·罗斯福是一位正派的大众民主政治家。他并没有攫取独裁权力，但尽管如此，这依然是一个控制时代。

就政策而言，富兰克林·德拉诺·罗斯福经常随机应变，左右逢源。巴纳德学院教授雷蒙德·莫利（Raymond Moley）是这位总统前期的一名重要经济顾问，他后来写道，要在罗斯福新政中找到一致性，"相当于认定，堆放在一个男孩卧室里的那些毛绒玩具蛇、棒球图片、学院旗、旧网球鞋、木工工具、几何书籍和化学实验器材，都是某位室内设计师精心摆放在那里的"。[8] 一些研究罗斯福新政的历史学家对此表示同意。[9] "选择一种方法，尝试一下。如果失败了，就坦率承认，再试另一种。但最重要的是，尝试去做点儿什么。"富兰克林·德拉诺·罗斯福于1932年公开宣称。[10]

本着这种精神，富兰克林·德拉诺·罗斯福在制定最重要的当前经济政策时做出了正确的选择：他让美国脱离了金本位制。在一场举行于1933年4月19日的新闻发布会上，这位总统宣布了一项"绝对控制下的通货膨胀"的政策。在私下里，他打趣道，"我的银行家朋友们可能会被吓到",这些人中的一大部分的确如此。[11] 不管怎样,他确实打破了大众关于未来通货紧缩的心理预期。在经济史学家口中,脱离金本位制是一种"制度更迭"(regime change)。随着货币贬值,物价开始上升,消费者开始把钱花在当下。价格上涨意味着利润上升。投资及其倍增效应开始恢复,随之而来的,是更全面的经济复苏。[12]

罗斯福新政的首要举措,便是抬高价格,就其作用力而言,它是成功的。四十年后,新政自由主义的通胀偏好将会为其自掘坟墓。但在1933年,这正是当时最需要的。

在那之后的政策选择,或许有些像把毛绒玩具蛇放在学院旗旁边,但至少,一大堆东西得以并存。这让1933年有别于后来的2008年,斯时,新的行动方案已经寥寥无几了。相比之下,当富兰克林·德拉诺·罗斯福于1933年就任总统之时,一代民粹党人和进步党人的政策提案已经准备就绪,只待有人挑选。[13] 毕竟,脱离金本位制正是威廉·詹宁斯·布赖恩在1896年便已提出的主张,当时的他手中掌握着民粹党和民主党的选票。富兰克林·德拉诺·罗斯福的头两届政府,吸纳了民粹党人关于农业信贷和价格支持的那些传统主张,以及进步主义的收入政治和银行业务监管。在这样做的过程中,一些新的但拥有持久生命力的模式,逐渐成形。

在意识形态上,新政致力于"安全保障"。[14] 各种形式的囤积货币和撙节开支,业已成为缓解焦虑和恐惧的抚慰剂。在20世纪30年代,利率一直保持在低水平,深陷流动性陷阱之中。[15] 利率接近于零,继续降息已不再能够鼓励当前的消费。愿意放弃流动资产这一价值避风港的人不够多,这就意味着购买力和商品需求渐次枯竭。然而,如果政府找到了让人们感到安全的新办法,包括投资性支出和消费支出在内的经济活动便有可能恢复。与此同时,在20世纪20年代信贷周期急速上升期的投机行为,是诸多麻烦的肇祸

第十三章　新政资本主义

之源。新政的各项政策所针对的，正是短期金融投资。发生了从金融盈利向生产盈利的转变。连带着，罗斯福新政也从总体上促进了收入分配从资本收入向着劳动所得的转变。[16] 这种新的政策偏好，目的在于打造一个较少发生金融动荡、拥有更大程度经济保障和平等的政治经济。

要实现这个目标，就要将经济生活锚定于工业资本的非流动性，这在为男性提供就业方面拥有巨大的政治优势。在政治上，新政资本主义得到最广泛支持的一个远大理想，就是诸多工厂将为男性养家糊口者提供工作——而其同等重要的前提，是女性在家操持家务。在这方面，尽管终极目标是赢得全新的经济保障，罗斯福新政却依然是保守的，至少也是以恢复旧秩序为宗旨的。

在这一背景下，罗斯福新政的各项政策举措，可以被分成监管性和发展性这两大类。到最后，事实证明，罗斯福新政的监管举措要强有力得多了。

监管举措可以进一步分为两类：对商业行为的监管，以及以收入政治为目标的监管。首先，像证券交易委员会（Securities Exchange Commission，简称 SEC）这样新成立的机构，颁布了许多监管银行业务实践的规章条例。到 20 世纪 30 年代末，工业反垄断再度兴起。其次，随着实体企业复苏，收入也以新增个人所得税和公司所得税的形式得到了调节，而新的立法则加强了对公共事业"公平回报率"的管控。与此同时，新颁布的法律对自由主义大力主张的男性薪酬政治给予了支持。随即，罗斯福新政为许多失业者提供了救济措施。男性薪酬收入自此成为 20 世纪自由主义分配正义屡屡祭出的法宝，这既是此种正义的目标，也是其巨大的想象力局限。接下来，1935 年的《瓦格纳法》将工会关于工资和劳动条件的集体谈判合法化了。资本一旦被投资到工业中，工会便可围绕其产生的收入而斗争。与此同时，1935 年的《社会保障法》为新的美

投资

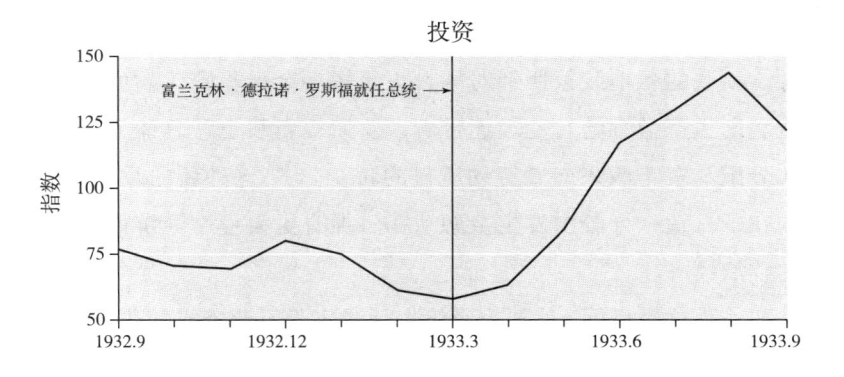

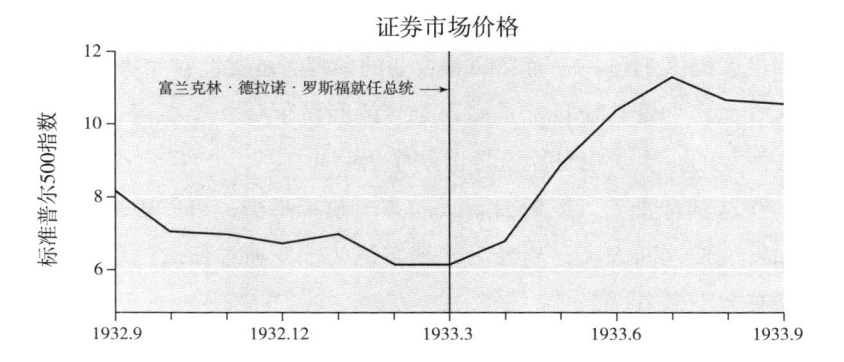

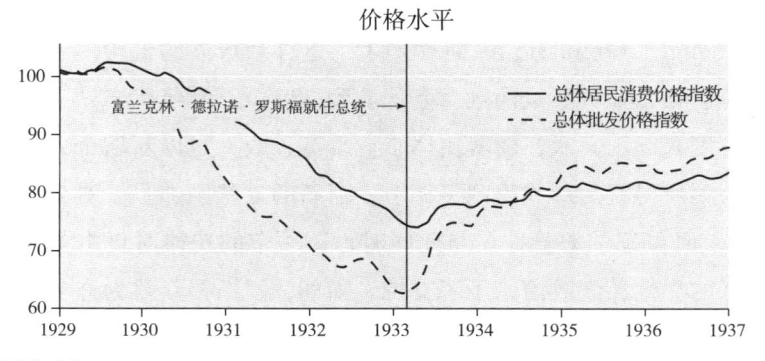

证券市场价格

价格水平

从大萧条中恢复

富兰克林·德拉诺·罗斯福当选之时,许多前瞻性的经济指标都逆转了方向,在各种预期发生变化之后,有着广泛民众基础的经济复苏接踵而来。甚至在富兰克林·德拉诺·罗斯福做出脱离金本位制的决定性选择之前,复苏便已开始。

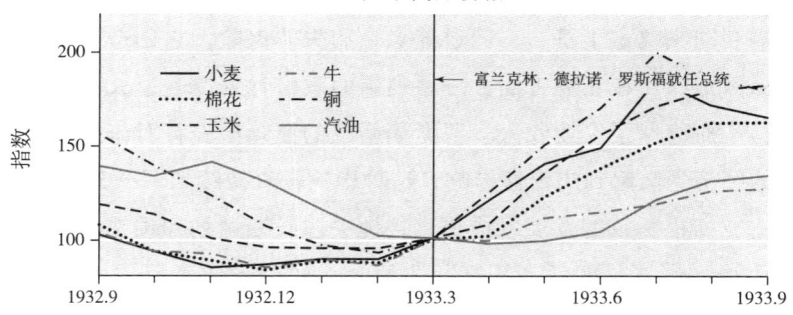

大宗商品价格

图例：小麦、棉花、玉米、牛、铜、汽油

← 富兰克林·德拉诺·罗斯福就任总统

纵轴：指数
横轴：1932.9 — 1933.9

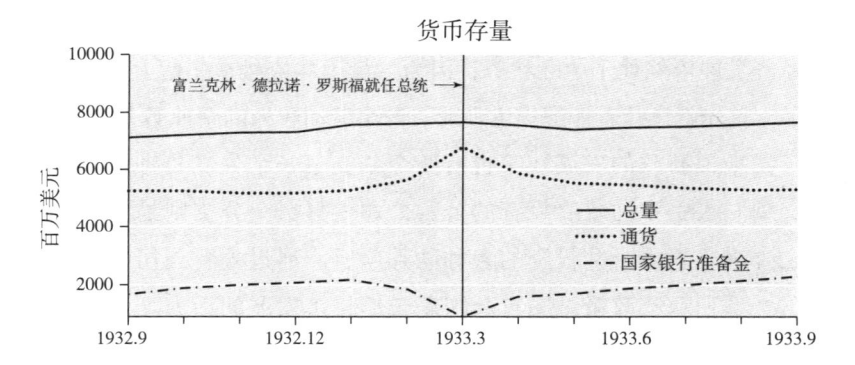

货币存量

富兰克林·德拉诺·罗斯福就任总统 →

图例：总量、通货、国家银行准备金

纵轴：百万美元
横轴：1932.9 — 1933.9

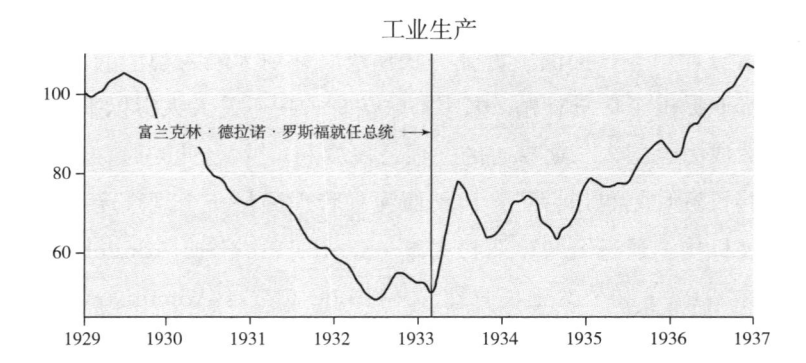

工业生产

富兰克林·德拉诺·罗斯福就任总统 →

横轴：1929 — 1937

国福利国家奠定了基石，通过养老金和失业保险，它创造了新的收入保障形式。在农业方面，一系列新的政府计划撑起了大宗商品价格，从而确保了农业收入。罗斯福新政的监管措施将对未来几十年中的经济生活起到决定性影响，这种影响一直持续到了今天。

罗斯福新政的发展举措更直接地关注长期计划和预期的资本投资政治，这与"事后诸葛亮"式的收入政治形成了反差。[17] 尽管1933年后出现了戏剧性的价格上涨和经济复苏，但20世纪30年代迫在眉睫的问题很大程度上并不在于企业监管和收入分配。相反，长期经济发展依然处于中断状态，因为大量资本依然在作壁上观。投资不足，首先就意味着能够提供就业、产生劳动收入的企业数量不足。

罗斯福新政的发展政策也有两个分支：一个分支是将资本和信贷交到私人手中的政府投资的公营公司；另一个分支则是在私人渠道之外进行直接公共投资的各种联邦项目。通过公营公司的组织手段，一系列新政政策试图重新恢复长期经济发展的活力。在银行业务领域，归政府所有的重建金融公司向许多金融机构投入资本，以此维持其偿付能力，它还为大量政府信贷计划——尤其是农业方面的信贷计划——提供了资金。联邦政府计划为陷入崩溃的房地产建筑行业提供了信贷补贴。国家补贴信贷即便不是人人得以平等获取，依然成为美国人长期享有的一项公民权利。[18] 与此同时，许多新政公共投资计划也出台了。田纳西河谷管理局是一个规模庞大的政府发展机构。通过公共事业振兴署（Works Progress Administration，简称WPA）和公共工程管理局（Public Works Administration，简称PWA），联邦政府项目向道路、电力设施和水坝等汽车工业经济的基础设施进行了长期公共投资，尤以密西西比河以西地区为甚。[19] 这些计划起到了吸引更大规模私人投资的作用，并为福特主义的资本密集型和能源密集型发展开辟了道路。经济复苏越强劲，化石燃料能源体系就越根深蒂固。

第十三章 新政资本主义

新政资本主义是资本主义的一种形态,因为,在什么时候投资、在哪里投资的自由裁量权,依然掌握在资本所有者手中。20世纪30年代,无论是私人投资还是公共投资,无论前者是否出于激励政策,二者结合起来的量级都不足以激发出终结大萧条所必需的充分经济活动。总体而言,动力不足和支出不足的问题依然存在。

1937年,经济复苏进入到第四个年头,为了实现财政清廉(fiscal rectitude),罗斯福政府开始致力于平衡预算,而美联储则采取了各种措施,预防可能出现的通货膨胀。这时,复苏停了下来。1937年到1938年间,出现了"大萧条中的小衰退"。此时,罗斯福政府首次改变方向,转为接受以政府赤字支出为公共投资提供资金、从而触发"财政倍增器"的可能性。资本所有者担心的,不再是金融恐慌,而是政府干预资本投资的切实可能,于是他们再度收紧钱包。一种新的流动性偏好出现了,那就是政治性流动性偏好。[20] 资本家谴责政府导致的"不确定性",要求做出有利于其自身利益的政策改变,他们撤回了固定工业投资,持币观望,同时加快了新一轮削减开支的脚步。

到1939年希特勒入侵波兰时,由于对民众力量实施了法西斯式的动员,尤其是对战争工具制造进行了大规模的公共投资,纳粹德国的工业部门失业率保持在3.2%的水平。[21] 这个十年将尽之时,罗斯福新政停滞不前,它取得了许多成就,但投资总量依然不足;大萧条仍在涂炭生灵,而作为新政头号大敌的大规模白人男性失业,依然未能得到解决。

新政自由主义的政治经济学,将要等到"二战"之后才会尘埃落定。然而,回到1933年3月,富兰克林·德拉诺·罗斯福的当务之急,是勉力保全资本主义,防止其陷入不确定性和"恐惧本身"的政治心理。[22]

1. 悬崖勒马

1933年3月4日,富兰克林·德拉诺·罗斯福就任总统。这时,新一轮恐慌已经导致数百万美元存款被提取,超过5亿美元的流通货币被囤积在"地洞、密室、外套里子、马辄、煤堆和树洞"这样的地方。[23] 期待着未来价格可能会更低的个人不再花钱,这种价格下跌的预期于是成为事实。出于这种普遍的心理机制,价格进一步缩水。入主白宫的富兰克林·德拉诺·罗斯福别无选择,只好同美国公众玩起了信心博弈。"资本主义在8天之内就得到了拯救",日后,莫利会如是说。[24]

要对新的大众政治心理学有所了解,从富兰克林·德拉诺·罗斯福入手是条捷径。墨索里尼、希特勒和斯大林都更青睐露天场所的群众集会,但富兰克林·德拉诺·罗斯福所选择的政治工具,却是广播。1933年,60%的美国家庭拥有一台收音机。[25] 罗斯福以他那个人风格明显的上流社会口音,抑扬顿挫地对"美国同胞"致辞。记者洛雷娜·希科克于1934年向来自新奥尔良的哈里·霍普金斯(Harry Hopkins)转述说:"这儿的人似乎都认为他们跟总统有私交……他们觉得他是在跟自个儿说话。"[26]

在这最开始的8天里,富兰克林·德拉诺·罗斯福的声音可谓攸关大局。1933年3月12日,这位总统发表了首次关于"银行业务危机"的炉边谈话,就《紧急银行业务法》做出了解释。这项立法对为期6天的国民银行交易暂停进行了追溯式授权。而在其他条款中,《紧急银行业务法》还禁止了私人出口黄金,并允许经联邦特许成立、由财政部注资的重建金融公司投资银行优先股。罗斯福总统冷静地解释道,银行将于第二天开门营业:"大家必须怀有信心……让我们团结起来,消灭恐惧。"[27] 立竿见影地,已被提取出的近2亿美元金币,开始流回银行的保险库。[28] 银行业恐慌结束了,

第十三章 新政资本主义

囤积起来的通货开始重回银行交易体系。

在通货紧缩的问题上，4月19日，罗斯福总统宣布了"绝对控制下的通货膨胀"政策。政府放手，让美元与黄金自由交易兑换。美元开始贬值，总体价格水平开始抬升。即便对罗斯福总统的意图还存有疑惑，这年夏天，当他在伦敦世界经济会议上发布一条引起轰动的消息之时，讨价还价的幻想也被他打消了。要维持金本位制，各国就得将捍卫该国通货与黄金固定汇率的国际义务置于本国的经济优先事项之上。守住金本位制要求周期性地提高利率，以吸纳外国黄金，而这限制了本国的信贷供应，导致通货紧缩。罗斯福总统宣布，从现在开始，白宫将对"那些所谓的国际银行家的积习旧癖"不予听闻。[29]

与此同时，重建金融公司开始向银行注入公共资本。在第一次世界大战期间开创了许多重要先例的这家公有公司，成为举足轻重的发展机制。[30]罗斯福总统任命重建金融公司的董事会成员杰西·H. 琼斯（Jesse H. Jones）为其新任董事长。杰西来自休斯敦，他认为，这座城市注定将成为"南方的芝加哥"。位居罗斯福总统之下的琼斯，堪称这个国家20世纪30年代第二号权势人物。他是一名银行家，一位民主党的操控者，还是一个认为华尔街垄断了资本和信贷的资深布赖恩派（Bryanite）。"这个国家的大部分地区位于哈得孙河以西，而没有任何一块领土位于大西洋以东。"他曾经这样说。他做出了一项个性十足的决定，向铁路公司发放贷款，却迫使其管理层将总部搬离纽约："你们住得离自己的铁轨太远了。"[31]罗斯福总统经常会抱怨琼斯的大权在握，称他为"耶稣·H. 琼斯"。这位总统不得不忍受琼斯种族主义味道十足的"黑鬼故事"。然而，这两个人却有一个共同的大敌，那就是"23号"——华尔街23号，J.P.摩根公司的总部。有一次，一些银行家在白宫与罗斯福总统对峙，要求免去琼斯的职务。罗斯福总统把一根烟放到了烟嘴里。"伙计们，我得跟杰西商量一下这事儿。"[32]

琼斯领导下的重建金融公司，关闭了全美国 5% 的银行，然后通过购买银行优先股的方式为剩下的许多银行注资。到 1935 年，重建金融公司拥有的银行股本已经占到了全美银行股本的三分之一。[33] 它将成为一系列新政信贷机构的大本营。琼斯坚持认为，重建金融公司的公共投资应当具有商业可行性——它们不应承担损失，这不是债务融资式"救济"。重建金融公司的公共资本和信贷实现了其目的。重建金融公司制止了银行恐慌，实现了多家新政机构的资本化，并帮助提高了物价。[34]

如果说奉行西式国家资本主义的琼斯是一个新物种的话，新政风云人物汤米·科科伦（Tommy Corcoran）也在此列。他有一个富兰克林·德拉诺·罗斯福起的外号，叫"捣乱头子汤米"（Tommy the Cork）*。这位总统喜欢给人起外号，也喜欢讲笑话，虽然这样有些小团体作风和大男子主义，却能令人放松。（与之相反，胡佛总统在位时一直绷得紧紧的，毫无幽默感。）汤米·科科伦是一名信奉天主教的爱尔兰裔新英格兰人，是从维也纳流亡到美国的哈佛法学院教授费利克斯·法兰克福特（Felix Frankfurter）的得意门生。法兰克福特以其进步主义的公共事业监管主张而扬名立万，对华尔街总体上怀有敌意。法兰克福特的许多"门生"日后群集于罗斯福新政的各个行政机构。[35] 1932 年成为重建金融公司律师之前，科科伦曾在纽约从事公司法业务。他与本杰明·科恩（Benjamin Cohen）密切合作，后者也出自法兰克福特门下，但在梦想破灭后成为一名华尔街的公司律师。[36] 汤米·科科伦扮演着促成立法的角色，在国会中拉动选票，而科恩则是起草法律条文的大师。

---

* 这个外号里有多重含义：除了与科科伦这个姓氏谐音，汤米·科科伦是爱尔兰裔，而科克是爱尔兰最大的郡，历史上以不服管束著称，同时英语里 cork 也有流氓无产者、工贼的意思。

第十三章　新政资本主义

一个勠力同心的新同盟出现了。毕业于哈佛和耶鲁、反华尔街的公司律师，与琼斯这样的非华尔街银行家，以及长久以来作为民主党票仓、心怀不满的西部农场主和南方白人种植园主结成了联盟，致力于将对华尔街的严厉监管立入典章。由此，被加强监管的华尔街受到了打击。由科恩谋划推出的1933年《证券法》（Securities Act of 1933）禁止了欺诈性的证券发行，它开始削弱纽约证券交易所的自我监管。然而，即便华尔街受到了新的监管措施的约束，此种法律依然带来了意料之外的后果，那就是美国资本市场进一步向华尔街集中。本地证券市场，尤其是中西部地区的那些证券市场，曾经在19世纪晚期的小规模工业化及其昙花一现的财产政治中起到关键作用，但它们已经被大萧条所削弱。此时，这些证券市场面对着新监管政策的高昂代价，逐渐凋零。

罗斯福新政的监管举措就此展开行动。1933年的《银行业务法》（Banking Act of 1933）要比《证券法》更加影响深远，人们通常会以其南方民主党发起人——弗吉尼亚州的卡特·格拉斯（Carter Glass）和亚拉巴马州的亨利·B. 斯蒂高尔（Henry B. Steagall）——为其命名。《格拉斯-斯蒂高尔法》将吸纳存款和发放贷款的商业银行业务与包销证券的投资银行业务剥离开来。J.P.摩根公司因此不得不单独成立一家投资银行——摩根士丹利（Morgan Stanley）。《格拉斯-斯蒂高尔法》还创建了联邦存款保险公司（Federal Deposit Insurance Corporation，简称FDIC），这是一家类似重建金融公司的公有公司，其目的在于为没有分支机构的小规模乡村银行提供支持。民粹主义者早就要求创建联邦存款保险公司。不同于放任各家银行实行整合、从而在银行挤兑时可以从更大、更多元化的池子里汲取资源的做法，联邦存款保险公司为存款设定了2500美元的最高保额。随着银行挤兑逐渐停止，联邦存款保险公司的行动奏效了。最后，《格拉斯-斯蒂高尔法》的"监管Q条款"

赋予联邦政府设定存款利率上限的权力。如果银行可以通过提高利率的办法争取存款，他们必然要寻求更高的投机收益，以此支付利息。"监管Q条款"在商业银行之间创建了一个类似于利益联盟的结构框架，它限制了利润，但也确保了收益。[37]

经济学家和历史学家对于《格拉斯-斯蒂高尔法》的功过存在许多争议。多年以来，它自然带来了许多意想不到的后果，按照某种主张必须允许资本自由流动以获取最大效用的经济效率标准，这项立法是具有破坏性的。[38]但这种破坏恰恰是重点所在。不受约束的资本流动一直都是衰退之源。这项监管措施的明确目标，便是要减缓资本流动速度，打造阻拦和控制资产自由转换的资本墙和资本口袋——换言之，让金融系统减少对交易流动性的依赖，降低面对杠杆和波动时的脆弱性。[39]《格拉斯-斯蒂高尔法》在投资和商业银行业务之间建起的高墙，既是这种尝试的手段，也是其符号。至于"监管Q条款"，20世纪20年代的高利率环境已经形成了投机诱因，也已加快了信贷周期，把它当成金融改革的靶子，是合情合理的。

《格拉斯-斯蒂高尔法》在罗斯福新政备受赞誉的"百日新政"（First Hundred Days）中，是意义较为重大的银行业务和金融改革举措之一。

2. 生产过剩与百日新政

在百日新政中，一个突出的经济理念推动了农业和工业两方面的政策，那就是价格下跌的原因是"生产过剩"。因此，为了限制商品供应，就要令它们更加稀缺，从而提高其现行市场价格。在价格上涨的基础上，包括就业在内的经济活动才可能恢复。诚然，任何可能打破这个螺旋式通货紧缩现状的行动都可能是有益的——即

第十三章　新政资本主义　　　　　　　　　　　　　　　　　　　　　525

便真正的问题在于产能未得到利用和投资不足，而不是生产过剩。本着总得试着做点什么的精神，在百日新政期间，国会立法对商业市场做出了相当大手笔的干预，以限制供应，进而令经济复苏。即便不是全部，一些干预措施的确经历了时间的考验而得以一直延续。

　　1933年5月12日，国会通过了《农业调整法》（Agricultural Adjustment Act of 1933），创设了一个全新的联邦机构——农业调整管理局（Agricultural Adjustment Administration，简称AAA）。另一个目标是债务减免。罗斯福总统说过，"人性不可能接受通缩"，但进一步的通缩也是在政治上不可接受的。[40] 4月，负债累累的艾奥瓦农场主在抗议债主收回作为贷款抵押物的农场时，几乎私刑处死了一位法官。米洛·雷诺（Milo Reno）领导下的农场主假期协会（Farmers' Holiday Association）呼吁政府出面保证农业收入高于"生产成本"。[41] 这一表述源自工业部门，在该部门中，几乎形成垄断的大生产商制定价格而非被动接受竞争性市场定价。在竞争激烈的农业部门，农场主也梦想成为价格制定者，获得高出其生产成本的保障性收入，无论供应和需求关系如何。这一版本的收入政治要求政府的干预。

　　农业调整管理局的"国内配额"计划，通过出钱让农场主不生产的办法限制供应，生产成本并未在政治上获得优先考量。相反，明确的目标是确保大宗商品"平价"，也即以第一次世界大战时的价格水平为基准，那时候，还不曾出现20世纪20年代投机性投资热潮中供应远远超出需求的现象。根据国内配额制度，当有可能危及商品平价时，就会禁止过量生产。为了给这一计划提供资金，国会通过了一项农产品加工税，这项税收的负担主要落在了东北部和中西部的工业州头上。[42] 等到农业调整管理局于1933年创建成立之时，大多数农场主都已经完成了播种。在南方，佃农们种下了1 000亿英亩棉花——地主（而不是这些佃农）为此收到了1亿美元的赔偿。农业部部长亨利·华莱士（Henry Wallace）下达了一个臭名昭著的命令，杀死了数百万只仔猪和数十万头母猪。牛奶被倾倒于路边。但是，价格的确上升了。棉花价格从1932年的6.5美分涨到了1933年的超过10美分。[43] 1934年，联邦政府从一开始就通过付钱给农场主、让他们不要播种的方式限制供应。到那时，美国乡村地区已经有了数千个县一级的生产"控制委员会"，对生产进行监督。尽管这些办法有时欠缺优雅，但限制农业供应的确促成了价格回升，并最终动摇了通缩预期。增加的农业收入也成为制成品和服务消费需求的源头活水，从而帮助了经济恢复。

与此同时，政府令通货持续贬值的做法，帮助提高了大宗农产品价格。1933年，美元并没有与黄金挂钩，但是在决定美元这一通货的相对价值以及总体价格水平时，黄金-美元汇率依然十分重要。在1933年10月22日的炉边谈话中，罗斯福总统解释说："自从3月以来，联邦政府的明确政策一直是恢复大宗商品价格水平。"为了实现这一目标，"美利坚合众国必须将美元对黄金的价值牢牢地掌握在自己手中"。[44] 富兰克林·德拉诺·罗斯福和他的新任财政部部长亨利·摩根索（Henry Morgenthau）开始每天在白宫共进早餐，设定黄金-美元汇率。一天早上，罗斯福总统建议将汇率提高21美分。为什么？"这是个幸运数字，因为它是7的3倍。"[45] 1934年的《黄金储备法》（Gold Reserve Act of 1934），将以35美元每盎司的汇率实现美元与黄金的再度挂钩。自从富兰克林·德拉诺·罗斯福就任以来，美元对黄金贬值了60%。罗斯福总统宣布，这种重新挂钩并不是永久不变的，如果有需要，将会做出更多的调整。他宣布："我保留在美利坚合众国利益需要的情况下对这一声明做出变更的权利。"[46]

农业调整管理局还制定了各种项目，为农业部门注入信贷。农业信贷管理局（Farm Credit Administration）合并了胡佛在位时成立的联邦农业委员会，拨款 2 亿美元，为农场抵押贷款再筹资金。1933 年的《农业信贷法》（Farm Credit Act of 1933）打造了一系列政府扶持的公有公司和农业信贷合作社，并为它们提供资金。[47] 琼斯主导下的重建金融公司也四面出击，为农业调整管理局创建的信贷机构提供了数亿美元的贷款。[48]

作为对那些带有民粹色彩的进步主义时代项目的延伸，商品信贷公司（Commodity Credit Corporation，简称 CCC）提供了额度相当于大宗农产品平价 60% 到 70% 的"无追索权"（nonrecourse）贷款，然后将这些农产品储存起来。此时，政府——而不是那些曾在 1929 年经济萧条期间大量倾销农作物、从而摧毁了市场价格的投机商——承担起了管理大宗商品库存的责任。如果价格上涨，超过了商品平价，农场主便会卖出自己的收成，偿付贷款，将差价利润收入囊中。如若不然，商品信贷公司则会吞下这些贷款，接过这些农产品的所有权。只有遵守生产控制措施的农场主，才能获得这种扶持。1936 年，农业部位于华盛顿的总部楼群竣工之后，这个占地面积庞大的官僚机构建筑立时便成为全世界规模最大的办公楼。

长久以来，农业集团一直是民主党的选举中坚力量，许多新政风云人物对农业政策都驾轻就熟。带有民族主义——甚至是法西斯主义——怀旧色彩的"回归土地"运动，在饱受萧条打击的工业化经济体中十分常见。[49] 1934 年，富兰克林·德拉诺·罗斯福签字批准了杰斐逊纪念堂的建造项目，这并不是一个巧合。在工业政策方面，罗斯福新政的态度要更犹豫不决，但出发点是一样的，那便是寄希望于限制产出，以此推动价格再度提升。在这里，与竞争激烈的农业部门相反，少数大型工业企业已经经常联手设定价格。政府采取干预措施支撑价格的必要性没那么大。然而，还是那个道理，在复苏的早期阶段，任何可以对抗价格下跌的措施都是有助益的。

在工业领域，富兰克林·德拉诺·罗斯福政府百日新政期间的

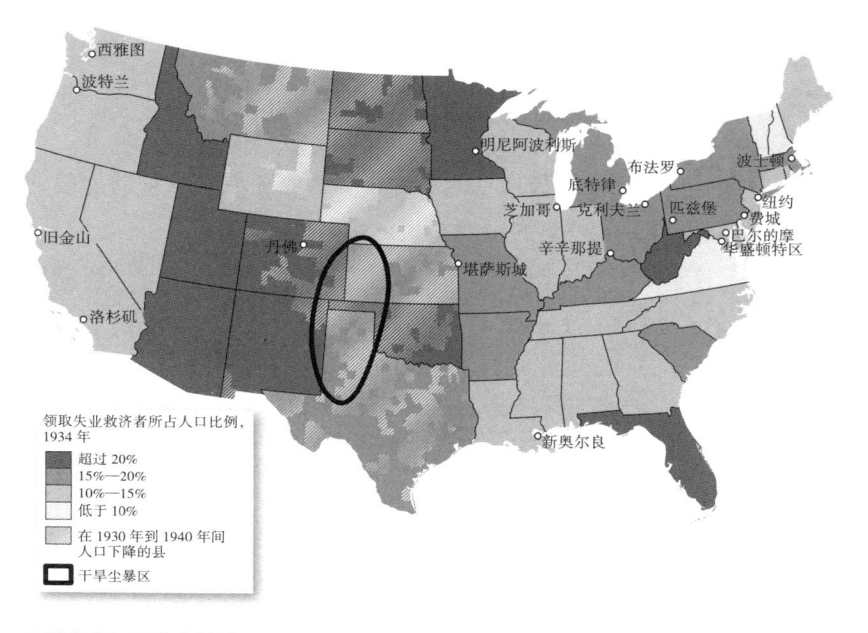

大萧条期间的失业救济

这张失业救济地图体现了经济困难的地理分布，它还表明了罗斯福新政有能力提供救济援助的地区。

首要关注点，便是失业救济。

1933年3月，国会创立了联邦紧急救济管理局（Federal Emergency Relief Administration，简称FERA），负责人是富兰克林·德拉诺·罗斯福的老部下、前纽约临时救济管理局局长哈里·霍普金斯。联邦紧急救济管理局开创了通过州政府分发联邦福利资金的先例，而后者承担了大部分的管理工作，市一级政府却没能得到任何好处。[50]值得一提的是，联邦紧急救济管理局并没有分发现金，也即被罗斯福总统称为"dole"的那种救济金，而是付钱给州政府，让他们以此雇用男性工作，这本质上是在刺激男性赚钱养家。联邦紧急救济管理局妇女部门负责人埃伦·伍德沃德（Ellen

第十三章 新政资本主义

Woodward）向埃莉诺·罗斯福（Eleanor Roosevelt）抱怨说，霍普金斯的目标只是"让男性有工作"。[51] 正如美国儿童局的格雷丝·阿博特（Grace Abbott）在其著作《儿童与国家》（*The Child and the State*, 1938）中所说，这也意味着，"雇用有子女需要抚养的母亲……是要受到谴责的"。[52]

百日新政的最后一项立法，是 1933 年的《国家工业复兴法》（National Industrial Recovery Act of 1933，简称 NIRA），依据该法创建了国家复兴管理局（National Recovery Administration，简称 NRA）。[53] 这项法律的目的是提高价格、工资和利润，如有必要的话，可以借助政府批准的垄断行为限制生产，令其实现。公司间的垄断趋同行动是受欢迎的，甚至会被欣然接受。对于长期以来作为反垄断大本营的民主党来说，这是大胆的一步，充分体现出了罗斯福新政初期知识分子对不加限制之市场竞争的批判。"把戏已被拆穿，"罗斯福新政政策顾问、哥伦比亚大学经济学家雷克斯福德·特格韦尔在 1933 年 6 月的一次讲演中宣布："猫跳出了口袋。根本没有看不见的手。"[54] 罗斯福总统任命了前战争工业委员会（War Industries Board）官员休·约翰逊（Hugh Johnson）为国家复兴管理局局长。国家复兴管理局暂停了反垄断法的实施。按照计划，每个工业部门的所有企业将合作协商出限制产量、价格和工资的、具有约束力的"行业准则"（industry codes）。国家复兴管理局的模板，是第一次世界大战时存在过很短一段时间的战争工业委员会，但是，这种非战时的政府干预在美国历史上并无先例。约翰逊在办公室中挂了一幅墨索里尼的肖像，他还将提出法西斯主义国家理论的拉法埃洛·维廖内（Raffaello Viglione）的著作《公司制国家》（*Lo stato corporativo*, 1927）分发给自己的手下。

国家复兴管理局的行业准则适用于劳工标准。《国家工业复兴法》的第 7 节 a 项是一个巨大的法律转折，它规定，产业工人有权

"通过他们自己选出的代表组织行动和进行集体谈判",而当时工会成员仅占美国产业工人的5%。《国家工业复兴法》还号召制定最高工时和最低工资标准。

最后,在琼斯的重建金融公司之外,还有另外两个百日新政机构推出了新政发展举措,它们的任务是进行公共投资。1933年5月,国会特许成立了一家公有公司——田纳西河谷管理局——接过亨利·福特未成功的竞标项目,在亚拉巴马州马斯尔肖尔斯附近的某个"一战"军火厂废址之上,对田纳西河谷进行开发。[55] 田纳西河谷管理局将为一个被私营电力公司视为无利可图的贫困边远地区扩大发电能力。法兰克福特的另一位"门生"、之前不过是威斯康星州一名公用事业监管员的戴维·利林塔尔(David Lilienthal),将接手负责田纳西河谷管理局。

另一个发展机构是基于《国家工业复兴法》第2章而设立的公共工程管理局。罗斯福总统将公共工程管理局交给了内政部部长、来自芝加哥的政治改革家哈罗德·伊克斯(Harold Ickes)负责。在发行10亿美元债券的基础上,公共工程管理局获得授权,可以做出高达36亿美元的公共投资,主要投向基础设施建设,这让人联想起了商业时代的"内部改良项目"。[56] 作为一名进步主义共和党人,伊克斯的每一步都走得很谨慎。他认为,公共投资应当是具有商业可行性的,至少不应让纳税人承担任何代价。

对银行和金融业的对抗性监管,借助救济对男性失业问题的解决,以及通过结束农业和工业"生产过剩"现象以提振价格的努力,所有这些,都要比百日新政中的公共投资占据更重要的地位。

3. 全阶级大联盟的宿命

在政治方面,本着就任后的那种急事急办的精神,罗斯福总

第十三章　新政资本主义　　531

统曾希望能促成民主党与进步主义共和党人结成一个"全阶级大联盟"。但在1934年，随着政府通过了深化改革力度的金融和银行业立法，政治开始出现两极分化。左翼和右翼社会运动接连爆发。工业企业家拒绝工人有权与他们讨价还价的主张，大规模的抗议罢工风潮威胁着国家复兴管理局。罗斯福总统可能会对政治局势失去控制。

在本杰明·科恩起草1934年《证券交易法》（Securities Exchange Act of 1934）的过程中，华盛顿对华尔街的攻击仍在继续。上市公司如今必须发布年度和季度财务报告。该法禁止了"内幕交易"，而且充满各种反欺诈条款。为了执行该法，一个新的监管机构成立了，这就是证券交易委员会。罗斯福总统的顾问阿道夫·伯利（Adolf Berle）和加德纳·米恩斯（Gardiner Means）在《现代公司和私有财产》（The Modern Corporation and Private Property, 1932）中，对大并购运动以来大型公司制工业企业中日益增多的所有权与管理分离现象进行了调查。《证券交易法》将他们代表股东权利和利益提出的许多建议编入了法典。华尔街曾强烈反对该项法案，但"捣乱头子汤米"从反对华尔街的南部和西部民主党人那里获得了支持，在他的巧妙安排下，这项法案在国会获得通过。

1934年，国会还通过了《国民住房法》（National Housing Act of 1934），这为住房投资市场带来了诸多巨大改变。如果说证券交易委员会专注于对证券交易进行监管的话，《国民住房法》的目标则是发展性的——运用公共权力减少不确定性，诱使人们对房地产建设进行有利可图的长期投资。它成功了。固定住房投资一度从1929年的40多亿美元跌落至1933年的7.24亿美元，而这是导致大萧条的主要原因之一。《国民住房法》创设了联邦住房管理局（Federal Housing Administration，简称FHA），它将私人住宅投资推向了更长期的时间范围。在这之前，大多数私人抵押贷款的期限为三年到五年，不可分期偿还，而且最后一年中需要做出"巨额还款"("balloon" payments)。联邦住房管理局制定了标准化的个人住房装修贷款条款(《国民住房法》第一章)和住房抵押贷款条款(《国民住房法》第二章)。它还延长了分期付款时间,通常为二十年到三十年之间。很快,1938年的立法便创设了联邦国民抵押贷款协会[Federal National Mortgage Association,简称FNMA或房利美(Fannie Mae)],以此资助一个以联邦住房管理局批准的抵押贷款为交易对象的全国性二级市场。联邦住房管理局还为审批贷款提供保险。虽然略显无聊,长期房地产投资却变得几乎毫无风险、保证有钱可赚。政府作为一个有购买意愿的买家,担保了债券的交易流动性。在这种情况下,公共权力与私人投资的结合是成果丰厚的。在这些诱因的驱使下,1935年,私人住房投资回升到了14亿美元。这将成为一个一直沿袭下去的长期发展机制,尽管在罗斯福新政期间,这一机制并未在住宅领域之外得到太多尝试。它并非直接公共投资。政府的各种支持将作壁上观的私人资本骗下了场。[57]

同于1934年春天创建成立,具有监管性质的证券交易委员会和具有发展性质的联邦住房管理局日后被证明拥有持久的重大影响。然而,到那年夏天,国家复兴管理局却陷入了困境。[58]这家机构在1933年9月大张旗鼓地开始运作,当时,150万纽约人沿着第五大道排起长队,围观有25万人参加的、为庆祝国家复兴管理局行业准则成文而举行的大游行,游行队伍中许多人挥舞着国家复兴管理局类似法西斯的"蓝鹰"符号。休·约翰逊一部接一部地撰写着行业准则,这项任务是极其艰巨的。1933年7月,针对棉纺织行业协会(Cotton-Textile Institute)的第一部行业准则——《公平竞争准则第1号》(Code of Fair Competition No.1)——遇到了阻力。该准则试图通过限制纺织品生产的办法提高价格。其他行业准则的出台速度也慢得令人沮丧,以至于罗斯福总统最终发布了一部"一揽子准则"(blanket code)。除了其他条款,该准则规定了每周35

第十三章 新政资本主义

小时的工作时间和40美分的最低工资。这部一揽子准则在稍做修改后，马上便被应用于450个行业和90%的产业工人。它纳入了《国家工业复兴法》第7节a项的内容，承认工人有权"通过他们自己选出的代表组织行动和进行集体谈判"。

但是，国家复兴管理局并没有足够的行政权限将这部准则的目标付诸实施。不管怎样，雇主对第7节a项内容的反对，就足以让它石沉大海。棉纺织行业1933年7月时拥有44万名工人，而这一数字还在不断增加，尤其是在新英格兰和低工资的南部山麓高原地区。隶属于美国劳工联合会的美国纺织工人联合会（United Textile Workers of America，简称UTW）在1932年仅代表了27500名从业者，而且全都在新英格兰，根本不起任何作用。到1934年，在《国家工业复兴法》第7节a项的启发下，美国纺织工人联合会自称其会员人数激增到了27万，但纺织品制造商并不承认这个组织。1934年9月，就在国家复兴管理局批准削减工作时间以限制生产过剩的当口，从缅因州到佐治亚州，爆发了一场针对承认工会地位问题——换言之，是否遵守法律条文规定——的大规模全面罢工。

通观美国劳工历史，很少有哪些年能在戏剧性上与1934年比肩。[59] 1933年，动荡已经初现端倪，在俄亥俄州的阿克伦（Akron），橡胶种植园工人组建了工会，准备开展一场大罢工，而加利福尼亚州的墨西哥、日本和菲律宾水果采摘工人也举行了罢工。然而，1934年是一场大爆发：在1856次罢工事件中，150万名工人要求切实执行《国家工业复兴法》第7节a项的内容。在俄亥俄州的托莱多（Toledo），汽车零部件工人赢得了对工会地位的认可，尽管一场暴力冲突招致了国民警卫队的出动。在旧金山，受共产主义影响的码头工人赢得了对工会地位的认可。10月，重重压力之下的休·约翰逊被精神疾病打倒了，他辞去了国家复兴管理局的职务，临别前，他对困惑不解、士气低落的手下发表了一席演讲，将自己比作了蝴蝶夫人＊。[60]

在白宫中，随着左派继续鼓动生事，罗斯福总统的态度变得模棱两可。1934 年 1 月，加利福尼亚的医生弗朗西斯·汤森（Francis Townsend）呼吁，为 60 岁以上的人每个月发放 200 美元的养老金，200 万人加入了所谓的汤森俱乐部，2 500 万人签署了汤森请愿书。路易斯安那州的参议员休伊·P. 朗（Huey P. Long）宣布了自己的"分享财富"（Share the Wealth）行动计划，提议为所有家庭发放 5 000 美元的基本收入。[61] 公共工程管理局的负责人哈罗德·伊克斯在日记中写道，总统"必须进一步向左转，才能把控住这个国家"。[62]

与此同时，来自右翼的、针对新政的有组织反对活动第一次暴露在明面上。罗斯福总统的一位"银行家朋友"詹姆斯·P. 沃伯格（James P. Warburg）辞去行政职务以示抗议，并撰写了《糟蹋钱财》（*The Money Muddle*，1934）一书表示批评。罗斯福总统给沃伯格写了封信，建议他买辆车周游全国，亲眼见证一下遍及四处的贫困和苦难，然后再把书重写一遍。[63] 1934 年 8 月，立场保守的美国自由联盟（American Liberty League）成立了，其宗旨是"教导尊重人身和财产权利的必要性"。[64] 身为炸药制造商并拥有通用汽车公司控股权的杜邦家族，是该联盟重要的早期资助者，甚至连两位前民主党总统候选人阿尔·史密斯（Al Smith）和约翰·W. 戴维斯（John W. Davis）也加入了联盟。法兰克福特与富兰克林·德拉诺·罗斯福见了面，他引用了威廉·苏厄德在南北战争爆发前发表的那次煽动性演讲，并警告总统说，在他的行政班子与许多（假如不是全部的话）资本所有者之间，也存在着一种"无法遏制的冲突"。[65]

共和党人期望能在 1934 年的国会中期选举中获得更多席位。

＊ 普契尼歌剧《蝴蝶夫人》中的女主巧巧桑，她与美国海军军官平克顿结婚生子，后遭背弃。

但相反，民主党人在众议院和参议院中均以领先9席赢得压倒性优势。富兰克林·德拉诺·罗斯福此时已大名鼎鼎，而他的领袖魅力依然是一个强大的武器。[66]这位总统对政治沟通的得心应手在这个时代尤其重要。当时，从卡罗来纳皮埃蒙特的纺织工人，到芝加哥的"白人少数族裔"（white ethnics），再到洛杉矶的墨西哥族群，许多劳动者都是第一次体验大众文化，这其中就包括了罗斯福总统的炉边谈话。[67]与此同时，物价呈总体上升趋势，经济复苏已经开始了。

尽管如此，1934年的美国失业率依然保持在16.2%。在工业领域，这个数字是32.6%。[68]还有更多的事情需要去做，而政治上的支持是现成的。"小伙子们，"霍普金斯对他的手下（其中一些是女性）说，"咱们的时机到了。我们必须搞定希望得到的一切——劳资项目、社会保障、工资和工时规定，所有一切——要么是现在，要么就永无可能。"[69]试图对政治风向做出解读的罗斯福总统本人，并不确定下一步该怎么走。

4."我对他们的敌意表示欢迎"

1935年整个冬天，罗斯福在政治上一直摇摆不定。

立法活动并未停止。总统在1935年1月4日发表的年度咨文中反复提到两个主题：一是亟须保障经济安全；二是"必须为身体健全却穷困潦倒的工人找到工作"。[70]1935年5月，公共事业振兴署成立了，罗斯福总统将该机构交到了曾掌管此时已被取代的联邦紧急救济管理局的霍普金斯手中。公共事业振兴署成为规模最大的新政机构，国会为其拨款近50亿美元。寻求就业的个人可以向当地公共事业振兴署机构提出申请，接受经济状况调查。公共事业振兴署直接雇用福利领取者。就业岗位仅限于每户一人，绝大多数情况下偏向于身体健全的白人男性养家糊口者，女性仅占公共事业振兴署就业人员的 15% 左右，与非裔美国人相同。公共事业振兴署官面上不能根据种族而歧视对待。公共事业振兴署提供的就业中，约有 75% 是有关"高速公路、街道、公共建筑、机场、公用事业和娱乐设施"的公共基础建设项目。[71] 四分之一的公共事业振兴署雇员就业于"服务"部门——从事白领和职员工作，甚至在大学承担研究任务。公共事业振兴署并不是"救济"，政府并没有尽可能地大幅减轻人类苦难，也不打算刺激支出，而是继续把重心放在仿效资本主义式的按劳取酬之上。[72]

春天里，罗斯福总统乘坐一艘阿斯特游艇外出度假，有传言说，他正在谋求与商界精英重归于好。他否决了公共工程管理局投资公共住宅的数项提议，从而令房地产同业公会（Realtors）的游说活动满意而归。基于稳健公共财政的理由，他否决了国会以债券形式向"一战"退伍军人发放 17 亿美元的"补助金法案"。尽管如此，美国商会（U.S. Chamber of Commerce）依然宣布反对新政。这是一家拥有许多小型企业成员的协会，与重工业成员占多数的全国制造商协会（National Association of Manufactures，简称 NAM）不同。"总统对于资本家竟然不明白他是他们的救世主这一点深表惊奇。"经济顾问雷蒙德·莫利回忆道。[73]

当罗斯福总统在政治上摇摆不定时，美国最高法院采取了行动。1935 年 5 月，最高法院做出了谢克特家禽公司诉美利坚合众国（Schechter Poultry Corp. v. Unitied States）一案的裁决，废止了国家复兴管理局颁布的行业准则，判定这些准则违反了关于立法权归属的宪法规定。[74] 罗斯福总统无法相信，这项裁决竟以 9 人赞成、无人反对的票数获得通过。"可老以赛亚是怎么回事啊？"他问，这指的是犹太人大法官路易斯·布兰代斯（Louis Brandeis）。长期以来一直倡导在监管下开展竞争、对垄断大加批判的"老以赛亚"，把"捣乱头子汤米"叫到自己的法官办公室，给他上了一课。"中

第十三章　新政资本主义

央集权的这一套到此为止，我希望你回去跟总统说，我们不会让这届政府将所有权力都集于中心。这事儿到头了。"[75] 国家复兴管理局就此寿终正寝。

便是在这一关头，富兰克林·德拉诺·罗斯福在政治上下定了决心。他决定向左挺进，尤其是在言论方面。那种把"人民群众"与精英分子划成两个对立阵营的民粹主义修辞手法，对于民主党来说并不新鲜。"我对老安迪·杰克逊了解越多，就越喜欢他。"罗斯福总统此时这样打趣道。[76] 1935年6月4日，精力充沛的他要求国会留在华盛顿，在暑热难耐中进行一次夏季特别会议。他请求通过四项法案：《社会保障法》、《国家劳资关系法》(National Labor Relations Act of 1935)、《银行业务法》(Banking Act of 1935)和《公用事业控股公司法》(Public Utility Holding Company Act of 1935)。几天后，他向这个清单中加入了《税收法》(Revenue Act of 1935)，其中包括一项新增的累进式所得税法案。这一时期后来被称为"第二个百日新政"(Second Hundred Days)。杰克逊主义的民主政治一直支持财产政治；随着收入政治走向罗斯福新政和民主党内部的中心舞台，"保障"这时成了新的行动口号。

罗斯福总统在1935年6月19日发表的关于收入所得税的讲话，是由法兰克福特、科科伦和科恩执笔的，它标志着一个一去不回的转折点。总统猛烈抨击了"巨额财富"和"巨额资本集中"。当这项法案在参议院当众宣读时，一年后被刺客的子弹夺去性命的休伊·P.朗说："我只想口颂'阿门'以表赞同。"新的收入税针对收入最高的那1%的人，顶格税率从63%上升到了79%。(直到1938年，只有老约翰·D.洛克菲勒富到了需要按此税率缴税的地步。)只有收入最高的那5%的人，才会面临税收上涨。遗产税增加了，累进式的公司收入税也是如此。[77] 在大规模的工业经济体中，美国的公司所得税的累进式特征变得格外明显。[78] 新政自由主义者认为存在着"公司人格"(corporate personality)。如果一家公司是一个法人的话,那么其收入也可以被征税,与包括血肉之躯在内的任何其他法律人格没有分别。[79]

从信贷补贴到员工工资补助,许多新政经济政策依然有利于大规模的商业利益集团。[80] 但是,白宫在措辞上的变化的确带来了后果。作为对这些尖刻言辞的回击,商业利益集团开始与罗斯福总统和新政大唱对台戏。[81] 美国商会和全国制造商协会大力游说,反对这项"敲富人竹杠"的法案。《商业周刊》(*Business Week*)报道说,罗斯福与商界之间的裂痕"似乎已彻底断开,永无修复之可能"。[82] 一个新的模式出现了,在这种模式中,联邦政府采取行动,为资本主义企业提供种种便利,而许多商人却对其税收和监管政策怨声载道。从政治上,罗斯福总统不再试图向资本家们解释,自己很可能是"他们的救世主"。

1935 年的《公用事业控股公司法》,或许是所有新政立法中对资本所有者最为直接的攻击。这是法兰克福特、科恩和科科伦的又一项成果,为此,他们与众议院中以得克萨斯议员萨姆·雷伯恩(Sam Rayburn)为首的南方民主党人结成了联盟。在纽约州担任州长时,富兰克林·德拉诺·罗斯福曾经是电力事业公有化的倡导者。1932 年,大部分的电力都是由私人所有的公用事业公司发出来的,而 40% 的私营部门供电,源自三个规模庞大的全国性控股公司——芝加哥的塞缪尔·英萨尔(Samuel Insull)公司是其中最大的一家。这些公司借助公司债券和股票发行,买下规模较小的公司。公共事业股票的崩盘尤其是引发 1929 年大崩盘的罪魁祸首之一。被指控犯有欺诈罪后,英萨尔逃离了美国,但还是在土耳其被引渡归案(最终被判无罪)。[83]

如果说"敲富人竹杠"的所得税实践是一个民粹主义理念的话,公共事业监管便是进步主义的既定方针。[84] 对于法兰克福特来说，19世纪铁路公司与20世纪早期电力公司之间有着完美的相似性。《公用事业控股公司法》的序言部分声明，"公用事业控股公司及其附属公司受国家公共利益之影响"。[85]公用事业的宗旨，是提供某种公共服务，以此获取高于成本的"合理"回报率，但也仅此而已——这是一种资本收入的政治化。该法臭名昭著的"死刑条款"，赋予了证券交易委员会拆分控股公司的权力，假如在同一财务伞形结构下拥有多个非毗连业务公司，但无法证明该所有权有利于"公共利益"的话，证券交易委员会就可下手将其拆分。与此同时，借助自身公共投资，田纳西河谷管理局开始产出公共部门供电，按照某个"标准费率"征收电费，并公开推广这一费率，让人可以据此衡量私营部门供电费率和利润的合理性。

接下来，1935年的《社会保障法》涉及了收入政治问题，重点关注薪酬或劳动收入。社会保险堪称罗斯福新政致力于提供安全保障的终极象征，这是进步主义改革的另一个高峰。加州大学伯克利分校的教授芭芭拉·阿姆斯特朗（Barbara Armstrong）曾是总统特设经济安全委员会（President's Committee for Economic Security）的一名委员。据她说，该法是在罗斯福总统对美国的社会保险绝不是"施舍救济"的要求下成形的。[86]最终提交的法案十分复杂，原因之一是私人保险公司势力开展了大举游说，该法案向美国公民提供了新增的养老金和失业保险补贴。[87]这些福利补助是"分担式"的。如果说政府救济仿效了资本主义式的按劳取酬的话，社会保障所仿效的，便是私人保险合同。该法对规模大到一定程度的企业加征工资税。储备金积存于一个与一般税收收入分开的"信托基金"中，按缴存比例支付福利补助。针对女性和儿童的、按经济情况调查结果而发放的福利补助，被称为未成年儿童援助金（Aid to Dependent Children），这是第二种获得福利的渠道。尽管女性工薪阶层占到了美国劳动力人口的25%，社会保障的基本原则依然是男性赚钱养家、女性操持家务的这个理想型。[88] 包括格雷丝·阿博特在内的社会保障制度建筑师们明确表示,要拯救男性赚钱养家的模式,尽管劳工部部长弗朗西丝·珀金斯(Frances Perkins)对此持有异议。经济保障理事会(Council on Economic Security)的亚伯拉罕·爱泼斯坦(Abraham Epstein)说:

> 美国标准假设,一个正常的家庭是由男人、妻子和两三个孩子组成的,父亲完全有能力用自己的收入养活全家。这个标准的前提是妻子或年幼的孩子都没有额外收入……妻子是操持家务的主妇,而不是赚工资的人。[89]

新政政府还将异性恋作为被爱泼斯坦称为"正常"状态的明确标准。[90] 社会保障制度迎合了那些就业于工业部门的男性工薪阶层,他们在大公司中工作,在那里工资税很容易就能被收上来。该项目将农村地区的劳动者和家庭式企业的劳动者排除在外,这些人中有许多都是少数族裔。最开始的时候,只有 15% 的黑人女性工薪阶层有权享受社会保障福利补助。

1935 年的《银行业务法》改革了联邦储备系统。[91] 它增加了设在华盛顿的联邦储备委员会(board of governors)的权力。这个委员会的组成人选、主席及副主席这时都要由总统提名并经参议院确认,不受地区银行控制。作为进一步降低纽约储备银行权力的举措,12 个地区银行行长中的 5 位会以轮流的形式与委员们一道组成新设的联邦公开市场委员会(Federal Open Market Committee,简称 FOMC),享有在货币市场上设定短期利率、决定成员银行准备金要求的权力。它追求的效果,是稀释私人银行家在货币政策制定中的权力。

在第二个百日新政期间,国会还通过了《国家劳资关系法》。

这项立法的主要发起人是纽约州参议员罗伯特·F. 瓦格纳（Robert F. Wagner），因此也被称为《瓦格纳法》。[92] 瓦格纳提出的法案，旨在依法强制执行劳动者的集体谈判权，在罗斯福总统态度未明的那段时间，该法案在这位参议员那里搁置了 15 个月之久。当美国最高法院扼杀国家复兴管理局和《国家工业复兴法》第 7 节 a 项之时，罗斯福总统宣布，这项《瓦格纳法》是"必须通过"的立法。该法保留了《国家工业复兴法》第 7 节 a 项的部分内容，并创建了一个新的行政审判庭，也就是国家劳资关系委员会（National Labor Relations Board，简称 NLRB）。国家劳资关系委员会将确保劳动者新争取到的权利在工作场合中得以实施：组建工会；在国家劳资关系委员会的认证监督下，采用多数投票制进行工会选举；让这些工会作为全权代表开展工资、工时和工作条件谈判的地位得到承认；举行罢工。《瓦格纳法》进一步取缔了"实践中不公平的劳动关系"，禁止雇主干涉劳动者行使谈判权。国家劳资关系委员会还将决定何为适当的"谈判单位"，从而为组建不同于美国劳工联合会那种以熟练技术工匠为基础的同业工会的其他产业工会提供了可能。美国自由联盟表示，"假如最高法院可以扼杀这项法案的话，它早就死了六回了"。[93]

一场产业工联主义的社会运动立时爆发了。由置身于机械化大量生产工业部门之外的熟练技术工匠同业工会所主导的美国劳工联合会，并没有积极行动。挺身而出的，是在美国矿工联合会约翰·L. 刘易斯（John L. Lewis）的领导下形成的一个全国性产业工会联盟。在 1935 年举行于大西洋城的美国劳工联合会年度大会上，刘易斯和几个大量生产工业部门的工会组成了产业工会联合会（Congress of Industrial Organization，简称 CIO），这个联合会随即开展了在大量生产工业部门中的工会组织运动。[94]

就在此时，富兰克林·德拉诺·罗斯福在费城接受了 1936 年的民主党总统候选人提名,他对"经济保皇党"(economic royalists)大加抨击。他的竞选活动在1936年10月31日举行于麦迪逊广场花园的集会上达到了高潮。这位总统对为他撰写演讲稿的"捣乱头子汤米"和本杰明·科恩说,"一定要强硬起来"。[95]他们的确这样做了。"有组织的金钱势力,"富兰克林·德拉诺·罗斯福咆哮道,"在恨我这一点上达成了一致——我对他们的敌意表示欢迎。"在罗斯福总统的第一个任期中,"自私和对权力的渴望遇见了它们的对手";在第二个任期中,他承诺要让它们知道谁才是它们的"主子"。[96]

1936年的总统大选,是一场具有重大历史意义的压倒性胜利,它确保了新政的贯彻实施。富兰克林·德拉诺·罗斯福痛击了共和党候选人阿尔夫·兰登(Alf Landon),在缅因州和佛蒙特州之外的每个州都取得了胜利。1932年,罗斯福拿下了南部和西部。此时,他进一步向东北部-中西部制造业带大举挺进,赢得了威廉·詹宁斯·布赖恩在1896年未能拿下的产业工人的支持。美国劳工联合会的冈帕斯所倡导的"简单纯粹工联主义",限制了自己进入大众政治领域,刘易斯虽然长期以来一直是个共和党人,却并没有这种顾虑。在民主党1936年的各项花费中,由产业工会联合会所贡献的份额占到了10%—15%。[97]劳工组织在新政自由主义决策桌上的一席之地,是用金钱和选票买到的。

帮助富兰克林·德拉诺·罗斯福赢得1936年大选胜利的那个政治联盟,将各种各样的左翼劳工组织全都包括在内。自从1934年苏联号召建立起一个反法西斯的"人民阵线"之后,许多共产党人一直对罗斯福表示支持。这时,一个"文化阵线"也与新政站到了一起。[98]公共事业振兴署最可能被后人铭记的一项成就,是联邦一号计划(Federal Project Number One),该计划斥资2 700万美元,用于雇用失业的美国艺术家。公共事业振兴署资助的20世纪30年代艺术——戏剧、民间传说收集整理和壁画——有着一个贯彻始终

第十三章　新政资本主义　　543

西摩·福格尔（Seymour Fogel），《工业生活》（壁画习作，华盛顿特区社会保障大楼旧楼）(1941 年)

20 世纪 30 年代艺术（尤其是公共事业振兴署资助的公共艺术）的一个重要主题，便是人类劳动的尊严。值得注意的是，这幅壁画是为一座社会保障大楼而设计的。这种社会保障以工资收入为前提，不提供被罗斯福总统称之为 dole 的救济金。

的主题，那就是人类劳动（尤其是体力劳动）的尊严，无论是采摘水果、收割庄稼、铺设铁轨、建造楼房还是焊接机器。[99]

在艺术领域，一种新的"社会纪实"美学占据了主导地位。正如最伟大的 20 世纪诗人华莱士·史蒂文斯（Wallace Stevens）所说，画家、作家、诗人、电影人和摄影师全都努力"朝着现实的方向"前进，以捕捉大萧条"非同寻常的现实性"。[100] 詹姆斯·阿吉（James Agee）和沃克·埃文斯（Walker Evans）的《现在让我们来赞扬那些著名的伟人》（Let Us Now Praise Famous Men，1939），堪称在 20 世纪 30 年代创作出来的最伟大的美国艺术作品，这部富有创造性和同理心、配有许多贫苦南方佃农特写图片的非虚构作品，正体

沃克·埃文斯,《亚拉巴马佃农之妻》(阿莉·梅·伯勒斯)(1936年)

一张典型埃文斯风格的照片,选自他和詹姆斯·阿吉合著的《现在让我们来赞扬那些著名的伟人》。伯勒斯是亚拉巴马州黑尔县的一位佃农。在大萧条期间,像阿吉和埃文斯这样的"现实主义"艺术家花了很多功夫描绘穷人,并表达同情之心。

现了这种精神。

富兰克林·德拉诺·罗斯福在1936年取得的历史性选举胜利,与产业工会联合会在美国钢铁公司和通用汽车公司进行的历史性工会组织运动发生在同一时间,而这并非巧合。[101] 罗斯福总统成功连任一周后,美国劳工联合会将10个已经成为独立的全国性附属机构的产业工会联合会下辖工会逐出了组织。刘易斯已经把从前隶属于美国劳工联合会的钢铁工人联合会夺到了自己手中,这个工会以美国钢铁公司位于芝加哥南部的巨型工厂为工作中心,仅是这些工厂所生产的钢铁,就几乎与全世界第二大生产国德国的钢产量相当。到1937年1月,通过在以往长期被同业工会所排斥的非熟练白人男性工人中组建工会,产业工会联合会号称已经拥有12.5万名登记在册的工人会员。美国钢铁公司对此视而不见。由于订单数量巨大,而且在1935年时,仅以39%的产能运行却依然实现了盈利,这家公司并不想中断生产。刘易斯同意了工资上涨20%的条件。

《瓦格纳法》已经将收入政治转到了劳动所得的方向上。每周工作时间从 48 小时缩短到了 40 小时,加班工资按常规工资 1.5 倍计算。当工会官员和公司主管在 1937 年 3 月 17 日开会签订协议之时,一位工会谈判代表注意到,前一天的一幅画像被移走了,"昨天那儿挂的是谁的画像?"答案是:"老弗里克(亨利·弗里克)。他们把他请了出去。他们不认为他能忍受这件事。"[102]

同样非同凡响的,是隶属于产业工会联合会的美国汽车工人联合会(United Auto Workers,简称 UAW)在通用汽车公司和福特汽车公司开展的工会组织运动。[103] 美国汽车工人联合会的会员人数在 1936 年 4 月到 1937 年 8 月期间从 3 万人激增到了 37.5 万人。由于大量生产依赖连续不断的机械化流程,一旦出现阻塞点——只要有一个工人停下了流水线上的工作——它就变得十分脆弱。汽车工人联合会采用了一种合法性存疑的新策略,那就是静坐罢工。[104] 工人们夺取了通用汽车公司的"费希尔 1 号"车间,占领该处长达 6 个星期。密歇根州州长和罗斯福总统都不愿代表公司出面干预。通用汽车公司做出让步,发布了一份只有一页的文件,承认汽车工人联合会在通用汽车公司的唯一谈判代表权。在底特律的其他地方,亨利·福特宣称:"我们将永远不会承认汽车工人联合会的合法地位。"[105] 当汽车工人联合会的组织者在里弗鲁日工厂外面的人行过街天桥上分发传单时,福特工厂的"保安"对他们进行了暴力人身攻击,而记者们拍下了照片。[106] 汽车工人联合会在里弗鲁日工厂的进展遇到了阻力。

但是,在美国,从大萧条中涌现出来的是左倾自由主义,而不是像其他政治体中那样,出现了右翼民粹主义以及法西斯主义的民族主义,而且美国汽车工人联合会在底特律发动的工会运动,就发生于右翼反犹头目查尔斯·库格林神父(Father Charles Coughlin)的家乡附近。倘若只有一个原因能解释这一切的话,那便是,在获

詹姆斯·基尔帕特里克（James Kilpatrick），福特汽车公司与美国汽车工人联合会的天桥之战（1937 年）

在罗斯福总统 1936 年依靠劳工组织的支持赢得大选胜利之后，这一波以新政为靠山组建的工会运动，于 1937 年在福特汽车公司碰了壁。一场汽车工人联合会事先策划的为增加曝光度的宣传攻势，演变成了"天桥之战"（Battle of the Overpass）。福特汽车公司的保安袭击了工会成员迪克·弗兰肯施泰因（Dick Frankensteen）（照片中人）和沃尔特·鲁瑟（Walter Reuther）。宣传上的负面影响损害了福特的形象。这家公司最终在第二次世界大战期间成立了工会。

取选战胜利的罗斯福新政政治联盟中，有着左倾劳工组织的一席之地——而且它不仅是存在而已，还坚持主张自己的权利。[107]

5．新政的经济结果

罗斯福总统第二个任期的开始，是一个反躬自省的好时机。罗

第十三章　新政资本主义

斯福新政已经令价格得到了提升，针对银行金融业的对抗性监管措施得以通过，农业领域的公私合营增加了农场主的市场权力，经济保障和男性赚钱养家成为政治经济学的重中之重，而且初步制定了诸多发展政策。监管举措要比发展举措更强有力，一切以收入政治为准绳。自1933年以来，美国的经济生活得到了广泛复苏。到1936年，一系列在新政各项政策或有意或无意的影响下而在1933年后出现的长期经济趋势，已经变得十分明显。新政产生的经济结果提升了大规模企业的优势地位，支持了高生产力、高男性工资和高能耗的汽车工业社会。[108] 此外，新政各项政策重新配置了农业部门和工业部门之间的关系，创造出了一个两者平衡的长期阶段。

到1936年，许多衡量经济活动的指标——价格、生产和收入——都已经恢复到了1929年的水平。是什么促成了这一点？答案不是此前原则上未曾尝试过的政府赤字开支财政政策。答案也不是美联储或货币政策，其可自由支配的信贷供应一直保持在上下略微浮动的恒定水平，因为在流动性陷阱中，短期利率一直徘徊在零的上方。[109] 相反，复苏在早期的关键点在于1933年脱离金本位制而带来的通货贬值，它打破了通缩预期，导致各项支出恢复，其中就包括了最具活力的投资要素。[110] 与此同时，在希特勒1933年上台后，许多人担心纳粹掌权带来通货膨胀，大量黄金离开欧洲，逃入美国的银行体系之中，这帮助了信贷扩张和价格提升。[111] 美国得以维持其民主政体的自由维度，简直就可以说是用金子换回来的。到1940年，美国拥有的黄金占到了全世界黄金储备的80%。[112] 与此同时，重建金融公司的供给侧项目也有助于提升价格，并且增加了农村地区对制成品的需求，从而刺激了经济复苏。国家复兴管理局的限价"行业准则"犹如昙花一现，但也促进了价格的提升。[113]

如果我们深入窥探一下这次复苏的动态机制,便会发现一些突出的特征。在制造业,许多资本密集型的大公司到1935年时便已经恢复赢利。现有工业资本的福特主义机械化已经展开。制造商继续采用新的高生产率、大规模大量生产方式,甚至有所扩大。产业规模稳定增长,因为罗斯福新政几乎没有采取任何举措帮助那些"小企业"扛过大萧条。然而,如果说针对资本设备的固定投资几乎恢复到了1929年的峰值的话,针对新工厂建设的投资却只恢复到了大萧条前水平的一半。基本上,公司对现有工厂进行了装备改造,以利用大量生产方法。例如,工厂发电量的增长速度超过了20世纪20年代的水平。[114] 实际上,20世纪30年代是工业创新极其突出的十年。考虑到对技术的重视,大萧条前的白领工作扩张趋势得以延续。引人注目的是,工业"研发领域"的就业人数增加到了以前的近3倍。专利申请数量在上升:在化学制品和塑料产品领域,像聚乙烯(1935年)和特富龙(1938年)这样的新产品问世了。制造业生产率继续飙升,正如20世纪20年代时一样。[115]

这有助于解释20世纪30年代的另一个潮流:男性失业率居高不下。白领工作的增加意味着许多女性进入了白领工作领域。费思·鲍德温(Faith Baldwin)1933年的小说《白领女郎》(*White Collar Girl*)是那十年最畅销的小说之一。这提高了女性劳动收入,尽管并没有在多大程度上改变薪酬的男女差距。[116] 随着生产力提高,许多公司雇用较少的劳动力也能实现相同水平的产出。被雇用的劳动力通常是熟练程度相对较高的人。尽管失业问题持续存在,制造业工资在大萧条期间却上升了。[117] 或许雇主们留住了手下生产率最高的工人,这些人通常都会得到更高的薪酬。与此同时,美国劳工联合会的同业工会保护了那些高工资的熟练技术工人。对于那些有工作的人来说,《瓦格纳法》为产业工会针对薪酬和工时的集体谈判权提供了保障。[118] 所有这些因素加在一起,20世纪30年

第十三章 新政资本主义 549

代便体现出了被我们今日称之为"无就业复苏"的特征。

在制造业核心以外的南方产棉区和密西西比河西部地区,同样的动态机制也在发挥作用。借助机械化,生产力得以激增,企业的规模扩大了。随着企业农场集团的出现,小型农场的数量减少了。[119] 与此同时,农业调整管理局的监管措施确保了大宗商品生产、大宗商品价格和农业收入的增长与工业需求保持一致,无论这种需求是后者对生产投入的需求,还是前者对工业制成品的需求。毕竟,20世纪20年代投机热潮中工业和农业的失调,导致了1929年之后的全面萧条。与此同时,在南部和西部,新政的发展举措对未来经济生活模式做出了更具决定性的贡献。

在罗斯福总统的第一个任期,农业收入增加了50%。[120] 新政政策也开始诱使人们离开土地。在这之前,美国农业部门的就业不足问题一直拖累着经济发展,在佃农分成制和白人至上主义合力荼毒下的南方,这种情况尤为严重。在整个资本时代,机械化未能占据主导地位。一开始的时候,新政立法依然被锁在"南方牢笼"之中,取决于拥护种族歧视的民主党人的选票。[121] 但在1935年之后,新政的农业项目增加了对佃农权利的保护力度。[122] 在1935年到1940年间,农场佃农的绝对数量减少了25%。[123] 种植园主利用联邦信贷补贴实现收获季节前的劳动力机械化,然后在收获时雇用工人。在国家最低工资法令的助力下,新政政府终于开始撼动南方低工资劳动力市场与北方高工资劳动力市场之间的地区条块分割,这是对南方种族歧视经济的一记重击。偏好机械化而非农业劳动的罗斯福新政,也为南方的经济生活做好了迎接第二次世界大战期间大规模黑人外移的准备。[124]

在发展项目方面,新政政策影响了各地的住宅投资。到1939年,银行提供了40亿美元的联邦住房管理局担保贷款,住宅建筑行业几乎已经完全恢复过来。[125] 然而,在密西西比河以西地区,新政发展举措的影响是最明显的。[126] 在那里，公共投资的带动效应最为显著。

到 1939 年 3 月，公共工程管理局已经通过私人承包商和政府机构完成了数十亿美元的配置。[127] "街道和高速公路"固定资本在 20 世纪 30 年代增加了三分之二。30 年代期间，整个经济体的生产力增长，很大一部分要归功于道路、隧道和桥梁的建设。学校、邮局、火车站和机场也被兴建起来。"公共工程管理局式现代派"（PWA Moderne）建筑风格的特征，是巨大、坚实的体量，强烈的均衡稳定感，以及仿如电波的弯折线条。[128] 在商业时代曾被称为"内部改良"的那些项目，扩大了国内市场范围，带来了一波控制时代的斯密型经济增长。[129] 基础建设投资向人口稀少的西部地区全方位倾斜，这为新政带来了新的政治支持。"我们要一再征税，一再花钱，一再当选。"公共事业振兴署的负责人哈里·霍普金斯这样说道。[130]

规模最大、资本密集程度最高的项目是发电厂。在南方，戴维·利林塔尔的田纳西河谷管理局按照每千瓦时的公共"基准"费率，向新建起的市立和合作制公用事业网提供所发的电。与此同时，杰西·H.琼斯的重建金融公司这个国家资本主义帝国，向农场主——尤其是南方的农场主——提供了廉价的消费贷款，用以购买电器——比如通用电气公司的冰箱——并进而成为电力公司的忠实用户。重建金融公司向农村电气化管理局（Rural Electrification Administration，简称 REA）提供了 2.46 亿美元。[131] 公共工程管理局最大规模的单体项目，是最终建成了西部的几座大型水电站，邦纳维尔（Bonneville）、沙斯塔（Shasta）和大古力（Grand Coulee）是世界上最大的混凝土水坝。国会已经于 1932 年拨款兴建胡佛水坝。民谣歌手伍迪·格思里（Woody Guthrie）在领取邦纳维尔电力管理局（Bonneville Power Administration）工资期间，写下了 20 多首有关哥伦比亚河的歌曲。[132] 在西部，新政公共投资为未来的高能耗、高生产率、大量生产和大众消费汽车工业社会奠定了基础。

哈罗德·伊克斯指出，公共工程管理局的公共投资之必要，是"因为胆怯的私人资本不敢从床底下钻出来。"[133] 相对于1929年前的"趋势"，经济活动的复苏还有很长的一段路要走。最重要的是，失业率仍居高不下——在1936年依然处于10%的水平。

6．资本罢工

在1937年到1938年间，出现了一次在工业部门尤为突出的经济急剧下行，它被称为"大萧条中的小衰退"。许多新政派终于开始做出正确的诊断：经济问题从来都不是生产过剩，而是投资不足和消费不足。他们开始考虑动用政府赤字支出，借助财政倍增器启动私营经济项目。

然而，到这时，许多自由主义者和工业资本家之间的强烈敌意已经公开化。工业资本家威胁说，倘若他们的政治诉求——尤其是调低收入所得税这一点——得不到满足，就不会进行投资。在这个十年开始时出于恐慌和恐惧而产生的预防性流动性偏好，到这个十年结束时，已经转变为批评新政的那些资本家手中挥舞的政治武器。经济可能性变得受制于政治心理的动态变化。自由主义在收入政治上投入了大量能量，倡导一种针对可以提供男性就业机会的长期固定资本投资的非流动性偏好。但是，它的主要弱点在于，面对资本所有者从一开始就不想投资的情况，自由主义缺乏有效的资本投资政治确保其既定目标的实现。新政在这里碰了壁，经济复苏也是如此。

麻烦始于罗斯福总统1936年大选胜利之后，当时，这位总统过分夸大了他的政治手腕。美国最高法院先是在谢克特案的裁定中推翻了国家复兴管理局的条例，随后又在美利坚合众国诉巴特勒案（United States v. Butler，1936）的裁定中推翻了农业调整管理局的决议，这之后，罗斯福总统担心会有更多的新政立法遭受法律风险。他威胁说，要通过任命新的最高法院成员的办法来"洗牌"。国会犹豫不决，而总统因为在提出建议时手伸得过长而蒙受了政治上的损失。尽管如此，最高法院还是改变了行动方向。国家劳资关系委员会诉琼斯和劳克林钢铁公司案（NLRB v. Jones and Laughlin Steel Corp.，1937）依据宪法的商业条款认可《瓦格纳法》合宪，而国会迅速以《土壤保护和国内生产配给法》（Soil Conservation and Domestic Allotment Act of 1936）的名义再次批准通过了农业调整管理局的各项政策。随着联邦政府和农业利益集团结成合作关系，一种因国家复兴管理局的夭折而从工业中脱离出来的"社团主义"（corporatist）政治经济学，在农业政策中得以幸存。[134] 这种社团主义从来不曾在美国工业部门中立足生根。

与此同时，拥护种族歧视的民主党人感觉到，新政可能会威胁白人至上主义的经济基础。当就政府提议通过的设定最高工时和最低工资标准的《公平劳动标准法》（Fair Labor Standards Act）展开辩论时，事态达到了白热化的程度。[135] 1938年，国会通过了一项法案，在规定每周最高工时不超过40小时、最低工资不低于每小时40美分的同时，也包含了对农业和家政劳动者——即许多南方黑人劳工——的豁免条款。在联邦政府发表了批评性的《关于南方经济状况的报告》（Report on Economic Conditions in the South）之后，罗斯福总统在1938年的初选中发起了针对一部分保守派民主党人的斗争，却未获成功。[136] 很快，产业工会联合会便试图在南方的黑人劳动者中组建工会。种族歧视者成功地予以反击，南方民主党人加入了反对劳工运动的共和党人的行列，一起呼吁废除《瓦格纳法》。[137]

第十三章 新政资本主义

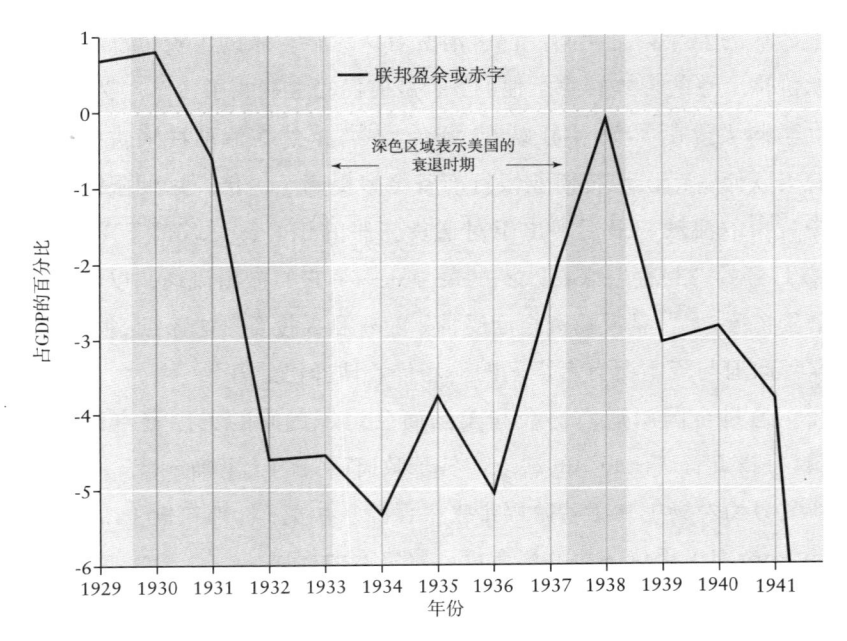

联邦盈余或赤字

联邦政府从未试图故意制造赤字开支以帮助经济复苏；罗斯福总统的第二届政府班子试图平衡预算，由此导致了1937年大萧条中的小衰退。1939年后出现赤字的原因，是联邦政府的军备开支。

在1938年的国会选举中，共和党人自大萧条以来首次占了上风。一个原因，是1937年大萧条的卷土重来。1937年到1938年间的衰退，是一个独特的工业事件。失业率从1937年的9.2%攀升到了1938年的12.5%。在工业部门，相对应的数字从21.3%上升到27.9%。[138]造成此次经济下行的原因有很多。罗斯福总统的行政班子发出了通货紧缩的信号，公开表示对通货膨胀担忧，而且在1936年致力于尽快实现预算平衡。尽管在1936年时，国会曾不顾罗斯福总统的否决，依然通过了向第一次世界大战退伍军人一次性发放18亿美元的"补助金法案"，在1937年，联邦政府却开始征收社会保障工资税，这就从经济活动中截留了潜在的开支。[139]在通用汽车公司的静坐罢工期间，许多消费者认为，未来的工资上涨可能会以价格上涨的形式转嫁给他们，于是他们马上购买了汽车。罢工后，汽车购买量在1938年狂跌60万台。[140] 依然在流动性陷阱中打转的美联储，错误地将商业银行准备金率提高了1倍，这便限制了信贷货币的流动。最后，出于对通货膨胀的担心，财政部于1936年12月开始"封存"来自欧洲的黄金——将它们撤出流通，以免导致信贷扩张。[141] 私人投资全面受抑。随着私人投资一去不回，很明显，联邦政府与资本所有者之间的一场信心博弈已经开始了。

通过全国制造商协会和美国商会组织起来的美国资本巨头集团，将投资者"信心"的缺乏归咎于政府政策的"不确定性"。显然，新政只为农场主和工薪阶层带来了保障。拉莫·杜邦二世（Lammot du Pont II）用诗一般的语言诉说着资本的委屈：

> 不确定性支配着税收状况、劳工状况、货币状况以及实际操作中的每一项法律规定，而工业必须在这些环境条件下运行。税收会提高、降低还是保持现状？我们不知道。劳动者要组建工会还是不组建工会？……我们将面临通货膨胀，还是通货紧缩？政府开支会增加，还是减少？……是否会对资本施加新的限制？是否会对利润施加新的限制？……甚至连猜测答案都是不可能的。[142]

至此，资本所有者依然在对政府提出同样的指控。回到那个时候，资本家抱怨尤多的，是1936年的"未分配利润税"。该税种针对那些没有立即转化为投资，或没有以工资及股息方式再分配的公司利润征税，这是对预防性囤积企业现金的直接政策打击。

1938年冬天，财政部部长摩根索恳请总统废除未分配利润税，以减轻"不确定性"，激发投资者"信心"。新政派分子阿道夫·伯

第十三章 新政资本主义

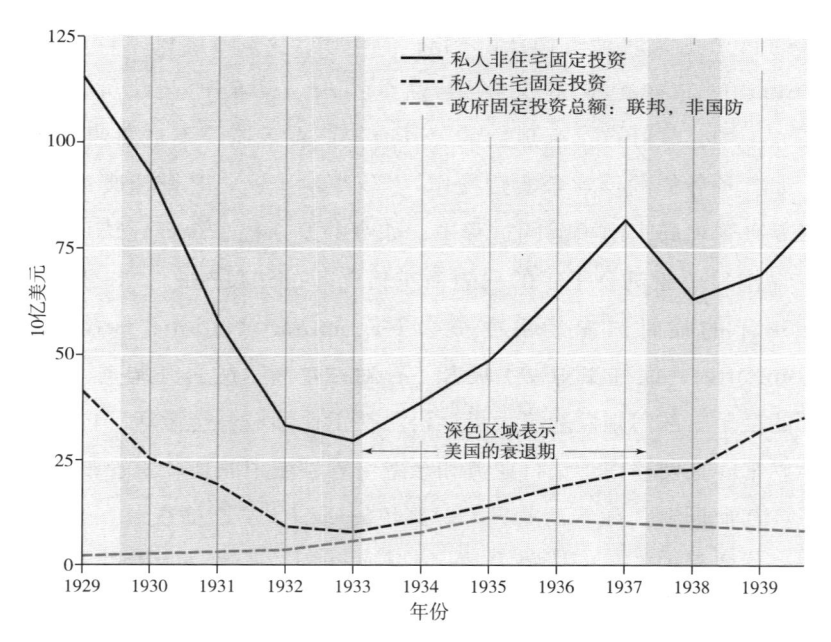

固定投资

公共投资并不是经济从大萧条中恢复过来的主要驱动力。私人非住宅固定投资（工业投资）的崩溃才是 1929 年和 1937 年经济下行的罪魁祸首；新政项目补贴的私人住宅固定投资（住房投资）在整个 20 世纪 30 年代保持强劲，这促进了经济复苏。

利与 J.P. 摩根公司的托马斯·拉蒙特通力协作，试图促成罗斯福总统与商界之间的大休战。拉蒙特教育这位总统说："不能用打屁股的方式促成商业繁荣。"[143] 信心、预期和不确定性，所有这些都被政治化了。罗斯福总统认为，存在着一场与产业工会联合会的静坐罢工并行的"资本罢工"。科科伦、科恩和法兰克福特（他在一年之内便被总统提名担任最高法院大法官）说服了罗斯福总统，不停战是可能的。经济集权要为萧条负责，新政政府必须予以拨乱反正，而且是以一种针锋相对的方式。

联邦政府的对抗立场，对于吸引投资助力甚微。但这种新政后期的驱动力，很快便转化为一种长期延续下去的对抗性商业监管的自由主义政治。司法部的首席律师瑟曼·阿诺德（Thruman Arnold）在《资本主义的传说》(The Folklore of Capitalism, 1937）中，呼吁这个新成立的"政府教"着手监管不良商业行为，比如各种各样的反竞争实践操作。[144] 事实上，在之前遭废止的国家复兴管理局东山再起的过程中，如今的罗斯福总统已经认可了民主党作为商业机会平等的代表而重拾当年的"反垄断"口号。[145] 1938 年的临时国家经济委员会（Temporary National Economic Committee，简称 TNEC）展开了针对"垄断"的公开调查，司法部的反垄断部门则发起了大量诉讼。在工业领域，这激活了自 1933 年以来一直便存在于银行业务和金融监管领域中的新政监管举措。

与此同时，随着商业界大肆宣传的所谓"罗斯福衰退"逐渐退去，新政派中的另一股势力与一个不同于对抗性商业监管的全新发展议程走到了一起。围绕着公共事业振兴署署长哈里·霍普金斯建立起了一个松散的小团体，霍普金斯这时认为，私人商业活动将永远无法回复到足以消除失业问题的水平。这些人中，包括总统顾问利昂·亨德森（Leon Henderson）、刚从农业调整管理局被清洗出来、此时任职于证券交易委员会的杰尔姆·弗兰克（Jerome Frank）、美联储主席马里纳·埃克尔斯（Marriner Eccles）及其手下的经济学家劳克林·柯里（Lauchlin Currie）等新政派分子。[146] 他们全都曾在某个时刻提出过，"消费不足"——而不是"生产过剩"——才是阻碍发展的经济问题。此时，他们主张，随着 1937 年私人工业投资的撤退，补偿性的政府支出——其中包括借助赤字融资而实现的公共投资——必须填补这个空白。

英国经济学家约翰·梅纳德·凯恩斯此时刚刚发表了《就业、利息和货币通论》，他在其中提出了一个非常简单的经济学观点。以 19 世纪早期法国经济学家让·巴蒂斯特·萨伊（Jean-Baptiste Say）之名命名的萨伊定律（Say's Law）指出，供应创造了自己的

第十三章　新政资本主义

需求，或者说对应每一个卖家，都必定存在一个买家。这是因为在生产过程中的特定时间段里，支付给生产者的报酬为他们提供了足够的货币收入，足以购买他们所生产的商品。作为收入而支付出去的生产成本，转化成了必要的购买力。凯恩斯说，这个定律只有在货币被视为支付手段的时候才是正确的。但是，在不同的时间段里，货币也是一种保值手段。出于各种各样的动机——凯恩斯率先将其称为"流动性偏好"——在不确定的情况下，个人会以货币和类货币资产的形式将他们的财富储存起来，而不是花掉自己的全部收入。当资本主义经济快速增长时，消费或许不会以与货币收入相同的速度增长。就资本所有者的角度而言，他们很可能不会把钱花在投资上，除非可以期待在未来获得金钱利润。如果他们不这样做，如果他们更喜欢以流动资产的形式把财富储存起来以获取保障，而不是冒着风险进行投资，他们就不会将所有的收入用于投资。总而言之，并非所有赚到的货币收入都会被用于购买大量商品，而要为有就业意愿的所有劳动者提供就业，就必须生产出大量商品。资本主义经济因此便可能受到需求的限制，陷入一种低于其当前和未来供给侧潜力的半衰退状态。

自相矛盾的是，货币收入增长幅度越大——远远超出消费支出，从而令削弱投资的流动性偏好成为可能——这种经济事务低于潜力的状态就越可能出现。来自系统外部的新的需求来源是必须的，这样才能启动供应链，而这作为萨伊定律发挥作用的前提，接下来又能创造出更多的需求。凯恩斯将这种需求导向供应，然后又导回到需求的过程称为"倍增器"理论。[147]

在《就业、利息和货币通论》中，凯恩斯指出，在半衰退状态下，随着经济陷入流动性陷阱，货币政策——政府依据自由裁量设定利率的行为——可能会变得无能为力。因此，只有政府支出才能启动投资，而钱这么花能够收到最大的成效。其原因在于，投资会产生资本品支出，而这通常会导向消费品的生产制造，从而最大可能地增加支出流。如此一来，投资便成了新需求的最佳外部来源，即最好的倍增器。当政府支出发挥作用时，便出现了财政倍增器。

在 20 世纪 30 年代末，这的确是被需要的。资本家本身依然疑虑重重，不但未能肩负起投资的任务，反而出于防范心理大肆囤积。凯恩斯在《就业、利息和货币通论》中指出，想要让投资总量达到足以终结大规模失业的程度，"倘若那种没有什么理由期待未来的投资市场心理不发生深远变化，则将被证明是不可能的"。凯恩斯写道："我的结论是，整顿当前投资总量的责任，不能放心大胆地交到私人手中。"《就业、利息和货币通论》建议"对投资实行某种程度上的全面社会化……尽管这样并不必然排除公共权力与私人投资合作所需的各种妥协和手段"。[148]

但是，罗斯福总统的行政班底与工业资本家私人投资行动之间的合作关系已然破裂。《就业、利息和货币通论》作为一本书而言尚未产生巨大影响，凯恩斯的观点却流传开来。[149] 而他清楚地看到了自己的理论与政治的密切关联。他将 1937 年到 1938 年的衰退归因于"一种特别的新一轮信心危机"，由此导致了"持久性投资未能发展"。[150] 1938 年 2 月，他写信给罗斯福总统，"你要么给商业更多鼓励，要么自己接管他们的更多职能"。如果说"公共舆论还未成熟"，不足以让公共投资在电力事业中扮演更重要的角色的话，那么，"每隔一周就把这些公用事业公司教训一顿的目的何在？"鉴于政治上的流动性偏好，罗斯福政府只有两个选择：实现投资社会化，或是小心哄好资本家。至于那些拥有巨额财富的人，"如果你把他们搞得像那些极有能力却被糟践虐待的牲口一样乖戾、倔强和惊恐不安，这个国家的重负是不会被驮到市场上去的"。[151]

3 月的时候，霍普金斯截住了正在佐治亚州沃姆斯普林斯（Warm Springs）度假的总统。陪同人员中，就有对凯恩斯的主张十分熟

第十三章 新政资本主义

悉的公共工程管理局国家资源计划委员会（National Resources Planning Board，简称 NRPB）的比尔兹利·拉姆尔（Beardsley Ruml）。霍普金斯还借鉴了商业部的工作，后者于 1932 年被国会委以制定"国民收入"统计指标的重任。美国经济学家西蒙·库兹涅茨（Simon Kuznets）刚刚发表了自己的开创性著作《1929—1932 年的国民收入》（National Income, 1929–1932，1934），计算出了年度国民收入（即特定年份中从生产流出的货币收入总和），而这便是国内生产总值统计的前身。[152] 拉姆尔和亨德森预计美国国民收入为 560 亿美元。他们估算出，这将比带动就业以充分实现潜能所需的经济产出少 320 亿美元。拉姆尔引入了倍增器的概念，并将其目标定为 320 亿美元，于是，他呼吁将政府支出设定在 70 亿美元到 100 亿美元之间，用于"额外投资或公私开支，以获得合理的充分就业"。拉姆尔预计未来将会出现 40 亿美元的私人投资。因此，他向罗斯福总统推荐了一个 30 亿美元的直接公共投资项目——这是对经济发展的一类新兴奋剂。[153]

罗斯福总统接受了这种观点，即对公共投资的需求比削减政府财政赤字的需求更重大。1938 年 4 月，这位总统向国会提议，"新增"一笔 15 亿美元的联邦开支，用于公共工程建设。这将把"国民收入"从 560 亿美元提高到 800 亿美元（具体数字不断变化），罗斯福总统认为，要结束大规模失业之害，这是势在必行的。[154] 国会同意了，但它首先削减了资本利得税，并取消了未分配利润税。政府开支增加了，税收却减少了——这算是某种意义上的休战。联邦预算赤字在 1937 年是 8 900 万美元，到了 1938 年便成了 28.5 亿美元。与此同时，财政部结束了"封存"流入黄金的做法，而这有助于扩大货币供应。所有因素加在一起，1938 年，这场小萧条开始有所缓解。

一些历史学家认为，新政于 1938 年转向财政赤字代表了"改革的终结"，因为新政资本主义变得过于关注调节宏观经济总量，而不是通过政治和法律干预来转变资本主义的核心制度。[155]试图以向资本所有者减税的方式吸引更大规模的私人投资的做法，几十年中一直是新政资本主义的核心政策，并且延续到了今天，而这证实了上述分析。然而，对于资本所有者来说，的确也没有比投资控制权更宝贵的权利了。围绕这一控制权的斗争，将主导整个控制时代。

拉姆尔和他主张稳健公共投资项目的那些盟友，在1939年继续采取攻势。他们草草拼凑出了《工程融资法》（Works Financing Act of 1939），以此创建了12个地区性公共"投资信托"。商业游说集团发起了大规模的反对运动。这一点，再加上欠缺负责重建金融公司的杰西·H.琼斯的支持——他认为，这项法案在公共权力的方向上走得太远了——令该项立法在国会中遭到扼杀。

1939年9月，希特勒入侵波兰，罗斯福总统炉边谈话的主题变成了欧洲的战事。美国的失业率依然僵持在两位数，因为新政并没有实现帮助白人男性养家糊口者再就业这一伟大目标。更重要的是，它还暴露了一个问题，那就是到底雇用他们做什么呢？凯恩斯认为，适当增加政府开支能够终结萧条（终结所有萧条），但他也得出了一个令人不安的结论："对于一个资本主义民主国家来说，从政治上似乎不可能对开支进行足够大规模的组织规划，从而开展能证明我观点的宏大实验——除非是在战争情况下。"[156]

第十四章
新世界霸主

大萧条期间，资本主义的光芒收敛了。经济活动趋于停滞，仿佛电站停止运作，电流不再流动。这并不仅仅是一个比喻，而是真真切切地发生着。这是因为，尽管不久前才实现了工业电气化，许多新生的机械化大量生产装配线却在整个20世纪30年代处于闲置状态，被切断了电源。

资本主义所缺乏的，是源于人的能量，那种将人力和资源拉回工业经济、让生产线重新动起来的能力。仅有利润动机是不够的，远远不够。资本所有者根本不受诱惑，不愿与他们的货币和类货币资产分离，创业活力欠缺。因为新政政府的发展性公共投资，电力供应极大充足，但仅有电力也是不够的。资本主义总体上缺乏社会能量和心理能量。在1937年至1938年发生于大萧条期间的小衰退中，罗斯福新政与商业利益集团之间在政治上的相互敌视，成为另一个导致经济衰弱的源头。

最终，一场全方位消耗的"全面战争"提供了必要的提振效应。第二次世界大战是战争史中最大规模的一场全面战争，它不仅在军队之间进行，也"发生于各国人民之间，为了支持和反对某些民族而战"。[1] 在威廉·惠勒（William Wyler）执导的流行战争片《忠勇之家》（Mrs. Miniver, 1942）中，主角有句台词：

> 这不只是一场穿军装的士兵们的战争。这是一场人民战争，涉及所有人民的战争，而它不仅要在战场上进行，也要在每个热爱自由的男人、女人和孩子的心中进行。[2]

第二次世界大战不仅"动员"了各个政治体和经济体——它还实实在在地冲击着大众心理。在大萧条期间，资本主义需要来自系统外部的某种刺激。在战时，几乎没什么人能够置身事外。[约瑟夫·海勒（Joseph Heller）1961年发表的《第二十二条军规》（Catch-22）和詹姆斯·琼斯（James Jones）1962年发表的《细细的红线》（The Thin Red Line），是两部关于第二次世界大战的美国小说杰作，前一部小说身处太平洋战区的主角们，的确曾经成功地置身于冲突胶着之外，尽管只是短短的一段时间。]通过将人力和资源卷入战争旋涡，全面战争生成了历史学家米夏埃尔·盖尔（Michael Geyer）和亚当·图兹所描述的那种"暴力能量动力场"（dynamic fields of violent energy），而这对于刺激国民经济恢复生机是必须的。[3] 在此过程中，它将大量生产的高产性和破坏性提升到了以前难以想象的高度。

对战争工具的公共投资要为此负责。在欧洲，希特勒在20世纪30年代对德国经济的军事化，触发了迅猛的工业复苏，消除了大规模失业现象。但在美国，军费开支微不足道，大规模的白人男性企业工人失业问题仍未得到解决。当然，纳粹国防军和纳粹德国空军只擅长一件事，那就是侵略和轰炸其他国家。[4] 为了在战场上打败法西斯主义，美国的工厂必须满负荷运转。舰船、坦克、枪支和炸弹从装配线上涌流而出。"过剩产能"不再是一个问题。美国的战时政府将资本直接分配到战争物资的生产中去。工厂车间里的灯光终于又亮了起来,还有许多新工厂落成。各种类型的流动性偏好,无论是投机性、预防性还是政治性的,都被抛在脑后。出于政治原因,对生产的固定投资占据了首要地位。

能量变成了资本主义 20 世纪历史的一个重大主题,当然,这个主题与有机经济一样历史悠久,但此时,它拥有了许多新的维度。在 20 世纪 20 年代的大牛市期间,投机性投资将心理能量和货币资本下注于流动性证券市场——便在那时起,电能开始为落到实地的非流动性、生产性固定资本提供动力。大萧条导致了万业萧条。然后,在战争期间,通过公共投资,"暴力能量动力场"令高能耗工业资本主义重新活跃起来。在各个地方,战争激发了大众对长期发展和极大充足的期待。随之而来的,是一代人在全球范围内对创造财富型生产企业的长期、非流动性的私人投资,而这奠定了工业社会的大局。与此同时,在第二次世界大战期间,化石燃料工业主义变得益发根深蒂固。毕竟,在战争中,石油是一种意义重大的兵家必争战略资源。人类世这个以人为气候变化为特征的地质时代,就算此时仍未开始,也已经成为定局。[5]

罗斯福新政以西部为焦点的发展举措加强了,1941 年日本轰炸珍珠港后,美国的经济扩张简直令人瞠目结舌。即便处于萧条状态,美国经济依然是 20 世纪 30 年代全球规模最大的。大量生产和"美国主义"依然是同义词。一旦美国参战,到 1942 年年底——所谓工厂之战的决定性一年——美国的失业问题已经不复存在。[6] 有偿劳动者人数增加了 1 125 万。[7] 在这个战争经济中,政府并没有将现有工业收归国有。像南北战争时那样,爱国主义和追求利润在战时形成了一股充满活力的推动力。对那些新建成的"政府所有、(私人)承包商经营"(英文首字母缩写为 GOCO)的实体企业的巨额公共投资大力推动了战时生产。[8] 资本的公共配置为私营工业续了命。到 1943 年开年时，在反对轴心国的大同盟中，苏联依然承担了大部分的战斗任务，那时的死亡人数也最多，但美国大量生产的惊人潜力开始被释放出来，很快，它就将压倒其敌手。这项任务完成于 1945 年，当时，有史以来最恐怖的武器——原子弹——被投到了日本广岛和长崎的平民百姓头上。

当时，美国的战略成就是令人瞩目的。大多数参战国已经冷酷无情地将各自的资源从消费转向了军工生产。在苏联，饥饿成为爱国光荣的徽章；即便国内人口处于饥饿状态，日本军队依然将所有的马铃薯供应用于生产汽油。在经济史学家就第二次世界大战到底是否限制了美国平民消费这件事争论不休的同时，美国建起了世界历史上第一支能够从战略上控制两个大洋的战斗部队。[9] 美国大兵带着供应充足的午餐肉、香烟和口香糖来到了异国的土地之上。1945 年，苏联红军是世界上最大规模的军队，它占领了西至柏林的欧洲地区。但全球工业产能的大部分都处于余烬未灭的废墟中。除了德军潜艇一次失败的长岛登陆，以及几个零星飘到美国海岸、没有造成任何伤害的携带易燃物的日军气球，美国经济实现了毫发无伤的崛起。

我们必须冒着夸张的风险做出这一结论：美利坚合众国在全球经济中所居的卓越地位，是史无前例的。与此同时，另一场全面战争也在围绕着到底应当如何生活的问题打响。斯大林说，胜利带来的不仅是领土占领，还是宣扬某种"社会制度"的权利。[10] 美国资本主义对于美好生活的定义也抱持着此种愿景，而隐藏其后的，是美国能够发动一场毁天灭地的核战争的国家实力。在这一点上，美国资本主义的历史不可避免地成为全球史。

在美国本土，战时美国主义（wartime Americanism）使得广大公众对政治经济学产生了这个国家历史上前所未见的强大兴趣。

第十四章　新世界霸主

它可会持续？可会对战后的新政自由主义控制计划有所辅助？战争期间，新政政府的监管举措与其发展举措得到了同步加强，对经济生活强加了各种控制，其中既包括价格和工资控制，也包括所得税。随着这个经济体逼近其产能的边界，这些政策也抑制了通货膨胀，而这是新政自由主义未来的大敌。[11] 1944 年，随着战争的结局看起来日益明确，对和平时期的计划开始了。围绕着新政政府的尺度和目的，将会发生一场激烈的战后政治斗争，为此而备的各条战线已经开始出现。这个控制时代的最终政治经济安排，是各种监管政策与发展政策的混合体，它正等待着战争的结束。但是，"大政府"却将一直存在下去。

1．民主国家的军火库

1939 年 9 月 1 日，德国入侵波兰之时，美国的军队总计有 17.5 万名士兵。这仅比保加利亚略胜一筹，居全球第 16 位。[12] 富兰克林·德拉诺·罗斯福重申了美国的"中立"政策，即便在许多重要方面，美国与整个世界的接触也正在发生变化并不断扩大。很快，这位总统便会宣布，要打造一个经济意义上的"民主国家的军火库"，向同盟国提供援助。在 1939 年秋天，美国的战时经济已经活跃起来，大萧条开始消退。[13] 通过把公共投资指向军事目标，要结束这场衰退，可能并没有那么难。

希特勒对波兰的入侵，毫无疑问地揭示了他对纳粹主宰欧洲大陆的野心。这位元首写下了一些关于美国经济史的令人不寒而栗的反思。[14] 他说，德国在欧洲的竞争对手们曾拥有幅员辽阔的海外帝国，让这些经济体可以得到低级劳动力、原材料和出口市场。希特勒的《第二本书》(*Second Book*, 1928) 指出，美国的发展有所不同。美国人征服了北美大陆，通过暴力清除了假定为人种低劣的土著人口。希特勒将东欧的斯拉夫人（Slavs）比作北美印第安人（Red Indians）。他很遗憾地表示，美国南北战争摧毁了"一个基于奴隶制和不平等原则而建立起来的伟大新社会秩序的开端"。[15]《乱世佳人》（*Gone with the Wind*, 1939，又译为《飘》）是这位元首和纳粹宣传部长约瑟夫·戈培尔（Joseph Goebbels）两人最喜欢的电影之一。第三帝国的20世纪跨大陆定居殖民主义愿景，其目标在于为德国人打造出一个生存空间（Lebensraum），将至关重要的原材料产出——尤其是石油——并入德国经济之中。届时，德国甚至可能在经济实力上堪与美国匹敌。

早在希特勒为美国19世纪的帝国往昔大唱赞歌的几十年前，美国也曾试图建立起一个欧洲式的海外帝国。美西战争（1898年）是美墨战争（1846—1848年）以来美国最大规模的一次领土掠夺。美利坚合众国在波多黎各、关岛和菲律宾获得了海外殖民地，并于1898年吞并了夏威夷。在菲律宾，美军发动了一场残酷的种族主义占领战争，它一直持续到1902年，导致不少于20万菲律宾人死亡。[16]在美洲，美国军队登陆于尼加拉瓜和古巴，他们占领了海地和多米尼加共和国。美国的金融家和货币改革者将菲律宾和许多加勒比海地区及拉美国家的银行体系绑定于美元本位制——其部分意图在于确保那些希望以美元偿还其贷款的美国海外债权人的利益。[17]希特勒并没有搞错：美国大陆依然为美国的经济生产提供了大部分原材料产出。但是，这个被历史学家丹尼尔·因莫瓦尔（Daniel Immerwahr）称为"大美利坚合众国"（Greater United States）的国家，的确是在扩张之中。[18]美国大陆并不拥有的某些原材料，对于新兴的大量生产行业至关重要，比如在南美储量丰富的铝土矿，它是铝的矿物来源，而该种金属是这个机器时代的全新建筑材料。

罗斯福新政改变了美国帝国的发展轨迹。[19]大萧条削弱了外国银行业，有力地切断了许多国际金融关系，无论那种金融关系是否属于帝国性质。在1933年举行于乌拉圭的泛美会议（Pan-American Conference）上，罗斯福总统的国务卿科德尔·赫尔（Cordell Hull）投票赞成了一项决议，即"任何国家都无权干涉另一国的内部或外部事务"。到1934年时，美国结束了对拉丁美洲和加勒比地区国家的所有占领——只保留了古巴关塔那摩的一个海军基地和巴拿马运河区的一个军事基地。1934年的《菲律宾独立法》（Philippines Independence Act）支持菲律宾在十年过渡期后实行独立。在美国国内，罗斯福新政立法恢复了联邦政府承认印度各自治主权的可能性。所以，尽管希特勒正试图对欧洲大陆进行殖民占领，美国却在重新思考其殖民领地的立足之基。毕竟，那种寻求新的领土和殖民占领的帝国主义，只是霸权的可能模式之一。

在20世纪30年代，一种不同的美国与整个世界的经济交往形式正在兴起，它不那么关注确保金融资本的流动性，而将焦点放在了重振世界贸易活动之上。19世纪90年代末期针对中国的"门户开放"政策，是一个重要的先例。美国承认中国政府的领土主权，但要求中国提供不受阻碍的市场经济准入。[20]在这一愿景中，美国利用其国家力量上的优势，以确保美国商品的外国市场准入资格以及市场需求，而不是将美国军队派驻到"非白人"人口居住的土地之上，监视他们的一举一动。1934年的《互惠关税法》（Reciprocal Tariff of 1934），就带着一丝门户开放政策的味道，它宣布美国致力于在全世界范围内实行贸易自由，并授予总统开展双边贸易谈判的权力，以慢慢分化瓦解关系日益紧张的各个欧洲帝国贸易集团。此外，许多新政派都支持各个国家经济"发展"计划，这意味着全球范围内的工业化。[21]例如，在1940年，美国就向巴西提供了资本、信贷和技术援助，用于建设该国的沃尔塔雷东达（Volta Redonda）钢铁厂。

与此同时,美国已经从欧洲事务中抽身而出。在第一次世界大战后,尽管在经济上拥有巨大的影响力,这个国家却并不打算夺取霸主地位。即便在大萧条破坏和平、希特勒令欧洲陷入半开战状态的灰色地带之时,美国大众依然支持"中立"。[22] 1936年,在接受民意调查的美国人中,高达95%的人表示,美国应当远离外国战争。国会通过了三项《中立法》(Neutrality Acts),禁止美国向交战国出售"武器、弹药或战争装备"。[23] 这些《中立法》并没有限制美国对那些并未处于交战状态国家的武器销售。通过这一渠道,美国的战时经济开始发展成形。

1938年夏天,一群英国官员参观了洛克希德飞机公司(Lockheed Aircraft)的加利福尼亚工厂,在那之后,外国采购热潮开始。到1940年4月,英国和法国订购了近6 000架飞机,向羽翼初丰的道格拉斯(Douglas Aircraft Company)、洛克希德、北美航空(North American)、格伦·L. 马丁(Glenn L. Martin Company)和柯蒂斯—怀特公司(Curtiss-Wright Corporation)注入了5.73亿美元的资本。英国和法国在1939年德国入侵波兰后向其宣战,美国国会随即修改了《中立法》,让美国得以继续向同盟国出口武器。尽管更倾向于孤立主义的中西部议员表示反对,南方的民主党人却投票赞成。以捷克斯洛伐克为例,这个国家曾是美国重要的棉花进口国,但在1938年它落入德国之手后便不复如是。南方总体上会对联邦政府的公共投资项目百般阻挠,因为担心联邦政府或许会破坏南方的种族秩序。但它的确支持了罗斯福总统1938年5月提出的11亿美元海军拨款方案,以此将美军舰队扩增20%。1938年的《空军扩军法》(Air Corps Expansion Act of 1938)号召将美国空军机队的规模扩大近3倍。在1939财年中,美国的军费开支为6.5亿美元,超过了所有的非军事联邦开支。[24]

1940年春,德国在阿登森林展开闪击战,法国随即投降,此时，国会批准了65亿美元的军费开支。罗斯福总统宣布，美国将建起世界上第一支"两洋海军"（two-ocean navy），并致力于"每年5万架飞机"的生产，这在当时看起来是一个十分惊人的数字。[25] 1940年7月，德国空军飞过英吉利海峡，不列颠之战打响，这时候，美国的重整军备工作已经全面展开。

美国的重整军备规模浩大。[26] 仅在1940年下半年，联邦政府就投资了14亿美元，用于新建制造业企业（与之相比，当年的私人投资额仅为10亿美元）。[27] 政府采用的办法，是对缩写为GOCO的"政府所有"、私人"承包商经营"式企事业单位进行公共投资。杰西·H.琼斯掌管下、奉行国家资本主义的重建金融公司帝国，是许多新成立公共公司最大的保护伞，该公司负责分配固定投资，其中最大的一笔便是对国防工厂公司（Defense Plant Corporation，简称DPC）的投资。在军事必要性的幌子下，私营企业这时对公共投资大表欢迎。例如，1940年6月，美国战争部与杜邦公司——罗斯福新政最大的政敌——签订合同，在印第安纳州南部开办一个占地5 000英亩的无烟火药工厂。与此同时，美国陆军投资了著名的由克莱斯勒公司（Chrysler Corporation）运营、占地69万平方英尺的底特律坦克兵工厂（Detroit Tank Arsenal）。这种政府所有、私人承包商经营的合作协议，保证所有生产成本均能得到报销，并且留有预先确定的利润空间，也即所谓的"成本加成"（cost plus）。这成为政府所有、私人承包商经营企业的惯例。克莱斯勒的底特律坦克兵工厂日后将制造出2万辆坦克，其中包括M3"格兰特"坦克和M4"谢尔曼"坦克。

经济生产和就业开始回升。毫无疑问，这剂猛药帮助富兰克林·德拉诺·罗斯福在1940年的竞选连任中击败共和党人温德尔·威尔基（Wendell Willkie），取得了历史性的胜利。威尔基曾担任联邦及南方电力公司的负责人，而该公司是田纳西河谷管理局的大敌。

"这些外国订单意味着这个国家的繁荣,除非繁荣起来,否则民主党无法当选,这些外国订单是意义最重大的。"罗斯福总统在私下指出。[28]

随着美国的装配线运转起来,英国开始购买自己当时无力支付的作战物资。1940年12月,罗斯福总统宣布,美国"必须充当民主国家的大军火库"。一项《租借法案》(Lend-Lease Bill)在国会以多数票获得通过。美国将以借贷形式向同盟国提供作战物资、食品和关键原材料——尤其是石油,而同盟国原则上需要在敌对行动结束后加以归还(他们大多数都没有做到)。从1941年3月到1946年9月,美国在《租借法案》相关项目上花费了500亿美元。[29] 仅这一项,就超过了罗斯福新政组织机构在1933年到1943年间总计400亿美元的全部开支。《租借法案》所涉物资一大部分流向了英国。第二大受援国则是苏联,罗斯福总统于1933年承认了其存在;1941年6月,当希特勒违背了自己在1939年同斯大林签订的协议、入侵苏联之时,苏联已经加入了反对轴心国的大同盟。这次入侵,是希特勒最大的错误。

1941年,罗斯福总统请求国会批准70亿美元的《租借法案》拨款,同时还要求另外拨款137亿美元,用于美国的重整军备。1941财年的军费开支总额将达到120亿美元,比1938年增加了10倍。国防工厂公司资助了全世界最大工厂的建设,这便是位于密歇根州伊普西兰蒂的福特杨柳溪工厂。亨利·福特倚仗多年的工业建筑师艾伯特·卡恩,包揽了克莱斯勒底特律坦克兵工厂和杨柳溪工厂的设计。根据卡恩的设计,占地350万平方英尺的这座工厂至少需要150万平方码*混凝土。

---

* 平方码(square yards)是英制面积单位,相当于边长为1码的正方形的面积。1码等于3英尺,合公制0.9144米。

第十四章　新世界霸主　　　　　　　　　　　　　　　　　　　　571

福特杨柳溪轰炸机工厂中的 B-24 "解放者" 轰炸机装配线（1944 年前后）
福特汽车公司的杨柳溪 B-24 轰炸机生产厂，是美国在第二次世界大战"工厂之战"中取得胜利的重要象征。据说，这是世界上最大的单体封闭工厂。在生产线上，有足够的空间让翼宽 110 英尺的飞机完成 90 度转弯。

　　1941 年夏天，杨柳溪工厂开始建造 B-24 轰炸机。轰炸机是用铝制成的——在这之前，该产业一直被美国铝业公司（Alcoa）这一家公司所主宰。炼铝所需的能量是炼钢所需的 12 倍。国防工厂公司的资本帮助雷诺金属公司（Reynolds Metal Company）在靠近廉价公共水电资源的亚拉巴马州和华盛顿州建起了生产厂。第二次世界大战将助力飞机和铝这两个产业的兴起。[30]

　　与此同时，随着德国军队涌进苏联境内，1940 年 9 月正式成为德国盟友的日本，在中国的战事陷入了僵局（中日于 1937 年全面开战）。美国不承认日本对富饶的满洲地区拥有领土管辖权，但它向中华民国提供的支持，也远远无法同其对英援助相提并论。日本把目光投向了欧洲在东南亚的那些资源丰富的殖民地，其中包括英属缅甸和马来西亚、法属印度支那以及石油储量巨大的荷属东印度群岛。[31] 1941年夏天，日本军队南下挺进印度支那。作为回应，美国采取了石油禁运，并冻结了所有的日本资产。这之前，日本绝大部分的燃料都是从美国进口的，此时只能眼睁睁地看着美国油轮依照《租借法案》规定驶向苏联，本国的石油供应却渐趋枯竭。1941年12月7日，日本轰炸了太平洋上的一些美军基地，其中就包括位于美国殖民地夏威夷的珍珠港大型海军基地。于是，美国向日本宣战，而德国和意大利向美国宣战。

2．工厂之战

全面战争的动员工作并非千篇一律。一开始的时候，日本和德国拥有优势，因为他们早在20世纪30年代以前便开始了军事化。德国发动闪电战的逻辑，便是要在那些规模更大、更具生产潜力的敌国战争经济反应过来之前，先行加以打击并征服。

其他国家的战争动员与美国的战争动员相比，劳动密集程度更高，更加无情地榨取该国国民的能量。事实上，寄希望于从殖民地生存空间坐收渔利的德国，直到1943年中才开始进行全面动员，而到那时，已经为时过晚——美国的军工生产是时正处于顶峰时期，而形势也已经逆转。[32] 真要说无可匹敌的话，还得是苏联经验。[33] 在欧洲战场上，苏联在斯大林格勒战役（1942年7月—1943年2月）中取得了史诗般的胜利，这场军民总计伤亡人数约200万的战役，是第二次世界大战的决定性一战。与41.9万美国战时死亡人数相比，苏联的战死人数约为2 700万。只有日本和德国在1944年到1945

第十四章　新世界霸主

年垂死挣扎时的惨烈伤亡，才能与苏联人承受的损失相匹敌。与之相对，在1945年2月的某次盖洛普民意调查中，几乎有三分之二的美国平民承认，他们不曾"为战争做任何真正的牺牲"。[34]

相对于轴心国的劳动密集型战略，美国的经济动员属于资本密集型那一种，因此也就更节约劳动力。[35] 例如，罗斯福新政的供应管理政策为大宗农产品限定了"平价"底线，这继续促进着节约土地的农业机械化。[36] 军事动员令许多现有工厂得以恢复生产，并为新建工厂支付了建设成本。与此同时，生产力一路飙升。在工业领域，这场战争重塑了对于战后种种可能的商业期待。与此同时，战时生产将劳动力拉进了工厂，结束了大规模失业这个大萧条的头号祸害。很快，某种对于政府的全新社会预期产生了，那就是失业将永远不会卷土重来。

珍珠港事件后，美国开始为战争进行全面工业动员。1942年的主题是建设；1943年是生产；1944年则是作战。工业生产在1943年10月达到顶峰，当时，以附加值而计，制造业占到了美国经济史上的最高份额。[37] 1942年1月，罗斯福总统创设了战时生产委员会（War Production Board，简称WPB），任命性情温和的西尔斯公司（Sears corporate）总裁唐纳德·纳尔逊（Donald Nelson）为负责人。罗斯福总统还宣布了多项惊人的生产目标，其中包括在1942年一年中制造6万架飞机和4.5万辆坦克。这在华盛顿引发了"可行性辩论"，辩论中，战时生产委员会和军方各部门就国家经济实力和优先性的问题吵得不可开交。[38]

新类型的统计数据为运筹帷幄提供了助力。在商务部中，米尔顿·吉尔伯特（Milton Gilbert）率领的一群人提出了"国民生产总值"（gross national production，简称GNP）的概念，吉尔伯特曾拜在西蒙·库兹涅茨门下，而后者曾在20世纪30年代构建了"国民收入"的概念。国民生产总值是衡量全部产出（包括战争物资）收入流的年度指标。商务部于1942年首次发布了国民生产总值数据。与库兹涅茨的国民收入相比,国民生产总值要高25%。库兹涅茨在他的《战时国民产值》(National Product in Wartime, 1945)中对国民生产总值的核算方法表示反对,他请求采用一种更关注民生福利的增长指标,而不是计算到底造出了多少枚炸弹。[39] 尽管如此,商务部依然宣布,考虑到可资利用的经济资源供应,美国经济显著低于其可能达到的生产边界。罗斯福总统在1942年的狮子大张口,只不过稍稍收敛了一些而已。普遍的态度是,就让大量生产来得更猛烈些吧。[40] 如果说,罗斯福总统在1942年提出了生产6万架飞机的要求的话,在战争过程中,美国将最终制造出30万架飞机。

对于凯恩斯的《就业、利息和货币通论》来说,第二次世界大战将成为一个证明。在1942年到1945年之间,净私人投资为负值,然而,公共投资达到了994亿美元。[41] 随着公共投资将未被利用的资源和产能从场外拉回,并通过新建工厂的方式增加了来自经济制度之外的全新需求,一个财政倍增器开始发挥作用。支出产生了累加效应,经济活动带来了累积的递增回报。经济产出得以倍增,远超最初的公共投资,失业也几乎消失不见。在战争期间,凯恩斯关于总体国民产出和就业的经济学理论——"宏观经济学"——在各个政府官僚机构和统计机构中传播开来。[42]

战争期间,国民生产总值增长了58%。美国人建起了军事基地和弹药库,建造了各式各样的飞机、坦克、军舰、枪支和炸弹。如果说,凯恩斯在大萧条没有充分理由长期持续下去这一点上是正确的,那么库兹涅茨在国民生产总值的"增长"内容会导致更大问题的这一点上,也是正确的:总体产出和就业固然是增加了,但这建立在大规模破坏和数百万人死亡的代价之上。

在协调安排战争行动时,战时生产委员会拥有最终决定权。在实践中,重建金融公司和发展金融公司(Development Finance

Corporation，简称DFC）做出公共投资，而陆军和海军负责采购。权责分立的情况十分严重，以至于在1943年，罗斯福总统创设了另外一个统管机构，那就是由来自南卡罗来纳州的保守派美国最高法院大法官詹姆斯·伯恩（James Byrne）负责的战争动员局（Office of War Mobilization）。尽管各部门权限混乱不明，生产中公私混于一体，这台战争机器却开始在轰鸣声中运行起来。

在战争生产中，政府所有、承包商经营、采取"成本加成"制的大型公司制工业企业，依然是首选方案。东北地区依然是举足轻重的造船业基地，但较少受外敌打击威胁的中西部却表现更佳。战时规模最大的新建工厂，是造价1.75亿美元的克莱斯勒-道奇工厂，它位于芝加哥南区（South Side），用于为波音B-29轰炸机制造发动机。这家工厂的主装配大厅是艾伯特·卡恩设计的最后一个工厂建筑，它拥有350万平方英尺的空间，3万名员工将私人轿车停在世界上面积最大的停车场。（如今，这家工厂是一座购物中心。）尽管如此，战争中最大规模的经济变革，却发生在如今已成历史古迹的东北-中西部制造业带之外。

有人指出，第二次世界大战虽然增加了足以解决大规模失业问题的总体需求，但过于狭隘地将经济活动转向战争生产，抑制供给侧的经济发展，也扭曲了经济。[43]这种说法有其合理之处，却未能充分理解美国经济生活的地理分布转变。因为，在第二次世界大战期间，发生了面向西部的第三次工业化，而这产生了深远的影响。[44]在商业时代，东北地区发生了以铁、木材和纺织品为基础的工业化；在资本时代，东北地区和中西部发生了以钢、煤以及大量生产为基础的工业化；此时，在这个控制时代，工业化是基于铝、水电和电子器件的。它发生在南方，但最主要的还是在沿太平洋西部地区进行。[45]这一次，驱动力不再是某次投机性投资热潮——虽然直至此时，后者一直都是美国资本主义最大的驱动力——而是借助行政命令让一座又一座工厂拔地而起的联邦政府。在短短三年内，美国经济地理分布就发生了根本性的转变。

　　罗斯福新政为一切做好了准备。大古力水坝和邦纳维尔水坝为沿太平洋西北地区的战时生产提供了必需的电力。但是，如果说罗斯福新政业已向西部投入了75亿美元的政府开支的话，第二次世界大战带来的收入却不少于700亿美元，这占到了战时西部投资资本总额的90%。[46] 在加利福尼亚州的丰塔纳（Fontana）这个距离海岸45英里、以防日本袭击的内陆城市，重建金融公司向实业家亨利·凯泽（Henry Kaiser）提供了1亿美元的贷款，用于建造密西西比河以西第一座综合钢铁厂。[47] 在全国范围内，钢铁生产的产能利用率在1941年达到了97%。钢铁和石油生产是两大私人投资依然强劲的产业，这主要是通过税收优惠政策而达成的。[48]

　　亨利·凯泽是一位拥护新政的西部实业家，他曾经和沃伦·贝克特尔（Warren Bechtel）合作，跻身于罗斯福新政时期在西部修建大坝的6家公司之列。沃伦·贝克特尔是贝克特尔建筑公司（Bechtel Company）的创始人，该公司为私人所有（至今依然如此），总部位于旧金山。[49] 珍珠港事件之后，凯泽在俄勒冈州的波特兰（Portland）和华盛顿州的温哥华（Vancouver）建造了"自由轮"（Liberty ships）——海上的福特T型车——尽管他那接受国防工厂公司资本资助、规模最大的造船厂坐落在加利福尼亚州的里士满（Richmond），位于他奥克兰老家的北面。凯泽"老爹"（"Pop" Kaiser）成为一名伟大的工业大家长。他支付高工资，欢迎黑人劳工、女工和工会来到里士满。预扣工资为凯泽永久医疗计划（Kaiser Permanente Health Plan）提供了资金。里士满造船厂将建造所有自由轮中的20%，而雇用了20万名员工的凯泽船厂则建造了美国战时所有船只中的30%。重建金融公司和国防工厂公司总共在湾区的工业设施上投资了3.64亿美元，而该地区获得了价值40亿美元的合同。[50] 罗斯福总统的两洋海军建成了。

然而，居于战时太平洋转型过程中心地位的，还是洛杉矶这座城市。战争刚开始时，洛杉矶县只有5%的劳动力就业于工业部门。该地区的主导产业是电影、石油和水果罐装。很快，沿太平洋西部地区就制造了近半数的美国飞机，而六大飞机制造商——道格拉斯、洛克希德、伏尔提（Vultee Aircraft，1943年后称为联合飞机公司）、北美航空、维加（Vega Aircraft Corporation）和诺斯罗普（Northrop Grumman Corporation）——全都位于靠近洛杉矶机场的一条走廊地带上，而该机场则是由公共事业振兴署建设的。到1944年，不少于4 000座战时工厂运营在洛杉矶，生产领域覆盖了各行各业。到1945年时，洛杉矶县的战时生产总值超过了底特律的战前数据（而且在1945年时仅亚于底特律一地）。[51] 加利福尼亚州的人口在1940年到1950年间增加了350万。[52] 加利福尼亚此时成了"伟大的未来世界"。[53]

太平洋沿岸工业化创造了对劳动力的需求，而这恰好与美国历史上最大规模的内部移民发生在同一时刻。全国范围内，57%的美国人改变了居住地，21%的人跨越了州界，此外还有1 600万人接受了军事动员。[54] 联邦政府的战时人力委员会（War Manpower Commission）负责监督移民。[55] 数目最大的一群移民，是迁往密西西比河以西地区的800万美国人。洛杉矶曾经是一个"种族歧视重镇"（Jim Crow town），但超过100万来自南方的黑人移民大军，终于开始动摇南方劳动力市场与美国其他地区的地区性种族隔离——这是对南方种族歧视的一个重大经济打击。[56] 一名南方佃农来到了凯泽老爹的自由轮船厂，他回忆道："看起来好像大家要么参了军，要么就干起了与战争相关的工作，所以我卖掉了我的农具和骡子，来到了里士满。"[57] 加利福尼亚州的人口激增了300万。战时工业化将南方劳动力从土地上拉走，而在1942年，墨西哥短工计划（Bracero Program）促成了数十万来自墨西哥的"客籍工人"劳作于加利福尼亚的农田之上。[58] 在全美范围内，农村成了战时工业的主要劳动力来源。在太平洋沿岸工业化的带动下，最终消除了美国农场的就业不足问题，从而促进了农村地区的机械化，这是美国战争动员资本品密集型特征的另一个体现。

很快，太平洋西部地区就在表面上结束了对美国东部的所有依赖，无论是以"匹兹堡加价法"（Pittsburgh-plus）*计价的钢锭，还是华尔街的金融投资。这里的主导产业——尤其是航空航天业——是军方资助的，但同时也是技术创新型的。战争见证了电子器件、计算机应用、盘尼西林量产和喷气推进技术领域的各种创新。[59] 在加州理工学院大名鼎鼎的喷气推进实验室任职的教授，下班后为航空公司兼职工作，斯坦福大学对政府资助的产业尤其热烈欢迎。建造原子弹的绝密曼哈顿计划，是由加州大学伯克利分校的物理学家J. 罗伯特·奥本海默（J.Robert Oppenheimer）主导的。按照国民生产总值的计算标准，炸弹只能用于投掷。但战时的公共投资，为未来战后"军事—工业"复合体的西部基地以及20世纪末的硅谷新经济奠定了坚实的基础。

退一步说，所有参战国家都将工业产能扩展到了新的地区，无论是德国占领的西里西亚东部，还是日本占领的太平洋带（Pacific Belt）。当德国攻取75%的苏联工业产能时，"大撤离"中的红军将2 600家工厂和1 200万名工人迁到了乌拉尔山脉以东，在冻土之上新建了许多战时工厂。[60] 德国、日本和苏联的工业通过暴力压迫劳动力提高生产力。轴心国的那些绝对意义上的进展，许多都来自强迫劳动。这是阿尔伯特·斯佩尔（Albert Speer）创造的1945年生产"奇迹"的基础。日本在其东南亚殖民地对劳工进行了极其冷

---

* 指无论实际上发货地为何处，均以匹兹堡作为定价基点计算运费。

酷无情的压迫。（大英帝国也是这么做的。）[61] 在德国和日本，没有凯泽老爹这样的人物，却有着诸多的奴隶劳工营。事实上，第三帝国的东欧殖民地看起来更像是杰斐逊自由帝国中路易斯安那州的奴隶经济，而不是战时美国沿太平洋西部地区高科技的工业化，在后者的工厂中，满是南方奴隶的后裔。微软公司的比尔·盖茨（Bill Gates）来自西雅图，而不是西里西亚，其中自有原因。

与资本品密集型的美国战争模式相比，轴心国进行的是一场相对劳动密集型的战争。希特勒的铁血政策，迫不及待地要对东欧的原材料和受驱使的非熟练工人实施直接殖民控制，与此同时，从西雅图到圣迭戈，美国的国家资本却一个接一个地资助着技术创新型的量产工业，相形之下，前者愈发倒行逆施。与此同时，新近扩张的美国经济，将闲置资源和人力带回了生产队列；福特主义的生产力增长继续扩大。[62] 战事所需促使更高效的劳动力节约方法被应用于生产中。在杨柳溪工厂，B-24"解放者"轰炸机的产量从每月75架跃升到了432架。在凯泽的自由轮船厂，采用预制件和以焊接替代铆接，将大量生产的时间从8个月缩短到了数周，某一次甚至只用了4天。[63]

所有这些技术，都不会在战后被遗忘，它们将激发起商业预期和大众期望。[64] 此外，美国军方庞大的采购、承包和交付网络，变成了一种实打实的全球化运作。[65] 美国国内拥有储量巨大的必备原材料，其中包括关键的化石燃料。战争期间，美国生产了全球一半的煤和三分之二的石油。国家资本建起了从得克萨斯通往新泽西的大口径（Big Inch）和小口径（Little Inch）输油管道。美国有可能短缺的必备原材料，就只有用于炼铝的铝土矿和铜矿，而它从英属殖民地获取了前者，从智利得到了后者。与此同时，德国却没能在物流上将急需的乌克兰煤炭与铁矿石以及巴库石油整合到其战争经济中。因为美国的潜艇袭击，日军未能控制必需的航道，无法从新

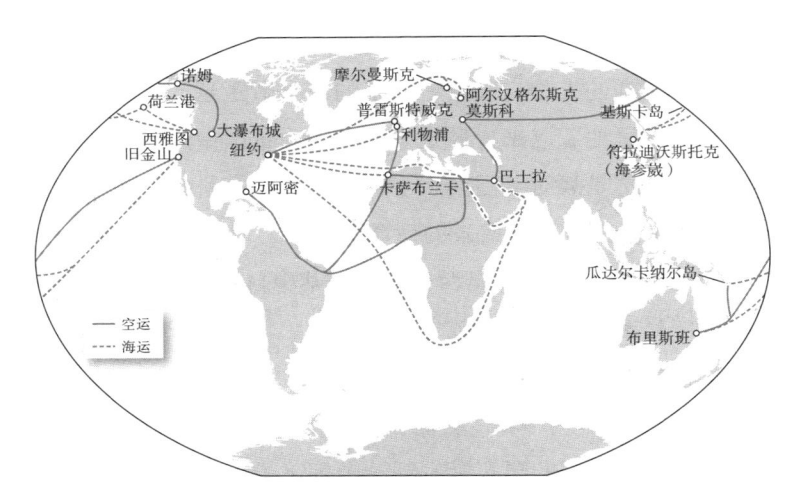

第二次世界大战期间的美国《租借法案》物资供应路线

美军的战时全球物流网络为战后美国的世界政治霸权和经济霸权奠定了基础。

攻占的帝国领地征用急需的石油、煤和铁。与之相对，美国在第二次世界大战期间完成了 1.32 亿吨货物的跨海运输。[66] 美国的太平洋部队，主要靠着通向澳大利亚的给养线完成供给。美国的战争行动，是一个全球物流的奇迹。

通过重新启动东北－中西部制造业带的生产，在沿太平洋西部地区建造新的工业走廊，以及打造全球供应链，美国人赢得了这场"工厂之战"。1942 年是关键的一年，当时，美国生产了价值 200 亿美元的弹药，与之相比，德国的数字为 85 亿美元，日本仅为 30 亿美元。[67] 经济差距达到了"绝杀"点。

这场战争，却依然要打赢才行。在太平洋战场，决定性的一役是发生于 1942 年 8 月到 1943 年 2 月之间的瓜达尔卡纳尔岛战役（Battle of Guadalcanal）。鉴于苏联人民承受了不成比例的苦难，当罗斯福总统和温斯顿·丘吉尔（Winston Churchill）一边思考着如何让美国强大的经济实力进入欧洲大陆，一边让美国和英国军队作

第十四章　新世界霸主

壁上观的时候，斯大林出离愤怒了。丘吉尔更倾向于在地中海地区开展行动，以此稳固大英帝国的地位，同时对欧洲大陆上的平民实施"战略性轰炸"。拥有武器装备更先进、飞行高度更高且能在日间出击的飞机，美国更倾向于轰炸军事目标。但是，美国最终对英国的战略做出让步。从1943年7月开始，英军对德国第二大城市和主要工业基地汉堡进行轰炸，投掷了大量燃烧弹。这并没有对工业造成太大伤害，却让整座城市陷入火海之中，造成4万余名平民丧生。1943年11月，盟军开始轰炸柏林。

1944年一整年，盟军飞机在欧洲上空投下了超过100万枚炸弹。估测数据各不相同，但在1945年2月，一次英国的战略轰炸令德国城市德累斯顿约13.5万平民丧生。1944年6月，罗马解放，盟军最终在法国的诺曼底登陆。苏军在德国领土上一路挺进，发现了多座纳粹屠杀犹太人的死亡集中营。4月，苏军兵临柏林城下。意大利游击队枪毙了墨索里尼，将他的尸体倒吊起来示众。在柏林的地下掩体中，希特勒自杀了。1945年5月8日，德国向盟军投降。[68]

在太平洋战区，美军陷入了困境。1945年3月，一次战略性轰炸杀死了东京的约9万名平民，烧毁了这座以木制建筑为主的古老城市的大部分地区。燃烧弹所用的原料，是镁粉"胶剂"（goop），这是一家凯泽旧金山镁锭厂生产出来的副产品。[69] 接着，1945年4月，罗斯福总统死于中风。新任总统哈里·S.杜鲁门决定向日本投掷原子弹，以结束战争。

这项原子弹计划，使用了战时最大的三项公共投资，用来生产以前仅以微量存在的几种金属。这包括了对位于田纳西州橡树岭的两家浓缩铀工厂的巨额国家资本投资，它们分别由联合碳化物公司（Union Carbide）和伊士曼·柯达公司（Eastman Kodak）负责运营，田纳西河谷管理局的变电站为其提供电力。位于华盛顿州汉福德（Hanford）的绝密产钚"基地"，占据了哥伦比亚河边586平方英里的土地,耗资达 3.397 亿美元。[70] 大古力水坝提供了必不可少的大量电力。杜邦公司负责这一基地的运营,不收取任何利润。在汉福德,8 座水冷式反应堆炼制着铝管中的钚。意大利物理学家恩里科·费米(Enrico Fermi)于 1944 年年底来到汉福德,监督反应堆运作。在救护车队的护送下,第一批原子弹钚芯运到了奥本海默领导下的洛斯阿拉莫斯国家实验室(Los Alamos National Laboratory)。1945年 7 月 16 日,第一枚试验弹在阿拉莫戈多(Alamogordo)爆炸。[71]

美国用原子弹爆炸的方式,宣示了自己的全球霸权。1945 年 8 月 6 日和 8 月 9 日,美国轰炸了日本的广岛和长崎,杀死了至少 13.9 万人,真实死亡人数可能比这还要高出上万人。后来,杜鲁门说,对于是否要投掷原子弹的问题,从来就不曾有过真正的质疑。按照原定计划,它们就是要被造出来,然后被派上用场。[72] 日本于 1945 年 8 月 15 日宣布无条件投降。

3. 大政府

促成美国"大政府"诞生的,不是罗斯福新政,而是第二次世界大战。[73] 在举国公共利益的旗帜下,联邦政府的规模和权限都大幅扩张。在资本侧,罗斯福新政的发展部门通过公共投资而活力四射。在国家紧急状态下,其监管部门同样采取了积极行动。在所得税、价格、工资、利润管控以及货币政策领域,中央政府对美国的经济生活进行了重大干预。经济终将回复到和平时期的基础之上,但大政府的精灵一旦从瓶子里被放出来,就再也收不回去了。

此时的问题变成了,考虑到大政府的新兴职能,以及政治上的权衡利弊,它到底应当做哪些事,或是不做哪些事。围绕着这个问题的答案而产生的斗争,在战争期间——肯定不晚于 1943 年——便开始露出苗头。在公共投资扩张的过程中,许多商界精英对罗斯福新政的敌意并没有减弱。他们开始进行政治鼓动，要求政府在战后将投资归回到私人资本所有者手上。与此同时，罗斯福新政的收入政治开始发力，得到了更大规模的体现。组织起来的劳动者坚持主张自己的权利。而随着第二次世界大战的总体能量打破了大萧条的大众悲观心理，战时美国主义促成了某种对资本主义的全新大众预期。"自由"——这场战争的首要意识形态口号——不仅要意味着更大的经济保障，还要意味着所有人的共同富裕——这其中就包括了女性和黑人这些被新政主要收入福利排除在外的群体。然而，这场战争最终令罗斯福新政对白人男性赚钱养家模式的大力支持得到了强化。

这场战争为国家权威赋予了美国历史上前所未有的合法性。明目张胆的高压统治是真实存在的。J. 埃德加·胡佛（J.Edgar Hoover）掌管下的联邦调查局，对一些持异见者进行了追索迫害。[74] 联邦政府拘禁了12万名日裔居民，其中至少包括6万名美国公民。[75] 一开始，在1941年到1942年间，美国人对大政府和"战争意识"持有相当明显的温和态度。美国主义渗透到了工作场所、购物市场、税务局和卧室中。战时政治宣传的主要媒介是电影，而这由战时情报局（Office of War Information）下辖的电影局负责。应征入伍的新兵，会看到弗兰克·卡普拉（Frank Capra）的《我们为何战斗》（Why We Fight）系列宣传片（1942—1945年，其中几集相当不错）。正如电影制片人协会的负责人所说："我们不再有《愤怒的葡萄》……我们不再有那些把银行家当成恶棍的电影。"[76] 20世纪30年代的许多左翼"文化阵线"成员加入了反法西斯大联盟。"身份转换叙事"（conversion narrative）这种电影类型赢得了众多拥趸，在其中，阶级仇恨和族裔间的紧张关系全都让位于爱国主义。阿尔弗雷德·希区柯克（Alfred Hitchcock）导演的《怒海孤舟》（Lifeboat, 1944）是其中翘楚，这部电影的剧本以《愤怒的葡萄》作者约翰·斯坦贝克的一部中篇小说改编而来，剧中角色尽管存在种种分歧，但依然努力团结起来对抗纳粹威胁，同时尽力摆脱各自屈服于威权主义的本能。希区柯克当然不愧为最伟大的电影人之一。在战争期间更常见的，还是那种此时受雇于政府的商业公司广告导演，他们磨奢砥砺，为战后的消费主义做好了准备。

联邦政府充分利用了当下的大众爱国主义拥戴窗口期。国会在 1941 年和 1942 年通过的《第一战时权力法》（First Was Powers Act）和《第二战时权力法》（Second War Powers Act）授权给行政部门，令其得以合法地对美国私人经济活动大加干预，这种类型的干预是自南部邦联时代以来北美从未见过的。1941 年成立的物价管理局（Office of Price Administration，简称 OPA），一开始的负责人是新政派分子利昂·亨德森，他被赋予了十分宽泛的权力，对价格实施控制，从而预防通货膨胀。1942 年 2 月，政府暂停了所有民用汽车的生产，为战争生产让路，也限制了许多耐用消费品的生产，比如家具和冰箱。作为回应，物价管理局开始对汽油和咖啡一类的消费品进行定量配给。为了确保限价得以实施，该机构招募了多达 30 万名志愿者，既有男性也有女性。[77]

除了管控消费，公共投资和军事开支也需要融资。存在着两种可能的筹集资金机制——征税和借债。战争彻底改变了美国的财政状况，将针对大众，却也具有再分配性质的所得税引入了财政政策的中心。催生了此种"财政公平"政治策略的不是大萧条，而是战争，它与税前经济不平等展开了斗争，而这是第二次世界大战对收入政治最伟大的贡献之一。在 4 137 亿美元的战争开支中，49%来自税收，而绝大部分来自所得税。[78] 所得税包括了一系列公司"超额利润税"，最高税率达到了 90%。实际征收的战时公司所得税在 50% 到 70% 之间。[79]

1940 年，美国的国家债务为 507 亿美元。到战争结束时，这一数字变成了 2 510 亿美元。美国的公共债务达到了国内生产总值（GDP）的 112%。借助征税收入和公债销售，联邦政府并没有在国债融资上遇到困难。受凯恩斯《就业、利息和货币通论》启发、队伍不断壮大、以哈佛大学和麻省理工学院为学术大本营的美国经济学家，提出了另一种战时措施的辩解理论。例如，阿巴·勒纳（Abba Lerner）的《功能财政与联邦债务》（"Functional Finance and the Federal Debt", 1943）就认为，在生产低于产能的经济体中，发债能够触发财政倍增器。产出和货币收入的扩大，会带来更高的征税收入，从而为债务发行提供资金。[80] 鉴于美国以美元形式（而不是其无法控制的外国通货）发债，如果有需要的话，总是可以用通货膨胀的方式消除累积的公共债务。但是，更好的办法还是扩大商品生产。这样便不会发生通货膨胀，也没有通货膨胀的必要性。

在公共财政方面，除了那些关于公共税收、开支和债务的财政政策，货币政策也掌控于美联储手中。美联储拥有许多工具，其中包括了借助其作为贷方的自由裁量权扩增货币量的权能，设定信贷利率的权能，以及进入信贷市场、购买包括公债在内的各种资产的权能（这被称为"公开市场"操作）。战争期间，美联储在主席马里纳·埃克尔斯的率领下，优先协助财政部解决公债发行问题。通过公开市场购入，美联储资助了约 23% 的战争开支。[81] 通过干预公债市场，它试图将所有债款持有者的回报率稳定在 2% 的水平（这一政策被称为"收益率控制"）。用年少成名的麻省理工学院凯恩斯学派经济学家保罗·萨缪尔森（Paul Samuelson）的话来说，这是一场"2% 之战"。[82] 美联储将利率保持在低位。它并没有提高利率以平抑可能出现的战时通货膨胀。（物价管理工作留给了物价管理局。）与私人投资主导的投机性投资热潮不同，利率在战争期间的资本配置中发挥的作用极小。美联储扮演着一个服务性的角色，为全面生产中那些规模较大的、具有政治意义的固定资产投资项目提供赞助。这些都是战争时期的政策,却也没有任何理由阻止它们在和平时期被派上用场。

大量生产取得了蓬勃发展,而不同于第一次世界大战期间通货膨胀率一度达到 20% 的情况,第二次世界大战期间,通货膨胀率一直处于可控状态。凯恩斯对通货膨胀的担心程度要超过他的许多美国追随者,在《如何筹措战费》(How to Pay for the War, 1940)中,他曾提议建立强制性的劳动者储蓄账户,部分原因在于,强制储蓄可以减少流通中的货币,防止需求远远超出供应,而这是导致通货膨胀的一个原因。美国财政部没有强制储蓄,而是发起了一场成功的宣传攻势,以诱使大众投资美国战争债券的办法吸引储蓄。兔八哥、埃尔默·富德、猪小弟和达菲鸭*齐齐出现在银幕上,兜售美国政府债券,坚称鉴于美国士兵在海外为自由而牺牲,本土也需要做出经济上的牺牲。[83] 此外,通过减少流通中的货币,更高的所得税率也抑制了通货膨胀。

与此同时,罗斯福总统在 1942 年 4 月宣布,由利昂·亨德森领导下的物价管理局执行"一般最高价"(general max)政策,为公司设定一个一般性的限价目标。在接下来的一年中,年度通货膨胀率位于 5.1% 到 7.8% 之间。到 1943 年 4 月,物价管理局开始设定具体限价目标,直到 1946 年 2 月,通货膨胀率一直保持在 1.4% 这个低位之上。[84]

从价格、工资和利润管控,到高所得税率,这些联邦政府为限制物价水平、遏制通货膨胀而采取的非同寻常的干预手段是值得注意的,尤其是因为它们对新政自由主义在这个控制时代的长期命运多有影响。当政府压低短期和长期贷款利率以吸引私人固定资本投资,并通过发债为预算赤字和公共投资筹措资金的时候,它也吸引

---

* 均系华纳兄弟"乐一通"动画系列中的经典角色。

第十四章　新世界霸主　　587

进了许多未经开发的资源：劳动力、机器和技术诀窍。这带来了总体产出和就业率的增长。但限制也是存在的。假如不再有可资吸引的资源，假如"宏观经济"达到了其生产极限，货币和财政扩张便会导致通货膨胀——更多的钱追逐着有限数量的商品。通货膨胀本身并无过错可言。某些通货膨胀通过减少债权人——通常为银行家和金融家——收入的方法，实现了新政自由主义的分配理想。但是，高通货膨胀可能会制造关于价格的未来不确定性，从而削弱预期。出于对未来价格上涨的恐惧，它可能还会助长当下消费，以至于有损长期投资。与此同时，对于持续富足的大众心理预期——对战时牺牲的预期回报——或许会导致需求超出供应，成为通货膨胀的另一个潜在源头。战争期间，新政政府管住了通货膨胀，很大程度上是因为物价管理局的价格管控。对市场价格机制——私人活动——如此激进的干预，到了和平时期，在政治上是否能让人接受？随着战争缓慢推进，物价管理局的价格管控成了美国战时政府最不得人心的措施之一。新政之所以诞生，就是为了对抗价格下跌。它催生的自由主义，本来就暗含着促使通货膨胀的属性。

1943年年中，通货膨胀仍处于可控状态，一切以顾全战争大局为重的共识却出现了裂痕。政治上，保守派对新政的敌意再度出现。在1942年的中期选举中，共和党赢得了47个众议院席位和9个参议院席位。1943年新一届国会召开会议时，共和党人与战前就已经转为反对新政诸多激进经济计划的南方民主党人采取了一致行动，叫停了一连串罗斯福新政的发展机构，其中就包括了国家资源计划委员会。该机构刚刚发布了《保障、劳动与救济政策》（Security, Work, and Relief Policies, 1942），为战后公共投资项目绘出了一系列蓝图。接下来，尽管遭到罗斯福总统的否决，国会依然通过了1943年《税收法》（Revenue Act of 1943）。该法虽然保留了所得税的陡峭累进级距，却第一次将所得税转变为一种真正意义上的大众税。1939年，只有7%的美国家庭缴纳个人所得税。到1945年，几乎三分之二的家庭都要这么做。来自个人所得税的收入，最终超过了公司所得税。[85]

在国会之外，资本所有者数算着他们的战时利润，其中许多是由国家通过政府所有、承包商经营式"成本加成"协议担保的，但他们也开始权衡大政府对其长期利益的利弊。经济发展委员会（Committee for Economic Development）这个新成立的商业团体试图加大政府与商业、公共与私营之间的合作，其领导者是罗斯福总统的前内阁成员比尔兹利·拉姆尔，他曾在1939年最早说服罗斯福总统转向债务融资式的公共投资。全国制造商协会和美国商会这两家亲商业的游说集团发出了更大的声音，它们开始抱怨政府的繁文缛节以及对"私营企业"的打击。[86] 在它们看来，政府干预不能践踏私人经济活动领域。这些游说团体尤其想要得到保证的是，在战争结束后，投资权责将被归还到私人手中。1943年，代表这一派意见的通用汽车公司董事长阿尔弗雷德·P.斯隆向全国制造商协会发问道："在经济意义上赢得和平，难道不是与在军事意义上赢得战争同样至关重要吗？"斯隆对正在酝酿中的"企业社会化"发出了警告。如果这种情况真的发生了，"私营企业就完蛋了"。[87]

在国会之外，战时共识在不同阶层的劳动者中也被打破了。工人领袖提出了各种要求。在一些人的想象中，战争经济带来了各种可能性，他们还构想出了一个新的政治纲领，也即"工业民主"。两名钢铁工人领袖克林顿·戈尔登（Clinton Golden）和哈罗德·J.鲁滕伯格（Harold J. Ruttenberg）在《工业民主动态》（The Dynamics of Industrial Democracy, 1942）中指出，工作场所中的民主必须意味着工会直接参与有关生产和投资的决定——这将带来更大幅度的生产力增长。工会和管理层将对更多事项进行集体谈判，而不仅仅是落到工人口袋里的那几个钱的问题。在战争过程中，人数急剧增加的普通工会成员，却将他们的要求集中在工资这一点上，而这种诉求显然占了上风。此外，到那时为止仍被罗斯福新政和集体谈判带来的经济利益边缘化和排除在外的那些群体，开始鼓吹争取更多权益。

自打战争爆发，劳工运动一直都很平静。美国劳工联合会和产业工会联合会一直对以爱国情绪掩盖阶级冲突的"劳动阶级美国主义"（working-class Americanism）表示支持。各家工会签署了不举行罢工的承诺书。在产业工会联合会中担任领导的美国服装工人联合会（Amalgamated Clothing Workers）代表西德尼·希尔曼（Sidney Hillman），同意出任罗斯福总统诸多战时委员会中分管劳工问题的委员会的主席。这个全国战时劳工委员会（National War Labor Board）颁布了"小钢铁厂协商准则"（little steel formula），限制了工资上涨幅度以平抑通货膨胀，并将每周工时设定为48小时。它还宣布了对劳动者有利的"会员资格保留"规则，新近被某家工厂雇用的工人，依照工会合约，将自动成为支付会费的工会会员，除非在其受雇最初的15天中明确决定不加入工会。1941年4月，福特汽车公司戏剧性地最终同意认可美国汽车工人联合会的工会地位。那一年，产业工会联合会也在西屋公司（Westinghouse）、国际收割机公司（International Harvester）、固特异公司（Goodyear）、几家西海岸飞机制造企业和一些南方纺织公司中组建了工会组织。战争期间，产业工会联合会的会员人数从180万攀升到了390万。1943年，产业工会联合会成立了第一届政治行动委员会（political action committee，缩写为PAC），为民主党的竞选活动输纳捐款。到1945年，35%的美国非农业部门劳动者加入了工会，而这在很大程度上归功于产业工会联合会的扩张。[88]

然而，产业工会联合会的领导层没能落实不举行罢工的承诺。

1943 年，在基层工人中爆发了一波自发式罢工。[89] 在 1942 年到 1945 年，超过 700 万名工人参与了 14 000 多次罢工。[90] 最引人注目的是，1942 年带领美国矿工联合会（United Mine Workers）脱离产业工会联合会的约翰·L. 刘易斯，主持了一系列针对"小钢铁厂协商准则"的抗议罢工。温和的通货膨胀依然令罢工者抱怨连连，他们要求更大的加薪幅度。作为回应，国会不顾罗斯福总统的反对，通过了 1943 年《战时劳动争议法》（War Labor Disputes Act of 1943），授予行政部门接管和运营受罢工威胁的关键战时生产企业的权力。

与此同时，尽管存在种种不足，产业工会联合会依然是当时重要的全国性机构中种族融合程度最高的。战争经济为黑人劳工提供了大量机遇。1941 年，卧车乘务员兄弟会（Brotherhood of Sleeping Car Porters）的负责人 A. 菲利普·伦道夫（A.Philip Randolph）在椭圆形办公室拜访了罗斯福总统，他威胁要在华盛顿举行大规模罢工。这家完全由黑人组成的工会是美国劳工联合会的附属机构。总统让步了，发布了一份行政命令，表示"在国防工业或政府的工人就业问题上，不应因种族、信仰、肤色或国籍而加以歧视"。联邦政府创设了公平就业实践委员会（Fair Employment Practices Committee，简称 FEPC），对投诉进行调查，这是新政自由主义以法律途径处理工作场所歧视行为的起源。到 1945 年，非裔美国人在军工产业就业人员中占到了 8%，与其在整个人口中所占比例大致相同。[91] 然而，没有任何行政命令防范发生于 1943 年夏天、针对黑人劳动者的一系列自发式"仇恨罢工"。在底特律，当两名黑人工人被提拔到非低级岗位上的时候，25000 名帕卡德汽车公司员工举行了罢工。[92] 战争期间，黑人知识分子对爱国主义宣传中的种族主义予以尖锐批判，这些内容被编辑收录于《黑人想要什么》（What the Negro Wants, 1944）一书中。简言之，美国黑人

第十四章 新世界霸主　　591

想要结束白人至上主义。以战时的牺牲为杠杆，许多非裔美国人要求在反对国内外压迫的双重战场上取得"双重胜利"。[93]

　　黑人并不是唯一一个因为罗斯福新政的收入政治及其对维护白人男性赚钱养家压倒一切的坚持而处于不利地位的群体。1943年4月，战争部向雇主们分发了一本小册子，书名直截了当——《你要雇用女性》(*You're Going to Employ Women*)。随着男人奔赴战场，已经有越来越多的女性进入职场，而这个工作场所是依据性别差异严格隔离开来的。1939年，女性的年收入中位数是568美元，而男性的则为962美元。黑人女性一直是劳动力市场中最弱势的群体，她们的收入中位数为246美元。[94] 战争爆发前，女性劳动参与率已经在攀升，而这个数字从1940年的26%增长到了1944年的36%。[95] 战时人力委员会针对"铆工罗茜"(Rosie the Riveter)的宣传攻势，便是这种大规模全面动员的象征。尽管如此，作为对比，英国和苏联的女性劳动参与率是美国的两倍。这场战争的确培养出了一批美国劳工女性主义者。比如，黑人劳工女性主义者阿迪·怀亚特(Addie Wyatt)1941年在芝加哥阿穆尔公司(Armour and Company)的某家肉类加工厂找到了一份工作，随后成为地方工会领导人。[96] 然而，第二次世界大战后，无论是否出于自愿，大多数美国妇女都离开了工厂。[97] 到1947年，女性劳动参与率回落到28%。男性赚钱养家、女性操持家务的家庭理想在战争期间依然深入人心，正如它在大萧条时期一样。[98]

　　在这一背景下，国会通过了战争期间最重要的一项社会和经济立法，那就是1944年6月的《美国军人权利法案》(GI Bill)。[99] 这项立法保证"二战"退伍军人得以享受一系列的联邦政府福利待遇，从为期一年的保障性失业保险，到住宅抵押贷款补助、教育津贴和商业贷款。这样一来，经济福利待遇便流向了男性公民，而《美国军人权利法案》明确规定这些公民须为异性恋者。[100] 男性薪酬是分配正义的主要通货这一原则到此时为止深深扎根于这个控制时代的政治经济学。在这方面，战争经济做到了新政未能做到的事：在创造 1.125 亿个新的工作岗位的过程中，它结束了大规模的男性失业。在罗斯福总统 1944 年 1 月发布的最后一篇国情咨文中，他呼吁制定一部野心勃勃的"第二权利法案"（Second Bill of Rights），规范经济权利，保证就业、住房、医疗、教育和基本生活工资。罗斯福指出，所有这些权利都直击新政的核心关键词"保障"。但是，在一个日益保守的国会中，罗斯福总统的请求被充耳不闻，"第二权利法案"没能激起任何响动。取而代之获得通过的，是范围更狭窄的《美国军人权利法案》。1944 年，《财富》杂志进行了一次非正式民意调查，问题是联邦政府是否"应当为每个有工作能力和意愿，却无法在私营部门找到工作的人提供岗位？"三分之二的人给出了肯定的回答。[101] 在 1944 年的竞选活动中，两个政党都承诺，政府应当保证"充分就业"，这成了一个新的政治和经济口号。[102]

1945 年同盟国取得最终胜利之时，联邦政府颁布了数量惊人的经济法规，其中既有监管性质的，也有发展性质的。但是，针对投资的未来管控仍悬而未决。投资从数量上不再匮乏（正如大萧条时期一样），其战时内容——炸弹、坦克和枪支——却需要和平时期的转换。到底该投资什么呢？凯恩斯曾在 1933 年写道："放纵无度的国际化、利己主义资本主义……并不成功……当我们考虑要拿什么取代它时，我们却深感困惑。"[103] 在美国，大政府至少拥有一个清晰的战后经验法则。"这个政府受命于人民，"《舆论季刊》（Public Opinion Quarterly）1945 年这样宣称，"公众想要工作。"[104]

雇用男性赚钱养家者的紧迫任务，将在戏剧性的战后转折中占主导地位，那时候，新政自由主义的政治经济学已最终尘埃落定。

鉴于美国强大的经济和军事实力,以及身为霸主想要在国外成功宣扬文化美国主义(cultural Americanism)的雄心壮志,这个问题将会变得与联邦政府试图以何种方式及原则重建战后世界经济的问题密不可分。

第十五章

战后转折

"美国爵士乐、好莱坞电影、美国俚语、美国机器和专利产品",在1941年的《生活》(Life)杂志上,出身记者的媒体大亨亨利·卢斯(Henry Luce)向全世界宣称了一个"美国世纪"的到来。[1]此时,战争已经结束,1945年是一个全球"元年"(Year Zero)——这是一个尽管混杂着疲惫与哀恸,但也标志着重获新生与种种可能的时刻。[2]但是,人们面对的并不是一张白板。不管身处多么遥远的地方,世界上的各个民族都面对着美国权力与影响力这一既成事实。

这种量级的全球支配地位,是以往不存在的。1945年,美国拥有约70%的全球黄金储备和一半的全球制造业产能。到此时为止,它拥有1945年到1946年这个冬天全球最大的食物储备,而世界上许多人口都在忍饥挨饿,仅免一死。当战争结束之时,美国人拥有全世界四分之三的投资资本,而美国经济占到了全球国内生产总值的近35%,是位居其次的苏联的3倍。[3]在军事方面,苏联红军是一支无可撼动的武装力量,它占领了欧洲的大部分地区,但是,美国是唯一一个拥有原子弹的国家,美国军队骄傲地拥有世界上独一

第十五章 战后转折

第二次世界大战，广岛，原子弹爆炸后的景象（1945年）

美国投下一颗原子弹后的广岛。这是直到此时为止都让人无法想象的毁灭图景，它也传递出了1945年的"元年"意向：一个饱受战争蹂躏的世界，开始在美国无可匹敌的全球实力的背景之下启动重建。

无二的遍布全球的高科技物流供应链。与之相对，身处欧亚大陆的苏联红军必须借助马车运输半数以上的物资。最后，一种意在夺取全球文化霸主地位的美国主义，或是通过大众消费的诱惑手段，或是借助对"人权"的新自由主义想象，对世界各地反对帝国主义的战后非殖民化运动都产生了影响。[4]

美国的政治家夺取了全球霸主的衣钵。早在1941年，罗斯福总统就曾推动成立一个新的国际合作论坛，那就是联合国。在美国的决策圈，战后计划到1943年已经全面展开。战争部和国务院起草了建立海外军事基地和领空权全球网络的计划，它们纵横交错于每一个大洋和每一块大陆之上,星罗棋布于格陵兰岛、阿留申群岛、卡拉奇、马尼拉和库拉索岛。[5] 就算再不济,美国也将有机会获得发展经济必须投入的关键原材料,尤其是产自拉丁美洲和中东地区的那些原材料,而这是通过暴力威胁,甚至是正式武装入侵和军事占领来确保的。1944年,美国、英国、苏联和中国开始思考联合国的创立问题。同一年,来自44个同盟国的730名代表参加了在新罕布什尔州布雷顿森林召开的联合国货币和金融会议(United Nations Monetary and Financial Conference),就战后世界经济重建的实施原则进行谈判。

1945年,全球范围内尚有颇多可资攫取之物,而美国将有权塑造接下来的发展格局。与此同时,在本土,也有许多关系重大之务。这场战争为新政政府的监管举措和发展举措都注入了能量。仅凭对战争产业的公共投资,便终结了大萧条。随着军费开支占国内生产总值的比重从1944年的36%减少到1948年的3.5%,美国经济经历了一次和平年代的"恢复期"(reconversion)。[6] 但是,目标何在?美国人对于这个经济体拥有种种"远大期待",但也同样担心,大萧条或许会卷土重来。[7] 一个无法为白人男性赚钱养家者提供就业保障的政府,是不能指望获得官方政治支持的。战争结束之时,随着关于新政自由主义权限的最后政治斗争告一段落,各种"充分就业"计划引发了议论纷纷。[8]

在这个关键时刻——1945年后的戏剧性转折点——国际政治和国内政治相互纠缠,密不可分。或许,在美国资本主义的历史上,再没有其他时刻比这一刻更值得加以细述了。

到1948年时,这个时刻已然终止。美国和苏联之间的冷战业已开始,世界被分成了资本主义和社会主义两大阵营。战后资本主义世界经济的结构已经得到巩固。布雷顿森林体系将新近与黄金挂钩的美元定义为全球储备货币,世界上其他国家的通货都要与美元挂钩。通过输出资本、大宗商品和消费文化,美国雄霸资本主义世界经济的中心地位。与此同时,随着可口可乐的海外销量增加,冷战时期对共产主义的"遏制"将导致全世界范围内的多次悍然干涉行为。

也是在这战后的几十年中,为了解决男性就业,促进经济增长,各国政府尝试了各种方式,吸引或强迫对工厂进行的固定性、非流动性投资。为了实现这一目标,布雷顿森林体系在努力恢复世界贸易的同时,明确赋权给各国政府,让它们得以在国民经济目标可能受损时阻止短期投机性资本跨境流动。但是,这些目标的实现,并不是普天皆同的。[9]

在美国,这个发生于1945年到1948年的转折,见证了一场声势浩大的罢工浪潮、针对充分就业立法的种种抗议、通货膨胀的初现端倪、资本罢工的卷土重来和反对共产主义的红色恐慌。但是在这一转折结束之时,美国的资本所有者已经夺回了对资本投资的控制权。在政治上,大型公司制工业企业重新确认了它们对投资地点和投资时机的垄断权。尽管如此,在大众需求的压力下,它们还是会投资创造就业的生产活动。出于这一政治原因,各种形式的流动性偏好都处于低水平。驱动战后经济热潮的,更多的是资本家对何为必要的政治敏锐性,而不是信贷周期和私人投机性投资。一切以政治性的非流动性偏好为准。

然而,战后转折时期发生的种种事件,严重打击了新政的发展举措,尤其是它进行公共投资的职能——这一职能再也没能恢复。这个控制时代(或其后阶段)的自由主义,将再也无法提出某种成功的资本投资政治方案。

在1948年的总统选举中,1945年罗斯福总统去世后登上白宫宝座的杜鲁门总统,出人意外地取得了胜利。杜鲁门本心打算恢复新政的那些宏图大略,但在政治上已经不再可行。在监管方面,对私有商业活动的对抗性监督依然保留在纸面上。借助收入政治，美国福利制度的覆盖面已然扩大，因为美国的所得税率依然很高，而且是累进式的。与此同时，联邦政府做出了一个最重大的转变，那就是以国民收入"增长"为新的宏观经济目标。为了促进和控制国家宏观经济，逆周期财政政策诞生了。紧缩不再是治疗衰退的良药。在衰退发生时——1948年到1949年的那次是第一次——联邦政府预算赤字撑起了收入，稳定了国内生产总值。但是，随着私人投资再一次成为第一推动力，在资本分配中，货币资本的利率再一次起到了主导作用。在这一块，货币政策再次证明了自己的作用。1951年，在货币政策方面，行政部门赋予了美联储再一次运用其自由裁量权决定利率的权力，这意味着在有必要时提高利率，即便这会叫停私人投资，从而达到控制通货膨胀这一战后经济顽瘴痼疾的目的。自大萧条前夕起，还是第一次这样做。这些便是冷战自由主义的核心经济政策。

联邦政府可以对收入征税和再分配，还可以监管某些特定产业，但它依然不能独立运作、自创一格，以此推动"国家安全"范畴以外的共识性公共利益。冷战军费开支是维持经济增长的最具合法性的政府开支。一个"中间人政府"（broker state）与新的国家安全机构同时出现了，针锋相对的各个"利益集团"——工会组织、农业集团、美国商会和社会保障金领取者等——在国会中展开了较量。只有在关乎白人男性赚钱养家者福利，或可能触及国家安全的问题上，政府才得以自行其是，这便令政府行动在本土和国外都束手束脚。男性赚钱养家模式依然是自由主义实现分配正义的支付手段，而宏观经济政策侧重于抽象的国民经济收入增长总量，缺乏针对局部、纠正具体相关经济错误（例如那些根植于种族歧视或性别差异的错误）的制度工具。自然，代表公共利益部署长期经济发展的政府计划根本不在讨论之列。

第十五章　战后转折

大萧条并未卷土重来，一段长时间的战后经济发展开始了。考虑到资本主义1929年后的那最近一次分崩离析，这必定会被算作一个巨大的成功。问题在于，随着工业资本主义进入战后的"黄金时代"，新政政府只有有限的权力应对命运交织的美国与世界经济未来可能发生的线路故障。

1. 布雷顿森林体系

大萧条期间，无可否认的一点是，法西斯主义和共产主义在消除大规模失业方面胜过了自由民主国家，与此同时，它们也抽身远离了资本主义世界经济，而这并非偶然。1945年，就连美国的政治家和资本家，也对大规模失业卷土重来的可能性战战兢兢，更不用说那些饱受战争蹂躏、肩负着重建民主使命的国家了。正如后来投入凯恩斯学派的经济学家阿尔文·汉森（Alvin Hansen）在一份早在1942年便完成的战后规划中所说："如果取得胜利的民主国家在下一个十年中令人失望地搞砸了经济，造成大规模失业，我们可能会迎来社会的分崩离析，而且早晚会面对另一场国际性的战火纷争。"[10]

1944年，对这一点心有戚戚的布雷顿森林谈判代表们，设计出了一个国际货币体系，不同于导致了大萧条的资本时代的金本位制，该体系为各国经济政策制定者们留下了一些将本国利益考量置于国际经济义务之上的空间。

在布雷顿森林举行的关于战后国际货币体系的谈判，始于1944年7月。[11]两个挑头人是美国财政部官员哈里·德克斯特·怀特（Harry Dexter White）和作为英国代表的约翰·梅纳德·凯恩斯。怀特是新政派之一，曾经撰写过有关金本位制下国际资本外逃的文章。依仗美国实力为后盾，他在谈判中发挥了主导作用。他和凯恩斯一致认为,战后货币秩序应当旨在促进国际商品贸易复苏。美国更青睐自由贸易,这已经是20世纪30年代罗斯福新政外交政策的重点,而英国则偏爱一个旧帝国范围内的贸易优惠制度。但不管怎样,他们大致同意,全球商品贸易的复苏必定有益于各个国民经济。

怀特和凯恩斯还一致认为,国际金融是另外的一回事。为了保证国民经济政策制定不受干扰,各国政府必须有能力限制短期资本流动。怀特解释说,跨境资本控制"将赋予各个政府更大的控制尺度,以执行其货币和税收政策",而这是通过抑制"出于各种动机的(外汇投机赚取汇率差价利润、避免通货膨胀或避税)资本外逃"来实现的,所有这些,都可能会有损通过民主方式制定出的国民经济政策。[12] 凯恩斯补充道:

> 在战后岁月中,我们应当期望,每一个国家都展开关于富裕阶级之地位和私有财产之处置的激烈政治讨论。这样一来,就会有一些人时刻保持着警惕,因为他们认为,某个国家当前的左倾程度似乎要比别的地方更严重。

对于怀特和凯恩斯来说,短期投机性资本流动(现在被称为短期"组合"投资或"热钱"投资)是有问题的,需要被监管。国际金融只有两个本质功能。第一个功能是通过为全球商品贸易融资而服务于生产。这将触发古老的商业倍增器,因为贸易会带来更多的贸易。经济活动将产生递增回报,而这一累积效应将触发经济发展。第二个功能是长期承诺投资(如今被称为"外国直接投资"),它能为生产性经济活动融资,而这种生产性经济活动正如凯恩斯所说,是可能"满足实际需要"的,并且可以触发工业投资倍增器。[13] 为了支持长期固定投资,布雷顿森林协定创设了国际复兴开发银行(International Bank for Reconstruction and

Development），它是世界银行（World Bank）的前身。

赞同这些学说的国际银行家寥寥无几。正如大萧条之前一样，他们希望随心所欲地处置自己手中的钱，投到想投的地方，或是从某处撤出。但是，美国代表团同意怀特和凯恩斯的看法。许多新政派从立场上就对华尔街怀有敌意。此外，在布雷顿森林，来自拉丁美洲、亚洲和非洲国家，希望实现本国经济工业化的那些代表，也倾向于一个偏重长期的生产性投资，甚至以牺牲全球私人资本流动性为代价的战后世界经济愿景。[14]

在布雷顿森林谈判中，分歧发生于美元作为世界储备货币的地位的问题上。为了给世界贸易融资，任何一种国际金融体系都需要在国家间双边贸易关系的背景下扩大信用货币，在这种关系中，一国很可能是净债权国，而另一国是债务国。凯恩斯预见到了，倘若债权国累积起大量信贷，由此产生的现金池便会成为短期热钱的来源。为了避免此种结果，他想出了一个新全球通货的好主意。他将其称为"班考"（bancor）。班考将仅作为一种国际"记账单位"——由某个新成立的国际机构发行的不兑现法定货币。它的存在，只是为了帮助各国对双边贸易产生的债权和债务进行清算。它是一种单纯的交易货币——不是受制于各类流动性偏好的保值手段。这就是说，这个国际性的约定解决办法将只为某个"清算联盟"服务，意在协助贸易，而不是为了建立一个让赌博式的投机行为成为可能的流动性全球资本市场。最后，凯恩斯呼吁制定规则，在两国之间出现累积而成的巨大贸易失衡的情况下，让债权国和债务国共同分担对各自通货价值进行调整的责任。这是这一机制与金本位制的另一个不同之处，后者将所有的压力都放在了债务国身上，让它们通过紧缩经济——提高利率和削减工资——的方法，独自弥补收支平衡。在大萧条爆发时，该机制为各国国民经济带来了巨大灾难。[15]

尽管凯恩斯的"班考"币提议充满巧思，美国代表团却犹豫不决。

它希望美元能成为世界储备货币。为什么美元不能像金本位制时代的英镑一样，用来表现和强化美国的世界经济霸权？华尔街当然希望如此。考虑到美国的地缘政治力量，即便是对华尔街表示批评的那些新政支持者，也认为班考币是一条过于迂回的路线。

最终达成的布雷顿森林协议，按照35美元兑换1盎司黄金的汇率，将美元与黄金挂钩。这个挂钩汇率理应永不动摇。反过来，其他国家的通货要按照彼此间可自由兑换的汇率与美元挂钩。与此同时，竞争性货币贬值——一种为获取贸易优势而进行的战略性货币贬值——被禁止了。然而，根据布雷顿森林协议，在国际贸易极度失衡或出于国民经济合理需要的情况下，可以对货币进行重新估值。国家资本控制可以阻止针对利率差价和未来货币估值变化的跨境投机行为。所有这些加在一起，意味着为国家货币和财政政策留足了空间。各国可以按照其本国优先事项设定利率，而不是像在金本位制下那样，单纯为了维护固定的挂钩汇率，而做出提高利率、压低价格、紧缩信贷乃至于停止信贷扩张的种种举措。扩张性财政政策引发严重资本外逃的风险，要小得多了。

布雷顿森林协定呼吁创立国际货币基金组织（International Monetary Fund，简称IMF），以此管控可能发生的贸易失衡。会员国将按照"配额"（根据其相对经济实力确定），以黄金或美元形式进行资本"认购"，归集为88亿美元的基金。迄今为止，美国在这个基金中拥有的配额最大，权力也最大。如果成员国在管控国际支付时遇到了困难，国际货币基金组织有权向它们发放贷款，帮助其货币汇率保持"稳定"。[16] 国际货币基金组织还被赋予了执行将于1945年12月生效的布雷顿森林协议的自由裁量权。

布雷顿森林协议有两个致命缺陷。首先，正如凯恩斯预见到并深感担忧的那样，随着时间推移，因贸易失衡而导致的美元现金池将会在国际货币体系中越积越多，令国际货币基金组织不堪重负。

出于投机性流动性偏好，这笔现金将成为短期热钱的基础，而不是转化为对生产活动的长期承诺投资，支持国民经济发展和世界贸易——而后者正是布雷顿森林体系的目的所在。其次，美元是布雷顿森林体系的支柱，但是，一旦35美元兑换1盎司黄金的挂钩汇率受到威胁——日后这确实发生了——整个国际货币体系就会面临巨大风险。仅靠以一种单一本国货币为基础保持世界经济运行，是暗藏危机的。

凯恩斯在布雷顿森林并没能随心所欲。[17]但在离开会议时，他的心情很不错。回到英国，面对着上议院的同僚，凯恩斯夸口说，布雷顿森林体系"明确赋予了每个成员国政府控制各种资本流动的权利。过去的异端邪说，如今被认定为正统"。在大西洋的另一边，一位华尔街银行家将这比作纳粹资本控制的残留，对这个新的"希特勒式货币体系"抱怨不已。[18]

2. 充分就业

1945年，美国坐拥约70%的全球黄金供应。对美国人来说，有朝一日会无法捍卫每盎司黄金35美元的挂钩汇率，在当时简直不可想象。在国际背景下，没有任何一个国家能像美国这样，在其国内经济政策方面拥有如此大的回旋余地（而且差距十分悬殊）。在战争结束后向和平时期经济的急剧转身中，美国的政治策略可以浓缩为一句话："充分就业"。

1945年1月，左翼自由主义者、蒙大拿州的参议员詹姆斯·E.默里（James E. Murray）向国会提出了《充分就业法案》（Full Employment Bill）。[19]全面就业的理念是一个战争遗产，当时，战时经济业已消除了自愿性失业现象。受凯恩斯启发，政府内外的新一代"宏观经济学家"发现了新的经济学概念（比如"有效需求"）

和新的统计工具（比如"国内生产总值"），以此确定国民经济在多大程度上处于满负荷运转状态，充分利用了包括劳动力在内的所有可用资源。如果不然，则依然有可能增加生产，进一步促进就业。在1944年的总统大选期间，民主党在党纲中加入了保障"充分就业"的承诺。作为一个权力越来越大的行政机构，预算局（Bureau of the Budget）发布了题为《促进充分就业的国家预算》（*National Budgets for Full Employment*, 1945）和《促进充分就业的财政政策》（*Fiscal Policy for Full Employment*, 1945）等多个报告。

政策理念是简单的。公共投资在战争期间已经实现了充分就业。为什么这之后不能提供同样的保障呢？

并不是所有人都表示赞同。富兰克林·德拉诺·罗斯福去世前，对在和平时期继续对那些"政府所有、承包商运营"的工厂实行公有制表示兴趣欠奉。在为战争经济"转型"做准备时，他任命了金融家伯纳德·巴鲁克（Bernard Baruch）负责规划事宜，后者是一个亲商业的新政派。1944年10月，在巴鲁克的建议下，国会通过了《剩余财产法》（Surplus Property Act of 1944），强制规定恢复期要"为再度建立一个以自由独立的私营企业为主的和平时期经济提供最大化的帮助"。[20] 如果说"充分就业"是一个强有力的意识形态口号的话，意味着政府将所有投资决定都交给资本私人所有者的"自由企业"和"私营企业"，便是此时全国制造商协会、美国商会和保守派国会议员的口头禅。

出自左翼自由主义者的构想、于1945年1月提出的《充分就业法案》，是对罗斯福总统去世前便已确定下来的立场转移的再度申辩。它继承了战前通过的1939年《工程融资法》精神，后者曾呼吁建立地区性的公共"投资信托"。1945年，大多数左翼凯恩斯主义者退守到了与农业相关的政府部门或是农场工会，尽管他们依然拥有盟友。内政部部长哈罗德·伊克斯提议，把战时工厂转变为退伍军人拥有股份的公有制公司。[21] 美国汽车工人联合会宣布支持这一打算。

《充分就业法案》的初稿宣布，联邦政府有责任为那些"有能力工作并正在寻求工作"的人提供"足够的就业机会"。这项提案呼吁总统向国会提交年度预算，对"投资和其他支出的总量"做出预测。如果预见到未来的私人投资和支出将低于该标准，"总统便应当在提交的预算中包括……一个诸如联邦投资和足以带动总体投资的其他支出的一般性项目"，从而令联邦投资和支出达到与实现充分就业的目的相称的水平。[22] 这是对战后资本主义与民主制度之间关系的一种愿景：一个以公共投资为特征的民主政治。这个愿景是极具凯恩斯主义特色的，它在提到投资时，是将其作为一个统计上的总量对待的，但它也带来了一种可能性，那就是投资的内容和成分构成也可能被政治化。对于发展侧的新政政府来说，这项《充分就业法案》是一个高潮。

该法案于 1945 年 1 月被提出，但美国国会两院在一年多的时间里，都不愿拿出各自的最终版本供杜鲁门总统签字通过。1946 年 2 月终获通过、被称为《就业法》（Employment Act of 1946）的这项立法，将与参议员默里一开始提出的《充分就业法案》大相径庭。拥有 500 万美元年度预算的全国制造商协会，与代表 2000 家商业协会和 15000 家公司的美国商会结成了联盟，动员各种力量反对最初的法案。[23] 这些政治学家口中的"高峰"（peak）商业游说集团，很少会对那些可能成为立法的议案强加干涉，但这一次他们出手了。[24] 对这些人来说，关键问题在于他们自己所拥有的做出投资决定的权力，以及公私领域划分这一美国政治经济学的悠久传统。在他们眼中，私人资本投资这一领域，应当继续免受政府侵犯，而对投资的政府管控，简直就是苏联共产主义。

与 1937 年到 1938 年时一样，当新政政府宣布或许会尝试推行稳健公共投资计划时,商业游说集团威胁要举行一场资本罢工。作为对他们心中不喜的立法行为的回应,资本家或许会失去"信心",行使政治上的流动性偏好,将可能做出的私人投资搁置一旁。一位全国制造商协会的代表在关于《充分就业法案》的国会听证会上说,让政府"思考和融资"不是一件好事,因为这会削弱资本所有者的"信心",减少能够提供就业的私人投资。[25] 全国制造商协会的代表出版物《竞争性企业与计划经济》(*Competitive Enterprise versus Planned Economy*,1945)明确地将《充分就业法案》与共产主义画上了等号。1945年11月,全国制造商协会董事会成员、通用汽车公司(规模最大、实力最强、最具政治影响力的美国公司)副总裁弗兰克·唐纳森·布朗(Frank Donaldson Brown)接手了全国制造商协会的华盛顿战略,当时《充分就业法案》正在国会的委员会中接受审议。

通用汽车公司是战后转折的中心。1945年11月,仍在与《充分就业法案》做斗争的这家公司遇上了其他问题。那个月,18万美国汽车工人联合会会员举行了罢工。此次通用汽车公司罢工,是爆发于1945年秋、一直持续到1946年的大规模全国性罢工潮中处于中心舞台的劳工行动。[26] 在1945年的最后四个月里,因罢工而导致的工作日损失多达2 800万天,超过了以往的最高纪录。在近1 500万有组织的美国工人中,有500万人由产业工会联合会所代表,而该组织成员占到了罢工工人的三分之二,他们主要集中于资本密集型、男性就业密集型的大量生产行业。[27] 劳动女性主义者(Labor feminists)也在争取战后的利益。[28] 例如,全国电话工人罢工便是历史上规模最大的女性罢工。[29] 在这场总罢工浪潮中,包括产业工会联合会主席菲利普·默里(Philip Murray)在内的钢铁工人工会领导层没有办法控制各种事态。1946年9月,仅是在底特律爆发的罢工,就有90%是未经工会批准通过的。这些罢工进行得井然有序。

第十五章　战后转折

通常，当工人走上街头时，他们会要求承认其集体谈判权以及增加薪酬。

战争期间，政府设定的工资上限抑制了薪酬增长，而得益于1945年的战后和平时期退税优惠，利润却得以激增。甚至连全国制造商协会都不否认，的确应该为产业工人加薪。然而，通用汽车公司的管理层选择坐视罢工发生，而不是增加工资。着眼于提议中的《充分就业法案》，它选择将这件事乔装打扮为"管理权"问题。

对于通用汽车公司的管理层来说，这是一场三面受敌的战斗。国会威胁着要蚕食他们的投资决定权。工人们正在罢工。而这家公司的股东——杜邦家族——是新政的大敌，作为控制公司财务权的利益相关者，他们对战后转变心怀忐忑，更偏爱流动性。[30]自挖墙脚的他们认为，最好是出于审慎将公司现金囤积起来，坐观大萧条是否会卷土重来。他们还希望通用汽车公司的战时利润可以马上作为股息分配给他们。以阿尔弗雷德·P.斯隆为首的通用汽车公司管理层有着不同的看法。作为管理者，他们想要实施管理。他们制订了针对生产的庞大固定投资计划。出于天性想要对生产进行管理的他们，偏爱的是非流动性。此外，在政治上，他们知道自己必须提供就业，否则《充分就业法案》中的公共投资条款就会构成威胁。通用汽车公司的管理层愿意投资，但在公开场合，他们还是会捍卫"管理权"不受工会组织和国会议员的干涉。私下里，这也意味着不受股东的干涉。

罢工潮爆发时，通用汽车公司的管理层宣布，该公司将就"工资、工时和工作条件"展开谈判——以分配式收入政治的形式，或酌情分红加薪的方式，多给自己的员工一点好处——但除此之外一切免谈。就在罢工前几天，杜鲁门总统曾经召集了一场劳工组织会议，产业工会联合会主席菲利普·默里提出了扩大"工业民主"的问题，让工会代表可以切实参与生产和投资决策。通用汽车公司坚持认为,工会绝不能对投资和生产决策拥有发言权,因为这会蚕食公司的"管理权",也即"公共利益",就在此时,这场会议陷入了僵局。[31] 罢工期间,美国汽车工人联合会与通用汽车公司谈判时的首席代表沃尔特·鲁瑟要求工资上涨30%。但管理层表示这太过分了——这么大幅度的加薪将消耗掉通用汽车公司所有的利润。鲁瑟说,通用汽车公司应当"公开账目"证明这一点。[32] 通用汽车公司表示拒绝,因为那将意味着"以罢工相威胁的工会头目有朝一日可以对我们发号施令,告诉我们能制造什么、什么时候可以制造、能在哪儿制造以及能够开出什么价码"。[33]

随着罢工继续进行,1946年1月,换了个名称的1946年《就业与生产法案》(Employment and Production Act of 1946)被提交给众议院审议。早些时候,杜鲁门总统曾宣称,他公开支持"每个有能力且愿意工作的美国公民的工作权"。但对于这项修改后的法案,他却与顽固保守、信奉白人至上主义的南方民主党人达成了协议。[34] 关于"就业权"的政府公开表态全都消失不见了,而这本来是参议员詹姆斯·E.默里提出该法案的初衷。一道消失的,还有承诺的政府资源,其中就包括了在必要时为实现充分就业而进行的公共投资。

相反,最终通过的法案承诺政府将大力促进"最大化的就业、生产和购买力"。购买力是对私人消费的认可,这是被凯恩斯排在投资之后的第二个宏观经济变量——它在经济序列中排名第二,重要性也居次位。如果投资继续掌握在私人手中,政府或许能确保足够的消费收入,进而确保对那些企业做出投资选择后生产出来的东西的消费需求——假如这些企业确会投资的话。在一次私下沟通中,某个商业游说者吹嘘说,"就刺激商业投资这个目标得以实现的程度而言,这事实上是一个'商业法案'"。此外,这项1946年的法案要求创建一个新的执行机构——经济顾问委员会——就如何"促

第十五章　战后转折

进就业、生产和购买力"向总统提供建议,但仅限于在"自由竞争企业"的体系之内。[35] 2月,杜鲁门总统签署通过了1946年《就业法》。

与此同时,罢工潮依然汹涌而来。1946年1月,50万钢铁工人举行了罢工。加入他们的,是20万电气工人和15万食品加工厂工人,其中约三分之一是女性。[36] 杜鲁门任命了一个委员会调解罢工,应沃尔特·鲁瑟的要求,该委员会请求查看通用汽车公司的账目。斯隆加以拒绝。但无论如何,联邦调解员还是宣布,在无须提高汽车价格的情况下,通用汽车公司可以负担17.5%的工资上涨。鲁瑟和美国汽车工人联合会拒绝达成协议。

然而,作为钢铁工人的代表,产业工会联合会主席菲利普·默里欣然接受了钢铁行业给出的工资上涨17.5%的要约。默里知道,钢铁行业的生产率和效率都低于通用汽车公司,很可能无法负担更多。如果鲁瑟领导下的美国汽车工人联合会从通用汽车公司那里拿到了更大幅度的加薪的话,默里将在自己所在的工会中处于尴尬境地。相反,钢铁行业的协议束缚住了鲁瑟手脚。1946年3月,美国汽车工人联合会做出让步,113天的通用汽车公司罢工结束了,获得的加薪幅度低于鲁瑟的要求。[37] 没有发生任何关于"工业民主"的讨价还价。[38] 有的只是作为收入政治的一个版本的薪酬政治。那是一个资本主义与民主之间的关系仍有待定义的政治舞台。

此时,在这些全世界盈利水平最高的工厂车间中,装配线开始运转起来。通用汽车公司成功地说服了物价管理局,将工资上涨转嫁到更高的汽车价格上。最后,通用汽车公司最大的股东让步了,管理层计划在1947年对实体工厂投资6亿美元,这个被股东形容为"把人吓出一跟头"的投资额,或许是有史以来最大的一笔私人资本投资。[39]

在国会、车间和与股东的私下冲突中,通用汽车公司的管理者们代表所有企业赢得了"管理权"。到1948年，绝大多数战后仍有价值的政府所有制工厂和设备，全都回到了私人手中。

但是，这场胜利的政治和经济前提是众所周知的。通用汽车公司的管理层同意，将致力于长期固定生产投资，也即工厂。资本将为男性赚钱养家者提供就业，从生产投资产生的收入中分给他们更大的一块——大于资本时代的比例——作为薪酬。毕竟，在这场战后罢工潮中奋起主张自己利益的劳动人民，最渴望得到的，是更高的薪酬。

3. 冷战

战争刚刚结束时，美国的失业率达到了4%的高峰。过于谨慎小心而不愿投资的资本家并没有取得胜利。斯隆和通用汽车公司管理层的心态却成功了。对于那些他们想要投资的东西，他们会以高额利润的形式赚回来。1950年，通用汽车公司实现了创纪录的69.5%的净资本投资回报率，并且与美国汽车工人联合会签订了一份为期五年的优厚合同，即所谓的"底特律条约"（Treaty of Detroit）。[40] 赢得了高工资的雇佣工人将他们赚到的钱花在了替代战争材料的消费品上。大萧条并没有卷土重来。

只不过，一个对未来影响重大的宏观经济压力依然存在，那就是通货膨胀。从1946年1月到1948年8月，美国物价以每年16.4%的速率上涨。[41] 通货膨胀是一个复杂现象，而这次战后通货膨胀有着诸多原因。对富足充裕的大众需求与战后重心转换和罢工潮导致的供应紧张接踵而来，从而推高了物价。民众的战争债券购买行为跌落了，释放出现金，增加了需求。美联储保持着以低利率支持债券销售的承诺，不肯提高利率平抑通胀。最后，这次通货膨胀还有其国际源头：布雷顿森林体系从一开始就根本没能发挥作用。

第十五章 战后转折

1945年到1947年间，在美国以外，整个世界的经济形势十分危急。[42]美国政治家曾希望，通过将各国通货与美元挂钩，私人投资将足以启动欧洲经济复苏，从而创造出对美国进口商品，尤其是农产品的需求。但这并没有发生。"如今，很明显，我们严重低估了战争对欧洲经济的破坏。"美国负责经济事务的副国务卿威尔·克莱顿（Will Clayton）在1947年的《欧洲危机》（"The European Crisis"）备忘录中如是承认。[43]在1946年的那个严冬，欧洲人口饥寒交迫。伟大的意大利电影人罗伯托·罗塞利尼（Roberto Rossellini）的新现实主义电影《德意志零年》（*Germany Year Zero*）呈现出了一幅惨淡的景象，看不出任何战后经济繁荣的迹象。美国官员担心着饥荒、人道主义危机乃至革命的发生，因为曾经抵抗过法西斯主义的西欧各国共产党拥有相当可观的民众支持。1946年，美国占领者担心法国共产党可能发动政变，许多美国官员干脆把意大利波河以北的地区视为共产主义的天下。即便是日本共产党，也在崛起之中。由于如此多的经济体在复苏的路上步履蹒跚，更多的黄金涌向了美国国境。欧洲各国通货对美元的自由兑换以及布雷顿森林体系规定的汇率，根本就不可能实现。"美元短缺"出现了——欧洲经济体没办法赚到足够多的美元支付美国进口商品，或是捍卫其货币挂钩。随着黄金滚滚流入，战后美国通货膨胀的一个原因便在于，这有助于维护美元的货币基础。

接下来，爆发于美国和苏联之间的冷战，压倒了建立布雷顿森林体系的最初尝试。如今在美国，通货膨胀的政治后果与冷战的意识形态后果结合在了一起。随着外交事务令国内政治变得错综复杂起来，这种结合将新政自由主义的最后几年进一步推向右倾，因为反法西斯的全球战争已经被反共产主义的全球战争所取代。[44]

美国坐拥原子弹，掌握着制空权和制海权，而且在被打败的轴心国中驻有军队。欧洲不仅处于经济废墟之中，还被两种截然不同的政治和经济制度——美国资本主义和苏联共产主义——所撕裂。但是,这两大强权在反法西斯战争中曾为盟友。发生在它们之间的新一轮全球性的殊死较量并非命中注定。但是,斯大林不愿从东欧的红军占领区撤军,没得商量。如果说,斯大林几乎不把西欧各国的共产党、中国共产党或朝鲜劳动党放在心上的话,他却并不会禁止他们闹革命——假如他有能力禁止的话。此外,斯大林还拒绝从伊朗撤军,积极推动在达达尼尔海峡建立苏军基地,挑动诸多事端。[45]杜鲁门抱怨斯大林违背了战时向罗斯福总统许下的给予东欧自由选举权的承诺。外交关系开始恶化。

与此同时,通货膨胀的出现对民主党人的民意调查结果并无助益。在1946年的国会选举中,更可能视苏联为意识形态死对头,并且将美国左翼自由主义者形容为"亲共分子"的共和党人,在众议院和参议院重掌大权,自从1932年富兰克林·德拉诺·罗斯福当选总统以来,这还是第一次。新一届国会就位后才一个多月,1947年2月21日,一份来自伦敦的电报便坦率承认了大英帝国已无力清偿债务的现实,并请求华盛顿提供援助,以帮助希腊内战(Greek Civil War,1944—1949年)中的保王势力对抗共产主义者。堪称冷战主要缔造者的美国副国务卿迪安·艾奇逊(Dean Acheson)午餐时告诉朋友,"如今世界上只剩下了两大强权"。[46]春夏之交时,杜鲁门向美国人民阐明"遏制"日益增长的极权主义威胁的必要性。1947年5月,向国会提出的4亿美元拨款请求得到了批准,这笔钱专门用来支持希腊和土耳其的反共政府,而它们未必是民主政府。寥寥无几的、担心"军事集权专制国家"(garrison state)的自由主义者和奉行孤立主义的共和党人加在一起,也无法对杜鲁门主义(Truman Doctrine)——遏制战略——加以抵制。[47]美国的政治家说服了自己,向一个尽管在意识形态上致力于摧毁资本主义,但实力上远远不如的敌手发动一场冷战。[48]

第十五章　战后转折　　613

2019 年前后的已知美军海外基地

第二次世界大战期间，美国的军事规划者开始设计一个全球军事基地网络，通过扩大之前的立足点，以确保美国的世界霸权。冷战催生了美国国家安全国策，它为一直延续到 21 世纪的美国全球军事基地群岛式布局赋予了合法性。

冷战地缘政治塑造了欧洲的经济复苏，而在本土，这带来了一种美国历史上从未存在过的新事物，那就是和平时期的"国家安全"国策。

478

1947 年的《国家安全法》（The National Security Act of 1947）创建了国防部（取代战争部）、国家安全委员会（National Security Council，简称 NSC）和中央情报局（Central Intelligence Agency，简称 CIA）。在捷克斯洛伐克发生共产党政变之后，1948 年的马歇尔计划提供了 130 亿美元的美国经济援助，用于重建西欧经济。苏联及其东欧卫星国拒绝了这项援助，正如它们也拒绝了加入国际货币基金组织和世界银行。马歇尔计划不仅将急需的美国援助送到了欧洲各国，也促成了急需实现的美元流通。[49] 加上欧洲各国通货贬值的因素，"美元缺口"开始缩小。美国生产者开始出口。农业集团尤其希望将大宗商品出口到国外,以此支撑大宗商品价格。早在1945年,占领区的美国官员就曾公开表示考虑彻底清除德国和日本的工业产能,但此时的美国官员却决定资助西德和日本的工业重建,因为产业经济复苏可能成为遏制共产主义的堡垒。最终,西欧各经济体开始走出低谷,1948年的西欧各国选举产生了大量社会民主主义政府,而不是共产主义政府。1949年,德意志联邦共和国(西德)成立,柏林的勃兰登堡门成为第一道冷战军事边界。

冷战的爆发成为本土意识形态背景的一个因素,其后果甚至对杜鲁门个人所偏好的那些政策也不甚友好。1947年5月,除了用于遏制共产主义的军费拨款,共和党人主导下的国会还解散了作为"自由企业"之敌的物价管理局。1947年6月,不顾杜鲁门总统的否决,国会依然通过了《塔夫脱—哈特利法》(Taft-Hartley Act of 1947)。这部劳动法并没有完全推翻1935年的《瓦格纳法》,但它的确削弱了工会的谈判权。在诸多条款之中,该法规定工会官员必须签署反共宣誓书,包括鲁瑟在内的劳工领袖开始清洗他们的左翼同事。《塔夫脱—哈特利法》允许各州通过劳工就业权法规,禁止工人限期加入工会式协议(closed union shops)[*]。该法还认定,拒绝交易和同情性罢工这样的"继发性"劳工行动属非法。另外的法律条款也禁止了全行业和全经济范围内的谈判,而这正是产业工会联合会所偏爱的做法。相反,《塔夫脱—哈特利法》要求,集体谈判必须从一个商业单位到另一个商业单位逐步进行,这既造成了劳工运动的巴尔干化(balkanized)[†],也助长了官僚主义。《塔夫脱—哈特利法》还禁止工长和白领工人中的"管理层工联主义"(supervisory

---

[*] 一种非正式协议,根据该协议,雇主可以雇用非工会成员,但工人被雇用后必须在特定期限内加入某一工会。

[†] "一战"结束后因巴尔干半岛复杂局势而衍生出的一个动词,意为"使分裂成若干薄弱或低效率的小单位"。

unionism）。"组建工会运动到哪儿才是个头？"通用汽车公司的查利·威尔逊（Charlie Wilson）问道，"要到副总裁一级吗？"[50] 产业工会联合会于1946年发起了"迪克西行动"（Operation Dixie），试图在南方的白人和黑人纺织、烟草和家具工人中组建工会，但最终失败，这促成了信奉白人至上主义的南方民主党保守派对《塔夫脱—哈特利法》的支持。[51] 在已经有近一个世纪历史的东北—中西部制造业带，许多现有大量生产企业中的蓝领工人组建工会的行动，在事实上是被1947年的《塔夫脱—哈特利法》所遏制了。很快，共和党发起通过的1948年《税收法》（Revenue Act of 1948）便将各个收入阶层的个人所得税削减了5%到13%。

到这时，"自由世界"的资本主义经济已经具备了许多经久不衰的特征。在布雷顿森林体系之下，对热钱的资本控制是一定之规。美国所寻求的，是让世界经济向此外的一切开放。正如昔日的世界经济霸主，掌控着全球储备货币的美国是资本和商品的出口国。但不像以往的任何一个霸主，美国的野心是真真正正全球化的。美国不喜欢欧洲老大帝国式的贸易集团，相反，美国渴望打破壁垒，在无须公然胁迫的情况下，让整个世界向长期的美国投资、大宗商品、消费文化和自由民主开放，引用一句伊丽莎白·毕晓普（Elizabeth Bishop）在战后写下的记游诗来形容，在这个世界上，"一切都以'和''同'相连"。[52]

1948年的《关税与贸易总协定》（General Agreement on Tariffs and Trade，简称GATT）削弱了战前的贸易优惠制度。在为缔结该协定而举行的谈判中，美国大力支持自由贸易，即便美国农场主曾在1947年因为担心国际贸易组织（International Trade Organization）可能禁止新政的"供应管理"农业补贴而阻挠该组织成立。[53] 欧洲帝国的贸易优惠制度在非殖民化的那几十年中继续保持强劲。[54] 欧洲和亚洲的各经济体通过了一系列保护主义措补贴

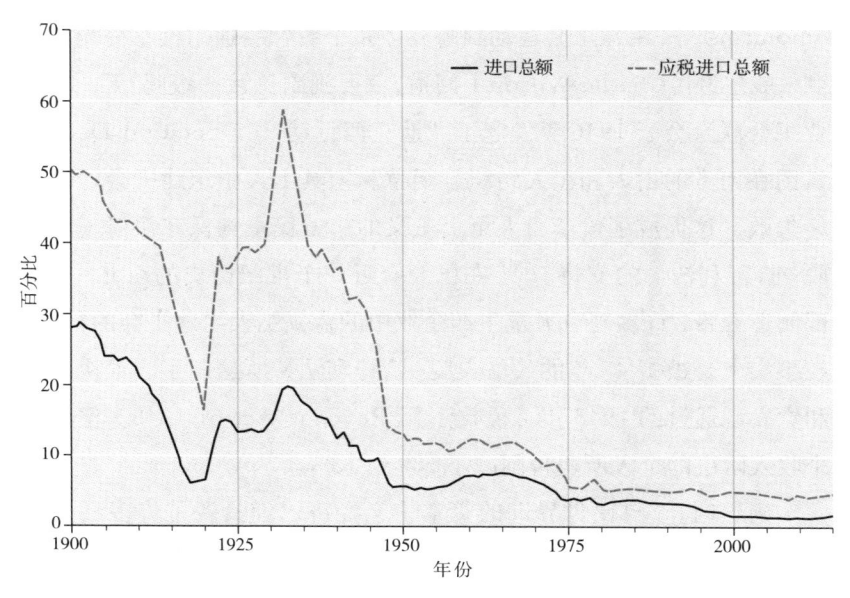

美国贸易关税

"二战"后,美国总体上倾向于降低国内外的贸易壁垒。许多制造业国家——其中包括那些受到美国安全保护的欧洲和亚洲国家——都不会对美国投桃报李。

本土工业。但是,这些不守规矩的家伙,也是遏制共产主义斗争中的盟友。出于地缘政治原因,美国选择佯装不见。

同样的逻辑也被延伸到了美国与其盟国本国政治经济的关系之中。帝国主权就其本质而言,从来都是复合与多方的。帝国一直暗含着"以万法驭万民"之意,本着这种精神,便涌现出了"不同种类的资本主义"——即便全世界的消费者都没有办法抵挡美国的软饮料、蓝牛仔和摇滚乐。[55] 新政自由主义已经设下了其硬性左倾边界,以收入政治为底线。在西欧和日本的"混合经济"中,政府的国家干预主义色彩更浓,经常实行长期规划,进行公共投资——只不过以诉诸民主证明其合法性。[56] 例如,在西德,回归民主政体意味着工人在企业的投资和生产决策中拥有更大的代表权。假如这些措施是在美国被提出来的,几乎所有的共和党人和许多民主党人都会认定它们过于接近共产主义,甚至就是共产主义——即便这些政策事实上有益于稳定的资本主义发展。[57] 美国官员不仅默许了这些政策在欧洲国家施行,马歇尔计划和军事援助还帮助了它们的启动。美国大力帮助曾被自己打败的敌人启动长期经济发展,这当然值得赞扬。世界贸易的复苏提振了所有的国民经济,但很快,这些国家就变成了美国经济的首要工业竞争对手。问题将变成海外"美元过剩"(dollar glut),它来自那些涌入开放且不受保护的美国消费市场的出口商品——德国汽车、日本电器——所创造的收入,有朝一日,这将威胁到布雷顿森林体系的正常运转。

与此同时,美国政治家开始借助冷战的望远镜错误解读世界各地的国家政治。一些美国官员积极主张比遏制更进一步的"击退"(rollback)。如果某种臆测的共产主义威胁危及了美国的公司经济利益,秘密的军事干涉便成为可能。中央情报局支持了1954年的危地马拉政变,推翻了曾干预联合水果公司(United Fruit Company)业务的民选政府。比香蕉更重要的是石油。倘若化石燃料的市场供应和现行价格无法满足工业生产的需求,战后的经济增长和法西斯政权倒台后的向自由民主政体回归都不可能实现。[58] 1953年,在英国石油公司的利益受到威胁之后,一次由中央情报局背后操纵的政变将在伊朗复辟君主制。[59]

当然,美国的经济实力终有限度,就在世界人民被美国主义所诱惑之时,他们也将其纳为己用,令美国文化全球化。傻头傻脑的美国人经常并不明白这一点。格雷厄姆·格林(Graham Greene)的小说《安静的美国人》(The Quiet American, 1955),内容便与美国支持法国重新殖民印度支那有关,它至今仍是这一主题最优秀的作品。一种新的全球霸权,一个"不可抗拒的帝国",一个"应邀而来",但仍拥有破坏性暴力的帝国,已经成为现实。[60] 从这一刻起，但凡要讲述美国资本主义的历史，便不可能不着眼于其命运。

4.冷战自由主义

民意调查显示，杜鲁门总统将会输掉 1948 年的大选。相反，尽管一部分南方选举团把选票投给了白人至上主义的带头人、作为第三党的"南部民主党"（Dixiecrat）代表斯特罗姆·瑟蒙德（Strom Thurmond），杜鲁门却击败了共和党候选人托马斯·杜威（Thomas Dewey），而民主党也重新控制了国会。杜鲁门在竞选过程中一直反对共和党的"蓄意阻挠"（obstructionism），刚一获胜，他便宣布了一项被他称为公平施政（Fair Deal）的野心勃勃的新政复兴计划。

但是，战后转折的时机已经过去，公平施政碰了壁，那道墙，便是战后美国政治的硬性左倾边界。公允地说，新政的监管措施依然保留在纸面上。收入政治得到了扩张。最大的转变在于管理国民收入"增长"的逆周期财政政策，它变成了一种新的宏观经济工具。但是，冷战自由主义即便仍是当初随着富兰克林·德拉诺·罗斯福的上台而掌握大权的那个自由主义，它也与罗斯福新政版本的自由主义有着很大区别。罗斯福新政曾经试图围绕着一场形势紧急的国民经济危机实现公共利益的整合。1948 年后，它的关键词"经济保障"，以及罗斯福总统关于"唯一值得恐惧的就是恐惧本身"的承诺，全都让位于核时代反共恐惧的大气候——以及对"国家安全"的需求。[61] 大政府蓦然发现，在收入政治之外，它最大的民众支持来源是战争状态。

杜鲁门提议的公平施政，在其他各种监管和发展举措之外，还包括了以下内容：一项全民公共卫生保健计划；通过田纳西河谷管理局式的公共公司，促进公用电力事业和公共基础设施建设；公共住房计划；公共教育补贴；大规模扩大社会保障的覆盖人群；提高最低工资；一项取消农业综合企业收入补贴、促进"家庭式农业生产"的农业法案。在司法部，公平施政方针提议在工业领域恢复反托拉斯实践。1949年，司法部对杜邦家族在通用汽车公司中的控股权益提起了法律诉讼。作为一个有过破产经历的密苏里州小生意人，杜鲁门总统是代表"小人物"和商业机会平等的反垄断旗手。此外，他手下的经济顾问委员会还讨论了实行"最低保证年工资"（guaranteed annual wage）和各种其他"工资政策"的可能性，以帮助应对在收入超过经济生产能力的情况下可能出现的通货膨胀。经济顾问委员会的第一份年度报告指出，"经济动荡并非源自各个总量失调，而是源自经济关系失调"。[62]

国会游说团体用尽各种手段对公平施政大加抨击，直至它变得面目全非。对于私人利益集团的游说行为居然可以在如此大的程度上影响国会政策制定这一点，杜鲁门深表惊诧。1949年的《农业法》（Agricultural Act of 1949）不但没有推翻农业补贴，还将价格支持维持在了最高可达"平价"九成的标准，而"平价"是一个保证大宗商品价格水平和农业收入的守旧式价格指标。那一年，一位南方支持者声称："作为农场主，我们仰仗上帝赐予我们耕种作物的一年四季。我们也仰仗我们的国会制定法律，确保我们的作物能卖出一个公平的价格。"[63] 杜鲁门曾经希望，战争为美国带来的那种高度团结和众志成城，或许可以一直延续到他的总统任期之中。在他的回忆录里，杜鲁门这样解释公平施政方针的失败：

> 美国农场局联合会（The American Farm Bureau Federation）代表了拥有特殊利益的那些农场主……（该机构）攻击价格支持计划的理由，与私营公用事业公司攻击政府面向民众的各项公共供电措施的理由如出一辙，与美国医学会（American

Medical Association）攻击将会惠及所有人的卫生保健计划也别无二致。

杜鲁门总结说，倘若来势汹汹的各个利益集团不是那么"贪得无厌"，公平施政方针或许是可以成功的。[64] 1951 年，哥伦比亚大学的戴维·杜鲁门（David Truman）（他与杜鲁门总统没有亲属关系）发表了一项经典的政治学研究，其研究对象，便是作为各个私人利益集团针锋相对激烈碰撞之结果的战后政策制定。在《政治过程：政治利益与公共舆论》(The Governmental Process: Political Interests and Public Opinion, 1951) 这本书中，杜鲁门教授雄辩地将杜鲁门总统抱怨的那种"贪婪行径"定义为"多元主义"（pluralism），他向整个世界宣告，这正是自由民主的精髓。[65]

那些得以成功实施的公平施政措施，可以被归类为收入政治、对抗性监管或公然补贴私人投资的发展政策。1950 年的《社会保障修正案》(The Social Security Amendment of 1950) 将覆盖面扩大到数百万工人头上，稳住了劳动收入。监管性的 1950 年《塞勒—基福弗法》(Celler-Kefauver Act of 1950) 令产业纵向整合变得更加困难。

至于在发展方面，最能说明问题的要算是 1945 年的《塔夫脱—埃伦德—瓦格纳住房法案》(Taft-Ellender-Wagner housing bill) 的命运。这项战后公共住房立法与《充分就业法案》一样命途多舛。[66] 战争期间，尽管罗斯福新政创设的联邦住房管理局资助了一部分公共住房项目，私人住宅建设却一直为数稀少。[67] 战后，对住房的需求十分迫切，而正在进行中的大举国内移民更令情况雪上加霜。600 万个家庭与亲戚或朋友住在一起。[68] 1945 年提出的《塔夫脱—埃伦德—瓦格纳住房法案》中，包括了多条切实可行的公共住房条款。但主导了 1947 年到 1948 年住房听证会的威斯康星州参议员约瑟

第十五章　战后转折　　　　　　　　　　　　　　　　　　　621

夫·麦卡锡（Joseph McCarthy），却将"公共住房"称为共产主义阴谋。全国房地产经纪人协会（National Association of Realtors，简称 NAR，于 1908 年前后成立）和全国住宅建筑商协会（National Association of Home Builders，简称 NAHB，于 1942 年前后成立）这两个实力强大且正在崛起的华盛顿利益集团展开了工作。全国住宅建筑商协会拿出了 500 万美元用于对抗《塔夫脱—埃伦德—瓦格纳住房法案》。全国房地产经纪人协会则对公共住房全力出击。多户式公共住房是"红色的"。单户住宅所有权是美国个人主义和自由的精髓，而离开了战时工厂的女性，必须回到这些单户住宅中，成为操持家务者和母亲。核心家庭同样有共产主义之嫌。[69]

《塔夫脱—埃伦德—瓦格纳住房法案》遭到了拖延。1948 年赢得大选后，杜鲁门重启了一项住房法案，但最终通过的 1949 年《住房法》（Housing Act of 1949），却把重心放在了对建筑业私人投资的政府扶持上。该法第一章号召"清除贫民窟"和"城区改造"，在政府投入资金不足的情况下，这随即变成了黑人作家詹姆斯·鲍德温（James Baldwin）所形容的"迁出黑人"。[70] 第二章扩大了联邦住房管理局政府信贷补贴项目的覆盖范围，加入了 1944 年《美国军人权利法案》的退伍军人抵押贷款补贴项目。[71] 第三章呼吁在十年内建起 81 万套"廉租公共住房"。美国商会将其称为"潜滋暗长的社会主义"。[72]

值得注意的是，住宅固定投资帮助美国的宏观经济走出了 1948 年到 1949 年的轻度衰退。导致这场衰退的原因之一，是战争期间遭到抑制的需求在战后已经饱和，百货公司的销售额降低了 22%。逐渐摆脱公共债务的财政部和美联储，收紧了货币供应。美联储还依照国会要求，对消费信贷实施了管控，并且在维持住银行准备金率以减缓贷款增长的同时，也维持了证券市场的保证金要求。与此同时，1948 年后欧洲各经济体的复苏削弱了对美国出口商品的需求。

然而，最重要的是，在杜鲁门赢得大选、提出公平施政方针之后，随即出现了流动性偏好的上升和非住宅固定投资的下行。[73]

至少在私人住宅建筑行业这个市场，政府和企业达成了共识。从1945年到1950年，住宅固定投资总额占国内生产总值的比例从0.8%攀升到了6.9%，达到历史最高水平。到1952年，联邦住房管理局间接地向经济注入了500亿美元，这占到了国内生产总值的14%，其成本却不到联邦预算的1%。此外，新房建设意味着对耐用消费品的全新需求，人们需要用它们填满车库、客厅和厨房。个人消费占国内生产总值的比重，从1944年的48.4%跃升到了1949年的峰值66.7%——这是一个在20世纪再也未能重现的数字。战后消费主义诞生了。

与此同时，1948年到1949年的衰退见证了逆周期财政政策的诞生。[74]到1949年时，经济学家利昂·凯泽林（Leon Keyserling）已经成为经济顾问委员会的代理主席。凯泽林主持下的经济顾问委员会，将"经济关系"抛到了一边，更重视各项宏观经济"总量"，主张将"经济增长"作为美国政治经济学的组织原则。实现该目标意味着维持住两个宏观经济总量，那就是凯恩斯在《就业、利息和货币通论》中提到的、流入到总产出之中的投资与消费。如果私人投资和消费疲软，发生了衰退，逆周期的政府支出——如有必要，可以采取债务融资手段实现——就会介入加以补偿，从而自动稳定国内生产总值。[75]凯泽林后来回忆说，到1950年时，杜鲁门政府已经放弃了反垄断的战斗口号，也放弃了"保障性收入"的研究和各项反通胀"工资政策"，以求专注于一个目标：国民宏观经济增长。[76]随着政府着手调节抽象国民经济总量以确保国民收入的稳定增长，经济衰退时的紧缩政策已成明日黄花。但是，这意味着在掣肘下采取行动，罔顾经济关系与经济制度的基本事实，也无视各地的具体情况。

第十五章　战后转折

冷战军费开支是逆周期财政政策的促成因素之一。转折点便是1950年朝鲜战争的爆发。[77] 国务卿迪安·艾奇逊后来表示，通过让遏制政策成为板上钉钉的事，并确定下来维持该政策所需的联邦军事预算，朝鲜"及时出现，拯救了我们"。[78] 经济顾问委员会主席凯泽林指出，杜鲁门政府在1950年后决定"采取大幅度经济扩张计划"，这与冷战军费开支的大幅增加正好重合。[79] 1950年，哥伦比亚大学历史学家理查德·霍夫施塔特（Richard Hofstadter）推测说："我们生活在一种奇怪的军事化凯恩斯主义之中，战神挺身而出，填补了市场经济衰退留下的空白。"[80] 南方民主党保守派之前曾为罗斯福新政设置了立法左倾程度上的限制，他们很高兴将军费开支导向自己的选区。拿共产主义威胁大做文章继续引发着各种后果。1950年2月，参议员约瑟夫·麦卡锡对联邦政府中存在共产主义者这件事大加谴责，发起了一场红色恐慌。[81] 然而，到1953年，朝鲜战争的开支达到了1949年后商业周期的顶峰，联邦政府的总支出几乎占到了国内生产总值的四分之一——其中三分之二是军费开支。这样一来，在这个控制时代，推动战后宏观经济首次从衰退中恢复过来的，并不是资本时代中的资本主义信贷周期上行和投机性投资热潮，而是军费开支和政府补贴的私人住宅建设。

朝鲜战争期间，国会再次授予总统代表国防利益干预经济生活的特殊权力。所得税增加了，公司所得税率达到了历史最高值。尽管如此，这场战争的政治经济却与"二战"时的政治经济相差悬殊。联邦政府并没有进行公共投资，而是通过向私营企业提供所得税优惠政策的办法资助战争生产。[82] 国会在不经意间发现了一项吸引私人投资的持续性政策，那就是面向资本所有者的所得税减免。联邦经济政策再一次只能在掣肘下采取行动——吸引私人投资，在指导投资内容和投资领域方面却权力受限。

最后，朝鲜战争期间，通货膨胀再度出现。这主要源自前瞻性心理预期的转变，人们预计，重返战争或许会导致需求超过供应，尤其是在大宗商品领域。杜鲁门业已签署了一份战时行政令，创设了经济稳定局（Economic Stabilization Agency），该机构执行了物价管理局的许多职能。但此时，和第二次世界大战期间不同，美联储拒绝支持以低利率销售公债为战争筹款的做法。在1951年的《财政部－联邦储备系统谅解协议》（Treasury-Federal Reserve Accord of 1951）中，纽约联邦储备银行行长艾伦·斯普劳尔（Allan Sproul）领导下的美联储，重申了自己运用自由裁量权设定利率（货币政策），并将其作为对抗通货膨胀之工具的权利。在银行业和金融业，许多新政监管工具依然保留在纸面上，其中就包括了信贷管控、准备金和保证金要求以及"监管Q条款"，这赋予了美联储设定存款利率上限的权力。[83] 但是，随着联邦政府的其他部门着眼于摆脱这种可能控制通货膨胀的经济制度和经济关系中的干预手段（比如工资谈判），维持价格水平的决定性政府职责被转交到了美联储手上。与此同时，美联储的利率政策——为信贷定价、设定企业需要满足的预期利润下限——将再一次成为影响私人投资总量和流向的主要决定因素。

私人投资的模式将决定整个控制时代自由主义的命运。到20世纪50年代初，美国经济已经爬出了大萧条的流动性陷阱。资本的拥有者和管理者被全面战争注入了能量，但也承受着战后广大民众要求充分就业的压力，他们着眼于预期利润，而且满足于"潜滋暗长的社会主义"倾向已经在美国得到逆转，便是在这种情况下，这些人肩负起了进行长期投资的承诺。在20世纪50年代和60年代，对生产性资本的战后长期投资热潮，将带来新一轮生产率增长和创富企业涌现，而它将持续整整一代人。在这个战后的充裕时代，消费者实现了大丰收。

第十六章

消费主义

塞缪尔·范伯格（Samuel Feinberg）是《购物中心成功之道》（*What Makes Shopping Centers Tick*，1960）的作者，该书由发表于《女装日报》（*Women's Wear Daily*）上的系列报道汇编而成，描绘了第二次世界大战之后的那几十年中美国郊区购物中心的扩张过程。范伯格回忆道，美国记者林肯·斯蒂芬斯（Lincoln Steffens）20世纪20年代从苏联旅行归来时曾说过，"我看到了未来，它是行得通的"。范伯格坚决表示反对，他认为，看到了未来的，是刚刚遍览过美式郊区生活的他自己。未来在于郊区购物中心，而这才是行得通的。[1]

范伯格的未来，是一个全身心投入大众消费的文明社会。首先，它是以汽车为前提的，因为这个社会的特征，便是低密度、彼此独立的郊区单户住宅，在那里，新建的购物中心排列在新铺设的城市道路、高速公路和公园大道旁。信用卡将出现在钱包和手袋中，广告会刊登在杂志上，商业宣传片将播放于电视机中。事实上，到1960年时，范伯格的未来基本上已经成为美国人的现在。因为在

1950年，已经有4030万辆汽车登记在3990万个家庭名下，而在1955年，三分之二的家庭拥有了电视机。[2]那个实实在在的大众消费景观——郊区、单户住宅、汽车经销商和购物中心——已经扎根于大地之上。

战后数十年中的消费主义，并不是什么新鲜事物。历史学家已经记载下了不计其数的旧日"消费革命"。一些经济史学家认为，家户消费需求导致了商业时代的出现，为工业革命设下了舞台。[3] 18世纪的那场英属北美殖民地的消费革命，留下了大量文字记录。[4]后来，在南北战争前的南方，黑人奴隶——尤其是女奴——是炫耀性消费的对象。[5]资本时代见证了标准化消费品的兴起，借助全国邮购的方式，遍及整个国家的"消费社群"建立了起来。[6]到20世纪即将到来时，城市中已经出现了像沃纳梅克百货公司（John A. Wanamaker's）和梅西百货公司（R.H.Macy's）这样位于市中心的百货公司、电影院和许多其他的城市休闲及"廉价娱乐"形式。[7]商业广告在第一次世界大战期间成为一个10亿美元级的产业，并在20世纪20年代福特主义的耐用消费品热潮中呈现出爆发式增长，当时，公司和商店提供的分期贷款开始激增。[8]在那十年中，洛杉矶这个城市事实上发明了汽车郊区生活（automobile suburbia）。[9]即便在大萧条和战时的艰苦岁月中，许多工薪阶级和少数族裔社群——洛杉矶的墨西哥人、芝加哥的波兰人和纽约的犹太人——也接触到了大众消费文化。[10]在新出现的电台广播这一大众传播手段的帮助下，一种全国性的消费文化正在形成。

尽管如此，"二战"后的消费主义在许多重要方面都与旧时有所不同。首先，随着电视机这个"每个房间中的售卖机"慢慢取代收音机，成为占主导地位的传播媒介，大众消费成了一种真正的全国性现象。[11]到1960年，所谓的普通美国人，每周要看上25小时的电视。[12]想要逃脱一种全国性、同质化的大众消费文化，已

第十六章　消费主义

经不复可能，尤其是在1924年《移民法》颁布后的那几十年中移民显著减缓的背景下。

其次，消费的政治意义在第二次世界大战后也发生了改变，而这伴随着公民身份之构建基础的转变。它变得更消费主义了。消费同样早就已经被政治化了。美国独立战争的领袖们曾经通过了针对英国的禁止进口法律。[13] 19世纪的美国人将公民权利与"奢侈品"消费联系在一起。[14] 进步主义时代的消费者联盟和工会抵制运动，将工厂中的悲惨情况公之于众，而主张民权的消费者抵制运动也起源于19世纪。[15]

但是，随着公民身份变得以前所未有的各种方式与消费纠缠在一起，第二次世界大战后的美国开辟了一个政治商品化的新领域。"充裕"成为一项理所应得的经济公民权利。[16] 公民与消费者、权利与满足之间的界限模糊了。即便是民主政治，也日益成为消费娱乐的另一种形式，尽管这并不意味着公民权利的尊严有所减损。正如民权运动领袖约翰·刘易斯（John Robert Lewis）所说，黑人"不能买汉堡包，也不能在汽水自动售卖机那里接上杯可口可乐"，这件事成为种族压迫的政治侮辱之一。[17] 20世纪50年代和60年代的民权运动，其根源可以追溯至很久以前在生产领域的劳工组织运动。但是，该运动通过抵制和静坐的方式在消费场所取得了显著突破，这件事并非巧合，它反映出，消费已经被赋予了极其重大的政治意义。[18]

在大萧条和战争期间，消费一开始低迷不振，但随即便遭到了抑制。[19] 在罗斯福总统1941年发表的关于"四种自由"的著名演讲中，承诺了未来将有"免于匮乏的自由"。"二战"后，被压抑了几十年的需求爆发了。欧洲和日本最初不得不把重心放在重建生产性资本之上，牺牲了消费，以保证对资本品的投资。这也是苏联共产主义的经济逻辑。当然，冷战自由主义把资本投资留给资本家自行决定。但是，美国的收入政治将来自顶部的盈余重新分配给了中等收入阶层。鉴于不那么富裕的人通常更可能立即消费，如此便增加了消费总量——这是保持国民收入增长的一个战略因素。在《就业、利息和货币通论》中，凯恩斯曾设想，出于心理原因，个人消费是一个相对稳定的总量，即便当个人收入增长时亦是如此；他认为，投资相对而言要更加变化多端。或许，凯恩斯是错的？许多美国凯恩斯主义者开始这样想。不用投资，仅是私人消费，或许也能起到推动和稳定增长的双重作用。在某种程度上，战后消费主义的新鲜之处，正是因为它被赋予了全新的"宏观经济重要性"。

"二战"之后，稳定增长的确比以往任何时候都更多地源自个人消费扩张。但矛盾的一点在于，对经济的控制，要求对以往控制消费欲望的那些因素进行一次道德重估。无论是 18 世纪的本杰明·富兰克林，还是 19 世纪的威廉·格雷厄姆·萨姆纳，都曾把某种经济之道上升到道德高度。这种经济之道专注于省吃俭用、正道直行、节制欲望、精打细算、救急济贫和心虔志诚，从而在一个经济稀缺的世界里实现物质资本的积累。占主导地位的新教白人男性经济文化，强调美德、品格与克制欲望。如今，新的价值与旧的价值展开了竞争。这是因为，消费资本主义所倡导的，是寻欢作乐、心满意足、彰显个性、自我实现、众所周知、声名显赫、自娱娱人和男欢女爱。口服避孕药艾诺维得（Enovid，1960）亦是"二战"后的消费品之一。[20]

塞缪尔·范伯格对林肯·斯蒂芬斯的回应，相当说明问题。一方面，消费热潮和红色恐慌通常都会并驾齐驱，正如在斯蒂芬斯所处的 20 世纪 20 年代和范伯格所处的 50 年代。就在范伯格周游郊区的同时，美国副总统理查德·尼克松（Richard Nixon）正身在莫斯科，他与苏联总理（部长会议主席）尼基塔·赫鲁晓夫（Nikita Khrushchev）一道站在一个美式郊区厨房样板间中，就资本主义和共产主义的优越性展开辩论。共产主义对于斯蒂芬斯而言，是一个乌托邦计划。但到 20 世纪 50 年代时，美国消费经济的主要特色，却是厨房家电、可口可乐、蓝牛仔裤、棒球比赛、汉堡包、摇滚乐、好莱坞电影和阳光海滩假期，以及许许多多其他可供购买的娱乐形式。即便这并非共产主义式天下大同的兄弟友爱，也是一个面向所有人的、由一口深不见底的消费欲望之井所维系的梦幻世界。一种新的自相矛盾的资本主义驱动力出现了，那就是对满足的永无止境的追求，而这是通过无休无止的消费实现的。[21] 一个在反复消费行为中一次又一次地抛弃那些已经过时的身份认同的人，明天将会变得怎样？

"二战"后的美国资本主义，将目光投向了一个新的领域：世界各国人民的梦想与幻想。正如一位对美国消费主义加以抨击的法国批评家所说："无论发生了什么，无论一个人如何看待美元或跨国公司的傲慢横行，这种文化却在全世界范围内迷醉了恰恰深受其害的那些人，而这之所以能够实现，正是通过那种荒唐的深信不疑，即坚信是消费主义令他们的所有梦想都得以成真。"[22] 美国消费主义是一个大胆程度丝毫不亚于苏联共产主义的乌托邦计划。正是因为这一点，购物中心才会大获成功，而也是因为这一点，21 世纪的在线购物者方得以自行其是。

1．消费景观

在战后转折期，最初的 1945 年《塔夫脱－埃伦德－瓦格纳住房法案》探讨了开展公共住房计划的可能性，其中便包括了对建造城区公寓大楼的扶持措施。但结果恰恰相反，最终通过的 1949 年《住房法》，却把重点放在了城区"清除贫民窟"和所得税减免，以及信贷补贴形式的私人住宅建设诱导政策之上。该法第二章扩大了联邦住房管理局政府信贷补贴项目的覆盖范围，进一步确立了三十年分期付款住房抵押贷款作为行业标准的地位。[23]这项所得税法提供了住房抵押贷款利息减税优惠。联邦政府逐步为住房抵押贷款付款提供资助和担保,吸引私人投资在各个地方大兴土木,从而满足因大萧条和战时住宅建设停顿而导致的急迫住房需求。

继之而来的,是一场战后住房建设热潮,这是战后固定投资大幅激增的一个重要方面。1950年,住宅固定投资占国内生产总值的比重达到了7.3%的历史新高。(直到21世纪第一个十年的房地产繁荣期间,该数字才又超过了6%。)住宅投资将美国宏观经济从1948年到1949年的衰退中拉了出来,这之后,朝鲜战争(1950—1953年)的军费开支接过了重任。到1960年,每4栋建成住宅之中,就有1栋建造于第二次世界大战之后。到那时,62%的美国家庭拥有自己的住房,而在1940年时仅为42%。[24]从那时起,拥有自住房的美国家庭比例从未落到50%以下。单户住宅和居住于其中的那种理想的男性赚钱养家、女性操持家务式家庭,成为战后郊区消费生活的物质和情感支柱。新的高速公路和快速干道将他们与新建的郊区购物中心连接起来。我们在退后一步时能清楚地看到,这是经济活动跨空间地理扩张的又一个决定性时刻,堪与商业时代种植园的地理迁移和资本时代东北—中西部制造业带的建设相提并论。只不过,此时的目的并不是商业或制造业,而是消费。

为什么是郊区?首先,"二战"后的房地产开发商更喜欢在郊区的"绿地"(greenfield)地块——之前未经商业开发的土地——上建造房屋。[25]这种土地便宜,没有需要绕开的现成建筑结构,也没有居民。总的来说,将推土机铲平的农田转化为批量生成的小块宅地要更容易,成本也更低。在1 300万套建造于1948年到1958年的住宅中,1 100万套属于郊区住宅。郊区人口激增,涨幅超过四成,郊区居民占所有居民的比重在20世纪60年代达到35%的峰值。[26]此外,联邦住房管理局的《承保规范》(Underwriting Manual)将资本和信贷导向了郊区开发。在进行房屋估价、认定"地段品质"和评估借贷风险时，联邦住房管理局以其对城区地产的不待见而著称。迎合白人郊区的种族主义偏好，是一项有意为之的政策。[27]

从事郊区住宅建筑的莱维特父子公司（Levitt & Sons），曾从联邦住房管理局的担保融资中获益数亿美元，该公司的威廉·莱维特（William Levitt）有一次发表意见说："这个行业的乌托邦将是彻底摆脱政府，只保留其作为一家保险机构的职能。"[28]

在 20 世纪 50 年代，莱维特父子公司之于住宅行业，就相当于 20 世纪 20 年代亨利·福特之于汽车行业。郊区生活固有前例可循。例如，20 世纪早期的西尔斯罗巴克邮购商品目录（Sears, Roebuck catalog）就曾面向"有轨电车郊区"（streetcar suburbs）推销送货到门的单户住宅。[29] 但是，战后的建筑开发商——比如纽约州和宾夕法尼亚州的莱维特父子公司，洛杉矶圣费尔南多谷的弗里茨·伯恩斯（Fritz Burns），或是休斯敦的威廉·G. 法林顿（William G. Farrington）——都率先整合了从土地购买到住宅建筑再到最终销售的整个流程。无论是胶合板还是刨花板，在战争期间研发出来的全新合成材料与其他工厂生产的零部件一道，全都被标准化了。每 16 分钟，就有一套四居室的莱维特住宅从装配线上完工下线。在现场，莱维特父子公司将住宅建筑过程拆分成 27 个独立的步骤。新的电动工具取代了加入工会组织的熟练技术工人。"科德角式小屋"（Cape Cod Cottage）是住宅行业中的 T 型车，它的定价为 6 990 美元，附赠一台本迪克斯牌洗衣机、一套通用电气灶具和一台艾德蒙牌电视。在某些情况下，只需首付 90 美元、每月还贷 58 美元，便能购买到一栋科德角式小屋。在融资方面，联邦住房管理局的抵押分期贷款通常会让拥有一栋郊区住宅比在城中租房更划算。住房所有权增加了家庭财富，一栋住宅就是一笔金融投资。但在这个时代，大多数家庭都把改善经济生活的希望寄托在收入持续增长上，而不是自家住房的升值（这一因素将20世纪50年代的房地产繁荣与21世纪第一个十年的房地产繁荣区分了开来）。

对战后单户住宅的心理投资与金融投资一样值得讨论。战后的离婚率在1945年到1946年短暂上升后开始下降，结婚率则有所提高。[30] 一些夫妻排上好几天的长队，以抢购一所位于长岛莱维敦的"梦想之家"。[31] 像刘易斯·芒福德这样的纽约艺术评论家，会对这种郊区百般嘲笑；新左派的富二代，会给它们扣上"墨守成规"的恶名；自由派女性主义者贝蒂·弗里丹（Betty Friedan）在《女性的奥秘》（*The Feminine Mystique*, 1963）中，会将其称为"舒适的集中营"。[32] 然而，对于那些在大萧条期间失去自家住房的人，对于那些曾经在欧洲或太平洋战场上摸爬滚打的人，拥有一所单户住宅这项长久以来专属于上层中产阶级和富裕阶级的权利，却是一种合情合理的欲望。在很长的时间里，工薪阶级一直都会在多户住宅中接纳寄宿者，以此贴补家用。最后，战后的婴儿潮也加剧了对单户住宅的需求。美国的出生率在大萧条期间曾有所下降，在战后却以数千万的幅度急剧增加。[33]

在典型的战后郊区住宅中，新增了两个房间：用于放置家用电器的"杂用间"（utility room），以及更具意识形态色彩的"家庭娱乐室"（family room）。郊区的家庭主妇是这两个房间的主宰，她们也全面掌控着战后的"家居理想"。厨房被移到了房子的前面，紧挨车库，从而开放了起居空间，让它通过双层推拉门与另一个战后新出现的住宅空间——后院草坪——贯通一气。[34]

战后郊区住宅的建筑，体现了对核心家庭的情感投资，也体现了工业现代主义的主题。拥有《艺术与建筑》杂志（*Art & Architecture*）赞助的最初几所"案例研究住宅"（Case Study Houses）的洛杉矶，得以在战后享受到一批精致的平顶、钢结构玻璃房屋，贯彻了现代主义建筑大师路德维希·密斯·凡德罗（Ludwig

第十六章　消费主义　　　　　　　　　　　　　　　　　　　　633

20 世纪 60 年代，一个四口之家手牵手立于新建成的郊区房屋之前（1960 年）
战后美国社会最大的投资，莫过于对单户郊区住宅的投资。

Mies van der Rohe）风格的这些住宅，这一次得到了芒福德的赞许。在休斯敦和其他地方，"牧场式住宅"（ranch house）变得无所不在。[35] 从新英格兰的殖民地式住宅，到新奥尔良的种植园式住宅，各个地区的房屋风格汇成了这一统一一致的战后产品。

加利福尼亚的建筑师在 20 世纪 30 年代开发出了这种风格，其灵感借鉴自西南部的西班牙殖民地式建筑，以及弗兰克·劳埃德·赖特的草原现代主义（Prairie modernism）。莱维特父子公司在他们的牧场式住宅中安装了赖特的三向壁炉，以此作为视觉焦点。郊区的牧场式住宅是"四下发散的"——在一个平面上铺展开来，面宽最大化，以传递那种低密度居住的稀疏感。联邦住房管理局的《承保规范》规定，住宅地块面积应当不低于四分之一英亩，宽 40 英尺、长 100 英尺，远远大于以前的郊区地块。遵循草原风格的牧场式住

罗伯特·亚当斯（Robert Adams），科罗拉多斯普林斯公司（1968年）
流行的牧场式单户郊区住宅主宰了地平线，这反映出战后几十年中家庭经济不平等状况的趋平。同样，这张照片也描绘出了郊区家庭主妇未来即将面对的疏离异化。

宅，以平直线条为特色，最突出的特征便是其长长的水平屋顶轮廓线。这种牧场式屋顶轮廓线与图表上的线条一样，表达出了控制时代的政治经济价值观——稳定、结构以及对战后家庭收入不平等的抑制。

与此同时，战后的住宅小区完成了一项了不起的任务，那就是令一致性与排斥性得以同时滋长。联邦住房管理局的《承保规范》早已因其种族主义而臭名昭彰。弗兰克·劳埃德·赖特精心设计的预制"合众式"（Usonian）住宅方案被拒绝了，因为其在"协调一致"这一项上得了低分。[36] 而这只不过是联邦住房管理局所造的孽中最小的一桩。白人男性赚钱养家者是良性的抵押贷款风险对象，而女性一家之主则不然。1955年，哥伦比亚大学教授、著名的城市规划专家查尔斯·艾布拉姆斯（Charles Abrams）评价说："联邦住房管理局采取的这种种族歧视政策，放到《纽伦堡法》（Nuremberg laws）*中都可能会被摘出来。"[37] 1960年，纽约州的莱维敦有82 000名居民，82 000人都是白人。[38] 同样情况也适用于许多白人住宅小区，一开始的时候，业主之间达成的正式"限制性约定"禁止将房子销售给非白人。当美国最高法院在谢利诉克雷默案（*Shelley v. Kraemer*，1948）中废除了以司法手段执行此种公然种族歧视的限制性约定的做法后，白人业主使用了更阴险的手段。到1960年时，只有不到2%的联邦住房管理局担保贷款资助了少数群体的住房建设项目。[39]

这很大程度上是因为，联邦住房管理局《承保规范》的大部分都出自郊区住宅开发商之手。房地产游说集团甚至成功地促成了一项法律的通过，禁止联邦住房管理局雇用其公务员进行房产评级和估值。这是战后"中间人政府"的一个典型例子。在这种制度中，彼此竞争的"利益集团"抢夺着国会发放的好处——单纯通过税收补贴促进发展，而缺乏以共同公共利益为重的大局观，便会导致这样的后果。联邦住房管理局雇用了房地产中介和经纪人从事这项工作。规划留给了开发商和业主，这样一来，地产利益集团便决定了房地产开发模式。这意味着许多战后郊区地产市场——尤其是面向穷人的那些——都是白人和黑人业主及房东联盟一统天下，他们联起手来，试图从种族隔离的黑人住宅中赚取利润。[40]

新的建设项目所需要的不只是政府补贴。当住宅在地块上建起之后，公共基础设施通常都被留给了地方政府，甚至是房主自身。例如，莱维特兄弟公司在住宅中安装化粪池，而不是布设污水处理

---

* 纳粹德国于1935年颁布的两项反犹太人法。

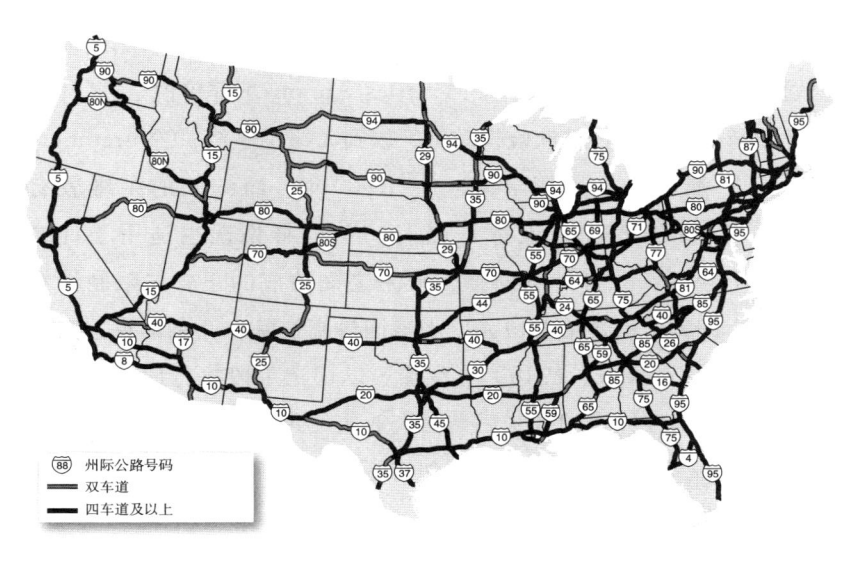

1958 年的州际高速公路系统

1956 年的《联邦资助高速公路法》标志着美国"内部改良"漫长历史中的又一篇章。

系统。在 20 世纪 60 年代,联邦政府最终不得不介入,为地方政府提供资金,在 20 世纪 50 年代期间兴建的许多住宅小区中建造污水管道。地方政府和州政府建起了为这些郊区社群提供服务的水和污水处理系统、燃气和电力设施以及学校系统。许多开发商只在住宅小区中建造了用于运输建筑材料的道路——它们并没有与现有的交通系统连接起来。随着郊区不断扩张,对道路的需求变得尤为紧迫。艾森豪威尔政府 1956 年的《州际高速公路法》(Interstate Highway Act)*承诺建起一个包含 41 000 英里高速公路的联邦高速公路系统,而这些高速公路的兴建考虑的是郊区及郊区居民,不是城市和城市

---

* 即 1956 年的《联邦资助高速公路法》(The Federal-Aid Highway Act of 1956),亦被称为《国家州际与国防高速公路法》(National Interstate and Defense Highways Act of 1956)。

第十六章　消费主义

居民。[41] 这项高速公路法从国家安全利益的角度考量确有必要,但它也将更多的政府补贴发放到了战后郊区消费景观的私人建造者手中。

　　对郊区生活有形基础设施的投资,并未止步于单户住宅的建造或高速公路的兴建,购物中心紧随其后。1946 年,在美国运营中的购物场所中,仅有 8 座能被视为郊区"购物中心"。[42] 迎合驾车购物者而非步行购物者的沿街式购物带(shopping strips)在 20 世纪 20 年代和 30 年代便已经出现。在郊区住宅热潮期间,城市百货公司跑到了郊区追赶它们的客户,零售业逃离了市中心。[43] 这些"主力店"(anchor stores)与开发商和投资人齐心协力,一起聘请建筑师,一道搞定商业抵押贷款。鉴于战后的收入政治包括了医疗保险和养老金等福利,私人保险公司开始积累起必须另投他处的资本。这些"机构投资者"成为郊区购物中心最大的投资方。他们要求购物中心寻求与全国性连锁零售企业——而非本地店主——的长期租约。[44] 20 世纪 50 年代是郊区购物中心建设的黄金时代。到 1960 年,将会出现 3 840 个购物中心,而大多数零售购物都将在郊区发生。[45]

　　维克托·格伦(Victor Gruen)是最伟大的购物中心建筑师和设计师,他是靠着在维也纳与著名现代主义建筑师阿道夫·卢斯(Adolf Loos)合作的经历起家的。格伦曾为社会主义者主导的维也纳市政府设计过多个公共住房项目,然后于 1938 年逃离了希特勒威胁下的欧洲。在纽约,他找到了一份设计第五大道上的商铺店面橱窗的工作。很快,他便开始绘制通向购物中心屋顶停车场的混凝土坡道设计图,在新兴的停车场设计领域,这是一大贡献。

　　1952 年,维克托·格伦合伙公司开始兴建诺思兰中心(Northland Center),这是位于蓬勃发展的底特律郊区的一座户外购物中心,其主力店和出资方是赫德森百货公司(J. L. Hudson's department store)。1954 年开门营业时,诺思兰中心是全世界最大的购物中心,而这是投入了 3 000 万美元固定投资的结果。该中心占地 163 英亩,

维克托·格伦合伙公司，格伦设计的诺思兰中心的建筑模型（1954年）

格伦设计的诺思兰中心位于密歇根州绍斯菲尔德，一个以底特律为中心的郊区。这个购物中心是购物中心设计及现代主义建筑规划的里程碑。

为100家店铺提供了200万平方英尺的零售面积，其中还包括一家购买食品杂货的"超级市场"。[46]

格伦的设计大胆地在横向上铺展开来，各种建筑组件一眼可见——这是战后极端现代主义国际风格（International Style of high modernism）在建筑上的体现。他将诺思兰中心设想为一个自封闭和全设计之城。它有自己的私人道路系统、发电厂、警力部门和水塔。它拥有10 000个停车位。按照格伦的说法，这个项目牵涉到"规划、建筑、交通工程、大规模的机械工程、电气工程、室内工程、景观建筑和平面设计"。[47]《时代周刊》（*Time*）、《生活》、《新闻周刊》（Newsweek）、《商业周刊》以及《美国新闻与世界报道》（*U.S. News and World Report*）都派出了记者，对诺思兰中心的盛大开

第十六章 消费主义 639

格伦设计的诺思兰中心内部景象（1957年）
格伦的规划愿景要求一个受控的消费环境。

业予以报道。

位于明尼苏达州伊代纳的绍斯代尔购物中心（Southdale Shopping Center, 1956）是格伦真正的杰作。位于双城区外、紧邻I-294联邦高速公路的绍斯代尔购物中心，是全世界第一家全封闭式的温控购物中心。它的外部装饰故意设计得沉闷中性。玻璃、色彩和光线都在内部。这家购物中心有两层楼高，配备自动扶梯和两层停车楼。"中庭"的目的就是让人目眩神迷，其景观设计中包含了树木、花草、鱼塘和30英尺高的珍稀鸟笼。

格伦的设计旨在实现对购物环境的全面控制。他用充满哲思的语言解释道，商铺导向一种"双重生活"：它们是"秀场"，必须能够"激发兴趣"，但它们也是"工厂"。绍斯代尔的伟大设计创新在于将购物中心的"机械性那一面"移到"幕后"。[48] 格伦为商铺建造了用于收货的地下通道,这样一来,商品就会像被施了魔法一样出现在货架上。电线、管道和其他一切不供出售的东西都被从视线中隐藏起来了。

格伦本人并不喜欢购物。19世纪末的维也纳一直是现代主义建筑和城市规划的温床,而格伦对于战后美国的购物中心也有着类似的平民抱负。[49] 他哀叹道,美国郊区是"没有心的社区",购物中心却能改变这一点。他相信,绍斯代尔购物中心将成为一个"社区中心",一个新规划社区的锚点,将公寓大楼、街道、公园、学校、湖泊和办公大楼理性地集成在一起。在《美国购物小镇》(*Shopping Towns USA*, 1960)一书中,格伦援引维也纳的街边咖啡馆文化,对自己设计全新"城市空间"的功绩大唱赞歌。[50]

在"二战"后的整个世界范围内,城市规划经常以大型公共住房项目的形式出现,其中就包括了美国的某些项目。[51] 格伦最野心勃勃的计划,是对密歇根州卡拉马祖城(Kalamazoo)的全面重新设计,也即"卡拉马祖:1980!"(Kalamazoo: 1980!, 1958)。这个计划从来不曾被尝试实施过,但在绍斯代尔购物中心之后,一波封闭式购物中心席卷全美。几乎没有任何一个购物中心最终变成规划中的多用途郊区社区,就连绍斯代尔购物中心也不例外。

相反,令格伦深感惶恐的是,绍斯代尔购物中心遵循了郊区土地利用的普遍模式:购物中心、单户式住宅小区和沿街式商业带不受控制的四下扩张。促成这种新兴模式的主要原因,并不是维克托·格伦这样的建筑规划大师,而是藏在面纱背后的对所得税法的规避——比如针对商业地产的加速贬值规定,或是对新建建筑的税收减免。20世纪50年代后期同样见证了郊区快餐厅、加油站、汽车旅馆以及办公空间和工业园区的建设。第一家假日酒店(Holiday Inn)于1952年开门接客,到1960年时,它已经成为一家成功的

第十六章 消费主义

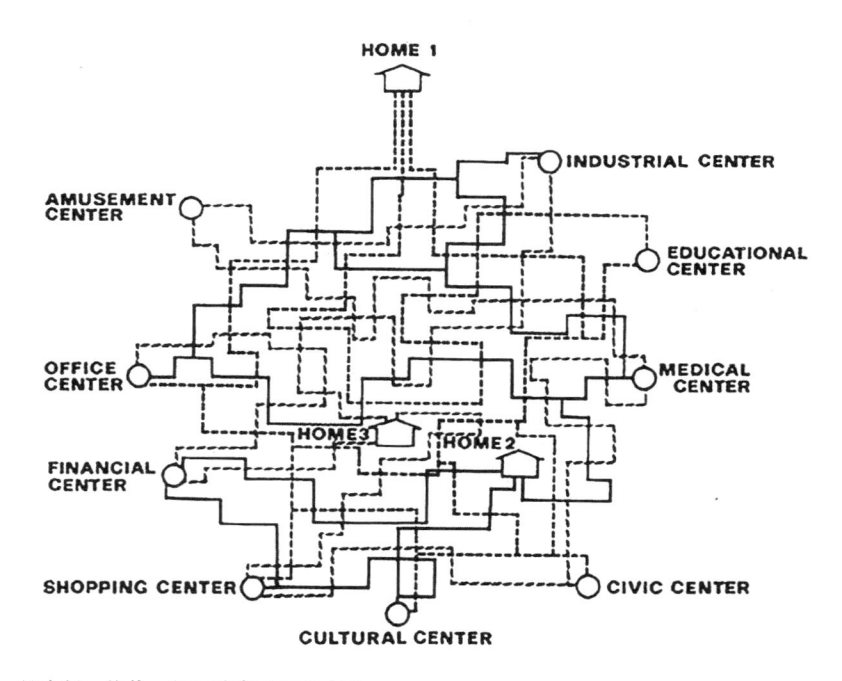

维克托·格伦,郊区迷宫(1973 年)

这张类似电路控制图的插图,摘引自格伦的《适应城市环境的中心区:城市的幸存》(Centers for the Urban Environment: Survival of the Cities, 1973),它形象地表达了战后美国郊区设计的原则。到 20 世纪 70 年代时,格伦对美国郊区生活的幻想已经逐渐破灭。

全国连锁企业。1955 年,雷·克罗克(Ray Kroc)在伊利诺伊州的德斯普兰斯开张了第一家麦当劳。到 1960 年,麦当劳已经拥有了 228 家特许经营店。沿街式购物中心和大型地区性购物中心最终将延伸至郊区的边缘地带,催生出所谓的"边缘城市"(edge city),一个迅速更新迭代的郊区或"远郊"空间。[52]

小说家托马斯·品钦(Thomas Pynchon)在《拍卖第 49 批》(The Crying of Lot 49, 1965)中贴切地描述了这些新涌现出来的景观。"就像加利福尼亚许多被命名的地方一样,与其说它是座有识别度的城市,倒不如说它是一个概念组合——居住区、特别债券

弗兰克·戈尔克（Frank Gohlke），洛杉矶景观（1974年）

在20世纪70年代，涌现出了一种对媒介中的景观予以强调的潮流，戈尔克在此期间的摄影作品便与该潮流相关。战后的消费扩张归根到底是后工业时代的远郊扩张，它导致了某种新建环境的出现。我们不妨试着将这一风景与哈得孙河画派的绘画或查尔斯·希勒对里弗鲁日工厂的艺术呈现做一比较。

发行区、购物核心区，全都铺设有通往高速公路的辅路。"[53]

格伦被吓坏了。对美国郊区生活幻灭后，他逃回了维也纳，结果却发现，一座美式（格伦式）购物中心正在自家后院拔地而起。他的这些购物中心，并没有像格伦曾经预测的那样，"为参与现代社区生活提供需求、场地和机会，正如昔日的古希腊市政广场（Agora）、中世纪市场和广场以及我们这个时代的街心广场"，反而变成了"讨人厌的发展项目"，成了专门针对大众消费的狭窄私人空间。[54] 退休后，格伦写了一本科幻小说，其中一个名为维克托·格伦的人物，与某个外星人讨论了郊区扩张的环境影响；格伦说服了那个外星人，美式郊区正在毁灭地球。消费社会的乌托邦愿景已经转变为反乌托邦。[55]

2. 消费梦境

独立式单户住宅、高速公路、购物中心和沿街式购物中心构成了消费主义的物质景观。同样重要的则是美国人的心理景观，因为消费者必须被激发出消费的动机。冷战自由主义让一般的美国家庭得到了收入增长，而这提高了大众购买力。但是，投资者和生产者能否合理期待消费者会继续购买越来越多的物件？这个答案关乎美国人与这些新事物的关系，也关乎他们与自己和彼此之间的关系。

对消费进行解释的方法颇为不少。经济学家经常在分析中将个体消费偏好视为显而易见的给定条件，而将它们最初如何产生、为什么消费者会起心动念做出某些行动的问题放在一边。另外一些对消费主义的解读更具有社会学意义。索尔斯坦·凡勃伦在《有闲阶级论》（*The Theory of the Leisure Class*, 1899）中创造了"炫耀性消费"（conspicuous consumption）这个术语。[56] 或许，消费者购买的与其说是商品，倒不如说是身份地位。凯恩斯在《就业、利息和货币通论》中，更多关注"投资诱因"——而不是"消费倾向"——作为一种动态经济因素的作用，但他对消费动机的扼要分析，几乎相当于对身份地位问题做出了解释。戴维·里斯曼（David Riesman）和纳坦·格莱泽（Nathan Glazer）合著的《孤独的人群》（*The Lonely Crowd*, 1950），是一本战后的社会学经典著作，他们指出，在19世纪期间一直"内向"的美国人，在20世纪正在变得"外向"起来。美国人消费，是为了从众——换言之，以此获取"标准套餐"。[57] 当"社会"更新套餐内容时，具有身份地位意识的消费者就会一跃而起，采取行动。

在 1953 年到 1954 年的衰退之后,《时代周刊》对反弹做出了解释。消费者"意识到他们可以通过用空调取代风扇的方式促进经济增长。他们通过购买 500 万台小型电视机的方式确保了 1954 年的繁荣"。[58] 1951 年后进入市场的空调,已经入选标准套餐,正如彩色电视机一样。一位由社会人类学家改行而成的商学院教授创办了社会研究咨询公司(Social Research, 1946),对这种观点大加推广。社会研究公司倡导从社会学意义上将大众消费市场"分割"为不同群体,而在每个群体之中的个体可以彼此效仿赶超。珍妮特·沃尔夫(Janet Wolff)的《什么让女性花钱购买:理解和影响今日新女性的指南》(*What Makes Women Buy: A Guide to Understanding and Influencing the New Woman of Today*, 1958),以及 D. 帕克·吉布森(D. Parke Gibson)的《价值 300 亿美元的黑人》(*The $30 Billion Negro*, 1969),都是这种广告类图书的重要之作。[59]

无论是经济学还是社会学,都不能充分解释消费资本主义的决定性特征,那便是产品淘汰(obsolescence)。购买一辆汽车或许是"理性的",但如何解释把一辆功能完好的汽车报废从而换辆新车的这种欲望呢?答案或许是身份焦虑。但在一个消费社会中,购买"新产品"是永无止境的。这种现象最需要解释。[60] "基本的实用性无法成为一个欣欣向荣的服装市场的根基,"某个服装业巨头的高管在 1950 年如是宣称,"我们必须加速产品淘汰。"在 1957 年到 1958 年衰退的某一时刻,各家公司意识到,美国人很快就将没有什么新的必需品要买了。[61] 的确,许多外国人依然需要美国人已经得到的那些东西。美国的跨国公司正在迅速扩张到如今快速增长的欧洲工业经济体中,在那里,布雷顿森林体系强制规定的货币互兑终于在 1958 年实现了。在战后重建中,欧洲的生产一直专注于资本品而不是消费品。随着世界范围内的国民收入攀升,美国消费文化在各个地方都变得更强大了。[62] 尽管如此，如果美国消费者在自家的各种物件损坏前一直持币观望的话，美国的生产商便可能因为缺乏有效需求而蒙受损失。

战后广告行业面对的最紧迫的问题，便是如何让人们渴望拥有他们已经拥有的东西。对于这个问题，并不需要从头开始。到这时为止，商业对人类欲望的培育已经颇有时日；很久以前，亚里士多德就已经教导说，一旦商业欲望的精灵被从瓶子中放出来，就没办法再将它放回去，因为人类的欲望可能是"无限的"。[63] 然而，在战后时期，营销人员找到了挑逗人类欲望的新方式。他们迎合个体和家庭对生活的幻想和梦想，而这些个体和家庭得益于迅速增加的货币收入和全新的购买力。[64] 例如，在詹姆斯·瑟伯（James Thurber）的短篇小说《白日梦想家》（*The Secret Life of Walter Mitty*, 1939）中，主人公米蒂在去主街购物时无聊至极，只能大做白日梦。"沃尔特·米蒂，那个不可击败的人，直到最后依然不可思议"，这是这篇小说著名的最后一句。[65] 随着消费从主街转移到郊区购物中心，战后的广告业为自身设置了对米蒂的心灵详加考察的任务。他们必须让米蒂在做白日梦时想到的是消费，而不是逃避消费。

在挖掘消费者幻想生活这一点上，广告人一开始从商品本身入手，向消费者灌输各种各样的幻想，仿佛购买商品后他们就能将其变成现实。但广告人随即偶然发现了一个更有效的策略，而这个策略至今仍在被使用：他们不再销售商品，而是开始销售消费体验本身的心理特质。这打开了一个全新的可能性场域。

在梦想生活这方面，西格蒙德·弗洛伊德（Sigmund Freud）凭借《梦的解析》（*The Interpretation of Dreams*, 1899）开创了精神分析学科。许多战后美国广告人都是通俗弗洛伊德学说的信奉者，希望诱导消费——正如许多南北战争后的美国人曾是通俗达尔文主义的信奉者，希望诱导竞争。这里是一位战后芝加哥广告人对于香烟的评论，引自万斯·帕卡德（Vance Packard）的畅销书《隐匿的说服者》(*The Hidden Persuaders*，1957）：

> 所有文化都曾借助某种形式的抽吸或吮吸来表达对口唇慰藉的基本需求。在斐济的南海岛，他们咂食槟榔。嚼口香糖对男性和女性都很常见，抽烟也是如此。二者都提供口唇慰藉。对用嘴巴摄取的根深蒂固的需求，最初源自婴儿对饥饿和紧张的反应，而他借助乳房或奶瓶得到了安抚。这种需求慢慢被改变，但在整个成年生活中，依然是一种主要的冲动和需求。[66]

假如弗洛伊德看到这种胡诌八扯，他很可能会把雪茄从嘴里吐出来。当然，我们不应夸大战后精神分析学说对战后广告宣传的影响。然而，最重要的战后广告理论学家皮埃尔·马蒂诺（Pierre Martineau），的确在案头放了一本《精神分析基本原理》(*Basic Principles of Psychoanalysis*，1949），而其作者是出生于奥地利的亚伯拉罕·布里尔（Abraham Brill）。《欲望的策略》(*The Strategy of Desire*，1960）的作者埃内斯特·迪希特（Ernest Dichter），是颇具影响力的动机研究所的所长，也是一个移居国外的维也纳人。他向广告人大肆宣扬了精神分析原则。[67] 在《论心理机能的两条原则》("Formulations on the Two Principles of Mental Functioning"，1911）中，弗洛伊德曾提出，作为一种精神生活动力的"快乐－不快乐原则，或快乐原则"，与"真实性原则"有着不能化解的紧张关系。[68] 战后广告人转向了快乐、幻想和欲求不满这些主题，不把消费定位为逃避现实，而更多地将其定位为一种让现实以幻想模式呈现出来的手段——这就又回到了 P.T. 巴纳姆那里。

存在新的、更好的东西可供购买，把它买到手之前，我都不会

第十六章 消费主义

满足,即便我这么做了,当然还是不会满足,因为我还会想要买些新的东西,如此反复不休——这种感觉,是消费资本主义自相矛盾的驱动力。在投机性投资中,自相矛盾的驱动力在于,货币令短期流动性偏好和长期承诺投资同时成为可能。在消费主义中,反复产生的消费某些新东西的渴望,在当下或许会增加有效需求,并且成为长期经济发展的驱动力,但矛盾在于,消费者一定要持续购买,即便知道他们所买之物永远都不能满足他们的需求。消费欲望必须啃噬心灵,永无餍足。迪希特在动机研究所有一句口头禅,那就是"别卖鞋——卖漂亮的脚!"[69] 也就是说,卖给人们的不是商品,而是他们想要成为的某个人,这不是某个穿鞋的人,而是某个能从拥有漂亮双脚的体验中找到幸福的人。这将要求人们一直购买新鞋,早在旧鞋的鞋底磨破之前便付诸行动。

1959年,经济衰退之后,《大众机械师》(*Popular Mechanics*)杂志采访了几位美国汽车"造型师"。福特公司的首席内饰设计师罗伯特·H. 马圭尔(Robert H. Maguire)解释道:

> 你买一辆车,更多的是因为你想要它,而不是你需要它。那辆旧车或许并没有用坏。你只是有一种购买一辆新车的欲望。你对一台冰箱没有这种感觉。汽车让你兴奋。

作为一个欲望对象,汽车就像女人:

> 一辆车很容易就会幻化成一个面部符号,它的头灯看起来就像是眼睛,而进气格栅就像是嘴巴。

其他的造型师解释道:

> 造型师必须创造需求。什么是好的设计？"兴奋"就是其代名词。它必须能激发你拥有它的欲望。

马圭尔补充道：

> 我们设计一辆汽车，就在它完成的那一刻，我们便恨上了它——我们不得不再设计一辆……我们设计一辆汽车，是为了让一个男人在1958年将尽的时候，对他的那辆1957年款的福特汽车倍感不爽，这样他才会再买一辆。我猜，这就是所谓的计划淘汰吧。如今，这真是一个让人讨厌的词儿，不是吗？

《大众机械师》问道："这真的有必要吗——这种计划淘汰？"马圭尔回答说："是的，如果这个国家想要按既定方式运行的话。"[70]

1957年到1958年的衰退之后，愉悦、奇幻和新鲜感这些主题开始在广告业中占据主导地位。1959年1月的同一期《大众机械师》上，刊登了下面这些广告。其中一个承诺，将会告诉你"如何从你的舷外发动机和小艇上获得双倍乐趣"。哈雷－戴维森公司（Harley-Davidson）夸口说，新款双滑翔座椅将带来"额外的骑行乐趣"。这种从商品本身转向抽象消费体验的趋势是显而易见的：

> 弹奏任何乐器。想象一下吧！即便你做梦都未曾想过自己可以弹奏……让你大受欢迎！结识新的朋友。欢快的派对……放松一下！打消种种忧虑和沮丧。满足自我表达。创作冲动。赢得自信。

一位肌肉发达的查尔斯·阿特拉斯（Charles Atlas）宣称："我将向你展示，如何每天只需15分钟便能成为一个全新的男人。"而另一位肌肉发达的比利·范（Billy Van）也不甘人后地向《大众机械师》的读者承诺："在任何年龄，你都能拥有一具全新的身体……全新的健康，全新的力量！"[71] 与此同时，银行开始向本地消费者提供赊欠账户业务，从而让未来的欲望可以被提前到当下。美国银行（Bank of America）和大通曼哈顿银行（Chase Manhattan）*——美国规模最大的银行——于1958年推出了信用卡。[72]

如果消费体验可以占据一个特定的心理空间——在对当前现实的不满和对未来的幻梦之间的那个空缺地带——那么，淘汰就不必非得是"计划"的了。正如弗洛伊德所教导的，人类的欲望从根本上是模棱两可、自相矛盾的，而这正好派上了用场。促成购买行为的动机，不仅仅是消费某样商品，而是那种体验，那种抽象的对愉悦的追求。在最极端的情况下，生命本身可能成为一个消费对象，而商品本身只不过是一路上被购买然后又抛弃的东西而已。消费主义居然能在促成对消费不满的同时，而无损于对再次消费之愉悦的奇思异想，这真是非同凡响。

消费体验开始留下深刻的印记，不仅刻入了战后的美国经济，也刻入了美国的精神状态与文化。在消费文化中，奇幻题材占据了突出地位；在20世纪50年代这个所谓的漫画书白银时代，蜘蛛侠、蝙蝠侠和神奇四侠都实现了事业上的突破。当然，凭借其浪漫的异性恋剧情，甜言蜜语的好莱坞电影比其他任何工业都更深度地侵入了美国人的幻梦生活。[73]

与此同时，消费成为一个重大的战后艺术表现主题。安迪·沃霍尔（Andy Warhol）是20世纪50年代的一位成功商业插画家，一度以鞋子的广告设计而闻名。《100个罐头》（*100 Cans*, 1962）开创了沃霍尔的"波普"风格，成为系列化大量生产和消费的标志性

---

* 该行中间经过多次合并，一般也被称为大通银行，后来成为摩根大通集团的子公司。

安迪·沃霍尔,《100个罐头》(1962年)

在成为著名波普艺术家之前,沃霍尔是一位商业插画家。金宝汤罐头是大众消费系列化属性的一个标志性形象。

第十六章 消费主义

安迪·沃霍尔，《8个"猫王"》（费鲁斯画廊版，1963年）
逐渐消隐的"猫王"形象捕捉到了消费体验的一个重要特性——重复消费同一样东西所带来的收益递减，由此带来对新商品和新体验永无止境的寻求。

形象。在《8个"猫王"》（*Eight Elvises*，1963）中，沃霍尔转为使用企业广告商惯常所用的照片丝网印刷工艺，表达了更多的内容。每一个重复出现的"猫王"埃尔维斯·普雷斯利（Elvis Presley），都渐趋模糊褪色，直至最终消失。一首新的流行歌曲问世了，人们会一再聆听这首歌，直到想要再次听到它的欲望最终烟消云散。无休无止地转动电台旋钮，想要听到"新"歌，是一种典型的消费体验。作为其对象的歌曲不断改变，这种体验却是相同的。

随着计划淘汰的逻辑在战后消费资本主义的精神景观中发挥越来越大的作用，它也波及了自然景观。正如万斯·帕卡德在《废物制造者》（*The Waste Makers*，1960）一书中所述，美国人丢弃了他们的汽车、冰箱、烤面包机、运动衫和鞋子，而这带来了巨大的后果。在1940年到1968年间，人均生成的固态废物从每天2磅上升到了 4 磅。这些废物最有可能的归宿是新建的垃圾填埋场,要不然就是经食物垃圾处理器这个新出现的消费产品的处理后排入下水道。到 1969 年,仅是纽约市就需应付 57 000 辆报废汽车,更不用说那些废弃轮胎倾倒场。作为汽油副产品的塑料,是另一个战后现象,到 1964 年,美国人每年丢弃约 2 000 个塑料包装。到这时为止,纸还是最大规模的废弃产品,在 1947 年到 1963 年间,纸巾的使用量从每年 18.3 万吨激增到了 62.9 万吨。[74] 最后,以汽车代步为根基的郊区生活,是一种化石燃料密集型的生活方式。在 20 世纪 60 年代,每个家庭的能源使用量增加了 30%。[75] 即便消费近来与幻梦站成了一队,"消费"这个词的最初含义——"用光"或"耗尽"——的重要性却并未稍减。随着消费主义日益痴迷于丢弃当下所有,从环境的角度来看,危机重重的未来却迫在眉睫。

3. "想想还是小的好"

在某个特定时刻——具体时间很难确定——美国人的梦想生活变得如此拥挤,被各种各样的消费幻梦所充斥,以至于公司和广告商不必再为制造消费欲望而担忧。如今,已经有了足够多的白日梦想家,他们的梦想与消费相关,而不再是摆脱消费。广告商可以集中精力,专注于更密切地倾听消费者的奇思异想——甚至是他们自己的奇思异想。广告商和营销人员对 20 世纪 60 年代反主流文化的敏锐察觉,便清晰地表明了这一点。消费资本主义最惊人的特征,便是它居然有能力吸收消化对消费资本主义的批评。

对于战后公司广告行业,从来都不乏批判者——在 21 世纪初对大型技术公司和社交媒体公司操纵消费偏好的重重顾虑之中,他们的担心依然能引起共鸣。[76] 帕卡德的《隐匿的说服者》是一部相当令人毛骨悚然的作品。他援引美国公共关系协会(Public

Relations Society of America）会长的话说："我们的工作对象，是人心的错综复杂。"帕卡德反思道："我们一下子便从詹姆斯·瑟伯笔下的温情世界进入到了乔治·奥威尔笔下的那个老大哥的冷酷世界。"[77] 约翰·肯尼思·加尔布雷思的《富裕社会》（*The Affluent Society*，1958）发明了依赖效应（dependence effect）这种说法，它指出，"独立自主的欲望"事实上只不过是一种妄念，因为麦迪逊大道存在的目的便在于"创造那些此前并不存在的欲望"。[78] 在1945年到1960年间，广告开支激增3倍，达到了110亿美元。加尔布雷思呼吁增加公共投资——长期发展政策——以此满足彼此争夺消费者的商业公司无法满足的真正的人类需求。加尔布雷思和帕卡德的声音，汇入了声势更浩大的抗议洪流。广告业有意识地培养起了一个商业性的"青年文化"，一个20世纪60年代的新兴细分市场，这让人格外不安。1959年，《生活》杂志统计得出，婴儿潮一代的青少年一共拥有1 000万台留声机、100万台电视和1 300万架照相机：他们每年总共花掉了100亿美元。[79] 弗雷德里克·沃瑟姆（Fredric Wertham）的畅销书《对纯真一族的诱惑》（*The Seduction of the Innocent*，1954）认为，漫画书的作用便是宣扬青少年犯罪，而文化保守派对于青少年追求从摇滚乐到开车兜风的各种消费享乐这件事尤为痛心疾首。

通过攻击消费文化，立场从左到右的一干战后知识精英，在某种程度上都不过是在哀叹本身文化权威地位的丧失。消费者在符号与图像的汪洋大海中漫游，这些符号和图像合谋促成他们消费，以此维持对宏观经济的"总量需求"。但在这之中，也有回旋的空间。[80] 罗伊·利希滕斯坦（Roy Lichtenstein）的波普艺术复制了那些滥俗的消费图像，比如他本人自20世纪60年代以来的漫画作品。然而，利希滕斯坦巧妙地亲手改编了这些图像。他曾说，自己并不介意消费主义，只要消费主义让他"有事可做就行"。[81] 这种暧昧立

埃德·鲁沙，《希望》（1972年）
鲁沙的艺术作品通常都会在文字和话语如何融入消费旋涡的主题上做文章。

场极具启发性，因为到那时，消费主义已经变得让人无处可逃，而在不断培育欲望的过程中，它甚至兼具解放和奴役的双重功效。[82] 就这一方面而言，埃德·鲁沙（Ed Ruscha）的波普风格很可能比沃霍尔的更发人深省。和沃霍尔一样，鲁沙起家于商品图像，为奥克多（Oxydol）肥皂或圣美多（Sun-Maid）葡萄干制作黑白广告照片。然而，他的画作很快便用波普风格的文字取代了实物，借此传达各种感觉。鲁沙在1972年到1973年制作了三幅题为《希望》（*Hope*）的绘画作品。在鲁沙的画作中，种种情绪与希冀被深埋或禁锢于消费主义的文化旋涡之中。希望是否依然意味着希望，即便它被当成了商品加以售卖？鲁沙向这幅艺术品的观众（或许也是消费者？）提出了这个问题，供他们深思。[83]

企业广告商深知这一切。毕竟，他们自己就是消费者。闪

第十六章 消费主义

亮登场的,是比尔·伯恩巴克(Bill Bernbach)这个恒美广告公司(Doyle Dane Bernbach)背后的创意天才。20世纪60年代的反主流文化,对大众消费主义进行了全新的批判;保罗·古德曼(Paul Goodman)的新左派经典之作《荒谬的成长》(*Growing Up Absurd*,1960)将广告商称作"骗子"。[84] 伯恩巴克本人,天生便对大众消费的不可信靠抱有批判态度,但颇具讽刺意味的是,他吸纳了这些批判意见,随即将其原样奉还于消费者面前。消费者的心灵,不再是福特和弗洛伊德式心理操纵的对象。伯恩巴克所寻求的,不是玩弄操控它,而是与之建立联系。这意味着坚信自身的创造力和想象力,而将造梦工作留给广告商完成。[85]

一则伯恩巴克式的广告是"嬉皮范儿"的——巧妙时髦,超然物外,而且经常语带机锋。他最伟大的广告推广企划堪称企业广告史上最著名的案例,那便是1959年替大众甲壳虫汽车发布的"想想还是小的好"(Think small)。

"想想还是小的好"(1959年)

广告商学会了利用对广告的消费主义批评向消费者推销商品。这个经典的广告推广嘲讽了计划淘汰现象。广告文本的开头第一句便是,"我们的小汽车不再是什么新鲜玩意儿。"

甲壳虫汽车存在着一个形象问题：最开始的广告词"希特勒为你造就"（Brought to You by Hitler）永远不会成为一个成功的宣传口号。伯恩巴克的广告推广企划，将甲壳虫汽车从极权主义的象征转变为20世纪60年代反主流文化的符号。"想想还是小的好"嘲讽了美国汽车制造巨头们的浮夸风格。伯恩巴克的广告公司在启动推广活动时使用的宣传海报，把一辆小型黑色轿车的黑白剪影置于空荡荡的灰白空间中，而底部是一行文字"想想还是小的好"。这行广告文字与读者展开了辩论。它并没有告诉消费者应该想什么。伯恩巴克避开了那种被他称作"装配线方法"的广告套路，而与伯恩巴克几乎是一个模子造出来的广告人杰里·德拉·费米纳（Jerry Della Femina），对这则大众汽车的广告给出了如是评价："广告商头一回在与消费者对话时，将后者当作了成年人，而不是小婴儿。"伯恩巴克甚至还嘲讽了计划淘汰现象，一则广告词的文字是这么写的："从1951到1961，大众始终如一"（The'51'52'53'54'55'56'57'58'59'60'61 Volkswagen）。[86]

到20世纪60年代末时，纽约麦迪逊大道上的伯恩巴克派广告人已经举目皆是。广告宣传逐渐与艺术和创意结成联盟，而并未投靠到精神病学与科学的阵营之中。各种广告变得更有想象力、更富于才思。它们试图成为青春、真挚乃至于叛逆的代表［名字意为"老汽车"的奥兹莫比尔公司（Oldsmobile），甚至推出了"青春版汽车"（Youngsmobile）］。1966年，智威汤逊广告公司（J. Walter Thompson）的总裁宣布："永远不满足于现状，便是我们所致力的事业。"[87] 道奇汽车公司张口闭口都是"道奇叛逆"，苦苦恳求购车者远离"庸众"。1968年，一则服装广告如此宣称：

起来，全世界的人民！这场革命已经开始，时尚正处于战地前沿。为了人类，向查普曼商场发起冲锋，引领大家走上全新的男装自由之路。

这时候，幻想破灭的格伦已经逃往维也纳，但身为维也纳人的动机研究所所长迪特希博士接受了反主流文化。1967年，他指出，广告人或许可以学习一下致幻药物麦角酸二乙基酰胺（LSD），深入体会那些"可以引发幻觉的光怪陆离"的妙处，努力"带来富有新意、更能令人兴奋的产品"。[88]随着消费主义开始以半推半就、欲拒还迎的方式利用人们的模棱两可，已经将消费主义的不确定性变成某个艺术主题的波普艺术，被吸纳到了消费主义之中。沃霍尔现身于数个商业广告之中，甚至还执导了其中几部。20世纪60年代的激情狂热，为"计划淘汰"向"时尚更替"的转变熨平了道路，在后面这种淘汰模式中，促成商品更新换代的主要原因不是型号年份，而是叛逆者的一代新人换旧人。每一代人，都会在梦想新生事物时得以一展拳脚。

4．消费资本主义

一些历史学家已经成功地从消费角度完成了对整部资本主义历史的叙事。[89]在人类历史的大部分时间里，资本主义并不存在，要令其存在，必须出现一个在以往的经济制度中未曾发挥作用的动态要素，那就是"渴望更多"的消费需求。这样一来，消费便成了一种始终强劲的推动力。就长时段而言，尽管依然存在不平等，资本主义却在一件事上绝对善莫大焉，那就是为消费者提供了更多的物质产品——从严格意义上说，这意味着生活水平的改善和人类福祉的增益。[90]

尽管如此，战后时期在某些方面却走上了一条歧路。19世纪的工业革命令人们的货币收入有所增加，但生活水平却并未得到明显提高。人们的生活水平在20世纪才开始改善，而有人认为，这种改善在第二次世界大战后的那几十年里已经达到了顶峰。[91] 此外，在控制时代，当投机性投资仍处于幕后之时（有朝一日它将卷土重来），计划淘汰作为一种动态经济要素日益占据了舞台中心。凯恩斯教导说，投资是一种比消费更动荡多变的宏观经济变量，因为资本所有者可以选择囤积财富而非投资，然而大多数消费者为了生存都必须保持一定数量的底线消费。他还提出，在那些收入增长超过边际消费倾向的高增长经济体中，要使经济体充分发挥其生产潜力，投资会变得更加必不可少。情况或许确实如此，但是否可能令消费倾向的扩张超出凯恩斯的预期，并且以此种方式实现增长呢？答案是肯定的。

一个与消费相关但不涉及投资的全新预期维度，变得更深入人心了：这便是"消费者信心"。1933年逃离德国的匈牙利格式塔心理学家乔治·考托瑙（George Katona），成为密歇根大学的一名经济学家。在那里，他的团队收集了衡量"消费者预期"和"消费者情绪"的调查数据，这便是当前"消费者信心"这一全新信心博弈的起源。[92] 考托瑙在《大权在握的消费者：美国经济的心理学研究》（*The Powerful Consumer: Psychological Studies of the American Economy*, 1960）一书中对自己的研究进行了总结。[93] 要在不扩大长期投资的情况下让消费驱动长期经济增长，消费者在短期内必须一直渴望得到更多，即便他们知道，消费欲望的最终满足是不可能的。在战后时期，这是一种全新的长期生活方式，全新的经济和心理结构。随着消费主义获取文化霸权，消费主义的短期心态甚至可能渗透入投资的应变量之中——在削弱长期投资的同时强迫消费增长，以维系宏观经济的稳定。

就控制时代的各方面情况而言，没什么比战后消费主义的逻辑更旷日持久。在一个资本主义经济中，人类大可以借助消费而实现

第十六章 消费主义

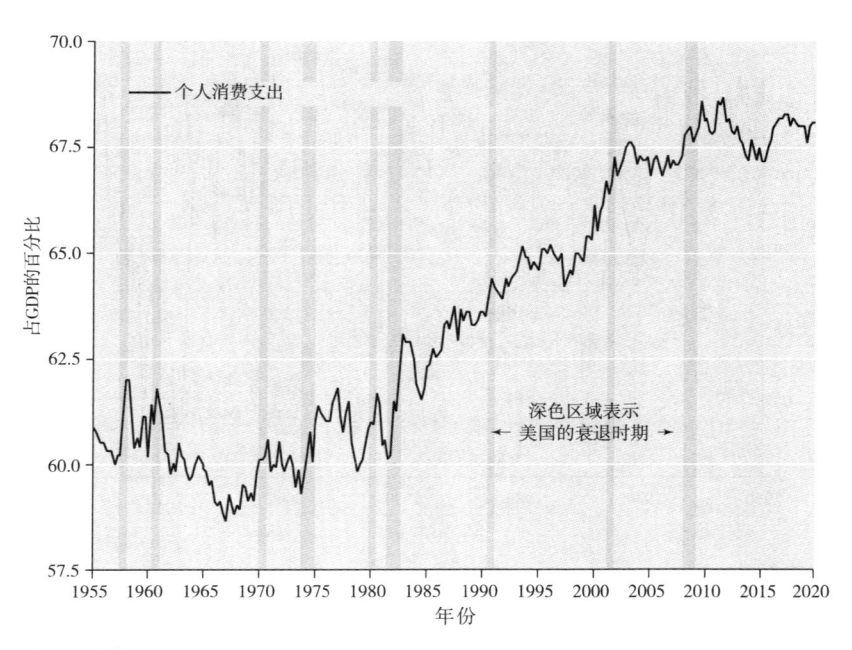

个人消费支出

自战后数十年消费社会诞生以来，个人消费支出占国内生产总值的比重越来越大。

真正的心满意足，令各种欲望悉数得偿。我们当如何理解对待这种可能性？[94] 消费者信心是一种大众现象，远比单纯的投资阶级的信心更加宽泛。它日益增加的重要性，反映了物质充裕的民主化，但也反映了资本主义核心经济动态的民主化。但是，物质充裕的另一面，是走出消费文化正变得越来越困难，哪怕出走的目的只是独立自主地在反思中重新校正个人欲望。衡量福利的尺度不再是更多的物件，而是某种更难以确定的东西：我们的自由。

法国历史回忆录作家安妮·埃尔诺（Annie Ernaux）在描述这样一种从来未曾脱离于美式消费主义潮流的战后生活时写道："那些短命的老品牌，与它们相关的记忆，要比那些更知名的品牌更令

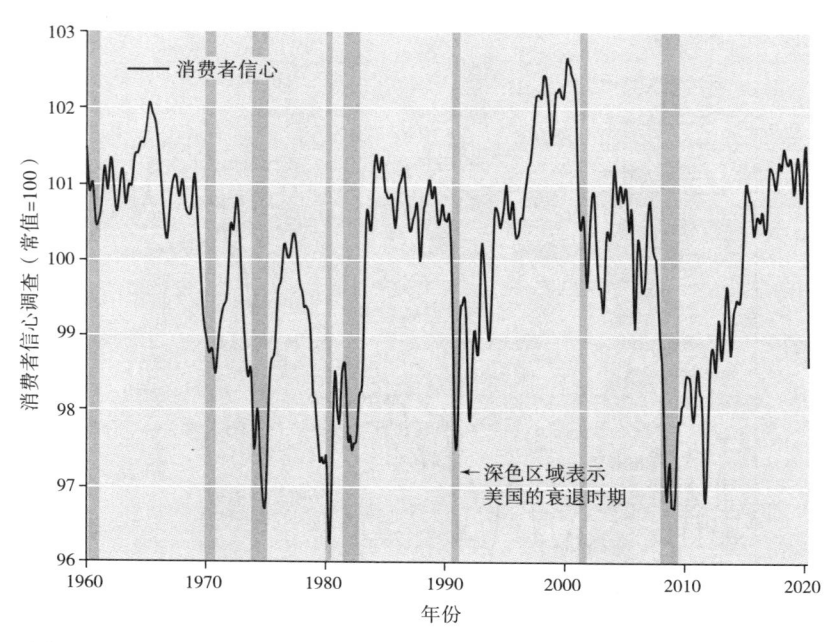

消费者信心

鉴于消费支出占国内生产总值的比重不断上升，消费者信心成为美国经济发展的一个日益关键的要素。

埃德·鲁沙，《希望》（1998年）

希望已经变得模糊不清，却依然存在。

第十六章 消费主义 661

你愉悦,迪尔索尔(Dulsol)洗发香波,卡东(Cardon)巧克力,纳迪(Nadi)咖啡——就像一段亲密回忆,无法与人分享……这个世界正在因为缺乏对超验之真的信心而蒙受苦难。"[95] 1998 年,波普艺术家埃德·鲁沙在几十年后再度回归自己的《希望》系列。图像中的"希望"这个词依然不变,只不过比三十年前更加模糊不清了。

第十七章

黄金时代的考验

资本主义要求经济生活必须面向未来，因此，那种总想回顾过去的渴望，以及为过往"黄金时代"打上的怀旧印章，很可能都不过是某种形式的心理补偿，以此弥补这种要求的偏执。这种偏执会在某些时刻让许多人感觉很难对未来做出积极确定的想象。

在美国的昔日经济生活中，曾经有过多少个黄金时代？我们可能需要用上两只手才数得清。仅在18世纪，就相继出现过殖民地商业的黄金时代，以及被观察家们称为18世纪90年代"漫天金雨"的法国大革命战争期间的中立贸易。距离当下最近的一次黄金时刻，是第二次世界大战后那几十年的工业经济。无论是因为收入平等，还是家庭价值观，在21世纪初都不乏对这一时刻的怀旧之情。

诚然，这种喜欢向后看的态度，很大程度上是因为"二战"后的工业社会拥有21世纪初经济生活所缺乏的一样东西，那就是结构。战后时期是一个壁垒分明、铜墙铁壁的时代。收入不平等被"抑制"了。[1] 核心家庭中包括了丈夫、妻子和孩子。[2] 当世界贸易复苏时，政府控制约束了跨境投机性资本投资，移民受到了限制，极

第十七章　黄金时代的考验

端现代主义的直线条主导着公司建筑的国际风格。这种风格最伟大的践行者之一路德维希·密斯·凡德罗秉承着一个原则，根据批评家的说法，那就是"艺术的任务是为现存的混乱无序施加秩序"。[3]在公司办公室中，设计出了5英尺见方的白领办公隔间。《格拉斯－斯蒂高尔法》和其他监管法规将金融业切分成了各自为营、"受地域限制"的孤立单位，禁止跨类销售资产，借贷与投资泾渭分明。[4]种族隔离仍在继续，同性恋活动被当成"离经叛道"而严加管控惩戒，官僚机构正在变得暮气沉沉，而以《满洲候选人》(*Manchurian Candidate*, 1962)为代表的某种反共情绪和焦虑盛行一时。[5]但是，即便四面高墙正在合拢，至少还有结构犹存。

在战后社会思想中，"结构"这个带有物理内涵的术语，是对社会稳定的广义隐喻。[6]然而，从字面意义上看，量产工业社会的结构，大部分源自非流动性生产资本长期投资——工厂、机器和工厂四周的围墙，以及在围墙之内生成金钱收入的劳动与生产——的物理结构和体量。男人们排着队去上班，穿过工厂大门，然后再回到他们的核心家庭之中，生活在围绕着工厂而建起的许多战后社区里。这就是"社会结构"。

在战后政治经济学中，公司管理者对工业资本的长期投资，锚定了所谓的"财政三角"。[7]这个财政三角——联邦政府、营利性公司和非营利性公司；大政府、大企业和大慈善——是冷战自由主义中占主导地位的政治经济协调机制。它的任务，是工业收入的生产、分配和再分配。

工业资本乃是财政三角之所系。到20世纪50年代，投资的任务已经轻松转回到大型私营企业的手中。官僚作风的白领管理人员对资本进行部署。科层制——而不是由信贷推动的投机性投资周期——才是驾驶位上的掌舵者。甚至连战后的金融业务也十分无聊——沃克·珀西(Walker Percy)的《看电影的人》(*The*

Moviegoer, 1961），是战后最优秀的存在主义小说之一，其中的主角评论说，"放弃那些宏大的抱负，过着可以想象的最平凡的生活——一种不复有旧日渴望的生活——关于这些，实在有太多值得一说的东西了"，而这个时代的平凡生活，是可以靠着"出售股票、债券和共同基金来实现的"。[8] 通向盈利的路径，并非借助动荡不定的金融资产升值，也即股票或债券价值的瞬间飙升。相反，它是通过压低生产性资本的价值实现的——将其牢牢地落于实地，雇佣劳动力耗尽它的每一分潜能，从而令量产福特主义的能源密集型生产收益最大化。按照历史标准，战后时期的生产率、利润率和中位工资增长率都很高。这一套看起来行之有效。

这个财政三角的另一角，是联邦政府。当时累进所得税的税率相对于其他战后社会以及美国的过去和未来都要更高，这维系了财政收入。宏观经济拥有比资本时代更高的稳定性，而在民主党和共和党执政期间，社会保障和其他权利（一些基于公民身份，另一些则与就业相关）均得到扩大，从而实现了"收入保障"。从这两个意义上来看，作为罗斯福新政意识形态关键词的"保障"，的确是增加了。例如，在1960年到1970年间，联邦"收入保障"支出额从22亿美元攀升到了79亿美元。通过逆周期支出，财政政策拉平了商业周期的阶段性衰退，没有出现大的衰退。

减免所得税的慈善捐款，让这个财政三角完整起来，它流向了战后非营利性公司和基金会——无论是福特基金会（Ford Foundation），还是联合劝募会（United Way），都是这种慈善财富的保管者。大学作为战后时期重要的非营利性公司，投入到了对未来劳动大军的大众教育事业中，与此同时，它们也进行着智力生产，制定出了用以衡量国民经济的经济标准和规范。国民"经济增长"率由各个大学的经济系测量和定义。指导收入政治的战后自由主义"分配正义"原则，在道德政治哲学家约翰·罗尔斯（John Rawls）

的《正义论》(A Theory of Justice, 1971)中首次得到了最著名的经典阐述。[9]

财政三角的制度结构,是美国收入政治的集大成者,它将美国的政治经济与世界其他国家的政治经济区分了开来。在那些国家中,要么所得税的累进程度较低,要么就是"混合经济"的发展政策从资本侧激活政府的方式与美国的财政三角迥然有异。此外,财政三角体现出了那种三个领域——政府、经济和民间社会——严格分开、界限分明的战后意识形态,又把美利坚合众国与苏联无所不包的极权主义政府幽灵区分开来。

按照其自行规定的那些标准——保障、结构、白人男性赚钱养家和共同富裕——"二战"后美国的政治经济解决方案运作得相当良好,它的成就不容忽视。然而,它也有其局限和错失。

战后的几十年,也是一个非殖民化、"经济发展"和世界各国人民拥有更大抱负的时代。[10] 美国的收入政治一直都是具有歧视性的,白人、男性和异性恋的赚钱养家者得享特权。与此同时,诸如国内生产总值或"需求总量"这样的美国宏观经济变量和指标,并不适合用来解决许多经济关系中的具体错误和许多群体所蒙受的日益恶化的不利处境。根据定义,没有任何一个国家统计数据可以捕捉到战后美国经济变革的那些因地而异的地理分布动态。在这场变革中,由于私人资本投资的变动,导致了某些城市和地区得享经济增长与发展,而另外一些城市和地区却经历着持续性的匮乏短缺。战后自由主义经济政策的核心——由约翰·F. 肯尼迪提案、林登·B. 约翰逊签署通过的1964年《减税法》——借助了现有渠道引导宏观经济刺激措施,而没有将被忽视的地方和人民纳入长期经济发展项目中。

在20世纪60年代,出现了一个非同寻常的时机。长达十年的经济繁荣就此开端,而1964年的减税政策更是推波助澜。经济增长在总量上有所增加,然而,在城市暴动、性解放、女性主义、政治暗杀、大学生抗议、资本外逃、越南战争、通货膨胀和伦敦货币交易商对美元黄金挂钩的投机性狙击等因素作用下,自由主义开始出现裂痕。这个资本主义黄金时代,最终成了一场艰巨的考验,而我们并没有什么说得过去的理由怀念、留恋它。

1. 财政三角

在美国,经常被历史学家视作一个单一时段和黄金时代的战后时期,从经济上看其实远比这些想当然波谲云诡得多。在 20 世纪 50 年代,一个由工业投资波动(通常与公司如何积累和释放产品库存有关)而导致、非因信贷周期使然的商业周期,引发了多次全美衰退。财政三角带来的结构和稳定性固然效验卓著,美国的宏观经济却在这十年结束时深受经济增长、失业和通货膨胀相互角力而带来的紧张关系之苦。[11]

在 1952 年的选举中,德怀特·D.艾森豪威尔(Dwight D. Eisenhower)赢得总统职位,共和党掌控了国会两院。这意味着对"自由企业"的捍卫,对罗斯福新政中"潜滋暗长的社会主义"(这个说法出自性情温和的艾森豪威尔之口)的还击,同时也意味着开始了一场针对通货膨胀和联邦预算赤字的"无休无止"的战争。[12] 冷战自由主义开始向右倾斜,而在第二次世界大战期间曾担任欧洲盟军最高指挥官的艾森豪威尔,成为另一个走马上任时满心希望迎合"国家利益",却以失望告终的总统。

艾森豪威尔 1953 年就职几个月后,出现了一场轻度衰退,这主要是因为工业投资的下滑。此外,出于担心朝鲜战争期间的通货膨胀问题,1951 年脱离财政部控制、如今处于新任主席威廉·麦克切斯尼·马丁(William McChesney Martin)领导下的美联储,提

第十七章 黄金时代的考验

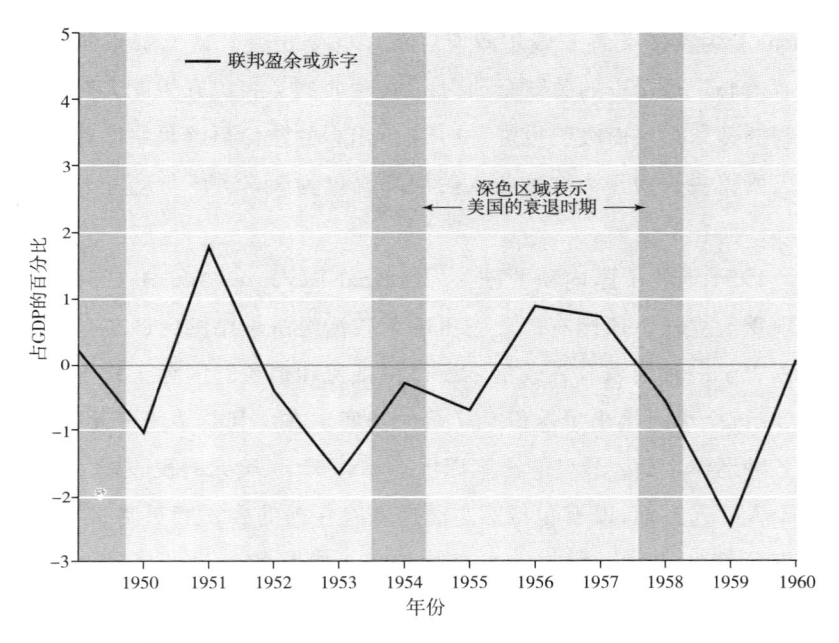

联邦盈余或赤字

不同于资本时代，在控制时代，财政紧缩不再是应对经济衰退的政策选择；相反，联邦政府会施行补偿性的联邦赤字开支，以促进宏观经济复苏。

高了其在货币和信贷市场的短期利率目标。衰退爆发时，尽管1953年朝鲜停战协议签订后的军费开支有所下降，联邦预算依然出现了赤字。

赤字开支有助于宏观经济复苏。美联储降低其短期利率目标也收到了同样功效。（美联储宣布，将不再试图干预长期利率以及资本的长期配置。）[13] 但是，1953年到1954年的衰退表明，即便是一个极度担心赤字和通货膨胀的共和党政府，也会心甘情愿地运用逆周期财政政策。

作为宏观经济刺激措施，1954年，国会提议大幅削减所得税，意在鼓励私人投资。以哥伦比亚大学经济学家阿瑟·伯恩斯（Arthur

Burns）为首的艾森豪威尔政府经济顾问委员会，认为资本所有者的"信心"是投资的关键驱动力。[14] 税收减免将提升生意人对未来赢利的预期，从而吸引投资。1954年出台的法律最终只略微削减了个人所得税，对于大多数收入阶层降幅仅为2%。[15] 行动并非针对税率，而在于退税。

1954年的《国内税收法》(Internal Revenue Act of 1954)是一项重大立法，原因有二。它巩固了政治经济学中的财政三角，而且垂青于一种新型收入政治：所得税抵免和退税。国会工作人员花费30万个小时搞出了这份907页的法案。在"利益集团多元主义"的各种运作之后，最终的法案提供了总计15亿美元的税收减免——在个人收入方面，既有包括雇主医疗保险在内的公司雇员附带福利，也有延续性的从征税收入中扣除住房抵押贷款利息的措施。这项法律甚至为受雇工作的母亲提供了育儿相关费用的所得税减免，如果她们的丈夫有身体或精神"缺陷"的话。在投资方面，联邦政府提供了各种各样的引资优惠，以增加固定住宅和非住宅投资的比率。[16] 这项1954年的法律一经发布，"二战"后的住房建设热潮进入了最后阶段，在1955年，非住宅固定投资迎头赶上，所占份额达到了1929年以来和平时期前所未见的水平。联邦预算作为一个宏观经济的逆周期稳定器而存在。为了促进国民经济增长，税法提供了一系列针对各利益集团的投资诱因。

这项1954年的法律，还确立了"501(c)"这一针对非营利性公司以及其他非法人实体的类别，对其免征联邦所得税。这便锚定了战后财政三角的另一角，也即很快便被称作"非营利性部门"的美国民间社会组织。作为与大政府针锋相对的"志愿主义"（voluntarism）的意识形态堡垒，其地位不亚于营利性的"自由企业"。规模最大的战后非营利性组织是福特基金会，它由埃兹尔·福特成立于1936年，在他的父亲亨利·福特1947年去世时，该基金会获得了价值3.21亿美元的福特汽车公司股票,福特家族因此而避免缴纳遗产税。到1960年时,福特基金会的捐款占到了美国所有大学捐款总数的三分之二,它是最大的"大慈善"玩家。很快,501(c)(3)便成了最受欢迎的一个501(c)类别,其主要子类为"宗教性""慈善性""教育性"实体。得克萨斯州参议员林登·B.约翰逊提出了一项修正案,要求禁止501(c)(3)类目下的实体参与政治活动,主要由"社会福利组织"构成的501(c)(4)类实体,则很快便成为慈善干预政治的渠道。到1954年,福特基金会已经拥有公共事务项目部,雇用了许多从共和党控制的华盛顿流亡而出的自由派民主党人。[17]

收入政治仍在继续,在这一过程中,在艾森豪威尔的亲自监督下,社会保障的覆盖范围于1954年又扩大了1 000万人,其中便包括了身有残疾的美国公民这一新近建立的利益集团游说组织。[18] 1954年的《农业法案》(Farm Bill)几乎丝毫未动面向农业综合企业的价格支持,而且打着第三世界"粮食援助"的旗号增加了出口补贴,因为西欧已经设置了针对许多美国农产品的关税壁垒。[19] 艾森豪威尔总统对自己的兄弟总结说:"倘若有任何一个政党试图废除社会保障和失业保险,取消那些劳工法律和农业项目,你将永远不会在我们的政治史上再听到这个政党的名字。"[20]

共和党控制下的国会以及一位身为共和党的总统,确保了美国福利国家的正统性,而相对于其他福利国家十分独特的一点在于,各种福利补助是通过就业而非普遍公民权利发放的。美国不像许多战后社会民主国家那样,拥有公私合营企业的"混合"经济。相反,各个私人利益集团角逐着大额政府补助。例如,1956年,国会通过了艾森豪威尔提议的《国家州际与国防高速公路法》(《联邦资助高速公路法》)。通过私人承包形式,联邦政府为全长超过40 000英里的联邦高速公路系统提供了90%的资金,从而完成了汽车郊区这一消费场景的建造布局。[21] 该法作为"国家安全"的代表,在国会中得以畅通无阻。它满足了多个利益集团的要求——汽车制造商、郊区通勤者、卡车司机、建筑行业和石油游说集团。然而，在实施的过程中，它并没有体现出任何总体性的国家计划——这只不过是商业时代"内部改良"的重演。一个联邦政府和州政府与私人承包商之间错综复杂的关系网，构建起了这个联邦高速公路体系。

平衡增长与通货膨胀之间的关系，成了艾森豪威尔政府加诸己身的一项重任，然而，在艾森豪威尔总统任期结束时，棘手的宏观经济动态已然出现。1956年，非营利性的洛克菲勒兄弟基金会（Rockefeller Brothers Fund）聘请了一个经济学家小组，这些来自各所大学——501(c)(3)项下的免税非营利性组织——的领军人物，就"国家宗旨与目标"问题发表了意见。他们反馈称，"我们必须加快增长率"。[22] 1956年，在固定工业投资激增而带来的商业周期扩张中，美国预算出现了盈余，艾森豪威尔宣告取得胜利。但在1957年到1958年，美国经济再度陷入衰退。美联储收紧货币，担心通货膨胀发生，私人投资一落千丈。经济评论家讨论着可能出现的"衰退心理"——在经历了短时期的增长后，资本家出于某些原因撤回了投资，个人消费带动美国宏观经济走出了这次衰退。

尽管程度轻微但依然令人担忧的一件事是，通货膨胀和失业率在1957年同步攀升。通货膨胀率在1957年到1958年时最高可达3%，失业率则令人不安地高居于7.4%。政府一方面指责工会——尤其是钢铁工人工会——无端要求加薪，另一方面谴责公司通过提高价格的方式将工资上涨转嫁到消费者头上。一心只关注宏观目标、担心政府随意插手"自由企业"的艾森豪威尔政府，没有推出任何有效的政策干预经济制度或经济关系，以实现控制通货膨胀的目的。在财政政策方面，衰退期间，艾森豪威尔政府再一次恪尽职守地将联邦预算列入赤字。

通货膨胀的问题，被抛给了货币政策和美联储。美联储认为，

第十七章 黄金时代的考验

自己陷入了困境。在 1957 年秋天刚刚进入衰退的头几个月中，它已经将短期利率提高到了 3.5%，以此防止通货膨胀。但是，1958 年，随着美联储试图以放松信贷、释放货币的方式吸引更多开支，该项利率还不到 1%。当 1958 年夏国民经济恢复增长之时，艾森豪威尔致力于在剩下的任期中累积足够大的预算盈余，以此对抗通货膨胀。出于对通货膨胀的担忧，威廉·麦克切斯尼·马丁和美联储将利率提升到了 4%。1959 年，通货膨胀率不足 1%，然而，失业率却依然保持在 5% 以上。

尽管经济衰退一再卷土重来，宏观经济波动却相当温和。伴随着每一次商业周期的进程，失业率此时也一直在高位上周期循环。尽管 20 世纪 50 年代保持了高速稳定的经济发展趋势，在美国的各项国民宏观经济总量中，一些腠理之疾却在潜滋暗长。

与此同时,艾森豪威尔曾经希望建起一个和谐的"公司共和国"，将大政府缝纳于其公共领域之中，与"自由企业"的私人领域并立。但是，这时候的许多私人利益已经无法与大政府脱离，而本着公共利益精神的公共行动，依然是定义模糊的。在艾森豪威尔担任总统期间，他的信件和日记中尤其"充满了对军方自利的愤怒抨击"。[23] 艾森豪威尔已经将国防开支降到了国民生产总值的 11%，但国会立法通过的国防预算，依然要比这位身为五星上将的总统所请求的数目多出 30 亿美元。在华盛顿，军事承包商游说分子和国会议员联手挪用国防资金，将其转移到扩大南方和西部"枪带"（gunbelt）经济之上。在 1961 年的告别演说中，艾森豪威尔痛斥了正在崛起的"军工复合体"，而掌控这个复合体的，是一群"科学技术精英"。[24] 在离任之时，艾森豪威尔触及了那些古老而经典的共和主义（甚至是民粹主义）的主题——在这样一个大家伙的时代，一位总统选择替小人物呼吁发声。

1960 年，联邦预算重返盈余，但美联储基于对通货膨胀的担心，再次收紧了货币政策，又一次的衰退接踵而来，失业率超过了6%，通货膨胀继续得到抑制。但出于对美国宏观经济表现的失望，民主党总统候选人约翰·K.肯尼迪向法国派出代表团，研究该国国家主导经济规划的方法。[25] 美国的大政府开支此时占到了国内生产总值的15.9%。当私营经济活动（尤其是投资）放缓时，这有助于稳定国民产出总量。然而，它在这样做的时候，却采取了置身事外的立场。按其设计，大政府并没有过多触及日常经济生活的结构。大政府将这留给了大企业处理。

2. 公司管理主义

在战后转型期，白领企业管理者取得了巨大的胜利。这些工业企业的管理者作为领取工资的雇员，已经夺取或维持了经营企业的大权，无论这种权力是来自政府、建立了工会组织的工人还是自己的股东。在20世纪50年代，这场胜利被大加赞誉。[26] 四位任教于大学的顶尖经济学家合著了《美国企业准则》(*The American Business Creed*, 1956)一书，其中指出，公司经理拥有范围广大的"不受限制的裁量权和自主权"。"股东"有权获得"公平合理的投资回报"，但也仅此而已。他们在日常运营中肯定没有发言权。[27] 法律认可了这一点——法学家的"商业判断原则"（business judgment rule）赋予了公司经理广泛的自由裁量权，按照自己认为合适的方式配置公司资金。[28] 1954年，老牌新政派分子、公司法教授阿道夫·伯利在对形势进行调查后宣称："资本在那里，资本主义也在那里。衰落的因素是资本家。"[29] 利润动机似乎无处可寻。另一位研究战后公司的学者也认为，"利润最大化"是"早期纯粹资本主义的残余"。[30]

这些战后的公司经理是何方神圣？他们在"二战"后那短暂的

第十七章 黄金时代的考验

曝光期又做了些什么？信贷推动的投机性投资，并不是他们想要的东西。战后企业并没有压倒一切的短期营利动机。在很短一段时间里，以生产为目的的、对非流动性生产资本进行长期投资的管理诱因，战胜了流动性偏好，无论后者是出于防范、投机还是政治动机。作为一个群体的资本家，通常都会在愿意花更多钱的时候赚到更多的钱，因此，代表着致力生产而非一心求利的高投资率，反而带来了高利润。与此同时，管理投资巩固了战后的产业结构，这些产业结构既是经济和建筑意义上的，也是组织和心理意义上的。

这并不是一个创业者虚张声势的时代，也不是一个传奇性技术发明接连涌现的时代。与昔日的安德鲁·卡内基或未来的史蒂夫·乔布斯（Steve Jobs）不同，几乎没几个战后公司高管成为家喻户晓的名人。由于罗斯福新政的银行业改革阻断了金融体系内部不同部门的资产兑换，金融业的翻云覆雨几乎销声匿迹。例如，由艾森豪威尔签署的《银行控股公司法》（Bank Holding Company Act of 1956），就限制了总部设在某一州的银行收购其他州的金融机构。[31] 许多公司制工业企业将其利润再投资，从而借助留存收益实现了自我注资，而不是假手于商业贷款或股票市场。大多数企业一心只想着生产，管理者要的只是管理而已。他们这样做的目的，是令福特主义的大量生产趋于完美，而借助的方法，则是从现有的能源密集型生产方式中尽可能地榨取每一分生产收益。

随着公司管理层在特征上与受过正规教育训练的政府官僚逐渐同化，资本主义变得相当无聊乏味。战后工业创新的一个具有代表性的例子，或许是1952年美国运筹学学会（Operations Research Society of America）的成立，该组织出版了影响力惊人的《运筹学》（*Operations Research*）杂志。受福特基金会委托而进行的商业高等教育（Higher Education for Business, 1959）研究，对这个时代本科商业学位和专业商业学位激增的情况进行了调查。[32] 即便以历史标准而计利润率已处于高位，谋求利润这件事依然变成了一种高度科层化的现象。[33] 在杜邦公司一直效力到1921年的通用汽车公司高管弗兰克·唐纳森·布朗，发明了一个新的衡量公司盈利能力的行政指标，即所谓的投入资本回报率（Return on Invested Capital，简称 ROIC）。投入资本回报率这个指标，适于衡量以往部署下去的生产性固定资本所实现的利润。[34] 而关键变量则是实物资本存量的折旧率，也即因使用生产性资本而损失的价值。只有训练有素的公司会计师——白领行政人员——才具备知道公司制工业企业是否盈利的技术能力。

作为一个盈利指标，投入资本回报率对于公司用途颇广。它的官僚主义特征令长期"利润规划""利润控制""利润平滑""资本预算"等新型管理实践成为可能。[35] 例如，通用汽车公司宣布，它的目标是保持工厂以80%的产能运行，并实现20%的投入资本回报率。这与安德鲁·卡内基的作风全然不同，后者强推实地建厂并令这些工厂满负荷运转，而且使用的是"经营比率"这个更能反映实时特征的铁路公司盈利指标。通用汽车公司还在20世纪20年代引入了多部门组织结构，也即M型结构（M-form）。雪佛兰和奥兹莫比尔是不同的运营部门，拥有不同的财务账套。[36] 对于所有的事业部门，投入资本回报率都被用来帮助公司管理者延长资本投资的时间。值得注意的是，在"二战"后的会计部门，四十年"直线"折旧方法变成了标准操作。到20世纪50年代末，那种拥有公认的长期未来可预测性的大型、多元化M型工业企业，已经成为教科书式的范例。[37]

这对劳工政策产生了诸多影响。1950年，通用汽车公司和美国汽车工人联合会签订了一份具有历史意义的五年集体谈判协议。丹尼尔·贝尔（Daniel Bell）在《财富》杂志上将其称为"底特律条约"，它所制定的"模式"得到了许多战后行业的效法。仅这份

第十七章 黄金时代的考验

协议的长度就值得一提。这份合同将持续的生产率提高和追踪通货膨胀动态的"生活成本调整额度"（cost of living adjustments，简称COLA）都作为考量因素而计入。它还就包括公司养老金和健康保险在内的"附带"私人福利补助做出了明文规定，这些都具有长远影响。[38]

利润依然是公司这条隧道尽头的曙光，但隧道本身被延长到了积年累月。除了劳工政策，公司还拥有所谓的"组织冗余"（organizational slack），以此追求即时盈利以外的一系列目标。[39] 多家法院支持了公司管理者向非营利性组织进行慈善捐赠的合法性，从而催生了"公司社会责任"这一新领域。[40] 生产性资本是否会像很久以前的土地那样，兼具双重功能，拥有资本以外的价值？《财富》杂志在1959年指出，"营利动机的幸福悖论（happiness paradox）*正在于管理层，恰恰因为其任务是年复一年地赚钱，才不能够一门心思地专注于在此时此地赚钱"。[41] 想清楚这一点的一群学院派白领公司雇员，开始想象后资本主义的未来。[42] 另一群人则开始研究组织心态。[43] 赫伯特·西蒙（Herbert Simon）是一位经济学家，也是一位通晓多国语言的社会科学家，他在1955年将公司管理者描述为凑合营利者（profit satisficers），而不是将利润最大化的人。[44] 研究战后公司管理的学者指出，管理者致力于市场份额的"增长"，而不那么在意利润率。[45] 1957年，哈佛经济学家卡尔·凯森（Carl Kaysen）对这种新观点进行了总结：

> 管理层不再是寻求投资回报最大化的企业主代理人，而视自身为责任人，对股东、雇员、客户和公众负责，最重要的或许还是对作为一个机构的公司本身负责……对公众的责任是广

---

* 一种心理学现象，指的是当一个人努力寻求幸福时，感到幸福的可能性反而会降低。

泛的：在地方慈善事业中发挥带头作用，关注工厂建筑和景观设计，为高等教育提供支持，甚至进行纯科学研究，等等，不一而足。

凯森总结道："现代公司是一个有灵魂的公司。"[46]不管采取何种计算方式，只要利润保持在高位，利润就没那么重要。

从本质上讲，战后的公司管理者是一群极端现代主义者。他们相信理性、效率和直来直去。[47]想想他们委托建造的那些建筑吧——那是他们所追求的固定资本投资的设计美学。在生产中，工厂依然是平面铺开的低层钢筋混凝土建筑，里面装着电动装配线。战后公司关注的焦点，是专门为白领管理阶层新建的大楼。战争期间在钢铁、混凝土、玻璃和塑料上的技术与工程进步，使得真正的机器风建筑成为可能，而这种建筑是以理性纯粹主义的美学原则为前提的。所谓的国际风格变成了"科层式建筑"（architecture of bureaucracy）。[48]这种建筑风格的大师，是德国移民路德维希·密斯·凡德罗，工作于芝加哥城外的他，提出了以单一模块作为理想"控制单元"的主张。[49]他设计的建筑，以玻璃幕墙覆盖于裸露的金属结构之上。在他的这些作品中，最著名也最具形式美感的，是位于曼哈顿中城、容纳多家公司总部的摩天大楼西格拉姆大厦（Seagram Building，1954—1958）。但是，对直角的滥用，常常会导致战后公司建筑的僵化刻板，几近于"形式神经症"。[50]

通用汽车公司再一次走在了前列。"现代科学是经济进步的真正源泉。"该公司总裁阿尔弗雷德·P.斯隆如是说。斯时，通用汽车公司投资1.25亿美元，用以兴建通用汽车技术中心。这家规模最宏大的战后"公司园区"，于1956年在密歇根州郊区沃伦正式开放。芬兰建筑师埃罗·萨里宁（Eero Saarinen）借鉴了通用汽车公司"精确标准化"和机械重复的制造原则。他使用5英尺2英寸见方的互

埃罗·萨里宁，位于密歇根州沃伦的通用汽车技术中心（1946—1956年前后）（上）/ 位于伊利诺伊州莫林的迪尔公司总部（1956—1964年前后）（下）

战后的工业企业在修建白领公司园区上投入了大量固定资本投资。在战后的公司建筑中，商品的标准化与建筑和设计的标准化彼此呼应，而有人担心，这也会扩散到人的标准化。芬兰裔美国建筑师埃罗·萨里宁设计了通用汽车技术公司和迪尔公司（Deere & Company）总部。

埃罗·萨里宁，位于伊利诺伊州莫林的迪尔公司总部（1956—1964 年前后）
现代主义的公司建筑转向了自然主题，仿佛是在追忆前工业时代的有机经济，并让人联想起战后工业社会表面上的稳定（而这并不会持续多久）。

换性标准化预制模块设计了整个公司园区，"不仅将其应用于钢结构，也应用于家具、储藏间和墙壁隔断等方面"。[51]

这些年中，许多公司总部追随着自己的员工，也搬到了郊区，这为公司建筑设计师提供了"整合"设计与景观的机会，重新回归到有机经济中的自然组织结构。在这一类型的建筑中，萨里宁 1964 年设计的位于伊利诺伊州莫林的迪尔公司园区，将成为战后公司建筑的巅峰之作。

在这些建筑内部，标准化的逻辑到底能贯彻到何种地步？公司的理性化是否还要包括"互换性"的白领员工，即一群同质化的、单向度的人类？一个重要的战后管理关键词，是整合。任务在于"整合"各个部门和各条产品线，"整合"物料流，以及将个体心灵"整合"

第十七章 黄金时代的考验

为更大的公司社会全体。[52] 科层制是盛行一时的组织原则,而哥伦比亚大学的社会学家 C. 赖特·米尔斯(C. Wright Mills)在《白领》(*White Collar*,1951)中发牢骚说,正是科层制这个"巨大的权力枷锁",孕育出了一个平庸无味的社会整合体。[53] 个体所拥有的那些头衔、职务和地位,被剥除了附带的个人特征。对个体与公司过度认同的恐惧,在《财富》杂志作家威廉·怀特(William Whyte)的《组织人》(*The Organization Man*,1956)中得到了最广泛的讨论。[54] 组织人一生中要经历一系列"整合"环境:核心家庭,非营利性的大学教育,最后是营利性公司的"人力资源"办公室。在那里,管理者会进行各种"人格测试",以此决定合适的工作角色和职业道路。公司管理者使用组织冗余为"产业心理学家"支付薪酬,让他们监督雇员在工作场所的整合度。[55] 下面这段文字,便是某次公司小组治疗的笔记:

> 在第五次会议上,小组对自身进展的感受成为最初的讨论焦点。"谈话者"照常参与其中……不满情绪逐渐增加……乔治·富兰克林显得特别躁动不安。最后,他拍着桌子叫道:"我不知道这是在搞什么玩意儿!要让我听这些忽悠,得给钱才行!"……一些小组成员用力鼓掌,但另外一些人明确地表示不赞同……乔治·富兰克林变成了讨论的焦点……"乔治,假如有人不同意你的意见,而你原本以为他们是站在你身后的支持者的时候,你的感觉如何?"……最后,鲍勃说道:"放过乔治吧,别再整他了。"……在组长们的帮助下,小组将焦点集中在鲍勃身上。"你是什么意思,什么叫'整'他?""鲍勃,为什么你想要转移话题?""你干吗这么护着乔治?"……现在,鲍勃大概知道大家都是怎么看他的了,而他也对自身行为有所了解。[56]

俄狄浦斯情结的斗争，似乎要比阶级斗争更加突出。[57]

在理性化的白领工作场所内部，存在着科层制的单调沉闷，但也不乏戏剧性事件。无论是异性恋还是同性恋，公司办公场所都是一个充满情色意味的地方。秘书的数量在20世纪50年代增至原来的4倍，而在各个地方，典型的女性化"服务人员"的增长幅度也远远超过了蓝领制造业岗位的增长幅度，随之而来的便是白领工作场所的女性化。[58] 1959年，《现代办公规程》（Modern Office Procedures）杂志发表了一篇题为"办公室中的爱情"的文章，教导公司企业要"正视生活现实"，接受许多员工谈恋爱和性交往的情况。[59] 海伦·格利·布朗（Helen Gurley Brown）在《性与办公室》（Sex and the Office, 1964）中"办公室恋情"的那一章里指出，办公室要比"土耳其的宫闱别院和兄弟会的周末狂欢更性感，甚至超过了花花公子的内页裸照"。[60] 随着装配线实现自主生产，许多中层白领管理者基本上一整天都无所事事，只是坐领一份养家的工资而已。这样一来，或许他们便有了充足的时间骚扰女性下属？比利·怀尔德（Billy Wilder）在其电影杰作《桃色公寓》（The Apartment, 1960）中给出了肯定的答案。这部电影描绘了一家保险公司办公室中男性对女性的玩弄利用，但它也是一段浪漫爱情故事。在电影结束时，玩着一局纸牌游戏的男性小主管与女电梯操作员相爱了。怀尔德仿佛是在告诉大家，无论理性和效率多么重要，始终都有机遇发挥作用的一席之地。

战后文化继续着那个提问：鉴于个性已经被如此高度地整合进更大的公司科层机构，那它还剩下什么？阿瑟·米勒（Arthur Miller）的戏剧《推销员之死》（Death of a Salesman, 1949），便是一部代表性的以反英雄小人物为主角的作品。最伟大的战后小说，是拉尔夫·埃利森（Ralph Ellison）的《看不见的人》（Invisible Man, 1952），书中的主人公提到了要与"心甘情愿地趋于一致"

第十七章　黄金时代的考验　　　　　　　　　　　　　　　　　　　　　　　　681

《**桃色公寓**》（1960 年）

战后工作世界的众生相。假如说第一张照片捕捉到了这个时代公司白领工作的层级分明和单调无聊的话，那么第二张照片——电影的结尾一幕，雪莉·马克莱恩（Shirley MacLaine）饰演的角色对杰克·莱蒙（Jack Lemmon）饰演的角色说，"闭嘴，发牌"——则表明，爱情和机遇是无法从公司办公场所中被轻易抹除的。

做斗争，反复强调"心灵，心灵"。[61] 作为回应，艺术表达的中心从 20 世纪 30 年代的人民阵线社会纪实现实主义，转移到了战后的存在主义抽象派艺术。[62] 在绘画中，仅抽象表现主义这一术语，就足以说明一切。科层化的公司企业将马克·罗思科（Mark Rothko）的画作悬挂于总部大楼的墙上。作为一家 501(c)(3) 项下的非营利性公司，纽约大都会艺术博物馆斥资 3 万美元买下了杰克逊·波洛克（Jackson Pollock）的《秋韵》（第 30 号作品）（*Autumn Rhythm, Number 30*，1950）。这之后，其他非营利性组织也开始寻求对创意市场的垄断，战后艺术市场就此腾飞。20 世纪 50 年代受过福特基金会赞助的艺术家，有约瑟夫·阿伯斯（Josef Albers）、詹姆斯·鲍德温、索尔·贝娄（Saul Bellow）、雅各布·劳伦斯（Jacob Lawrence）和弗兰纳里·奥康纳（Flannery O'Connor）。拉尔夫·埃利森则在纽约大学这个非营利性公司谋得了一份教职。索尔·贝娄 1962 年就职于芝加哥大学，他在那里撰写了《洪堡的礼物》（*Humboldt's Gift*，1975）这部关于战后美国文化公司化的伟大作品。这之前,他写了一篇题为《作为反派的大学》("The University as Villain")的随笔,为自己辩护。他在文中写到了作为非营利性机构的普林斯顿大学,《奥吉·马奇历险记》(*The Adventures of Augie March*, 1953)这部突破之作,便完成于那里:

> [普林斯顿]是一个避难所,一个动物园,一个温泉疗养院,它有自己的小火车和林荫道,还有可爱的绿色观赏笼……但或许,普林斯顿的价值正在于它没太大价值。它不是一座工厂或百货商店,它也不是宏伟的公司办公楼或官气十足的民政机构,它不是一个规规矩矩的职场世界。如果你有办法躲开那个规规矩矩的职场世界,你必定便是个知识分子或艺术家。你是躁动不安、情绪激昂、异想天开的,这让你没办法一天8小时坐在一张办公桌前,你需要一个机构——一个高等研究机构。[63]

在这个战后物质充裕的时代,对于索尔·贝娄这样异性恋的白人男性来说,危险似乎在于,那些结构复杂、权力集中、要求整齐划一的大公司或许会对他们这些个体施以重压,直至没有喘息余地——即便这些大公司将这个时代的经济红利的绝大部分都转移到了这些个人手上。但对于其他一些人来说,问题不在于同化和压制,而在于压迫、排斥和依然存在于这个长期经济发展时代中的持续贫困——即便公司管理者们切实投入了如此之多的固定资本投资。

3. 自由主义的全面胜利

出于生计考虑,索尔·贝娄离开纽约,来到芝加哥这个已有百年历史的东北—中西部制造业带边缘的城市。美国战后的"全国性"文化生产,是以纽约为中心的。在沿着95号州际公路分布、北起

第十七章　黄金时代的考验

哈佛大学、南至华盛顿特区的这条美国"特大城市"（megalopolis）链上，纽约是最大的一个点。[64] 战后的"公共知识分子"中，宗教领袖的人数越来越少，他们在大学中宣扬着自己对这个国家的体验，为"权势集团"（The Establishment）代言。[65] 与之相对，伟大的美国摄影记者罗伯特·弗兰克（Robert Frank）则在《美国人》（*The Americans*，1958）一书中，用图片无情地揭露了生活在市中心贫民区或南部和西部偏远城镇中的那些人的困苦。原则上，这些美国人的确生活在一个宏观经济与日俱增的国民经济之中。弗兰克的镜头，却捕捉到了他们生活中具体而微的那些方面。诸如国内生产总值这样的国家统计数据，或是国民经济增长这样的自由主义政策目标，是否也能如此见隐察微？

情况并不乐观。一方面，战后"美式生活"的那些保护人，对地理分布相当不管不顾。国内生产总值的增长只反映时间特征，并不反映空间特征。它假定国民经济是同质化的，在标准时间段内增长。麻省理工学院经济学家罗伯特·索洛（Robert Solow）在他的《对经济增长理论的一点建言》（"A Contribution to the Theory of Economic Growth"，1956）一文中，充分阐述了战后占主导地位的经济增长理论。这个理论把资本视为一个单一的同质化生产存量，以"K"为其命名。按其定义，K中不包括货币资本，因此也就将流动性排除在外。它完全脱离了空间。"所有理论都依赖于那些并不完全真实的假设。"索洛在文章的一开头如是说。[66] 这些假设足够真实，但只提"国民经济"或"K"的话，便意味着绝口不提K和国民经济内部的投资和撤资的空间模式。联邦政府已经掌握了刺激宏观经济的各种手段，它插手干预宏观经济变量、以此改变经济生活结构的能力却相对不足。正是出于这一原因，在林登·B. 约翰逊总统任职期间，自由主义才得以在宏观经济上取得惊人的成功，却在政治上一败涂地。

1960年到1961年的衰退，是第二次世界大战以来的第四次衰退，它令马萨诸塞州参议员约翰·F.肯尼迪登上了总统之位。在竞选过程中，约翰·F.肯尼迪承诺让国民经济增长率保持在5%。当他入主白宫时，全国失业率逼近7%。这位总统感叹道，美国拥有"全世界主要工业化社会中最低的经济增长率"。[67] 包括麻省理工学院保罗·萨缪尔森、耶鲁大学詹姆斯·托宾（James Tobin）和哈佛大学约翰·肯尼斯·加尔布雷思在内的一部分声誉卓著的凯恩斯派公共知识分子，指出了1957年以来私人投资的渐趋枯竭。加尔布雷思的《富裕社会》指出，私人投资过分倾斜于消费品的生产，而不是更急需的公用品，这解释了诸多地理上孤立的小块地区——北方的市中心贫民区和阿巴拉契亚山区的偏远山村——持续贫困的原因。即便家庭收入不平等在战后的那几十年中保持在历史最低水平，公共辩论中对"贫困"问题的讨论依然层出不穷，推动讨论的既有书籍著作，比如《富裕社会》和迈克尔·哈林顿（Michael Harrington）的《另一个美国》（*The Other America*，1962），也有福特基金会养着的一群自由主义分子。[68] 加尔布雷思、萨缪尔森和托宾都建议肯尼迪总统增加有针对性的公共投资。之前被肯尼迪派到欧洲学习法国经济计划方法的沃尔特·海勒（Walter Heller），成为总统经济顾问委员会的主席。[69]

海勒最后给出的建议，是削减所得税。他批评了艾森豪威尔任期下的宏观经济，认为繁荣之所以昙花一现，是被"财政拖累"所致——征收的所得税破坏了投资者"信心"。1961年，仍处于衰退之中时，预算赤字开支启动了，宏观经济遂于1962年走出衰退。为了预先阻止财政拖后腿，1962年的《税收法》（Revenue Act of 1962）规定，提供7%的投资税抵免。致力于削减资本税的肯尼迪政府认为，为政治计，个人所得税也必须降低。肯尼迪总统于1962年夏天向国会提交了大面积减税的法案。据某位经济顾问说，这位总统相信,"存在着各种未被满足的社会需求,其重要性远远高出私人需求,而它们可以通过减税得到满足"。1961年《地区再度开发法》(Area Redevelopment Act of 1961)拨款5.07亿美元,用于以贷款和补助形式"纾解特定经济困难地区的严重持续失业状况"。[70] 更大手笔的开支,是肯尼迪总统注入军工复合体的170亿美元。[71] 但是,肯尼迪总统依然担心"企业对政府缺乏信心"。换言之,政治流动性偏好的威胁迫在眉睫。资本所有者赢得了这一轮的信心博弈,因为"肯尼迪提供了企业在1937年到1938年想要得到、在1962年依然渴盼的东西——减税"。[72]

肯尼迪的税收法案,直到1964年2月才获通过:中间的这18个月里,随着该项法案在国会内部蹒跚推进,被各个特殊利益集团百般挑剔,一些影响深远、后果重大的事件发生了。1962年秋,古巴导弹危机将整个世界推向了核战争的边缘;1963年春,发生在亚拉巴马州伯明翰市的民权抗议行动,引发了白人警官在电视转播画面中暴力袭击黑人儿童的后果;1963年夏,马丁·路德·金(Martin Luther King)领导了为争取工作与自由的华盛顿大游行,白人至上主义者炸毁了一座位于伯明翰市的教堂,令4名黑人儿童丧生;1963年秋,在加利福尼亚州的萨利纳斯谷,一列货运火车撞上了一辆载有墨西哥农业劳工的巴士,造成31人死亡,由此引发了对剥削墨西哥短工(braceros)的国家移民法规的举国关注。随后,在1963年11月,李·哈维·奥斯瓦尔德(Lee Harvey Oswald)这个大时代的小人物,这个仿佛是从某个黑色电影选角公司借调来的家伙,刺杀了肯尼迪,而副总统林登·B.约翰逊成为总统。

林登·B.约翰逊来自得克萨斯州中部的希尔坎特里,在他出生前几十年,这里曾是民粹主义造反运动的温床。1937年,只有29岁的林登·B.约翰逊赢得了国会议员席位,并将其一直把持于手中,他为自己的选区争取到了多笔资金,而在1949年成为参议员后,也为得克萨斯州谋求利益。林登·B.约翰逊是一位杰出的国会议员，但他也是众所公认的新型政客，南方推选出的政治代表。他急切地吸引用于兴建道路、医院、电力设施、机场、军事基地的联邦资金，以及主要的军工合同，希望这些刺激措施到位后，私人资本或许会随之而来。在林登·B.约翰逊担任参议员期间，南方拿到的军费从全国总量的7%增加到了15%。[73] 在亲商业的自由主义者中，令林登·B.约翰逊独树一帜的是他对穷人的同情之心，而与许多南方议员相比，他对白人至上主义并不感兴趣。

1964年1月，林登·B.约翰逊在第一份国情咨文中，呼吁"对美国人民的贫困和失业问题发起全面战争"。[74] 他宣布，自己的头两个立法优先事项，便是通过肯尼迪总统提议的减税法案和民权立法。林登·B.约翰逊把一群企业高管请到了白宫，将过去经济扩张受阻的原因归咎于"不确定性"。他请求企业保持"信心"，并解释道："这一届政府想要帮助你们，与你们合作。"1964年的《税收法》（Revenue Act of 1964）提供了100亿美元的税收减免，相当于联邦预算的十分之一。公司所得税仅有小幅下降，从52%降到了48%，但这项立法为私人投资提供了诸多税收优惠。收入在最高税级的那部分人，个人所得税率从91%降到了70%，而收入在最低税级的那些人，则从20%降到14%。[75] 与此同时，在一轮花样百出的阻挠行动之后，1964年《民权法》（Civil Rights Act of 1964）终获国会通过。这项立法最具争议性的条款是该法第七章，它禁止任何基于种族、肤色、宗教信仰、性别和原国籍的就业歧视，并成立了公平就业机会委员会（Equal Employment Opportunity Commission，简称EEOC）负责执行。肯尼迪总统还创建了总统特设妇女地位委员会（President's Commission on the Status of Women），以应对女性劳动参与率上升的问题。在委员会中发挥主导作用的，是一群战后劳工女性主义者，其中就包括担任主席的埃丝特·彼得森（Esther Peterson）。[76]但是，直到立法的最后一刻，"性"这个字眼才被纳入第七章中。[77]

此时，已是万事俱备，只欠东风。1964年的《税收法》是美国财政政策历史上的新生事物。它并非旨在弥补衰退的拟周期减税措施；它是以减税推动持续的宏观经济扩张。一次长期宏观经济繁荣的确开始了，私人投资的确突飞猛涨，工业产能利用率达到了90%，股票市场在1965年达到了历史最高点。1965年的第一季度，通用汽车公司宣布实现了美国历史上的最高盈利数字——6.36亿美元。[78]国内生产总值增长了近6%，利润和工资同步攀升，失业率下降到4%以下。最开始的时候，通货膨胀还保持在温和的水平，就算是不平等的确略有增加，贫困率却下降了。经济顾问委员会的历年报告记载下了这一各个宏观经济变量皆大欢喜的现象，它们读上去开始迹近自吹自擂的歌功颂德。在1964年的选举中，林登·B.约翰逊以绝对优势击败巴里·戈德华特（Barry Goldwater），民主党在国会两院均赢得了压倒多数席位。在略微令人失望的20世纪50年代之后，美国战后资本主义黄金时代的这种说法，很可能便在1965年开年的那几个月，在持自由主义立场的麻省理工学院经济系的某个研讨会上被提了出来。

然而不知何故，到1965年年底时，尽管宏观经济依然繁荣，美国却似乎陷入了一场社会和政治危机。战后自由主义的胜利时刻，并不曾隐伏导致其后来衰败的祸种；胜利之时，便也正是衰败之刻。这怎么可能？

一方面的原因在于，自由主义为其原罪和自身局限性付出了高昂代价。富兰克林·德拉诺·罗斯福与南方白人至上主义者达成交易，因为他需要后者的选票。战后的薪酬政治经济学，成功地将工资和"收入保障"转移到了白人男性赚钱养家者的手中，令消费主义的核心家庭中产阶级得以扩大。[79]但是，收入分配并没有纠正与之相关的那些错误,随着白人男性赚钱养家成为分配正义的流通媒介,当其他群体提出经济要求时,便成了零和斗争和政治纠纷的威胁,而没有促成对增长收益的更公平的分配。这是因为,当长期被边缘化、被压迫的那些群体要求从经济中获得更多利益时,自由主义几乎拿不出任何具备政治合法性的办法。民权运动的新"权利意识",与现有的常规宏观经济刺激措施根本不搭调。[80] 随着1964年后税收减免而来的宏观经济扩张,无论在总量数字上看起来多么美好,都不具备化为现实的能力。

此外,到20世纪60年代中期,资本投资的构成与地理分布均处于转变之中。在历史悠久的东北—中西部制造业带,非流动性的生产性资本曾大力维持了战后收入政治经济的稳定,但它开始躁动不安。资本流动——死灰复燃的全球资本流动也包括在内——削弱了联邦政府控制经济以实现各种预期目标的能力。

这些问题最迫切的表现,便是"城区危机"(urban crisis)。[81] 自从罗斯福新政以来,联邦政府并未向城市——尤其是北方城市——投入资源,在政治上将它们袖手相让给民主党的市政大亨们。冷战自由主义诱发了郊区的住宅投资,而这削弱了城区经济。战后"城区改造"意味着公权部门将许多城市街区夷为平地,但正如南北战争后西部平原大开垦之后滴雨未降,私人投资也并未追随着"二战"后的推土机而来。[82] 正相反,私人资本逃离了,资本离散到郊区、南方和西部。在国家和地方层面上,自由主义政策几乎没有能力应付这一现象。[83]

资本离散最开始是缓慢发生的。1947年,通用汽车公司在亚特兰大外围的佐治亚州多拉维尔(Doraville)开设了一家雪佛兰工厂,而通用汽车公司的战后资本扩张越来越多地将资本实地投入到南方各州。[84] 依据关于对抗性集体谈判的劳工法律,工会对公司投资决策没有发言权。南方各州通过法律,为产业迁移提供税收抵免,新兴的商业顾问公司则建议公司搬迁。[85] 以《塔夫脱-哈特利法》为先例的劳工就业权保障立法，让南方的工会成立率和工资水平都保持在低水平。1940年，农业劳工占南方劳动力的73%，但随着机械化和南方工业的兴起，到1970年时，这一比例仅为6.8%。[86] 东北-中西部制造业带的去工业化就此开端。[87]

在知识分子抱怨"整齐划一"的科层制白领文化的同时，1957年到1958年衰退后的短暂投资激增，以及1964年减税政策后规模更大的投资爆发，却见证了资本流动的加速。公司将赢利再投资到不同的地方，首先便是在南方。1958年是衰退的一年，全国固定投资下降了17%，南方却并未经历这种收缩。[88] 北方的城市黑人居民前不久才为了北方的制造业工作而逃离南方，这些工作此时却消失了。[89] 受到无情打击的黑人社区蒙受着最深重的苦难。因为白人种族主义的存在，黑人没办法轻易地再次走异路、逃异地，追随投资的脚步去往郊区或重返南方。[90]

1964年后减税政策的关注重点是对"阳光带"的私人投资，这是一个大致位于北纬36度线以南、从北卡罗来纳州一直延伸到南加利福尼亚州的地理区域，由政治评论家凯文·菲利普斯（Kevin Phillips）在《新兴的共和党多数派》（*The Emerging Republican Majority*，1969）中首先为其命名。电子和航空航天公司在佛罗里达州中部建造了新的产能基地，这里靠近一系列从肯尼迪总统的军费开支扩张中获益匪浅的军工承包商。1963年，美国钢铁公司在休斯敦开设了一家新厂。这座城市得益于许多公共拨款，最早可追溯至林登·B.约翰逊的大笔馈赠，其中就包括了对1958年正式成立的国家航空航天局（National Aeronautics and Space Administration，简称NASA）的拨款。太空计划在亚拉巴马州的亨茨维尔（Huntsville）建起中心设施后，国际商业机器公司（IBM）于1965年也在那里兴建了新的工厂。[91] 1967年，芝加哥的平均白人失业率或许是 3.4%，但那一年，在芝加哥诸多牲畜饲养场所在城区的白人少数族裔社区，在这一历史悠久的新政自由主义票仓，失业率却高达 20%。[92] 私人资本投资模式中的地点动态，开始削弱总体国民经济统计数据的决策相关性。

作为肯尼迪总统经济顾问委员会委员和 1964 年减税政策的早期起草者，麻省理工学院经济学家索洛在他的发展模型中将国家资本存量总额称为"K"。细看一下这个国家资本存量总额，会发现两个可能导致重大后果的特性。首先，自动化消灭了许多低技能、通常由工会成员从事的蓝领工作，国会甚至在 1963 年举行了多次针对"装配线与计算机结合"问题的听证会。在亚拉巴马州的伯明翰，民权抗议运动在那几年中正如火如荼，身为民主党人的市警察局局长"公牛"康纳（"Bull" Connor）不惜放出警犬攻击黑人儿童。但 1964 年，就是在这里，美国钢铁公司利用 1964 年《税收法》的"现代化"投资税抵免优惠，借助计算机系统对钢铁生产过程进行了自动化，消灭了那些相对高薪的黑人工作岗位。[93]

其次，1964 年后的投资热潮，也将美国资本推向了海外。欧洲的混合经济之前一直专注于重工业，却对消费市场未予染指，因此，多家美国跨国消费品公司如今争先恐后地对欧洲进行固定投资。[94] 到 1970 年，美国的外企制造业投资占到了国内总额的近 25%（从 1957 年时的 9% 增长至此）。[95] 在美国的跨国投资之外，随着欧洲经济的增长，欧洲公司也开始向美国市场销售商品，赚取美元。当美元在海外不断累积时，这便会对布雷顿森林国际货币体系的根基构成威胁。

另一个黄金时代的考验，则是布雷顿森林体系从未真正发挥作用。欧洲货币与其他货币的强制兑换，到了 20 世纪 50 年代后期才恢复。到 20 世纪 60 年代中期，由于欧洲经济体的出口赢利和美国跨国公司海外分支的交易需求，囤积起来的海外美元在欧洲堆

第十七章 黄金时代的考验

成了山,从而在资本主义世界经济中生成了一个"离岸"监管漏洞(crevice)。[96] 此外,许多对罗斯福新政时代的监管法规——尤其是针对利息上限的"监管 Q 条款"——心怀不满的美国银行,在相对不受监管的、以伦敦为中心的欧洲美元市场(Eurodollar market)或所谓的欧洲市场(Euromarkets)开设了业务,而这个市场得到了英国政府的积极培育。在伦敦,欧洲美元成为跨境货币投机的资金池,这有可能破坏针对跨境热钱流动的国家资本控制。在布雷顿森林体系下,美国负有以 1 盎司黄金兑换 35 美元的法律义务。海外美元的过度存在,威胁到了这一挂钩汇率的维系。以伦敦为大本营的货币投机者首先在 1960 年对美元发起攻击。1963 年,肯尼迪政府宣布,对短期资本外流征税,以使更多的美元留在国内。林登·B.约翰逊日后实行了更强有力的资本控制。在 1947 年到 1948 年危险的海外"美元短缺"(dollar gap)事件发生后,海外"美元过剩"(dollar glut)这时具有更大的危险性。

林登·B.约翰逊雄心勃勃的"伟大社会"(Great Society)立法计划,试图让经济机会惠及弱势群体,但它迎头遇上了这些限制。美国福利国家制度的扩张,更大程度上是通过收入政治来实现的。[97] 1965 年的《社会保障法》(Social Security Act of 1965)扩大了福利覆盖范围,并设立了老年医疗保险制度,为 65 岁以上的美国公民提供由联邦政府保障的住院和医疗保险。医疗补助计划则向各州提供联邦拨款,用以资助以通过经济情况调查的穷人为对象的医疗保险。然而,"伟大社会"最引人注目的中心,却是"向贫困宣战"计划和 1964 年的《经济机会法》(Economic Opportunity Act of 1964)。"向贫困宣战"计划的确减少了贫困状况,高达 26% 之多。[98] 但是,这次"向贫困宣战"却是一场政治失败,因为与罗斯福新政不同,它并未建立起一个足够强有力的选民群体,而其背后原因,很大程度上说明了 20 世纪 60 年代自由主义的经济局限性。

1964年，林登·B.约翰逊政府向经济机会局（Office of Economic Opportunity）拨款7.5亿美元，并在1965年再度拨款15亿美元。这根本不够。但是，随着减税政策的实施，宏观经济蓬勃发展，从经济上讲，政府不再认为这个问题是结构性的了，所需要的只是"机会均等"。保守派认为，黑人社区问题的根源并非经济劣势，而是腐败的城市政治机器，并非种族歧视，而是某种据说破坏了黑人家庭和黑人职业道德、导致一轮又一轮暴力与犯罪的黑人文化"病征"。在21世纪第一个十年的中国冲击（China shock）期间，当资本外逃同样大规模地消灭了白人的制造业工作岗位，而贫困白人大规模身陷囹圄之时，几乎没有几个人会如此仓促地把问题归咎于一种病态的"白人文化"，相反，根本原因被视为资本突然撤退所导致的深刻的社会和经济混乱。

在制度上，"伟大社会"为了实现其最终目标而把手伸向了非营利性公司。大政府无论是在财政上还是政治上，都欠缺这样做的合法性。财政三角开始在运动中转变。联邦政府尤为依赖福特基金会和规模较小的地方非营利性组织。它还创建了新的实体，比如许多社区发展公司，以此作为发放联邦资金和税收减免的渠道。引人注目的是，林登·B.约翰逊手下的卫生、教育和福利部部长，是卡内基基金会（Carnegie Foundation）的前主席、曾任大都会艺术博物馆和壳牌石油公司（Shell Oil Company）董事会成员的约翰·W.加德纳（John W. Gardner），一个在财政三角中内外通吃、游刃有余的人。老年医疗保险制度、医疗补助计划和《经济机会法》让联邦政府第一次可以合法地与非营利性公司签订合同，而这些公司依然可以从慈善基金会中获得资金。[99] 财政三角的制度结构和意识形态界限开始模糊。非营利性公司日益被吸纳入政府。慈善事业似乎日渐被自由主义者政治化，而没过多久，保守主义者便也做出了同样的回应。

贫困得以减少，但这一政治并未奏效。共和党保守派不会支持任何针对贫困的战争，此事已成定论。与此同时，通过那些自下而上的福利权利和公共住房社会运动，受压迫、被边缘化的民众期待享有《经济机会法》所承诺的"最大限度的参与分享"。1965年8月，国会议员在洛杉矶举行了多场户外听证会，讨论"向贫困宣战"计划实施过程中的"社区行动"，其中包括的主要是各类青年就业技能培训项目。但与计划相反，他们听到的，是居住在洛杉矶东部和中南部的黑人和墨西哥裔美国人对增加参与度、争取政治发言权以及就业机会的请求。[100] 几天后，一场由警察暴力执法引发的暴动在沃茨（Watts）爆发，那里的黑人失业率达33%。通用汽车公司、克莱斯勒和凡士通（Firestone）关闭了它们于战后在洛杉矶地区兴建起来的工厂，而依然由军方资助、技术含量日益增高的地方航空航天工业，也正在摆脱那种通常由黑人从事的非技术性工作。因为白人种族主义的存在，在这些黑人中，加州理工学院工程系毕业生和地方工会成员的人数低得不成比例，而那些地方工会的种族主义排外行径，是全国闻名的。在沃茨暴动期间，34人丧生，价值4 000万美元的财产被毁。[101]

毫无意外地，在蒙受资本撤离和继之而来的失业打击的市中心贫民区，各种暴力行为和犯罪事件激增，引发了一轮全国性的犯罪浪潮。[102] 生活在极度贫困的城区的黑人，成为罪犯和犯罪受害人的人数，均高得不成比例。1965年9月，林登·B. 约翰逊签署了《执法援助法》（Law Enforcement Assistance Act of 1965），财政拮据的地方政府和州政府根本没有财政能力自行实施经济发展政策创举，它们开始将资金转向警务工作。从历史上看，黑人被关入监狱的可能性是白人的5倍，因此，当监禁人数增加时，黑人也就更可能身陷囹圄。（5比1的这个比例将一直持续下去。）很快，监狱建造便成为新的经济发展点。出生于1965年到1969年之间的黑人男性,最终被关进监狱的可能性要高出从大学毕业的可能性,再没有什么比这更能证明20世纪自由主义经济发展议程的失败了。[103]

两年后的1967年,城市暴动的"漫长炎夏"到来了。自由主义者用上了标准的政治经济手段,提供给农场主的信贷补贴,此时被间接地提供给城区居民。1968年的《住房与城市开发法》(Housing and Urban Development Act of 1968)将房利美从联邦预算中移除,创建了简称为"吉利美"(Ginnie Mae)的政府国民贷款抵押协会(Government National Mortgage Association),将住房抵押贷款证券化,希望借此吸引对低收入人群住房的投资。[104]林登·B.约翰逊以军事凯恩斯主义捍卫位于越南的冷战军事前沿,大幅上调了对南越傀儡政府的军事支持。1964年,112 386名美国青年被征召入伍,1965年达到了230 991名。[105] 1965年,军费开支激增,这与1964年的减税措施一道,进一步刺激了如日中天的全国宏观经济热潮。

如果财政刺激没有将资源导向那些已经被排除在外的生产性经济体——那些被排除在外的地方和人群,那些已成陈年往事的经济产能和经济可能性——由此造成的风险,便是让现有生产线不得不满负荷运转。届时,更大幅度的刺激带来了通货膨胀的威胁,因为它要么虚掷重金用于购买相同数量的商品,要么催生出经济无法满足的需求。1966年,在这个某些地区被过度刺激而大部分其他地区资源严重不足的国民经济中,通货膨胀开始再次攀升。与此同时,随着美国的军工供应链铺遍东南亚,越南战争把更多的美元撒到了海外。1966年,美联储提高了利率,这是"二战"后利率首次超过4%。这样做既是为了阻止通货膨胀,也是为了将外国资本吸引进美国,从而帮助捍卫美元与黄金挂钩制度不受以伦敦为大本营的货币投机者的狙击。这个"离岸"的伦敦美元货币市场是新生事物,但相互竞争的中央银行利率调整措施,让人回忆起了控制时代中自

第十七章 黄金时代的考验

由主义诞生之前的旧有金本位制的国民经济调整机制。

林登·B.约翰逊这位自富兰克林·德拉诺·罗斯福以来最长袖善舞的美国政治家，日后这样回忆道：

> 我感觉自己在被从四面八方蜂拥而至的巨大人群追赶。一方面，美国民众群情激昂地要求我在越南问题上有所建树。另一方面，通货膨胀中的经济正在疯涨失控。前方是数十个危险信号，指向另一轮城市暴动之夏。那些暴乱的黑人，示威的学生，走上街头的领取福利的母亲，七嘴八舌的大学教授，以及歇斯底里的记者，我被他们逼到了神经错乱的地步。[106]

在这个所谓的资本主义黄金时代中，尽管"大政府"在国内国外均大权在握，而且坐拥足以终结所有文明的核武库，一旦它走出国家安全的闭合圈（越南战争甚至威胁到了这一点），或是试图支撑白人男性赚钱养家者的收入，它所拥有的以公共利益之名开展行动的法律权限，却是相当薄弱的。所有战后时期的总统，都接受了这些教训，林登·B.约翰逊也不例外。

就生产率、利润、工资、国内生产总值增长的总量以及家庭收入相对平等程度而计，战后时期的确是一个黄金时代。然而，美国的战后经济发展计划无论是在本土还是海外，都遭到了政治上的失败。[107] 为了在全球非殖民化浪潮中遏制共产主义扩张，林登·B.约翰逊将自由主义强行推给了越南，但摆在这条道路尽头的，只有死亡、军事失败、更严重的通货膨胀、更大程度的"美元短缺"和波及面更广的工业资本危机，而所有这一切，都将宣告控制时代的彻底终结。

第十八章

工业资本危机

漫长的、持续了一个多世纪的美国资本主义工业时代，于20世纪70年代走向了终点。事实上，美国制造业从业者占总就业人数的比例在第二次世界大战期间达到了38%的最高值，而当时已经有更多的员工就业于"服务提供行业"。战后，服务业就业总人数不断扩大，而制造业就业总人数保持稳定，但在20世纪70年代，已经有大量证据表明，一场结构性转变正在发生。例如，艾玛·罗斯柴尔德（Emma Rothschild）便于1981年指出，"自1973年以来，餐饮场所就业人数的增量，远比汽车和钢铁两个行业加在一起的总就业人数为多"。[1]

1973年后，不仅工业就业人数在下跌，按各种指标统计的工业生产率、利润和工资水平亦均呈疲软态势。制造业永远都不会消失——总的来说，它将继续保持其"附加值"（相关生产阶段中附加于商品上的价值总量）的经济占比。然而,相对于工业化时代而言，在美国历史上，从这一时期往后，制造业重组——而不是扩张——更准确地反映出了当下发展进程。[2] 与此同时，20世纪70年代的

第十八章　工业资本危机　　　　　　　　　　　　　　　　　　　　　　　　697

戈登·马塔-克拉克,《日之尽头,52 号码头 3 号作品》("日之尽头"行动艺术,1975年创作于美国纽约)

随着工业结构在 20 世纪 70 年代分崩离析,马塔-克拉克进一步对建筑物进行了大胆且危险的"切割"。这处场地是曼哈顿 52 号码头的一部分,其根源可追溯至 19 世纪的工业。随着工业消失,艺术家希望公众可以从他的"无政府主义建筑"(anarchitecture)中获得启发,创造性地利用这个空间。但事与愿违,警方在它向公众开放的当天就封锁了该建筑。可悲的是,它一直空置在那里,直到两年后被拆除。

工业资本危机的波及范围,远比各种经济统计数据所反映出的情况更广泛。在各个工业社会中,这十年见证了一次又一次的合法性危机——这不仅是经济意义上的,也是社会、文化、环境和政治意义上的。[3]

对于几代人而言,工厂的生产性资本一直维系着利润、薪酬和财政收入的生成,它也维系着社区和家庭、内心生活和身份认同。20 世纪 70 年代期间,这一根基坍塌了。艺术家戈登·马塔-克拉克(Gordon Matta-Clark)的《日之尽头》(*Day's End*, 1975)是一幅极具象征意义的作品,作品中那个位于去工业化进程中曼哈顿下城的废弃工业结构，其设计风格与艾伯特·卡恩在底特律设计的那些大型工厂如出一辙。为了实现最佳视觉效果，马塔-克拉克"切割"了地板、地基和天花板，在窗户上打出了许多洞。[4] 在相当长的时间里对文明至关重要的工业结构，值得这样的艺术处理。马塔-克拉克对旧建筑物空心化过程的描述，寓意着工业社会的基础也已经开始土崩瓦解。情况的确如此。控制时代的许多断层线开始释放出一系列将这个十年引至尽头的冲击。仅是"冲击"（shock）这个词，便是一个极具20世纪70年代色彩的术语，在这期间，发生了"未来冲击""尼克松冲击""石油冲击"以及最后的"沃尔克冲击"。这将是一场惊天动地的全面改造。[5]

鉴于这场工业资本危机的全面性，我们有理由规划出一些对其加以论述的路径。从经济上看，先后次序一目了然。首先到来的是利润压缩。在1965年到1970年间，尽管宏观经济呈扩张态势，公司净利润率却从16%下降到了不足10%，许多受国际贸易竞争影响的美国制造商眼见着自己的利润减半。[6] 相对于战后标准，利润率在整个20世纪70年代都保持在低水平。然而，工业企业的管理者一般来说依然习惯性地继续着投资和生产。这是一个无利可图的繁荣十年，企业投资率和生产率较高，利润率却不断下滑。

很快，问题就变得更复杂了。1971年，美国的进出口商品贸易出现逆差，这还是20世纪以来的头一遭。出于诸多原因——外国商品销入美国市场产生的出口收益，美国的跨国投资，以及美国在海外的军事义务——美元继续在伦敦欧洲美元市场累积增多。这些美元成为货币投机者向布雷顿森林体系规定的1盎司黄金兑换35美元的自由兑换制度发起攻击的基础。在几十年的世界经济恢复与增长之后，美元相对于其他货币的价值如今被严重高估了。在本土和海外，这都对美国的制造商造成了伤害。考虑到这些因素，1973年，理查德·尼克松总统的行政班子打破了美元与黄金的挂钩汇率。

第十八章 工业资本危机

布雷顿森林国际货币体系就此告终。很快,美国便取消了各种跨境资本控制。现在,美元的价值将由全球货币交易市场决定,受制于时刻变化的贸易冲动和投机预期。

与此同时,另一种错位出现于世界经济之中,那便是制造商与原材料之间的关系。世界范围内的战后工业扩张——工业投资和全球商贸而导致的倍增效应——成为可能,全因为所需的初级产品一直得到持续供应。在全世界的农业领域,都出现了节约土地的"绿色革命"。此外,美国和其他国家的政府储备和大宗商品价格支持项目,调整了商品的可用数量,平滑了价格。然而,在农业和原材料领域,因生态限制(土地只有那么多)而导致回报递减的威胁始终若隐若现,与之相对,制造业活动则经常受到回报递增的影响。[7]

1973年,随着石油输出国组织提高了这种在所有工业投入中至关重要的化石燃料的价格,第一次全球"石油冲击"发生了。虽然与此并无关联,但发生在苏联和中国的农业歉收也导致了政府粮食储备的枯竭。库存无法调整,只好在价格上浮动。在与后布雷顿森林体系货币市场中投机预期的相互作用下,大宗商品价格一路猛涨。商品价格通胀爆发了,初级投入的成本增加了,美国的生产率增长率随即进入了低轨道运行。[8] 它再也未能恢复原位。[9] 即时的冲击令经济生产随之下跌。1973年,美国进入了大萧条以来最严重的一场衰退之中——只不过,这一次的衰退发生于价格上涨期间,而不是像20世纪30年代那样,处于价格下跌期间。

联邦政府推出了自20世纪30年代以来已经成为套路的标准纠正措施。在1970年到1975年间增加了1倍有余、几乎与军费开支持平的政府福利支出款项,稳定了收入和支出。1975年,联邦预算采取逆周期操作,预列赤字。国会通过了退税方案,以吸引私人投资。到1975年年底,宏观经济总体上摆脱衰退,开始了一轮一直持续到1980年的扩张,而这是战后时期持续时间第二长的一次扩张。

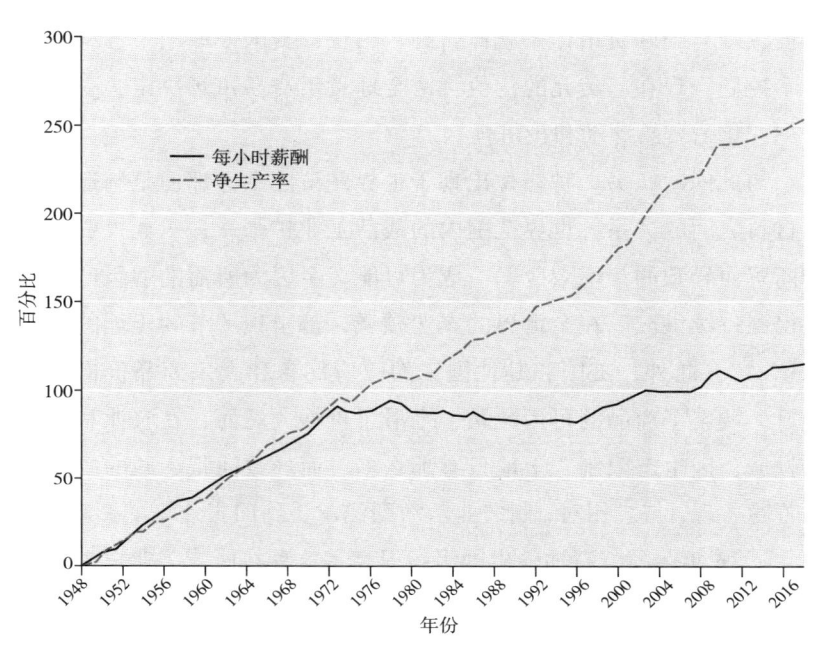

生产率增长和平均每小时工资增长

罗斯福新政实现了资本到劳动力的收入转移。在第二次世界大战后的几十年里,生产率增长和平均劳动报酬之间的紧密关联,促成了这一现象。1970年之后,这一关联被打破了。

尽管如此,当控制时代的两大经济弊病——通货膨胀和失业——开始恶化时,它们变成了难兄难弟。战后奉行凯恩斯主义的宏观经济学家曾提出建议,政府可以借助通货膨胀买来更多的就业机会。然而,在经济衰退的1975年,失业率和通货膨胀率双双升至8%。这种失业与通胀的组合,被称为"滞胀"。

美国的政治经济依然主要通过赚钱养家的白人男性的薪资来分配收入和福利待遇。当男性高就业率和高工资都不复存在时,就会出现麻烦。1972年之后,男性平均工资拉成了一条直线。令人不安的是,它脱离了与生产率增长的关联,不管后者的增长是多么的微乎其微,而自第二次世界大战以来,这两者一直是大致相关的。与

第十八章 工业资本危机

戈登·马塔—克拉克,《分·作品2号》("分"行动艺术,1974年创作于美国新泽西)
在作为工业社会支柱这一点上,家比工厂更意义重大。马塔—克拉克再一次对这栋位于新泽西州恩格尔伍德的郊区住宅进行了大胆的雕塑"切割"。这位艺术家在35岁时死于癌症。

此同时,男性劳动参与率也在稳步下降。

从意识形态上一直可以追溯至19世纪工业时代开端的"男性赚钱养家、女性操持家务"型家庭,也陷入了危机。[10] 1973年,离婚率达到50%。马塔—克拉克的作品《分》(Splitting,1974)同样深具象征意义:他从正中间对一栋典型的新泽西单户式郊区住宅进行了雕塑"切割"。

在20世纪70年代,独居男性的人数从350万攀升到了680万。[11] 男性身份危机变成了流行文化表达的一个重要主题,甚至可能是最重要的主题。[12] 与此同时,随着生产率不再提升,能源密集型产业所必需的廉价石油也不再轻易可得,工业已无法提供不断增长的利

民用产业男性劳动参与率

在整个 20 世纪，男性劳动年龄人口占有偿就业人口的比例逐步下降。这表明了，作为控制时代基础之一的男性赚钱养家者的高薪收入，事实上是多么靠不住。

润和工资（男性女性都一样）。它无法生产出不断扩大的消费品充裕供给。通货膨胀必将发生。

关于 20 世纪 70 年代通货膨胀原因的经济辩论，一直持续到了如今。[13] 为了释放银行信贷，帮助宏观经济走出衰退，美联储在当选政客的施压下降低了目标短期利率。更多的信贷和货币追逐着同等数量的商品——尤其是在生产力日渐低迷、经济产出扩张趋势线收敛的情况下。这样一来，货币政策就构成了通货膨胀的威胁。但是，通货膨胀几乎从来不会被简化为单纯的货币供应问题——这一次自然也不例外。[14] 1973 年后，财政和货币政策促成了一次扩张，但它徒然加剧了制造业和初级产品部门之间的紧张关系，后者已经达到了供应极限，大宗商品价格相应抬高。与此同时，随着工业生产率和利润下降,在如何切分一张增长速度变缓的经济大饼的问题上,资本与劳动力之间的分配冲突在所难免。然而,工资和物价上涨将这一切掩盖了起来,最终谁将为整个经济范围内的生产率放缓买单的问题,被推迟作答了。最终,生产率相对较低的服务业的突飞猛进,令生产率放缓的问题进一步恶化:餐饮场所的新经济主导了这十年中发展速度最快的城市区域,也就是位于阳光带的那些区域。

通货膨胀并不总是一件坏事。适度的通货膨胀可以减少食利者的利润,鼓励把钱花在当下,支持对未来盈利的预期,抑制囤积现金和其他流动资产的行为。但是,持续的、动荡不定的高通货膨胀会产生不确定性,从而破坏稳定预期,将经济拉入只顾眼前的短期行为,这危害到了长期发展。如此一来,被通货膨胀所困的20世纪70年代,用历史学家杰斐逊·考伊(Jefferson Cowie)的话来说,就成了"不分青红皂白地大规模转型"的十年。[15]

为了结束通货膨胀,一个权威机构必须居间调停不同经济部门和群体之间的分配冲突,重新划定一条可行的长期经济发展道路。对于螺旋式通缩,也须如此办理,而在大萧条期间,罗斯福新政虽然远非完美,却肩负起了这一任务。在20世纪70年代的通货膨胀期间,作为世界经济霸主之中央政府的美国联邦政府,再一次成为挑起这副担子的干将。

联邦经济政策制定在20世纪70年代十分活跃。除了财政政策,自由主义的监管举措也大幅增加。在白人中产阶级自由主义者的要求下,新的消费者权益保护和环境保护监管法规被列入议程,而这徒然令利润减少,为通货膨胀雪上加霜。联邦政府根本没有控制通货膨胀的可用机制,根本不存在一个团结一致的公共利益,让人们以此为基础采取行动。相反,整个体制四分五裂,其中包括尼克松的沉默的大多数,黑人民族主义者,主张"回归土地"的农场主，白人少数族裔复兴主义者（其中包括新邦联党人），地球之友，反堕胎、强调"家庭价值观"的福音派基督徒，激进的女同性恋者，国际银行家，主张印第安人主权的活动分子，商业圆桌会议（Business Roundtable）的首席执行官们，全国福利权利组织（National Welfare Rights Organization）的黑人女性活动家，奉行民族主义的白人越战老兵，以及以自我表现为目的的个人请愿者。这是因为，20世纪70年代也是一个"以自我为中心的十年"（Me Decade），借用诗人约翰·阿什伯里（John Ashbery）在《凸面镜中的自画像》（*Self-Portrait in a Convex Mirror*，1975）中的语句，"用自我为自我赋魅"成为一种主要的文化侧重点。"我走在一条孤独之路上，我在旅行，旅行，旅行，旅行"，琼尼·米歇尔（Joni Mitchell）在1971年的《我想要的一切》（"All I Want"）中唱道，这十年中流行的自白式音乐创作类型自此开端。[16]

生活在20世纪70年代的每一个美国人，都是在工业社会中长大的。即便他们经历过大萧条和第二次世界大战，他们也经历了战后在安全保障上的投入。人们想当然地认为控制是事件的默认状态，事情总会以某种方式糊弄过去。或许，仅仅是出于这个原因，公司管理者才遵循传统继续保持投资率，尽管利润低迷不振。与之相反，在《小大亨》(*J R*，1975）这部关于资本主义的奇书、堪称自梅尔维尔的《骗子》问世以来最杰出之作的小说中，威廉·加迪斯（William Gaddis）说，这是一个错误：

> 假定组织是一种内在属性……（假定）混乱无序只不过是从外部施加威胁的无关力量（是错误的）。事实上，情况恰恰相反。秩序只不过是我们努力加诸混乱的基本现实之上的一层岌岌可危的限制条件而已。[17]

第十八章　工业资本危机

这个控制时代,是一个岌岌可危的限制条件,而它终将走向尽头。

就是在这危机重重的十年中,一种新的资本主义诞生了。远离了落于实地的固定结构,资本变得越来越游离不定、转换自如和四海为家。新的经济生活方式出现了,尤其是在南方阳光带,一种新的、既能带来潜在损害也能创造经济价值的普遍不确定性产生了。战后工业社会固然有其优点——井然有序,四平八稳,而且将收入增长通过各种渠道分给了处于分配层级中部的那些人。然而,战后工业社会之成立,却建立在白人异性恋者领取足以养家糊口的高薪、整个社会循规蹈矩整齐划一、能源体制足以威胁到地球的未来,以及工厂劳动危险重重且经常会把人变傻的基础上,对它的死亡而感到遗憾,无论是在过去还是现在,都不值当。毕竟,马塔-克拉克之所以在工业建筑和郊区建筑上进行雕塑"切割",目的就是让光得以照入。

1.尼克松冲击

在 1968 年的总统选举中,林登·B.约翰逊拒绝参选,民主党因为越南问题发生内讧,共和党人理查德·尼克松成了最后的赢家。林登·B.约翰逊手下的经济顾问委员会主席阿瑟·奥肯(Arthur Okun)带着那种堪称典型的傲慢自大,在《繁荣的政治经济学》(*The Political Economy of Prosperity*, 1970)中吹嘘道,在约翰逊总统的领导下,发生了"无与伦比、史无前例、所向披靡的经济扩张"。[18] 真相却是,尼克松所继承的,是一个承受着严重压力的政治经济体。最迫在眉睫的问题,便是美国无力在刺激美国宏观经济的同时维持自己在布雷顿森林国际货币体系中的国际义务。尼克松政府从来不曾妄想做到这一点。试图逆转历史潮流的后果,将会是极其巨大的。

林登·B.约翰逊留给尼克松的美元货币政策业已破产。联邦政府的海外开支（哪怕只是越南战争这一项）、美国跨国公司的对外投资以及美国的贸易逆差，所有这些都导致过多美元滞留海外。这些美元主要积存于伦敦的欧洲美元市场中，为美国跨国公司对实体企业的长期投资提供了资金，但同时也资助了从事短期国际货币投机的金融家们，投机性投资的自相矛盾的推动力再度回归。伦敦的投机者抬高黄金价值，对美国到底能将1盎司黄金兑换35美元的挂钩汇率保持多久提出了质疑。约翰·F.肯尼迪和林登·B.约翰逊制定的政策，都不过是权宜之计。但在1968年，当国内通货膨胀率达到了4.2%时，即将离任的林登·B.约翰逊果断地采取了行动。他领导下的政府实施了严格的资本控制，以阻止美元流向境外。美国宣布，它将不再用美元兑换私人持有的黄金，只与外国中央银行打交道。布雷顿森林体系下的"自由兑换"只持续了不到十年。[19]此外，就在美联储将利率提高到6%以上，借此从伦敦吸引"热钱"流入，从而缓解美元在外汇市场上的压力之时，林登·B.约翰逊宣布退出竞选。在尼克松入主白宫后，美联储将短期利率上调到了9%以上。这场美元危机似乎得以避免，但是，紧缩的货币和信贷意味着美国宏观经济于1969年进入衰退，作为自1961年以来的首次衰退，它结束了持续时间最长的一次战后扩张。那一年，通货膨胀率达到了5.4%。

尼克松曾担任过对通货膨胀情有独钟的艾森豪威尔的副总统，但他也对美联储在1960年到1961年衰退期间收紧货币和信贷表示谴责，认为这导致了他以微弱劣势输给约翰·F.肯尼迪。一开始的时候，尼克松总统支持美联储用以平抑通货膨胀的紧缩货币政策，他还欣然砍掉了林登·B.约翰逊的向贫困宣战项目，以此减少联邦开支。但他十分担心衰退的政治后果，尤其是失业的政治后果——一名顾问说，他患上了"恐惧症"。[20]这位总统曾向他的工作人员发出指示，他需要"这里的每个人从现在开始思考政治问题，而不

第十八章　工业资本危机

是担心如何把事情办好"。[21] 在经济政策方面，尼克松是一个政治犬儒主义者，却并非古板的理论空想家。他始终都只是一个经济民族主义者——最后的凯恩斯主义信徒，最早的特朗普主义先驱。

甚至早在共和党人表现不佳的1970年中期选举之前，尼克松就已经改变了路线。他转向了财政刺激，以此来降低失业率，而在1971年，联邦预算接近了战后的最高水平。鉴于通货膨胀率依然徘徊在5%上下，尼克松任命了通胀鹰派、曾在艾森豪威尔政府中担任经济顾问委员会主席的阿瑟·伯恩斯为新一任美联储主席。伯恩斯始终还是要服从这位总统的号令，在尼克松向副官们威胁说，如果伯恩斯不放松信贷条件的话，"他就等着挨削吧"之后，伯恩斯随即放松了信贷条件。[22] 1971年，美联储将短期利率降到了4%以下，美国宏观经济走出了衰退。

问题在于，这样的宏观经济刺激措施如今已经与美元–黄金挂钩汇率不再相容。由于美国利率较低，流动性短期资本成批逃往伦敦，转化为他国货币。此外，因为国际货币体系是以美元为基础的，随着更多的美元流向海外，其他国家积累了更多的银行储备金，而这转化为通货膨胀。法国和联邦德国这两个冷战盟国对美国"输出通货膨胀"的行为抱怨得最为强烈，尽管这些冷战盟国——以及日本——并不想重估其本国货币价值，其制造业之所以在国际上大获成功，很大程度上是源自对美国市场的出口，而其本国货币相对于美元的弱势对此亦有助益。1971年，美国出现了贸易逆差，这还是20世纪以来的头一遭。[23]

尼克松向全世界传达的信息很明确。美国将优先考虑国内问题，而不是那些国际义务。1971年的"尼克松冲击"——或尼克松本人命名的"新经济政策"——就此诞生。尼克松的财政部部长，是民主党人约翰·康纳利（John Connally），这位得克萨斯州前州长是一名民族主义者，他认为"那帮外国人打算整死我们。我们的任务是先整死他们"。两个人都深切盼望恢复美国制造业的国际领先地位，尼克松认为，这是战后美国地缘政治实力的基础。[24] 至于国内政策，"在必要情况下，我们能接受通货膨胀"，尼克松说，但"我们不能接受失业"。[25]

1971年8月15日，尼克松为美国的盟友们送上了一个巨大冲击：美国宣布将关闭"黄金窗口"，不再以任何价格兑换美元。它还将对所有进口商品征收10%的关税。财政部副部长保罗·沃尔克被派往国外进行斡旋，到1971年11月，在华盛顿的史密森尼学会（Smithsonian Institution）公布了一项协议。最后，美国免除了10%的关税。美元将重新与黄金挂钩，只不过汇率变成了1盎司黄金兑换38美元，而不是35美元。总的来讲，美元对欧洲货币贬值了约8%，对日元贬值了17%。最后，这项新经济政策还包括了10%的所得税投资抵免和一系列消费税：为了对抗通货膨胀，尼克松宣布冻结工资和物价。为了增加美国的出口盈利、扭转贸易逆差，他适度地放松了农业供应管理政策，大宗商品库存减少了。[26] 伴随着这些措施，这位总统相信，经济政策问题已经得到解决，于是他将工作重心转向了他的主要政策兴趣点——国际外交，这包括推动中国向西方开放，缓和与苏联的关系，以及在越南的"光荣的和平"。[27]

在宣布这项新经济政策时，尼克松总统要求演讲撰稿人威廉·萨菲尔（William Safire）避免"在国际货币事务危机的问题上大做官样文章"，而要把重点放在"提振情绪"上。[28] 这充分表明了这位总统关于一个"新的大多数"（new majority）的竞选梦想——这种民粹主义的、对白人蓝领工人的讨好取悦，目的在于分化瓦解根深蒂固的新政自由主义政治联盟，最终各个击破。他想要在蓝领白人和新左派——用美国劳工联合会–产业工会联合会的政治部主任阿尔·巴坎（Al Barkan）的话来形容，一群"娃娃、怪客、共产党和

第十八章 工业资本危机

其他极端'变态'的左翼自由分子"——之间挑拨离间。而实现这一目的的方式，则是煽风点火，激化已经存在于自由主义不同利益集团之间的紧张关系。向来直言不讳的尼克松表示："我们需要以沉默的大多数、蓝领天主教徒、波兰人后裔、意大利人后裔和爱尔兰人后裔为基础，建起我们自己的新联盟。对于犹太人和黑人，什么承诺都不会给。"[29] 但在实践中，这位总统的政治策略则要老练狡猾得多。

尼克松在为"自由主义精英"挖设陷阱这件事上颇有天赋，他们经常一头便撞了进去。诚然，从伯明翰到波士顿，白人对黑人民权运动进行了自发反击，而共和党则从中渔利。但尼克松乐于将一大批中产阶级白人自由主义者倡导的新的社会性管制措施签署为法律：在新左派的大力促成下，罗斯福新政反对大企业的监管举措得以重新发挥作用。这一切始于对消费主义的政治化和向环保主义的转变。在拉尔夫·纳德（Ralph Nader）的《任何速度都不安全》（*Unsafe at Any Speed*，1965）出版之后获得通过的1966年《国家交通与机动车辆安全法》（National Traffic and Motor Vehicle Safety Act of 1966），是一项突破性的立法。作为普林斯顿大学1955届毕业生的纳德，代表着一类新型自由主义者，他的拥护者主要是中产阶级和上层阶级的白人，而不是尼克松如今觊觎着的蓝领工人。随着对公司违法犯罪行为的接连曝光，以及在雪佛兰科维尔（Chevrolet Corvair）爆炸隐患和1969年圣巴巴拉石油泄漏事件中表现出来的公众看热闹不嫌事儿大的群情激昂，新一代501(c)(3)和与之相关的501(c)(4)项下非营利性组织——共同事业（Common Cause）、国家资源保护委员会（National Resources Defense Council）和公共市民组织（Public Citizen）——在华盛顿设立了总部。从1968年到1977年，认为"企业试图在利润与公共利益之间谋求合理平衡"的美国人所占的百分比，从70%跌到了15%。[30] 尼克松签署了1969年《国家环境政策法》（National Environmental Policy Act of 1969），并于1970年通过行政命令创建了环境保护局（Environmental Protection Agency，简称EPA）。也是在1970年，他签署了《消费品安全法》（Consumer Product Safety Act of 1970）。新的"权利意识"社会性管制将消费主义的、中产阶级式的充裕富足视作理所当然。它对美元危机、本土和境外的公司投资与撤资以及通货膨胀不置一词。受到鼓舞的自由主义监管举措到这时已经完全与其日渐衰弱无力的发展举措脱节。至于这些社会性管制，无论自身多么值得称颂，都进一步侵蚀了已经在下滑的美国公司的利润率。利润降低构成了蓝领工人工资随之降低的威胁。

利润率在1965年之后下降了，尤其是在钢铁和汽车这样的行业中，它们面对着来自欧洲和日本制造商的国际贸易竞争，后者因为货币估值较低而享受到了低成本的优势。世界贸易量在肯尼迪总统的1962年《贸易扩张法》（Trade Expansion Act of 1962）的助力下加速增长，该法促进了世界经济增长，但在各个国家的速率不同。"制造业进口渗透率"（manufacturing import penetration ratio）是一个评估外国生产商渗透入美国本土市场之程度的指标，它从1959年到1966年的6.9%攀升到了1969年到1973年的15.8%。[31] 制造业利润率受到了贸易竞争的负面影响。一些行业希望通过美元贬值帮助提高在出口市场中的表现——尼克松在1971年提供了这一帮助——它们还开始进行游说，争取实行贸易保护。

工业界寻求着其他的补救措施。一个应对办法，是将生产转移到工资较低的南方或海外，但另一个出于习惯使然的应对办法，则是在同一地点——传统上的东北-中西部制造业带——继续投资、继续生产。但是，通用汽车公司总裁爱德华·N.科尔（Edward N. Cole）随即承认，"对我们的业务进行进一步技术改进的可能性，不像以往那么大了"。由人力操纵的电动装配线的生产率增长潜力，几乎已经被挖掘殆尽——即便无须人力操纵的自动化仍有希望。科尔补充道，另一种选择，是加快生产线速度，减少"闲置时间"。[32] 值得注意的是，工业事故率在 20 世纪 60 年代下半叶增加了 20%，预示了加速的发生，而这促使尼克松于 1970 年签署了关于创建职业安全与健康管理局（Occupational Safety and Health Administration，简称 OSHA）的立法。生产线加速的最伟大创举，发生在通用汽车公司位于俄亥俄州洛兹敦（Lordstown）的、由计算机加以监控的雪佛兰织女星工厂（Chevy Vega facility）。该厂在 1972 年发生了为期三周的罢工，这次"工业伍德斯托克集会"（Industrial Woodstock）发生的原因，便在于那些平均年龄为 25 岁的工人无法再忍受这样的劳动。[33] 作为回应，通用汽车公司把对海外生产的跨国投资又增加了一倍。接着，从现有生产线中榨取更多利润的最后一种办法，便是将收入从劳动收入转为资本收入——从工资转向利润。20 世纪 70 年代初，当把持续的物价上涨和工资增加都考虑在内时，"实际"劳动报酬开始停滞不前。[34]

在许多情况下，当受到压榨时，工会的一般会员会奋起反抗，其中就包括了对日益僵化的工会领导层的反抗。74 岁的水暖工人工会代表、美国劳动联合会-产业工会联合会主席乔治·米尼（George Meany），就是某种自罗斯福新政以来的持续转变的代表：产业劳工组织逐渐从一种社会运动几乎转变成了另一个自由主义利益集团。自发式罢工爆发了，工会会员投票否决了领导层批准的合同。反对派发起攻势，竞选工会领导职位。[35] 而工会面对的麻烦还不止于此。到 1971 年，公平就业机会委员会对数千起少数族群个人对工会工作规章制度的投诉进行了调查，一般而言，这些规章制度会让非白人男性的工会会员拿到的工资较低，享受的安全保障更少，晋升机会也不多。信奉政治自由主义的民权律师依据 1964 年《民权法》

第七章的规定,发起了集体诉讼。美国最高法院在格里格斯诉杜克电力公司(Griggs v. Duke Power Co., 1971)一案中裁定,看似在种族问题上持中立立场的工会规章条例——比如看重年资的那些规定——对少数族裔产生了"不利影响",违反了《民权法》第七章的规定。经济处罚和自下而上的压力都迫使工会选择合并。1972年,黑人劳动者在芝加哥举行集会,抗议美国劳动联合会-产业工会联合会的领导层对他们的歧视性待遇,并组织成立了黑人工会主义者联盟(Coalition of Black Trade Unionists)。从法律上讲,推动民权运动的力量,如今是在一条不同于集体谈判或重大经济政策制定的轨道上做功。[36] 与此同时,1972年,公平就业机会委员会在一桩以美国电话电报公司(AT&T Corporation)为被告的性别歧视案中获胜,获得了5000万美元的和解金。很快,以《民权法》第七章为据的集体诉讼便缠上了数家大公司。在威廉斯诉萨克斯比(Williams v. Saxbe, 1976)一案中,美国最高法院判定,《民权法》第七章禁止在工作场合中出现后来被定义为"性骚扰"的那些行为。

如今,尼克松的"安全帽"策略(hard hat strategy)已经万事俱备,只欠东风。1970年,尼克松领导下的劳工部发布了一份题为《蓝领工人问题》(The Problem of Blue Collar Workers)的研究报告,它的灵感源自《纽约杂志》(New York Magazine)上一篇由记者皮特·哈米尔(Pete Hamill)撰写、引起尼克松注意的文章《白人下层中产阶级的反抗》("The Revolt of the White Lower Middle Class")。1970年5月,一群纽约建筑工人——某个极其信奉种族主义、极其腐败堕落的工会的成员——袭击了正在进行反战抗议的"嬉皮士",并以一场10万名尼克松支持者参加的大规模"安全帽"集会达到高潮。一位副官向总统报告了"他们对您男子气概的钦佩"。[37] 尼克松政府将委托进行一项名为"美国工作状况"(Work in America, 1973)的严肃研究,对"数百万美国人不满于

第十八章　工业资本危机　　　　　　　　　　　　　　　　713

那些扼杀自主性及创造性的无聊重复工作"的情况加以调查。[38]尼克松察觉到，白人蓝领工人的不满，民权运动对白人男性赚钱养家特权的挑战，自由派的保护消费者权益运动活动家和环境保护主义者对商业利益和蓝领工人工资的冲击，这三者结合起来，为他提供了一个政治机遇。他开始浑水摸鱼。其中一例充满讽刺意味，那便是他宣布支持联邦"基本收入"计划，以此取代各种福利"依赖性"。共和党保守派将其称为打发叫花子，全国福利权利组织则抱怨收入最低额太低，于是这项法案以失败告终。但是，尼克松很高兴，因为仅是这场辩论本身，便足以激怒那些工薪阶级的白人，他们早已受够了那些"打算拿走他们的钱，发给不劳而获者"的自由主义精英。[39]当《全面儿童发展法案》（Comprehensive Child Development Act）批准联邦资助育儿设施时，尼克松否决了它，称这"削弱了家庭"。[40]尼克松拥有一种把自由主义者的提案拉出来示众的天赋，这时候，它们便会触发白人保守派的怨愤不平。

　　1972年的总统选举标志着历史学家罗伯特·O.塞尔夫（Robert O. Self）所命名的那种"赚钱养家者保守主义"（breadwinner conservatism）的诞生。尼克松彻底击垮了新左派眼中的宠儿、南达科他州参议员乔治·麦戈文（George McGovern）。美国劳工联合会－产业工会联合会甚至未对麦戈文表示支持，宣称保持中立。尼克松赢得了超过60%的普选票，其中包括57%的体力劳动者，54%的工会选票和60%的白人工会会员。一种保守主义和民粹主义的白人男性身份政治就此出现。[41]1936年，富兰克林·德拉诺·罗斯福靠劳工力量的支持赢得大选，而这催生了新政政治联盟，从那时到此刻，可谓长路漫漫。

　　不管这个"新的大多数"计划在政治上多么管用，它也未改变美国宏观经济扩张的特征，那就是日益膨胀的美国贸易逆差。它需要以某种方式筹措资金，而且导致了对美元与黄金挂钩汇率的连番投机性攻击，即便汇率保持在 1 盎司黄金兑换 38 美元的水平上。1973 年 1 月，尼克松志得意满地宣布结束对工资和价格的管制，通货膨胀率立时攀升。[42] 此时，一切都迅速土崩瓦解。随着贸易逆差为 64 亿美元的消息公布，1973 年第一季度，美国的短期资本外流净值高达 60 亿美元。此时，约翰·康纳利的财政部部长一职已经被前芝加哥大学经济学教授乔治·舒尔茨（George Shultz）取代。受同事米尔顿·弗里德曼的启发，舒尔茨拿出了一项新计划：彻底取消货币挂钩和资本管制，以鼓励"资本流向对增长贡献最大的地方"。[43]

真相是，对于全球资本来说，"流"通常都是一个糟糕的比喻：当某个地方某个银行账户中的流动股本跨境流动时，这可能是因为投机预期，也可能是因为世界上其他地方的企业存在诱发增长的需求。就算真的关心此事，尼克松此时也已身陷水门事件丑闻之中。他对这个问题已经没兴趣了。当被告知货币投机者正在攻击意大利里拉时，这位总统厉声斥道："我他妈的才不关心里拉呢。"[44]

美国终结了布雷顿森林体系。1973 年 3 月，美元－黄金挂钩政策永远结束了。一年之内，美国便废除了对短期"热钱"的所有资本控制。芝加哥的期货交易商开始出售"货币期权"，帮助交易者对冲风险，新型金融产品由此取代了国家控制。美元一经浮动便迅速贬值，对联邦德国马克贬值了 20%，对日元贬值了 12%。美国制造业出口商品的竞争力增加了，而这是尼克松一直想要实现的，1973 年，美国的贸易差额得以收复失地，并且很快实现了顺差。

作为一个民族主义经济议程的代表，尼克松试图恢复美国作为制造业世界霸主的地位。他实际上开启了世界经济史上没有前例的新一天：一个不兑现法定货币的国际货币体系。这种由国家发行，仅以政府认可为担保的货币，其相对价值由公开市场交易来决定。

在这个时间点上，美国其实不必这样做。正如其欧洲盟友们据

第十八章 工业资本危机

理力争时所云,与其他国家一道行动的美国,依然拥有维持某种以资本控制为特征的国际货币体系的力量和资源。[45] 即便是美联储主席阿瑟·伯恩斯,也满怀激情地"担心"固定汇率被击穿。但当他在与财政部副部长保罗·沃尔克共进午餐之际提到这种担心时,沃尔克回复说:"[阿瑟,]你最好马上滚回去收紧货币。"[46] 只有将利率提高到足以收紧货币供应之时,才能将足够多的热钱引入美国,拯救黄金与美元挂钩汇率。但是伯恩斯并不想提高利率,因为担心这样会扼杀信贷供应,降低增长率,使失业率升高。这样一来,他便面临被总统解除职务的可能。

然而,在1973年,最迫在眉睫的问题是通货膨胀。在当年第二季度,通货膨胀率为8.6%;到了第四季度,就变成了9.8%。在20世纪60年代,通货膨胀已经开始出现于宏观经济扩张期间。诸多新出现的因素此时促成了这一点:新出台了多项消费者保护和环境法规,其成本被转嫁到了消费者身上;而在工人们期待工资会持续增长的背景下,出现了利润压缩。但在1973年,到这时为止最大的通货膨胀成因,还是大宗商品价格的突然猛涨。

在1973年10月以色列赎罪日战争期间,石油输出国组织宣布对美国实施石油禁运。[47] 油价飙升了400%。美国依然是世界上最大的石油生产国,但这时,它是一个更大的消费国。美国的汽车工业社会,是全世界消耗能源最多的经济体。石油冲击提高了最关键的能源投入成本。在最突出的能源密集型行业,生产率立即降低了,美国经济活动也出现了骤减。[48]

与此同时,发生了一桩与此并不相关的事件,那便是世界范围内的谷物歉收,尤其是在苏联和中国。美国大宗商品的销售填补了缺口,却进一步消耗了农产品库存。库存量无法通过调整稳定价格。与之相反,大宗商品价格开始上涨,甚至像咖啡这样当时并未受到供应限制的大宗商品也发生了这种情况。罪魁祸首很可能便是不久前发生的美元与黄金解除挂钩导致的通胀预期。

尼克松最终做了约翰逊在 1968 年被迫去做的同一件事：为了平息通货膨胀，他削减了联邦开支。当美联储将短期利率提升至战后最高水平（超过 12%）时，他退缩了。等到尼克松 1974 年 8 月因为水门事件丑闻辞去总统职位时，美国经济已经陷入了大萧条以来最严重的衰退之中。通货膨胀率继续攀升，超过了 10%，而国内生产总值转为负值，失业率急速上升，到 1975 年 5 月时达到了 9%。定义这个十年的经济弊病已然出现："滞胀"。

2.休斯敦：流动之城

始于 1973 年岁尾的这次美国宏观经济衰退十分严重。在 1974 年年底衰退见底时，通货膨胀率依然高达 11.1%。然而，在 1975 年年中，美国宏观经济却走出了衰退。全面彻底的宏观经济控制并未丧失。

常规的纠偏措施在某种程度上发挥了作用。1975 年 3 月，伴随着民主党把持了水门事件后的美国国会，总统杰拉尔德·福特（Gerald Ford）不情愿地签署了一项减税法案，以此刺激宏观经济。全国宏观经济增长恢复了，由此导致的扩张一直持续到了这个十年结束之时。通货膨胀率在 1976 年降到了 5.7%，然而，失业率从未低于 5.5%。1977 年，通货膨胀的苗头再度出现。不过，作为工业时代的一次回光返照，1975 年后的私人投资激增尤其引人注目，尽管到 1978 年时便达到了顶峰。

即便利润率下降，通货膨胀也减少了资本的实际成本。如果工业企业想要投资的话，资本是唾手可得的，或者说几乎唾手可得，于是许多人都选择这样去做。然而，在这次扩张期间，美国贸易逆差再次猛增。以伦敦为大本营的国际货币投机者——以主要货币形

第十八章 工业资本危机

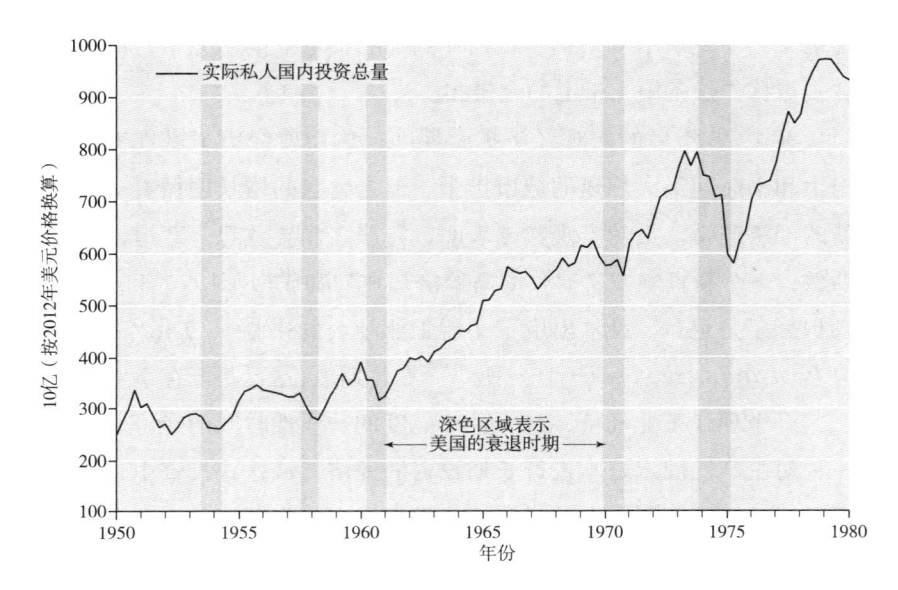

实际私人国内投资总量

面对利润不断下滑的局面,许多公司管理者近于习惯性地继续向老旧的工业行业投资。与对南方阳光带的新一轮投资扩张同步,20世纪70年代见证了工业投资的回光返照。

式拥有流动资本的那些人——再一次向美元发起了攻击。通货膨胀率和失业率再一次保持在令人担忧的高位。显然,滞胀已成为美国宏观经济的痼疾。

但是,我们必须暂时把宏观经济放在一边,因为其总量数据只能部分反映故事的真相,原因之一便在于,它们掩盖了美国经济生活日常经验和发展轨迹中惊人的地域差异。在20世纪70年代,全世界几乎每一个已经实现了工业化的经济体——即便是那些共产主义经济体——都经历了不同形式的宏观经济"低迷"。美国的不同之处在于,首先,在去工业化的东北-中西部制造业带,受打击最重的那些城市空间面临着极度的经济窘困;其次,美国与其他工业经济体不同,出现了一个后工业时代经济复兴活力惊人的地区。这个地方,便是从卡罗来纳一直延伸到加利福尼亚的阳光带,而休斯敦则被称作这条阳光带上的金带扣。

在 1975 年后的宏观经济扩张期间,休斯敦经历了堪称美国历史上和平时期最大规模的城市扩张。但是,它的增长遵循着一种全新的经济逻辑。虽然宏观数据表明,滞胀之痛导致怨声载道,在休斯敦,一个新资本主义时代的新经济却在勾勒成形。1976 年,纽约知识分子丹尼尔·贝尔出版了《后工业社会的来临》(*The Coming of Post-Industrial Society*)一书。[49] 在休斯敦,这已是既存事实。[50]

一个现代工业经济,是一种单向度的、线性时间的经济。它是一种对生产性固定资本进行长期投资的经济,从这些投资中,它需要时间——字面意义上的时间——用尽资本,借助劳动力和企业生成财富与利润。要做到这一点,最好的办法是提高生产率,或从等量投入中榨取更多的实物产出。这样做需要将非流动性资本落到实地且长期保持就位,在控制时代,受领土空间限制的美国宏观经济,采取的是同样的时间逻辑。"经济增长"变成了直线式与时俱进的主流叙述。

然而,到 20 世纪 70 年代时,许多昔日的长期投资开始长出铁锈。逃离,而不是固定,主导了人们的情绪。新出现的动态是空间上的,而不是时间上的。一种近乎梦幻般的逃离渴望,一种摆脱古旧固定的工业结构的期盼,是举目可见随处可闻的。在建筑中,它采取了"后现代主义"的形式,在线性、渐进的设计历史发展历程中博采众家之长,淘汰了国际风格的理性直线条。[51] 与此同时,20 世纪 70 年代初最畅销的小说,是理查德·巴赫(Richard Bach)的《海鸥乔纳森》(*Jonathan Livingston Seagull*, 1970),小说故事中,一只热爱飞翔的离群海鸥,渴望着"更高的生活目的"。[52] 在音乐中,彻头彻尾个人主义的后工业时代单飞风格歌曲(flight songs),与老一代的工业时代火车风格歌曲(train songs)展开了竞争,在

第十八章　工业资本危机

后一种音乐类型中，集体注定要去往共同的目的地。乡村音乐的兴起或许反映了美国经济的"南方化"，但在1974年，到处悬挂邦联旗帜的南方摇滚乐队林纳·史金纳（Lynyrd Skynyrd）发行了歌曲《自由鸟》（"Free Bird"），在歌中，一个男人刚刚起飞。[53] "你难道不想展翅高飞，自由鸟！" 20世纪70年代的文化记录下了许多个体对超越旧结构——经济结构也包括在内——的渴望，而在一些地方，经济生活被迫屈服了。

拥有一个世纪历史的东北-中西部制造业带蒙受了巨大损失。最初被称为"雪带"或"霜带"的这一地带，很快变成了"锈带"（rust belt）。[54] 中西部的部分地区所受打击最为严重，最引人注目的便是1977年扬斯顿钢板钢管公司坎贝尔工厂（Campbell Works of Youngstown Sheet and Tube）的倒闭，这里曾经雇用了5000名工人。它是一系列高度吸引眼球的"工厂倒闭事件"中的第一例。工会重新发现，自己在公司的投资决策或如今的撤资决策中根本没有发言权。[55] 小型工业城镇和大型工业城市全都是受害者。在20世纪70年代，芝加哥失去了12%的人口，巴尔的摩为14%，克利夫兰为24%，而圣路易斯则为28%。人们开始行动，前往南方和西部。在同一时期，休斯敦的人口膨胀了24%，圣地亚哥为25%，而菲尼克斯为33%。[56]

并不是每个人都能远走高飞。在北方城市中，黑人的政治权力有所增加，资本投资却在减少。从1970年到1977年，黑人迁出城区的净人数达到了举足轻重的65.3万人，黑人失业率却继续接近白人失业率的两倍。[57] 在这一时刻，北方城市中的黑人被排挤出劳动力大军或学业半途而废的概率高得惊人。到1980年，在芝加哥最大的公共住房项目罗伯特·泰勒家园（Robert Taylor Homes），两万名官方登记入册的居民中，失业率达到令人瞠目结舌的47%。[58] 因为白人种族主义的存在，黑人居民很难搬到更繁荣的郊区和城市

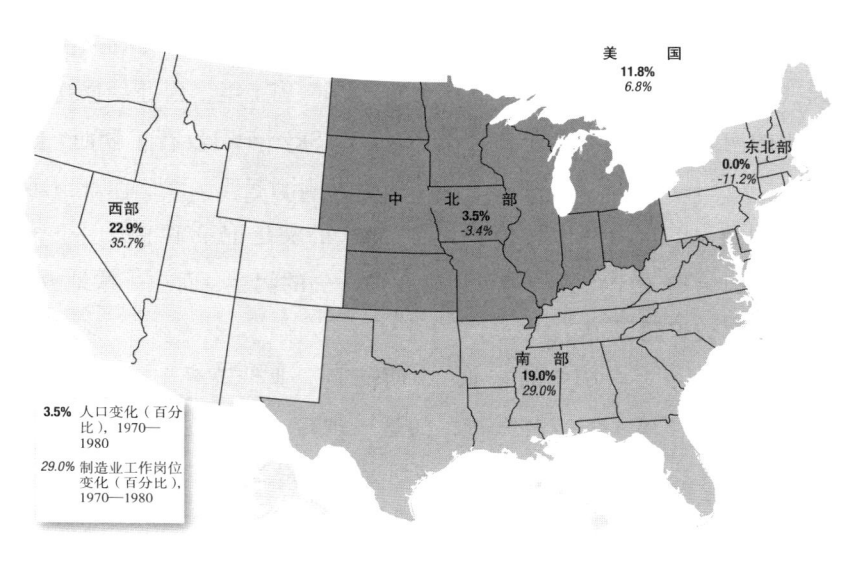

1970—1980 年人口和制造业工作岗位的区域变化

工业资本的危机是拥有百年历史的东北－中西部制造业带所经历的一场危机。人口与制造业都转移到了南方阳光带。

远郊富人区（exurbs）。美国最高法院在涉及某个芝加哥郊区的阿灵顿海茨村诉大都会房屋开发公司（*Village of Arlington Heights v. Metropolitan Housing Development Corp.*，1977）案中裁定，市政当局可以划定某些区块不得建造低收入保障住房。在北方城市中，"贫困陷阱"出现了，而在 20 世纪 70 年代下半叶，后工业时代黑人城区"下层阶级"没工作与没希望现象也出现了。[59] 可以说，20 世纪 70 年代的工业"低迷"，在全球任何其他地方都不像在美国市中心贫民区里这么严重，在这里，从 20 世纪 60 年代便已开始出现的暴力和犯罪活动不断增多并继续恶化。作为回应，黑人城区领导人要求为经济发展和执法提供资源，但前一项请求被尼克松政府断然拒绝了。地方和国家的财政资源越来越多地流入了大规模的监禁拘押。[60]

与此同时，经济活动转移到了南方和西部，1975 年后的阳光带

第十八章　工业资本危机　　721

繁荣便发生在那里。当时,许多公共知识分子都错过了这一转变,因为在后工业时代的阳光带,经济发展态势与工业时代的东北和中西部的昔日情形大为不同。纽约市濒临破产,因为其工业基础和税基均渐趋萎缩。[61] 可不管怎样,大多数纽约知识分子都认为,像休斯敦这样的一个地方居然可以预示着全国的经济未来,简直不可想象。但或者——只不过是一种可能——经济生活在休斯敦的确要更好,正如费城移民道格拉斯·西泽和弗吉尼亚·西泽(Douglas and Virginia Caesar)在 1978 年时对《纽约时报》(*New York Times*)说的。"好太多了。"西泽夫妇补充道。[62] 公平地说,休斯敦的经济模式倒也的确很难自圆其说。

　　休斯敦是一座流动之城。[63] 坐落于地质历史上一度深处海底的沿海泥沼之上,这座城市自 19 世纪 30 年代作为一桩房地产投机而建起之时,便屡遭洪水肆虐。银行家和新政资本家杰西·H. 琼斯是这座城市真正的奠基人,在 1935 年的一场洪水后,琼斯领导下的政府机构投入资源,帮助这座城市防洪减灾。在那时,随着 1901 年在得克萨斯州博蒙特附近的斯宾德尔托普发现石油,休斯敦已经成为许多石油勘探和炼化公司的总部所在地。而在 1900 年一场飓风摧毁了加尔维斯顿岛的港口之后,政府疏通了休斯敦航道,休斯敦遂成为得克萨斯州的主要海港。将芝加哥称为"现代城市发展奇迹"的琼斯预言说,休斯敦将成为下一个芝加哥。[64] 1980 年,休斯敦港接纳的外国船只吨位在美国所有港口中排名第一。[65] 许多芝加哥人移居到了休斯敦,寻找经济机遇。"我的头脑厌倦了风,芝加哥的寒冬,让我力尽计穷。"朋克摇滚歌手伊基·波普(Iggy Pop)在《休斯敦今夜很热》("Houston Is Hot Tonight",1981)中唱道。

　　关于由人类活动引起的气候变化始于何时的问题,科学家争论不休。然而,休斯敦在 20 世纪 70 年代的迅速扩张,毫无疑问代表了一种由人类活动引发的城市经济增长形式。[66]在1975年到1981年间，成簇的炼油厂和石化厂在这座城市工薪阶级居住的东区沿着航道拔地而起，休斯敦的制造业增长率因此高居全美之首。到这一时期结束时，以城市制造业附加值计算，休斯敦排名第四，仅次于芝加哥、底特律和洛杉矶。像哈里伯顿（Halliburton）这样的休斯敦"油田服务"公司，其历史全都可以追溯至20世纪20年代，它们是全球化的，在欧洲、中东和拉丁美洲都开展业务。化石燃料继续占据着美国和世界经济的中心地位，这是休斯敦得以存在的原因，而在20世纪70年代这个高油价时代，也是其经济空前增长的原因。此外，向四面八方扩展出去的休斯敦，其存在同样依赖着汽车，而考虑到这座城市的潮热天气，消耗能源的空调也必不可少。1973年，因为空气污染，美国环境保护局规劝休斯敦人必须将驾车里程减少10%，但休斯敦人拒绝配合。环境保护局让步了。1982年，休斯敦超过环境保护局规定的每日臭氧排放值达181次。[67]在20世纪70年代，随着休斯敦这样建立在汽车和空调基础上的城市继续增长，美国的全国能源消耗量一路攀升。

石油和石化产品是休斯敦制造业的根基。值得注意的是，在科学界确认人类活动导致气候变化的后期，最富有经济活力的美国城市继续是以汽车为安身立命之本的休斯敦——一座以石油这种工业社会的重要化石燃料能源投入为前提的城市。那么，又是什么让这座城市成为一座"后"工业城市呢？部分答案与空间有关。

休斯敦是通过跨空间的快速增长产生收入的，而非借助生产率的逐渐提高。在空间上，有朝一日，它所覆盖的面积将是费城、芝加哥、底特律和巴尔的摩四座城市之和。它的建成环境不断变化，而没有任何城市规划可言。休斯敦大都会区的人口在1980年达到了275万，自1970年以来增长了45%，但人口密度依然只有洛杉矶人口密度的一半。随着其他城区"中心节点"接连涌现出来，其

第十八章　工业资本危机 723

市中心在 20 世纪 70 年代实际上经历了人口流失。城市地理学家将这些新生事物称为"多节点城市""边缘城市""无边缘城市"或"无限城市"。[68] 一个像芝加哥这样的产业城市，划定的商业区、工业区和住宅区均从中央商业区辐射出去，它是不需要向导指路的。对于移民和访客来说，休斯敦可没有这么秩序井然。他没有长期规划。这个城市的平面图是无人作主、难以确定的。在一位移民看来，这座城市"四分之三的地方有时候会给人留下身处城乡接合处的印象"。对于其他人来说，它是"捉摸不定的"，一道"谜题"，一只"变色龙"，"难以准确说明"，"甚至难以感知"。[69]

众所周知，休斯敦没有城市区划管理条例。城市规划委员会不做任何规划；它只是试图保留充分的证据记录，结果还失败了。城市的无序扩张是否最终表现出了一种可资辨别的模式？甚至连市政府都无从得知。房地产开发商决定建筑物的样式和位置。"如果你站在那里发呆，最好小心脚下，因为大楼不是建成的，它们会破土而出。"阿马里洛本地人乔·埃利（Joe Ely）在《想象休斯敦》（"Imagine Houston"，1984）中唱道。[70] 布朗与鲁特商业建筑公司（Brown & Root）是 20 世纪 70 年代休斯敦最大的用人单位，当时，这座城市增加了不少于 6 660 万平方英尺的办公空间。[71] 从小生长于印第安纳州加里市的杰拉尔德·海因斯（Gerald Hines），很快便成为美国最大的私人开发商，他以建成于 1877 年的米兰街廊为模板，以历史再利用的后现代建筑风格建造了休斯敦街廊购物中心（Galleria）。海因斯还是鹏斯大厦（Pennzoil Place，1976）的开发商，由菲利普·约翰逊（Philip Johnson）设计的这座建筑，是最伟大的后现代摩天大楼之一，它和马塔—克拉克的《日之尽头》一样，以雕塑切割为特征——仿佛是为了标出一条划时代的巨大分界线。

文化评论家弗雷德里克·詹姆森（Fredric Jameson）在他关于后现代主义的里程碑式文章中指出，新建筑空间拥有一种能力，它

菲利普·约翰逊，鹏斯大厦（1976年）

约翰逊是这个时代最重要的后现代主义建筑师之一。他在休斯敦设计了许多建筑。从鹏斯大厦的外部观看，这是20世纪70年代雕塑切割的另一种表现形式，只不过切割的对象是作为工业现代主义支柱的摩天大楼。空间上的视觉分割，暗示着休斯敦这座象征性城市中工业和后工业两个时代的分界线。鉴于工业结构要么分崩离析，要么付诸阙如，晕头转向是后工业时代初体验的一个特性。从鹏斯大厦的内景照片中可以看出，这也是20世纪70年代和80年代艺术与建筑的常见主题。

可以超越"个人身体凭借感知实现自我定位、为周遭事物整理排序的能力"。[72] 不管是否迷失方向，如果休斯敦人打算自我定位的话，这个位置很可能是在一座购物中心之中。后工业模式比工业模式更致力于消费主义，在工厂社区阙如的情况下，消费空间变成了社会生活的场所。到1980年，休斯敦已经拥有200家购物中心，所占空间超过了75万平方英尺。[73]

住宅地产和商业地产——而不是工业——成了这座城市真正的经济引擎。休斯敦在1975年到1980年间的新建住宅开工率居全国之首。[74] 此外，得克萨斯州是一个支持劳工就业权（right-to-work）

的州,休斯敦的制造业并未工会化。直到 1981 年前,美国劳工联合会-产业工会联合会甚至不曾尝试在这里推动组建工会(而 1981 年那次也失败了)。[75] 这里的制造业也是高度自动化的,意味着雇佣工人占总人口的比例低于其他工业城市的制造业部门。[76] 这导致了该城经济生活的另一个令人晕头转向的特征:与以往的工业经济相比,男性赚钱养家的高薪并非休斯敦经济的支柱。开全国风气之先,休斯敦的女性劳动参与率在收入与财富分配层级的中低端非常高——正是出于这个原因,即便男性实际劳动报酬停滞不前,以家庭收入水平衡量,这里的收入不平等状况在 20 世纪 70 年代实际上有所下降。

一种后工业时代的正反馈循环出现在劳动力市场中。男性工资水平的滑落,或是离婚,或是这二者兼具,导致了更多的女性进入劳动大军,而这随即催生了对某些劳动的更大的市场需求。传统上,这些劳动都是由不领取薪酬的家庭主妇从事的,比如食品制作、照顾孩童或清洁打扫。家庭与工作,赚钱养家与操持家务,于是汇合在了一起。充满活力的"服务行业"与房地产业同步发展,构成了一个既包括石油勘探"服务业"与房地产投机和建造,也包括汉堡店和医疗保健机构的经济体。这个城市的大型医疗中心,是它的另一个城市"中心节点"。

休斯敦城市经济的以下特征,都是即将到来的那个资本主义时代的重大预兆。从工业角度看,其城市经济几乎没有结构可言。随着这座城市以迅不及察的速度转换着空间,新的收入并非来自加入工会的男性赚钱养家者薪资的不断提高,而越来越多地来自房地产升值。商业地产和住宅地产的中心地位,意味着更高的债务水平,而这是以抵押贷款的形式表现出来的。

不平等程度同样很高。这是因为,如果创收的必胜秘诀是财产所有权而不是劳动收入的话,富人总是会在这场博弈中占得先机,因为就定义而言，他们拥有大多数的财产。休斯敦兼具经济机遇和经济不平等；在劳动力市场中，服务经济的高薪区和低薪区同步扩张，无论这些人是处于收入分配顶层、赚得盆满钵满的房地产开发商、公司律师和医生，还是位于收入分配底层、历史上主要由女性从事的护士、保姆和快餐店员工。最终，服务业这个经济体中生产率向来处于低水平的行业变得日益重要这件事，解释了20世纪70年代生产率增长趋势令人失望的主要原因，而这是导致通货膨胀的原因之一。

休斯敦的最后一个特质同样值得一提：它生来便是一个"私有化"的城市。为了吸引创业者，它的税率一直很低。反过来，诸如公园和公共空间、政府资助和管理的福利或公共住房等市政公共服务也就十分稀缺。零售业和服务业场所——步行式购物中心、沿街式购物中心、餐馆和医院——替代了公共和民用空间。纽约市为维持福利服务而发行的市政债，已经成了垃圾债，而信用评级为 AAA 的休斯敦，却几乎很少发债。公与私之间的界限模糊了，而且二者发生了互换。联邦资源——杰西·H. 琼斯的慷慨馈赠和1963年林登·B. 约翰逊引入的国家航空航天局载人航天器中心——一度对休斯敦的发展至关重要。联邦住房管理局的政府信贷补贴会一直在住宅抵押贷款市场上扮演重要角色。但是，休斯敦变成了一个自成一格的"自由企业城市"。[77]事实上，因为污水处理系统无力满足需求，这座城市不得不在1973年暂停房地产开发。但很快，它便通过组合与吸收"特区"（special districts）债的方法再度开始四面扩张。通过这些特区债，房地产开发商把道路、污水处理系统和电力设施的成本转嫁了出去。[78]况且，许多公用事业原本也都是私有或半私有的。休斯敦的市政服务薄弱，贫困人口高度集中，尤其是在黑人和墨西哥裔美国人聚居的地方。但与芝加哥这样的城市相比，它的"贫困陷阱"较少，因为从经济上来说，民权运动后的南方变成了

第十八章 工业资本危机　　　　　　　　　　　　　　　　　　　727

一个对黑人而言好过北方的地方。[79] 黑人移居到休斯敦和亚特兰大这样的城市。对于穷人，由宗教非营利性组织发放的私人性质的慈善捐赠，取代了公共福利。非营利性的中介机构还可以向营利性的公共住房开发商出售"税收抵免额度"。财政三角的根基被侵蚀了，结构已荡然无存。实际上，休斯敦从来不曾拥有一个财政三角——这座城市中的政府基础设施薄弱，因为它根本不存在。

如此一来，在休斯敦便诞生了一种新的政治经济学，它是被败坏（corruption）定义的——这种败坏并非徇私枉法意义上的腐败，而在于各种机构与身份的权责利边界模糊不清，经常交叉错位集于一身。本应为公共公有的，不是被私有化了，便是从来都和"公"字不沾边。像购物中心这样的私人空间，不得不被用作公共空间。女性涌入职场，而家庭则变成了新的有偿劳动的工作场所。营利性和非营利性组织的界线消失了，与政府混为一体。这一切都让人晕头转向。一开始的时候，许多经历了这些变化的人，体验到的是不确定性和缺乏方向。这座城市没有蓝图，没有长期规划。休斯敦是一座流动之城，因为它坐落于湿地之上，经常被洪水淹没，但也因为它的重要经济前提是石油。它的发展模式神秘地体现了投机性流动性偏好的一些主题特征：充满能量的躁动不安，一度看似毫不相关的事物却可以相互转换，一切都可待价而沽、随行就市，忙于眼前而无心顾及长远。

尽管如此，在长达一个世纪的时间中一直作为工业经济生活和美国政治经济支柱的男性赚钱养家—女性操持家务式家庭，其经济地位衰落的重要意义却胜过了其他一切。随着平均男性实际工资一直保持在同一水平，男性劳动参与率下降了。到 1976 年，在有关性别歧视的投诉继续在公平就业机会委员会堆积成山的同时，超过 50% 的家有学龄儿童的已婚女性已经身处职场之中。[80] 但在这个十年的开端，用历史学家艾莉森·莱夫科维茨（Alison Lefkovitz）

的话说,"妻子对她们的丈夫负有从事各类家庭劳动的义务,其中包括照顾孩子、操持家务、打点家族生意以及各种形式的装修改造"。[81] 从法律上,女性有权对那些不能或不愿在经济上提供支持的丈夫提出离婚。假如男性工资不再足以供养全家,法律规定的婚姻制度注定会变得不合时宜。许多男性加入了政治鼓动团体,要求国家立法机构免除他们赚钱养家的义务。1970 年,得克萨斯州是第一批通过无过错离婚立法的州之一,在这十年期间,通过法律减少男性在经济上供养妻子之法定义务的州不下 45 个。1975 年,得克萨斯州成为美国第 9 个通过"家庭妇女权益"法的州,规定离婚女性有权获得财产以补偿其以往的家务劳动。[82] 鲁思·巴德·金斯伯格(Ruth Bader Ginsburg)在美国最高法院审理的温伯格诉维森菲尔德(*Weinberger v. Wiesenfeld*, 1975)一案中成功地提供了辩护,确保鳏夫也能得到社会保障遗属津贴,从而将性别中立原则向前推进了一步。男性工资不再是决定经济和法律权利的关键,这是一个划时代的事件。但是,到底什么将会取代男性赚钱养家-女性操持家务式的家庭,是不确定的。在政治上,这些问题都在休斯敦集中爆发了。

1977 年 11 月,受到 1975 年联合国国际妇女年墨西哥城大会的启发,由国会出资举办的全国妇女大会(National Women's Conference)在休斯敦召开。[83] 由州一级议会指派的 2000 名代表来到该城,为一项名为"女性要什么"(What Women Want)的行动计划表决投票。在休斯敦,女性主义者摆出了决斗的架势,要与日益发展壮大的主张传统家庭价值观的保守主义一决高下。

会议的主要议题,是《平等权利修正案》(Equal Rights Amendment,简称 ERA)的宪法地位。这个自由派女性主义者长久以来的目标,终于在 1971 年和 1972 年先后在众议院和参议院获得通过。该项修正案宣告:"依法拥有的平等权利,不应被美利坚

第十八章 工业资本危机

合众国政府或任何一个州以性别为由予以否定或剥夺。"休斯敦会议的与会代表投票对《平等权利修正案》和另外25项决议表示赞成，其中就包括了呼吁结束工作场所和信贷提供中的性别歧视的决议。另一项措施要求政府为劳动力市场中"失去生活来源的家庭妇女"（displaced homemakers）提供支持。对离婚时保障"家庭妇女权益"（homemaker entitlement）的诉求出现了。一项决议要求"基于婚姻是一种伙伴关系的原则"进行婚姻改革，在这种伙伴关系中，"配偶的任何一方所做出的贡献都具有同等重要性和价值"。[84]

与此同时，整个城市中的各种反对《平等权利修正案》的保守主义团体，组织了一场宣扬传统家庭价值观的抵制大会，以此表示对这次会议的抗议。工业时代男性赚钱养家、女性操持家务的家庭模式或许已经摇摇欲坠，但无论如何，家庭与住宅都在变得日益重要。休斯敦或许拥有阳光带中最高的离婚率，但它也拥有最高的结婚率和再婚率。[85] 随着资产价格升值取代了从工业资本耗尽或贬值中得到的劳动收入，在这个新时代，住宅所有权的经济意义比以往更重大了。住宅这个在工业时代一般认定为处于经济范畴之外的领域，将会背负起越来越大的经济投资使命。与此同时，因为休斯敦的无序扩张，以及这座城市的崭新程度，许多机构——工会、家长教师联谊组织以及慈善互助会（Elks Clubs）——要么根本不存在，要么正在建设中，要么力量薄弱。于是，家变成了主张传统家庭价值观的狂热活动分子菲莉丝·施拉夫利（Phyllis Schlafly）期望中的"社会基本单位"，甚至还更过于此。[86] 从撰写《性自杀》（*Sexual Suicide*，1973）的乔治·吉尔德（George Gilder），到《资本主义文化矛盾》（*The Cultural Contradictions of Capitalism*，1976）的作者丹尼尔·贝尔，知名的保守派知识分子提出疑问：让男人摆脱家庭的束缚，对社会而言是不是一个好主意？[87] 然而，在实际情况下，在休斯敦这样的一座城市中，生活性质便决定了对"家庭价值观"的全新需求。最后,休斯敦城市中的基本社会单位即便不是家庭或购物中心,也是福音派基督教会。[88] 得克萨斯州的立法机构已经于 1972 年签署认可了《平等权利修正案》。1977 年休斯敦抵制大会的主要组织者,是洛蒂·贝丝·霍布斯(Lottie Beth Hobbs),她是得克萨斯基督教会的成员,也是反《平等权利修正案》组织"想要当女人的女人"(Women Who Want to Be Women)的创始者。正是霍布斯将施拉夫利带到了休斯敦。

施拉夫利日后会把 1977 年的休斯敦全国妇女大会和抵制大会称作一个转折点,在这一时刻,"《平等权利修正案》的支持者、堕胎权的鼓吹者以及女同性恋们决定为了他们的共同目标一致前进"。[89] 堕胎是施拉夫利试图挑起对方内部不和的关键问题。但是,这次全国妇女大会最戏剧性的时刻,却是对一项议案的广泛支持。由一个少数派核心小组起草的这份议案,包括了一项关于女同性恋享有"平等权利"的要求。到 1977 年,同性恋已经成为一个极有争议的全国性政治问题。同一年,詹姆斯·多布森(James Dobson)成立了"关注家庭"(Focus on the Family)组织,他和施拉夫利以及其他基督教保守主义者组织起一场声势浩大的社会运动,推动共和党接受反女性主义。[90] 接下来在休斯敦举行的一次具有决定意义的集会,是 1979 年的美南浸信会大会(Southern Baptist Convention)。在这次所谓的休斯敦会议上,政治上持保守主义的基要主义者控制了这个教派。[91]

国会继续零星地通过立法,禁止经济生活中的性别歧视,但在 1980 年传统家庭价值观鼓吹者的施压下,共和党将从其全国性施政纲领中移除对《平等权利修正案》的支持。在 1977 年休斯敦妇女大会后,再没有其他州签署认可《平等权利修正案》,而直至今日,这一修正案也未能成为宪法修正案。[92]

3. 自由主义的黄昏

新右派来自阳光带。在本书撰写之时，作为林登·B. 约翰逊的故乡，得克萨斯州最后一次在总统选举中将选票投给民主党人还是在 1976 年，当时，它支持了佐治亚州州长吉米·卡特。水门事件后，民主党保住了对国会两院的控制权。在控制时代的这最后一次通胀扩张期间掌权的自由主义，彻底失去了政治主动权。然而，精疲力尽的自由主义依然积蓄起最后的能量，然后一头扎进了自己的坟墓。到底发生了什么？

显而易见的答案是通货膨胀。在 1979 年，通货膨胀率令人不安地攀升至两位数。尽管在这个世纪中发生了多次转变，自由主义毕竟诞生于 20 世纪 30 年代，目的是应对大萧条这一通货紧缩事件。它一直试图支撑大宗商品价格、工业利润和男性赚钱养家者的高薪收入，这些都表明它存在着一种亲通货膨胀的倾向。如今，导致通货膨胀的原因正在复杂化。生产率的增长率自 1973 年以来一直保持在低位（若非如此，失业率很可能会更高）。经济增长依然存在地域差异，浪费了许多未经开发的经济潜力。在货币政策方面，美联储名义上的短期利率在 1977 年之前一直不足 5%，低于通货膨胀率，故无法抗衡通货膨胀。1978 年出现了另一场石油冲击。更大的问题还在于，为什么联邦政府竟然对此无计可施？为什么它未能审慎地采取行动，打破大众对通货膨胀的心理预期？失败的不仅仅是自由主义，民主政治的合法性也受到了沉重打击。

卡特是以一个政治局外人的身份当选总统的。与理查德·尼克松截然不同的他，是一名南方福音派基督徒，而且从各方面来看都是一个品行正直的人。但是，这个国家的问题已经根深蒂固，难以靠总统的个人道德来纠正——那些问题本质上是制度性的。[93] 卡特试图用道德主义弥补自由主义在政治经济想象力方面的严重匮乏,但他的"反传统政治"(antipolitics)不足以完成当下的这一使命。[94]

民主党内不同的观点思潮与利益集团并没有合力形成有效的经济政策制定行为。好讼的自由派律师发起集体诉讼,以扩大基于抗辩权的权利主张,但这没有解决滞胀问题。对社区行动计划的善意支持——比如许多"草根民众"对工厂倒闭的回应——也是如此。新左派对"监管徇私"(regulatory capture)的批评,重新激发起了人们对反托拉斯项目的兴趣,但这并没能顺利推进。领导层日益僵化保守的劳工运动,与国会中的自由派渐行渐远。一项让人联想起罗斯福新政发展起源的自由主义宏伟倡议出现了。1974 年,参议员休伯特·汉弗莱(Hubert Humphrey)和众议员奥古斯塔斯·霍金斯(Augustus Hawkins)提出了保障所有公民工作权利的《汉弗莱-霍金斯充分就业法案》(Humphrey-Hawkins Full Employment Act)。它根本没机会在国会获得通过。无论是在竞选过程中,还是在总统任期内,卡特对这项法案都只是口惠而实不至。他在 1978 年签署了其中一版,象征性地呼吁实现全面就业,但其中并未包含任何据以实现该目标的条款。自由主义在 1978 年所缺乏的,是它从第二次世界大战起便一直缺乏的:一种不仅可以管控投资数量,还能管控投资地点和组合方式的制度机制。

在卡特的总统任职期间,民主党面对着一个更强大、更齐心的对手。如果说 1978 年是支持传统家庭价值观社会运动积蓄力量的关键性一年的话,这对重新恢复活力的"亲商业游说集团"来说亦是如此。无利可图的繁荣定义了 1975 年后的宏观经济扩张,因为许多公司管理者试图以投资摆脱困境。但是,至少有一部分资本所有者意识到了正在发生的改变。随着生产力趋势的下降,以及保护消费者权益和环境的"社会性管制"进一步侵蚀利润率,他们寄希望于国会通过法律,帮助他们恢复利润。150 家美国大公司的高管于1972年成立了商业圆桌会议，它成为一个全新的激进的"高峰"商业游说集团。[95] 政治上十分活跃的杜邦公司首席执行官欧文·夏皮罗（Irving Shapiro）指出，近来的企业高管日益"亲自参与政府的职能过程"，因为对这个过程的了解变得"与知道如何制造某种产品一样重要"。[96] 尤其是许多资本家认为，工会在争取提高货币工资上的持续施压——即便"实际"薪酬一直保持不变——也是导致通货膨胀的重要原因。如今，许多公司认定，生产率增长放缓的压力应当被转嫁到劳动收入而非资本收益头上。这意味着对集体谈判合法性的正面袭击。

这种公司的商业反击在1978年屡次取得成功，内中原因不足为奇。在20世纪70年代，华盛顿的公司游说者人数激增。1975年，联邦选举委员会认可了公司的政治行动委员会（又称PACs）。1976年，美国最高法院在巴克利诉瓦莱奥（*Buckley v. Valeo*）一案中裁定，政治捐献是受宪法保护的言论自由。在1976年的选举中，通过政治行动委员会筹集的公司开支超出了工会的选举开支。[97] 创建消费者保护局（Consumer Protection Agency）长久以来都是拉尔夫·纳德领导的公共利益研究组（Public Interest Research Group）运动的一个梦想，1978年，在商业游说的助势下，这一计划无疾而终。此外，商业游说还扼杀了一项允许"全工地遍设纠察线总罢工"（common-situs picketing）的法案，民主党掌控下的国会连续两次通过了这项法案，却并未能战胜福特总统的否决。这次失败极具象征意义——"全工地遍设纠察线总罢工"法案本来是意在为一系列劳工改革立法奠定基础的，此时它们都成了纸上谈兵。1978年，当商业游说团体抱怨税收抑制了私人资本形成时，作为回应，国会将资本利得税从35%降到了28%，并永久性地为投资给出10%的税收抵免。1980年，游说者和其他受私人企业雇用、对华盛顿的政策制定施加影响的专业人士的人数，超过了联邦政府雇员的人数。一个民主党掌控下的国会，以及一位入主白宫的民主党总统，不再能够通过任何"社会性监管规章"或对工会友好的劳动法规。相反，它却通过了减税方案。

这种"向右转"不仅体现在政策细节上，也体现在思想潮流中。20世纪70年代后期，几年前还对商业颇多负面评价的公共舆论调查，开始转为替商业说好话。宣扬这些理念的是由501(c)(3)项下非营利性组织、501(c)(4)项下非营利性组织和政治行动委员会结成的新保守派联盟，比如成立于1973年的传统基金会（Heritage Foundation），成立于1977年的加图研究所（Cato Institute），以及1953年成立的约翰·奥林基金会（John Olin Foundation）。领导约翰·奥林基金会的威廉·西蒙（William Simon）曾在尼克松和福特政府中担任财政部部长，他还是1978年出版的畅销书《真相时刻》(Time for Truth)的作者。他认为，事实的真相就是资本必须从各种税种中解放出来。奥林基金会开始赞助从事"自由企业"（free enterprise）研究的教授讲席。自由主义者喜欢抱怨右翼金钱势力的邪恶影响，但公平地说，以自由主义为理念的福特基金会也曾对战后的高等教育慷慨解囊。[98]不同只在于意识形态上的差别而已。

不管怎样，卡特政府事实上对新的"亲市场"理念持开放态度。和许多州长一样，卡特是个财政温和派。他还来自对"自由企业"态度友好的南方阳光带。在竞选过程中，他承诺过平衡联邦预算。用卡特政府经济顾问委员会主席查尔斯·舒尔茨（Charles Schultze）的话来讲，卡特只不过是一个"不情愿的凯恩斯主义者"。舒尔茨曾经在林登·B.约翰逊执政时掌管预算局，他的宏观经济学中包含了诱导投资的减税政策。在舒尔茨的建议下，卡特一就任便通过了一项旨在刺激投资的减税方案，一次"肯尼迪重现"（Kennedy rerun）。[99]值得注意的是，舒尔茨领导下的经济顾问委员会对微观经济政策要比对宏观经济政策更兴奋。舒尔茨刚刚完成了一本关

第十八章 工业资本危机

于监管调控的书，建议"将市场纪律注入监管政策"。[100] 舒尔茨的这本《私人利益的公共用途》(The Public Use of Private Interest, 1977) 指出：

> 市场中的各种关系，都是基于一致同意而做出安排的。在买进卖出的交易中与彼此打交道时，个人可以在互惠互利的基础上自主行动。借助通往自由社会的替代方案——多数主义民主政治——来组织大规模的社会活动，必然意味着一些不赞成某个具体决定的少数派的存在。[101]

卡特读了这本书，而且非常喜欢。他也认为，自己领导下的政府应当推动的不是宏观经济发展，而是监管改革，这将为宏观经济关系重新带来更高效的市场动力。

对于滞胀这一消化不良的痼疾，"市场"是被开出的一剂良方。在一个制度瘫痪的时代，或许，市场才是真正的万灵药。卡特就任总统的 1976 年，也是诺贝尔经济学奖（于 1969 年首次颁出）被颁授给芝加哥大学经济学家米尔顿·弗里德曼的同一年。[102] 舒尔茨提倡的那种市场为一种"基于一致同意而做出安排的"形式的观点，与弗里德曼多年倡导的那种"多数主义民主政治"相比，与自由的相容程度是更高的。

弗里德曼长期以来一直是凯恩斯主义宏观经济政策的批评者。辛苦深耕数十年之后，他终于迎来了自己的时刻。从理论角度来说，他的计划是复兴"货币数量论"（quantity theory of money），或是他所形容的那种认为通货膨胀"不论何时何地始终是一种货币现象"、是一个更多货币逐买同等数量商品的问题的理念。[103] 弗里德曼将其称为"货币主义"（monetarism）。他利用自己的诺贝尔奖获奖演说，对"菲利普斯曲线"（Phillips curve）大加抨击，后者认为通货膨胀与失业率之间存在着一种平滑的交替关系,政府可以在令人担忧的通货膨胀出现前花钱买就业。弗里德曼说,存在着某种"自然失业率"。[104] 它是"自然"的,是因为包括劳动力市场在内的各种市场可以独立于货币有效运作。货币是"中性"的,也应当一直保持中性。假如政府愿意在任何时间、任何地点都确保货币供应的稳定、可预测增长——弗里德曼认为3%到5%是可取的幅度——市场本身即可确保效率、公正与所有可用稀缺资源的最大化利用。供应创造了自身需求;经济体不可能受到需求限制的负面影响。20世纪70年代,菲利普斯曲线因为滞胀而不再平滑,呈现为锯齿状,弗里德曼便于此时宣称,自己的经济学专业性得到了验证。[105]

到这时,弗里德曼已经充分显示出作为一名口若悬河的自由放任主义发言人的天分,这胜过了他作为从事学术研究的经济学家的身份。[106] 一有机会,他便对"市场"的各种益处大唱赞歌。广受欢迎的《资本主义与自由》(*Capitalism and Freedom*,1962)一书为资本主义这个词在政治右派那里收复失地做出了贡献。[107] 他还会继续论证,从政治意义上讲,以合意和借助商业交换彼此获益为前提的市场,要比以法律强制力为前提的国家更具合法性。这意味着任何国家,其中也包括民主国家。弗里德曼对民主政治持怀疑态度,认为这或许会让国家过度迎合大众需求,导致税收增加、开支扩大、黑人领取福利者人数增多、家庭弱化和通货膨胀。

迄今为止,弗里德曼是影响巨大的芝加哥经济学派中最重意识形态的一个成员,但他并不是唯一一个。在他那一代人中,乔治·施蒂格勒(George Stigler)专注于对监管的研究,向"公用事业"和"自然垄断"的自由主义理念发起了攻击。[108] 法律与经济学运动诞生于芝加哥。这场运动中最具影响力(但也最经常被错误解读)的成员,是1964年来到芝加哥大学法学院的英国经济学家罗纳德·科斯(Ronald Coase)。具有象征意义的是,任教于法学院的理查德·波斯纳（Richard Posner）在《法律的经济分析》（*Economic Analysis of Law*，1973）中声称，"经济学家的效率观念"是现成的"正义"代表。[109]法学院教授罗伯特·H. 博克（Robert H. Bork）表示，"指导反托拉斯法解释的目标只应是消费者的福利"，而最能满足这一目标的途径，便是借助不受政府监管的对商品的有效市场配置。消费品的低价格才是衡量反托拉斯法是否适用的唯一标准，而不是普通市场结构或企业进入壁垒。此外，市场竞争将会一直扫平任何值得扫平的壁垒。[110]在弗里德曼之后的那一代人中，尤金·法马（Eugene Fama）帮助了"有效市场假说"在金融领域中的扩散，该假说认为，资产价格有效地涵盖了各种可能的信息。[111]加里·贝克尔（Gary Becker）的《人类行为的经济分析》（*The Economic Approach to Human Behavior*，1976）关注包括家庭行为在内的各种行为。[112]贝克尔阐明了一个经济观点，那就是无论是否自知，人类都拥有"人力资本"这一资本形式。该理念认为，倘若劳动力本身便是一种资本形式的话，资本与劳动力之间又怎么会存在分配冲突呢？彼此冲突的群体，变成了一致同意的个体。[113]

最后，在宏观经济学领域，罗伯特·卢卡斯（Robert Lucas）帮助创立了"理性预期"学派。与弗里德曼不同，卢卡斯并不是一个空想理论家。对战后凯恩斯主义宏观经济学——虽然这种逐渐发展成形的宏观政治经济学与凯恩斯本人所阐述的理论大相径庭——的"卢卡斯批判"是毁灭性的。凯恩斯主义者在构建宏观经济模型和政策时，并没有过多考虑到，个体本身也会留意这些宏观经济模型和政策。卢卡斯指出，个体会根据政府以往行为和预期举措的可能后果做出选择。政府无法在算计上比他们更胜一筹。例如，如果政府降低利率，由于货币宽松，个体便会做出通货膨胀的预期，于是利率便会上升。[114]如此这般地进行了多种演绎推论之后，卢卡斯得出结论，所有宏观经济学都需要个体决策的"微观基础"。事实上，宏观不过是基于市场的微观经济学的一个可选版本而已。考虑到这种反馈循环，它实际上反而令有效的、随机应变的政策制定受到牵制掣肘。[115]

芝加哥学派产生出了一大批形式上十分复杂、数学上极其严谨的经济思想。然而，在政治上，其论证要点往往是简单幼稚的。抽象意义上的市场是高效且公正的——这恰好与商业圆桌会议的首席执行官们的观点不谋而合，只不过，他们是靠直觉知道这一点，而非借助任何数学模型。这种简单性和确定性，在凯恩斯主义宏观经济学处于被卢卡斯形容为"全面混乱"的时刻，的确有很大的优势。[116] 在阿瑟·奥肯去世后出版的《价格与数量》(Prices and Quantities, 1981)，是凯恩斯主义者试图为应对滞胀而设计政策的最伟大尝试。[117] 这本书的篇幅近400页——内容错综复杂，辞藻精致华丽，很难向一个二十出头的国会小职员总结概述。与之相反，在现实中的一切都因为长期工业结构的烟消云散而变得如此不确定的时候，假设在某个人的经济模型之中，个体对未来的知识是全然理性和确定的，完全由一整套数学概率构成，那是多么简单、多么让人心安的一件事。各种制度可以被撂在一边，不管它们是什么样的，卢卡斯都建议以不变的政策"规则"应万变，不受民主政治和总统经济顾问的影响。[118] 这样一来，每个人——政治家和国会小职员一视同仁——都可以退后一步，静观市场协调宏观经济。卢卡斯的一派支持者宣称,这种"真正"的商业周期将是相当平和的事件。国家干预只会自取其辱，因为作为理性主体的个人会把这些干预措施纳入考虑范围，世界上除个人选择和数学上严谨的逻辑精确性之外再无别物。这种对精简到底的个人选择的强调，使得后来被命名为"新自由主义意识形态"的20世纪70年代经济学思想，徒然成为一种"以自我为中心的十年"的经济学。[119]

然而，在政策制定方面，实在不能太相信芝加哥学派的经济学家。[120] 市场"不仅将借助强制力组织社会的必要性减到了最少；它们还减少了对同情心、爱国主义、兄弟情谊和文化团结作为社会运动背后之推动力量的需要"。这番话可不是弗里德曼说的，而是担任总统经济顾问委员会主席的查尔斯·舒尔茨在《私人利益的公共用途》一书中所说的。[121] 当民主政治无能为力的时候，让市场整顿纪律，让市场做那些国家不应该做的事。

卡特政府推荐的针对滞胀的经济疗法是市场"解除管制"。康奈尔大学经济学教授、自由主义者阿尔弗雷德·卡恩（Alfred Kahn）被任命为民用航空委员会（Civil Aeronautics Board）主席，负责监督参议员爱德华·肯尼迪（Edward Kennedy）提案通过的1978年《空运管制解除法》（Airline Deregulation Act of 1978），该法案废除了航空价格管制。1978年后，他打趣说，解除管制法案"正在以各种名义——反通胀、节约能源、增强竞争力、监管改革和自由企业——被提出来。至于那些美国核心价值观（Motherhood and apple pie），自有别的立法去管"。[122]

在过去的几十年中，一些考虑不周的罗斯福新政价格监管法规当然还都存在于纸面上。例如，为了保护消费者免受垄断之苦而对天然气实施的限价措施，实际上导致了供应短缺，从而制造了提价压力。解除管制的1978年《天然气政策法》（Natural Gas Policy Act of 1978），一开始的时候取得了胜利。但如今的趋势并不是起草更好的市场监管法规；甚至在自由主义者中，也普遍认为市场监管已经一败涂地。当卡特于1979年向国会提议通过立法解除卡车运输管制时，他主张"增加对竞争性市场的依赖"。他签署了一项行政命令，要求所有联邦机构停止"给经济、个人、公共或私人组织、国家和地方政府增加不必要的负担"。[123] 1980年的《斯塔格斯铁路法》（Staggers Rail Act of 1980）解除了对铁路运费定价的管制，一个世纪前，"公用事业"费率监管正是在这个行业中诞生的。州际商务委员会勉力支撑到了 1995 年。1935 年的《公用事业控股公司法》被一点点削弱，最终于 2005 年彻底废止。银行业的解除管制移除了一直阻挡资产流动性转换的监管墙。1980 年的《存款机构解除管制与货币控制法》(Depository Institutions Deregulation and Monetary Control Act of 1980)分阶段废除了"监管 Q 条款"设定的存款利率上限。

根据一种预估数据，1977 年，这个国家国民生产总值的 17% 受到某种形式的价格监管。到 1988 年时，该数字下降到了 6.6%。[124] 但是，罗纳德·里根政府将完成由卡特开头的这项工作。忘掉那些发展政策吧——自由主义者如今已经把监管政策一扫而光。

在经济政策领域，曾经是一名佐治亚州花生农场场主的卡特，对市场、公司和个人尺度上的微观经济学得心应手。国家宏观经济并不是他最喜欢的尺度，地区或城市的宏观经济亦然。卡特政府对于 1977 年和 1978 年俄亥俄州及宾夕法尼亚州的钢铁厂倒闭潮一言不发。[125] 卡特最钟爱的话题是外交政策，在这方面，他力求在一个"全球相互依存"程度更高的时代实现他口中的新"世界秩序"。他支持新的跨国人权政治，在其中，个体的神圣不可侵犯再度与国家形成对照。[126] 但是，卡特对全球大局的关注，导致在其总统任期中，仅推出了一项全新的宏观经济倡议行动，即与其他国家联手，尝试推行"国际凯恩斯主义"。而让此项倡议行动徒劳无功的，是另一个超然于民族国家之外的、对国家主权的限制条件：不是人权，而是全球流动资本的短期投机运作。

这项倡议行动被称为"火车头战略"(locomotive strategy)，它由七国集团(Group of Seven，简称 G7)共同议定。1976 年，这七个国家开始在多场秘而不宣的峰会中会晤。通货膨胀在各个地方都是个问题。然而，与法国、意大利、加拿大和英国的经济相比，美国、日本和联邦德国的经济增长速度最快。所谓的火车头战略，便是由美国、联邦德国和日本刺激各自的国民经济。然后，它们的需求合在一起又会刺激相对较弱的那些经济体，而后者将着重关注平抑价格和提高竞争力，从而把商品卖入美国、联邦德国和日本市场。问题在于，联邦德国和日本的经济本身就是出口驱动型的，依赖于美国的消费需求。火车头战略要求德国人和日本人刺激国内需求，而他们并没有这样做的习惯。

尽管如此，1978年，七国集团还是在德国波恩达成了一项协议。卡特同意取消美国对国内石油价格的补贴，因为七国集团的各成员国认为，美国的高能耗是导致全球通货膨胀的驱动因素。联邦德国和日本同意刺激本国经济，而这将有助于缩小日益扩大的美国贸易逆差，为国际货币市场上的美元价值提供支撑。余下几国同意压低价格，在以美国、联邦德国和日本的国内需求为主导的火车头拉动下共同前进。[127]

国际凯恩斯主义本来是可以奏效的。但是，对它的第一记重击，便是伊朗革命发生后出现的这个十年中的第二次石油冲击。因为全球石油销售以美元计价，担心美元贬值的石油输出国组织不管不顾地提高了油价，但是在1979年翻倍的油价加快了既有的通胀宏观经济动态，令其达到足以造成政治灾难的高度。卡特政府已经做出了削减石油补贴的承诺，除了不具强制性、被公然无视的工资和价格指导方针之外，再拿不出其他有效的策略。[128]石油冲击占据了媒体头条。美国人在加油站排起了长队，偶尔还会发生暴乱。[129]

但给了国际凯恩斯主义致命一击的，是全球货币投机商。到这时，资本——以其最原始、最具流动性的货币形式——已经汇集在伦敦欧洲美元市场长达数十年。在两次石油冲击中，产油国从海外销售中赚取的"石油美元"，已经变成了监管松散的伦敦欧洲市场中的美元存款。它们并没有自然而然地"流"向可能对增长贡献最大的地方。它们被囤积在伦敦的银行中，而不是被花掉，这便增加了需求。又或者，它们成了短期投机的基础，而这并不总是有助于对企业的长期投资。伴随着汇率浮动和资本管制的解除，跨境热钱流动总量顿时暴涨。

根据历史学家丹尼尔·萨金特（Daniel Sargent）的研究，在美国，"超过 5 000 亿美元的美元计价资产现在为外国人所拥有，金融的相互依存性定义了国内政策选择的范围"。[130] 在结束布雷顿森林体系这件事上，尼克松所寻求的是一条捷径，希望借此重回美国在第二次世界大战后的霸主地位。相反，结果却是退回到了一个更早的、似乎以大萧条告终的时刻。全球流动性偏好和国际资本移动性再一次成为国民经济政策制定的限制条件。在资本逃离美元，导致后者暴跌之前，火车头战略甚至还未生效。卡特对此视而不见：他宣布了一项新的预算平衡、财政收紧和货币紧缩政策，他还拉来了七国集团作为帮手。当 1979 年 5 月七国集团在东京开会时，会议联合公报承诺"采取紧缩的货币措施和紧缩且审慎的财政措施"。东京七国集团联合公报宣布，应对通货膨胀是"当前的首要任务"。[131] 自 20 世纪 30 年代以来，经济政策制定第一次迎来了紧缩政策的回归。

当卡特从东京回到华盛顿时，他的支持率跌到了 20% 上下，已经和尼克松在水门事件时的支持率相去不远。在紧缩政策之外，卡特也祭出了道德劝诫。民意调查数据记录了普遍的"长期悲观情绪"和全国性的"精神危机"。7 月，总统前往戴维营，与政客、部长和学者一道进行为期一周的反思与磋商，其中甚至还有畅销书《自恋主义文化：心理危机时代的美国生活》（*The Culture of Narcissism: American Life in an Age of Diminishing Expectations*，1979）的作者、历史学家克里斯托弗·拉什（Christopher Lasch）。[132] 卡特问拉什，他应当做些什么。"我不知道。"这位恪守职业本分的历史学家说道。在戴维营，副总统沃尔特·蒙代尔（Walter

Mondale）几乎精神崩溃。卡特在便笺上写道："伟大社会的好日子已经结束了。这个国家的各种问题已经无法用大规模支出计划、公共工程以及此类办法加以解决。"[133]

返回白宫后，卡特就"信心危机"问题发表了全国电视讲话。"穷尽世上一切立法行为，都无法解决美国的问题……我们对未来的信心日渐削弱，而这可能会摧毁美国的社会和政治结构。"卡特哀叹道，公民们"崇拜自我放纵和消费"，国家的组织体制因"条块分割和自私自利"而蒙受损失。他用到了战争语言。卡特提醒听众，说到底，是第二次世界大战提供了启动萧条中的经济与社会所必需的全面能量，以及政治经济学中压倒一切的公共利益。越南问题的悬而未决，无疑解释了联邦政府在20世纪70年代经历严重合法性危机的原因。[134] 但是，20世纪70年代的"能源危机"有着多重表现形式。石油冲击令这种至关重要的工业投入变得更加昂贵，导致了能源高度密集型行业的生产率放缓，而所有这些都触发了通货膨胀。与此同时，随着工业社会的日薄西山，卡特感觉到了更广泛的政体衰微，这种衰微破坏了长期预期，令美国经济陷入了导致通货膨胀的只顾眼前之局面。

1979年11月，伊朗学生冲进美国驻德黑兰大使馆，由此引发了接下来的人质危机，但在这发生之前，卡特领导下的政府已经进退两难。卡特解除了财政部原部长的职务，代之以曾经担任美联储主席的G.威廉·米勒（G.William Miller）。总统如今需要任命一位新的美联储主席。他任命了时任纽约联邦储备银行行长的保罗·沃尔克。卡特的首席国内政策顾问斯图尔特·艾森施塔特（Stuart Eizenstat）解释说，"沃尔克被选中，是因为他是华尔街看中的人"。毫无疑问，华尔街已经受够了通货膨胀令投资价值日益减少的情况。艾森施塔特补充说，"关于［沃尔克］，人们知道什么？他能干，聪明，而且还是个有名的保守派。人们不知道的是，他将带来一些极其戏剧性的改变"。[135]

沃尔克祭出了米尔顿·弗里德曼的货币主义政策,而这催生了这十年中的最后一场冲击,也即"沃尔克冲击"。直到那时,美联储的常规操作还是在短期货币市场中设定一个目标利率,间接地放松或收紧货币供应。但如今,沃尔克将试图运用美联储手中的权力,直接把目标对准货币量的增长。他将对利率置之不理,让它们随行就市。沃尔克并不是一个货币主义者,但他喜欢货币主义者看待问题的眼光,他说,"更多地关注货币供应问题,也是让公众知道我们说到做到的一种方式"。[136]与此同时,卡特政府还颁布了信贷控制措施。所有这些因素加在一起,利率冲天而上,在1980年4月超过了17%。

美联储便是这样戏剧性地重申了货币资本的稀缺价值。货币主义政策所导致的高利率,将短期资本吸引进了美国,阻止了美元的下跌。与此同时,减少的货币供应和信贷的高成本最终打击了通货膨胀和通胀预期。同样重要的是,留给市场自行决定的利率,开始经历急剧动荡。沃尔克打击了通货膨胀,但也加剧了不确定性。可以想见,所有这些措施的后果,便是叫停各类开支。在1980年第二季度,国内生产总值收缩了7.9%。

与此同时,卡特宣布了一项新的全国总体经济政策,他将其称为"解除控制"(decontrol)。[137]

自由主义诞生于20世纪30年代的经济危机时刻,当时,就在富兰克林·德拉诺·罗斯福争夺对美元的控制权的同时,各个民族国家借助资本控制和贸易保护,在其国民经济外部筑起了高墙,以更好地对其加以控制。20世纪70年代的工业资本危机,也是一场自由主义的危机,但它的结局十分不同。围墙将会倒塌,全球相互依存度将会增加,商品和服务贸易将会加速,而流动的、游移不定的、以主要货币形式存在的资本,其跨境流动也会加速。控制时代已经结束,一个新的美国资本主义时代,即将粉墨登场。

第四卷

混乱时代（1980—）

前言

混乱

　　几乎所有评论家都一致认为，一种"新型"资本主义涌现于20世纪最后的那几十年中。然而，要描述这种新型资本主义的特性，乃至于为其命名，都是一件难事，而这正是它别具一格之处。或许，这是一种"后工业化"或"后福特主义"的资本主义，但那些标签只说明了它不是什么，未能界定它到底为何。它是"第二个镀金时代"吗？抑或是某个"新自由主义"时期，某种意义上的19世纪晚期的再度登场？当然，这种资本主义的许多方面，比如它的不平等模式以及对债务的依赖，都会让人联想起过去的时代。但在19世纪晚期的镀金时代，计算机并不存在，而今时今日，几乎没几个人还会骑马。很多事情都已改变。这种诞生于1980年后的新型资本主义已经不再青春年少。我们应当根据它那些具有决定性意义的特质描述此种资本主义。

　　这个混乱时代最明确的特点，是投资逻辑的转变。作用于生产、交换和消费全过程的投资逻辑，一直都是资本主义的核心动力。自从1980年以来，对流动性而非长期投资的偏好，前所未有地成为资本投资的支配者。跨越多种资产类别、在多家公司中进进出出的货币急流，这种迅速的投资与撤资，不仅颠覆了旧的生产方式——其内在逻辑通常也会对其他经济模式构成压倒性的威胁。简而言之，资本的流动性造就了一个喧嚣混乱的时代，而主导这个时代的，则是升值资产的变幻风云。

在第十九章"市场魔术"中，这个新时代的开端，始于一幅熟悉的景象：政府对货币与信贷的稀缺价值予以重申。在1979年到1982年的这些年中，为了打击通货膨胀，在新任主席保罗·沃克尔的领导下，美联储祭出了高利率这一武器。而其原因在于，1973年与金本位制分道扬镳之后，美联储已经无法求助于任何金属本位货币。两位数的利率，以及在"沃尔克冲击"期间伴随着紧缩信贷而来的急剧双底衰退，最终控制住了通货膨胀。美联储由此登上主导全球经济政策制定的宝座，而这一直持续到了今日。1982年，该做的都已做完，而宏观经济仍然处于衰退之中，美联储手下容情，降低了利率。新的价格稳定性带来了信心与预期的激增。在一轮投机性投资热潮的驱动下，一场新的宏观经济扩张开始了。

1982年之后发生的事情，远非政策制定者此前所料。沃尔克没有想到，总统罗纳德·里根也没想到。1981年就任总统之后，里根就把沃尔克撂在了一边。他的行政班底主要由空想家们构成，这些人大肆颂扬"市场魔术"，猛烈抨击"大政府"的条条框框，痛斥黑人的"福利依赖性"。他们的各项政策总体上是对财富所有者友好的。意义重大的"解除管制"确确实实地发生了。但里根的那些经济承诺——制造业就业复苏、国民储蓄及投资激增、减少财政赤字和大幅削减福利开支——一个都没有实现。相反，新型资本主义诞生了。

沃尔克冲击改变了资本投资在本土和海外的特性。在世界经济中，美国的高利率导致了一轮波及全球的信贷紧缩和经济萧条。寻求高利率的全球资本大量涌入美国资本市场，美元的价值飙升。这样一来，美国的贸易逆差也随之扩大，这种新模式最终持续下来。它是对美国全球经济霸权的彻底重构。在第二次世界大战后，与以往的其他霸权国家一样，美国是资本和商品的输出国。但在沃尔克冲击后，它变成了全球资本的净进口国，也变成了日本、联邦德国和中国等制造业出口导向型经济体的终极消费市场。

在美国国内，因为资本输入和金融去监管，货币和信贷变得更容易获得了。资产之间的可兑换性提高了，交易流动性也变大了。与此同时，在1982年之后依然担心通货膨胀的美联储，还是将利率保持在相对高位。自从第一次世界大战后金本位制恢复以来，资本市场从来不曾经历过这样一个新信贷层出不穷、唾手可得的时代——利率却处于高位。正如在20世纪20年代，20世纪80年代也出现了一场规模巨大的投机性投资热潮。信心高涨的投资者为了克服高利率的障碍，借助债务融资的杠杆手段来增加对股票、债券以及商业地产的短期投机利润。投机性投资与欲壑难填的美国消费主义一道，重新成为经济生活的驱动因素。

在出于自身利益的短期投机与对实业的长期投资之间，长久以来一直存在着矛盾。与见证了工业福特主义诞生的20世纪20年代不同，20世纪80年代的投机热潮并没有促成生产性活动投资的激增。相反，金融家利用新的资本和信贷渠道，借助"杠杆收购"摧毁了"二战"后的工业企业，将战后管理阶层从尊贵的位置上拉了下来。这时出现了对固定资本存量的清洗，尤其是在历史悠久的东北部－中西部制造业带。男性制造业就业以及工会遭到了企业撤资的致命打击。随着赢利转向短期金融操作，20世纪80年代的宏观经济扩张，成为有史以来第一次固定投资占国内生产总值份额下降的扩张。

资本更加游移不定，因此，这种新型资本主义也变得混乱无序。在工业时代，固定投资已经将足够多的资本落到实地，其持续时间之长，足以让许多工业社会的维稳结构围绕这些资本建造起来并落地生根——工厂社区、财政三角和男性赚钱养家-女性操持家务的家庭均在其列。在做出这些投资之后，通过消耗工业资本品，形成了表现为各种形式——利润、薪酬或财政税收——的收入。当然，在这个混乱时代，依然存在劳动、生产和生成财富的企业。但一种不同的估值逻辑被优先考虑。收入的产生从使用某种资本资产导致其贬值的过程，转向了资产价格升值的过程。这意味着什么？不管一只公司股票是否与某种生成财富或创造利润的企业经营活动相关，它的价值都可能会一直上涨。或者，另一种资产类别——比如债券、房地产或合成"金融衍生品"这种专为这个目的而创造出来的全新资产类别——的价值会增加。通过销售资产而获得资本收益，或是利用这种资产在信贷市场上获得杠杆融资，这种资产的金融升值生成了金钱收入。

收入增长因此从劳动者转向了财产所有者，或是那些拥有升值资产的人，收入不平等因此加剧了。资本所有者的收入，以及"金融"和"商业"服务业中与资本资产价格升值相关的劳动收入，都直线飙升。在那些最富裕的人群居住的地方，这创造出了新的就业需求，即对服务业的低工资岗位以及历史上由女性和其他族裔从事的那些工作——比如食品制作或家庭医疗护理——的需求。沃尔克冲击之后，随着金融资本不断涌入美国，全球经济的绝大部分在20世纪80年代都处于低迷状态。因此，这种新型资本主义才会诞生于美国。

资产升值取决于里根口中的"市场魔术"。对短期资产价格连番上涨的投机行为，取决于交易流动性的存在——在这个上行过程中，一直会有愿意购入的买家。因为假如一项资本资产没有被用来生产另一种待售商品的话，它就必须自行出售以产生利润。这个时代的普遍信贷扩张助长了此种行为。如果一项资产不能被轻易出手，那么它至少可以实现债务融资。在这个过程中，市场参与者对交易流动性存在的信念变得至关重要。倘若没有这种信念，信心就会崩溃。交易将停止，而紧张兮兮地追回债务，会导致信贷周期逆转，从投机性流动性偏好转向预防性流动性偏好。在由此而导致的衰退中，被资产价格投机性投资热潮带动的宏观经济扩张，将会走到尽头。

在这个混乱时代，在遭遇压力的时刻，美联储日益成为金融市场中交易流动性的全新担保方，也即"终极贷方"。只要美联储对资产价值终将继续上涨保持信心，和相信魔术一样，这些资产就能继续升值。在这一基础上，宏观经济扩张得以继续。1982年后的那一轮扩张，或许缺乏长期投资，但它无论如何都是一次持续时间非常长的商业扩张。

到20世纪80年代末，这种新型资本主义已经站稳了脚跟。把20世纪70年代的工业低迷抛在身后，在柏林墙倒塌、苏联共产主义这个20世纪的意识形态对手消亡之后，资本主义享受了一段相当乐观的时刻，正如在第二十章"新经济"中所述。在20世纪90年代，与更随心所欲的里根政府相比，总统比尔·克林顿（Bill Clinton）领导下的"新民主党人"为这个新时代提出了一个协调一致的政治经济解决方案。克林顿全力支持以金融和技术驱动的、中间偏左派的"全球化"愿景。这是一个依然由美国主导的全球经济，具有全新的流动性、流量、能量和风险。由于有了新的自由贸易协定，全球资本的流动和商品跨境流动，以及程度相对较低的移民——合法移民和非法移民——流动出现了。长久以来负责维持稳定的结构与围墙——国家之间的边界，公益与私利、营利与非营利之间的区隔——弱化和模糊了。克林顿宣称，"大政府"时代已经结束。只要公然的种族主义或性别歧视得到遏制，以确保机会均等，放任其自主行动的资本便会流向其最佳用途，造福所有人。

当时担任美联储主席的是艾伦·格林斯潘（Alan Greenspan）。

在他的领导下，美联储也成了新经济的信徒。20世纪90年代末是这个时代中唯一一个固定投资率（投资于新的信息技术基础设施）增长、生产率也有所提高的时刻。在这个过程中，投资与企业经营之间的关系发生了变化。总部设在硅谷的那些技术公司的估值，通常都取决于创业者"创意"的预期价值，而不是上一代的商业利润。新的无形资本——比如将硅谷的重组关系网连在一起的"人力资本"和"社交资本"——升值了。无论是在线上还是线下，"网络"不仅变成了日益走向跨国化经营的美国公司的全新商业组织原则，也变成了更普遍的社会生活中的全新组织原则。与此同时，更具流动性、更游移不定的全球资本开始涌入美国资本市场，在互联网早期商业化期间推高了美国科技股的股价。在1997年至1998年亚洲金融危机爆发后，当全球信贷周期逆转、资本外逃动摇了整个世界的市场与经济时，格林斯潘领导下的美联储出手相救，降低了利率。这一行动安抚了资本所有者的紧张神经。然而，廉价资金却把美国科技股的股价推上了九重天。

尽管如此，2000年，信贷周期还是发生了逆转。关于科技股的最终价值，投资者提出了没有办法被解答的问题。美国股市遭受了巨大损失。第二十一章"大缓和"中，讲述了21世纪第一个十年的下一轮经济扩张。美联储制定的处于历史低位的短期利率，为一次真正意义上的全球经济繁荣提供了支持，而处于此次繁荣中心舞台的，是2001年加入世界贸易组织后崛起为全球制造业大国的中国。随着中国生产商将平板电视——以及2007年后的苹果手机——这样的商品出口到巨大的美国消费市场，中国各个地区与美国跨国公司供应链的联系变得日益紧密了。为了向美国的消费提供资金，也为了积累美元计价资产这种世界上最安全、最无风险、最具流动性的投资，中国也开始向美国资本市场出口巨额储蓄。这也有助于压低长期利率。2004年，身为联邦储备委员会委员的本·伯南克（Ben

Bernanke)注意到,自从沃尔克冲击以来,历次宏观经济扩张相对于以往的经济扩张而言,持续时间变长了,而从国内生产总值来看,波动也变小了,他将这个时代称作"大缓和"(Great Moderation)。

伯南克是正确的,除了价格稳定和低通胀,21 世纪第一个十年的扩张与 1982 年以来的那些经济扩张还拥有许多共同特性。他没有强调指出的是,经济发展模式继续以资产为导向,因此新的收入增长主要流向了最富裕的人群,而如今他们更有可能是那种受过高等教育、住在新经济蓬勃发展的城市中的人。在那些新经济未曾发展起来的地方,经济生活蒙受了损失。

在 21 世纪第一个十年,股市价格反弹了。在谷歌(Google)的带领下,一些 IT 公司找到了通过生成新一类合成资本资产实现商业盈利的路径。这些资产是数字化的数据构件,以从公司网站上收集到的个人信息构成,它们可以被卖给希望更多地了解消费者偏好,甚至可能对其施加影响的市场营销者。谷歌和脸书(Facebook)是引路者,两家公司都买下了其他的社交媒体公司,从而让自己有更多机会获取原始的个人"数据废料"(data exhaust),进而成为一个新兴产业的"先行者",避免竞争。然而,在这十年中经历了强强联手的另一个行业部门,是华尔街,它开始设计另一种不断升值的新型合成资本资产,另一种纯粹的信息构件:抵押贷款担保证券。

2003 年,乔治·W. 布什(George W. Bush)总统倡导建立一个新的"所有权社会"(ownership society)。可以说,自从杰斐逊的自由帝国以来,美国从未出现过一种强大有力的财产所有权政治。自 19 世纪晚期工业化以降,收入政治一直独领风骚。在这个混乱时代,收入政治很快就变得不合时宜了。然而,在 21 世纪第一个十年,出现了一种真诚的尝试,要借助房屋所有权这一手段,将资产价格升值经济的大门向更广泛的选民开放。这是"家庭价值观"在经济上取得的巅峰成就。在 21 世纪最初十年全球低利率和鼓励房屋所有权的政府优惠政策的助力下,住宅房地产价格开始在全国范围内飙升——尽管和杰斐逊时代一样,白人家庭不成比例地从这种财富激增中获益。不管属于哪个种族,许多劳动收入停滞不前的家庭都举债购买房屋,或是对现有房屋进行再融资,寄希望于借助资产价格升值维系消费。债务因此取代了靠薪酬实现的收入增长。只要房价继续上涨,大缓和便得以继续。在华尔街上,通过应用数学模型将住房抵押贷款证券化,各家银行相信,它们在彩虹的尽头发现了金山:一个应用数学计算实现完美对冲、毫无风险地赚取丰厚利润的方式。但是,它们并没有真的发现金山,这只不过是一个幻想而已。

在第二十二章中,大缓和变成了"大衰退"。许多负债累累的住房所有者并没有足够多的收入用来偿付自己的抵押贷款。抵押贷款违约增加了,全国房屋价格在2006年开始下跌。许多银行都注定将蒙受巨额账面损失。但在2008年9月雷曼兄弟投资银行破产后,信心骤然崩溃,全球金融体系差一点就彻底垮掉。对整个体系的偿付能力产生怀疑的各家银行,停止了相互之间的交易和融资。当交易化为乌有,依赖交易流动性的资本市场陷入了停顿。有一种神奇的信念,认为总会存在一个可以出售某种资产的市场,或至少存在一位愿意为其提供资金的债权人,这种信念已烟消云散。继之而来的,是惊慌失措地逃向安全保障,急切地想把资产转换为现金——或是美国国库券这种全球经济中最接近现金的资产——而原因可能只不过是满足神经紧张的债权人的要求。为了结束这场恐慌,美联储戏剧性地进入了资本市场。它不仅成为终极贷方,也成为大量"问题资产"的终极买方。与此同时,美国财政部通过问题资产救助计划(Troubled Asset Relief Program,简称TARP)向美国规模最大的几家银行注入公共资本,恐慌平息了。但自大萧条以来,美国经济第一次陷入了流动性陷阱。对现金的需求极大。尽管短期利率为零或趋近于零，财富所有者依然囤积着自己的流动资产。相应地，经济产出下降了，失业率则升高了。

接下来发生的事情同样引人注目。总统贝拉克·奥巴马领导下的政府班子，成功地将资产价格升值型资本主义重新拼合起来。奥巴马就任后的最初几年，政治上充满了戏剧色彩：这个国家首位黑人总统的就职；2009年的财政刺激计划；2010年的医疗改革；反政府、反移民的茶党的兴起；金融监管改革；非同寻常的货币政策转向，其时，美联储开始购入数万亿美元的资产，以降低长期利率（俗称"量化宽松"），试图以此刺激投资；此外还有同样非同寻常的财政政策向紧缩的转变。但是，这个关于大衰退的故事，是一个具有经济连续性的故事。许多人蒙受苦难，失去了他们的房子和工作，资本主义却继续将大部分收益拱手相送给最富裕的、利益受政客保护的人群。在这场危机中，政治未能像大萧条之后那样，为经济生活制定出一个可行的、全新的长期愿景。相反，随着一轮新的、以资产为主导的宏观经济扩张出现并贯穿21世纪10年代，大衰退慢慢地开始呈现出好转的迹象，并开始展现出与20世纪80年代以来历次经济扩张相同的诸多特征。

令人惊讶的是，在如此突然的暴跌之后，大缓和再度出现了。民主政治开始显得比资本主义更加脆弱。

第十九章

市场魔术

美国正在经受着一场"重大的经济磨难",罗纳德·里根在1981年的总统就职演说中指出。这位新当选的总统并不认同富兰克林·德拉诺·罗斯福在1933年首次就职典礼上的言辞,他宣称:"在当前的这场危机中,政府不是问题的解决方案,政府就是问题本身。"[1] 解决方案是市场,或者更确切地说,是很快就将被里根称为"市场魔术"的那样东西。[2]

对市场的鼓吹并不新鲜。在美国的历史上,市场至少曾被以三种方式大加褒扬过:作为个人主义宏图远见的舞台,作为经济改良的引擎,以及作为调停社会和政治冲突的仲裁者。在20世纪70年代的工业资本危机中,这三种形式的鼓吹市场的论调全都出现过。然而,20世纪80年代却见证了一轮市场比喻修辞的超级"蔓延"。[3]

被一些学者称为"新自由主义"意识形态的亲市场派的确作用很大,但它并不能解释一切。只是因为弗里德里希·哈耶克或米尔顿·弗里德曼这样的市场倡导者曾经发表过一些有关市场的言论,并不必然意味着当里根成为总统之时,某些特别的东西就会大行其道。里根当选之后，许多左派知识分子在对此做出反应时，都错误地认为情况确是如此，于是对腐败贪婪的"市场"发起了一场新维多利亚主义的激情批判。[4] 但是，要对市场的适当道德界限进行辩论——可以肯定地说，这是一场有益的辩论——并不意味着全部话题都得围绕着资本主义企业自里根当选以来发生了怎样的变化以及其变化原因而展开。

在这一时期，魔鬼主要藏身于经济生活的细节中——而不是有关市场的意识形态宣言，而后者正是里根及其支持者和反对者都喜欢高谈阔论的东西。毕竟，里根对市场"魔术"的召唤，表现出了这位前好莱坞演员对于"政治就像是做戏"的信念。[5] 在一则1980年的竞选广告中，一名失业蓝领工人模样的白人男性站在一座闲置的工厂前，等待市场魔术在里根当选后让一切恢复正常。倘若一根魔术棒就能立时解决卡特总统在1979年宣布的这场"信心危机"，那可该有多好。里根的当选的确预示了一个资本主义的新时代，但是，这一转变无法轻易归结于他领导下的政府执掌政权过程中的主观意图。

在竞选过程中，里根及其顾问曾预测，让市场做决定（无论其含义为何）将导致私人储蓄、固定投资、生产力增长和利润的激增。综合起来，结果将是一次全国性的制造业就业及产出复苏，以及制造业出口复苏，而这将逆转美国的贸易逆差。削减联邦开支，尤其是福利开支，将会平衡联邦预算和降低国家债务。

就在里根就职的第二天，纽约证券交易所的股价开始攀升。面对民主党人小得令人吃惊的阻力，就算未能一切得偿所愿，里根也得以推行大部分议程。不过接下来发生的事情基本上可以表述为，里根所承诺的那些东西全都未能实现。里根只兑现了一项关于经济的竞选承诺，那便是加强军备，而这与他早年间对抗苏联的立场是一致的。以高科技武器为基础的这一议程，是老一套军事凯恩斯主义的一个版本，但在就业密集度上远远不如。[6] 此外，它也是通过财政赤字来融资的。一直固执己见的里根，从未放弃对自己青睐的供应经济学的信念，而这种经济学，被学者乔治·吉尔德称为"人类自由与创造力的抽象资本"。[7] 但是美联储主席保罗·沃尔克对里根的评判却是，"我猜他并不是一个成熟老到的经济学家"。言及这位总统的那些经济顾问，沃尔克总结说："他们将货币主义学说、供应学说和自由放任主义学说全都掺和在了一起。"这个组合"可不怎么搭调"。[8]

尽管如此，到里根的首个任期结束时，一个新的资本主义时代已经诞生。里根一方的供应经济学派主张，关注需求的自由派凯恩斯主义者本末倒置地把车装在了马的前面。在资本主义中，企业资本家做出的供给侧决定，是所有的魔法发生之处。这种说法固然有一定道理（凯恩斯本人很久以前便意识到了）。但是，里根派把赌注下在供给侧的马身上，而它转头跑到了错误的道路上，至少是跑向了一个出乎意料的方向。随着供给侧的资本得到解放，资本投资的模式就此转变，战后的工业社会是再也回不去了。在里根执政的那些年里，不仅"后工业"经济继续具体化，一些崭新和独特的事物也出现了，而它们一直延续到了今日：那就是一种以资产价格升值为主导的资本主义。

这种新型资本主义将表现出一些持久的新模式：服务业就业人数激增，收入占比中劳动收入向资本收入偏移，从而导致不平等加剧，阳光带开发的休斯敦模式不断扩张，美国经济霸权的全球重组，致力于低通胀和价格稳定，扩增债务和借助杠杆谋求利润，诸如此类。所有这些新模式，以及它们之间的相互联系，都有待于清晰阐明。但所有这些都围绕着一个新兴经济秩序的关键新特征，那就是资本所有者的高度流动性偏好。随着短期战胜长期，它为经济生活注入了新的不确定性。

第十九章 市场魔术

首要问题是，新的资本主义时代究竟是如何到来的。当里根上任时，开创性的事件已经开始，就在白宫附近的美联储。

1. 沃尔克冲击

1979年，卡特总统任命保罗·沃尔克担任美联储主席。因此，里根是在沃尔克的利率"冲击"进行中成为总统的。第一次世界大战后，在战后通货膨胀的背景下，获胜的协约国决定将本国货币恢复为金本位制。自从那时起，国家权力从未如此公然地强制执行货币资本的稀缺价值，以此来对抗通货膨胀。

不同之处在于，如今，各国通货已经不再以金属货币为保证。美联储的自由裁量权控制着美元的货币供应，而美元此时依然是全球交易和储备货币。通过全面重启美国和全球经济，沃尔克冲击成功地杀死了通货膨胀这条恶龙。

沃尔克说，通货膨胀"是一条吞噬我们内脏的恶龙，可能还不止于我们的内脏"。[9] 美联储的货币主义实验，是一个让市场决定的范例。自从战后时期以来，美联储一直在试图间接调整供给侧的货币数量，手段包括运用自身权力，设定信贷市场或最接近现金的短期美国国库券市场的短期利率目标。货币主义主张，美联储必须更直接地进行干预，以实际货币量为目标。减少货币量将意味着降低通胀，而信贷利率则将在市场上自行设定，不受政府干预。然而，随着货币量受到限制，信贷成本（利率）也会相应增加。1981年，短期利率超过了19%。

在货币和信贷如此紧缩的情况下，支出减少了，美国的宏观经济一头跌进了1980年和1981—1982年的双底衰退，这是自大萧条以来情况最严重的一次衰退。最初的经济下行促成了里根的当选。但就任后，里根基本上任由沃尔克自行其是。"我认为他有某种感觉，

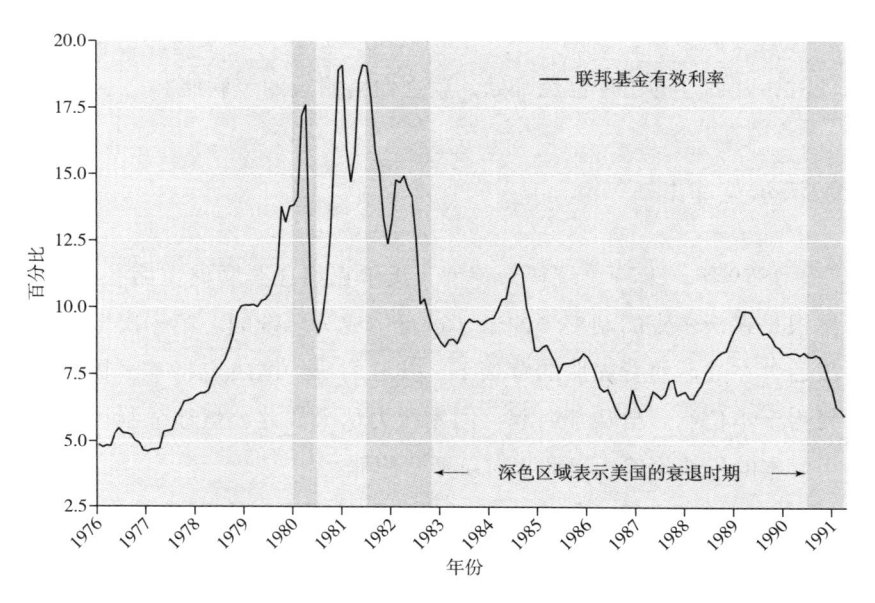

联邦基金有效利率

沃尔克冲击招致的结果,是利率的居高不下和出乎预料的剧烈波动。从历史上看,在20世纪80年代,利率一直处于高位。

那就是美联储正在试图应对通货膨胀。"沃尔克回忆道。[10] 失业率达到了10.8%。美联储在1982年10月结束了这次货币主义实验。随着新出现的价格稳定,宏观经济恢复接踵而来。沃尔克冲击奏效了,通货膨胀这条恶龙被消灭了。

沃尔克冲击对于政治和经济来说都是一次重启。在政治上,它带来了自富兰克林·德拉诺·罗斯福主政之日(当时罗斯福总统已经弱化了货币稀缺价值)以来从未见过的政策体制变革。从大萧条那时起,显然没有任何一个政府曾认为,由政府促成的两位数失业率——代表通货紧缩——是一种具有合法性的政策选择。在1980年到1982年的衰退中,沃尔克并不是一个受欢迎的公众人物,他还曾因偶尔的毒舌抨击而被传召至国会。尽管如此,他对自己有斡

通胀预期

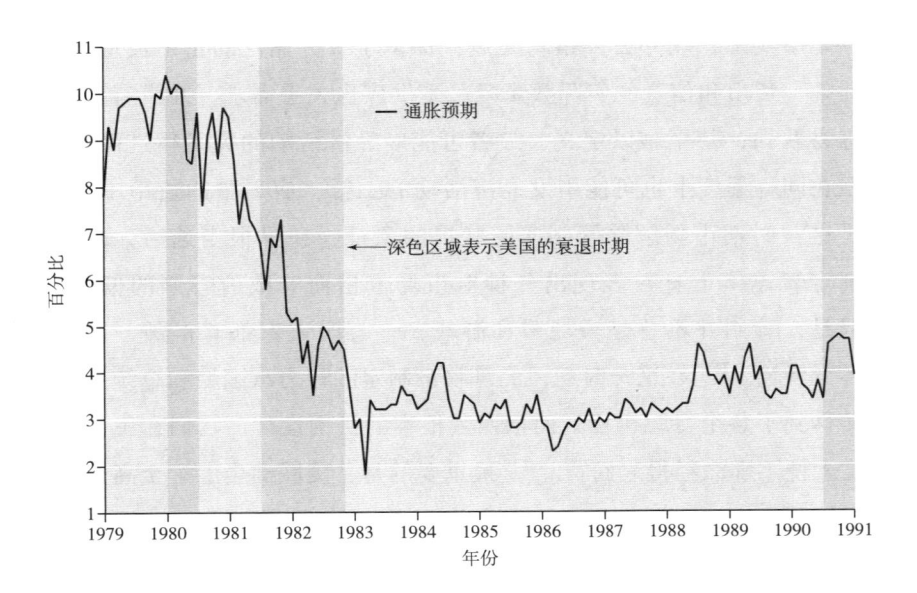

沃尔克冲击戏剧性地平息了通货膨胀和对未来的通胀预期。

旋余地的判断却是正确的。国会和公众都感觉到,"有些事是必须做的",他猜测道。[11] 沃尔克并不是米尔顿·弗里德曼货币主义的忠实信徒。后者认为,经济增长总是会在货币供应增加后出现,只不过滞后一段时间而已,而通货膨胀在任何时间、任何地方都是货币供应过度增加的结果。弗里德曼由此主张,美联储应当一直以货币供应稳定增长为目标,使其接近"实体"经济增长的能力——所谓"实体",意味着独立于货币。奇怪的是,货币主义者认为,底层的"实体"经济与货币没有太大关系。沃尔克觉得,以货币数量为目标的货币主义者将为需要完成的那项工作提供很好的政治掩护。通过瞄准货币供应,美联储不再负责设定惩罚性的高利率,一切让市场决定。

事实上，联邦公开市场委员会保留了十分宽泛的自由裁量权。此外，货币和信贷的实际数量既关乎供应也关乎需求，并没有那么容易获知，甚至难以定义，二者可能应经济活动的突飞猛进而动，但在同等程度上也可能引发经济活动的上行。应用中的货币主义，是这一时期市场解除管制实际状况的象征。在里根当选后，政策制定者总体上日益表现出一种对市场价格而非政府管制的偏好。但是，管制并不总是一场零和游戏——有时大家都有得赚，有时各方皆输。[12]在这一时期，经济政策制定的权力从国会和总统那里转移到了各个行政机构，而依照其根本的机构设计，它们在民主程度上便不那么经得起问责。[13]最重要的是，美联储坐上了至高无上的管制宝座。

"中央银行独立性"很快就成了货币政策中屡屡被提及的咒语。[14]即便沃尔克主持下的美联储即将废弃货币主义，弗里德曼的基本论点依然占据上风。这意味着美联储不得不遵循某种简单透明的"原则"。它应当以非通胀的"中性"利率为目标，而所谓中性的原因在于，它让货币供应的增长与实体经济的增长保持一致。美联储只需设定合适的利率，便可以作壁上观，静待市场经济实现自我优化。通胀率的优先性可以高于失业率，因为在低通胀率和稳定总体价格水平的情况下，就业率终将在其"自然"市场水平上找到平衡。鉴于通胀肆虐的20世纪70年代已经充分表明，民主政治不太可能促成中性利率的实现，中央银行必须保持相对于当选政客的独立性。

"独立"货币政策的胜利，是沃尔克冲击所导致的一个长期后果。而另一个长期后果，是美国全球经济霸权的彻底转变。通货膨胀业已威胁到了美元作为全球交易和储备货币的首要地位。这曾让卡特惊慌失措，也令沃尔克如履薄冰。"就美国的世界地位而言，我当然担心它的未来，"沃尔克后来说，"在我这一代人的成长过程中，

第十九章　市场魔术

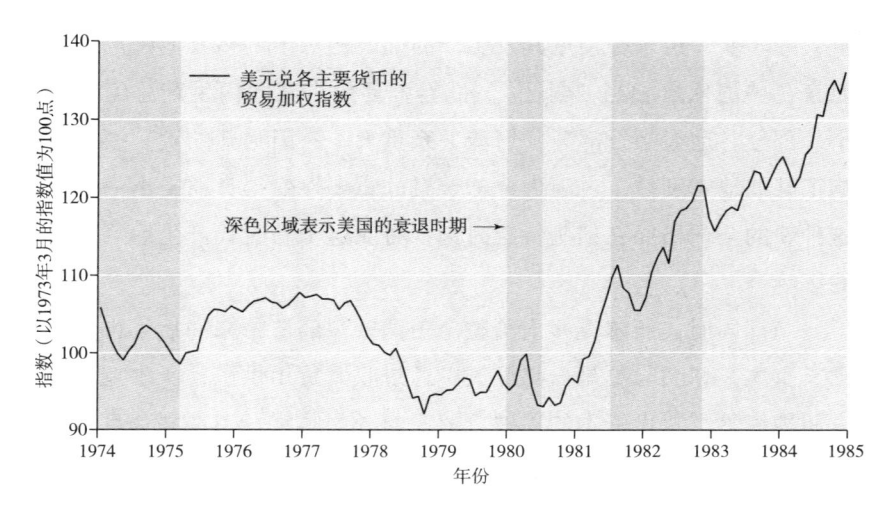

美元兑各主要货币的贸易加权指数

沃尔克冲击的高利率促成了美元价值的迅速提升，从而确保了它作为全球交易和储备货币的霸主地位得以延续。

你会自然而然地视美国为人类最后的希望。"[15] 沃尔克冲击的高利率，将短期投机热钱重新吸引到了美国境内，以寻求现成的丰厚利率回报。其结果便是抬高了美元的价值，从而确保了它作为全球交易和储备货币的霸主地位。

与此同时，美元高企导致了美国进口激增，同时削弱了美国制造业出口商的海外竞争力。同一枚硬币的另一面，是资本流入为日益扩大的美国贸易逆差提供了资金。在这个新的全球趋势中，资本争先恐后地"上坡"（uphill）流动，进入了美国资本市场。[16]

简而言之，沃尔克冲击启动了美国全球霸权的第二个阶段，而其新颖程度远超上一阶段。在第二次世界大战之后，美国和许多之前的世界霸主一样，向全世界输出资本和商品。[17] 但在沃尔克冲击之后，这些动向发生了逆转。如今，美国进口全球资本，成为全世界生产商的终极消费市场。[18] 美联储很可能既不打算触发如此意义重大的转变，也未曾预见其发生。的确，相对于许多其他国民经济而言，美国依然相当"封闭"，世界贸易只占其国内生产总值的很小一部分。这很小一部分却可能关系重大——因为新的贸易模式影响了某些地方利益，也因为全球金融的重要性变得日益突出——而这种新的全球格局在某些特定时刻，将对这个新时代产生后果重大的影响。

与此同时，沃尔克冲击给整个美国宏观经济带来的后果也同样意义重大，在当时更是一鸣惊人。通过收紧货币供应，沃尔克冲击大胆地恢复了货币资本的稀缺价值。与外国热钱一道，高企且剧烈波动的利率，将资本招募为一支货币大军，试图在企业大举清理不那么盈利的工业固定资本的过程中，寻求来自累积利息的收入。去工业化席卷了东北—中西部制造业带。[19] 新的重点被放在了短期的金融盈利之上。如此一来，沃尔克冲击便诱发了更大的流动性偏好。这与里根所承诺的制造业复兴完全背道而驰。

在某种意义上，这场固定资本清理已经进行了很长一段时间了。美国的利润率——尤其是工业企业利润率——自从1965年以来一直在下跌。[20] 资本一方面转向了低工资的南方阳光带，另一方面以跨国公司投资的方式转向海外。尽管1977年在俄亥俄州和宾夕法尼亚州发生了一轮钢厂倒闭潮，许多工业企业的管理者依然习惯性地试图通过投资摆脱这场盈利危机。但这已经不再发生。在1979年到1983年间，针对制造业建筑和设备的固定投资下跌，从百分比上看是有数据记录以来最迅猛的。耐用品制造业的就业率下降了15.9%，损失的工作岗位超过200万个，而这绝大多数是男性工作岗位。[21] 壮年男性（25—54岁）的就业率从91%下降到了86%。

这一转变的开端，要早于沃尔克冲击。在工业企业中，一种新的资本投资概念的发展壮大已经颇有时日。商业咨询公司和接受过金融教育的公司管理者从金融经济学中"偷"来了不少招数，无论

第十九章 市场魔术

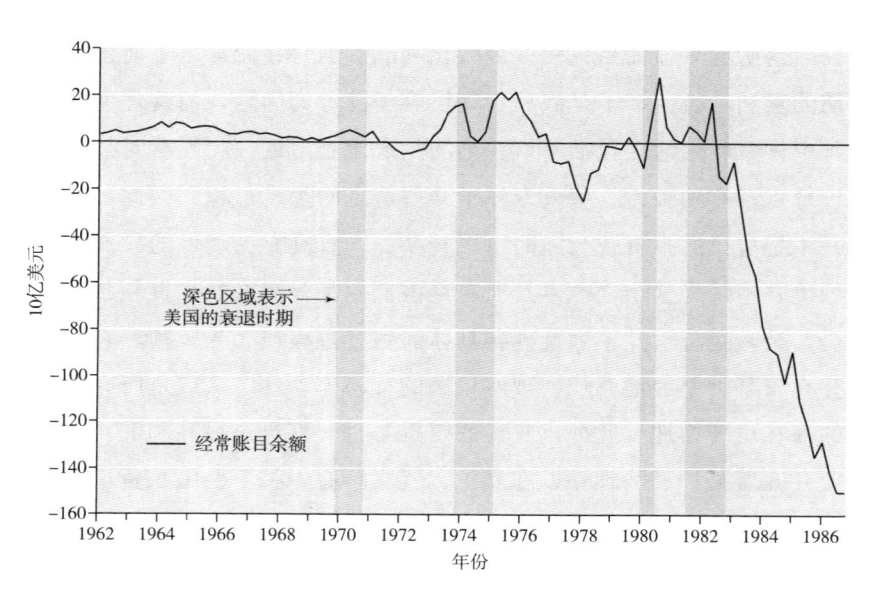

美国经常账目余额

随着财富拥有者寻求美元避险资产，对美国的资本出口为美国消费者提供了资金，令其得以在全球经济中扮演关键角色，因为外国资本流入弥补了美国经常账目（也即除金融项目外的美国外贸交易余额）的亏空。在这个混乱时代，全球资本流动将最终取代各种贸易模式，在宏观经济中发挥最重要的作用。

是"投资组合理论"，还是"资本资产定价模型"。[22] 战后的管理人员一直致力于生产和市场份额的增长，追求固定资本的长期投资回报率。随着利润滑落，留给工业管理层的时间终于被耗尽了。新的目标，是将即时的风险加权"股本回报率"（return on equity）——也即实收资本的回报率——最大化。例如，托马斯·E.科普兰（Thomas E. Copeland）和 J. 弗雷德·韦斯顿（J. Fred Weston）的《金融理论与公司政策》（*Financial Theory and Corporate Policy*, 1979）就是这种新思维的集中呈现。[23] 然而，其基本点是一清二楚的：将资本从利润较低的生产线中抽出，部署到可以赚取更多即时利润的任何地方。

这听起来显而易见——最大化利润。但是，无论是短期还是长期的营利动机，都不是战后管理层唯一的考虑因素，而管理者——其中许多就生活在包括工厂在内的生产设施附近——经常对某些特定地点情有独钟，有些人专注于某些特定的生产过程。因此，他们并不把自己的投资视为随时可以转换、一直具有流动性的投资，他们也并不认为整个地球以及所有经济部门都是潜在的投资领域。但是，金融经济学并不顾及现实具体的生产过程或人为干预。它假定存在着某种不会遭遇任何现实抵触的交易流动性，又或是所有投资的潜在可转换性。此外，它还假定资本将一直寻求最高利润。它假定存在着某种经济理性，在其中，资本所有者将不会囤积货币，而始终愿意在考虑到风险因素后，投资最有利可图的资产类别。

沃尔克冲击便是在这里登上了舞台，因为它导致了公司管理者中对长期固定资本投资的戏剧性中止。高利率使得各种类型的投资信贷都变得稀缺起来，而衰退削弱了再投资的利润回报。此外，随着美联储在货币主义实验期间放弃了利率管控，利率不仅一路攀升，甚至变得比往常更起伏动荡。回归市场让一切变得更加无法预料和变幻莫测。作为回应，资本所有者囤积手头的现金，令长期投资元气大伤。既然美联储强力支持资本的稀缺价值，为什么不索性把公司现金存放在银行账户中，通过累积利息赚取利润呢？在1979年到1982年间，制造业企业从体现为股息、资本收益或累积利息所得的"投资组合收入"中获得的收入，占总收入之比从20%攀升到了40%。累积利息在投资组合收入中所占的份额，从1965年时的40%提升到了70%以上。[24] 在从依靠生产性资本获取利润转变为依靠流动性更大的类货币资产获取利润的过程中，这是由沃尔克冲击所引发的第一步。追求货币资本的利息收益，是引发这场衰退的导火索。每一块闲置在银行账户中、寻求高息回报的美元，都未能化作那些提供就业、扩大产出的投资所需的资金。

第十九章　市场魔术

与此同时，东北－中西部制造业带的去工业化加速了，而中西部蒙受了最大的损失。许多工薪阶层对这种新的"利润导向"的切身体验不啻一场冲击。1980年，一轮钢铁厂倒闭潮重创了位于芝加哥南部、印第安纳州西北部的卡柳梅特地区（Calumet region），90000个制造业工作岗位就此消失。本地社区对接二连三的倒闭报以"困惑不解"和"难以置信"，因为许多工厂都是盈利的。但是，按照那些离"实际生产过程"越来越远的管理者所采用的新标准，它们的盈利程度还不够。[25]美国钢铁公司的新任首席执行官戴维·罗德里克（David Roderick）宣布，该公司"不再从事钢铁制造业务"。它所从事的是"利润制造业务"。美国钢铁公司宣布在匹兹堡进行大规模裁员，关停了旧的卡内基霍姆斯特德工厂，并在休斯敦建造了一家全新的高度自动化工厂。到1984年，在收购了马拉松石油公司（Marathon Oil）之后，美国钢铁公司的钢铁业务相关资产仅占其全部资产的三分之一。[26]具有象征意义的是，作为美国工业历程的纪念碑，由理查德·塞拉（Richard Serra）1985年创作、位于匹兹堡的雕像《卡内基》，自然是以钢铁制成的。

1982年，作为沃尔克冲击去工业化周期达到顶峰的标志，伯利恒钢铁公司关停了以布法罗为中心、遍布于纽约州拉克万纳县（Lackawanna）的多家钢铁厂。钢铁厂工人本杰明·博弗（Benjamin Boofer）回忆说，"本来样样都搞得挺不错的，然后三家工厂就跟抽风似的，然后某一天就全都完蛋了"。肯尼思·赛恩（Kenneth Sion）补充道，"一切都欣欣向荣的，可突然之间就停了下来，情况就是这样"。[27]这并非真相——并不是一切都欣欣向荣。但是，这种经济生活突然陷入"休克"的感觉，却足够真切。工厂在某一天倒闭了，因为他们所在的工会在公司投资和撤资决策中并无发言权（这是"二战"后对抗式集体薪酬谈判的一个缺陷），博弗和赛恩对这件事都没什么办法。[28]"实际生产过程"关乎工人的切身利

理查德·塞拉,《卡内基》(1985 年)

包括钢铁厂在内的许多工业建筑,都在 20 世纪 80 年代的金融转向和"股东价值"意识形态称霸公司治理的过程中遭到肃清。这座致敬匹兹堡市工业历程的纪念碑,其视觉效果仿佛是要对工业进行颠覆。它看上去明显头重脚轻。回想当年,卡内基本人一度从金融业转向了工业;在 20 世纪 80 年代,方向发生了逆转。

益。实体的比喻意义历久弥新。拉克万纳钢铁厂的工人迪克·休斯(Dick Hughes)说:"你觉得它是你生命的一部分,你身体的一部分……如果这家工厂倒闭了,就好像把胃的一部分切掉了一样。"[29]

制造业中的工会成员将面临更大的冲击。1980 年,42% 的工会会员家庭把选票投给了里根。1981 年到 1982 年间,尽管仍是全世界最大的劳工组织,美国劳工联合会–产业工会联合会失去了

第十九章　市场魔术

73.9万名会员。[30] 1981年8月，飞航管制人员组织（Professional Air Traffic Controllers Organization，简称PATCO）投票决定就薪酬问题举行罢工。里根给了飞航管制人员组织48小时的期限，要求其成员必须在此期间返回工作岗位，而当他们未能照做时，这位总统替换了他们。这一应对措施严格说倒也合法，但自从罗斯福新政以来，很少有雇主愿意如此行动。[31] 如今，受到鼓舞的私人雇主纷纷效仿，罢工数量直线下降。[32] 在美国，男性就业密集型的产业迅速成为工会成员的死胡同。[33]

美联储最终于1982年10月结束了这次货币主义实验。但首先，它开始在资本市场中发挥某种新的功用。借助高企和剧烈波动的利率，它促成了更大的流动性偏好，不仅如此，它还采取了新的措施，以确保交易流动性一直为升值资产的所有者而存在。

资产（包括债务在内）的可兑换性正在成为新的运作规范。1984年，资产排名全美国第六的伊利诺伊大陆银行（Continental Illinois National Bank）处于破产边缘。[34] 利用货币市场中的新的资金来源，这家银行之前提高了杠杆率，向几家国内石油生产商发放了一系列高风险贷款。在沃尔克冲击压低大宗商品价格之后，这些贷款成为不良贷款。高利率使得伊利诺伊大陆银行延展债务的难度增加了。一个日本投资人在听闻谣言后开始抛售，导致伊利诺伊大陆银行股票遭到挤兑。但是，倘若伊利诺伊大陆银行破产，将会产生连带效应，因为解除金融管制已经令资本和信贷市场变得更加动荡不定、环环相扣。这样一来，一家银行的破产将引发一场更大范围的恐慌。1983年，里根任命的证券交易委员会主席约翰·沙德（John Shad）向国会通报了金融机构之间"前所未有的资本流动"的情况。货币和信贷正在跨越"那些传统鸿沟"，让"按行业分类的监管"无力应对。根据沙德的看法，资本正在"轰击着《格拉斯—斯蒂高尔法》的上下左右"，这堵罗斯福新政时筑起的高墙，曾把商业银行业务与投资银行业务——比如在新的"场外交易"市场中，使用利率"掉期"（swaps）等工具——分离开来。[35] 因为沃尔克冲击，银行家们获得了新的货币和信贷渠道，即便利率较高。但是，一旦信心消退，资本便可以轻而易举地外逃，令金融机构举步维艰，无论是有偿付能力的，还是资不抵债的，全都一样。

美联储决定出手救助伊利诺伊大陆银行。它通过自己的"贴现窗口"向这家银行授信，接受任何私人买家都不会接受的抵押担保物。如此一来，美联储便提供了资金和交易流动性，让伊利诺伊大陆银行得以保持偿付能力——哪怕仅仅是暂时的。1984年，这家银行进入了破产接管程序，由联邦存款保险公司接管。那时候，依据判断，伊利诺伊大陆银行"太大而不能倒"（too big to fail），但它又关联太多而必须倒。美联储作为终极贷方，挺身而出拯救了这个体系。在观察家们眼中，这被视为一次非同凡响的干预，是与既往实践的分道扬镳，而情况的确如此。

与此同时，美联储承担的那些新责任变得全球化了。1982年6月30日，联邦公开市场委员会开会对"墨西哥债务危机"（saga of Mexico）进行了讨论。在通货膨胀盛行的20世纪70年代，墨西哥和许多拉丁美洲国家一样，趁资本的真实成本处于低位而全球大宗商品价格高企之机，在公共债务市场上大笔举债。美国的各家商业银行将石油美元从产油国中回收，投入到了拉丁美洲的公债中。[36] 沃尔克冲击的高利率打击了大宗商品价格，令整个世界陷入衰退。石油价格因此下跌——这是沃尔克冲击得以在美国大幅度抑制通货膨胀的原因之一。然而，美国的高利率令拉丁美洲的主权国家延展债务的难度增加了。墨西哥是风险敞口最大的国家，而花旗银行（Citibank）则是风险敞口最大的美国商业银行。这家银行的董事长沃尔特·里斯顿（Walter Wriston）某次打趣说，"国家可不会破产"。[37] 但是，外国投资者对这一信念产生了质疑。墨西哥蒙受

第十九章 市场魔术

着短期资本外逃的打击。1982年6月，美联储就是否向墨西哥提供6亿美元信贷限额的问题展开了辩论，这笔注入资金仅为一项过渡贷款，目的是让更大手笔的国际货币基金组织紧急援助计划得以实施。

在审议期间，亚特兰大联邦储备银行行长威廉·F. 福特（William F. Ford）评价道："6亿美元不过是区区小数。"他说，美联储必须解决"资本外逃"这个关键问题。布雷顿森林体系瓦解后，跨境资本管制已不复存在。沃尔克回复道："对于资本外逃问题，我不知道将会发生什么。"谁知道呢？沃尔克告诉他的同僚们，在资本外逃这件事上，我们"可以做出各种推测与投机"。* 沃尔克冲击的这个意外后果，似乎挫伤了沃尔克本人的预期。倘若此时此刻真有某个人对全球经济负有责任的话，那个人便是保罗·沃尔克，而如果连他都不能回答这个问题，便足以说明，在这个新的政治经济学中，存在着根深蒂固的不确定性。富兰克林·德拉诺·罗斯福一度对逃出美国边境的黄金数量一清二楚：根本没有，因为他通过了一项禁止如此操作的行政命令。

墨西哥到底欠了那些美国商业银行多少钱？沃尔克问。美联储副主席、纽约联邦储备银行行长安东尼·所罗门（Anthony Solomon）答道："200多亿的样子。""哦，"沃尔克说，"这数目挺大。"鉴于资本跨越边境的速度是如此之快，发生在墨西哥的债务违约事件，可能会为各家美国银行带来巨额损失，并引发对其他主权国家偿债能力的疑虑，从而增大资本加速外逃和连带触发国际金融恐慌的风险。因此，美联储批准了这笔过渡贷款，以获得近40亿美元的国际货币基金组织紧急援助。各家美国银行计入了账面损失，尽

---

* 沃尔克的原话是 we can speculate about everything，他在这里玩了一个文字游戏。speculate 可以被理解为"思考，推测"，也可以被理解为"投机"。

管并未造成严重后果。这并不是国际货币基金组织对墨西哥经济的最后一次"结构性调整"。[38] 对于美联储来说,全球金融危机管理将成为新常态。

一个新的时代正在开启,在很大程度上,它被短期逐利、变幻莫测的全球资本移动所定义,这种移动是跨越空间的,在时间维度上却被压缩了。出于这一原因,全球性的经济事件逐渐变得不再那么容易加以叙述。即便坐在沃尔克的位置上,这些事件看起来也不那么有目的性。沃尔克冲击还有另一层意义。与一名拉克万纳钢铁厂的下岗工人无甚分别,沃尔克本人也惊诧于他的那些行动所引发的一系列全球性经济事件,以及它们看似不可预测的性质。假如说资本依然犹豫不决的话,那么沃尔克是正确的:我们"可以做出各种推测与投机"。对于这个新时代,这是一个贴切的形容。

尽管如此,沃尔克冲击终究还是驯服了通货膨胀。总体价格水平的稳定性,的确有助于增加可预测性。这一成就值得称道,不容忽视。货币紧缩政策也曾在第一次世界大战后恢复金本位制的过程中发挥如此重要的作用。但也有另外一些时刻,比如第二次世界大战期间,货币政策在资本配置中扮演的角色微乎其微。可以说,货币政策从未像它在 1980 年之后的那段时间一样,如此关乎轻重。这是因为,随着资本的流动性和可兑换性增加,美联储的目标利率逐渐变成了全球投资流的国际基准——美联储负起了在债务市场信心减弱的情况下确保交易流动性的义务,而这种交易流动性日益成为一个大型全球资本市场赖以平稳运作的前提。[39]

美联储于 1982 年结束了这次货币主义实验,重新以短期利率而非货币供应为目标——这降低了利率(虽然幅度甚微),从而缓解了经济衰退。一轮信贷推动的投机性投资热潮开始出现,其重点为资产价格升值。但在那之前,里根政府首先对这个新的政治经济学做出了自己的贡献。

2. 里根经济学

沃尔克冲击的后果主要集中于资本市场。基于意识形态原因，即将上台的里根政府制定的政策都是对资本友好且与财产所有者的利益保持一致的。但是，随着共和党人把焦点放在改变现行政策之上，他们开始涉足收入政治——收入保障政策和所得税税率均在其列。1981年的《经济复苏税法》(Economic Recovery Tax Act of 1981)是最引人注目的部分，因为里根政府希望在供给侧解放资本。[40]

上任之后，里根头等重要的政策便是减税。还是候选人时，里根的民意调查人便发现，减税深得各界拥护，而里根政府也在供应经济学这个新的大众经济理论中找到了同盟军。该理论的鼓吹者，有纽约国会议员杰克·肯普（Jack Kemp）、《华尔街日报》的祖德·万尼斯基（Jude Wanniski）和学院派经济学家阿瑟·拉弗（Arthur Laffer）。最早被画在一张餐巾纸上的"拉弗曲线"，号称足以据此表明，当所得税率高至某一阈值时，便会导致税收减少，因为它打消了经济活动的积极性，而降低税率则会释放供给侧基于自身利益的各种动力和创业灵感，带动经济增长。按照这种推理，在一定程度上降低所得税应当会带来更多的投资和更大幅度的经济增长，从而增加财政收入。[41]

肯普在国会提出了1981年《经济复苏税法》的倡议。里根总统在1981年2月18日的一次演讲中，口若悬河地阐述了这项计划，并获得了广泛的民意支持。民主党的国会议员们于1980年失去了对参议院的控制权，却掌握着众议院，他们对此的回应，是号召采取更"负责任"的减税方案。最终，个人所得税率全面下调。顶格税率从70%削减到50%，最低税率从14%降至11%，资本利得税率从28%跌至20%，公司税率大致保持在46%的水平。但通过使用10-5-3（建筑物10年，机器5年，卡车和汽车3年）这个新的

774　美国资本主义时代

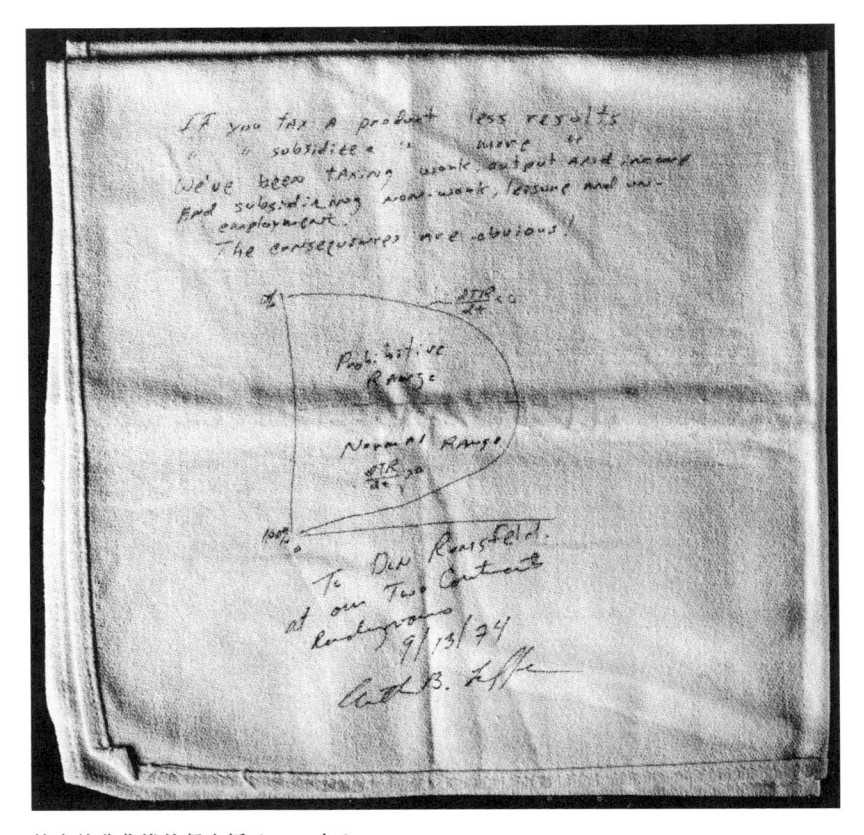

绘有拉弗曲线的餐巾纸（1974年）

据说,"拉弗曲线",也即减税的代价可以从财政收入增加中得到补偿的理念,发明于1974年的某次餐聚中,在场者为拉弗本人、身为记者的祖德·万尼斯基以及两名政客迪克·切尼（Dick Cheney）和唐纳德·拉姆斯菲尔德（Donald Rumsfeld）。餐巾纸上写着:"假如对产品征税,得数较低,假如对其补贴,得数较高。我们一直在向工作、产出和收入征税,而去补贴不工作、休闲和失业。后果很明显!"

公式,可从应税所得中扣除的资本折旧被加速了。这项退税优惠意在鼓励加大投资,带来更高的增长率和更多的政府收入。尽管如此,联邦政府依然预计该项减税政策会带来4806亿美元的财政收入损失。[42]

这些数字真的会像拉弗曲线预测的那样,最终得到理想的结果

第十九章 市场魔术 775

吗？曾在尼克松政府担任财政部部长的乔治·舒尔茨承诺，这项法案将"对预期产生电击效应"。当时在贝克特尔公司担任高管的他，很快便会成为里根政府的国务卿。[43] 1981年减税政策是一剂供给侧的资本万灵药。它举杯欢庆着企业精神——就让市场来搞定联邦预算吧。但其直接成本是如此之高，以至于第二年，里根和国会便不得不偷偷通过了一项增加企业税的方案，而这让商业游说群体深感不悦。

与此同时，在支出侧，里根提出的1981年预算案呼吁削减300亿美元的开支。例如，最后一部卡特预算案拨款300亿美元，通过各项供应管理农业政策维持农业收入。里根的首个预算案定下了削减200亿美元开支的目标，但未能通过国会批准。事实证明，农业收入政治很难撼动。当国会闭会之时，继军费开支增加后，联邦政府支出的增长率几乎没有受到任何约束。被大幅削减的，是专门面向女性和儿童的、必须通过经济情况调查才有资格获得的福利项目——但社会保障不在被削减之列。1981年预算案将未成年儿童所在家庭援助金（Aid to Families with Dependent Children，简称AFDC）削减了14.3%，食品券计划削减了13.8%，医疗补助计划削减了2.8%。领取联邦福利补助的资格标准也受到了限制，未成年儿童所在家庭援助金项目的救济个案数目被砍掉了约44.2万例。[44] 就业培训被削减到了最低极限，但各州被允许强制接受培训者接受"工作福利"（workfare），便如里根在担任加利福尼亚州州长时针对"黑人福利姬"（black welfare queens）*现象所施行的手段一样。[45] 在沃尔克冲击引发的经济衰退期间，联邦政府惩罚的是那些穷人。[46]

---

* welfare queens带有贬义，是一个污名化少数族裔和低收入群体的标签，被美国政客和媒体用以指代那些被认为通过欺诈或非法手段获取福利救济的女性。

除了联邦预算，政府治理中的纲领性变化也加速了某些已经存在的趋势。里根政府于1981年设立的私营部门创新行动工作组（Task Force on Private Sector Initiatives），倡议对福利发放等公共职能进行私有化。[47] 与非营利性和营利性公司合作的政府外包行为得到了鼓励。营利性公司和非营利性公司、营利性公司与政府之间的合作日益增加。[48] 在公与私、政府与市场和营利性与非营利性的交融混杂之中，可以看出，企业经营中的交易流动性主题——流动性和可兑换性——在这一时期的政府治理领域产生了更加广泛的共鸣。

3. 股东价值

一轮新的宏观经济扩张开始了。在许多方面，它都不同于以往的那些。鉴于这一轮1982年后的宏观经济扩张是一系列新型宏观经济扩张中的头一个，我们值得就此展开详细论述。

这种商业扩张是有记录以来的唯一一次，无论是之前还是之后，都不曾出现过固定投资占国内生产总值比重下降的现象。与里根政府所承诺的不同，并没有出现制造业的国内投资热潮。与此同时，美国的跨国公司投资继续逃向海外，只不过，如今的速率更高。[49] 值得注意的是，在本土，美国新增"工业结构"的价值在1981年到1986年间下降了三分之一。[50] 与之相对，对金融资产和房地产的投机性投资却在增多。1982年后的这次繁荣，尤其集中于美国股票、债券和商业房地产上。即便是那些美国的非金融公司，金融资产收购与耐用资产收购的净比也在攀升。[51] 这影响到了劳动力市场。随着资产价格攀升，那些金融资产的所有者，以及被他们直接或间接雇用的商业和金融服务专业人士——银行家、会计师和商业地产评估师——经历了收入的激增。[52] 这些收入随即创造了对服务业和

第十九章 市场魔术

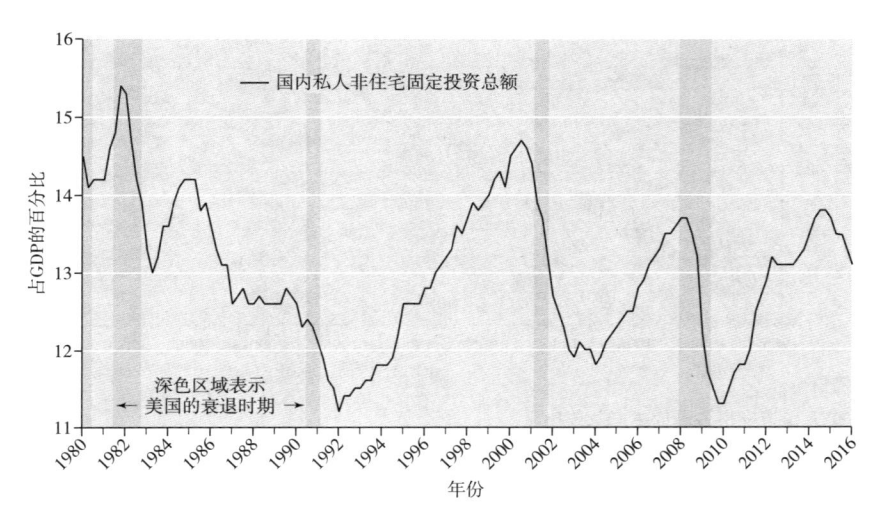

国内私人非住宅固定投资总额占国内生产总值的比重

通常来说,宏观经济扩张一直是由非住宅固定投资占国内生产总值比重增加所带动的。值得注意的是,这一轮 20 世纪 80 年代的宏观经济扩张,其特点为该比重的下降。

护理人员(比如零售业和儿童保育机构的从业者,护士和保姆等)的全新需求,而他们处于收入分配的下层。[53]中产阶级开始空心化。

相对于投资占国内生产总值比重的下降趋势,个人消费所占比重增加了。但是,在 20 世纪 70 年代,薪酬中位数的增长便已持平,不过这时它还偏离了低迷的生产率增长趋势线(部分原因在于投资率的下降)。在这种情况下,个人消费何以维系?的确,出台了减税措施。然而,与里根之前承诺的不同,家庭储蓄率的激增并未成为现实。相反,家庭债务增加了。家庭债务实际上取代了通货膨胀,掩盖了薪酬增长停滞的真相。[54]例如,在 20 世纪 80 年代,逾期未还的消费信用贷款(主要是商业银行发授的信用卡)增加了 1 倍。[55]遵循着这个沃尔克冲击后的模式,负债累累的美国消费者在美国资本进口的资助下,购买着来自全世界的制造业进口产品——在这十

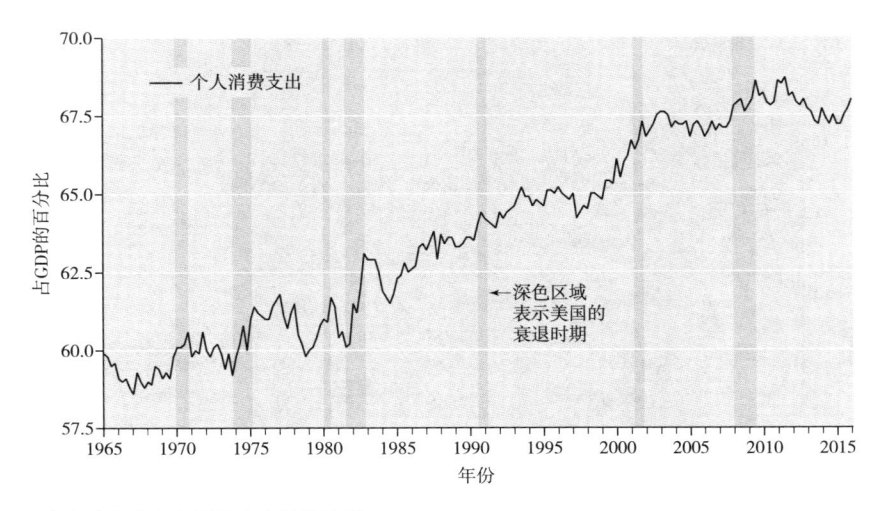

个人消费支出占国内生产总值比重

从控制时代到混乱时代,最大的一个经济连续性,便是消费主义的重要性日益增加。事实上,在 1980 年后的全球宏观经济中,美国变成了全世界最重要的消费市场。

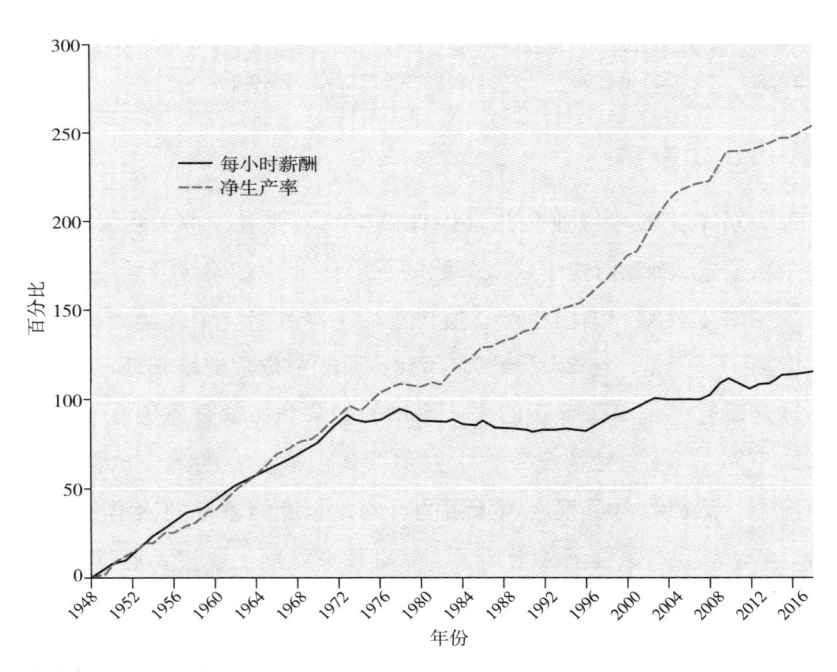

生产率增长和平均每小时工资增长

在混乱时代,生产率增长依然令人失望,并且继续偏离于平均工资增长。生产率提高带来的收益,流向了最富有的人;对于许多试图维持消费的美国工薪阶级来说,债务增长取代了收入增长。

第十九章　市场魔术

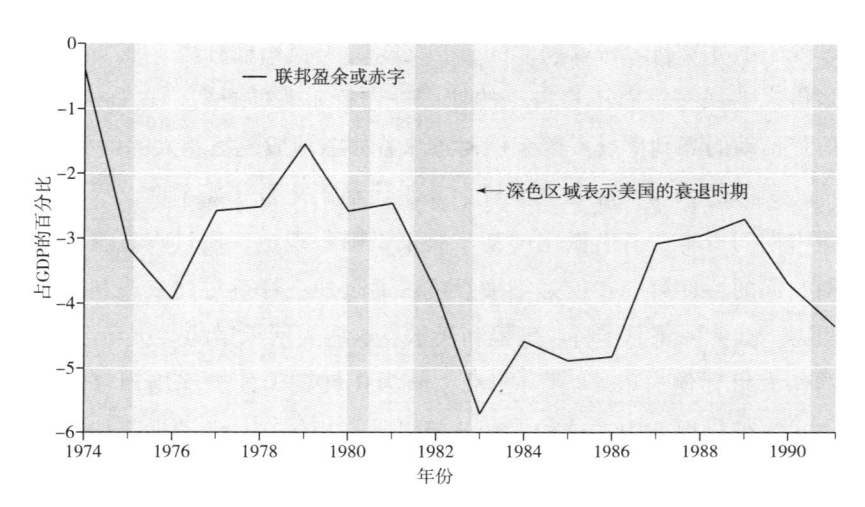

联邦盈余或赤字

通过增加预算赤字，里根经济学所达成的目标与其承诺正好相反。但是，美国的债务扩张将生成更多以美元计价的安全资产，供全球资本所有者购买。

年中，尤以日本制造业产品为最。[56]

最后，这轮扩张的另一个重要驱动力，是联邦财政赤字。供应经济学失败了——国家债务扩大了。然而，将会有大量外国资本疯抢美国债务。[57]

美国的家庭和联邦政府都转入负债状态，美国公司亦是如此。为什么？一个原因在于信贷在美国的易得性，虽然并非随手可及，因为世界经济很大程度上依然深陷沃尔克冲击后的公共债务危机和国民经济衰退之中。但出于对通货膨胀卷土重来的恐惧，美联储将其短期利率目标保持在了相对较高的水平上。只有在1984年12月，它才跌破了8%。大量可用资金与高利率水平这一不同寻常的组合，是自20世纪20年代金本位制恢复以来前所未见的。高利率下的信贷繁荣，要求对预期充满信心，而在这一点上，里根的各项亲资本政策的确关系重大。然而，以8%的利率借贷，要求回报率必须高过 8% 才可盈利。榨取利润的方法之一，是提高杠杆率，或使用更多借来的钱——而不是自己的钱——进行手头的投资。这样一来，信贷推动的高利率投资繁荣反而意味着如雪球般越滚越大的债务。

美国的公司债务在 20 世纪 80 年代翻了一番。如果说，沃尔克冲击期间资本所有者做出的初步决策是囤积现金、通过收息赚取短期利润的话，第二步便是举债投机，通过加杠杆跳过高贷款利率的阻碍。如此一来，卡特、里根和沃尔克这些人所承诺的"市场纪律"的伟大目标便失败了。[58] 相反，颇为任性妄为的上涨出现在了资本主义信贷周期中。这种上涨的前提，是相信交易流动性将始终存在——对于所有资产，就算没有买家，也总有某个出资者存在于这个正在迅速变得密切关联的大型单一资本和信贷市场中。

画家伯纳德·弗里泽（Bernard Frize）的《德崇证券》（*Drexel, Burnham, Lambert*，1987）是该时期的一幅绘画代表作，作品名取自这十年中最大的一家企业垃圾债券公司。

这幅画由一条连续的线构成，仿佛只存在着一个单一市场。画面十分杂乱，布满活跃的空间运动，却无叙事可言；线条并不朝着任何方向运动，但是，分属不同类别的对象是彼此相连的。弗里泽还使用了不同的画笔来画，如同将不同类别的资产缝合成一股充满能量的信贷流。

想要深入了解 1982 年后商业扩张的特征，投资银行德崇证券（Drexel Burnham Lambert）是个好的切入点。公司经营转向杠杆融资式资产升值，要求在美国公司治理中发生一场革命，在这场革命中，包括投资银行家在内的金融家们从已经举步维艰的管理阶层手中进一步夺取了更大的权力。

他们的武器，是"股东价值"这个新福音，它要求管理者的一举一动都要符合股东的金钱利益。这常常意味着削减薪酬、放弃长期投资或变卖资产，所有这一切都是为了保持眼前的账面赢利。无

第十九章　市场魔术

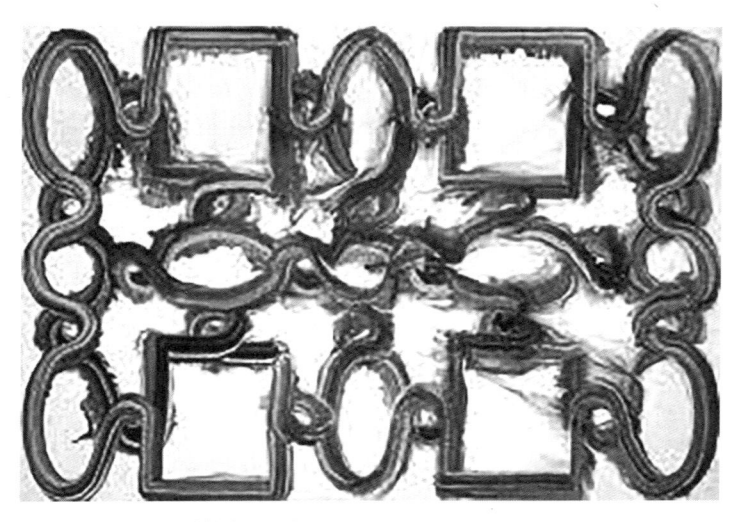

伯纳德·弗里泽,《德崇证券》(1987年)

这幅画作的名字取自20世纪80年代规模最大的垃圾债券公司,它形象地描述了这十年中资本市场日益密切的相互关联。

论是过去还是现在,都不存在要求美国公司必须以最大化短期利润为动机的硬性法律规定。[59] 大多数专注于长期增长指标和维持"组织冗余"的战后工业企业,甚至都不曾尝试过这样做。伴随着这场20世纪80年代的股东价值革命,公司股票的当下市场价格,成为衡量公司成功与否的新指标。

一波间或充满敌意的公司收购,将股东价值推上了至高无上的宝座。这一运动始于20世纪70年代末,当时,因为石油冲击的高油价而现金充裕的石油大亨们开始相信,那些大型多元化能源公司的股票交易价格低于其实体资产价值。在1983年竞标收购海湾石油公司(Gulf Oil)期间,得克萨斯石油大亨T. 布恩·皮肯斯(T. Boone Pickens)在《华尔街日报》上宣称:"我们致力于提高股东价值这一目标。"[60] 这是该表述最早的出处之一。皮肯斯试图说服海湾石油公司的大多数股东,将这家公司并入皮肯斯的"开采权托拉斯"（royalty trust）之中。随后，他将出售那些与石油业务无关的资产，将现金返还给资产所有者。在这之后，他会把这家完成业务剥离的石油公司再度发行上市，希望借此获得高估值。皮肯斯从未获得对海湾石油公司的多数控制权，但管理层还是向他支付了"绿票讹诈费"（greenmail）。也就是说，他们溢价回购了皮肯斯及其盟友之前购得的股票——远远高出皮肯斯集团最初支付的价格。休斯敦石油大亨小奥斯卡·怀亚特（Oscar Wyatt, Jr.）和纽约富豪卡尔·伊坎（Carl Icahn）和其他公司劫掠者（corporate raiders）一道，成功地奉行了这一策略。伊坎甚至对美国钢铁公司实行了"绿票讹诈"。[61]

公司劫掠者永远都无法单靠一己之力掀起股东革命。他们需要资本市场的帮助。与他们联手的，是机构投资者，尤其是公共养老基金和私立养老基金。换言之，战后薪酬政治所带来的资本聚集，为公司治理的种种变化提供了资金，而具有讽刺意味的是，这些变化反过来削弱了薪酬政治。至关重要的经济场所从收入转向了财产。如果说，工薪阶级开始运用债务手段补偿低迷不振的薪酬收入和维系消费的话，买断式杠杆收购则充分表明了，财产所有者如何运用债务手段提高其投资利润。总而言之，相对收入增长从劳动力转向了资本。

在20世纪70年代，通货膨胀侵蚀了养老基金的投资回报，而新的州和联邦法律让这些基金有可能寻求风险性更大的投资。[62] 1975年，各家养老基金拥有市值为1.13亿美元的股票。1980年，他们拥有的股票市值为2.2亿美元，1985年为4.4亿美元。这是一个典型的例子，完美地展示了资本如何开始在这一时期穿越资产类别。负责这些投资的基金经理相信，他们可以借助新的金融产品对冲股市投资的风险。例如，养老基金会购买"投资组合保险"，在这种保险中，当股票价格下跌时，计算机会自动抛售投资组合中的股票。投资组合保险背后的学术理论以交易流动性——"连续不断的交易是可能的"——为预设前提,也就是说,总是会存在着交易双方,而不是每个人都站在卖方一边。此外,1982年,芝加哥商品交易所(Chicago Mercantile Exchange)开始出售股指期货合约——究其本质,这是一种追随标准普尔500指数(人称"spooze")价格的资产。经监管部门批准的机构投资者购入这些股指期货合约,以对冲自己在股票市场中的交易头寸。[63]

对冲头寸在手的机构投资者,追随着公司劫掠者的脚步。1984年,德士古公司(Texaco)向得克萨斯巴斯家族(Bass family)基金会支付了5500万美元的"绿票讹诈费",在股票市值为每股35美元时接受了每股55美元的开价。加利福尼亚州公职人员退休基金(California Public Employees' Retirement System,简称CalPERS)是美国最大的公共养老基金和德士古公司的大股东之一,它的理事会成员很想知道,为什么该基金没有从交易中得到任何好处。加利福尼亚州公职人员退休基金带领着机构投资者委员会(Council of Institutional Investors,1985)加入了要求公司加大力度关注股东价值的大合唱。[64]管理者必须不惜一切代价地以公司股价为中心焦点。

"股东价值"是这一轮买断式杠杆收购和与之相关的兼并与收购的行动口号。1982年,在一场反托拉斯法的革命中,里根政府的司法部改变了该法的"兼并指导原则"。目标不再是1968年法律条文所述的"维护和促进有助于竞争的市场结构"。衡量某次并购的新标准仅限于其结果是否会"将价格保持在有竞争力的水平之上"。[65]这反映出了芝加哥法律与经济学运动的影响力正在不断扩大,该运动声称,实施反托拉斯法仅有一个相关标准,那就是"消费者福利"或降低价格——而不是市场结构或进入壁垒。法官们从这项法律中剥除了针对纵向并购和横向并购的反托拉斯规定。[66]在1985年到 1989 年之间，发生了成千上万起杠杆收购，总值超过了 2500 亿美元。[67]

假设绿票讹诈费并没有得到足额支付，就轮到杠杆收购施展手段了。公司劫掠者和新出现的"私募股权公司"——当时最大的一家是 1976 年成立的科尔伯格·克拉维斯·罗伯茨公司（Kohlberg Kravis Roberts，简称 KKR）——买进目标公司的部分股份（通常在 5% 到 10% 之间）。[68] 博弈就此开始。其他股东——尤其是大型机构投资者——必须心甘情愿地把股份卖给收购方。管理层甚至可以选择参与其中，而且商业咨询顾问通常都会鼓励他们这样做。[69] 当掌握领导权的高层管理人员出身于该公司的财务部门而非生产或销售部门时，这家公司更可能参与到买断式收购交易之中。[70] 如果管理人员加以抵制，便会出现"敌意"收购。为了筹集用于购买股份的现金，买家会从银行那里搞定信贷额度，或是发行垃圾债券，也即支付高额收益的高风险公司债券。方兴未艾的垃圾债券债务市场，是最后的一剂猛药。这些垃圾债券促成了杠杆收购。而以德崇证券的迈克尔·米尔肯（Michael Milken）为首的投资银行家，一手造就了这个市场。[71] 最后，在投资者集团大量建仓之后，它会向公司董事会开价——以某个名义上的股价——买断公司，得到控制权和所有权。

如此一来，公开交易的上市公司便成了私有公司。但这家公司随后不得不筹集现金以偿还债务。那通常意味着出售实体资产，同时削减运营成本——劳动力成本便包含其中。富有戏剧性的是，为了弥补被雇用者劳动报酬增长停滞的损失，员工养老基金参与到了杠杆收购之中，以寻求收益，而这导致新近背上债务的公司大幅削减工资和裁撤岗位，从而得以履行偿债义务。通常来说，大型联合企业会被拆分成多个部分，许多分支部门被降价出售。战后多部门工业公司从纵向和横向上都发生了解体——这是对固定资本的进一

第十九章 市场魔术　　785

步清洗，造成了蓝领工作岗位的进一步流失。在这之后，这家公司会被卖回到公共资本市场之上，寄希望于新的股价能为初始收购托底买单。假如股价继续上涨，一般来说都会圆满收场。但即便股价提高，这是否必然意味着，作为股价之基础的这家公司比杠杆收购之前更有价值了呢？如果股价上涨，这真的重要吗？

　　20世纪80年代最后一次大规模的杠杆收购，是科尔伯格·克拉维斯·罗伯茨公司斥资311亿美元对雷诺兹－纳贝斯克公司（RJR Nabisco）的收购。当时雷诺兹－纳贝斯克公司的首席执行官是F.罗斯·约翰逊（F. Ross Johnson）。作为一名公司管理者，约翰逊长期以来一直对白领科层制抱有一种本能的批判态度。他的管理风格是大学兄弟会一路的。战后管理主义的工业资本主义在他看来十足无聊。他让自己的公司处于"在牌桌上"（in play）的状态——这个形象的术语，指的是组建起一个团队，专门监测债务市场动向并出手买断公司。接下来的一系列事件，借助商业记者布赖恩·伯勒（Bryan Burrough）和约翰·赫利亚尔（John Helyar）的《门口的野蛮人》（*Barbarians at the Gate: The Fall of RJR Nabisco*，1989）得以永载史册。这本书开创了一种新的文学体裁，那便是引人入胜、高潮迭起的非虚构商业叙事作品。[72] 战后管理主义根本不会成为《门口的野蛮人》的主题，因为关于效率研究和长期资本折旧预算的图书选题，不可能吸引读者读下去。杠杆收购才是畅销密码。

　　在《门口的野蛮人》中，有一幕是关于人称"疯狗"的芝加哥投资银行家杰弗里·贝克（Jeffrey Beck）的，他在收购中西部企业集团埃斯马克公司（Esmark Corporation）时输给了出价更高的对手。但是，这次杠杆收购是他的主意，这便让他有资格从中收取费用。负责这次交易的管理人员对他开玩笑说，他拿不到好处。贝克打开了芝加哥某座摩天大楼的窗户，喊道："好啊！我马上就从窗户跳出去！我这就去死！"贝克最终因为在这场交易中所起的作用拿到了750万美元的费用。

约翰逊在竞购雷诺兹-纳贝斯克公司时输给了科尔伯格·克拉维斯·罗伯茨公司，可他个人依然拿到了5 300万美元。[73]这些钱被计作劳动收入。但是，产生这笔收入的经济活动，是杠杆融资驱动的资产价格升值——这些费用，是从债务市场中募集的巨额资金里切下来的甜头。下场玩家中，有如此重量级的公司巨头，参与交易的个人却为数无几，而在能够获取银行信贷的情况下，所牵涉到的资金数目极其巨大。认为约翰逊是因为其教育背景或天分——他的"人力资本"——才成为更好的管理者的说法，很难站得住脚。他不过是因为自己的职位和社交网络而处在了一个强有力的位置之上，对于这个位置，他像对待自己的公司一样，大加杠杆，充分利用。[74]

或许，当担任首席执行官的约翰逊从位于亚特兰大的公司总部搬到纽约市、在那里生活工作之时，雷诺兹-纳贝斯克公司的命运已经注定。这座城市已经扭转了它在后工业时代的厄运，不再是20世纪70年代时的笑柄。华尔街很快变成了文化迷恋的对象。奥利弗·斯通（Oliver Stone）的《华尔街》（*Wall Street*，1987）在一众电影中脱颖而出。它讲述了一个虚构的公司劫掠者戈登·盖柯（Gordon Gekko）的故事，这个角色糅合了现实生活中的公司劫掠者阿舍·埃德尔曼（Asher Edelman）与专事买断式收购的股市投机者伊万·伯斯基（Ivan Boesky）。伯斯基是《并购狂潮》（*Merger Mania*，1985）一书的作者，他曾对加州大学伯克利分校商学院的某届毕业生说，贪婪是"有益健康的"。[75]"在没有更好的词加以形容的情况下，贪婪就是好的。"盖柯在电影中说道。斯通希望《华尔街》成为对华尔街的批判，但这部电影让盖柯变得太讨人喜欢了，部分原因在于，它充分捕捉到了在这种新型金融交易中显而易见的情色主义。盖柯将股票交易心得和女朋友都传给了自己的得意门生巴德·福克斯（Bud Fox）。在小说这个门类中，一部值得一提的相辅相成之作，是布雷特·伊斯顿·埃利斯（Bret Easton Ellis）的讽刺小说《美国精神病》（*American Psycho*，1991），其主人公是一名身为投资银行家、厌恶女性的连环杀手。[76] 埃利斯怀疑，在这种金融活动中，存在着某些深度反社会的因素，它对男性身份危机有所补偿，却并没能解决这些危机。

退一步来说，许多老旧工业企业毫无疑问合该关门大吉，不管是以哪种方式。而许多快速消失的蓝领工作既单调乏味又危险重重，也并不值得保留，资本的流动性令其成为可能。但在这种摧毁破坏之中，创造何在？除了让地球上一小块面积上的一小部分人富了起来，它到底创造了些什么？

不管怎么说，到20世纪80年代中期，一种关于何为公司的新"常识"业已成形。[77] 1976年，两名曾受教于芝加哥大学、时任罗彻斯特大学商学院教授的学者迈克尔·詹森（Michael Jensen）和威廉·梅克林（William Meckling）发表了一篇论文《公司理论：管理行为、代理成本和所有权结构》（"Theory of the Firm: Managerial Behavior, Agency Costs, and Ownership Structure"），该文将成为被引用最多的经济学学术论文之一。[78] 他们认为，公司是一个现货市场（spot market），一个"契约集"（nexus of contracts）。最重要的契约，便是主要出资人（股权拥有者）与其代理（管理者）之间的契约。管理者的工作，是令股东价值最大化，而且就是现在。标准的战后企业管理盈利目标期限一直是二十年；到20世纪80年代中期，衡量某次买断式杠杆收购成功"获得回报"的行业标准是两年。[79] 詹森和梅克林的模型假设所有资产均具备交易流动性。[80] 1985年，詹森离开了罗彻斯特商学院，前往哈佛的商学院任教，一路鼓吹股东价值革命，而这种公司"代理理论"也开始渗透到各家商学院、咨询公司的建议和大众认知之中。[81]

就股东价值而言，在债务和计算机自动化的助力之下，纽约证券交易所的交易量在20世纪80年代呈爆炸式增长，纽约股市价格也是如此。股市总市值一路攀升，尽管公司利润率——实际业务收入——依然低于20世纪70年代时的熊市水平。[82]公司董事会为了收买持股者的忠诚度，日益将管理人员的报酬与股票期权——而非薪资——绑在一起。这些管理者反过来又开始回购公司股票，以保持股价上涨。[83]关于"基本面"的讨论——一家公司实际上是干什么的——在估值中依然重要，但抛开资本收益的资产价格，可能会脱离这家公司原本的"底层"商业利润锚点——这些利润，是通过在创造财富的经营和劳动过程中用尽资本而产生出来的。[84]

但这样一来，"底层"商业利润为什么一定要是基础性的呢？20世纪80年代早期，金融、保险和房地产（英文首缩写为FIRE）部门的利润超过了制造业部门的利润。1978年，制造业公司的投资组合收入（来自应计利息、股息和实际资本收益的收入）占总收入的18%，到1990年时，该比例为60%。[85]当一个人可以轻松地靠着在债务推动的市场中买进卖出资产而坐收渔利，或是仅凭威胁要从窗户跳出去就能拿到一大笔好处费，为什么还要费那个劲与流动性分离，担起在投资实业、雇用劳动力、制造产品并以高出成本的价格销售以获取利润的过程中可能蒙受的损失风险？往最少了说，以往被认为存在于现实经济和经济表象之间的那条线，开始变模糊了，而经济表象或许正在凌驾于现实经济之上——回归到P.T.巴纳姆和信心博弈之上。

表象与现实之间的边界模糊，是20世纪80年代"后现代主义"文化的一大首要关注点。[86]后来被视为重要的后现代文学体裁之一的"按市值计价"（mark-to-market）会计操作，或许便是一个例证。[87]战后管理主义的"历史成本"会计操作，在计算利润时，一直将其与生产性资本的既往使用或其长期贬值相关联。在按市值

第十九章　市场魔术

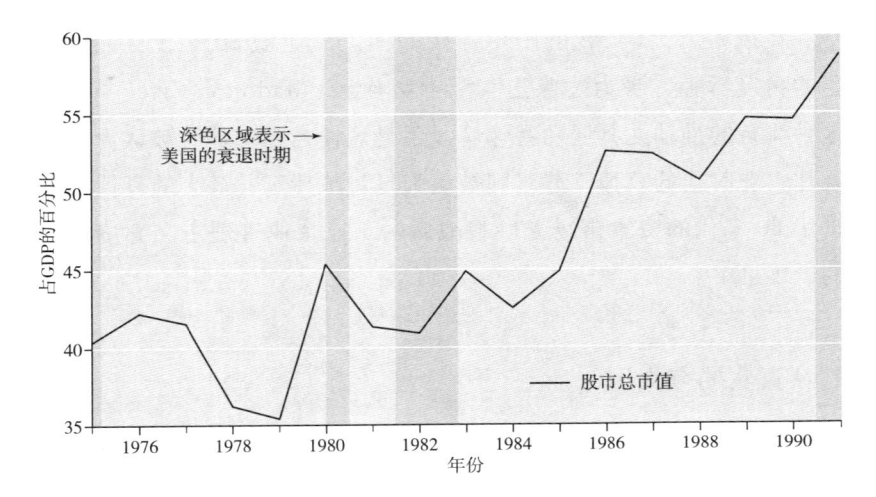

股市总市值占国内生产总值比例

在20世纪80年代，资产价格升值这一新型政治经济助长了公司股票价格的飙升。

计价会计操作中，预示未来收入的各种资产的当前市值才是最重要的。视线被局限于无穷无尽的短期目标，未来的"股本回报率"取代了"投资回报率"，或者说，股票走势取代了该公司既往为生产某些产品并以高出生产成本的价格进行销售而在各种资源上投入的支出。遥远的过去被一笔抹消，遥远的未来也是如此，因为未来融进了某种资产瞬息万变的当前价格。在这一时期的小说作品中，"逆时序"或时间倒流是一种流行叙事技巧，比如马丁·埃米斯（Martin Amis）1991年的《时间之箭》（*Time's Arrow*）。这是芝加哥学派经济学家"有效市场"假说的理论推定：金融市场并不承认既往，这些市场将未来准确地计入当前价格。[88] 在文化表达中，这十年里五彩斑斓的霓虹色系所象征的，正是这种浓墨重彩但也转瞬即逝的此时此刻。[89] 20世纪80年代公司劫掠者的着装风格中，明艳色系单品即意味着宣示力量的红领带。纽约名流、地产开发商唐纳德·特朗普（Donald Trump）便是这种造型的夸张表现。

在风格上，与 19 世纪 80 年代一样，20 世纪 80 年代见证了黑色的再度辉煌，身为波普艺术家的麦当娜（Madonna Ciccone）对这种流行的推动尤其居功甚伟。黑色是哀悼之色，那时被认为是对既往农业时代的哀悼，此时则被认为是对战后工业社会的哀悼。20 世纪 80 年代的资本市场无疑将战后的工业企业管理主义弃诸历史的尘埃之中。

4."真实的夸大"

这种新出现的 20 世纪 80 年代宏观经济格局，有能力创造出一轮持续性的经济扩张。它还为远离华尔街的各种经济生活形式提供了资助。此种繁荣看起来与休斯敦的城市增长模式十分类似，在那里，经济运转并不围绕着男性养家糊口者的工资打转，也无关长期固定投资和生产率增长，而是以房地产的四面扩张和服务业的高薪及低薪就业为中心。此外，在这些地方，流动性原则散布到了资本市场之外，流入了寻常生活。华尔街只有一个。1982 年后的这轮扩张，见证了之前的阳光带经济发展模式在整个美国的弥散。

20 世纪 80 年代期间，服务业的就业率增长惊人。1980 年到 1988 年间，在 1 200 万新增就业岗位中，有 200 万是在"商业服务"这个趋于收入分配顶端的子类目中。这包括了银行家、销售代表、保险理算员和地产经理人。在中到低收入区间，是 300 万个低技能、低收入的工作岗位，就业于食品制作、零售、教育和卫生服务行业。[90] 无论薪酬高低，所有这些工作都存在于按通常标准计算的经济体低生产率区段：在煎汉堡肉饼、倒便盆、教人做有氧健身操和开方抓药的时候，亨利·福特在分秒必争地扩大 T 型车产量时所实现的生产率增长，可没那么容易企及。20 世纪 80 年代不曾在生产率增长方面出现任何趋势性提高。[91] 如果说在沃尔克冲击之后，总体价格

第十九章　市场魔术

水平得以保持稳定，那么资产价格——尤其是商业地产——则是一路飞涨。

沃尔克冲击与里根政府税收政策带来的那些始料未及的结果合在一起，生成了另一个意料之外的结果，那便是商业地产。商业地产价格曾经在1973年到1974年衰退期间跌至底部，但在20世纪70年代便开始反弹，因为商业地产的租金与许多收入来源不同，可以根据通胀水平加以调整。在沃尔克冲击之后，充裕的资金蜂拥而至。例如，日本资本便如潮涌般进入了洛杉矶房地产业。[92] 逃离债务危机的拉丁美洲资本去了休斯敦。[93] 正是在这一时刻，借力于其父（一名皇后区的地产开发商）和慷慨的政府税收抵免政策的资金支持，特朗普进入了曼哈顿市场。以自有房地产资产和自己的名人效应为杠杆，特朗普通过举债建起了他的曼哈顿地产和大西洋城赌场帝国，而为此提供资金的，是一个"由72家银行组成的庞大网络"，其中既包括花旗银行、大通银行和信孚银行（Bankers Trust），也包括英国、德国和日本的银行。[94] 特朗普是一种大趋势的个体象征，他代表了一种生意经，这种生意经并不关心通过银行债务而购入的自有资产的基本收入生成。当资产价格上涨时，他以此为抵押物获取更多的贷款，而这变成了他的收入，因为其实际业务通常最后都是赔钱的。在请人代笔的自传《交易的艺术》（*The Art of the Deal*，1987）中，特朗普将此种商业模式称作"真实的夸大"。[95]

特朗普是个小丑，却极其精明。不过，房地产与股票市场并无不同。利用新的信贷来源，商业地产的资产价值在20世纪80年代一路飙升，远远超过了长久以来人们认定的该行业的所谓基本面，也即商业建筑的建造与实际使用。[96] 这十年中，全美国的房地产兴建热潮的确创造出了150万个新的工作岗位，受雇者以男性为主，但这些建筑业的岗位集中于达拉斯或菲尼克斯这些城市，而不是匹兹堡或克利夫兰。不管怎样，以价值而计，表象处处都胜过了真实一头。

在商业地产这个行业部门,关于市场的宏大意识形态宣言几乎没什么意义,远远比不上这一持续转型过程中的某些具体细节。里根政府的1981年减税政策为"各类建筑"提供了全新的加速折旧税额抵免方案。制造业建筑是这项政策的预期目标,但该法律也适用于商业地产。公司可以互相出售税收抵免额度。[97] 由此而来的文书工作意味着在"商业服务"部门新增了许多税务律师的职位。即便是像通用汽车公司这样的工业企业,也开始投资于办公楼建造而不是厂房建造,哪怕目的可能只是获得税收抵免。律师开始组建一系列新型合伙制律师事务所和空壳公司。收入转向了他们,尤其是在1986年税收改革法案通过之时,因为该法案给予此类实体低于公司税的税率,令其受益良多。[98] 自由主义一直以来惯于运用税制来吸引对工业的私人投资,但收效良莠不齐。该手段此时几乎成了一种自嘲,因为在眼下的例子中,资本在体系庞杂到令人头晕眼花的避税中介机构中畅行无阻,转入了杠杆融资的商业地产领域,而不是工业。[99]

关于那些新的融资来源的故事,经过也大致如此。1982年,《加恩—圣杰曼储蓄机构法》(Garn-St. Germain Depository Institutions Act)更改了对储蓄和贷款行业中"互助储蓄业务"(thrifts)的金融监管。罗斯福新政时期的监管法规曾经对互助储蓄机构的贷款组合严加限制。在地产行业,储蓄银行的业务范围主要限于距其所在地50英里范围内的住宅市场,但熟悉的模式开始出现。同样的,20世纪70年代的通货膨胀动摇了该行业的根基,在这个具体案例中,主要原因在于诸多互助储蓄机构的资产是固定低利率的陈年住宅抵押贷款。这项1982年的立法允许互助储蓄机构将其资产的高达40%投资于商业地产,这将联邦储蓄保险限额从4万美元提升到了10万美元。该法还令个人得以成为互助储蓄机构的所有权人。最后,它让各家储蓄银行有资格从不受监管的影子银行业务部门吸纳"经纪存款"（brokered deposits）。货币经理人于是在互助储蓄机构中零碎存入了大量10万美元的定期存款。这些存款没有任何风险，坐收渔利，因为它们是由政府提供担保的。[100]

这些互助储蓄机构的商业地产贷款占其总资产的比例，从1982年时的7%攀升到了1989年的20%。[101]信贷主要流向了扩张中的阳光带城市和市郊的边缘地带，例如加利福尼亚州和得克萨斯州的办公园区。许多地产开发商自行组建或收购了互助储蓄机构，他们可以借助这些互助储蓄机构，将联邦政府提供保险的经纪存款汇入自家的"过手"地产子公司。在这一阶段，许多商业建筑因为入住商户寥寥无几而被戏称为"透明楼"（see-through）。在休斯敦，吉恩·菲利普斯（Gene Phillips）借助南汇有限公司（Southmark Corporation）这个壳公司购入了一家互助储蓄机构，即圣哈辛托储蓄贷款协会（San Jacinto Savings and Loan）。圣哈辛托储蓄贷款协会与查尔斯·基廷（Charles Keating）——一名纽约地产开发商和互助储蓄机构所有权人——旗下的多家实体来回互换了价值2.46亿美元的商业地产抵押贷款。这类交易此时成为可能。这些人在彼此之间反复交易同一资产，每一次都通过虚标高价而获得账面利润。从这些互换交易中，双方录得了1 200万美元的市值计价利润，而基廷用这笔钱进行杠杆融资，从德崇证券那里购入了多支杠杆收购的垃圾债券。[102]

出于震惊，一名佛罗里达州的监管者评论道："银根"（money availability）已经成为"房地产开发的理由，而不是经济因素"。[103]资金唾手可得，但利率很高，于是需要借助债务和杠杆盖过贷款成本实现赢利。但这是经济学，或者至少说是一种经济之道。商业地产并不是某种底层商业扩张之上的泡沫市场。或许，真实情况不过如此：资本涌入某个资产类别，烧钱制造收入和工作岗位——银行家、开发商、建筑工人、个体经营的验房师、估价师、评估师、会计师和诈骗犯。与此同时,随着男性工资中位数拉成一条平缓直线,而更多女性进入劳动力市场,她们离开家庭造成的缺失及其新增收入,便创造出了对护理行业更多服务性岗位的需求。总要有人为金融和商业服务阶层的成员剪头发、做晚餐、看孩子和照顾年迈的父母。

当然,资本并没有涌向每一处。就房地产价值而言,北方黑人城区地产价格继续下跌,自从 20 世纪 60 年代晚期城市暴动频发以来,情况一直如此。[104] 迁回南方的黑人增加了,但许多北方城市黑人日益被困在没有工作的黑人聚居区中,他们的人力资本在贬值,而失业救济金和根据经济状况调查结果发放的福利补助也在下降。这些人别无选择,只好本着时代精神大胆创业。非正规经济和犯罪经济扩大了。[105] 始于 20 世纪 60 年代的全国范围的暴力与犯罪率上升趋势尚未被逆转。[106] 1982 年,里根又加大力度开展尼克松任期时打响的"毒品战争"。因为非暴力毒品犯罪而被监禁的黑人男性比例尤其急剧增长,但总体上,白人与黑人的监禁率增长水平相同。到 1996 年,美国监狱人口从 30 万左右攀升到了超过 100 万。至此,美国变成了全世界最严刑苛法的国家。随着依经济调查状况而定的福利补助和公共住房开支持续下跌,花在人身监禁上的支出增加了。在这里,出现了一些新的围墙——监狱的高墙。资本可能会投资兴建它们。自 20 世纪 20 年代以来的第一座营利性监狱,于 1983 年在田纳西州签约动工:"1985 年,营利性监禁机构中关押了 1 345 名囚犯;十年后,此类机构共有 49 154 张监狱床位。"[107] 同样,在公共住房领域,里根政府向营利性开发商提供税收抵免,只要他们满足了建造"低收入"住宅单元的最低标准。[108] 阳光带地区的监禁率和营利性"公共"住房比率均呈激增趋势。在遵循休斯敦经济发展模式的城市中,私有化轻而易举,因为那里有着如此多的发展契机,"公共"监狱、医院和其他此前并不存在的服务提供机构

第十九章　市场魔术

都可以用来上手一试。这便是此种全新的政治经济学。当公共基础设施在北方分崩离析时，它将取而代之。

从极端贫困的那些人的角度来看，经济生活开始变得黯淡无望。人身监禁日益成为将民众从后工业时代劳动力市场中排除出去的解决方案。[109]"美国刑罚政策的过度发展"对应着"美国社会政策的发展不足"。[110]然而，不断扩张的服务经济的确提供了种种新的可能性。

在纽约州的布法罗——1983年钢铁企业倒闭的发生地——宏观经济扩张的确带来了工作岗位。多丽丝·麦金尼（Doris McKinney）是一位黑人单亲妈妈和前钢铁厂工人，她失去了一份权益受工会保障的高薪工作，但在某家纽约州立医院中找到了照顾老年患者的新工作。薪酬和福利待遇要差一些，但日常工作要好得多。"我的工作对象是老年病患。我做各种各样的手工艺品……我喜欢这活儿。我简直没法告诉你，干这份工作我有多开心……这就是我想干一辈子的工作。"[111]在里根执政的那些年里，卫生和教育服务业新增了310万个工作岗位，增幅近40%。开始时，里根政府曾削减了残疾补贴的领取者人数和福利金额，但到20世纪80年代中期，各项指标再度激增，而且因为人口的老龄化，里根时代的福利转移占总收入之比有所增加。[112]政府公共福利与私营福利经济同步扩张。在许多铁锈带城市，医疗保健取代了工业，正如在家庭中，那些照顾老年男性制造业工人的女性护士的收入（由工会医疗保险计划间接支付），取代了男性赚钱养家者的收入损失。[113]

一个服务业工作的新世界正在成形。它具有社会互动性，由充满温情的护理劳动组成。[114]这类服务业劳动依然具有女性特征，遭遇裁员的男性钢铁工人很少申请家庭护理帮工一类的工作。男性更可能会在"个体经营"部门寻找岗位，这种工作通常朝不保夕，福利待遇低下。但通用汽车公司新泽西州林登工厂的一位前流水线工人说，在自己的新工作中，"关系改善了"。他曾经痛恨自己的顶头上司。一名自助洗衣店的个体经营者指出，"如今大不相同了。拿衣服来洗的那些人，通常都心情很好，如果我的心情也不错的话，一切都是那么美好"。[115] 因为新出现的这些服务业岗位的社交内涵，一些人从人际关系的角度衡量，对其深表赞赏。但作为劳动者，他们并没有在收入分配和金钱报酬上得到充分认可。愿意照顾他人并不被视为有分量的"人力资本"，但某所大学的会计学位是。很快，经济学家便为这一现象发明出了一个名词："技能偏向性技术变革"（skill-biased technical change）。[116]

剥削在服务业劳动市场中也十分常见。认识到家庭与工作之间的界限已经崩塌，工会组织试图寻找根除剥削的方法。纽约、芝加哥和圣迭戈的家庭医护人员绝大多数是黑人女性，她们奋起争取组建工会。营利性公司此时可以通过合同提供由老年医疗保险提供资助的家庭医护服务，如此一来，劳动者便可能不得不与各州政府、非营利性机构和营利性机构讨价还价。[117] 由约翰·斯威尼（John Sweeney）领导的服务业雇员国际工会（Service Employees International Union，简称SEIU）支持这种组建工会的活动。国际妇女服装工人工会（International Ladies' Garment Workers' Union）于1983年在纽约建起了一家托儿中心，并于1988为该工会的13.5万名会员赢得了育儿假。尽管如此,将这些受雇于承包商、分包商和诸多"供应商"的零散工人组织起来并不容易。然而，从这一时刻起，美国女性加入工会的比例开始高于男性。[118]

5. 怀旧政治

1984年，里根以59%的普选票得票率再度当选为总统，这是一次压倒性的胜利。这些年来的经济转型令人晕头转向，是不是有

第十九章　市场魔术

些过了头？即便是里根政府也停下脚步进行评估，并在稍微收敛亲市场意识形态的同时，投身到了一种对既往经济秩序感伤怀旧的全新政治之中。在里根第二次就职几个月后上映的1985年电影票房冠军《回到未来》(Back to the Future)，就沐浴着这种怀旧情绪。20世纪80年代晚期，甚至连文化先锋派，都从后现代的痴迷于表现，转向了失落创伤这一主题。[119] 接下来，信贷周期终于结束，漫长的商业扩张走向了尽头。

尽管欣然乐见于资本进口弥补预算赤字，第二届里根政府却开始质疑后沃尔克冲击时代的全球经济格局。美元价值高得可怕。1985年在纽约广场酒店达成的《广场协议》(Plaza Accord)向全世界宣告，美国、日本、联邦德国、法国和英国将致力于对外汇市场进行干预，压低美元的相对价值。在1985年到1987年间，与其他国家的货币相比，美元贬值了40%，几乎回到1980年时的水平。[120]

为什么会有《广场协议》？日本和欧洲的财政部部长并不喜欢眼看着本国的储蓄流向国外，购买美元和美元计价资产。因为美元高企，美国制造商生产的产品在国外更昂贵，而在本土市场，与之相竞争的进口商品则要更便宜，这些制造商开始游说国会。此外，蓝领工作岗位的流失是整个政治文化难以接受的。在一个女性医疗服务业就业率激增、男性制造业就业率下降的经济体中，一定有什么地方出了问题。《广场协议》签订后，经过一段短暂的滞后期，美国贸易逆差急剧缩小。一个过渡时代开始了，在这个时代中，后沃尔克冲击模式得到了逆转。（它有朝一日将卷土重来，挟恨报复。）在20世纪80年代末，得益于进出口比价的逆转和平均实际工资增长的停滞不前，美国制造业的利润率开始攀升。[121]

这种怀旧政治在农业政策中发挥的作用比在任何其他地方都更大。与许多第三世界国家的大宗商品生产者一样，许多美国农场主在20世纪70年代为扩大生产而背负债务，结果却因沃尔克冲击导致的融资费用增加而自食苦果。美国农业债务在1983年达到了2150亿美元。这场"农业危机"变成了1984年到1985年的全国性新闻，以及一场后工业时代的媒体奇观，小型家庭农场不复存在。根据自由市场原则，里根否决了国会的救助计划。民主党内的农业游说团体祭出了一些著名女演员，在委员会面前担任"专家证人"。电影《家园》(*Country*，1984)讲述了一个艾奥瓦州家庭农场因无力偿还抵押贷款而失去一切的故事，出演该片的杰西卡·兰格(Jessica Lange)向国会请求，不要"让我们最后的一点遗产也消失不见"。《梦幻之地》(*Field of Dreams*，1989)是关于这一轮艾奥瓦州农业危机的最佳电影作品，其中不谈政治，只有对昔日的向往思慕，而那个过去恐怕只能凭借魔法才会重现。1985年，里根做出让步，签署了一项内容有所扩展的农业法案，其救济款的80%都被分配给了年收入超过10万美元的、绝大多数为白人的大农场主或农业公司。杰斐逊主义的白人自耕农与"黑人福利姬"一样，都不过是个神话而已。[122]

无论是自耕农业，还是男性赚钱养家的工业模式，都未能卷土重来。但随着信贷周期的回归，一些沉渣得以泛起。1987年10月9日，在一个交易日中，纽约证券交易所的道琼斯工业平均指数下跌了22.6%，创下历史最大跌幅。1986年，前所未闻的波动水平开始出现于纽约证券交易所。一个体量巨大、相互关联的单一资本市场的兴起，使得货币以史无前例的速度在纽约证券交易所杀进杀出。"这种运作以往需要十天才能实现。如今只需要十分钟。你根本没法掌控。"一位市场参与者指出。[123]芝加哥商品交易所的"标准普尔500指数"合约，是一种股指金融衍生产品(stock index derivative)，也即一种合成资产(synthetic asset)，其价值源自其他资产的价格变动。当这种合约价格飙升时，货币经理人将其出售，买入正股(underlying stocks)，推高纽约证券交易所市值，而反向交易则会导致股票价格下跌。会不会有人出手买下它们，赌一把股

第十九章 市场魔术

价终将回涨？这个市场中的交易流动性是否一直充足？各个监管机构并不觉得这种金融创新有任何问题。1985年，财政部、美联储、证券交易委员会和商品期货交易委员会共同发布的一份报告指出，一系列新出现的复杂金融衍生产品实现了"卓有成效的经济目的"，因为"不那么愿意承担（风险）的公司和个人"可以将其转卖给愿意承担风险的公司和个人。这份报告提到了金融市场的"理性"和"效率"，并总结道，衍生产品"似乎对资本形成不构成重大负面影响"。[124]

1987年10月，借助投资组合保险和股指交易，机构卖单夷平了纽约证券交易所的股价。在市场底部，没有接手的买家——交易流动性荡然无存。东京、香港和伦敦的股票市场遭遇暴跌。10月9日，星期一，纽约证券交易所跌了508点。在大规模逃向现金的过程中，信心崩溃了——此时，预防性流动性偏好大举爆发。这动摇了短期投机的根基，就更不用提长期投资了。第二天，芝加哥和纽约的场内交易几乎全面停顿。交易员戴上了"不要恐慌"的小徽章。自8月起便在艾伦·格林斯潘领导下的美联储宣布："固守其作为国家中央银行的职责，美联储于本日宣告，将矢志不渝地作为流动性的来源，为经济和金融体系提供支持。"恐慌得到平息，信心再度回归。纽约证券交易所市值反弹收复失地。[125] 这次突发的崩盘并没有立即导致经济衰退。

在这十年中，美联储愿意为新的资产价格升值型政治经济学提供支持这件事，已经变得十分明显。只要市场相信资产的交易流动性——哪怕仅仅是为其提供资金的债务——持续存在，信心便能得到维持，资产价格也可能会继续攀升，长期的、由信贷推动的宏观扩张可以一直持续下去。但是，拥有担保流动性这一终极权力的唯一代理人，是美联储这个国家机构。格林斯潘再清楚不过的一件事，便是美联储很愿意承担这一角色。

1982年后的这次扩张一直持续到了1990年，它是第二次世界大战以来最长的一轮和平时期的扩张，仅次于1961年到1969年的那一次。在台上亲历1990年到1991年那次短暂衰退的总统，不是里根而是乔治·H.W. 布什（George H. W. Bush）。格林斯潘领导下的美联储依然小心提防着通货膨胀，在1986年到1989年间，它将短期利率从不到6%提高到了近10%。这一举动结束了信贷周期，杠杆融资的商业地产价值下降了。作为一种商业模式，真实的夸大或许有其局限性。特朗普宣告破产，靠自身的名人效应空手套白狼，很快便成了他的生意经。在房地产领域，欺诈性储蓄和贷款行业从内部崩溃了，最终以政府斥资约1 500亿美元出手相救告终。[126] 掌握信贷渠道令犯罪成为可能，1990年，垃圾债券行家迈克尔·米尔肯因内幕交易而被判入狱十年。垃圾债券市场损失惨重，公司杠杆收购潮结束了。最后，个人消费的下降成了这场衰退的一个主导原因。许多家庭此前逐渐债台高筑，部分原因是为了弥补疲软的薪酬增长，这时他们决定停止增加负债，降低花销，从而削弱了经济活动。这关系重大，因为商业扩张毕竟一直是由消费而不是投资来带动的。[127]

　　让我们退后一步，对这十年中的经济变化加以评估。在20世纪70年代的工业资本主义危机期间，几乎每个国民经济体都经历了某种形式的低迷。许多国家早已转向资本市场，累积起了公共债务，寻求着这样或那样的解救方案，但通常它们所寻求的不过是重振本国工业经济。当沃尔克冲击袭来、一场全球性经济衰退爆发之时，融资利率立时飙升，导致了一连串严重的公债危机，尤以拉丁美洲和非洲为甚。但即便是某些东欧共产主义国家——比如波兰这个最引人注目的例子——也进入了资本市场，试图靠借贷摆脱工业的不景气状态。在一场最终失败的赌局中，这些政权加倍投注于对资本品型工业主义（capital goods industrialism）的投资之上。共产主义将就此"消亡"。[128]

第十九章　市场魔术

就其自身而言，资本主义也发生了转变。在资本流动性的帮助下，依然是全球霸主的美国走在了最前面。由于美元依然保持着世界储备货币的地位，美国在20世纪80年代从资本进口中坐收渔利，而全球大部分国家地区都蒙受了经济损失。沃尔克冲击通过提高利率促成了这一点，从而令持有美元变得更有吸引力，而更重要的是，它痛击了通胀预期——提振了资本所有者的信心。美国在20世纪80年代经历了一场经济繁荣，而其他国家则没这么幸运。（在法国可没有休斯敦这样的城市。）对于美国来说，这是一个多么非同寻常而又独一无二的为后工业化未来积累资本、制定规划的机遇啊！

里根经济的确取得了一些成就。它送走了战后工业社会，服务业的就业增长惊人。或许，它最大的成就，便是缩小了男性和女性的薪酬差距。[129] 与此相关，在这个后民权时代，女性和少数族裔进入了一些工作岗位。以往，白人男性的歧视曾将他们排除在这些工作之外，令其无法成为生产率增长的重要驱动力。[130] 但总体上，生产率增长依然令人失望——在这种意义上，20世纪80年代是自工业革命以来历史表现最差的十年。[131] 这主要是因为，长期投资——无论是私人投资还是公共投资——极其疲软（这不包括军事投资，比如对星际导弹系统的投资。这个系统并没能在与冷战对手的交战中建功立业，后者便自行分崩离析了）。鉴于国内外的货币和信贷都如此充裕，美国资本所有者在这十年中的所作所为，大多数不值得表扬：尤其是，他们培育出了一个虚浮的、专注于短期投机的金融部门，其社会价值很成问题。而其经济价值也是有问题的——自1980年以来，金融对生产率的贡献一直难以在统计数据中显示出来。[132] 与此同时，随着收入增长开始更多地流向增值资产所有者而非劳动者，经济不平等加大了。[133] 许多新兴的、为富人服务的工作岗位，都是低薪工作，有些甚至是带有剥削性的。最后，即便在这十年中，科学证实了因人类活动而导致的气候变化确实存在，高能耗的、以化石燃料和汽车为基础的阳光带经济依然得到了巩固和扩张。

各种各样的经济政策促成了这一转变，但这种新型资本主义很难说是任何一种长期政治愿景或经济愿景有意达成的结果。相反，一种新的、持久的预期模式出现了，定义它的，是一种新的流动性偏好——更大程度的交易流动性，以及各种资产之间更大程度的可兑换性。通常而言，这徒然助长了频繁的、纯为投机而投机、没有任何意图或目的的投机行为。矛盾的是，对货币或类货币资产的流动性偏好，不仅会生成投机不确定性，还会提供对这种投机不确定性的可能回应——出于防范而将流动性的、可避险的价值存储介质囤积起来，以此在焦虑不安的时刻获得抚慰，而这样做还有一个额外的好处，便是可以相机而动，有必要时立即重新投入投机游戏。因此，无论看上去忙忙碌碌还是实际上无所作为，高流动性偏好都会令经济陷入某种形式的短视行为中。与此同时，怀旧政治不但没有放眼长远，反而将目光投向了一去不复返、本身也并不值得重现的往昔。在电影之外，回到未来是不可能的。

总之，美国社会眼睁睁地失去了控制，失去了审慎地主动创造经济成果的能力。人们"可以做出各种推测与投机"，1982年，在成为全世界最举足轻重的经济政策制定者之后，沃尔克在某个非正式场合说。他私下里对同事坦白道："对于资本外逃问题，我不知道将会发生什么。"美国工人在20世纪80年代丢掉了他们的工厂工作，但随即重新站稳脚跟，在服务业找到了新工作，或是成为个体经营者。他们常常会迅速将其归因为"我很幸运""真是侥幸""走大运了"。[134]"我琢磨着，如果你能受到良好的教育，总会有好的机遇的"，曾经是一名钢铁工人的本杰明·布费尔（Benjamin Boofer）这样说，他如今以加工薪柴为业。"但在我看来，似乎每个人都不得不变得机灵起来，然后那些机灵的人，就会走大运。"[135]

第二十章

新经济

资本主义或许从未像20世纪90年代那样备受赞誉。1990年到1991年的经济衰退，即便以国内生产总值计也是温和的，但随之而来的，是一场"无就业复苏"（jobless recovery），这种情况对于年轻男性尤为显著，而这成为未来商业周期的一个令人不安的征兆。在20世纪90年代初的很短一段时间中，垃圾摇滚乐（grunge music）和懒汉电影（slacker films）大为流行，拍摄于休斯敦的《现实的创痛》（*Reality Bites*, 1994）是其中翘楚。但很快，在信贷周期投机性上升的推动下，下一轮宏观经济扩张开始了，而这将被证明是一个经济发展令人头晕目眩的十年。

在这场新经济中，已经于20世纪80年代离开了许多固定产业结构的资本，涌入了信息技术的基础设施建设，而这通常是借助互联网公司金融证券的方式实现的。这种金融证券，与雅虎和谷歌这样的商业互联网同时产生。与之相对应，在20世纪70年代同样经历了工业低迷的苏联，却未能规划出一个后工业时代的经济未来，从而走向消亡。在1989年柏林墙倒塌和1991年苏联解体之后，政治学家弗朗西斯·福山（Francis Fukuyama）在1992年大肆宣扬"历史的终结"。视线之内，再也看不到与自由资本主义民主相对的其他选择。[1]此外，过去也不再那么重要了。对工业社会的怀旧之情，暂时性地消弭无声了。企业管理大师詹姆斯·尚皮（James Champy）在《再造管理》（Reengineering Management，1995）中写道：

> 没有什么是稳定的。商业环境就在我们眼前发生着变化，迅猛而令人茫然无从。
>
> 如今，不管我们做什么，都是不够的。我们对渐进式的变化习以为常：对于这种变化，我们可以通过细心计划、建立广泛共识和控制执行的方法来实现逐步管理。如今，我们不仅要管理变化，我们还必须快速地创造变化——大的变化。[2]

到1998年，随着资本主义的胜利和近期美国宏观经济的强劲表现，美联储主席艾伦·格林斯潘在国会听证会上公开表示，尽管个人持怀疑态度，他还是考虑着"是否从某种意义上来说，我们已经'超越了历史'"。[3]

从沃尔克冲击那段时间开始，美联储继续朝着监管之峰一路攀升。大名鼎鼎的货币政策"大师"格林斯潘，并不是华盛顿唯一一个拥抱全新资本流动性的政客。1999年，哈佛大学经济学家、美国财政部常务副部长劳伦斯·萨默斯（Lawrence Summers）*总结了"20世纪90年代的一些教训"（十年后，他将成为贝拉克·奥巴马总统的首席经济顾问）。最值得重视的一个教训，便是世界已经"进入了一个市场的新时代：一个奖励开放、灵活和创新的时代"。这意

---

* 人们一般都称他为拉里·萨默斯（Larry Summers）。

味着，各国必须"加快脚步，创造一个让资源——尤其是资本——流向其回报最高的用武之地的环境"。[4] 在以往那个跨境资本流动被控制的时代，战后自由主义曾致力于谋求"机会均等"，如今，这经历了更新换代。作为一个在1990年至1991年衰退后于1992年当选的民主党总统，比尔·克林顿承诺，将超越左派政治与右派政治之间古老的意识形态划分，走向"第三条道路"，也即在精英主义的主导下致力谋求机会均等。在这种自由主义之下，吸引全球资本投资是个人与国家都拥有的自由，也是他们的必要义务，否则便要承担严重后果。

延续着在20世纪80年代便已暗流涌动的趋势，边界和围墙正在倒塌，而制度界限也在变得模糊起来。贸易壁垒不复存在，投资与商业银行业务之间的高墙坍塌了。2000年4月，克林顿总统在一次计算机贸易展会上说："过去七年中，我一次又一次地发现，在我们最重要的某些事业领域，唯一真正行得通的，就是适当的公私合伙制。"[5] 克林顿只捍卫过一堵墙，那就是立在他的公职生活与其私人性生活之间的隐私墙，但本着那个时代的精神，这堵墙也倒了。20世纪90年代"慢慢地消除了公私之间的分隔"，白宫实习生莫妮卡·莱温斯基（Monica Lewinsky）如此评论道。[6]

在这十年里上映的一部热门电影《终结者2》（*Terminator 2*, 1991）中，一个由液态金属制成的机器人不断地重回液态，改头换面。政治经济和社会生活中许多一度截然分明的制度领域，如今变得越来越密切相关，正如一幅时时变化的维恩图（Venn diagram）*。何者为公？何者为私？什么是个人的？什么是政治的？男性与女性身份之间有何不同？种族和性别是否只不过是"社会虚构"？民族归属是否已经过时？各种边界被一一跨越，坚实的变成了流动的，

---

* 又译为文氏图，英国逻辑学家约翰·维恩发明的一种用圆表示集与集之间关系的图解。

似乎一切都在变得"网络化",以至于几乎没有为独立立场留下余地,让人可以退后一步审慎评估,或是划定新的界限。自然,一个独立的公共利益的立场也就变得难求难觅了。[7]

从柏林墙的倒塌,到"建造边境墙!"的竞选口号响起,中间隔了二十七年的时间。但是,旧的千年将尽之时,却是统治精英积极欢庆"流动"的时刻。为什么要为稳定性、结构或领域划分忧心忡忡?这个十年的重要关键词——全球化——最能表达这种情绪。商品和文化跨境流动,人——合法和非法的移民——也在跨境流动,虽然程度略低。[8] 最重要的是,全球化意味着让资本四处漫游,拥抱变化。这一切都将以某种方式令所有人受益。

到了最后,事态并不如人所愿。但是,20世纪90年代的统计数据让人有理由相信,当时的美国经济运行态势相当不错。1998年,格林斯潘在国会上夸口说,宏观经济的表现"以我过往经历来判断,相当激动人心"。[9] 因为对信息技术产业的投资,固定投资的总体比率——或新增生产性资产购买率——有所上升,超过了20世纪80年代的水平。在20世纪90年代后期,生产率增加到了20世纪70年代以前从未见过的水平。[10] 同样,失业率也降到了5%以下,这还是1973年以来的头一遭。劳动力市场变得紧张起来,工资中位数自20世纪70年代以来首次攀升。总体价格上涨水平保持在低位,甚至连暴力和犯罪率也降到了20世纪60年代以前不曾出现的低水平。[11]

然而,资产价格升值的势头却更加非同寻常。1996年,格林斯潘就股票市场估值中的"非理性繁荣"发出了警告。[12] 股票价格开始一路攀升,远远超过与实际商业利润或国内生产总值的历史关联。

历史是否已经不再能为经济未来指点方向?格林斯潘同样相信,股票市场价值是合理的,因为预期合理。考虑到那些创新理念

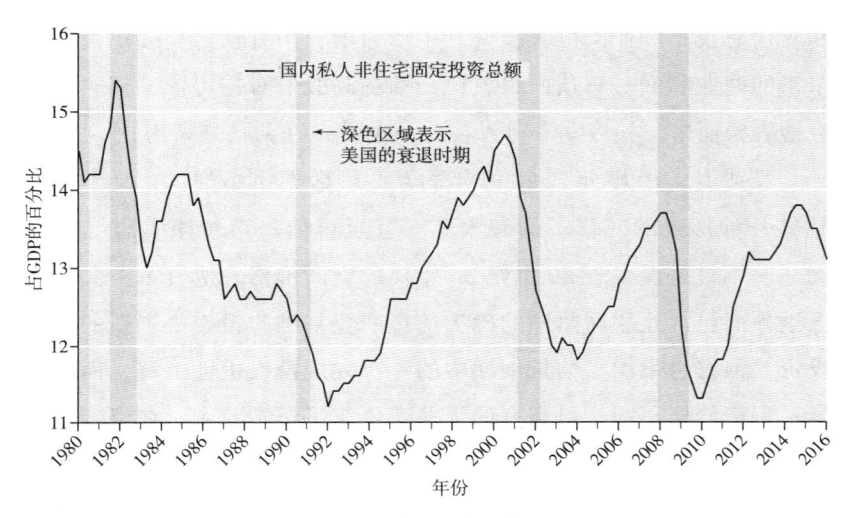

国内私人非住宅固定投资总额占国内生产总值的比重

一次真正的投资热潮和继之而来的生产力增长推动了 20 世纪 90 年代的新经济。在混乱时代，这个短暂时刻是一个例外。

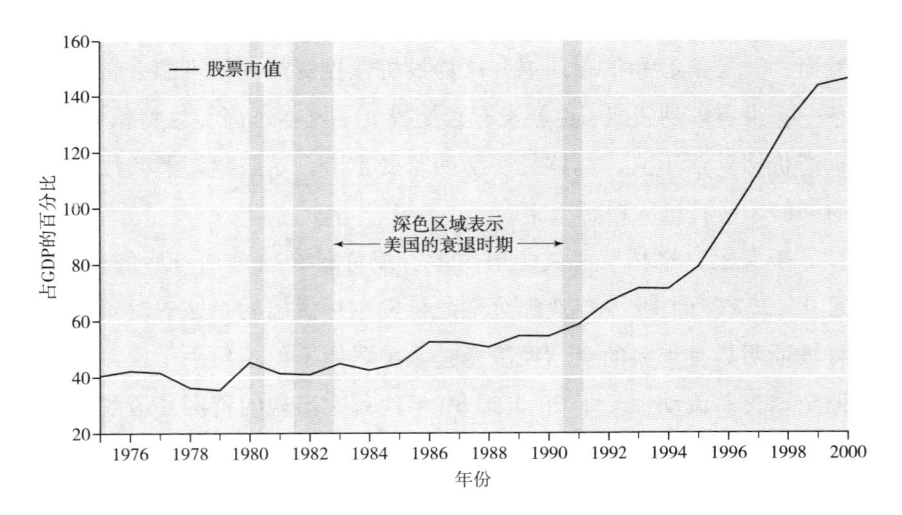

股票市值相对于国内生产总值的比例

从资产价格升值而言，20 世纪 80 年代的股价飙升与 20 世纪 90 年代的新经济完全不可相提并论。

和对信息技术产业的巨大投资,生产力增长率有朝一日必定会带来未来的商业利润——从而也就让当前的高股价有据可依。真实总归会继表象而来。如今马车可以拉着马前进,直到马醒来为止。

又或者,1997年到2000年的互联网股票市场泡沫,会不会只是另一种形式的"真实的夸大"？甚至可能是市场魔术思维的一例——不过是诞生于20世纪80年代的资产价格升值资本主义的卷土重来而已？互联网热潮的确为信息产业基础建设带来了新的长期投资,但它也带动了信贷周期中的一次大规模投机性上涨,而这抬高了资产价格——为最富有的那些人生成了资本收入。在资本市场中,投机性投资自相矛盾的驱动力占据主导地位,而其首鼠两端的特性从未如此显而易见,对新型企业和新型生产力的固定投资激增。然而,一直存在的、变化无常的可兑换性也意味着投机变成一种短期目标,自行其是。伴随着如此巨大的能量和流量,即便根本没什么大事发生,一切也都显得正在进行之中。投机资本高速转动,在一个巨大的全球资本市场上以一种全新的、数字化的速度实现兑换。然而,一旦信心和信念动摇,这场投机性投资热潮便可能会转向萧条——没有短期投机,也就没有长期投资。资本逃离转为囤积现金,资产价格一落千丈,总体经济活动蒙受重击,这些随即便会让信贷周期的矛盾特征大白于天下。

事实上,格林斯潘关于历史本身或许已经被抛诸身后的猜测,是在1997年到1998年亚洲金融危机发生后做出的。这一时刻日后将被证明具有重大的全球经济意义。美联储不得不出手干预,以保证全球交易流动性。于20世纪80年代首次出现的资产升值政治经济学得到了巩固。尽管如此,事实表明,新经济不只是信贷周期中的一次上行,不只是一次股市热潮。在20世纪90年代,诞生了另外的一些东西,它们是全新的,却也是具持久性的。哪怕仅仅是因为互联网的出现,新经济也已开始令经济生活的特征发生转变。要

第二十章 新经济

对其进行全面衡量,我们需要旅行到它的诞生之地:加利福尼亚州硅谷。

1. 硅谷创意

到千禧年之交时为止,世界上最具活力的经济区是环太平洋西部地区(Transpacific West)——具体来讲,就是美军承诺提供安全保障的那一大片地区,其中既包括加利福尼亚州和华盛顿州,也包括日本、韩国和泰国等国家和地区。[13] 资本尤其集中于一个所在,在那里,来自美国军方的合同、任职于大学的科学家、痴迷日本设计的工程师、热衷佛教的嬉皮士创业者和风险资本全都混杂在一起。这个地方就是硅谷,位于旧金山南部圣克拉拉谷中的一片约 40 平方英里的半岛状地带。20 世纪 90 年代,互联网在那里首次实现了商业化。一种新的创业风格和一个新金融估值逻辑,诞生于非同寻常的技术创新之中。

"硅谷"一词首次出现于 1971 年。那一年,当地的工业开始从硅半导体这个初代伟大产品转向下一代的硅片微处理器,也即"芯片计算机"。微处理器是这场数字电子革命的核心,它是一种经济学家口中的"通用技术",意味着可以被派上各种各样的用场,正如第一次工业革命中的蒸汽机。

是什么让硅谷变成了硅谷? [14] 人们通常会提到几个先决条件。在第二次世界大战期间,美国战时政府对加利福尼亚进行了工业化,那之后,五角大楼的研究经费喂肥了这片谷地。斯坦福大学作为一个转化中心,帮助教职人员和毕业生将学术知识提供给企业。该地区的左翼自由主义文化,崇尚创造力与团队协作,对平庸乏味的白领着装和科层制避之唯恐不及。本地创业者发财之后,许多人都变成了风险资本家,令人敬佩地担下了向初创公司进行长期股权投资的风险。事实证明，硅谷创业者也颇擅长于在华盛顿的"权力走廊"中运作。此外，北加州的气候亦温和宜人。

但就算不是全部，这些因素中也有许多存在于其他地方。（苏联拥有一个军工复合体，却没有谷歌。）一些地方取得了小规模的成功，比如得益于麻省理工学院和哈佛大学的波士顿128公路地区（Route 128）。尽管拥有依托于大学的规模庞大的医学中心，休斯敦却并未发展出一个成功的生物技术产业。在20世纪80年代，富有创业精神的休斯敦石油商人资助了对既有公司的杠杆收购，而没有将风险资本投入到那些改变人类命运的技术中。

硅谷成为今日的硅谷，很大程度上并非因为它所具有的那些因素，而是它将所有因素结合起来，并不断进行重新组合的方式。对此的最佳表述是，该地区的"营利性、非营利性和公共科学组织形成了三个强有力的集群"，"令跨网络转换成为可能，在这种转换中，一个领域中的经验、地位和合法性被转换为另一个领域中的'鲜活'行动"。在这之后，"跨领域接触成为常规，组织间的流动性促成了人员、理念和资源的流动"。[15] 网络化的工业区有着悠久的历史传承。在硅谷，各个机构创造性地相互重叠和发生形变，而人际关系和资本网络的表现方式远比任何其他地方都更具创意。

在硅谷资本缔造的世界中，促成成功的因素首先便是令硅谷本身成功的那些特质。要想成功，就要创造性地建立关系网络，获得充足的资金。不妨将硅谷的崛起想象为一段因果串联的历史，驱动它的，是一场永无止境的"始于凯文·培根（Kevin Bacon）的六度分离（Six Degrees of Separation）"游戏*——而这恰好便是20世纪90年代末流行的一款室内游戏。如果说在硅谷有人扮演了培

---

* 演员凯文·培根接受采访时提到，他和好莱坞电影圈的每个人都直接或间接地打过交道。三名大学生在此基础上设计出了这款在随机挑出的两位演员间通过影视合作建立联系的游戏。

根的角色的话，那必定是斯坦福大学，以这所大学成立于1970年的技术许可办公室（Office of Technology Licensing，简称OTL）为中心，辐射出了诸多分支业务。

1969年，加州大学洛杉矶分校首次通过高级研究计划署网络（Advanced Research Projects Agency Network，简称ARPANET）向斯坦福大学传输信息，在以此为起点的十一年间，硅谷首次实现了真正的联合发展。1971年，英特尔公司推出了第一款商业化的"微处理器"，1980年，生物技术公司和重组DNA制造商基因泰克（Genentech）首次公开发行股票（IPO），个人电脑制造商苹果公司也是如此。[16] 那时，一种全新的估值商业模式显然已经诞生在硅谷。20世纪90年代，它将席卷互联网，甚至是千禧年末的全球经济。

美国国防部于20世纪60年代末创建了互联网，它是得克萨斯人罗伯特·泰勒（Robert Taylor）的智慧结晶。泰勒是一名航空工程师，负责管理五角大楼高级研究计划署（Advanced Research Projects Agency，简称ARPA）信息处理技术办公室的日常工作。泰勒对他读到的一份关于人机合作之可能性的报告特别感兴趣，报告中预测道："希望不出几年时间，人脑和计算机便会十分紧密地结合在一起，而由此产生的配对将以人脑从未想过的方式进行思考。"泰勒对自己的顶头上司说："我想建立一个网络。"[17]

1968年，通过向设在犹他大学、斯坦福大学、加州大学洛杉矶分校和加州大学圣巴巴拉分校的第一批四个"网络节点"拨款，高级研究计划署资助建起了一个网络。[18] 到1969年首次高级研究计划署网络传输被发送时，泰勒已经辞去了五角大楼的工作，以此对越南战争表示抗议。1970年，他来到硅谷，负责管理施乐公司（Xerox Corporation）的帕洛阿尔托研究中心（Palo Alto Research Center，简称PARC）。施乐公司的帕洛阿尔托研究中心实验室位于斯坦福研究园区（Stanford Research Park），这是一片从斯坦福大学租来的土地，园区最早成立于1951年。斯坦福大学的教授和他们的毕业生经常造访此地，与泰勒手下的科学家和工程师闲聊。[19]

1970年泰勒来到帕洛阿尔托之时，该地区仍以半导体产业为主导。早在20世纪20年代，这里就以对电子产业的卓越贡献而闻名。1939年，威廉·休利特（William Hewlett）和戴维·帕卡德（David Packard）这两位斯坦福大学电气工程专业的毕业生组建了惠普公司（Hewlett-Packard）。该公司以人称"惠普之道"的组织文化而著称——这意味着非正式着装、员工之间直呼其名以及抛弃等级制度。1956年，物理学家威廉·肖克利（William Shockley）从位于新泽西的美国电话电报公司贝尔实验室迁到了帕洛阿尔托，以便和他生病的母亲住得近一些，同时从事晶体管开发。肖克利雇用了8名年轻的博士生。吊诡的是，在他于1956年获得诺贝尔奖后，肖克利开始鼓吹优生学，还建起了自己的精子库。所谓的"叛逆八人帮"（traitorous eight）离开了他，并在国际商业机器公司首任董事长之子舍曼·费尔柴尔德（Sherman Fairchild）的资助下创立了仙童半导体公司（Fairchild Semiconductor）。他们使用了能放大功率、具备绝缘性和超凡耐用性的硅材料。1968年，从仙童公司中又诞生了英特尔公司，后者的创始人便是仙童公司的两位奠基者戈登·E.摩尔（Gordon E. Moore）和罗伯特·诺伊斯（Robert Noyce）。[20]

英特尔4004（1971年）是第一款商用硅芯片集成电路微处理器。它是一台拥有可编程软件、计算能力和内存的"芯片计算机"。当时大多数微处理器都依然在"受保护市场"中发售，卖给军方。但这个微处理器最终将出现在各个地方，从计算机到咖啡机，从工厂自动化系统到智能手机和无人机。戈登·E.摩尔在1965年提出，集成电路中封装的晶体管数量，每两年就会翻倍，这便是"摩尔定律"。在未来的几十年中，呈几何级数的增长将比预想中的更快。[21]

第二十章 新经济

与此同时，在施乐公司的帕洛阿尔托研究中心，罗伯特·泰勒指导着一台个人计算机的开发工作。应用于商业办公的大型主机和"小型计算机"业已存在，但施乐帕洛阿尔托研究中心的阿尔托个人计算机，拥有一个包含弹出式窗口、图标、文字处理、鼠标、电子邮件和以太网连接的操作系统。施乐并无意将其推向商业市场，但到此时，许多硅谷人都在分头制造个人电脑。[22] 史蒂夫·乔布斯和史蒂夫·沃兹尼亚克（Steve Wozniak）于1976年创立了苹果公司。沃兹尼亚克是那种造就了亨利·福特的小规模工业传统中的典型能工巧匠，20世纪初的底特律本身就是一个联成网络的工业区。正如福特曾在为爱迪生照明公司工作期间将制造汽车当成业余爱好，沃兹尼亚克也继续在惠普公司全职工作，而乔布斯则在硅谷最伟大的电子游戏公司雅达利（Atari）担任生产线工程师。雅达利的出资人是红杉资本（Sequoia Capital），是"沙山路"上的第一家风险投资公司，它成立于1972年，创始人是仙童半导体公司的前雇员唐·瓦伦丁（Don Valentine）。瓦伦丁一开始拒绝为苹果公司提供资金，但他触发了迈克·马尔库拉（Mike Markkula）的警觉，31岁的马尔库拉曾任职于仙童半导体公司和英特尔公司，他刚兑现了自己的股票期权，而且闲极无聊。马尔库拉为苹果公司提供了9.2万美元的启动资金，后来又牵头从红杉资本那里拉到了几笔后续投资，以及施乐公司的105万美元注资。[23]

乔布斯前往施乐帕洛阿尔托研究中心，对阿尔托个人计算机进行了研究，他认为，施乐的投资让他有权试用其技术。他和手下的工程师看到了一个基于窗口的图形用户界面，而这促使苹果迅速重新考虑其设计。同一年（1979年），在西雅图，比尔·盖茨花5万美元从西雅图计算机产品公司（Seattle Computer Products）买到了一个名为86-DOS的操作系统，然后以MS-DOS之名卖给了国际商业机器公司，即IBM，供该公司在其1981年推出的个人计算机上使用。这款个人计算机是沃兹尼亚克设计的、外形优雅的苹果二型（Apple II）计算机的竞争对手，后者就其本身而言，便是一个不亚于阿尔托的奇迹。盖茨的操作系统也是基于窗口的，它于1983年被冠以微软视窗（Microsoft Windows）的商标。乔布斯与盖茨对质，据说，盖茨是这么回应剽窃指控的："史蒂夫，我觉得这事儿可以用多种方式看待。我觉得，这就像我俩都有一个名叫施乐的阔邻居,我破门而入去偷电视,结果发现你已经把它偷走了。"[24]

苹果于1980年12月12日首次公开发行股票，成为一家上市公司。1977年时，马尔库拉对苹果公司的估值是5 309美元。在沃尔克冲击引发的双底宏观经济衰退期间，苹果公司的股票开盘价为22美元。到1980年12月底时，收盘价为29美元，市值超过了17.9亿美元。[25] 乔布斯的个人持股价值数亿美元。当年10月，生物技术公司基因泰克的开盘价为每股35美元，收盘价为71.25美元。包括养老基金在内的大型机构投资者买下了这些股票，将新的资本注入了硅谷。这些都是新经济式估值（new-economy-style-valuation）——突然向新兴企业注入大笔资本——的早期版本。"每一次我驱车南下，想着在这片谷地中正在发生的事，"一位旧金山的风险投资家1980年时说，"我都会经历一场高潮。"[26]

无论用任何一种标准评价，苹果都是一家盈利的公司，但资本估值正在发生着变化。投资者考虑的不只是营业利润。他们在为公司估值时，投机性地将硅谷的重组关系网所产生的那些创新理念可能实现的结果也估了进去。当然，各种预期长久以来一直都会被计入资本总额，但关注点正在发生着变化，从关注固定资本（在某处建造某物）的使用和贬值所产生的预期利润，转为关注更加难以捉摸的无形理念资本（或"人力资本"）和社交网络（或"社交资本"）。与电脑软硬布线一样，这些不同形式的资本对于新经济的崛起发挥了非常重要的作用。

第二十章 新经济

在基因泰克公司，正如在其他生物技术公司或制药公司中一样，业务中成本最高昂的一块，是动脑筋寻找某种药物的正确分子结构。接下来的，是通过法律程序确保这个作为新型创收资产的创意的稀缺价值。1980年，美国最高法院在戴蒙德诉查克拉博蒂（*Diamond v. Chakrabarty*）一案中，以5票赞成、4票反对的表决结果做出裁定，可以为通过基因工程人工制造的有机物申请专利。国会通过的1980年《贝赫-多尔法》（Bayh-Dole Act of 1980，另译为《拜杜法》），允许大学为受过联邦政府资助的发明成果申请专利。新经济大大地提升了知识产权律师的劳动收入。一旦正确的分子结构被发现并获得专利，基因泰克旗下产品的实际制造——其中包括雇用非熟练工人——是相对廉价的。同样，在1981年的苹果公司，在工程设计、外观设计和市场营销完成之后，人工组装只占到了该公司成本的1%。[27] 早期硅谷风险投资巨头凯鹏华盈（Kleiner Perkins）的布鲁克·拜尔斯（Brook Byers）指出，"基因泰克的不同之处在于，所需的资本数量惊人"。此外，"这是科学事业，很难赢利，基本上没有收入"。[28] 所需的资本意味着对生物医学实验室的巨额固定投资。它还意味着雇用一批受过高等教育但人数不多的劳动力。这种产品的制造成本低廉，但考虑到之前的创新成本，该公司并不赚钱。然而，它的股票估值或许并不等于当前的利润，而取决于这个创意在资本市场上的未来重要性。

到20世纪80年代，一些新生事物正在硅谷中酝酿。苹果于1984年推出了Macintosh，这是又一款外形优雅的里程碑式个人计算机。盖茨的微软于1986年上市。那时，华尔街关注的焦点是对老旧工业企业的杠杆收购，而不是资助科技初创公司。当博弈在1990年至1991年衰退之后再度开始时，华尔街跟进了，硅谷高科技将引领华尔街股价的下一轮飙升。到这十年结束时，焦点被放在了互联网的商业化之上。

五角大楼在整个20世纪80年代都为高级研究计划署网络提供了资金。在瑞士日内瓦，英国计算机科学家蒂姆·伯纳斯－李（Tim Berners-Lee）设计了一种软件，可以让连接到互联网上的任何一台计算机向其他联网计算机添加信息和访问读取信息。致力于开源运动的伯纳斯－李，在1991年将这个程序公开发布，供人免费使用，万维网自此诞生。这一年，在线门户网站美国在线（America Online，简称AOL）推出了一款面向Windows的界面程序。1993年，一名21岁的伊利诺伊大学学生马克·安德里森（Marc Andreessen）在美国国家科学基金会资助的超级计算中心带领团队编写出了一个软件程序。他将这个专为用户友好型万维网而设计的程序命名为Mosaic，它便是第一款互联网浏览器。[29]

吉姆·克拉克（Jim Clark）也是一个得克萨斯人，是斯坦福大学的计算机科学家。他于1982年辞职，创立了制造3D图形芯片的硅图公司（Silicon Graphics）。克拉克注意到了Mosaic，并将安德里森招揽至硅谷，让他在那里负责重写代码。这款互联网浏览器被命名为网景（Netscape）。克拉克马上就为网景估值1800万美元。这家公司只有扳指头数得过来的几名员工，没有任何收入可言。1995年8月9日，这款浏览器发布，8个月后，网景上市。首次公开募股的股价一开始定价为18美元，收盘时便到了58.26美元，收盘市值达30亿美元。克拉克的个人股票价值5亿美元。这家公司那时仍未录得一美元的营业利润。[30]尽管同样的情况——理念的资本化——也曾发生在苹果和基因泰克身上，这一次却有所不同，网景从未赚到任何利润。许多人都将网景的公开募股之日定义为一种新经济的伊始之时。

从本杰明·富兰克林到唐纳德·特朗普，自吹自擂的商业自传是一种久经考验的美国文学体裁。克拉克的《网景时代》（Netscape Time，1999）在为自己脸上贴金这一点上，甚至超过了特朗普的《交易的艺术》。克拉克忆及网景公司的首次公开募股时写道:"一路上,我在某些关键节点取得了具体的胜利,而我细细品尝着它们的滋味。"此外,"我欣然知道,不管其他人做了什么,没有我,这一切都不可能发生。这种感觉,这种对于某些非同寻常的事物而言绝对不可或缺的感觉,是寻常生活中不多见的一种喜悦",尽管这对克拉克来说是家常便饭。至于那个编写代码的家伙安德里森?"当然,如果没有马克,也就没有网景,但倘若不是我在第一次见面时就察觉到这个闷头闷脑、睡眼惺忪的小家伙的特别之处……"[31]

尽管克拉克的自大荒唐可笑,它却捕捉到了新经济估值中强调天才的这一重点,而这似乎为他宣称的优才致富论提供了合法性。在20世纪90年代,几乎所有群体的平均劳动收入都实实在在地提高了。但这种新经济更看重斯坦福大学毕业生的伟大创意和克拉克式的助推者。在一些人身价激增的同时,是另外一些人的极度贬值,甚至完全被排斥在外或身陷囹圄。1994年,加利福尼亚州议会投票通过了惩罚性的"三击出局"法律,很快,美国矫正公司(Corrections Corporation of America)——美国最大的营利性监狱公司——便会通过在华尔街的公开募股发行筹得4亿美元的资本。即便是在蓬勃发展的加利福尼亚,监狱人口依然在这十年中突飞猛涨。[32]

1995年,斯坦福大学的毕业生杨致远(Jerry Chih-Yuan Yang)和戴维·菲洛(David Filo)创立了雅虎,它一开始是一个超级链接列表,链向二人最喜欢的网站。他们从红杉资本那里筹集到了风险投资。在1996年4月的公开募股发行中,由高盛承销的这家公司尽职尽责地对潜在投资者发出警告,雅虎"在可以预见的未来,每季度和每年都会发生重大损失"。[33]雅虎的开盘市值为8.48亿美元。这便是后来人们口中的"暴涨"(pop)。一位股票分析师指出,"市场在某种程度上证明着这些荒谬市值的合理性"。[34]但是,雅虎的股价在这十年中从未停止暴涨。到1999年,这家公司的市值将接近 1200 亿美元。在这种新经济中，资本的流动性和可兑换性都变高了，它迅速涌入互联网公司的股权之中。显而易见，这种极端状况在资本主义历史中是前所未见的。

接下来，两名受美国国家科学基金会资助的斯坦福大学毕业生——拉里·佩奇（Larry Page）和谢尔盖·布林（Sergey Brin）——开发出了一款名为 BackRub 的搜索引擎，它于 1997 年在斯坦福大学的网站上正式上线。这款搜索引擎使用算法"抓取"（crawl）网站，并依据这些网站的引用密度为其排名。巧妙的一点在于，这款搜索引擎会"优化"（scaled），即意味着当更多的信息被添加到互联网上的时候，它会变得更好用。当时，以太网连接正在替代拨号连接。1999 年，红杉资本和凯鹏华盈均对谷歌进行了风险投资。作为搜索算法使用许可权的交换，谷歌向斯坦福大学授股 180 万股。谷歌拥有最棒的互联网搜索算法，这是又一个未体现于任何有形资本设备之中的高度资本化的创意。谷歌很快便价值数十亿美元。[35]

不管盈利与否，谷歌都创造了某些有价值的东西——一种全新的人类与信息的关系。此外，"当在处理某件特别困难的事的时候，你会从这个小团队中得到恰到好处的协同增效，你没法描述这事。这就像是爱情。这就是爱情"，曾先后在施乐公司帕洛阿尔托研究中心和苹果公司担任计算机科学家的艾伦·凯（Alan Kay）回忆道。[36] 人类的创造力和合作本身就是有价值的，无论商业利润或股市估值如何。股市估值回应的，是某种无法言喻但确然无疑的真实且重要的事物。

谷歌终将破解如何从互联网赚取实际商业利润的密码。这家公司开始销售广告——2000 年推出的"横幅"，而不是之前令人讨厌的"弹出式"窗口。它将挖掘和提取搜索引擎上留下的"数据废料"，用于整合集聚和人为操控，然后卖给市场营销人员。但这种商业模

第二十章 新经济

式只不过是消费主义而已,几乎没有什么革命性可言。(硅谷式估值的梦幻特性激发了消费主义的幻梦人生。)谷歌直到2004年才公开募股发行。人们(尤其是投资者)只是感觉到互联网是件大事——它必定值点儿钱。资本跟随着直觉。资产价值排在第一位。利润嘛,晚点儿再说?

要全面衡量这些新经济的方方面面到底有多新,还为时过早。考虑到20世纪90年代资本主义信贷周期对它的加速作用,其各个方面必定与过去的投机性投资热潮有响应之处,比如20世纪20年代的股票市场热潮。回到那时,正值汽车工业社会的开端,金融活动资助了新的长期固定投资,正如在20世纪90年代,在一个以互联网为基础的经济开端之时,也出现了新的长期投资。(与之相对照,20世纪80年代是一个投机性撤资的时刻,几乎没有什么创造可言。)与此同时,一些真正的新事物应该也在20世纪90年代发挥着作用。对许多没有任何营业利润的新经济公司的超高估值,开启了一种可能,那便是金融资产增值与营业利润完全脱钩,而这要求建立起新的(非营利性的?)标准,用来衡量经济生活中什么才应当被赋予价值。那会是"后资本主义"吗?如果不是,或许金融增值至少也能够被用于实现其他目的——比如如今的"社会投资"趋势——而不是单纯让资本所有者发财致富。类似的事情曾经在20世纪20年代的投机性投资热潮之后发生过,当时,罗斯福新政和工会成功地令产业收入偏离资本而重新分配。

与此同时,早期的互联网到底是用来干什么的呢?电子商务公司是1997年春的公开募股宠儿,其中就包括了创立于1994年、总部设在西雅图的互联网零售商亚马逊(Amazon.com)。到这个十年结束之时,没有任何一家公司有赢利的迹象。然而,20世纪90年代晚期,Image.net网站的一位所有权人参观该公司的服务器存放地点时,注意到了一个最大的服务器机箱。"它疯狂运转着,灯光闪个不停。听起来就像是个活物儿——嗡嗡作响，仿佛正冒着热气儿。"它是什么？这是"色情产业"的服务器，他被告知。[37]此时已经成为在线零售带头羊的亚马逊，到这个世纪末的净销售额攀升到了每年16亿美元；同时存在的是50万个专门提供性爱内容的网站。据估算，网络色情业是一个价值20亿美元的产业。[38]

当谷歌于1998年上线之时，根据记者迈克尔·沃尔夫（Michael Wolff）的说法，"最火爆的搜索词是'性爱'"。[39]沃尔夫是一位失败的互联网创业者，是《网络指南：互联网与在线服务指南大全》（*Net Guide: Your Complete Guide to the Internet and Online Services*，1995）一书的作者。这十年见证了美国在线的性聊天室、在线性爱录像带、名副其实的"勾搭"（the hookup）网约一夜情、"网络性爱"的诞生、系列电视剧《欲望都市》（*Sex and the City*，1998-2004）、艺术家马修·巴尼（Matthew Barney）的《悬丝循环》（*The Cremaster Cycle*，1994-2002）、斯坦利·库布里克（Stanley Kubrick）的《大开眼戒》（*Eyes Wide Shut*，1999）以及"性瘾症"和"性欲亢进症"的医学诊断。充满活力的股市投机与性解放通常都会同时出现——这是20世纪90年代与20世纪20年代的又一处唱和响应，只不过20年代时的新媒体是电影。巧合的是，1995年11月，就在比尔·克林顿与莫妮卡·莱温斯基开始白宫恋情的同一天，道琼斯工业平均指数追平了一年中创下59次新高的纪录，这只发生过两次，分别是在1925年和1964年。1996年2月，在互联网色情和网络性爱聊天室诞生之际，总部设在硅谷的在线股票交易公司亿创（E*Trade）上线了。互联网迅速成为性爱与股市投机的论坛。

不管是什么最早吸引人们使用和投资互联网，资本居然如此迅速地涌入纳斯达克上市公司依然令人吃惊。从1995年到2000年，纳斯达克指数攀升了400%，股票市盈率——股市估值相对于实际商业利润的比率——达到了惊人的175倍，而这一比率历史上通

第二十章　新经济

常保持在 10 到 20 之间。到 2000 年，硅谷上市公司的总市值接近 7 500 亿美元，而整个美国汽车行业的市值是 1 360 亿美元。资本从未如此迅速地流入一个新的资产类目。到 2000 年，加利福尼亚州的国内生产总值相当于世界第九大国民经济体的国内生产总值。

2. 网络

互联网并不只是一个关于人类发明创造、企业活动和资本估值突破新前沿的故事，它还改变了企业的行为。在千禧年末，作为旧经济代表的通用电器公司的首席执行官，以及股东价值的传道人，杰克·韦尔奇（Jack Welch）滔滔不绝地谈论着"这剂长生不老药，这颗十全大补丸，这种电子商务模式"。一个新的社会组织原则转移到了经济生活的中心——网络。韦尔奇预测，通用电器公司将成为一个"没有边界"的实体，一个"创意无处不在"的"商业实验室"。[40]

特别的一点是，公司转型了。在 20 世纪 80 年代，资本市场向大型多部门组织结构（M 型结构）工业企业发起了攻击，将管理阶层拉下宝座，甚至是将其吸收同化。固定资本存量遭到了清洗，工厂的围墙倒塌了。在 20 世纪 90 年代，开始涌现出了一种新的组织逻辑，定义它的很大程度上不再是工业结构、科层制、等级制或一次性的市场交换，而是网络。网络是一个群或一个体系，由重复互动和增力联动定义。[41] 与一次性的市场交换或科层等级制度相比，网络对美国商界来说并不是什么新事物。[42] 但在 20 世纪 90 年代，互联网和全球化令其变得格外突出。

2000 年，全世界按市值而计最有价值的公司，是总部设在硅谷的思科系统公司（Cisco Systems）。1995 年，该公司的市值仅为 159 亿美元，2000 年 3 月便达到了令人震惊的 5 690 亿美元。由一对斯坦福大学毕业生夫妇创建于 1984 年的思科，充分代表了新经济的商业模式。这家公司是最大的调制解调器和路由器制造商，二者是组织和引导互联网流量的实体管道。思科 Aironet 1200 路由器——路由器中的 T 型车——于 1997 年推出。这种 IT 基础设施是 20 世纪 90 年代末私人固定资本投资增长的重要组成部分，而思科在其中占有举足轻重的份额。

思科具有代表性，还因为其商业模式性质，而不仅仅因为它所生产的产品。[43] 网络是它的商业模式：这是一家"平台公司"。在 20 世纪 80 年代，许多公司都曾使用计算机创建电子数据交换（EDI）系统，以实时协调供应商与客户之间的信息。思科将这种实践搬到了线上。它的网站 Connection Online 是一个将供应商与客户相匹配的平台；思科只不过是那个节点。2000 年，思科每天收到 4 000 万美元的在线订单，60% 都是由网站自动匹配完成的。思科随即将绝大部分生产分包给一个时时变化的以低工资为特征的"全球供应链"。这家公司正式雇用了 34 000 名员工（他们人均坐拥 25 万美元的股票期权，涨势喜人），主要从事设计和物流工作。分包商制造产品，将其直接送到客户手上，而最终制成品上打着"思科"的商标。出于这一原因，借助供应链的全球化，制造业产品的世界贸易在 20 世纪 90 年代发生了转变，从薪酬和价格水平相对对等的经济体——比如日本和美国——之间的贸易模式，转向了从低工资地区向高工资地区出口制造业产品的贸易模式。

层级制度提前计划，而网络却实时调适。公司供应链开始向全球四面扩张，物流时间却压缩了。因为这些作业模式，诸如个人计算机一类的商品价格似乎是急剧下降了。[44] 公司使用新的信息技术收集有关消费偏好的信息。白领高管们一度坐在办公室中，计划着长期的大量生产方案；如今，跨国公司收集并分析了海量的"大数据"，随即触发短期产品周期。一家新经济型态的西班牙服装公司表现出了神奇的"可扩增性"。飒拉（Zara）是第一家向所有门店提供手持光学扫描仪的零售商,它可以即时将消费者的购物信息传送给位于西班牙西北部阿尔泰霍工业区的设计师。飒拉的全球首要竞争对手盖璞(Gap)实现了库存系统的计算机化,将设计—生产—分销周期缩短到两个月,飒拉只要两周。如果十几岁的美国女孩中"流行"黄色,世界上某个低工资地区的供应商就会突击生产出更多的黄色上装。[45]

M型结构的公司是一个全球实体。[46] 各国贸易统计数据开始掩盖海量的中间投入全球贸易。时时变化的供应链构成了遍布全球、版图迅猛突变的群岛,公司对其的依赖性变大了。例如,中国台湾地区的电子产品制造商鸿海精密工业,也即富士康,于1974年开始运营。富士康的重大突破,是1980年的一份为雅达利2600电子游戏系统制造操纵杆的订单。它于1998年在中国大陆开办了第一家工厂。这家公司能够根据需求迅速扩大和缩小劳动力规模及生产规模。[47] 在21世纪,富士康将会制造苹果手机。位于国家层面之上的全球经济规模和位于国家层面之下的地区经济规模,产生着互动。有时候,全球供应链的末端装配的确会落在美国本土。例如,为了更接近最终消费者,日本或欧洲的汽车制造商在低工资、工会化程度较低的美国南部建起了装配厂。

联成网络的跨国公司并没有完全悬浮于空中。它们依然在特定地点保持着深厚的根基,但这些通常都是文化根基。无论是过去还是现在,苹果的企业文化都以硅谷贯穿始终,但探寻一下它以亚洲为中心的全球供应链,便会有新的发现,更不用说这家公司在瑞士、爱尔兰和开曼群岛的那些子公司所构成的复杂避税网络。在20世纪90年代,大型零售商沃尔玛成为另一个公司典范。总部设在阿肯色州的本顿维尔(Bentonville),它从未放弃形成于当地的基督教服务精神。[48] 沃尔玛拥有另一种新经济成本结构,在固定资本这一项上奉行"轻资产",迫使其供应商负责商品的仓储和运输,而公司的盈利能力取决于廉价服务业劳动力和榨干公司账面上所剩无几的固定资本。[49]但是，沃尔玛也是一家伟大的全球IT公司，它拥有一个精密复杂的计算机化仓储系统，而且能迅速响应消费偏好的变化，及时将商品送至旗下的许多门店。沃尔玛在2002年取代通用汽车公司成为美国最大的雇主，而它是一家零售商。[50]据估测，20世纪90年代下半叶，三分之一的生产力增长来自零售部门，而沃尔玛及其低价策略——这有利于低薪消费者——是带头者。[51]如果说新经济中有什么是并不新奇的，那便是消费主义。

联网公司雇用的个人，同时需要灵活性和适应性。临时工作和个体经营成为就业增长的行业。[52]1999年，在加利福尼亚，所有劳动者中只有33%的人在某家公司拥有一份单一岗位、全年全职的永久性工作，而且该公司会为他们在公司所做的工作支付薪酬，而不是在家工作或作为个体经营的"独立承包商"工作。如果加上三年以上资历的这个条件，该数字便降到了22%。那些依然被公司正式雇用的员工，必须变得"可自我编程"。[53]他们必须一直随机应变、进退自如，让自己的才智和能力足以胜任每一个特定的一次性"项目"。1993年，通用电器公司的家电部门从工厂车间拆除了装配生产线，代之以更小、更灵活的基于项目的"工作团队"。美国电话电报公司的人力资源副总裁詹姆斯·梅多斯（James Meadows）在1996年提出建议：

> 人们需要视自己为个体经营者，是来到这家公司出售个人技能的供应商。在美国电话电报公司，我们必须弘扬一种员工保持随机的整体概念（比如，短期合同工，没有续约承诺），尽管大多数随机工作者都处于公司内部。"岗位"正在被"项目"和"工作领域"所取代，催生了一个日益"无岗但并非无业"的社会。[54]

第二十章 新经济

谷歌会宣布其以人才为中心、基于人力资本的企业文化，"我们更看重能力而非经验"。[55]

项目是临时性的，周期性的无所事事间插在一轮又一轮突如其来的紧张工作中。如果无所事事的状况一直持续下去，就会有裁员的危险。幸运的人会以短期合同的形式被重新雇用。20世纪90年代，这种事就发生在了IBM身上，该公司错误地把未来押在了大型主机的销售和维护上。IBM重新定位于"商业IT"，将员工人数从40.5万人缩减至22.5万人。它随即转身，重新聘用了被裁掉的人中的五分之一作为"顾问"，这些人没有永久员工身份，福利待遇也很少甚至根本没有。柯达公司和IBM一样，是另一个被20世纪90年代白领裁员潮冲击的战后工业资本主义典范。"我们需要认识到，黄大爹*已经不再能够照顾所有人了。我们需要长大，自己照顾自己。"罗切斯特市的《民主党人纪事报》（*Democrat & Chronicle*）如此宣称。罗切斯特本地人吉姆·沙洛（Jim Sharlow）23岁时便开始为柯达工作，从一名机工最终晋升为经理。他被解雇了。他的女儿卡伦得到消息：

> 我们一辈子都在被教导，如果你对某人或某事忠诚，它就会给你回报。在我们家，我们甚至不用任何柯达以外的品牌，柯达胶片，柯达相机。没人会照顾你。我们知道了。

不再能找到工作的吉姆·沙洛，变成了在家中上网进行日内交易的股民大军中之一员。[56]

在这个时代，当资本落地生根之时，其建筑也体现出了新的主

---

* Great Yellow Father，对柯达公司的戏称，源自该公司用人唯亲的企业文化和经典的黄色胶片盒。

题。20世纪90年代，机器时代的那些极端现代主义风格、以钢筋混凝土建成的工厂，被可塑性和移植性更强、成本更低廉的"工棚"所取代。在办公室设计中，长长的走廊和四四方方的行政办公套房让位给了办公隔间和共享办公桌。[57] 休闲区替代了会议室。1985年，苹果公司的销售状况不佳，史蒂夫·乔布斯被排挤出局，他对皮克斯动画工作室（Pixar Animation Studios）进行了大笔投资。1999年，乔布斯帮助设计了该工作室的总部，以大型露天中庭为特色。在那里，员工们可以非正式地碰头，进行自主创新。2016年在乔布斯去世后投入使用的苹果公司丘珀蒂诺总部，是由乔布斯和福斯特建筑事务所（Foster + Partners）共同设计的，这家国际化的建筑公司推出了一种新的办公室设计风格。楼梯和屋宇设备被放到了建筑物外部，从而令工作空间保持开放流动。依然存在的墙壁越来越多地由玻璃制成。这种建筑真的代表了工作场所的设计民主化吗？它真的是公司层级扁平化的确证吗？或者，它只不过意味着，想要躲开老板的注视，就只能藏到卫生间里去？工业主义的铁笼让位给了开放式办公隔间。[58]

对于工作的人，在一个机构内部打造职场人生不再是成功的秘诀，而机构如今已被设计成无内部可言。20世纪90年代的商业自助书籍开始规劝个人将自己视为"可雇用"而非"被雇用"的顾问——视为有能力在未来升值的人力资本，而不是帮助企业将既有投资变现的雇佣劳动力。哈佛商学院教授约翰·科特（John Kotter）建议个人存在于"组织外部，而非组织内部"。"转向小的创业公司，远离大的科层制企业！"不要让自己"被束缚住"。[59] 一个人的社交网络就是其失业保险。给人们的忠告是参加更多的"派对"。[60]

尽管拥有全新的互联性和适应性，公司却失去了它们的结构，它们经年累月积成的坚实体量——在许多情况下，甚至连钢筋混凝土墙也失去了。企业的流动性变得如此之强，以至于个人很难视公司为对其命运负责的集体代理人。相反,个人将自身的成功和失败都内化了。这种新的经济人格被称为"事业型自我"(entrepreneurial self)或"人力资本自我"(human capital self),过着一种无休无止地寻求曝光与赏识的生活——这种人在 21 世纪会沉迷于自己在社交媒体上得到的点赞数,甚至成为收入丰厚的"网红"。[61] 这种个体极度以未来为导向,经常漠视低估过去。因为当不断需要即兴创作时,一个人与过去的牵连羁绊——对人、对地点和对公司的忠诚——只会让一个人变得不灵活。

人们在何种程度上希望经济生活为他们提供长期的羁绊与忠诚,而不是经常性的改变、中断、能量与乐趣?

导演戴维·芬奇(David Fincher)的《社交网络》(The Social Network, 2010)以虚构手法讲述了脸书在 20 世纪 90 年代的真实源起,这部电影或许是流行文化对这个问题的最佳解答。那个虚构的马克·扎克伯格(Mark Zuckerberg)一心关注未来,从朋友、敌人和女人身上一路碾轧而过,他对向后看毫无兴趣,除非事关一场数十亿美元的知识产权诉讼。假若芬奇拍摄一部关于战后工业社会的电影的话,它很可能会被称为《社会结构》,而且会突出描写成年人对每天排队上班、做着一成不变的工作的消极厌恶。"你怎么可能对拉拔钢材这件事感到兴奋呢?"在斯塔兹·特克尔(Studs Terkel)的《工作》(Working, 1974)中,钢铁工人迈克·勒费夫尔(Mike Lefevre)哀叹道。[62] 在新经济的工作场所中,有着更多的青春活力和乐趣,但也有一个新问题,那就是:你怎么可能停止查收电子邮件呢?

20 世纪 90 年代的硅谷公司以打破层级和青春朝气而著称,但它们也很快便因男女失衡和性别歧视而臭名昭著。"我是首席执行官——婊子。"扎克伯格早年的名片上这样写着。[63] 在全国范围内,整个 20 世纪 90 年代,女性劳动参与率,也即有偿劳动者中成年女性所占的比例，长期处于上升趋势，稳定保持在60%左右。相比之下，就在这十年中，男性劳动参与率持续下降，跌破了75%。两性收入差距的迅速缩小始于20世纪80年代，此时有所减缓。最显著的一点是，受过高等教育、拥有高"人力资本"、有子女的已婚女性进入了劳动力大军。这有助于增加处于分配层级顶端的那些家庭的收入。受教育程度较低的低技能男性和女性，结婚率开始降低，这增大了收入分配层级底部的家庭收入不平等。

随着"北方世界"*（global north）受过高等教育的女性越来越多地进入劳动力市场，"南方世界"的女性动身前来，成为前者家中的管家、保姆或育儿嫂，或是照顾她们年迈的家庭成员。1999年，14%—18%的美国家庭雇人进行过一次家庭清洁服务。隔开家庭和工作的那堵墙被残蚀了，"情感劳动"新近成为有偿劳动。2000年，作为一家临时工中介机构的美国跨国公司凯利服务（Kelly Services）雇用了75万人，将将超过沃尔玛，成为全国最大的雇主。[64]凯利服务可以将一个训练有素的技师派遣到一间办公室中，也能把一名保姆或女佣——通常是移民——派往家中。相当严格的移民限制政策依然存在。但全球化的劳动力市场通常是怎样的一个外观呢？不妨想象一位菲律宾的保姆，正在养育一个受过高等教育的硅谷女高管的孩子。这名女高管做着和她的男同事同样的工作，却拿到更少的钱，他们都效力于一家由沙特阿拉伯主权财富基金资助的初创企业。她还雇用了一名墨西哥园丁，这个园丁用一台在墨西哥保税加工出口厂（maquiladora）组装的电脑把钱汇回老家，而这部电脑的零部件是在中国台湾地区的某个自由贸易区制造的。

凯利服务提供的这类员工，用新经济管理术语来说，是所谓的

---

* 泛指主要集中在北半球的发达国家，并不是一个绝对的地理概念，其中也包括以色列、新加坡、澳大利亚和新西兰。与南方世界相对。

"外围员工"。分包的操作扩展到了制造业之外。无论是文书工作还是客户服务,这种后台工作都被外包到了毫无特征个性可言的远郊办公园区。思科公司的"核心竞争力"当然不是自己打扫厕所。它将这些杂役全都分包了出去。"个体经营"的清洁保安人员可拿不到股票期权。新经济既没有让体力劳动变得更有尊严,也没有为其付出合理酬劳。

加利福尼亚州再次位居前沿,这一次,是在低工资劳动者组建工会方面。意识到"个体经营"常常成了破坏集体谈判权的合法借口,服务业雇员国际工会对新经济的新现实做出了回应。[65]服务业雇员国际工会试图将整个劳工市场组织起来,进行对抗性、象征性的行动,比如阻塞交通或冲闯股东会议。1990年,洛杉矶警方袭击了一群以和平请愿方式寻求在世纪城组建工会的移民杂役工,这之后,杂役正义(Justice for Janitors)运动在20世纪90年代初席卷加利福尼亚。他们后来赢得了工会执照,工资也加倍了。1991年,在抗议某次股东会议后,服务业雇员国际工会1877分会说服苹果公司,强制要求其杂役服务分包商闪耀楼宇维护公司(Shine Building Maintenance)进行集体谈判。1996年,在互联网热潮期间,杂役正义运动在硅谷举行了一场大规模抗议集会。在这十年间,它为其成员从硅谷公司手中赢得了多个合同,其中就包括与惠普公司清洁服务分包商的一份合同。在这之前,组建工会从来都不是"惠普之道"企业文化的一部分。[66]

3. 鲁宾经济学

很难想象有谁能比总统比尔·克林顿领导下的民主党政府更全面地拥抱这一新经济。里根政府上台时,带着一种亲市场、反政府的意识形态,在少数指导原则——比如监管坏,减税好——之外,这种意识形态相当不成熟，甚至自相矛盾。尽管克林顿发表了一系列关于"新民主党"的言论，与他一起到来的，是一个相当标准的自由主义议程，其中包括劳动法改革和医疗保健权利的扩大，而后面的这个项目被交给了他的妻子希拉里·罗德姆·克林顿（Hillary Rodham Clinton）。两项举措都在政治上失败了。1994年，共和党赢得国会，克林顿转向右翼。[67] 在经济政策制定方面，一群以国家经济委员会（National Economic Council，简称 NEC）主任、高盛前任首席执行官罗伯特·鲁宾（Robert Rubin）为首的顾问，成为政府内部的主导力量。

正是在这一时刻，一个能自圆其说的混乱时代政治经济解决方案全面成形了。作为意识形态，我们可以将其称为鲁宾经济学（Rubinomics），或者"新自由主义"也行。克林顿派的民主党人全力支持鲁宾倡导的以私人资本市场为主导的全球化，这种全球化在关键时刻是由政府权力促成的。

大致而言，"鲁宾经济学"是从对联邦预算赤字的批判中涌现出来的。[68] 克林顿从里根那里继承了很高的预算赤字。由于政府未来将不得不借钱以履行偿债义务，鲁宾认为，国家赤字推高了公债的长期基准利率。因为长期利率一直顽固地处于高位，即便是在1990年至1991年衰退后的那一轮"无就业"复苏中，美联储为了刺激经济恢复也曾在1993年将短期利率拉到3%以下。就算通货膨胀当时尚未出现，鲁宾揣摩得出结论，债券交易商依然将通货膨胀的价格因素计入了长期利率。联邦政府不得不做的，是平衡联邦预算，发出财政清廉的信号。鲁宾无法知道债券交易商心里到底想什么，但他的合理分析是，20世纪80年代长期利率的居高不下，制造出了赢利的高门槛，引发了杠杆式投机。降低利率将释放资本，用于长期固定投资。鲁宾因此建议，让经济政策迎合资本市场的突发奇想，无论这些冲动是真实的还是感知中的。克林顿的政治顾问

第二十章 新经济

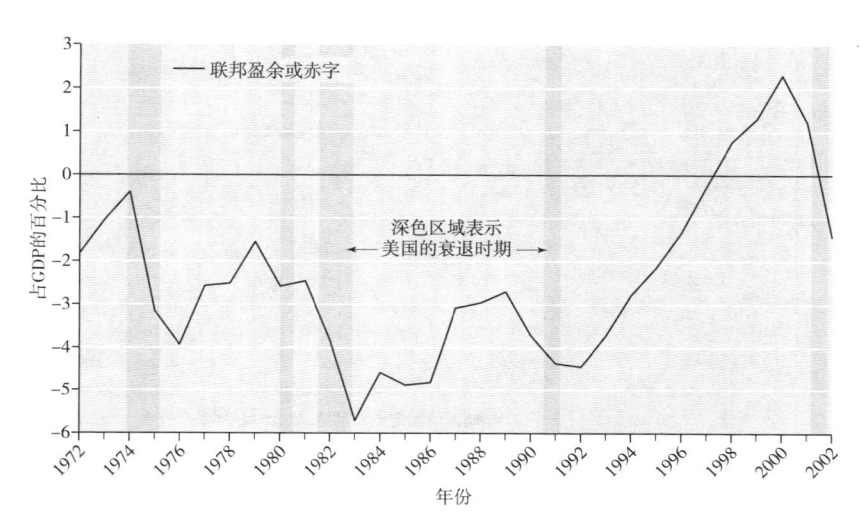

联邦盈余或赤字

克林顿政府逆转了里根政府的趋势，缩小了联邦预算赤字。其理念在于，降低赤字可以释放资本，用于对新经济的私人投资。

詹姆斯·卡维尔（James Carville）总结道："我曾经认为，如果有轮回转世的话，我想来生当个总统或教皇，要么就是一个打击率.400的棒球击球手。但现在我想要重生为债券市场。"[69]

鲁宾的团队说服克林顿，他必须缩小财政赤字。政府通过向富人加税和轻微减缓联邦开支增长做到了这一点——通过减少军事开支来实现，鉴于冷战已经结束。长期债券的价格的确下降了。

鉴于无就业复苏的状况，为了施以援手，格林斯潘领导下的美联储降低了联邦基金短期货币市场的利率，一直持续到1993年年底。此外，在20世纪80年代晚期的储蓄和贷款危机后，新的立法强制规定银行必须持有更多的"无风险"资本。执行这项管制的美联储将美国国债包括在了这一类别中，于是，各家银行累积起了大量国债。随着长期利率下降，支付较高利息的现有债券的价值增加了。坐享暴利的各家银行放弃了流动性并开始发放新的贷款，扩张信

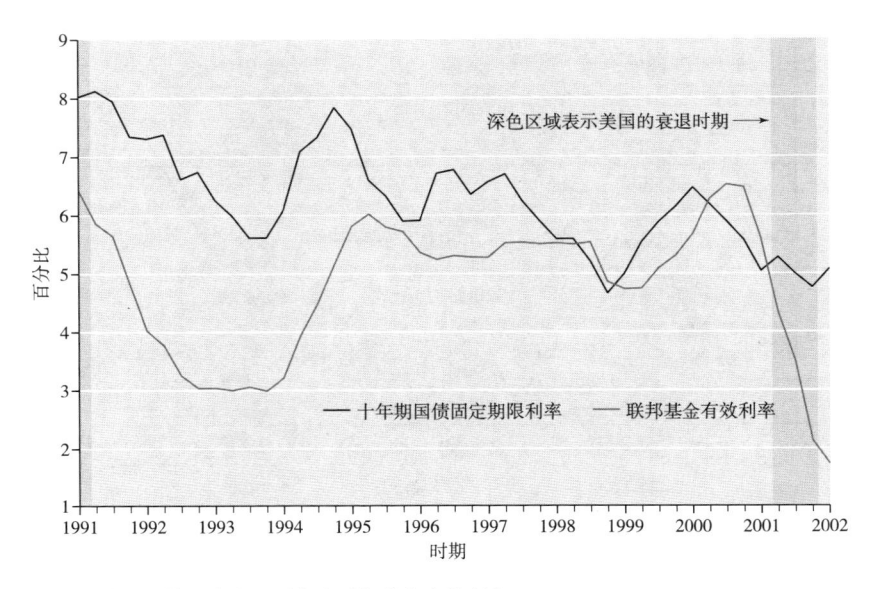

十年期美国国债固定期限利率和联邦基金有效利率

正如克林顿政府所希望的，债券利率下降了。随着美国的货币政策在全球资本配置中的地位日益重要，短期利率同步下降。政策制定者认为，被释放出来的资本将自然而然地流向其在全球范围内的最佳用途。

贷。[70] 所有因素加在一起，信贷周期中的新一轮上涨和相辅相成的宏观经济扩张开始了。

到这时为止，随着美国财政部与沃尔克冲击后的美联储会师合力，这两个行政机构已经成为凌驾群侪的经济政策制定工具。美元依然是全球交易和储存货币。美联储控制着美元的供应，而随着全球资本市场和利率跨越边境趋于同流，美联储的短期利率日益左右着全球的投资流。[71] 尽管美联储是一个规模庞大的官僚机构，而且联邦公开市场委员会的许多成员都参与了对利率政策的投票表决，格林斯潘的个人声望依然达到了神乎其神的高度。[72]

到1995年，克林顿政府已经为国民经济议程定下了永久性的基调。1月，鲁宾成为新的财政部部长。网景的公开募股发行启动了互联网股市热潮。资本开始如潮般涌入各家硅谷 IT 公司。随着格林斯潘变成新经济的信徒,美联储继续降低其利率。然而,1995 年之所以具有重大的全球宏观经济意义,却也有其他的一些原因。

美联储降低了短期利率目标,以应对又一轮资本跨境南逃。自从 1982 年国际货币基金组织对墨西哥进行紧急援助以来,墨西哥政府已经实现了资本账户的自由化。1994 年,它与美国和加拿大签署了克林顿推动的《北美自由贸易协定》(North American Free Trade Agreement,简称 NAFTA)。[73] 遵循国际货币基金组织关于如何募集资本的建议,墨西哥政府削减了公共开支,将比索与美元挂钩,以此保证外国投资者的投资不会贬值。作为一名模范公民,墨西哥得到了奖励,那便是资本的源源流入。

然而,数量超出预期的制造业开始落地于工资水平更低的亚洲地区,动摇了《北美自由贸易协定》将美国跨国公司投资吸引到墨西哥境内的承诺。与此同时,墨西哥的农场主被低成本的美国农产品制造商压垮了。数以百万计的墨西哥人开始非法移民到美国——一些人变成了硅谷的园丁和杂役。[74] 在美联储因为担心美国通货膨胀而于 1994 年提高其短期利率之后,持有美元变得更有吸引力了,而在墨西哥总统候选人路易斯·唐纳多·科洛西奥(Luis Donaldo Colosio)遇刺后,全球资本突然改变了主意,撤离墨西哥,前往美国。墨西哥政府无法获得足够多的美元,以捍卫公开市场上的美元-比索挂钩汇率。于是,墨西哥央行提高了短期利率,以吸引资本回流,而这徒然收紧了国内信贷,让墨西哥经济陷入深度衰退。美国银行和机构投资者手中持有墨西哥投资。投资银行雷曼兄弟尤其被抓了个正着。鲁宾担心,一场恐慌或许会拖垮"遍布全世界的经济体"。[75] 美国财政部为墨西哥筹措到了 520 亿美元的信贷额度。[76]

1995 年,作为支援行动,美联储降低了利率。得以获取低成本美元资金,安抚了资本所有者的心灵,恐慌全面平息,预期效果达成。墨西哥仅动用了130亿美元的财政部信贷，而得益于在出口市场中本国货币汇率走弱，墨西哥经济很快便恢复了。鲁宾和他在财政部的核心小圈子——其中包括年轻的蒂莫西·盖特纳（Timothy Geithner）——明白了一件事，那就是他们可以使用政府权力的压倒性力量，为信贷市场提供交易流动性，同时压制一切恐慌苗头。剩下的，便只是恢复全球资本市场的信心了。

1995年，在另一起具有全球宏观经济影响力的事件中，鲁宾与日本和德国谈判达成了《逆向广场协议》（Reverse Plaza Accord）。[77]几国政府一致同意，插手干预并提升美元在全球货币市场的相对价值。美国消费者可以买到更多美国盟友的出口商品（这些盟国本身几乎没有享受到新经济的繁荣）。[78]得益于新经济的生产力优势和全球化的供应链，美国生产商可以经受住竞争的考验，或者说，美国的政策制定者们是这么核计的。在鲁宾的回忆录中，他几乎没有因这次货币政策转向而居功。"我在高盛与外汇市场打交道的经验让我相信，交易流太庞大了，（政府）干预只能产生短暂的效果。"[79]不管怎样，事后看来，1985年到1995年这一时期，是全球经济的过渡期。在1985年《广场协议》之后，美元一直贬值到了1990年。美国制造业出口相应增加。资本进口有所减少，如今已不再迫切需要平衡美国外部账户。1995年，美元开始升值。美国贸易逆差再度出现。从外国进口的资本也是如此，而这有助于为美国消费者购买全球商品提供资金。沃尔克冲击后的美国全球经济霸权布局卷土重来。

克林顿1996年连任后，国会自降身段，大搞克林顿-莱温斯基性丑闻政治。但在经济政策制定方面，克林顿政府的计划赢得了更多的胜利。新的政治-经济解决方案是政府必须促进资本流动，而按照假定，只要存在市场竞争，这些资本便将自动流向其最佳用途，增益居民消费福利。如果说信贷周期中的投机性上行让资本疯狂地向硅谷互联网公司撒钱的话，按照假定，这一定是这些公司应得的。

美国经常账目余额

1995年是以美国为支撑的全球经济的转折年。美国资本和消费市场再次向全世界释放吸引力——在这里表现为美国经常账户——金融项目以外的美国与全球各国的交易差额。

美联储最重要的任务是管理信贷市场中的短期利率,降低它们以支持新经济,同时在有必要的时候提高它们,以抵御通胀压力。在缺钱的时候,它能降低利率或干预公开市场,以确保资本市场中的交易流动性。与此同时,联邦政府可以继续解除管制。

用克林顿的话说,民主党人至少试着去"感受"穷人的苦痛,而不像共和党人——在民主党人眼中,他们根本麻木不仁。对于克林顿来说,更大的同理心给了他凭仗,同意那些由共和党人提议的政策和立法。"大政府时代已经结束",他在1996年的国情咨文中两次宣称,这一年,他签署了《个人责任与工作机会协调法》(Personal Responsibility and Work Opportunity Reconciliation Act),令其具有法律效力。[80] 这项法律中,有罗纳德·里根曾经想要的一切。它终结了一项罗斯福新政赋予的权利——由联邦政府保证的、对贫苦无依的美国公民的援助。未成年儿童所在家庭援助金变成了贫困家庭临时援助金（Temporary Assistance for Needy Families，简称TANF）。通过实行联邦向州和地方的固定拨款（block grants）制度，它将许多责任移交给了各州，由其决定资格标准和福利待遇。它还让各州得以将福利转包给营利性公司或非营利性宗教组织（这被称为"慈善之选"）。它将一生中领取福利的期限设为五年封顶，但这项法律并不包括就业计划。新经济将提供足够的工作岗位。社会科学家们就20世纪90年代贫困率到底下降了多少——或者根本没有下降——的问题争论不休。但不管怎样，穷人们日益成了穷忙族（working poor）。[81]

作为解除管制和市场竞争的代表，1996年《电信法》（Telecommunications Act of 1996）推翻了罗斯福新政时代的诸多监管法规，这些法规通过维持行业内部的纵向保护并防止垄断兼并与联合。此时，电话、有线电视、卫星、蜂窝网络和互联网服务商全都可以相互竞争。[82] 两位经济学家在1996年发表了一项有影响力的研究，他们得出结论，生产率增长率在"解除管制"后提高了，主要是因为"资本重新配置到了生产率更高的企业机构"。[83] 监管墙必须被拆除。克林顿请求慈善家为学校的联网计算机捐款，以消除"数字鸿沟"。《电信法》宣称："在政府管制最小化的情况下，互联网和其他交互式计算机服务业已蓬勃发展，造福所有美国人。"旧时的进步主义"公用事业"监管概念基本上已寿终正寝。在反托拉斯法领域，深受法律与经济学运动影响的法学家传播着新的福音，其内容为，反托拉斯法的唯一相关标准，便是居民消费福利——意味着短期居民消费价格——而不是市场结构或企业进入壁垒。[84] 轻率做出的假定认为，如果放任市场自行其是，它将自行维持竞争，无须过多的政府监督或法律强制。垄断倾向将不会自然而然地产生。本着这种精神，《电信法》承诺，解除管制将促进"激烈的经济竞争"，而这总是会站在有益于消费者的立场上。仅这一点，便相当于"公共利益"。[85]克林顿政府注意到了1996年之后对电信行业的高水平投资,并为此而沾沾自喜。

即将坍塌的下一堵监管高墙,具有很强的象征意义。几十年来,资本一直在轰击着1933年《格拉斯—斯蒂高尔法》设置的拦在商业银行业务与投资银行业务之间的壁垒。通过一系列行政决议,美联储和财政部削弱了这堵墙。国会通过的1999年《格拉姆—利奇—布利利法》(Gramm-Leach-Bliley Act of 1999),全面推翻了《格拉斯—斯蒂高尔法》。促成这一废止决定的,是花旗集团在20世纪90年代与多家商业银行分行和投资银行分行的持续联合。在一个金融业迅速成为单一的大型全球资本市场的时代,花旗集团开始在多个金融资产类别中纵横捭阖。[86]

本着这种精神,1997年,国际货币基金组织经济学家、副总裁斯坦利·费希尔(Stanley Fischer)在香港发表讲话,为一项拟议的国际货币基金组织章程修正案辩护。该修正案首次将"国际资本流动自由化"列为"本基金组织的中心目标"。[87]然而,费希尔发表讲话的时候,正值亚洲金融危机,而这将被证明具有重大的全球意义。导致全球危机的一个原因,不是别的,正是国际资本流动的自由化。

4. 全球化

不管全球化这个词的定义为何,它都不是一个新词儿。但在20世纪90年代,一种新的寰宇一家、天下大同的意识诞生了。在20世纪,无论是出于个人选择还是必要为之,工业资本家都将自己的命运与民族国家绑在了一起。[88]这时,许多财富所有者并不那么确定了。纽约、伦敦和东京这些金融中心,成为公认的"全球城市",那里的美食、时尚和设计潮流开始趋于一致。[89]在那里出现了取代政府监管的新形式的私人"全球治理",有时候体现为跨国公司之间的仲裁协议,有时候则借助在纽约、伦敦和东京等地设有办事处的国际掉期与衍生工具协会(International Swaps and Derivatives Association,简称ISDA)一类的实体,通过它们,各家银行为极少受到政府监管的全球金融衍生品市场创制出了统一的合同语言。[90] 在某种程度上,这些存在着许多共同之处的全球城市,似乎脱离了其所在国家。

在经济上,千禧年末的全球化由更大规模的商品世界贸易以及更紧密的金融联动构成。与以前的全球化——比如19世纪晚期和20世纪早期的那一次——相比,劳动力移民问题并不那么突出。贸易和金融密切相关,因为国际贸易需要国际融资,至少是一个国际商品支付系统,而在此时,该系统主要以美元为基础。20世纪90年代全球商业和全球供应链的扩张,增强了生产的专业化,扩大了市场范围,这毫无疑问促成了商业、财富和经济增长的倍增——正如很久以前亚当·斯密描述的那样。由于经济活动的回报增加,全球贫困状况有所减少,即便收入增长并未普惠四方。[91] 对生产活动的跨境长期"外国直接投资"的激增,也有助于经济增长。随着遍布全世界,尤其是集中在亚洲的许多以制造业为引导的出口经济获得了更大的外国市场准入机会——其中包括体量庞大且迅速扩张的美国消费市场——投资倍增器也开始发挥作用,将包括劳动力在内的许多未经开发的资源吸纳到了生产之中——正如不久之前凯恩斯所描述的那样。

然而,在20世纪90年代,"金融开放"的增长远远超过了"贸易开放"的增长。也就是说,热钱——经常是投机性的,表现为对外国货币、股票、债务和衍生品的金融投资——的流动,以与对固定投资或贸易的需求不成比例的速度大举扩张。金融全球化让其他类型的全球化全都相形见绌。1997年,国际货币基金组织总裁费希尔指出:"抽象地说,自由资本流动有助于更有效地配置积余资金,

安德烈亚斯·古尔斯基，东京证券交易所（1990 年）

古尔斯基拍摄的关于 20 世纪 90 年代世界各地金融交易所的系列杰作，捕捉到了千禧年末金融全球化的狂热能量，这正好是在大部分交易从实际场内交易转到网上的前夕。这里看到的是东京的状况；借助日元借贷融资而实现的投机性美元交易，是 1997 年至 1998 年亚洲金融危机的导火索，而这场危机又反过来波及美国资本市场。

有助于将资源引导至生产率更高的用途，从而促进经济增长和福利。"这是 20 世纪 90 年代末的福音。但是，自那时起，能够切实证明金融开放与提高经济增长率之间存在联系的证据并不充分。[92] 全球资本在 20 世纪 90 年代所做的，不过是在全新的 IT 技术助力下，以全新的、闪电般的数字化速度流动而已。在这些年里，德国艺术家安德烈亚斯·古尔斯基（Andreas Gursky）拍下了全球各大金融交易所的照片——它们是疯狂运转的神经中枢，与此同时却也抽象且超然，形象地展示出了金融与经济其他部分的脱节。

663　　大起大落的全球金融流动很难从历史的角度加以叙述，这也部分说明了为什么它们很难被置于政治管控之下。与此同时，不同于费希尔的预测，全球金融资本有能力破坏行动相对缓慢的全球实物生产和贸易经济。在 20 世纪 90 年代晚期，随着资本市场全球化，涌现出了一条最重要的全球联动线，那便是美元与日元之间的关联。一系列可能导致全球经济同归于尽的偶然事件，便是从这一关联中生发出来的。

　　1995 年，日本央行将其短期利率目标降到了 0.5%。日本的房地产和股票市场资产估值在 1985 年后一路攀升，到 1989 年达到顶峰。1991 年到 1992 年，日本的资产价格崩溃了，日本经济陷入了流动性陷阱，自此将经历通货紧缩和低增长率的"失去的十年"。[93]而这个 0.5% 的短期利率的目标本来是鼓励借贷、支出和投资，从而重启增长。

　　鉴于利率很低，以日元计价的全球借贷激增。日本公司借入低息资金，投资到在全亚洲扩张低工资、出口导向型制造业。例如，在汽车制造业，泰国成为"亚洲的底特律"。许多美国跨国公司也都将生产离岸外包到了亚洲，其中就包括苹果、沃尔玛和思科。在信贷市场中，发展出了日元"套利交易"（carring trade）。银行和多家投资基金以低息借入日元。他们随即将短期热钱放到短期利率徘徊在 5% 上下的美国市场中——要不然便是在依托制造业出口而增长的东南亚资本市场中，寻求风险更高，但也更大的利差。到 1997 年，日元套利交易据估算达到了 2 000 亿到 3 500 亿美元。[94]

　　1997 年 5 月，事态突然发生了转变。全球货币投机者向泰铢与美元的汇率挂钩发起了攻击。泰国货币此前与美元挂钩，是为增强外国人的信心，让他们认定自己的投资不会贬值，但美元在 1995 年《逆向广场协议》之后的升值，削弱了泰国出口商品的竞争力。1997 年 5 月，高盛发布的一份研究报告推测，泰国或许很快便会贬值其货币，以此大幅度提升出口竞争力。这一推测引发了谣言，外国投资者抛售泰铢。由于缺乏足够的美元捍卫公开市场上的挂钩汇率，1997年7月，泰国中断了汇率挂钩，让泰铢汇率在公开货币市场中自由浮动。泰国股市市值暴跌，泰国的产出和就业也未能幸免。[95]

"没人预料到这场疫病竟能传播得如此之快。"一名香港监管者如此评价道。到10月，菲律宾、马来西亚和印度尼西亚，以及中国香港地区的货币均受到了攻击。12月，韩国开始与国际货币基金组织和美联储国际金融部协商谈判。国际货币基金组织专门为韩国协调到了570亿美元的信贷额度，并为其他东亚经济体筹措到了救命钱。作为回报，它要求这些经济体必须向全球资本流动保持开放，同时实施政府预算紧缩政策（"结构调整"），以帮助重新募集外国投资。美国军队驻扎的那些国家——比如韩国——通常会得到更好的条件。[96]

尽管如此，恐慌依然在相互关联的全球资本市场中迅速蔓延，巴西摇摇欲坠。1998年8月，尽管在鲁宾的协调下，国际货币基金组织在一个月前提供了226亿美元的紧急救助，俄罗斯依然发生了政府债务违约。在后共产主义的"市场转型"中，俄罗斯的生存条件要比失去的十年更糟糕。[97]国际货币基金组织的经济援助徒然令正在兴起的俄罗斯寡头阶级中饱私囊，而这个阶级之前曾大肆掠夺国有资产。与此同时，俄罗斯的违约进一步吓坏了全球资本市场。"最基本的一件事，"日本财务大臣宣布，"就是不要恐慌。"[98]

随着资产价格到处贬值，一家大型美国投资基金——长期资本管理公司（Long-Term Capital Management，简称LTCM）——濒临破产。成立于1994年的长期资本管理公司，是一家对冲基金，或者说，是一家很少受到监管的从事银行业务的合伙企业，其业务模式是向富有的投资者收取费用，帮他们投资。长期资本管理公司的投资者从来都没有超过100人，但其中包括了中国香港地区和新加坡的主权财富基金、一家日本银行、匹兹堡大学和意大利中央银行。[99]长期资本管理公司的创始人之一,是约翰·梅里韦瑟(John Meriwether),他曾是一名债券交易员,擅长套利操作,也即利用不同资产之间的价差进行交易。另外的两个创始人是经济学家罗伯特·默顿(Robert Merton)和迈伦·斯科尔斯(Myron Scholes),二人曾因创制了为"期权"——一种金融衍生品——定价的数学公式而获得1997年的诺贝尔经济学奖。[100]这个公式以市场魔术为前提,假定交易流动性一直存在,总是会有一个现成的买方愿意购入任何一种资产,或者至少存在着一个贷方,愿意注资放债。然而,还有另外的一个假设,那就是价格会遵循"正态"统计数据分布,就像人寿保险的精算表一样。

长期资本管理公司的交易员们,坐在太阳微系统公司(Sun Microsystems,一家硅谷公司)的工作站前操作,这些工作站与新的全球数字交易平台相连,而这些平台又与一个单一的大型全球资本市场实时同步。[101]它们将历史价格数据嵌入自己的模型,一开始时创造出了高达40%的巨额回报,就此累积起市值超过1000亿美元的资产,甚至超过了雷曼兄弟和摩根士丹利这两家投资银行。通常来说,长期资本管理公司押注于不同资产的价格终将趋近于其历史常态。交易员随即运用相同的模型,通过对赌操作——与投资银行签订衍生品合同——对冲交易风险。对自己的模型充满信心的长期资本管理公司,通过举债加杠杆的方式扩大交易量,获取了更大的利润。通过减少用于交易的自有资金,他们自己的钱的收益便增加了。格林斯潘赞扬对冲基金交易,只不过是因为这为资本市场带来了更多的交易量。这意味着更高的效率,因为它拉近了现实与假设交易流动性一直存在的经济理论的距离。[102]

长期资本管理公司有两个问题。首先,全球资本市场日益紧密相连,而这恰恰是因为交易变多了。但是,历史数据却源自各个市场更为独立的时刻。在俄罗斯债务违约后,那些现有历史数据断言永远不会产生联动的价格,开始发生联动。当这种情况发生时,长期资本管理公司精密复杂的模型就此变得一钱不值。它们并没有考虑到,未来会在多大程度上不同于过往。正如一位对长期资本管理公司持批评意见的华尔街交易员所说:"拿莫妮卡·莱温斯基来说吧,她端着个比萨饼走进克林顿的办公室。你不知道接下来会发生什么。然而,如果你应用数学来分析这事儿,你会得出结论,有38%的概率她会为他口交。这看起来挺不错,但全都只是猜测而已。"[103] 其次,因为这些模型假定交易流动性的存在,从数学上讲,它们也假定存在着"连续时间"——永远都有现成的买方为所有资产出价。但是,1998年的价格下跌是非连续性、上蹿下跳的,而且对于许多资产来说,根本就没有任何买家。长期资本管理公司负债累累,需要出售资产换取现金,以满足债权人的要求。如果它卖不掉自己的资产——因为没有买家——市场流动性不足便意味着这家对冲基金资不抵债。意识到这一点,各家银行停止向长期资本管理公司放贷。对这家公司来说,市场魔术已经烟消云散。

1998年9月23日,在纽约联邦储备银行,贝尔斯登(Bear Stearn)、大通银行、高盛、J.P.摩根、美林证券(Merrill Lynch)、雷曼兄弟和摩根士丹利这些华尔街银行巨头的首席执行官们聚在一起,共同考虑长期资本管理公司的命运。倘若长期资本管理公司债务违约,市场或许会"停止运作",纽约联邦储备银行行长威廉·J.麦克多诺(William J. McDonough)警告说。长期资本管理公司的衍生品对冲操作,已经将其与几乎所有的金融机构联系在一起。这些银行运作了一次36亿美元的私人紧急救助。贝尔斯登拒绝出钱。雷曼兄弟公司的董事长迪克·富尔德(Dick Fuld)驳斥了长期资本管理公司倒闭将威胁到雷曼兄弟偿债能力的谣言,他出了钱,却少于别家。这些大佬中的许多人都将在十年后重新回到这间屋子,在那之前,他们将长期资本管理公司的许多基本交易策略应用到了美国的住宅抵押贷款市场,结果以类似局面告终。他们会记得富尔德的吝啬刻薄。[104]

纽约联邦储备银行宣布了对长期资本管理公司的私人紧急救助。不到一个星期之前,格林斯潘召集负责制定利率政策的联邦公开市场委员会委员,举行了一场电话会议。美国股价跌宕起伏,紧张不安的全球资本在美国国债中寻求避风港,因为这是资本市场中最接近现金的资产。流动性偏好有从投机性偏好转向预防性偏好的风险,而这会削弱投资。1998年9月29日,联邦公开市场委员会将其短期利率目标从5.5%下调至5.25%,10月15日再度下调至5%,11月17日的下调将其降到了4.75%。一位雷曼兄弟的经济学家说:"格林斯潘没有实际说出口的意思是:'我们将向这个系统提供流动性,而且我们不会让美国经济在1999年陷入衰退。'"[105]这看起来的确奏效了,亚洲经济状况缓和了下来。银行紧急救助、国际货币基金组织的结构调整以及来自美联储的廉价资金,似乎足以让全球经济保持正常运行。美国财政部在这场危机期间一直与美联储和国际货币基金组织通力合作。1999年2月,《时代周刊》的"封面故事"宣布,格林斯潘、鲁宾和即将成为新一任财政部部长的萨默斯是"拯救世界委员会委员"。

这三个人的确防止了一场更严重的灾难的发生。尽管如此,国际货币基金组织提议的郑重对待开放资本流动性的章程修正案却未能通过——1997年代表了推动此种全球化的高潮。[106]而且,也有一些教训应当被汲取。重新审视一下作为这个链条最初一环的日元,是有价值的。出于某种原因,在一次以日元计价的、牵涉到数十亿美元的投机性货币套利交易中,出现了意外的中断,它在触发了从泰国蔓延至巴西和俄罗斯的金融恐慌之后,还可能在整个全球经济身上捅出个大洞。此外,这种情况会发生,是因为日本央行此前大幅度降低了利率，试图刺激国内经济支出。正是日本央行降低利率释放出了廉价的以日元为基础的全球信贷。但是，日本降低利率，是因为其国民经济正处于毁灭性的债务通缩之中，而这发生于股市和房地产市场的崩盘之后。格林斯潘、鲁宾和萨默斯或许在1998年拯救了全球经济，但尽管全世界提供了大量的流动资本，日本依然深陷流动性陷阱。[107]低利率无法改变本土的预防性流动性偏好，即便正是这些低利率在海外助长了遍及全球的投机性流动性偏好——二者都未能诱导支出，尤其是在对日本摆脱低利率流动性陷阱必不可少的长期投资方面的支出。日本经济是需求约束型的。而日本只不过是一个预先警告。它将花上十年时间——但包括美国经济在内的大部分全球经济，将在2007年到2008年的金融危机后处于同样境地——然后在2020年重蹈覆辙。

无论如何，20世纪90年代末的全球资本供应一直都在涌入美国的资本市场，在以美元计价的资产中寻求安全与利润。换言之，全球经济变得越不确定，它就越依赖一个确定的锚点：美元。美国霸权促进了经济全球化；经济全球化需要美国霸权。美国资本流入猛增。因为鲁宾经济学将联邦财政转向收支平衡，美国公债的供应量下降了。外国投资者不再购买新发行的美国国债，而是疯狂购入美国股票、公司债和机构债［比如房利美和房地美（Freddie Mac）的债券］。对美国资产的外国金融投资净值从1998年的1 455亿美元攀升到了2000年的4 440亿美元。尤为突出的是，外资对美国公司股票的购入，从1998年的420亿美元增加到了2000年的1 938亿美元。在这一阶段，全球资本全面押注在新经济上。[108]

1999年是美国股市绝对值飙升至最高点的一年，历史上从未存在过这样的估值。然而，"历史也会成为专制暴政"，一本名为《道琼斯指数36 000点》（*Dow 36 000*, 1999）的书如此宣称。[109]1999年，《华尔街日报》批评了只看商业利润的"老派理念"。[110]此时，已经有超过100万的美国人开设了在线股票日内交易账户。一个众望所归的行业惯例形成了。"这完全是一场信心博弈。"一名交易员说。某家日内交易经纪公司的创始人说:"流动性。正因如此,股市才是世界上最好的投资场所。你可以在50的价位买进,以49⅞的价位卖出。你还能在哪里做到这一点?你的车有流动性吗?没有。如果你不得不卖车,可能要花上3个小时或3个月,才能卖上个合理的价格。"[111]

1999年8月,尽管注意到可能出现"信心断裂",格林斯潘还是宣布,监管者最好少插手干预。毕竟,股票价格只不过是"数百万投资者的个人判断,他们中的许多人对特定公司的前景非常了解,而这些公司构成了我们的大盘股价指数"。[112]与此同时,在1999年,美国国内生产总值的增长率达到了4.7%,通货膨胀率很低,失业率降到了4%以下,平均实际工资几十年来第一次出现了增长。

但是,这些股价是否合情合理?在1998年和1999年一连串的国会听证会上,格林斯潘都给出了肯定的意见。他认为,股市飙升是一个资产导向的"良性循环"。对未来在信息技术引导下生产率和利润大幅度提高的预期,为当前的高股价提供了担保。格林斯潘解释道,"资产净值的增加"会为"提升生产力的资本投资"筹集到新的资金。1999年格林斯潘在国会作证时的发言,值得被大段引用如下:

> 对于美国经济,一些特别的事情业已发生……各种协同增效作用已经发展出来,尤其是在微处理器、激光、光纤和卫星技术领域,它们显著提高了体现或应用这些新技术的各类设备的潜在回报率。但除此之外,信息技术的创新,也就是所谓的IT的创新,已经开始改变我们从事商业活动和创造价值的方式,而且经常是以哪怕五年前都预料不到的方式。[113]

第二十章 新经济

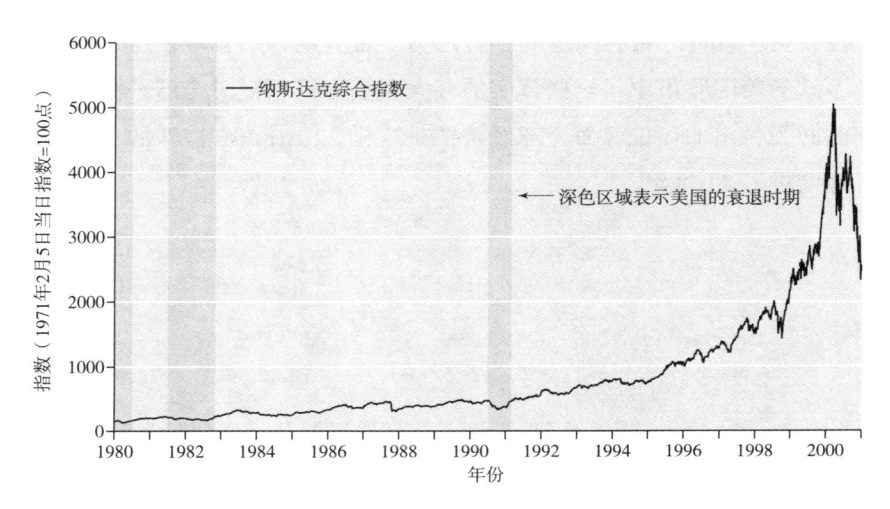

纳斯达克综合指数

这一轮新经济股市热潮,集中在信息技术和互联网公司上,它们绝大多数在纳斯达克证券交易所上市。

好的创意是如此之多!在美元高企、全球资本流入和联邦预算平衡的情况下,资本大可哄抬股市价格。这个"良性循环",在于从资产净值增加中获取财富的美国公司,可以为信息技术的进一步发展投资,而后者正是股价如此之高的初始原因。在此之外,还要加上影响更广泛的股市"财富效应",因为上升的股价为股票所有者慷慨地提供了新的财富,从而维持了收入并创造出新的消费需求。在那些依托出口的国家深受1997年至1998年全球金融危机的困扰之时,美国消费者反而更有能力从它们那里购买进口商品了。每个人都是赢家,新经济背负起了全球经济的希望。

随着新千年的临近,美国宏观经济经历了有史以来持续时间最长的一次商业扩张,甚至超过了20世纪80年代的那一轮。每个主要宏观经济指标都在向着正确的方向迈进。这帮大佬们,可是都喝下了硅谷迷汤?在新经济中,短期投机将变成长期的营利性和生产性投资。或许,格林斯潘同样打过另一番算盘,那就是在这个只涨不跌的美国股市中,一些真实的夸大不过是管理应对全球经济危机时必须付出的代价。而全球经济便是这样,沿着信心博弈的刀锋边缘溜进了 21 世纪。

第二十一章
大缓和

2004年2月,在面对一群学院派经济学家发表演讲时,曾在普林斯顿大学研究宏观经济学和大萧条时期经济史、时任联邦储备委员会委员的本·伯南克提到了"大缓和"的概念。

自从1982年沃尔克动用强硬手段杀掉通货膨胀这条恶龙以来,宏观经济的波动性确实减少了,伯南克正是鉴于这一点创造了该说法。他推测说,这个稳定时代最大的功臣,很可能就是货币政策。因为所谓的实体经济,也即生产、交换和消费物品的市场经济,自然而然便会趋于稳定。因此,只要货币政策维持住一个稳定的总体物价水平,实体经济就没有理由要经受剧烈的动荡,而稳定物价水平,可以通过各种利率政策实现,这些政策时刻警惕着通货膨胀,而且保持透明,从而使个人能够将其预期锚定于美联储的可预期行动之上。在该模型中,就其定义而言,货币、经济和金融的动态在很大程度上被排除在了"实体"经济活动之外。[1]

但在现实中,金融和信贷并没有那么容易被排除在外。伯南克信心十足地提到大缓和时,距离2001年美国上一次衰退才不过几年时间。以金融为主导的20世纪90年代末新经济股市繁荣,曾在1997年至1998年亚洲金融危机后稳定了全球经济,但在2000年,美国股市便已崩盘。为了应对衰退,2003年,美联储将短期货币市场利率降到了2001年年底之前的2%以下。这样一来,美联储所做的,便不仅仅是公开透明地捍卫总体物价水平而已。在市场承受压力的那些时刻,美联储还提供了必要的廉价融资,从而保持金融价值在金融市场信心减弱、可能导致资产价格下跌的关头依然高企。美联储并不反对一种特定类型的价格上涨,那便是资产价格上涨。

对美联储出手相助的坚定信心,维系了这个时代接连不断且为时更久的一轮又一轮扩张——这些扩张是由信贷推动的,以资产价格为主导,它们自然也合乎逻辑地将更多的钱分配到了资产所有者而不是劳动者手中。[2] 从1982年11月到伯南克2004年发表讲话时,宏观经济只经历了16个月的衰退期。2001年的衰退仅仅持续了8个月。因此,以国内生产总值计算,这的确是一个大缓和的时期。但是,置身其中的伯南克所论及的这一轮2001年后的商业扩张,受信贷和资产价格推动的影响,将比20世纪80年代或90年代的那些扩张受影响程度更大。在几十年的时间里,生产率增长的趋势线一直令人失望,仅在20世纪90年代晚期有过一段欢乐时光,而它在2000年之后进一步下跌。[3] 这种跌势与2000年后非住宅固定投资更大幅度的下跌是相关联的。[4] 但是,在劳动收入份额下降的同时,利润依然在攀升——源于攀升的资产价值和大公司所享有的更大的市场权力。

在这个过程中,21世纪第一个十年,资本和信贷顺利地转入了一个美国资产类别:住宅。要想看清楚这场21世纪头一轮投机性投资热潮的运作机制,必须充分理解它的一些迥异特征。尤其是全球尺度变得更重要了这一点。[5] 这是一次真正的全球经济热潮。随着全球商业的扩张,贸易在累积效应下催生了更多的贸易,生产

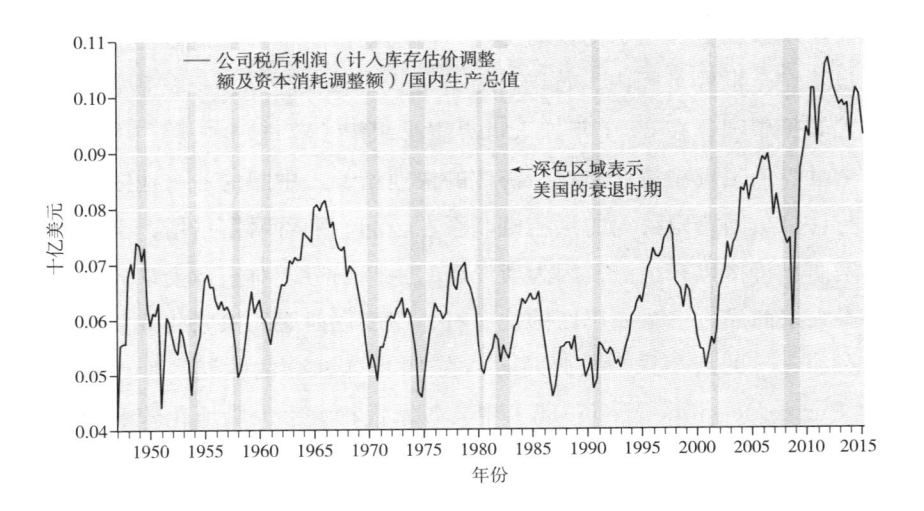

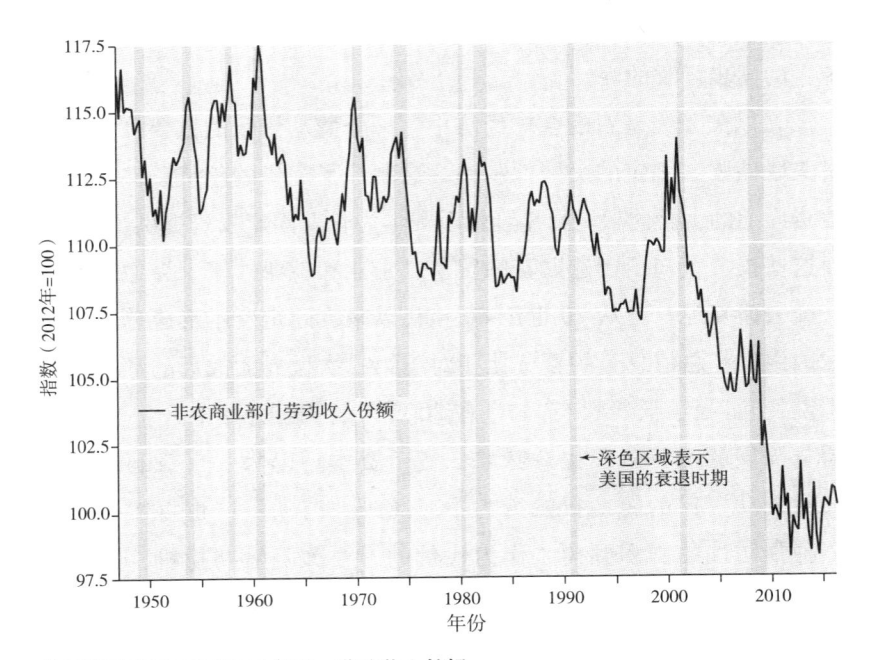

公司税后利润/非农商业部门，劳动收入份额

21世纪最初的十多年见证了美国公司利润的上升。与此同时，劳动收入份额却在下降。

在累积效应下催生了更多的生产,而经济活动带来了日益增加的回报。在全世界范围内,数以百万计的人逃离了经济匮乏的困境。[6] 尤其是中国,在 2001 年加入世界贸易组织(WTO)之后,引领了全世界低工资制造业出口经济体的快速增长。中国的各个地区开始与许多美国跨国公司的供应链联系在一起。随着财富倍增,全球大宗商品价格也在猛涨,因为新经济的生产创造了对来自全世界的各类大宗商品——诸如巴西的铁矿石、印度尼西亚的橡胶和俄罗斯的石油——的新需求。与此同时,在 1999 年成立的欧元区货币联盟(Eurozone monetary union)中,各家银行大手大脚地花着廉价的美元资金。各欧洲经济体的"金融化"(金融业增长速度高于生产)程度要比任何地方都高,甚至超过了美国。[7] 问题在于,这种生产的极大扩张和脱离生产的金融活动极大扩张,到底是如何实现如此惊人的同步增长的呢?

在以美元为基石的全球经济中,一个撬动繁荣的重要杠杆,便是美联储强制规定的美国低利率,这制造了宽松的信贷条件。全球信贷周期的上行阶段,意味着货币资本为长期固定投资提供了资金,而这些投资投向了创造财富的贸易、企业和就业。繁荣会像回旋镖一样去而复返。自从 20 世纪 80 年代以来,固定资本形成总额占全球国内生产总值总量的百分比相对于第二次世界大战后的那段时期来说,一直处于低迷状态,如今在 2002 年后甚至开始上升。[8] 但是,信贷周期的上行阶段也意味着,货币资本可以为了自身利益而注入对流动资产的短期投机行为中。此外,流动资产也可能会促成一种预防性的囤积倾向,作为代价的,要么是短期投机,要么是长期投资。

在 21 世纪第一个十年,投机性投资和预防性囤积的金融动态,是通过一个至关重要的总连杆——美国与中国之间的联动关系——实现传动的。[9] 中国的经济发展遵循了一个似曾相识的历史模式。

第二十一章　大缓和

劳动力、企业和更多的财富生成，让数百万人摆脱了贫困。不平等却增加了，而经济增长带来的货币收入的增多，一开始并没有导致中国消费者支出的激增。相反，美国消费市场依然是一块大磁石。中国并没有将其制造业出口获利转向国内投资。中国选择了将出口赚来的大部分积余资金投资于美国的资本市场，尤其是美国的公债。这些中国投资弥补了美国的贸易逆差，继而维系了美国人对中国制造商品的消费。这便是后沃尔克冲击时代的美国全球霸权配置，一种靠类固醇兴奋剂维持的布局。

但是，中国也想要储备外汇，以避免类似于1997年至1998年亚洲金融危机那样的事件再度发生：在那场导致了多国政府倒台的恐慌中，每个人都想持有美元这种全球储备货币和最具流动性的资产。中国并不希望其合法性依赖于全球资本的朝三暮四。所有这些原因加在一起，令伯南克在提出大缓和这个概念的一年后，于2005年开始提及在中国支持下的全球"储蓄过剩"。[10]

但这同样也是美联储低利率撑起来的全球"流动性过剩"。[11]世界经济蓬勃发展，很大程度上借助的是这条美中传动链。投资增加了，尽管中国践行的是一种新的政治流动性偏好——出于预防目的而囤积了大量美债。但是，这种流动性过剩也令信贷推动的存量投机成为可能，而这主要集中于美国的住宅市场。

这种全球流动性过剩，资助了华尔街对美国住宅抵押贷款以及一系列相关金融衍生品（比如抵押贷款担保证券）的投机行为，而所有这一切，都或多或少地押注或对赌在美国住宅价格未来是否会上涨上。住宅价格将会上涨这件事变得更加重要了，因为2001年后的商业扩张以陷入历史性低谷的劳动力市场为特征，是一次"无就业"复苏。劳动力参与率实际上下降了（男性劳动参与率下跌，女性劳动参与率保持稳定）。与此同时，平均家庭收入直到2005年年底才恢复到2001年衰退之前的水平。那么，没有积蓄的美国消

美国经常账户余额

在美国对外贸易差额这方面，21世纪第一个十年极度放大了这个混乱时代的现有趋势。到这时，坐在全球宏观经济驾驶座上的，是全球金融动态（尤其是出于追求安全资产和利润目的而向美国资本市场的财富出口）而不是贸易。

费者，如何能买得起美国跨国公司使用中国劳动力组装的平板电视机呢？尤其是在美国的一些地区，"中国贸易冲击"已经彻底摧毁了美国制造业的就业。

一个原因在于，富人们一直日子过得不错。新经济并不是一场骗局。受过良好教育、拿着丰厚薪酬的美国人住在城市中，那里聚集着高科技工作和相关的商业服务业，不仅创造出了对商品和服务的消费需求，也创造出了对护理服务行业低工资区段从业人员的需求。此外，在互联网泡沫破灭的压力下，许多硅谷的IT公司终于找到了从互联网赚取实际商业利润的办法。它们的做法，是在消费主义场域中开辟出新的路径。在线零售商亚马逊的销售额一路攀升，一些公司——比如苹果——制造出了新的奢侈品，比如iPod和iPhone，其他一些公司——比如谷歌和脸书——雇用工程师和数学家从用户那里挖取个人数据，然后将这些数据汇总处理，作为可以预测消费偏好的新型集成数据构件——一种全新的人工合成的资产类别——卖给市场营销人员。

但到最后，对于不景气的劳动力市场和疲软的劳动收入，补偿力度最大的还是普遍的延期债务，尤其是抵押贷款。美国的投资银行和商业银行聘请了数学和物理学博士，通过挖掘以往的房屋价格和抵押贷款违约数据，构建起预测模型，生成了更新颖的合成资产类别，其中就包括了抵押贷款担保证券。得益于美联储的利率政策，短期货币市场中的廉价信贷为其提供了资金。即便在美联储2004年提高短期利率目标之时，包括抵押贷款利率在内的美国长期利率依然保持低位——部分原因在于中国的积余投资。信贷涌向四面八方。美国住宅价格一路飙升。通过"财富效应"，借助杠杆融资获得的财产所有权的资本收益，得以转化为美国房主的新收入，存量房因此成为一个新的个人收入来源。随着许多普通房主得到机会参与到信贷推动的资产价格升值之中，这个时代的资产价格升值资本主义找到了一个可以专注其上的全新资产类别。正如在以前的信贷周期中一样，这一切只有在信心得以维持、价格持续上涨的情况下才能正常运作。大缓和便有赖于此。

看到发生的这一切，布什政府大声欢呼着"所有权社会"的兴起。或许，美国的政治经济可以实现一场转变，从专为重新分配收入而设计的各种政策，转向旨在让更大范围的选民得享资产价格升值之机遇的政策。每个美国房主都能靠着成为精明的金融家来养活自己。

事后看来，"大缓和"这个名字指代的，是21世纪第一个十年的一种基础广泛的政治经济解决方案，它为20世纪90年代以金融为主导、受到克林顿政府大力支持的全球化赋予了一种特殊的形态。它是一种全球预期的解决方案。美联储期望达成宏观经济的稳定性，只要价格虚高仅发生在资产价值领域，而没有出现基准价格水平的通货膨胀即可。中国寄希望于高增长的前景，而这是通过向全世界销售制造业出口产品达成的，与此同时，它也囤积起以美元计价的债务以备万一。硅谷公司期待着免费获取其用户的个人数据。银行期待着美联储将继续提供廉价资金和交易流动性，让它们可以提高杠杆率和利润。美国的房屋所有者期待着住房价格将不断上涨，从而在平均工资持平和劳动收入占总收入份额下降的情况下维持他们的消费生活方式。这一切能持续多久呢？

1.格林斯潘对策

21世纪第一个十年的商业扩张，始于2001年短暂衰退后缓慢无力的无就业复苏。[12] 为了推动这次有气无力的复苏，美联储将联邦基金货币市场中的目标短期利率降到了历史低位。在全世界范围内，此次扩张的势头终于在2003年变得强劲起来，但在这之前，此次下行首先暴露出了资产价格升值型资本主义的弊端。

金融市场交易员们在1987年证券市场崩盘后，发明了"格林斯潘对策"（Greenspan put）的说法。当时，面对崩盘，格林斯潘降低了利率，释放廉价信贷以帮助市场恢复价值。在金融领域，"看跌期权"（put option）让买家有权在未来的某一日期以指定价格出售某项资产，即便同时期的价格跌破了约定卖出价，从而保护资产所有者免于蒙受市场下行趋势带来的损失。美联储每逢资产价格下跌便降低利率的做法有着同样的效果——这种下行保护（downside protection）鼓励人们承担更多风险。为了应对1997年至1998年的亚洲金融危机，美联储降低了利率目标，以安抚战战兢兢如临深渊的全球资本市场，此时，"格林斯潘对策"这个术语的重要性变得益发突出了。

第二十一章 大缓和

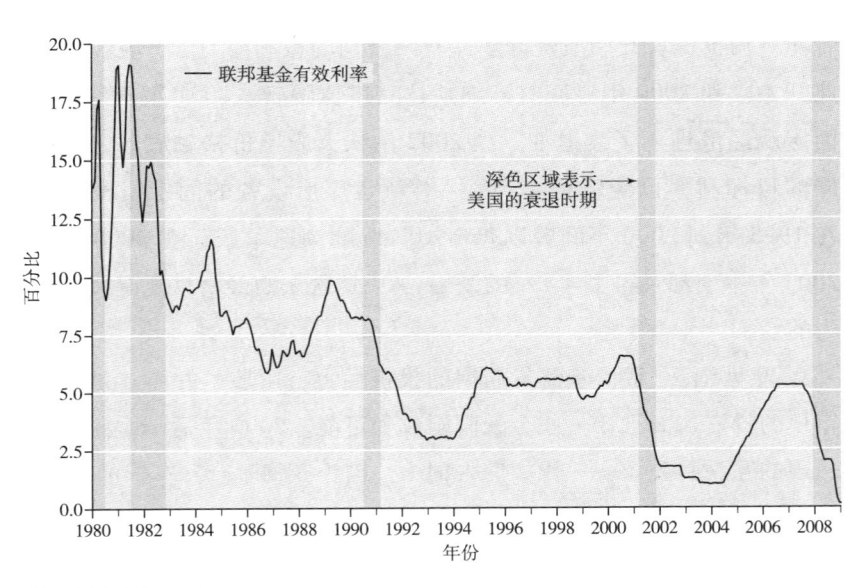

联邦基金有效利率

"格林斯潘对策"：为了维系资产价格，在艾伦·格林斯潘担任主席期间，美联储不断降低利率，以应对金融市场中的各种动荡。

大权在握者将他们的希望寄托于美国的存量市场，言必称"良性循环"的美联储主席格林斯潘就是其中之一。他认为，存量市场资产价格升值将生成资本收益，然后成为对新信息技术产业的固定投资，为存量市场的高估值提供担保。但是，如果这个良性循环是一个恶性循环呢？如果美国宏观经济增长的唯一途径就只是资产价格的连番上涨，而这会不公平地将收入大笔转移到资本所有者和金融及商业服务相关行业的高薪雇员手中，怎么办？如果资产价格升值不过是一场信心博弈，资本所有者在其中运用杠杆抬高价值，然后在上涨过程中将利润落袋为安，同时盼望着自己不要在下跌过程中成为最后一个到达紧急出口的人，那又如何？

如果没有实际商业利润，股票价格还能一路飙升吗？在2000年7月一系列负面的公司盈利报告发布之后，股票分析师、新闻记者和机构投资者开始质疑许多互联网公司的盈利潜力。一轮抛售就此开始。到 2000 年年底时，纳斯达克市值腰斩。2001 年 3 月，美国宏观经济进入了衰退期。到 2002 年秋天股票价格触底时，美联储的目标利率已经低至 1.75%。对新建厂房设备的固定资产投资在 1995 年到 2000 年间曾以每年 10.1% 的高速增长，在 2000 年到 2003 年中期却录得了 4.4% 的跌幅。[13] 这次宏观经济恢复是疲软乏力的。

20 世纪 90 年代末信贷周期的投机性上行阶段，并不总是导向审慎的投资，而且让一些金融闹剧成为可能。2000 年后，一些昙花一现的互联网公司——比如广告词为"因为宠物不会开车"的 Pets.com——乱哄哄你方唱罢我登场。互联网泡沫的破灭尤其集中于一个行业，那就是电信业。[14] 20 世纪 90 年代末的电信公司进行了巨额的固定投资。1996 年《电信法》推翻了许多罗斯福新政的监管规定，开放了这一行业——电话、有线电视、通信卫星、蜂窝网络和互联网——允许交叉持股和展开竞争。合并与收购随之而来。在 1995 年到 2000 年间，各家美国投资银行组织了不下 1670 起电信业并购，成交值高达 1.3 万亿美元，赚取了 130 亿美元的费用。银行为电信业固定投资募集资本，然后推动上市发行。花旗集团的分析师杰克·格鲁布曼（Jack Grubman）对《商业周刊》说："以往的利益冲突，如今成了协同效应。"[15] 但在 2001 年，衡量美国电信行业使用率的一个指标——宽带实际使用比例——只有微不足道的 2.5% 到 3%。[16] 其中大部分将在未来得到使用，但在当下，产能过剩消除了通过出售某种稀缺资源而获得利润的任何可能。为了制造出盈利的假象，世通（WorldCom）、阿德菲亚（Adelphia）和环球电讯（Global Crossing）等电信公司从事了堪与 1873 年动产信贷公司丑闻相提并论的会计欺诈活动。[17] 便在此时，安然公司（Enron）进入了画面。

第二十一章 大缓和

总部位于休斯敦的安然公司，起源于20世纪80年代对天然气市场管制的成功解除，当时，这家公司在肯·莱（Ken Lay）的领导下大量买进了天然气管道。[18] 因为解除管制是安然的生意经，莱在政界广结人脉。他的目标是废除1935年的《公用事业控股公司法》，这项法律和《格拉斯－斯蒂高尔法》一样，在数以千计的行政裁决阻挠下形同虚设；它最终在2005年《能源政策法》（Energy Policy Act of 2005）中被国会废除。1990年，莱聘请了麦肯锡公司（McKinsey & Company）的顾问杰弗里·斯基林（Jeffrey Skilling）——又一个从中西部移居到休斯敦的人——负责管理这家公司新设的金融部门。到1997年，斯基林成为公司的二把手，而金融服务部门令该公司的其他部门全都相形见绌。

斯基林把持下的安然，创建出了新的交易能源的流动市场，供交易的能源中包括"合成"能源衍生品（"synthetic" energy derivatives），即可交易的、允许交易者押注市场价格各种变动乃至于变动组合的数据构件。遵循这种新经济平台模式，安然于1999年11月创建了交易"能源大宗商品"的安然在线（Enron Online）。2000年1月，安然宣布推出安然宽带（Enron Broadband），一个交易光纤通信电缆容量的在线平台。没人需要容量，因为大多数容量都未被使用，但安然依然做出了一个市场并进行交易——哪怕原因只是在自身和各家电信公司之间互换过剩产能，而这能够被计为利润。这家公司还将自己重新包装为一家科技公司，开始大谈特谈其"灵活性""网络""创新""创造力"和"可选性"。[19] 随着安然股价飙升，这在一开始时很见效。

当互联网股票暴跌时，公共情绪转为针对安然。2000年和2001年，在交易员操纵解除管制的加利福尼亚州现货电力市场时，该公司犯了一个巨大的公共关系错误。接下来，《财富》杂志记者贝萨尼·麦克莱恩（Bethany McLean）提问道："安然是否定价过高了?"[20]这,取决于接下来发生的事情。

投资者开始提问:到底安然是如何盈利的?答案是会计舞弊和自买自卖——后者全拜这个时代对交易流动性的大力支持所赐。如果一个卖家找不到为某项资产开出有利可图之价格的买家,这位卖家总能找到某种方式成为那个买家——诚然为一种市场魔术。这种诈骗曾在20世纪80年代发生于储蓄和贷款行业,当时,一些个人利用信贷反复与自己交易同一处房地产,每次价格都会更高一些,每次都从账面上获利。基本上,安然的首席财务官安德鲁·法斯托(Andrew Fastow)和安然的公司律师们创建了一系列被称为"特殊目的实体"的"表外"(off-balance)空壳公司,以便公司在内部进行此类交易,打造出盈利的虚幻假象。至关重要的是,证券交易委员会之前允许这家公司使用按市值计价的会计标准,这意味着其资产价值是由当前市场价格——而不是购入时的价格或运营成本——决定的。因为安然公司的许多资产都是取决于未来价格波动的衍生品,这家公司可以从当前市场价格推断出未来利润,并计入当期收益。这会给投资者留下深刻印象,确保资金渠道。在债务市场中,安然用自己的股票作为抵押品。投资者和记者开始质疑:这一切是如何运作的?安然是否通过向客户销售产品而实际盈利?又或是实际上只不过将交易利润计入账面(而不只是期待获取账面利润)而已?这时候,舆论开始转为针对这家公司。股票分析师和信用评级机构将其"降级"。当安然股票暴跌时,公司的财务状况也随之大白于天下。这家公司负债累累,根本无法偿还,因为这些债务的抵押品是正在自由落体式下跌的公司自家股票。安然于2001年12月2日提出了破产申请。

莱和斯基林归咎于媒体、卖空者、"流动性问题"和法斯托。法斯托与联邦检察官达成了合作,而在公开为这家公司辩护的同时卖出自己持有的安然股票的莱,被判犯有欺诈罪。他在宣判前死于心脏病。斯基林将会入狱服刑，哀叹着"市场不喜欢（我）"。[21] 为安然服务的安达信（Arthur Andersen），是一家素有美誉的会计师事务所，它的声誉蒙受了毁灭性的打击，最终倒闭了。花旗集团、J.P. 摩根、美林证券和其他一些银行将因帮助安然做假账而支付数十亿美元的罚款。安然事件是美国历史上规模最大的公司破产案例，但它仅在榜首待了一年。在"电信牛仔"伯尼·埃贝斯（Bernie Ebbers）领导下的电信公司世通，很快便步安然的后尘，陷入会计欺诈和破产的丑闻之中。

布什总统表示，他对美国金融市场中的"信心"深感担忧。但是，全世界的投资者们并不担心。资本依然在涌入美国。格林斯潘敏锐地对安然事件发表评论道，对于任何一家公司，假如其市值取决于"资本化的声誉"或是公众对其商业模式的信心，而不是取决于能够生产出待售产品，并以高出生产成本的价格出售并换取金钱利润的"有形资产"，那么它注定是"本质上脆弱的"。但是，难道市场没有察觉到欺诈行为吗？安然通过操纵与金融价格波动相关的复杂衍生品合同，隐藏了损失，制造出盈利的假象，但是，作为另外一种衍生品的"信用违约互换"（credit default swaps，简称CDS），也让各家公司得以做空安然，或是作为单次的对赌行为，或是有效地为自己提供保险、以防安然垮台，这难道不曾摊薄损失、预防了波及面更广的流血牺牲？[22] 这些衍生产品，在设计出它们的投资银行内部进行场外交易，并不受格林斯潘支持的、作为克林顿时代产物的2000年《商品期货现代化法》（Commodity Futures Modernization Act of 2000）的监管。金融业的"自我监管"才是老大，布什政府几乎不打算重新探讨这个问题。布什总统签署了2002年《萨班斯—奥克斯利法》（Sarbanes-Oxley Act of 2002），强制要求企业高管对所在公司的会计报表承担个人责任。这便将问题界定为个人渎职和责任的事，再无其他——自然也就无关美国资本市场的系统性错误。这项法律激怒了公司高管,他们随后动员起来,行之有效地通过游说方式抗议这种迫害。[23]

公司会计丑闻的阴影,笼罩在疲软无力的美国宏观经济复苏之上,甚至连2001年的布什政府减税政策,也没能在很大程度上推动经济活动。这项法律将边际所得税率全面削减了3%到5%。布什政府在2003年再度推出力度更大的减税方案,而在布什从克林顿手中继承了预算盈余之后,联邦预算又重回赤字。"里根早已证明,赤字无关紧要。"布什的副总统迪克·切尼宣称。[24] 的确,外国资本——尤其是20世纪80年代来自日本、21世纪第一个十年来自中国的外国资本——已经表明心迹,愿意为美国的预算赤字提供资金。它们购买压低了长期利率的美国国库券,因为它们想要拥有以全球霸主的本国货币计价的资产,而它们也很高兴为美国的贸易逆差提供资金,哪怕只是为了让美国有钱消费它们的商品。

说到霸权问题,迪克·切尼是布什政府2003年春入侵伊拉克的策划者之一,而这是一场十足的灾难。它是私有化风格的帝国主义入侵。[25] 多家营利性公司形成网络,紧随着入侵军队的行军,维护其供应线,甚至为其提供安保。如果说入侵伊拉克的目的是"军事凯恩斯主义",这场战争并未取得巨大胜利。2003年,美国国防开支升至国内生产总值的0.36%,此后开始下跌。据估计,这场战争的直接和间接成本可能总计达3万亿美元。[26] 如果说目的是廉价石油,此次入侵则是一场更大的失败。因为全球经济高速增长,由此产生了对这种关键能源投入的需求,石油价格在21世纪第一个十年中一路飙升。诚然,这十年里更普遍的大宗商品价格上涨并未导致通货膨胀,而这一事实与新的前沿性大宗商品(commodity frontiers)并入全球经济、解除了农业和初级生产迫在眉睫的收益递减威胁有关。但是,美联储在依然提供廉价资金的同时支撑非通胀预期这一点上也值得表扬。与此同时,这场伊拉克战争或许也引发了外国势力对美国全球霸权的疑虑。但是，整个世界依然在继续投资以美元计价的资产（包括美国公债），不顾这场帝国主义的惨败。全球经济需要一个霸主，即便这个霸主的气势不如从前，犯下了愚蠢的错误。

到美军涌入伊拉克之时，美联储已经将联邦基金的目标利率降到了1%，并在这一区位一直保持到2004年夏天。这个混乱年代以沃尔克冲击的高利率开始，它重新确立了货币资本的稀缺价值。这时，格林斯潘对策的历史低位短期利率，引发了全球信贷周期中一次最不同寻常的投机性上行。

2.先行一步与输在起点

资产价格升值经济轻而易举地便从20世纪90年代的互联网公司股票转向了21世纪第一个十年的住宅抵押贷款市场。但是，21世纪这十年的经济生活还有着其他的特点。当时专家的观点是，随着全球化不可逆转地向前推进，网上的每个人都在获益。《纽约时报》记者托马斯·弗里德曼（Thomas Friedman）的《世界是平的：21世纪简史》(The World Is Flat: A Brief History of the Twenty-First Century，2005）便是一部典型作品。[27] 然而，尽管存在着全球化，地理和区位的动态依然同以往一样重要。在美国，有些地方依然是全世界最具有经济活力的地区，有些地方则根本没有从全球化中获益多少，并且蒙受了巨大的损失，在这两者之间，不仅立时产生了经济上的差距，也产生了社会上、文化上和政治上的差距。

尽管互联网泡沫破灭了，新经济却依然得到了扩张。"光是互联网部门，就贡献了2004年到2008年间美国经济增长的约五分之一。"硅谷和其他地方勇往直前，为受过高等教育和交际广泛的人创造出了高薪工作，而这些人的高收入又创造出了对通常低工资的服务业就业岗位——从零售业到餐饮业，从瑜伽教练到人生导师——的新需求。到这时，美国所有工作岗位的三分之二都在"非贸易"部门——因此也就更易受当地条件影响。像成立于2006年的推特(Twitter)这样的互联网平台公司，正式雇用的员工寥寥无几，也不创造任何商业利润。但推特在其公司外部创造出了许多工作岗位，比如律师、投资银行家和受雇于分包商的杂役工人。[28]尽管如此，这些公司估值一飞冲天的公司与之前时代的那些高估值公司相比，雇用的人数更少，对周边商业企业的刺激作用也更小。与20世纪50年代的通用汽车公司相比，它们的影响范围小得多。2010年，79.5%的高科技工作岗位位于100个最大的城区之中。[29]毫不意外地，旧金山、波士顿和西雅图的表现很不错。像得克萨斯州的奥斯汀和纽约州的罗切斯特这样专注于光学技术的地方，以及俄亥俄州的代顿这样存在一个射频识别技术研究集群的城市，日子也过得挺好。

尽管如此，硅谷依然是新经济的温床。在21世纪第一个十年，尽管并非全部，一些硅谷公司终于找到了通过经营业务实现赢利的办法。两种策略特别突出。一个是新的：提取数据，销售给市场营销者；另一个则颇为陈旧：发起反竞争攻势寻求垄断。然而，两种策略运用了同样的手段——巨额长期资本投资——实现同样的目的，那就是成为一种新的IT业务的先行者，从而免受市场竞争的影响。

不惜一切代价实现增长，完全不顾及损失，更不用说是利润，在这十年中一直都是一种公司策略。这导致了一些激进的投资策略和垄断倾向，从而挑战了正当道的法律与经济学运动。基于一种假设——各家公司短期的、理性的利润最大化实践，总是会增加竞争，从而造福所有消费者——法律经济学运动已经废止了许多与反垄断执法相关的法律。

实施了这一策略并取得卓越效果的一家公司,是亚马逊。亚马逊于 2002 年最终实现盈利时,这被当成了一桩大新闻。但这家公司随即又陷入亏损。亚马逊的首席执行官杰夫·贝索斯(Jeff Bezos)把扩张和"市场领导地位"视为优先。随着亚马逊慢慢发展起自己的独立物流、仓储和送达基础设施,它的网站变成了一个营销平台。雄心勃勃地想要独占市场的它,以公司亏损为代价,为用户提供免费送货服务。随着外部投资者向这家公司注入资金,销售收入一路攀升,而这又被用于再投资。与 20 世纪 90 年代的沃尔玛不一样,21 世纪第一个十年的亚马逊并没有促成零售价格的降低——廉价商品这一新经济效应如今已经逐渐消失。亚马逊最大限度地造福了"忙碌的高收入家庭"。[30] 因为这些高收入家庭日益成为双收入家庭,用于购物的时间越来越少。亚马逊所提供的,并不是更低的价格,而是节约时间。因为亚马逊的存在,在 21 世纪初的时候,日子过得不错的普通美国消费者可以躺在床上,通过点击笔记本电脑或滑动手机屏幕,订购来自全世界的琳琅满目的商品,并且合情合理地期待它们会在两天之内迅速被送到自家门口。但是,亚马逊借助低于成本价而获得的市场独占地位,意味着它开始慢慢得到阻止市场竞争的权力——以及对供应商发号施令的权力。此外,当利润终于如期而至,它们并非来自消费品零售业,而是来自面向企业提供数据储存和"云计算"的亚马逊网络服务。[31]

与此同时,在互联网股市泡沫破灭期间担心自身未来的谷歌——而不是亚马逊——在这十年中率先发现了一种可以实际获得利润的全新商业模式,那便是通过向消费者——而不是企业——提供互联网服务而盈利。[32]

这一模式的机制在于挖掘和操纵个人数据。诸多谷歌互联网搜索留下的"数据废料",一旦被以适当的规模提取和整合,再以精密复杂的算法加以巧妙操纵,便能够作为预测消费者偏好的指南卖给公司和市场营销人员——这是另一种合成数据构件，一种"行为"资产而非金融资产。谷歌在2004年——谷歌首次公开募股的同一年——推出的Gmail，让这家公司可以扫描（私人？）信件，抓取后用于市场营销，从而使谷歌得以在其网站上出售"横幅"广告，而公司为"点击率"付费。得益于销售广告，谷歌的收入从2002年的3.47亿美元跃升至2004年的35亿美元。[33] 谷歌一家接一家地收购公司——例如2006年的YouTube——从而获得访问更为个性化的数据的渠道，或更好地解读这些数据的能力。允许像谷歌这样的大公司一直收购小规模公司的做法，在何种程度上是有益或有害于创新的？如今尚无定论。[34] 但与20世纪90年代不同，在21世纪第一个十年，对新经济创新的"无形资产"的投资并没有攀升。[35] 亚马逊对自己的物流和配送网络进行了许多固定投资，这促进了商业贸易，正如一个多世纪以前对运河和铁路的投资。但总体上的生产率增长令人失望，因为压倒一切的重点，被放在了寻找各种方式收集和使用数据、以此对消费行为加以预测乃至摆布之上，于是导致了具备增强生产率潜力的创新并不多见的结果。在这个过程中，扩大规模是有回报的，也即存在着一个"网络效应"倍增器。数据成为"大数据"。在社交网络公司脸书的首席执行官和创始人马克·扎克伯格于2008年聘用了曾受雇于谷歌的谢里尔·桑德伯格（Sheryl Sandberg）之后，该公司也将遵循同一发展战略。[36] 很快，尝试预测消费者偏好与尝试摆布操纵消费者行为之间的界限，便会变得模糊起来。

20世纪90年代末，资本已经十分看重新经济公司的专有"创意"。谷歌和脸书雇用了大批律师，并对政府开展游说，以此保护它们有权获取每个人的个人信息，以及拥有自己的专有算法。但是，关于新经济最终如何实现商业利润这件事，并没有什么"新鲜"可言。它只不过是消费主义而已——不过，尽管美国消费市场在21世纪第一个十年吸纳了如此多的来自全世界的出口产品，这种消费主义依然映射出了硅谷摆布操纵个人行为的新鲜小动作。

其他 21 世纪第一个十年的先行者商业策略,很难在新颖性上与数据挖掘相提并论。在电信行业,始自 20 世纪 90 年代兼并与收购关键时刻的整合浪潮仍在继续。在一个宣扬市场竞争福音的监管时代,行业整合是引人注目的。美国电话电报公司曾在 1984 年被分拆为数家人称"小贝尔"(Baby Bells)的子公司,它在电信业泡沫破裂之后突然闯入,重新组建起了一个崭露头角的媒体帝国。在硅谷,苹果公司取得了自己的信息技术突破,于 2001 年推出 iPod,随即又在 2007 年推出 iPhone。这家公司依靠销售大规模制造的设计精美的奢侈品获取利润。它并不曾收割个人数据,但它转向了一种古老的垄断策略,这种策略在 19 世纪时被称为"捆绑销售"(tie-in)。谷歌是一个不断搜索个人数据的开放平台,苹果则关闭了自己的平台,希望就此锁定消费者忠诚度。与此同时,美国的反垄断传统大致上依然处于休眠状态。一家联邦地方法院在美利坚合众国诉微软公司案(United States v. Microsoft Corp., 2001)中裁定,这家公司"捆绑销售"视窗系统和 IE 浏览器的做法违背了 1890 年《谢尔曼反托拉斯法》。但在 2002 年的和解协议中,布什政府只是轻描淡写地处罚了微软一下。[37] 当苹果于 2007 年推出 iPhone 手机时,它宣布与美国电话电报公司达成了独家运营商合作伙伴关系——这是一个经典的捆绑销售策略。[38] 与此同时,倘若不是得益于一项强调短期消费者福利高于长期市场结构的反托拉斯法判例,亚马逊很可能无法实现它在零售业的壮举。[39]

总的来说,在 21 世纪,兼并与整合作为一种主要原因,导致了"美国大部分经济部门的竞争下降"。[40] 那些并没有提供更好的服务却在罕有竞争的市场中运营的大公司——电信公司、航空公司和医疗保健公司最为突出——利润得以攀升。因此,劳动力份额在 21 世纪第一个十年后如此急剧下跌,一个原因便是整合后的大公司在劳动力市场中享有垄断权——劳动者没办法轻而易举地讨价还价，要求增加工资，因为可以讨价还价的公司太少了。[41] 这是同一个老故事：经济活动收益递增的现实，伴随着先行者们有可能获得市场垄断份额的风险。在这之上，各家公司还利用政治攫取和巩固这些优势。[42] 任何一个研究19世纪美国经济（比如铁路）的人，都能预见到这种可能性。

商业和市场竞争的动态发生了变化，劳动力和生产的动态也是如此。第一部苹果iPhone手机是在中国深圳组装的。从1990年到2011年，中国占世界制造业出口产品的份额从2%攀升到了16%。从2001年到2011年，中国占美国制造业进口产品的份额从10.9%攀升到了23.1%。[43] 2000年之后，"中国贸易冲击"是导致各美国经济区经济命运急剧分化的重要因素。

白人男性制造业工作岗位一度具有重要经济意义的那些地区，蒙受了最大的损失。在沃尔克冲击之后，美国制造业工作岗位的总数一直稳定地保持在1700万个。然而，从2001年到2003年，美国失去了300万个制造业工作岗位。面对国际竞争，美国制造业是一个集中化程度和市场权力并没有增加的行业部门。[44] 除了面对持续的自动化进程，如果在海外存在低工资的替代选项，则任何工作岗位都可能有流失的风险。亚洲和东欧拥有数以亿计的新兴工薪阶层，他们中的许多人都刚刚脱贫，即便按照其他标准——比如恶劣的工作条件、不合法的雇佣合同以及拖欠工资——剥削依然十分普遍。[45] 根据一项估算，"1999年到2011年间来自中国的进口增长，导致（美国）减少了240万个就业岗位"。21世纪第一个十年美国深受中国贸易冲击影响的城市，包括底特律、布法罗和普罗维登斯。同样命运的，还有田纳西州、密苏里州、阿肯色州、密西西比州、亚拉巴马州、佐治亚州、北卡罗来纳州和印第安纳州的乡村地区。[46] 几十年前，美国的贸易对象是德国和日本这样的工业化经济体，它们或许有着一些优势，但并不多，不可能达到这样的效果。中国"冲击"却做到了。

几十年来，美国制造业的工作岗位一直在转向低工资、低工会会员率的南方。到2000年，南迁已经结束，工作岗位这时流向了海外。[47]对这一过程的政治管理完全是零。根据经济理论，失去生计来源的工人应当迁移，而其中一些人的确这样做了。休斯敦的人口激增，底特律都市区的人口则减少了25%（几乎相当于2005年卡特里娜飓风后新奥尔良损失的人口）。但是，并不是每个人都想要背井离乡，或是能够远走高飞，就像经济学家的模型建议他们应当照做的那样。

劳动力市场的无就业复苏是令人沮丧的。在2000年到2005年间，平均工资保持不变，正如1982年以来每一次衰退期之后的无就业复苏开始时一样。随着2000年女性在有偿劳动市场中所占比例最终停留在60%左右，美国的青壮年劳动参与率下降了，男性劳动参与率持续跌落。那些早年辍学没有文凭的人，一辈子的"钱"景变得很不乐观。[48]

如果某个人没能从大学毕业，那他最好成为一个明星。教育是这十年最伟大的流行艺术家坎耶·韦斯特（Kanye West）的主要创作主题，从大学辍学的他先后发布了专辑《大学辍学生》(*The College Dropout*, 2004)、《延期注册》(*Late Registration*, 2005)和《毕业》(*Graduation*, 2007)。

被劳动力市场完全拒之门外的那些人，处境更加糟糕——糟糕得多得多。有数据表明，从1999年开始，对于45岁到54岁之间、没有大学学位的白人男性，因吸毒过量、自杀和与酒精相关的致死性肝病而死亡的人数显著增加。这种"绝望之死"在21世纪的头二十年造成了约"60万中年美国人的死亡"，而这不成比例地发生于无就业复苏阴魂不散的那些地区，这种现象并没有出现在其他国

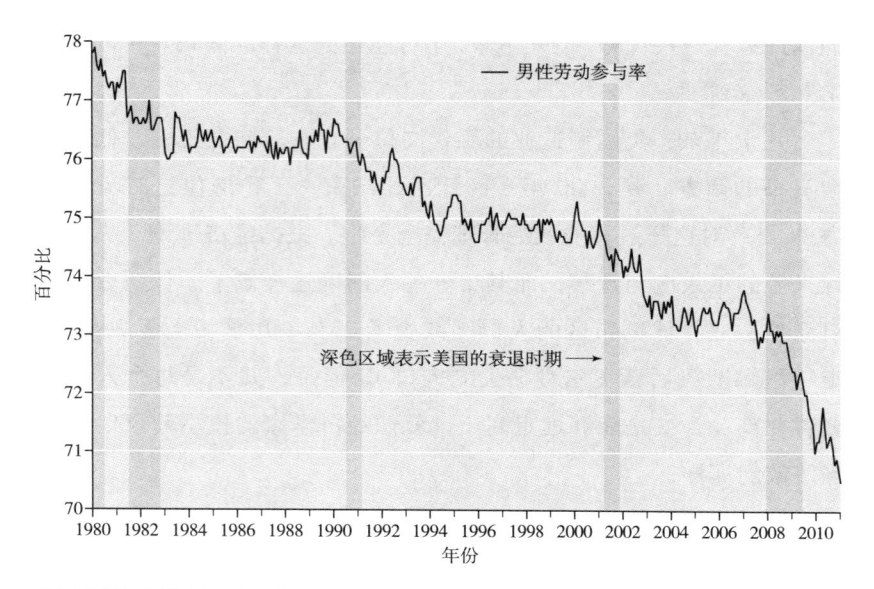

非军事部门男性劳动参与率

男性在从事有偿工作的人口中所占比例的下降,是另一个在21世纪持续加速的长期趋势。

家。因为历史上的那些不利因素的持续存在,黑人死亡率依然比白人死亡率更高。[49] 但是,源自教育的阶级动态变得突出了。尽管美国刑罚制度存在着证据确凿的种族主义偏差,到2017年,"白人高中辍学生入狱的可能性比黑人大学毕业生高出约15倍"。[50]

与此同时,如果说英年早逝是21世纪第一个十年劳动力市场的一个主题的话,另一个主题便是延迟的男性青春期。自20世纪70年代以来,男性身份危机从未成为一个如此突出的文化主题:男性发展受阻的故事情节充斥于电影之中,尤以喜剧为然,《四十岁的老处男》(The Forty-Year Old Virgin, 2005)是其中最优秀的一部。[51] 在电视上,《黑道家族》(The Sopranos, 1999–2007)中,脆弱的新泽西黑帮老大托尼·索普拉诺(Tony Soprano)经常受极度焦虑所困,担心儿子A.J.的经济前景。[52] 作为补偿,《学徒》

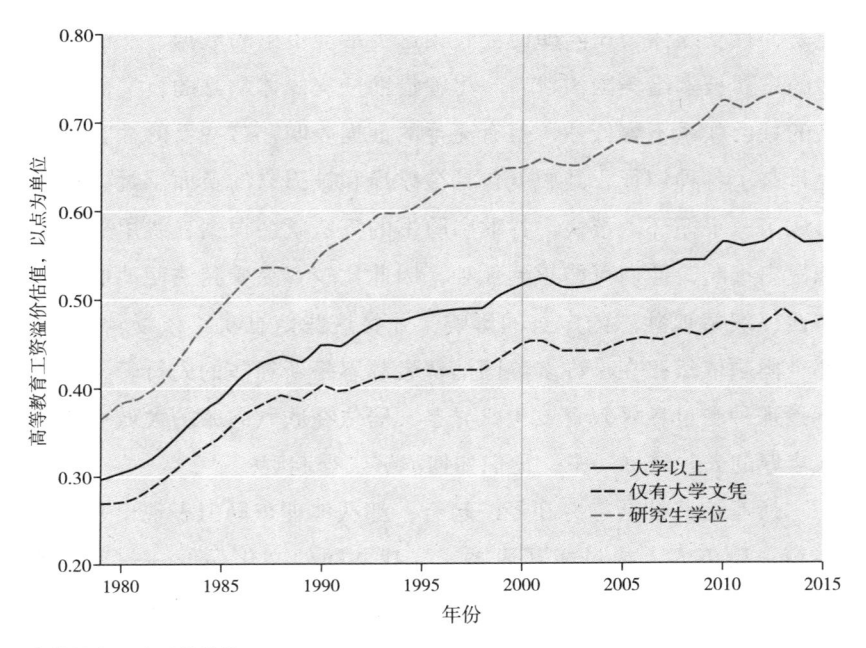

高等教育工资溢价估值

高等教育——或"人力资本"——的回报一直是这个混乱时代劳动收入日益不平等的主要决定因素。

(*The Apprentice*,2004–2017)以打着红领带、自吹自擂的唐纳德·特朗普为节目特色,这本身就是一种幼稚的行为。与《黑道家族》相比,《学徒》得到的正面评价没那么多,却要受欢迎得多。

社会与经济生活日益为网络所左右,有着诸多后果:它们不仅像20世纪90年代便意识到的那样,可以"放大"和变形,事实证明,它们还拥有苛刻地排斥异己的能力。从抽象数字上来看,收入和财富的不平等增加了。但更切实可见的,是许多个人和群体索性被从新经济的生产端排斥了出去,而这与社会排斥是同步进行的。具有讽刺意味的是,要疗愈排斥与孤立,最好也最方便的方子是借助社交媒体加强联系——"点赞""自拍""表情包"都是这十年中的现象。

但是，社交媒体公司随即便会收集这类活动留下的数据，从而让更多的东西被卖给美国消费者。尽管借助社交媒体建立的真实而有意义的社会联系不容低估，但有充足的证据表明，这些新的社交场所也带来了各种病征，其中就包括被排斥和被孤立的负面感觉，正好形成了一个循环。很快，谷歌和脸书的算法就会根据在线用户的状态做出推断，他们可能感到孤独，因此比较容易受到诱使他们买点东西以缓解孤独感的广告的影响，并将这些信息卖给市场营销者。那个问题依然存在：许多美国消费者都不是新经济的先行者，尤其不是那种受过良好教育或天赋异禀、居住在欣欣向荣的大城市和收入丰厚的人。这样一来，他们如何能够买得起呢？

所有这些社会趋势和经济趋势，都从地理布局上表现出来。在城市，精英人士通过相互通婚或寻找共同的文化品位——比如美食——来实现自我隔离。政治两极分化随之激增。[53] 甚至对人价值几何的估算也变得尖锐起来。马克·扎克伯格有个扭曲的概念，那就是"在自己的岗位上出类拔萃的人，不仅仅是比还不错的人好一点点。他们要好上一百倍"。[54] 因此，公司应当只雇用那些才华横溢的人，并且根据他们的"人力资本"支付高薪，而不是雇用那些天生的失败者。

在 20 世纪 80 年代和 90 年代，许多美国人被商业公司解雇，然后被专家们告知，应当在这些公司之外构筑经济生活。公司并不会忠诚于个人，那么为什么个人要忠诚于公司呢？最好是翩若惊鸿，伺机出手短线操作。在 21 世纪第一个十年，出现了一种反趋势：天才、高才生和幸运儿进入了受保护的新空间，在那里备受呵护。天生的失败者则所获无几。

例如，脸书建起了一个巨大的企业园区，这是一个自给自足的孤岛，一个高薪低薪并存式服务经济的完美缩影，这里有牙医、保姆和寿司大厨，还有自动化的干洗店。它提供了工作、就餐、娱乐和睡眠的各种场所。家庭与工作之间的界限继续变得模糊。[55] 在所有的大型互联网公司中,脸书的溢出效应最低。它并没有刺激产生更大规模的经济活动,与其他公司几乎不存在反向和正向的联动关系——例如,它几乎不从这些公司那里购买任何东西。在乔治·桑德斯(George Saunders)2003年发表的一篇短篇小说《乔恩》("Jon")中,生活完全封闭于一个反乌托邦式的、专注于消费品评估业务的未来公司——大机构(the Facility)——之中,但也是安全稳定的。[56] 公司在展示各种主权特征方面,有着悠久的历史,而像脸书这样的21世纪的公司和与它们结盟的慈善分支机构一道,充分映射出了一个历史新篇章。

3. 住宅

2003年,总统乔治·W.布什开始提到"所有权社会"的概念,这首先是为降低所得税辩护。但是,收入政治很快就变得不合时宜了。很自然地,一种以财产资产所有权为导向的经济,有利于富人,因为就定义而言,他们通常拥有大部分财产。但是,也存在着一种扩大所有权层级的备选方案——或是通过实际的资产再分配,或是通过获取购买资产所需的信贷。在21世纪头十年,政客和金融家都真诚地试图执行这一策略,而借助的手段,是房屋所有权。

联邦政府的支持力度是前所未有的。许多成文法都旨在避免发放有问题的抵押贷款。在一张2003年的合影中,联邦存款保险公司的副主席约翰·赖克(John Reich)和互助储蓄银行监管局(Office of Thrift Supervision)的局长詹姆斯·吉勒安(James Gilleran),这两位监管者和三位银行业代表一道,手持电锯和园艺剪对准了缠绕在一堆政府借贷监管法规上、象征繁文缛节的红带子。[57]

在金融领域,规模最大的投资银行和商业银行争先恐后地向现

"用电锯消灭监管"（2003 年）

增加住宅抵押贷款借贷，是通向总统乔治·W.布什所承诺的"所有权社会"的一条途径。在这里，几位联邦政府的监管大员和银行业代表手持电锯和园艺剪，对准了象征繁文缛节的政府借贷监管法规的"红带子"。政府监察的松懈放任，助长了 21 世纪第一个十年的各种欺诈性借贷行为。图中从左到右为：互助储蓄银行监管局局长詹姆斯·吉勒安、美国银行家协会的吉姆·麦克劳克林（Jim McLaughlin）、美国社区银行家协会的哈里·多尔蒂（Harry Doherty）、联邦存款保险公司副主席约翰·赖克和美国独立社区银行家协会的肯·冈瑟（Ken Guenther）。

有的房屋所有者和有意购房者提供抵押贷款。他们相信，自己发现了资本主义的彩虹尽头，一条既能保证盈利而又无须承担风险或牺牲流动性的康庄大道。实施的办法，是买进卖出他们自行设计合成的流动性抵押贷款相关资产，他们在相互之间交易这些资产，所需资金则由短期银行间货币市场提供，这样一来，一旦发生损失，一切也都可保万全，由另一套在内部进行的衍生品交易提供担保。20世纪 90 年代和 21 世纪第一个十年的公司整合不仅横扫电信、媒体和高科技行业：一家华尔街融资、评级和交易卡特尔出现了。[58] 主要玩家是五大投资银行（高盛、摩根士丹利、美林、雷曼兄弟和贝尔斯登）、三家自身拥有投资业务部门的商业银行巨头（花旗集

第二十一章 大缓和

团、J.P. 摩根和美国银行)、三家将抵押贷款相关资产标记为"投资级"的评级机构(穆迪、惠誉和标准普尔)以及以华盛顿互惠银行(Washington Mutual)和全国保险公司(Country-Wide Insurance Company)为首的主营抵押贷款新发业务的大型储蓄银行(互助银行)。保险公司巨头美国国际集团(AIG)为这一切提供了担保。在之前的几十年中,所有这些公司通过合并与收购其他机构,规模都变大了,同时也实现了业务部门的整合。在21世纪第一个十年,它们变得更大,也更赚钱了。

在国际范围内,21世纪第一个十年的美国房地产繁荣并非独一无二。[59]因为美联储出台的各项政策,全球低利率和廉价美元货币市场推动了许多国家的同步繁荣。[60]尽管如此,此次美国繁荣的机制和结果却是独特的,原因之一在于银行资助了抵押贷款借贷并从中渔利,而另外一个原因则是,住宅价格持续增长所产生的全新货币收入,在维系美国消费需求、拉动全球经济蓬勃发展中扮演了重要角色,尽管美国的平均工资增长疲软无力。

主要因为抵押贷款的缘故,美国的家庭债务偿付支出占个人可支配收入的比例,从2004年已经处于高位的12%,攀升到了2007年的历史新高13.2%。这一攀升是在利率屡创历史新低的支持下实现的。对于银行来说,套利交易轻而易举——以低利率短期借入,以高利率长期贷出。标准的三十年期固定抵押贷款利率已经从7%以上降到了6%以下。格林斯潘指出,由于"自建房房主积累起来的资产净值中的一部分被提取","强大的维稳力量得以作用于过去两年的经济困难"。[61]其含义为,美国人并没有成群结队地购买新的住宅,而是通过抵押贷款再融资或房屋净值贷款的方式,将自己的房屋变现。在这一过程中,房屋的现值——而不是屋主购买时的价值——才是以低于现有抵押贷款的利率获取贷款的基础和抵押担保物。

通过这种方式，上涨的房价转化成了维系个人消费的新的资金，而这些消费将美国和全球经济从21世纪头十年初的低迷不振中拉了出来。2003年，四分之一的美国房主以较低的利率对其住房抵押贷款进行了再融资，这涉及大约1 500万套住宅，套现了4 270亿美元。房屋所有者还通过房屋净值贷款提现了4 300亿美元。美联储估计，提取的房屋净值中，45%用于"医疗费、税收、电子产品、度假或合并债务"，另外的31%用于"家装改造"，剩下的购买了"更多的房地产、汽车、投资、服装或珠宝"。[62] 接着，在2003年后，这场热潮转向了购置新房。

从地理布局来看，这场房地产繁荣表现得参差不齐。在高收入的城市，比如纽约和旧金山，价格飙升是因为房地产市场供应紧缺。在稳定的城市房地产市场，比如芝加哥和休斯敦，房价也升高了，但远远没有那么迅速。而在那些天生的失败者所在的地区，并没有所谓的基本面可言，一切便只不过是被危险地大众化了的杠杆融资资产价格升值资本主义而已。许多这样的地区都饱受全球化和中国贸易冲击的切肤之痛。值得注意的是，制造业就业下跌的同时，住宅房地产建筑行业的工作岗位却在激增。在底特律西区和克利夫兰内城这两个历史悠久的黑人住宅区，"次级"抵押贷款债务——向信用不良或风险较高的借款人提供的贷款——的扩增，与家庭收入的负增长密切相关。

薪酬逐渐减少、劳动收入前景黯淡的那些人，从自住房中开辟财源，以维持其个人消费水平——并未提高，仅仅是维持而已。[63] 许多房屋所有者并没有购入新房，只不过将已有房产加上了杠杆。随后，在这场繁荣的最后几年里（2004年至2006年），借贷和投机性建房在4个所谓的沙州*（内华达州、亚利桑那州、加利福尼亚州

---

* 因州境内有大片海滩和沙漠而得名。

第二十一章 大缓和

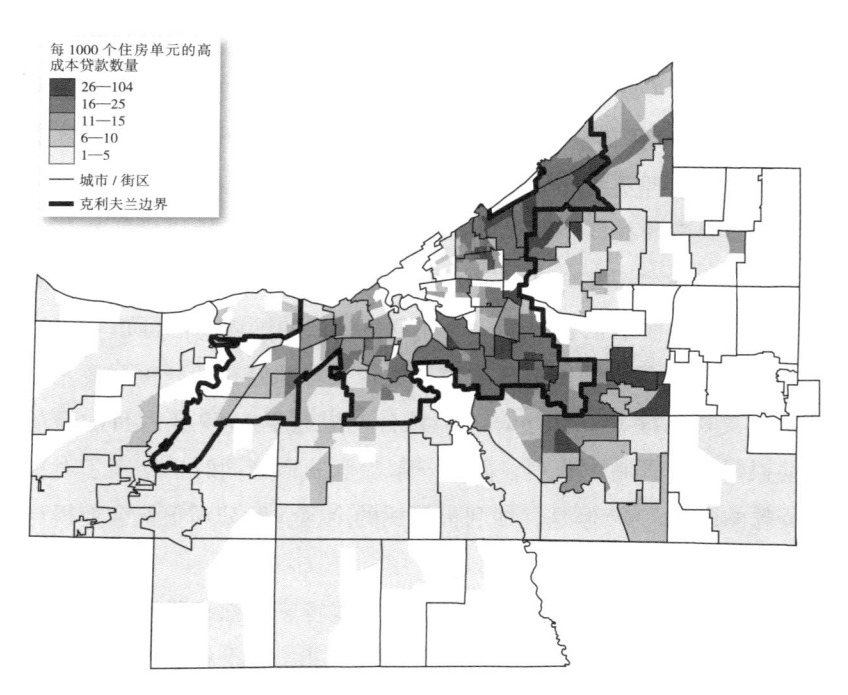

在2006年的克利夫兰，由独立抵押贷款公司提供的高成本贷款呈集中态势

在21世纪第一个十年，住宅贷款的地理分布对应着劳动收入数十年来一直持平的那些地区，债务补偿了收入增长。克利夫兰是一个拥有大量次级抵押贷款的城市，这些贷款经常是掠夺性的。借贷集中于相对贫困的东区，其中包括以黑人为主的街区。

和佛罗里达州）一道飙升，而带头的，是拉斯维加斯、菲尼克斯、里弗赛德–圣贝纳迪诺、迈阿密和坦帕这些大都市区。在这里，新房被纷纷买入，房产价值一路猛涨。在主要居民为白人的街区，白人房屋所有者的房产价值增长率远远高出非白人房屋所有者。在这些沙州，一切都脱离了掌控。[64] 但是，借助杠杆融资而实现的这一轮21世纪第一个十年的美国房价热潮，毫无疑问掩盖了美国劳动力市场绝对糟透了的十年。[65]

下面所述的，便是其运作机制。[66] 抵押贷款经纪人是最直接与借款人发生联系的人。长久以来一直以住房抵押贷款为其商业模式的储蓄银行（或互助银行），也在新发抵押贷款。因为20世纪70年代末和80年代初储蓄及贷款业务的解除管制，互助银行不再新发本地住房抵押贷款，而是账面持有投资，或将其卖给房利美和房地美这两家政府扶持企业（GSEs），打包成抵押贷款担保证券。如今的目标，是"新发与分销"——发放贷款，但并不将其作为账面投资而持有，而是把它们尽快地在竞争激烈的国内和国际市场上出售。2003年，最大的次级贷款放贷机构是总部设在加利福尼亚州长滩的亚美利奎特（Ameriquest）。该公司成立于1979年，目的是从互助银行解除管制中获利，而这一解除管制措施同时也结束了对次级贷款的限制。[67] 但是，加利福尼亚的全国保险公司很快会变得更加激进。

华尔街的各家银行——尤其是投资银行——热衷于购买抵押贷款。它们向互助银行提供了"仓储"（warehouse）授信，让后者得以新发贷款。例如，亚美利奎特就在花旗集团那里拥有35亿美元的开放信贷额度。随着时间的推移，商业银行和投资银行索性开始买下这些发贷机构，比如雷曼兄弟便在1998年到2004年间买入了6家抵押贷款放贷机构。[68] 如果说房屋所有者迫切需要贷款以补偿低迷不振的薪酬的话，投资银行同样热衷于资助和购买这些贷款。

银行将贷款打包成抵押贷款担保证券。它们将单笔贷款拼凑在一起，然后再将其切分成不同的"债券层级"（tranches），每一层级的风险水平和付息条件均不同。它们向评级机构（尤其是穆迪）支付费用，让这些评级机构根据抵押贷款担保证券的违约风险为其评级。在2000年后成为一家上市公司的穆迪，和银行一样，通过向所使用的数学模型中插入历史价格数据预测违约风险。在这些数据所产生的时代，市场大不一样，因为它在很大程度上都是各据一方、缺乏地理联系的（20世纪90年代末的对冲基金长期资本管

第二十一章　大缓和

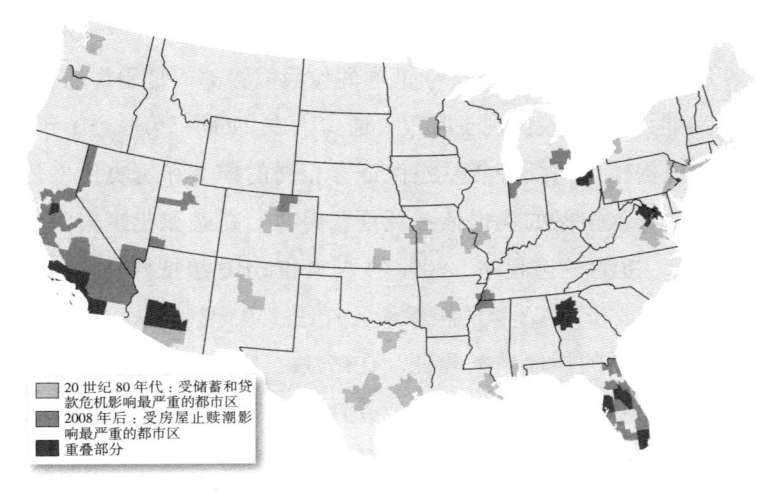

20世纪80年代的储蓄和贷款危机以及2008年大衰退的地理分布

在这场储蓄和贷款危机中出现的高杠杆率、经常涉嫌欺诈的借贷行为，为后来的美国住宅借贷热潮种下了不祥之兆。

理公司之前就犯过这个错误）。他们不曾检查实际的抵押贷款。证券交易委员会非正式地认可了这些"风险价值"（value at risk）模型。穆迪为最安全、付息最低的层级债券授予了AAA评级，然后评级逐渐下降到AA、A和BBB级。银行将这些层级债券在场外交易（over-the-counter，简称OTC）市场出售给投资者，其中包括了养老基金、保险公司和大学捐赠基金。或者，它们将其作为自身投资而持有。2004年，银行的"自有品牌"证券化程度超过了房利美和房地美，而这两家企业长期以来一直在为抵押贷款市场提供政府补贴。因为抵押贷款担保证券的多元化程度高，银行对风险管理充满信心，它们相信，自己可以向风险更高的次级贷款借款人提供贷款而依然从中渔利。从2003年到2007年，新增抵押贷款担保证券达到4万亿美元。[69]

这还并未结束。接下来，银行接手A级或BBB级债券，将它们重新打包成另一种付息债券，即担保债务凭证（collateralized debt obligation，简称 CDO）。这些证券最早兴起于 20 世纪 80 年代，迈克尔·米尔肯领导下的德崇证券的垃圾债券部门是始作俑者，随后又在 20 世纪 90 年代出现于摩根大通。[70] 在 21 世纪第一个十年，银行和评级机构使用与抵押贷款担保证券相同的模型和历史价格数据，设计抵押贷款担保的担保债务凭证。美林、高盛和花旗集团是这方面的专家。走过这道程序，80% 的 A 级和 BBB 级抵押贷款担保证券都摇身一变成了 AAA 级的担保债务凭证。银行甚至从担保债务凭证中又创生出新的担保债务凭证，在赌注之上加注再加注，这便是所谓的"级数化"（squared）担保债务凭证。从 2003 年到 2007 年，与抵押贷款担保证券相关联的新发担保债务凭证多达 7 000 亿美元。[71]

最后的一环，是"信用违约互换"，也即 CDS。信用违约互换实际上是一种保险合约，如果某个使用相同模型和相同数据的担保债务凭证违约了的话，它会进行偿付。在这个领域，美国国际集团位于伦敦的金融产品部门发挥了带头作用。美国国际集团在 2003 年承保的信用违约互换合约金额为 200 亿，到 2007 年达到了 3 790 亿美元。它每年收取互换合约名义价值的 0.12%，这实际上是一种保费。美国国际集团最大的客户是高盛。信用违约互换是一种场外交易衍生品合约，并不在纽约证券交易所这样的公开市场上交易，因此，它受到的监管并不多。在 2004 年到 2007 年间，全世界与信用违约互换相关联的资产价值从 64 亿美元增加到了 58.2 万亿美元。[72] 银行家们收取费用，生成此类合成资产，如此一来，证券化让他们得以坐收从天而降的大笔服务费。但为了增加利润，银行增加了杠杆率，将 AAA 级的抵押贷款相关资产作为抵押担保物，从流动的短期货币市场中募集资金，用于设计和购买更多的债券。它们转向了不受监管的短期货币市场，也即所谓的影子货币市场，其中既包括伦敦的欧洲美元市场，也包括银行间的短期市场，或是偶尔借以筹集现金的企业"商业票据"短期市场。在为商业企业融资这件事上,这种"影子"货币市场正在慢慢地取代商业银行,后者传统上接受企业存款,并在此基础上发放贷款。最终,为了掩盖杠杆操作,银行使用了资产负债表外的"结构性投资工具"(structured investment vehicles,简称SIV)或会计欺诈手段——这两种实践都让人想起了安然公司。从2003年到2006年,5家规模最大的投资银行实现的税前利润增加了1倍,从200亿美元增至430亿美元。[73]

仿佛自身拥有点石成金的手段,这些银行认为,它们发现了一种神奇的新方法,可以获得有保证的利润,而无须放弃流动性并因此承担风险。金融工程师们——被银行雇用的数学、物理学和工程学博士——可以凭空创造出合成资产。这是一种新型资本资产,它是依赖于计算能力的、有预测能力的信息和数据构件。在这方面,各家银行所投入的努力与谷歌和脸书的追求产生了共鸣,这两家互联网公司同时也在尝试使用从互联网挖掘到的个人数据设计有预测能力的合成资产,运用数学对未来的消费偏好做出预测。然而,银行相信,它们还可以从类货币的流动资产中生成特定利润,因为这些资产总是能够在场外交易市场上、在创建了它们的那些银行之间进行交易。美联储的基准利率让廉价的美元融资触手可及,而在银行间的短期货币市场中,还可以通过债务融资获得资金,运用杠杆提高利润。一个由缩略语——MBS、OTC、CDS、SIV和CDO——构成的神奇金融宇宙诞生了。

这条装配线只有一个限制条件。它需要新鲜的原材料,那就是购买房屋,甚至偶尔居住其中的真实的人。于是,抵押贷款新发机构降低了它们的放贷标准,尽管房价在2004年到2006年4月——这场放贷热潮的顶峰——之间又飙升了36%。2005年7月,美国经典电影电视台(AMC)的真人秀《旧房大翻新》(*Flip This House*, 2005–2009)首次播出。这个节目围绕着房地产投机而展开,但它也讨论了房屋与房屋资产净值之间的沉重关系,以及家庭生活中的喜怒哀乐与矛盾冲突,而这一切,都伴随着资本主义与家庭生活之间界限的彻底崩塌而产生。21世纪头十年的房地产热潮是一个"家庭价值观"时代在经济上取得的巅峰成就。[74]住宅必须为家庭创造收入,因为男性赚钱养家者的工资没有起色,而家终究是家。在2004年播出的某集《黑道家族》中,托尼同意替妻子卡梅拉支付60万美元,作为一栋"投机房"(spec house)的首付款,之后,他们两个破镜重圆了。前面提到的那些矛盾的情感,在这部剧中体现得淋漓尽致。在几个"沙州",整个地方经济都让路给房地产投机,譬如加利福尼亚州北部的中央谷地。在坦帕城外,拙劣模仿阳光带开发模式、由伪豪宅(McMansions)和沃尔玛构成的"炒房热点区"(boombergs)如雨后春笋般涌现。在某些情况下,前汽车工人的孩子们,从底特律移居到了佛罗里达,为抵押贷款机构工作。[75]道德败坏发出的恶臭不容错认。

从2000年到2007年,在佛罗里达,有4065名新入行的抵押贷款经纪人之前曾被判犯有"欺诈、抢劫银行、非法获取钱财或敲诈勒索罪"。[76]但是,在2004年,布什总统在对全国住宅建筑商协会发表讲话时指出,"良好的政策"打造出了一个"所有权社会",在这个社会中,"比以往任何时候都多的美国人将能够打开自家大门,说,'欢迎光临寒舍。欢迎来到我的这块地盘'"。这位总统补充道,"我们正在追捕恐怖分子",并且指出,在伊拉克,"自由正在大步前进"。[77]

所有权社会的宣称,倒也有几分真实可言。在21世纪第一个十年,许多人,不仅仅是富人,终于能够参与资产价格升值的游戏。即便财富不平等加剧了,家庭财富的增长率还是增加了1倍多——至少此时是这样。[78]

到2005年时,美国正处于又一轮以资产为主导的宏观经济扩张之中,其势头相当强劲,正如在20世纪80年代末和90年代时一样,劳动力市场因此变得紧张起来,平均工资开始攀升。这一年,

第二十一章 大缓和

拉斯维加斯地区的新建住宅小区成为鬼城（2010年）
21世纪第一个十年住宅建设热潮的后果，在拉斯维加斯都市区一望可知，这里是"沙州"中房地产热潮的中心地区。在涌入的、寻求安全资产的外国资本的大力支持下，这个时代提供了廉价的资本和信贷。但这些廉价资本和信贷被用来建成了什么？这满目荒凉足以解释一切。

美联储在怀俄明州的杰克逊霍尔举行了年会，这同时也是一场退休欢送会，以此表彰即将卸任的美联储主席格林斯潘的各项成就。芝加哥大学的经济学家拉古拉曼·拉詹（Raghuram Rajan）发表了一篇论文，对"金融创新"的经济价值提出批评，并质疑它是否系统性地增加了风险而非降低风险。作为回应，哈佛大学校长劳伦斯·萨默斯称，拉詹的假设"有那么一点点卢德主义"。[79] 格林斯潘是一个比萨默斯更激进的自由市场理论家。但是，格林斯潘始终都是一个敏锐且消息灵通的观察家，他要比给自己大唱赞歌的人谨慎多了。2005年，他向国会发出警告，一个"难题"即将出现。[80] 美联储在设定短期利率目标的同时，已经失去了对美国长期基准利率（包括抵押贷款利率）的控制。在一个美联储被寄予如此巨大信心的时代（毕竟，伯南克认为大缓和的实现应当归功于此），事实表明，货币政策只能控制这么多而已。

从2004年开始，美联储大幅度提高了短期利率，但这并没有对长期利率造成多大影响。无论是避险性质的美国国债，还是政府扶持企业的企业债，甚至是银行"自有品牌"的抵押贷款担保证券和担保债务凭证，整个世界对长期美国债务的需求是异乎寻常的。[81] 在2000年到2006年，以中国为首的外国债主所拥有的美国国债从6 000亿美元攀升到了1.43万亿美元，占全部美国债务的比例从18.2%增至28.8%。外国债主拥有的房利美和房地美债券，其价值从2000年的3 480亿美元增加到了2004年的8 750亿美元。[82] 各家欧洲银行尤其大笔购入了数量惊人的美国抵押贷款担保证券和抵押贷款相关资产。[83]

到底发生了什么？这是全球经济高速增长的十年，将数百万人从穷困中解救了出来。[84] 货币收入提高了，尽管在全美国范围内的分配变得更不平等了。但是，随着收入增加，消费倾向并没有跟上。经济增长并没有立即转化为消费。相反，从总量上看，全世界的资本所有者都在囤积安全的、没有风险的资产——其中一些，比如抵押贷款担保证券，如今还有额外的好处，那就是它们提供了可观的利润。在中国，对制造业和城市化的巨额固定投资得到大力推动。尽管如此，整个世界囤积美国债券作为避险资产的行为，压低了美国的长期利率，为美国人消费来自全世界的商品和华尔街银行玩弄金融手段设计供其投机用的新型合成资产提供了资金。囤积和投机齐头并进，将投资转移到了美国的房地产中。中国将本国出口获利以安全的美元资产的形式囤积起来，这间接地令对美国住宅房地产的惊人投机性投资热潮成为可能。

萨默斯看到了美国资本市场发挥作用时的效率，因而宣称"已经发生的事情绝大多数都是积极的"。[85] 但是，此后的研究并未找

第二十一章 大缓和

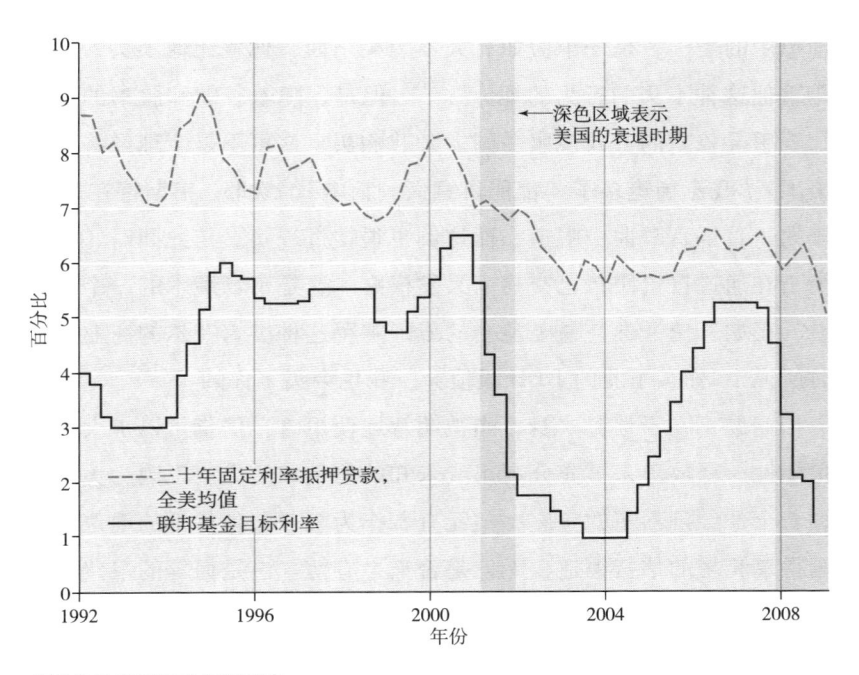

美国的长期利率和短期利率

尽管在这个混乱时代货币政策的地位直线上升,成为至高无上的监管手段,但事实表明,中央银行能够做到的终归有限。例如,在21世纪头十年的中期,美联储就失去了对长期利率的控制。

到证明这个时代的金融创新促进了经济效率增长的证据。[86] 回到20世纪80年代,资本进口很大程度上都来自日本而非中国,而这些资本资助了美国对公司股权和商业房地产的投机,而不是对住宅房地产的投机。当时被提出的同一个问题,回荡在整个21世纪第一个十年,只不过声音变得更大了:所有这些资本和信贷被用来建成了什么?这一次的答案是:许多的伪豪宅和油耗惊人的悍马车。负债累累的美国消费者购买了全世界的商品——iPhone 手机、PlayStation游戏机、平板电视和运动鞋。在乔治·桑德斯创作于这十年的另一篇短篇小说中,一个愤愤不平的老头反对这种生活方式,他说,"我理想中的美国,是一个假如有人不想买东西,你就让他不买,而且尊重他这种不买的行为的地方"。[87]但是,随着谷歌和脸书的工程师着手寻找新的方式说服美国人大肆购买,这可不是全球经济中的美国。"我逛街逛多了,都能讲意大利话啦",坎耶·韦斯特在2007年的一首饶舌歌曲中唱道,而这倒也很接近现实。与此同时,华尔街正在通过自己跟自己交易而大发横财。这是市场魔术的一个新前沿,正如一位证券交易委员会的律师解释这种类卡特尔的商业模式时所说:"你买下我的BBB级债券,我也会买下你的。"[88]

问题不在于债务本身。当被明智地使用时,信贷可以扩大经济可能性,释放出未被充分利用或未知的能量和潜力。正因为美国占据着全球经济霸主的宝座,美元有着作为全球储备货币的地位,美国得享充裕的信贷渠道,无论是否当之有愧。这是何等的浪费,浪费了一个对经济生活进行基础广泛的投资的机遇。例如,在21世纪第一个十年,警钟一直在长鸣,提醒人们,人为造成的气候变化,需要对新能源系统进行长期固定投资,才能捕捉和减少碳排放。

到2006年时,抵押贷款的游戏显然已经即将结束。住房拥有率在2004年达到了69.2%的最高点。房价的迅速上涨止步于2006年4月,在不晚于2007年1月的时候,便已达到绝对峰值。但是银行无法退场。在这个阶段,对于在2003年到2006年之间失去20%的市场份额而忧心不已的房利美和房地美这两家政府扶持企业,试图收复失地。它们将杠杆率抬高到了75比1,还购入了风险更高的贷款。新发贷款的标准下降了,2006年,27%的新发抵押贷款无收入证明或仅需提供简化收入证明,而在当年夏天,抵押贷款发放后几个月内便出现违约的数量增加了1倍。2006年春,住宅投资下降了,抵押贷款违约开始纷至沓来。美国国际集团停止为信用违约互换合约承保。一位美国国际集团的咨询师在听取了某位贝尔斯登分析师关于美国国际集团应当为其承保更多信用违约互换合约之理由的大肆推销后,得出的结论是,这个人"脑子坏掉了","一定是磕了什么药"。[89] 夸大已经远远地超出了真实,近于疯癫状态。

2007年年初,次级贷款违约率达到了20%。尽管如此,各家银行依然在继续证券化。2006年夏天之后,以花旗集团、美林和雷曼兄弟为首的银行精心设计出了另外1.3万亿美元的抵押贷款担保证券和3 500亿美元与抵押贷款相关联的担保债务凭证。包括花旗集团在内的许多家银行,将大多数抵押贷款资产作为投资持有。最终,在2007年7月10日那天,穆迪降低了2006年发行的399支抵押贷款担保证券的评级。[90] 就在一天前,花旗集团的首席执行官查尔斯·普林斯(Charles Prince)还在发表评论说:"当音乐停下来时,在流动性这个问题上,一切都会变得复杂起来。但只要音乐还在演奏,你就得站起身来翩翩起舞。"[91]

第二十二章

大衰退

"我们正在为流动性而战"——对于星火燎原般的2007年至2008年金融危机,这是一个切中要害的描述。在经历了一年多的资本市场"压力"之后,2008年9月15日,雷曼兄弟投资银行提出了破产申请。全球资本市场中的短期债务融资瞬间蒸发。惊恐万分的各家银行停止了相互之间的交易与借贷。坚信任何资产都会有买家愿意购入、从而一直具备流动性的市场魔术,就此烟消云散。

雷曼兄弟的首席执行官迪克·富尔德后来说,他的银行没有"充足的流动性以驾驭风暴"。"非流动性资产"太多了。这些非流动性资产中,就包括了雷曼兄弟公司一手设计的抵押贷款担保证券,对于它们,不再有任何买家愿意接手,而银行也无法将其变现以满足债权人的要求。如果非流动性资产的拥有者负债的话,这些资产便会成为一个严重问题。雷曼兄弟的杠杆率高达40比1。[1]这意味着,相对于借入的每40美元,该公司仅有1美元作为全体债权人突然要求还款时的缓冲。依照该公司的商业模式,雷曼兄弟每天晚上都会从隔夜银行间货币市场中拆借2 000亿美元。但当没有人再愿意

第二十二章　大衰退

把钱借给雷曼兄弟之时,这家银行便垮掉了。不过他打趣道,就算不再有人和富尔德的银行打交道,至少,"我妈还爱我"。[2]

"我们正在为流动性而战"对于2007年至2008年恐慌来说,本来会是一个贴切的盖棺定论之辞,只不过在这起事件中,没有任何一个银行家说过这种话。反倒是琳达·莱(Linda Lay)在2002年美国全国广播公司(NBC)的一次采访中指出了这一点。那之前,在她丈夫肯·莱领导下的总部设在休斯敦的安然公司刚刚倒闭。[3]肯·莱曾在另外一家破产的金融公司担任首席执行官,该公司的资产负债表上满是复杂的金融衍生产品,并通过举债和高风险的会计花招来营造盈利的表象,从而获取更多信贷以维持这场信心博弈。其商业模式寄希望于真实或许会继表象而来,曾有一度,这一套倒也真的奏效了。但表象终究遭到了质疑,质疑者或是精明的记者,或是不为其所动的对冲基金经理,或是简单直接的市场谣言。信念动摇了,信心博弈开始回击。

富尔德和他之前的莱一样,在全国广播公司商业频道(CNBC,又称消费者新闻与商业频道)的证券市场娱乐新闻中目睹了自家公司股价的暴跌。富尔德也和他之前的莱一样,将其归咎于对其公司股票发起无情打击的买空者——那些借入股票、转手售出和希望以更低价格购入以获利的交易者。莱的得力助手杰弗里·斯基林在2002年对国会调查人员说,安然公司只不过遇到了"流动性问题",七年后,富尔德也会如此宣称。[4]斯基林说得倒也不无道理。任何一家公司都可以一直经营下去,只要它能持续获得融资,并将其债务永久性地延展到无尽的未来。

替富尔德说句公道话,与雷曼兄弟的做法相比,安然公司的所作所为更像是一场犯罪活动。但是到2007年为止,安然公司的各项业务在资本市场中已经变得如此稀松平常,质疑它们就意味着质疑整个全球金融体系,那个由数万亿美元的短期押注、投机、对冲和反对冲资金所构成的相互关联的单一全球资本市场。在这个混乱时代,在维系全球市场这件事上,没什么比市场参与者的信心更关乎根本了。

但这也意味着,可能会发生像雷曼兄弟公司破产这样的事件,而这的确发生了。2007年至2008年的恐慌并不像许多盲目片面的经济学家所归类的那样,是一场"外源性冲击"(exogenous shock)——一种无法用各种经济作用力加以解释的不可预测的因素。它也不是一场自然灾害,比如富尔德口中的"完美风暴",或是美联储前主席艾伦·格林斯潘2008年对国会所说的、其起因不在人为控制范围内的"百年一遇的信贷海啸"。[5] 不是这样的:雷曼兄弟事件发生的可能性,在1982年后的资产价格升值型资本主义中已经埋下伏笔,因为这种资本主义是如此的依赖货币、信贷和金融的动态平衡。

许多才智过人的专家都在理解"实体"经济时忽略了货币、信贷和金融的影响力,从而并未预见到这一切的到来。2003年,诺贝尔奖得主、芝加哥大学经济学家罗伯特·卢卡斯在美国经济学会的主席致辞中指出:"出于各种各样的实际利益目的,预防萧条的问题已经被解决了,而且已经被解决了几十年。"[6] 这篇题为《宏观经济优先事项》("Macroeconomic Priorities")的演讲稿中"信贷"这个词只被提及一次,"金融"则压根不曾被提起。

主导21世纪第一个十年宏观经济扩张的,是住房价格的飙升,而这成为可能,只因华尔街向许多就业收入不足以偿付住房抵押贷款的自住房房主提供了借款。如果住房价格只涨不跌,或是对前景的最低信念足以维系下去,那倒也没有问题。然而,从2006年中期开始,住房价格就停止上涨了,住宅投资呈现跌势,抵押贷款违约增加。消费在2007年年底开始下降,宏观经济于2007年12月进入衰退期。

第二十二章 大衰退

住房价格的下跌以及随之而来的抵押贷款关联资产贬值，导致了资本主义历史上规模最大的金融崩盘之一，而这可能摧毁美国境内外的以美元为基础的全球金融体系。在某种程度上，资本主义总是以信贷为主导的。资本主义始终依赖着某个人将另外一个人的偿债义务延展至未来。可以认为，2008年9月雷曼兄弟公司倒闭后，资本主义前所未有地接近对这种根深蒂固的未来依赖性进行最后清算的奇点时刻，堪称与死神擦肩而过。[7] 在全球资本所有者中，爆发了大规模的预防性囤积行为。资本主义退回到了20世纪30年代大萧条时的境况，深陷于流动性陷阱之中。各种形式的支出——无论是用于投资的还是用于消费的——全都一蹶不振。就业率溃不成军。

接下来发生的事情同样值得一提。贝拉克·奥巴马赢得总统大选，入主白宫，在这次具有非凡历史意义的选举之后，财政部和美联储的官员们仓促推出了制止崩盘的多项新政策。国家行政权力成功地将交易流动性带回到全球资本市场，终结了这次恐慌。这诚然是一个政策上的巨大成就。说到底，卢卡斯关于"预防萧条"的问题业已被解决的评论毕竟透露出了一丝真相。因为创造性的政府干预，这场大衰退并没有变成大萧条。

2009年6月，一轮新的宏观经济扩张开始了。问题在于，财政部和美联储刚刚勉强保全了这种资产价格升值型资本主义。从经济上，2009年后的这轮扩张将呈现出与1982年以来的每一轮扩张同样的特质。始于创下新低的失业率，它不过是这个时代中的又一次无就业复苏而已。随着资产价值——尤其是股票——一路攀升，收入流向了那些最富有的人。

这场大衰退以充满戏剧性的方式，讲述了一个关于金融恐慌、经济灾难和恶意政治的故事，但说到底，它在很大程度上也是一个关于连续性的故事。几乎所有的银行都得以幸免，其中大多数规模更胜以往。在21世纪10年代，最流行的电视剧——《行尸走肉》(The Walking Dead, 2010—2022)和《权力的游戏》(Game of Thrones, 2011–2019)——都与僵尸有关, 这很说明问题。与20世纪30年代的大萧条不同, 从这场危机中并未诞生一个新的资本主义时代, 尽管诸多经济不满情绪依然存在。然而, 与20世纪30年代一样, 资本主义的危机将为自由民主制度带来麻烦。

1. 恐慌

"谁该为住宅信贷风险负责?"2007年9月, 两位雷曼兄弟公司的分析师问道。[8] 2006年4月之后, 全国住房价格下跌, 2007年年初, 次级抵押贷款逾期未付率超过了20%, 此时, 大量投资于抵押贷款关联资产的美国商业银行和投资银行注定将蒙受账面损失。但更糟糕的事情发生了, 因为全球资本市场与美元货币市场已经变得如此命运纠缠, 严重依赖着交易流动性——某个愿意接手各种资产的买家——的存在。哪怕只是非流动性的前景稍露端倪, 信念随即便发生了转变。信心蒸发了, 恐慌继之而来。在这场星火燎原般的2007年至2008年恐慌期间, 资本主义得以幸存, 只因为美联储进行了突破历史的"非常规"中央银行业务操作, 从而勉强保全了以美元为基础的全球金融体系。

这个混乱时代的开端, 是沃尔克冲击, 当时, 美联储通过提高利率重申了货币资本的稀缺价值。在随后价格稳定的几十年中, 大规模的信贷扩张为借助杠杆实现资产价格升值的新型资本主义提供了动力。这一切都在2008年崩溃了, 为了拯救这个体系, 美联储沿用了在沃尔克主政时期曾将其推上全球经济决策主导地位的逆向操作政策——并不紧缩信贷, 反而放松信贷, 对于规模最大的银行来说, 几乎是白白送钱。与此同时, 华尔街对这场危机做出了本能的回应: 进一步加大金融业的合并力度。

第二十二章 大衰退

2007年7月，随着评级机构持续调低抵押贷款关联资产的信用评级，问题开始出现。那个夏天，数家投资抵押贷款关联资产的投资基金宣告破产，以价值1.2万亿美元的资产为担保的商业票据，交易流动性就此枯竭。各家银行一直掌控着短期商业票据市场上的风云变幻，几十年来，非金融性公司都借助该市场为其日常运营筹集现金。这个资产担保商业票据市场的交易量缩水了8 000亿美元，这表明，抵押贷款相关资产市场中最重要的一个融资引擎正在减速。与此同时，高盛公司和几家对冲基金开始卖空抵押贷款相关资产。出于这一原因，高盛要求各家银行"标低"（mark down）资产价值，以反映其实时价值。用贝尔斯登公司抵押贷款投资辅助业务部门负责人拉尔夫·乔菲（Ralph Cioffi）的话说，这不啻为"末日清算"，因为这家基金没办法等到市场价值重新攀升。它不得不标记坏账损失。[9]

在商业票据市场之外，两个由各家银行具交担保的短期货币市场依然存在：位于伦敦的欧洲美元市场，以及银行间短期"回购"（repo）市场。在后一个市场中，银行卖出资产换取现金，随后迅速"回购"。当银行开始质疑抵押贷款关联资产的价值时，所有信贷市场中的融资成本都急速飙升了。"这就好像是你这辈子每次打开水龙头，水都会流出来。可现在没水了。"一位银行高管回忆道。[10]

2008年8月10日，美联储宣布，它将"提供流动性，以促进金融市场的有序运行"。[11]为了放松各项融资条件，美联储将短期利率目标从6.25%降到了5.75%。一如既往，它是通过干预"联邦基金"货币市场实现的这一点。各家银行在该市场上互相借出依法必须保存在美联储的准备金。通常来说，这个没有抵押担保的货币市场会为其他有抵押担保的货币市场大致设定利率基准。但随着银行对担保物失去信心，利率便出现了分化。在一个恶性循环中，基于抵押担保的货币市场中融资成本的提高，意味着以这些资产为抵

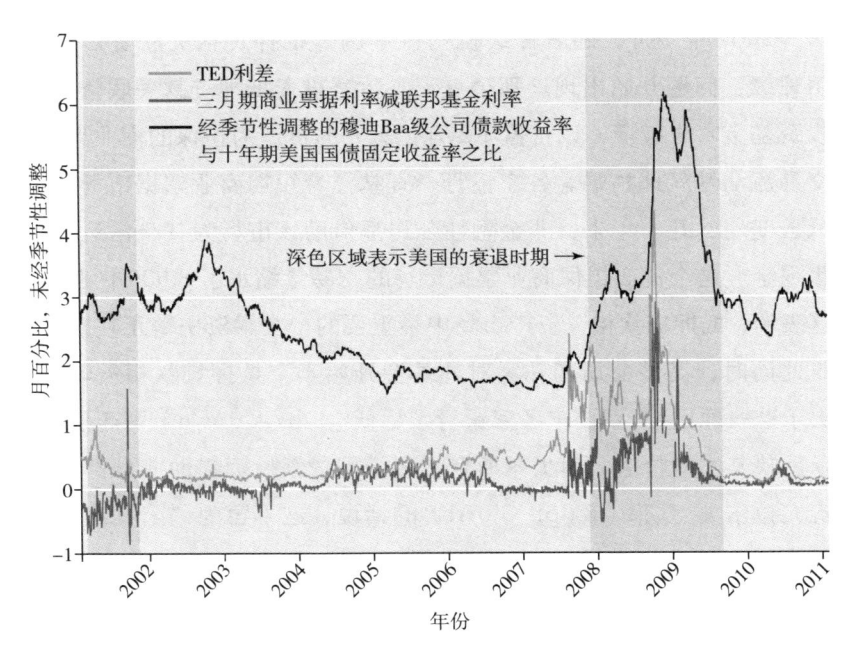

美国信贷利差

日益扩大的信贷利差表明了 2008 年金融恐慌的影响幅度。在恐慌期间，私人信贷的成本变得越来越高，图中的每条线都代表着一种存在于私人信贷来源与公共信贷来源之间的利差。"TED 利差"（TED spread）代表了银行间货币市场利率与三月期美国国债收益率之间的利差。

押担保的融资进一步减少——而银行则无奈地成为这些贬值资产的账面持有者。

此时，各家银行开始在标低抵押贷款关联资产价格之后宣布巨额亏损。令人惊讶的是，银行居然在账面上持有如此多的此类资产。花旗集团的首席执行官查尔斯·普林斯向高层管理人员发出了"紧急战备通告"（DEFCON calls），这些高管中便包括了曾任克林顿政府财政部部长的罗伯特·鲁宾。花旗集团在 2000 年到 2009 年间向担任顾问一职但"不负任何运营责任"的他支付了 1.15 亿美元的咨询费用。11 月，当花旗集团宣布亏损 80 亿到 110 亿美元时，普林斯辞职了。他的离职补偿金为1190万美元的现金和2400万美元的股票。[12]

2007年12月12日,美联储宣布创制定期拍卖工具(Term Auction Facility,简称TAF)。[13] 各家商业银行本可以使用美联储的正常贴现窗口直接从它那里借贷,但为了免除这种操作所带来的羞辱,在定期拍卖工具机制下,美联储会举行经常性的贷款拍卖,而这些贷款的抵押担保物范围远比贴现窗口所接受的抵押担保物范围更广。在三个星期之内,美联储就借出了400亿美元,其中包括了提供给许多外国银行的贷款。[14] 同一天,美联储还宣布,与多家外国银行建立240亿美元的信贷"互换额度"(swap lines)。[15] 在这场蓄势待发的危机中,每个人都想要获得美元——全球霸主的流通货币,一家独大的全球资本市场的运行基础。[16] 然后,在1月,美联储将目标联邦基金利率从4.25%降到了3%。尽管如此,信贷依然紧缩,投资和消费同步下跌。2007年12月,美国宏观经济进入了衰退期。

唾手可得的美联储资金——联邦基金短期货币市场上的低息贷款——是不够的。必须有人出面为包括债务资产在内的资产市场提供交易流动性。尤其重要的是,某个地方的某个代理必须接下那些在货币市场中已经不再能够作为担保物交易的抵押贷款关联资产,才能筹集到现金,用以支付紧张惶恐的债权人。[17] 私人市场参与者拒绝这样做,因为一度信用评级为AAA的抵押贷款关联资产不仅是贬值而已,它们根本就没办法被估值。银行的预测模型全都不起作用,因为整个美国的住宅价格都偏离了历史价格走势,全面下跌。随着各大银行全都面临着接踵而来的银行挤兑威胁,之前十年金融业合并的一个风险浮现出来。[18]

2008年3月11日,美联储宣布推出新的定期证券借贷工具(Term Securities Lending Facility,简称TSLF)。[19] 以政府扶持企业或 AAA 级"私募"（private label）抵押贷款担保证券为交换，美联储借出短期国库券，希望以此为银行间货币市场重新赋予流动性。美联储依据《联邦储备法》第 13 节第 3 项的规定，主张有权在"非正常和紧急情况下"，向个人、合伙企业和公司提供无限额的货币贷款，而后者只需提供美联储认为充分的抵押担保物即可——当然，这要取决于财政部的审批。法律学者至今仍在争论，在 2008 年危机期间美联储的所作所为，是否在其法定授权范围之内。[20] 但不管法律如何规定，在实践中，美联储行使了各种以前不可想象的最新权力，出手购买资产，贷出货币。

尽管定期证券借贷工具是在 3 月 11 日发布的，但直到 3 月 27 日它才正式生效。在这期间，贝尔斯登倒下了。贝尔斯登的账面上充斥着各种抵押贷款关联资产。杠杆率高达 38 比 1 的这家公司，一直靠着从隔夜回购市场融资的办法苟延残喘，每晚过手金额都在 500 亿到 700 亿美元之间。但是，随着其股价暴跌，评级机构一直在下调这家公司的资产评级，没有人愿意与这家公司交易，债权人要求现金还款。"这就像是你有个漂亮的孩子，却患上了某种疾病，你从来没想到这会发生，可它确实就发生了。"贝尔斯登的首席执行官吉米·凯恩（Jimmy Cayne）哀叹道。3 月 12 日，一则虚假的市场传闻流传于媒体，称高盛拒绝与贝尔斯登进行交易。贝尔斯登耗尽了自己 180 亿美元的现金缓冲。[21]

在政府补贴的支持下，摩根大通以每股 10 美元的价格收购了贝尔斯登。曾任高盛首席执行官的财政部部长汉克·保尔森和当了一辈子公务员、曾在 20 世纪 90 年代身为罗伯特·鲁宾得意门生的纽约联邦储备银行行长蒂莫西·盖特纳，一道筹集了 129 亿美元的贷款促成这次收购。美联储还援引《联邦储备法》第 13 节第 3 项的规定，从贝尔斯登手中购买了摩根大通不愿经手的近 300 亿美元的不良抵押贷款关联资产。[22] 这是政府出面促成交易的开始，而它

第二十二章　大衰退

引起了进一步的行业合并。[23] 在银行家中，盖特纳为银行牵线搭桥的本事为他赢得了"电子红娘"（eHarmony）的绰号。[24]

　　3月16日，星期日，就在贝尔斯登停止运营两天后，美联储再次援引《联邦储备法》第13节第3项的规定，宣布推出一级交易商信贷工具（Primary Dealer Credit Facility，简称 PDCF）。[25] 如今，美联储提供的不只是国库券，还有现金，用以交换 AAA 评级的抵押贷款担保证券。美联储现在成了"贷方"，而且有史以来第一次成为别无他法时的终极"交易方"——宣告自己将随时准备成为资产卖方的终极买家。[26] 在贝尔斯登破产后的那一周，一级交易商信贷工具提供了3400亿美元的现金。但随后，各家银行因为担心向自己的私人债权人释放压力信号，而对美联储的扶持退避三舍。"谁是下一个（倒下的）？"全国广播公司商业频道的滚动新闻条如此发问。雷曼兄弟的首席执行官迪克·富尔德与全国广播公司商业频道的吉姆·克拉默（Jim Cramer）私下会面，请求后者在其主持的电视节目《私房钱》（Mad Money with Jim Cramer，2005- ）中澄清市场谣言。此时此刻，美国国际集团也发现自己可能存在"流动性问题"——该公司的战略负责人在一次深夜谈话中对其首席执行官发出了警报。"你昨晚把我吓得屁滚尿流"，后者第二天如是评价。他随后便去找了盖特纳，说，"不要大惊小怪啊，但如果美国国际集团发生危机的话，我们从美联储这里获得流动性帮助的概率有多大？"[27]

　　作为政府扶持企业的房利美和房地美紧随其后。[28] 两家机构都不是这场住房抵押贷款证券化惨重失败的直接原因，但从政府补贴中获益多多的二者，都在音乐还在继续、而游戏接近终局时争先恐后地大笔下注。如今，满仓抵押贷款关联资产的两家机构难以在短期货币市场上借款。国会通过了2008年《住房与经济恢复法》（Housing and Economic Recovery Act of 2008），赋予财政部接管这些政府扶持企业的能力。当财政部估算出马上就会爆出规模巨大的损失之时,房地美和房利美的董事会投票表决,愿意接受政府监护保全。保尔森希望,接管这些政府扶持企业将阻止恐慌蔓延下去,"为市场提供信心"。[29]

但事与愿违,"雷曼兄弟开始溃败"。雷曼兄弟遇到了与贝尔斯登同样的问题,而且同样依赖着短期回购融资这一解决方案,只不过,其总额高达1 970亿美元。诸多抵押贷款关联投资依然呆滞于雷曼兄弟的账面上,雷曼兄弟公司的股票一路下跌。2008年9月4日,雷曼兄弟向其最大的回购中间人摩根大通发出警告,该公司将很快报出一笔39亿美元的亏损。摩根大通、花旗银行和美国银行开始要求雷曼兄弟追加抵押担保,以延展其回购贷款。[30]一位摩根士丹利的银行家在离开某次雷曼兄弟公司的会议时说,"我们眼看着那帮家伙凝视深渊"。[31]

雷曼兄弟无法自筹资金。于是,在9月12日星期五的那一天,保尔森把规模最大的那些银行的首席执行官——"家族首脑"——召集到了一起,这还是1998年长期资本管理公司危机以来的头一遭。他希望,能够获得一个"类似于长期资本管理公司事件的解决方案"。[32]

当时在场的许多人,都回忆起了富尔德先前不愿投入雷曼兄弟公司的全部力量拯救长期资本管理公司的往事。但不管怎样,雷曼兄弟公司持有的抵押贷款关联资产,其价值充满了太多不确定因素,远远超出了长期资本管理公司的先例。各种数学模型均告失败,几乎已经没人再去交易此类资产。市场魔术相信,对于某种资产,总会有一方愿意购入或者至少为其出价,最低限度也会有某个债权人愿意接受它作为抵押担保物,但这个魔术已然化为了泡影。

感觉到自家银行或许是下一个,美林证券的首席执行官约翰·塞恩(John Thain)将这家公司以每股29美元的价格卖给了美国银行。

总部位于英国的巴克莱银行（Barclays Bank）草率地达成了一项收购雷曼兄弟的要约，但在9月14日星期日，英国金融监管部门拒绝批准这一行动。盖特纳、保尔森和伯南克向雷曼兄弟董事会下了最后通牒，要求该公司在周一早上开市之前提出破产申请。雷曼兄弟照做了。[33]

为什么雷曼兄弟被允许倒闭？雷曼兄弟公司的破产律师预测，这将"从市场中移除流动性。各个市场均会崩溃。这将成为末日之战！"[34]当时，伯南克表示，市场已经为雷曼兄弟的破产做好了准备，可他后来对美联储是否拥有充分的合法权力救助雷曼兄弟表示了质疑。但是，美联储已经对《联邦储备法》第13节第3项做出了最不守常规的实际应用，为什么不继续尝试突破呢？伯南克还说，雷曼兄弟遭受的不仅仅是一场流动性危机——他认为，这家公司已经资不抵债。即便交易恢复，为雷曼兄弟持有资产设定的新的市场价格，也将证明该公司终将破产的命运。有人在嘀咕着所谓的"道德风险"，认为救助雷曼兄弟将证明，那些"太大而不能倒"的银行可以一直肆意妄为，指望着最后总会有政府施以援手。但是，美联储如今正在支撑整个货币市场——对道德风险的担心并没有阻止这件事情的发生。事实上，伯南克、保尔森和盖特纳做好了最坏的打算。正如伯南克后来所说："我们从来没有怀疑过，这将是一场浩劫，而且我们应该尽全力出手保全。"[35]政府官员们试过寻找拯救雷曼兄弟的办法。只不过他们失败了。[36]

2008年9月15日，星期一，美国股市市值损失了7 000亿美元。恐慌出现了，资金大举外逃，转向现金或具有类似避险属性的短期美国国库券。但摩根大通公司的首席执行官杰米·戴蒙（Jamie Dimon）依然宣称："我不认为情况有那么糟糕。我不想这么说……但我认为，就算政府周一早上出手拯救了雷曼兄弟，情况还是几乎一样……还是会有可怕的事情发生。"[37]戴蒙是对的，因为并不是雷曼兄弟引发了这场"末日之战"，罪魁祸首是美国国际集团。

美国国际集团拥有 1 万亿美元的资产，然而，其中许多都搁死在受政府监管的保险业务子公司那里。它们是非流动性资产。但是，美国国际集团需要现金为其类保险的信用违约互换合同提供担保。它在短期货币市场上的周旋余地正在不断缩小。"我们遇上大麻烦了。我的意思是，贼他妈大的麻烦，"受雇于美国国际集团对其账目进行检查的摩根大通公司银行家在 9 月 14 日星期日那天这样说道，"我们需要 600 亿美元！"[38]

美国国际集团通知美联储，该公司无法筹到这笔现金。美联储再一次援引了《联邦储备法》第 13 节第 3 项的规定。9 月 16 日，星期二，美联储向美国国际集团发放了 850 亿美元的贷款，令其得以履行迫在眉睫的还款义务，作为交换，美联储得到了这家公司 79.9% 的所有权证。[39] 美国国际公司并没有大到不能倒，它只不过是与一个单一的大型全球资本市场关联过于紧密了而已。在这个市场中，"1 万亿美元的交易风险集中在 12 家主要金融机构那里"，美国国际集团的首席执行官在提交给盖特纳的备忘录中坦白道。[40]

当时的人们并没有充分意识到，各个货币市场在多大程度上依赖着对美国国际集团信用违约互换合同的信心。因为美国国际集团拥有 2.7 万亿的场外交易衍生品投资组合，货币市场的交易商们相信，自己的交易账户拥有充足的对冲空间，他们可以信心十足地继续交易。而当美国国际集团的信用违约互换合同被质疑时，新的焦虑开始出现了，所有的货币市场都陷入了停顿。即便在联邦基金市场中，饶是美联储持续降低利率，交易也开始放缓。没有货币市场提供的新鲜信贷，旧债便无法展期。这将意味着确确实实的金融崩溃。

"美国国际集团的倒下，"伯南克说，"基本上将意味着一切告终。"此时，各家银行几乎停止了彼此之间各种类型资产的交易。在一个以交易流动性为前提的金融体系中，流动性不足会让所有人

第二十二章 大衰退

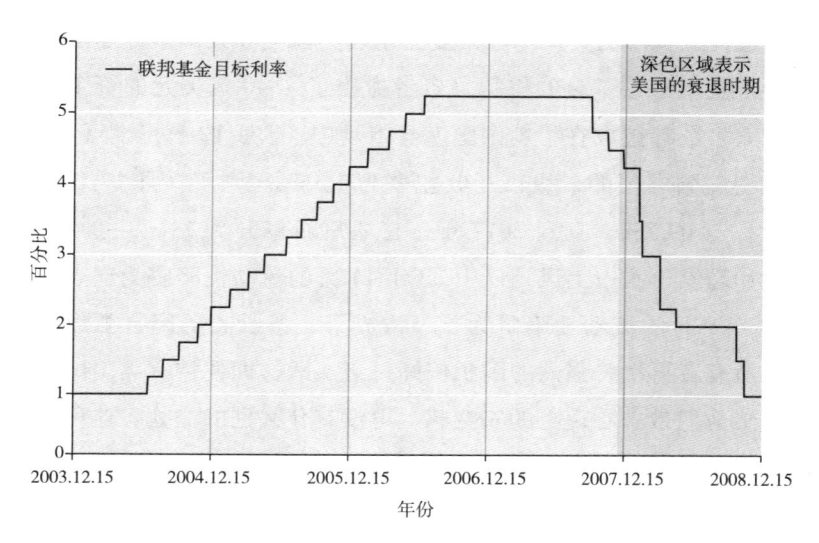

联邦基金目标利率

为了应对这场金融恐慌,美联储曾试图将其目标短期利率从和平时期的历史低位调高,但这之后不久,美联储便再次降息,回到了最初开始的地方——而且很快便再度陷入流动性陷阱。

面对资不抵债的威胁——不管资产实际上或理论上价值几何。此外,那些依赖这些市场的非金融公司也会受到波及。例如,商业票据市场的成立初衷,本是帮助各家公司筹措现金,以为其日常业务运营融资。这时,随着商业票据市场陷入停滞,像通用电器公司这样的工业企业开始担心,自己可能无法获得支付日常薪酬的资金。与此同时,"优质"货币市场基金(被称为优质,是因为他们不投资美国国债)"跌破了面值"(broke the buck),不再保证1美元存款能够兑取1美元现金。美国人拥有的此类基金总值约在3万亿——超过了所有银行存款总额的三分之一。在一个星期内,提款额便达到了3 490亿美元。一位美联储经济学家回忆道:"一切都清清楚楚地表明,我们正在凝视深渊。"[41]

预防性囤积压倒了一切。资金大规模地逃向现金和美国国库券这种最接近货币的资产。在雷曼兄弟和美国国际集团事件爆出后三周内，货币市场基金的机构投资者撤出了4340亿美元的资金。[42]其中大多数都被放在了美国国库券市场中。9月12日星期五那天，四周期美国国债的二级市场收益率为1.35%。到了9月17日，回报率仅有0.07%。直到2017年，它才重新攀升到1%以上。随着恐慌和恐惧再次占上风，以1932年11月的流动性陷阱为起点，到2008年9月的流动性陷阱为止，构成了一条长长的闭合弧线。[43]资本所有者再次将强烈的囤积偏好付诸实践，即便持有美国国债除了能给他们带来心理上的安全感，再没有什么别的益处。这种心理回报提供的只是一种虚假的希望。因为如果每个人都牢牢地攥住现金或最接近的对应资产，如果没人进行交易、借贷或投资，各种经济支出都会直线下降，而整体经济也会满盘皆输。而这正是所发生的一切。

此时此刻，只有联邦政府才有能力转变信念，恢复流动性——哪怕其政治目的只是修复以美元为基础的全球金融体系，而不是从根本上改变其结构，而这的确是事实。美联储不断介入失信违约事件，购买资产，借出货币，试图让金融市场重获生机。在雷曼兄弟和美国国际集团破产后的那一周，作为美国仅存的两家投资银行之一（另一家是高盛），摩根士丹利从美联储那里借贷了753亿美元。9月19日，星期五，美联储将外汇互换额度扩大到了1 800亿美元——这样一来，各家外国央行便可为其属下银行提供美元。在全球金融体系中，在危机时期，所有各方仍然希望获取美元。最后，在9月20日星期六那一天，财政部宣布，将出面担保货币市场基金的1美元净值。9月22日星期一，摩根士丹利和高盛提出申请，出于监管目的，将二者从独立的投资银行重划为"银行控股公司"。这就赋予了美联储新的监管权力，如此一来，美联储现在便能为它们提供宽泛的融资渠道。然而，直到沃伦·巴菲特（Warren

第二十二章 大衰退

Buffett）向高盛投资50亿美元，再加上总部设在日本的三菱日联金融集团（Mitsubishi UFJ）向摩根士丹利投资90亿美元，这两家公司才最终确定得以幸免。政府权力徒然促成了更大程度的行业合并。例如，联邦存款保险公司趁机拿下了美国最大的互助储蓄银行、正面临储户167亿美元提款请求的华盛顿互惠银行，但随即便将其作价19亿美元转售给摩根大通。[44]

9月19日星期五那天，保尔森宣布了一项新的政府计划，以此购入"这些压垮了我们的金融机构、威胁着我们的经济的非流动资产"。[45] 财政部向国会提交了问题资产救助计划的立法草案。这份3页长的草案要求对财政部进行一揽子授权，从而使其可以买下高达7000亿美元的有毒资产。保尔森和伯南克前往国会山，对国会进行游说。伯南克对20位国会议员说："我的整个学术生涯都花在研究大规模的经济萧条上。我可以告诉你们，历史表明，如果我们不采取重大行动，你们将会迎来另一场大萧条，而这一次的情况将会更加糟糕。"[46] 没多久，保尔森的工作人员便在无意中听到他在办公室里呕吐的声音。

接下来的一周出现了更多戏剧性的事件，尽管场景转移到了华盛顿。共和党总统候选人约翰·麦凯恩（John McCain）宣布，他将暂停竞选活动，回到首都参与国会审议。9月24日，电视转播的白宫会议以失败告终。这之后，保尔森走进隔壁房间，单膝跪下，恳求民主党众议院领袖南希·佩洛西（Nancy Pelosi）继续与共和党人进行协商。[47] 后来，他还去民主党参议院领袖哈里·瑞德（Harry Reid）的办公室中进行了拜访。瑞德问保尔森，假如保尔森对着自己办公室里的垃圾桶干呕的话，要不要叫医生。9月29日星期一，众议院以228票对205票否决了问题资产救助计划：一大批共和党国会议员投了反对票，因为他们认为整肃市场纪律才是这场危机的解决方案——可以理解，这个解决方案并不合保尔森的胃口。股票市场继续全面溃败。但随即，一项修改后的长达169页的法案在参议院获得了通过。最终，在将问题资产救助计划的存款保险额从10万美元提高到25万美元、同时批准了共和党要求的减税措施之后，10月3日星期五那天，众议院以263票对171票通过了这份此时已达450页的法案。布什总统于同一天将这项立法签署为正式法律。

美联储的创造力还未穷尽。10月7日，它公布了商业票据融资工具（Commercial Paper Funding Facility）。[48] 这时，美联储愿意接受商业票据，其中就包括了像威瑞森电信（Verizon）和麦当劳这种需要获取现金立即付款的非金融公司开出的商业票据。10月8日，美联储和多家外国央行宣布了有史以来第一次国际协调下的短期利率下调。

到这时，财政部已经改变了对问题资产救助计划的想法。与其购买有毒资产，财政部更愿意向各家银行注入资本。10月13日，保尔森召集9家金融机构巨头的首席执行官们开会，这些人手中持有美国全部银行资产的75%。通过资本收购计划（Capital Purchase Program），财政部以无权干涉公司政策制定的无表决权股票为回报，向花旗集团、摩根大通和富国银行（Wells Fargo）投资了250亿美元，又向美国银行投资了150亿美元，向美林、摩根士丹利和高盛投资100亿美元，向纽约梅隆银行（BNY Mellon）投资30亿美元，向道富银行（State Street）投资20亿美元。财政部还宣布，它将出面担保金融机构的优先债务（senior debt）。到2008年年底，财政部以问题资产救助计划基金的方式，向各家金融机构投资了1 880亿美元。这包括投给美国国际集团的另外400亿美元（这笔钱以美元等值偿付了该公司的信用违约互换合同），以及分别投给花旗银行和美国银行的各200亿美元。12月19日，810亿美元的问题资产救助计划资金被投给了通用汽车公司、通用汽车金融服务公司、克莱斯勒公司和克莱斯勒金融公司（Chrysler Financial）。问题资产救

第二十二章 大衰退

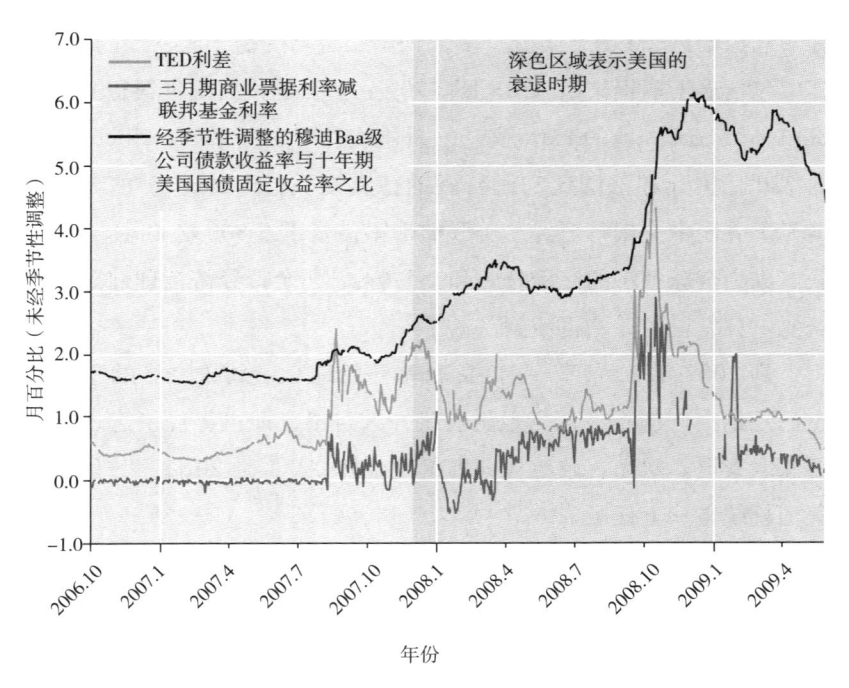

美国信贷利差

逐渐缩小的信贷利差表明,到2009年春,金融恐慌最紧迫的阶段已经过去。"TED利差"代表了银行间货币市场利率与三月期美国国债收益率之间的利差。

助计划的各项开支到2010年9月达到了3 950亿美元。[49]

  与此同时,美联储的资产负债表数目增加了1倍。美联储紧急出面扮演终极交易方的实践,在2009年1月达到顶峰。定期证券借贷工具的交易额达4 830亿美元,一级交易商信贷工具的交易额达1 560亿美元,货币市场融资达3 500亿美元,商业票据市场融资则达到3 650亿美元的峰值。2008年11月,美联储宣布了一项计划,准备收购多达5 000亿美元的政府扶持企业抵押贷款关联证券。美联储还为花旗集团的3 060亿美元抵押贷款关联资产和美国银行的1 380亿美元同类资产承保了信用风险保险。[50] 至此时为止,总额已经接近2.3万亿美元。多家外国银行均受益于美联储的放贷，其中包括瑞士瑞银集团（UBS）的770亿美元、苏格兰皇家银行（Royal Bank of Scotland）的850亿美元、日本农林中央金库（Norinchukin）的220亿美元和法国比利时合资的德克夏银行（Dexia）的590亿美元。外国中央银行已经从美联储那里借贷了5 800亿美元。[51] 美联储成为全球经济的终极贷方和交易方。[52] 全球经济治理迎来了崭新的一日，已经无法再回到从前了。

到2009年1月，一些信贷利差开始缩小，剑拔弩张的恐慌状态已经结束。但是，这场金融危机并未告终，而世界经济进入了一场深度衰退。然而，政治风向即将发生转变。1月20日，一位新的美国总统走马上任了。

2．贝拉克·奥巴马的考验

这场金融恐慌之后的经济下行，很快便被冠以"大衰退"（Great Recession）之名。其初始下跌幅度之大，是自大萧条最初几个月以来所未见的。即便政府行动防止了20世纪30年代的卷土重来，而且经济在2009年6月恢复了正增长，大衰退的这个标签依然保留了下来，因为人们普遍相信，这个经济体也依然有些地方不太对劲。一些经济问题——尤其是不平等导致的恶劣劳动力市场状况——在21世纪第一个十年便已逐渐累积下来，却一直被信贷推动的住宅价格上涨所掩盖。此时，这些问题被大白于天下，而且急剧恶化。那种让普通美国人通过抵押个人住宅参与资产升值游戏的尝试，遭遇了惊人的失败。由于房价暴跌，在2007年到2010年间，美国人的财富中位数下跌了44%——扣除通货膨胀因素，一下子便退回到了1969年的水平。[53] 即便美联储的各项行动避免了一场更严重的经济灾难发生，资本市场也依然深陷流动性陷阱之中，因为预防性的囤积倾向削弱了长期投资。民主政治和政府需要通过改变投资逻辑，规划出一个新方向，一条全新的、可行的长期经济路径。

但这并未发生。从2009年1月20日贝拉克·奥巴马就任总统到2010年国会中期选举的这段时间，诚然是美国政治史上最具戏剧性的时期之一。[54] 奥巴马在总统选举中赢得了52.9%的选票，而在2008年之后，民主党控制了众议院，并且在60个参议员席位中占据了压倒多数。在奥巴马政府中，克林顿时期的民主党人重掌大权。资产价格升值型资本主义的老调重弹证明了，这就是这帮人的想象力极限。[55] 与此同时，到2010年时，奉行民粹主义、立场保守的茶党运动已经兴起，正在将政治一路推向右翼。最后，尽管推出了这项国家历史上规模最大的财政刺激举措，进行了重大的立法改革，实施了被称为"量化宽松"的非常规货币政策，美国经济却并未发生重大转变。从一个可能再创新低的衰退深坑中，开始了又一轮宏观经济扩张，而它重复了自20世纪80年代每一次此类扩张中反复出现的许多相同的经济模式。

直到雷曼兄弟破产之前，奥巴马与亚利桑那州参议员约翰·麦凯恩在竞选中一直势均力敌。雷曼兄弟事件之后，奥巴马的表现沉着冷静，显得更加一切尽在掌握，从而转化为民意调查中的成功。这并非偶然。奥巴马与许多身居高位、信息灵通的华尔街银行家保持着私下的沟通渠道，身处该场危机腹地的这些人，是奥巴马竞选的背后支持者。[56] 很久以前，富兰克林·德拉诺·罗斯福曾拒绝就胡佛总统的各项政策发表意见，以免就职后受到政治掣肘。与之相反，身为候选人的奥巴马却公开对问题资产救助计划表示支持。[57] 不过，奥巴马的确在竞选中大加抨击他所谓的"布什经济"。他说，政府必须在结束这场金融危机中发挥积极作用，但在那之后，将需要转向更大的"责任"。[58] 责任这个字眼，是奥巴马红蓝州道德主义政治的关键词，对于自由主义者，它呼唤着经济监管的必要性，而对于温和派和保守派来说，则诉诸财政清廉。尽管奥巴马通过明确支持各项再分配政策的方式，走上了一条不同于克林顿时期新民主党人的路线，他同样对债务发起了义正词严的抨击。他承诺削减联邦开支和公共债务，而这将通过减少提供给富人的优惠政策、继续投资教育和基础设施等公共产品的方式实现。[59]他的第一份财政预算《负责任的新时代》（*A New Era of Responsibility*，2009）是对这些原则的有力体现。[60]总的来讲，奥巴马对联邦经济政策的长远战略是扩张型的，但他也公开表示要以紧缩为中心。[61]

就职后，奥巴马挑选了经验丰富的民主党建制派成员作为他的经济政策制定团队，这些人曾经在罗伯特·鲁宾的领导下效力于克林顿政府。[62]蒂莫西·盖特纳成为财政部部长；劳伦斯·萨默斯出任国家经济委员会主任，并成为总统首席经济顾问之一。其他的政策顾问来自这个小圈子之外。加州大学伯克利分校的宏观经济学家和研究大萧条的学者克里斯蒂娜·罗默（Christina Romer），成为经济顾问委员会的主席。保罗·沃尔克此时已成为金融创新的大力抨击者，他也出任顾问一职。人们或许会质疑奥巴马，为什么任命了这么多20世纪90年代克林顿-鲁宾小圈子里的成员，自轻率冒进的90年代以来，这些人中的一部分——比如萨默斯——已经缓和了自己的观点，另外一些人——比如盖特纳——却并没有。

然而，这一时刻最引人注目的，却是那些不在奥巴马支配之下的事务，那便是2008年时的左派在经济想象力上的根本匮乏。富兰克林·德拉诺·罗斯福本人并非左翼思想的倡导者，他却得益于几代民粹主义和进步主义的倡议，而这些提案在他入主白宫时便已经摆在那里供他挑选。推荐给奥巴马的，则绝大多数是些老旧的理念。其中一些倒还不错，比如沃尔克建议，重新成立在罗斯福新政和第二次世界大战期间发挥重要公共融资功能的重建金融公司。但一个21世纪的新版，到底应该呈现出何等样貌？罗默主张对招聘

第二十二章 大衰退

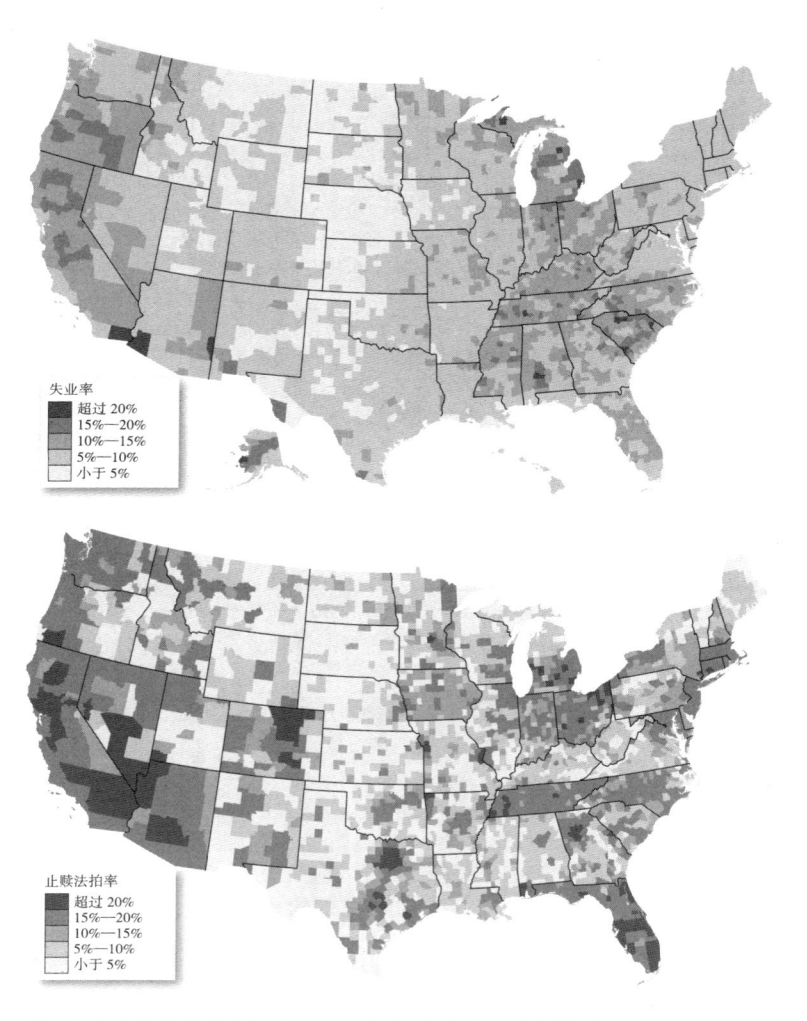

2009 年的美国失业率（上）/2009 年的美国房屋止赎法拍率（下）
这些地图表明了大衰退之后美国失业率与房屋止赎法拍率的地理重合性。

和投资活动给予税收抵免，这让她简直就像是林登·B. 约翰逊时代的总统经济顾问委员会的主席。难道就没有什么新的点子了吗？真相是，克林顿领导下的民主党已经抱住了以金融为主导的全球化资本主义，因此，当这种资本主义自我毁灭之时，该党并未做好创造

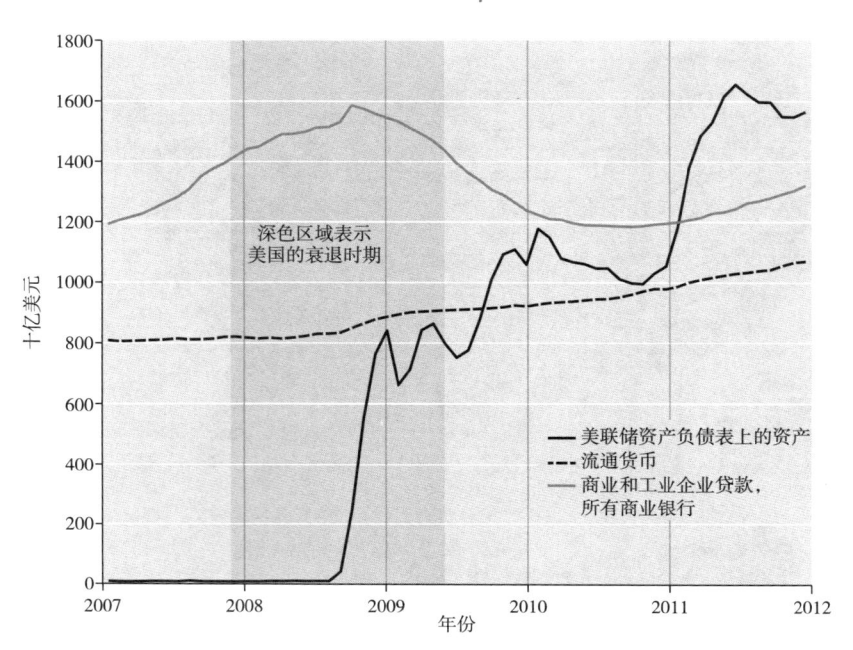

美联储资产负债表、货币与信贷

2008 年后预防性流动性偏好的激增,意味着美联储提供给银行的大笔信贷,并没有转化为这些银行为企业经营和就业提供的信贷资金(也没有导致通货膨胀)。这是大衰退后的复苏如此软弱无力的原因之一。

性地加以思考或应对的准备。奥巴马政府自然也是如此。公允地说,奥巴马在其政治生涯的开端,的确意在超越种族不和谐和红蓝州地区对立,而不是这种混乱时代的资本主义。毕竟,在 2008 年,金融业为奥巴马提供的竞选捐款,其数额要高于向麦凯恩的捐献。[63]

然而,在 2009 年上半年,资产升值型资本主义处于极其脆弱的状态。很可能过于脆弱,过于接近崩溃,以至于官员们除了防止这种崩溃发生,已经无暇忧心其余。尽管如此,假如那些政策制定者选择采取行动的话,他们手中依然握有一个难得的机遇。奥巴马就任之时,经济现状几乎毫无民众支持可言。经济产出在一路下跌,

第二十二章 大衰退

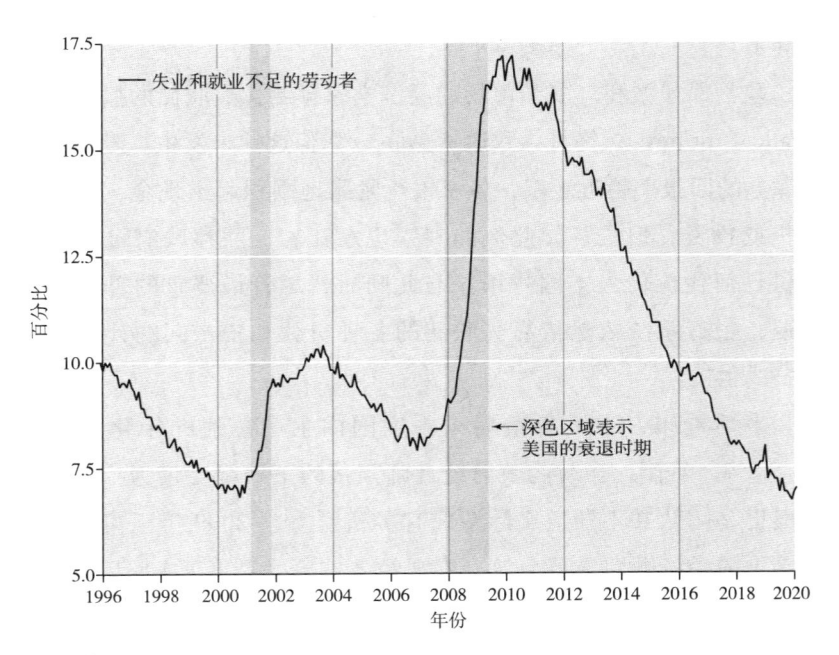

（图表：总失业率，1996–2020，标注"失业和就业不足的劳动者"及"深色区域表示美国的衰退时期"）

总失业率

在这个混乱时代一系列的"无就业复苏"中，大衰退时期的情况是（到那时为止）最糟糕的。随着时间的推移，在 2008 年之后，又一轮以资产为主导的宏观经济恢复在 21 世纪 10 年代收紧了就业市场。

2009 年的失业率高达 10%。消费也是直线下降。[64] 几个沙州受到的打击最严重。但即便其他地方——比如密歇根州和田纳西州——的住宅价格并未如此大幅下跌，全国性的耐用品消费需求下跌也足以导致这两个州的汽车工厂停工闲置。此外，在 21 世纪头十年逐渐积累起来的债务高悬问题，意味着当收入下降、消费者偿付贷款时，支出便会进一步减少。[65] 这是一场标准的债务—通缩衰退。待奥巴马正式宣誓就职之时，因为美联储的慷慨大度，联邦储备银行的银行储备金结存约为 8 430 亿美元——与之相比，一年前的数字是 116 亿美元。但是，流通中的货币量大致保持不变，而贷款额却下降了。

政治保守派和许多亲市场的经济学家预测，美联储的撒钱表演（wall of money）*终将导致通货膨胀。[66]但这并未发生。随着短期国库券的回报率趋近于零，各家银行紧张地囤积起了现金，而不是放贷或投资。但是，如此低的利率也意味着，联邦政府可以几乎不付任何代价借入本国货币。与此同时，尽管最严重的恐慌已经消退，银行系统依然依靠美联储的各种贷款和资产回购计划维持着一线生机。

事后看来，2008年最后一季度国内生产总值的年化增长率是-8.2%。然而，当时的政府统计师预估的下跌幅度仅为-4%，所以奥巴马团队并不知道实际情况有多糟糕。[67] 2009年年初，罗默领导下的经济顾问委员会做出宏观经济核算，提出了1.8万亿的刺激计划，以弥合"产出缺口"及预防大规模失业。萨默斯认定，任何高于1万亿的金额在政治上都是不可能的，因为共和党人对大政府持批判态度，而民主党人在财政问题上要比奥巴马强硬得多。尽管如此，鉴于廉价的融资随手可得，以赤字融资的财政刺激方案拥有许多潜在的、富有成效的出路。考虑到各类支出都一蹶不振的状况，经济受到了需求的限制，因此几乎任何一种公共支出都可能产生倍增效应——财政倍增器。但是，如果想要着重强调供给侧的话，为了让钱花得更值当，便迫切需要许多有成效的花钱门路：修复年久失修的道路和桥梁上的公共基础设施，为"绿色"能源网络奠定基础，投资于增进生产力的技术，扶持幼儿教育，以逆转教育差距对未来劳动力市场的巨大负面影响，这些只不过是一些显而易见的选项。奥巴马走马上任时，向他的经济政策团队提出了要求，必须

---

* 有时也写作wall of cash，由露天马戏场中飞车走壁表演的英文wall of death衍生而来，形容央行试图运用通常较为激进的货币政策影响宏观经济的做法。

第二十二章 大衰退

拿出某种象征性的"登月方案"。

公共投资需要至少两样东西——令人信服的公共利益概念，以及政府实现发展目标的能力。在 2009 年，这两样都不存在。它们曾经存在过吗？在美国历史上，大规模的公共投资只有在战争时期才享有政治合法性——甚至连大萧条时期都不行。公共投资上一次被提到议事日程上，是在第二次世界大战刚刚结束时，但战后的政治经济转折很快便对它关上了大门。大衰退重新提出了这个问题，答案却是一样的。在和平时期，在美国，资本所有者一直保留着决定投资地点、投资时间和投资对象的特权。和平时期的美国民主政治一直就在这一硬性限制条件下运作，直到目前为止。

这并不意味着，2009 年 2 月通过的总额 8 000 亿美元的《美国复苏与再投资法》（American Recovery and Reinvestment Act of 2009）是微不足道的。它是美国历史上规模最大的一项财政刺激计划。该法包括了 3 500 亿的税收减免，即便这些钱被花掉了而没有被存起来，而富裕人群也通常并不会花掉全部的减税额度，近半数的刺激还是增加了流经现有渠道的支出。[68] 另外的 1 450 亿美元，流向了财政窘迫的各州，用于弥补缺口而不是重建基础，在这些州，平均支出和就业依然在趋紧。[69] 余下的刺激资金，被用于资助一些"只待动工"的基础设施项目和有针对性的政府研究计划。[70] 奥巴马政府希望可以在 2009 年年底之前使宏观经济恢复正常，并且不惜冒着很高的政治风险做出承诺，结果将会如此。

这项刺激计划的通过，恰好与茶党的兴起发生在同一时间。2009 年 2 月 19 日，美国消费者新闻与商业频道的里克·圣泰利（Rick Santelli）在芝加哥期货交易所的交易厅内大声疾呼，反对政府可能推出的免除"失败者"抵押贷款债务的计划。[71] 圣泰利呼吁建立起一个新的"茶党"，一场真正的民主社会运动就此诞生——尽管共和党的捐助者和党内官员将其据为己有，而娱乐电视新闻频道福克斯新闻（Fox News）在旁煽风点火。[72]茶党成员总的来说是立场保守、年纪较大、相对富裕和对联邦政府心怀恐惧的美国白人。大衰退将这一人群的财富削去了一大块。许多茶党成员都在愤愤不平地继续工作，而不是退休安享晚年。其他人如果找不到工作，便会提前支取社会保障金。[73]茶党成员表示，刺激计划把钱白送给那些"不劳而获者"，因此牺牲了他们工作了一辈子才"赢得"的"合法权益"。包括在不劳而获者中的，尤以年轻人、福利领取者和非法移民居多。[74]的确，补充营养援助计划（食品券）——特别是针对儿童的——在大衰退期间扩大了18%。[75]另外的说法，往最好了说，其真实性也存疑。圣泰利担心政府会资助大规模的抵押贷款免除计划，这项计划本来是有可能有帮助的，因为高筑的债台抑制了消费支出，但它从来都不曾付诸实践。[76]实际上，在大衰退时期的劳动市场上，年轻人的状况甚至比老年人更糟糕。[77]大衰退期间，在克林顿时代的贫困家庭临时援助金项下的福利支出下降了，而且无论如何都从未超过联邦预算的1%。[78]最后，在21世纪第一个十年初期到中期的人数增加后，到2009年时，来自墨西哥的非法移民净流入实为负值。[79]

不管事实如何，与许多美国历史上的民粹主义运动一样，茶党是靠着一种情绪逻辑结合在一起的。"我想要回我的国家"，民众情绪便是如此。引人注目的是，福克斯新闻大肆传播谣言，号称研究"智能"电网的刺激计划提案是政府官员的阴谋诡计，意在随意控制公民家中的空调恒温器，而一些观众居然信以为真，因为他们从根本上就不相信联邦政府会为他们的利益而采取行动。[80]几十年的私有化，意味着许多美国公民在行使自己的公民权利时，已经不再与政府打交道——与他们打交道的，是非营利性或营利性的"服务提供商"。[81]因此，"政府之手别来染指我的老年医疗保险"这个说法，其实是颇有些道理的。[82]事实上，2008年秋天的银行紧急

第二十二章 大衰退

救助计划和美联储的"非常规"政策，都是直截了当地为了华尔街的利益而行动，但这是否也捍卫了他们的利益呢？即便答案是肯定的，那也是以间接的方式，通过向银行家提供免费贷款的方式实现，而这些银行家转过来很少会把贷款提供给他们。为什么这项刺激计划会有所不同呢？这是美国公民应当提出的一个合情合理的问题。

与此同时，奥巴马的个人形象变得突出了。他是黑人，这让许多美国白人顿时忆起关于黑人福利依赖性的种族主义的荒唐言论。他毕业于常春藤名校，这让人联想起那些居住在太平洋或大西洋沿岸各州、受过良好教育、谄上欺下的精英人士，这帮人从大缓和中受益最多，在大衰退中损失最小。他主张通过提高税收增大政府再分配力度，这样一来，他或许还代表了一些被曲解的"社会主义"观念。奥巴马的父亲生于另外一个国家，而移民是茶党愤怒情绪的主要焦点。甚至有人怀疑，奥巴马是穆斯林，而且并非出生于美国，所以不是一位合法总统。进军政坛的真人秀明星唐纳德·特朗普为这场"出生证明运动"（birther movement）煽风点火，他很快便掌握了这一套阴险恶毒的政治话术。"我们的现任总统是不知道从哪里冒出来的。不知道从哪里冒出来，"特朗普坚称，"事实上，我可以再进一步说：跟他一起上学的那帮人，他们从来没见过他，他们不知道他是谁。这太疯狂了。"[83] 当特朗普后来成为总统时，对于他的一些反对者来说，特朗普也成了这个不合情理的外人，一个外国势力——这一次是俄罗斯——派来的不具合法性的总统。奥巴马并非出生于肯尼亚。2016年，俄罗斯政府却的确更中意特朗普，而特朗普也对这种支持表示了欢迎。但是，当如此多的公民相信，他们的政治对手不可能与他们同属一个组织体制之时，在一个民主国家中采取合法的政府行动是困难重重的。

与此同时，尽管各种恶毒攻击都指向奥巴马，尽管紧急救助和刺激计划不得人心，在银行的所作所为对经济造成了如此重大的影响，而政府为解救它们又如此地不遗余力之后，在华盛顿之外居然没有发生针对银行的政治动员，实属引人注目。"谁该为住宅信贷风险负责？"两位雷曼兄弟的分析师在2007年9月问道。[84] 到最后，虽然美联储和财政部为银行的复苏提供了补贴，风险却被转嫁到了1 000万被止赎法拍的房主身上——他们占到了全部房屋所有者的4.6%。到最后，他们，而不是他们的债权人，承担了经济下行的风险。毫无疑问，许多陷入困境的房主会很高兴从美联储那里拿到零利率的贷款。[85] 被起诉的银行家寥寥无几，被最终定罪的就更是屈指可数。[86] 就左派而言，大多数人扬扬自得于奥巴马在大选中取得的非凡成就。（占领华尔街运动直到2011年9月才出现。）总体上，关于公民对于经济政策的意识形态理念，民意调查所显示的结果几乎丝毫未变。[87] 那些在经济上蒙受了最深重苦难的人，从来不曾诉诸政治运动。要从何处下手对这种资产价格升值型资本主义施加民意压力？又该如何去做？一切都不清楚。数百万从人口统计数据上看平凡普通的美国人，在遭遇止赎法拍后变成了租房者，经常沿着同一条街搬来搬去。他们无法找到彼此，更不用说从政治上组织起来了，或许，带着耻辱的印记，他们根本也不想让任何人找到自己。[88] 至少，他们并没有运用社交媒体提供的新型联系组织起来。茶党的聚会最开始时是相当传统的、面对面的活动。奥巴马的政治团队试图将选举狂热转化为一场线上社会运动，喧嚣一时后终告失败。直到特朗普横空出世，社交媒体才被有效地当成了政治武器。

在美国文化中，这次经济下行几乎没有留下任何印记。[89] 并不存在与20世纪30年代"文化阵线"相似的产物。没有产生任何一部关于大衰退的小说杰作。[90] 至少还有一部伟大的电影《商海通牒》（*Margin Call*，2011），但它恰恰说明了这一点：几乎每个场景，都是在一栋虚构的华尔街投资银行摩天大楼内部拍摄的，它将所有的行动都封装在其中，与外部世界几乎没有一丁点儿看

第二十二章　大衰退

得见的联系。

具有讽刺意味的是，许多大型银行——其中包括花旗集团和美国银行——仍旧依赖着公共资金才能维持生存。2009年3月，美联储宣布推出定期资产担保证券贷款工具（Term Asset-Backed Securities Loan Facility，简称TALF）。美联储的资产负债表上，已经有了1.75万亿美元的美国国债、银行债和抵押贷款担保证券，它将不得不为债务证券化（包括抵押贷款相关资产）的回报提供补贴。[91]伯南克上了电视，他用"绿色萌芽"形容经济复苏。[92]

民众的愤怒，只在一些电光石火的瞬间表现出来。2009年3月，就在茶党的本地集会在全国铺开的同时，美国国际集团宣布，尽管第四季度录得了617亿美元的亏损（有史以来最大的公司亏损纪录），它仍将支付在政府出手紧急救助之前合同约定的2 800万美元奖金红利。盖特纳主持下的纽约联邦储备银行认可了这种做法，表示契约是神圣不可侵犯的——这让人想起了很久以前发生在亚历山大·汉密尔顿（他很可能会表示同意）与詹姆斯·麦迪逊之间的政治辩论。奥巴马将13位银行大佬招至白宫。"我的政府，"他训斥道，"是挡在你们和手持干草叉的暴民之间唯一的屏障了。"但奥巴马只要求各家银行自愿限薪，而且只是暂时如此。一切就此而已。国会介入了，随后通过了一项征税法案，向拿到问题资产救助计划资金的那些银行所发放的奖金红利征收90%的税。[93]

就在此时，奥巴马政府正在就如何处置这些银行的问题进行着最重要的审议工作。辩论的焦点在于，银行的困境到底是源于流动性不足（这意味着它们找不到愿意购买资产的买家，而这些资产很可能在市场交易和价格恢复之后有很高的价值），还是源于资不抵债（这意味着当交易恢复时，它们很可能会最终破产）。萨默斯是资不抵债派的带头大哥，他要求至少也应当将花旗集团国有化。根据一些传闻，奥巴马批准了花旗集团的国有化，表明了自己想要对金融体系进行更全面的重建的渴望。但是,他的政治盟友担心由此产生的财政成本。流动性不足派的盖特纳不断施压:这种重建到底将如何展开?计划是什么?倘若花旗集团的国有化引发了另一轮恐慌,那怎么办?

盖特纳赢得了胜利,他的计划得以推进。在公私投资计划(Public-Private Investment Program)中,财政部使用余下的问题资产救助计划资金,向针对抵押贷款关联资产的私人投资提供了补贴。财政部宣布试行"压力测试",以此判断在出现了更大的金融压力的情况下,银行是否依旧需要筹集更多的资本,以确保其继续拥有偿付能力。2007年和2008年,美联储成为货币市场中的首要交易方,代表银行介入交易,以维持这个体系的活力;2009年,借助压力测试,财政部临时代替了穆迪和惠誉这样的私人评级机构。这是对资产升值型资本主义理想运作模式的模拟,政府在其中扮演了私人的角色。政府将为银行的偿付能力盖章认证,从而将资本市场中的信心恢复到2007年至2008年恐慌之前的水平。盖特纳是在20世纪90年代的财政部国际部门成长起来的,对他来说,2007年至2008年恐慌虽然规模更大,却与1994年墨西哥货币危机或1997年至1998年亚洲金融危机并没有太大差别。恢复信心,恢复资本市场,履行所有私人契约,然后一转眼——摔碎了的蛋头人就又拼起来了。[94] 2009年5月,盖特纳宣布了压力测试的结果,往最轻了说,它也是不靠谱的。财政部要求银行额外筹集750亿美元的私人资本。但是,银行收到了条件宽松的政府贷款,几乎没有附加条件。政府并没有获得有表决权的股份,借助这种股份,它本可以促成金融体系与经济之间的关系的根本性转变。

不管是压力测试的功劳,还是什么其他原因——或许是因为政府对银行的强制性资本重组,或许是因为市场中的恐惧终于消退——不安的迷雾开始散去。银行间的交易流动性开始恢复。到

第二十二章 大衰退

2009年6月，几乎所有的信贷利差都已恢复到危机前的水平。大多数银行开始偿还政府的问题资产救助计划借款。联邦政府实际上将从这一计划中获取利润。近两年的金融危机结束了。就在同一个月，以国内生产总值而计，衰退期到了尽头。奥巴马政府手段高超地将金融体系重新拼合了起来，这十足引人瞩目。

严格以国内生产总值而计的话，下一轮宏观经济扩张开始了。但只要停下来四处打量一番，恐怕没几个人会立即宣称，大衰退已经结束。恢复金融体系的交易流动性或许结束了危机，但它丝毫无助于重塑经济生活的特征，许多混乱时代的糟心趋势依然存在。如果生产性投资率下降，美联储提供的用以恢复货币和信贷市场中交易流动性的资金便徒然助长了2010年资产价格的再度上涨，而又过了几年之后，平均劳动收入才开始再次攀升。利润率首先恢复，并且迅速达到高位。因此，最富裕人群的收入与财富最先得到恢复。[95] 这种复苏模式加剧了经济不平等。[96] 家庭债务在2008年后的急剧下降表明，扩张对消费者债务的依赖已经变得何等严重，以及这一次的复苏为什么会如此疲软无力。与此同时，许多最早出现于21世纪初的令人担忧的趋势，也依然存在。就经济生活的后果而言，地域差异加剧了。[97] 市场竞争继续减弱，公司垄断和垄断权力继续崛起。[98] 最后，在那些劳动力市场被破坏得最严重的地区，因酗酒、吸毒过量和自杀而导致的"绝望之死"，发生的频率变得越来越高。[99]

2008年后的劳动力市场尤其糟糕透顶。这是另一次无就业复苏，尤其是在那些被新经济略过的地方，长期失业人数增加了。[100] 值得注意的是，从事有偿劳动的女性比例的历史性上升趋势戛然而止了。更糟糕的，是大衰退对男性的影响——它被称为一场"男性衰退"（mancession）。关于大衰退期间的经济生活，最优秀的一部虚构作品或许是《魔力麦克》（*Magic Mike*, 2012），故事发生在佛罗里达州，房地产危机的爆炸中心点。由钱宁·塔特姆（Channing Tatum）饰演的建筑工人（随着男性制造业垮掉，建筑业成了男性的就业热门）被解雇了，不得已当上了一个以讨女人欢心为生的色情舞者。他的爱人是一名护士，是一个不断扩大的服务业就业门类的成员之一，而她才是赚钱养家的人。这可是电影。现实中，在2008年之后，男性申请伤残保险的人数一飞冲天。[101]

是什么拖累了复苏，尤其是就业？通过解雇生产力最低下的员工并且不再雇用新员工，同时推进自动化，一些公司从这场衰退中得到了好处——正如在大萧条期间一样。毫无疑问，劳动力供应受到了结构性缺陷的负面影响，许多未受过充分教育和培训的劳动者便是这种结构性缺陷之一。尽管如此，正如在大萧条期间一样，更大的问题是直接需求受限。无论是投资支出还是消费支出，都远远不足以带动提供就业的企业活动。当许多公司赢利时，它们会将利润作为股息分配，回购股票以增加其价值，或是坐拥大量囤积的现金，而不是投资于新的产能。考虑到它们可以得到几乎免费的短期融资，银行靠着各种各样的套利交易（其中包括对美国国库券的套利交易）恢复了盈利。它们通常也会把现金囤积起来，而不是用于投资或放贷。艺术与娱乐（A&E）电视频道用《强迫囤积症》（*Hoarders*，2009-）接替了《旧房大翻新》，实现了从投机到预防的无缝转换。《强迫囤积症》这个节目讲述了囤积症如何折磨着中下层阶级的房屋所有者，以至于让他们面临失去自己的家的威胁，而这是对止赎法拍几乎不加掩饰的影射。正如房地产萧条将风险从银行转嫁到了房屋所有者身上，《强迫囤积症》也将一种宏观经济的总体病态归咎于个体家庭的戏剧性动态。

平心而论，奥巴马政府的确取得了许多来之不易的政治成就。这位总统的首要政策优先事项，便是医疗改革。他的政府将所有的政治资本都投入其中，因而搁置了任何其他事项——比如劳动法改革或"绿色能源"法案——的可能性。一项意义重大的医疗保险改革法案的确问世了,其中包括扩大医疗补助计划,以及向未购买医疗保险的公民"依法"征税,以此扩大风险共担人群(risk pool)和扩大覆盖面。为了向其提供资金,该法案还包括了增加再分配税的条款,正如奥巴马曾在竞选过程中承诺的那样。[102] 但是,作为一个预示即将发生之事的政治信号,茶党支持的共和党候选人斯科特·布朗(Scott Brown)在2010年1月的特别选举中获胜,接替了去世的马萨诸塞州民主党参议员爱德华·肯尼迪的席位,于是这项方案便处在了悬而未决的状态。民主党不得不在没有共和党选票支持的情况下推动这项法案通过。[103]

在催生了"奥巴马医保"这一说法的2010年《患者保护与平价医疗法》(Patient Protection and Affordable Care Act of 2010)之外,国会还通过了2010年《多德-弗兰克华尔街改革与消费者保护法》(Dodd-Frank Wall Street Reform and Consumer Protection Act of 2010)。后一项法案最早是由白宫的政治部门在美国国际集团分红丑闻后推动的。《多德-弗兰克法》在许多重要问题上都大打擦边球。它赋予了美联储新的监管权力,以监督"系统性风险",并对破产的金融机构做出更有序的决议,尽管它对美联储在未来依据《联邦储备法》第13节第3项规定行使自由裁量权做出了限制,评级机构受到了更严格的监管。在民众对银行的群情激愤的助力下,所谓的沃尔克法则(Volcker rule)得以通过,它禁止银行使用政府担保的银行存款在自家账上从事"自营交易"。这和强迫银行降低杠杆率的新监管法规一道,削减了交易利润——尤其是投资银行之间相互交易的利润。然而,该项立法的具体实施有待于行政解释和自由裁量权。新成立的消费者金融保护局(Consumer Financial Protection Bureau)被置于美联储的监管权限之下。《多德-弗兰克法》的结局是,被交到监管者手上,继续那种如今已长达数十年的趋势，即国会将经济监管权力下放给以财政部和美联储为首的行政机构。[104]

随着2010年7月《多德–弗兰克法》获签署通过，奥巴马政府基本上已经耗尽了自己的政治资本。毫无疑问，如果没有2009年的刺激计划，大衰退造成的经济后果将会更糟糕。[105] 但在政治上，这项刺激计划无论如何都是一次巨大的失败。从总量上看，它根本不足以弥补需求缺口。与此同时，鉴于公共投资计划寥寥无几，以及执行这些计划的政治意愿和能力不足，光是因为它依赖减税政策这一点，这项刺激计划便缺乏推动经济生活向着任何更好的特定方向发展的实力。共和党人从这些缺陷中收获了巨大的政治利益。

在这一背景下，美联储开始了一次新的冒险行动。2010年重新得到奥巴马任命的伯南克，说服了负责制定政策的联邦公开市场委员会的成员，再次将美联储的资产负债表扩大1倍。财富所有者对安全资产的需求是无法满足的。美联储在这场危机之前便已经失去了对长期利率的控制，当时，2004年提高短期利率的做法根本没能提高长期利率。此时，在短期利率为零的情况下，长期利率依然居高不下。因此，美联储诉诸另一项非常规货币政策，购入了数十亿美元的长期债券（绝大多数是美国国库券和美国抵押贷款债券），希望拉低长期利率。降低闲置观望现金的金钱回报率，其目的在于吸引更大规模的直接私人投资和支出。这一政策有个奇怪的名字，叫"量化宽松"。[106] 2010年11月，为了设法拉低长期利率，美联储宣布，到2011年年中时，它将购入6 000亿美元的美国国债。批评者一直在信誓旦旦地预言着通货膨胀即将失控，而这并未发生，甚至在2014年美联储资产负债表的规模达到4.5万亿美元时——远超2009年的刺激计划——他们依然如此宣称。美联储已经掌握了宏观经济刺激的控制权。货币政策一直在胜出——这是大衰退期间的另一种历史延续性。

第二十二章 大衰退

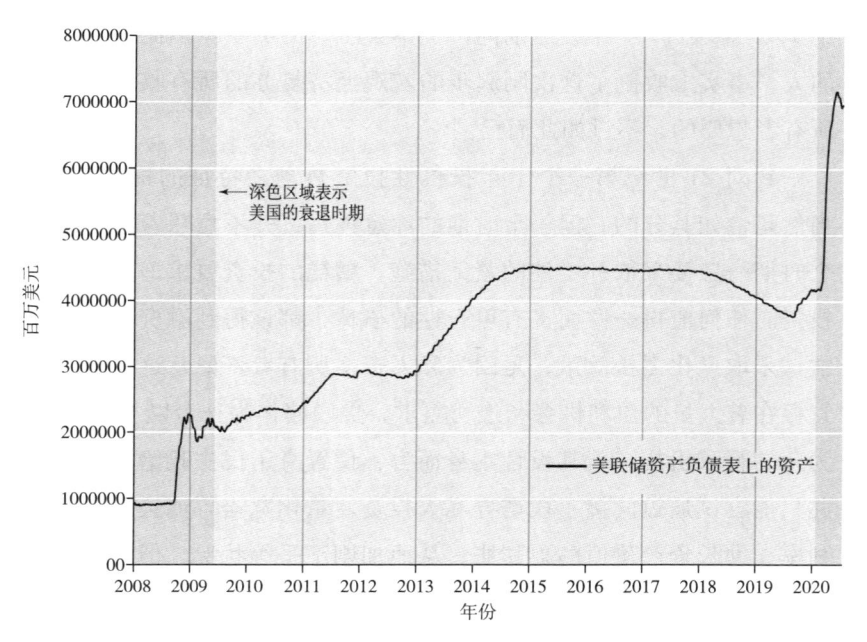

美联储资产负债表

诉诸量化宽松这一新的"非常规"货币政策,美联储通过购入长期债券的方式扩大了资产负债表,寄希望于这样可以拉低利率,从而吸引私人支出,尤其是投资支出。这项政策发挥了作用,却是通过更大幅度的资产价格升值实现的。

在财政政策领域,2010年,一场全球紧缩运动打动了奥巴马政府。2月6日,在芝加哥举行的七国集团峰会宣布,各国打算共同"转向更可持续的财政轨道"。[107] 那一年,紧缩政策的倡导者为数颇多。道德说教者谴责各种各样的债务,劝告人们奉行节约,吃苦耐劳。保守主义者注意到政府赤字和债务负担的激增,也看到了呼吁削减社会开支的机遇。银行家担心通货膨胀,因为这可能会侵蚀他们从廉价货币套利交易(包括公债套利交易)中赚到的利润。一些人说,问题不在于过度谨慎的资本家,而是政府未能创造出供资本家选择投资其中的、足够友好的投资环境——这是在重提大萧条中 1937 年至 1938 年衰退期间"资本罢工"的旧事。然而，最富有的人，事实上收割了这次刚起步的宏观经济复苏的所有收益。资本所有者想要的，不过如此而已。

针对 21 世纪第一个十年投机性投资热潮之特征的道德厌恶，当然是恰如其分的。但一个时期的肆意挥霍，并不意味着接下来那个时期一定要采取补偿性的紧缩措施。糟糕的投资要求追加更好的投资。任何值得一做而又有可行性的事情，都该得到融资。美联储尝试采取量化宽松政策，是因为私人资本所有者不愿意这么做，尽管存在着大量的盈利机会和迫切需求。美联储作为一个以"独立性"为荣的行政机构，就其设计本身而言，便置身于民主政治之外，因此只能尝试通过间接手段诱导私人投资。量化宽松可能会压低长期利率，助长资产价值的再膨胀，从而加剧不平等状况，但它对于重塑既有经济投资种类几乎没有发挥任何作用。要充分应对当前的挑战，需要某种以谋求共同长远未来为抱负的资本投资民主政治，但它并不存在。

到 2010 年即将结束之时，经济停滞拖垮了奥巴马政府。以"复苏之夏"为口号的宣传攻势未能收效。盖特纳在《纽约时报》上发表了一篇美国政治史中少见的不着调文章，在这篇题为《欢迎来到复苏阶段》的专栏文章中，他宣布宏观经济已经全面绝地重生（情况并非如此），是时候转向紧缩政策了。[108] 当年秋天，奥巴马医改法案获得通过，被此事激怒的茶党运动活跃分子帮助共和党在国会中期选举中取得了令人瞩目的大胜。最能说明问题的便是，在那些受大衰退打击最严重的州——比如佛罗里达州、俄亥俄州、密歇根州和内华达州——共和党人全面掌权。毫无疑问，这既是对那些民主党人应对大衰退举措的强烈抗议，也是对民主党本身贯彻了数十年的经济政策的明显否定——这些政策催生了这样一种经济，迄今为止，从其复苏中获益的绝大多数都是精英人士。2010 年 12 月，

第二十二章 大衰退

已经恢复盈利的花旗集团成为最后一家偿还其问题资产救助计划拨款的大型银行,从而可以随心所欲地发放数目更大的红利。[109]

当奥巴马输掉中期选举后,他决定与共和党众议院领袖就各项紧缩措施展开磋商。紧缩政策在20世纪30年代并未奏效,当时,它让民主政治处在了巨大的压力之下,而这一政策在21世纪10年代也不会行得通。大衰退仍在呻吟声中继续。

后 记

2020年3月的第一周，我正式提交了这本书的终稿，当时，发生新型冠状病毒全球大流行的可能性刚刚出现。几个月后，经历了经济的深度下滑，见证了失业人数攀升至大萧条以来的最高水平之后，我在乔治·弗洛伊德（George Floyd）死亡事件后的全国抗议浪潮中写下这篇后记。这样一个涌动着焦虑与愤怒，也酝酿着决心与希望的时刻，是一个风险重重的时刻，让我们得以从中窥见各种事件的未来进程。但我忍不住想要知道，这是否标志着一个时间节点，一个美国资本主义新时代的开端？

那是不可能知道的。历史学家在预测未来这件事上，并没有特别的优势。但对过去的了解，的确让我们有可能去评估，具有变革潜力的时机在多大程度上已经成熟。这些时刻，值得被寄予厚望。

矛盾的是，倘若一个新时代的确即将喷薄而出，促使其诞生的原因之一，却是大衰退以来经济生活所表现出来的许多连续性特征——当时看起来，似乎会出现一场重大的历史转折，但最后并非如此。混乱时代一直延续着。即将到来的变革将会导致更重大的结果，一个原因便是，在相当长的一段时间里，并没有发生什么了不起的变化。

尽管如此，随着特定趋势变得越来越明显，令那场终有一日必将发生的转型所牵涉的利害关系渐趋清晰，我们还是可以窥见过去十年中出现的那些潜在可能性之一斑。任何时代，都不可能永远持续下去。

在这篇后记中，我想要对从大衰退之后到新型冠状病毒暴发前的经济扩张特征进行一次简要回顾。这些特征，与1980年混乱时代开启以来的每一次经济扩张的特征都十分相似。有鉴于此，我在结尾处，对在这样一个时代进行资本主义历史研究的意义做了一些思考：毕竟，资本主义是一种就其定义而言有赖于未来预期的经济制度，而如今，关于事件可能进程的各种传统信念已经受到了诸多质疑。

1．大重复

与20世纪80年代以来所有的扩张大体相似，始于2008年后、终于2020年的这一次经济扩张，是以资产为主导的。由奥巴马政府重新拼凑起来的这种资产价格升值型政治经济学，控制住了局面。在21世纪第二个十年中，许多相同的模式反复出现，即便某些模式在细节上有所不同。

在这个时代的又一轮无就业复苏中，2008年之后，资本所有者首先见证了自身流动资产的升值——而这发生在普通劳动者收入恢复之前。这一次，资产类别不再是住宅，而以公司股票为主，与20世纪90年代时如出一辙。与20世纪80年代后的趋势一致，这次止跌回升是依靠债务延期支持的。被延期的，并不是家庭债务——2008年后，家庭开始去杠杆，这是疲软的家庭支出和商品需求阻碍复苏的原因之一。公共债务占国内生产总值的比例在2014年以前一直在上升，直到2020年才趋于稳定。但是，2014年后，出现了大规模的公司债务延期。借助公司股票回购机制，债务直接促成了股票价格的激增。新出现的公司贷款中包括证券化的"杠杆贷款"，就其构造而言与抵押贷款担保证券十分相似。

债务激增的一个重要原因，是信贷价格对于有渠道获得信贷的人来说依然很低。希望为复苏添柴加薪的美联储，在2012年推出了多轮量化宽松，让信贷利率保持在低位。这或许是混乱时代最重要的一个连续性：作为一个按设计超然于民主政治之外的行政机构，美联储是最强大的经济政策制定机构。

2020年3月，当金融市场在新型冠状病毒暴发后崩溃之时，美联储像2008年时一样出手相救，在2008年后的"非常规"和"宽松"货币政策赛场上辟出了新的赛道。事实上，大衰退看上去已经仿佛只是2020年的彩排。2020年3月，美联储马上就下场干预，支撑资产价格，包括支持危机重重的公司债务市场，而这是美联储在2008年没有做的，其中原因固然是当时的公司债务市场并未如此深陷困境，但也是因为官员们相信，这样做的话，构成了公权力对私人市场的危险侵犯。如今，这条界河已经被跨过。

美联储投向经济的大笔资金，徒然令美元流入到现有的经济渠道。这样一来，货币政策并未能改造经济制度。资本所有者在投机与预防之间摇摆不定的流动性偏好依然强劲。资本依然反复无常，而美联储则为资本的这种冲动任性撑腰。倘若信心动摇，中央银行便会掏腰包帮助资产所有者摆脱困境，让游戏原封不动地重新开局。

正因如此，许多2008年前的趋势延续到了21世纪10年代。投资和生产率增长依然疲软，基础建设倾圮荒废。以化石燃料为基础的能源体系继续存在——在21世纪10年代，这十年的廉价信贷为本土的压裂法采油热潮注入了资本，而这进一步巩固了既有能源体系。大公司——尤其是大型技术公司——积累起更大的市场权力和利润。自2008年以来最大的转折,或许便发生在金融领域,多个资产管理巨头在这十年崛起。以贝莱德(BlackRock)等公司为首的资产管理巨头,甚至对大银行构成了凌驾其上的威胁,因为这些银行的运作和交易范围以及利润都受到了2008年后各项金融监管法规的负面影响。与此同时,随着资产价格率先回升,为资产所有者带来收益,经济不平等继续增加,一直延续到2014年。尽管如此,在这十年期间,不平等现象却终于成为公开辩论和众所关注的问题。创造就业集中于高工资和低工资的服务业,依然表现出明显的地域差异以及受教育程度差异。白人男性的"绝望之死"仍在继续,而大多数历史上一直处于弱势的群体一如既往地面对着最糟糕的生存境遇。

2008年,资本主义几近崩溃,但崩溃终究没有发生。相反,同一种经济被起死回生了。从复苏中受益最多的精英们,先人一步宣告胜利。的确,相对于其他国民经济体而言,美国有许多值得夸耀之处。它拥有活力十足的创业文化,拥有一个从全球各地吸引人才的多元化的劳动力市场。在一个教育具有重要经济意义的时代,它拥有一些世界顶级大学,还在技术领域占居世界领先地位。它拥有凌驾一切的美元特权,美元依然是世界通用的交易货币和储备货币。它拥有一个能够创造许多新工作岗位的劳动力市场,尤其是在服务业。它拥有制造业复苏的一线希望。最后,它还拥有一大批年轻的弱势群体,他们未加开发利用的才华,或许依然可能转化为未来的经济发展。但是,在这个混乱时代,经济利益主要流向了最富有的那群人——而且越来越多地流向了规模最大的那些公司企业。

2008年之后,正如这个时代经历的每一次复苏,扩张最终开始收紧劳动力市场,处于分配层级中部到底部的那些人收入得到增加,而这一切始于2014年。此时,个人消费占国内生产总值的份额的增加带动了经济扩张，而这是另一个连续性特征：美国消费者对全球经济持久的重要影响力。此外，因为这些经济扩张取决于美联储一力加以维持的信贷周期和资本所有者信心，从历史上看，它们都是长期扩张。21世纪10年代的扩张，是美国历史上最长的一次。问题在于，不管经济扩张持续多久，哪怕是为期最短的经济下行，也足以消除扩张所带来的大部分收益。正是因为这一原因，尽管商业周期延长了，大多数人依然获益无几。2020年3月的崩溃，将许多家庭一下子打回到2008年时的处境。

总而言之，21世纪10年代美国经济一飞冲天——最大限度地发挥其潜力，公平地分配了应得的奖赏——的说法，无异于"真实的夸大"。这个名句，源自唐纳德·特朗普在1987年出版的《交易的艺术》一书中对其商业策略的总结概括。这是在玩弄"迎合众人奇思异想"的把戏。"人们想要相信，某样东西是最大的、最棒的、最引人注目的。"[1]

现在就来评价唐纳德·特朗普当选总统的历史意义，未免为时过早。没有任何一个因素——包括经济焦虑在内——明显地促成了他的胜利。但是，像特朗普这样的一个人，以及他的那种政治风格，居然得以窥觊美国总统之位，对这一事实的重要意义进行评估，却并非为时过早。

在美国的公共话语中，从来都不曾发生过一场坦诚的讨论，探究一下2008年被重新缝合在一起的这个资本主义的好处与代价，以及许多普通民众为实现这一目的而忍受的经济苦难，这些人，是从整件事中最后得益的，所获也最少。领袖们回避了这些事实。谈及经济问题——包括最具个人特色的贸易问题——时经常编造事实的特朗普，的确做得最过头，但他的行为必须被置于这一背景之下加以审视。金融和政治精英所讲述的关于21世纪10年代经济复苏的那些故事，听起来并不真实。政治和经济建制派对2008年后经济复苏的特征描述，是先于特朗普的后真相政治的。

我们还可以在这一行列中加入奥巴马的俏皮话，对于特朗普居然吸引了如此一大部分美国选民，他打趣说："我已经让整个经济做好了迎接他到来的准备。不问事实。不计后果。他们只要看一部卡通片就得了。"[2] 但是，在奥巴马总统任期中，掌舵的是勉力回归"常规"货币政策的美联储，当时，它可以通过卖出 2008 年以来收购资产的方式，逐渐退出量化宽松政策，从而只关注"中性"利率这个让经济平滑自主运行的目标。但它未能成功。2020 年 3 月，新型冠状病毒暴发，从而引发了一场经济崩溃。在这之前，美联储从不曾摆脱大衰退的恢复模式——而便在此时，始作俑于 2008 年的各种非常规货币政策，被注射了类固醇兴奋剂。这一轮经济下行与 2008 年不同，它是由一场病毒大流行而非金融恐慌引发的，但这并未改变一个事实，那就是脆弱不堪的经济需要美联储加大力度的扶持。

数字说明了一切。到 2014 年时，美联储已经通过量化宽松政策购买了 4.5 万亿的资产，但它仅在 2019 年时把这个数字削减至 37.5 亿美元。到 2020 年 5 月底，该数字突破了 7 万亿（而且在我撰写此书时仍在攀升）。与此同时，美联储将短期利率目标从 2015 年年底的 0.12% 上调至 2020 年 3 月的 2.4%，到 2020 年 4 月，它降至 0.05%。这个最终数字，表明了一个处于"流动性陷阱"中的经济体的各种技术上的限制条件。在这个经济体中，恐惧和对安全的渴望是如此之强烈，以至于许多人根本不愿出手货币和货币类资产，即便囤积它们的回报率几近于零。

事实上，美国经济一直身陷广义上的流动性陷阱，这已经持续了几十年。2004 年，本·伯南克将该时期命名为大缓和，但它最后变成了大重复（Great Repetition）。原因在于，我们如今陷入了一个反复出现的经济模式，它有赖于将杠杆化的资产价格升值转化为全新的收入，而这一过程首先无须借助劳动收入的增加，其次仰仗着信贷周期和市场魔力，也即资本所有者对于资本市场永远存在流动性的信念与信心。如今十分清楚的一点是，流动性是国家权力的产物，寄存于美国中央银行内部。这种情况类似于一场信心博弈，在其中，美国政府权力部门竭尽全力让经济虚构成为现实。

这并不是一种为广大美国老百姓利益服务的资本主义，后者并不依赖升值资产作为收入来源。特朗普的胜利在某种程度上的确是被经济驱动的，但需要负主要责任的，并不是大衰退。症结在于复苏本身。自2008年以来，老一套以资产为主导的资本主义缓慢却稳步地耗尽了政治建制派的合法性储备。当唐纳德·特朗普尖酸刻薄地表示，这场博弈受人操纵，而统治精英本身并没有能力改革现有机构制度时，许多人相信他，是因为自身经验差不多也是这样告诉他们的。

尽管特朗普宣称整个系统受人操纵，但在2016年到2020年间，特朗普政府几乎没有采取任何行动改变经济运行方向。这个政府的立法中心议题，是2017年里根式的减税政策，但它未能像承诺中那样增加投资和增长，反而增加了预算赤字。一场贸易战在更大程度上不过是虚张声势，尽管这种虚张声势有其言论上的重要意义。"建造边境墙！""把她关起来！"把矛头对准移民和女性，特朗普2016年的竞选口号有着非常具体的含义。但它们也表达了那个时刻的舆论基调。混乱时代的各种价值——流通、流动性、风险、个人选择、模糊边界、拆除围墙和全球化——所有这些都已失去了光彩。自2008年以来，经济生活在许多方面都已开始僵化。精英们囤积财富与特权，活跃在不同的社交网络之中，身居不同的文化世界，享受着更长的预期寿命。因为不平等的存在，早在新型冠状病毒大流行之前，社交距离便已经以某种形式出现。与此同时，民族归属作为一种身份认同，远比世界主义全球化的先知们一度鼓吹的那种身份认同更持久。此外,制度权力也不曾消散于网络化的全球空间之中,尽管同一批世界主义全球化的评论员们也曾如此宣称。它依然存在,掌握在民族国家和大公司——尤其是科技公司——的手中,更重要的是,掌握在美联储的手中。

我们可以安全地打个赌。政治将继续拥有凌驾于经济之上的更大权力。但是,这个权力由谁行使?以何为据?有何目的?是那些承诺让生活更轻松的科技公司巨头们吗?还是靠着玩弄焦虑、相互指责和恐惧的政治伎俩以维系其权力的威权国家?是那些改组后的民主共和国吗?抑或是全球合作与治理机构?所有这一切,都有待观察,但这些问题的答案,很可能构成了一个新时代的决定性特质。不幸的是,下一个资本主义时代,可能会更加糟糕。

在美国历史上,新的资本主义时代的诞生,一直都是由国家行为(state action)引发的:大英帝国对北美的商业殖民,共和党的崛起与南北战争,富兰克林·德拉诺·罗斯福的当选和罗斯福新政的实施,沃尔克冲击和罗纳德·里根的总统任期,皆属此类。在混乱时代,每一瞬间,大量资本和信贷都在以数字化形式在世界各地如潮涌动,兴风作浪。资本快速移动,但反过来,政治依然总是落后一步,追逐着纷繁复杂的事件。国家行为是滞后的;它总是随机应变,而不主动出击。动荡不定的美国国家行为历史及其对资本的影响,已经在这本书的多个章节中加以论述。很可能,很快就需要再写入一个章节。2020年的联邦支出预计占国内生产总值的25%——这是一个自第二次世界大战以来前所未见的数字,而在当时,公共投资帮助美国经济走出了大萧条。

诞生于大萧条和第二次世界大战之中的新政政府,从分配角度将收入生成的主体从资本所有者转移到了劳动者身上。这主要是通过收入政治实现的,如今,这种收入政治已经成了一个多世纪以来美国政治经济学的中心目标。但是,混乱时代的资本主义没能通过这些方式实现控制；考虑到这个时代资本的翻云覆雨、反复无常，这可能根本也做不到。关键在于改造投资结构。因此，在经济过程的末端对资本战利品进行分配的收入政治，无法解决问题，廉价的货币和信贷也无能为力，所需要的，是一种民主的资本政治。为了修复资本主义与民主制度之间的断裂链条，政治必须肩负的使命，是在经济过程的初始阶段立于资本之前，从而重塑其最终结果。

凯恩斯在一篇1933年发表的文章《国家的自给自足》("National Self-Sufficiency")中写道："自我放纵的、国际化但一味利己的资本主义……并不是一种成功……但是，当我们思考当以何代之时，我们却极度困惑。"[3] 凯恩斯本人退回到了有投资总比没有投资好的理念上——在我们这个时代，这是美联储的量化宽松政策（其中包括向现有渠道注入投资）背后隐蔽的社会哲学。为什么凯恩斯的困惑在他著书立说之后的这么长时间言犹在耳？是否存在另一个值得投资的经济未来？

2．清算

在整本书中，我一直强调，美国资本主义是一种特别具有前瞻性的经济制度，在这种制度下，未来预期支配着当下决策，无论是17世纪英国统治者对大西洋帝国的异想天开，还是美国白人对种族支配以及其后征服美洲大陆的白日迷梦，抑或是工业革命先驱的锐意创新，第二次世界大战后对富足和就业的众望所期，以及硅谷的技术乌托邦主义，莫不如此。但不知为何，在经历了几个世纪的进化与变革之后，美国经济走到了一个徘徊重复的关头。总是依赖美联储制造歌舞升平幻象的做法，让这个经济体变成了一张翻来覆去播放同一段音乐的破唱片。

资本主义的未来走向，是一个复杂的问题。它赋予了资本所有者凌驾于他人之上的权力,而这些人肩负着在何时何地进行投资的任务。但是,投资是一个波及甚广的现象。与之利害攸关的,不仅是损益账簿。投资关乎共同体决策的目的和条件,这个共同体作为一个整体,决定着将其能量、产能和雄心壮志导向何方。从伦理上讲,资本主义对未来预期的依赖,是它最大的潜在优点,因为这促使我们想象某种未来之可能性。这个未来从质的层面上有别于过去并且优越于过去,后资本主义(post-capitalist)的种种未来也包括在其中。但是,这并不意味着过去应当被忽略,它也不可能被忽略。

作为所有国家中资本主义程度最高的一个,美国长久以来与其他国家最明显的不同,便是它的历史遗忘症,而这并非偶然。在美国资本主义中,摆脱过去的冲动导致了许多次经济幻想的溃败。最近的一次发生于 20 世纪 90 年代的新经济中,当时,许多大权在握的人物相信,美国经济已经从某种程度上"超越历史"。经历了 2008 年的金融恐慌和奥巴马的执政岁月,那种 20 世纪末期对以金融为主导的全球化之梦的虔信,依然令人不可置信地继续存在,虽然特朗普 2016 年的大选获胜和随之而来的新型冠状病毒或许已经将其扫入了历史的垃圾堆。但是,我们依旧生活在这个未来规划的余波之中。回想一下,在美国历史上最重要的事件——南北战争——发生之后,继之而来的不是对黑人奴隶制罪行的清算,反倒成了拥有铁路股票的良机。我们也依然生活在那个未来规划——以及许多其他未来规划——的余波之中。过去是无法单纯用资本主义的异想天开来抹除掩盖的,但把感情寄托在对逝去时代的怀旧哀叹上,也无济于事。不管如何令人不适,我们都必须直面历史。

这样做的一个原因在于,未经清算的历史,会一直自我重复。彻底摆脱混乱时代的各种模式,为一个不同的、更好的经济未来投入资本、规划蓝图,这对美国人的经济生活来说到底意味着什么?这一问题召唤着经济想象力,也召唤着道德上和政治上的勇气。而且,倘若不对我在本书中试图讲述的这段历史加以清算,就无法回答这个问题。

乔纳森·莱维,2020年6月14日

致　谢

撰写本书的想法，是 Sean Wilentz 与我在 2012 年春天的一次非正式午餐谈话中最早提出的，我要为这个建议向他致谢。在我的前博士生导师 Tom Holt 和 Amy Stanley 的鼓励下，我迈出了决定性的一步，而这二位在过去的几年中一直继续为我提供着建议和支持。

为了启动这个项目，普林斯顿大学历史系在 2012 年到 2013 年为我提供了一年的免教学研究假。我有幸在斯坦福大学行为科学高等研究中心度过了那一年。这本书最终成形于 2017 年，当时，受 Nicolas Barreyre 的邀请，我访问了巴黎的法国社会科学高等研究院。2017 年到 2018 年，芝加哥大学历史系为我提供了另一年研究假，这一次，我幸运地在哈佛大学历史与经济中心度过了这段时光，而这多亏了两位中心主任 Sunil Amrith 和 Emma Rothschild 的大力帮忙。本书终稿完成时正值 2018 年夏，那时，我正在比萨高等师范学校担任访问学者，我想为此向 Donatella della Porta 和 Mario Pianta 献上谢意。倘若没有 Duccio Cordelli 及其家人在博洛尼亚的热情款待，本书校样的最终校订工作将是不可能完成的。

这本书是在我先后于普林斯顿大学和芝加哥大学教授一门本科课程的过程中丰满起来的。学生们的回应在很大程度上帮助了本书的发展完善。我还想对那些帮助我教授这门课的人致以谢意，尤其是最早提出"时代"这一想法的 Matt Backes，以及 Caley Horan。此外，还要感谢普林斯顿大学的 Ben Schmidt、Sean Vanatta、Andrew Edwards、Jonathan Quann、Chris Florio、Rosina Lozano、Matt Karp 和 Margot Canaday，以及芝加哥大学的 Robert Kaminski、Trish Kahle、Julia Dufosse 和 Evelyn Atkinson。在写作的最后阶段，我将一部分章节草稿作为指定阅读材料，布置给一群本科生和研究生，他们都选修了我在芝加哥大学开设的从大萧条到大衰退期间的全球经济史这门课。我要向这个班上的学员表示感谢，感谢他们的批评与反馈。

许多人慷慨地对本书手稿提出了中肯的审读意见。感谢 John Clegg、Chiara Cordelli、Katrina Forrester、Eric Hilt、Matt Karp、Thomas Kleven、Alison Lefkovitz、Jennifer Ratner-Rosenhagen、Sean Vanatta、Wendy Warren 和 Gavin Wright 的反馈。

本书得益于大量的交流互动，以及在许多大学工作坊和研讨会上的专题报告，在这里实在无法一一列举。但是，与一些人的对话为我提供了特别的灵感和鼓励，同时也在尽可能的程度上制住了我的那些坏毛病。为此感谢 Aaron Benanav、James Campbell、Michel Feher、Kimberly Hoang、Naomi Lamoreaux、Marty Levy、James Livingston、Greg Kaplan、Sarah Milov、Gautham Rao、James Robinson、Emma Rothschild、Bill Sewell、Richard White、Tara Zahra 和 Michael Zakim。

2019 年，我加入了芝加哥大学的约翰·U. 内夫社会思想委员会，得以与 Joel Isaac 和 Jonathan Lear 讨论本书的一些主题，这为我提

致　谢

供了额外的动力，从而促成了它的最终完稿。感谢 Lois Beznos 和 Jerry Beznos 对这个委员会的馈赠，才令本书得以包含诸多图片、地图和图表。感谢 Anne Gamboa 和 Robert Pippin 在这个过程中的帮助与支持。

许多优秀的研究助理为我提供了协助。感谢 Sean Vanatta 的前期工作，以及 Nick Foster 和 Chris Hong 在后期的出色表现。我对 Solomon Dworkin、Raymond Hyser、Christian Payne、Lillian Weaver 和 Tina Wei 也深表感激。在本书手稿的最终整理过程中，Kat Edmiston 和 Ethan Hsi 给予了重要帮助。

在本书写作过程中，许多朋友都提供了至关重要的支持。我尤其要感谢 Garrett Long。

感谢怀利版权代理公司的 Andrew Wylie 和 Jacqueline Ko 对本书的信任，以及他们为代理这本书所付出的努力。兰登书屋的 Molly Turpin 接手了这个项目，在两部长篇初稿的编辑过程中体现出了非凡的编辑技巧和洞察力。感谢她在整理这本书的过程中所做的大量工作，以及她对这个项目坚定不移的热情。同样，兰登书屋的 Craig Adams 专业地推动了本书的制作过程。感谢 Janet Biehl，她的文字编辑工作令本书终稿大为改进。

最后，我将满怀喜悦地将这本书献给 Chiara Cordelli，以及在本书完稿时出生的我们的女儿 Giulia Levy-Cordelli。

图片出处

75　Thomas Doughty, *In Nature's Wonderland* (1835), Detroit Institute of Arts, USA/Bridgeman Images

76　Asher Brown Durand, *Progress—The Advance of Civilization* (1853), Virginia Museum of Fine Arts, Richmond; gift of an anonymous donor

157　George Caleb Bingham, *The Squatters* (1850), photograph © [2021] Museum of Fine Arts, Boston

209　Richard Caton Woodville, *War News from Mexico* (1848), Crystal Bridges Museum of American Art, Bentonville, Arkansas, 2010.74; photography by Edward C. Robison III

228　John Neagle, *Pat Lyon at the Forge* (1827) © DeA Picture Library/Art Resource, NY; photograph © [2021] Museum of Fine Arts, Boston

235　"Lacoste Plantation House, St. Bernard Parish, Louisiana" (1938), Library of Congress, Prints & Photographs Division, [LC-DIG-csas-01550]

236　Erastus Salisbury Field, *Joseph Moore and His Family* (1839), photograph © [2021] Museum of Fine Arts, Boston

238　Catharine E. Beecher and Harriet Beecher Stowe, "Floor plan of first floor of home" (1873), Library of Congress, Prints & Photographs Division, [LC-USZ62-52891]

290　Thomas Nast, *Jay Gould's Private Bowling Alley* (1882), Library of Congress, Prints & Photographs Division, [LC-DIG-ppmsca-28461]

290 Thomas Nast, *Justice in the Web* (1885), Library of Congress, Prints & Photographs Division, [LC-DIG-ppmsca-28216]

319 "The Shoe & Leather Petroleum Company and the Foster Farm Oil Company, on lower Pioneer Run, Pa." (1895), Library of Congress, Prints & Photographs Division, [LC-USZ62-63520]

326 "Man Standing on Crusted Sewage in Bubbly Creek" (1911), DN-0056839, *Chicago Sun-Times/Chicago Daily News* collection, Chicago History Museum

342 Thomas Pollock Anshutz, *The Ironworkers' Noontime* (1880), Thomas Pollock Anshutz, American, 1851–1912, *The Ironworkers' Noontime*, 1880; oil on canvas; 17 x 23⅞ in. (43.2 x 60.6 cm); the Fine Arts Museums of San Francisco, gift of Mr. and Mrs. John D. Rockefeller 3rd, 1979.7.4

346 "The Great Strike—The Sixth Maryland Regiment Fighting Its Way Through Baltimore" (1877), Library of Congress, Prints & Photographs Division, [LC-USZ62-99137]

348 "Damaged Track, Railroad Riots—Pennsylvania Railroad" (1877), Library of Congress, Prints & Photographs Division, [LC-USZ62-51617]

355 "The Great Strike—Blockade of Engines at Martinsburg, West Virginia" (1877), Library of Congress, Prints & Photographs Division, [LC-USZ62-125624]

367 Jacob Riis, *Knee-Pants at Forty-Five Cents a Dozen—A Ludlow Street Sweater's Shop* (1890), Jacob A. (Jacob August) Riis (1849–1914); Museum of the City of New York, 90.13.1.151

369 Théobald Chartran, *Portrait of Helen Clay Frick* (1905), Frick Art & Historical Center, Pittsburgh

370 John Singer Sargent, *Isabella Stewart Gardner* (1888), Isabella Stewart Gardner Museum, Boston

372 John Singer Sargent, *The Daughters of Edward Darley Boit* (1882), photograph © [2021] Museum of Fine Arts, Boston

373 Edward Steichen, *J. Pierpont Morgan, Esq.* (1903), image copyright © The Metropolitan Museum of Art; © 2020 The Estate of Edward Steichen/Artists Rights Society (ARS), New York: Art Resource, NY

436 "Magneto Assembly at the Ford Highland Park Plant" (1913), from the Collections of The Henry Ford

438 *Modern Times* (1936), Modern Times Copyright © Roy Export S.A.S.

447 "Ford Motor Company River Rouge Plant, Dearborn, Michigan" (1927),

图片出处 945

Library of Congress, Prints & Photographs Division, [LC-DIG-det-4a25915]

451　Katherine Dreier, "Machine-Age Exposition" (1927), Beinecke Rare Book and Manuscript Library, Yale University

451　Paul Outerbridge, Jr., *Marmon Crankshaft* (1923), Paul Outerbridge, Jr. © 2020 G. Ray Hawkins Gallery, Beverly Hills, CA; The Art Institute of Chicago/Art Resource, NY

452　Gerald Murphy, *Watch* (1925) © Estate of Honoria Murphy Donnelly/Licensed by VAGA at Artists Rights Society (ARS), NY; Gerald Murphy, *Watch*, 1925; oil on canvas; canvas dimensions: 78½ x 78⅞ in.; Dallas Museum of Art, Foundation for the Arts Collection, gift of the artist, 1963.75.FA

453　Charles Sheeler, *Criss-Crossed Conveyors*, River Rouge Plant, Ford Motor Company (1927), from the Collections of The Henry Ford

455　Charles Sheeler, *American Landscape* (1930), digital image © The Museum of Modern Art/Licensed by SCALA/Art Resource, NY

476　"29th October 1929.: Workers flood the streets in a panic following the Black Tuesday stock market crash on Wall Street, New York City" (1929), photo by Hulton Archive/Getty Images

491　Edward Hopper, *Early Sunday Morning* (1930) © 2020 Heirs of Josephine N. Hopper/licensed by Artists Rights Society (ARS), NY; digital image © Whitney Museum of American Art/licensed by Scala/Art Resource, NY

492　John Steuart Curry, *Tornado Over Kansas* (1929), Hackley Picture Fund purchase, Muskegon Museum of Art, Muskegon, Michigan

543　Seymour Fogel, *Industrial Life (mural study, old Social Security Building, Washington, DC)* (1941) © 2020 Estate of Seymour Fogel/licensed by VAGA at Artists Rights Society (ARS), NY; Smithsonian American Art Museum; transfer from the General Services Administration

544　Walker Evans, *Alabama Tenant Farmer Wife* (Allie Mae Burroughs) (1936), The Metropolitan Museum of Art, Purchase, 2000 Benefit Fund, 2001 (2001.415); © Walker Evans Archive, The Metropolitan Museum of Art

546　James Kilpatrick, *Battle of the Overpass, Ford Motor Co., U.A.W.* (1937), Detroit Institute of Arts, USA; gift of *The Detroit News*/Photo: © Detroit Institute of Arts, USA/Bridgeman Images

571　"B-24 Liberator Assembly Line at Ford Willow Run Bomber Plant" (c. 1944), from the Collections of The Henry Ford

595　"WWII, Hiroshima, Aftermath of Atomic Bomb" (1945), USAF/Science

Source

633 "1960s Family of Four Seen from Behind Standing in Front of New Suburban House Holding Hands" (1960), photo by Camerique/ClassicStock/Getty Images

634 Robert Adams, *Colorado Springs, CO* (1968) © Robert Adams, courtesy Fraenkel Gallery, San Francisco

638 Victor Gruen Associates, "An architectural model of Gruen's Northland Center" (1954), © Gruen Associates

639 "Interior view of Gruen's Northland Center" (1957), © Gruen Associates

641 Victor Gruen, "The Suburban Labyrinth" (1973), © Gruen Associates

642 Frank Gohlke, *Landscape, Los Angeles* (1974), Minneapolis Institute of Arts, MN, USA, Minneapolis Institute of Art/Gift of the Artist/Bridgeman Images

650 Andy Warhol, *100 Cans* (1962) © 2020 The Andy Warhol Foundation for the Visual Arts, Inc./licensed by Artists Rights Society (ARS), New York

651 Andy Warhol, *Eight Elvises* [Ferus Type] (1963) © 2020 The Andy Warhol Foundation for the Visual Arts, Inc./licensed by Artists Rights Society (ARS), New York

654 Ed Ruscha, *Hope* (1972) © Ed Ruscha, courtesy of the artist and Gagosian

655 "Think Small" (1959), © Volkswagen Aktiengesellschaft/Estate of Wingate Paine

660 Ed Ruscha, *Hope* (1998), Edward Ruscha, photo © Tate

677 Eero Saarinen, General Motors Technical Center, Warren, Michigan (c. 1946–56), Library of Congress, Prints & Photographs Division, Balthazar Korab Archive at the Library of Congress, [LC-DIG-krb-00107]

677 Eero Saarinen, Deere & Company Headquarters, Moline, Illinois (c. 1956–64), Library of Congress, Prints & Photographs Division, Balthazar Korab Archive at the Library of Congress, [LC-DIG-krb-00664]

678 Eero Saarinen, Deere & Company Headquarters, Moline, Illinois (c.1956–64), Library of Congress, Prints & Photographs Division, Balthazar Korab Archive at the Library of Congress, [LC-DIG-krb-00627]

681 *The Apartment* (1960), The Apartment © 1960 Metro-Goldwyn-Mayer Studios Inc. All Rights Reserved; courtesy of MGM Media Licensing

697 Gordon Matta-Clark, *Days End Pier 52.3 (Documentation of the action "Day's End" made in 1975 in New York, United States)* © 2020 Estate of Gordon

图片出处

Matta-Clark/Artists Rights Society (ARS), New York

701　Gordon Matta-Clark, *Splitting 2 (Documentation of the action "Splitting" made in 1974 in New Jersey, United States). 1974, printed 1977* © 2020 Estate of Gordon Matta-Clark / Artists Rights Society (ARS), New York

724　Philip Johnson, "Pennzoil Place" (1976), © Richard Payne, FAIA

768　Richard Serra, *Carnegie* (1985) © 2020 Richard Serra / Artists Rights Society (ARS), New York

774　"Laffer Curve Napkin" (1974), Division of Work and Industry, National Museum of American History, Smithsonian Institution

781　Bernard Frize, *Drexel, Burnham, Lambert* (1987) © 2020 Artists Rights Society (ARS), New York / ADAGP, Paris

839　Andreas Gursky, *Tokyo, Stock Exchange* (1990) © Andreas Gursky/courtesy Sprüth Magers/Artists Rights Society (ARS), New York

875　"Cutting Regulations with a Chain Saw" (2003), Federal Deposit Insurance Incorporation 2003 Annual Report

883　"Las Vegas Area Subdivision Becomes Ghost Town" (2010) © David Becker/ ZUMA Press

图表出处

50　D. W. Meinig, *The Shaping of America: A Geographical Perspective on 500 Years of History*, vol. 1: *Atlantic America, 1492–1800* (New Haven, Conn.: Yale University Press, 1986), 209, figure 40.

55　Stephen John Hornsby and Michael Hermann, *British Atlantic, American Frontier: Spaces of Power in Early Modern British America* (Lebanon, N.H.: University Press of New England, 2005), 69, figure 2.20; 136, figure 4.6; 156, figure 4.18.

64　Kenneth J. Weiller and Philip Mirowski, "Rates of Interest in 18th Century England," *Explorations in Economic History 27*, no. 1 (1990): 6, figure 1.

142　Douglas A. Irwin, "Exports of Selected Commodities: 1790–1989," in Susan B. Carter, Scott Sigmund Gartner, Michael R. Haines, Alan L. Olmstead, Richard Sutch, and Gavin Wright, eds., *Historical Statistics of the United States, Earliest Times to the Present: Millennial Edition* (New York: Cambridge University Press, 2006), table Ee569-589.

143　Meinig, *Shaping of America*, vol. 1, 226, figure 27; 233, figure 28.

162　Douglas A. Irwin, "Exports and Imports of Merchandise, Gold, and Silver: 1790–2002," in Carter et al., eds., *Historical Statistics of the United States*, table Ee362-375.

166　Meinig, *Shaping of America*, vol. 1, 365, figure 63.

171　Joseph Van Fenstermaker, *The Development of American Commercial*

Banking: 1782–1837 (Kent, Ohio: Kent State University, 1965), 66–76, table 10.

215 D. W. Meinig, *The Shaping of America: A Geographical Perspective on 500 Years of History*, vol. 2, *Continental America, 1800–1867* (New Haven, Conn.: Yale University Press, 1993), 290, figure 39.

216 Meinig, *The Shaping of America*, vol. 2, 294, figure 40.

241 Meinig, *The Shaping of America*, vol. 2, 452, figure 77.

243 Meinig, *The Shaping of America*, vol. 2, 329, figure 46.

251 Charles W. Calomiris and Jonathan Pritchett, "Betting on Secession: Quantifying Political Events Surrounding Slavery and the Civil War," *American Economic Review* 106, no. 1 (2016): 13, figure 2.

281 Irwin, "Exports and imports," in Carter et al., eds., *Historical Statistics of the United States*.

299 Christopher Cotter, "Railroad Defaults, Land Grants, and the Panic of 1873," mimeo (2015), 7, figure 2; 8, figure 3.

300 National Bureau of Economic Research, Index of the General Price Level for United States [M04051USM324NNBR], retrieved from FRED Economic Data, Economic Research Federal Reserve Bank of St. Louis.

315 Gavin Wright, "Mining, Energy, Fisheries, and Forestry," in Carter et al., eds., *Historical Statistics of the United States*.

316 Christopher Jones, *Routes of Power: Energy and Modern America* (Cambridge, Mass.: Harvard University Press, 2014), 80, map 2.1.

321 D. W. Meinig, *The Shaping of America: A Geographical Perspective on 500 Years of History*, vol. 3, *Transcontinental America, 1850–1915* (New Haven, Conn.: Yale University Press, 1998), 241, figure 46.

363 Joshua L. Rosenbloom, "Work Stoppages, Workers Involved, Average Duration, and Person-Days Idle: 1881–1998," in Carter et al., eds., *Historical Statistics of the United States*, table Ba4954-4964.

383 The twenty-one cities are: St. Louis; Boston; San Francisco; Milwaukee; Denver; Lowell, Massachusetts; Charleston; Des Moines; Portland, Oregon; Peoria, Illinois; Galveston; Little Rock; Burlington, Vermont; Brookline, Massachusetts; Leadville, Colorado; Adrian, Michigan; Bath, Maine; Bowling Green, Kentucky; Perkin, Illinois; Junction City, Kansas; and Boise, Idaho. Colin B. Burk, "Voluntary and Nonprofit Associations per Capita, by Region and Type of Association, and in Selected Cities: 1840–1990," in Carter et al., eds., *Historical Statistics of the United States,* table Bg1-14.

图表出处

397 Michael R. Haines, "Wholesale Prices of Selected Commodities: 1784–1998," in Carter et al., eds. *Historical Statistics of the United States*, table Cc205-266

399 Meinig, *The Shaping of America*, vol. 3, 254, figure 48; 257, figure 51.

469 S&P Dow Jones Indices LLC, Dow Jones Industrial Average [DJIA], retrieved from FRED.

516-517 Gauti B. Eggertsson, "Great Expectations and the End of the Depression," *American Economic Review*, 98, no, 4 (2008): 1478, figure 1.

528 The Mapping History Project, James Mohr and John Nicols, eds., Department of History, University of Oregon (1997), https://mappinghistory.uoregon.edu/.

553 Federal Reserve Bank of St. Louis and U.S. Office of Management and Budget, Federal Surplus or Deficit [-] as Percent of Gross Domestic Product [FYFSGDA188S], retrieved from FRED.

555 U.S. Bureau of Economic Analysis, Private Nonresidential Fixed Investment [PNFI], retrieved from FRED.

580 *Report on War Aid Furnished by the United States to the USSR* (Washington, D.C.: 1945).

613 Daniel Immerwahr, *How to Hide an Empire: A History of the Greater United States* (New York: Farrar, Straus and Giroux, 2019), 344; Foreign bases, David Vine, www.basenation.us/maps; Domestic/territorial bases, www.data.gov.

616 Irwin, "Exports and imports," in Carter et al., eds., *Historical Statistics of the United States*.

636 American Automobile Association, *The National System of Interstate and Defense Highways: As of June, 1958* (Washington, D.C.: 1958).

659 U.S. Bureau of Economic Analysis, Personal Consumption Expenditures [PCE], retrieved from FRED.

660 Organization for Economic Co-operation and Development, Consumer Opinion Surveys: Confidence Indicators: Composite Indicators: OECD Indicator for the United States [CSCICP03USM665S], retrieved from FRED.

667 Federal Reserve Bank of St. Louis and U.S. Office of Management and Budget, Federal Surplus or Deficit [-] as Percent of Gross Domestic Product [FYFSGDA188S], retrieved from FRED.

700 Economic Policy Institute Analysis of Unpublished Total Economy Productivity Data from Bureau of Labor Statistics (BLS) Labor Productivity and Costs Program, Wage Data from the BLS Current Employment Statistics,

BLS Employment Cost Trends, BLS Consumer Price Index, and Bureau of Economic Analysis National Income and Product Accounts, https://www.epi.org/productivity-pay-gap/.

702 U.S. Bureau of Labor Statistics, Labor Force Participation Rate—Men [LNS11300001], retrieved from FRED.

717 U.S. Bureau of Economic Analysis, Real Gross Private Domestic Investment [GPDIC1], retrieved from FRED.

720 James Oakes, Michael McGerr, Jan Ellen Lewis, Nick Cullather, and Jeanne Boydston, *Of the People: A History of the United States, Volume II: Since 1945* (New York: Oxford University Press, 2011).

760 Board of Governors of the Federal Reserve System (US), Effective Federal Funds Rate [FEDFUNDS], retrieved from FRED.

761 University of Michigan, University of Michigan: Inflation Expectation [MICH], retrieved from FRED.

763 Board of Governors of the Federal Reserve System (US), Trade Weighted U.S. Dollar Index: Major Currencies, Goods (DISCONTINUED) [TWEXMMTH], retrieved from FRED.

765 U.S. Bureau of Economic Analysis, Balance on Current Account, NIPA's [NETFI], retrieved from FRED.

777 U.S. Bureau of Economic Analysis, Shares of Gross Domestic Product: Gross Private Domestic Investment: Fixed Investment: Nonresidential [A008RE1Q156NBEA], retrieved from FRED.

778 U.S. Bureau of Economic Analysis, Shares of Gross Domestic Product: Personal Consumption Expenditures [DPCERE1Q156NBEA], retrieved from FRED.

778 Economic Policy Institute Analysis of Unpublished Total Economy Productivity Data from Bureau of Labor Statistics (BLS) Labor Productivity and Costs Program, Wage Data from the BLS Current Employment Statistics, BLS Employment Cost Trends, BLS Consumer Price Index, and Bureau of Economic Analysis National Income and Product Accounts, https://www.epi.org/productivity-pay-gap/.

779 Federal Reserve Bank of St. Louis and U.S. Office of Management and Budget, Federal Surplus or Deficit [-] as Percent of Gross Domestic Product [FYFSGDA188S], retrieved from FRED.

789 World Bank, Stock Market Capitalization to GDP for United States

图表出处 953

[DDDM01USA156NWDB], retrieved from FRED.

805　U.S. Bureau of Economic Analysis, Shares of Gross Domestic Product: Gross Private Domestic Investment: Fixed Investment: Nonresidential [A008RE1Q156NBEA], retrieved from FRED.

805　World Bank, Stock Market Capitalization to GDP for United States [DDDM01USA156NWDB], retrieved from FRED.

831　Federal Reserve Bank of St. Louis and U.S. Office of Management and Budget, Federal Surplus or Deficit [-] as Percent of Gross Domestic Product [FYFSGDA188S], retrieved from FRED.

832　Board of Governors of the Federal Reserve System (US), 10-Year Treasury Constant Maturity Rate [DGS10], retrieved from FRED.

835　Organization for Economic Co-operation and Development, Total Current Account Balance for the United States (DISCONTINUED) [BPBLTT01USQ188S], retrieved from FRED.

847　NASDAQ OMX Group, NASDAQ Composite Index [NASDAQCOM], retrieved from FRED.

851　U.S. Bureau of Economic Analysis, Corporate Profits After Tax with Inventory Valuation Adjustment (IVA) and Capital Consumption Adjustment (CCAdj) [CPATAX], retrieved from FRED.

851　U.S. Bureau of Labor Statistics, Nonfarm Business Sector: Labor Share [PRS85006173], retrieved from FRED.

854　Organization for Economic Co-operation and Development, Total Current Account Balance for the United States (DISCONTINUED) [BPBLTT01USQ188S], retrieved from FRED.

857　Board of Governors of the Federal Reserve System (US), Effective Federal Funds Rate [FEDFUNDS], retrieved from FRED.

869　David H. Autor, David Dorn, and Gordon H. Hanson, "The China Shock: Learning from Labor-Market Adjustment to Large Changes in Trade," Annual Review of Economics 8 (2016): 225, figure 6a.

870　U.S. Bureau of Labor Statistics, Labor Force Participation Rate—Men [LNS11300001], retrieved from FRED.

871　Robert G. Valletta, "Recent Flattening in the Higher Education Wage Premium: Polarization, Skill Downgrading, or Both?," NBER Working Paper, no. 22935 (2016): 35, figure 1.

877　Claudia Coulton, Kathryn W. Hexter, April Hirsh, Anne O'Shaughnessy,

Francisca G. C. Richter, and Michael Schramm, "Facing the Foreclosure Crisis in Greater Cleveland: What Happened and How Communities are Responding," Urban Publications, paper 374 (2010).

879 Federal Deposit Insurance Corporation, RealityTrac Inc. S&P/Case-Shiller Home Price Index, retrieved from FRED.

885 Freddie Mac, 30-Year Fixed Rate Mortgage Average in the United States [MORTGAGE30US] and Federal Funds Target Rate (DISCONTINUED) [DFEDTAR], retrieved from FRED.

894 Federal Reserve Bank of St. Louis, TED Spread [TEDRATE], Board of Governors of the Federal Reserve System (US), 3-Month AA Financial Commercial Paper Rate [DCPF3M], and Federal Reserve Bank of St. Louis, Moody's Seasoned AAA Corporate Bond Yield Relative to Yield on 10-Year Treasury Constant Maturity [AAA10Y], retrieved from FRED.

901 Federal Funds Target Rate (DISCONTINUED) [DFEDTAR], retrieved from FRED.

905 Federal Reserve Bank of St. Louis, TED Spread [TEDRATE], Board of Governors of the Federal Reserve System (US), 3-Month AA Financial Commercial Paper Rate [DCPF3M], and Federal Reserve Bank of St. Louis, Moody's Seasoned AAA Corporate Bond Yield Relative to Yield on 10-Year Treasury Constant Maturity [AAA10Y], retrieved from FRED.

909 Paul Kiel and Dan Nguyen, "Bailout Tracker: Tracking Every Dollar and Every Recipient," ProPublica (2013), https://projects.propublica.org/bailout/list/simple.

910 Board of Governors of the Federal Reserve System (US), Assets: Total Assets: Total Assets (Less Eliminations from Consolidation): Wednesday Level [WALCL], Board of Governors of the Federal Reserve System (US), Currency in Circulation [CURRCIR], and Board of Governors of the Federal Reserve System (US), Commercial and Industrial Loans, All Commercial Banks [TOTCI], retrieved from FRED.

911 U.S. Bureau of Labor Statistics, Total Unemployed, Plus All Persons Marginally Attached to the Labor Force, Plus Total Employed Part Time for Economic Reasons, as a Percent of the Civilian Labor Force Plus All Persons Marginally Attached to the Labor Force (U-6) [U6RATE], retrieved from FRED.

923 Board of Governors of the Federal Reserve System (US), Assets: Total Assets: Total Assets (Less Eliminations from Consolidation): Wednesday Level [WALCL], retrieved from FRED.

关于文献来源的说明

除了在尾注中标明的那些基本文献，我还参考了一些我向来最倚重的学术著作。但仅凭尾注，不可能准确反映本书论述的诸多话题所牵涉的大量文献。在这样一部综述作品中，列出一份巨细无遗的参考书目是不切实际的。出于这个原因，我对一些早期学术著作的引用，仅限于其阐述直接引发了我自己的论证之时，一般而言，我会尽量引用近期著作，它们可以为读者提供研读学术文献的最佳门径。

为了让尾注不至于变得过于冗长，我没有将许多统计数据的出处包括在内，以免内容重复。对于这些统计数据，我使用了两个重要的数据来源。其一是 Susan B. Carter、Scott Sigmund Gartner、Michael R. Haines、Alan L. Olmstead、Richard Sutch 和 Gavin Wright 编著的《美国历史统计数据：千禧年网络版》(*Historical Statistics of the United States: Millennial Edition Online*, https://hsus.cambridge.org/HSUSWeb/toc/hsusHome.do)。其二，对于 20 世纪和 21 世纪的统计数据，我还借助了圣路易斯联邦储备银行经

济研究部的 FRED 经济数据库（FRED Economic Data, Economic Research Federal Reserve Bank of St. Louis, https://fred.stlouisfed.org/）。

注 释

序 言

1. Jonathan Levy, "Capital as Process and the History of Capitalism," *Business History Review* 91, no. 3 (2017): 483–510。关于资本与不确定性，参见 Jonathan Levy, "Radical Uncertainty," *Critical Quarterly* 62, no. 1 (2020): 15–28。关于一种资本资产的概念，参见 "Appreciating Assets: New Directions in the History of Political Economy," *American Historical Review* 122, no. 5 (2017): 1490–99。关于资本与收入，参见 Jonathan Levy, "Accounting for Profit and the History of Capital," *Critical Historical Studies* 1, no. 2 (2014): 171–214。关于资本主义历史与经济史之间的关系，参见 Jeremy Adelman and Jonathan Levy, "The Fall and Rise of Economic History," *Chronicle of Higher Education*, December 1, 2014。
2. Thorstein Veblen, "On the Nature of Capital II: Investment, Intangible Assets, and the Pecuniary Magnate," *Quarterly Journal of Economics* 23, no. 1 (1908): 104–136.
3. 关于资本化，参见 Eli Cook, *The Pricing of Progress: Economic Indicators and the Capitalization of American Life* (Cambridge, Mass.: Harvard University Press, 2017); Fabian Muniesa et al., *Capitalization: A Cultural Guide* (Paris: Presses des Mines, 2017)。
4. 关于这一界限的简明叙述，参见 Joseph Schumpeter, *History of Economic Analysis* (1954; New York: Oxford University Press, 1994), 276–278。
5. John Maynard Keynes, *The General Theory of Employment, Interest and Money* (1936; New York: Harcourt, Brace & World, 1964), 264.
6. 参见 Jens Beckert, *Imagined Futures: Fictional Expectations and Capitalist Dynamics* (Cambridge, Mass.: Harvard University Press, 2016)。
7. Irving Fisher, *The Nature of Capital and Income* (New York: Macmillan, 1906), 328.
8. Thorstein B. Veblen, "On the Nature of Capital I: The Productivity of Capital Goods,"

Quarterly Journal of Economics 22, no. 4 (1908): 517–542.

9. 参见 Katharina Pistor, *The Code of Capital: How the Law Creates Wealth and Inequality* (Princeton: Princeton University Press, 2019)。

10. Andrew Carnegie, *The Autobiography of Andrew Carnegie* (1920; Philadelphia: PublicAffairs, 2011), 151.

11. Greg Grandin, *Fordlandia: The Rise and Fall of Henry Ford's Forgotten Jungle City* (New York: Metropolitan Books, 2009), 34.

12. John Arlidge, "I'm Doing 'God's Work.' Meet Mr Goldman Sachs," *Sunday Times*, November 8, 2009.

13. Albert O. Hirschman, *The Strategy of Economic Development* (New Haven: Yale University Press, 1964), 35–40.

14. Keynes, General Theory, 346.

15. 同上，165–174。

16. 正如卡尔多在关于这一问题的精辟讨论中所承认的："很难找到令人满意的关于'流动性'到底由何构成的定义——我认为，这种困难是这个概念与生俱来的。"参见 Nicholas Kaldor, "Speculation and Economic Stability," *Review of Economic Studies* 7, no. 1 (1938): 4。关于流动性，另参见 J. R. Hicks, "Liquidity," *Economic Journal* 72, no. 288 (1972): 787–802。

17. 最近的一篇论文强调了这一点，而且提供了关于流动性定义的极其出色的概要介绍，参见 M. G. Hayes, "The Liquidity of Money," *Cambridge Journal of Economics* 42, no. 5 (2018): 1205–1218。

18. 值得注意的是，流动性、货币和完美适销性经常被当成同义词看待。但不应如此对待它们。价值仓库——比如早期现代的土地——可能并不总是相对适销的。重要的一点是，流动性和非流动性是所有资产的相对特性，会在一定范围内变化，而且彼此存在依存关系。资本主义的一个决定性特征，便是它将两种流动性特性合并在了同种资产之上。

19. 凯恩斯将流动性与更高的生产率和就业率联系在一起，这在 20 世纪 30 年代是有道理的，但并不一直如此。

20. 这个公式的推导，参见 M. Kalecki, "Political Aspects of Full Employment," *Political Quarterly* 14, no. 4 (1943): 322–330。

第一章　重商主义

1. Jacob Viner, "Power Versus Plenty as Objectives of Foreign Policy in the Seventeenth and Eighteenth Centuries," *World Politics* 1, no. 1 (1948): 15; Adam Smith, *An Inquiry into the Nature and Causes of the Wealth of Nations* (1776; Chicago: University of Chicago Press, 1976), 35.

2. David Ormrod, *The Rise of Commercial Empires: England and the Netherlands in the Age of Mercantilism, 1650–1770* (New York: Cambridge University Press, 2003）.

3. 例如 George J. Stigler, introduction, in Smith, *Wealth of Nations*, xi–xv。

4. Emma Rothschild, *Economic Sentiments: Adam Smith, Condorcet, and the Enlightenment*

(Cambridge, Mass.: Harvard University Press, 2001).

5. 从新古典主义、凯恩斯主义和马克思主义的观点来看，所有这些都汇集到几个相似点上。参见 George J. Stigler, "The Division of Labor Is Limited by the Extent of the Market," *Journal of Political Economy* 59, no. 3 (1951): 185–193; John Hicks, *A Theory of Economic History* (Oxford: Clarendon Press, 1969), 25–41；Robert Brenner, "Property and Progress: Where Adam Smith Went Wrong," in Chris Wickham, ed., *Marxist History-Writing for the Twenty-first Century* (New York: Oxford University Press, 2007), 49–111。

6. Allyn A. Young, "Increasing Returns and Economic Progress," *Economic Journal* 38, no. 152 (1928): 527–542.

7. Morgan Kelly, "The Dynamics of Smithian Growth," *Quarterly Journal of Economics* 112, no. 3 (1997): 939–964.

8. Philip J. Stern and Carl Wennerlind, eds., *Mercantilism Reimagined: Political Economy in Early Modern Britain and Its Empire* (New York: Oxford University Press, 2014), 4.

9. Viner, "Power Versus Plenty," 15.

10. 贝克特建议将其称为"战争资本主义"时代。参见 Sven Beckert, *Empire of Cotton: A Global History* (New York: Knopf, 2014), 29–55。

11. Kathleen Donegan, *Seasons of Misery: Catastrophe and Colonial Settlement in Early America* (Philadelphia: University of Pennsylvania Press, 2013).

12. George Louis Beer, *The Old Colonial System, 1660–1688* (New York: Macmillan, 1912), vol. 1.

13. 关于沙夫茨伯里，参见 Kenneth Harold Dobson Haley, *The First Earl of Shaftesbury* (Oxford: Clarendon, 1968）; John Spurr, ed., *Anthony Ashley Cooper, First Earl of Shaftesbury, 1621–1683*(New York: Routledge, 2011）; William Appleman Williams, *The Contours of American History* (New York: Norton, 1989, 50–53），本章的灵感便源于这本书。

14. William Dougal Christie, *A Life of Anthony Ashley Cooper: First Earl of Shaftesbury, 1621–1683*（London: Macmillan, 1871），183.

15. "绅士资本家"这个术语，引自 P. J. Cain and A. G. Hopkins, *British Imperialism: 1688–2015* (New York: Routledge, 2016)。

16. Karen Ordahl Kupperman, *Providence Island, 1630–1641: The Other Puritan Colony* (New York: Cambridge University Press, 1993), 352.

17. E. E. Rich, "The First Earl of Shaftesbury's Colonial Policy," *Transactions of the Royal Historical Society* 7 (1957): 51.

18. 只要读一下沙夫茨伯里的书信文件便可得知。参见 South Carolina Historical Society, *The Shaftesbury Papers* (Charleston, S.C.: Arcadia, 1999)。

19. Thomas D. Wilson, *The Ashley Cooper Plan: The Founding of Carolina and the Origins of Southern Political Culture* (Chapel Hill: University of North Carolina Press, 2016).

20. John Locke, *Two Treatises of Government*, ed. Peter Laslett (New York: Cambridge University Press, 1988), 99.

21. Paul Slack, "Material Progress and the Challenge of Affluence in Seventeenth-Century

England," *Economic History Review* 62, no. 3 (2009): 576–603; Fredrik Albritton Jonsson, "The Origins of Cornucopianism: A Preliminary Genealogy," *Critical Historical Studies* 1, no. 1 (2014): 151–168.

22. Thomas Leng, *Benjamin Worsley: Trade, Interest and the Spirit in Revolutionary England* (Suffolk, U.K.: Boydell Press, 2008), 154.
23. B. E. Supple, *Commercial Crisis and Change in England, 1600–1642* (New York: Cambridge University Press, 1959).
24. Keith Wrightson, *Earthly Necessities: Economic Lives in Early Modern Britain* (New Haven: Yale University Press, 2000), 150.
25. Aristotle, *Aristotle: The Politics and The Constitution of Athens*, ed. Stephen Everson (New York: Cambridge University Press, 2011), 24.
26. Thomas Hobbes, *Leviathan*, ed. Edwin Curley (1651; Indianapolis: Hackett, 1994), 58.
27. William Cronon, *Changes in the Land: Indians, Colonists, and the Ecology of New England* (New York: Hill & Wang, 1983).
28. Irving Rouse, *The Tainos: Rise and Decline of the People Who Greeted Columbus* (New Haven: Yale University Press, 1992), 9–12.
29. Alan Taylor, *American Colonies* (New York: Viking, 2001), 22.
30. Carl N. Degler, *Out of Our Past: The Forces That Shaped Modern America* (New York: Harper, 1959), 1.
31. Harry S. Stout, *The New England Soul: Preaching and Religious Culture in Colonial New England* (New York: Oxford University Press, 1986), 22.
32. Jack P. Greene, *Pursuits of Happiness: The Social Development of Early Modern British Colonies and the Formation of American Culture* (Chapel Hill: University of North Carolina Press, 1988), 10.
33. John Winthrop, *The Journal of John Winthrop, 1630–1649*, ed. James Savage, Richard S. Dunn, and Laetitia Yeandle (Cambridge, Mass.: Belknap Press, 1996), 1–12.
34. 同上，308。
35. Eli Heckscher, *Mercantilism*, trans. Mendel Shapiro (London: G. Allen & Unwin, 1935).
36. Keith Tribe, *The Economy of the Word: Language, History, and Economics* (New York: Oxford University Press, 2015).
37. Smith, *Wealth of Nations*, 449.
38. Rich, "Shaftesbury's Colonial Policy," 61.
39. Jeremy Adelman, "Mimesis and Rivalry: European Empires and Global Regimes," *Journal of Global History* 10, no. 1 (2015): 77–98; Sophus A. Reinert, *Translating Empire: Emulation and the Origins of Political Economy* (Cambridge, Mass.: Harvard University Press, 2011).
40. John Shovlin, "War and Peace: Trade, International Competition, and Political Economy," in Stern and Wennerlind, *Mercantilism Reimagined*, 311.
41. Carla G. Pestana, *The English Conquest of Jamaica: Oliver Cromwell's Bid for Empire* (Cambridge, Mass.: Belknap Press, 2017).

注　释

42. Ormrod, *Rise of Commercial Empires*, 1–59.
43. 参见 Steve Pincus, "Neither Machiavellian Moment nor Possessive Individualism: Commercial Society and the Defenders of the English Commonwealth," *American Historical Review* 103, no. 3 (1998): 705–736. 我在本书中对政治经济学转变的叙述，大量借鉴了平卡斯关于这一主题的著作。另参见 Steve Pincus, "Rethinking Mercantilism: Political Economy, the British Empire, and the Atlantic World in the Seventeenth and Eighteenth Centuries," *William and Mary Quarterly* 69, no. 1 (2012): 3–34。
44. Christie, *Life of Anthony Ashley Cooper*, 2:ix–x.
45. Istvan Hont, *Jealousy of Trade: International Competition and the Nation-State in Historical Perspective* (Cambridge, Mass.: Harvard University Press, 2005).
46. Joel Kaye, *A History of Balance, 1250–1375: The Emergence of a New Model of Equilibrium and Its Impact on Thought* (New York: Cambridge University Press, 2014), 1–75.
47. Francis Bacon, *The Works of Lord Bacon*, ed. Benno Loewy (London: Henry G. Bohn, 1854), 519.
48. Carl Wennerlind, *Casualties of Credit: The English Financial Revolution, 1620–1720* (Cambridge, Mass.: Harvard University Press, 2011).
49. 关于事后投资带来储蓄而非相反的经济学论述，最著名的一种参见 John Maynard Keynes, *The General Theory of Employment, Interest and Money* (1936; New York: Harcourt, Brace & World, 1964)。
50. Wennerlind, *Casualties of Credit*, 17–122.
51. Hobbes, *Leviathan*, 164.
52. 关于英国背景下信贷货币的增长问题，参见 Christine Desan, *Making Money: Coin, Currency, and the Coming of Capitalism* (New York: Oxford University Press, 2015)。
53. Smith, *Wealth of Nations*, 351–371.
54. 在众多古典政治经济学家的著作中，理查德·坎蒂隆的《商业性质概论》最敏锐地探讨了这些主题，参见 Richard Cantillon, *Essay on the Nature of Trade in General*, trans. Antoin E. Murphy (1712; Carmel, Ind.: Liberty Fund, 2005)。
55. Keynes, *General Theory*, 343.
56. Josiah Child, *Brief Observations Concerning Trade and Interest of Money* (London, 1668), http://avalon.law.yale.edu/17th_century/trade.asp.
57. Sidney Homer and Richard Sylla, *A History of Interest Rates* (Hoboken, N.J.: Wiley, 2005), 64.
58. 同上，124–126。
59. R. F. Harrod, *International Economics* (London: Macmillan, 1933), 104–136。在一定条件下，出口与进口之间的平衡调节，其发生前提在于出口国的高产出水平。
60. Steve Hindle, "Imagining Insurrection in Seventeenth-Century England: Representations of the Midland Rising of 1607," *History Workshop Journal*, no. 66 (Autumn 2008): 37.
61. Heckscher, *Mercantilism*.
62. Lauren Benton, *A Search for Sovereignty: Law and Geography in European Empires, 1400–*

1900 (New York: Cambridge University Press, 2009); Michael J. Braddick, *State Formation in Early Modern England* (New York: Cambridge University Press, 2000).

63. 关于作为治理实体的自治市（corporation），参见 Hendrik Hartog, *Public Property and Private Power: The Corporation of the City of New York in American Law, 1730–1870* (Chapel Hill: University of North Carolina Press, 1993); Christopher Tomlins, *Freedom Bound: Law, Labor, and Civic Identity in Colonizing English America, 1580–1865* (New York: Cambridge University Press, 2010), 67–132。

64. Hobbes, *Leviathan*, 218; Noel Malcolm, "Hobbes, Sandys, and the Virginia Company," *Historical Journal* 24, no. 2 (1981): 297–321.

65. Joshua L. Reid, *The Sea Is My Country: The Maritime World of the Makahs, an Indigenous Borderlands People* (New Haven: Yale University Press, 2015); Jean M. O'Brien, *Firsting and Lasting: Writing Indians Out of Existence in New England* (Minneapolis: University of Minnesota Press, 2010).

66. Patricia Seed, *Ceremonies of Possession in Europe's Conquest of the New World, 1492–1640* (New York: Cambridge University Press, 1995).

67. Bernard Bailyn, *The Barbarous Years: The Peopling of British North America: The Conflict of Civilizations, 1600–1675* (New York: Knopf, 2012).

68. Daniel K. Richter, *The Ordeal of the Longhouse: The Peoples of the Iroquois League in the Era of European Colonization* (Chapel Hill: University of North Carolina Press, 1992).

69. Pekka Hämäläinen, "The Shapes of Power: Indians, Europeans, and North American Worlds from the Seventeenth Century to the Nineteenth Century," in Juliana Barr and Edward Countryman, eds., *Contested Spaces of Early America* (Philadelphia: University of Pennsylvania Press, 2014), 31–68.

70. Carla Gardina Pestana, *The English Atlantic in an Age of Revolution, 1640–1661* (Cambridge, Mass.: Harvard University Press, 2004).

71. Taylor, *American Colonies*, 257.

72. Margaret Ellen Newell, *From Dependency to Independence: Economic Revolution in Colonial New England* (Ithaca, N.Y.: Cornell University Press, 1998).

73. Beer, *Old Colonial System*, 47.

74. "Charles II, 1663: An Act for the Encouragement of Trade," in *Statutes of the Realm*, vol. 5, 1628–80, ed. John Raithby (s.l.: Great Britain Record Commission, 1819), 449–52, *British History Online*, accessed January 14, 2019, http://www.british-history.ac.uk/statutes-realm/vol5/pp449-452.

75. Abigail L. Swingen, *Competing Visions of Empire: Labor, Slavery, and the Origins of the British Atlantic Empire* (New Haven: Yale University Press, 2015).

76. Christie, *Anthony Ashley Cooper*, 2:ix–x.

77. *Journal of the Council for Foreign Plantations*, August 3, 1670, to September 20, 1672; and Council for Trade and Plantations, October 13, 1672, to December 22, 1674, both in Box 10, Sir Thomas Phillipps Collection, Library of Congress.

78. Rich, "Shaftesbury's Colonial Policy," 62.

79. Andrea Finkelstein, *Harmony and the Balance: An Intellectual History of Seventeenth-Century English Economic Thought* (Ann Arbor: University of Michigan Press, 2000), 179.
80. Rich, "Shaftesbury's Colonial Policy," 64.
81. Mark G. Hanna, *Pirate Nests and the Rise of the British Empire, 1570–1740* (Chapel Hill: University of North Carolina Press, 2015)。关于帝国治理，参见 Daniel J. Hulsebosch, *Constituting Empire: New York and the Transformation of Constitutionalism in the Atlantic World, 1664–1830* (Chapel Hill: University of North Carolina Press, 2005), 75–144。
82. Edmund Burke, *On Empire, Liberty, and Reform: Speeches and Letters*, ed. David Bromwich (New Haven: Yale University Press, 2000), 79.
83. Nuala Zahedieh, *The Capital and the Colonies: London and the Atlantic Economy, 1660–1700* (New York: Cambridge University Press, 2010); Trevor Burnard, "Making a Whig Empire Work: Transatlantic Politics and the Imperial Economy in Britain and British America," *William and Mary Quarterly* 69, no. 1 (2012): 51–56.
84. Pincus, "Rethinking Mercantilism."
85. Steve Pincus, *1688: The First Modern Revolution* (New Haven: Yale University Press, 2009).
86. Desan, *Making Money*; Wennerlind, *Casualties of Credit*.
87. Smith, *Wealth of Nations*, 21.
88. Young, "Increasing Returns and Economic Progress."
89. 参见 Rothschild, *Economic Sentiments*。
90. 关于这一点，最深刻的讨论参见 Gavin Wright, *Slavery and American Economic Development* (Baton Rouge: Louisiana State University Press, 2013)。
91. Abigail Swingen, "Labor: Employment, Colonial Servitude, and Slavery in the Seventeenth-Century Atlantic," in Stern and Wennerlind, *Mercantilism Reimagined*, 57.
92. 即便洛克也对此有所怀疑。参见 Holly Brewer, "Slavery, Sovereignty, and 'Inheritable Blood': Reconsidering John Locke and the Origins of American Slavery," *American Historical Review* 122, no. 4 (2017): 1038–1078; Christopher Leslie Brown, *Moral Capital: Foundations of British Abolitionism* (Chapel Hill: University of North Carolina Press, 2012)。
93. Alan Gallay, *The Indian Slave Trade: The Rise of the English Empire in the American South, 1670–1717* (New Haven: Yale University Press, 2002), 299.
94. Joseph E. Inikori, *Africans and the Industrial Revolution in England: A Study in International Trade and Economic Development* (New York: Cambridge University Press, 2002), 187.
95. Thomas C. Holt, *Children of Fire: A History of African Americans* (New York: Hill & Wang, 2010), 3–52.
96. Edward B. Rugemer, "The Development of Mastery and Race in the Comprehensive Slave Codes of the Greater Caribbean During the Seventeenth Century," *William and Mary Quarterly* 70, no. 3 (2013): 429–458.
97. Simon P. Newman, *A New World of Labor: The Development of Plantation Slavery in the British Atlantic* (Philadelphia: University of Pennsylvania Press, 2013).
98. Richard S. Dunn, *Sugar and Slaves: The Rise of the Planter Class in the English West Indies,*

1624–1713 (1972; Chapel Hill: University of North Carolina Press, 2000), 85.

99. 关于作为资本资产的黑人奴隶，参见 Cedric J. Robinson, *Black Marxism: The Making of the Black Radical Tradition* (Chapel Hill: University of North Carolina Press, 2000), 109–111。

100. Caitlin Rosenthal, *Accounting for Slavery: Masters and Management* (Cambridge, Mass.: Harvard University Press, 2018).

101. Eric Kimball, "New Englanders and the Slave Economies of the West Indies," in Sven Beckert and Seth Rockman, eds., *Slavery's Capitalism: A New History of American Economic Development* (Philadelphia: University of Pennsylvania Press, 2016), 181–194; Wendy Warren, *New England Bound: Slavery and Colonization in Early America* (New York: Liveright, 2016).

102. Newell, *From Dependency to Independence*, 3.

103. David Eltis et al., *Atlas of the Transatlantic Slave Trade* (New Haven: Yale University Press, 2010), 200–203, table 6.

104. S. Max Edelson, *Plantation Enterprise in Colonial South Carolina* (Cambridge, Mass.: Harvard University Press, 2006).

105. Peter Wood, *Black Majority: Negroes in Colonial South Carolina from 1670 Through the Stono Rebellion* (New York: Knopf, 1974).

106. Jane Burbank and Frederick Cooper, *Empires in World History: Power and the Politics of Difference* (Princeton: Princeton University Press, 2010), 181–184.

107. David Armitage, "John Locke, Carolina, and the 'Two Treatises of Government,'" *Political Theory* 32, no. 5 (2004): 602–627.

108. Kathryn E. Holland Braund, *Deerskins and Duffels: The Creek Indian Trade with Anglo-America, 1685–1815* (Lincoln: University of Nebraska Press, 1993).

109. John J. McCusker and Russell R. Menard, *The Economy of British America, 1607–1789* (Chapel Hill: University of North Carolina Press, 1991), 174, table 8.2.

110. Lorena Seebach Walsh, *Motives of Honor, Pleasure, and Profit: Plantation Management in the Colonial Chesapeake, 1607–1763* (Chapel Hill: University of North Carolina Press, 2010).

111. Peter C. Mancall, "Tales Tobacco Told in Sixteenth-Century Europe," *Environmental History* 9, no. 4 (2004): 648–678.

112. Peter H. Lindert and Jeffrey G. Williamson, *Unequal Gains: American Growth and Inequality Since 1700* (Princeton: Princeton University Press, 2016), 52, table 32.

113. Matthew Kruer, "Bloody Minds and Peoples Undone: Emotion, Family, and Political Order in the Susquehannock-Virginia War," *William and Mary Quarterly* 74, no. 3 (2017): 401–436; Edmund S. Morgan, *American Slavery, American Freedom* (1975; New York: Norton, 2003).

114. David W. Galenson, *White Servitude in Colonial America: An Economic Analysis* (New York: Cambridge University Press, 1982).

115. Anthony S. Parent, *Foul Means: The Formation of a Slave Society in Virginia, 1660–1740*

(Chapel Hill: University of North Carolina Press, 2003).

116. Zara Anishanslin, "Producing Empire: The British Empire in Theory and Practice," in Andrew Shankman, ed., *The World of the Revolutionary American Republic: Land, Labor, and the Conflict for a Continent* (New York: Routledge, 2014), 31.

117. Emma Hart, "From Field to Plate: The Colonial Livestock Trade and the Development of an American Economic Culture," *William and Mary Quarterly* 73, no. 1 (2016).

118. McCusker and Menard, *Economy of British America*, 91–117.

119. 同上, 108, table 5.2; Phyllis Whitman Hunter, *Purchasing Identity in the Atlantic World: Massachusetts Merchants, 1670–1780* (Ithaca, N.Y.: Cornell University Press, 2001)。

120. Cathy Matson, *Merchants and Empire: Trading in Colonial New York* (Baltimore: Johns Hopkins University Press, 2002); Thomas M. Doerflinger, *A Vigorous Spirit of Enterprise: Merchants and Economic Development in Revolutionary Philadelphia* (Chapel Hill: University of North Carolina Press, 1986).

121. Stanley Engerman et al., *Economic Development in the Americas Since 1500: Endowments and Institutions* (New York: Cambridge University Press, 2011).

122. T. H. Breen, *The Marketplace of Revolution: How Consumer Politics Shaped American Independence* (New York: Oxford University Press, 2004), 93–94, 120–130.

123. 参见 Rothschild, *Economic Sentiments*。

124. Smith, *Wealth of Nations*, 26.

125. S. D. Smith, "British Exports to Colonial North America and the Mercantilist Fallacy," *Business History* 37, no. 1 (1995): 45–48; Zara Anishanslin, *Portrait of a Woman in Silk: Hidden Histories of the British Atlantic World* (New Haven: Yale University Press, 2016).

126. Richard Lyman Bushman, *The Refinement of America: Persons, Houses, Cities* (New York: Knopf, 1992).

127. Kenneth Silverman, *The Life and Times of Cotton Mather* (New York: HarperCollins, 1984).

128. Joseph Dorfman, *The Economic Mind in American Civilization, 1606–1865* (1949; New York: Augustus M. Kelley, 1966), 1:120。另参见 Mark Valeri, *Heavenly Merchandize: How Religion Shaped Commerce in Puritan America* (Princeton: Princeton University Press, 2010); Mark Peterson, *The Price of Redemption: The Spiritual Economy of Puritan New England* (Palo Alto, Calif.: Stanford University Press, 1997)。

129. Thomas D. Eliot, "The Relations Between Adam Smith and Benjamin Franklin Before 1776," *Political Science Quarterly* 39, no. 1 (1924): 67–96.

130. Jacob M. Price, *Overseas Trade and Traders: Essays on Some Commercial, Financial and Political Challenges Facing British Atlantic Merchants, 1600–1775* (London: CRC Press, 1996).

131. Claire Priest, "Creating an American Property Law: Alienability and Its Limits in American History," *Harvard Law Review* 120, no. 2 (2006): 385–459.

132. David Hancock, *Citizens of the World: London Merchants and the Integration of the British Atlantic Community, 1735–1785* (New York: Cambridge University Press, 1995).

133. Gautham Rao, *National Duties: Custom Houses and the Making of the American State* (Chicago: University of Chicago Press, 2016), 19–44; Thomas M. Truxes, *Defying Empire: Trading with the Enemy in Colonial New York* (New Haven: Yale University Press, 2008).
134. Steve Pincus, *The Heart of the Declaration: The Founders' Case for an Activist Government* (New Haven: Yale University Press, 2016).
135. McCusker and Menard, *Economy of British America*, 331–350.
136. Engerman et al., *Economic Development in the Americas*, 11, fig. 1.1.
137. Lindert and Williamson, *Unequal Gains*, 43。对于这些估算数字的评论，参见 Thomas Weiss, review of *Unequal Gains*, *Journal of Economic History* 77, no. 3 (September 2017): 952–954。
138. Smith, "British Exports to Colonial North America."
139. Patrick K. O'Brien, "Mercantilism and Imperialism in the Rise and Decline of the Dutch and British Economies, 1585–1815," *De Economist* 148, no. 4 (2000): 469–501; Stanley L. Engerman, "British Imperialism in a Mercantilist Age, 1492–1849: Conceptual Issues and Empirical Problems," *Revista de Historia Económica* 16, no. 1 (1998): 195–231.
140. 对这种贡献的积极评价，参见 Barbara L. Solow, *The Economic Consequences of the Atlantic Slave Trade* (Lanham, Md.: Lexington Books, 2014)；负面评价，参见 David Eltis and Stanley L. Engerman, "The Importance of Slavery and the Slave Trade to Industrializing Britain," *Journal of Economic History* 60, no. 1 (2000): 123–144。
141. R. Bin Wong, *China Transformed: Historical Change and the Limits of European Experience* (Ithaca, N.Y.: Cornell University Press, 1998).
142. John Gallagher and Ronald Robinson, "The Imperialism of Free Trade," *Economic History Review* 6, no. 1 (1953): 1–15.
143. 参见 Hart, "From Field to Plate," 131。
144. Paul Hammond and David Hopkins eds., *Dryden: Selected Poems* (Harlow, UK: Pearson Education Limited, 2007), 190.

第二章　有机经济、家户经济

1. E. A. Wrigley, *Energy and the English Industrial Revolution* (New York: Cambridge University Press, 2010).
2. Christopher F. Jones, *Routes of Power: Energy and Modern America* (Cambridge, Mass.: Harvard University Press, 2014), 15.
3. 正如 1601 年至 1603 年北欧农业收成的情况。Bruce M. S. Campbell, "Nature as Historical Protagonist: Environment and Society in Pre-Industrial England," *Economic History Review* 63, no. 2 (2010): 314。
4. T. R. Malthus, *An Essay on the Principle of Population*, ed. Donald Winch (1798; New York: Cambridge University Press, 1992), 42, 43。在本书第二版中，马尔萨斯对"实际制约"和"预防性制约"做出了区分，后者意味着社会采取的各种预防性措施，它们可以缩小人口规模，从而保持财富水平和人民福祉。

注 释

5. Thomas Carlyle, *Latter-Day Pamphlets* (London: Chapman & Hall, 1850), 53.
6. Jack A. Goldstone, "Efflorescences and Economic Growth in World History: Rethinking the 'Rise of the West' and the Industrial Revolution," *Journal of World History* 13, no. 2 (2002): 323–389.
7. Adam Smith, *An Inquiry into the Nature and Causes of the Wealth of Nations* (1776; Chicago: University of Chicago Press, 1976), 71, 91.
8. Keith Pluymers, "Atlantic Iron: Wood Scarcity and the Political Ecology of Early English Expansion," *William and Mary Quarterly* 73, no. 3 (2016): 389–426.
9. Bruce M. S. Campbell, "Factor Markets in England Before the Black Death," *Continuity and Change* 24, special issue 1 (2009): 79–106.
10. Henry Vaughan, *Selected Poems*, ed. Robert B. Shaw (1640; Cheadle, U.K.: Littlehampton Book Services, 1976).
11. Brian Fagan, *The Little Ice Age: How Climate Made History, 1300–1850* (New York: Basic Books, 2000); William Chester Jordan, *The Great Famine* (Princeton: Princeton University Press, 1996).
12. Karen Ordahl Kupperman, "Apathy and Death in Early Jamestown," *Journal of American History* 66, no. 1 (1979): 24.
13. Douglas H. Ubelaker, "North American Indian Population Size: Changing Perspectives," in John W. Verano and Douglas H. Ubelaker, eds., *Disease and Demography in the Americas* (Washington, D.C.: Smithsonian Institution Press, 1992).
14. 关于"影子耕地",参见 Eric Jones, *The European Miracle: Environments, Economies and Geopolitics in the History of Europe and Asia* (New York: Cambridge University Press, 2003); Kenneth Pomeranz, "Political Economy and Ecology on the Eve of Industrialization: Europe, China, and the Global Conjuncture," *American Historical Review* 107, no. 2 (April 2002): 425–446。
15. John Komlos, *The Biological Standard of Living in Europe and America, 1700–1900: Studies in Anthropometric History* (Aldershot, U.K.: Routledge, 1995).
16. Malthus, *Essay on Population*, 23.
17. 迄今为止对该时期家户的经济分析的著作中,最优秀的是 Jan de Vries 的 *The Industrious Revolution: Consumer Behavior and the Household Economy, 1650 to the Present* (New York: Cambridge University Press, 2008),尽管它主要关注的是欧洲的家户。关于早期美洲家户更宽泛的介绍,参见 Christopher Tomlins, *Freedom Bound: Law, Labor, and Civic Identity in Colonizing English America, 1580–1865* (New York: Cambridge University Press, 2010); Christopher Clark, *Social Change in America: From the Revolution Through the Civil War* (Chicago: Ivan R. Dee, 2006); Carole Shammas, *A History of Household Government in America* (Charlottesville: University of Virginia Press, 2002)。
18. Janet Halley, "What Is Family Law? A Genealogy Part I," *Yale Journal of Law and the Humanities* 23, no. 1 (2013), 8.
19. Nancy Folbre and Barnet Wagman, "Counting Housework: New Estimates of Real Product in the United States, 1800–1860," *Journal of Economic History* 53, no. 2 (1993): 275–288.
20. Allan Greer, *Property and Dispossession: Natives, Empires and Land in Early Modern North America* (New York: Cambridge University Press, 2018), 27–55.

21. John C. Weaver, *The Great Land Rush and the Making of the Modern World, 1650–1900* (Montreal: McGill-Queen's University Press, 2003).
22. Donald Worster, *Nature's Economy: A History of Ecological Ideas* (New York: Cambridge University Press, 1985), 27.
23. Peter Birks, "Roman Law Concept of Dominium and the Idea of Absolute Ownership," *Acta Juridica* 7 (1985): 31.
24. James J. Sheehan, "The Problem of Sovereignty in European History," *American Historical Review* 111, no. 1 (February 2006): 5.
25. 关于英国在土地私有财产问题上的独特性，参见 Tomlins, *Freedom Bound*, 133。
26. David J. Seipp, "The Concept of Property in the Early Common Law," *Law and History Review* 12, no. 1 (1994): 29–91.
27. Weaver, *Great Land Rush*, 49.
28. Robert Brenner, "Property Relations and the Growth of Agricultural Productivity in Late Medieval and Early Modern Europe," in A. Bhaduri and Rune Skarstein, eds., *Economic Development and Agricultural Productivity* (Cheltenham, U.K.: Edward Elgar, 1997)。关于圈地，参见 Robert C. Allen, "Community and Market in England: Open Fields and Enclosures Revisited," in M. Aoki and Y. Hayami, eds., *Communities and Markets in Economic Development* (New York: Oxford University Press, 2001), 42–69。
29. Allan Kulikoff, *From British Peasants to Colonial American Farmers* (Chapel Hill: University of North Carolina Press, 2000).
30. Greer, *Property and Dispossession*, 18.
31. John Brewer and Susan Staves, eds., *Early Modern Conceptions of Property* (New York: Routledge, 1995).
32. Brian Donahue, *The Great Meadow: Farmers and the Land in Colonial Concord* (New Haven: Yale University Press, 2004).
33. Emma Hart, "From Field to Plate: The Colonial Livestock Trade and the Development of an American Economic Culture," *William and Mary Quarterly* 73, no. 1 (2016): 107–140; Claire Priest, "Creating an American Property Law: Alienability and Its Limits in American History," *Harvard Law Review* 120, no. 2 (2006): 385–459.
34. James A. Henretta, *The Evolution of American Society, 1700–1815* (Lexington, Mass.: Heath, 1973), 7.
35. Gordon S. Wood, *The Radicalism of the American Revolution* (New York: Knopf, 1991), 114.
36. Greer, *Property and Dispossession*, 4.
37. William Cronon, *Changes in the Land: Indians, Colonists, and the Ecology of New England* (New York: Hill & Wang, 1983).
38. Greer, *Property and Dispossession*, 42.
39. Kathleen Bragdon, *Native People of Southern New England, 1650–1775* (Norman: University of Oklahoma Press, 2009), 113.
40. 据我所知，关于洛克对私有财产的辩护，肖娜·瓦伦丁·希夫林（Seana Valentine

Shiffrin）给出了最优秀的总结，其中着重指出，洛克最早强调了"公共所有权"的概念。参 见 Seana Valentine Shiffrin, "Lockean Arguments for Intellectual Property," in Stephen R. Munzer, ed., *New Essays in the Political Theory of Property* (New York: Cambridge University Press, 2001): 138–167。

41. John Locke, *Two Treatises of Government*, ed. Peter Laslett (New York: Cambridge University Press, 1988), 146.
42. 洛克的藏书中包括他阅读过的、关于美洲原住民农业实践的书籍。Vicki Hsueh, "Cultivating and Challenging the Common: Lockean Property, Indigenous Traditionalisms, and the Problem of Exclusion," *Contemporary Political Theory* 5 (2006): 193–214。
43. Tomlins, *Freedom Bound*, 150, 148.
44. Anya Zilberstein, *A Temperate Empire: Making Climate Change in Early America* (New York: Oxford University Press, 2016).
45. Robert Nozick, *Anarchy, State, and Utopia* (New York: Basic Books, 1974).
46. Virginia DeJohn Anderson, *Creatures of Empire: How Domestic Animals Transformed Early America* (New York: Oxford University Press, 2004), 171.
47. Joseph Conrad, *Heart of Darkness*, ed. Ross C. Murfin (1899; Boston: Bedford/St. Martin's: 2011), 21.
48. Pekka Hämäläinen, *The Comanche Empire* (New Haven: Yale University Press, 2008).
49. Stephen Innes, *Creating the Commonwealth: The Economic Culture of Puritan New England* (New York: Norton, 1995), 287.
50. Bernard Bailyn, *The Peopling of British North America: An Introduction* (New York: Random House, 2011).
51. Russell R. Menard, "Colonial America's Mestizo Agriculture," in Cathy D. Matson, ed., *The Economy of Early America: Historical Perspectives and New Directions* (University Park: Pennsylvania State University Press, 2006), 107–123.
52. Eric Sloane, *A Museum of Early American Tools* (New York: W. Funk, 1964).
53. Captain John Smith, *Writings with Other Narratives of Roanoke, Jamestown, and the First English Settlement of America* (New York: Library of America, 2007), 804.
54. Miguel León-Portilla, "Men of Maize," in Alvin M. Josephy, Jr., ed., *America in 1492: The World of the Indian Peoples Before the Arrival of Columbus* (New York: Vintage, 1992), 147–75.
55. 这一部分大量借鉴了 William Nelson Parker 的 *Europe, America, and the Wider World: Essays on the Economic History of Western Capitalism*, vol. 2, *America and the Wider World* (New York: Cambridge University Press, 1984), 161–182, 以及 David Freeman Hawker 的 *Everyday Life in Early America* (New York: Harper & Row, 1988)。
56. Alfred W. Crosby, Jr., *The Columbian Exchange: Biological and Cultural Consequences of 1492* (Westport, Conn.: Praeger, 2003).
57. J. R. McNeill, *Something New Under the Sun: An Environmental History of the Twentieth-Century World* (New York: Norton, 2000), 12.
58. Joyce E. Chaplin, *An Anxious Pursuit: Agricultural Innovation and Modernity in the Lower*

South, 1730–1815 (Chapel Hill: University of North Carolina Press, 1993).

59. John Demos, *Circles and Lines: The Shape of Life in Early America* (Cambridge, Mass.: Harvard University Press, 2004).
60. Peter H. Lindert and Jeffrey G. Williamson, *Unequal Gains: American Growth and Inequality Since 1700* (Princeton: Princeton University Press, 2016), 58, fig. 3-2.
61. Drew R. McCoy, *The Elusive Republic: Political Economy in Jeffersonian America* (Chapel Hill: University of North Carolina Press, 1980), 51.
62. Alan Taylor, *American Revolutions: A Continental History, 1750–1804* (New York: Norton, 2016), 33.
63. U.S. Bureau of the Census, *Century of Population Growth, 1790–1900* (Washington, D.C.: Government Printing Office, 1909), 96.
64. Lindert and Williamson, *Unequal Gains*, 55.
65. Shammas, *History of Household Government*, 33, table 1.
66. Anthony S. Parent, *Foul Means: The Formation of a Slave Society in Virginia, 1660–1740* (Chapel Hill: University of North Carolina Press, 2003), 伯德的话见第 201 页。
67. William Blackstone, *Commentaries on the Laws of England*, book 1, *Of the Rights of Persons*, ed. David Lemmings (1765; New York: Oxford University Press, 2016), 272.
68. 同上，284–285。
69. 同上，300。
70. Laurel Thatcher Ulrich, *Good Wives: Image and Reality in the Lives of Women in Northern New England, 1650–1750* (New York: Knopf, 1980), 70.
71. Ellen Hartigan-O'Connor, *The Ties That Buy: Women and Commerce in Revolutionary America* (Philadelphia: University of Pennsylvania Press, 2011); Laurel Thatcher Ulrich, *A Midwife's Tale: The Life of Martha Ballard, Based on Her Diary, 1785–1812* (New York: Knopf, 1990).
72. Tomlins, *Freedom Bound*, 35.
73. Susan E. Klepp and Billy G. Smith, eds., *The Infortunate: The Voyage and Adventures of William Moraley, an Indentured Servant* (University Park: Pennsylvania State University Press, 1992), 46.
74. Robert J. Steinfeld, *Coercion, Contract, and Free Labor in the Nineteenth Century* (New York: Cambridge University Press, 2001).
75. Halley, "What Is Family Law?," 8.
76. Geoffrey Guest, "The Boarding of the Dependent Poor in Colonial America," *Social Service Review* 63, no. 1 (1989): 92–112.
77. Clark, *Social Change in America*, 7.
78. Thomas D. Morris, *Southern Slavery and the Law, 1619–1860* (Chapel Hill: University of North Carolina Press, 1996).
79. Priest, "Creating an American Property Law."
80. Klepp and Smith, *Infortunate*, 58.

81. David Brion Davis, *The Problem of Slavery in the Age of Emancipation* (New York: Knopf, 2014).
82. Bertram Wyatt-Brown, *Yankee Saints and Southern Sinners* (Baton Rouge: Louisiana State University Press, 1986), 162.
83. Willie Lee Rose, *Slavery and Freedom* (New York: Oxford University Press, 1982), 25.
84. Thomas C. Holt, *Children of Fire: A History of African Americans* (New York: Hill & Wang, 2010), 53–88.
85. Jennifer Morgan, *Laboring Women: Reproduction and Gender in New World Slavery* (Philadelphia: University of Pennsylvania Press, 2004).
86. Daron Acemoglu, Simon Johnson, and James A. Robinson, "Reversal of Fortune: Geography and Institutions in the Making of the Modern World Income Distribution," *Quarterly Journal of Economics* 117, no. 4 (2002): 1231–1294; Stanley L. Engerman et al., *Economic Development in the Americas Since 1500: Endowments and Institutions* (New York: Cambridge University Press, 2011).
87. Anthony B. Atkinson, Thomas Piketty, and Emmanuel Saez, "Top Incomes in the Long Run of History," *Journal of Economic Literature* 49, no. 1 (2011), 31, table 5; Lindert and Williamson, *Unequal Gains*, 36.
88. Lindert and Williamson, *Unequal Gains*, 37.
89. 对这些争论的深入概括和全面引述，参见 Naomi R. Lamoreaux, "Rethinking the Transition to Capitalism in the Early American Northeast," *Journal of American History* 90, no. 2 (2003): 437–461，该研究也将讨论大大向前推进了。
90. William Nelson Parker, "The True History of the Northern Farmer," in Parker, *Europe, America, and Wider World*.
91. Greer, *Property and Dispossession*, 99.
92. John Frederick Martin, *Profits in the Wilderness: Entrepreneurship and the Founding of New England Towns in the Seventeenth Century* (Chapel Hill: University of North Carolina Press, 1991).
93. Stuart Banner, *How the Indians Lost Their Land: Law and Power on the Frontier* (Cambridge, Mass.: Harvard University Press, 2009), 100.
94. Weaver, *Great Land Rush*, 88, 154.
95. Winifred Barr Rothenberg, *From Market-Places to a Market Economy: The Transformation of Rural Massachusetts, 1750–1850* (Chicago: University of Chicago Press, 1992).
96. De Vries, *Industrious Revolution*.
97. Priest, "Creating an American Property Law."
98. Colin G. Calloway, *The Scratch of a Pen: 1763 and the Transformation of North America* (New York: Oxford University Press, 2006).
99. 对这一观点的精辟论述，参见 Robert Brenner, "Property and Progress: Where Adam Smith Went Wrong," in Chris Wickham, ed., *Marxist History-Writing for the Twenty-First Century* (New York: Oxford University Press, 2011), 49–111。
100. Thomas Jefferson, *Writings: Autobiography / Notes on the State of Virginia / Public*

and *Private Papers / Addresses / Letters*, ed. Merrill D. Peterson (New York: Library of America, 1984), 290.

101. "安全第一"的说法，出自 Gavin Wright and Howard Kunreuther, "Cotton, Corn and Risk in the Nineteenth Century," *Journal of Economic History* 35, no. 3 (1975): 526–551。另参见 Richard Lyman Bushman, "Markets and Composite Farms in Early America," *William and Mary Quarterly* 55, no. 3 (1998): 351–374; Lorena Seebach Walsh, *Motives of Honor, Pleasure, and Profit: Plantation Management in the Colonial Chesapeake, 1607–1763* (Chapel Hill: University of North Carolina Press, 2010)。

102. John J. McCusker and Russell R. Menard, *The Economy of British America, 1607–1789, with Supplementary Bibliography* (Chapel Hill: University of North Carolina Press, 1991), 132, table 6.

103. James T. Lemon, *The Best Poor Man's Country: A Geographical Study of Early Southeastern Pennsylvania* (Baltimore: Johns Hopkins University Press, 1972), 180–183.

第三章　共和主义政治经济学

1. Jonathan Israel, *The Expanding Blaze: How the American Revolution Ignited the World, 1775–1848* (Princeton: Princeton University Press, 2017).

2. Alan Taylor, *American Revolutions: A Continental History, 1750–1804* (New York: Norton, 2016), 211–250.

3. Stanley Elkins and Eric McKitrick, *The Age of Federalism: The Early American Republic, 1788–1800* (New York: Oxford University Press, 1993), 77.

4. Sarah Knott, *Sensibility and the American Revolution* (Chapel Hill: University of North Carolina Press, 2009).

5. Gautham Rao, *National Duties: Custom Houses and the Making of the American State* (Chicago: University of Chicago Press, 2016), 11.

6. James R. Fichter, *So Great a Proffit: How the East Indies Trade Transformed Anglo-American Capitalism* (Cambridge, Mass.: Harvard University Press, 2010).

7. Allan Kulikoff, " 'Such Things Ought Not to Be' : The American Revolution and the First National Great Depression," in Andrew Shankman, ed., *The World of the Revolutionary American Republic: Land, Labor, and the Conflict for a Continent* (New York: Routledge, 2014), 134–164.

8. Peter H. Lindert and Jeffrey G. Williamson, *Unequal Gains: American Growth and Inequality Since 1700* (Princeton: Princeton University Press, 2016), 79。20% 是 1770 年到 1800 年间的数字。1790 年到 1800 年间，很可能发生了收入增长。

9. Joanne B. Freeman, *Affairs of Honor: National Politics in the New Republic* (New Haven: Yale University Press, 2001).

10. 对这一观点的精彩阐述，参见 Elkins and McKitrick, *Age of Federalism*。该书是关于这十年的最优秀的政治史著作。

11. Jeffrey Sklansky, *Sovereign of the Market: The Money Question in Early America* (Chicago:

University of Chicago Press, 2017), 21–92.

12. Farley Grubb, "Is Paper Money Just Paper Money? Experimentation and Variation in the Paper Monies Issued by the American Colonies from 1690 to 1775," in Christopher Hanes and Susan Wolcott, eds., *Research in Economic History* (Bingley, U.K.: Emerald Group, 2016), 32:147–224.

13. Andrew David Edwards, "Grenville's Silver Hammer: The Problem of Money in the Stamp Act Crisis," *Journal of American History* 104, no. 2 (2017): 337–362.

14. Curtis P. Nettels, *The Emergence of a National Economy* (New York: Holt, Rinehart, 1962), 43–44.

15. 同上，56。

16. Max M. Edling, *A Revolution in Favor of Government: Origins of the U.S. Constitution and the Making of the American State* (New York: Oxford University Press, 2003), 84.

17. Cathy D. Matson and Peter Onuf, *A Union of Interests: Political and Economic Thought in Revolutionary America* (Lawrence: University Press of Kansas, 1990), 31–49.

18. Irving Fisher, "The Debt-Deflation Theory of Great Depressions," *Econometrica* 1, no. 4 (1933): 337–357.

19. Andrew Shankman, *Crucible of American Democracy: The Struggle to Fuse Egalitarianism and Capitalism in Jeffersonian Pennsylvania* (Lawrence: University Press of Kansas, 2004).

20. Terry Bouton, *Taming Democracy: "The People," the Founders, and the Troubled Ending of the American Revolution* (New York: Oxford University Press, 2007).

21. Woody Holton, *Unruly Americans and the Origins of the Constitution* (New York: Hill & Wang, 2007), 145.

22. Sidney Homer and Richard Sylla, *A History of Interest Rates* (Hoboken, N.J.: Wiley, 2005), 275.

23. Justin du Rivage, *Revolution Against Empire: Taxes, Politics, and the Origins of American Independence* (New Haven: Yale University Press, 2017).

24. 关于外国投资者问题，参见 Daniel J. Hulsebosch, "Being Seen Like a State: How Americans (and Britons) Built the Constitutional Infrastructure of a Developing Nation," *William and Mary Law Review* 58, no. 4 (2018): 1239–1318。

25. Pauline Maier, *Ratification: The People Debate the Constitution, 1787–1788* (New York: Simon & Schuster, 2010).

26. Elkins and McKitrick, *Age of Federalism*, 114.

27. Thomas K. McCraw, *The Founders and Finance: How Hamilton, Gallatin, and Other Immigrants Forged a New Economy* (Cambridge, Mass.: Belknap Press, 2012), 94–96.

28. 这些报告中最重要的几个是"1790年1月9日关于公共信贷的报告""1790年12月13日关于联邦特许银行的报告"和"1791年12月5日关于制造业的报告"。参见 Alexander Hamilton, *Writings*, ed. Joanne B. Freeman (New York: Library of America, 2001), 531–613, 647–735。

29. Lindert and Williamson, *Unequal Gains*, 77–95; Holton, *Unruly Americans*, 37; Kulikoff, "'Such Things Ought Not to Be,'" 152–153; Robert E. Wright, *One Nation Under Debt:*

Hamilton, Jefferson, and the History of What We Owe (New York: McGraw-Hill, 2008).

30. 关于货币和主权，参见 Christine Desan, *Making Money: Coin, Currency, and the Coming of Capitalism* (New York: Oxford University Press, 2015); Andrew David Edwards, "The American Revolution and Christine Desan's New History of Money," *Law and Social Inquiry* 42, no. 1 (2017): 252–278。

31. Elkins and McKitrick, *Age of Federalism*, 155.

32. John Brewer, *The Sinews of Power: War, Money and the English State, 1688–1783* (London: Routledge, 1989).

33. Ron Chernow, *Alexander Hamilton* (New York: Penguin Press, 2004).

34. Gordon S. Wood, *Revolutionary Characters: What Made the Founders Different* (New York: Penguin Press, 2006), 127.

35. Gerald Stourzh, *Alexander Hamilton and the Idea of Republican Government* (Stanford, Calif.: Stanford University Press, 1970).

36. Alexander Hamilton, *The Papers of Alexander Hamilton*, vol. 5, *June 1788–November 1789*, ed. Harold C. Syrett (New York: Columbia University Press, 1962), 80–86.

37. Alexander Hamilton, James Madison, and John Jay, *The Federalist Papers*, ed. Isaac Kramnick (New York: Penguin Classics, 1987), 134.

38. Matson and Onuf, *Union of Interests*, 29.

39. Elkins and McKitrick, *Age of Federalism*, 109.

40. Robert Eric Wright, *Hamilton Unbound: Finance and the Creation of the American Republic* (Westport, Conn.: Greenwood Press, 2002); McCraw, *Founders and Finance*.

41. Hamilton, *Writings*, ed. Freeman, 164.

42. Gordon S. Wood, *The Radicalism of the American Revolution* (New York: Knopf, 1991), 276.

43. Gary J. Kornblith and John M. Murrin, "The Making and Unmaking of an American Ruling Class," in Alfred E. Young, ed., *Beyond the American Revolution: Explorations in the History of American Radicalism* (DeKalb: Northern Illinois University Press, 1993), 27–79.

44. Rao, *National Duties*, 131.

45. Hamilton, *Writings*, ed. Freeman, 578, 579.

46. Robert E. Wright, *Corporation Nation* (Philadelphia: University of Pennsylvania Press, 2013), 49–79; Hanna A. Farber, "Underwritten States: Marine Insurance and the Making of Bodies Politic in America, 1622–1815" (PhD diss., University of California, Berkeley, 2014).

47. Pauline Maier, "The Revolutionary Origins of the American Corporation," *William and Mary Quarterly* 50, no. 1 (1993): 51–84.

48. Elkins and McKitrick, *Age of Federalism*, 243.

49. 关于独立战争时期"激进派共和主义者"和"温和派共和主义者"的分化，参见 Israel, *Expanding Blaze*, 11–14。强调两者相似之处的一个不同表述，参见 James T. Kloppenberg, *Toward Democracy: Struggle for Self-Rule in European and American Thought* (New York: Oxford University Press, 2016), 409–454。

50. 关于杰斐逊的生平，参见 John B. Boles, *Jefferson: Architect of American Liberty* (New York: Basic Books, 2017); Annette Gordon-Reed and Peter S. Onuf, *"Most Blessed of the Patriarchs" : Thomas Jefferson and the Empire of the Imagination* (New York: Liveright, 2016)。
51. Thomas Jefferson, *Writings: Autobiography / Notes on the State of Virginia / Public and Private Papers / Addresses / Letters*, ed. Merrill D. Peterson (New York: Library of America, 1984).
52. John Joseph Wallis, "The Concept of Systematic Corruption in American History," in Edward L. Glaeser and Claudia Goldin, eds., *Corruption and Reform: Lessons from America's Economic History* (Chicago: University of Chicago Press, 2006), 23–62.
53. J. G. A. Pocock, *Virtue, Commerce, and History: Essays on Political Thought and History, Chiefly in the Eighteenth Century* (New York: Cambridge University Press, 1985), 103–124.
54. John M. Murrin, "The Great Inversion, or Court Versus Country: A Comparison of the Revolution Settlements in England (1688–1721) and America (1776–1816)," in J. G. A. Pocock, ed., *Three British Revolutions: 1641, 1688, 1776* (Princeton: Princeton University Press, 1980), 368–453; Bernard Bailyn, *The Ideological Origins of the American Revolution*, 15th ed. (Cambridge, Mass.: Belknap Press, 2017).
55. Hamilton, *Writings*, ed. Freeman, 977.
56. Gordon-Reed and Onuf, *"Most Blessed of the Patriarchs."*
57. Gavin Wright, "The Role of Nationhood in the Economic Development of the USA," in Alice Teichova and Herbert Matis, eds., *Nation, State, and the Economy in History* (New York: Cambridge University Press, 2003), 392.
58. Douglas R. Egerton, *Death or Liberty: African Americans and Revolutionary America* (New York: Oxford University Press. 2009), 78–79, 122–47.Alan Taylor, *The Internal Enemy: Slavery and War in Virginia, 1772–1832* (New York: Norton, 2013), 13–54.
59. Drew R. McCoy, *The Elusive Republic: Political Economy in Jeffersonian America* (Chapel Hill: University of North Carolina Press, 1980).
60. Thomas Jefferson, *The Papers of Thomas Jefferson*, vol. 13, *March to 7 October 1788*, ed. Julian P. Boyd (Princeton: Princeton University Press, 1956), 430–432.
61. 克雷格的话引自 Joseph Stancliffe Davis, *Essays in the Earlier History of American Corporations* (Cambridge, Mass.: Harvard University Press, 1917), 1:186。
62. Kulikoff, " 'Such Things Ought Not to Be,' " 152.
63. 杰斐逊的话引自 Elkins and McKitrick, *Age of Federalism*, 243。
64. Joyce Oldham Appleby, *Thomas Jefferson* (New York: Times Books, 2003), 19.
65. Bradford Perkins, The *Cambridge History of American Foreign Relations*, vol. 1, *The Creation of a Republican Empire, 1776–1865* (New York: Cambridge University Press, 1995), 22.
66. Nettels, *Emergence of a National Economy*, 231.
67. Hamilton, *Writings*, ed. Freeman, 671, 681.
68. Elkins and McKitrick, *Age of Federalism*, 263.

69. Richard Sylla, Robert E. Wright, and David J. Cowen, "Alexander Hamilton, Central Banker: Crisis Management During the U.S. Financial Panic of 1792," *Business History Review* 83, no. 1 (2009): 61–86.

70. James Madison, *The Papers of James Madison*, vol. 14, *6 April 1791—16 March 1793*, ed. Robert A. Rutland and Thomas A. Mason (Charlottesville: University Press of Virginia, 1983), 370–372.

71. Hamilton, *Papers*, ed. Syrett, 12:347–350.

72. Thomas Jefferson, *The Papers of Thomas Jefferson*, vol. 24, *1 June to 31 December 1792*, ed. John Catanzariti (Princeton: Princeton University Press, 1990), 351–360.

73. Richard Sylla, "Financial Foundations: Public Credit, the National Bank, and Securities Markets," in Douglas A. Irwin and Richard Sylla, eds., *Founding Choices: American Economic Policy in the 1790s* (Chicago: University of Chicago Press, 2011), 59–88.

74. Bouton, *Taming Democracy*, 216–243.

75. Kathleen DuVal, *Independence Lost: Lives on the Edge of the American Revolution* (New York: Random House, 2015), 223–291.

76. Rao, *National Duties*, 2, table 1.

77. Hamilton, *Papers*, ed. Syrett, 17: 428–429.

78. Peter L. Rousseau and Richard Sylla, "Emerging Financial Markets and Early U.S. Growth," *Explorations in Economic History* 42, no. 1 (2005): 5.

79. Hulsebosch, "Being Seen Like a State," 1303–1313.

80. Rousseau and Sylla, "Emerging Financial Markets"; Richard Sylla, Jack W. Wilson, and Robert E. Wright, "Integration of Trans-Atlantic Capital Markets, 1790–1845," *Review of Finance* 10, no. 4 (2006): 613–644.

81. David R. Meyer, *The Roots of American Industrialization* (Baltimore: Johns Hopkins University Press, 2003), 13–86。迈耶强调了城乡交换的作用,而不是汉密尔顿的改革措施。

82. 美国输出到欧洲的再出口商品——绝大多数来自西印度群岛——在1790年时价值53.9万美元。到1806年,再出口商品的价值已经超过6 000万美元——比所有国内生产的出口商品的价值高出了1 100万美元。货运收入从1791年的620万美元增加到了1807年的4 210万美元,人均海外贸易值在1790年时还大致与1776年的数字相当,但在1790年到1807年间增加到了初始数值的三倍(美国历史上的最高增长率)。参见Nettels, *Emergence of a National Economy*, 396, table 17, 235–236; Douglass C. North, *The Economic Growth of the United States, 1790–1860* (New York: Norton, 1966), 249, table A-III, 25。

83. Elkins and McKitrick, *Age of Federalism*, 441.

84. Christopher H. Achen and Larry M. Bartels, *Democracy for Realists: Why Elections Do Not Produce Responsive Government* (Princeton: Princeton University Press, 2016), 157, table 6.5.

85. Sean Wilentz, *The Rise of American Democracy: Jefferson to Lincoln* (New York: Norton, 2005), 40–98.

86. Kulikoff, " 'Such Things Ought Not to Be,' " 149–151.

87. Joyce Appleby, *Capitalism and a New Social Order: The Republican Version of the 1790s* (New York: New York University Press, 1984), 26–51.
88. 选举团的一名成员错误地将选票投给了阿伦·伯尔，于是伯尔和杰斐逊出现了平票。众议院最终选择了杰斐逊。
89. "Letter from Alexander Hamilton, Concerning the Public Conduct and Character of John Adams, Esq. President of the United States, October 24, 1800," in Hamilton, *Writings*, ed. Freeman, 934–971.
90. Thomas Jefferson, *The Papers of Thomas Jefferson*, vol. 38, *1 July to 12 November 1802*, ed. Barbara B. Oberg (Princeton: Princeton University Press, 2011), 565–567.
91. Hamilton, *Writings*, ed. Freeman, 986.
92. 同上，1022。
93. McCraw, *Founders and Finance*, 232.
94. François Furstenberg, "The Significance of the Trans-Appalachian Frontier in Atlantic History," *American Historical Review* 113, no. 3 (2008): 647–677.
95. Taylor, *American Revolutions*, 267.
96. Jefferson, First Inaugural Address, March 4, 1801, in *The Papers of Thomas Jefferson Digital Edition*, ed. Barbara B. Oberg and Jefferson Looney (Charlottesville: University of Virginia Press, 2008).
97. Richard White, "The Louisiana Purchase and the Fictions of Empire," in Peter J. Kastor and François Weil, eds., *Empires of the Imagination: Transatlantic Histories of the Louisiana Purchase* (Charlottesville: University of Virginia Press, 2009), 37.
98. D. W. Meinig, *The Shaping of America: A Geographical Perspective on 500 Years of History*, vol. 2, *Continental America, 1800–1867* (New Haven: Yale University Press, 1993), 242–243; Malcolm J. Rohrbough, *The Land Office Business: The Settlement and Administration of American Public Lands, 1789–1837* (New York: Oxford University Press, 1968), 3–50.
99. Stanley Lebergott, *The Americans: An Economic Record* (New York: Norton, 1984), 83.
100. Peter S. Onuf, *Jefferson's Empire: The Language of American Nationhood* (Charlottesville: University of Virginia Press, 2000), 55–76.
101. Jonathan Atkins, *From Confederation to Nation: The Early American Republic, 1789–1848* (New York: Routledge, 2016), 56.
102. Rashauna Johnson, *Slavery's Metropolis: Unfree Labor in New Orleans During the Age of Revolutions* (New York: Cambridge University Press, 2016); Adam Rothman, *Slave Country: American Expansion and the Origins of the Deep South* (Cambridge, Mass.: Harvard University Press, 2005), 1–36.
103. 道格拉斯·诺思（Douglass North）曾提出过一个著名的观点，即源于棉花贸易而达成的跨地区贸易联动启动了美国的经济增长。参见 North, *Economic Growth of the United States*。尽管其阐述颇具说服力，这一观点却不再可靠。随后的研究表明，增加的本地化商业活动才是至关重要的。参见 Gavin Wright, "The Antebellum U.S. Economy," in Claude Diebolt and Michael Haupert, eds., *Handbook of Cliometrics* (Berlin: Springer, 2018), 1–23.

104. Meyer, *Roots of American Industrialization*, 13–86.
105. Wood, *Radicalism of the Revolution*, 326.
106. Richard Lyman Bushman, *The Refinement of America: Persons, Houses, Cities* (New York: Knopf, 1992), 400–425.
107. Elizabeth A. Bohls and Ian Duncan, eds., *Travel Writing 1700–1830: An Anthology* (New York: Oxford University Press, 2005), 393.
108. Burton Spivak, *Jefferson's English Crisis: Commerce, Embargo, and the Republican Revolution* (Charlottesville: University Press of Virginia, 1979), 9.
109. 美国出口值从 1.08 亿美元暴跌到了 2200 万美元，美国的货运收入从 4200 万美元降到了 2300 万美元。参见 Nettels, *Emergence of a National Economy*, 396, table 17, 235–236; North, *Economic Growth of the United States*, table A-III, 25。关税从 1640 万美元跌到了 730 万美元。Rao, *National Duties*, 2, table 1。
110. 他也受够了在自身权力问题上与商人们的讨价还价。参见 Rao, *National Duties*, 132–65。
111. Spivak, *Jefferson's English Crisis*, 207.
112. Joseph H. Davis and Douglas A. Irwin, "Trade Disruptions and America's Early Industrialization," National Bureau of Economic Research, Working Paper No. 9944 (2003).
113. Alan Taylor, *The Civil War of 1812: American Citizens, British Subjects, Irish Rebels, and Indian Allies* (New York: Vintage Books, 2011), 428.
114. Jeremy Adelman and Stephen Aron, "From Borderlands to Borders: Empires, Nation-States, and the Peoples in Between in North American History," *American Historical Review* 104, no. 3 (1999): 814–841.
115. Richard White, *The Middle Ground: Indians, Empires, and Republics in the Great Lakes Region, 1650–1815* (New York: Cambridge University Press, 2010), 413–524.
116. J. M. Opal, *Avenging the People: Andrew Jackson, the Rule of Law, and the American Nation* (New York: Oxford University Press, 2017).
117. Robert V. Remini, *Andrew Jackson: A Biography* (New York: St. Martin's Press, 2008), 76.
118. John Joseph Wallis and Barry R. Weingast, "Equilibrium Federal Impotence: Why the States and Not the American National Government Financed Economic Development in the Antebellum Era," *Journal of Public Finance and Public Choice* 33, no. 1 (2018): 19–44.
119. John M. Murrin, "The Jeffersonian Triumph and American Exceptionalism," *Journal of the Early Republic* 20, no. 1 (2000): 1–25.
120. James Madison, "Seventh Annual Message," December 5, 1815, American Presidency Project, https://www.presidency.ucsb.edu/documents/seventh-annual-message-0.
121. John Lauritz Larson, *Internal Improvement: National Public Works and the Promise of Popular Government in the Early United States* (Chapel Hill: University of North Carolina Press, 2001), 65.

第四章 资本主义与民主政治

1. Sean Wilentz, *The Rise of American Democracy: Jefferson to Lincoln* (New York: Norton, 2005), 181–520。另参见 Daniel Walker Howe, *What Hath God Wrought: The Transformation of America, 1815–1848* (New York: Oxford University Press, 2007)。

2. Alexander Keyssar, *The Right to Vote: The Contested History of Democracy in the United States* (New York: Basic Books, 2000), 26–76.

3. 一些历史学家曾主张,发生过一场名副其实的"市场革命"。参见 John Lauritz Larson, *The Market Revolution in America: Liberty, Ambition, and the Eclipse of the Common Good* (New York: Cambridge University Press, 2009); Charles Sellers, *The Market Revolution: Jacksonian America, 1815–1846* (New York: Oxford University Press, 1992)。在这里,我的观点与那种关注政治在扩大市场范围中所扮演之角色的老观点更为接近。参见 George Rogers Taylor, *The Transportation Revolution, 1815–1860* (New York: Rinehart, 1951)。

4. 有两部作品对资本主义和民主政体共同兴起过程中的这种精神进行了精彩的描述,参见 Michael Zakim, *Accounting for Capitalism: The World the Clerk Made* (Chicago: University of Chicago Press, 2018); Michael Zakim, *Ready-Made Democracy: A History of Men's Dress in the American Republic, 1760–1860* (Chicago: University of Chicago Press, 2003)。

5. Fanny Trollope, *Domestic Manners of the Americans* (1832; New York: Penguin Classics, 1997), 38.

6. Peter L. Rousseau and Richard Sylla, "Emerging Financial Markets and Early U.S. Growth," *Explorations in Economic History* 42, no. 1 (2005): 1–26。对于北方的情况,参见 Naomi R. Lamoreaux, *Insider Lending: Banks, Personal Connections, and Economic Development in Industrial New England* (New York: Cambridge University Press, 1994)。对于南方的情况,参见 Richard Holcombe Kilbourne, Jr., *Debt, Investment, Slaves: Credit Relations in East Feliciana Parish, Louisiana, 1825–1885* (Tuscaloosa: University of Alabama Press, 1995); Edward E. Baptist, *The Half Has Never Been Told: Slavery and the Making of American Capitalism* (New York: Basic Books, 2014), 75–111。

7. Peter H. Lindert and Jeffrey G. Williamson, *Unequal Gains: American Growth and Inequality Since 1700* (Princeton: Princeton University Press, 2016), 96–141.

8. 同上。

9. Andrew Jackson, "Farewell Address," March 4, 1837, American Presidency Project, https://www.presidency.ucsb.edu/documents/farewell-address-0.

10. Gautham Rao, *National Duties: Custom Houses and the Making of the American State* (Chicago: University of Chicago Press, 2016); Harry N. Scheiber, "Private Rights and Public Power: American Law, Capitalism, and the Republican Polity in Nineteenth-Century America," *Yale Law Journal* 107, no. 3 (1997): 823–861。区分公私领域并不意味着公权力在其自身领域中不能强大有力。参见 William J. Novak, *The People's Welfare: Law and Regulation in Nineteenth-Century America* (Chapel Hill: University of North Carolina Press, 1996)。

11. James Willard Hurst, *Law and the Conditions of Freedom in the Nineteenth-Century United States* (Madison: University of Wisconsin Press, 1956), 1.

12. Naomi R. Lamoreaux and William J. Novak, eds., *Corporations and American Democracy* (Cambridge, Mass.: Harvard University Press, 2017); Naomi R. Lamoreaux and John Joseph Wallis, "States, Not Nation: The Sources of Political and Economic Development in the Early United States," *Working Paper* (New Haven: Yale University, 2015).

13. Lindert and Williamson, *Unequal Gains*, 103–104。关于将美国大陆（the continental U.S.）作为一个自由贸易区的问题，参见 Kevin H. O'Rourke and Jeffrey G. Williamson, *Globalization and History: The Evolution of a Nineteenth-Century Atlantic Economy* (Cambridge, Mass.: MIT Press, 1999), 29–56。

14. 一个经典的叙述依然存在, Douglass C. North, *The Economic Growth of the United States, 1790–1860* (New York: Prentice-Hall, 1961), 122–134, 177–188。

15. Robert Lipsey, "U.S. Foreign Trade and the Balance of Payments, 1800–1913," National Bureau of Economic Research, Working Paper no. 4710 (April 1994), 22.

16. Stuart Bruchey, *Cotton and the Growth of the American Economy: 1790–1860: Sources and Readings* (New York: Harcourt, Brace & World, 1967), 23, table A-L, "Value of Leading Domestic Exports, United States: 1815–1860."

17. Sven Beckert, *Empire of Cotton: A Global History* (New York: Knopf, 2014), 98–135.

18. Alan L. Olmstead and Paul W. Rhode, *Creating Abundance: Biological Innovation and American Agricultural Development* (New York: Cambridge University Press, 2008), 104; Angela Lakwete, *Inventing the Cotton Gin: Machine and Myth in Antebellum America* (Baltimore: Johns Hopkins University Press, 2003).

19. Paul Frymer, *Building an American Empire: The Era of Territorial and Political Expansion* (Princeton: Princeton University Press, 2017), 77–83.

20. Reeve Huston, "Land Conflict and Land Policy, 1785–1841," in Andrew Shankman, ed., *The World of the Revolutionary American Republic: Land, Labor, and the Conflict for a Continent* (New York: Routledge, 2014), 334.

21. Howe, *What Hath God Wrought*, 125–63.

22. 关于密西西比河谷南部的各种劳动制度，参见 Baptist, *Half Has Never Been Told*, 111–144; Walter Johnson, *River of Dark Dreams: Slavery and Empire in the Cotton Kingdom* (Cambridge, Mass.: Belknap Press, 2013)。

23. Paul Finkelman, *Slavery and the Founders: Race and Liberty in the Age of Jefferson* (New York: Routledge, 2014); Gavin Wright, "Slavery and American Agricultural History," *Agricultural History* 77, no. 4 (2003): 527–552.

24. Harry L. Watson, *Liberty and Power: The Politics of Jacksonian America* (New York: Hill & Wang, 1990), 24.

25. David R. Meyer, *The Roots of American Industrialization* (Baltimore: Johns Hopkins University Press, 2003); Diane Lindstrom, *Economic Development in the Philadelphia Region, 1810–1850* (New York: Columbia University Press, 1978).

26. J. M. Opal, "Natural Rights and National Greatness," in Shankman, *World of Revolutionary Republic*, 306.

27. Bray Hammond, *Banks and Politics in America from the Revolution to the Civil War* (Princeton: Princeton University Press, 1957), 251–285; Howard Bodenhorn, *State Banking*

注 释　　981

  in Early America: A New Economic History (New York: Oxford University Press, 2002).
28. Mathew Carey, *Essays on Political Economy; or, The Most Certain Means of Promoting the Wealth, Power, Resources, and Happiness of Nations, Applied Particularly to the United States* (Philadelphia: H. C. Carey & I. Lea, 1822), 419.
29. Larson, *Market Revolution in America*, 39.
30. 参见 Wilentz, *Rise of American Democracy*, 181–217。
31. J. M. Opal, *Avenging the People: Andrew Jackson, the Rule of Law, and the American Nation* (New York: Oxford University Press, 2017), 183–186; Murray N. Rothbard, *The Panic of 1819: Reactions and Policies* (Auburn, Ala.: Ludwig von Mises Institute, 2007), 37–80.
32. Rothbard, *Panic of 1819*, 11.
33. Opal, "Natural Rights and National Greatness," 308–309.
34. *Annals of the Congress of the United States*, vol. 42 (1856), 1983.
35. Henry L. Watson, *Andrew Jackson vs. Henry Clay: Democracy and Development in Antebellum America* (New York: Bedford/St. Martin's, 1998), 146。克莱援引了两位早期美国政治经济学家的作品。来自费城的马修·凯里（Mathew Carey）的《政治经济学随笔》（*Essays on Political Economy*，1822）是对自由贸易的新重商主义批判。巴尔的摩作家丹尼尔·雷蒙德（Daniel Raymond）则指出，公民必须"为了公共福祉放弃自己的私人利益"。参见 Daniel Raymond, *Thoughts on Political Economy: In Two Parts* (Baltimore: F. Lucas, 1820), 326。
36. Andrew Shankman, "Capitalism, Slavery, and the New Epoch," in Sven Beckert and Seth Rockman, eds., *Slavery's Capitalism: A New History of American Economic Development* (Philadelphia: University of Pennsylvania Press, 2016), 252.
37. John Lauritz Larson, *Internal Improvement: National Public Works and the Promise of Popular Government in the Early United States* (Chapel Hill: University of North Carolina Press, 2001), 39–71.
38. Herman Melville, *Moby-Dick; or, The Whale* (1851; New York: Random House, 1994), 127.
39. Tyehimba Jess, *Olio* (Seattle: Wave Books, 2016), 102.
40. Andrew Jackson to James Gadsden, August 1, 1819, in Jackson, *The Papers of Andrew Jackson: 1816–1820*, ed. Harold D. Moser et al. (Knoxville: University of Tennessee Press, 1994), 307.
41. Opal, "Natural Rights and National Greatness," 310.
42. 参见 Wilentz, *Rise of American Democracy*, 281–311; Watson, *Liberty and Power*, 42–72。
43. Rothbard, *Panic of 1819*, 34–55.
44. James L. Huston, "Virtue Besieged: Virtue, Equality, and the General Welfare in the Tariff Debates of the 1820s," *Journal of the Early Republic* 14, no. 4 (1994): 523–547.
45. John Taylor, *Tyranny Unmasked* (Washington, D.C.: Davis & Force, 1822), 27.
46. Opal, *Avenging the People*, 172–205.
47. Opal, "Natural Rights and Natural Greatness," 313.
48. Watson, *Liberty and Power*, 94.

49. Watson, *Andrew Jackson vs. Henry Clay*, 15.
50. Frymer, *Building an American Empire*, 113–127.
51. Anne F. Hyde, *Empires, Nations, and Families: A History of the North American West, 1800–1860* (Lincoln: University of Nebraska Press, 2011), 225.
52. Larson, *Internal Improvement*.
53. Watson, *Liberty and Power*, 137.
54. Richard R. John, *Spreading the News: The American Postal System from Franklin to Morse* (Cambridge, Mass.: Harvard University Press, 1995).
55. Wilentz, *Rise of American Democracy*, 372, 369.
56. 同上，365；Jane Ellen Knodell, *The Second Bank of the United States: "Central" Banker in an Era of Nation-Building, 1816–1836* (New York: Routledge, 2016), 56–64, 129, table 5.6。
57. Richard Holcombe Kilbourne, Jr., *Slave Agriculture and Financial Markets in Antebellum America: The Bank of the United States in Mississippi, 1831–1852* (New York: Routledge, 2006), 25–38.
58. Wilentz, *Rise of American Democracy*, 366.
59. Watson, *Liberty and Power*, 141.
60. Andrew Jackson and Daniel Webster, *Veto Message of President Andrew Jackson, on Returning the Bank Bill to the Senate with His Objections, July, 1832; Together with the Speech of the Hon. Daniel Webster, Relative to the Same* (Lowell: National Republican Central Committee Journal Press, 1832), 3.
61. 同上，20, 5, 11, 25。
62. Wilentz, *Rise of American Democracy*, 371.
63. Watson, *Liberty and Power*, 151.
64. Robert Vincent Remini, *The Age of Jackson* (Columbia: University of South Carolina Press, 1972), xvi.
65. William Leggett, *A Collection of the Political Writings of William Leggett*, ed. Theodore Sedgwick (New York: Taylor & Dodd, 1840), 2:39。关于莱格特的思想，参见 Jeffrey Sklansky, *Sovereign of the Market: The Money Question in Early America* (Chicago: University of Chicago Press, 2017), 93–130。
66. Wilfred M. McClay, *The Masterless: Self and Society in Modern America* (Chapel Hill: University of North Carolina Press, 1994), 55.
67. Howard Gillman, *The Constitution Besieged: The Rise and Demise of Lochner Era Police Powers Jurisprudence* (Durham, N.C.: Duke University Press, 1993), 33–44; Scheiber, "Private Rights and Public Power."
68. Rao, *National Duties*, 180–202; Nicholas R. Parrillo, *Against the Profit Motive: The Salary Revolution in American Government, 1780–1940* (New Haven: Yale University Press, 2013).
69. Gergely Baics, *Feeding Gotham: The Political Economy and Geography of Food in New York, 1790–1860* (Princeton: Princeton University Press, 2016), 20–56; Hendrik Hartog, *Public Property and Private Power: The Corporation of the City of New York in American*

注 释

Law, 1730–1870 (Chapel Hill: University of North Carolina Press, 1983), 158–176.
70. Meyer, *Roots of American Industrialization*, 5, table 1.2.
71. Robert E. Gallman, "Economic Growth and Structural Change in the Long Nineteenth Century," in Stanley L. Engerman and Robert E. Gallman, eds., *The Cambridge Economic History of the United States*, vol. 2, *The Long Nineteenth Century* (New York: Cambridge University Press, 2000), 43, table 1.13.
72. Taylor, *Transportation Revolution*.
73. Albert Fishlow, "Antebellum Interregional Trade Reconsidered," *American Economic Review* 54, no. 3 (1964): 352–364; Lindstrom, *Economic Development in Philadelphia Region*, 5–8.
74. Lindert and Williamson, *Unequal Gains*, 102, table 5-3, 130.
75. John Joseph Wallis and Barry R. Weingast, "Equilibrium Federal Impotence: Why the States and Not the American National Government Financed Economic Development in the Antebellum Era," *Journal of Public Finance and Public Choice* 33, no. 1 (2018): 19.
76. Dan Bogart and John Majewski, "Two Roads to the Transportation Revolution: Early Corporations in the United Kingdom and the United States," in Dora L. Costa and Naomi R. Lamoreaux, eds., *Understanding Long-Run Economic Growth: Geography, Institutions, and the Knowledge Economy* (Chicago: University of Chicago Press, 2011), 177–204; Daniel B. Klein and John Majewski, "Economy, Community, and Law: The Turnpike Movement in New York, 1797–1845," *Law and Society Review* 26, no. 3 (1992): 469–512.
77. Meyer, *Roots of American Industrialization*, 177.
78. Stephen Minicucci, "Internal Improvements and the Union, 1790–1860," *Studies in American Political Development* 18, no. 2 (2004), 172; Larson, *Internal Improvement*, 71–108.
79. Harry N. Scheiber, *Ohio Canal Era: A Case Study of Government and the Economy, 1820–1861* (Athens: Ohio University Press, 1969).
80. Namsuk Kim and John Joseph Wallis, "The Market for American State Government Bonds in Britain and the United States, 1830–1843," *Economic History Review* 58, no. 4 (2005): 736–64; Richard Sylla, Jack W. Wilson, and Robert E. Wright, "Integration of Trans-Atlantic Capital Markets, 1790–1845," *Review of Finance* 10, no. 4 (2006): 628, fig. 4.
81. Edward E. Baptist, "Toxic Debt, Liar Loans, Collateralized and Securitized Human Bondage, and the Panic of 1837," in Michael Zakim and Gary J. Kornblith, eds., *Capitalism Takes Command: The Social Transformation of Nineteenth-Century America* (Chicago: University of Chicago Press, 2012), 69–92.
82. Peter L. Rousseau and Richard Sylla, "Emerging Financial Markets and Early U.S. Growth," *Explorations in Economic History* 42, no. 1 (2005): 1–26.
83. 同上，12, fig. 4。表中数字通过从美国国民生产总值的估值中减去消费、净外国投资和政府支出后计算得出。
84. Richard Sylla, "U.S. Securities Markets and the Banking System, 1790–1840," *Federal Reserve Bank of St. Louis Review* (May–June 1998), 93。另参见 Lamoreaux, *Insider Lending*; Bodenhorn, *State Banking in Early America*; Howard Bodenhorn, *A History of Banking in Antebellum America: Financial Markets and Economic Development in an Era of Nation-Building* (New York: Cambridge University Press, 2000).

85. Lamoreaux, *Insider Lending*, 11–30.
86. Rousseau and Sylla, "Emerging Financial Markets," 10.
87. Robert V. Remini, *Andrew Jackson and the Bank War* (New York: Norton, 1967).
88. Wilentz, *Rise of American Democracy*, 359–455.
89. Jane Knodell, "Rethinking the Jacksonian Economy: The Impact of the 1832 Bank Veto on Commercial Banking," *Journal of Economic History* 66, no. 3 (2006): 541–574.
90. Peter Temin, *The Jacksonian Economy* (New York: Norton, 1969); Beckert, *Empire of Cotton*, 230–233。因为英国对美国各州公债和州一级特许银行的资本投资，这些白银并没有流入不列颠，为英国制成品的进口提供资金。
91. Stanley L. Engerman, "A Note on the Economic Consequences of the Second Bank of the United States," *Journal of Political Economy* 78, no. 4 (1970): 725–728.
92. Peter L. Rousseau, "Jacksonian Monetary Policy, Specie Flows, and the Panic of 1837," *Journal of Economic History* 62, no. 2 (2002): 457–488.
93. Hammond, *Banks and Politics in America*, 500–548.
94. Kim and Wallis, "Market for American State Government Bonds"; John J. Wallis, Richard E. Sylla, and Arthur Grinath III, "Sovereign Debt and Repudiation: The Emerging Market Debt Crisis in the U.S. States, 1839–1843," National Bureau of Economic Research, Working Paper no. 10753 (September 2004).
95. Howe, *What Hath God Wrought*, 570–612.
96. 参见 Lamoreaux and Wallis, "States, Not Nation"。
97. Theodore Sedgwick, *What Is a Monopoly?; or, Some Considerations upon the Subject of Corporations and Currency* (New York: G. P. Scott, 1835); Eric Hilt, "Early American Corporations and the State," in Lamoreaux and Novak, eds., *Corporations and American Democracy*, 39.
98. Stanley I. Kutler, *Privilege and Creative Destruction: The Charles River Bridge Case* (Baltimore: Johns Hopkins University Press, 1989).
99. Hilt, "Early American Corporations and the State," 66.
100. John Joseph Wallis, "Constitutions, Corporations, and Corruption: American States and Constitutional Change, 1842 to 1852," *Journal of Economic History* 65, no. 1 (2005): 211–256; Susan Pace Hamill, "From Special Privilege to General Utility: A Continuation of Willard Hurst's Study of Corporations," *American University Law Review* 49, no. 1 (1999): 81–180.
101. Robert E. Wright, *Corporation Nation* (Philadelphia: University of Pennsylvania Press, 2013), 49–80.
102. Pauline Maier, "The Revolutionary Origins of the American Corporation," *William and Mary Quarterly* 50, no. 1 (1993): 51–84。一个依然值得一读的经典论述，参见 John Dewey, "The Historic Background of Corporate Legal Personality," *Yale Law Journal* 35, no. 6 (1926): 655–673。
103. Carter Goodrich, "The Revulsion Against Internal Improvements," *Journal of Economic History* 10, no. 2 (1950): 145–169; Lamoreaux and Wallis, "States, not Nation."

104. Colleen A. Dunlavy, "From Citizens to Plutocrats: Nineteenth-Century Shareholder Voting Rights and Theories of the Corporation," in Kenneth Lipartito and David B. Sicilia, eds., *Constructing Corporate America: History, Politics, Culture* (New York: Oxford University Press, 2004), 66–93; Maier, "Revolutionary Origins of the American Corporation."

105. Jonathan Levy, "Altruism and the Origins of Nonprofit Philanthropy," in Rob Reich, Lucy Bernholz, and Chiara Cordelli, eds., *Philanthropy in Democratic Societies: History, Institutions, Values* (Chicago: University of Chicago Press, 2016), 19–43.

106. Kenneth Lipartito, "The Utopian Corporation," in Lipartito and Sicilia, *Constructing Corporate America*, 94–119.

第五章　信心博弈

1. Henry David Thoreau, *Civil Disobedience, Solitude and Life Without Principle* (Amherst, N.Y.: Prometheus Books, 1998), 64.

2. Ralph Waldo Emerson, *Essays and Lectures: Nature: Addresses and Lectures / Essays: First and Second Series / Representative Men / English Traits / The Conduct of Life* (New York: Library of America, 1983), 465.

3. Deirdre N. McCloskey, *The Bourgeois Virtues: Ethics for an Age of Commerce* (Chicago: University of Chicago Press, 2006).

4. Nicholas Phillipson, *Adam Smith: An Enlightened Life* (New Haven: Yale University Press, 2010), 40–60.

5. Albert O. Hirschman, *The Passions and the Interests: Political Arguments for Capitalism Before Its Triumph* (Princeton: Princeton University Press, 1977).

6. Emma Rothschild, *Economic Sentiments: Adam Smith, Condorcet, and the Enlightenment* (Cambridge, Mass.: Harvard University Press, 2001).

7. Benjamin Franklin, *Autobiography, Poor Richard, and Later Writings*, ed. J. A. Leo Lemay (New York: Library of America, 2005).

8. Michael Zakim, *Accounting for Capitalism: The World the Clerk Made* (Chicago: University of Chicago Press, 2018).

9. John Frost, *The Young Merchant* (Boston: G. W. Light, 1839), 36–37.

10. Barbara Novak, *American Painting of the Nineteenth Century: Realism, Idealism, and the American Experience* (New York: Oxford University Press, 2007), 71–88.

11. Herman Melville, *The Confidence-Man: His Masquerade* (1857; New York: Oxford University Press, 1999), 4.

12. Jessica M. Lepler, *The Many Panics of 1837: People, Politics, and the Creation of a Transatlantic Financial Crisis* (New York: Cambridge University Press, 2013).

13. F. O. Matthiessen, *American Renaissance: Art and Expression in the Age of Emerson and Whitman* (New York: Oxford University Press, 1968); David S. Reynolds, *Beneath the American Renaissance: The Subversive Imagination in the Age of Emerson and Melville* (New York: Knopf, 1988).

14. James W. Cook, *The Arts of Deception: Playing with Fraud in the Age of Barnum* (Cambridge, Mass.: Harvard University Press, 2001), 225。这一部分大量借鉴了库克对巴纳姆的精彩描述,另参见 Neil Harris, *Humbug: The Art of P. T. Barnum* (Boston: Little, Brown, 1973)。

15. Phineas Taylor Barnum, *The Life of P. T. Barnum, Written by Himself* (New York: Sampson Low, 1855), 13.

16. 同上,396。

17. Cook, *Arts of Deception*, 67.

18. Allan R. Pred, *Urban Growth and City-Systems in the United States, 1840–1860* (Cambridge, Mass.: Harvard University Press, 1980), 11–37.

19. "Introduction," *The Merchant's Magazine and Commercial Review* (July 1839), 1。参 Stuart Mack Blumin, *The Emergence of the Middle Class: Social Experience in the American City, 1760–1900* (New York: Cambridge University Press, 1989), 66–107, 230–257。

20. Rowena Olegario, *A Culture of Credit: Embedding Trust and Transparency in American Business* (Cambridge, Mass.: Harvard University Press, 2006), 36–118; Scott A. Sandage, *Born Losers: A History of Failure in America* (Cambridge, Mass.: Harvard University Press, 2005), 99–128.

21. Cook, *Arts of Deception*, 100.

22. Mark A. Noll, ed., *God and Mammon: Protestants, Money, and the Market, 1790–1860* (New York: Oxford University Press, 2001); Paul E. Johnson, *A Shopkeeper's Millennium: Society and Revivals in Rochester, New York, 1815–1837* (New York: Hill & Wang, 2004).

23. Harris, *Humbug*.

24. Cook, *Arts of Deception*, 76.

25. Laura Dassow Walls, *Henry David Thoreau: A Life* (Chicago: University of Chicago Press, 2017).

26. Jean-Jacques Rousseau, *Emile; or, On Education*, trans. Allan Bloom (1762; New York: Basic Books, 1979), 189.

27. Jean-Jacques Rousseau, *"The Discourses" and Other Early Political Writings*, ed. Victor Gourevitch (New York: Cambridge University Press, 1997); Mario Einaudi, *The Early Rousseau* (Ithaca, N.Y.: Cornell University Press, 1967).

28. Jean-Jacques Rousseau, *The Reveries of the Solitary Walker*, trans. Charles E. Butterworth (1782; Indianapolis: Hackett, 1992).

29. 参见 Rahel Jaeggi, *Alienation*, ed. Frederick Neuhouser, trans. Alan Smith (New York: Columbia University Press, 2014)。

30. Thomas Carlyle, *Past and Present* (London: Chapman & Hall, 1843), 212.

31. Joseph A. Schumpeter, *Capitalism, Socialism and Democracy* (1942; New York: HarperCollins, 1975), 143–155.

32. Emerson, *Essays and Lectures*, 217.

33. 同上,850。

34. 关于对斯密的保守主义解读，参见 Rothschild, *Economic Sentiments*。
35. Robert A. Gross, "Culture and Cultivation: Agriculture and Society in Thoreau's Concord," *Journal of American History* 69, no. 1 (1982): 42–61.
36. Henry David Thoreau, *A Week on the Concord and Merrimack Rivers / Walden; or, Life in the Woods / The Maine Woods / Cape Cod* (New York: Library of America, 1985), 327.
37. 同上，366，359。
38. 参见 George Kateb, *The Inner Ocean: Individualism and Democratic Culture* (Ithaca, N.Y.: Cornell University Press, 1992); Stanley Cavell, *The Senses of Walden: An Expanded Edition* (Chicago: University of Chicago Press, 1992).
39. Thoreau, *Civil Disobedience, Solitude and Life Without Principle*, 67, 79.
40. 同上，63，86，68，88。
41. Barnum, *Life of Barnum*, 399.
42. Thoreau, *Civil Disobedience, Solitude and Life Without Principle*, 85.
43. Herman Melville, *Complete Shorter Fiction* (New York: Everyman's Library, 1997), 222; "View of the Barnum Property," *Yankee Doodle* (July 31, 1847), 168.
44. 参见 Tony Tanner, "Introduction," Melville, *Confidence-Man*, xi。
45. Robert S. Levine, ed., *The New Cambridge Companion to Herman Melville* (New York: Cambridge University Press, 2013), 114.
46. Adam Smith, *An Inquiry into the Nature and Causes of the Wealth of Nations* (1776; Chicago: University of Chicago Press, 1976), 26.
47. Melville, *Confidence-Man*, 7.
48. 同上，1。
49. 同上，7，22。
50. 同上，56。
51. 同上，95–96。
52. Karl Marx, *Capital: A Critique of Political Economy*, vol. 1, trans. Ben Fowkes (1867; New York: Penguin Classics, 1992), 254, 255.
53. John Maynard Keynes, *The General Theory of Employment, Interest, and Money* (1936; New York: Harcourt, Brace & World, 1964).
54. 同上，166。
55. Henry David Thoreau, *Collected Essays and Poems*, ed. Elizabeth Hall Witherell (New York: Library of America, 2001), 510.
56. Melville, *Confidence-Man*, 97.
57. 同上，268–278。
58. 参见 Viviana A. Zelizer, *Economic Lives: How Culture Shapes the Economy* (Princeton: Princeton University Press, 2010), esp. 363–382。
59. Melville, *Confidence-Man*, 268–278.
60. 关于在不同语境下的这一观点，参见 Jonathan Lear, *Radical Hope: Ethics in the Face of*

Cultural Devastation (Cambridge, Mass.: Harvard University Press, 2006)。
61. Melville, Confidence-Man, 268–278.
62. Laurie Robertson-Lorant et al., Hawthorne and Melville: Writing a Relationship, ed. Jana Argersinger and Leland Person (Athens: University of Georgia Press, 2008), 46, 47.

第六章　在奴隶制与自由之间

1. 关于汽船，参见 Walter Johnson, River of Dark Dreams: Slavery and Empire in the Cotton Kingdom (Cambridge, Mass.: Belknap Press, 2013), 73–96。关于生物创新，参见 Alan L. Olmstead and Paul W. Rhode, Creating Abundance: Biological Innovation and American Agricultural Development (New York: Cambridge University Press, 2008), 98–154。
2. Matthew Karp, This Vast Southern Empire: Slaveholders at the Helm of American Foreign Policy (Cambridge, Mass.: Harvard University Press, 2016).
3. Gavin Wright, Slavery and American Economic Development (Baton Rouge: Louisiana State University Press, 2013), 74, 93.
4. Johnson, River of Dark Dreams, 14.
5. Stuart Bruchey, Cotton and the Growth of the American Economy: 1790–1860: Sources and Readings (New York: Harcourt, Brace & World, 1967), 23, table 3-L, 10, table 2-B.
6. A. G. Hopkins, American Empire: A Global History (Princeton: Princeton University Press, 2018), 142–238.
7. Stanley L. Engerman et al., Economic Development in the Americas Since 1500: Endowments and Institutions (New York: Cambridge University Press, 2011).
8. Sean Wilentz, The Rise of American Democracy: Jefferson to Lincoln (New York: Norton, 2005), 521–796。关于1840年后出现于北方和南方的两种泾渭分明的资本主义，我的叙述借鉴并呼应了威伦茨关于同一时期出现了两种泾渭分明的民主政体的论点。关于19世纪50年代的政治，值得借鉴的另一部经典作品参见 David M. Potter, The Impending Crisis, 1848–1861 (New York: Joanna Cotler Books, 1976)。
9. 一个当事人的深入反思，参见 Robert William Fogel, The Slavery Debates, 1952–1990: A Retrospective (Baton Rouge: Louisiana State University Press, 2003)。关于这些辩论在今时今日的卷土重来，参见 Gavin Wright's review of Sven Beckert and Seth Rockman, eds., Slavery's Capitalism: A New History of American Economic Development (Philadelphia: University of Pennsylvania Press, 2016), available at https://eh.net/book_reviews/slaverys-capitalism-a-new-history-of-american-economic-development/。
10. Orlando Patterson, Slavery and Social Death: A Comparative Study (Cambridge, Mass.: Harvard University Press, 1982); David Brion Davis, The Problem of Slavery in the Age of Emancipation (New York: Knopf, 2014), 15–44.
11. Ralph V. Anderson and Robert E. Gallman, "Slaves as Fixed Capital: Slave Labor and Southern Economic Development," Journal of American History 64, no. 1 (1977): 24–46.
12. Karl Marx, Capital: A Critique of Political Economy, vol. 3, trans. David Fernbach (1894; New York: Penguin Classics, 1993), 945.

13. Walter Johnson, *Soul by Soul: Life Inside the Antebellum Slave Market* (Cambridge, Mass.: Harvard University Press, 1999).
14. Michael Tadman, *Speculators and Slaves: Masters, Traders, and Slaves in the Old South* (Madison: University of Wisconsin Press, 1990).
15. Steven Deyle, *Carry Me Back: The Domestic Slave Trade in American Life* (New York: Oxford University Press, 2005), 42.
16. 奴隶主是"拥有劳动力的大人物"（laborlords），不是"拥有土地的大人物"（landlords）。Gavin Wright, *Old South, New South: Revolutions in the Southern Economy Since the Civil War* (New York: Basic Books, 1986), 3–50。
17. Roger Ransom and Richard Sutch, "Capitalists Without Capital: The Burden of Slavery and the Impact of Emancipation," *Agricultural History* 62, no. 3 (1988): 133–160.
18. Peter H. Lindert and Jeffrey G. Williamson, *Unequal Gains: American Growth and Inequality Since 1700* (Princeton: Princeton University Press, 2016), 139.
19. W. E. B. Du Bois, *Black Reconstruction in America, 1860–1880* (New York: Free Press, 1998), 5.
20. Wright, *Slavery and American Economic Development*.
21. Carville Earle, "Beyond the Appalachians, 1815–1860," in Thomas F. McIlwraith and Edward K. Muller, *North America: The Historical Geography of a Changing Continent*, 2nd ed. (Lanham, Md.: Rowman & Littlefield, 2001), 165–188.
22. Felipe González, Guillermo Marshall, and Suresh Naidu, "Start-up Nation? Slave Wealth and Entrepreneurship in Civil War Maryland," *Journal of Economic History* 77, no. 2 (2017): 373–405; Harold Woodman, *King Cotton and His Retainers: Financing and Marketing the Cotton Crop of the South* (Lexington: University of Kentucky Press, 1968).
23. Tadman, *Speculators and Slaves*, 12.
24. Deyle, *Carry Me Back*, 44.
25. Johnson, *Soul by Soul*.
26. *Slave Narratives: A Folk History of Slavery in the United States from Interviews with Former Slaves* (Washington, D.C., 1941), 7:38.
27. 同上，vol. 11, pt. 2, p. 13。我对这个文字记录中原本使用的方言有所改动。
28. Robert William Fogel, *Without Consent or Contract: The Rise and Fall of American Slavery* (New York: Norton, 1989), 61–80。对于批评和评论，参见 Wright, *Slavery and American Economic Development*。
29. Mark M. Smith, *Mastered by the Clock: Time, Slavery, and Freedom in the American South* (Chapel Hill: University of North Carolina Press, 1997), 106.
30. Caitlin Rosenthal, *Accounting for Slavery: Masters and Management* (Cambridge, Mass.: Harvard University Press, 2018).
31. Olmstead and Rhode, *Creating Abundance*, 98–154.
32. Gavin Wright, "The Industrious Revolution in America," in Laura Cruz and Joel Mokyr, eds., *The Birth of Modern Europe: Culture and Economy, 1400–1800, Essays in Honor of Jan de Vries* (Leiden: Brill, 2010), 231.

33. Wright, *Slavery and American Economic Development*, 89–99.
34. Daniel B. Rood, *The Reinvention of Atlantic Slavery: Technology, Labor, Race, and Capitalism in the Greater Caribbean* (New York: Oxford University Press, 2017), 148–202.
35. John D. Majewski, *Modernizing a Slave Economy: The Economic Vision of the Confederate Nation* (Chapel Hill: University of North Carolina Press, 2009).
36. Deyle, *Carry Me Back*, 46.
37. Albert O. Hirschman, *The Strategy of Economic Development* (New Haven: Yale University Press, 1964).
38. Steven Hahn, *The Roots of Southern Populism: Yeoman Farmers and the Transformation of the Georgia Upcountry, 1850–1890* (New York: Oxford University Press, 1983), 15–85.
39. Fogel, *Without Consent or Contract*, 71–87.
40. Drew Gilpin Faust, *James Henry Hammond and the Old South: A Design for Mastery* (Baton Rouge: Louisiana State University Press, 1982), 346.
41. Eugene Genovese, "'Our Family, White and Black': Family and Household in the Southern Slaveholders' World View," in Carol Bleser, ed., *In Joy and in Sorrow: Women, Family, and Marriage in the Victorian South, 1830–1900* (New York: Oxford University Press, 1991), 73.
42. Faust, *Hammond and Old South*, 87。关于奴隶生育和家庭生活的问题，参见 Amy Dru Stanley, "Slave Breeding and Free Love: An Antebellum Argument over Slavery, Capitalism, and Personhood," in Michael Zakim and Gary J. Kornblith, eds., *Capitalism Takes Command: The Social Transformation of Nineteenth-Century America* (Chicago: University of Chicago Press, 2012), 119–144。
43. 关于种植园家户，参见 Thavolia Glymph, *Out of the House of Bondage: The Transformation of the Plantation Household* (New York: Cambridge University Press, 2008), 1–98。
44. Lacy K. Ford, *Deliver Us from Evil: The Slavery Question in the Old South* (Oxford: Oxford University Press, 2009).
45. James Henley Thornwell, "National Sins…," *Southern Presbyterian Review* 13, no. 4 (1861): 649–88.
46. Elizabeth Fox-Genovese and Eugene D. Genovese, *The Mind of the Master Class: History and Faith in the Southern Slaveholders' Worldview* (New York: Cambridge University Press, 2005).
47. William Andrew Smith, *Lectures on the Philosophy and Practice of Slavery* (Nashville, Tenn.: Stevenson & Evans, 1856), 39.
48. Herbert S. Klein, *A Population History of the United States* (New York: Cambridge University Press, 2004), 85.
49. Daina Ramey Berry, *The Price for Their Pound of Flesh: The Value of the Enslaved, from Womb to Grave, in the Building of a Nation* (Boston: Beacon Press, 2017).
50. Jenny Bourne Wahl, *The Bondsman's Burden: An Economic Analysis of the Common Law of Southern Slavery* (New York: Cambridge University Press, 1997), 49–77.
51. Fogel, *Without Consent or Contract*, 70, 45, 53.

52. Wright, *Slavery and American Economic Development*, 100.

53. Dylan C. Penningroth, *The Claims of Kinfolk: African American Property and Community in the Nineteenth-Century South* (Chapel Hill: University of North Carolina Press, 2003).

54. Anderson and Gallman, "Slaves as Fixed Capital."

55. Michael O'Brien, *Conjectures of Order: Intellectual Life and the American South, 1810–1860* (Chapel Hill: University of North Carolina Press, 2004).

56. Albert Taylor Bledsoe et al., *Cotton Is King, and Pro-Slavery Arguments: Comprising the Writings of Hammond, Harper, Christy, Stringfellow, Hodge, Bledsoe, and Cartwright, on This Important Subject* (Augusta, Ga.: Pritchard, Abbott & Loomis, 1860), vii.

57. Eugene D. Genovese, *Roll, Jordan, Roll: The World the Slaves Made* (New York: Vintage Books, 1976), 317.

58. James Buchanan, "First Annual Message to Congress on the State of the Union," December 8, 1857, *American Presidency Project*, https://www.presidency.ucsb.edu/documents/first-annual-message-congress-the-state-the-union.

59. Lindert and Williamson, *Unequal Gains*, 96–141.

60. Stephanie McCurry, *Masters of Small Worlds: Yeoman Households, Gender Relations, and the Political Culture of the Antebellum South Carolina Low Country* (New York: Oxford University Press, 1995); Hahn, *Roots of Southern Populism*, 86–136.

61. Ford, *Deliver Us from Evil*, 508.

62. Wilentz, *Rise of American Democracy*, 577–744.

63. David R. Meyer, *The Roots of American Industrialization* (Baltimore: Johns Hopkins University Press, 2003), 129.

64. Thomas Weiss, "U.S. Labor Force Estimates and Economic Growth, 1800–1860," in Robert E. Gallman and John Joseph Wallis, eds., *American Economic Growth and Standards of Living Before the Civil War* (Chicago: University of Chicago Press, 1992), 22, table 1.1.

65. Thomas C. Cochran, *Frontiers of Change: Early Industrialism in America* (New York: Oxford University Press, 1981), 53.

66. Meyer, *Roots of American Industrialization*, 129.

67. Joseph Davis and Marc D. Weidenmier, "America's First Great Moderation," *Journal of Economic History* 77, no. 4 (2017): 1116–1143.

68. Louis C. Hunter, *A History of Industrial Power in the United States, 1780–1930*, vol. 2, *Steam Power* (Charlottesville: University of Virginia Press, 1979).

69. Anthony F. C. Wallace, *Rockdale: The Growth of an American Village in the Early Industrial Revolution* (New York: Knopf, 1978).

70. Christopher Clark, *Social Change in America: From the Revolution Through the Civil War* (Chicago: Ivan R. Dee, 2006), 180.

71. Charles Cist, *Cincinnati in 1841: Its Early Annals and Future Prospects* (Cincinnati: n.p., 1841), 238.

72. Bruce Laurie, *Artisans into Workers: Labor in Nineteenth-Century America* (New York: Hill

& Wang, 1989), 15–47.

73. Joshua L. Rosenbloom, "Path Dependence and the Origins of Cotton Textile Manufacturing in New England," in Douglas A. Farnie and David J. Jeremy, eds., *The Fibre That Changed the World: The Cotton Industry in International Perspective, 1600–1990s* (New York: Oxford University Press, 2004), 365–391.

74. Mathew Carey, *Essays on Political Economy; or, The Most Certain Means of Promoting the Wealth, Power, Resources, and Happiness of Nations, Applied Particularly to the United States* (Philadelphia: H.C. Carey & I. Lea, 1822), 478.

75. Robert F. Dalzell, *Enterprising Elite: The Boston Associates and the World They Made* (Cambridge, Mass.: Harvard University Press, 1987); Thomas Dublin, *Women at Work: The Transformation of Work and Community in Lowell, Massachusetts, 1826–1860* (New York: Columbia University Press, 1979).

76. Claudia Goldin and Kenneth Sokoloff, "Women, Children, and Industrialization in the Early Republic: Evidence from the Manufacturing Censuses," *Journal of Economic History* 42, no. 4 (1982): 753, table 3.

77. 同上。

78. Jeremy Atack, Fred Bateman, and Thomas Weiss, *National Samples from the Census of Manufacturing: 1850, 1860, and 1870* (Ann Arbor, Mich.: Inter-university Consortium for Political and Social Research [distributor], 2006-03-30), https://doi.org/10.3886/ICPSR04048.v1.

79. Kenneth L. Sokoloff, "Investment in Fixed and Working Capital During Early Industrialization: Evidence from U.S. Manufacturing Firms," *Journal of Economic History* 44, no. 2 (1984): 545–56; Jeremy Atack, "Returns to Scale in Antebellum United States Manufacturing," *Explorations in Economic History* 14, no. 4 (1977): 337–359.

80. Weiss, "U.S. Labor Force Estimates," 22, table 1.1; Meyer, *Roots of American Industrialization*, 3, table 1.1; Robert E. Gallman, "Commodity Output, 1839–1899," in National Bureau of Economic Research, *Trends in the American Economy in the Nineteenth Century, Studies in Income and Wealth* (Princeton: Princeton University Press, 1960), 4:43, table A–1.

81. Clark, *Social Change in America*, 180.

82. Kenneth L. Sokoloff and Georgia C. Villaflor, "The Market for Manufacturing Workers During Early Industrialization: The American Northeast, 1820 to 1860," in Claudia Goldin and Hugh Rockoff, eds., *Strategic Factors in Nineteenth Century American Economic History: A Volume to Honor Robert W. Fogel* (Chicago: University of Chicago Press, 1992), 29–65; Kevin H. O'Rourke and Jeffrey G. Williamson, *Globalization and History: The Evolution of a Nineteenth-Century Atlantic Economy* (Cambridge, Mass.: MIT Press, 1999), 119–94.

83. Louis C. Hunter and Lynwood Bryant, *A History of Industrial Power in the United States, 1780–1930*, vol. 3, *The Transmission of Power* (Cambridge, Mass.: MIT Press, 1991), 12–13, 61.

84. Lindert and Williamson, *Unequal Gains*, 104.

注 释

85. Rolla Milton Tryon, *Household Manufactures in the United States, 1640–1860* (1917; A.M. Kelley, 1966), 308–309, table 1.7.
86. Meyer, *Roots of American Industrialization*, 272.
87. Nathan Rosenberg, "Technical Change in the Machine Tool Industry, 1840–1910," *Journal of Economic History* 23, no. 4 (1963): 414–443; David R. Meyer, *Networked Machinists: High-Technology Industries in Antebellum America* (Baltimore: Johns Hopkins University Press, 2006).
88. Kenneth L. Sokoloff and B. Zorina Khan, "The Democratization of Invention During Early Industrialization: Evidence from the United States, 1790–1846," *Journal of Economic History* 50, no. 2 (1990): 363–378.
89. Gary J. Kornblith, "The Craftsman as Industrialist: Jonas Chickering and the Transformation of American Piano Making," *Business History Review* 59, no. 3 (1985): 349–369.
90. Wright, *Slavery and American Economic Development*, 52, 54.
91. Joanne Pope Melish, *Disowning Slavery: Gradual Emancipation and "Race" in New England, 1780–1860* (Ithaca, N.Y.: Cornell University Press, 1998).
92. 宾夕法尼亚州和纽约州分别于 1780 年和 1799 年通过了渐进式的废奴法令，但直到 1847 年和 1827 年才最终废除了奴隶制。新泽西州于 1804 年通过了渐进式废奴法令，但直到 1846 年才正式立法彻底废除奴隶制。参见 Hendrik Hartog, *The Trouble with Minna: A Case of Slavery and Emancipation in the Antebellum North* (Chapel Hill: University of North Carolina Press, 2018); Sarah L. H. Gronningsater, " 'Expressly Recognized by Our Election Laws': Certificates of Freedom and the Multiple Fates of Black Citizenship in the Early Republic," *William and Mary Quarterly* 75, no. 3 (2018): 465–506。
93. Robert J. Steinfeld, *The Invention of Free Labor: The Employment Relation in English and American Law and Culture, 1350–1870* (Chapel Hill: University of North Carolina Press, 1991), 137–143.
94. 同上，144–172。
95. George Fitzhugh, *Cannibals All; or, Slaves Without Masters*, ed. C. Vann Woodward (1857; Cambridge, Mass.: Belknap Press, 1966).
96. Dalzell, *Enterprising Elite*, 113–164.
97. Amy Dru Stanley, "Home Life and the Morality of the Market," in Melvin Stokes and Stephen Conway, eds., *The Market Revolution in America: Social, Political, and Religious Expressions, 1800–1880* (Charlottesville: University Press of Virginia, 1996), 86。我对这一时期家户转型之重要性的叙述，大量借鉴了斯坦利出色且影响深远的构想。
98. Kenneth Severens, *Southern Architecture: 350 Years of Distinctive American Buildings* (New York: Dutton Adult, 1981), 30–90.
99. Frederick Law Olmsted, *The Cotton Kingdom: A Traveller's Observations on Cotton and Slavery in the American Slave States*, ed. Arthur Schlesinger (New York: Modern Library, 1969), 280.
100. Clifford Edward Clark, *The American Family Home, 1800–1960* (Chapel Hill: University of North Carolina Press, 1986), 3–36.

101. Andrew Jackson Downing, *Cottage Residences; or, A Series of Designs for Rural Cottages and Cottage Villas, and Their Gardens and Grounds. Adapted to North America* (New York: Wiley & Putnam, 1842), iii.

102. Catharine Esther Beecher and Harriet Beecher Stowe, *The American Woman's Home; or, Principles of Domestic Science: Being a Guide to the Formation and Maintenance of Economical, Healthful, Beautiful, and Christian Homes* (Boston: J. B. Ford, 1869), 85.

103. "The Sphere of Woman," *Symbol* (June 1844), 146.

104. Nancy F. Cott, *The Bonds of Womanhood: "Woman's Sphere" in New England, 1780–1835* (New Haven: Yale University Press, 1997); Mary P. Ryan, *Cradle of the Middle Class: The Family in Oneida County, New York, 1790–1865* (New York: Cambridge University Press, 1981).

105. 关于农场主妇与雇佣帮工劳动价值的估值，参见 Lee Craig, *To Sow One More Acre* (Baltimore: Johns Hopkins University Press, 1993), 80。与制造业相关的类似补充观点，参见 Jeanne Boydston, *Home and Work: Housework, Wages, and the Ideology of Labor in the Early Republic* (New York: Oxford University Press, 1990)。关于劳动女性，参见 Christine Stansell, *City of Women: Sex and Class in New York, 1789–1860* (New York: Knopf, 1986)。关于两性工资差异，参见 Claudia Dale Goldin, *Understanding the Gender Gap: An Economic History of American Women* (New York: Oxford University Press, 1990), 59–62。

106. Stanley, "Home Life"; Nancy Folbre, "The Unproductive Housewife: Her Evolution in Nineteenth-Century Economic Thought," *Signs* 16, no. 3 (1991): 463–484.

107. Clark, *Social Change in America*, 140.

108. John Majewski, "Why Did Northerners Oppose the Expansion of Slavery? Economic Development and Education in the Limestone South," in Sven Beckert and Seth Rockman, eds., *Slavery's Capitalism: A New History of American Economic Development* (Philadelphia: University of Pennsylvania Press, 2016), 277–298; Engerman et al., *Economic Development in the Americas Since 1500*, 121–168.

109. Lindert and Williamson, *Unequal Gains*, 97。根据皮凯蒂的预测，当资本收入增加时，不平等也会增加，因为资本资产掌握在那些更富有的人手中，而这是南方不平等增加的一个原因。Thomas Piketty, *Capital in the Twenty-First Century*, trans. Arthur Goldhammer (Cambridge, Mass.: Belknap Press, 2014), 1–38, 140–163。

110. Marc Egnal, *Clash of Extremes: The Economic Origins of the Civil War* (New York: Hill & Wang, 2009), 101–122。我在叙述这一贸易模式转变的重要政治意义时，采纳了 Egnal 的论点。

111. James Oakes, *Freedom National: The Destruction of Slavery in the United States, 1861–1865* (New York: Norton, 2012).

112. Michael F. Holt, *The Fate of Their Country: Politicians, Slavery Extension, and the Coming of the Civil War* (New York: Hill & Wang, 2004).

113. 1860 年的数字，参见 Robert E. Gallman, "Self-Sufficiency in the Cotton Economy of the Antebellum South," *Agricultural History* 44, no. 1 (1970): 5–23。

114. Egnal, *Clash of Extremes*, 102–106.

115. Calvin Schermerhorn, "The Coastwise Slave Trade and a Mercantile Community of Interest," in Beckert and Rockman, *Slavery's Capitalism*, 209–224.
116. O'Rourke and Williamson, *Globalization and History*, 77–92.
117. Paul Frymer, *Building an American Empire: The Era of Territorial and Political Expansion* (Princeton: Princeton University Press, 2017), 142, fig. 4.3.
118. 关于这一点，参见 Wright, *Slavery and American Economic Development*, 48–82。
119. D. W. Meinig, *Imperial Texas: An Interpretive Essay in Cultural Geography* (Austin: University of Texas Press, 1969), 34.
120. David R. Meyer, "Midwestern Industrialization and the American Manufacturing Belt in the Nineteenth Century," *Journal of Economic History* 49, no. 4 (1989): 921–937.
121. Lindert and Williamson, *Unequal Gains*, 102, table 5-3.
122. 同上，103–104。1860 年，英国人均国内生产总值是 149 美元，而美国则为 171 美元。英国的增长率在 1% 区间内浮动。
123. John Komlos, "Shrinking in a Growing Economy? The Mystery of Physical Stature During the Industrial Revolution," *Journal of Economic History* 58, no. 3 (1998): 779–802.
124. 关于这一过程，参见 Simon Kuznets, "Economic Growth and Income Inequality," *American Economic Review* 45, no. 1 (1955): 1–28。
125. Lindert and Williamson, *Unequal Gains*, 127–129.
126. Fogel, *Without Consent or Contract*, 320–388.
127. 同上，311。
128. Lawrence F. Katz and Robert A. Margo, "Technical Change and the Relative Demand for Skilled Labor: The United States in Historical Perspective," in Leah Platt Boustan, Carola Frydman, and Robert A. Margo, eds., *Human Capital in History: The American Record* (Chicago: University of Chicago Press, 2014).
129. Eric Foner, *Free Soil, Free Labor, Free Men: The Ideology of the Republican Party Before the Civil War* (1970; New York: Oxford University Press, 1995).
130. Joseph P. Ferrie, *Yankeys Now: Immigrants in the Antebellum United States, 1840–1860* (New York: Oxford University Press, 1999).
131. Harriet Beecher Stowe, *A Key to Uncle Tom's Cabin* (Boston, 1853), 257. In general, see Stanley, "Home Life."
132. Manisha Sinha, *The Slave's Cause: A History of Abolition* (New Haven: Yale University Press, 2016), 461–499.
133. Foner, *Free Soil, Free Labor, Free Men*, 27.
134. Nicole Etcheson, *Bleeding Kansas: Contested Liberty in the Civil War Era* (Lawrence: University Press of Kansas, 2004).
135. 关于林肯，参见 Eric Foner, *The Fiery Trial: Abraham Lincoln and American Slavery* (New York: Norton, 2010)。
136. Abraham Lincoln and Stephen Arnold Douglas, *The Lincoln-Douglas Debates: The First Complete, Unexpurgated Text*, ed. Harold Holzer (New York: HarperCollins, 1993), 76.

137. Abraham Lincoln, "Address to the Wisconsin State Agricultural Society, September 30, 1859," in Michael P. Johnson, Abraham Lincoln, *Slavery, and the Civil War: Selected Writing and Speeches* (Boston: Bedford/St. Martin's, 2010), 33–36.
138. Sean Wilentz, *No Property in Man: Slavery and Antislavery at the Nation's Founding* (Cambridge, Mass.: Harvard University Press, 2018).
139. Lincoln and Douglas, *Lincoln-Douglas Debates*, 76.
140. Charles W. Calomiris and Jonathan Pritchett, "Betting on Secession: Quantifying Political Events Surrounding Slavery and the Civil War," *American Economic Review* 106, no. 1 (2016): 1–23.
141. Johnson, *Lincoln, Slavery, and the Civil War*, 63.
142. Lincoln and Douglas, *Lincoln-Douglas Debates*, 51, 116, 55.
143. Paul Finkelman, "Almost a Free State: The Indiana Constitution of 1816 and the Problem of Slavery," *Indiana Magazine of History* 111, no. 1 (2015): 64–95, https://doi.org/10.5378/indimagahist.111.1.0064.
144. Earle, "Beyond the Appalachians," 185.
145. Wilentz, *Rise of American Democracy*, 745–768.
146. John Craig Hammond, "The 'High-Road to a Slave Empire': Conflict and the Growth and Expansion of Slavery on the North American Continent," in Andrew Shankman, ed., *The World of the Revolutionary American Republic: Land, Labor, and the Conflict for a Continent* (New York: Routledge, 2014), 346–369.
147. Peter S. Onuf, "The Empire of Liberty: Land of the Free and Home of the Slave," in Shankman, *World of Revolutionary Republic*, 212.
148. Calomiris and Pritchett, "Betting on Secession," 1.

第七章　南北战争与资本重建

1. Drew Gilpin Faust, *This Republic of Suffering: Death and the American Civil War* (New York: Knopf, 2008).
2. Michael Geyer and Charles Bright, "Global Violence and Nationalizing Wars in Eurasia and America: The Geopolitics of War in the Mid-Nineteenth Century," *Comparative Studies in Society and History* 38, no. 4 (1996): 619–657.
3. James Oakes, *Freedom National: The Destruction of Slavery in the United States, 1861–1865* (New York: Norton, 2012).
4. Thomas C. Holt, *Children of Fire: A History of African Americans* (New York: Hill & Wang, 2010), 133–184.
5. Roger Ransom and Richard Sutch, "Capitalists Without Capital: The Burden of Slavery and the Impact of Emancipation," *Agricultural History* 62, no. 3 (1988): 133–160.
6. Charles Beard and Mary Beard, *The Rise of American Civilization* (New York: Macmillan, 1927), 2:100.

7. Richard White, *Railroaded: The Transcontinentals and the Making of Modern America* (New York: Norton, 2011), 9。关于工业的衰落,参见 Claudia D. Goldin and Frank D. Lewis, "The Economic Cost of the American Civil War: Estimates and Implications," *Journal of Economic History* 35, no. 2 (1975): 299–326; Stanley Engerman, "The Economic Impact of the Civil War," *Explorations in Economic History* 3 (Fall 1966): 176–199。
8. Richard Franklin Bensel, *Yankee Leviathan: The Origins of Central State Authority in America, 1859–1877* (New York: Cambridge University Press, 1990), 238–302.
9. John A. James, "Public Debt Management Policy and Nineteenth-Century American Economic Growth," *Explorations in Economic History* 21, no. 2 (1984): 192–217; Jeffrey G. Williamson, "Watersheds and Turning Points: Conjectures on the Long-Term Impact of Civil War Financing," *Journal of Economic History* 34, no. 3 (1974): 636–661; Richard Eugene Sylla, *The American Capital Market, 1846–1914: A Study of the Effects of Public Policy on Economic Development* (New York: Arno Press, 1975), 40–80.
10. Nicolas Barreyre, *Gold and Freedom: The Political Economy of Reconstruction*, trans. Arthur Goldhammer (Charlottesville: University of Virginia Press, 2015)。我在本章中对金本位制回归之重要性的强调,大量借鉴了 Barreyre 的精彩论述。
11. Elliott West, "Reconstructing Race," *Western Historical Quarterly* 34, no. 1 (2003): 6–26。另参见 Jeffrey Ostler, *The Plains Sioux and U.S. Colonialism from Lewis and Clark to Wounded Knee* (New York: Cambridge University Press, 2004), 40–62; Ari Kelman, *A Misplaced Massacre: Struggling over the Memory of Sand Creek* (Cambridge, Mass.: Harvard University Press, 2013)。
12. Robert Hass, *Time and Materials: Poems 1997–2005* (New York: Ecco, 2007), 5.
13. James M. McPherson, *Battle Cry of Freedom: The Civil War Era* (New York: Oxford University Press, 1988).
14. Bensel, *Yankee Leviathan*, 187.
15. Heather Cox Richardson, *The Greatest Nation of the Earth: Republican Economic Policies During the Civil War* (Cambridge, Mass.: Harvard University Press, 1997).
16. Douglas A. Irwin, "Tariff Incidence in America's Gilded Age," *Journal of Economic History* 67, no. 3 (2007): 582–607.
17. F. W. Taussig, *The Tariff History of the United States* (New York: G. P. Putnam's Sons, 1914), 160.
18. Richard Edwards, Jacob K. Friefeld, and Rebecca S. Wingo, *Homesteading the Plains: Toward a New History* (Lincoln: University of Nebraska Press, 2017), 12.
19. White, *Railroaded*, 22.
20. Mark Wilson, *The Business of Civil War: Military Mobilization and the State, 1861–1865* (Baltimore: Johns Hopkins University Press, 2006), 1.
21. 同上, 75, 118。
22. Bensel, *Yankee Leviathan*, 187.
23. Thomas Weber, *The Northern Railroads in the Civil War, 1861–1865* (Bloomington: Indiana University Press, 1999).

24. Samuel Richey Kamm, "The Civil War Career of Thomas A. Scott" (PhD diss., University of Pennsylvania, 1940).
25. D. W. Meinig, *The Shaping of America: A Geographical Perspective on 500 Years of History*, vol. 3, *Transcontinental America, 1850–1915* (New Haven: Yale University Press, 2000), 4–32.
26. Kamm, "Civil War Career of Thomas A. Scott."
27. Goldin and Lewis, "Economic Cost of the American Civil War," 304, table 1。另有 485673000 美元系各州及地方政府的支出。
28. Jay Sexton, *Debtor Diplomacy: Finance and American Foreign Relations in the Civil War Era, 1837–1873* (Oxford: Clarendon Press, 2005), 82–133.
29. Henrietta M. Larson, *Jay Cooke, Private Banker* (Cambridge, Mass.: Harvard University Press, 1936).
30. 同上。
31. David F. Weiman and John A. James, "The Political Economy of the U.S. Monetary Union: The Civil War Era as a Watershed," *American Economic Review* 97, no. 2 (2007): 271–275.
32. Roger Ransom, "Economics of the Civil War," EH.net, August 24, 2001, available at http://eh.net/encyclopedia/the-economics-of-the-civil-war/.
33. Maury Klein, *The Life and Legend of Jay Gould* (Baltimore: Johns Hopkins University Press, 1986), 69.
34. Robert P. Sharkey, *Money, Class, and Party: An Economic Study of Civil War and Reconstruction* (Baltimore: Johns Hopkins University Press, 1959), 15–55.
35. Klein, *Life and Legend of Gould*, 69.
36. Ransom, "Economics of Civil War."
37. Joseph A. Hill, "The Civil War Income Tax," *Quarterly Journal of Economics* 8, no. 4 (1894): 416–452.
38. Ransom, "Economics of Civil War."
39. Roger L. Ransom, *Conflict and Compromise: The Political Economy of Slavery, Emancipation, and the American Civil War* (New York: Cambridge University Press, 1989), 172–215.
40. Sexton, *Debtor Diplomacy*, 134–189; Marc D. Weidenmier, "The Market for Confederate Cotton Bonds," *Explorations in Economic History* 37, no. 1 (2000): 76–97.
41. Richard C. K. Burdekin and Farrokh K. Langdana, "War Finance in the Southern Confederacy, 1861–1865," *Explorations in Economic History* 30, no. 3 (1993): 352–376.
42. Scott Reynolds Nelson, *Iron Confederacies: Southern Railways, Klan Violence, and Reconstruction* (Chapel Hill: University of North Carolina Press, 1999), 27–46.
43. Sven Beckert, *Empire of Cotton: A Global History* (New York: Knopf, 2014), 242–273.
44. Stephanie McCurry, *Confederate Reckoning: Power and Politics in the Civil War South* (Cambridge, Mass.: Harvard University Press, 2010), 180, 167, 196.
45. Michael Brem Bonner, *Confederate Political Economy: Creating and Managing a Southern Corporatist Nation* (Baton Rouge: Louisiana State University Press, 2016).

46. Bensel, *Yankee Leviathan*, 94–237.
47. McCurry, *Confederate Reckoning*, 284.
48. 同上, 263–309; Chandra Manning, *Troubled Refuge: Struggling for Freedom in the Civil War* (New York: Knopf, 2016)。
49. James M. McPherson, "Could the South Have Won?," *New York Review of Books* (June 13, 2002).
50. Phillip S. Paludan, *A People's Contest: The Union and Civil War, 1861–1865* (New York: Harper & Row, 1988), 170–197, 231–262; Peter H. Lindert and Jeffrey G. Williamson, *Unequal Gains: American Growth and Inequality Since 1700* (Princeton: Princeton University Press, 2016), 156.
51. Richard White, *The Republic for Which It Stands: The United States During Reconstruction and the Gilded Age, 1865–1896* (New York: Oxford University Press, 2017), 23–63; Eric Foner, *Reconstruction, updated ed., America's Unfinished Revolution, 1863–1877* (New York: HarperPerennial Modern Classics, 2014), 176–227.
52. Gavin Wright, *Old South, New South: Revolutions in the Southern Economy Since the Civil War* (New York: Basic Books, 1986), 17–50.
53. Julie Saville, *The Work of Reconstruction: From Slave to Wage Laborer in South Carolina, 1860–1870* (New York: Cambridge University Press, 1994), 32–101; Willie Lee Rose, *Rehearsal for Reconstruction: The Port Royal Experiment* (New York: Oxford University Press, 1976).
54. Whitelaw Reid, *After the War: A Southern Tour: May 1, 1865, to May 1, 1866* (New York: Moore, Wilstach & Baldwin, 1866), 59.
55. Foner, *Reconstruction*, 160.
56. Amy Dru Stanley, *From Bondage to Contract: Wage Labor, Marriage, and the Market in the Age of Slave Emancipation* (New York: Cambridge University Press, 1998), 1–59.
57. Foner, *Reconstruction*, 160.
58. Gerald David Jaynes, *Branches Without Roots: Genesis of the Black Working Class in the American South, 1862–1882* (New York: Oxford University Press, 1986), 1–60.
59. Eric L. McKitrick, *Andrew Johnson and Reconstruction* (New York: Oxford University Press, 1988), 370.
60. Barreyre, *Gold and Freedom*.
61. Hugh McCulloch, *Men and Measures of Half a Century: Sketches and Comments* (New York: C. Scribner's Sons, 1889), 201.
62. Bensel, *Yankee Leviathan*, 238–302.
63. Stephen N. Broadberry and Douglas A. Irwin, "Labor Productivity in the United States and the United Kingdom During the Nineteenth Century," *Explorations in Economic History* 43, no. 2 (2006): 257–279.
64. Lance E. Davis and Robert E. Gallman, *Evolving Financial Markets and International Capital Flows: Britain, the Americas, and Australia, 1865–1914* (New York: Cambridge University Press, 2001).

65. *Report of a Select Committee of the Chamber of Commerce of the State of New-York: On the Subject of a Return to Specie Payments: November, 1867* (Washington, D.C., 1867), 4.
66. Herbert Ronald Ferleger, *David A. Wells and the American Revenue System, 1865–1870* (New York: Columbia University Press, 1942); Nancy Cohen, *The Reconstruction of American Liberalism, 1865–1914* (Chapel Hill: University of North Carolina Press, 2002), 23–60.
67. Bensel, *Yankee Leviathan*, 290.
68. Maurice Obstfeld and Alan M. Taylor, "Sovereign Risk, Credibility and the Gold Standard: 1870–1913 Versus 1925–1931," *Economic Journal* 113, no. 487 (2003): 241–275.
69. Jonathan Levy, *Freaks of Fortune: The Emerging World of Capitalism and Risk in America* (Cambridge, Mass.: Harvard University Press, 2012), 121.
70. Paul H. Bergeron, ed., *The Papers of Andrew Johnson*, vol. 9, *September 1865–January 1866* (Knoxville: University of Tennessee Press, 1967), 478.
71. Barreyre, *Gold and Freedom*, 147–152; Jeffry A. Frieden, *Currency Politics: The Political Economy of Exchange Rate Policy* (Princeton: Princeton University Press, 2015), 49–103.
72. Gretchen Ritter, *Goldbugs and Greenbacks: The Antimonopoly Tradition and the Politics of Finance in America, 1865–1896* (New York: Cambridge University Press, 1997), 101.
73. Frieden, *Currency Politics*, 64.
74. 同上, 65。
75. David Montgomery, *Beyond Equality: Labor and the Radical Republicans, 1862–1872* (New York: Vintage Books, 1967), 342–357.
76. Milton Friedman and Anna J. Schwartz, *A Monetary History of the United States, 1867–1960* (Princeton: Princeton University Press, 1963), 30, chart 3.
77. White, *Republic for Which It Stands*, 64–102.
78. Steven Hahn, *A Nation Under Our Feet: Black Political Struggles in the Rural South from Slavery to the Great Migration* (Cambridge, Mass.: Belknap Press, 2003), 163–316.
79. Bensel, *Yankee Leviathan*, 353.
80. Barreyre, *Gold and Freedom*, 194–234.
81. Taussig, *Tariff History of the United States*, 229, 191.
82. Bensel, *Yankee Leviathan*, 340–365.
83. Irwin, "Tariff Incidence in America's Gilded Age."
84. Ritter, *Goldbugs and Greenbacks*, 92.
85. Sharkey, *Money, Class, and Party*, 95; Richard H. Timberlake, "Ideological Factors in Specie Resumption and Treasury Policy," *Journal of Economic History* 24, no. 1 (1964): 29–52.
86. Frieden, *Currency Politics*, 49–103.
87. Ransom and Sutch, "Capitalists Without Capital."
88. Roger L. Ransom and Richard Sutch, *One Kind of Freedom: The Economic Consequences of Emancipation* (New York: Cambridge University Press, 1977), 109–110.
89. Harold D. Woodman, *New South, New Law: The Legal Foundations of Credit and Labor*

Relations in the Postbellum Agricultural South (Baton Rouge: Louisiana State University Press, 1995).

90. Susan Eva O'Donovan, *Becoming Free in the Cotton South* (Cambridge, Mass.: Harvard University Press, 2007), 111–161; Saville, *Work of Reconstruction*, 102–142.

91. Thavolia Glymph, *Out of the House of Bondage: The Transformation of the Plantation Household* (New York: Cambridge University Press, 2008), 137–203; O'Donovan, *Becoming Free in the Cotton South*, 162–207; Tera W. Hunter, *To "Joy My Freedom" : Southern Black Women's Lives and Labors After the Civil War* (Cambridge, Mass.: Harvard University Press, 1997), 21–43; Leslie A. Schwalm, *A Hard Fight for We: Women's Transition from Slavery to Freedom in South Carolina* (Urbana: University of Illinois Press, 1997), 147–233.

92. Lindert and Williamson, *Unequal Gains*, 161.

93. Wright, *Old South, New South*, 17–52.

94. Francis William Loring and Charles Follen Atkinson, *Cotton Culture and the South Considered with Reference to Emigration* (Boston: A. Williams, 1869), 32.

95. Ransom and Sutch, *One Kind of Freedom*, 83.

96. 同上，4。

97. Lindert and Williamson, *Unequal Gains*, 146.

98. 关于黑人种族歧视的缺乏经济理性，参见 Gavin Wright, *Sharing the Prize: The Economics of the Civil Rights Revolution in the American South* (Cambridge, Mass.: Belknap Press, 2013)。

99. Ransom and Sutch, *One Kind of Freedom*, 187–188.

100. John J. Clegg, "From Slavery to Jim Crow: Essays on the Political Economy of Racial Capitalism" (PhD diss., New York University, 2018).

101. Hahn, *Nation Under Our Feet*, 163–316; Thomas C. Holt, *Black over White: Negro Political Leadership in South Carolina During Reconstruction* (Urbana: University of Illinois Press, 1977).

102. James Oakes, "The Present Becomes the Past: The Planter Class in the Postbellum South," in Robert H. Abzug and Stephen E. Maizlish, eds., *New Perspectives on Race and Slavery in America: Essays in Honor of Kenneth M. Stampp* (Lexington: University Press of Kentucky, 1986), 149–163; Lee J. Alston and Joseph P. Ferrie, *Southern Paternalism and the American Welfare State: Economics, Politics, and Institutions in the South, 1865–1965* (New York: Cambridge University Press, 1999), 13–48.

103. Nate Shaw and Theodore Rosengarten, *All God's Dangers: The Life of Nate Shaw* (New York: Knopf, 1974), 27.

104. Jonathan M. Wiener, "Class Structure and Economic Development in the American South, 1865–1955," *American Historical Review* 84, no. 4 (1979): 970–992.

105. Ransom and Sutch, *One Kind of Freedom*, 80.

106. John A. James, "Financial Underdevelopment in the Postbellum South," *Journal of Interdisciplinary History* 11, no. 3 (1981): 443–454.

107. Richard White, "Information, Markets, and Corruption: Transcontinental Railroads in the

Gilded Age," *Journal of American History* 90, no. 1 (2003): 19–43.
108. Klein, *Life and Legend of Gould*, 76–89.
109. Williamson, "Watersheds and Turning Points."
110. Elmus Wicker, *Banking Panics of the Gilded Age* (New York: Cambridge University Press, 2000), 133; Christopher Hanes and Paul W. Rhode, "Harvests and Financial Crises in Gold Standard America," *Journal of Economic History* 73, no. 1 (2013): 201–246.
111. Sidney Homer and Richard Sylla, *History of Interest Rates* (Hoboken, N.J.: Wiley, 2005), 284, table 44.
112. Klein, *Life and Legend of Gould*, 84; T. J. Stiles, *The First Tycoon: The Epic Life of Cornelius Vanderbilt* (New York: Knopf, 2009), 465.
113. Eli Cook, *The Pricing of Progress: Economic Indicators and the Capitalization of American Life* (Cambridge, Mass.: Harvard University Press, 2017), 173–182.
114. Alfred D. Chandler, *The Visible Hand: The Managerial Revolution in American Business* (Cambridge, Mass.: Belknap Press, 1977); Steven W. Usselman, *Regulating Railroad Innovation: Business, Technology, and Politics in America, 1840–1920* (New York: Cambridge University Press, 2002).
115. John F. Stover, *American Railroads* (Chicago: University of Chicago Press, 2008), 161.
116. David R. Meyer, "The National Integration of Regional Economies, 1860–1920," in Thomas F. McIlwraith and Edward K. Muller, eds., *North America: The Historical Geography of a Changing Continent* (Lanham, Md.: Rowman & Littlefield, 2001), 311, table 14.1.
117. Dave Donaldson and Richard Hornbeck, "Railroads and American Economic Growth: A 'Market Access' Approach," *Quarterly Journal of Economics* 131, no. 2 (2016): 799–858.
118. Homer and Sylla, *History of Interest Rates*, 284, table 38.
119. Lindert and Williamson, *Unequal Gains*, 167.
120. Klein, *Life and Legend of Gould*, 88–98.
121. 同上, 116, 3。
122. Richard R. John, "Robber Barons Redux: Antimonopoly Reconsidered," *Enterprise and Society* 13, no. 1 (2012): 1–38.
123. Charles F. Adams, Jr., and Henry Adams, *Chapters of Erie, and Other Essays* (Boston: James R. Osgood, 1871), 12.
124. John, "Robber Barons Redux," 3.
125. Stiles, *First Tycoon*, 3–334.
126. Mark Wahlgren Summers, *The Era of Good Stealings* (New York: Oxford University Press, 1993), 46–54.
127. Wright, *Railroaded*, 28.
128. Charles W. McCurdy, "Justice Field and the Jurisprudence of Government-Business Relations: Some Parameters of Laissez-Faire Constitutionalism, 1863–1897," *Journal of American History* 61, no. 4 (1975): 981.
129. 关于菲尔德著名的反对意见，参见 *The Slaughter-House Cases* 83 U.S. 36 (1873); 另参见

注 释

Howard Gillman, *The Constitution Besieged: The Rise and Demise of Lochner Era Police Powers Jurisprudence* (Durham, N.C.: Duke University Press, 1993), 64–75。"缔约自由"的法理学观点在 *Lochner v. New York* 198 U.S. 45 (1905) 一案中达到顶峰。

130. *The People ex. rel. v. Salem*, 20 Mich. 447 (1870).
131. Meinig, *Shaping of America*, 3:260.
132. 关于这段历史，参见 Richard R. John, *Network Nation: Inventing American Telecommunications* (Cambridge, Mass.: Belknap Press, 2010), 24–199。
133. Rachel St. John, *Line in the Sand: A History of the Western U.S.-Mexico Border* (Princeton: Princeton University Press, 2011), 57–63.
134. Francis Paul Prucha, *The Great Father: The United States Government and the American Indians* (Lincoln: University of Nebraska Press, 1995), 560.
135. White, *Republic for Which It Stands*, 103–135, 288–321; Steven Hahn, *A Nation Without Borders: The United States and Its World in an Age of Civil Wars, 1830–1910* (New York: Penguin, 2017), 270–316.
136. Anne F. Hyde, *Empires, Nations, and Families: A History of the North American West, 1800–1860* (Lincoln: University of Nebraska Press, 2011).
137. White, *Railroaded*, 28–29.
138. Robert William Fogel, *The Union Pacific Railroad: A Case in Premature Enterprise* (Baltimore: Johns Hopkins University Press, 1960), 70–73.
139. Nelson, *Iron Confederacies*, 71–94.
140. Meyer, "National Integration of Regional Economies," 311, table 14.1。参见 C. Vann Woodward, *Origins of the New South, 1877–1913: A History of the South* (Baton Rouge: Louisiana State University Press, 1951), 1–50。
141. Wright, *Old South, New South*, 52–60. Steven Hahn, *The Roots of Southern Populism: Yeoman Farmers and the Transformation of the Georgia Upcountry, 1850–1890* (New York: Oxford University Press, 2006), 137–268.
142. 普法战争后，法国向德国支付的黄金赔款促成了奥地利的短暂繁荣。
143. 参见 Hannah Catherine Davies, *Transatlantic Speculations: Globalization and the Panics of 1873* (New York: Columbia University Press, 2018)。
144. White, *Railroaded*, 68.
145. Homer and Sylla, *History of Interest Rates*, 284, table 38; 315, table 44.
146. 在南北战争爆发前，铁路已经被建造于城市之间。Jeremy Atack et al., "Did Railroads Induce or Follow Economic Growth? Urbanization and Population Growth in the American Midwest, 1850–1860," *Social Science History* 34, no. 2 (2010): 171–197. 关于南北战争后先于需求建造铁路的情况，参见 White, *Railroaded*, xxvii, 208, 462。
147. Levy, *Freaks of Fortune*, 143–149.
148. Homer and Sylla, *History of Interest Rates*, 315, table 44.
149. Mira Wilkins, *The History of Foreign Investment in the United States to 1914* (Cambridge, Mass.: Harvard University Press, 1989), 201, table 6.5.

150. White, *Republic for Which It Stands*, 253–287.

151. Arthur Hadley, *Railroad Transportation, Its History and Its Laws* (New York: G. P. Putnam's Sons, 1885), 63–81.

152. 工业产出或许下降了10%。然而，农业产出却很可能保持稳定。Joseph H. Davis, "An Annual Index of U.S. Industrial Production, 1790–1915," *Quarterly Journal of Economics* 119, no. 4 (2004): 1177–1215。

153. Samuel Reznck, "Distress, Relief, and Discontent in the United States During the Depression of 1873–1878," *Journal of Political Economy* 58, no. 6 (1950): 494–512.

154. White, *Railroaded*, 83–84.

155. Elliott West, *The Last Indian War: The Nez Perce Story* (New York: Oxford University Press, 2009).

156. Gregory P. Downs, "The Mexicanization of American Politics: The United States' Transnational Path from Civil War to Stabilization," *American Historical Review* 117, no. 2 (2012): 387–409.

157. C. Vann Woodward, *Reunion and Reaction: The Compromise of 1877 and the End of Reconstruction* (1951; New York: Oxford University Press, 1966), 101–121.

158. White, *Railroaded*, 109–133.

159. Holt, *Black over White*, 173–224.

160. Barreyre, *Gold and Freedom*, 194–234.

161. "U.S. Business Cycle Expansions and Contractions," National Bureau of Economic Research, http://www.nber.org/cycles.html.

第八章　工业化

1. Andrew Carnegie, *The Autobiography of Andrew Carnegie* (1920; Philadelphia: PublicAffairs, 2011), 141.

2. David Nasaw, *Andrew Carnegie* (New York: Penguin Press, 2006).

3. Alfred D. Chandler, *The Visible Hand: The Managerial Revolution in American Business* (Cambridge, Mass.: Belknap Press, 1977), 79–206.

4. Carnegie, *Autobiography*, 80.

5. Aristotle, *Aristotle: The Politics and The Constitution of Athens*, ed., Stephen Everson (New York: Cambridge University Press, 2011), 25.

6. Maury Klein, *The Genesis of Industrial America, 1870–1920* (New York: Cambridge University Press, 2007), 155.

7. Harold C. Livesay, *Andrew Carnegie and the Rise of Big Business*, 3rd ed. (New York: Pearson Longman, 2007), 74.

8. Nasaw, *Andrew Carnegie*, 113, 114.

9. Livesay, *Carnegie and the Rise of Business*, 78.

注 释

10. Carnegie, *Autobiography*, 151.
11. 关于卡内基和铁路在早期美国钢铁工业中发挥的作用，参见 Thomas J. Misa, *A Nation of Steel: The Making of Modern America, 1865–1925* (Baltimore: Johns Hopkins University Press, 1995), 1–44。
12. Nasaw, *Andrew Carnegie*, 154.
13. Carnegie, *Autobiography*, 135.
14. Jonathan Levy, "Accounting for Profit and the History of Capital," *Critical Historical Studies* 1, no. 2 (2014): 171–214.
15. Livesay, *Carnegie and the Rise of Business*, 112.
16. Arthur Moore and Samuel Taylor Pound, eds., *They Told Barron: The Notes of Clarence W. Barron* (New York: Harper, 1930), 85.
17. Livesay, *Carnegie and the Rise of Business*, 120.
18. 同上, 171。
19. Burton Jesse Hendrick, *The Life of Andrew Carnegie* (New York: Harper & Row, 1969), 1:202.
20. Livesay, *Carnegie and the Rise of Business*, 116。另参见 James Howard Bridge, *The Inside History of the Carnegie Steel Company: A Romance of Millions* (New York: Aldine, 1903)。
21. Robert C. Allen, "American Exceptionalism as a Problem in Global History," *Journal of Economic History* 74, no. 2 (2014): 309–350. Richard Franklin Bensel, *The Political Economy of American Industrialization, 1877–1900* (New York: Cambridge University Press, 2000).
22. Dave Donaldson and Richard Hornbeck, "Railroads and American Economic Growth: A 'Market Access' Approach," *Quarterly Journal of Economics* 131, no. 2 (2016): 799–858.
23. David Ames Wells, *Recent Economic Changes: And Their Effect on the Production and Distribution of Wealth and the Well-Being of Society* (New York: D. Appleton, 1889), 60.
24. William Cronon, *Nature's Metropolis: Chicago and the Great West* (New York: Norton, 1991), 75–82; Wolfgang Schivelbusch, *The Railway Journey: The Industrialization of Time and Space in the Nineteenth Century* (1977; Berkeley: University of California Press, 2014).
25. 工业发展中的"后端和前端联动"这一术语，以及对它的分析，均源自 Albert O. Hirschman, *The Strategy of Economic Development* (New Haven: Yale University Press, 1958), 98–103.
26. Arnold Toynbee, *Lectures on the Industrial Revolution of the 18th Century in England* (London, 1884)。
27. J. B. Clark, "Capital and Its Earnings," *Publications of the American Economic Association* 3, no. 2 (1888): 9–69.
28. 1800 年至 1860 年的年增长率为 1.43%，到 1870 年至 1910 年时便增加到 1.79%，尽管 1850 年至 1860 年的增长率也是 1.79%。关于增长率的激增，参见 Peter H. Lindert and Jeffrey G. Williamson, *Unequal Gains: American Growth and Inequality Since 1700* (Princeton: Princeton University Press, 2016), 102, 169。在 1850 年到 1870 年，制造业的资本-劳动力比率已经增加了 75% 以上，这意味着资本的深化。Jeremy Atack, Fred

Bateman, and Robert A. Margo, "Capital Deepening and the Rise of the Factory: The American Experience During the Nineteenth Century," *Economic History Review* 58, no. 3 (2005): 586。关于19世纪80年代，参见 John A. James, "Structural Change in American Manufacturing, 1850–1890," *Journal of Economic History* 43, no. 2 (1983): 433–459。关于资本形成率和投资，参见 Jeffrey G. Williamson, "Watersheds and Turning Points: Conjectures on the Long-Term Impact of Civil War Financing," *Journal of Economic History* 34, no. 3 (1974): 636–661。关于工业生产率，参见 Joseph H. Davis, "An Annual Index of U.S. Industrial Production, 1790–1915," *Quarterly Journal of Economics* 119, no. 4 (2004): 1177–1215; 及 Williamson, "Watersheds and Turning Points"。另参见 Robert Gallman, "The United States Capital Stock in the Nineteenth Century," in Stanley L. Engerman and Robert E. Gallman, *Long-Term Factors in American Economic Growth* (Chicago: University of Chicago Press, 1986), 165–213。

29. Lewis Mumford, *Technics and Civilization* (1934; Chicago: University of Chicago Press, 2010), 163.

30. 近期的文献回顾，参见 Fredrik Albritton Jonsson, "The Industrial Revolution in the Anthropocene," *Journal of Modern History* 84, no. 3 (2012): 679–696。从比较的视角对美国案例的解读，参见 Allen, "American Exceptionalism"。

31. 关于"循环往复、相互累加的因果关系"，参见 Gunnar Myrdal, *Economic Theory and Underdeveloped Regions* (London: Methuen, 1957)。

32. E. A. Wrigley, *Continuity, Chance and Change: The Character of the Industrial Revolution in England* (New York: Cambridge University Press, 1988).

33. 资本存量消耗与能源存量消耗之间的呼应一直存在。参见 Emma Rothschild, "Maintaining (Environmental) Capital Intact," *Modern Intellectual History* 8, no. 1 (2011): 193–212。

34. Rolf Peter Sieferle, *The Subterranean Forest: Energy Systems and the Industrial Revolution*, trans. Michael Osmann (Cambridge, Mass.: White Horse Press, 2001), 197.

35. Wrigley, *Continuity, Chance and Change*, 28.

36. J. R. McNeill, *Something New Under the Sun: An Environmental History of the Twentieth-Century World* (New York: Norton, 2000), 12.

37. Wrigley, *Continuity, Chance and Change*, 76.

38. Alfred Marshall, *The Principles of Economics* (Cambridge, Mass.: Macmillan, 1890), 332–334.

39. David R. Meyer, *Networked Machinists: High-Technology Industries in Antebellum America* (Baltimore: Johns Hopkins University Press, 2006); Catherine L. Fisk, *Working Knowledge: Employee Innovation and the Rise of Corporate Intellectual Property, 1800–1930* (Chapel Hill: University of North Carolina Press, 2009); Nathan Rosenberg, "Technical Change in the Machine Tool Industry, 1840–1910," *Journal of Economic History* 23, no. 4 (1963): 414–443; Philip Scranton, *Endless Novelty: Specialty Production and American Industrialization, 1865–1925* (Princeton: Princeton University Press, 1997); Philip Scranton, *Proprietary Capitalism: The Textile Manufacture at Philadelphia, 1800–1885* (New York: Cambridge University Press, 1984).

40. Louis C. Hunter and Lynwood Bryant, *A History of Industrial Power in the United States, 1780–1930*, vol. 3, *The Transmission of Power* (Charlottesville: University Press of Virginia, 1991), 430.

41. Richard G. Healey, *The Pennsylvania Anthracite Coal Industry, 1860–1902* (Scranton: University of Scranton Press, 2007).
42. Barbara Freese, *Coal: A Human History* (Cambridge, Mass.: Perseus, 2003).
43. Christopher F. Jones, *Routes of Power: Energy and Modern America* (Cambridge, Mass.: Harvard University Press, 2014), 59–88; Alfred D. Chandler, "Anthracite Coal and the Beginnings of the Industrial Revolution in the United States," *Business History Review* 46, no. 2 (1972): 141–181.
44. Anthony F. C. Wallace, *Rockdale: The Growth of an American Village in the Early Industrial Revolution* (New York: Knopf, 1978).
45. Jones, *Routes of Power*, 67.
46. Nathan Rosenberg and Manuel Trajtenberg, "A General-Purpose Technology at Work: The Corliss Steam Engine in the Late-Nineteenth-Century United States," *Journal of Economic History* 64, no. 1 (2004): 61–99.
47. David E. Nye, *Consuming Power: A Social History of American Energies* (Cambridge, Mass.: MIT Press, 1997), 75.
48. Brian Black, "Oil Creek as Industrial Apparatus: Re-Creating the Industrial Process Through the Landscape of Pennsylvania's Oil Boom," *Environmental History* 3, no. 2 (1998): 210–229.
49. Rosenberg and Trajtenberg, "General-Purpose Technology."
50. Hunter and Bryant, *History of Industrial Power*, 3:340.
51. Jeremy Atack, Fred Bateman, and Robert A. Margo, "Steam Power, Establishment Size, and Labor Productivity Growth in Nineteenth Century American Manufacturing," *Explorations in Economic History* 45, no. 2 (2008): 185–198.
52. National Museum of History and Technology, *1876: A Centennial Exhibition: A Treatise upon Selected Aspects*⋯.(1876; Washington, D.C.: Smithsonian Institution, 1976), 29.
53. Jones, *Routes of Power*, 10, 12.
54. D. W. Meinig, *The Shaping of America: A Geographical Perspective on 500 Years of History*, vol. 2, *Continental America, 1800–1867* (New Haven: Yale University Press, 1986), 397.
55. Hunter and Bryant, *History of Industrial Power*, 3:430.
56. Gordon M. Winder, "The North American Manufacturing Belt in 1880: A Cluster of Regional Industrial Systems or One Large Industrial District?," *Economic Geography* 75, no. 1 (1999): 71.
57. Nicholas Crafts and Alexander Klein, "Making Sense of the Manufacturing Belt: Determinants of U.S. Industrial Location, 1880–1920," *Journal of Economic Geography* 12, no. 4 (2012): 775–807.
58. 同上, 2, 3。
59. Harvey S. Perloff et al., *Regions, Resources, and Economic Growth* (Baltimore: Johns Hopkins University Press, 1960), 115.
60. David R. Meyer, "Emergence of the American Manufacturing Belt: An Interpretation," *Journal of Historical Geography* 9, no. 2 (1983): 145–174.

61. Louis Ferleger, "Capital Goods and Southern Economic Development," *Journal of Economic History* 45, no. 2 (1985): 411–417; Gavin Wright, *Old South, New South: Revolutions in the Southern Economy Since the Civil War* (New York: Basic Books, 1986), 60–64.
62. David R. Meyer, "Midwestern Industrialization and the American Manufacturing Belt in the Nineteenth Century," *Journal of Economic History* 49, no. 4 (1989): 921–937.
63. Richard White, *Railroaded: The Transcontinentals and the Making of Modern America* (New York: Norton, 2011).
64. Glenn Porter and Harold C. Livesay, *Merchants and Manufacturers: Studies in the Changing Structure of Nineteenth Century Marketing* (Chicago: Ivan R. Dee, 1989); Charles W. McCurdy, "American Law and the Marketing Structure of the Large Corporation, 1875–1890," *Journal of Economic History* 38, no. 3 (1978): 631–634.
65. Ron Chernow, *Titan: The Life of John D. Rockefeller, Sr.* (New York: Random House, 1998).
66. Walter Licht, *Industrializing America: The Nineteenth Century* (Baltimore: Johns Hopkins University Press, 1995), 102–132.
67. 关于各地区附加值所占份额，参见 Perloff, *Regions, Resources, and Economic Growth*, 152, 153, 158, tables 44, 46, 49。
68. 同上。1870年，中西部贡献了全国制造业附加值的18%。1890年，它超过了新英格兰地区，占到了24%。
69. 或许英国最重要的工业城市曼彻斯特可与之相提并论。Harold L. Platt, *Shock Cities: The Environmental Transformation and Reform of Manchester and Chicago* (Chicago: University of Chicago Press, 2005)。
70. Cronon, *Nature's Metropolis*, 23–54.
71. Meyer, "Midwestern Industrialization"; Louis P. Cain, "From Mud to Metropolis: Chicago Before the Fire," *Research in Economic History* 10 (1986), 93–129.
72. Cronon, *Nature's Metropolis*, 55–96.
73. Michael P. Conzen, "The Maturing Urban System in the United States, 1840–1910," *Annals of the Association of American Geographers* 67, no. 1 (1977): 88–108.
74. John B. Jentz and Richard Schneirov, *Chicago in the Age of Capital: Class, Politics, and Democracy During the Civil War and Reconstruction* (Urbana: University of Illinois Press, 2012), 38.
75. 参见 Carol E. Heim, "Structural Changes: Regional and Urban," in Stanley L. Engerman and Robert E. Gallman, eds., *The Cambridge Economic History of the United States*, vol. 2, *The Long Nineteenth Century* (New York: Cambridge University Press, 2000), 163–171。
76. Ann Norton Greene, *Horses at Work: Harnessing Power in Industrial America* (Cambridge, Mass.: Harvard University Press, 2008), 284.
77. Adam Mack, *Sensing Chicago: Noisemakers, Strikebreakers, and Muckrakers* (Urbana: University of Illinois Press, 2015).
78. Platt, *Shock Cities*, 215.
79. James Macfarlane, *The Coal-Regions of America: Their Topography, Geology, and*

注　释

　　　　Development (New York: D. Appleton, 1873), 434.
80. Platt, *Shock Cities*, 141.
81. Rudyard Kipling, *The City of Dreadful Night: American Notes* (New York: H. M. Caldwell, 1899), 91, 92.
82. Horace Greeley, *The Great Industries of the United States: Being an Historical Summary of the Origin, Growth, and Perfection of the Chief Industrial Arts of This Country* (New York and Hartford: J. B. Burr & Hyde, 1872).
83. Mack, *Sensing Chicago*, 11.
84. Kipling, *City of Dreadful Night*, 93.
85. 关于这一主题的总体介绍，参见 Platt, *Shock Cities*。
86. Kipling, *City of Dreadful Night*, 91.
87. Carl Sandburg, *Chicago Poems* (1916; New York: Dover, 1994), 1.
88. James Belich, *Replenishing the Earth: The Settler Revolution and the Rise of the Angloworld, 1783–1939* (New York: Oxford University Press, 2009), 335.
89. Robert J. Gordon, *The Rise and Fall of American Growth: The U.S. Standard of Living Since the Civil War* (Princeton: Princeton University Press, 2016), 53, table 2-3.
90. Thomas G. Andrews, *Killing for Coal: America's Deadliest Labor War* (Cambridge, Mass.: Harvard University Press, 2008), 1–19.
91. Lance E. Davis and Robert E. Gallman, *Evolving Financial Markets and International Capital Flows: Britain, the Americas, and Australia, 1865–1914* (New York: Cambridge University Press, 2001), 235, table 3:1-1。关于资本西进运动，参见 Noam Maggor, *Brahmin Capitalism: Frontiers of Wealth and Populism in America's First Gilded Age* (Cambridge, Mass.: Harvard University Press, 2017)。
92. Belich, *Replenishing the Earth*, 32.
93. Wells, *Recent Economic Changes*, 170.
94. Jonathan Levy, *Freaks of Fortune: The Emerging World of Capitalism and Risk in America* (Cambridge, Mass.: Harvard University Press, 2012), 156.
95. Richard White, *"It's Your Misfortune and None of My Own" : A History of the American West* (Norman: University of Oklahoma Press, 1991), 271.
96. William S. Greever, *The Bonanza West: The Story of the Mining Rushes, 1848–1900* (Norman: University of Oklahoma Press, 1968).
97. A. Paul David and Gavin Wright, "Increasing Returns and the Genesis of American Resource Abundance," *Industrial and Corporate Change* 6, no. 2 (1997): 211.
98. Carl J. Mayer and George A. Riley, *Public Domain, Private Dominion: A History of Public Mineral Policy in America* (San Francisco: Sierra Club Books, 1985).
99. David and Wright, "Increasing Returns," 223.
100. Bronson C. Keeler, *Where to Go to Become Rich* (Chicago: Belford, Clark, 1890).
101. White, *"It's Your Misfortune and None of My Own,"* 235.
102. Gavin Wright, "American Agriculture and the Labor Market: What Happened to

Proletarianization?," *Agricultural History* 62, no. 3 (1988): 182–209.

103. 参见 Levy, *Freaks of Fortune*, 150–190。

104. Keeler, *Where to Go to Become Rich*, 430.

105. Levy, *Freaks of Fortune*, 150–190.

106. Sigfried Giedion, *Mechanization Takes Command: A Contribution to Anonymous History* (1948; Minneapolis: University of Minnesota Press, 2014), 145.

107. Cronon, *Nature's Metropolis*, 181.

108. Daniel B. Rood, *The Reinvention of Atlantic Slavery: Technology, Labor, Race, and Capitalism in the Greater Caribbean* (New York: Oxford University Press, 2017), 174–196.

109. Giedion, *Mechanization Takes Command*, 155.

110. Wells, *Recent Economic Changes*, 51.

111. Alan L. Olmstead and Paul W. Rhode, *Creating Abundance: Biological Innovation and American Agricultural Development* (New York: Cambridge University Press, 2008), 17–63.

112. Wells, *Recent Economic Changes*, 90.

113. Steven C. Topik and Allen Wells, "Commodity Chains in a Global Economy," in Emily S. Rosenberg, ed., *A World Connecting: 1870–1945* (Cambridge, Mass.: Belknap Press, 2012), 718–720, 631.

114. Kevin H. O'Rourke, "The European Grain Invasion, 1870–1913," *Journal of Economic History* 57, no. 4 (1997): 775–801.

115. Gordon, *Rise and Fall of American Growth*, 74.

116. Ronald Findlay and Kevin H. O'Rourke, *Power and Plenty: Trade, War, and the World Economy in the Second Millennium* (Princeton: Princeton University Press, 2009), 382.

117. Levy, *Freaks of Fortune*, 231–63.

118. Joshua Specht, *Red Meat Republic: A Hoof-to-Table History of How Beef Changed America* (Princeton: Princeton University Press, 2019); Richard White, "Animals and Enterprise," in Clyde A. Milner, Carol A. O'Connor, and Martha A. Sandweiss, eds., *The Oxford History of the American West* (New York: Oxford University Press, 1994), 237–274.

119. David Igler, *Industrial Cowboys: Miller and Lux and the Transformation of the Far West, 1850–1920* (Berkeley: University of California Press, 2001); Donald Worster, *Under Western Skies: Nature and History in the American West* (New York: Oxford University Press, 1992).

120. Andrew C. Isenberg, *The Destruction of the Bison: An Environmental History, 1750–1920* (New York: Cambridge University Press, 2000), 93–122.

121. Worster, *Under Western Skies*, 41. M. Scott Taylor, "Buffalo Hunt: International Trade and the Virtual Extinction of the North American Bison," *American Economic Review* 101, no. 7 (2011): 3162–3195.

122. Reviel Netz, *Barbed Wire: An Ecology of Modernity* (Middletown, Conn.: Wesleyan University Press, 2004).

123. Richard Hornbeck, "Barbed Wire: Property Rights and Agricultural Development," *Quarterly Journal of Economics* 125, no. 2 (2010): 767–810.

注　释　　1011

124. Worster, *Under Western Skies*, 40.
125. James Sanks Brisbin, *The Beef Bonanza; or, How to Get Rich on the Plains* (Philadelphia: J. B. Lippincott, 1885), 13, 146.
126. Netz, *Barbed Wire*, 32.
127. Specht, *Red Meat Republic*, 67–169.
128. Cronon, *Nature's Metropolis*, 225.
129. Giedion, *Mechanization Takes Command*, 212, 229–246.
130. Belich, *Replenishing the Earth*, 341.
131. 吉卜林的话引自 Cronon, *Nature's Metropolis*, 208。
132. Michael Osman, "Preserved Assets," in Aggregate, *Governing by Design: Architecture, Economy, and Politics in the Twentieth Century* (Pittsburgh: University of Pittsburgh Press, 2012), 1–20.
133. Wells, *Recent Economic Changes*, 159.
134. Levy, *Freaks of Fortune*, 150–190.
135. Leonard A. Carlson, *Indians, Bureaucrats, and Land: The Dawes Act and the Decline of Indian Farming* (Westport, Conn.: Praeger, 1981).
136. Emily Greenwald, *Reconfiguring the Reservation: The Nez Perce, Jicarilla Apaches, and the Dawes Act* (Albuquerque: University of New Mexico Press, 2002).
137. Karl Jacoby, *Crimes Against Nature: Squatters, Poachers, Thieves, and the Hidden History of American Conservation* (Berkeley: University of California Press, 2001), 121.
138. Sarah Deutsch, *No Separate Refuge: Culture, Class, and Gender on an Anglo-Hispanic Frontier in the American Southwest, 1880–1940* (New York: Oxford University Press, 1987), 13–40.
139. Richard White, *The Roots of Dependency: Subsistence, Environment, and Social Change Among the Choctaws, Pawnees, and Navajos* (Lincoln: University of Nebraska Press, 1983), 220–314.
140. Topik and Wells, "Commodity Chains," 723.
141. Kenneth Warren, *Triumphant Capitalism: Henry Clay Frick and the Industrial Transformation of America* (Pittsburgh: University of Pittsburgh Press, 1996), 56–112.
142. David Montgomery, *The Fall of the House of Labor: The Workplace, the State, and American Labor Activism, 1865–1925* (New York: Cambridge University Press, 1987), 9–57.
143. Nasaw, *Andrew Carnegie*, 183.
144. 同上，371。
145. Joseph Frazier Wall, *Andrew Carnegie* (New York: Oxford University Press, 1970), 553.
146. Nasaw, *Andrew Carnegie*, 409.

第九章　阶级战争与家庭生活

1. Kenneth Warren, *Triumphant Capitalism: Henry Clay Frick and the Industrial Transformation*

of America (Pittsburgh: University of Pittsburgh Press, 1996), 56–112; Paul Kahan, *The Homestead Strike: Labor, Violence, and American Industry* (New York: Routledge, 2013); Les Standiford, *Meet You in Hell: Andrew Carnegie, Henry Clay Frick, and the Bitter Partnership That Transformed America* (New York: Crown, 2005).

2. David Montgomery, *The Fall of the House of Labor: The Workplace, the State, and American Labor Activism, 1865–1925* (New York: Cambridge University Press, 1987), 41.

3. 同上，9–57。

4. Alice Kessler-Harris, *Out to Work: A History of Wage-Earning Women in the United States* (New York: Oxford University Press, 1982), 109, 122.

5. 关于利润，参见 James Howard Bridge, *The Inside History of the Carnegie Steel Company: A Romance of Millions* (New York: Aldine, 1903), 295。关于降低工资，参见 Warren, *Triumphant Capitalism*, 83。

6. Drew Keeling, *The Business of Transatlantic Migration Between Europe and the United States, 1900–1914: Mass Migration as a Transnational Business in Long Distance Travel* (Zurich: Chronos, 2013).

7. Warren, *Triumphant Capitalism*, 72.

8. Standiford, *Meet You in Hell*, 141.

9. Alexander Berkman, *Prison Memoirs of an Anarchist* (New York: Mother Earth, 1912).

10. Kahan, *Homestead Strike*, 346.

11. Standiford, *Meet You in Hell*, 15.

12. David P. Demarest, ed., *The River Ran Red: Homestead 1892* (Pittsburgh: University of Pittsburgh Press, 1992).

13. 关于1877年铁路大罢工，参见 Richard White, *The Republic for Which It Stands: The United States During Reconstruction and the Gilded Age, 1865–1896* (New York: Oxford University Press, 2017), 345–367; David O. Stowell, *The Great Strikes of 1877* (Urbana: University of Illinois Press, 2008)。

14. 矿业城市的情况也是如此。参见 Kevin Kenny, *Making Sense of the Molly Maguires* (New York: Oxford University Press, 1998)。

15. Stowell, *Great Strikes of 1877*, 4–8.

16. Michael Kazin, "The July Days in San Francisco, 1877: Prelude to Kearneyism," in Stowell, *Great Strikes of 1877*, 136–163.

17. Richard Schneirov, "Chicago's Great Upheaval of 1877: Class Polarization and Democratic Politics," in Stowell, *Great Strikes of 1877*, 85, 91, 89; John B. Jentz and Richard Schneirov, *Chicago in the Age of Capital Class, Politics, and Democracy During the Civil War and Reconstruction* (Urbana: University of Illinois Press, 2012).

18. Michael Bellesiles, *1877: America's Year of Living Violently* (New York: New Press, 2010), 150.

19. John Hay, *The Bread-Winners: A Social Study* (New York: Frederick Warne, 1883).

20. William E. Forbath, *Law and the Shaping of the American Labor Movement* (Cambridge,

Mass.: Harvard University Press, 1991), 19–36.

21. Karl Marx, *Capital: A Critique of Political Economy*, vol. 1, trans. Ben Fowkes (1867; New York: Penguin Classics, 1992)
22. 同上，1：932。
23. 关于《资本论》中的时间主题，参见 Moishe Postone, *Time, Labor, and Social Domination: A Reinterpretation of Marx's Critical Theory* (New York: Cambridge University Press, 1993)。
24. Karl Marx, *The Eighteenth Brumaire of Louis Bonaparte*, trans. Eden Paul and Cedar Paul (1852; New York: International Publishers, 1994)。关于马克思和金融问题，参见 Karl Marx, *Capital: A Critique of Political Economy*, vol. 3, trans. David Fernbach (1894; New York: Penguin Classics, 1993)。
25. Jeanne Lafortune, José Tessada, and Ethan Lewis, "People and Machines: A Look at the Evolving Relationship Between Capital and Skill in Manufacturing 1860–1930 Using Immigration Shocks," National Bureau of Economic Research, Working Paper no. 21435 (July 2015); Lawrence F. Katz and Robert A. Margo, "Technical Change and the Relative Demand for Skilled Labor: The United States in Historical Perspective," in Leah Platt Boustan, Carola Frydman, and Robert A. Margo, eds., *Human Capital in History: The American Record* (Chicago: University of Chicago Press, 2014), 15–57.
26. Milton Friedman and Anna Jacobson Schwartz, *A Monetary History of the United States, 1867–1960* (Princeton: Princeton University Press, 1963), 89–134; Eric J. Hobsbawm, *The Age of Empire, 1875–1914* (New York: Pantheon, 1987), 34–55.
27. Jeremy Atack and Fred Bateman, "How Long Was the Workday in 1880?," *Journal of Economic History* 52, no. 1 (1992): 129–160.
28. Peter H. Lindert and Jeffrey G. Williamson, *Unequal Gains: American Growth and Inequality Since 1700* (Princeton: Princeton University Press, 2016), 166–193.
29. Henry George, *Progress and Poverty: An Enquiry into the Cause of Industrial Depressions, and of Increase of Want with Increase of Wealth* (New York: K. Paul, Trench, 1879)。关于当时的论战，参见 James L. Huston, *Securing the Fruits of Labor: The American Concept of Wealth Distribution, 1765–1900* (Baton Rouge: Louisiana State University Press, 2015)。
30. Robert J. Gordon, *The Rise and Fall of American Growth: The U.S. Standard of Living Since the Civil War* (Princeton: Princeton University Press, 2016), 36.
31. White, *Republic for Which It Stands*, 477–517; Dora L. Costa, "Health and the Economy in the United States from 1750 to the Present," *Journal of Economic Literature* 53, no. 3 (2015): 503–570; Robert William Fogel, *The Escape from Hunger and Premature Death, 1700–2100: Europe, America, and the Third World* (New York: Cambridge University Press, 2004); Richard H. Steckel, "Biological Measures of the Standard of Living," *Journal of Economic Perspectives* 22, no. 1 (2008): 129–152.
32. Gordon, *Rise and Fall of American Growth*.
33. Rosanne Currarino, *The Labor Question in America: Economic Democracy in the Gilded Age* (Urbana: University of Illinois Press, 2011), 40.
34. Gavin Wright, "The Industrious Revolution in America," in L. Cruz and J. Mokyr, eds., *The

Birth of Modern Europe: Culture and Economy, 1400–1800. Essays in Honor of Jan de Vries (Boston: Brill, 2011), 215–248; Martha Ellen Shiells, "Collective Choice of Working Conditions: Hours in British and U.S. Iron and Steel, 1890–1923," *Journal of Economic History* 50, no. 2 (1990): 379–392.

35. Susan B. Carter and Richard Sutch, "Historical Background to Current Immigration Issues," in James P. Smith and Barry Edmonston, eds., *The Immigration Debates* (Washington, D.C.: National Academy Press, 1998), 305. Tara Zahra, *The Great Departure: Mass Migration from Eastern Europe and the Making of the Free World* (New York: Norton, 2016).

36. Philip Scranton, *Endless Novelty: Specialty Production and American Industrialization, 1865–1925* (Princeton: Princeton University Press, 1997).

37. Katz and Margo, "Technical Change," 57, table 1.4, panel A.

38. Joshua Brown, "The Great Uprising and Pictorial Order in Gilded Age America," in Stowell, *Great Strikes of 1877*, 15–54.

39. Alexander Gourevitch, *From Slavery to the Cooperative Commonwealth: Labor and Republican Liberty in the Nineteenth Century* (New York: Cambridge University Press, 2015).

40. Christopher L. Tomlins, *Law, Labor, and Ideology in the Early American Republic* (New York: Cambridge University Press, 1993).

41. David Montgomery, *Beyond Equality: Labor and the Radical Republicans, 1862–1872* (New York: Vintage Books, 1972).

42. 对劳工骑士团的概要介绍，参见 Leon Fink, *Workingmen's Democracy: The Knights of Labor and American Politics* (Urbana: University of Illinois Press, 1983); Kim Voss, *The Making of American Exceptionalism: The Knights of Labor and Class Formation in the Nineteenth Century* (Ithaca, N.Y.: Cornell University Press, 1994)。

43. Joseph Gerteis, *Class and the Color Line: Interracial Class Coalition in the Knights of Labor and the Populist Movement* (Durham, N.C.: Duke University Press, 2007).

44. Robert E. Weir, *Beyond Labor's Veil: The Culture of the Knights of Labor* (University Park: Pennsylvania State University Press, 1996), 182.

45. 关于反垄断的长期重要性，参见 White, *Republic for Which It Stands*; Richard R. John, "Robber Barons Redux: Antimonopoly Reconsidered," *Enterprise and Society* 13, no. 1 (2012): 1–38。

46. Matthew Hild, *Greenbackers, Knights of Labor, and Populists: Farmer-Labor Insurgency in the Late-Nineteenth-Century South* (Athens: University of Georgia Press, 2007).

47. Beth Lew-Williams, *The Chinese Must Go: Racial Violence and the Making of the Alien in America* (Cambridge, Mass.: Harvard University Press, 2018); Currarino, *Labor Question in America*, 36–59.

48. Elizabeth Sinn, *Pacific Crossing: California Gold, Chinese Migration, and the Making of Hong Kong* (Hong Kong: Hong Kong University Press, 2013); Mae M. Ngai, "Chinese Gold Miners and the 'Chinese Question' in Nineteenth-Century California and Victoria," *Journal of American History* 101, no. 4 (2015): 1082–1105.

49. Currarino, *Labor Question in America*, 45.

50. Lew-Williams, *Chinese Must Go*.
51. Gourevitch, *From Slavery to Cooperative Commonwealth*, 97–137.
52. 同上，6。
53. Daniel T. Rodgers, *The Work Ethic in Industrial America, 1850–1920* (Chicago: University of Chicago Press, 1978), 42.
54. Gourevitch, *From Slavery to Cooperative Commonwealth*, 121.
55. Rodgers, *Work Ethic in Industrial America*, 40–62.
56. John Curl, *For All the People: Uncovering the Hidden History of Cooperation, Cooperative Movements, and Communalism in America* (Oakland, Calif.: PM Press, 2012), 87–110; Mary A. O'Sullivan, *Dividends of Development: Securities Markets in the History of U.S. Capitalism, 1865–1922* (Oxford: Oxford University Press, 2016).
57. Carole Turbin, *Working Women of Collar City: Gender, Class, and Community in Troy, 1864–1886* (Urbana: University of Illinois Press, 1992), 155–195.
58. Gordon, *Rise and Fall of American Growth*, 34, table 2-1.
59. Kessler-Harris, *Out to Work*, 108–141.
60. Rosalyn Fraad Baxandall and Linda Gordon, eds., *America's Working Women: A Documentary History, 1600 to the Present* (New York: Norton, 1995), 98.
61. 同上，101–103。
62. Melvyn Dubofsky and Joseph A. McCartin, *Labor in America: A History*, 9th ed. (Hoboken, N.J.: Wiley-Blackwell, 2017), 117.
63. Theresa A. Case, *The Great Southwest Railroad Strike and Free Labor* (College Station: Texas A&M University Press, 2010).
64. White, *Republic for Which It Stands*, 518。概要叙述参见 518–551。
65. "The Union and Iron Company to Start Up in November," *New York Times*, September 5, 1885.
66. Paul Avrich, *The Haymarket Tragedy* (Princeton: Princeton University Press, 1984), 393; James Green, *Death in the Haymarket: A Story of Chicago, the First Labor Movement and the Bombing That Divided Gilded Age America* (New York: Pantheon, 2006).
67. Case, *Great Southwest Railroad Strike*, 203.
68. Frederick Cooper, Thomas Cleveland Holt, and Rebecca J. Scott, *Beyond Slavery: Explorations of Race, Labor, and Citizenship in Postemancipation Societies* (Chapel Hill: University of North Carolina Press, 2000), 76–80.
69. Sven Beckert, *The Monied Metropolis: New York City and the Consolidation of the American Bourgeoisie, 1850–1896* (New York: Cambridge University Press, 2001), 294.
70. 关于镀金时代的豪宅，参见 Edward C. Kirkland, *Dream and Thought in the Business Community, 1860–1900* (Ithaca, N.Y.: Cornell University Press, 1956), 29–50。
71. Edward Atkinson, *Addresses upon the Labor Question* (Boston: Franklin Press, 1886), 22, 5.
72. Susie Pak, *Gentlemen Bankers: The World of J. P. Morgan* (Cambridge, Mass.: Harvard University Press, 2013).

73. Amy Dru Stanley, "Home Life and the Morality of the Market," in Melvin Stokes and Stephen Conway, eds., *The Market Revolution in America: Social, Political, and Religious Expressions, 1800–1880* (Charlottesville: University Press of Virginia, 1996), 86.

74. Amy Dru Stanley, *From Bondage to Contract: Wage Labor, Marriage, and the Market in the Age of Slave Emancipation* (New York: Cambridge University Press, 1998), 138–174.

75. Maury Klein, *The Life and Legend of Jay Gould* (Baltimore: Johns Hopkins University Press, 1986), 65–76, 211–219.

76. Lori D. Ginzberg, *Women and the Work of Benevolence: Morality, Politics, and Class in the Nineteenth-Century United States* (New Haven: Yale University Press, 1990).

77. Ian Tyrrell, *Woman's World/Woman's Empire: The Woman's Christian Temperance Union in International Perspective, 1880–1930* (Chapel Hill: University of North Carolina Press, 1991).

78. Kessler-Harris, *Out to Work*, 97; Ellen Carol DuBois, *Woman Suffrage and Women's Rights* (New York: New York University Press, 1998).

79. U.S. Bureau of Labor, *Working Women in Large Cities* (Washington, D.C.: U.S. Government Printing Office, 1889), 21.

80. Stanley, *From Bondage to Contract*, 218–263.

81. George Miller Beard, *American Nervousness, Its Causes and Consequences: A Supplement to Nervous Exhaustion* (New York: Putnam, 1881).

82. Charlotte Perkins Gilman, *The Yellow Wall-Paper, Herland, and Selected Writings*, ed. Denise D. Knight (New York: Penguin Classics, 2009).

83. Richard Hofstadter, *Social Darwinism in American Thought* (1944; Boston: Beacon Press, 1992); Robert C. Bannister, *Social Darwinism: Science and Myth in Anglo-American Social Thought* (Philadelphia: Temple University Press, 1979).

84. Hofstadter, *Social Darwinism*, 85.

85. James Allen Rogers, "Darwin and Social Darwinism," in John Offer, ed., *Herbert Spencer: Critical Assessments* (New York: Taylor & Francis, 2000), 2:159.

86. 对斯宾塞哲学的重新评估，参见 Robert J. Richards, *Darwin and the Emergence of Evolutionary Theories of Mind and Behavior* (Chicago: University of Chicago Press, 1989)。

87. Jonathan Levy, "Accounting for Profit and the History of Capital," *Critical Historical Studies* 1, no. 2 (2014): 171–214.

88. Edward Bellamy, *Looking Backward, 2000–1887*, ed. Matthew Beaumont (New York: Oxford University Press, 2009), 144.

89. Hofstadter, *Social Darwinism*, 45.

90. Andrew Carnegie, *The Gospel of Wealth Essays and Other Writings*, ed. David Nasaw (New York: Penguin Classics, 2006), 3.

91. John White, "Andrew Carnegie and Herbert Spencer: A Special Relationship," *Journal of American Studies* 13, no. 1 (1979): 57–71.

92. Andrew Carnegie, *Autobiography of Andrew Carnegie* (1920; Philadelphia: PublicAffairs,

2011), 339.
93. White, "Carnegie and Spencer," 58.
94. Herbert Spencer, *An Autobiography* (New York: D. Appleton, 1904), 2:406.
95. Hofstadter, *Social Darwinism*, 57.
96. William Graham Sumner, *What Social Classes Owe to Each Other* (New York: Harper & Brothers, 1883), 13.
97. Stanley, *From Bondage to Contract*, 98–137.
98. Hofstadter, *Social Darwinism*, 47–48.
99. 同上, 60。
100. Kirkland, *Dream and Thought*, 142.
101. Beckert, *Monied Metropolis*, 220–221.
102. David R. Roediger, *Working Toward Whiteness: How America's Immigrants Became White: The Strange Journey from Ellis Island to the Suburbs* (New York: Basic Books, 2006), 11, 52; Matthew Frye Jacobson, *Barbarian Virtues: The United States Encounters Foreign Peoples at Home and Abroad, 1876–1917* (New York: Hill & Wang, 2000); Gwendolyn Mink, *Old Labor and New Immigrants in American Political Development: Union, Party, and State, 1875–1920* (Ithaca, N.Y.: Cornell University Press, 1986).
103. Schneirov, "Chicago's Great Upheaval of 1877," 95.
104. Currarino, *Labor Question in America*, 86–113; Leon Fink, *In Search of the Working Class: Essays in American Labor History and Political Culture* (Urbana: University of Illinois Press, 1994), 15–33; Bruce Laurie, *Artisans into Workers: Labor in Nineteenth-Century America* (New York: Hill & Wang, 1989), 176–210.
105. Jeremy Atack and Fred Bateman, "How Long Was the Workday in 1880?," *Journal of Economic History* 52, no. 1 (1992): 129–60.
106. 关于冈帕斯，参见 Nick Salvatore, "Introduction," in Samuel Gompers, *70 Years of Life and Labor*, ed. Nick Salvatore (Ithaca, N.Y.: ILR Press, 1985), xi–1.
107. Baxandall and Gordon, *America's Working Women*, 87–91, 摘自 Edith Abbott, *Women in Industry: A Study in American Economic History* (New York: Appleton, 1910)。
108. Laurie, *Artisans into Workers*, 177.
109. Forbath, *Law and American Labor Movement*, 42.
110. Montgomery, *Fall of the House of Labor*, 25.
111. Laurie, *Artisans into Workers*, 183.
112. Kessler-Harris, *Out to Work*, 153.
113. Currarino, *Labor Question in America*, 93.
114. Roy Rosenzweig, *Eight Hours for What We Will: Workers and Leisure in an Industrial City, 1870–1920* (New York: Cambridge University Press, 1983).
115. Nancy Woloch, *A Class by Herself: Protective Laws for Women Workers, 1890s–1990s* (Princeton: Princeton University Press, 2015).

116. Peter R. Shergold, *Working-Class Life: The "American Standard" in Comparative Perspective, 1899–1913* (Pittsburgh: University of Pittsburgh Press, 1982).
117. Leon Fink, *The Long Gilded Age: American Capitalism and the Lessons of a New World Order* (Philadelphia: University of Pennsylvania Press, 2014).
118. Forbath, *Law and American Labor Movement*, 61.
119. David Nasaw, *Andrew Carnegie* (New York: Penguin Press, 2006), 155.
120. "Thomas A. Scott Professorship in Mathematics," Department of Mathematics, School of Arts and Sciences, University of Pennsylvania, https://www.math.upenn.edu/about/department-history/scott-professorship.
121. Jonathan Levy, "Altruism and the Origins of Nonprofit Philanthropy," in Rob Reich, Lucy Bernholz, and Chiara Cordelli, eds., *Philanthropy in Democratic Societies: History, Institutions, Values* (Chicago: University of Chicago Press, 2016), 19–43.
122. 关于宾夕法尼亚铁路公司，参见 Albert J. Churella, *The Pennsylvania Railroad*, vol. 1, *Building an Empire, 1846–1917* (Philadelphia: University of Pennsylvania Press, 2012), 371–373。关于1873年《宪法》和1874年《一般性公司设立法》以及依然存在于宾夕法尼亚州的对私营企业活动的许多限制的一般性介绍，参见 Naomi Lamareoux, "Revisiting American Exceptionalism: Democracy and the Regulation of Corporate Governance: The Case of Ninteenth-Century Pennsylvania in Comparative Context," in William J. Collins and Robert A. Margo, eds. *Enterprising America: Businesses, Banks, and Credit Markets in Historical Perspective* (Chicago: University of Chicago Press, 2015), 46n36。
123. Levy, "Altruism and Nonprofit Philanthropy"; Ginzberg, *Women and Work of Benevolence*.
124. Carnegie, *Gospel of Wealth*, 1, 2.
125. 同上, 10, 5。
126. 同上, 10, 16。
127. Olivier Zunz, *Philanthropy in America: A History* (Princeton: Princeton University Press, 2011), 8–43; Barry D. Karl and Stanley N. Katz, "The American Private Philanthropic Foundation and the Public Sphere 1890–1930," *Minerva* 19, no. 2 (1981): 236–270.
128. Carnegie, *Gospel of Wealth*, 9.
129. John Davison Rockefeller, *Random Reminiscences of Men and Events* (New York: Doubleday, Page, 1913), 177.
130. Neil Harris, *Cultural Excursions: Marketing Appetites and Cultural Tastes in Modern America* (Chicago: University of Chicago Press, 1990), 85.
131. Noam Maggor, *Brahmin Capitalism: Frontiers of Wealth and Populism in America's First Gilded Age* (Cambridge, Mass.: Harvard University Press, 2017).
132. Alan Trachtenberg, *Incorporation of America: Culture and Society, 1865–1893* (New York: Hill & Wang, 1982), 73.
133. 参见 Lawrence Levine, *Highbrow/Lowbrow: The Emergence of Cultural Hierarchy in America* (Cambridge, Mass.: Harvard University Press, 1988)。

第十章　民粹主义造反运动

1. Nicolas Barreyre, *Gold and Freedom: The Political Economy of Reconstruction* (Charlottesville: University of Virginia Press, 2015), 225.
2. 同上 ; Richard Franklin Bensel, *The Political Economy of American Industrialization, 1877–1900* (New York: Cambridge University Press, 2000)。
3. Richard Franklin Bensel, *Passion and Preferences: William Jennings Bryan and the 1896 Democratic National Convention* (New York: Cambridge University Press, 2008).
4. William Jennings Bryan, *The Cross of Gold: Speech Delivered Before the National Democratic Convention at Chicago, July 9, 1896* (Lincoln: University of Nebraska Press, 1996).
5. 关于民粹主义的过去与现状，参见 Nadia Urbinati, *Me the People: How Populism Transforms Democracy* (Cambridge, Mass.: Harvard University Press, 2019); Jan-Werner Müller, *What Is Populism?* (Philadelphia: University of Pennsylvania Press, 2016)。
6. Michael Kazin, *A Godly Hero: The Life of William Jennings Bryan* (New York: Knopf, 2006), 62.
7. Bryan, *Cross of Gold*, 10–11.
8. 同上。
9. Kazin, *Godly Hero*, 61.
10. Nell Irvin Painter, *Standing at Armageddon: United States, 1877–1919* (New York: Norton, 1987), 135.
11. Stephen Kantrowitz, *Ben Tillman and the Reconstruction of White Supremacy* (Chapel Hill: University of North Carolina Press, 2000).
12. Charles Postel, *The Populist Vision* (New York: Oxford University Press, 2007), 159.
13. Daniel T. Rodgers, *Atlantic Crossings: Social Politics in a Progressive Age* (Cambridge, Mass.: Belknap Press, 1998).
14. 关于民粹主义的"现代性"，参见 Postel, *Populist Vision*. A less sympathetic interpretation was Richard Hofstadter, *The Age of Reform: From Bryan to F.D.R.* (New York: Knopf, 1955)。
15. Claudia Goldin and Lawrence F. Katz, "The Origins of Technology-Skill Complementarity," *Quarterly Journal of Economics* 113, no. 3 (1998): 693–732.
16. Alan L. Olmstead and Paul W. Rhode, "Farms—Number, Population, Land, and Value of Property: 1850–1997 [Census Years]," in Susan B. Carter et al., eds., *Historical Statistics of the United States, Earliest Times to the Present: Millennial Edition* (New York: Cambridge University Press, 2006), table Da14–27.
17. 根据"普雷比施效应"（Prebisch Effect），在初级生产中，生产力提高会以价格降低的形式传递给买方，而在制造业中，生产力提高带来的收益依然保持在生产者手中。Raul Prebisch, *The Economic Development of Latin America and Its Principal Problems* (New York: ECLA, 1950)。
18. Robert C. McMath, *American Populism: A Social History, 1877–1898* (New York: Hill & Wang, 1993).

19. Elizabeth Sanders, *Roots of Reform: Farmers, Workers, and the American State, 1877–1917* (Chicago: University of Chicago Press, 1999), 119.
20. Brooke Speer, *The "People's Joan of Arc" : Mary Elizabeth Lease, Gendered Politics and Populist Party Politics in Gilded-Age America* (New York: Peter Lang, 2014); Lawrence Goodwyn, *Democratic Promise: The Populist Moment in America* (New York: Oxford University Press, 1976).
21. Omar H. Ali, *In the Lion's Mouth: Black Populism in the New South, 1886–1900* (Jackson: University Press of Mississippi, 2010).
22. Jonathan Levy, *Freaks of Fortune: The Emerging World of Capitalism and Risk in America* (Cambridge, Mass.: Harvard University Press, 2012), 150–190.
23. Lee Benson, *Merchants, Farmers, and Railroads: Railroad Regulation and New York Politics, 1850–1887* (Cambridge, Mass.: Harvard University Press, 1955).
24. Henry C. Adams, "Relation of the State to Industrial Action," *Publications of the American Economic Association* 1 (1887): 465–549.
25. Nelson A. Dunning, *The Farmers' Alliance History and Agricultural Digest* (Washington, D.C.: Alliance, 1891), 49.
26. McMath, *American Populism*, 83–107; Postel, *Populist Vision*, 103–136.
27. Jeffrey Sklansky, *Sovereign of the Market: The Money Question in Early America* (Chicago: University of Chicago Press, 2017).
28. Mark W. Summers, *Party Games: Getting, Keeping, and Using Power in Gilded Age Politics* (Chapel Hill: University of North Carolina Press, 2004), 264.
29. Morton Keller, *Affairs of State: Public Life in Late Nineteenth Century America* (Cambridge, Mass.: Harvard University Press, 1977).
30. Bensel, *Political Economy of Industrialization*, 457–509.
31. Gerald Berk, *Alternative Tracks: The Constitution of American Industrial Order, 1865–1917* (Baltimore: Johns Hopkins University Press, 1994), 105.
32. Sanders, *Roots of Reform*, 101–147.
33. Postel, *Populist Vision*, 159.
34. 不过,他们在太平洋西北地区做到了这一点。参见 Robert D. Johnston, *The Radical Middle Class: Populist Democracy and the Question of Capitalism in Progressive Era Portland, Oregon* (Princeton: Princeton University Press, 2003)。
35. C. Vann Woodward, *Tom Watson: Agrarian Rebel* (New York: Oxford University Press, 1963), 370.
36. Niall Ferguson and Moritz Schularick, "The Empire Effect: The Determinants of Country Risk in the First Age of Globalization, 1880–1913," *Journal of Economic History* 66, no. 2 (2006): 283–312.
37. Lance E. Davis and Robert E. Gallman, *Evolving Financial Markets and International Capital Flows: Britain, the Americas, and Australia, 1865–1914* (New York: Cambridge University Press, 2001); Tamim Bayoumi, Barry Eichengreen, and Mark P. Taylor, eds., *Modern Perspectives on the Gold Standard* (New York: Cambridge University Press, 1996).

38. Kevin H. O'Rourke and Jeffrey G. Williamson, *Globalization and History: The Evolution of a Nineteenth-Century Atlantic Economy* (Cambridge, Mass.: MIT Press, 1999).
39. Ferguson and Schularick, "Empire Effect."
40. Jeremy Adelman, *Frontier Development: Land, Labour, and Capital on the Wheatlands of Argentina and Canada, 1890–1914* (Oxford: Clarendon Press, 1994).
41. Scott Reynolds Nelson, *A Nation of Deadbeats: An Uncommon History of America's Financial Disasters* (New York: Knopf, 2012), 188–200.
42. Douglas Steeples and David O. Whitten, *Democracy in Desperation: The Depression of 1893* (Westport, Conn.: Praeger, 1998).
43. David O. Whitten, "The Depression of 1893," EH.net, https://eh.net/encyclopedia/the-depression-of-1893 [inactive].
44. Ron Chernow, *The House of Morgan: An American Banking Dynasty and the Rise of Modern Finance* (New York: Atlantic Monthly Press, 1990), 74–78; Orr, "People's Joan of Arc," 105.
45. 反驳意见，参见 Goodwyn, *Democratic Promise*。
46. Kazin, *Godly Hero*, 60–80.
47. Samuel Gompers, *The Samuel Gompers Papers: A National Labor Movement Takes Shape, 1895–1898* (Urbana: University of Illinois Press, 1986), 105.
48. Samuel Gompers, *Seventy Years of Life and Labour: An Autobiography* (1925; New York: Augustus M. Kelley, 1967), 88.
49. Naomi R. Lamoreaux, Margaret Levenstein, and Kenneth L. Sokoloff, "Financing Invention During the Second Industrial Revolution: Cleveland, Ohio, 1870–1920," National Bureau of Economic Research, Working Paper no. 10923 (November 2004), http://www.nber.org/papers/w10923.
50. Goodwyn, *Democratic Promise*, 279.
51. 关于麦金利 1896 年时的策略，参见 Karl Rove, *The Triumph of William McKinley: Why the Election of 1896 Still Matters* (New York: Simon & Schuster, 2015)。
52. Edward Atkinson, "The Money of the Nation: Shall It Be Good Or Bad?," *Sound Currency* 3, no. 15 (1896).
53. Levy, *Freaks of Fortune*, 277.
54. Jeffry A. Frieden, *Global Capitalism: Its Fall and Rise in the Twentieth Century* (New York: Norton, 2006), 15.
55. Jeffry A. Frieden, *Currency Politics: The Political Economy of Exchange Rate Policy* (Princeton: Princeton University Press, 2015), 104–136.
56. Jacqueline Goldsby, *A Spectacular Secret: Lynching in American Life and Literature* (Chicago: University of Chicago Press, 2006).
57. Naomi R. Lamoreaux, T*he Great Merger Movement in American Business, 1895–1904* (New York: Cambridge University Press, 1988), 2.
58. Chernow, *House of Morgan*, 71–94.

59. Bradley Hansen, "The People's Welfare and the Origins of Corporate Reorganization: The Wabash Receivership Reconsidered," *Business History Review* 74, no. 3 (2000): 377–405.
60. Herbert Hovenkamp, *The Opening of American Law: Neoclassical Legal Thought, 1870–1970* (New York: Oxford University Press, 2014), 162–169.
61. Berk, *Alternative Tracks*, 47–75.
62. Mary A. O'Sullivan, *Dividends of Development: Securities Markets in the History of U.S. Capitalism, 1865–1922* (Oxford: Oxford University Press, 2016).
63. Philip Scranton, *Endless Novelty: Specialty Production and American Industrialization, 1865–1925* (Princeton: Princeton University Press, 1997); Lamoreaux, Levenstein, and Sokoloff, "Financing Invention"; Naomi R. Lamoreaux and Kenneth L. Sokoloff, eds., *Financing Innovation in the United States, 1870 to Present* (Cambridge, Mass.: MIT Press, 2007).
64. 阿迪斯顿管道与钢铁公司诉美利坚合众国案（*Addyston Pipe & Steel Co. v. United States*,1899）是首要判例。
65. Lamoreaux, *Great Merger Movement*, 46–85.
66. 但请参考 O'Sullivan, *Dividends of Development*; Kenneth Snowden, "Historical Returns and Security Market Development, 1872–1925," *Explorations in Economic History* 27, no. 4 (1990): 381–420; 以及 Thomas R. Navin and Marian V. Sears, "The Rise of a Market for Industrial Securities, 1887–1902," *Business History Review* 29, no. 2 (1955): 105–138。
67. Vincent P. Carosso, *Investment Banking in America: A History* (Cambridge, Mass.: Harvard University Press, 1970)。另参见 O'Sullivan, *Dividends of Development*，该文对大型投资银行的影响持怀疑态度。
68. 参见 "Modern Business Capital" in Thorstein Veblen, *The Theory of Business Enterprise* (New York: Scribner, 1904), 133–176。
69. Hovenkamp, *Opening of American Law*, 165.
70. Irving Fisher, *The Nature of Capital and Income* (New York, 1906), 328.
71. 关于这一点，参见 Jens Beckert, *Imagined Futures: Fictional Expectations and Capitalist Dynamics* (Cambridge, Mass.: Harvard University Press, 2016)。
72. Julia C. Ott, *When Wall Street Met Main Street: The Quest for an Investors' Democracy* (Cambridge, Mass.: Harvard University Press, 2011).
73. 关于这些"社交资本"网络，参见 Susie Pak, *Gentlemen Bankers: The World of J. P. Morgan* (Cambridge, Mass.: Harvard University Press, 2013)。
74. Chernow, *House of Morgan*, 84.
75. Levy, *Freaks of Fortune*, 291; James Livingston, *Origins of the Federal Reserve System: Money, Class, and Corporate Capitalism, 1890–1913* (Ithaca, N.Y.: Cornell University Press, 1986), 56.
76. Levy, *Freaks of Fortune*, 291.
77. Livingston, *Origins of the Federal Reserve System*, 56.
78. Chernow, *House of Morgan*, 85.
79. Rodgers, *Atlantic Crossings*.

80. Sanders, *Roots of Reform*.
81. Thomas C. Leonard, *Illiberal Reformers: Race, Eugenics, and American Economics in the Progressive Era* (Princeton: Princeton University Press, 2016); Molly Ladd-Taylor, *Fixing the Poor: Eugenic Sterilization and Child Welfare in the Twentieth Century* (Baltimore: Johns Hopkins University Press, 2017).
82. Rexford Guy Tugwell, *The Economic Basis of Public Interest* (New York: G. Banta, 1922), 23.
83. John Dewey, "The Historic Background of Corporate Legal Personality," *Yale Law Journal* 35, no. 6 (1926): 655–673.
84. 1894年，民主党控制下的国会屈服于来自南方和西部的农业利益施压，向富有程度排在前10%的家户征收了2%的所得税。美国最高法院在波洛克诉农场主贷款与信托公司（*Pollock v. Farmers' Loan & Trust. Co.*, 1895）一案中以违宪为由否决了这项所得税，因为该项税收没有按人口比例征收。
85. Monica Prasad, *The Land of Too Much: American Abundance and the Paradox of Poverty* (Cambridge, Mass.: Harvard University Press, 2012), 148–174.
86. Ajay K. Mehrotra, *Making the Modern American Fiscal State: Law, Politics, and the Rise of Progressive Taxation, 1877–1929* (New York: Cambridge University Press, 2013), 110–143, 242–292.
87. Ron Chernow, *Titan: The Life of John D. Rockefeller, Sr.* (New York: Random House, 1998), 160, 129–172.
88. Gerald Berk, *Louis D. Brandeis and the Making of Regulated Competition, 1900–1932* (Cambridge, Mass.: Cambridge University Press, 2009), 37.
89. Richard E. Caves, Michael Fortunato, and Pankaj Ghemawat, "The Decline of Dominant Firms, 1905–1929," *Quarterly Journal of Economics* 99, no. 3 (1984): 523–546; Thomas K. McCraw and Forest Reinhardt, "Losing to Win: U.S. Steel's Pricing, Investment Decisions, and Market Share, 1901–1938," *Journal of Economic History* 49, no. 3 (1989): 593–619.
90. William J. Novak, "The Public Utility Idea and the Origins of Modern Business Regulation," in Naomi R. Lamoreaux et al., eds., *Corporations and American Democracy* (Cambridge, Mass.: Harvard University Press, 2017), 139–176.
91. Rodgers, *Atlantic Crossings*, 112–159.
92. Berk, *Alternative Tracks*, 155.
93. Linda Gordon, *Pitied but Not Entitled: Single Mothers and the History of Welfare, 1890–1935* (New York: Free Press, 1994); Theda Skocpol, *Protecting Soldiers and Mothers: The Political Origins of Social Policy in United States* (Cambridge, Mass.: Belknap Press, 1992).
94. Nancy F. Cott, *The Grounding of Modern Feminism* (New Haven: Yale University Press, 1987).
95. Sonya Michel, *Children's Interests/Mothers' Rights: The Shaping of America's Child Care Policy* (New Haven: Yale University Press, 2000).
96. John Fabian Witt, *The Accidental Republic: Crippled Workingmen, Destitute Widows, and the Remaking of American Law* (Cambridge, Mass.: Harvard University Press, 2004);

Skocpol, *Protecting Soldiers and Mothers*.

97. Cedric B. Cowing, *Populists, Plungers, and Progressives: A Social History of Stock and Commodity Speculation, 1868–1932* (Princeton: Princeton University Press, 2016); Peter Knight, *Reading the Market: Genres of Financial Capitalism in Gilded Age America* (Baltimore: Johns Hopkins University Press, 2016).
98. Levy, *Freaks of Fortune*, 268–273.
99. Livingston, *Origins of the Federal Reserve System*, 71–102.
100. Peter Conti-Brown, *The Power and Independence of the Federal Reserve* (Princeton: Princeton University Press, 2016).
101. Victoria Saker Woeste, *The Farmer's Benevolent Trust: Law and Agricultural Cooperation in Industrial America, 1865–1945* (Chapel Hill: University of North Carolina Press, 1998).
102. Sanders, *Roots of Reform*, 148–178.
103. Roger Lowenstein, *America's Bank: The Epic Struggle to Create the Federal Reserve* (New York: Penguin Press, 2015), 228.

第十一章　福特主义

1. Vincent Curcio, *Henry Ford* (New York: Oxford University Press, 2013), 69.
2. Stefan Link, *Forging Global Fordism: Nazi Germany, Soviet Russia, and the Contest over the Industrial Order* (Princeton: Princeton University Press, 2020)，这是对作为一种全球现象的福特主义的最佳研究；Stephen Kotkin, "Modern Times: The Soviet Union and the Interwar Conjuncture," *Kritika: Explorations in Russian and Eurasion History* 2, no. 1 (2001): 111–164。
3. Curcio, *Henry Ford*, 45.
4. Greg Grandin, *Fordlandia: The Rise and Fall of Henry Ford's Forgotten Jungle City* (New York: Metropolitan Books, 2009), 57.
5. Henry Ford, *My Life and Work*, ed. Samuel Crowther (Garden City, N.Y.: Doubleday, Page, 1922), 1.
6. 同上，1; Grandin, *Forldlandia*, 20。
7. Beth Tompkins Bates, *The Making of Black Detroit in the Age of Henry Ford* (Chapel Hill: University of North Carolina Press, 2012), 44.
8. Neil Baldwin, *Henry Ford and the Jews: The Mass Production of Hate* (New York: PublicAffairs, 2001).
9. Link, *Forging Global Fordism*; Kotkin, "Modern Times"；David E. Nye, *America's Assembly Line* (Cambridge, Mass.: MIT Press, 2013).
10. 关于这一点，Link 的 *Forging Global Fordism* 特别富有洞察力。
11. Julia Ott, "What Was the Great Bull Market? Value, Valuation, and Financial History," in Sven Beckert and Christine Desan, eds., *American Capitalism: New Histories* (New York: Columbia University Press, 2018), 63–95.
12. Richard Snow, *I Invented the Modern Age: The Rise of Henry Ford* (New York: Scribner,

注　释

2013).
13. Paul A. David and Gavin Wright, "Early Twentieth Century Productivity Growth Dynamics: An Inquiry into the Economic History of 'Our Ignorance,'" *University of Oxford Discussion Papers in Economic and Social History*, no. 33 (October 1999).
14. Warren D. Devine, "From Shafts to Wires: Historical Perspective on Electrification," *Journal of Economic History* 43, no. 2 (1983): 349.
15. Alexander J. Field, *A Great Leap Forward: 1930s Depression and U.S. Economic Growth* (New Haven: Yale University Press, 2011), 46.
16. Lindy Biggs, *The Rational Factory: Architecture, Technology, and Work in America's Age of Mass Production* (Baltimore: Johns Hopkins University Press, 1996), 95–160.
17. Douglas Brinkley, *Wheels for the World: Henry Ford, His Company, and a Century of Progress* (New York: Viking, 2003).
18. Deborah Clarke, *Driving Women: Fiction and Automobile Culture in Twentieth-Century America* (Baltimore: Johns Hopkins University Press, 2007), 10.
19. Robert J. Gordon, *The Rise and Fall of American Growth: The U.S. Standard of Living Since the Civil War* (Princeton: Princeton University Press, 2016), 131.
20. David E. Nye, *Consuming Power: A Social History of American Energies* (Cambridge, Mass.: MIT Press, 1997). Christopher W. Wells, *Car Country: An Environmental History* (Seattle: University of Washington Press, 2013).
21. Steven C. Topik and Allen Wells, "Commodity Chains in a Global Economy," in Emily S. Rosenberg, ed., *A World Connecting: 1870–1945* (Cambridge, Mass.: Belknap Press, 2012), 668; Gary D. Best, *The Dollar Decade: Mammon and the Machine in 1920s America* (Westport, Conn.: Praeger, 2003), 121.
22. Grandin, *Fordlandia*, 34.
23. Antonio Gramsci, *Selections from the Prison Notebooks of Antonio Gramsci* (New York: International Publishers, 1971).
24. Adam Tooze, *The Deluge: The Great War, America and the Remaking of the Global Order, 1916–1931* (New York: Penguin, 2015), 334.
25. Henry Ford, "Mass Production," *Encyclopaedia Britannica* (New York: 1926), 30:821–823.
26. Thomas Parke Hughes, *American Genesis: A Century of Invention and Technological Enthusiasm, 1870–1970* (New York: Viking, 1989); Leonard S. Reich, *The Making of American Industrial Research: Science and Business at GE and Bell, 1876–1926* (New York: Cambridge University Press, 1985); David F. Noble, *America by Design: Science, Technology, and the Rise of Corporate Capitalism* (New York: Knopf, 1977).
27. Kenneth J. Arrow, "The Economic Implications of Learning by Doing," *Review of Economic Studies* 29, no. 3 (1962): 155–73.
28. Lewis Mumford, *Technics and Civilization* (1934; Chicago: University of Chicago Press, 2010), 14, 10.
29. Biggs, *Rational Factory*, 128.
30. Brian Page and Richard Walker, "From Settlement to Fordism: The Agro-Industrial

Revolution in the American Midwest," *Economic Geography* 67, no. 4 (1991): 281–315.
31. 一般性的介绍，参见 "Introduction," in Naomi R. Lamoreaux and Kenneth L. Sokoloff, eds., *Financing Innovation in the United States, 1870 to Present* (Cambridge, Mass.: MIT Press, 2007)。
32. Hughes, *American Genesis*, 184–248.
33. Steven Klepper, "The Organizing and Financing of Innovative Companies in the Evolution of the U.S. Automobile Industry," in Lamoreaux and Sokoloff, *Financing Innovation*, 87, 89.
34. Robert G. Szudarek, *How Detroit Became the Automotive Capital* (Detroit: SAE International, 1996).
35. Charles E. Sorensen and Samuel T. Williams, *My Forty Years with Ford* (1956; Detroit: Wayne State University Press, 2006), 45.
36. David Hounshell, *From the American System to Mass Production, 1800–1932: The Development of Manufacturing Technology in the United States* (Baltimore: Johns Hopkins University Press, 1985), 217–262.
37. Ford, *My Life and Work*, 87.
38. Thomas K. McCraw, *American Business Since 1920: How It Worked* (Wheeling, Ill.: Wiley-Blackwell, 2008), 17.
39. Stephen Meyer III, *The Five Dollar Day: Labor Management and Social Control in the Ford Motor Company, 1908–1921* (Albany: State University of New York Press, 1981), 24.
40. Federico Bucci, *Albert Kahn: Architect of Ford* (New York: Princeton Architectural Press, 1993), 43.
41. Daniel Nelson, *Frederick W. Taylor and the Rise of Scientific Management* (Madison: University of Wisconsin Press, 1980).
42. Nye, *America's Assembly Line*, 23.
43. Thomas J. Misa, *A Nation of Steel: The Making of Modern America, 1865–1925* (Baltimore: Johns Hopkins University Press, 1995), 211–252.
44. Bucci, *Albert Kahn*.
45. Clarence Hooker, *Life in the Shadows of the Crystal Palace, 1910–1927: Ford Workers in the Model T Era* (Bowling Green, Ohio: Bowling Green State University Popular Press, 1997).
46. Ernest W. McMullen, "The Concrete Factory," *Architectural Forum*, July 1919, 7–12.
47. Hounshell, *American System to Mass Production*, 228.
48. Hughes, *American Genesis*, 184–294.
49. Sigfried Giedion, *Mechanization Takes Command, a Contribution to Anonymous History* (New York: Oxford University Press, 1948).
50. Horace Lucien Arnold and Fay Leone Faurote, *Ford Methods and the Ford Shops* (New York: Engineering Magazine, 1915), 139.
51. Sorensen and Williams, *My Forty Years with Ford*, 131.
52. Allan Nevins and Frank Ernest Hill, *Ford: The Times, the Man, the Company* (New York: Scribner, 1954), 488.

注 释

53. Mumford, *Technics and Civilization*, 92.
54. John Roderigo Dos Passos, *U.S.A.*, vol. 3, *The Big Money* (1933; Boston: Mariner Books, 2000), 44.
55. Jeanne Lafortune, José Tessada, and Ethan Lewis, "People and Machines: A Look at the Evolving Relationship Between Capital and Skill in Manufacturing, 1860–1930, Using Immigration Shocks," National Bureau of Economic Research, Working Paper no. 21435 (July 2015).
56. Meyer, Five Dollar Day, 37, 77, 56。底特律工人阶级的种族问题，参见 Olivier Zunz, *The Changing Face of Inequality: Urbanization, Industrial Development, and Immigrants in Detroit, 1880–1920* (Chicago: University of Chicago Press, 1982), 218–240。
57. Meyer, *Five Dollar Day*, 82, 83, 85.
58. 同上, 162。
59. Ford, *My Life and Work*, 26.
60. Nye, *America's Assembly Line*, 98.
61. Samuel M. Levin, "The Growth of the Plan," in John Cunningham Wood and Michael C. Wood, eds., *Henry Ford: Critical Evaluations in Business and Management* (New York: Routledge, 2003), 1:162.
62. Daniel M. G. Raff and Lawrence H. Summers, "Did Henry Ford Pay Efficiency Wages?," *Journal of Labor Economics* 5, no. 4 (1987): S57–S86.
63. Meyer, *Five Dollar Day*, 116–123.
64. Hounshell, *American System to Mass Production*, 259.
65. Ford, *My Life and Work*, 2.
66. Tooze, *Deluge*, 353–373.
67. Henry Ford, in *Automobile* 35 (September 7, 1916): 417.
68. Olivier Zunz, *Making America Corporate, 1870–1920* (Chicago: University of Chicago Press, 1990), 81.
69. Ford, *My Life and Work*, 156.
70. *Dodge v. Ford Motor Co.*, 204 Mich. 459 (1919).
71. Allan Nevins and Frank Ernest Hill, *Ford: Expansion and Challenge, 1915–1933* (New York: Charles Scribner's Sons, 1933), 111–112.
72. 同上, 152。
73. David Montgomery, *The Fall of the House of Labor: The Workplace, the State, and American Labor Activism, 1865–1925* (New York: Cambridge University Press, 1987).
74. Beverly Gage, *The Day Wall Street Exploded: A Story of America in Its First Age of Terror* (New York: Oxford University Press, 2010).
75. Christina D. Romer, "World War I and the Postwar Depression: A Reinterpretation Based on Alternative Estimates of GNP," *Journal of Monetary Economics* 22, no. 1 (1988): 91–115; Nathan S. Balke and Robert J. Gordon, "The Estimation of Prewar Gross National Product: Methodology and New Evidence," *Journal of Political Economy* 97, no. 1 (1989): 38–92.

76. Bates, *Making of Black Detroit*, 45.
77. Nevins and Hill, *Ford: Expansion*, 157, 159.
78. 同上, 163。
79. James J. Flink, *The Automobile Age* (Cambridge, Mass.: MIT Press, 1990), 230.
80. Allan Nevins and Frank Ernest Hill, *Ford: Decline and Rebirth, 1933–1962* (New York: Charles Scribner's Sons, 1963), appendix I.
81. Nevins and Hill, *Ford: Expansion*, 280.
82. 关于巴西, 参见 Grandin, *Fordlandia*。
83. *Michigan Manufacturer and Financial Record* (Pick Publications, 1925), 17.
84. Bucci, *Albert Kahn*, 76.
85. Nye, *America's Assembly Line*, 46.
86. John H. Van Deventer, "1—Links in a Complete Industrial Chain," *Industrial Management* 64, no. 3 (1922): 131–137, esp. 137.
87. Edmund Wilson, *The American Earthquake: A Documentary of the Twenties and Thirties* (Garden City, N.Y.: Anchor Books, 1964), 243, 232.
88. Mardges Bacon, *Le Corbusier in America: Travels in the Land of the Timid* (Cambridge, Mass.: MIT Press, 2001), 102; Gillian Darley, *Factory* (London: Reaktion Books, 2003), 155.
89. Best, *Dollar Decade*, xiii.
90. Jane Heap, "Machine-Age Exposition," *Little Review* 11, no. 1 (1925): 22–24.
91. Cecelia Tichi, *Shifting Gears: Technology, Literature, Culture in Modernist America* (Chapel Hill: University of North Carolina Press, 1987), 227, 230.
92. Giedion, *Mechanization Takes Command*, 106.
93. Siegfried Kracauer, *The Mass Ornament: Weimar Essays*, trans. Thomas Levin (Cambridge, Mass.: Harvard University Press, 1995).
94. Emily Ann Thompson, *The Soundscape of Modernity: Architectural Acoustics and the Culture of Listening in America, 1900–1933* (Cambridge, Mass.: MIT Press, 2002).
95. Karen Lucic, *Charles Sheeler and the Cult of the Machine* (Cambridge, Mass.: Harvard University Press, 1991), 92.
96. Detroit Institute of Arts, *The Rouge: The Image of Industry in the Art of Charles Sheeler and Diego Rivera* (Detroit: Detroit Institute of Arts, 1978), 11, 22.
97. Gene Smiley, "The U.S. Economy in the 1920s," EH.net, 2004, https://eh.net/encyclopedia/the-u-s-economy-in-the-1920s/ [inactive].
98. David Brody, *Workers in Industrial America: Essays on the 20th Century Struggle* (New York: Oxford University Press, 1980), 48–81; Meyer, *Five Dollar Day*, 194.
99. Bates, Making of Black Detroit, 60。另参见 Christopher L. Foote, Warren C. Whatley, and Gavin Wright, "Arbitraging a Discriminatory Labor Market: Black Workers at the Ford Motor Company, 1918–1947," *Journal of Labor Economics* 21, no. 3 (2003): 493–532。
100. Joyce Shaw Peterson, *American Automobile Workers, 1900–1933* (Albany: SUNY Press,

1987), 110–120.

101. Henry Ford, *Ford Ideals: Being a Selection from "Mr. Ford's Page" in The Dearborn Independent* (Dearborn Mich.: Dearborn, 1922), 293.

102. Howard P. Segal, *Recasting the Machine Age: Henry Ford's Village Industries* (Amherst: University of Massachusetts Press, 2008), 25; D. W. Meinig, *The Shaping of America: A Geographical Perspective on 500 Years of History*, vol. 4, *Global America, 1915–2000* (New Haven: Yale University Press, 2004), 50.

103. Grandin, *Fordlandia*, 67.

104. Hounshell, *American System to Mass Production*, 263–302.

105. Charles R. Morris, *A Rabble of Dead Money: The Great Crash and the Global Depression: 1929–1939* (New York: PublicAffairs, 2017), 91.

106. Daniel M. G. Raff, "Making Cars and Making Money in the Interwar Automobile Industry: Economies of Scale and Scope and the Manufacturing Behind the Marketing," *Business History Review* 65, no. 4 (1991): 721–753.

107. Zunz, *Making America Corporate*, 88.

108. Robert F. Freeland, *The Struggle for Control of the Modern Corporation: Organizational Change at General Motors, 1924–1970* (New York: Cambridge University Press, 2000).

109. Alfred Dupont Chandler, Stephen Salisbury, and Adeline Cook Strange, *Pierre S. Du Pont and the Making of the Modern Corporation* (New York: Harper & Row, 1971).

110. Zunz, *Making America Corporate*, 11–36, 125–148.

111. Lafortune, Tessada, and Lewis, "People and Machines."

112. Ray Batchelor, Henry Ford, *Mass Production, Modernism, and Design* (Manchester, U.K.: Manchester University Press, 1994).

113. Daniel Nelson, ed., *A Mental Revolution: Scientific Management Since Taylor* (Columbus: Ohio State University Press, 1992).

114. Noble, *America by Design*, 110–166.

115. Jonathan Levy, "Accounting for Profit and the History of Capital," *Critical Historical Studies* 1, no. 2 (2014): 171–214.

116. William E. Akin, *Technocracy and the American Dream: The Technocrat Movement, 1900–1941* (Berkeley: University of California Press, 1977), 13.

第十二章　大萧条

1. Nicholas Crafts and Peter Fearon, "Depression and Recovery in the 1930s: An Overview," in Crafts and Fearon, eds., *The Great Depression of the 1930s: Lessons for Today* (New York: Cambridge University Press, 2013), 3, 10, table 1.2.

2. Liaquat Ahamed, *Lords of Finance: The Bankers Who Broke the World* (New York: Penguin Press, 2009), 5.

3. Milton Friedman and Anna Jacobson Schwartz, *A Monetary History of the United States*,

1867–1960 (Princeton: Princeton University Press, 1963), 299–428.
4. 凯恩斯立时便清楚地察觉到了这一点。John Maynard Keynes, "An Economic Analysis of Unemployment, (1931)" in Donald Moggridge and Elizabeth Johnson, eds., *The Collected Writings of John Maynard Keynes*, vol. 13, *The General Theory and After*. Part I: Preparation (New York: Cambridge University Press, 2013), 349。
5. 我对固定投资崩盘的论述，大量借鉴了 Richard Sutch 的 "The Liquidity Trap, the Great Depression, and Unconventional Policy: Reading Keynes at the Zero Lower Bound," Berkeley Economic History Laboratory, Working Paper no. 2014-05 (October 2014)。
6. Crafts and Fearon, *Great Depression*, 10.
7. Keynes, "Economic Analysis of Unemployment," 349.
8. Robert S. McElvaine, ed., *Down and Out in the Great Depression: Letters from the Forgotten Man* (Chapel Hill: University of North Carolina Press, 1983), 42.
9. Barry Eichengreen, *Golden Fetters: The Gold Standard and the Great Depression, 1919–1939* (New York: Oxford University Press, 1992), 29–221.
10. Adam Tooze, *The Deluge: The Great War, America, and the Remaking of the Global Order, 1916–1931* (New York: Penguin, 2015); Barry Eichengreen and Peter Temin, "The Gold Standard and the Great Depression," *Contemporary European History* 9, no. 2 (2000): 183–207.
11. Ahamed, *Lords of Finance*, 90–91.
12. Eichengreen and Temin, "Gold Standard and the Great Depression."
13. Peter Temin, *Lessons from the Great Depression: The Lionel Robbins Lectures for 1989* (Cambridge, Mass.: MIT Press, 1990), 17.
14. 同上，14。
15. Crafts and Fearon, *Great Depression*, 6.
16. Harold James, *The German Slump: Politics and Economics, 1924–1936* (New York: Oxford University Press, 1986).
17. Tooze, *Deluge*.
18. John Kenneth Galbraith, *The Great Crash, 1929* (1954; Boston: Mariner Books, 2009)。一个更倾向于相反立场的新观点，参见 Tim Nichols, "Stock Market Swings and the Value of Innovation, 1908–1929," in Naomi R. Lamoreaux and Kenneth L. Sokoloff, eds., *Financing Innovation in the United States, 1870 to Present* (Cambridge, Mass.: MIT Press, 2007), 217–246。经济史著作中，立场最持中的分析评价，参见 Eugene N. White, "The Stock Market Boom and Crash of 1929 Revisited," *Journal of Economic Perspectives* 4, no. 2 (1990): 67–83。另参见 J. Bradford De Long and Andrei Shleifer, "The Stock Market Bubble of 1929: Evidence from Closed-End Mutual Funds," *Journal of Economic History* 51, no. 3 (1991): 675–700。
19. Julia Ott, "What Was the Great Bull Market? Value, Valuation, and Financial History," in Sven Beckert and Christine Desan, eds., *American Capitalism: New Histories* (New York: Columbia University Press, 2018), 63–95。我大量借鉴了 Ott 精彩的阐述与介绍。
20. Mary A. O'Sullivan, *Dividends of Development: Securities Markets in the History of U.S.

注 释

Capitalism, 1865–1922 (Oxford: Oxford University Press, 2016).

21. Ott, "What Was the Great Bull Market?," 64, 72.
22. 同上。
23. 同上,74。
24. Eichengreen, *Golden Fetters*, 165。当时存在着一种"黄金兑换"标准,美元和英镑等通货可以按照这一兑换率折合为可接受的央行准备金。
25. Allan H. Meltzer, *A History of the Federal Reserve*, vol. 1, *1913–1951* (Chicago: University of Chicago Press, 2003), 253.
26. Nichols, "Stock Market Swings."
27. Ahamed, *Lords of Finance*, 279.
28. Mary A. O'Sullivan, "Funding New Industries: A Historical Perspective on the Financing Role of the U.S. Stock Market in the Twentieth Century," in Lamoreaux and Sokoloff, *Financing Innovation*, 163–216; Alexander Field, "Asset Exchanges and the Transactions Demand for Money, 1919–29," *American Economic Review* 74, no. 1 (1984): 43–59.
29. Arthur Lewis, "World Production and Trade, 1870–1960," *Manchester School* 20, no. 2 (1952): 128。出于投机性预期,库存会发生调整,但价格并不会。关于这一点,参见 Nicholas Kaldor, "Speculation and Economic Stability," *Review of Economic Studies* 7, no. 1 (1938): 1–27。
30. Ott, "What Was the Great Bull Market?," 77.
31. John Maynard Keynes, *General Theory of Employment, Interest, and Money* (1936; New York: Harcourt, Brace & World, 1964), 159.
32. Charles P. Kindleberger and Robert Z. Aliber, *Manias, Panics, and Crashes: A History of Financial Crises*, 7th ed. (1978; New York: Palgrave Macmillan, 2015).
33. Gary D. Best, *The Dollar Decade: Mammon and the Machine in 1920s America* (Westport, Conn.: Praeger, 2003), 86, 9.
34. 同上,121。
35. Shelley Stamp, *Movie-Struck Girls: Women and Motion Picture Culture After the Nickelodeon* (Princeton: Princeton University Press, 2000).
36. Marieke de Goede, *Virtue, Fortune, and Faith: A Genealogy of Finance* (Minneapolis: University of Minnesota Press, 2005).
37. 胡佛在自己的回忆录中给这一章起的标题是"我们试图阻止投机狂欢"。Herbert Hoover, *The Memoirs of Herbert Hoover: The Great Depression, 1929–1941* (New York: Macmillan, 1952), 16。
38. Ahamed, *Lords of Finance*, 274.
39. 同上,276。
40. Galbraith, *Great Crash*, 1929, 22.
41. Thomas Piketty and Emmanuel Saez, "Income Inequality in the United States, 1913–1998," *Quarterly Journal of Economics* 118, no. 1 (2003), 1–39.
42. Susan Porter Benson, *Household Accounts: Working-Class Family Economies in the Interwar*

United States (Ithaca, N.Y.: Cornell University Press, 2007).

43. Charles R. Morris, *A Rabble of Dead Money: The Great Crash and the Global Depression: 1929–1939* (New York: PublicAffairs, 2017), fig. 5.5.

44. Harold Bierman, Jr., *The Causes of the 1929 Stock Market Crash: A Speculative Orgy or a New Era?* (Westport, Conn.: Praeger, 1998).

45. Eddie Cantor, *Caught Short! A Saga of Wailing Wall Street* (New York: Simon & Schuster, 1929), 1.

46. Christina D. Romer, "The Great Crash and the Onset of the Great Depression," *Quarterly Journal of Economics* 105, no. 3 (1990): 597–624; Crafts and Fearon, *Great Depression*, 10.

47. Kindleberger and Aliber, *Manias, Panics, and Crashes*, 80.

48. Steve Keen, *Can We Avoid Another Financial Crisis?* (Malden, Mass.: Polity, 2017), 114, fig. 19.

49. Ben S. Bernanke, "Nonmonetary Effects of the Financial Crisis in the Propagation of the Great Depression," *American Economic Review* 73, no. 3 (1983): 257–276; Charles W. Calomiris and Joseph R. Mason, "Fundamentals, Panics, and Bank Distress During the Depression," *American Economic Review* 93, no. 5 (2003): 1615–1647.

50. Irving Fisher, "The Debt-Deflation Theory of Great Depressions," *Econometrica* 1, no. 4 (1933): 337–357.

51. J. Peter Ferderer and David A. Zalewski, "Uncertainty as a Propagating Force in the Great Depression," *Journal of Economic History* 54, no. 4 (1994): 825–849.

52. Peter Temin, *Did Monetary Forces Cause the Great Depression?* (New York: Norton, 1976); Martha L. Olney, "Avoiding Default: The Role of Credit in the Consumption Collapse of 1930," *Quarterly Journal of Economics* 114, no. 1 (1999): 319–335。对大萧条的一个更全面的解释，强调了制造业向生产昂贵耐用消费品的转型，参见 Michael A. Bernstein, *The Great Depression: Delayed Recovery and Economic Change in America, 1929–1939* (New York: Cambridge University Press, 1987)。

53. David M. Kennedy, *Freedom from Fear: The American People in Depression and War, 1929–1945* (New York: Oxford University Press, 1999), 58.

54. William J. Barber, *From New Era to New Deal: Herbert Hoover, the Economists, and American Economic Policy, 1921–1933* (New York: Cambridge University Press, 1985), 65.

55. William E. Leuchtenburg, *Herbert Hoover: The American Presidents Series: The 31st President, 1929–1933* (New York: Times Books, 2009).

56. Kennedy, *Freedom from Fear*, 46.

57. Barber, *New Era to New Deal*, 5.

58. Michael A. Bernstein, *A Perilous Progress: Economists and Public Purpose in Twentieth-Century America* (Princeton: Princeton University Press, 2001), 40–72; Barber, *New Era to New Deal*.

59. Herbert Hoover, *American Individualism* (New York: Doubleday, Page, 1922), 22.

60. 同上, 26, 37, 18, 27, 42, 28。

61. Kennedy, *Freedom from Fear*, 48.

62. Ellis W. Hawley, "Herbert Hoover, the Commerce Secretariat, and the Vision of an 'Associative State,' 1921–1928," *Journal of American History* 61, no. 1 (1974): 116–140.
63. Hoover, *Memoirs*, 257.
64. 同上, 31。
65. Barber, *New Era to New Deal*, 93, table 51.
66. 同上, 44。
67. Jonathan D. Rose, "Hoover's Truce: Wage Rigidity in the Onset of the Great Depression," *Journal of Economic History* 70, no. 4 (2010): 843–870.
68. Hoover, *Memoirs*, 45.
69. Kennedy, *Freedom from Fear*, 53.
70. Barber, *New Era to New Deal*, 86.
71. Price Fishback, "U.S. Monetary and Fiscal Policy in the 1930s," *Oxford Review of Economic Policy* 26, no. 3 (2010): 401–402.
72. Barber, *New Era to New Deal*, 80.
73. 关于这场辩论，参见 Douglas A. Irwin, *Peddling Protectionism: Smoot-Hawley and the Great Depression* (Princeton: Princeton University Press, 2011)。
74. Morris, *Rabble of Dead Money*, 141.
75. Hoover, *Memoirs*, 67.
76. Derek Howard Aldcroft and Steven Morewood, *The European Economy Since 1914* (1978; New York: Routledge, 2013), 80; Ahamed, *Lords of Finance*, 400.
77. Harold James, *The End of Globalization: Lessons from the Great Depression* (Cambridge, Mass.: Harvard University Press, 2001), 47–57.
78. Douglas A. Irwin, "Did France Cause the Great Depression?," National Bureau of Economic Research, Working Paper no. 16350 (September 2010).
79. Charles Kindleberger, *The World in Depression, 1929–1939* (Berkeley: University of California Press, 1973), 83–107; Paulo Drinot and Alan Knight, eds., *The Great Depression in Latin America* (Durham, N.C.: Duke University Press, 2014).
80. Crafts and Fearon, *Great Depression*, 19, table 1.5.
81. Diane B. Kunz, *The Battle for Britain's Gold Standard in 1931* (1987; New York: Routledge, 2017).
82. Ahamed, *Lords of Finance*, 431.
83. Richard N. Cooper, "Fettered to Gold? Economic Policy in the Interwar Period," *Journal of Economic Literature* 30, no. 4 (1992): 2128.
84. Crafts and Fearon, *Great Depression*, 19, table 1.5.
85. Kindleberger and Aliber, *Manias, Panics, and Crashes*, 246.
86. Charles W. Calomiris and Stephen H. Haber, *Fragile by Design: The Political Origins of Banking Crises and Scarce Credit* (Princeton: Princeton University Press, 2014).
87. William E. Leuchtenburg, *The Perils of Prosperity, 1914–1932* (1958; Chicago: University of

Chicago Press, 2010), 254; Price Fishback, "U.S. Monetary and Fiscal Policy in the 1930s," in Crafts and Fearon, *Great Depression*, 267–268.

88. Ahamed, *Lords of Finance*, 385.
89. Leuchtenburg, *Perils of Prosperity*, 254; Fishback, "U.S. Monetary and Fiscal Policy," 268.
90. Charles W. Calomiris and Berry Wilson, "Bank Capital and Portfolio Management: The 1930s 'Capital Crunch' and the Scramble to Shed Risk," *Journal of Business* 77, no. 3 (2004): 421–455.
91. Bernanke, "Nonmonetary Effects of the Financial Crisis."
92. Calomiris and Mason, "Fundamentals, Panics, and Bank Distress," argue in favor of illiquidity。关于破产，参见 Elmus Wicker, The Banking Panics of the Great Depression (New York: Cambridge University Press, 1996)。
93. Gary Richardson and William Troost, "Monetary Intervention Mitigated Banking Panics During the Great Depression: Quasi-Experimental Evidence from a Federal Reserve District Border, 1929–1933," *Journal of Political Economy* 117, no. 6 (2009): 1031–1073.
94. Ahamed, *Lords of Finance*, 435.
95. Friedman and Schwartz, *Monetary History of United States*, 801, table B–3.
96. 同上，362–389。对美联储历次失败的这种描述是必不可少的，却太急于用一个单一的原因——仅从供给侧加以讨论的货币量——去解释复杂的一系列事件。部分通过银行信贷的渠道，在供应之外的需求也可能决定支出和收入水平，而这会影响可计量的货币供应量。
97. Crafts and Fearon, *Great Depression*, 10.
98. Hoover, *Memoirs*, 225.
99. 同上，86。
100. Barber, *New Era to New Deal*, 132–138.
101. Kris James Mitchener and Joseph Mason, "'Blood and Treasure': Exiting the Great Depression and Lessons for Today," *Oxford Review of Economic Policy* 26, no. 3 (2010): 510–539.
102. Peter F. Basile, John Landon-Lane, and Hugh Rockoff, "Money and Interest Rates in the United States During the Great Depression," National Bureau of Economic Research, Working Paper no. 16204 (July 2010)。D. H. Robertson, *Essays in Monetary Theory* (London: P. S. King, 1940), 34–36。D.H. 罗伯逊发明了流动性陷阱这个词。然而，他主张利率的可贷资金理论，即利率会围绕着由储蓄供应和投资需求决定的"实际"利率而上下浮动。这与凯恩斯的流动性偏好理论不同，后者认为将货币作为保值手段的需求决定了利率。
103. Sutch, "Liquidity Trap," 7, fig. 4.
104. Crafts and Fearon, *Great Depression*, 10.
105. Barry Eichengreen and Douglas A. Irwin, "The Slide to Protectionism in the Great Depression: Who Succumbed and Why?," *Journal of Economic History* 70, no. 4 (2010): 871–897.
106. Crafts and Fearon, *Great Depression*; Peter Temin, "The Great Depression," in Stanley L. Engerman and Robert E. Gallman, eds., *The Cambridge Economic History of the United*

States, vol. 3, *The Twentieth Century* (New York: Cambridge University Press, 2000), 301–28.
107. Scott A. Sandage, *Born Losers: A History of Failure in America* (Cambridge, Mass.: Harvard University Press, 2005), 262–265.
108. Michele Landis Dauber, *The Sympathetic State: Disaster Relief and the Origins of the American Welfare State* (Chicago: University of Chicago Press, 2012).
109. Donald Worster, *Dust Bowl: The Southern Plains in the 1930s* (New York: Oxford University Press, 1979).
110. Kennedy, *Freedom from Fear*, 163.
111. Studs Terkel, *Hard Times: An Oral History of the Great Depression* (New York: Random House, 1970), 38, 2, 22.
112. Robert S. McElvaine, *The Great Depression: America, 1929–1941* (New York: Times Books, 1993), 180–182.
113. Terkel, *Hard Times*, 68.
114. Walter B. Rideout, *Sherwood Anderson: A Writer in America* (Madison: University of Wisconsin Press, 2007), 2:173. Sherwood Anderson, *Puzzled America* (New York: Charles Scribner's Sons, 1935).
115. Mirra Komarovsky, *The Unemployed Man and His Family: The Effect of Unemployment upon the Status of the Man in Fifty-Nine Families*, ed. Michael Kimmel (1940; Walnut Creek, Calif.: AltaMira Press, 2004), 117.
116. Lorena Hickok, *One Third of a Nation: Lorena Hickok Reports on the Great Depression*, ed. Richard Lowitt and Maurine H. Beasley (Urbana: University of Illinois Press, 1981), 205.
117. Anthony J. Badger, *The New Deal: The Depression Years, 1933–1940* (New York: Hill & Wang, 1989), 11.
118. Hickok, *One Third of a Nation*, 206.
119. McElvaine, *Down and Out in the Great Depression*, 42.
120. 同上, 42, 43。
121. Ronald L. Heinemann, *Depression and New Deal in Virginia: The Enduring Dominion* (Charlottesville: University of Virginia Press, 1983), 122.
122. Terkel, *Hard Times*, 31, 14, 59.
123. Elisabeth S. Clemens, "In the Shadow of the New Deal: Reconfiguring the Roles of Government and Charity, 1928–1940," in Elisabeth S. Clemens and Doug Guthrie, eds., *Politics and Partnerships: The Role of Voluntary Associations in America's Political Past and Present* (Chicago: University of Chicago Press, 2011), 79–120.
124. T. H. Watkins, *The Hungry Years: A Narrative History of the Great Depression in America* (New York: Macmillan, 2000), 83.
125. David E. Kyvig, *Daily Life in the United States, 1920–1940: How Americans Lived Through the "Roaring Twenties" and the Great Depression* (Chicago: Ivan R. Dee, 2004), 190.
126. Irving Bernstein, *The Lean Years: A History of the American Worker, 1920–1933* (1960;

127. William C. Pratt, "Rethinking the Farm Revolt of the 1930s," *Great Plains Quarterly* 8, no. 3 (1988): 131–144.
128. Beth Tompkins Bates, *The Making of Black Detroit in the Age of Henry Ford* (Chapel Hill: University of North Carolina Press, 2012), 145.
129. Kennedy, *Freedom from Fear*, 92.
130. Terkel, *Hard Times*, 97, 77.
131. 同上, 75。
132. Kennedy, *Freedom from Fear*, 92.
133. 同上, 96, 90, 98。
134. 同上, 131。
135. 同上, 131, 100, 101。
136. 同上, 109。
137. Eichengreen, *Golden Fetters*, 23.
138. Meltzer, *History of Federal Reserve*, 1:380, 381.
139. Ahamed, *Lords of Finance*, 448.
140. Kennedy, *Freedom from Fear*, 384.
141. Eric Rauchway, *The Money Makers: How Roosevelt and Keynes Ended the Depression, Defeated Fascism, and Secured a Prosperous Peace* (New York: Basic Books, 2015), 39–54.
142. Temin, *Lessons from the Great Depression*.
143. Rauchway, *Money Makers*, 66.

第十三章　新政资本主义

1. David Runciman, *The Confidence Trap: A History of Democracy in Crisis from World War I to the Present* (Princeton: Princeton University Press, 2013), 76–110.
2. MacGregor Knox, *To the Threshold of Power, 1922/3: Origins and Dynamics of the Fascist and National Socialist Dictatorships* (New York: Cambridge University Press, 2007), 1:364.
3. Ira Katznelson, *Fear Itself: The New Deal and the Origins of Our Time* (New York: Liveright, 2013), 119.
4. Wolfgang Schivelbusch, *Three New Deals: Reflections on Roosevelt's America, Mussolini's Italy, and Hitler's Germany, 1933–1939* (New York: Metropolitan Books, 2006).
5. Katznelson, *Fear Itself*.
6. Shawn Kantor, Price V. Fishback, and John Joseph Wallis, "Did the New Deal Solidify the 1932 Democratic Realignment?," *Explorations in Economic History* 50, no. 4 (2013): 620–633。答案是肯定的。
7. Jean Edward Smith, *FDR* (New York: Random House, 2007), 374.

8. Alan Brinkley, *Liberalism and Its Discontents* (Cambridge, Mass.: Harvard University Press, 1998), 18.
9. 关于各种观点的两篇简明概述，参见 Jason Scott Smith, *A Concise History of the New Deal* (New York: Cambridge University Press, 2014); 以及 Eric Rauchway, *The Great Depression and New Deal: A Very Short Introduction* (New York: Oxford University Press, 2008)。另参见 Jeff Manza, "Political Sociological Models of the U.S. New Deal," *Annual Review of Sociology* 26 (2000): 297–322。
10. Smith, *FDR*, 263.
11. Eric Rauchway, *The Money Makers: How Roosevelt and Keynes Ended the Depression, Defeated Fascism, and Secured a Prosperous Peace* (New York: Basic Books, 2015), 66; Herbert Stein, *The Fiscal Revolution in America* (1971; Washington, D.C.: AEI Press, 1990), 39.
12. Gauti B. Eggertsson, "Great Expectations and the End of the Depression," *American Economic Review* 98, no. 4 (2008): 1476–1516; Peter Temin and Barrie A. Wigmore, "The End of One Big Deflation," *Explorations in Economic History* 27, no. 4 (1990): 483–502; Christina D. Romer, "What Ended the Great Depression?," *Journal of Economic History* 52, no. 4 (1992): 757–784.
13. Daniel T. Rodgers, *Atlantic Crossings: Social Politics in a Progressive Age* (Cambridge, Mass.: Belknap Press, 1998); Richard Hofstadter, *The Age of Reform: From Bryan to F.D.R.* (New York: Knopf, 1955).
14. David M. Kennedy, *Freedom from Fear: The American People in Depression and War, 1929–1945* (New York: Oxford University Press, 1999), 363–380.
15. Price Fishback, "US Monetary and Fiscal Policy in the 1930s," *Oxford Review of Economic Policy* 26, no. 3 (2010): 385–413.
16. Peter H. Lindert and Jeffrey G. Williamson, *Unequal Gains: American Growth and Inequality Since 1700* (Princeton: Princeton University Press, 2016), 194–218。金融、保险和房地产占到了 1929 年美国国民收入的 14.75%，但到 1941 年时便仅占 8.93%。Alexander J. Field, *A Great Leap Forward: 1930s Depression and U.S. Economic Growth* (New Haven: Yale University Press, 2011), 67。
17. Jason Scott Smith, *Building New Deal Liberalism: The Political Economy of Public Works, 1933–1956* (New York: Cambridge University Press, 2005); Otis L. Graham, Jr., "The Planning Ideal and American Reality: The 1930s," in Stanley Elkins and Eric McKitrick, eds., *The Hofstadter Aegis: A Memorial* (New York: Knopf, 1974), 257–289.
18. Monica Prasad, *The Land of Too Much: American Abundance and the Paradox of Poverty* (Cambridge, Mass.: Harvard University Press, 2012).
19. Smith, *Building New Deal Liberalism*; Field, *Great Leap Forward*.
20. 一个精彩阐述的观点，参见 M. Kalecki, "Political Aspects of Full Employment," *Political Quarterly* 14, no. 4 (1943): 322–330。关于这段历史，参见 Kim Phillips-Fein, *Invisible Hands: The Businessman's Crusade Against the New Deal* (New York: Norton, 2009)。
21. Adam Tooze, *The Wages of Destruction: The Making and Breaking of the Nazi Economy* (New York: Viking Penguin, 2007).

22. Katznelson, *Fear Itself*, 3–26.
23. Liaquat Ahamed, *Lords of Finance: The Bankers Who Broke the World* (New York: Penguin Press, 2009), 435.
24. Rauchway, *Great Depression and New Deal*, 59.
25. Douglas B. Craig, *Fireside Politics: Radio and Political Culture in the United States, 1920–1940* (Baltimore: Johns Hopkins University Press, 2000), 15, fig. 4.
26. Lorena Hickok, *One Third of a Nation: Lorena Hickok Reports on the Great Depression*, ed. Richard Lowitt and Maurine H. Beasley (Urbana: University of Illinois Press, 1981), 215.
27. Franklin Delano Roosevelt, *FDR's Fireside Chats* (Norman: University of Oklahoma Press, 1992), 13–15, 17.
28. Rauchway, *Money Makers*, 53.
29. 同上，66，71。
30. Jonathan Quann, "Ships of State: Global Shipping, the Emergence Fleet Corporation, and the Business of American Government, 1870–1930" (PhD diss., Princeton University, 2019).
31. Jordan Schwarz, *The New Dealers: Power Politics in the Age of Roosevelt* (New York: Knopf, 1993), 77.
32. 同上，75。
33. James Stuart Olson, *Saving Capitalism: The Reconstruction Finance Corporation and the New Deal, 1933–1940* (Princeton: Princeton University Press, 1988), 82.
34. Kris James Mitchener and Joseph Mason, "'Blood and Treasure': Exiting the Great Depression and Lessons for Today," *Oxford Review of Economic Policy* 26, no. 3 (2010): 510–39; Olson, *Saving Capitalism*, 45.
35. Schwarz, *New Dealers*, 123–156.
36. William Lasser, *Benjamin V. Cohen: Architect of the New Deal* (New Haven: Yale University Press, 2002).
37. Barrie W. Wigmore, "A Comparison of Federal Financial Remediation in the Great Depression and 2008–9," *Research in Economic History* 27 (March 25, 2010): 255–303.
38. 对《格拉斯—斯蒂高尔法》的评论，参见 Charles W. Calomiris, "The Political Lessons of Depression-era Banking Reform," in Nicholas Crafts and Peter Fearon, *The Great Depression of the 1930s: Lessons for Today* (Oxford: Oxford University Press, 2013), 165–187。
39. Kris James Mitchener and Gary Richardson, "Does 'Skin in the Game' Reduce Risk Taking? Leverage, Liability and the Long-Run Consequences of New Deal Banking Reforms," *Explorations in Economic History* 50, no. 4 (2013): 508–525.
40. Rauchway, *Money Makers*, 88.
41. John L. Shover, *Cornbelt Rebellion: The Farmers' Holiday Association* (Urbana: University of Illinois Press, 1965), 118.
42. Douglas R. Hurt, *Problems of Plenty: The American Farmer in the Twentieth Century* (Chicago: Ivan R. Dee, 2002), 67–98.

43. Gavin Wright, *Old South, New South: Revolutions in the Southern Economy Since the Civil War* (New York: Basic Books, 1986), 227.
44. Roosevelt, *FDR's Fireside Chats*, 42–43.
45. John Morton Blum, *From the Morgenthau Diaries* (Boston: Houghton Mifflin, 1959), 70.
46. Rauchway, *Money Makers*, 91.
47. Lee J. Alston, "Farm Foreclosure Moratorium Legislation: A Lesson from the Past," *American Economic Review* 74, no. 3 (1984): 445–457; Howard H. Preston, "Our Farm Credit System," *Journal of Farm Economics* 18, no. 4 (1936): 673–684.
48. Olson, *Saving Capitalism*, 45.
49. 关于农民运动，参见 Kiran Klaus Patel, *The New Deal: A Global History* (Princeton: Princeton University Press, 2016)。
50. John Joseph Wallis, "Lessons from the Political Economy of the New Deal," *Oxford Review of Economic Policy* 26, no. 3 (2010): 442–462; Karen M. Tani, *States of Dependency: Welfare, Rights, and American Governance, 1935–1972* (New York: Cambridge University Press, 2016).
51. Martha H. Swain, *Ellen S. Woodward: New Deal Advocate for Women* (Oxford: University of Press of Mississippi, 1995), 66.
52. Grace Abbott, *The Child and the State; Select Documents* (Chicago: University of Chicago Press, 1938).
53. Laura Phillips Sawyer, *American Fair Trade: Proprietary Capitalism, Corporatism, and the "New Competition," 1890–1940* (New York: Cambridge University Press, 2018), 237–308; Ellis W. Hawley, *The New Deal and the Problem of Monopoly: A Study in Economic Ambivalence* (Princeton: Princeton University Press, 1966).
54. Rexford Guy Tugwell, "Design for Government," reprinted in Tugwell, *The Battle for Democracy* (1935; New York: Greenwood Press, 1969), 14.
55. Jeremiah D. Lambert, *The Power Brokers: The Struggle to Shape and Control the Electric Power Industry* (Cambridge, Mass.: MIT Press, 2015), 51–92.
56. Smith, *Building New Deal Liberalism*, 2.
57. Louis Hyman, *Debtor Nation: The History of America in Red Ink* (Princeton: Princeton University Press, 2011)。我借鉴了 Hyman 关于这一机制对罗斯福新政之总体重要性的诠释。
58. Colin Gordon, *New Deals: Business, Labor, and Politics in America, 1920–1935* (New York: Cambridge University Press, 1994), 166–203.
59. Irving Bernstein, *The Turbulent Years: A History of the American Worker, 1933–1940* (1966; Chicago: Haymarket Books, 2010), 217–317.
60. Schwarz, *New Dealers*, 104.
61. Alan Brinkley, *Voices of Protest: Huey Long, Father Coughlin, and the Great Depression* (New York: Vintage Books, 1983).
62. Kennedy, *Freedom from Fear*, 223.

63. James MacGregor Burns, *Roosevelt: The Lion and the Fox, 1882–1940* (New York: Harcourt, Brace, 1956), 206.
64. Robert Fredrick Burk, *The Corporate State and the Broker State: The Du Ponts and American National Politics, 1925–1940* (Cambridge, Mass.: Harvard University Press, 1990), 143.
65. Schwarz, *New Dealers*, 137.
66. William E. Leuchtenburg, *The FDR Years: On Roosevelt and His Legacy* (New York: Columbia University Press, 1995), 11.
67. George J. Sanchez, *Becoming Mexican American: Ethnicity, Culture and Identity in Chicano Los Angeles, 1900–1945* (New York: Oxford University Press, 1993); Lizabeth Cohen, *Making a New Deal: Industrial Workers in Chicago, 1919–1939* (New York: Cambridge University Press, 1990).
68. Crafts and Fearon, *Great Depression*, tables 1.2 and 1.9.
69. Kennedy, *Freedom from Fear*, 217.
70. Franklin D. Roosevelt, "Annual Message to Congress," January 4, 1935, American Presidency Project, https://www.presidency.ucsb.edu/documents/annual-message-congress-3.
71. Smith, *Building New Deal Liberalism*, 87.
72. 但是，罗斯福新政的救济并没有降低死亡率。Price V. Fishback, Michael R. Haines, and Shawn Kantor, "Births, Deaths, and New Deal Relief During the Great Depression," *Review of Economics and Statistics* 89, no. 1 (2007): 1–14。
73. Mark Hugh Leff, *The Limits of Symbolic Reform: The New Deal and Taxation, 1933–1939* (New York: Cambridge University Press, 1984), 150.
74. Bruce Ackerman, *We the People*, vol. 2, *Transformations* (Cambridge, Mass.: Harvard University Press, 1998), 279–311.
75. Schwartz, *New Dealers*, 109.
76. Burns, *Roosevelt: Lion and Fox*, 208.
77. Leff, *Limits of Symbolic Reform*, 138, 142–145。另参见 Edwin Amenta, Kathleen Dunleavy, and Mary Bernstein, "Stolen Thunder? Huey Long's 'Share Our Wealth,' Political Mediation, and the Second New Deal," *American Sociological Review* 59, no. 5 (1994): 678–702。
78. Prasad, *Land of Too Much*.
79. Jonathan Levy, "From Fiscal Triangle to Passing Through: Rise of the Nonprofit Corporation," in Naomi R. Lamoreaux and William J. Novak, eds., *Corporations and American Democracy* (Cambridge, Mass.: Harvard University Press, 2017).
80. Gordon, *New Deals*, 204–305.
81. Phillips-Fein, *Invisible Hands*.
82. Leff, *Limits of Symbolic Reform*, 162–64.
83. Lambert, *Power Brokers*, 1–50.
84. William J. Novak, "The Public Utility Idea and the Origins of Modern Business Regulation," in Lamoreaux and Novak, *Corporations and American Democracy*, 139–176.

85. "Public Utility Holding Act of 1935," United States Code 15, title 1 (1935): 2–36, https://www.sec.gov/about/laws/puhca35.pdf.
86. Rodgers, *Atlantic Crossings*, 441.
87. Edward D. Berkowitz, *America's Welfare State: From Roosevelt to Reagan* (Baltimore: Johns Hopkins University Press, 1991), 13–38.
88. Alice Kessler-Harris, *In Pursuit of Equity: Women, Men, and the Quest for Economic Citizenship in 20th-Century America* (New York: Oxford University Press, 2001); Gwendolyn Mink, *The Wages of Motherhood: Inequality in the Welfare State, 1917–1942* (Ithaca, N.Y.: Cornell University Press, 1995); Linda Gordon, *Pitied but Not Entitled: Single Mothers and the History of Welfare, 1890–1935* (New York: Free Press, 1994).
89. Kessler-Harris, *In Pursuit of Equity*, 84.
90. Margot Canaday, *The Straight State: Sexuality and Citizenship in Twentieth-Century America* (Princeton: Princeton University Press, 2009), 91–134.
91. Peter Conti-Brown, *The Power and Independence of the Federal Reserve* (Princeton: Princeton University Press, 2016), 15–39.
92. Nelson Lichtenstein, *State of the Union: A Century of American Labor* (Princeton: Princeton University Press, 2002), 20–53.
93. Bernstein, *Turbulent Years*, 349.
94. 同上，397。
95. Lasser, *Benjamin Cohen*, 141.
96. Kennedy, *Freedom from Fear*, 282.
97. Gary Gerstle, *Liberty and Coercion: The Paradox of American Government from the Founding to the Present* (Princeton: Princeton University Press, 2015), 244.
98. Michael Denning, *The Cultural Front: The Laboring of American Culture in the Twentieth Century* (London: Verso, 1997).
99. Laura Hapke, *Labor's Canvas: American Working-Class History and the WPA Art of the 1930s* (Newcastle, U.K.: Cambridge Scholars, 2008); Denning, *Cultural Front*.
100. William Stott, *Documentary Expression and Thirties America* (Chicago: University of Chicago Press, 1986), 119。另参见 Michael Szalay, *New Deal Modernism: American Literature and the Invention of the Welfare State* (Durham, N.C.: Duke University Press, 2000)。
101. Robert H. Zieger, *The CIO, 1935–1955* (Chapel Hill: University of North Carolina Press, 1995), 42–65.
102. Bernstein, *Turbulent Years*, 473.
103. John Barnard, *American Vanguard: The United Auto Workers During the Reuther Years, 1935–1970* (Detroit: Wayne State University Press, 2005).
104. Sidney Fine, *Sit-down: The General Motors Strike of 1936–1937* (Ann Arbor: University of Michigan Press, 1969), 38.
105. Barnard, *American Vanguard*, 105.

106. 与此同时，钢铁工人在"小型钢铁公司"（Little Steel）中组建工会的尝试遭到了暴力反击，铩羽而归，这令罗斯福总统极其沮丧。参见 Ahmed White, *The Last Great Strike: Little Steel, the CIO, and the Struggle for Labor Rights in New Deal America* (Oakland: University of California Press, 2016)。

107. Steve Fraser, "The Labor Question," in Steve Fraser and Gary Gerstle, eds., *The Rise and Fall of the New Deal Order, 1930–1980* (Princeton: Princeton University Press, 1989), 55–84.

108. Leslie Hannah and Peter Temin, "Long-Term Supply-Side Implications of the Great Depression," *Oxford Review of Economic Policy* 26, no. 3 (2010): 561–580.

109. Fishback, "US Monetary and Fiscal Policy."

110. Eggertsson, "Great Expectations and End of the Depression"; Temin and Wigmore, "End of One Big Deflation"; Romer, "What Ended the Great Depression?"

111. Douglas A. Irwin, "Gold Sterilization and the Recession of 1937–38," National Bureau of Economic Research, Working Paper no. 17595 (November 2011).

112. Meltzer, *History of Federal Reserve*, vol. 1.

113. Gauti B. Eggertsson, "Was the New Deal Contractionary?," *American Economic Review* 102, no. 1 (2012): 524–555.

114. Robert J. Gordon, *The Rise and Fall of American Growth: The U.S. Standard of Living Since the Civil War* (Princeton: Princeton University Press, 2016), 559.

115. Field, *Great Leap Forward*, 42–78.

116. Claudia Goldin, *Understanding the Gender Gap: An Economic History of American Women* (New York: Oxford University Press, 1990); Julia Kirk Blackwelder, *Now Hiring: The Feminization of Work in the United States, 1900–1995* (College Station: Texas A&M University Press, 1997), 97; Winifred D. Wandersee Bolin, "The Economics of Middle-Class Family Life: Working Women During the Great Depression," *Journal of American History* 65, no. 1 (1978): 70.

117. Jason E. Taylor and Todd C. Neumann, "The Effect of Institutional Regime Change Within the New Deal on Industrial Output and Labor Markets," *Explorations in Economic History* 50, no. 4 (2013): 582–598.

118. Temin and Wigmore, "End of One Big Deflation."

119. Carolyn Dimitri, Anne Effland, and Neilson Conklin, "The 20th Century Transformation of U.S. Agriculture and Farm Policy," USDA, *Economic Information Bulletin* no. 3 (June 2005), fig. 3.

120. Kennedy, *Freedom from Fear*, 207; William Winders, *The Politics of Food Supply: U.S. Agricultural Policy in the World Economy* (New Haven: Yale University Press, 2009), 59.

121. Katznelson, *Fear Itself*, 133–222。1935 年 2 月，在白人种植园主施压下，农业调整管理局对那些批评佃农分成制有失公道的左派予以"清洗"，其中许多人都曾向黑人佃农工会表示支持。

122. Jess Gilbert, *Planning Democracy: Agrarian Intellectuals and the Intended New Deal* (New Haven: Yale University Press, 2015).

123. Wright, *Old South, New South*, 232.
124. Gavin Wright, "The New Deal and the Modernization of the South," Stanford Institute for Economic Policy research, Working Paper no. 08-042 (August 2009); Briggs Depew, Price V. Fishback, and Paul W. Rhode, "New Deal or No Deal in the Cotton South: The Effect of the AAA on the Agricultural Labor Structure," *Explorations in Economic History* 50, no. 4 (2013): 466–86; Warren C. Whatley, "Labor for the Picking: The New Deal in the South," *Journal of Economic History* 43, no. 4 (1983): 905–929.
125. Hyman, *Debtor Nation*, 71.
126. Richard White, *"It's Your Misfortune and None of My Own" : A New History of the American West* (Norman: University of Oklahoma Press, 1991), 463–495. Price V. Fishback, William C. Horrace, and Shawn Kantor, "The Impact of New Deal Expenditures on Mobility During the Great Depression," *Explorations in Economic History* 43, no. 2 (2006): 179–222.
127. Smith, *Building New Deal Liberalism*, 36, 88, 89.
128. Joseph Maresca, *WPA Buildings: Architecture and Art of the New Deal* (Atglen, Pa.: Schiffer, 2017).
129. Field, *Great Leap Forward*, 42–78.
130. Smith, *Building New Deal Liberalism*, 162.
131. Olson, *Saving Capitalism*, 45.
132. Richard White, *The Organic Machine: The Remaking of the Columbia River* (New York: Hill & Wang, 1995).
133. Smith, *Building New Deal Liberalism*, 8.
134. Sarah Milov, "Promoting Agriculture: Farmers, the State, and Checkoff Marketing, 1935–2005," *Business History Review* 90, no. 3 (2016): 505–36.
135. Katznelson, *Fear Itself*, 272.
136. David L. Carlton and Peter A. Coclanis, eds., *Confronting Southern Poverty in the Great Depression: The Report on Economic Conditions of the South with Related Documents* (Boston: Bedford/St. Martin's, 1996).
137. Zieger, *CIO*, 66–110.
138. Crafts and Fearon, *Great Depression*, tables 1.2 and 1.9.
139. Gauti B. Eggertsson and Benjamin Pugsley, "The Mistake of 1937: A General Equilibrium Analysis," *Monetary and Economic Studies* 24 (December 2006): 1–41.
140. Joshua K. Hausman, "What Was Bad for General Motors Was Bad for America: The Automobile Industry and the 1937/38 Recession," *Journal of Economic History* 76, no. 2 (2016): 427–477.
141. Eggertsson and Pugsley, "Mistake of 1937."
142. Herman Krooss, *Executive Opinion—What Business Leaders Said and Thought 1920s–1960s* (New York: Doubleday, 1970), 200.
143. Leff, *Limits of Symbolic Reform*, 235.

144. Thurman Wesley Arnold, *The Folklore of Capitalism* (1937; New Haven: Yale University Press, 1962).
145. Alan Brinkley, *The End of Reform: New Deal Liberalism in Recession and War* (New York: Knopf, 1995), 106–136.
146. Brinkley, *End of Reform*, 55, 另参见第 23–24 页和 70–80 页。
147. 针对此种倍增器的首个理论陈述, 参见 R. F. Kahn, "The Relation of Home Investment to Unemployment," *Economic Journal* 41, no. 162 (1931): 173–198。
148. John Maynard Keynes, *The General Theory of Employment, Interest, and Money* (1936; New York: Harcourt, Brace & World, 1964), 320, 378.
149. Theodore Rosenof, *Economics in the Long Run: New Deal Theorists and Their Legacies, 1933–1993* (Chapel Hill: University of North Carolina Press, 1997).
150. Schwartz, *New Dealers*, 187, 188.
151. John Maynard Keynes, "Letter to the President" (1938), in Robert Skidelsky, ed., *The Essential Keynes* (New York: Penguin, 2016), 393.
152. Diane Coyle, *GDP: A Brief but Affectionate History* (Princeton: Princeton University Press, 2014), 7–40.
153. "Warm Springs Memorandum, April 1, 1938," in Beardsley Ruml, Papers, Box 6, Folder 26, Special Collections Research Center, University of Chicago Library.
154. Franklin D. Roosevelt, "Message to Congress on Stimulating Recovery," April 14, 1938, American Presidency Project, https://www.presidency.ucsb.edu/documents/message-congress-stimulating-recovery.
155. 参见 Brinkley, *End of Reform*。
156. John Maynard Keynes, "The United States and the Keynes Plan," *New Republic*, July 29, 1940, 158.

第十四章　新世界霸主

1. Michael Geyer and Adam Tooze, "Substance, Scale and Scope of Peoples' War," in Michael Geyer and Adam Tooze, eds., *The Cambridge History of the Second World War*, vol. 3, *Total War: Economy, Society and Culture* (New York: Cambridge University Press, 2015), 2.
2. James T. Sparrow, *Warfare State: World War II Americans and the Age of Big Government* (New York: Oxford University Press, 2011), 71.
3. Geyer and Tooze, *Cambridge History of Second World War*, 3:5.
4. Adam Tooze, *The Wages of Destruction: The Making and Breaking of the Nazi Economy* (New York: Viking Penguin, 2007).
5. J. R. McNeill and Peter Engelke, *The Great Acceleration: An Environmental History of the Anthropocene Since 1945* (Cambridge, Mass.: Belknap Press, 2014).
6. Jeffrey Fear, "War of the Factories," in Geyer and Tooze, *Cambridge History of Second World War*, 3:94–121.

7. Alexander J. Field, *A Great Leap Forward: 1930s Depression and U.S. Economic Growth* (New Haven: Yale University Press, 2011), 91.
8. Mark R. Wilson, *Destructive Creation: American Business and the Winning of World War II* (Philadelphia: University of Pennsylvania Press, 2016)。我的叙述大量借鉴了 Wilson 的出色研究。
9. Bruce Cumings, *Dominion from Sea to Sea: Pacific Ascendancy and American Power* (New Haven: Yale University Press, 2009)。关于这一有关消费问题的辩论，参见 Michael Edelstein, "War and the American Economy in the Twentieth Century," in Stanley L. Engerman and Robert E. Gallman, eds., *The Cambridge Economic History of the United States*, vol. 3, *The Twentieth Century* (New York: Cambridge University Press, 2000), 400。
10. Odd Arne Westad, *The Cold War: A World History* (New York: Basic Books, 2017), 53, 54.
11. Hugh Rockoff, *Drastic Measures: A History of Wage and Price Controls in the United States* (New York: Cambridge University Press, 1984), 127–176.
12. Cumings, *Dominion from Sea to Sea*, 304.
13. Robert J. Gordon and Robert Krenn, "The End of the Great Depression, 1939–1941: Policy Contributions and Fiscal Multipliers," National Bureau of Economic Research, Working Paper no. 16380 (September 2010).
14. Tooze, *Wages of Destruction*, 10.
15. Ira Katznelson, *Fear Itself: The New Deal and the Origins of Our Time* (New York: Liveright, 2013), 282–283.
16. Paul A. Kramer, *The Blood of Government: Race, Empire, the United States, and the Philippines* (Chapel Hill: University of North Carolina Press, 2006).
17. Peter James Hudson, *Bankers and Empire: How Wall Street Colonized the Caribbean* (Chicago: University of Chicago Press, 2017); Cyrus Veeser, *A World Safe for Capitalism* (New York: Columbia University Press, 2002).
18. Daniel Immerwahr, *How to Hide an Empire: A History of the Greater United States* (New York: Farrar, Straus & Giroux, 2019).
19. Eric Helleiner, *Forgotten Foundations of Bretton Woods: International Development and the Making of the Postwar Order* (Ithaca, N.Y.: Cornell University Press, 2014), 29–51; Elizabeth Borgwardt, *New Deal for the World: America's Vision for Human Rights* (Cambridge, Mass.: Belknap Press, 2007).
20. William Appleman Williams, *The Tragedy of American Diplomacy* (1959; New York: Norton, 2009).
21. Helleiner, *Forgotten Foundations of Bretton Woods*.
22. Adam Tooze, *The Deluge: The Great War and the Remaking of Global Order* (London: Allen Lane, 2014); David M. Kennedy, *Freedom from Fear: The American People in Depression and War, 1929–1945* (New York: Oxford University Press, 1999), 426–464.
23. Westad, *Cold War*, 40.
24. Wilson, *Destructive Creation*, 55–58.
25. 同上，59 页。

26. Maury Klein, *A Call to Arms: Mobilizing America for World War II* (New York: Bloomsbury, 2013), 107–132.
27. Wilson, *Destructive Creation*, 61.
28. John Morton Blum, *From the Morgenthau Diaries: Years of Urgency, 1938–1941* (New York: Houghton Mifflin, 1959), 118.
29. Barry Eichengreen, "U.S. Foreign Financial Relations in the Twentieth Century," in Engerman and Gallman, *Cambridge Economic History of United States*, 3:489.
30. Wilson, *Destructive Creation*, 74; Klein, *Call to Arms*, 133–288.
31. Ramon Hawley Myers and Mark R. Peattie, eds., *The Japanese Colonial Empire, 1895–1945* (Princeton: Princeton University Press, 1984).
32. Tooze, *Wages of Destruction*, 552–589.
33. Richard Bessel, "Death and Survival in the Second World War," in Geyer and Tooze, *Cambridge History of Second World War*, 3:252–276.
34. Sparrow, *Warfare State*, 53.
35. Charles S. Maier, *Among Empires: American Ascendancy and Its Predecessors* (Cambridge, Mass.: Harvard University Press, 2006), 196.
36. Bill Winders, *The Politics of Food Supply: U.S. Agricultural Policy in the World Economy* (New Haven: Yale University Press, 2009), 69–74.
37. Field, *Great Leap Forward*, 85.
38. Paul A. C. Koistinen, *Arsenal of World War II: The Political Economy of American Warfare, 1940–1945* (Lawrence: University Press of Kansas, 2004), 303–313.
39. Philipp Lepenies, *The Power of a Single Number: A Political History of GDP* (New York: Columbia University Press, 2016), 57–96.
40. Philip Mirowski, *Machine Dreams: Economics Becomes a Cyborg Science* (New York: Cambridge University Press, 2001).
41. Robert Higgs, *Depression, War, and Cold War: Challenging the Myths of Conflict and Prosperity* (Oakland, Calif.: Independent Institute, 2009), 85.
42. John Kenneth Galbraith, "How Keynes Came to America," in *The Essential Galbraith*, ed. Andrea D. Campbell (1971; Boston: Houghton Mifflin, 2001), 236–248.
43. Field, *Great Leap Forward*, 79–106.
44. Gerald D. Nash, *The American West Transformed: The Impact of the Second World War* (Bloomington: Indiana University Press, 1985)。关于战争对太平洋地区经济发展之影响的评论，参见 Paul Rhode, "The Nash Thesis Revisited: An Economic Historian's View," *Pacific Historical Review* 63, no. 3 (1994): 363–392。
45. Wilson, *Destructive Creation*, 64, table 2.
46. Cumings, *Dominion from Sea to Sea*, 308.
47. Nash, *American West Transformed*, 19–20.
48. Klein, *Call to Arms*, 165.
49. Stephen B. Adams, *Mr. Kaiser Goes to Washington: The Rise of a Government Entrepreneur*

(Chapel Hill: University of North Carolina Press, 1997).

50. Mike Davis, *City of Quartz: Excavating the Future of Los Angeles* (New York: Verso, 1990), 373–90; Nash, *American West Transformed*, 26–29.
51. Cumings, *Dominion from Sea to Sea*, 327.
52. Nash, *American West Transformed*, 38.
53. Carey McWilliams, *Southern California: An Island on the Land* (Salt Lake City: Peregrine Smith, 1946), 374.
54. Lynn Dumenil, ed., *The Oxford Encyclopedia of American Social History* (New York: Oxford University Press, 2012), 542.
55. Koistinen, *Arsenal of World War II*, 390–401.
56. Douglas Flamming, *Bound for Freedom: Black Los Angeles in Jim Crow America* (Berkeley: University of California Press, 2005); Gavin Wright, *Old South, New South: Revolutions in the Southern Economy Since the Civil War* (New York: Basic Books, 1986), 249–257.
57. Shirley Ann Wilson Moore, *To Place Our Deeds: The African American Community in Richmond, California, 1910–1963* (Berkeley: University of California Press, 2001), 40.
58. Mae M. Ngai, *Impossible Subjects: Illegal Aliens and the Making of Modern America* (Princeton: Princeton University Press, 2004), 127–168.
59. Vernon W. Ruttan, *Is War Necessary for Economic Growth? Military Procurement and Technology Development* (New York: Oxford University Press, 2006).
60. Frederick Kagan, "The Evacuation of Soviet Industry in the Wake of 'Barbarossa': A Key to the Soviet Victory," *Journal of Slavic Military Studies* 8, no. 2 (1995): 387–414.
61. Yuma Totani, *Justice in Asia and the Pacific Region, 1945–1952* (New York: Cambridge University Press, 2015).
62. Robert J. Gordon, *The Rise and Fall of American Growth: The U.S. Standard of Living Since the Civil War* (Princeton: Princeton University Press, 2016), 553.
63. 同上, 549。
64. Leonard Rapping, "Learning and World War II Production Functions," *Review of Economics and Statistics* 47, no. 1 (1965): 81–86; Kenneth J. Arrow, "The Economic Implications of Learning by Doing," *Review of Economic Studies* 29, no. 3 (1962): 155–173.
65. Paul Kennedy, *Engineers of Victory: The Problem Solvers Who Turned the Tide in the Second World War* (New York: Random House, 2013).
66. Michael Miller, "Sea Transport," in Geyer and Tooze, *Cambridge History of Second World War*, 3:176, 179–181.
67. Hugh Rockoff, *America's Economic Way of War: War and the U.S. Economy from the Spanish-American War to the First Gulf War* (New York: Cambridge University Press, 2012), 194, table 6.6.
68. Kennedy, *Freedom from Fear*, 798–851.
69. Cumings, *Dominion from Sea to Sea*, 313.
70. Wilson, *Destructive Creation*, 64, 84, table 2.

71. Cumings, *Dominion from Sea to Sea*, 329; Richard Rhodes, *The Making of the Atomic Bomb* (1986; New York: Simon & Schuster, 2012).
72. Barton J. Bernstein, "The Atomic Bombings Reconsidered," *Foreign Affairs* 74, no. 1 (1995), 135, 149.
73. 这个很有影响力的论点出自 Sparrow, *Warfare State*。
74. Gary Gerstle, *Liberty and Coercion: The Paradox of American Government from the Founding to the Present* (Princeton: Princeton University Press, 2015), 256.
75. Brian Masaru Hayashi, *Democratizing the Enemy: The Japanese American Internment* (Princeton: Princeton University Press, 2004).
76. Lary May, *The Big Tomorrow: Hollywood and the Politics of the American Way* (Chicago: University of Chicago Press, 2000), 177.
77. Meg Jacobs, *Pocketbook Politics: Economic Citizenship in Twentieth-Century America* (Princeton: Princeton University Press, 2005), 179–220; Joanna Grisinger, *The Unwieldy American State: Administrative Politics Since the New Deal* (New York: Cambridge University Press, 2012).
78. Rockoff, *America's Economic Way*, 171, table 6.1.
79. Wilson, *Destructive Creation*, 162.
80. Abba P. Lerner, "Functional Finance and the Federal Debt," *Social Research* 10, no. 1 (1943): 38–51.
81. Rockoff, *America's Economic Way*, 171, table 6.1.
82. Paul A. Samuelson, "The Effect of Interest Rate Increases on the Banking System," *American Economic Review* 35, no. 1 (1945): 26。"这本应是一场 1% 之战", 萨缪尔森补充道。
83. Sparrow, *Warfare State*, 119–159.
84. Rockoff, *America's Economic Way*, 176, table 6.3.
85. Julian E. Zelizer, *Taxing America: Wilbur D. Mills, Congress, and the State, 1945–1975* (New York: Cambridge University Press, 1998), 85.
86. Wilson, *Destructive Creation*, 92–138.
87. 同上, 241。
88. Nelson Lichtenstein, *Labor's War at Home: The CIO in World War II* (1982; Philadelphia: Temple University Press, 2010).
89. Gary Gerstle, "Interpreting the 'American Way': The Working Class Goes to War," in Lewis A. Erenberg and Susan E. Hirsch, eds., *The War in American Culture: Society and Consciousness During World War II* (Chicago: University of Chicago Press, 1996), 105–127.
90. Robert H. Zieger, *The CIO, 1935–1955* (Chapel Hill: University of North Carolina Press, 1995), 143–146.
91. Kennedy, *Freedom from Fear*, 775.
92. Daniel Kryder, *Divided Arsenal: Race and the American State During World War II* (New York: Cambridge University Press, 2000).

93. Nikhil Pal Singh, *Black Is a Country: Race and the Unfinished Struggle for Democracy* (Cambridge, Mass.: Harvard University Press, 2004).
94. Elaine Tyler May, *Homeward Bound: American Families in the Cold War Era* (New York: Basic Books, 2008), 66–67.
95. Martha J. Bailey and Thomas A. DiPrete, eds., *A Half Century of Change in the Lives of American Women* (New York: Russell Sage Foundation, 2016); Julia Kirk Blackwelder, *Now Hiring: The Feminization of Work in the United States, 1900–1995* (College Station: Texas A&M University Press, 1997).
96. Dorothy Sue Cobble, *The Other Women's Movement: Workplace Justice and Social Rights in Modern America* (Princeton: Princeton University Press, 2004), 32.
97. William Chafe, *The Paradox of Change: American Women in the 20th Century* (New York: Oxford University, 1991).
98. Martha J. Bailey and Thomas A. DiPrete, "Five Decades of Remarkable but Slowing Change in U.S. Women's Economic and Social Status and Political Participation," in Bailey and DiPrete, *Half Century of Change*, 12, fig. 6, 13, fig. 7.
99. Sparrow, *Warfare State*, 256.
100. Margot Canaday, *The Straight State: Sexuality and Citizenship in Twentieth-century America* (Princeton: Princeton University Press, 2009), 137–173.
101. Sparrow, *Warfare State*, 250.
102. 参见 U.S. Senate, "Bibliography of Full Employment," *Report to the Committee on Banking and Currency*, Senate Committee Print no. 2 (Washington, D.C., 1945)。
103. John Maynard Keynes, "National Self-Sufficiency," *Yale Review* 22, no. 4 (1933): 760–761.
104. Jerome Seymour Bruner, *Mandate from the People* (New York: Duell, Sloan & Pearce, 1944), 186.

第十五章　战后转折

1. Henry Luce, "The American Century," *Life*, February 1941.
2. Ian Buruma, *Year Zero: A History of 1945* (New York: Penguin Press, 2013).
3. Melvyn P. Leffler, "The Emergence of an American Grand Strategy, 1945–1952," in Leffler and Odd Arne Westad, eds., *Cambridge History of the Cold War*, 3 vols. (New York: Cambridge University Press, 2010), 1:67.
4. Mark Philip Bradley, *The World Reimagined: Americans and Human Rights in the Twentieth Century* (New York: Cambridge University Press, 2016); Elizabeth Borgwardt, *A New Deal for the World: America's Vision for Human Rights* (Cambridge, Mass.: Belknap Press, 2005).
5. Melvyn Leffler, *A Preponderance of Power: National Security, the Truman Administration, and the Cold War* (Stanford, Calif.: Stanford University Press, 1992), 56–59.
6. Christopher J. Tassava, "The American Economy During World War II," 7, table 1, https://eh.net/encyclopedia/the-american-economy-during-world-war-ii/.

7. James T. Patterson, *Grand Expectations: The United States, 1945–1974* (New York: Oxford University Press, 1996).
8. 我认为，这次战后转折才是决定新政自由主义内容的关键时刻，而不是第一轮新政（First New Deal）、第二轮新政（Second New Deal）或第二次世界大战。这个观点大量借鉴自 Ira Katznelson, *Fear Itself: The New Deal and the Origins of Our Time* (New York: Liveright, 2013)。
9. 在资本主义的"自由世界"中，美国的许多冷战盟友不仅在欧洲以及日本发展出了社会民主福利制度，而且还发育出了国家计划和公共投资发挥重要作用的"混合经济"。
10. Alvin H. Hansen, *After the War—Full Employment* (Washington, D.C.: National Resource Planning Board, 1942), 1.
11. Benn Steil, *The Battle of Bretton Woods: John Maynard Keynes, Harry Dexter White, and the Making of a New World Order* (Princeton: Princeton University Press, 2013).
12. John Horsefield, ed., *The International Monetary Fund, 1945–1965: Twenty Years of International Voluntary Cooperation*, vol. 3, *Documents* (Washington, D.C.: International Monetary Fund, 1969), 66–67.
13. Eric Helleiner, *States and the Reemergence of Global Finance: From Bretton Woods to the 1990s* (Ithaca, N.Y.: Cornell University Press, 1994), 33, 35.
14. Eric Helleiner, *Forgotten Foundations of Bretton Woods: International Development and the Making of the Postwar Order* (Ithaca, N.Y.: Cornell University Press, 2014).
15. Robert Skidelsky, *John Maynard Keynes: Fighting for Britain, 1937–1946*, 3 vols. (London: Macmillan, 2000), 3:343–360.
16. "A Decade of American Foreign Policy 1941–1949: The Bretton Woods Agreements," Avalon Project: Documents in Law, History, and Diplomacy, http://avalon.law.yale.edu/20th_century/decad047.asp.
17. 关于这一点，参见 Steil, Battle of *Bretton Woods*, 155–200。
18. Helleiner, *States and Reemergence of Global Finance*, 25, 41.
19. Stephen Kemp Bailey, *Congress Makes a Law: The Story Behind the Employment Act of 1946* (New York: Columbia University Press, 1950).
20. Mark R. Wilson, *Destructive Creation: American Business and the Winning of World War II* (Philadelphia: University of Pennsylvania Press, 2016), 253–54; Louis Cain and George Neumann, "Planning for Peace: The Surplus Property Act of 1944," *Journal of Economic History* 41, no. 1 (1981): 129–135.
21. Samir Sonti, "The Price of Prosperity: Inflation and the Limits of the New Deal Order" (PhD diss., University of California, Santa Barbara, 2017).
22. Bailey, *Congress Makes a Law*, 49, 245.
23. Robert Griffith, "Forging America's Postwar Order: Domestic Politics and Political Economy in the Age of Truman," in Michael James Lacey, ed., *The Truman Presidency* (New York: Cambridge University Press, 1989), 65.
24. Bailey, *Congress Makes a Law*, 49。关于这一问题的概述，参见 Kathleen Bawn et al., "A Theory of Political Parties: Groups, Policy Demands and Nominations in American Politics,"

Perspectives on Politics 10, no. 3 (2012): 571–597。

25. Bailey, *Congress Makes a Law*, 10.
26. George Lipsitz, *Rainbow at Midnight: Labor and Culture in the 1940s* (Urbana: University of Illinois Press, 1994), 99–156.
27. Robert H. Zieger, *The CIO, 1935–1955* (Chapel Hill: University of North Carolina Press, 1995), 213.
28. Dorothy Sue Cobble, *The Other Women's Movement: Workplace Justice and Social Rights in Modern America* (Princeton: Princeton University Press, 2004).
29. Lisa Kannenberg, "The Impact of the Cold War on Women's Trade Union Activism: The UE Experience," *Labor History* 34, no. 2–3 (1993): 309–323.
30. Robert F. Freeland, *The Struggle for Control of the Modern Corporation: Organizational Change at General Motors, 1924–1970* (New York: Cambridge University Press, 2001), 175–223.
31. Howell John Harris, *The Right to Manage: Industrial Relations Policies of American Business in the 1940s* (Madison: University of Wisconsin, 1982), 115.
32. Nelson Lichtenstein, *The Most Dangerous Man in Detroit: Walter Reuther and the Fate of American Labor* (New York: Basic Books, 1995), 238.
33. Irving Howe and B. J. Widick, *The UAW and Walter Reuther* (New York: Random House, 1949), 137.
34. Harry S. Truman, *Public Papers of the Presidents of the United States: Harry S. Truman, 1945* (New York: Best Books, 1961), 1:281.
35. Bailey, *Congress Makes a Law*, 229.
36. Zieger, *CIO*, 213.
37. Lichtenstein, *Most Dangerous Man in Detroit*, 132.
38. Zieger, *CIO*, 220–225.
39. Freeland, *Struggle for Control*, 206, 211.
40. Lichtenstein, *Most Dangerous Man in Detroit*, 278–280.
41. Allan H. Meltzer, *A History of the Federal Reserve*, vol. 1, *1913–1951* (Chicago: University of Chicago Press, 2003), 650–700.
42. Charles S. Maier, *Among Empires: American Ascendancy and Its Predecessors* (Cambridge, Mass.: Harvard University Press, 2007), 151–190.
43. Will Clayton, Memorandum by the Under Secretary of State for Economic Affairs, *Foreign Relations of the United States, 1947, The British Commonwealth; Europe*, vol. 3, Office of the Historian, https://history.state.gov/historicaldocuments/frus1947v03/d136。关于战后欧洲经济转变，参见 Alan S. Milward, *The Reconstruction of Western Europe 1945–1951* (London: Methuen, 1984)。
44. Anders Stephanson, "Fourteen Notes on the Very Concept of the Cold War," in Gearóid Ó Tuathail and Simon Dalby, eds., *Rethinking Geopolitics* (New York: Routledge, 1998), 62–85.
45. Leffler, *Preponderance of Power*.

46. Bruce Cumings, "The American Century and the Third World," *Diplomatic History* 23, no. 2 (1999): 360.
47. Michael J. Hogan, *A Cross of Iron: Harry S. Truman and the Origins of the National Security State, 1945–1954* (New York: Cambridge University Press, 1998).
48. Westad, *Cold War*, 17.
49. Michael J. Hogan, *The Marshall Plan: America, Britain and the Reconstruction of Western Europe, 1947–1952* (New York: Cambridge University Press, 1987).
50. Nelson Lichtenstein, *State of the Union: A Century of American Labor* (Princeton: Princeton University Press, 2002), 119–120.
51. Ken Fones-Wolf and Elizabeth A. Fones-Wolf, *Struggle for the Soul of the Postwar South: White Evangelical Protestants and Operation Dixie* (Urbana: University of Illinois Press, 2015).
52. Elizabeth Bishop, "Over 2,000 Illustrations and a Complete Concordance," in *Poems* (1955; New York: Farrar, Straus & Giroux, 2011), 58.
53. Thomas W. Zeiler, "Opening Doors in the World Economy," in Akira Iriye, ed., *Global Interdependence: The World After 1945* (Cambridge, Mass.: Belknap Press, 2014), 203–284.
54. David Ekbladh, *The Great American Mission: Modernization and the Construction of an American World Order* (Princeton: Princeton University Press, 2010); Maier, *Among Empires*, 52.
55. Peter A. Hall and David Soskice, eds., *Varieties of Capitalism: The Institutional Foundations of Comparative Advantage* (New York: Oxford University Press, 2001).
56. Jane Burbank and Frederick Cooper, *Empires in World History: Power and the Politics of Difference* (Princeton: Princeton University Press, 2010), 181–184。关于各个战后政治经济体的彼此分歧，参见 Andrew Shonfield, *Modern Capitalism: The Changing Balance of Public and Private Power* (New York: Oxford University Press, 1969).
57. Monica Prasad, *The Politics of Free Markets: The Rise of Neoliberal Economic Policies in Britain, France, Germany, and the United States* (Chicago: University of Chicago Press, 2006).
58. Timothy Mitchell, *Carbon Democracy: Political Power in the Age of Oil* (London: Verso, 2011).
59. Stephen Kinzer, *Overthrow: America's Century of Regime Change from Hawaii to Iraq* (New York: Times Books, 2006).
60. Victoria de Grazia, *Irresistible Empire: America's Advance Through Twentieth-century Europe* (Cambridge, Mass.: Belknap Press, 2005); Geir Lundestad, "Empire by Invitation? The United States and Western Europe, 1945–1952," *Journal of Peace Research* 23, no. 3 (1986): 263–277.
61. Joseph Masco, *The Theater of Operations: National Security Affect from the Cold War to the War on Terror* (Durham, N.C.: Duke University Press, 2014).
62. Robert M. Collins, *More: The Politics of Economic Growth in Postwar America* (New York: Oxford University Press, 2000), 21。另参见 Craufurd D. Goodwin, "Attitudes Toward Industry

in the Truman Administration: The Macroeconomic Origins of Microeconomic Policy," in Lacey, *Truman Presidency*, 89–127。

63. William Winders, *The Politics of Food Supply: U.S. Agricultural Policy in the World Economy* (New Haven: Yale University Press, 2009), 77.

64. Harry S. Truman, *Memoirs*, vol. 2, *Years of Trial and Hope, 1946–1952* (New York: Doubleday, 1956), 267.

65. David B. Truman, *The Governmental Process: Political Interests and Public Opinion* (New York: Knopf, 1951).

66. Alexander von Hoffman, "A Study in Contradictions: The Origins and Legacy of the Housing Act of 1949," *Housing Policy Debate* 11, no. 2 (2000): 299–326.

67. Dolores Hayden, *Building Suburbia: Green Fields and Urban Growth, 1820–2000* (New York: Pantheon, 2003), 130.

68. Kenneth T. Jackson, *Crabgrass Frontier: The Suburbanization of the United States* (New York: Oxford University Press, 1985), 232.

69. Elaine Tyler May, *Homeward Bound: American Families in the Cold War Era* (1998; New York: Basic Books, 2008).

70. Hoffman, "Study in Contradictions"; James Baldwin, *Conversations with James Baldwin*, ed. Fred R. Standley and Louis H. Pratt (Jackson: University Press of Mississippi, 1989), 42; Francesca Russello Ammon, *Bulldozer: Demolition and Clearance of the Postwar Landscape* (New Haven: Yale University Press, 2016); Keeanga-Yamahtta Taylor, *Race for Profit: How Banks and the Real Estate Industry Undermined Black Homeownership* (Chapel Hill: University of North Carolina Press, 2019).

71. Hyman, *Debtor Nation*, 132–172.

72. Hayden, *Building Suburbia*, 131.

73. D. Hamberg, "The Recession of 1948–1949 in the United States," *Economic Journal* 62, no. 245 (1952): 1–14.

74. Herbert Stein, *The Fiscal Revolution in America* (Washington, D.C.: AEI Press, 1990), 197–240.

75. Collins, *More*, 40–67; Michael A. Bernstein, *A Perilous Progress: Economists and Public Purpose in Twentieth-Century America* (Princeton: Princeton University Press, 2004), 91–114.

76. Collins, *More*, 24, 25.

77. Bruce Cumings, *The Korean War: A History* (New York: Modern Library, 2010).

78. Cumings, "American Century and Third World," 362.

79. Collins, *More*, 24, 25.

80. Richard Hofstadter, "American Power: The Domestic Sources," *American Perspective* (Winter 1950): 35.

81. Ellen Schrecker, *Many Are the Crimes: McCarthyism in America* (New York: Little, Brown, 1998); David K. Johnson, *The Lavender Scare: The Cold War Persecution of Gays and*

  Lesbians in the Federal Government (Chicago: University of Chicago Press, 2004).
82. Wilson, *Destructive Creation*, 238–288.
83. Meltzer, *History of Federal Reserve*, 1:698–724.

第十六章　消费主义

1. Samuel Feinberg, *What Makes Shopping Centers Tick* (New York: Fairchild Publications, 1960), 1.
2. James T. Patterson, *Grand Expectations: The United States, 1945–1974* (New York: Oxford University Press, 1996), 71; "Two Thirds of US Homes Now Boast Television Sets," *Sales Management*, November 20, 1955, 32.
3. Jan de Vries, *The Industrious Revolution: Consumer Behavior and the Household Economy, 1650 to the Present* (New York: Cambridge University Press, 2008).
4. Zara Anishanslin, *Portrait of a Woman in Silk: Hidden Histories of the British Atlantic World* (New Haven: Yale University Press, 2016); T. H. Breen, *The Marketplace of Revolution: How Consumer Politics Shaped American Independence* (New York: Oxford University Press, 2004).
5. Walter Johnson, *Soul by Soul: Life Inside the Antebellum Slave Market* (Cambridge, Mass.: Harvard University Press, 1999).
6. Daniel J. Boorstin, *The Americans: The Democratic Experience* (1973; New York: Knopf Doubleday, 2010), 89–164.
7. William R. Leach, *Land of Desire: Merchants, Power, and the Rise of a New American Culture* (New York: Pantheon, 1993); Kathy Peiss, *Cheap Amusements: Working Women and Leisure in Turn-of-the-Century New York* (Philadelphia: Temple University Press, 1985).
8. Roland Marchand, *Advertising the American Dream: Making Way for Modernity, 1920–1940* (Berkeley: University of California Press, 1985).
9. Becky M. Nicolaides, *My Blue Heaven: Life and Politics in the Working-Class Suburbs of Los Angeles, 1920–1965* (Chicago: University of Chicago Press, 2002).
10. George J. Sanchez, *Becoming Mexican American: Ethnicity, Culture and Identity in Chicano Los Angeles, 1900–1945* (New York: Oxford University Press, 1993); Lizabeth Cohen, *Making a New Deal: Industrial Workers in Chicago, 1919–1939* (New York: Cambridge University Press, 1990).
11. Lizabeth Cohen, *A Consumers' Republic: The Politics of Mass Consumption in Postwar America* (New York: Vintage Books, 2003), 302.
12. Thomas Schatz, *Old Hollywood/New Hollywood: Ritual Art and Industry* (Ann Arbor: University of Michigan Press, 1983), 18.
13. Breen, *Marketplace of Revolution*, 195–234.
14. Joanna Cohen, *Luxurious Citizens: The Politics of Consumption in Nineteenth-century America* (Philadelphia: University of Pennsylvania Press, 2017).

15. Lawrence B. Glickman, *Buying Power: A History of Consumer Activism in America* (Chicago: University of Chicago Press, 2009).
16. Cohen, *A Consumers' Republic*; Meg Jacobs, *Pocketbook Politics: Economic Citizenship in Twentieth-Century America* (Princeton: Princeton University Press, 2005).
17. John Lewis and Michael D'Orso, *Walking with the Wind: A Memoir of the Movement* (New York: Simon & Schuster, 1998), 71。另参见 Traci Parker, *Department Stores and the Black Freedom Movement: Workers, Consumers, and Civil Rights from the 1930s to the 1980s* (Chapel Hill: University of North Carolina Press, 2019).
18. Glenda Elizabeth Gilmore, *Defying Dixie: The Radical Roots of Civil Rights: 1919–1950* (New York: Norton, 2008).
19. Robert Westbrook, " 'I Want a Girl, Just Like the Girl That Married Harry Janes': American Women and the Problem of Political Obligation in World War II," *American Quarterly* 42, no. 4 (1990): 587–614.
20. Andrea Tone, *Devices and Desires: A History of Contraceptives in America* (New York: Hill & Wang, 2001), 203–284.
21. Victoria de Grazia, *Irresistible Empire: America's Advance Through Twentieth-Century Europe* (Cambridge, Mass.: Belknap Press, 2005); Bruce Cumings, "The American Century and the Third World," *Diplomatic History* 23, no. 2 (1999): 355–370.
22. Jean Baudrillard, *America* (New York: Verso, 1988), 77.
23. Alexander von Hoffman, "A Study in Contradictions: The Origins and Legacy of the Housing Act of 1949," *Housing Policy Debate* 11, no. 2 (2000): 299–326.
24. Cohen, *Consumers' Republic*, 122, 123.
25. Adam Rome, *The Bulldozer in the Countryside: Suburban Sprawl and the Rise of American Environmentalism* (New York: Cambridge University Press, 2001).
26. Patterson, *Grand Expectations*, 333.
27. Richard Rothstein, *The Color of Law: A Forgotten History of How Our Government Segregated America* (New York: Liveright, 2017).
28. Hayden, *Building Suburbia*, 135.
29. 同上, 133。
30. Martha J. Bailey and Thomas A. DiPrete, eds., *A Half Century of Change in the Lives of American Women* (New York: Russell Sage Foundation, 2016), 12, fig. 6.
31. Patterson, *Grand Expectations*, 73, 74.
32. Betty Friedan, *The Feminine Mystique* (1963; New York: Norton, 2013), 337.
33. Richard A. Easterlin, *Birth and Fortune: The Impact of Numbers on Personal Welfare* (Chicago: University of Chicago Press, 1987), 3–15.
34. Virginia Savage McAlester, *A Field Guide to American Houses* (New York: Knopf, 2015), 597–612.
35. Elizabeth A. T. Smith, *Case Study Houses* (New York: Taschen, 2016).
36. Gwendolyn Wright, *Building the Dream: A Social History of Housing in America* (New

York: Pantheon, 1981), 251.

37. Kenneth T. Jackson, *Crabgrass Frontier: The Suburbanization of the United States* (New York: Oxford University Press, 1985), 214.
38. David Kushner, *Levittown: Two Families, One Tycoon, and the Fight for Civil Rights in America's Legendary Suburb* (New York: Bloomsbury, 2009).
39. 同上, 190。
40. N. D. B. Connolly, *A World More Concrete: Real Estate and the Remaking of Jim Crow South Florida* (Chicago: University of Chicago Press, 2014); Keeanga-Yamahtta Taylor, *Race for Profit: How Banks and the Real Estate Industry Undermined Black Homeownership* (Chapel Hill: University of North Carolina Press, 2019).
41. Christopher W. Wells, *Car Country: An Environmental History* (Seattle: University of Washington Press, 2013), 254.
42. Jackson, *Crabgrass Frontier*, 259.
43. Alison Isenberg, *Downtown America: A History of the Place and the People Who Made It* (Chicago: University of Chicago Press, 2004); Cohen, *Consumers' Republic*, 251.
44. Caley Dawn Horan, *Insurance Era: Risk, Governance, and the Privatization of Security in Postwar America* (Chicago: University of Chicago Press, forthcoming).
45. Kushner, *Levittown*, 190.
46. M. Jeffrey Hardwick, *Mall Maker: Victor Gruen, Architect of an American Dream* (Philadelphia: University of Pennsylvania Press, 2010)。这一部分大量借鉴了 Hardwick 的精彩历史著作。
47. 同上, 125。
48. 同上, 48。
49. Cohen, *Consumers' Republic*, 257–290.
50. Victor Gruen and Larry Smith, *Shopping Towns USA: The Planning of Shopping Centers* (New York: Reinhold, 1960).
51. Wright, *Building the Dream*, 215–281.
52. Hayden, *Building Suburbia*, 154–180.
53. Thomas Pynchon, *The Crying of Lot 49* (1965; New York: HarperPerennial, 2006), 13.
54. Neil Harris, *Cultural Excursions: Marketing Appetites and Cultural Tastes in Modern America* (Chicago: University of Chicago Press, 1990), 281.
55. Hardwick, *Mall Maker*, 218.
56. Thorstein Veblen, *The Theory of the Leisure Class* (1899; New York: Oxford University Press, 2009), 49.
57. David Riesman, Nathan Glazer, and Reuel Denney, *The Lonely Crowd: A Study of the Changing American Character* (New Haven: Yale University Press, 1950).
58. Lawrence B. Glickman, ed., *Consumer Society in American History: A Reader* (Ithaca, N.Y.: Cornell University Press, 1999), 52.
59. Cohen, *Consumers' Republic*, 292–344.

注 释

60. 最精彩、最全面的叙述，参见 Avner Offer, *The Challenge of Affluence: Self-Control and Well-Being in the United States and Britain Since 1950* (New York: Oxford University Press, 2006)。
61. Daniel Horowitz, *Vance Packard and American Social Criticism* (Chapel Hill: University of North Carolina Press, 1994), 123–124.
62. De Grazia, *Irresistible Empire*.
63. Aristotle, *Aristotle: The Politics and The Constitution of Athens*, ed., Stephen Everson (New York: Cambridge University Press Press, 2011), 24.
64. 关于这些漫长消费历史中的主题，参见 Colin Campbell, *The Romantic Ethic and the Spirit of Modern Consumerism* (New York: Blackwell Pub, 1987), 我从这本书中借鉴良多。
65. James Thurber, *The Thurber Carnival* (New York: Harper & Row, 1945), 51.
66. Vance Oakley Packard, *The Hidden Persuaders* (New York: D. McKay, 1957).
67. Ernest Dichter, *The Strategy of Desire* (New York: Doubleday, 1960).
68. Sigmund Freud, "Formulations on the Two Principles of Mental Functioning," in Gabriela Legorreta and Lawrence J. Brown, eds., *On Freud's "Formulations on the Two Principles of Mental Functioning"* (New York: Routledge, 2016), 7.
69. Packard, *Hidden Persuaders*, 33.
70. *Popular Mechanics* 111, no. 1 (1959), 284.
71. 同上, 258, 265, 12, 24, 16, and 30。
72. Sean H. Vanatta, *Plastic Capitalism: Credit Cards and the Making of Modern Consumer Finance* (New Haven: Yale University Press, forthcoming).
73. 一位执导好莱坞传奇剧的德国导演对此进行了精彩的反思，参见 Douglas Sirk and Jon Halliday, *Sirk on Sirk: Conversations with Jon Halliday* (New York: Viking, 1972)。
74. Ted Steinberg, *Down to Earth: Nature's Role in American History* (New York: Oxford University Press, 2002), 234, 226, 228.
75. Rome, *Bulldozer in the Countryside*, 46.
76. Daniel Horowitz, *The Anxieties of Affluence: Critiques of American Consumer Culture, 1939–1979* (Amherst: University of Massachusetts Press, 2004).
77. Packard, *Hidden Persuaders*, 13.
78. John Kenneth Galbraith, *The Affluent Society* (1958; New York: Mariner Books, 1998), 130.
79. "A New, $10-Billion Power: the U.S. Teen-age Consumer," *Life*, August 31, 1959, 78.
80. Jean-Christophe Agnew, "Coming Up for Air: Consumer Culture in Historical Perspective," *Intellectual History Newsletter* 12 (1990): 3–21.
81. Hal Foster, *The First Pop Age: Painting and Subjectivity in the Art of Hamilton, Lichtenstein, Warhol, Richter, and Ruscha* (Princeton: Princeton University Press, 2012), 105.
82. Jackson Lears, *Fables of Abundance: A Cultural History of Advertising in America* (New York: Basic Books, 1994); Leach, *Land of Desire*.
83. Foster, *First Pop Age*, 210–248.

84. Paul Goodman, *Growing Up Absurd: Problems of Youth in the Organized Society* (1960; New York: NYRB Classics, 2012), 20, 193.
85. Thomas Frank, T*he Conquest of Cool: Business Culture, Counterculture, and the Rise of Hip Consumerism* (Chicago: University of Chicago Press, 1997)。我大量借鉴了弗兰克的精彩叙述。
86. 同上，100。
87. 同上，95。
88. 同上，207, 114。
89. 其中一个特别有说服力的叙述，参见 Frank Trentmann, *Empire of Things: How We Became a World of Consumers, from the Fifteenth Century to the Twenty-First* (New York: Harper, 2016)。
90. Angus Deaton, *The Great Escape: Health, Wealth, and the Origins of Inequality* (Princeton: Princeton University Press, 2013).
91. Robert J. Gordon, *The Rise and Fall of American Growth: The U.S. Standard of Living Since the Civil War* (Princeton: Princeton University Press, 2016).
92. Karl-Erik Wärneryd, "The Life and Work of George Katona," *Journal of Economic Psychology* 2, no. 1 (1982): 1–31。另参见 George Katona, *The Mass Consumption Society* (New York: McGraw-Hill, 1964)。
93. George Katona, *The Powerful Consumer: Psychological Studies of the American Economy* (New York: McGraw-Hill, 1960), 161, 167.
94. 参见 Offer, *The Challenge of Affluence*。
95. Annie Ernaux, *The Years*, trans. Alison L. Strayer (2008; New York: Seven Stories Press, 2017).

第十七章　黄金时代的考验

1. Claudia Goldin and Robert A. Margo, "The Great Compression: The Wage Structure in the United States at Mid-Century," *Quarterly Journal of Economics* 107, no. 1 (1992): 1–34。关于较晚近的数据，参见 Peter H. Lindert and Jeffrey G. Williamson, *Unequal Gains: American Growth and Inequality Since 1700* (Princeton: Princeton University Press, 2016); Thomas Piketty, *Capital in the Twenty-First Century*, trans. Arthur Goldhammer (Cambridge, Mass.: Belknap Press, 2014)。
2. Elaine Tyler May, *Homeward Bound: American Families in the Cold War Era* (1998; New York: Basic Books, 2008).
3. Manfredo Tafuri and Francesco Dal Co, *002: Modern Architecture* (New York: Electa/Rizzoli, 1986), 312.
4. Sean H. Vanatta, *Plastic Capitalism: Credit Cards and the Making of Modern Consumer Finance* (New Haven: Yale University Press, forthcoming).
5. Matthew Frye Jacobson and Gaspar Gonzalez, *What Have They Built You to Do? The Manchurian Candidate and Cold War America* (Minneapolis: University of Minnesota Press,

2006).

6. Joel Isaac, *Working Knowledge: Making the Human Sciences from Parsons to Kuhn* (Cambridge, Mass.: Harvard University Press, 2012).

7. Jonathan Levy, "From Fiscal Triangle to Passing Through: Rise of the Nonprofit Corporation," in Naomi R. Lamoreaux and William J. Novak, eds., *Corporations and American Democracy* (Cambridge, Mass.: Harvard University Press, 2017), 213–244.

8. Walker Percy, *The Moviegoer* (New York: Knopf, 1961), 9.

9. John Rawls, *A Theory of Justice*, rev. ed. (1971; Cambridge, Mass.: Belknap Press, 1999)。在《正义论》中，罗尔斯指出，不只是"收入"，"财富"也是"适用于各种目的的手段"（all-purpose means），二者都是理性的，都想要其他人想要的东西。后来，他又倡导"财产所有民主制"。John Rawls, *Justice as Fairness: A Restatement*, ed. Erin Kelly (Cambridge, Mass.: Belknap Press, 2001)。关于罗尔斯及其著作所引发的政治哲学课题，参见 Katrina Forrester, *In the Shadow of Justice: Postwar Liberalism and the Remaking of Political Philosophy* (Princeton: Princeton University Press, 2019)。

10. 一项将美国国内外经济发展联系起来的细致研究，参见 Daniel Immerwahr, *Thinking Small: The United States and the Lure of Community Development* (Cambridge, Mass.: Harvard University Press, 2015)。关于经济发展作为一种抱负的观点，参见 Adom Getachew, *Worldmaking After Empire: The Rise and Fall of Self-Determination* (Princeton: Princeton University Press, 2019)。关于经济发展的总体情况，参见 Stephen J. Macekura and Erez Manela, eds., *The Development Century: A Global History* (New York: Cambridge University Press, 2018)。

11. 在许多从战争中恢复过来的国民经济体中，的确发生了真正的"经济奇迹"。Barry Eichengreen, *The European Economy Since 1945: Coordinated Capitalism and Beyond* (Princeton: Princeton University Press, 2008)。

12. William E. Leuchtenburg, *In the Shadow of FDR: From Harry Truman to Barack Obama* (Ithaca, N.Y.: Cornell University Press, 2009), 94; Dwight D. Eisenhower, *The White House Years: Waging Peace, 1956–1961* (Garden City, N.Y.: Doubleday, 1965), 465; Grant Madsen, "The International Origins of Dwight D. Eisenhower's Political Economy," *Journal of Policy History* 24, no. 4 (September 2012): 675–708.

13. Perry Mehrling, *The New Lombard Street: How the Fed Became the Dealer of Last Resort* (Princeton: Princeton University Press, 2010), 46–62; Allan H. Meltzer, *A History of the Federal Reserve*, vol. 2, bk. 1, *1951–1969* (Chicago: University of Chicago Press, 2019), 89–115.

14. Richard V. Damms, *The Eisenhower Presidency, 1953–1961* (London: Longman, 2002), 10.

15. Monica Prasad, *The Land of Too Much: American Abundance and the Paradox of Poverty* (Cambridge, Mass.: Harvard University Press, 2012).

16. Julian E. Zelizer, *Taxing America: Wilbur D. Mills, Congress, and the State, 1945–1975* (New York: Cambridge University Press, 1999), 93, 147–178.

17. Levy, "Fiscal Triangle"; Alice O'Connor, "The Ford Foundation and Philanthropic Activism in the 1960s," in Ellen Condliffe Lagemann, ed., *Philanthropic Foundations: New Scholarship, New Possibilities* (Bloomington: Indiana University Press, 1999), 171.

18. Edward D. Berkowitz, *America's Welfare State: From Roosevelt to Reagan* (Baltimore: Johns Hopkins University Press, 1991), 160–66.
19. William Winders, *The Politics of Food Supply: U.S. Agricultural Policy in the World Economy* (New Haven: Yale University Press, 2009), 129–58.
20. James T. Patterson, *Grand Expectations: The United States, 1945–1974* (New York: Oxford University Press, 1996), 272.
21. Christopher W. Wells, *Car Country: An Environmental History* (Seattle: University of Washington Press, 2013), 254.
22. Robert M. Collins, *More: The Politics of Economic Growth in Postwar America* (New York: Oxford University Press, 2000), 47–48.
23. Robert Griffith, "Dwight D. Eisenhower and the Corporate Commonwealth," *American Historical Review* 87, no. 1 (1982): 96.
24. Dwight D. Eisenhower, "Farewell Radio and Television Address to the American People," January 17, 1961, American Presidency Project, https://www.presidency.ucsb.edu/documents/farewell-radio-and-television-address-the-american-people.
25. Andrew Shonfield, *Modern Capitalism: The Changing Balance of Power of Public and Private Power* (New York: Oxford University Press, 1965).
26. Edward S. Mason, ed., *The Corporation in Modern Society* (Cambridge, Mass.: Harvard University Press, 1959).
27. Francis Xavier Sutton et al., *The American Business Creed* (Cambridge, Mass.: Harvard University Press, 1956), 64–65.
28. S. Samuel Arsht, "The Business Judgment Rule Revisited," 8, no. 1 *Hofstra Law Review* (1979): 93–134.
29. Adolf A. Berle, *20th Century Capitalist Revolution* (New York: Harcourt, Brace, 1954), 39.
30. Edward S. Mason, "The Apologetics of 'Managerialism,'" *Journal of Business* 31, no. 1 (1958): 7.
31. *Money and Credit: Their Influence on Jobs, Prices, and Growth*, A Report of the Commission on Money and Credit, created by Congress in 1957 (Englewood Cliffs, N.J.: Prentice-Hall, 1964).
32. Robert Aaron Gordon and James Edwin Howell, *Higher Education for Business* (New York: Columbia University Press, 1959).
33. 关于利润率，参见 Edward N. Wolff, A Century of Wealth in America (Cambridge, Mass.: Belknap Press, 2017), 26, fig. 1.10。关于官僚主义的计算操作，参见 Jonathan Levy, "Accounting for Profit and the History of Capital," *Critical Historical Studies* 1, no. 2 (2014): 171–214.
34. Levy, "Accounting for Profit," 192–195。
35. 同上, 195。
36. Alfred D. Chandler and Takashi Hikino, *Scale and Scope: The Dynamics of Industrial Capitalism* (Cambridge, Mass.: Belknap Press, 1990)。有关政治诠释，参见 Robert F. Freeland, *The Struggle for Control of the Modern Corporation* (New York: Cambridge

注 释

University Press, 2005).

37. Neil Fligstein, *The Transformation of Corporate Control* (Cambridge, Mass.: Harvard University Press, 1990), 191–225; Louis Hyman, "Rethinking the Postwar Corporation: Management, Monopolies, and Markets," in Kim Phillips-Fein and Julian E. Zelizer, eds., *What's Good for Business: Business and American Politics Since World War II* (New York: Oxford University Press, 2012), 195–211.

38. Nelson Lichtenstein, *State of the Union: A Century of American Labor* (Princeton: Princeton University Press, 2002), 122–140.

39. Richard M. Cyert and James G. March, *Behavioral Theory of the Firm* (1963; New York: John Wiley & Sons, 1992).

40. *A. P. Smith Manufacturing Co. v. Barlow*, 13 N.J. 145 98 A. 2d 581 (1953); Archie B. Carroll et al., *Corporate Responsibility: The American Experience* (New York: Cambridge University Press, 2012).

41. Fortune, *August 1959*, 103.

42. Howard Brick, *Transcending Capitalism: Visions of a New Society in Modern American Thought* (Ithaca, N.Y.: Cornell University Press, 2006).

43. Cyert and March, *Behavioral Theory of the Firm*.

44. Herbert A. Simon, "A Behavioral Model of Rational Choice," *Quarterly Journal of Economics* 69, no. 1 (1955): 99–118.

45. Fligstein, *Transformation of Corporate Control*, 116–160.

46. Carl Kaysen, "The Social Significance of the Modern Corporation," *American Economic Review* 47, no. 2 (1957): 313, 319.

47. John Harwood, *The Interface: IBM and the Transformation of Corporate Design, 1945–1976* (Minneapolis: University of Minnesota Press, 2011); Reinhold Martin, *The Organizational Complex: Architecture, Media, and Corporate Space* (Cambridge, Mass.: MIT Press, 2003).

48. Henry-Russell Hitchcock, "The Architecture of Bureaucracy and the Architecture of Genius," *Architectural Review* 10 (January 1947), 4.

49. Tafuri and Dal Co, 002: *Modern Architecture*, 310.

50. 同上, 622。

51. Louise A. Mozingo, *Pastoral Capitalism: A History of Suburban Corporate Landscapes* (Cambridge, Mass.: MIT Press, 2011), 129.

52. Cynthia A. Williams and Peer Zumbansen, eds., *The Embedded Firm: Corporate Governance, Labor, and Finance Capitalism* (New York: Cambridge University Press, 2011).

53. C. Wright Mills, *White Collar: The American Middle Classes* (1951; New York: Oxford University Press, 2002), xvii.

54. William H. Whyte and Joseph Nocera, *The Organization Man*, rev. ed. (1956; Philadelphia: University of Pennsylvania Press, 2002).

55. Cyert and March, *Behavioral Theory of the Firm*, 41–44.

56. Charles Perrow, *Complex Organizations: A Critical Essay* (New York: McGraw-Hill, 1986),

93.

57. James Tucker, *The Therapeutic Corporation* (New York: Oxford University Press, 1999).

58. Julia Kirk Blackwelder, *Now Hiring: The Feminization of Work in the United States, 1900–1995* (College Station: Texas A&M University Press, 1997), 151, table 6.1; Rosabeth Moss Kanter, *Men and Women of the Corporation* (New York: Basic Books, 1993).

59. Julie Berebitsky, *Sex and the Office: A History of Gender, Power, and Desire* (New Haven: Yale University Press, 2012), 141.

60. Helen Gurley Brown, *Sex and the Office* (New York: Pocket Books, 1964), 183.

61. Ralph Ellison, *Invisible Man* (1952; New York: Vintage Books, 1995), 577, 580.

62. Mark Greif, *The Age of the Crisis of Man: Thought and Fiction in America, 1933–1973* (Princeton: Princeton University Press, 2015).

63. Saul Bellow, *Humboldt's Gift* (1975; New York: Penguin Classics, 2008), 133–134.

64. D. W. Meinig, *The Shaping of America: A Geographical Perspective on 500 Years of History*, vol. 4, *Global America, 1915–2000* (New Haven: Yale University Press, 2004), 151.

65. George M. Marsden, *The Twilight of the American Enlightenment: The 1950s and the Crisis of Liberal Belief* (New York: Basic Books, 2014).

66. Robert M. Solow, "A Contribution to the Theory of Economic Growth," *Quarterly Journal of Economics* 70, no. 1 (1956): 65。索洛的研究发现，对固定资本存量的投资并不会带来增长。在他的模型中，庞大的体量可以被解释为源自外生"残量"，但无法被解释为投入使然。假设资本是一个东西（这是一个糟糕的假设），其推动力来自资本投资之外。

67. Judith Stein, *Running Steel, Running America: Race, Economic Policy, and the Decline of Liberalism* (Chapel Hill: University of North Carolina Press, 1998), 28.

68. Immerwahr, *Thinking Small;* Alice O'Connor, *Poverty Knowledge: Social Science, Social Policy, and the Poor in Twentieth-Century U.S. History* (Princeton: Princeton University Press, 2001).

69. Shonfield, *Modern Capitalism*, 339–341.

70. Bruce J. Schulman, *From Cotton Belt to Sunbelt: Federal Policy, Economic Development, and the Transformation of the South, 1938–1980* (New York: Oxford University Press, 1991), 185.

71. Collins, *More*, 56.

72. Herbert Stein, *Fiscal Revolution in America* (Washington, D.C.: AEI Press, 1990), 411, 412.

73. Schulman, *From Cotton Belt to Sunbelt*, 139.

74. Lyndon B. Johnson, "Annual Message to the Congress on the State of the Union," January 8, 1964, American Presidency Project, https://www.presidency.ucsb.edu/documents/annual-message-the-congress-the-state-the-union-25.

75. Zelizer, *Taxing America*, 93, 191–207.

76. James J. Kennealy, *Women and American Trade Unions* (St. Albans, Vt.: Eden Press, 1978).

77. Katherine Turk, *Equality on Trial: Gender and Rights in the Modern American Workplace* (Philadelphia: University of Pennsylvania Press, 2016), 4.

78. James T. Patterson, *The Eve of Destruction: How 1965 Transformed America* (New York: Basic Books, 2012), 112.
79. Ira Katznelson, *When Affirmative Action Was White: An Untold History of Racial Inequality in Twentieth-Century America* (New York: Norton, 2005).
80. 关于自由主义中种族与经济的关系，迄今为止最优秀的解释参见 Stein, *Running Steel, Running America*。关于民权运动的经济可能性，参见 Risa L. Goluboff, *The Lost Promise of Civil Rights* (Cambridge, Mass.: Harvard University Press, 2007)。
81. 关于这方面的海量文献的概述，参见 Samuel Zipp, "The Roots and Routes of Urban Renewal," *Journal of Urban History* 39, no. 3 (2012): 366–391。
82. Francesca Russello Ammon, *Bulldozer: Demolition and Clearance of the Postwar Landscape* (New Haven: Yale University Press, 2016).
83. Lily Geismer, *Don't Blame Us: Suburban Liberals and the Transformation of the Democratic Party* (Princeton: Princeton University Press, 2015).
84. Thomas J. Sugrue, *The Origins of the Urban Crisis: Race and Inequality in Postwar Detroit* (Princeton: Princeton University Press, 1996).
85. Elizabeth Tandy Shermer, *Sunbelt Capitalism: Phoenix and the Transformation of American Politics* (Philadelphia: University of Pennsylvania Press, 2013).
86. Gavin Wright, *Old South, New South: Revolutions in the Southern Economy Since the Civil War* (New York: Basic Books, 1986), 239–274.
87. 关于资本外逃，参见 Beth English, *A Common Thread: Labor, Politics, and Capital Mobility in the Textile Industry* (Athens: University of Georgia Press, 2006); Jefferson R. Cowie, *Capital Moves: RCA's Seventy-Year Quest for Cheap Labor* (Ithaca, N.Y.: Cornell University Press, 1999)。
88. Schulman, *From Cotton Belt to Sunbelt*, 158.
89. Leah Boustan, *Competition in the Promised Land: Black Migrants in Northern Cities and Labor Markets* (Princeton: Princeton University Press, 2016).
90. Douglas Massey and Nancy Denton, *American Apartheid: Segregation and the Making of the Underclass* (Cambridge, Mass.: Harvard University Press, 1993).
91. Schulman, *From Cotton Belt to Sunbelt*, 135–172.
92. Stein, *Running Steel, Running America*, 123.
93. 同上，71, 108。
94. Robert Fitzgerald, *The Rise of the Global Company: Multinationals and the Making of the Modern World* (New York: Cambridge University Press, 2016).
95. U.S. Congress, House Foreign Affairs Committee, *Foreign Investment in the United States: Hearings Before the Subcommittee on Foreign Economic Policy...*, January 29, February 5, 21, 1974 (Washington, D.C., 1974), 188.
96. Vanessa Ogle, "Archipelago Capitalism: Tax Havens, Offshore Money, and the States, 1950s–1970s," *American Historical Review* 122, no. 5 (2017): 1431–1458.
97. Julian E. Zelizer, *The Fierce Urgency of Now: Lyndon Johnson, Congress, and the Battle for*

98. Martha J. Bailey and Sheldon Danziger, eds., *Legacies of the War on Poverty* (New York: Russell Sage Foundation, 2013).
99. Levy, "Fiscal Triangle," 233.
100. Annelise Orleck and Lisa Hazirjian, eds., *The War on Poverty: A New Grassroots History, 1964–1980* (Athens: University of Georgia Press, 2011), 14.
101. Josh Sides, *L.A. City Limits: African American Los Angeles from the Great Depression to the Present* (Berkeley: University of California Press, 2006).
102. 关于发生在大规模监禁之前的 20 世纪 60 年代犯罪潮,以及对大规模监禁源自战后自由主义经济发展计划之不足的最佳解释,参见 John Clegg and Adaner Usmani, "The Economic Origins of Mass Incarceration," *Catalyst* 3, no. 3 (2019): 9–53。
103. Becky Pettit and Bruce Western, "Mass Incarceration and the Life Course: Race and Class Inequality in U.S. Incarceration," *American Sociological Review* 69, no. 2 (2004): 164.
104. Louis Hyman, *Debtor Nation: The History of America in Red Ink* (Princeton: Princeton University Press, 2011), 233.
105. "Induction Statistics," Selective Service System, https://www.sss.gov/About/History-And-Records/Induction-Statistics.
106. Doris Kearns Goodwin, *Lyndon Johnson and the American Dream* (New York: HarperCollins, 1976), 359.
107. 参见 Immerwahr, *Thinking Small*。

第十八章　工业资本危机

1. Emma Rothschild, "Reagan and the Real America," *New York Review of Books*, February 5, 1981.
2. Gary Herrigel, *Manufacturing Possibilities: Creative Action and Industrial Recomposition in the United States, Germany, and Japan* (New York: Oxford University Press, 2010).
3. 从"危机"角度对这一时刻加以界定的经典之作,参见 Jürgen Habermas, *Legitimation Crisis* (New York: Beacon Press, 1975)。
4. Antonio Sergio Bessa et al., *Gordon Matta-Clark: Anarchitect* (New Haven: Yale University Press, 2017).
5. Charles S. Maier, "'Malaise': The Crisis of Capitalism in the 1970s," in Niall Ferguson et al., eds., *The Shock of the Global: The 1970s in Perspective* (Cambridge, Mass.: Belknap Press, 2010), 235–259.
6. Edward N. Wolff, *A Century of Wealth in America* (Cambridge, Mass.: Belknap Press, 2017), 27, fig. 1.11; Robert Brenner, *The Economics of Global Turbulence: The Advanced Capitalist Economies from Long Boom to Long Downturn, 1945–2005* (New York: Verso, 2006), 105.
7. Nicholas Kaldor, *Causes of Growth and Stagnation in the World Economy* (New York: Cambridge University Press, 1996).

8. William Nordhaus, "Retrospective on the 1970s Productivity Slowdown," National Bureau of Economic Research, Working Paper no. 10950 (December 2004), 23, table 6; Alan S. Blinder and Jeremy B. Rudd, "The Supply-Shock Explanation of the Great Stagflation Revisited," National Bureau of Economic Research, Working Paper no. 14563 (December 2008).
9. Robert J. Gordon, *The Rise and Fall of American Growth: The U.S. Standard of Living Since the Civil War* (Princeton: Princeton University Press, 2016), 326, fig. E-1.
10. Alison Lefkovitz, *Strange Bedfellows: Marriage in the Age of Women's Liberation* (Philadelphia: University of Pennsylvania Press, 2018); Nancy MacLean, "Postwar Women's History: The 'Second Wave' or the End of the Family Wage?," in Jean-Christophe Agnew and Roy Rosenzweig, eds., *A Companion to Post-1945 America* (Malden, Mass.: Blackwell, 2006).
11. Barbara Ehrenreich, *The Hearts of Men: American Dreams and the Flight from Commitment* (1983; New York: Knopf, 2011), 121.
12. Jefferson Cowie, *Stayin' Alive: The 1970s and the Last Days of the Working Class* (New York: New Press, 2010), 167–210.
13. 关于这场辩论的精彩概述，参见 J. Bradford Delong, "America's Peacetime Inflation: The 1970s," in Christina D. Romer and David H. Romer, eds., *Reducing Inflation: Motivation and Strategy* (Chicago: University of Chicago Press, 1997), 247–280.
14. Leon N. Lindberg and Charles S. Maier, eds., *The Politics of Inflation and Economic Stagnation: Theoretical Approaches and International Case Studies* (Washington, D.C.: Brookings Institution Press, 1985).
15. Cowie, *Stayin' Alive*, xxxvi.
16. Elizabeth Lunbeck, *The Americanization of Narcissism* (Cambridge, Mass.: Harvard University Press, 2014); John Ashbery, *Self-Portrait in a Convex Mirror* (New York: Viking, 1975), 71; Joni Mitchell, *The Complete Poems and Lyrics* (New York: Crown, 1997), 65.
17. William Gaddis, *J R* (1975; Champaign, Ill.: Dalkey Archive Press, 2012), 20.
18. Arthur M. Okun, *The Political Economy of Prosperity* (Washington: Brookings Institution Press, 1970), 31.
19. Barry J. Eichengreen, *Globalizing Capital: A History of the International Monetary System* (Princeton: Princeton University Press, 2008), 126–33; Harold James, *International Monetary Cooperation Since Bretton Woods* (New York: Oxford University Press, 1996), 205–227.
20. Robert M. Collins, *More: The Politics of Economic Growth in Postwar America* (New York: Oxford University Press, 2000), 112.
21. Cowie, *Stayin' Alive*, 144.
22. Wyatt C. Wells, *Economist in an Uncertain World: Arthur F. Burns and the Federal Reserve, 1970–78* (New York: Columbia University Press, 1994), 61.
23. 参见 Daniel J. Sargent, *A Superpower Transformed: The Remaking of American Foreign Relations in the 1970s* (Oxford: Oxford University Press, 2015), 100–130。我大量借鉴了 Sargent 的精彩叙述。
24. 同上，108。

25. Collins, *More*, 112.
26. William Winders, *The Politics of Food Supply: U.S. Agricultural Policy in the World Economy* (New Haven: Yale University Press, 2009), 129–159.
27. Sargent, *A Superpower Transformed*, 120–130.
28. Collins, *More*, 121.
29. Cowie, *Stayin' Alive*, 89, 126.
30. David Vogel, *Fluctuating Fortunes: The Political Power of Business in America* (New York: Basic Books, 1989), 7.
31. Brenner, *Economics of Global Turbulence*, 113.
32. Emma Rothschild, *Paradise Lost: The Decline of the Auto-Industrial Age* (New York: Random House, 1973), 14, 50.
33. 同上；另参见 Studs Terkel, *Working: People Talk About What They Do All Day and How They Feel About What They Do* (New York: Pantheon, 1974)。
34. Brenner, *Economics of Global Turbulence*, 114, 103.
35. Cowie, *Stayin' Alive*, 23–74.
36. Paul Frymer, *Black and Blue: African Americans, the Labor Movement, and the Decline of the Democratic Party* (Princeton: Princeton University Press, 2007), 70–98; Nancy MacLean, *Freedom Is Not Enough: The Opening of the American Workplace* (Cambridge, Mass.: Harvard University Press, 2006), 108.
37. Cowie, *Stayin' Alive*, 125–166.
38. U.S. Department of Education, Health, and Welfare, *Work in America: Report of a Special Task Force to the U.S. Department of Health, Education, and Welfare* (Cambridge, Mass.: MIT Press, 1973).
39. Cowie, *Stayin' Alive*, 127; Brian Steensland, *The Failed Welfare Revolution: America's Struggle over Guaranteed Income Policy* (Princeton: Princeton University Press, 2008), 120–157.
40. Sonya Michel, *Children's Interests/Mothers' Rights: The Shaping of America's Child Care Policy* (New Haven: Yale University Press, 1999), 236–252.
41. Robert O. Self, *All in the Family: The Realignment of American Democracy Since the 1960s* (New York: Hill & Wang, 2012), 276–318.
42. Hugh Rockoff, *Drastic Measures: A History of Wage and Price Controls in the United States* (New York: Cambridge University Press, 1984), 200–234.
43. Sargent, *A Superpower Transformed*, 122.
44. 同上，123, 124, 119。
45. Eric Helleiner, *States and the Reemergence of Global Finance: From Bretton Woods to the 1990s* (1996; Ithaca, N.Y.: Cornell University Press, 2015), 101–122.
46. Paul A. Volcker and Toyoo Gyohten, *Changing Fortunes: The World's Money and the Threat to American Leadership* (New York: Times Books, 1992), 113.
47. Meg Jacobs, *Panic at the Pump: The Energy Crisis and the Transformation of American*

注 释　　1067

　　　　Politics in the 1970s (New York: Hill & Wang, 2016), 4–10.
48. Olivier J. Blanchard and Jordi Gali, "The Macroeconomic Effects of Oil Shocks: Why Are the 2000s So Different from the 1970s?," National Bureau of Economic Research, Working Paper no. 13268 (September 2007); Nordhaus, "Retrospective on 1970s Productivity Slowdown."
49. Daniel Bell, *The Coming of Post-Industrial Society: A Venture in Social Forecasting* (New York: Basic Books, 1976).
50. 参见 Louis Hyman, *Temp: How American Work, American Business, and the American Dream Became Temporary* (New York: Viking, 2018)。这是一项出色的一般性研究, 同时也深挖了休斯敦战后就业变化和灵活性就业增加的根源。
51. Robert Venturi, *Denise Scott Brown, and Steven Izenour, Learning from Las Vegas* (Cambridge, Mass.: MIT Press, 1972).
52. Richard Bach, *Jonathan Livingston Seagull* (1970; New York: Scribner, 2014), 25.
53. Bruce J. Schulman, *The Seventies: The Great Shift in American Culture, Society, and Politics* (New York: Free Press, 2001), 102–117.
54. Steven High, *Industrial Sunset: The Making of North America's Rust Belt, 1969–1984* (Toronto: University of Toronto Press, 2003), 26–29, 59.
55. Dale A. Hathaway, *Can Workers Have a Voice? The Politics of Deindustrialization in Pittsburgh* (University Park: Pennsylvania State University Press, 1993).
56. Felix G. Rohatyn, "Reconstructing America," *New York Review of Books*, March 5, 1981.
57. William Julius Wilson, *The Truly Disadvantaged: The Inner City, the Underclass, and Public Policy* (1987; Chicago: University of Chicago Press, 2012), 34.
58. Gregory D. Squires, *Larry Bennett, and Kathleen McCourt, Chicago: Race, Class, and the Response to Urban Decline* (Philadelphia: Temple University Press, 1989), 113.
59. Paul A. Jargowsky, *Poverty and Place: Ghettos, Barrios, and the American City* (New York: Russell Sage Foundation, 1997); Wilson, *Truly Disadvantaged*, 3.
60. James Forman, Jr., *Locking Up Our Own: Crime and Punishment in Black America* (New York: Farrar, Straus & Giroux, 2017), 12; Julilly Kohler-Hausman, *Getting Tough: Welfare and Imprisonment in 1970s America* (Princeton: Princeton University Press, 2017).
61. Kim Phillips-Fein, *Fear City: New York's Fiscal Crisis and the Rise of Austerity Politics* (New York: Metropolitan Books, 2017).
62. William K. Stevens, "Houston: A New Promised Land for Skilled Middle Class," *New York Times*, February 10, 1978.
63. 关于休斯敦的更多信息, 参见我的论文集: "Houston," Center for History and Economics, Harvard University, http://histecon.fas.harvard.edu/climate-loss/houston/houston.html。
64. Joe R. Feagin, *Free Enterprise City: Houston in Political-Economic Perspective* (New Brunswick: Rutgers University Press, 1988), 121.
65. Feagin, *Free Enterprise City*, 77.
66. Martin V. Melosi and Joseph A. Pratt, eds., *Energy Metropolis: An Environmental History of Houston and the Gulf Coast* (Pittsburgh, Pa.: University of Pittsburgh Press, 2007).

67. 同上, 46, 76, table 3.1。
68. Oliver Gillham, *The Limitless City: A Primer on the Urban Sprawl Debate* (Washington, D.C.: Island Press, 2002); John R. Logan and Harvey L. Molotch, *Urban Fortunes: The Political Economy of Place* (1987; Berkeley: University of California Press, 2007).
69. Peter G. Rowe, Barrie Scardino, and William F. Stern, eds., *Ephemeral City: Cite Looks at Houston* (Austin: University of Texas Press, 2003).
70. Joe Ely, "Imagine Houston," https://www.youtube.com/watch?v=2uDAtAT0Mh4.
71. Joe R. Feagin, "The Secondary Circuit of Capital: Office Construction in Houston, Texas," *International Journal of Urban and Regional Research* 11, no. 2 (1987): 172–192.
72. Fredric Jameson, "Postmodernism, or The Cultural Logic of Late Capitalism," *New Left Review* 1, no. 146 (1984): 53–92.
73. Feagin, *Free Enterprise City*, 186.
74. 同上, 10。
75. Timothy J. Minchin, *Labor Under Fire: A History of the AFL-CIO Since 1979* (Chapel Hill: University of North Carolina Press, 2017), 108–112.
76. Judith Stein, *Running Steel, Running America: Race, Economic Policy, and the Decline of Liberalism* (Chapel Hill: University of North Carolina Press, 1998), 109.
77. Feagin, *Free Enterprise City*, 95.
78. Kyle Shelton, *Power Moves: Transportation, Politics, and Development in Houston* (Austin: University of Texas Press, 2018), 43.
79. Gavin Wright, *Sharing the Prize: The Economics of the Civil Rights Revolution in the American South* (Cambridge, Mass.: Belknap Press, 2013).
80. Martha J. Bailey and Thomas A. DiPrete, eds., *A Half Century of Change in the Lives of American Women* (New York: Russell Sage Foundation, 2016); MacLean, *Freedom Is Not Enough*; Katherine Turk, *Equality on Trial: Gender and Rights in the Modern American Workplace* (Philadelphia: University of Pennsylvania Press, 2016).
81. Lefkovitz, *Strange Bedfellows*, 80.
82. 同上, 68, table 1。
83. Marjorie J. Spruill, *Divided We Stand: The Battle over Women's Rights and Family Values That Polarized American Politics* (New York: Bloomsbury, 2017).
84. 同上。
85. John Lukacs, *A New Republic: A History of the United States in the Twentieth Century* (New Haven: Yale University Press, 2004), 174.
86. Phyllis Schlafly, *Phyllis Schlafly Report* (February 1972); Melinda Cooper, *Family Values: Between Neoliberalism and the New Social Conservatism* (New York: Zone Books, 2017).
87. Barbara Ehrenreich, *The Hearts of Men: American Dreams and the Flight from Commitment* (1983; New York: Knopf Doubleday, 2011), 121.
88. Robert Wuthnow, *Rough Country: How Texas Became America's Most Powerful Bible-Belt State* (Princeton: Princeton University Press, 2014).

89. Spruill, *Divided We Stand*, 295.
90. Self, *All in the Family*, 309–338.
91. Wuthnow, *Rough Country*, 344.
92. Jane Mansbridge, *Why We Lost the ERA* (Chicago: University of Chicago Press, 1986).
93. Julian E. Zelizer, *Jimmy Carter: The American Presidents Series: The 39th President, 1977–1981* (New York: Times Books, 2010).
94. Sean Wilentz, *The Age of Reagan: A History, 1974–2008* (New York: Harper, 2008), 73–89.
95. Benjamin C. Waterhouse, *Lobbying America: The Politics of Business from Nixon to NAFTA* (Princeton: Princeton University Press, 2014).
96. Vogel, *Fluctuating Fortunes*, 196.
97. Waterhouse, *Lobbying America*, 10; Vogel, *Fluctuating Fortunes*, 193.
98. William E. Simon, *A Time for Truth* (New York: McGraw-Hill, 1978); Alice O'Connor, "Financing the Counterrevolution," in Bruce J. Schulman and Julian E. Zelizer, eds., *Rightward Bound: Making America Conservative in the 1970s* (Cambridge, Mass.: Harvard University Press, 2008).
99. W. Carl Biven, *Jimmy Carter's Economy: Policy in an Age of Limits* (Chapel Hill: University of North Carolina Press, 2002), 39–94, 27.
100. 同上, 46。
101. Charles L. Schultze, *The Public Use of Private Interest* (Washington, D.C.: Brookings Institution Press, 1977), 16.
102. Avner Offer and Gabriel Söderberg, *The Nobel Factor: The Prize in Economics, Social Democracy, and the Market Turn* (Princeton: Princeton University Press, 2016).
103. Milton Friedman, "Inflation: Causes and Consequences," *Asia Publishing House* (1963), 17.
104. Milton Friedman, "The Role of Monetary Policy," *American Economic Review* 58, no. 1 (1968): 1–17.
105. Daniel Rodgers, *Age of Fracture* (Cambridge, Mass.: Harvard University Press, 2011), 41–76.
106. Angus Burgin, *The Great Persuasion: Reinventing Free Markets Since the Depression* (Cambridge, Mass.: Harvard University Press, 2012), 152–185.
107. Milton Friedman, *Capitalism and Freedom* (1962; Chicago: University of Chicago Press, 2002).
108. George J. Stigler, "The Theory of Economic Regulation," *Bell Journal of Economics and Management Science* 2, no. 1 (1971): 3–21.
109. R. H. Coase, "The Nature of the Firm," *Economica* 4, no. 16 (1937): 386–405; Richard A. Posner, *Economic Analysis of Law* (Boston: Little, Brown, 1972), 395.
110. Robert H. Bork, *The Antitrust Paradox: A Policy at War with Itself* (New York: Free Press, 1978), 405.
111. Eugene F. Fama, "Efficient Capital Markets: A Review of Theory and Empirical Work," *Journal of Finance* 25, no. 2 (1970): 383–417.

112. Gary S. Becker, *The Economic Approach to Human Behavior* (Chicago: University of Chicago Press, 1977).
113. Gary Becker, *Human Capital: A Theoretical and Empirical Analysis, with Special Reference to Education* (New York: National Bureau of Economic Research, 1964).
114. 弗里德曼也指出了这一点。
115. Robert Lucas, "Rules, Discretion, and the Role of the Economic Advisor," in Stanley Fischer, ed., *Rational Expectations and Economic Policy* (Chicago: University of Chicago Press, 1980), 189–210.
116. Robert Lucas, "The Death of Keynesian Economics," *Collected Papers on Monetary Theory* (Cambridge, Mass.: Harvard University Press, 2013), 502.
117. Arthur M. Okun, *Prices and Quantities: A Macroeconomic Analysis* (Washington, D.C.: Brookings Institution, 1981).
118. Lucas, "Rules, Discretion."
119. Beth Bailey and David Farber, eds., *America in the Seventies* (Lawrence: University Press of Kansas, 2004), 1–8.
120. Eduardo Canedo, "The Rise of the Deregulation Movement in Modern America, 1957–1980" (PhD diss., Columbia University, 2008).
121. Schultze, *Public Use of Private Interest*, 17.
122. Biven, *Jimmy Carter's Economy*, 220.
123. Jimmy Carter, "Trucking Industry Deregulation Message to the Congress Transmitting Proposed Legislation," June 21, 1979, American Presidency Project, https://www.presidency.ucsb.edu/documents/trucking-industry-deregulation-message-the-congress-transmitting-proposed-legislation; Jimmy Carter, "Executive Order 12044—Improving Government Regulations," March 23, 1978, American Presidency Project, https://www.presidency.ucsb.edu/documents/executive-order-12044-improving-government-regulations.
124. Biven, *Jimmy Carter's Economy*, 222.
125. Stein, *Running Steel, Running America*, 230–240.
126. Sargent, *A Superpower Transformed*, 229–264.
127. 同上。
128. Biven, *Jimmy Carter's Economy*, 221.
129. Jacobs, *Panic at the Pump*, 196–234.
130. Sargent, *A Superpower Transformed*, 276.
131. 同上, 290.
132. Christopher Lasch, *The Culture of Narcissism: American Life in an Age of Diminishing Expectations* (New York: Norton, 1979).
133. Kevin Mattson, *"What the Heck Are You Up To, Mr. President?" : Jimmy Carter, America's "Malaise," and the Speech That Should Have Changed the Country* (New York: Bloomsbury USA, 2009); Sargent, *A Superpower Transformed*, 281.
134. Mattson, *"What the Heck Are You Up To,"* 190.

注　释　　1071

135. William Greider, *Secrets of the Temple: How the Federal Reserve Runs the Country* (New York: Simon & Schuster, 1987), 47.
136. Paul A. Volcker and Toyoo Gyohten, *Changing Fortunes: The World's Money and the Threat to American Leadership* (New York: Times Books, 1992), 167.
137. Jimmy Carter, "Decontrol of Domestic Oil Prices Statement by the President," June 1, 1979, American Presidency Project, https://www.presidency.ucsb.edu/documents/decontrol-domestic-oil-prices-statement-the-president.

第十九章　市场魔术

1. Ronald Reagan, "Inaugural Address," January 20, 1981, at American Presidency Project, https://www.presidency.ucsb.edu/documents/inaugural-address-11.
2. Ronald Reagan, "Remarks at the annual meeting of the boards of governors of the World Bank Group and International Monetary Fund, delivered on September 29, 1981, Washington, D.C.," https://www.presidency.ucsb.edu/documents/remarks-the-annual-meeting-the-boards-governors-the-world-bank-group-and-international.
3. Daniel T. Rodgers, *Age of Fracture* (Cambridge, Mass.: Belknap Press, 2011), 10。关于鼓吹自由市场的论调，另参见 Angus Burgin, *The Great Persuasion: Reinventing Free Markets Since the Depression* (Cambridge, Mass.: Harvard University Press, 2012); Jennifer Burns, *Goddess of the Market: Ayn Rand and the American Right* (New York: Oxford University Press, 2009)。将市场思维与这一时期的大众文化转变联系起来的杰出论述，参见 James Livingston, *The World Turned Inside Out: American Thought and Culture at the End of the 20th Century* (Plymouth, U.K.: Rowman & Littlefield, 2010)。
4. 当时情况可参见 Viviana A. Zelizer, "Beyond the Polemics on the Market: Establishing a Theoretical and Empirical Agenda," *Sociological Forum* 3, no. 4 (1988): 614–634。
5. J. Jeffery Auer, "Acting Like a President; or, What Has Ronald Reagan Done to Political Speaking?," in Michael Weiler and W. Barnett Pearce, *Reagan and Public Discourse in America* (Tuscaloosa: University of Alabama Press, 1992), 95.
6. Scott Campbell, "Interregional Migration of Defense Scientists and Engineers to the Gunbelt During the 1980s," *Economic Geography* 69, no. 2 (1993): 204–223.
7. George Gilder and Steve Forbes, *Wealth and Poverty* (1981; Washington, D.C.: Regnery, 2012).
8. "Interview with Paul Volcker." Commanding Heights, http://www.pbs.org/wgbh/commandingheights/shared/minitext/int_paulvolcker.html.
9. 同上。
10. 同上。
11. 同上。
12. 因此，这个时代的走向"私有化"并没有减少当权者的权力，它只不过改变了权力行使的规范而已。关于这种解读，以及对私有化的哲学批判，参见 Chiara Cordelli, *The Privatized State* (Princeton: Princeton University Press, 2020)。
13. Nitsan Chorev, *Remaking U.S. Trade Policy: From Protectionism to Globalization* (Ithaca, N.Y.:

Cornell University Press, 2007), 195–209; Saskia Sassen, *Territory, Authority, Rights: From Medieval to Global Assemblages* (Princeton: Princeton University Press, 2006).

14. Peter Conti-Brown, *The Power and Independence of the Federal Reserve* (Princeton: Princeton University Press, 2016). Robert J. Barro and David B. Gordon, "Rules, Discretion and Reputation in a Model of Monetary Policy," *Journal of Monetary Economics* 12, no. 1 (1983): 101–121.
15. "Interview with Paul Volcker," Commanding Heights.
16. Eswar Prasad, Raghuram Rajan, and Arvind Subramanian, "The Paradox of Capital," *Finance and Development* 44, no. 1 (2007): 1–8.
17. Giovanni Arrighi, *The Long Twentieth Century* (New York: Verso, 1994).
18. Charles S. Maier, *Among Empires: American Ascendancy and Its Predecessors* (Cambridge, Mass.: Harvard University Press, 2006), 208–214.
19. Barry Bluestone and Bennett Harrison, *The Deindustrialization of America: Plant Closings, Community Abandonment, and the Dismantling of Basic Industry* (New York: Basic Books, 1982), 35–41.
20. Edward N. Wolff, *A Century of Wealth in America* (Cambridge, Mass.: Harvard University Press, 2017), 27, fig. 1.11.
21. William Lazonick and Mary O'Sullivan, "Maximizing Shareholder Value: A New Ideology for Corporate Governance," *Economy and Society* 29, no. 1 (2000): 19–20.
22. Perry Mehrling, *Fischer Black and the Revolutionary Idea of Finance* (Hoboken, N.J.: Wiley, 2005), 131, 274.
23. Thomas E. Copeland and Fred J. Weston, *Financial Theory and Corporate Policy* (Boston: Addison Wesley, 1979).
24. Greta R. Krippner, *Capitalizing on Crisis: The Political Origins of the Rise of Finance* (Cambridge, Mass.: Harvard University Press, 2011), 36, fig. 5, 38, fig. 6。我在本章中大量借鉴了 Krippner 的精彩研究。
25. Christine J. Walley, *Exit Zero: Family and Class in Postindustrial Chicago* (Chicago: University of Chicago Press, 2013), 1, 57.
26. Tracy Neumann, *Remaking the Rust Belt: The Postindustrial Transformation of North America* (Philadelphia: University of Pennsylvania Press, 2016), 86.
27. Milton Rogovin and Michael Frisch, *Portraits in Steel* (Ithaca, N.Y.: Cornell University Press, 1993), 93, 137.
28. Dale A. Hathaway, *Can Workers Have a Voice? The Politics of Deindustrialization in Pittsburgh* (University Park: Pennsylvania State University Press, 1993).
29. Rogovin and Frisch, *Portraits in Steel*, 111, 104.
30. Timothy J. Minchin, *Labor Under Fire: A History of the AFL-CIO Since 1979* (Chapel Hill: University of North Carolina Press, 2017), 58, 70.
31. Joseph A. McCarty, *Collision Course: Ronald Reagan, the Air Traffic Controllers, and the Strike That Changed America* (New York: Oxford University Press, 2011).
32. Robert Brenner, *The Economics of Global Turbulence: The Advanced Capitalist Economies*

注 释

  from Long Boom to Long Downturn, 1945–2005 (London: Verso, 2006), 200, fig. 12.1.
33. Jefferson Cowie, *Stayin' Alive: The 1970s and the Last Days of the Working Class* (New York: New Press, 2010), 357–371.
34. Diana B. Henriques, *A First-Class Catastrophe: The Road to Black Monday, the Worst Day in Wall Street History* (New York: Henry Holt, 2017), 81.
35. *FDIC Securities Proposal and Related Issues: Hearings Before the Subcommittee on Telecommunications, Consumer Protection, and Finance of the Committee on Energy and Commerce, House of Representatives*, 98th Cong., 1st sess., June 16 and 28, 1983 (Washington, D.C.: U.S. Government Printing Office, 1983), 3.
36. Robert Devlin, *Debt and Crisis in Latin America: The Supply Side of the Story* (Princeton: Princeton University Press, 1989), 63.
37. "International Finance: An Interview with Walter B. Wriston," *Fletcher Forum of World Affairs* 8, no. 2 (1984): 249.
38. Board of Governors of the Federal Reserve, "Transcript—Federal Open Market Committee Meeting, June 30–July 1, 1982," 28, 30.
39. Kei-Mu Yi and Jing Zhang, "Understanding Global Trends in Long-run Real Interest Rates," *Economic Perspectives* 41, no. 2 (2017), 1–21.
40. 关于 1981 年减税政策，参见 Monica Prasad, *Starving the Beast: Ronald Reagan and the Tax Cut Revolution* (New York: Russell Sage Foundation, 2018)。
41. Michael J. Boskin, "Taxation, Saving, and the Rate of Interest," *Journal of Political Economy* 86, no. 2, pt. 2 (1978): S3–27.
42. Joseph White and Aaron Wildavsky, *The Deficit and the Public Interest: The Search for Responsible Budgeting in the 1980s* (Berkeley: University of California Press, 1989), 166, 112; Monica Prasad, *The Politics of Free Markets: The Rise of Neoliberal Economic Policies in Britain, France, Germany, and the United States* (Chicago: University of Chicago Press, 2006), 45–61.
43. Emma Rothschild, "Reagan and the Real America," *New York Review of Books*, February 5, 1981。Rothschild 的这篇论文以及 20 世纪 80 年代的其他文章，依然是对里根经济最深刻的反思之作——无论是当时还是之后。
44. John O'Connor, "U.S. Social Welfare Policy: The Reagan Record and Legacy," *Journal of Social Policy* 27, no. 1 (1998): 40, 43.
45. Julilly Kohler-Hausmann, *Getting Tough: Welfare and Imprisonment in 1970s America* (Princeton: Princeton University Press, 2017), 164.
46. Loïc Wacquant, *Punishing the Poor: The Neoliberal Government of Social Insecurity* (Durham, N.C.: Duke University Press, 2009).
47. Ronald Reagan, "Executive Order 12329—President's Task Force on Private Sector Initiatives," American Presidency Project, https://www.presidency.ucsb.edu/documents/executive-order-12329-presidents-task-force-private-sector-initiatives。另参见 Cordelli, *The Privatized State*。
48. Jonathan Levy, "From Fiscal Triangle to Passing Through: Rise of the Nonprofit

Corporation," in Naomi R. Lamoreaux and William J. Novak, eds., *Corporations and American Democracy* (Cambridge, Mass.: Harvard University Press, 2017), 213–244.

49. Robert Fitzgerald, *The Rise of the Global Company: Multinationals and the Making of the Modern World* (Cambridge, U.K.: Cambridge University Press, 2015), 482.
50. Emma Rothschild, "The Reagan Economic Legacy," *New York Review of Books*, July 21, 1988.
51. Krippner, *Capitalizing on Crisis*, 39, fig. 7.
52. Maurizio Franzini and Mario Pianta, *Explaining Inequality* (New York: Routledge, 2015), 64–67; William Lazonick, "Labor in the 21st Century: The Top 0.1 Percent and the Disappearing Middle Class," in Christian E. Weller, ed., *Inequality, Uncertainty, and Opportunity: The Varied and Growing Role of Finance in Labor Relations* (Ithaca, N.Y.: Cornell University Press, 2015), 143–94.
53. Rachel E. Dwyer, "The Care Economy? Gender, Economic Restructuring, and Job Polarization in the U.S. Labor Market," *American Sociological Review* 78 (May 2013): 390–416.
54. Rowena Olegario, *The Engine of Enterprise: Credit in America* (Cambridge, Mass.: Harvard University Press, 2016), 183; Wolfgang Streek, *How Will Capitalism End? Essays on a Failing System* (New York: Verso, 2017).
55. Louis Hyman, *Debtor Nation: The History of America in Red Ink* (Princeton: Princeton University Press, 2011), 281–287, fig. 7.3.
56. R. Taggart Murphy, *The Weight of the Yen: How Denial Imperils America's Future and Ruins an Alliance* (New York: Norton, 1996), 88–89.
57. Martin Feldstein, "The Dollar Exchange Rate," Remarks Before the World Affairs Council of Philadelphia, February 29, 1984.
58. Krippner, *Capitalizing on Crisis*, 105–106.
59. 20世纪80年代对战后"商业判断准则"的唯一限制条件,便是"露华浓规则",即在出售公司时,董事会作为受信托者有义务将其卖给最高出价方。William T. Allen, "Engaging Corporate Boards: The Limits of Liability Rules in Modern Corporate Governance," in Cynthia A. Williams and Peer Zumbansen, eds., *The Embedded Firm: Corporate Governance, Labor, and Finance Capitalism* (New York: Cambridge University Press, 2011), 98。
60. Johan Heilbron, Jochem Verheul, and Sander Quak, "The Origins and Early Diffusion of 'Shareholder Value' in the United States," *Theory and Society* 43, no. 1 (2014): 12.
61. Rita Kosnik, "Greenmail: A Study of Board Performance in Corporate Governance," *Administrative Science Quarterly* 32 (June 1987): 163–185.
62. 1979年,美国劳工部在解释1974年《退休人员收入保障法》(Employee Retirement Income Security Act of 1974,简称 ERISA)时,将"谨慎人规则"应用于养老金的投资组合,令进行更大规模的股权投资成为可能。
63. Henriques, *First-Class Catastrophe*, 173, 202, 102–120.
64. Heilbron, Verheul, and Quak, "Origins and Early Diffusion," 15; Frank Dobbin and Jiwook

注　释

Jung, "Finance and Institutional Investors," in Karin Knorr Cetina and Alex Preda, eds., *The Oxford Handbook of the Sociology of Finance* (New York: Oxford University Press, 2012), 52–74.
65. Lina M. Khan, "Amazon's Antitrust Paradox," *Yale Law Journal* 126, no. 3 (2017): 721.
66. Marc Allen Eisner, *Antitrust and the Triumph of Economics: Institutions, Expertise, and Policy Change* (Chapel Hill: University of North Carolina Press, 1991).
67. Neil Fligstein, *The Architecture of Markets: An Economic Sociology of Twenty-First-Century Capitalist Societies* (Princeton: Princeton University Press, 2001), 154.
68. George Anders, *Merchants of Debt: KKR and the Mortgaging of American Business* (New York: Basic Books, 1992).
69. Frank Dobbin and Dirk Zorn, "Corporate Malfeasance and the Myth of Shareholder Value," in Diane E. Davis, ed., *Political Power and Social Theory* (Bingley, U.K.: Emerald Group, 2005), 179–198.
70. Fligstein, *Architecture of Markets*, 167.
71. Robert A. Taggart, Jr., "The Growth of the 'Junk' Bond Market and Its Role in Financing Takeovers," in Alan J. Auerbach, ed., *Mergers and Acquisitions* (Chicago: University of Chicago Press, 1988), 5–24.
72. Bryan Burrough and John Helyar, *Barbarians at the Gate: The Fall of RJR Nabisco* (1989; New York: HarperBusiness Essentials, 2009).
73. 同上，87, 505。
74. 例如，具有相同教育程度的劳动者之间的工资分布状况，要比教育水平更能解释劳动收入不平等的方差。Franzini and Pianta, *Explaining Inequality*, 36。
75. Jeffrey G. Madrick, *Age of Greed: The Triumph of Finance, and the Decline of America, 1970 to the Present* (New York: Knopf, 2011), 89.
76. Bret Easton Ellis, *American Psycho* (New York: Vintage, 1991).
77. Marion Fourcade and Rakesh Khurana, "The Social Trajectory of a Finance Professor and the Common Sense of Capital," *History of Political Economy* 49, no. 2 (2017): 347–381.
78. Michael C. Jensen and William H. Meckling, "Theory of the Firm: Managerial Behavior, Agency Costs, and Ownership Structure," *Journal of Financial Economics* 3, no. 4 (1976): 305–360.
79. Krippner, *Capitalizing on Crisis*, 56.
80. Donald MacKenzie, *An Engine, Not a Camera: How Financial Models Shape Markets* (Cambridge, Mass.: MIT Press, 2006).
81. Michael C. Jensen, "Takeovers: Their Causes and Consequences," *Journal of Economic Perspectives* 2, no. 1 (1988): 21–48.
82. Wolff, *Century of Wealth in America*, 27, fig. 1.11.
83. Lazonick and O'Sullivan, "Maximizing Shareholder Value," 23, 25.
84. Lawrence H. Summers, "Does the Stock Market Rationally Reflect Fundamental Values?," *Journal of Finance* 41, no. 3 (1986): 591–601.

85. Krippner, *Capitalizing on Crisis*, 33, fig. 3, 36, fig. 5.
86. Fredric Jameson, "Postmodernism, or the Cultural Logic of Late Capitalism," *New Left Review* 1, no. 146 (1984): 53–92.
87. Jonathan Levy, "Accounting for Profit and the History of Capital," *Critical Historical Studies* 1, no. 2 (2014): 171–214.
88. Mackenzie, *Engine, Not Camera*.
89. Leatrice Eiseman and Keith Recker, *Pantone: The Twentieth Century in Color* (San Francisco: Chronicle Books, 2011), 152–171.
90. Rothschild, "Reagan Economic Legacy."
91. Robert J. Gordon, *The Rise and Fall of American Growth: The U.S. Standard of Living Since the Civil War* (Princeton: Princeton University Press, 2016), 547, fig. 16-5.
92. Murphy, *Weight of the Yen*, 258–262.
93. Joe Feagin, *Free Enterprise City: Houston in Political-Economic Perspective* (New Brunswick, N.J.: Rutgers University Press, 1988).
94. Michael Kranish and Marc Fisher, *Trump Revealed: An American Journey of Ambition, Ego, Money, and Power* (New York: Scribner, 2016), 193.
95. Donald Trump and Tony Schwartz, *Trump: The Art of the Deal* (New York: Random House, 1987), 58.
96. David Geltner, "Commercial Real Estate and the 1990–1 Recession in the United States," Korea Development Institute, 2013, https://mitcre.mit.edu/wp-content/uploads/2013/10/Commercial_Real_Estate_and_the_1990–91_Recession_in_the_US.pdf [inactive].
97. C. Eugene Steuerle, *Tax Decade: How Taxes Came to Dominate the Public Agenda* (Washington, D.C.: Urban Institute Press, 1992), 39–56.
98. Aaron Major, "The New Capitalist Rich: Corporate Organizational Form and the Political Economy of U.S. Income Inequality," *Critical Historical Studies* 5, no. 2 (2018): 209–236.
99. Robert McIntyre, *Money for Nothing: The Failure of Corporate Tax Incentives 1981–1984* (Washington, D.C.: Citizens for Tax Justice, 1986).
100. Kitty Calavita, Henry N. Pontell, and Robert Tillman, *Big Money Crime: Fraud and Politics in the Savings and Loan Crisis* (Berkeley: University of California Press, 1997), 10–12.
101. Geltner, "Commercial Real Estate," 24.
102. Calavita, Pontell, and Tillman, *Big Money Crime*, 26.
103. 同上, 43。
104. William J. Collins and Robert A. Margo, "The Economic Aftermath of the 1960s Riots in American Cities: Evidence from Property Values," *Journal of Economic History* 67, no. 4 (2007): 849–83.
105. William Julius Wilson, *When Work Disappears: The World of the New Urban Poor* (New York: Knopf, 1996).
106. John Clegg and Adaner Usmani, "The Economic Origins of Mass Incarceration," *Catalyst* 3, no. 3 (2019): 9–53.

107. Wacquant, *Punishing the Poor*, 65.
108. Levy, "From Fiscal Triangle," 237–238.
109. Loïc J. D. Wacquant, *Urban Outcasts: A Comparative Sociology of Advanced Marginality* (New York: Polity, 2008).
110. Clegg and Usmani, "The Economic Origins of Mass Incarceration," 11.
111. Rogovin and Frisch, *Portraits in Steel*, 191.
112. Keith Wailoo, *Pain: A Political History* (Baltimore: Johns Hopkins University Press, 2014), 98–100, 122.
113. Gabriel Winant, *Crucible of Care: The Rise of Healthcare and the Origins of a New Working Class* (Cambridge, Mass.: Harvard University Press, forthcoming 2021).
114. Bethany Moreton, *To Serve God and Wal-Mart: The Making of Christian Free Enterprise* (Cambridge, Mass.: Harvard University Press, 2009); Arlie Russell Hochschild, *The Managed Heart: Commercialization of Human Feeling* (1983; Berkeley: University of California Press, 2003); Viviana A. Zelizer, *Economic Lives: How Culture Shapes the Economy* (Princeton: Princeton University Press, 2010), 275–287.
115. Ruth Milkman, *Farewell to the Factory: Auto Workers in the Late Twentieth Century* (Berkeley: University of California Press, 1997), 3, 119.
116. Claudia Goldin and Lawrence F. Katz, *The Race Between Education and Technology* (Cambridge, Mass.: Belknap Press, 2008), 119–121.
117. Eileen Boris and Jennifer Klein, *Caring for America: Home Health Workers in the Shadow of the Welfare State* (New York: Oxford University Press, 2012), 86–87.
118. Ruth Milkman, *On Gender, Labor, and Inequality* (Urbana: University of Illinois Press, 2016), 199, 200.
119. Hal Foster, *Bad New Days: Art, Criticism, Emergency* (New York: Verso, 2015).
120. Jeffrey Frankel, "The Plaza Accord, 30 Years Later," National Bureau of Economic Research, Working Paper no. 21813 (December 2015), 2, 11.
121. Brenner, *Economics of Global Turbulence*, 206.
122. Nicholas Foster, " 'Green Corn Gleaming': Free Markets, Agrarian Myths, Agriculture, and American Political Economy in the 1980s" (master's thesis, University of Chicago, 2017).
123. Henriques, *First-Class Catastrophe*, 179.
124. "A Study of the Effects on the Economy of Trading in Futures Options," Board of Governors of the Federal Reserve System, the Commodity Futures Trading Commission, and the Securities and Exchange Commission (1984), I2.
125. Henriques, *First-Class Catastrophe*, 179, 239–240, 255.
126. Calavita, Pontell, and Tillman, *Big Money Crime*, 147.
127. Ben Bernanke and Cara S. Lown, "The Credit Crunch," *Brookings Papers on Economic Activity* 22, no. 2 (1991): 205–48; Olivier Blanchard, "Consumption and the Recession of 1990–1991," *American Economic Review* 83, no. 2 (1993): 270–274.
128. Stephen Kotkin, "The Kiss of Debt: The East Bloc Goes Borrowing," in Niall Ferguson

et al., eds., *The Shock of the Global: The 1970s in Perspective* (Cambridge, Mass.: Harvard University Press, 2010), 80–96.

129. Claudia Goldin, "A Grand Gender Convergence: Its Last Chapter," *American Economic Review* 104, no. 4 (2014): 1091–1119.

130. Chang-Tai Hsieh, Erik Hurst, Charles I. Jones, and Peter J. Klenow, "The Allocation of Talent and U.S. Economic Growth," *Econometrica* 87, no. 5 (2019): 1439–1474.

131. Gordon, *Rise and Fall of American Growth*, 547, fig. 16-5.

132. Thomas Philippon, *The Great Reversal: How America Gave Up on Free Markets* (Cambridge, Mass.: Belknap Press, 2019), 207–222.

133. 1984年，在宏观经济扩张期间发生的劳动力市场紧缩，暂时中断了薪酬不平等的加剧，然而没过几年，便重又屈服于这一时代的总体趋势。Peter H. Lindert and Jeffrey G. Williamson, *Unequal Gains: American Growth and Inequality Since 1700* (Princeton: Princeton University Press, 2016), 220; Thomas Piketty, *Capital in the Twenty-First Century*, trans. Arthur Goldhammer (Cambridge, Mass.: Harvard University Press, 2014)。但是，1982年后的宏观经济扩张的主要特征，却是美国历史上最严重的财富不平等骤然加剧。资产价格升值——或资本收益——发挥了杠杆作用，它预计占到了新的财富分配的80%左右。参见James K. Galbraith, *Inequality and Instability: A Study of the World Economy Just Before the Great Crisis* (New York: Oxford University Press, 2012), 124; Wolff, *Century of Wealth in America*, 661。

134. Milkman, *Farewell to Factory*, 121, 130, 197.

135. Rogovin and Frisch, *Portraits in Steel*, 97.

第二十章　新经济

1. Francis Fukuyama, *The End of History and the Last Man* (1992; New York: Free Press, 2006).

2. James Champy, *Reengineering Management: The Mandate for New Leadership* (New York: HarperBusiness, 1995), 9.

3. Alan Greenspan, "An Update on Economic Conditions in the United States," testimony before the Joint Economic Committee, U.S. Congress, June 10, 1998, https://www.federalreserve.gov/boarddocs/testimony/1998/19980610.htm.

4. Lawrence H. Summers, "The New Wealth of Nations: Lessons from the 1990s," *Bulletin of the American Academy of Arts and Sciences* 53, no. 2 (1999): 32.

5. William J. Clinton, "Remarks to the COMDEX 2000 Spring Conference in Chicago, Illinois," April 18, 2000, American Presidency Project, https://www.presidency.ucsb.edu/documents/remarks-the-comdex-2000-spring-conference-chicago-illinois.

6. David Friend, *The Naughty Nineties: The Triumph of the American Libido* (New York: Twelve, 2017), 533.

7. Daniel T. Rodgers, *Age of Fracture* (Cambridge, Mass.: Belknap Press, 2011).

8. Douglas S. Massey, Jorge Durand, and Nolan J. Malone, *Beyond Smoke and Mirrors: Mexican Immigration in an Era of Economic Integration* (New York: Russell Sage Foundation, 2002).

9. Greenspan, "Update on Economic Conditions."
10. Robert J. Gordon, *The Rise and Fall of American Growth: The U.S. Standard of Living Since the Civil War* (Princeton: Princeton University Press, 2016), 547, fig. 16-5.
11. John Clegg and Adaner Usmani, "The Economic Origins of Mass Incarceration," *Catalyst* 3, no. 3 (2019): 9–53.
12. Alan Greenspan, "Remarks at the Annual Dinner and Francis Boyer Lecture of the American Enterprise Institute for Public Policy Research," Washington, D.C., December 5, 1996, https://www.federalreserve.gov/boarddocs/speeches/1996/19961205.htm.
13. Bruce Cumings, *Dominion from Sea to Sea: Pacific Ascendancy and American Power* (New Haven: Yale University Press, 2009), 471–476, 424–427.
14. Margaret O'Mara, *The Code: Silicon Valley and the Remaking of America* (New York: Penguin Press, 2019).
15. John Padgett and Walter Powell, *The Emergence of Organizations and Markets* (Princeton: Princeton University Press, 2012), 376.
16. Leslie Berlin, *Troublemakers: Silicon Valley's Coming of Age* (New York: Simon & Schuster, 2017), 147, 294.
17. 同上, 7–10。
18. Janet Abbate, *Inventing the Internet* (Cambridge, Mass.: MIT Press, 1999), 56.
19. Michael A. Hiltzik, *Dealers of Lightning: Xerox PARC and the Dawn of the Computer Age* (New York: HarperBusiness, 1999), 48–51.
20. Leslie Berlin, *The Man Behind the Microchip: Robert Noyce and the Invention of Silicon Valley* (New York: Oxford University Press, 2005), 82–93, 164.
21. Cyrus C. M. Mody, *The Long Arm of Moore's Law: Microelectronics and American Science* (Cambridge, Mass.: MIT Press, 2016).
22. Hiltzik, *Dealers of Lightning*, 163–177, 273.
23. Walter Isaacson, *Steve Jobs* (New York: Simon & Schuster, 2011), 21–28, 81; Cumings, *Dominion from Sea to Sea*, 449.
24. Andy Hertzfeld, *Revolution in the Valley: The Insanely Great Story of How the Mac Was Made* (Sebastopol, Calif.: O'Reilly Media, 2004), 192.
25. Isaacson, *Steve Jobs*, 102–104.
26. Berlin, *Troublemakers*, 198–202, 255, 366.
27. Cumings, *Dominion from Sea to Sea*, 450.
28. Berlin, *Troublemakers*, 258.
29. Abbate, *Inventing the Internet*, 214–217; Manuel Castells, *The Internet Galaxy: Reflections on the Internet, Business, and Society* (New York: Oxford University Press, 2001), 9–65.
30. Michael Lewis, *The New New Thing: A Silicon Valley Story* (New York: Norton, 1999), 44, 81, 83, 112, 84.
31. Jim Clark and Owen Edwards, *Netscape Time: The Making of the Billion-Dollar Start-Up That Took On Microsoft* (New York: St. Martin's Press, 1999), 251.

32. Loïc Wacquant, *Punishing the Poor: The Neoliberal Government of Social Insecurity* (Durham, N.C.: Duke University Press, 2009), 57–67.
33. Jeff Pellin, "Yahoo Tempers Investor Euphoria," CNET, May 16, 1997.
34. Joan A. Rigdon, "Yahoo! IPO Soars in First Day, but Honeymoon May Not Last," *Wall Street Journal*, April 15, 1996.
35. 一位知情者的讲述，参见 David A. Vise and Mark Malseed, *The Google Story* (New York: Delacorte Press, 2005)。
36. Berlin, *Troublemakers*, xv.
37. Friend, *Naughty Nineties*, 175.
38. 同上, 185。Amazon.com Annual Report, 2000, 20, https://ir.aboutamazon.com/static-files/49b9a96d-f5ce-4695-a9a1-70eb8ffd3b87 [inactive]。
39. 同上, 174; Michael Wolff, *Net Guide: Your Complete Guide to the Internet and Online Services* (New York: Random House, 1995)。
40. Nitin Nohria, Davis Dyer, and Frederick Dalzell, *Changing Fortunes: Remaking the Industrial Corporation* (New York: Wiley, 2002), 23.
41. Walter Powell, "Neither Market Nor Hierarchy: Network Forms of Organization," *Research in Organizational Behavior* 12 (January 1990): 295–336.
42. Naomi R. Lamoreaux, Daniel M.G. Raff, and Peter Temin, "Beyond Markets and Hierarchies: Towards a New Synthesis of American Business History," *American Historical Review* 108, no. 2 (2003): 404–433.
43. Castells, *Internet Galaxy*, 70.
44. Paul Schreyer, "Computer Price Indices and International Growth and Productivity Comparisons," *Review of Income and Wealth* 48, no. 1 (2002): 15–31.
45. Castells, *Internet Galaxy*, 74–75.
46. Paul DiMaggio, ed., *The Twenty-First-Century Firm: Changing Economic Organization in International Perspective* (Princeton: Princeton University Press, 2001).
47. Richard Applebaum, "Big Suppliers in Greater China: A Growing Counterweight to the Power of Giant Retailers," in Ho-fung Hung, ed., *China and the Transformation of Global Capitalism* (Baltimore: Johns Hopkins University Press, 2009), 65–85.
48. Bethany Moreton, *To Serve God and Wal-Mart: The Making of Christian Free Enterprise* (Cambridge, Mass.: Harvard University Press, 2009).
49. Thomas J. Adams, "Making the New Shop Floor: Wal-Mart, Labor Control, and the History of the Postwar Discount Retail Industry in America," in Nelson Lichtenstein, ed., *Wal-Mart: The Face of Twenty-First-Century Capitalism* (New York: New Press, 2006), 213–229.
50. Nelson Lichtenstein, *The Retail Revolution: How Wal-Mart Created a Brave New World of Business* (New York: Henry Holt, 2009), 5–6.
51. Susanto Basu, John Fernald, Nicholas Oulton, and S. Srinivasan, "The Case of Missing Productivity Growth; or, Does Information Technology Explain Why Productivity Accelerated in the US but Not in the UK?," National Bureau of Economic Research,

Working Paper no. 10010 (October 2003).

52. 关于临时工作的概要介绍，参见 Louis Hyman, *Temp: How American Work, American Business, and the American Dream Became Temporary* (New York: Viking, 2018)。
53. Castells, *Internet Galaxy*, 95–96.
54. "Don't Go Away Mad, Just Go Away," *New York Times*, February 13, 1996.
55. T. C. Melewar and S. F. Syed Alwi, eds., *Corporate Branding: Areas, Arenas and Approaches* (London: Routledge, 2015), 37.
56. Nohria, Dyer, and Dalzell, *Changing Fortunes*, 208, 217–218.
57. Nikil Saval, *Cubed: A Secret History of the Workplace* (New York: Doubleday, 2014), 183–255.
58. Alexandra Lange, *The Dot-Com City: Silicon Valley Urbanism* (Moscow: Strelka Press, 2014); Hal Foster, *The Art-Architecture Complex* (New York: Verso, 2013).
59. John P. Kotter, *The New Rules: How to Succeed in Today's Post-Corporate World* (New York: Free Press, 1995), 81, 181.
60. Gina Neff, *Venture Labor: Work and the Burden of Risk in Innovative Industries* (Cambridge, Mass.: MIT Press, 2012), 35.
61. Michel Feher, "Self-Appreciation; or, The Aspirations of Human Capital," *Public Culture* 21, no. 1 (2009): 21–41.
62. Studs Terkel, *Working: People Talk About What They Do All Day and How They Feel About What They Do* (New York: Pantheon, 1974), 2.
63. Ben Mezrich, *The Accidental Billionaires: The Founding of Facebook* (New York: Anchor, 2010), 249.
64. Barbara Ehrenreich and Arlie Russell Hochschild, eds., *Global Woman: Nannies, Maids, and Sex Workers in the New Economy* (New York: Owl Books, 2002), 90, 262; Erin Hatton, *The Temp Economy: From Kelly Girls to Permatemps in Postwar America* (Philadelphia: Temple University Press, 2011).
65. Nelson Lichtenstein, *State of the Union: A Century of American Labor* (Princeton: Princeton University Press, 2002), 246–276.
66. Preston Rudy, "'Justice for Janitors,' not 'Compensation for Custodians': The Political Context and Organizing in San Jose and Sacramento," in Ruth Milkman and Kim Voss, eds., *Rebuilding Labor: Organizing and Organizers in the New Union Movement* (Ithaca, N.Y.: Cornell University Press, 2004), 138–141.
67. Sean Wilentz, *The Age of Reagan: A History, 1974–2008* (New York: Harper, 2008), 323–354.
68. Robert E. Rubin and Jacob Weisberg, *In an Uncertain World: Tough Choices from Wall Street to Washington* (New York: Random House, 2003).
69. Bob Woodward, *The Agenda: Inside the Clinton White House* (New York: Simon & Schuster, 1994), 139.
70. Joseph E. Stiglitz, *The Roaring Nineties: A New History of the World's Most Prosperous*

Decade (New York: Norton, 2003), 3–55.

71. Kei-Mu Yi and Jing Zhang, "Real Interest Rates over the Long Run," Federal Reserve Bank of Minneapolis, Economic Policy Paper no. 16–10 (September 19, 2016), https://www.minneapolisfed.org/research/economic-policy-papers/real-interest-rates-over-the-long-run.

72. 关于美联储作为一个凌驾于一切人格之上的机构的论述，参见 Peter Conti-Brown, *The Power and Independence of the Federal Reserve* (Princeton: Princeton University Press, 2016)。

73. Nitsan Chorev, *Remaking U.S. Trade Policy: From Protectionism to Globalization* (Ithaca, N.Y.: Cornell University Press, 2007).

74. Massey, Durand, and Malone, *Beyond Smoke and Mirrors*, 20.

75. Rubin and Weisberg, *In an Uncertain World*, 216.

76. Sebastian Edwards and Miguel A. Savastano, "The Mexican Peso in the Aftermath of the 1994 Currency Crisis," in Paul Krugman, ed., *Currency Crises* (Chicago: University of Chicago Press, 2000), 183–240.

77. Robert Brenner, *The Economics of Global Turbulence: The Advanced Capitalist Economies from Long Boom to Long Downturn, 1945–2005* (London: Verso, 2006), 261.

78. 德国在经济上依然实现了冷战后的统一，而日本经济则在房地产和金融泡沫破裂后深陷流动性陷阱。

79. Rubin and Weisberg, *In an Uncertain World*, 183.

80. William J. Clinton, "Address Before a Joint Session of the Congress on the State of the Union," January 23, 1996, American Presidency Project, https://www.presidency.ucsb.edu/documents/address-before-joint-session-the-congress-the-state-the-union-10.

81. Felicia Kornbluh and Gwendolyn Mink, *Ensuring Poverty: Welfare Reform in Feminist Perspective* (Philadelphia: University of Pennsylvania Press, 2019), x, 130, 113.

82. Tim Wu, *The Master Switch: The Rise and Fall of Information Empires* (New York: Knopf, 2010), 243–248.

83. Steven Olley and Ariel Pakes, "The Dynamics of Productivity in the Telecommunications Equipment Industry," *Econometrica* 64, no. 6 (1996): 1263.

84. Lina M. Khan, "Amazon's Antitrust Paradox," Yale Law Journal 126, no. 3 (2017): 717–736.

85. Telecommunications Act of 1996, Pub. LA. No. 104–104, 110 Stat. 56 (1996), https://www.fcc.gov/general/telecommunications-act–1996 [inactive].

86. Timothy J. Yeager, Fred C. Yeager, and Ellen Harshman, "The Financial Services Modernization Act: Evolution or Revolution?," *Journal of Economics and Business* 4, no. 59 (2007): 313–339.

87. Stanley Fischer, "Capital Account Liberalization and the Role of the IMF," IMF Seminar, September 19, 1997.

88. Sven Beckert, "American Danger: United States Empire, Euroafrica, and the Territorialization of Industrial Capitalism, 1870–1950," *American Historical Review* 122, no. 4 (2017): 1137–1170.

89. Saskia Sassen, *The Global City: New York, London, Tokyo* (Princeton: Princeton University Press, 1991).
90. Saskia Sassen, *Territory, Authority, Rights: From Medieval to Global Assemblages* (Princeton: Princeton University Press, 2006), 234–236.
91. Branko Milanovic, *Global Inequality: A New Approach for the Age of Globalization* (Cambridge, Mass.: Belknap Press, 2016).
92. See M. Ayhan Kose et al., "Financial Globalization: A Reappraisal," *IMF Staff Papers* 56, no. 1 (2009): 10; Dani Rodrik and Arvind Subramanian, "Why Did Financial Globalization Disappoint?," *IMF Staff Papers* 56, no. 1 (2009): 112–138.
93. Paul R. Krugman, "It's Baaack: Japan's Slump and the Return of the Liquidity Trap," *Brookings Papers on Economic Activity* 2 (1998): 137–205.
94. Andrew Sheng, *From Asian to Global Financial Crisis: An Asian Regulator's View of Unfettered Finance in the 1990s and 2000s* (New York: Cambridge University Press, 2009), 51, 62.
95. 同上，21–22。
96. 同上，7, 24, 31, 35–36, 41–43; Manuela Moschella, *Governing Risk: The IMF and Global Financial Crises* (New York: Palgrave Macmillan, 2010), 111, 101。
97. Axel Leijonhufvud and Earlene Craver, "Reform and the Fate of Russia," Documents de Travail de l'OFCE 2001–03, Observatoire français des conjonctures économiques, 2001.
98. Roger Lowenstein, *When Genius Failed: The Rise and Fall of Long-Term Capital Management* (New York: Random House, 2000), 153.
99. 同上，37, 4。
100. Fischer Black and Myron Scholes, "The Pricing of Options and Corporate Liabilities," *Journal of Political Economy* 81, no. 3 (1973): 637–654.
101. Lowenstein, *When Genius Failed*, 39.
102. Donald MacKenzie, *An Engine, Not a Camera: How Financial Models Shape Markets* (Cambridge, Mass.: MIT Press, 2006).
103. Lowenstein, *When Genius Failed*, 75.
104. 同上，195–207。
105. John Cassidy, *Dot.Con: The Greatest Story Ever Sold* (New York: Harper, 2002), 188.
106. Rawi Abdelal, *Capital Rules: The Construction of Global Finance* (Cambridge, Mass.: Harvard University Press, 2007), 123–161.
107. Richard C. Koo, *Balance Sheet Recession: Japan's Struggle with Uncharted Economics and Its Global Implications* (New York: Wiley, 2003).
108. Richard Duncan, *The Dollar Crisis: Causes, Consequences, Cures* (Hoboken: Wiley, 2005), 47, tables 3.1, 3.2.
109. James Glassman and Kevin Hassett, *Dow 36,000: The New Strategy for Profiting from the Coming Rise in the Stock Market* (New York: Times Books, 1999), 9.
110. Roger Lowenstein, *Origins of the Crash: The Great Bubble and Its Undoing* (New York:

Penguin, 2004), 115.

111. Cassidy, *Dot.Con*, 222.
112. Alan Greenspan, "New Challenges for Monetary Policy",1999 年 8 月 27 日,在怀俄明州杰克逊霍尔市举行的一场由堪萨斯城联邦储蓄银行主办的研讨会上的发言。
113. Alan Greenspan, "High-tech Industry in the U.S. Economy",1999 年 6 月 14 日在美国国会联合经济委员会的听证会上所述证词。

第二十一章　大缓和

1. Ben Bernanke, "Remarks at the Meetings of the Eastern Economic Association," Washington, D.C., February 20, 2004, https://www.federalreserve.gov/boarddocs/speeches/2004/20040220/.
2. Thomas Piketty, Emmanuel Saez, and Gabriel Zucman, "Distributional National Accounts: Methods and Estimates for the United States," *Quarterly Journal of Economics* 133, no. 2 (2018): 553–609.
3. Gilbert Cette, John Fernald, and Benoît Mojon, "The Pre–Great Recession Slowdown in Productivity," *European Economic Review* 88 (September 2016): 3–20.
4. Thomas Philippon, *The Great Reversal: How America Gave Up on Free Markets* (Cambridge, Mass.: Belknap Press, 2019), 63–64.
5. Adam Tooze, *Crashed: How a Decade of Financial Crises Changed the World* (New York: Penguin, 2018).
6. Branko Milanovic, *Global Inequality: A New Approach for the Age of Globalization* (Cambridge, Mass.: Belknap Press, 2016).
7. Tooze, *Crashed*.
8. Paul R. Krugman, "It's Baaack: Japan's Slump and the Return of the Liquidity Trap," *Brookings Papers on Economic Activity* 2 (1998): 137–205.
9. Raghuram G. Rajan, *Fault Lines: How Hidden Fractures Still Threaten the World Economy* (Princeton: Princeton University Press, 2010), 219.
10. Ben S. Bernanke, "The Global Saving Glut and the U.S. Current Account Deficit," remarks at the Sandridge Lecture, Virginia Association of Economists, Richmond, Va., March 10, 2005, https://www.federalreserve.gov/boarddocs/speeches/2005/200503102/default.htm.
11. Raghuram G. Rajan, "Investment Restraint, the Liquidity Glut, and Global Imbalances," remarks at the conference on Global Imbalances organized by the Bank of Indonesia, Bali, November 16, 2006, https://www.imf.org/en/News/Articles/2015/09/28/04/53/sp111506.
12. Robert Brenner, "New Boom or New Bubble?," *New Left Review* 25 (January–February 2004): 57.
13. 同上, 65。
14. P. Lenain and S. Paltridge, "After the Telecommunications Bubble," OECD Economics Department, Working Papers no. 361 (2003), http://dx.doi.org/10.1787/311813664474.
15. Robert Brenner, "Towards the Precipice," *London Review of Books* 25, no. 3 (2003): 18–23.

注 释　　1085

Brenne 的这篇文章是我所知道的大衰退前夕最深入，也最有先见之明的经济分析。

16. Robert Brenner, *The Boom and the Bubble: The U.S. in the World Economy* (New York: Verso, 2002), 292.
17. Robert W. Crandall, *Competition and Chaos: U.S. Telecommunications Since the 1996 Telecom Act* (Washington, D.C.: Brookings, 2005).
18. 关于安然事件，参见 Gavin Benke, *Risk and Ruin: Enron and the Culture of American Capitalism* (Philadelphia: University of Pennsylvania Press, 2018); Bethany McLean and Peter Elkind, *Smartest Guys in the Room: The Amazing Rise and Scandalous Fall of Enron* (New York: Portfolio, 2003)。
19. Benke, *Risk and Ruin*, 29, 51–58, 23, 89, 125–130.
20. Bethany McLean, "Is Enron Overpriced? It's in a Bunch of Complex Businesses. Its Financial Statements Are Nearly Impenetrable. So Why Is Enron Trading at Such a Huge Multiple?," *Fortune*, March 5, 2001.
21. Benke, *Risk and Ruin*, 180.
22. 同上, 173.
23. Jesse Eisinger, *The Chickenshit Club: Why the Justice Department Fails to Prosecute Executives* (New York: Simon & Schuster, 2017).
24. Ron Suskind, *The Price of Loyalty: George W. Bush, the White House, and the Education of Paul O'Neill* (New York: Simon & Schuster, 2004), 291.
25. 关于私有化的出色哲学思考，参见 Chiara Cordelli, *The Privatized State* (Princeton: Princeton University Press, 2020)。
26. Linda J. Bilmes and Joseph E. Stiglitz, *The Three Trillion Dollar War: The True Cost of the Iraq Conflict* (New York: Norton, 2008).
27. Thomas L. Friedman, *The World Is Flat: A Brief History of the Twenty-First Century* (New York: Farrar, Straus & Giroux, 2005).
28. Enrico Moretti, *The New Geography of Jobs* (Boston: Houghton Mifflin Harcourt, 2012), 50–61.
29. Howard Wial, Susan Helper, and Timothy Krueger, "Locating American Manufacturing: Trends in the Geography of Production," *Brookings Report* (April 2012), 10.
30. Philippon, *Great Reversal*, 43.
31. Lina M. Khan, "Amazon's Antitrust Paradox," *Yale Law Journal* 126, no. 3 (2017): 564–907; Brad Stone, *The Everything Store: Jeff Bezos and the Age of Amazon* (New York: Little, Brown, 2013).
32. Shoshana Zuboff, *The Age of Surveillance Capitalism: The Fight for a Human Future at the New Frontier of Power* (New York: PublicAffairs, 2019), 63–127.
33. 同上, 87。
34. 正面评价参见 Jorge Guzman and Scott Stern, "The State of American Entrepreneurship: New Estimates of the Quality and Quantity of Entrepreneurship for 32 US States, 1988–2014," National Bureau of Economic Research, Working Paper no. 22095 (March 2016)。负

面评价参见 Philippon, *Great Reversal*, 82。
35. Philippon, *Great Reversal*, 75.
36. Antonio García Martínez, *Chaos Monkeys: Obscene Fortune and Random Failure in Silicon Valley* (New York: HarperCollins, 2016).
37. 参见 William H. Page and John E. Lopatka, *The Microsoft Case: Antitrust, High Technology, and Consumer Welfare* (Chicago: University of Chicago Press, 2007)。
38. Tim Wu, *The Master Switch: The Rise and Fall of Information Empires* (New York: Knopf, 2010).
39. Khan, "Amazon's Antitrust Paradox."
40. Philippon, *Great Reversal*, 9, 56.
41. Efraim Benmelech, Nittai Bergman, and Hyunseob Kim, "Strong Employers and Weak Employees: How Does Employer Concentration Affect Wages?," National Bureau of Economic Research, Working Paper no. 24307 (February 2018).
42. Luigi Zingales, "Towards a Political Theory of the Firm," *Journal of Economic Perspectives* 31, no. 3 (2017): 113–130.
43. Daron Acemoglu et al., "Import Competition and the Great U.S. Employment Sag of the 2000s," *Journal of Labor Economics* 34, no. S1 (2016): S142–143.
44. Matias Covarrubias, Germán Gutiérrez, and Thomas Philippon, "From Good to Bad Concentration? U.S. Industries over the Past 30 Years," National Bureau of Economic Research, Working Paper no. 25983 (June 2019).
45. Ching Kwan Lee, *Against the Law: Labor Protests in China's Rustbelt and Sunbelt* (Berkeley: University of California Press, 2007).
46. David H. Autor, David Dorn, and Gordon H. Hanson, "The China Shock: Learning from Labor-Market Adjustment to Large Changes in Trade," *Annual Review of Economics* 8, no. 1 (2016): 228, 225, fig. 6.
47. Wial, Helper, and Krueger, "Locating American Manufacturing."
48. Fatih Guvenen, Greg Kaplan, Jae Song, and Justin Weidner, "Lifetime Incomes in the United States over Six Decades," National Bureau of Economic Research, Working Paper no. 23371 (April 2017).
49. Anne Case and Angus Deaton, *Deaths of Despair and the Future of Capitalism* (Princeton: Princeton University Press, 2020), 32, 64–66.
50. John Clegg and Adaner Usmani, "The Economic Origins of Mass Incarceration," *Catalyst* 3, no. 3 (2019): 14.
51. Hanna Rosin, *The End of Men: And the Rise of Women* (New York: Riverhead Books, 2012).
52. Ellen Willis, "Our Mobsters, Ourselves," *Nation*, March 15, 2001.
53. Bill Bishop, *The Big Sort: Why the Clustering of Like-Minded America Is Tearing Us Apart* (Boston: Houghton Mifflin Harcourt, 2008).
54. Bill Taylor, "Great People Are Overrated," *Harvard Business Review*, June 20, 2011.

注 释

55. Alexandra Lange, *The Dot-Com City: Silicon Valley Urbanism* (Moscow: Strelka Press, 2014).
56. George Saunders, "Jon," *New Yorker*, January 27, 2003.
57. Financial Crisis Inquiry Commission, *The Financial Crisis Inquiry Report: Final Report of the National Commission on the Causes of the Financial and Economic Crisis in the United States* (Illinois: BN Publishing, 2011), 53.
58. 关于金融业整合，参见 Robert DeYoung, Douglas Evanoff, and Philip Molyneaux, "Mergers and Acquisitions of Financial Institutions: A Review of the Post-2000 Literature," *Journal of Financial Services Research* 36, no. 2 (2009): 87–110。
59. John V. Duca, John Muellbauer, and Anthony Murphy, "Housing Markets and the Financial Crisis of 2007–2009: Lessons for the Future," *Journal of Financial Stability* 6, no. 4 (2010): 203–217.
60. Chris Mayer, "Housing Bubbles: A Survey," *Annual Review of Economics* 3, no. 1 (2011): 559–577.
61. Alan Greenspan, "The Economic Outlook," testimony before the Joint Economic Committee, U.S. Congress, November 13, 2002.
62. Commission, *Financial Crisis Inquiry Report*, 86, 87.
63. Atif Mian and Amir Sufi, *House of Debt: How They (and You) Caused the Great Recession, and How We Can Prevent It from Happening Again* (Chicago: University of Chicago Press, 2014), 79.
64. R. Martin, "The Local Geographies of the Financial Crisis: From the Housing Bubble to Economic Recession and Beyond," *Journal of Economic Geography* 11, no. 4 (2011): 587–618.
65. Kerwin Kofi Charles, Erik Hurst, and Matthew J. Notowidigdo, "The Masking of the Decline in Manufacturing Employment by the Housing Bubble," *Journal of Economic Perspectives* 30, no. 2 (2016): 179–200.
66. 在这部分叙述中，我大量采用了金融危机调查委员资料库中的素材，https://fcic.law.stanford.edu/resource [inactive]。
67. Commission, *Financial Crisis Inquiry Report*, 12.
68. 同上，113, 71。
69. 同上，84, 104, 129。
70. Gillian Tett, *Fool's Gold: How the Bold Dream of a Small Tribe at J. P. Morgan Was Corrupted by Wall Street Greed and Unleashed a Catastrophe* (New York: Free Press, 2009), 96, 61–62.
71. Commission, *Financial Crisis Inquiry Report*, 141, 115, 251.
72. 同上，140, 115, 251。
73. 同上，140, 141, 132。
74. Melinda Cooper, *Family Values: Between Neoliberalism and the New Social Conservatism* (New York: Zone/Near Futures, 2017).
75. George Packer, *The Unwinding: An Inner History of the New America* (New York: Farrar,

Straus & Giroux, 2013), 193.
76. Commission, *Financial Crisis Inquiry Report*, 10.
77. George W. Bush, "Remarks to the National Association of Home Builders in Columbus, Ohio," October 2, 2004, American Presidency Project, https://www.presidency.ucsb.edu/documents/remarks-the-national-association-home-builders-columbus-ohio.
78. Edward N. Wolff, *A Century of Wealth in America* (Cambridge, Mass.: Harvard University Press, 2017), 651–654.
79. Raghuram G. Rajan, "Has Financial Development Made the World Riskier?," presentation at "The Greenspan Era: Lessons for the Future," a symposium sponsored by the Federal Reserve Bank of Kansas City, Jackson Hole, Wyo., August 25–27, 2005 (Federal Reserve Bank of Kansas City, 2005), 313–369.
80. Alan Greenspan, "Federal Reserve Board's Semiannual Monetary Policy Report to the Congress," testimony before the Committee on Banking, Housing, and Urban Affairs, U.S. Senate, February 16, 2005, https://www.federalreserve.gov/boarddocs/hh/2005/february/testimony.htm.
81. Ricardo J. Caballero and Arvind Krishnamurthy, "Global Imbalances and Financial Fragility," *American Economic Review* 99, no. 2 (2009): 584–588.
82. Commission, *Financial Crisis Inquiry Report*, 83.
83. Ben S. Bernanke, Carol Bertaut, Laurie DeMarco, and Steven Kamin, "International Capital Flows and the Returns to Safe Assets in the United States, 2003–2007," *Banque de France Financial Stability Review* 15 (February 2011): 13–26.
84. Branko Milanovic, *Global Inequality: A New Approach for the Age of Globalization* (Cambridge, Mass.: Harvard University Press, 2016).
85. "Has Financial Development Made the World Riskier?," general discussion at "The Greenspan Era: Lessons for the Future," a symposium sponsored by the Federal Reserve Bank of Kansas City, Jackson Hole, Wyo., August 25–27, 2005 (Federal Reserve Bank of Kansas City, 2005), 388.
86. Philippon, *Great Reversal*, 207–222.
87. George Saunders, "My Flamboyant Grandson," *New Yorker*, January 28, 2002.
88. Commission, *Financial Crisis Inquiry Report*, 203.
89. 同上, xx, 498, 200。
90. 同上, 217, 18, 221。
91. Michiyo Nakamoto and David Wighton, "Citigroup Chief Stays Bullish on Buy-Outs," *Financial Times*, July 9, 2007.

第二十二章 大衰退

1. Financial Crisis Inquiry Commission, *The Financial Crisis Inquiry Report: Final Report of the National Commission on the Causes of the Financial and Economic Crisis in the United States*

注 释

(Illinois: BN Publishing, 2011), xix.

2. Matt Egan, "Ex–Lehman CEO Dick Fuld: At Least My Mom Still Loves Me," CNNMoney, May 28, 2015, https://money.cnn.com/2015/05/28/investing/lehman-brothers-ceo-dick-fuld-comeback-attempt/index.html.

3. Diana Elizabeth Kendall, *Framing Class: Media Representations of Wealth and Poverty in America* (Oxford, U.K.: Rowman & Littlefield, 2005), 79.

4. "Skilling Claims He Knew Nothing," CNNMoney, February 7, 2002, https://money.cnn.com/2002/02/07/news/enron_roundup/.

5. "Greenspan Calls Financial Crisis a 'Credit Tsunami,'" *NPR*, October 23, 2008.

6. Robert E. Lucas, Jr., "Macroeconomic Priorities," *American Economic Review* 93, no. 1 (2003): 1.

7. 对这一观点的精彩阐述，参见 Massimo Amato and Luca Fantacci, *The End of Finance* (New York: Polity, 2011)。

8. Commission, *Financial Crisis Inquiry Report*, 227.

9. 同上，250–251。

10. Neil Irwin, *The Alchemists: Three Central Bankers and a World on Fire* (New York: Penguin, 2013), 2.

11. "FOMC Statement: The Federal Reserve Is Providing Liquidity to Facilitate the Orderly Functioning of Financial Markets," August 10, 2007, https://www.federalreserve.gov/newsevents/pressreleases/monetary20070810a.htm.

12. Commission, *Financial Crisis Inquiry Report*, 424.

13. Tao Wu, "The U.S. Money Market and the Term Auction Facility in the Financial Crisis of 2007–2009," *Review of Economics and Statistics* 93, no. 2 (2011): 619; Stephen G. Cecchetti, "Crisis and Responses: The Federal Reserve in the Early Stages of the Financial Crisis," *Journal of Economic Perspectives* 23, no. 1 (2009): 51–76.

14. Craig Torres and Scott Lanman, "Fed Emergency Borrowers Ranged from GE to McDonald's," *Bloomberg*, December 1, 2010.

15. Irwin, *Alchemists*, 153.

16. 以美元计价的"跨境持股"，其份额在 2008 年后有所增加。Matteo Maggiori, Brent Neiman, and Jesse Schreger, "International Currencies and Capital Allocation," National Bureau of Economic Research, Working Paper no. 24673 (April 2019)。

17. Perry Mehrling, *The New Lombard Street: How the Fed Became the Dealer of Last Resort* (Princeton: Princeton University Press, 2010).

18. Gary B. Gorton, *Slapped by the Invisible Hand: The Panic of 2007* (New York: Oxford University Press, 2010).

19. Michael J. Fleming, Warren B. Hrung, and Frank M. Keane, "Repo Market Effects of the Term Securities Lending Facility," *American Economic Review* 100, no. 2 (2010): 591.

20. 关于美联储援用《联邦储备法》第 13 节第 3 项的合法性问题，参见 Eric A. Posner, *Last Resort: The Financial Crisis and the Future of Bailouts* (Chicago: University of Chicago Press, 2018), 55–74.

21. Commission, *Financial Crisis Inquiry Report*, 281.
22. 同上, 290.
23. Simon Johnson and James Kwak, *13 Bankers: The Wall Street Takeover and the Next Financial Meltdown* (New York: Pantheon, 2010), 208.
24. Andrew Ross Sorkin, *Too Big to Fail: The Inside Story of How Wall Street and Washington Fought to Save the Financial System—and Themselves* (New York: Penguin, 2010), 480.
25. Cecchetti, "Crisis and Responses," 65.
26. Mehrling, *New Lombard Street*, 134.
27. Sorkin, *Too Big to Fail*, 96–98, 210.
28. Bethany McLean, *Shaky Ground: The Strange Saga of the U.S. Mortgage Giants* (New York: Columbia Global Reports, 2015).
29. Commission, *Financial Crisis Inquiry Report*, 321.
30. 同上, 321, 326, 327, 330。
31. Sorkin, *Too Big to Fail*, 268.
32. Commission, *Financial Crisis Inquiry Report*, 334.
33. 同上, 335, 337。
34. Sorkin, *Too Big to Fail*, 360.
35. Commission, *Financial Crisis Inquiry Report*, 339.
36. 关于他们对这些事件的叙述，参见 Ben S. Bernanke, *The Courage to Act: A Memoir of a Crisis and Its Aftermath* (New York: Norton, 2015), 248–269; Timothy F. Geithner, *Stress Test: Reflections on Financial Crises* (New York: Crown, 2014), 207–210; Henry M. Paulson, *On the Brink: Inside the Race to Stop the Collapse of the Global Financial System* (New York: Business Plus, 2010), 206–228.
37. Commission, *Financial Crisis Inquiry Report*, 342.
38. 同上, 343, 344–345; Sorkin, *Too Big to Fail*, 339。
39. Commission, *Financial Crisis Inquiry Report*, 345, 376.
40. Sorkin, *Too Big to Fail*, 239.
41. Commission, *Financial Crisis Inquiry Report*, 357–358。关于危机期间的货币市场，参见 William A. Birdthistle, "Breaking Bucks in Money Market Funds," *Wisconsin Law Review* 2010, no. 5 (2010): 1155–1201。
42. 同上, 357。
43. Richard Sutch, "The Liquidity Trap, the Great Depression, and Unconventional Policy: Reading Keynes at the Zero Lower Bound," Berkeley Economic History Laboratory, Working Paper no. 2014-05 (October 2014).
44. Commission, *Financial Crisis Inquiry Report*, 361, 359, 363, 341, 365.
45. Henry M. Paulson, Jr., "Statement on Comprehensive Approach to Market Developments," September 19, 2008, U.S. Department of the Treasury, https://www.treasury.gov/press-center/pressreleases/Pages/hp1149.aspx [inactive].

46. Sorkin, *Too Big to Fail*, 443.
47. Paulson, *On the Brink*, 288–299.
48. Marcin Kacperczyk and Philipp Schnabl, "When Safe Proved Risky: Commercial Paper During the Financial Crisis of 2007–2009," *Journal of Economic Perspectives* 24, no. 1 (2010): 44.
49. Commission, *Financial Crisis Inquiry Report*, 373–375.
50. 同上, 374。
51. Irwin, *Alchemists*, 154; Bradley Keoun and Hugh Son, "Fed May Be 'Central Bank of the World' After UBS, Barclays Aid," *Bloomberg*, December 2, 2010; Phil Kuntz and Bob Ivry, "Fed's Once-Secret Data Compiled by Bloomberg Released to Public," *Bloomberg*, December 23, 2011.
52. J. Lawrence Broz, "The Politics of Rescuing the World's Financial System: The Federal Reserve as a Global Lender of Last Resort," *Korean Journal of International Studies* 13, no. 2 (2015): 323–351.
53. Edward N. Wolff, *A Century of Wealth in America* (Cambridge, Mass.: Harvard University Press, 2017), 562.
54. Theda Skocpol and Lawrence R. Jacobs, eds., *Reaching for a New Deal: Ambitious Governance, Economic Meltdown, and Polarized Politics in Obama's First Two Years* (New York: Russell Sage Foundation, 2011).
55. Eric Rauchway, "Neither a Depression nor a New Deal: Bailout, Stimulus, and the Economy," in Julian E. Zelizer, ed., *The Presidency of Barack Obama: A First Historical Assessment* (Princeton: Princeton University Press, 2018), 30–44.
56. Ron Suskind, *Confidence Men: Wall Street, Washington, and the Education of a President* (New York: Harper, 2011), 27–28, 38–40.
57. Barack Obama, "Remarks in La Crosse, Wisconsin," October 1, 2008, American Presidency Project, https://www.presidency.ucsb.edu/documents/remarks-la-crosse-wisconsin-1 [inactive].
58. Barack Obama, "Remarks in Columbus, Ohio," November 2, 2008, American Presidency Project, https://www.presidency.ucsb.edu/documents/remarks-columbus-ohio-6.
59. Obama, "Remarks in La Crosse, Wisconsin."
60. U. S. Office of Management and Budget, *A New Era of Responsibility: Renewing America's Promise: President Obama's First Budget* (Washington, D.C.: U.S. Government Printing Office, 2010).
61. Obama, "Remarks in Columbus, Ohio."
62. Suskind, *Confidence Men*; Noam Scheiber, *The Escape Artists: How Obama's Team Fumbled the Recovery* (New York: Simon & Schuster, 2011).
63. Daniel Carpenter, "The Contest of Lobbies and Disciplines: Financial Politics and Regulatory Reform," in Skocpol and Jacobs, *Reaching for a New Deal*, 144.
64. Ivaylo D. Petev, Luigi Pistaferri, and Itay Saporta-Eksten, "An Analysis of Trends, Perceptions, and Distributional Effects in Consumption," in David B. Grusky, Bruce

Western, and Christopher Wimer, eds., *The Great Recession* (New York: Russell Sage Foundation, 2011), 161–195.

65. Atif Mian and Amir Sufi, *House of Debt: How They (and You) Caused the Great Recession, and How We Can Prevent It from Happening Again* (Chicago: University of Chicago Press, 2014).
66. 参见 "An Open Letter to Ben Bernanke," *Wall Street Journal* (November 10, 2010)。
67. Scheiber, *Escape Artists*, 138.
68. Greg Kaplan and Giovanni L. Violante, "A Tale of Two Stimulus Payments: 2001 Versus 2008," *American Economic Review* 104, no. 5 (2014): 116–121.
69. Tracy Gordon, *State and Local Budgets and the Great Recession* (Stanford, Calif.: Stanford Center on Poverty and Inequality, 2012).
70. Michael Grunwald, *The New New Deal: The Hidden Story of Change in the Obama Era* (New York: Simon & Schuster, 2012), 82, 239.
71. J. D. Connor, "The Trader's Voice: Rick Santelli's Tea Party Rant," *Journal of Visual Culture* 14, no. 2 (2015): 185.
72. Theda Skocpol and Vanessa Williamson, *The Tea Party and the Remaking of Republican Conservatism* (New York: Oxford University Press, 2012).
73. Richard W. Johnson, *Older Workers, Retirement and the Great Recession* (Stanford, Calif.: Stanford Center on Poverty and Inequality, 2012).
74. Skocpol and Williamson, *Tea Party*, 63, 68–74.
75. Robert A. Moffitt, *The Social Safety Net and the Great Recession* (Stanford, Calif.: Stanford Center on Poverty and Inequality, 2012), 1.
76. Isaac Martin and Christopher Niedt, *Foreclosed America* (Stanford, Calif.: Stanford Briefs, 2015), 63.
77. Michael Hout and Erin Cumberworth, *The Labor Force and the Great Recession* (Stanford, Calif.: Stanford Center on Poverty and Inequality, 2012), 1.
78. Moffitt, *Social Safety* Net, 4.
79. Douglas S. Massey, *Immigration and the Great Recession* (Stanford, Calif: Stanford Center on Poverty and Inequality, 2012), 1.
80. Skocpol and Williamson, *The Tea Party and the Remaking of Republican Conservatism*, 201–209.
81. 对私有化的一个重要哲学批判，参见 Chiara Cordelli, *The Privatized State* (Princeton: Princeton University Press, 2020)。
82. Suzanne Mettler, *The Submerged State: How Invisible Government Policies Undermine American Democracy* (Chicago: University of Chicago Press, 2011).
83. Donald Trump, "Speech at the Conservative Political Action Conference," Democracy in Action, Orlando, Fla., February 10, 2011, http://www.p2012.org/photos11/cpac11/trump021011spt.html.
84. Commission, *Financial Crisis Inquiry Report*, 227.

85. Martin and Niedt, *Foreclosed America*, 5, 83.
86. Eisinger, *Chickenshit Club*, 164–330.
87. Lane Kenworthy and Lindsay A. Owens, "The Surprisingly Weak Effect of Recessions on Public Opinion," in Grusky, Western, and Wimer, *Great Recession*, 196–219.
88. Martin and Niedt, *Foreclosed America*, 64–65.
89. Rebecca Barrett-Fox et al., *The Great Recession in Fiction, Film, and Television: Twenty-First-Century Bust Culture* (Lanham, Md.: Lexington Books, 2013).
90. Elizabeth Gumport, "Fictional Capital," *n+1* 10 (Fall 2010).
91. Adam Ashcraft, Allan Malz, and Zoltan Pozsar, "The Federal Reserve's Term Asset-Backed Securities Loan Facility," *FRBNY Economic Policy Review* 18, no. 3 (2012), 29–57.
92. "Ben Bernanke's Greatest Challenge," 60 Minutes, March 12, 2009, https://www.cbsnews.com/news/ben-bernankes-greatest-challenge/.
93. Suskind, *Confidence Men*, 234.
94. Geithner, *Stress Test*, 23–74.
95. Wolff, *Century of Wealth*, 22–29.
96. Piketty, Saez, and Zucman, "Distributional National Accounts: Methods and Estimates for the United States"; Emmanuel Saez and Gabriel Zucman, "Wealth Inequality in the United States Since 1913: Evidence from Capitalized Income Tax Data," *Quarterly Journal of Economics* 131, no. 2 (2016): 519–578.
97. Ann Owens and Robert Sampson, *Community Well-Being and the Great Recession* (Stanford, Calif.: Stanford Center on Poverty and Inequality, 2012).
98. Thomas Philippon, *The Great Reversal: How America Gave Up on Free Markets* (Cambridge, Mass.: Belknap Press, 2019), 45–51.
99. Anne Case and Angus Deaton, *Deaths of Despair and the Future of Capitalism* (Princeton: Princeton University Press, 2020).
100. Hout and Cumberworth, *Labor Force*, 2.
101. Moffitt, *Social Safety Net*, 5.
102. Paul Starr, "Achievement Without Credit: The Obama Presidency and Inequality," in Julian E. Zelizer, ed., *The Presidency of Barack Obama: A First Historical Assessment* (Princeton: Princeton University Press, 2018), 45.
103. Lawrence R. Jacobs and Theda Skocpol, "Hard-Fought Legacy: Obama, Congressional Democrats, and the Struggle for Comprehensive Health Care Reform," in Skocpol and Jacobs, *Reaching for a New Deal*, 86–87, 73–84.
104. Daniel Carpenter, "The Contest of Lobbies and Disciplines: Financial Politics and Regulatory Reform," in Skocpol and Jacobs, *Reaching for a New Deal*, 158.
105. Congressional Budget Office, "Estimated Impact of the American Recovery and Reinvestment Act on Employment and Economic Output in 2014," February 2015.
106. James Bullard, "President's Message: Quantitative Easing—Uncharted Waters for Monetary Policy," Federal Reserve Bank of St. Louis, January 1, 2010, https://www.stlouisfed.org/

publications/regional-economist/january-2010/quantitative-easinguncharted-waters--for-monetary-policy.
107. Jim Flaherty, Minister of Finance, "G7 Chair's Summary," Iqaluit, Nunavut, Canada, February 6, 2010, http://www.g8.utoronto.ca/finance/fm100206.html.
108. Timothy Geithner, "Welcome to the Recovery," *New York Times*, August 3, 2010.
109. Commission, *Financial Crisis Inquiry Report*, 375, 382.

后 记

1. Donald Trump and Tony Schwartz, *Trump: The Art of the Deal* (New York: Random House, 1987), 58.
2. "How Trump's Election Shook Obama: 'What if We Were Wrong?'," *New York Times*, May 30, 2018.
3. John Maynard Keynes, "National Self-Sufficiency," *Yale Review* 22, no. 4 (1933): 760–761.

索 引

（索引中的页码系原书页码，即本书页边码）

A

Abbott, Grace 格雷丝·阿博特, 410, 418
Abilene, Kansas 堪萨斯州阿比林, 254
abolitionism 废奴主义, xxvi, 6, 80, 153, 170, 181–182
Abortion 堕胎, 571
Abrams, Charles 查尔斯·艾布拉姆斯, 496
Absalom and Achitophel (Dryden)《押沙龙与亚希多弗》（约翰·德莱顿）, 38
Abstract Expressionism 抽象表现主义, 531–532
accounting 会计
　"mark-to-market" accounting "按市值计价"会计, 621, 625, 679
　product cost accounting 产品成本核算, 232
　"rate of return" 回报率, 322, 399, 402, 418
Achaemenid (Persian) Empire 阿契美尼德（波斯）帝国, 37
Acheson, Dean 迪安·艾奇逊, 477, 485
Act of Union《联合法》, 11

Adams, Charles Francis, Jr. 小查尔斯·弗朗西斯·亚当斯, 218–219
Adams, Henry Brooks 亨利·布鲁克斯·亚当斯, 218–219, 221
Adams, Henry Carter 亨利·卡特·亚当斯, 307
Adams, John 约翰·亚当斯, 86
Adams, John Quincy 约翰·昆西·亚当斯, 106, 107, 108, 110, 218
Adams, Robert 罗伯特·亚当斯, 495
Adams Express Company 亚当斯快运公司, 229–230
Adding Machine, The (play)《加算器》（戏剧）, 353
Administrative Management Association 行政管理协会, 353
Advanced Research Projects Agency (ARPA) 高级研究计划署, 639–640
Advanced Research Projects Agency Network (ARPANET) 高级研究计划署网络,

639–640, 643

Adventures of Augie March, The (Bellow)《奥吉·马奇历险记》（索尔·贝娄）, 532

advertising 广告, 132, 350, 394, 489, 503–506, 509–512

Affleck, Thomas 托马斯·阿弗莱克, 157–158

Affluent Society, The (Galbraith)《富裕社会》（约翰·肯尼斯·加尔布雷思）, 509, 533–534

Affordable Care Act of 2010 2010年《平价医疗法》, 728

AFL (American Federation of Labor) 美国劳工联合会, 192, 260, 279, 289–292, 294, 301, 303, 313, 338, 384, 414, 420, 422, 425, 458, 459

AFL-CIO (American Federation of Labor and Congress of Industrial Organizations) 美国劳工联合会—产业工会联合会, 554, 556–558, 567, 605

African Americans 非裔美国人。另参见奴隶制

 civil rights and 公民权利与非裔美国人, 534–538, 554, 556–557

 consumerism and 消费主义与非裔美国人, 490

 housing and 住房与非裔美国人, 484, 496

 in Houston 休斯敦的非裔美国人, 568

 mass incarceration of 对非裔美国人的大规模监禁, 541, 625–626, 688

 New Deal and 罗斯福新政与非裔美国人, 415–416

 racism and 种族主义与非裔美国人, 459–460, 496, 538, 540–541, 554, 563, 688

 sharecropping 佃农分成制, 190, 197, 212–214, 304

 War on Poverty and "向贫困宣战"与非裔美国人, 395, 540–541

 in the workforce 劳动人口中的非裔美国人, 459–460, 556–557, 562–563

 during World War II 第二次世界大战期间, 449, 459–460

Agee, James 詹姆斯·阿吉, 421, 422

"agency theory" of corporations 公司"代理理论", 620

Age of Capital 资本时代, xxvi, 189–387

 capital, overview 资本，概述, 189–194

 Civil War and the Reconstruction of capital 南北战争与资本重建, 189–190, 195–228

 class war and home life 阶级战争与家庭生活, 192, 260–296

 crisis of industrial capital 工业资本的危机, 395–396, 544–583

 Fordism 福特主义, 193, 325–354

 Great Depression 大萧条, 193–194, 355–387

 Industrialization 工业化, 191–192, 229–259

 Populist Revolt 民粹主义造反运动, 192–193, 297–324

Age of Chaos 混乱时代, xxvii, 587–731, 733–734

 chaos, overview 混乱概述, 587–594

 Great Moderation 大缓和, 591–593, 670–701

 Great Recession 大衰退, 593–594, 702–731

 "magic of the market" 市场魔术, 587–

索 引

588, 595–632

new economy 新经济, 590–591, 633–669

Age of Commerce 商业时代, xxvi, 3–186

 capitalism and democracy 资本主义与民主政治, 6, 94–125

 commerce, overview 商业概述, 3–8

 confidence games 骗局／信心博弈, 126–149

 household economy 家户经济, 5, 39–64

 Mercantilism 重商主义, 9–38

 Republican political economy 共和政治经济学, 65–93

 between slavery and freedom 奴隶制与自由之间, 150–186

Age of Control 控制时代, xxvii, 391–583

 consumerism 消费主义, 339, 488–515

 control, overview 控制概述, 391–396

 New Deal capitalism 罗斯福新政资本主义, 391–392, 397–435

 ordeal of a golden age 黄金时代的考验, 394–395, 516–543

 postwar hinge 战后转折, 393–394, 462–487

 World War II 第二次世界大战, 392–393, 436–461

 "aggregates" 总量, 394–395, 434, 485–486, 510, 519

Agrarianism 农本主义, 192–193, 301

Agricultural Act of 1949 1949年《农业法》, 483

Agricultural Adjustment Act of 1933 1933年《农业调整法》, 407

Agricultural Adjustment Administration (AAA) 农业调整管理局（AAA）, 407–408, 409, 424, 425, 428

Agricultural Marketing Act of 1929 1929年《农业营销法》, 370

Agriculture 农业, 116–117

 in American colonies 在美洲殖民地中的, 22, 51–54

 Bracero Program 墨西哥短工计划, 449, 535

 farm crisis 农业危机, 370, 380, 384, 628–629

 Farmers Alliance and People's Party 农场主联盟与人民党, 302–310

 "green revolution" 绿色革命, 546

 Homestead Acts《宅地法》, 180, 198

 industrialization of 的工业化, 189, 250–257, 300–301

 mechanization of 的机械化, 179–180

 New Deal and 罗斯福新政与, 407–409, 425–426

 "safety first" 安全第一, 64, 78, 161, 162, 178, 209, 252

 sharecropping 收益分成佃农制, 190, 197, 212–214, 304

 Thoreau and *Walden* 梭罗与《瓦尔登湖》, 136–137

Aid to Families with Dependent Children 未成年儿童所在家庭援助金 (AFDC), 418, 610–611, 659

AIG (American International Group) 美国国际集团, 692, 696, 701, 711–712, 713, 715, 725

Air Corps Expansion Act of 1938 1938年《空军扩军法》, 442

aircraft industry 飞机产业, 442, 448–449

aircraft traffic controllers strike of 1981 1981年飞航管制人员罢工, 605

Airline Deregulation Act of 1978 1978年《空运管制解除法》, 578
Alabama 亚拉巴马州, 98, 100
"Alabama fever" 亚拉巴马热, 98, 100
Alabama River 亚拉巴马河, 100
Alabama Tenant Farmer Wife (Evans)《亚拉巴马佃农之妻》(沃克·埃文斯), 421
Albers, Josef 约瑟夫·阿伯斯, 532
Algonquian peoples 阿尔冈昆人, 32, 49
alienability 可转让性, 154, 155, 157
Alien and Sedition Act of 1798 1798年《客籍法和镇压叛乱法》, 86
"all-class alliance" "全阶级大联盟", 412–415
Alley, John B. 约翰·B. 阿利, 206–207, 209
"All I Want" (song)《我想要的一切》(歌曲), 551
alodial 保有绝对所有权的, 45
Amalgamated Association of Iron and Steel Workers 钢铁工人联合协会, 258–264, 291
Amalgamated Clothing Workers of America 美国服装工人联合会, 458
Amazon 亚马逊, 646, 675, 683, 685
American Banker《美国银行家》, 318
American Civil War 美国南北战争, 189–190, 195–196, 361, 740–741
　　southern cannibalization 南方的自相残害, 203–205
　　Union war economy 北方联邦的战争经济, 198–203
American colonies 美洲殖民地, 3–4
　　capitalizing the land 土地的资本化, 51–54
　　currency 通货, 69
　　Earl of Shaftesbury and 沙夫茨伯里伯爵与, 11–14, 18–19, 25–28
　　ecology and economy 生态与经济, 41–43
　　gambler and peasant 赌徒与农夫, 60–64
　　legacy of mercantilism 重商主义的遗产, 36–38
　　mercantilist tradition 重商主义传统, 14–22
　　property 财产, 43–50
　　roots of "Smithian growth" "斯密型增长"的根源 28–36
　　slavery and slave trade 奴隶制与奴隶贸易, 29–34, 36, 51, 55, 58–60
　　transformation of mercantilism 重商主义的转变, 22–28
American consumerism 美国消费主义。参见消费主义
American democracy 美国民主政治。参见民主政治
American Economic Association 美国经济学会, 703–704
American expansion 美国扩张。参见西向扩张
American Indians 美洲印第安人。参见美洲原住民
American Indian Wars 美洲印第安人战争, 24, 222–223, 227
American Individualism (Hoover)《美国个人主义》(赫伯特·胡佛), 369, 370
"Americanism" 美国主义, 438, 439
American Landscape (Sheeler)《美国风景》(查尔斯·希勒), 349–351, 350
American Liberty League 美国自由联盟, 414, 420
American Machinist《美国机械师》, 334
American manufacturing belt 美国制造业带, 243–249, 244
American Museum 美国博物馆, 129–133,

索 引

140, 141, 142

American Nervousness (Beard)《美国的神经质》(乔治·比尔德), 284–285

American North 美国北方, 7–8
   abolition of slavery in 废除奴隶制, 6, 170
   architecture of 的建筑, 171–172
   rise of industrial society 工业社会的兴起, 164–175
   Union war economy 北方联邦的战争经济, 198–203

American Notes for General Circulation (Dickens)《游美札记》(查尔斯·狄更斯), 136

American Postal Service 美国邮政总局, 110

American Psycho (Ellis)《美国精神病》(布雷特·伊斯顿·埃利斯), 619–620

American Recovery and Reinvestment Act of 2009 2009年《美国复苏与再投资法》, 722–723

American Red Cross 美国红十字会, 384

American Renaissance 美国文艺复兴, 129

American Revolution 美国独立战争, 4, 43, 65–68, 69, 78, 80

Americans, The (Frank)《美国人》(罗伯特·弗兰克), 533

American South 美国南方, 7–8, 150–164 另参见南方阳光带
   architecture of 的建筑, 171–172
   Civil War and southern cannibalization 南北战争与南方的自相残害, 203–205
   Reconstruction 南方重建, 195–97, 205–214
   slavery in 南方重建中的奴隶制, xxv, 6, 150–152, 153–164, 185,185–186, 190, 203, 204–205

"American System" "美国制度" 6, 96, 103–108, 113

"American System of Manufactures" 《美国制造业体系》, 168

America Online 美国在线 (AOL), 643, 646

Ameriquest 亚美利奎特, 694

Amis, Martin 马丁·埃米斯, 622

Amoskeag Manufacturing Company 阿莫斯凯格制造公司, 245

Anarchy, State, and Utopia (Nozick)《无政府、国家与乌托邦》(罗伯特·诺齐克), 50

anchor stores 主力店, 497–498

ancient Rome 古罗马, 44, 46

Anderson, Sherwood 舍伍德·安德森, 347, 364, 381–382

Andreessen, Marc 马克·安德里森, 643–644

Anglo-Dutch Wars 英荷战争, 18

Anglo-Spanish War 英西战争, 18

animal domestication 动物驯化, 50, 52, 58–59

Anshutz, Thomas Pollock 托马斯·波洛克·安舒茨, 261, 261

Anthony, Susan B. 苏珊·B.安东尼, 284

Anthropocene 人类世, 392, 438

anti-immigrant sentiment 反移民情绪, 180–81, 182, 266, 275, 279, 288, 291, 292, 594

"antimonopoly" 反垄断, 7, 96–97, 114–115, 181–182, 274–275, 297, 301, 304, 305, 309, 321, 431

antimony 锑, 251

anti-Semitism 反犹主义, 218, 219, 300, 312–313, 326, 328

Antitrust 反托拉斯, 321, 322, 377, 411, 482, 576, 617, 660
   Sherman Antitrust Act of 1890 1890年《谢

尔曼反托拉斯法》, 309, 317, 685
Apache Indians 阿帕奇印第安人, 222
Apartment, The (film)《桃色公寓》(电影),
  531, 531
"apex" mining rights "脉尖"采矿权, 251
Apple 苹果公司, 592, 640–642, 643, 645,
  649, 651, 654, 663, 675, 685
Apprentice, The (TV show)《学徒》(电视节
  目), 689
Arapaho Indians 阿拉珀霍印第安人, 222
Arbella (ship) 阿贝拉号(船), 16
Architectural Forum《建筑论坛》, 334, 346
architecture 建筑, 171–173, 516, 562
  Industrial 工业建筑, 340–351, 527–529,
    651
  postwar single-family homes 战后单户住
    宅, 491–497, 494
  shopping malls 购物中心, 488, 497–502
Area Redevelopment Act of 1961 1961年《地
  区再度开发法》, 534
Argentine Pampas 阿根廷潘帕斯草原, 250,
  311
Aristotle 亚里士多德, 15, 19, 38, 230, 503
Arizona 亚利桑那州, 176, 694
arms race 军备竞赛, 450, 452–453, 477
Armstrong, Barbara 芭芭拉·阿姆斯特朗,
  418
Army Corps of Engineers 美国陆军工程兵部
  队, 342, 372
Arnold, Thurman 瑟曼·阿诺德, 431
"arsenal of democracy" 民主国家的军火库,
  439–440
arsenic 砷, 251
Art & Architecture《艺术与建筑》, 494
Arthur Andersen 安达信, 680

Articles of Confederation《十三州邦联宪法》,
  70
Art Institute of Chicago 芝加哥艺术博物馆,
  295
Art of the Deal, The (Trump)《交易的艺术》
  (唐纳德·特朗普), 623, 643, 736
Ashbery, John 约翰·阿什伯里, 550–551
Asian financial crisis of 1997–98 1997年至
  1998年亚洲金融危机, 591, 637, 660–664,
  666–667, 668, 670, 673, 676, 726
assembly line 装配线, 157, 191, 193, 255,
  327–331
Atari 雅达利, 641
At Home and Abroad (Fuller)《国内与海外》
  (玛格丽特·富勒), 129
Atkinson, Edward 爱德华·阿特金森,
  280–281, 314
Atlas, Charles 查尔斯·阿特拉斯, 506
atomic bomb 原子弹, 450, 452–453, 477
atomic bombings of Hiroshima and Nagasaki
  原子弹轰炸广岛与长崎, 438, 452, 453,
  463
attack on Pearl Harbor 偷袭珍珠港, 438, 445
AT&T Corporation 美国电话电报公司, 557,
  650, 685
Austin, Texas 得克萨斯州奥斯丁, 682
Authentic Anecdotes of Old Zack (Melville)
  《老扎克逸事集》(赫尔曼·梅尔维尔),
  14
Autobiography of Benjamin Franklin《本杰
  明·富兰克林自传》, 90
automobiles (automobile industry) 汽车(汽
  车产业), 327–328, 330–331, 333 另参见
  福特汽车公司;以及各具体汽车制造企业
  和工会

索 引

Autumn Rhythm (Number 30) (Pollack)《秋韵》（第30号作品）（杰克逊·波洛克），531–532

B

Bach, Richard 理查德·巴赫, 562
Back-to-Africa movement 回到非洲运动, 183
Back to the Future (film)《回到未来》（电影），627
Bacon, Francis 弗朗西斯·培根, 14, 19, 22
"balance of trade" 贸易平衡（或贸易差额），15, 19–22, 36, 74
Baldwin, Faith 费思·鲍德温, 425
Baldwin, James 詹姆斯·鲍德温, 484, 532
Baltimore 巴尔的摩, 116–117, 562, 565
Baltimore, George Calvert, 1st Baron 巴尔的摩勋爵, 47
Baltimore & Ohio Railroad 巴尔的摩俄亥俄铁路, 215, 231, 264–265
Balzac, Honoré de 奥诺雷·德·巴尔扎克, 146
Bank Holding Company Act of 1956 1956年《银行控股公司法》, 525
Banking 银行业务。另参见联邦储备系统；以及各具体银行
 Bretton Woods 布雷顿森林。参见布雷顿森林体系
 cotton boom and bank bust 棉花繁荣与银行萧条, 97–103
 deregulation 解除管制, 660, 679, 690–692
 early attempts to create 创建银行的早期尝试, 5–6, 68, 74–77, 85, 92, 93, 190
 "fractional reserve" system "部分准备金"制度, 76, 131

 "free banking 自由银行业务," 124, 131, 181, 202, 211
 gold standard and 金本位制与。参见金本位制
 in Jacksonian era 杰克逊时期的, 108–115, 120–123, 131, 207
 late-2000s financial crisis 21世纪第一个十年末的金融危机。参见2007年至2008年金融危机
 national banking system 国民银行体系, 76, 81, 190, 202, 205, 207, 213, 216, 309, 323
 New Deal-era reforms 罗斯福新政时期的改革, 386–387, 404, 406–407, 408–409, 412–413, 440–441, 539
 Nixon shock and 尼克松冲击与, 545, 551–560
 Panic of 1873 1873年恐慌, 197, 224–226, 231, 264, 355
 state-chartered banks 州立特许银行, 120–121, 121, 124
Banking Act of 1933 1933年《银行业务法》。参见《格拉斯—斯蒂高尔法》
Banking Act of 1935 1935年《银行业务法》, 419
"Banking Crisis, The" (Roosevelt) "银行业务危机"（富兰克林·德拉诺·罗斯福）, 404
"bank money" 银行货币, 20–21, 28, 74, 359
Bank of America 美国银行, 506, 692, 715, 725
Bank of England 英格兰银行, 28, 34, 68, 73, 79, 122, 147, 210, 311, 374
Bank of the United States 美国银行 (BUS), 6, 68, 76–77, 82, 85, 91, 92, 96–97, 100–105,

111–113, 375
"bank rate 银行贴现率", 122
bank runs 银行挤兑, 375–376
Bank War 银行之战, 111–114, 121, 124, 131, 207
Banque de France 法兰西银行, 356, 359
Barbados 巴巴多斯, 12, 18, 24, 30–32, 36, 100, 233
Barbados Slave Code of 1661 1661 年《巴巴多斯奴隶法》, 12, 30–31, 32, 58
Barbarians at the Gate (Burrough and Helyar)《门口的野蛮人》(布赖恩·伯勒和约翰·赫利亚尔), 618–619
barbed wire 带刺铁丝网, 255, 256, 259, 262
Barber, William J. 威廉·J. 巴伯, 368
Barclays Bank 巴克莱银行, 710
Baring Brothers 巴林兄弟银行, 311
Barkan, Al 阿尔·巴坎, 554
Barney, Matthew 马修·巴尼, 646
Barnum, P. T. P.T. 巴纳姆, 6, 129–133, 134, 139, 147, 169, 505
Barry, Leonara 莱奥纳拉·巴里, 277
Baruch, Bernard 伯纳德·巴鲁克, 470–471
basic income 基本收入, 414, 557
Basic Principles of Psychoanalysis (Brill)《精神分析基本原理》(亚伯拉罕·布里尔), 504
Battle of Fallen Timbers 伐木之战, 84
Battle of Fort Sumter 萨姆特堡之战, 198
Battle of Guadalcanal 瓜达尔卡纳尔岛战役, 452
Battle of Homestead 霍姆斯特德之战。参见 1892 年霍姆斯特德罢工
Battle of Horseshoe Bend 马蹄弯之战, 92
Battle of Shiloh 夏洛之战, 266
Battle of Stalingrad 斯大林格勒战役, 445

Battle of the Ardennes 阿登森林之战, 442
Battle of the Overpass, Ford Motor Co., U.A.W. (Kilpatrick) "福特汽车公司与美国汽车工人联合会的天桥之战"(詹姆斯·基尔帕特里克), 423
Battle of Waterloo 滑铁卢之战, 97
bauxite 铝土矿, 251, 440, 451
Bayh-Dole Act of 1980 1980 年《贝赫—多尔法》, 642
Beard, Charles 查尔斯·比尔德, 195
Beard, George 乔治·比尔德, 284–285
Beard, Mary 玛丽·比尔德, 195
Bear Stearns 贝尔斯登, 666, 691, 701, 706, 708–709
Bechtel Company 贝克特尔公司, 448, 449, 450
Beck, Jeffrey 杰弗里·贝克, 619
Becker, Gary 加里·贝克尔, 576–577
Beecher, Catharine E. 凯瑟琳·E. 比彻, 172–173, 174
Beef Bonanza, or How to Get Rich on the Plains (Brisbin)《牛业财富宝藏；或如何在平原上致富》(詹姆斯·S. 布里斯宾), 255
Bell, Daniel 丹尼尔·贝尔, 526, 561, 571
Bellamy, Edward 爱德华·贝拉米, 286
Bellow, Saul 索尔·贝娄, 532
Belmont, August 奥古斯特·贝尔蒙特, 316
Bennett, Harry 哈里·本内特, 351
Bentham, Jeremy 杰里米·边沁, 32
Benz, Karl 卡尔·本茨, 330
Berkman, Alexander 亚历山大·别尔克曼, 263
Berle, Adolf 阿道夫·伯利, 412, 431, 525
Berlin, bombing of 轰炸柏林, 452
Berlin Wall 柏林墙, 590, 633, 635

索 引

Bernanke, Ben 本·伯南克, 592, 670, 672, 673, 699, 710–711, 712, 714, 725, 729–730, 737

Bernbach, Bill 比尔·伯恩巴克, 511–512

Berners-Lee, Tim 蒂姆·伯纳斯—李, 643

Bessemer, Henry 亨利·贝塞麦, 233

Bethlehem Steel 伯利恒钢铁公司, 333, 604

Bezos, Jeff 杰夫·贝索斯, 683

Biddle, Nicholas 尼古拉斯·比德尔, 104–105, 111–113, 122–123

"Big Data" 大数据, 648, 684

"big government" 大政府, 453–461

Big Money, The (Dos Passos)《赚大钱》(约翰·多斯帕索斯), 337

Bingham, George Caleb 乔治·凯莱布·宾厄姆, 109, 109

Birmingham, Alabama 亚拉巴马州伯明翰, 158, 244, 534–535

birth control 避孕药, 491

"birther movement" 出生证明运动, 724

Bishop, Elizabeth 伊丽莎白·毕晓普, 480

bison 野牛, 254–255

Black Codes《黑人法令》, 206, 213

Black Death 黑死病, 41, 46

Black Lives Matter "黑人的命也是命"运动, 733

Black Monday (October 19, 1987) 黑色星期一 (1987年10月19日), 629–630

Black Monday (October 28, 1929) 黑色星期一 (1929年10月28日), 366–368, 367, 370

Blackstone, William 威廉·布莱克斯通, 55–56, 58

"blanket code" 一揽子准则, 413

Blankfein, Lloyd 劳埃德·布兰克费恩, xix

Bleeding Kansas 堪萨斯内战, 182

BNY Mellon 纽约梅隆银行, 715

Board of Trade 贸易委员会, 13, 25–27, 28, 85

Bobbitt, Franklin 富兰克林·博比特, 353

Boeing B-29 Superfortress 波音B-29超级堡垒轰炸机, 447

Boesky, Ivan 伊万·伯斯基, 619

Bolingbroke, Henry St John, 1st Viscount 第一代博林布罗克子爵亨利·圣约翰, 79

bombing of Berlin in World War II 第二次世界大战中轰炸柏林, 452

bombing of Dresden in World War II 第二次世界大战中轰炸德累斯顿, 452

Bonneville Dam 邦纳维尔水坝, 427, 448

Bonneville Power Administration 邦纳维尔电力管理局, 427

Bonn Summit (1978) 波恩峰会 (1978年), 580

"Bonus Act"《补助金法案》, 416, 429

Bonus Army Conflict 补助金大军冲突, 384

Boofer, Benjamin 本杰明·博弗, 604, 605, 632

Boone, Daniel 丹尼尔·布恩, 106

Booth, John Wilkes 约翰·威尔克斯·布思, 205–206

Bork, Robert H. 罗伯特·H. 博克, 576

born losers 天生的失败者, 687–690

Bornu Empire 博尔努帝国, 37

Boston 波士顿, 33, 86, 117, 638

Boston Manufacturing Company 波士顿制造公司, 167

Boston Museum of Fine Arts 波士顿美术馆, 295

Boston Stock Exchange 波士顿证券交易所, 317

Bow, Clara 克拉拉·鲍, 364

Bracero Program 墨西哥短工计划, 449, 535

Bradwell v. Illinois 布拉德维尔诉伊利诺伊州, 220

Brandeis, Louis 路易斯·布兰代斯, 416

Brazil 巴西, 157, 345, 352, 664

breadwinner model 男性赚钱养家模式 参见男性赚钱养家者

Bread-Winners, The: A Social Study (Hay)《养家之人》（海约翰）, 266

Bretton Woods Conference 布雷顿森林会议, 463, 466–468

Bretton Woods system 布雷顿森林体系, 395, 463, 464, 466–470, 476, 481, 539, 546, 552, 558–559, 607

Bridgeport, Chicago 芝加哥布里奇波特, 266, 278

Brief Observations Concerning Trade and Interest of Money (Child)《关于贸易和货币利息的简要观察》（乔赛亚·蔡尔德）, 21

Brill, Abraham 亚伯拉罕·布里尔, 504

Brin, Sergey 谢尔盖·布林, 644–645

Brisbin, James S. 詹姆斯·S. 布里斯宾, 255

Britain (British Empire) 英国（大英帝国）, 4, 9–12, 739 另参见英国重商主义
   American Civil War and 美国内战与, 204
   Bretton Woods system 布雷顿森林体系, 466–467, 469–470
   Corn Laws《谷物法》, 179
   gold standard and 金本位制与, 197, 208, 210, 224, 250, 297, 301, 310–311, 314, 343, 359, 360, 365, 374–375, 468
   during Great Depression 大萧条期间, 374–375
   independence and dependence 独立与依附, 54–60
   industrial revolution in 工业革命中的, 208, 229, 236, 237–238
   interest rates 利率, 20, 21, 34–35, 35
   Plaza Accord of 1985 1985年《广场协议》, 658
   the Restoration 王政复辟, 11–12
   Seven Years' War 七年战争, 5, 65, 87
   slavery and slave trade 奴隶制与奴隶贸易, 12, 29–34
   during World War II 第二次世界大战期间, 442–443, 444, 452
   World War I reparations 第一次世界大战战争赔款, 360

British Board of Trade 英国贸易委员会, 13, 25–27, 28, 85

British mercantilism 英国重商主义, xix, 9–38, 39, 66–67, 69, 81–82
   Atlantic commercial patterns 大西洋商业模式, 27, 89
   Earl of Shaftesbury and 沙夫茨伯里伯爵与, 11–14, 18–19, 25–28
   legacy of 的遗产, 36–38

British mercantilism (cont.) 英国重商主义
   roots of "Smithian growth," 斯密型增长的根源 28–36
   tradition of 的传统, 14–22
   transformation of 的转变, 22–28

"broke the buck" 跌破了面值, 712–713

"Brother Can You Spare a Dime?" (song)《哥们儿，能给我一角钱吗？》（歌曲）, 383

Brown, Frank Donaldson 弗兰克·唐纳森·布朗, 472, 526

Brown, Helen Gurley 海伦·格利·布朗, 530–531

Brown, John 约翰·布朗, 182
Brown & Root 布朗与鲁特商业建筑公司, 566
Bryan, William Jennings 威廉·詹宁斯·布赖恩, 193, 322, 324
 election of 1896 1896 年大选, 193, 298–301, 303, 310, 313–314, 315, 317, 318, 398, 420
 election of 1900 1900 年大选, 301
Bubble Act of 1720 1720 年《泡沫法》, 76
Buchanan, James 詹姆斯·布坎南, 164
Buckley v. Valeo 巴克利诉瓦莱奥, 574
budget deficits 预算赤字, 681, 738 另参见赤字开支
 1970s 20 世纪 70 年代, 547–548, 596
 1980s 20 世纪 80 年代, 613–614, 614, 628
 1990s 20 世纪 90 年代, 654, 655, 655–656
 Great Depression and New Deal 大萧条与罗斯福新政, 372, 393, 428–429, 429, 434
 postwar period 战后时期, 520, 523
Buffalo, New York 纽约州布法罗, 118, 246, 604, 626, 686
Buffett, Warren 沃伦·巴菲特, 713–714
Bureau of Internal Revenue 国家税务局, 202
Bureau of Motion Pictures 电影局, 454
Burke, Edmund 埃德蒙·伯克, 26
Burns, Arthur 阿瑟·伯恩斯, 521, 553, 559
Burns, Fritz 弗里茨·伯恩斯, 493
Burr, Aaron 阿伦·伯尔, 66
Burrough, Bryan 布赖恩·伯勒, 618–619
Bush, George H.W. 乔治·H.W. 布什, 630
Bush, George W. 乔治·W. 布什, 680–81, 685, 690–691, 714, 717
 "ownership society" 所有权社会, 592–593, 675, 690–691, 698

Bush tax cuts 布什减税政策, 680–681
"business judgment rule" 商业判断原则, 525
Business Roundtable 商业圆桌会议, 550, 573, 577
Business Week《商业周刊》, 417, 499, 678
Butler, Benjamin F. 本杰明·F. 巴特勒, 209–210
"butternuts" 南方大兵, 100, 177
Byers, Brook 布鲁克·拜尔斯, 642
Byrd, William, II 威廉·伯德二世, 55, 59
Byrne, James 詹姆斯·伯恩, 447

C

Cadillac Car Company 凯迪拉克汽车公司, 331
Cahaba River 卡霍巴河, 100
Calhoun, John C. 约翰·C. 卡尔霍恩, 93, 105, 106–107, 113, 164
California 加利福尼亚州, 176–177, 223, 251, 380, 414, 449, 644, 647, 653–54 另参见具体地点
 architecture style 建筑风格, 494–495
California electricity crisis of 2000-2001 2000 年至 2001 年加利福尼亚电力危机, 679
California Gold Rush 加利福尼亚淘金热, 181, 251
California Institute of Technology's Jet Propulsion Laboratory 加州理工学院喷气推进实验室, 449
California Public Employees' Retirement System (CalPERS) 加利福尼亚州公职人员退休基金（CalPERS）, 617
"call money" 通知借款, 216, 224, 225, 317, 323, 362–363, 365, 375, 711
Calvinism 加尔文主义, 16

Cameron, Simon 西蒙·卡梅伦, 200
Campaign of the Carolinas 卡罗来纳战役, 206
Campbell's soups 金宝汤, 254
Campbell Works 坎贝尔工厂, 562
Camp David 戴维营, 581
canal construction 运河建设, 118–119
Cantor, Eddie 埃迪·坎托, 367
"Cape Cod Cottage" "科德角式小屋", 493
capital 资本。另参见资本时代
　　definition of 资本的定义, xiv–xvii
　　overview of 资本概述, 189–194
　　as process 作为过程的资本, xiv–xvi
Capital (Marx)《资本论》(卡尔·马克思), 146, 154, 192, 267–270
"capital asset pricing model" (CAPM) "资本资产定价模型", 603
"capital deepening" "资本深化", 233, 236, 260–261, 327
capital flight 资本外逃, 311, 357–360, 366, 374–375, 467, 540, 591, 593, 606–607
capital gains taxes 资本利得税, 434, 574, 610
"capital goods" "资本品", 32, 190, 236, 237
capitalism 资本主义 另参见各具体主题
　　Clay's "American System" 克莱的"美国制度", 103–108
　　　　corporations 公司, 123–25
　　　　cotton boom and bank bust 棉花繁荣与银行萧条, 97–103
　　　　definition of 定义, xiv–xvii
　　　　developing economy 发展中经济体, 115–123
　　　　the economic problem 经济问题, xxi–xxvii
　　　　Jackson and 杰克逊与, 108–115

　　profit motive 盈利动机, xviii–xxi
Capitalism, Socialism, and Democracy (Schumpeter)《资本主义、社会主义与民主》(约瑟夫·熊彼特), 135–136
Capitalism and Freedom (Friedman)《资本主义与自由》(米尔顿·弗里德曼), 576
Capital Purchase Program 资本收购计划, 715
Capra, Frank 弗兰克·卡普拉, 454
Carbide Company 碳化物公司, 452–453
Carboniferous 石炭纪, 239
Carey, Henry 亨利·凯里, 210
Carey, Mathew 马修·凯里, 102, 167
Carlyle, Thomas 托马斯·卡莱尔, 40, 135
Carnegie (Serra)《卡内基》(理查德·塞拉), 604, 605
Carnegie, Andrew 安德鲁·卡内基, xix, 191, 192, 229–235, 302, 319, 339, 525
　　Homestead labor strike 霍姆斯特德罢工, 257–258, 260–261, 263–264
　　Industrialization 工业化, 229–235, 243, 270, 271, 326, 526
　　philanthropy of 慈善事业, 292, 293–295
　　on "survival of the fittest" 关于"适者生存", 286–287
Carnegie Foundation 卡内基基金会, 540
Carnegie Homestead 卡内基钢铁公司霍姆斯特德钢铁厂, 258–259, 604
　　Strike of 1892 1892年罢工, 192, 260–264, 343
Carnegie Steel Company 卡内基钢铁公司, 234, 238, 241, 242, 247, 257–264, 271, 316, 319
Carolina Province 卡罗来纳殖民地, 13, 26, 32, 37, 47
"carrying trade" "套利交易", 663, 666, 692,

索 引   1107

728, 730
cars 汽车。参见汽车
Carter, Jimmy 吉米·卡特, 396, 572–573, 574–575, 578–580, 581–582, 596, 600, 610
Carville, James 詹姆斯·卡维尔, 655
"Case Study Houses" "案例研究住宅", 494
Catch-22 (Heller)《第二十二条军规》(约瑟夫·海勒), 437
Cato Institute 加图研究所, 574
cattle 牛, 52, 58–59, 251, 254–256, 257
Caught Short! A Saga of Wailing Wall Street (Cantor)《一场空！华尔街悲歌》(埃迪·坎托), 367
Cayne, Jimmy 吉米·凯恩, 708–709
Celler-Kefauver Act of 1950 1950 年《塞勒—基福弗法》, 484
"central bank independence" "中央银行独立性", 600–601
Central Intelligence Agency (CIA) 中央情报局, 478, 481
Central Pacific Railroad 中央太平洋铁路, 199, 220, 223, 233, 280
Chamber of Commerce 美国商会, 416, 417, 430, 458, 471–472, 484
Champy, James 詹姆斯·尚皮, 633–634
chaos 混乱 另参见混乱时代
overview of 概述, 587–594
Chaplin, Charlie 查理·卓别林, 337, 337, 338, 379
Chapters of Erie (Adams)《伊利篇章》(亨利·亚当斯), 218–219
Charles II of England 英格兰国王查理二世, 11–12, 18–19, 25
Charles River Bridge v. Warren Bridge 查尔斯河桥梁公司诉沃伦桥梁公司, 124

Charlotte Temple (Rowson)《夏洛特·坦普尔》(苏珊娜·罗森), 90
Chartran, Theobald 特奥巴尔德·沙特朗, 282
Chase, Salmon P. 萨蒙·P. 蔡斯, 200, 207
Chase Manhattan 大通曼哈顿银行, 506
Chatham Street Chapel 查塔姆街礼拜堂, 132–133
Cheney, Dick 迪克·切尼, 609, 681
Cherokee Indians 切罗基印第安人, 87, 108–109
Chevrolet Corvair 雪佛兰科维尔, 555
Cheyenne Indians 夏延印第安人, 222
Chicago 芝加哥, 179, 180, 191, 246–249, 252–253, 381, 384, 538, 562, 565, 693
industrialization of 工业化, 246–250
"Chicago" (Sandburg)《芝加哥》(卡尔·桑德堡), 249
Chicago, Burlington, & Quincy Railroad 芝加哥、伯灵顿和昆西铁路公司, 288
Chicago Board of Trade 芝加哥期货交易所, 254, 307, 722
Chicago Fire of 1871 1871 年芝加哥大火, 247
Chicago Mercantile Exchange 芝加哥商品交易所, 617
Chicago River 芝加哥河, 248, 248
Chicago school of economics 芝加哥经济学派, 575, 576–578, 617, 622, 660, 683
Chicago strike of 1877 1877 年芝加哥罢工, 266
Chicago strike of 1886 1886 年芝加哥罢工, 278–278
Chicago Tribune《芝加哥论坛报》, 288
Chicago Union Stockyards 芝加哥联合牲畜饲养场, 247, 255–256, 335
Chicago Workingmen's Party 芝加哥劳工党,

266, 274
Chickasaw Indians 奇克索印第安人，108–109
Chickering, Jonas 约纳斯·奇克林，169, 170–171
Chih-Yang, Jerry 杨致远 644
Child, Josiah 乔赛亚·蔡尔德，11, 18, 21
Child and the State, The (Abbott)《儿童与国家》（格雷丝·阿博特），410
child labor 童工，167–168, 174–175, 323
children and childrearing 儿童与生育，174–175
Children's Bureau 儿童局，323
China 中国
  bad grain harvests 谷物歉收，559
  global "saving glut" 全球"储蓄过剩"，673, 699
  global trade 全球贸易，592, 649, 672, 673–674, 681, 685–687, 700
  "Open Door" policy "门户开放"政策，441
  during World War II 第二次世界大战期间，444
China trade shock 中国贸易冲击，540, 674, 685–687, 693
Chinese Communist Party 中国共产党，477, 576, 673
Chinese Exclusion Law of 1882 1882年《排华法案》，275, 291
Chinese immigrants 华人移民，266, 275, 279, 291
Choctaw Indians 查克托印第安人，87, 108–109
cholera 霍乱，248
Christian terrorism 基督教恐怖主义，160

Chrysler Corporation 克莱斯勒公司，443, 447, 541, 715
Chualar bus crash 丘亚拉火车巴士相撞事故，534–535
Churchill, Winston 温斯顿·丘吉尔，452
Cigarmakers' International Union 雪茄烟业工人国际联合会，290
cigar rolling 卷雪茄，289–290
Cincinnati 辛辛那提州，100, 116, 246
CIO (Congress of Industrial Organization) 产业工会联合会，420, 422, 428, 458, 459, 472–475, 479。另参见美国劳工联合会—产业工会联合会
Cioffi, Ralph 拉尔夫·乔菲，706
Cisco Systems 思科系统公司，647–648, 663
Citibank 花旗银行，607, 623
Citigroup 花旗集团，660, 678, 680, 692, 694, 696, 701, 707, 710, 715, 725–726, 731
City Lights (film)《城市之光》（电影），379
civil rights 民权，534–538, 554, 556–557
Civil Rights Act of 1866 1866年《民权法》，210, 211
Civil Rights Act of 1875 1875年《民权法》，227
Civil Rights Act of 1964 1964年《民权法》，535, 556
Civil Rights Cases of 1883 1883年民权案例，220, 227
Civil War 南北战争. See American Civil War 参见美国南北战争
Clark, Jim 吉姆·克拉克，643–644
Clark, John Bates 约翰·贝茨·克拉克，236
Clark, Mary 玛丽·克拉克，184
class consciousness 阶级意识，280–288
class war 阶级战争，192, 260–296 另参见罢

工
  birth of politics of income 收入政治的诞生, 288–296
  class consciousness from above 自上而下的阶级意识, 280–288
  fate of "free labor" "自由劳动"的宿命, 270–279
  Marx's theory of industrial capital 马克思的工业资本理论, 267–270
Clay, Henry 亨利·克莱, 95–96, 110, 123, 176–177, 182, 183
  American System of 所主张的美国制度, 6, 96, 103–108, 113
  background of 个人背景, 103–104
  Bank War 银行战争, 111, 112–113
  election of 1824 1824 年大选, 105–108
Clayton, Will 威尔·克莱顿, 476
Clayton Antitrust Act of 1914 1914 年《克莱顿反托拉斯法》, 322
Cleburne Demands《克利本诉求》, 303–304, 305
Cleveland 克利夫兰, 246, 562, 693
Cleveland, Grover 格罗弗·克利夫兰, 297–299, 309–310, 312–313
climate change 气候变化, xix, 392, 438, 564–565, 631–632, 701
Clinton, Bill 比尔·克林顿, 590–591, 634, 646, 654–657, 659–660, 718
Clinton, Hillary Rodham 希拉里·罗德姆·克林顿, 654
clock 时钟, 329–330
coal 煤, 166, 168, 231, 234, 235, 237–240, 242, 246, 247–248
  fracking 压裂法, 735
  mid-Atlantic coal flows, c. 1855 1855 年前后中部濒大西洋地区的煤炭流动, 240
  Pennsylvania anthracite production 宾夕法尼亚的无烟煤生产, 239
Coalition of Black Trade Unionists 黑人工会主义者联盟, 556–557
Coal Regions of America, The (MacFarlane)《美国煤炭产区》(詹姆斯·麦克法兰), 248
Coase, Ronald 罗纳德·科斯, 576
Cobb, Ned 内德·科布, 214
Cobb, Samuel C. 塞缪尔·C. 科布, 295
Coca-Cola 可口可乐, 254, 464, 491
Cochran, Thomas C. 托马斯·C. 科克伦, 165
Cohen, Benjamin 本杰明·科恩, 405–406, 412, 417, 420, 431
Coinage Act of 1834 1834 年《铸币法》, 297
Coinage Act of 1873 1873 年《铸币法》, 297–298
Colbert, Jean-Baptiste 让—巴蒂斯特·柯尔贝尔, 12
Cold War 冷战, 393, 464, 475–485, 490, 491, 596
  containment strategy 遏制战略, 464, 477, 479, 486
  known military bases abroad, c. 2019 2019 年前后已知海外军事基地, 478
  liberalism and 自由主义, 482–85
Cole, Edward N. 爱德华·N. 科尔, 556
Cole, Thomas 托马斯·科尔, 147
"collateralized debt obligations"(CDOs)担保债务凭证, 696–697, 699–700, 701, 706–707
collective bargaining 集体谈判, 259, 411, 419–420, 653–654
College Dropout, The (West)《大学辍学生》

（坎耶·韦斯特），688

colonial America 殖民地美洲。参见美洲殖民地

Colorado 科罗拉多州，176, 177, 251

Colorado Springs, CO (Adams) "科罗拉多斯普林斯公司"（罗伯特·亚当斯），495

Colored Farmers Alliance 有色人种农场主联盟，304, 310

Colosio, Luis Donaldo 路易斯·唐纳多·科洛西奥，657

Colvin, Fred 弗雷德·科尔文，334

Comanche Indians 科曼切印第安人，222, 254

comic books 漫画书，507

Coming of Post-Industrial Society, The (Bell)《后工业社会的来临》（丹尼尔·贝尔），561

commedia dell'arte 即兴喜剧，140

Commentaries on the Constitution (Story)《美国宪法评注》（约瑟夫·斯托里），61

Commentaries on the Laws of England (Blackstone)《英国法释义》（威廉·布莱克斯通），55–56, 58

commerce 商业 另参见商业时代

overview of 概述，3–8

Commerce Clause 商业条款，88, 118, 428

Commercial Paper Funding Facility 商业票据融资工具，714–715

commercial real estate 商业地产，501, 589, 612, 623–625, 630

Commercial Review《商业评论》（《商人杂志与商业评论》），130

commercial self-interest 商业自利，3, 4, 5, 10, 12, 14–17, 38, 126–127, 286

commercial society 商业社会，33–34, 90, 127–128, 135, 136, 143–144

Committee on the Elimination of Waste in Industry 消除工业浪费委员会，354

commodification 商品化，135–36

Commodity Credit Corporation (CCC) 商品信贷公司（CCC），409

Commodity Futures Modernization Act of 2000 2000年《商品期货现代化法》，680

Commodity Futures Trading Commission 商品期货交易委员会，629

Common Cause 共同事业，555

"commons," "公地" 48–49

Commons, John R. 约翰·R.康芒斯，338

"commonwealth" "共和"，15, 16, 17–18, 20, 21, 23

Commonwealth & Southern Corporation 联邦及南方电力公司，443

Commonwealth v. Hunt 马赛诸塞州诉亨特案，273

Communism 共产主义，268, 294, 399, 476–477, 480, 486, 491, 576, 673

Compromise of 1790 1790年的妥协方案，76

Compromise of 1850 1850年《妥协方案》，176–177

Comstock Lode 卡姆斯托克银矿脉，251

Confederate states dollar 邦联美元，204

Confederate States of America 南部邦联（CSA），195–196, 198, 203–205

Confederation Period 十三州邦联时期 参见共和政治经济学

confidence 信心，xxiv–xxv, 71

confidence games 骗局/信心博弈，6–7, 126–149, 190–191, 404

Barnum and humbug 巴纳姆与"骗人的把戏"，129–33

索 引

Melville and The Confidence-Man 梅尔维尔与《骗子》, 140–146, 147–149

Thoreau and *Walden* 梭罗与《瓦尔登湖》, 133–139

confidence man 骗子, 140, 511

Confidence-Man, The (Melville)《骗子》(赫尔曼·梅尔维尔), 128, 138, 140–146, 147–149, 551

Connally, John 约翰·康纳利, 553, 558

Connor, Eugene "Bull" 尤金·"公牛"·康纳, 538

Conrad, Joseph 约瑟夫·康拉德, 50

conspicuous consumption 炫耀性消费, 294, 489, 502

Constitution, U.S.《美国宪法》, 71–72 另参见各具体修正案

 Commerce Clause 商业条款, 88, 118, 428

 three-fifths clause of 五分之三妥协条款, 48, 86

Constitutional Convention 制宪会议, 71, 75–76

consumer capitalism 消费资本主义, 512–515

"consumer confidence" 消费者信心, 394, 513–515, 514

consumer dreamscape 消费梦境, 502–509

Consumer Financial Protection Bureau 消费者金融保护局, 729

consumerism 消费主义, xx, 339, 364, 393–394, 488–515

 consumer capitalism 消费资本主义, 512–515

 consumer dreamscape 消费梦境, 502–509

 consumer landscape 消费场景, 491–502

 "think small" "想想还是小的好", 509–512

Consumer Product Safety of 1970 1970年《消费品安全法》, 555

Consumer Protection Agency 消费者保护局, 574

containment strategy 遏制战略, 464, 477, 479, 486

Continental Congress 大陆会议, 69, 74, 78

Continental Illinois National Bank 伊利诺伊大陆银行, 606

"continentals" "大陆币", 69

"Contribution to the Theory of Economic Growth, A" (Solow)《对经济增长理论的一点建言》(罗伯特·索洛), 533

control 控制。另参见控制时代

 overview of 概述, 391–396

convergence trading 趋同交易, 664–665

Cook, James 詹姆斯·库克, 130

Cook, William C. 威廉·C.库克, 315

Cooke, Henry 亨利·库克, 200, 212

Cooke, Jay 杰伊·库克, 200–201, 204–205, 224–225, 316

Cooley, Thomas 托马斯·库利, 220–221, 309

Coolidge, Calvin 卡尔文·柯立芝, 360, 369

Cooperative Commonwealth, The (Gronlund)《合作共同体》(劳伦斯·格伦隆德), 276

Coosa River 库萨河, 100

Copeland, Thomas E. 托马斯·E.科普兰, 603

copper 铜, 251, 451

Corcoran, Tommy "Tommy the Cork" 汤米·"捣乱头子汤米"·科科伦 (汤米·科科伦), 405–6, 412, 416, 417, 420, 431

Corliss, George 乔治·科利斯, 241–242, 245

Corliss steam engine 科利斯蒸汽机, 241–

242, 245
corn 玉米, 51–52
Corn Laws《谷物法》, 179
corporate debt 公司债, 224, 614, 734–735
corporate lobbyists 公司游说成员, 573–574
corporate managerialism 公司管理主义, 524–532
"corporate personality" 公司人格, 124, 417
corporate philanthropy 慈善事业。参见非营利性公司
corporate taxes 公司税, 320–324, 372, 399, 417, 455, 486, 535, 610, 624, 681, 738
Corporation Finance (Lough and Field)《公司理财》(威廉·洛和弗雷德里克·菲尔德), 318
corporations 公司, 123–125 另参见各家公司
　"agency theory" of 公司"代理理论", 620
　general incorporation laws 一般性公司设立法令, 124–125, 168, 293
　Great Merger Movement 大并购运动, 193, 301–302, 315–320, 361
　joint-stock 股份公司, 16, 17, 22–23, 76–77, 120, 123–125, 292–293
corporations 公司
　the network 网络, 647–654
　nonprofit 非营利。参见非营利性公司
Corrections Corporation of America 美国矫正公司, 644
Corrupt Bargain and election of 1824 "腐败交易"与1824年选举, 108
"cost of living adjustments" (COLA) "生活成本调整额度", 526
Cottage Residences (Downing)《独栋住宅》(安德鲁·杰克逊·唐宁), 172

cotton 棉花, 85, 90, 97, 97–104, 111, 116, 118, 122, 150–152, 213, 304, 408, 413–414
　production per square mile 每平方英里的棉花产量, 155–156
　slavery and the American South 奴隶制与美国南方, xxv, 6, 153–164
Cotton, John 约翰·科顿, 17, 34, 50
Cotton Is King and Pro-Slavery Arguments (Elliott)《棉花为王及支持奴隶制的论据》(E.N. 埃利奥特), 162–163
Cotton Kingdom, The (Olmsted)《棉花王国》(弗雷德里克·劳·奥姆斯特德), 171
Coughlin, Charles 查尔斯·库格林, 423
Council for Trade and Plantations 贸易与垦殖委员会, 13, 25–27
Council of Economic Advisors (CEA) 经济顾问委员会 (CEA), 394, 474, 483, 485, 521, 534, 536, 538, 551–552, 553, 574, 718
countercyclical fiscal policy 逆周期财政政策, 393, 465, 482, 485–86, 518, 521, 536, 547–548
Country (film), 628
Country-Wide Insurance Company 全国保险公司, 692, 694
Couzens, James J. 詹姆斯·J. 卡曾斯, 331
coverture 已婚妇女法律身份, 55–56
"covetousness" "贪婪觊觎", 4, 16–17, 21, 34
COVID-19 pandemic 新型冠状病毒全球大流行, 733, 734–735, 737, 738, 740
Cowie, Jefferson 杰斐逊·考伊, 550
Craige, Andrew 安德鲁·克雷格, 81
Cramer, Jim 吉姆·克拉默, 709
Creditanstalt Bank 信贷银行, 373
credit cards 信用卡, 506
credit-default swaps (CDS) 信用违约互换

索引

（CDS），680, 696, 697, 701, 711–712, 715
Credit Mobilier 美国动产信贷公司，220, 223, 678
"credit money" 信用货币，20–21, 28, 74, 359
"Creek Cession" "克里克割地"，98
Creek Indians 克里克印第安人，32, 42, 87, 92, 98, 108
"creeping socialism" "潜滋暗长的社会主义"，394, 471, 479, 519–520, 521, 523, 524, 574–575
Cremaster Cycle, The (Barney)《悬丝循环》（马修·巴尼），646
Cretaceous 白垩纪，239
Crimean War 克里米亚战争，179
Crisis of 1866 1866 年危机，210
"crisis of confidence" 信心危机，128, 596
crisis of industrial capital 工业资本危机，395–396, 544–583
    Nixon shock 尼克松冲击，551–560
    rise of Houston 休斯敦的崛起，560–571
    twilight of liberalism 自由主义的黄昏，572–583
Criss-Crossed Conveyors, River Rouge Plant, Ford Motor Company (Sheeler)《福特汽车公司里弗鲁日工厂的交错传送带》（查尔斯·希勒）350, 351
Cromwell, Oliver 奥利弗·克伦威尔，12, 18, 24
crop liens 作物留置权，213, 214, 223, 304
Cross Timbers 克罗斯廷伯斯，303–304
Crow Indians 克劳印第安人，222
Crowther, Samuel 塞缪尔·克劳瑟，325, 354
Crying of Lot 49, The (Pynchon)《拍卖第 49 批》（托马斯·品钦），501
Cuba 古巴，157, 440, 441

Cuban Missile Crisis 古巴导弹危机，534
Cult of True Womanhood 女性特质崇拜，282–285
Cultural Contradictions of Capitalism, The (Bell)《资本主义文化矛盾》（丹尼尔·贝尔），571
Culture of Narcissism, The (Lasch)《自恋主义文化》（克里斯托弗·拉什），581
Cumberland Road 坎伯兰公路，105
currency 通货。参见美元
Currency Acts of 1751 and 1764 1751 年和 1764 年《通货法》，69
"currency options" "货币期权" 558
Curriculum, The (Bobbitt)《课程》（富兰克林·博比特），353
Currie, Lauchlin 劳克林·柯里，432
Curry, John Steuart 约翰·斯图尔特·柯里，380
Curtiss-Wright Corporation 柯蒂斯一怀特公司，442
Czechoslovakia coup d'état of 1948 1948 年捷克斯洛伐克政变，478

D

Dakota Alliance 达科他州农场主联盟，308
Dakota Territory 达科他领地，251, 252
"Dangerous Classes, The, 那些危险的阶级" 288
Darwin, Charles 查尔斯·达尔文，286
"data exhaust" "数据废料" 592, 645, 683–684
Daughters of Edward Darley Boit (Sargent)《爱德华·达利·布瓦的女儿们》（约翰·辛格·萨金特），284, 284–285
Davis, Jefferson 杰斐逊·戴维斯，198

Davis, John W. 约翰·W. 戴维斯, 415
Dawes, Charles 查尔斯·道威斯, 360
Dawes Act《道威斯法》, 256
Dawes Plan 道威斯计划, 360
Day's End (Matta-Clark)《日之尽头》(戈登·马塔—克拉克), 544–545, 566
day-trading 日内交易, 651
Death of a Salesman (play)《推销员之死》(戏剧), 531
"deaths of despair""绝望之死", 688, 727, 735
"debenture bonds""无担保品债券", 252
debt 债务。另参见国债
 Britain 英国, 28, 34, 58, 61, 341, 360
 German reparations 德国战争赔款, 360, 366, 374
 Great Recapitalization 大重组, 315–320
 Latin American debt crisis 拉丁美洲债务危机, 606–608, 623, 631
 Spanish Empire 西班牙帝国, 87
"debtdeflation""债务通缩", 70, 102, 122, 125, 126, 161, 192
Debt Recovery Act of 1732 1732年《债务追讨法》, 34, 58, 61, 62
"decontrol""解除控制", 396, 582–583
Deere, John 约翰·迪尔, 253
Deere & Company 迪尔公司, 529
Defense Department, U.S. 美国国防部, 478
Defense Plant Corporation (DPC) 国防工厂公司, 442–443
deficit spending 赤字开支, 465, 721, 738
 New Deal 罗斯福新政, 424, 427, 429
 postwar period 战后时期, 520, 520–521, 534
deflation 通缩, 70, 101, 241, 404–405 另参见"债务通缩"
 Great Deflation 大通缩, 226, 226–228
 post–World War I period 第一次世界大战后时期, 359–360, 363
Deindustrialization 去工业化, 246, 537, 561, 602–605, 604
Della Femina, Jerry 杰里·德拉·费米纳, 512
democracy 民主政治, 6, 94–125
 Clay's American System 克莱的"美国制度", 103–108
 corporations and 公司与民主制度, 123–125
 cotton boom and bank bust 棉花繁荣与银行萧条, 97–103
 developing economy 发展中经济体, 115–123
 Jackson and 杰克逊与民主政治, 108–115 另参见杰克逊式民主
 World War II and arsenal of 第二次世界大战和民主国家的军火库, 439–445
Democracy: An American Novel (Adams)《民主：一部关于美国的小说》(亨利·亚当斯), 221
Democracy in America (Tocqueville)《论美国的民主》(阿列克西·德·托克维尔), 95
Democratic Party 民主党, 180–181, 184
dependence effect 依赖效应, 509
Depository Institutions Deregulation and Monetary Control Act of 1980 1980年《存款机构解除管制与货币控制法》, 579
Depression of 1920–21 1920年至1921年萧条, 341, 343–344, 368
Depression of 1930s 20世纪30年代萧条。参见大萧条

索引

Derby, Elias Hasket 埃利亚斯·哈斯克特·德比, 66
deregulation 解除管制, 115, 396, 578–579, 588, 659–660, 679, 690–692
derivatives 衍生品, 589, 629, 664–666, 691
Detroit 底特律, 330, 381, 687 另参见福特汽车公司
Detroit, Toledo & Ironton Railroad 底特律、托莱多河艾恩顿铁路公司, 345
Detroit Automobile Company 底特律汽车公司, 331
Detroit Institute of Arts 底特律美术馆, 350–351
Detroit Metal Trades Council 底特律金属行业总会, 338
"Detroit Moan" (song)《底特律哀歌》(歌曲), 382
Detroit River 底特律河, 342
Detroit Tank Arsenal 底特律坦克兵工厂, 443
developing economy 发展中经济体, 115–123
Development Finance Corporation (DFC) 发展金融公司, 447
Dewey, Thomas 托马斯·杜威, 482
Dexia 德克夏银行, 715
Diamond v. Chakrabarty 戴蒙德诉查克拉博蒂, 642
Dichter, Ernest 埃内斯特·迪希特, 504, 512
Dickens, Charles 查尔斯·狄更斯, 135, 136
Dickinson, Emily 艾米莉·狄金森, 129
Dillon, Sidney 西德尼·狄龙, 233
Dimon, Jamie 杰米·戴蒙, 711
Discourse on the Origin and Basis of Inequality Among Men (Rousseau)《论人与人之间不平等的起因和基础》(让-雅克·卢梭), 135

"distributive justice" "分配正义", 289, 402, 460, 466, 518, 536
distributive politics 分配政治, 288–296
"division of labor" "劳动分工", 4, 10, 29, 168
divorce 离婚, 56, 493, 548, 569–571
Dobson, James 詹姆斯·多布森, 571
doctrine of improvement 改良主义信条, 49–51
Dodd-Frank Wall Street Reform and Consumer Protection Act of 2010 2010年《多德-弗兰克华尔街改革与消费者保护法》, 728–729
Dodge, Horace 霍勒斯·道奇, 331, 342
Dodge, John 约翰·道奇, 331, 342
Dodge v. Ford 道奇诉福特汽车公司, 342
Doherty, Harry 哈里·多尔蒂, 691
dollar 美元
　Coinage Act of 1834 1834年《铸币法》, 297
　Coinage Act of 1873 1873年《铸币法》, 297–298
　"continentals" "大陆币", 69
　fiat standard 不兑现本位制, 309, 468, 559
　gold peg 黄金挂钩。参见金本位制
　Greenbacks 绿背纸币, 196, 201–202, 207, 210, 211–212
　as international reserve currency 作为国际储备货币。参见储备货币
　National Banking Acts of 1863 and 1864 1863年和1864年《国民银行法》, 202, 211, 216
　National Bank Note 国民钞票, 190, 196, 201–202
　national currency 本国货币, 206–210
"dollar gap" "美元缺口/美元短缺", 476,

478, 539, 543

"dollar glut" "美元过剩", 481, 539

domestication 驯化, 50, 52, 58–59

Domestic Manners of the Americans (Trollope)《美国人的家庭风俗》（范妮·特罗洛普）, 95

dominium 完全所有权, 44–45, 46

Dos Passos, John 约翰·多斯帕索斯, 337

dot-com bubble 互联网泡沫, 637, 646–647, 657, 677–679, 682

Doughty, Thomas 托马斯·道蒂, 43, 43–44

Douglas, Stephen 斯蒂芬·道格拉斯, 177, 182–184

Douglas Aircraft Company 道格拉斯飞机公司, 449

Douglass, Frederick 弗雷德里克·道格拉斯, 129, 147

Dow 36,000 (Hassett)《道琼斯指数36000点》（凯文·哈西特）, 667

Downing, Andrew Jackson 安德鲁·杰克逊·唐宁, 171–172

Doyle Dane Bernbach 恒美广告公司, 511–512

Dred Scott v. Sandford 德雷德·斯科特诉桑福德案, 183, 184

Dreier, Katherine 凯瑟琳·德赖尔, 347

Drew, Daniel 丹尼尔·德鲁, 202, 215–217

Drexel, Burnham, Lambert (Frize)《德崇证券》（伯纳德·弗里泽）, 614–615

Drexel, Morgan, & Co. 德雷克塞尔摩根公司, 315

Drexel Burnham Lambert 德崇证券, 615, 618, 625, 696

Dryden, John 约翰·德莱顿, 38

Duer, William 威廉·杜尔, 81, 82–83

Du Pont, Lammot, II 拉莫·杜邦二世, 430

DuPont Company 杜邦公司, 352, 353, 443, 453, 526, 573

Du Pont family 杜邦家族, 414, 473, 483

Durand, Asher Brown 阿舍·布朗·杜兰德, 44, 45, 147

Dust Bowl 干旱尘暴区, 380, 384

Dust Bowl Migration 尘暴区移民, 380

"dust bowls" "干旱尘暴区", 257

Dutch Empire 荷兰帝国, 18, 19, 21, 24, 26, 47

Dutch Revolt 荷兰独立战争, 15

Dynamics of Industrial Democracy, The (Golden and Ruttenberg)《工业民主动态》（克林顿·戈尔登和哈罗德·J.鲁滕伯格）, 458

E

Early Sunday Morning (Hopper)《周日清晨》（爱德华·霍珀）, 379, 379–380

East India Company 东印度公司, 11, 18, 21, 26

Eastman Kodak 伊士曼·柯达, 452–453

Ebbers, Bernie 伯尼·埃贝斯, 680

Eccles, Marriner 马里纳·埃克尔斯, 431–432, 455–456

ecology and economy 生态与经济, 5, 40, 41–43

Economic Analysis of Law (Posner)《法律的经济分析》（理查德·波斯纳）, 576

Economic and Philosophical Manuscripts (Marx)《1844年经济学哲学手稿》（卡尔·马克思）, 135

Economic Approach to Human Behavior, The (Becker)《人类行为的经济分析》（加里·贝克尔）, 576–577

索 引

Economic Basis of Public Interest, The (Tugwell)《公共利益的经济基础》(雷克斯福德·特格韦尔), 320–321
economic framework 经济学框架, xii–xiii
Economic Growth and Tax Relief Reconciliation Act of 2001 2001年《经济增长与税收减免协调法》, 680–681
"economic history" "经济史", xii–xiii
economic malaise 经济低迷, 560–561, 563, 630
Economic Opportunity Act of 1964 1964年《经济机会法》, 539, 540–541
Economic Recovery Tax Act of 1981 1981年《经济复苏税法》, 609–610, 613, 623
Economic Stabilization Agency 经济稳定局, 486
Edelman, Asher 阿舍·埃德尔曼, 619
Edgar Thomson Steelworks 埃德加·汤姆森钢铁厂, 231–234, 257–264
Edison, Thomas 托马斯·爱迪生, 280, 330, 331, 335
Edison Illuminating Company 爱迪生照明公司, 330–331, 335
education subsidies 教育补贴, 460–461, 482
education wage premium 教育工资溢价, 688, 688–689, 721
"efficient markets hypothesis" "有效市场假说", 576, 622
"egoism" "利己主义", 286, 293
Eighteenth Brumaire of Louis Napoleon (Marx)《路易·波拿巴的雾月十八日》(卡尔·马克思), 269
Eight Elvis (Warhol)《8个"猫王"》(安迪·沃霍尔), 507, 508
Eisenhower, Dwight D. 德怀特·D. 艾森豪威尔, 496, 519, 521–524, 534, 552, 553
Eizenstat, Stuart 斯图尔特·艾森施塔特, 582
elections 选举
1800 1800年, 86
1824 1824年, 105–108
1828 1828年, 94, 108
1832 1832年, 113
1840 1840年, 123
1860 1860年, 8, 153, 183–185
1864 1864年, 205
1866 1866年, 211
1868 1868年, 212
1876 1876年, 227–228
1892 1892年, 309–310
1896 1896年, 193, 297, 298–301, 303, 313–314, 315
1912 1912年, 321
1920 1920年, 360, 369
1928 1928年, 370
1932 1932年, 385–386
1934 1934年, 415
1936 1936年, 420–421, 422, 428
1938 1938年, 428
1940 1940年, 443
1944 1944年, 470
1946 1946年, 477
1948 1948年, 465, 482
1964 1964年, 536
1968 1968年, 551–552
1972 1972年, 557–558
1980 1980年, 596
1984 1984年, 627
1996 1996年, 659
2008 2008年, 717

2010 2010 年, 717, 731
electric light bulb 电灯泡, 280
electrification 电气化, 327, 334–335, 426–27, 43
electronic data interchange (EDI) 电子数据交换, 648
Eliot, Jared 贾里德·埃利奥特, 33
Elks Clubs 慈善互助会, 571
Elliott, E. N. E.N. 埃利奥特, 162–163
Ellis, Bret Easton 布雷特·伊斯顿·埃利斯, 619–620
Ellison, Ralph 拉尔夫·埃利森, 531, 532
Ely, Joe 乔·埃利, 566
Embargo Act of 1807 1807 年《禁运法》, 90–91, 98
Emde, Carl 卡尔·埃姆德, 331
Emergency Banking Act of 1933 1933 年《紧急银行业务法》, 387, 404
Emerging Republican Majority, The (Phillips)《新兴的共和党多数派》(凯文·菲利普斯), 538
Emerson, Ralph Waldo 拉尔夫·沃尔多·爱默生, 106, 114, 126, 133–134, 136, 140, 147, 148, 325
Emery, Sarah E. V. 萨拉·E.V. 埃默里, 313
Empire of Liberty 自由帝国, 6, 7, 80–84, 87–93, 94–95, 115, 175–176
employment 就业 另参见充分就业；劳动参与率；个体经营；失业率
  1800s 19 世纪 00 年代, 167–171
  during World War II 第二次世界大战期间, 392–393
Employment Act of 1946 1946 年《就业法》, 470–474
"employment at will" "自由就业", 170, 206, 338
energy and economy 能源与经济, 39–43
Energy Policy Act of 2005 2005 年《能源政策法》, 678
England 英格兰。参见英国
English Civil War 英国内战, 11, 12
English Traits (Emerson)《英国人的性格》(拉尔夫·沃尔多·爱默生), 136
English Whigs 英国辉格党, 26, 27–28, 35
Enlightenment 启蒙运动, 127
Enovid 艾诺维得, 491
entitlements 福利待遇。参见医疗补助制度；老年医疗保险制度；社会保障
entitlement reforms 福利改革, 659
Enron scandal 安然丑闻, 678–680, 702–703
Environmental Protection Agency (EPA) 环境保护局, 555, 565
Epstein, Abraham 亚伯拉罕·爱泼斯坦, 418–419
Equal Employment Opportunity Commission (EEOC) 公平就业机会委员会, 535–536, 556–557, 569
equal pay 同工同酬, 276–277
"equal rights" "平等权利", 96, 107, 113, 115, 571
Equal Rights Amendment (ERA)《平等权利修正案》, 570–571
Erie, Lake 伊利湖, 118
Erie Canal 伊利运河, 118, 130, 246
Erie Railroad 伊利铁路公司, 215–217, 218, 316
Erie War 伊利之战, 216, 220
Esmark Corporation 埃斯马克公司, 619
Essay on the Principle of Population (Malthus)《人口论》(托马斯·马尔萨斯),

索引

40, 41, 42
Essays: First Series (Emerson)《随笔：第一辑》（拉尔夫·沃尔多·爱默生），147
Essays on Political Economy (Carey)《政治经济学随笔》（马修·凯里），102, 167
estate taxes 遗产税，417
eugenics 优生学，286, 320, 640
Eugénie Grandet (Balzac)《欧也妮·葛朗台》（奥诺雷·德·巴尔扎克），146
Eurodollar market 欧洲美元市场，539, 546, 552, 580, 696, 706
"European Crisis, The" (Clayton)《欧洲危机》（威尔·克莱顿），476
Evans, Walker 沃克·埃文斯，421, 422
evolution 进化，286–288
"exchangeable value" 交换价值，36
excise taxes 消费税，72, 202, 211, 554
Excise Whiskey Tax of 1791 1791 年威士忌消费税，84
Eyes Wide Shut (film)《大开眼戒》（电影），646

F

Facebook 脸书，592, 652, 675, 684, 689, 690, 700
Fairchild, Sherman 舍曼·费尔柴尔德，640
Fairchild Semiconductor 仙童半导体公司，640, 641
Fair Deal 公平施政，482–487
Fair Employment Practices Committee (FEPC) 公平就业实践委员会（FEPC），459
Fair Labor Standards Act《公平劳动标准法》，428
"fair return" "合理回报"，322, 525

Fama, Eugene 尤金·法马，576
"family values" 家庭价值观，550, 571, 593, 697
Fannie Mae (Federal National Mortgage Association) 房利美（联邦国民抵押贷款协会），413, 541, 667, 694, 695, 701, 709–710
Farm Credit Act of 1933 1933 年《农业信贷法》，409
Farm Credit Administration 农业信贷管理局，409
farm crisis 农业危机，370, 380, 384, 628–629
Farmer Refuted, The (Hamilton)《驳法默》（亚历山大·汉密尔顿），74
Farmers Alliance 农场主联盟，302–310
Farmers' Holiday Association 农场主假期协会，407–408
farming 农业。参见农业
Farm Loan Act of 1916 1916 年《农业贷款法》，324
farm mortgages 农业抵押贷款，252–253, 256, 304, 307–308, 324, 409
farm subsidies 农业补贴，483, 610, 629
Farrington, William G. 威廉·G. 法林顿，493
Fastow, Andrew 安德鲁·法斯托，679–680
FDR 参见富兰克林·德拉诺·罗斯福
Federal Bureau of Investigation (FBI) 联邦调查局，454
Federal Deposit Insurance Corporation (FDIC) 联邦存款保险公司，406, 606, 690–691, 714
Federal Election Commission (FEC) 联邦选举委员会，573–574
Federal Emergency Relief Administration (FERA) 联邦紧急救济管理局，410, 415

Federal Farm Board 联邦农业委员会, 370, 376, 409

Federal Farm Loan Act of 1916 1916 年《联邦农业贷款法》, 324

Federal Housing Administration (FHA) 联邦住房管理局, 413, 426, 484, 485, 491–493, 495–496, 568

Federalist Papers《联邦主义者文集》, 71, 75

Federalists 联邦主义者／联邦党人, 83, 84–86, 92, 103

Federal Open Market Committee (FOMC) 联邦公开市场委员会, 419, 600, 606–607, 656, 666, 729

Federal Reserve 联邦储备系统／美联储, xvii, 323–24, 354, 590. 另参见各任主席

    Accord of 1951 1951 年《谅解协议》, 465, 486–487

    Banking Act of 1935 1935 年《银行业务法》, 419

    financial crisis of 2007-2008 2007—2008 年金融危机, 706–715, 712, 719–720, 720, 727

    quantitative easing 量化宽松, 717, 729–731, 730, 734–735, 737, 739

    founding of system 联邦储备系统的创立, 301, 323–324

    Great Depression 大萧条, 359, 366, 368, 376–377

    Great Moderation 大缓和, 670–672

    Great Recession 大衰退, 729–730, 730, 737–738

    as "lender of last resort," 作为 "终极贷方" 323, 590, 593, 606, 709, 715

    Nixon Shock and 尼克松冲击与, 552, 553

    organization of 组织体系, 375

    post-World War II period 第二次世界大战战后时期, 523

    recession of 1948-49 1948 年至 1949 年衰退, 484–485

    recession of 1960-61 1960 年－1961 年衰退, 533, 552

    Stock Market Crash of 1987 1987 年股市崩盘, 629–630

    Volcker Shock 沃尔克冲击, 588, 597–608

    World War II 第二次世界大战, 455–456

Federal Reserve Act of 1913 1913 年《联邦储备法》, 323–24, 708, 709, 710–711, 729

Federal Reserve Bank of New York 纽约联邦储备银行, 359, 361, 363, 364–365, 386, 725–726

Federal Steel Company 联邦钢铁公司, 319

Federal Trade Commission (FTC) 联邦贸易委员会, 322

Federated American Engineering Societies 美国工程协会联合会, 369

Feejee Mermaid 斐济美人鱼, 132, 133, 139

Feinberg, Samuel 塞缪尔·范伯格, 488, 491

female labor force participation rate 女性劳动参与率, 460, 535–536, 567, 625, 628, 652–653, 674

femes coverts "有夫之妇", 55

Feminine Mystique, The (Friedan)《女性的奥秘》(贝蒂·弗里丹), 493

feminism 女性主义, 323, 493, 535–536

Fermi, Enrico 恩里科·费米, 453

feudalism 封建主义, 45–46, 80, 163

fiat money 不兑现法定货币, 309, 468, 559

Field, Erastus Salisbury 伊拉斯塔斯·索尔兹伯里·菲尔德, 172, 173

索引

Field, Frederick 弗雷德里克·菲尔德, 318
Field, Moses 摩西·菲尔德, 211
Field, Stephen J. 斯蒂芬·J. 菲尔德, 220, 221, 290
Field of Dreams (film)《梦幻之地》(电影), 628–629
Fifteenth Amendment《宪法第十五条修正案》, 214
Filmer, Robert 罗伯特·菲尔默, 54–55
Filo, David 戴维·菲洛, 644
financial crisis of 1997-98 1997 年至 1998 年金融危机。参见 1997 年至 1998 年亚洲金融危机
financial crisis of 2007-2008 2007 年至 2008 年金融危机, xi, xii, xxv, xxviii, 593–594, 702–703, 705–715, 719–720, 729–731
financial derivatives 金融衍生品, 589, 629, 664–666, 691
Financial Power of Slavery, The (Levitt)《奴隶制的金融强权》(乔舒亚·莱维特), 181
Financial Theory and Corporate Policy (Copeland and Weston)《金融理论与公司政策》(托马斯·E. 科普兰和 J. 弗雷德·韦斯顿), 603
Financier《金融家》, 218
Fincher, David 戴维·芬奇, 652
Finney, Charles 查尔斯·芬尼, 132–133
First Bank of the United States 美国第一银行。参见美国银行 (Bank of the United States)
First Church of Boston 波士顿第一教会, 17
First Great Awakening 第一次大觉醒运动, 34
First Hundred Days 百日新政, 407–412
first-mover business strategies 先行者商业策略, 682–685
Report on the Public Credit《关于公共信贷的报告》(第一份), 72, 74
First United States Congress 第一届美国国会, 71–72
"fiscal drag" "财政拖累", 534
"fiscal-military state" "财政—军事国家", 28, 73
"fiscal multiplier" "财政倍增器", xxvii, 393, 403, 427, 446–447, 455, 721
"fiscal triangle" "财政三角", 517–524, 569
Fischer, Stanley 斯坦利·费希尔, 660–661, 662
Fisher, Irving 欧文·费雪, xvi, 70, 318
Fisher, Jonathan 乔纳森·费舍尔, 116
Fisk, James, Jr. 小詹姆斯·菲斯克, 215–217
501(c) organizations 501(c) 项下组织, 521–523, 531, 555, 574
Five Civilized Tribes 五大文明部落, 108–109
five-dollar workday 五美元日薪, 328, 338–340, 351
"Five-twenties" "五厘息廿年券", 200
Flanders, Walter 沃尔特·弗兰德斯, 331
Fletcher v. Peck 弗莱彻诉佩克, 98
Flip This House (TV show)《旧房大翻新》(电视节目), 697, 728
Flivver King, The (Sinclair)《廉价车之王》(厄普顿·辛克莱), 335
Floyd, George 乔治·弗洛伊德, 733
Focus on the Family 关注家庭组织, 571
Fogel, Seymour 西摩·福格尔, 421
Folklore of Capitalism, The (Arnold)《资本主义的传说》(瑟曼·阿诺德), 431
Foodstuffs 食品, 90, 161, 178, 204, 253–254
Ford, Edsel 埃兹尔·福特, 350–351, 386, 521

Ford, Gerald 杰拉尔德·福特, 560, 574

Ford, Henry 亨利·福特, xix, xxiv, 157, 193, 324, 325–329, 342, 351–354, 422

    Great Depression and 大萧条与, 372, 386

    mass production 大量生产/量产, 329–340, 641

Ford B-24 bombers 福特B-24轰炸机, 444, 444, 450

Ford Foundation 福特基金会, 518, 521–522, 526, 532, 534, 574

Ford Highland Park Plant 福特海兰帕克工厂, 334–335, 336, 339, 344, 346

Fordism 福特主义, xxvii, 193, 325–54, 356, 363, 424

    after Ford 福特之后, 351–354

    mass production 大量生产/量产, 329–340

Fordlandia 福特兰迪亚, 352

Ford Man (newspaper)《福特人》(报纸), 328, 330

Ford Model As 福特A型车, 352

Ford Model Ns 福特N型车, 331

Ford Model Ts 福特T型车, 325, 331–332, 333, 335–336, 339, 344, 352

Ford Motor Company 福特汽车公司, 325–329, 331–340, 342–343, 351, 352–353, 356, 377, 422, 459, 505–506, 521–522

    Advertisements 广告, 350, 394

Ford Peace Ship 福特和平之船, 341

Ford River Rouge Complex 福特里弗鲁日工业复合体, xxiv, 193, 327–328, 340–351, 345, 350, 384, 422–423

Ford Willow Run Plant 福特杨柳溪工厂, 443–444, 450

"foreign direct investment" 外国直接投资, 467, 661

"Formulations on the Two Principles of Mental Functioning" (Freud)《论心理机能的两条原则》(西格蒙德·弗洛伊德), 505

Forty-Year Old Virgin, The (film)《四十岁的老处男》(电影), 689

Forty Years on the Frontier (Stuart)《边疆四十年》(格兰维尔·斯图尔特), 255

fossil fuels 化石燃料, xix, 41, 190–191, 237–240, 241, 438, 451, 564–565, 735。另参见煤炭；石油

Foster Farm Oil Company 福斯特农场石油公司, 243

Foster + Partners 福斯特建筑事务所, 651

Fourteenth Amendment《宪法第十四条修正案》, 211, 220–221, 222, 290, 322

Foxconn 富士康, 649

Fox News 福克斯新闻, 722, 723

fracking 压裂法, 735

France (French Empire) 法国（法兰西帝国）

    Occupation of the Ruhr 占领鲁尔, 360

    Plaza Accord of 1985 1985年《广场协议》, 658

    Seven Years' War 七年战争, 5, 65, 87

    during World War II 第二次世界大战期间, 442–443, 444

Frank, Jerome 杰尔姆·弗兰克, 431–432

Frank, Robert 罗伯特·弗兰克, 533

Frankensteen, Dick 迪克·弗兰肯施泰因, 423

Frankfurter, Felix 费利克斯·法兰克福特, 405–406, 411, 415, 417, 418, 431

Franklin, Benjamin 本杰明·富兰克林, 34,

索 引

53, 127, 490

Freaks of Fortune (Levy)《命运的恶作剧》(乔纳森·莱维), xii

Freddie Mac 房地美, 667, 694, 695, 701, 709–710

Frederick, Christine 克里斯蒂娜·弗雷德里克, 333

"free banking" "自由银行业务", 124, 131, 181, 202, 211

Freedmen's Bureau 被解放黑奴事务管理局, 214, 227

"freedom of contract" "缔约自由", 220–221, 279, 297, 794n

"free labor" 自由劳动, 7, 8, 57, 169–171, 181, 182, 206, 243, 338

fate of 自由劳动的结局, 270–279

"free soil" 自由土壤, 179–182, 198, 207, 226, 244, 248, 330

"free trade" 自由贸易, 26, 34, 37, 68, 81–82, 107, 134

free trade agreements 自由贸易协定, 480, 591, 653, 657

French Revolution 法国大革命, 72, 78, 84, 87, 113

Freud, Sigmund 西格蒙德·弗洛伊德, 364, 504, 505, 507, 511

Frick, Childs 蔡尔兹·弗里克, 282

Frick, Helen 海伦·弗里克, 282, 282

Frick, Henry 亨利·弗里克, 259, 260, 262–264, 280, 282

Friedan, Betty 贝蒂·弗里丹, 493

Friedman, Milton 米尔顿·弗里德曼, 356, 558, 575–577, 578, 582, 595, 599

Friedman, Thomas 托马斯·弗里德曼, 682

friendship 友谊, 147–149

Friends of the Earth 地球之友, 550

Frigorifique (steamship) 冷藏号（汽船）, 256

Frize, Bernard 伯纳德·弗里泽, 614–615, 615

Frost, John 约翰·弗罗斯特, 127–128, 137

Fukuyama, Francis 弗朗西斯·福山, 633

Fuld, Dick 迪克·富尔德, 666, 702–703, 709, 710

full employment 充分就业, 461, 464, 470–475, 487, 573

Full Employment and Balanced Growth Act of 1978 1978年《充分就业与平衡增长法》, 573

Full Employment Bill (Employment Act of 1946)《充分就业法案》(1946年《就业法》), 470–472, 473

Fuller, Margaret 玛格丽特·富勒, 129

"Functional Finance and the Federal Debt" (Lerner)《功能财政与联邦债务》(阿巴·勒纳), 455

Fundamental Constitutions of Carolina (Locke)《卡罗来纳基本宪法》(约翰·洛克), 13, 32

Funding Act of 1790 1790年《拨款法》, 71–72

fur trade 毛皮贸易, 16, 101, 116, 246

"futures" contracts "期货"合约, 254, 307, 558–559, 617

"future shock" "未来冲击", 545

G

Gaddis, William 威廉·加迪斯, 551

Galbraith, John Kenneth 约翰·肯尼思·加尔布雷思, 361, 365, 509, 533–534

Gallatin, Albert 阿尔伯特·加拉廷, 86

"gambler" "赌徒", 60–64, 102

Game of Thrones (TV show)《权力的游戏》
（电视剧集）, 705
Gap, the 盖璞, 648–649
garbage 垃圾, 507–509
Gardner, John W. 约翰·W. 加德纳, 540
Garn-St. Germain Depository Institutions Act《加恩—圣杰曼储蓄机构法》, 624
Gates, Bill 比尔·盖茨, 450, 641, 642–643
GDP 参见国内生产总值
Geithner, Timothy 蒂莫西·盖特纳, 658, 709, 710–711, 718, 725–726, 731
gender 性别 另参见男性赚钱养家者；
women 女性
Cult of True Womanhood and 女性特质崇拜与, 282–285
male identity crisis 男性身份危机, 548–549, 620, 688–689
"separate spheres" ideology of 两性"划分不同领域"的意识形态, 153, 171–174, 280, 291
Genentech 基因泰克, 639, 641–642, 643
General Agreement on Tariffs and Trade (GATT)《关税与贸易总协定》, 480
General Electric (GE) 通用电气公司, 377, 493, 647, 650, 712
general incorporation 一般性公司设立, 124–125, 168, 293
General Land Office 土地总局, 98
General Mining Act of 1872 1872 年《一般采矿法》, 251
General Motors (GM) 通用汽车公司, 331, 342–343, 344, 352, 363, 414–415, 422, 458, 483, 536, 537, 541, 624, 649, 682, 715
labor strikes 罢工, 429, 472–475, 556
General Motors Acceptance Corporation (GMAC) 通用汽车金融服务公司, 352–353, 715
General Motors Technical Center 通用汽车技术中心, 528, 528–529
General Survey Act of 1824 1824 年《一般测绘法》, 105
General Theory of Employment, Interest, and Money, The (Keynes)《就业、利息和货币通论》(梅纳德·凯恩斯) xxii, 146–147, 432–434, 435, 446–447, 455, 485, 490, 502
Genovese, Eugene 尤金·吉诺维斯, 159–160
George, Henry 亨利·乔治, 270, 287–288
George III of England 英王乔治三世, 65, 77
Georgia 佐治亚州, 32, 98, 109, 156, 310
German-Austrian Customs Union 德国—奥地利关税同盟, 373–374
German immigrants 德国移民, 168
Germany 德国 另参见纳粹德国
Marshall Plan 马歇尔计划, 478–479, 481
Plaza Accord of 1985 1985 年《广场协议》, 628, 658
post-war period 战后时期, 478–479, 481, 553, 558, 579–580
World War I reparations 第一次世界大战战争赔款, 360, 366, 374
Germany Year Zero (film)《德意志零年》(电影), 476
Geyer, Michael 米夏埃尔·盖尔, 437
GI Bill《美国军人权利法案》, 460, 461, 484
Gibson, D. Parke D. 帕克·吉布森, 503
Giedion, Siegfried 西格弗里德·吉迪翁, 348
Gilbert, Milton 米尔顿·吉尔伯特, 446
Gilded Age 镀金时代, 219, 221, 280–281
Gilded Age, The: A Tale of Today (Twain and Warner)《镀金时代》(马克·吐温和

索 引

查尔斯·达德利·沃纳）, 221
Gilder, George 乔治·吉尔德, 571, 596
Gilleran, James 詹姆斯·吉勒安, 690–691, 691
Gilman, Charlotte Perkins 夏洛特·珀金斯·吉尔曼, 285
Ginnie Mae (Government National Mortgage Association) 吉利美（政府国民抵押贷款协会）, 541
Ginsburg, Ruth Bader 鲁思·巴德·金斯伯格, 570
"girdled" "环状剥皮", 51
Glass, Carter 卡特·格拉斯, 406
Glass-Steagall Act of 1933 1933 年《格拉斯—斯蒂高尔法》, 406–407, 516–517, 606, 660, 678
  "Regulation Q" "监管 Q 条款", 406–407, 487, 539, 579
Glazer, Nathan 纳坦·格莱泽, 502
Glenn L. Martin Company 格伦·L.马丁公司, 442
globalization 全球化, 591, 635, 661–669, 682
  election of 1896 and 1896 年大选与全球化, 310–314
Glorious Revolution 光荣革命, 27, 28, 31, 73, 77
GM 参见通用汽车公司
Gmail 谷歌邮件服务, 684
Godkin, E. L. E.L.戈德金, 276
Gohlke, Frank 弗兰克·戈尔克, 501
gold 黄金, xxii, 19, 122, 201, 224, 251, 297–298, 354, 362–63, 462
  California Gold Rush 加利福尼亚淘金热, 181, 251
Golden, Clinton 克林顿·戈尔登, 458

"golden age" of capitalism 资本主义的"黄金时代", 394–395, 516–43
  corporate managerialism 公司管理主义, 524–532
  fiscal triangle 财政三角, 519–524
  triumphant liberalism 自由主义的胜利, 532–543
"golden spike" 金道钉, 223
Goldman Sachs 高盛, xix, 644, 658, 663, 691, 696, 706, 713–714, 715
Gold Reserve Act of 1934 1934 年《黄金储备法》, 408–409
gold standard 金本位制
  bimetallic standard 金银复本位制, 28, 72, 101, 196, 201
  Bretton Woods system 布雷顿森林体系, 393, 395, 464, 468–469, 470, 476, 539, 546
  election of 1896 and 1896 年大选与, 297–301, 303, 310, 312–314, 317, 323
  Gold Reserve Act of 1934 1934 年《黄金储备法》, 408–409
  Great Depression and 大萧条与, 356–357, 358–361, 364–366, 373–378, 387, 391–392, 398, 404–405, 424
  Nixon shock and 尼克松冲击与, 552, 553–554
  origins of 起源, 72
  Panic of 1893 and 1893 年恐慌与, 192, 297, 310–313, 315, 317
  post-Civil War 南北战争之后, 122, 193, 196–197, 201–202, 207–209, 224, 228, 297–302, 317
  Smithsonian Agreement《史密森尼协议》, 554

World War I and Great Britain and France 第一次世界大战与英法, 343

Gold Standard Act of 1900 1900 年《金本位制法》, 300

Goldwater, Barry 巴里·戈德华特, 536

Gompers, Samuel 塞缪尔·冈帕斯（龚帕斯）, 278–279, 289–292, 294, 303, 313, 338

Gone with the Wind (film)《乱世佳人》（电影）, 440

Goodman, Paul 保罗·古德曼, 511

Google 谷歌, 592, 633, 638, 644–645, 646, 650, 675, 683–684, 685, 689, 700

goon squads 打手队, 213

Gorges, Ferdinando 费迪南多·戈杰斯, 25

Gould, Jay 杰伊·古尔德, 215–218, 219, 220, 225–226, 274–275, 277–278, 279, 282, 292, 303, 307, 315

Governmental Process, The (Truman)《政治过程》（戴维·杜鲁门）, 483

government-owned, contractor operated (GOCOs) 政府所有、承包商经营式企业, 438, 442–443, 447, 457–458, 470

government-sponsored enterprises (GSEs) 政府扶持企业, 694, 701, 709–710

Graduation (West)《毕业》（坎耶·韦斯特）, 688

Gramm-Leach-Bliley Act of 1999 1999 年《格拉姆—利奇—布利利法》, 660

Gramsci, Antonio 安东尼奥·葛兰西, 328, 329

Grand Coulee Dam 大古力水坝, 427, 448, 453

Grand Rapids, Michigan 密歇根州大急流城, 246

Grange laws "格兰其法", 305

"Granger railroads" 格兰其农资运输铁路, 221–222, 246

Grant, Ulysses S. 尤利塞斯·S. 格兰特, 212, 223, 227, 229

Grapes of Wrath, The (Steinbeck)《愤怒的葡萄》（约翰·斯坦贝克）, 382, 383, 454

Great Awakening 大觉醒运动, 34, 132–133

Great Britain 大不列颠。参见英国

Great Bull Market 大牛市, xxvii, 326, 342–343, 354, 355, 361–368, 437

Great Chicago Fire of 1871 1871 年芝加哥大火, 247

Great Crash, 1929, The (Galbraith)《1929 年大崩盘》（约翰·肯尼思·加尔布雷思）, 361, 365

Great Crash of 1929 1929 年大崩盘, 357, 361, 366–368, 367, 370–371

Great Deflation 大通缩, 226, 226–228

Great Depression 大萧条, xxvii, 193–194, 373–387, 437, 599, 722 另参见罗斯福新政

back from the brink 悬崖勒马, 403–407

gold standard and 金本位制与大萧条, 356–357, 358–361, 364–366, 373–378, 386–387, 391–392, 398, 404–405, 424

Hoover and 胡佛与大萧条, 368–373, 374, 377–378, 381–384

initiating cause of 大萧条的起因, 356–358

misery of 大萧条的惨状, 379–384

recovery from, charts 从大萧条中恢复，图表, 400–401

Roosevelt and 罗斯福与大萧条, 385–387, 391–392, 397–398

unemployment relief during 大萧条期间的失业救济, 409–410, 410

Great Depression, The (Robbins)《大萧条》（昂内尔·罗宾斯）, 371

"Great Die Up" of 1886-1887 1886 年至

索引

1887 年"大灾亡", 257
Great Famine of 1315-1322 1315 年至 1322 年大饥荒, 41
Great Flood of 1927 1927 年大洪水, 370
Great Merger Movement 大并购运动, 193, 301–302, 315–320, 323, 330, 361
Great Moderation 大缓和, 591–593, 670–701
 first movers and born losers 先行一步与输在起点, 682–690
 Greenspan put 格林斯潘对策, 676–681
 home ownership 住房所有权, 690–701
Great Northern Railway 大北方铁路系统, 286
Great Plains 大平原地区, 222, 227, 251, 252, 254–255, 304–305, 308, 380
Great Railroad Strike of 1877 1877 年铁路大罢工, 192, 264, 264–266, 265, 272, 272–273, 274, 288
Great Recession 大衰退, xi, xix, xxvii, xxviii, 593–594, 702–731, 733–734
 credit spreads 信贷利差, 707, 715–716, 716, 726
 fate of the "all-class alliance," "全阶级大联盟" 的宿命 412–415
 ordeal of Barack Obama 贝拉克·奥巴马的考验, 716–731
 panic 恐慌, 705–715
 unemployment rate and home foreclosures 失业率与房屋止赎法拍, 719, 721, 724, 728
Great Repetition 大重复, 734–739
Great Society 伟大社会, 539–540
Great Southwest railroad strike of 1886 1886 年西南铁路大罢工, 277–278
Great Upheaval of 1886 1886 年大动乱, 192, 277–279, 280, 289, 303
Greek Civil War 希腊内战, 477
Greeley, Horace 霍勒斯·格里利, 181–182, 248
Greenback-Labor Party 绿背劳动党, 274
greenbacks 绿背纸币, 196, 201–202, 207, 210, 211–212
Greene, Graham 格雷厄姆·格林, 482
"greenfield" sites "绿地" 地块, 492
"green revolution 绿色革命," 546
Greenspan, Alan 艾伦·格林斯潘, 591, 629–630, 634–637, 655–656, 665–669, 676–681, 692, 699, 703
Greenspan put 格林斯潘对策, 676–681
 effective federal funds rate 实际联邦基金利率, 676–677, 677
Gregg, Gilbert 吉尔贝·格雷格, 157
Griggs v. Duke Power Co. 格里格斯诉杜克电力公司, 556
Gronlund, Laurence 劳伦斯·格伦隆德, 276
gross domestic product (GDP) 国内生产总值, 36, 42–43, 434, 519, 533
 1800s 19 世纪 00 年代, 95, 120, 159
 1929-1930 1929—1930 年, 367–368, 372
 1945-1950 1945—1950 年, 464, 465, 470, 485, 492
 1950s 20 世纪 50 年代, 521, 524
 1960s 20 世纪 60 年代, 536
 1970s 20 世纪 70 年代, 560
 1980s 20 世纪 80 年代, 582, 589, 611, 611–613, 612, 620–621, 621
 1990s 20 世纪 90 年代, 636
 2000s 21 世纪 00 年代, 672, 673, 681, 720–721, 726–727
 2020 2020 年, 739

Korean War 朝鲜战争, 486
World War II 第二次世界大战, 455, 462
gross national product（GNP）国民生产总值, 446–447, 450, 579
Group of 7 (G7) 七国集团, 579–580, 581
Growing Up Absurd (Goodman)《荒谬的成长》(保罗·古德曼), 511
Grubman, Jack 杰克·格鲁布曼, 678
Gruen, Victor 维克托·格伦, 498, 498–502, 499, 500
Guam 关岛, 440
Guantánamo, Cuba 古巴关塔那摩, 441
Guaranty Trust Company 信用担保公司, 352
Guardian Trust Company 信用担保公司, 386
Guatemala coup d'état of 1954 1954 年危地马拉政变, 481
Guenther, Ken 肯·冈瑟, 691
Gulf Oil 海湾石油公司, 616
Gursky, Andreas 安德烈亚斯·古尔斯基, 662
Guthrie, Woody 伍迪·格思里, 427

H

Halliburton Oil 哈里伯顿石油公司, 564
Hamill, Pete 皮特·哈米尔, 557
Hamilton, Alexander 亚历山大·汉密尔顿, 5–6, 66, 84–86, 91, 94, 146, 381, 725
  Jefferson and 杰斐逊与, 5, 67–68, 73, 77–78, 80–84
  Panic of 1792 and 1792 年恐慌与, 82–83, 101
  "pecuniary capital" and "金钱资本" 与, 5, 68–77, 92, 120, 131
Hamiltonian economic program 汉密尔顿主义经济计划, 5–6, 20, 72–77, 84–86, 201
Hammond, James Henry 詹姆斯·亨利·哈蒙德, 159–160
Hanna, Mark 马克·汉纳, 314
Hansen, Alvin 阿尔文·汉森, 466
Hard Hat Riot 安全帽暴乱, 557
"hard hat" strategy "安全帽"策略, 557
Harding, Warren G. 沃伦·G. 哈定, 360, 369
Hard Times (Dickens)《艰难时世》(查尔斯·狄更斯), 135
Harley-Davidson 哈雷—戴维森公司, 506
Harrington, Michael 迈克尔·哈林顿, 534
Harrison, Benjamin 本杰明·哈里森, 310
Harrison, George 乔治·哈里森, 365
Harrison, William Henry 威廉·亨利·哈里森, 123
Hartlib, Samuel 塞缪尔·哈特利布, 14
Hartlib Circle 哈特利布圈子, 14, 20–21
Harvard Business School 哈佛商学院, 620, 651
Hawkins, Augustus 奥古斯塔斯·霍金斯, 573
Hawthorne, Nathaniel 纳撒尼尔·霍桑, 129, 149
Hay, John 海约翰, 266
Hayek, Friedrich 弗里德里希·哈耶克, 371, 595
Hayes, Rutherford B. 拉瑟福德·B. 海斯, 227–228, 266
Hayes Code 海斯法, 364
Haymarket Square affair 干草市场广场事件, 278–279
Hazard of New Fortunes, A (Howells)《时来运转》(威廉·迪安·豪厄尔), 296
Heap, Jane 简·希普, 347
Heart of Darkness (Conrad)《黑暗的心》(约瑟夫·康拉德), 50
hedges 对冲, 617, 664–666

Hegel, Georg 格奥尔格·黑格尔, 135
"hegemony" 霸权, 329, 441
Heller, Joseph 约瑟夫·海勒, 437
Heller, Walter 沃尔特·海勒, 534
Helyar, John 约翰·赫利亚尔, 618–619
Hemingway, Ernest 欧内斯特·海明威, 348
hemp 大麻, 103, 158
Henderson, Leon 利昂·亨德森, 431–432, 434, 454–455, 456
Henry Ford Company 亨利·福特公司, 331
Henry Ford II (steamship) 亨利·福特二号（汽船）, 345
Heritage Foundation 传统基金会, 574
Heth, Joice 乔伊丝·赫思, 130
Hewlett, William 威廉·休利特, 640
Hewlett-Packard 惠普公司, 640–641, 654
Hickok, Lorena 洛雷娜·希科克, 382, 404
Hicks, John 约翰·希克斯, xii
Hidden Persuaders, The (Packard)《隐匿的说服者》（万斯·帕卡德）, 504, 509
Higher Education for Business (study) 商业高等教育（研究）, 526
highway system 高速公路系统, 496–497
Hill, James J. 詹姆斯·J.希尔, 286
Hillman, Carl 卡尔·希尔曼, 290
Hillman, Sidney 西德尼·希尔曼, 458
Hines, Gerald 杰拉尔德·海因斯, 566
hirlings 受雇者, 57
Hirschman, Albert 阿尔伯特·赫希曼, xii, xxi
Hispaniola 伊斯帕尼奥拉岛, 18
Hitchcock, Alfred 阿尔弗雷德·希区柯克, 454
Hitler, Adolf 阿道夫·希特勒, 326, 373, 387, 397, 404, 424, 437, 439–440, 441, 450
　invasion of Poland 入侵波兰, 403, 435, 439, 440, 442
Hoarders (TV show)《强迫囤积症》（电视节目）, 728
Hoarding 囤积, xxi–xxii, xxiv, xxvii–xxvii, 83,122, 128, 144–147, 269, 294, 355, 403–404
Hobbes, Thomas 托马斯·霍布斯, 9, 12, 15, 20, 23
Hobbs, Lottie Beth 洛蒂·贝丝·霍布斯, 571
Hofstadter, Richard 理查德·霍夫施塔特, 486
Hollywood Code 好莱坞行业禁令, 364
Holmes, Oliver Wendell, Jr. 小奥利弗·温德尔·霍姆斯, 386
home foreclosures 房屋止赎法拍, 719, 724, 728
home life 家庭生活, 281–85
　gender ideology of "separate spheres,""划分不同领域"的性别意识形态 153, 171–174, 280, 291
"homemaker entitlement" divorce law "家庭妇女权益"离婚法, 570
home ownership 房屋所有权, 592–593, 690–701
Homestead Acts《宅地法》, 180, 198
Homestead Strike of 1892 1892 年霍姆斯特德罢工, 192, 260–264, 343
Homosexuality 同性恋, 517, 530, 571
Hon Hai Precision Industry 鸿海精密工业, 649
Hoover, Herbert 赫伯特·胡佛, 353–354, 358, 364–365, 368–373, 374, 377–378, 381–386
Hoover, J. Edgar J.埃德加·胡佛, 454, 717
Hoover Dam 胡佛水坝, 427
Hoovervilles 胡佛村, 381

Hope (Ruscha)《希望》（埃德·鲁沙），510, 510, 515

Hopkins, Harry 哈里·霍普金斯, 404, 410, 415, 426, 431, 433–434

Hopper, Edward 爱德华·霍珀, 379, 379–480

"hot money 热钱," 467, 468, 469, 479, 558–559, 600, 662, 663

households (household economy) 家户（家户经济）, 5, 42–64, 164–165
    capitalizing the land 土地的资本化, 51–54
    gambler and peasant 赌徒与农夫, 60–64
    independence and dependence 独立与依附, 54–60
    property 财产, 43–50

"household sector" 家户经济部门, 42–43

House of Rothschild 罗斯柴尔德家族财团, 311, 312, 373

Housing Act of 1949 1949 年《住房法》, 484, 491–492

Housing and Economic Recovery Act of 2008 2008 年《住房与经济恢复法》, 709–710

Housing and Urban Development Act of 1968 1968 年《住房与城市开发法》, 541

housing bubble of 2000s 21 世纪 00 年代的房产泡沫, 692–701, 693, 704, 716

housing construction boom of postwar period 战后时期的住房建筑热潮, 491–497

Houston 休斯敦, 560–571, 604, 623, 626, 638, 687

"Houston Is Hot Tonight" (song)《休斯敦今夜很热》（歌曲）, 564

Houston Ship Channel 休斯敦航道, 564

Howard, Oliver 奥利弗·霍华德, 214, 227

Howells, William Dean 威廉·迪安·豪厄尔, 296

How the Other Half Lives (Riis)《另一半人怎样生活》（雅各布·里斯）, 281, 281

How to Pay for the War (Keynes)《如何筹措战费》（约翰·梅纳德·凯恩斯）, 456

Hudson River School 哈得孙河画派, 43–44, 45, 147, 243

Hughes, Dick 迪克·休斯, 605

Hull, Cordell 科德尔·赫尔, 441

"human capital" 人力资本, xix, xxvii–xxviii, 174–175, 577, 591, 627, 653, 688

human evolution 人类进化, 286–288

"human rights" 人权, 462, 579

Humboldt's Gift (Bellow)《洪堡的礼物》（索尔·贝娄）, 532

humbug 骗人把戏, 129–133

Hume, David 大卫·休谟, 18–19

Humphrey, Hubert 休伯特·汉弗莱, 573

Humphrey–Hawkins Full Employment《汉弗莱—霍金斯充分就业法案》, 573

Huntington, Collis P. 科利斯·P. 亨廷顿, 199, 233, 280

Hurricane Katrina 卡特里娜飓风, 687

Huston Women's Conference (1977) 休斯敦妇女大会（1977 年）, 570–571

hydraulic fracturing 水力压裂法, 735

I

Iberian Union 伊比利亚联盟, 18

IBM 国际商业机器公司, 538, 641, 650

Icahn, Carl 卡尔·伊坎, 616

Ickes, Harold 哈罗德·伊克斯, 411–412, 414, 427, 471

Idea of a Patriot King, The (Bolingbroke)《论爱国之君》（博林布罗克子爵亨利·圣约翰）, 79

索 引

illegal immigration 非法移民, 657, 738
Illinois 伊利诺伊州, 100, 119, 183, 248
Illinois & Michigan Canal 伊利诺伊与密歇根运河, 119, 179, 246
Illinois Railroad Commission 伊利诺伊州铁路委员会, 305
Illinois Supreme Court 伊利诺伊州最高法院, 291–292
"illiquidity preference" "非流动性偏好", xxiv, 393, 427–428, 465
"Imagine Houston" (song)《想象休斯敦》(歌曲), 566
Immerwahr, Daniel 丹尼尔·因莫瓦尔, 440
immigration (immigrants) 移民, 168, 170, 182,192, 262, 271, 338, 351, 489, 657
　anti-immigrant sentiment 反移民情绪, 180–181, 182, 266, 275, 279, 288, 291, 292, 594
　illegal 非法移民, 657, 738
Immigration Act of 1924 1924年《移民法》, 351, 489
incandescent light bulb 白炽灯泡, 280
incarceration 监禁, 541, 625–626, 644, 688
"income politics" "收入政治", xvii
"income security" 收入保障, 392, 402, 518, 536
income taxes 所得税, 456, 457, 519, 810n
　Bush and 布什与所得税, 680–681
　Eisenhower and 艾森豪威尔与所得税, 521
　Hoover and 胡佛与所得税, 372
　Internal Revenue Act of 1862 1862年《国内税收法》, 202–203
　Johnson and 约翰逊与所得税, 395, 519
　progressive income taxes 累进式所得税, 320–324, 393, 416–417, 457, 518

　Reagan and 里根与所得税, 609–611
　Roosevelt and New Deal 罗斯福与新政, 399, 417
　Sixteenth Amendment and《宪法第十六条修正案》与所得税, 321
　Truman and 杜鲁门与所得税, 479
indentured servitude 契约仆役, 12, 29, 32–33, 57–58, 170
"independent contractors" "独立承包商", 650–651, 653–654
Indiana 印第安纳州, 100, 184, 604
Indian Intercourse Act of 1834 1834年《印第安人往来法》, 109
Indian removal 印第安人迁移, 92, 98, 100, 108–109, 115–116, 197, 227
Indian Removal Act of 1830 1830年《印第安人迁移法》, 109, 110
Indian Reserve (1763) 印第安人保留地, 54
Indians 印第安人。参见美洲原住民
Indian Trade 印第安人贸易。参见美洲原住民贸易
indigo 靛青, 32, 37, 98
Indochina 印度支那, 444–445, 482
industrial architecture 工业建筑, 340–351, 527–529, 651
industrial capital 工业资本, 152–153, 160, 226, 229,238
　crisis of 工业资本危机。参见工业资本危机 (crisis of industrial capital)
　Marx's theory of 马克思关于工业资本的理论, 267–270
"industrial democracy" "工业民主", 458, 473, 475
"industrial districts" "工业区", 238, 242, 245, 639

industrial investment multiplier 工业投资倍增器, 168, 190, 235, 327, 467
Industrialization 工业化, 189, 191–192, 229–259, 269–270
 American manufacturing belt 美国制造业带, 243–249
 Carnegie and 卡内基与工业化, 229–235, 257–259
 of the countryside 乡村地区的工业化, 249–257
 fate of "free labor" "自由劳动"的宿命, 270–279
 World War II and the "war of the factories" 第二次世界大战与"工厂之战", 445–453
Industrial Life (Fogel)《工业生活》(西摩·福格尔), 421
Industrial Management《工业管理》, 346
industrial revolution 工业革命, xxvi, 135, 189, 190, 236–242, 355
industrial society, rise of 工业社会的兴起, 164–175
Inequality 不平等, xxviii, 59–60, 213–214, 270, 300, 534, 568, 589–590, 735, 738, 787n
inflation 通货膨胀, xvii。另参见滞胀
 1970s 20 世纪 70 年代, 547, 549–550, 552, 559–560, 572, 581–582, 616, 624
 1980s 20 世纪 80 年代, 623
 2000s 21 世纪 00 年代, 720, 730
 American Civil War 美国南北战争, 202–203, 204
 American colonies 美洲殖民地, 69
 Great Depression 大萧条, 386, 403
 Great Moderation 大缓和, 617, 668, 670
 Great Recession 大衰退, 720–721
 New Deal 罗斯福新政, 398, 404–405
 post-World War I period 第一次世界大战战后时期, 341, 343, 358–360, 370–371
 post-World War II period 第二次世界大战战后时期, 464, 465, 476–477, 523, 536, 542
 Reconstruction 重建, 205, 227
 Volcker Shock 沃尔克冲击, 588, 597–608, 598, 599, 631
 World War II 第二次世界大战, 424, 428–429, 456–457
information technology (IT) 信息技术, 591, 592, 633, 635, 636, 647–648, 675 另参见硅谷
inheritance taxes 遗产税, 294, 521–522
In Nature's Wonderland (Doughty)《在自然的奇境中》(托马斯·道蒂), 43, 43–44
Inquiry into the Nature and Causes of the Wealth of Nations, An (Smith)《国富论》(亚当·斯密), 4, 9–11, 28–29, 36, 37–38, 127, 192, 267
In re Jacobs "就雅各布斯一案的法律裁决", 290
Institute for Motivational Research 动机研究所, 504–505, 512
Insull, Samuel 塞缪尔·英萨尔, 417–418
Intel Corporation 英特尔公司, 640, 641
intellectual property (IP) 知识产权, 642, 652
interchangeable parts 互换性零件, 331–332, 528
interest rates 利率 另参见联邦储备系统
 1870s-1880s 19 世纪 70 年代—19 世纪 80 年代, 274
 1920s 20 世纪 20 年代, 343

索 引

1970s 20 世纪 70 年代, 549, 552, 553
1980s 20 世纪 80 年代, 613–614
1990s 20 世纪 90 年代, 630, 655–656, 657–658
2000s 21 世纪 00 年代, 673–74, 699, 699–700
Accord of 1951 and Federal Reserve 1951 年《谅解协议》与联邦储备系统, 465, 486–487
American colonies 美洲殖民地, 62
American Revolution 美国独立战争, 210
British Empire 大英帝国, 20, 21, 34–35, 35
Glass-Steagall Act of 1933 1933 年《格拉斯—斯蒂高尔法》, 406–407, 516–517, 606, 660, 678
Great Depression 大萧条, 356–357, 359, 365–368, 374, 376, 378
Great Recession 大衰退, 720–721, 729–730, 730
Greenspan put 格林斯潘对策, 676–681, 677
Keynes and 凯恩斯与利率, 432–433
New Deal 罗斯福新政, 399, 406–407, 419
post-World War I period 第一次世界大战战后时期, 343
World War II 第二次世界大战, 455–456
post-World War II period 第二次世界大战战后时期, 486–487, 523
Volcker Shock 沃尔克冲击, 597–608
internal combustion engine 内燃机, 330–331
Internal Revenue Act of 1862 1862 年《国内税收法》, 202–203
Internal Revenue Act of 1954 1954 年《国内税收法》, 521–522

International Bank for Reconstruction and Development 国际复兴开发银行, 467–468
International Jew, The《国际犹太势力》, 326
International Ladies' Garment Workers' Union 国际妇女服装工人工会, 627
International Monetary Fund (IMF) 国际货币基金组织, 469, 478, 607–608, 657, 660–661, 662, 664, 666
International Style 国际风格, 494, 516, 528–529, 562
International Swaps and Derivatives Association (ISDA) 国际掉期与衍生工具协会, 661
International Trade Organization 国际贸易组织, 480
International Union of Machinists and Blacksmiths 国际机械师与铁匠联合会, 274
Internet and sex 互联网与性, 646
Internet browsers 互联网浏览器, 643–644
Interpretation of Dreams, The (Freud)《梦的解析》(西格蒙德·弗洛伊德), 504
Interstate Commerce Commission (ICC) 州际商务委员会, 305–306, 309, 579
Interstate Highway Act of 1956 1956 年《州际高速公路法》, 496–497, 497, 520, 522
interstate highway system 州际高速公路系统, 496–497, 497, 522
"invisible hand" "看不见的手", 29, 31, 90, 175–176, 411
Invisible Man (Ellison)《看不见的人》(拉尔夫·埃利森), 531
Iowa farm crisis of 1984-85 1984 年到 1985 年的艾奥瓦农场危机, 628–629
Iowa Greenback Party 艾奥瓦州绿背党, 310

iPhone 苹果手机, 592, 649, 675, 685
Iranian coup d'état of 1953 1953年伊朗政变, 481
Iranian Revolution 伊朗革命, 582
Iraq War 伊拉克战争, 681, 698
Irish immigrants 爱尔兰移民, 106, 168, 266
Ironworkers' Noontime, The (Anshutz)《钢铁工人的正午》(托马斯·波洛克·安舒茨), 194, 261
Iroquois Confederacy 易洛魁联盟, 24, 30, 37
"irrational exuberance" "非理性繁荣", 635–636
Isabella Stewart Gardner (Sargent) "伊莎贝拉·斯图尔特·加德纳" (约翰·辛格·萨金特), 282, 283
Israel 以色列, 559
It (film)《它》(电影), 364
Italian Renaissance 意大利文艺复兴, 127, 140

J

Jackson, Andrew 安德鲁·杰克逊, 6, 7, 96, 108–116, 123
    background of 背景, 106
    Bank War 银行之战, 111–114, 120–121, 124, 131, 207, 375
    election of 1824 1824年大选, 106–108
    election of 1828 1828年大选, 94, 108
    election of 1832 1832年大选, 113
    Indian removal policy of 印第安人迁移政策, 92, 98, 100, 108–109, 115–116, 197, 227
    Maysville Road veto 否决《梅斯维尔公路议案》, 110–111
    Specie Circular of 1836 1836年《铸币流通令》, 122

War of 1812 1812年战争, 92, 98, 106
Jacksonian democracy 杰克逊式民主, 94, 107, 117, 125, 180, 193, 298–299, 372, 416–417
    politics of "antimonopoly" "反垄断"政治, 7, 96–97, 114–115, 181–182, 297, 305
Jamaica 牙买加, 18, 24
James II of England 英王詹姆斯二世, 12, 27
Jameson, Fredric 弗雷德里克·詹姆森, 567
Jamestown 詹姆斯敦, 41
Japan 日本, 37, 623
    gold standard 金本位制, 374
    Lost Decade "失去的十年", 663, 666–667
    Marshall Plan 马歇尔计划, 478–479, 481
    Plaza Accord of 1985 1985年《广场协议》, 658
    during World War II 第二次世界大战期间, 438, 439, 444–445, 445, 450–453
Japanese-American internments 囚禁日裔美国人, 454
Japanese Communist Party 日本共产党, 476
Jay, John 约翰·杰伊, 71, 84–85
Jay Cooke & Co. 杰伊·库克公司, 212, 224–225
Jay Gould's Private Bowling Alley (Nast)《杰伊·古尔德的私人保龄球道》(纳斯特), 219
Jay Treaty《杰伊条约》, 84–85, 86
Jefferson, Thomas 托马斯·杰斐逊, xiii, 5–6, 63–64, 137, 164, 381
    background of 背景, 77–78
    "Empire of Liberty" "自由帝国", 6, 7, 77–84, 87–93
    Hamilton and 汉密尔顿与杰斐逊, 5, 67–68, 73, 77–78, 80–84

索 引

Monticello plantation 蒙蒂塞洛种植园，66, 78, 91
Jeffersonian democracy 杰斐逊式民主，84–86, 134, 273,275
Jefferson Memorial 杰斐逊纪念堂, 409
Jensen, Michael 迈克尔·詹森, 620
Jim Crow laws 种族歧视法规, 428, 449
jobless recoveries 无就业复苏, 425, 633, 655–656, 674, 676, 687–688
    Great Recession 大衰退, 705, 721, 727, 734
Jobs, Steve 史蒂夫·乔布斯, 525, 640–642, 651
John Olin Foundation 约翰·奥林基金会, 574
Johnson, Andrew 安德鲁·约翰逊, 205–206, 209, 210, 211
Johnson, Ben 本·约翰逊, 157
Johnson, F. Ross F. 罗斯·约翰逊, 618–619
Johnson, Hugh 休·约翰逊, 411, 413, 414
Johnson, Lyndon B. 林登·B. 约翰逊, 395, 522, 535–536, 539–542, 551–552, 718
Johnson, Philip 菲利普·约翰逊, 566
Johnson v. M'Intosh 约翰逊诉麦金托什案, 98
John Wanamaker Department Store 沃纳梅克百货公司, 489
joint-stock corporations 股份制公司, 16, 17, 22–23, 76–77, 120, 123–125, 292–293
"Jon" (Saunders)《乔恩》(乔治·桑德斯), 690
Jonathan Livingston Seagull (Bach)《海鸥乔纳森》(理查德·巴赫), 562
Jones, Amelia 阿梅莉亚·琼斯, 157
Jones, Bill 比尔·琼斯, 233, 258–259
Jones, James 詹姆斯·琼斯, 437
Jones, Jesse H. 杰西·H. 琼斯, 405, 406, 409, 411, 427, 435, 564, 568
"Jones mixer" "琼斯混铁炉", 233
Joseph Moore and His Family (Field)《约瑟夫·穆尔一家》(伊拉斯塔斯·索尔兹伯里·菲尔德), 172, 173
J.P. Morgan & Co. 摩根公司, 314, 315–316, 343, 344, 360, 374, 405, 406, 431
J.P. Morgan J.P. 摩根, 665, 680, 692, 696, 709, 710, 711, 714, 715
J R (Gaddis)《小大亨》(威廉·加迪斯), 551
Jungle, The (Sinclair)《丛林》(厄普顿·辛克莱), 256, 335
junk bonds 垃圾债券, 614–615, 618, 625, 630
Justice for Janitors 杂役正义运动, 654
Justice in the Web (Nast) "困在网中的正义" (托马斯·纳斯特), 219

K

Kahn, Albert 艾伯特·卡恩, 327, 333–334, 443–444, 447, 545
    Ford Highland Park Plant 福特海兰帕克工厂, 334–335, 336, 339, 344, 346
    Ford River Rouge Complex 福特里弗鲁日工业复合体, 345, 345–347, 348
Kahn, Alfred 阿尔弗雷德·卡恩, 578
Kahn, Julius 朱利叶斯·卡恩, 334
Kahn System of Reinforced Concrete 卡恩钢筋混凝土系统, 334, 348
Kaiser, Henry 亨利·凯泽, 448, 449, 450, 452
Kaiser Permanente Health Plan 凯泽永久医疗计划, 448
Kalamazoo, Michigan 密歇根州卡拉马祖, 500–501
Kaldor, Nicholas 尼古拉斯·卡尔多, xii
Kansas 堪萨斯州, 176–177, 179, 182, 222,

308, 380
Kansas-Nebraska Act of 1854 1854 年《堪萨斯—内布拉斯加法案》, 176, 176–177, 180, 182, 183
Kansas Pacific Railroad 堪萨斯太平洋铁路公司, 222
Kant, Immanuel 伊曼纽尔·康德, 135, 136
Katona, George 乔治·考托瑙, 513
Kay, Alan 艾伦·凯, 645
Kaysen, Carl 卡尔·凯森, 527
Keating, Charles 查尔斯·基廷, 625
Keayne, Robert 罗伯特·凯恩, 17, 31
Kellogg's cornflakes 家乐氏玉米片, 254
Kelly Services 凯利服务公司, 653
Kemp, Jack 杰克·肯普, 609–610
Kendall, Amos 阿莫斯·肯德尔, 112
Kennedy, David M. 戴维·M. 肯尼迪, 385
Kennedy, Edward 爱德华·肯尼迪, 578, 728
Kennedy, John F. 约翰·F. 肯尼迪, 395, 519, 524, 533–535, 538
Keppler, Joseph 约瑟夫·开普勒, 218
Keynes, John Maynard 约翰·梅纳德·凯恩斯, xii, xv, xxii, 513
    Bretton Woods system 布雷顿森林体系, 466–468, 469–470
    The General Theory《就业、利息和货币通论》, xxii, 146–147, 432–434, 435, 446–447, 455, 485, 490, 502
    Great Depression and 大萧条与凯恩斯, 358, 365, 432–434, 435
    "liquidity preference" 流动性偏好, 146–147, 432–433, 485
    "National Self-Sufficiency"《国家的自给自足》, 739
    World War II and 第二次世界大战与凯恩斯, 446–447, 455, 461
Keynesian economics (Keynesianism) 凯恩斯主义经济学（凯恩斯主义）, 455, 466, 470, 471, 472, 486, 490, 533–534, 575, 577, 579–580, 596–597
Keynesian "fiscal multiplier," 凯恩斯主义的"财政倍增器" xxvii, 365, 393, 403, 427, 446–447, 455, 661, 721
Keyserling, Leon 利昂·凯泽林, 485, 486
Khrushchev, Nikita 尼基塔·赫鲁晓夫, 491
Kidder, Peabody & Co. 基德尔—皮博迪公司, 316
Kilpatrick, James 詹姆斯·基尔帕特里克, 423
Kindred Spirits (Durand)《志同道合》(阿舍·布朗·杜兰德), 147
King, Martin Luther 小马丁·路德·金, 534
King's College 国王学院, 74
Kiowa Indians 凯厄瓦印第安人, 222
Kipling, Rudyard 拉迪亚德·吉卜林, 248, 249, 255–256
Kleiner Perkins 凯鹏华盈, 642, 644–645
Knee-Pants At Forty-Five Cents A Dozen (Riis)"一打45美分的过膝裤"（雅各布·里斯）, 281, 281
Knickerbocker, The《纽约佬》, 140
Knickerbocker Club 纽约佬俱乐部, 280
Knights of Labor 劳工骑士团, 273–279, 289, 303–304
Know-Nothing Party 一无所知党, 180–181, 182
Kodak Corporation 柯达公司, 650–651
Kohlberg Kravis Roberts (KKR) 科尔伯格·克拉维斯·罗伯茨公司, 617–618
Komarovsky, Mirra 米拉·科马罗夫斯基, 382

索 引　　1137

Korean War 朝鲜战争, 485–487, 492, 520
Kotter, John 约翰·科特, 651–652
Kracauer, Siegfried 西格弗里德·克拉考尔, 348
Kroc, Ray 雷·克罗克, 501
Kubrick, Stanley 斯坦利·库布里克, 646
Kuhn, Loeb & Co. 库恩—洛布公司, 316
Ku Klux Klan 三K党, 223
Kuznets, Simon 西蒙·库兹涅茨, 434, 446, 447

L

labor force participation rate 劳动参与率
　　female 女性, 460, 535–536, 567, 625, 628, 652–653, 674
　　male 男性, 548–549, 549, 569–570, 603, 625, 628, 653, 674, 687, 687–688, 727–728
"labor power" "劳动力", 267–68
labor productivity 劳动生产率。参见劳动人口生产率
"Labor Question" (Atkinson) "劳工问题"（爱德华·阿特金森）, 280–281
"labor republicanism" "劳工共和主义", 273, 275
labor strikes 劳工罢工, 257–264, 273–274, 290–291, 319, 343, 414, 429, 459–460, 556, 605
　　Great Railroad Strike of 1877 1877年铁路大罢工, 192, 264–266, 272, 272–273, 274, 288
　　Homestead Strike of 1892 1892年霍姆斯特德罢工, 192, 260–264, 343
　　United Auto Workers strike of 1945-1946 194年至1946年美国汽车工人罢工, 472–475
　　work stoppages 停工, 278
labor unions 工会, 192, 273–279, 289–292, 328, 338, 351, 422–423, 458–459, 573–574, 646, 653–654 另参见具体各工会
　　Cleburne Demands《克利本诉求》, 303–304, 305
　　women and 女性与, 276–277
Lacoste Plantation House 拉科斯特种植园宅邸, 172
Laffer, Arthur 阿瑟·拉弗, 609–610
"Laffer curve" "拉弗曲线", 609, 609–610
"laissez-faire" liberalism "自由放任"式自由主义, 398
Lake Superior Consolidated Mines 苏必利尔湖联合矿业公司, 319
Lakota Indians 拉科塔印第安人, 222
Lamont, Thomas 托马斯·拉蒙特, 359, 431
Lancaster Turnpike 兰卡斯特收费公路, 118
land abundance 土地丰足, 42
Land Act of 1820 1802年《土地法》, 102
land companies 土地公司, 61–62
landed property 地产, xvii, xxv, 5, 42, 44–45, 47–50, 94, 102
　　capitalizing the land 土地的资本化, 51–54
　　Jefferson and 杰斐逊与地产, 80–81
land grab 掠夺土地, 50, 62–63, 95, 98
Landon, Alf 阿尔夫·兰登, 420
Landscape, Los Angeles (Gohlke) 洛杉矶风景（弗兰克·戈尔克）, 501
land scarcity 土地稀缺, 41
land speculation 土地投机, 61–62, 88, 98, 103
Lange, Jessica 杰西卡·兰格, 628
Lasch, Christopher 克里斯托弗·拉什, 581
Las Vegas, housing boom 拉斯维加斯房产热

潮，694, 698

Late Registration (West)《延期注册》（坎耶·韦斯特），688

Latin American debt crisis 拉丁美洲债务危机，606–608, 623,631

Laundry Union and Co-operative Collar Co. 洗衣女工合作公司，276–277

Law Enforcement Assistance Act of 1965 1965年《执法援助法》，541

Lawrence, Jacob 雅各布·劳伦斯，532

Lay, Ken 肯·莱，678–680, 702–703

Lay, Linda 琳达·莱，702–703

League of Nations 国际联盟，360

Lease, Mary Elizabeth 玛丽·伊丽莎白·利斯，312–313

Leaves of Grass (Whitman)《草叶集》（沃尔特·惠特曼），129

Lebensraum 生存空间，80, 440, 445

Le Corbusier 勒·柯布西耶，346

Lectures on the Philosophy and Practice of Slavery (Smith)《关于哲学和奴隶制实践的演讲》（威廉·A. 史密斯），160

Lefkovitz, Alison 艾莉森·莱夫科维茨，569

Legal Tender Act of 1862 1862年《法定货币法》，201

Leggett, William 威廉·莱格特，114–115

Lehman Brothers 雷曼兄弟，657, 665, 666, 691, 694, 705, 709

  bankruptcy of 破产，xi, 593, 702–703, 704, 710–711

Lend-Lease Bill《租借法案》，443, 445, 451

Lerner, Abba 阿巴·勒纳，455

Let Us Now Praise Famous Men (Agee and Evans)《现在让我们来赞扬那些著名的伟人》（詹姆斯·阿吉和沃克·埃文斯），

421, 422

Levasseur, Émile 埃米尔·勒瓦瑟，237

leveraged buyouts (LBOs) 杠杆收购，589, 617–621, 625, 642–643

Leviathan (Hobbes)《利维坦》（托马斯·霍布斯），9 12, 15, 20, 23

Levitt, Joshua 乔舒亚·莱维特，181

Levitt, William 威廉·莱维特，492–493

Levittown 莱维敦，492–493, 496

Levitt & Sons 莱维特父子公司，492–493, 495, 496

Lewinsky, Monica 莫妮卡·莱温斯基，634, 646, 659, 665

Lewis, John L. 约翰·L. 刘易斯，420, 459

Lewis, John Robert 约翰·罗伯特·刘易斯，490

Lexington, Kentucky 肯塔基州列克星敦，100–101, 103, 110

liberalism 自由主义，xxvvii, 392, 398, 465

Cold War 冷战，482–85

  triumph of 冷战的胜利，532–543

  twilight of 冷战的黄昏，572–583

  libertarianism 自由放任主义，576

Liberty Bonds 自由公债，361, 362

Liberty National Bank of New York 纽约自由国民银行，344

"Liberty ships" 自由轮，448, 449, 450

Lichtenstein, Roy 罗伊·利希滕斯坦，510

Life (magazine)《生活》（杂志），462, 509

Lifeboat (film)《怒海孤舟》（电影），454

life expectancy 预期寿命，180

Life of P. T. Barnum, Written by Himself《巴纳姆自传》，129, 134, 141, 147

"Life Without Principle"《没有原则的生活》（亨利·戴维·梭罗），138

lignite 褐煤, 239
Lilienthal, David 戴维·利林塔尔, 426–427
Lincoln, Abraham 亚伯拉罕·林肯, 182–183, 220
　　assassination of 遇刺, 205–206
　　Civil War and 南北战争与林肯, 197–200, 205
　　election of 1860 1860 年大选, 153, 183–185
　　election of 1864 1864 年大选, 205
　　wage labor and 雇佣劳动与林肯, 271, 288
Lind, Jenny 珍妮·林德, 169
Lippmann, Walter 沃尔特·李普曼, 386, 397
liquidity 流动性, xxii–xxvi, 758n
liquidity crisis 流动性危机, 710–711
"liquidity glut" "流动性过剩", 673–674
"liquidity preference" "流动性偏好", xxii, xxv–xxvi, 147, 201–202, 268, 292, 313, 357, 437, 534, 581, 590, 602, 606, 735
　　Asian financial crisis of 1997-98 1998-1998 年亚洲金融危机, 666, 667
　　Great Depression and New Deal 大萧条和罗斯福新政, 378, 392, 403, 427–428, 432–433
　　Great Moderation 大缓和, 673–674
　　Great Recession 大衰退, 597, 629, 632
　　postwar hinge 战后转折, 465, 468, 469, 472, 485
"liquidity problem" "流动性问题", 680, 702–703, 709
"liquidity trap" "流动性陷阱", 194, 487, 593, 632, 663, 667
　　Great Depression and New Deal 大萧条和罗斯福新政, 377–379, 399, 424, 429, 432–433
　　Great Recession 大衰退, 713, 716–717, 737

Little Ice Age 小冰期, 41
"little steel formula" "小钢铁厂协商准则", 458–459
living standards 生活标准, 36–37, 60, 63, 270, 359
Lochner v. New York 洛克纳诉纽约州, 290, 794n
Locke, John 约翰·洛克, 13–14, 26–27, 28, 32, 48, 49–50, 55
"Lockean proviso" "洛克但书", 50
Lockheed Aircraft 洛克希德飞机公司, 442, 449
"lock up" "资金搁死", 215–216
"locomotive strategy" "火车头战略", 579–581
Lonely Crowd, The (Riesman and Glazer)《孤独的人群》(戴维·里斯曼及纳坦·格莱泽), 502
Long, Huey P. 休伊·P. 朗, 414, 417
Long Depression 长萧条, 224–226
Long Telegram "长电报", 477
Long-Term Capital Management (LTCM) crisis of 1998 1998 年长期资本管理公司危机, 664–665, 695, 710
Looking Backward: 2000-1887 (Bellamy)《百年一觉》(爱德华·贝拉米), 286
Loos, Adolf 阿道夫·卢斯, 498
Los Alamos National Laboratory 洛斯阿拉莫斯国家实验室, 450, 453
Los Angeles 洛杉矶, 415, 489
　　architecture of 建筑, 494–946
　　during World War II 第二次世界大战期间, 448–449
Los Angeles Airport 洛杉矶飞机场, 449
Los Angeles riots of 1965 1965 年洛杉矶暴

乱, 541

Lo stato corporativo (Viglione)《公司制国家》（拉法埃洛·维廖内）, 411

Lough, William 威廉·洛, 318

Louisiana 路易斯安那, 152, 156

Louisiana Purchase 路易斯安那购地案, 87–88, 176, 177

Louisiana Territory 路易斯安那领地, 87–88

Louisville 路易斯维尔, 100, 103

Louis XVI of France 法王路易十六, 72, 84

LSD (lysergic acid diethylamide) 麦角酸二乙基酰胺, 512

Lucas, Robert 罗伯特·卢卡斯, 577–578, 703–704

Luce, Henry 亨利·卢斯, 462

lumber 木材, 166–167, 238, 253

Luminism 光色主义, 128

Lynn, Massachusetts 马萨诸塞州林恩, 245

M

MacArthur, Douglas 道格拉斯·麦克阿瑟, 384

McCain, John 约翰·麦凯恩, 714, 717, 718

McCarthy, Joseph 约瑟夫·麦卡锡, 484, 486

McClure's Magazine《麦克卢尔杂志》, 319

McCormick reaper 麦考密克收割机, 158, 253, 278

McCoy, Joseph J. 约瑟夫·J.麦科伊, 254

McCulloch, Hugh 休·麦卡洛克, 207–211

McCulloch Contraction 麦卡洛克收缩, 210–216

McCulloch v. Maryland 麦卡洛克诉马里兰州, 102–103

McDonald's 麦当劳, 501

McDonough, William J. 威廉·J.麦克多诺, 666

MacFarlane, James 詹姆斯·麦克法兰, 248

McGovern, George 乔治·麦戈文, 557–558

Machine Age 机器时代, 341, 347–351, 357, 364, 651

Machine-Age Exposition (1927) 机器时代博览会, 347, 347–348

McKinley, William 威廉·麦金利, 299–301, 314

McKinney, Doris 多丽丝·麦金尼, 626

McKinsey & Company 麦肯锡公司, 678

McLaughlin, Jim 吉姆·麦克劳克林, 691

McLean, Bethany 贝萨尼·麦克莱恩, 679

McLuckie, John 约翰·麦克勒基, 262

McNeill, George 乔治·麦克尼尔, 275

macroeconomic expansion of 1980s 20世纪80年代的宏观经济扩张, 611–27, 854n

 federal deficit 联邦赤字, 613–614, 614

 investment as share of GDP 投资占国内生产总值比重, 611, 611–612

 personal consumption expenditure as share of GDP 个人消费支出占国内生产总值比重, 612, 612–613

 productivity growth and hourly compensation growth 生产率增长与平均每小时工资增长, 612–613, 613

 stock market capitalization to GDP 证券市场资本化与国内生产总值之比, 620–621, 621

"Macroeconomic Priorities" (Lucas)《宏观经济优先事项》（罗伯特·卢卡斯）, 704

"macroeconomy" "宏观经济", 393

Macune, Charles 查尔斯·麦丘恩, 307–310, 324

Madison, James 詹姆斯·麦迪逊, 69–73, 76, 77, 78, 81, 82, 83, 91–92, 93, 105, 725

索 引

Mad Money with Jim Cramer (TV show)《私房钱》(电视节目), 709
Madonna (Madonna Ciccone) 麦当娜, 622
Magic Mike (film)《魔力麦克》(电影), 727
"magic of the market" 市场魔术, 587–588, 595–632
    politics of nostalgia 怀旧政治, 627–623
    Reaganomics 里根经济学, 608–611
    "truthful hyperbole" 真实的夸大, 622–627
    Volcker Shock 沃尔克冲击, 597–608
magnetite 磁铁矿, 251
magnetos 永磁发电机, 335–336
Maguire, Robert H. 罗伯特·H. 马圭尔, 505–506
Maham, Hezekiah 赫齐基亚·玛哈姆, 70, 71
Main Line Canal 干线运河, 119
maize 玉米, 51–52
Malcomson, Alexander 亚历山大·马尔科姆森, 331
male breadwinner 男性赚钱养家者, 7, 164–165, 192, 261–262, 277, 282, 322–323
    decline of 男性赚钱养家者的衰落, 548–549, 567, 569–571, 626, 629, 697, 727
    Great Depression and New Deal 大萧条和罗斯福新政, 418–419, 460
    politics of income 收入政治, 289–292
    postwar period 战后时期, 460, 461, 466, 495–496
male identity crisis 男性身份危机, 548–549, 620, 688–689
male labor force participation rate 男性劳动参与率, 548–549, 549, 569–570, 603, 625, 628, 653, 674, 687, 687–688, 727–728
Malthus, Thomas 托马斯·马尔萨斯, 40, 41, 42
Management and Administration《管理与行政管理》, 353
"mancession" 男性衰退, 727
Manchester, New Hampshire 新罕布什尔州曼彻斯特, 245
Manchurian Candidate (film)《满洲候选人》(电影), 517
Manhattan Project 曼哈顿计划, 450, 453
Manufacturing 制造业, 602–603, 685 另参见福特主义、工业化
    American manufacturing belt 美国制造业带, 243–249, 244
    regional changes in population and, 1970-1980 1970 年至 1980 年人口和制造业的区域变化, 563
    rise of industrial society 工业社会的兴起, 164–175
    World War II and the battle of the factories 第二次世界大战与工厂之战, 445–453
Many Marriages (Anderson)《多种婚姻》(舍伍德·安德森), 364
Marat, Jean-Paul 让-保罗·马拉, 113
Marathon Oil 马拉松石油公司, 604
March on Washington for Jobs and Freedom (1963) 为争取工作与自由的华盛顿大游行, 534
Margin Call (film)《商海通谍》(电影), 725
Markkula, Mike 迈克·马尔库拉, 641
"mark-to-market" accounting "按市值计价" 会计操作, 621, 625, 679
Marmon Crankshaft (Outerbridge)《马蒙汽车曲轴》(保罗·奥特布里奇), 347, 348
Marquis, Samuel 塞缪尔·马奎斯, 328

marriage laws 婚姻法, 55–57
Marshall, Alfred 阿尔弗雷德·马歇尔, 238
Marshall, John 约翰·马歇尔, 102–103
Marshall Plan 马歇尔计划, 478–479, 481
Martin, William McChesney 威廉·麦克切斯尼·马丁, 520
Martineau, Pierre 皮埃尔·马蒂诺, 504–5
Marx, Karl 卡尔·马克思, xii, xvi, 135, 146, 154, 192, 290, 294
    theory of industrial capital 工业资本理论, 267–270
Mary II of England 英格兰女王玛丽二世, 27
Massachusett Indians 马萨诸塞印第安人, 41–42, 49
Massachusetts Bay Colony 马萨诸塞湾殖民地, 16–17, 24–25, 31, 49–50
Massachusetts Board of Railroad Commissioners 马萨诸塞州铁路委员会, 305
mass consumption 大众消费。参见消费主义
mass incarceration 大规模监禁, 541, 625–626, 644, 688
mass production 大量生产／量产, xxvii, 193, 325–326, 329–340, 438, 456
master-slave relations 主奴关系, 159, 160
Mather, Cotton 科顿·马瑟, 34
Mather, Increase 英克里斯·马瑟, 31, 34
Matta-Clark, Gordon 戈登·马塔—克拉克, 544–545, 545, 548, 566
Mattagund 马塔贡德, 50
Maysville, Washington, Paris, and Lexington Turnpike Company 梅斯维尔、华盛顿、巴黎及列克星敦收费公路公司, 110–111
Maysville Road veto 否决梅斯维尔公路, 110–111

Meadows, James 詹姆斯·梅多斯, 650
Means, Gardiner 加德纳·米恩斯, 412
Meany, George 乔治·米尼, 556
Mechanization Takes Command (Giedion)《机械化的决定作用》(西格弗里德·吉迪翁), 348
Meckling, William 威廉·梅克林, 620
"Me Decade" "以自我为中心的十年", 550
Medicaid 医疗补助计划, 394, 539, 540, 610, 728
Medicare 老年医疗保险, 394, 539, 540, 723
Medicine Lodge Creek 梅迪辛洛奇克里克, 222
Medill, Joseph 约瑟夫·梅迪尔, 288
Mellon, Andrew 安德鲁·梅隆, 370–371
Melville, Herman 赫尔曼·梅尔维尔, xiii, 6, 106, 129–130, 139–149
    The Confidence-Man《骗子》, 128, 138, 140–146, 147–149, 551
Mercantile Agency 商业征信所, 131, 132
Mercantilism 重商主义, 4–5, 9–38, 81–82
    Earl of Shaftesbury and 沙夫茨伯里伯爵与重商主义, 11–14, 18–19, 25–28
    legacy of 重商主义的遗产, 36–38
    mercantilist tradition 重商主义传统, 14–22
    roots of "Smithian growth" "斯密型增长"的根源, 28–36
    Smith's *Wealth of Nations* 亚当·斯密的《国富论》, 9–11, 28–29, 36, 37–38
    tradition of 重商主义的传统, 14–22
    transformation of 重商主义的转变, 22–28
    use of term 术语使用, 10
merchant banks 商人银行, 20–21, 156, 167, 254, 311

索 引

Merchant of Venice (Shakespeare)《威尼斯商人》（莎士比亚）, 313
Merchant's Magazine《商人杂志与商业评论》, 130
mercury 汞, 251
Merger Mania (Boesky)《并购狂潮》（伊万·伯斯基）, 619
mergers and acquisitions 并购和收购, 193, 318, 617, 678, 684–685, 691–692
Merrill Lynch 美林证券, 680, 691, 696, 710
Merton, Robert 罗伯特·默顿, 664–665
"mestizo agriculture," "混血农业" 51
Metropolitan Club 大都会俱乐部, 280
Metropolitan Museum of Art 大都会艺术博物馆, 295, 531–532, 540
Mexican-American War 美墨战争, 140, 150, 176, 440
Mexican debt crisis 墨西哥债务危机, 606–608, 631, 657–658, 726
Michigan 密歇根, 101, 180 另参见底特律
Microsoft Corporation 微软公司, 450, 642–643
Microsoft Windows 微软视窗, 641, 685
Midvale Steel Company 米德韦尔钢铁公司, 333
Mies van der Rohe, Ludwig 路德维希·密斯·凡德罗, 494, 516, 528
"military-industrial" complex 军工复合体, 450, 524, 534
Milken, Michael 迈克尔·米尔肯, 618, 630, 696
Miller, Arthur 阿瑟·米勒, 531
Miller, G. William G. 威廉·米勒, 582
Mills, C. Wright C. 赖特·米尔斯, 529
Milwaukee 密尔沃基, 246

minimum wage 最低工资, 413, 426, 428, 482
mining 采矿, 251–252
Mining Laws of 1866 and 1872 1866 年和 1872 年《采矿法》, 251
Minnesota 明尼苏达州, 177, 179
miser 守财奴, 144–149
Mississippi River 密西西比河, 7, 85, 87, 90, 100, 116, 177–178, 179
Mississippi River Delta 密西西比河三角洲, 155–156
Missouri Compromise of 1820 1820 年《密苏里妥协案》, 176–177, 183
Mitchell, Joni 琼尼·米歇尔, 551
Mitchill, Samuel 塞缪尔·米奇尔, 90
Mitsubishi UFJ 三菱日联金融集团, 713–714
"mixed economies," "混合经济" 481
Moby-Dick (Melville)《白鲸》（赫尔曼·梅尔维尔）, 106, 129, 140, 148, 149
"Model of Christian Charity, A" (Winthrop)《基督徒慈善的典范》（约翰·温思罗普）, 16–17
Modern Corporation and Private Property, The (Berle and Means)《现代公司和私有财产》（阿道夫·伯利和加德纳·米恩斯）, 412
"modern economic growth" "现代经济增长", 236, 238
Modern Office Procedures (journal)《现代办公规程》（杂志）, 530
modern portfolio theory 现代投资组合理论, 603
Modern Times (film)《摩登时代》（电影）, 337, 337, 338
Mohegan Indians 莫希根印第安人, 24
Moley, Raymond 雷蒙德·莫利, 398, 404, 416

molybdenum 钼, 251

Mondale, Walter 沃尔特·蒙代尔, 581

monetarism 货币主义, 575–575, 582, 597–600

Monetary History of the United States, A (Friedman and Schwartz)《美国货币史》（米尔顿·弗里德曼及安娜·施瓦茨）, 356

money markets 货币市场, 712–713, 715, 726

Money Muddle, The (Warburg)《糟蹋钱财》（詹姆斯·P.沃伯格）, 414

Money of the Nation, The: Shall It Be Good or Bad (Atkinson)《国家货币论：良币抑或劣币》（爱德华·阿特金森）, 314

monopoly 垄断, 682–685

Monticello 蒙蒂塞洛庄园, 66, 78, 91

Moore, Gordon E. 戈登·E.摩尔, 640

Moore's Law 摩尔定律, 640

Moraley, William 威廉·莫利, 57, 58

"moral hazard" "道德风险", 711

Morgan, J. Pierpont "J.P." J.皮尔庞特·摩根（J.P.摩根）, 285, 285, 301–302, 302, 312–316, 319, 323, 360

Morgan, Joseph 约瑟夫·摩根, 34

Morgan, Junius S. 朱尼厄斯·S.摩根, 231, 315

"Morganization" "摩根式重组", 315–317, 318–319

Morgan Stanley 摩根士丹利, 406, 665, 691, 710, 713–714, 715

Morgenthau, Henry 亨利·摩根索, 408–409, 431

Morning View of Blue Hill Village, A (Fisher)《蓝山村晨景》（乔纳森·费希尔）, 116

Morrill Act of 1862 1862年《莫里尔法》, 198

Morrill Tariff of 1861 1861年《莫里尔关税税则》, 198

mortgages 抵押贷款, 379, 409, 413, 460, 491–492, 492, 541, 593, 674, 690–701, 706–707 另参见农业抵押贷款

concentration of high-cost 高成本贷款的集中, 693, 693–694

housing bubble of 2000s 21世纪00年代的房产泡沫, 692–701, 704,716

mortgage-backed securities (MBSs) 抵押贷款担保证券, 252, 592, 674, 675, 694–97, 699–703, 706–707, 708, 725, 734

mortgage interest 抵押贷款利息, 492, 521

Morton, Thomas 托马斯·莫顿, 16

"mothers' pension" laws "母亲津贴"法规, 323

Motion Pictures Producers' Association 电影制片人协会, 454

Motor (magazine)《汽车》杂志, 327

Moviegoer, The (Percy)《看电影的人》（沃克·珀西）, 517

Mrs. Miniver (film)《忠勇之家》（电影）, 436–437

MS-DOS MS-DOS 操作系统, 641

Mughal India 莫卧儿帝国统治下的印度, 37

Mullany, Kate 凯特·马拉尼, 276–277

Muller v. Oregon 马勒诉俄勒冈州, 292

multidivisional (M-form) organizational structure 多部门组织结构（M型结构）, 526, 647–649

Multipliers 倍增器

"fiscal multiplier" 财政倍增器, xxvii, 393, 403, 427, 446–447, 455, 721

industrial investment multiplier 工业投资倍增器, 168, 190, 235, 327, 467

索 引

Keynesian "fiscal multiplier" 凯恩斯主义 "财政倍增器", xxvii, 365, 393, 403, 427, 446–447, 455, 661, 721

"Smithian commercial multiplier" 斯密型商业倍增器, 4, 29, 36, 40, 94–95, 165, 168, 190, 235, 267

Mumford, Lewis 刘易斯·芒福德, 329–330, 337, 493, 494

Munn v. Illinois 芒恩诉伊利诺伊州, 305, 322

Murphy, Gerald 杰拉尔德·墨菲, 348, 349

Murray, James E. 詹姆斯·E. 默里, 470, 471

Murray, Philip 菲利普·默里, 472–473, 474–475

Muscle Shoals, Alabama 亚拉巴马州马斯尔肖尔斯, 351–352, 411

Mussolini, Benito 贝尼托·墨索里尼, 326, 397, 404, 411, 452

My Bondage and My Freedom (Douglass)《我的奴役生涯与自由岁月》(弗雷德里克·道格拉斯), 129, 147

My Forty Years with Ford (Sorensen)《我和福特的四十年》(查利·索伦森), 331

My Life and Work (Ford and Crowther)《我的生活和工作》(亨利·福特和塞缪尔·克劳瑟), 325, 328, 339–342, 354

N

Nader, Ralph 拉尔夫·纳德, 555, 574

Napoleon Bonaparte 拿破仑·波拿巴, 87, 97

Napoleonic Wars 拿破仑战争, 90

Narragansett Indians 纳拉甘西特印第安人, 24, 41–42, 48–49

Nast, Thomas 托马斯·纳斯特, 218, 219

National Aeronautics and Space Administration (NASA) 国家航空航天局, 538, 568

National Association of Home Builders (NAHB) 全国住宅建筑商协会, 484

National Association of Manufactures (NAM) 全国制造商协会, 416, 417, 430, 458, 471–472, 473

National Association of Realtors (NAR) 全国房地产经纪人协会, 484

National Banking Acts of 1863 and 1864 1863年和1864年的《国民银行法》, 202, 211, 216

national banking system 国民银行体系, 76, 81, 190, 202, 205, 207, 213, 216, 309, 323 另参见联邦储备系统

National Bank Note 国民钞票, 190, 196, 201–202

national currency 本国货币。参见美元

national debt 国债, 67, 91, 101, 102–103, 122–123, 360, 455–456, 484–485, 667, 699

Civil War and 南北战争与国债, 196, 200–201, 202–203

Clay and 克莱与国债, 103–104, 106–107

Hamilton and "pecuniary capital" 汉密尔顿与"金钱资本", 68–77, 120

Jackson and 杰克逊与国债, 106–107, 120

Jefferson and 杰斐逊与国债, 81, 82

National Banking Acts of 1863 and 1864 1863年和1864年的《国民银行法》, 202, 211, 216

Panic of 1839 1839年恐慌, 120–121, 125

Panic of 1893 1893年恐慌, 310–311

Reagan and 里根与国债, 613–614, 614

Reconstruction 重建, 205–206, 208–209, 211, 212, 214, 215–216

Wall Street Crash of 1929 1929年华尔街

崩盘, 368

War of 1812 1812 年战争, 91

National Economic Council (NEC) 国家经济委员会, 654, 718

National Environmental Policy Act of 1969 1969 年《国家环境政策法》, 555

National Farmers' Alliance 全国农场主联盟, 308–309

Natural Gas Policy Act of 1978 1978 年《天然气政策法》, 578

National Guard 国民警卫队, 263, 384, 414

National Housing Act of 1934 1934 年《国民住房法》, 412–413

"national income" 国民收入, 434, 446, 465, 482, 485, 490

National Income, 1929-1932 (Kuznets)《1929—1932 年的国民收入》(西蒙·库兹涅茨), 434, 446

National Industrial Recovery Act (NIRA) of 1933 1933 年《国家工业复兴法》, 410–411, 413

National Labor Relations Act of 1935 1935 年《国家劳资关系法。参见 1935 年《瓦格纳法》

National Labor Relations Board (NLRB) 国家劳资关系委员会, 419–420, 428

National Labor Union (NLU) 全国劳工联合会, 210, 273–274

National Product in Wartime (Kuznets)《战时国民产值》(西蒙·库兹涅茨), 446

National Recovery Administration (NRA) 国家复兴管理局, 410–414, 416, 424, 431

National Resources Defense Council 国家资源保护委员会, 555

National Resources Planning Board (NRPB) 国家资源计划委员会, 457

National Road 国家公路, 93, 105

National Security Act of 1947 1947 年《国家安全法》, 478

National Security Council (NSC) 国家安全委员会, 478

"National Self-Sufficiency" (Keynes)《国家的自给自足》(梅纳德·凯恩斯), 739

National Traffic and Motor Vehicle Safety Act of 1966 1966 年《国家交通与机动车辆安全法》, 555

National Tube Works 全国钢管公司, 319

National War Labor Board 全国战时劳工委员会, 458

National Welfare Rights Organization 全国福利权利组织, 550, 557

National Women's Conference (1977) 全国妇女大会, 570–571

Native Americans 美洲原住民 另参见具体部落

concept of property and ownership 财产与所有权概念, 44, 48–49, 61, 62–63, 88, 108–109

epidemics of 1616 and 1633 1616 年与 1633 年疫病流行, 41–42

European colonizers and 欧洲殖民者与美洲原住民, 23–24, 87

farming practices of 农耕实践, 51–52

myth of "primitive Indian" "原始印第安人" 的神话, 16

removals of 迁移, 92, 98, 100, 108–109, 115–116, 150, 182, 190, 256–257

treaties with 与美洲原住民签订的条约, 88, 222

Native American Trade 美洲原住民贸易,

索 引

15–16, 32–33, 101
European zones of encounter 与美洲原住民有接触的欧洲殖民区, 23, 23–24, 89
Nature; Addresses and Lectures (Emerson),《论自然》(拉尔夫·沃尔多·爱默生) 129
Nature of Capital and Income, The (Fisher)《资本和收入的性质》(欧文·费雪), xvi, 70, 318
Nature of Riches, The (Morgan)《财富的本质》(约瑟夫·摩根), 34
Navajo Indians 纳瓦霍印第安人, 257
Navigation Acts《航海法》, 11, 24–26, 27, 35, 69
Nazi Germany 纳粹德国, 328, 387, 403, 424, 435, 437, 442, 443, 444, 452
  invasion of Poland 入侵波兰, 403, 435, 439, 440, 442
  "war of the factories," "工厂之战" 445, 450, 451–52
Neagle, John 约翰·尼格尔, 166
Nebraska 内布拉斯加州, 176–177, 179, 180
"Negro plots" "黑人自留地", 162
Nelson, Donald 唐纳德·纳尔逊, 446
neoliberalism 新自由主义, 587, 595, 654
Neolithic Revolution 新石器革命, 189, 236
Net Guide (Wolff)《网络指南》(迈克尔·沃尔夫), 646
Netscape 网景公司, 643–644, 657
Netscape Time (Clark)《网景时代》(吉姆·克拉克), 643
networks 网络, 647–654
"neurasthenia" "神经衰弱", 284–285
"neutrality" "中立", 439, 441–442
Neutrality Acts of the 1930s 20 世纪 30 年代的《中立法》, 441–442
Nevada 内华达州, 176
New Deal 罗斯福新政, xxvii, 214, 387, 391–92, 397–435, 440–441, 465, 482, 646, 659, 739
  back from the brink 悬崖勒马, 403–407
  big government 大政府, 453–461
  capital strike 资本罢工, 427–435
  developmental initiatives 发展举措, 402–403, 411–412, 426
  economic consequences of 罗斯福新政的经济后果, 423–427
  fate of the "all-class alliance," "全阶级大联盟" 的宿命 412–415
  opposition to 反对, 415–423
  overproduction and First Hundred Days 超额生产和百日新政, 407–412
  policy initiatives 政策措施, 398–399, 402–403
  regulatory initiatives 监管举措, 399, 402, 405–411, 412–413, 416–420
new economy 新经济, 590–591, 633–669, 682
  globalization 全球化, 661–669
  the network 网络, 647–654
  Rubinomics 鲁宾经济学, 654–661
  Silicon Valley 硅谷, 637–647
"new history of capitalism" "资本主义新历史", xii
New Housekeeping, The: Efficiency Studies in Home Management (Frederick)《新家政：家庭管理中的效率研究》(克里斯蒂娜·弗雷德里克), 333
New Jersey 新泽西州, 47
"new majority," "新的大多数" 554, 558
New Mexico 新墨西哥州, 176, 177, 257

New Orleans 新奥尔良, 85, 105, 116, 122
New Right 新右派, 571–574
New World Hegemon 新世界霸主。参见第二次世界大战
New York Central Railroad 纽约中央铁路, 215–217
New York Chamber of Commerce 纽约商会, 208
New York City 纽约市, 117, 118, 122, 130–132, 165, 181, 245, 247, 384 另参见华尔街金融危机, 564, 568
　　Gilded Age 镀金时代, 280–281
　　housing boom 房产热潮, 693
New York Cotton Exchange 纽约棉花交易所, 307
New York Federal Reserve Bank 纽约联邦储备银行, 359, 361, 363, 364–365, 386, 725–726
New York Free Banking Act of 1838 1838年《纽约自由银行业务法》, 124
New York Gold Exchange 纽约黄金交易所, 201
New York Herald《纽约先驱报》, 133
New York Machine-Age Exposition (1927) 纽约机器时代博览会, 347, 347–348
New York Ratifying Convention (1788) 纽约宪法批准会议, 74–75
New York Stock Exchange (NYSE) 纽约证券交易所, 311, 318, 319, 326, 354, 356, 357, 370, 596, 620, 629–630, 696
　　Great Bull Market 大牛市, xxvii, 326, 342–343, 354, 355, 361–368, 437
New York Times《纽约时报》, 564, 682, 731
New York Tribune《纽约论坛报》, 181–182
New York World《纽约世界报》, 299

Nez Perce Indians 内兹帕斯印第安人, 227
Nicaragua 尼加拉瓜, 440
Niles, Hezekiah 赫齐基亚·奈尔斯, 102
Nineteenth Amendment《宪法第十九条修正案》, 323
Nixon, Richard 理查德·尼克松, 395, 491, 546, 550, 551–560, 572, 580–581
Nixon shock 尼克松冲击, 545, 551–560
NLRB v. Jones and Laughlin Steel Corp. 国家劳资关系委员会诉琼斯和劳克林钢铁公司案, 428
Nobel Peace Prize 诺贝尔和平奖, 360
nonprofit corporations 非营利性公司, 292–296, 293, 372, 518, 540, 568–569, 611
　　501(c) organizations 501(c)项下组织, 521– 523, 531, 555, 574
Norinchukin 农林中央金库, 715
Norman, Montagu 蒙塔古·诺曼, 356, 359, 374–375
Norman Conquest 诺曼征服, 45
Normandy landings 诺曼底登陆, 452
North, the. 北方。参见美国北方
North American colonies 北美殖民地。参见美洲殖民地
North American Free Trade Agreement (NAFTA)《北美自由贸易协定》, 657
North American Review《北美评论》, 293
Northern Pacific Railroad 北太平洋铁路公司, 224–225, 316
North Korea 朝鲜, 477, 485–487
Northland Center 诺思兰中心, 498, 498–499, 499
Northrop Grumman Corporation 诺斯罗普·格鲁曼公司, 449
Northwest Ordinance of 1787 1787年《西北

索 引

地区法令》, 80, 177, 184
nostalgia, politics of 怀旧政治, 627–623
Notes on the State of Virginia (Jefferson)《弗吉尼亚笔记》（托马斯·杰斐逊）, 63–64, 78
Noyce, Robert 罗伯特·诺伊斯, 640
Nozick, Robert 罗伯特·诺齐克, 50

O

Oak Ridge nuclear facility 橡树岭核设施, 452–453
Obama, Barack 贝拉克·奥巴马, 634, 716–731, 737
　financial crisis of 2007-2008 and 2007 年到 2008 年金融危机与奥巴马, 593–594, 704, 719–720, 729–731
obsolescence 产品淘汰, xx, 394, 503–504, 506–507, 512
Occupational Safety and Health Administration (OSHA) 职业安全与健康管理局, 556
Occupation of the Ruhr 占领鲁尔, 360
Occupy Wall Street 占领华尔街, 724
O'Connor, Flannery 弗兰纳里·奥康纳, 532
O'Donnell, Hugh 休·奥唐纳, 262
oeconomy 经济, 17–18, 42, 56, 58–59
Oedipal complex 俄狄浦斯情结, 530
Office of Economic Opportunity 经济机会局, 539–540
Office of Price Administration (OPA) 物价管理局, 454–457, 475, 479, 486
Office of Thrift Supervision 互助储蓄银行监管局, 690–691
Ohio River 俄亥俄河, 90, 100, 103, 105, 110, 116, 119, 177–178

oikos 家, 17–18
oil (oil industry) 石油（石油产业）, 241, 245, 251, 438, 451, 481, 508, 555, 564–565, 580, 681, 735
oil crisis of 1973 1973 年石油危机, 545, 546–547
oil crisis of 1978 1978 年石油危机, 572, 580
oil embargoes 石油禁运, 395, 445, 559
oil shocks 石油冲击, 545, 546–547, 572, 580, 581, 616
oil subsidies 石油补贴, 580
Okun, Arthur 阿瑟·奥肯, 551–552, 577–78
Olmsted, Frederick Law 弗雷德里克·劳·奥姆斯特德, 171
Omaha Platform《奥马哈纲领》, 309–310
Omoo (Melville)《奥穆》（赫尔曼·梅尔维尔）, 139
100 Cans (Warhol)《100 个罐头》（安迪·沃霍尔）, 507, 508
On the Art of Cutting Metals (Taylor)《金属切割工艺》（弗雷德里克·温斯洛·泰勒）, 333
On the Origin of Species (Darwin)《物种起源》（查尔斯·达尔文）, 286
"Open Door" policy "门户开放"政策, 441
open-field system 公共荒地制度, 47–48
"open market" operations "公开市场"操作, 83, 375, 378, 455–456
"operating ratio" "经营比率", 232, 526
"Operation Dixie" "迪克西行动", 479
Operations Research (journal)《运筹学》（杂志）, 526
opium 鸦片, 121
Oppenheimer, J. Robert J. 罗伯特·奥本海默, 450, 453

"options""期权", 558, 664–665
orchards 果园, 53
Ordinance of Nullification《废除法令》, 113
Oregon 俄勒冈州, 177
organic economy 有机经济, 5, 39–41, 115
    capitalizing the land 土地的资本化, 51–54
    gambler and peasant 赌徒与农夫, 60–64
    independence and dependence 独立与依附, 54–60
    property 财产, 43–50
Organization Man, The (Whyte)《组织人》（威廉·怀特）, 529–530
Organization of Petroleum Exporting Countries (OPEC) 石油输出国组织, 395, 546–547, 559, 580
"orgy of speculation""投机狂欢", 365, 366, 370
Orwell, George 乔治·奥威尔, 509
Osborn v. Bank of the United States 奥斯本诉美国银行, 105
Oswald, Lee Harvey 李·哈维·奥斯瓦尔德, 535
Other America, The (Harrington)《另一个美国》（迈克尔·哈林顿）, 534
Ottoman Empire 奥斯曼帝国, 37
Outerbridge, Paul 保罗·奥特布里奇, 347, 348
"output gap""产出缺口," 721
"ownership society""所有权社会", 592–593, 675, 690–691, 698

P

Pacific Railway Acts of 1862 1862年《太平洋铁路法》, 198–199
Packard, David 戴维·帕卡德, 640
Packard, Vance 万斯·帕卡德, 504, 507, 509
Packard Motor Company 帕卡德汽车公司, 333–334, 459–460
Page, Larry 拉里·佩奇, 644–645
Paine, Thomas 托马斯·潘恩, 127, 136
Palo Alto Research Center (PARC) 帕洛阿尔托研究中心, 640–641, 645
Panama Canal Zone 巴拿马运河区, 441
Pan-American Conference (1933) 泛美会议, 441
Panic of 1792 1792年恐慌, 82–83, 101
Panic of 1819 1819年恐慌, 6, 95, 101–102, 106, 111, 116, 131
Panic of 1837 1837年恐慌, 6, 95, 120–121, 126, 127, 128, 131, 152, 161, 175, 381
Panic of 1839 1839年恐慌, 95, 120–121, 125, 126, 131, 136
Panic of 1866 1866年恐慌, 210
Panic of 1873 1873年恐慌, 197, 224–226, 231, 264, 355
Panic of 1893 1893年恐慌, 192, 297, 310–313, 315, 317
Panic of 1930 1930年恐慌, 375
Panic of 2007-2008 2007年至2008年恐慌. See financial crisis of 2007-2008 参见2007年至2008年金融危机
parenthood 父母身份, 56, 57
Parker, William 威廉·帕克, 60
Parsons, Albert 艾伯特·帕森斯, 274, 278–279
Parsons, Lucy 露西·帕森斯, 278–279
"paternalism""家长主义", 59, 160–161, 162–164, 178
Paterson, New Jersey 新泽西州帕特森, 245
Patient Protection and Affordable Care Act

of 2010 2010 年《患者保护与平价医疗法》, 728

Pat Lyon at the Forge (Neagle)《帕特·莱昂在铁匠铺》(约翰·尼格尔), 166

Patriarcha (Filmer)《君父论》(罗伯特·菲尔默), 54–55

patriarchy 父权制, 54–57, 160

patroons 大地主, 47

Paulson, Hank 汉克·保尔森, xi, 709–711, 714–715

payroll taxes 工资税, 418, 419, 429

Peace Ship 和平之船, 341

peasants 农夫, 45–47, 60–64, 102

peat 泥煤, 239

pecuniary 金钱, 52

"pecuniary capital" "金钱资本", 5, 73–74, 74, 85, 92, 120, 131

pecus 畜群, 52

Pelosi, Nancy 南希·佩洛西, 714

Penacook Indians 佩纳库克印第安人, 41–42

penicillin 盘尼西林 (青霉素), 449

Penn, William 威廉·佩恩, 47

Pennsylvania 宾夕法尼亚州, 47, 58, 119, 123, 184, 246

    anthracite production 无烟煤生产, 239, 239, 241, 251

    steel plant closures 钢铁厂倒闭, 579, 602–603

Pennsylvania Constitutional Convention of 1873 1873 年宾夕法尼亚制宪会议, 293

Pennsylvania Railroad 宾夕法尼亚铁路公司, 200, 215, 223, 229–232, 238, 240, 264–266, 265, 293

Pennzoil Place 鹏斯大厦, 566

pension funds 养老基金, 616–617, 618

People's Party 人民党, 299, 300, 302–310

Pequot Indians 佩科特印第安人, 24

per capita incomes 人均收入, 36, 67, 180, 236

Percy, Walker 沃克·珀西, 517

Perkins, Charles Eliot 查尔斯·埃利奥特·珀金斯, 288

Perkins, Frances 弗朗西丝·珀金斯, 418–419

Perkins, George 乔治·珀金斯, 314

personal computers (PCs) 个人计算机, 640–641

Personal Responsibility and Work Opportunity Reconciliation Act of 1996 1996 年《个人责任与工作机会协调法》, 659

Peterson, Esther 埃丝特·彼得森, 535–536

petroleum 石油。参见石油（oil）

Petty, William 威廉·佩蒂, 31

Philadelphia 费城, 116–117, 165, 245, 247, 564

Philadelphia Museum of Art 费城艺术博物馆, 295

philanthropy 慈善事业。参见非营利性公司

Philippines 菲律宾, 440, 441

Phillips, Gene 吉恩·菲利普斯, 624–625

Phillips, Kevin 凯文·菲利普斯, 538

Phillips curve 菲利普斯曲线, 575–576

Phoenix 菲尼克斯, 562

phosphate 磷酸盐, 251

photosynthesis 光合作用, 39

piano making 钢琴制造, 169, 170–171

Pickens, T. Boone T. 布恩·皮肯斯, 616

Pickwick Papers, The (Dickens)《匹克威克外传》(查尔斯·狄更斯), 135

"piece rates" "计件工资", 167

Pigou, Arthur 阿瑟·皮古, 371

Pillsbury, Charles 查尔斯·皮尔斯伯里, 253,

254

Pilsen, Chicago 芝加哥比尔森区, 247, 266

Pinckney's Treaty《平克尼条约》, 85

Pinkerton Detective Agency 平克顿侦探所, 262–263

Pipp, E. G. E.G. 皮普, 339

Piscataway Indians 皮斯卡塔韦印第安人, 50

Pittsburgh 匹兹堡, 100, 119, 604

Pittsburgh railroad strike of 1877 1877 年匹兹堡铁路罢工, 265–266

Pixar Animation Studios 皮克斯动画工作室, 651

Plains Indians 大平原印第安人, 222–223, 254

plantation architecture 种植园建筑, 171–172

Plantation Record and Account Book (Affleck)《种植园记录与账簿》(托马斯·阿弗莱克), 157–158

Planter's College 种植园主学院, 162

Plaza Accord of 1985 1985 年《广场协议》, 628, 658

Plea for Greenbacks, A (Field)《为绿背纸币申辩》(摩西·菲尔德), 211

"pleasure principle" "快乐原则", 505

Poe, Edgar Allan 埃德加·爱伦·坡, 128, 129

Poland, invasion of 入侵波兰, 403, 435, 439, 440, 442

political action committees (PACs) 政治行动委员会, 459, 573–574

"political economy" "政治经济学"., 15, 17–18, 112 另参见重建；共和主义政治经济学

Political Economy of Prosperity, The (Okun)《繁荣的政治经济学》(阿瑟·奥肯), 551–552

"political" liquidity "政治性" 流动性, xxvii

political lobbying 政治游说, 573–574

political polarization 政治两极分化, 689

Politics, The (Aristotle)《政治学》(亚里士多德), 15

politics of income, birth of 收入政治的诞生, 288–296

politics of nostalgia 怀旧政治, 627–623

Polk, James K. 詹姆斯·K. 波克, 110

Pollock, Jackson 杰克逊·波洛克, 531–532

Pollock v. Farmers' Loan & Trust, Co. 波洛克诉农场主贷款与信托公司, 810n

polyethylene 聚乙烯, 425

Poor Richard's Almanack《穷理查年鉴》, 127

Pop, Iggy 伊基·波普, 564

Pop Art 波普艺术, 507, 508, 510, 512

Popular Mechanics《大众机械师》, 505, 506

Popular Science Monthly《大众科学月刊》, 287

population growth 人口增长, 40, 41, 42

Populist Party 民粹党（平民党）, 309–310

Populist Revolt 民粹主义造反运动, 192–193, 297–324, 535

Farmers Alliance and People's Party 农场主联盟与人民党, 302–310

globalization and election of 1896 全球化与 1896 年选举, 310–314

Great Recapitalization 大重组, 315–320

the populist cause 民粹主义的正当诉求, 300–302

progressive income taxation 累进式所得税, 320–324, 457

"portfolio insurance" "投资组合保险", 617, 629

Portrait of Helen Clay Frick (Chartran)《海伦·克莱·弗里克的画像》(特奥巴尔德·沙

特朗），282
Posner, Richard 理查德·波斯纳，576
postmodernism 后现代主义，562, 567, 621–622
postwar period 战后时期，393–394, 462–487
    Bretton Woods system 布雷顿森林体系，395, 463, 464, 466–470, 476
    Cold War 参见冷战
    consumerism 参见消费主义
    full employment 充分就业，470–475
    "golden age" of capitalism 参见资本主义的"黄金时代"
    overview of 概述，462–466
postwar single-family homes 战后单户住宅，491–497, 494
Potomac River 波托马克河，76, 105
Poverty, War on 向贫困宣战，395, 539, 540–541, 552
"poverty traps" "贫困陷阱"，563, 568
Powderly, Terence 特伦斯·鲍德利，274, 275, 277–278
Powerful Consumer, The (Katona)《大权在握的消费者》（乔治·考托瑙），513
Powhatan Indians 保厄坦印第安人，24
"Practical Suggestions for Emancipation" (Hillman)《关于解放事业的几点实用建议》（卡尔·希尔曼），290
Prairie modernism 草原现代主义，495
"precautionary" liquidity "预防性"流动性，xxiii–xxiv
Precisionism 精确主义，349
Pre-Code Hollywood 行业禁令出台前的好莱坞，364
Preemption Act of 1841 1841 年的《优先购买权法》，109

pre-industrial economies 工业时代以前的经济，5, 10, 28–29, 39–41, 45–47
Presidency v. Hoover, The (Crowther)《总统职位与胡佛》（塞缪尔·克劳瑟），354
presidential elections 总统选举。参见选举
President's Commission on the Status of Women 总统特设妇女地位委员会，535–536
President's Committee for Economic Security 总统特设经济安全委员会，418
price controls 价格控制，454–457, 479, 558
price-cost ratios 价格成本比，232–233
Prices and Production (Hayek)《价格与生产》（弗里德里希·哈耶克），371
Prices and Quantities (Okun)《价格与数量》（阿瑟·奥肯），577–578
Primary Dealer Credit Facility (PDCF) 一级交易商信贷工具，709, 715
"primitive Indian", myth of "原始印第安人"的神话，16
primogeniture 长嗣继承制，80
Prince, Charles 查尔斯·普林斯，701, 707
Princeton University 普林斯顿大学，xi–xii, 532
Principles of Mining (Hoover)《采矿原理》（赫伯特·胡佛），368
Principles of Scientific Management, The (Taylor)《科学管理原理》（弗雷德里克·温斯洛·泰勒），333
prisons 监狱，541, 625–626, 644, 688
private equity firms 私募股权公司，617–618
private property 私有财产，xx xvii, xxv, 44–45, 47–50, 94
    capitalizing the land 土地的资本化，51–54
    Jefferson and 杰斐逊与私有财产，80–81

Thoreau on 梭罗论私有财产, 137–138
privatization 私有化, 611, 626, 681, 723, 849n
product cost accounting 产品成本核算, 232
production scale 生产规模, 233–234, 271
productivity 生产率。参见劳动人口生产率
Professional Aircraft Traffic Controllers Organization (PATCO) strike of 1981 1981 年飞航管制人员组织罢工, 605
"profit maximization" 利润最大化, 125, 525, 683
profit motive 盈利动机, xviii–xxi, 3, 154
Progress and Poverty (George)《进步与贫困》（亨利·乔治）, 270, 287–288
progressive income taxation 累进式所得税, 320–324, 416–417, 457, 465, 518
Progressives (Progressivism) 进步党人（进步主义）, 193, 302, 323, 398–99, 412, 418
income politics 收入政治, 320–324, 416–417
Progress-The Advance of Civilization (Durand)《进步——文明的前进》（阿舍·布朗·杜兰德）, 44, 45
Prohibition 禁酒令, 309, 340
property 财产, 43–50, 94
capitalizing the land 土地的资本化, 51–54
Jefferson and 杰斐逊与财产, 80–81
Reconstruction and 南方重建与财产, 206
Thoreau on 梭罗论财产, 137–138
property lines 地界, 52, 116, 255
protectionism 保护主义, 105, 184, 198, 211, 227, 314, 372 另见关税
Protestant Ethic and the Spirit of Capitalism, The (Weber)《新教伦理与资本主义精神》（马克斯·韦伯）, 17
Providence, Rhode Island 罗得岛州普罗维登斯, 245, 686
psychoanalysis 精神分析, 504–505
Public Citizen 公共市民组织, 555
Public Credit Act of 1869 1869 年《公共信贷法》, 212
public intellectuals 公共知识分子, 532–533, 564
public interest 公共利益, 14, 105, 215, 221–222, 302, 320–323, 418, 453, 482, 660
Public Interest Research Group 公共利益研究组, 574
Public-Private Investment Program 公私投资计划, 726
Public Relations Society of America 美国公共关系协会, 509
Public Use of Private Interest, The (Schultze)《私人利益的公共用途》（查尔斯·舒尔茨）, 575, 578
"public utility" 公用事业, 302, 322–323, 399, 405, 576, 579, 660
Public Utility Holding Company Act of 1935 1935 年《公用事业控股公司法》, 416, 417–418, 579, 678
Public Works Administration (PWA) 公共工程管理局, 402, 411–412, 414, 416, 426–427, 433–434
Puerto Rico 波多黎各, 440
Pulitzer, Joseph 约瑟夫·普利策, 218
Puritans 清教徒, xxii, 16–17
"Purloined Letter, The" (Poe)《失窃的信》（爱伦·坡）, 128
put option 看跌期权, 676–677
Puzzled America (Anderson)《迷惑的美国》（舍伍德·安德森）, 381–382
Pynchon, Thomas 托马斯·品钦, 501

Q

Qing China 清朝统治下的中国, 37
quantitative easing 量化宽松, 717, 729–731, 730, 734–735, 737, 739
Quiet American, The (Greene)《安静的美国人》(格雷厄姆·格林), 482

R

racism 种族主义, 459–460, 496, 538, 540–541, 554, 563, 688
Radical Reconstruction 激进重建, 210–212
Radical Republicans 共和党激进派, 206, 209, 210–211, 227
Radio Corporation of America (RCA) 美国无线电公司, 363
railroads 铁路, 177, 178, 178, 189, 197, 198–200, 215–226, 238, 244–247, 305–307, 306, 315–316。另参见各条铁路
    finance and the American railroad network, 1873-1874 1873 年至 1874 年的金融和美国铁路网, 225
    Great Railroad Strike of 1877 1877 年铁路大罢工, 192, 264–266, 272, 272–273, 274, 288
    Great Southwest railroad strike of 1886 1886 年西南铁路大罢工, 277–278
    Pittsburgh railroad strike of 1877 1877 年匹兹堡铁路罢工, 265–266
Rajan, Raghuram 拉古拉曼·拉詹, 698
"ranch house" "牧场式住宅", 494
Randolph, A. Philip A. 菲利普·伦道夫, 459
Randolph-Macon College 伦道夫—梅肯学院, 160
Rao, Gautham 高塔姆·拉奥, 66
"rate of return" "回报率", 322, 399, 402, 418

"rational expectations" "理性预期", 577
Rawls, John 约翰·罗尔斯, 518
Rayburn, Sam 萨姆·雷伯恩, 417
Reagan, Ronald 罗纳德·里根, 579, 588, 595–597, 598, 605, 608–611, 617, 623, 626, 627, 629, 631, 659
Reagonomics 里根经济学, 608–611, 614
Realism 现实主义, 295–296
Reality Bites (film)《现实的创痛》(电影), 633
reaper 收割机, 158, 253, 278
Recent Economic Changes (Wells)《近来的经济变化》(戴维·A. 韦尔斯), 234–235, 250–251
Recent Economic Changes in the United States (study)《美国近期经济变化》(研究), 370
recession of 1937-38 1937 年至 1938 年衰退, 392, 403, 427, 428–431, 429, 433, 436
recession of 1948-49 1948 年至 1949 年衰退, 484–485
recession of 1953-54 1953 年至 1954 年衰退, 502–503, 520–521
recession of 1957-58 1957 年至 1958 年衰退, 523, 537–538
recession of 1960-61 1960 年至 1961 年衰退, 533, 552
recession of 1973-74 1973 年至 1974 年衰退, 395, 547–548, 560–571, 623
recession of 1980-82 1980 年至 1982 年衰退, 599
recession of 1990-91 1990 年至 1991 年衰退, 630, 633, 654–655
recession of 2001 2001 年衰退, 670, 672
recession of 2007-2009 2007 年至 2009 年衰

退 。参见大衰退

"recession psyche" "衰退心理", 523

Reciprocal Tariff of 1934 1934 年《互惠关税法》, 441

reckoning, the 清算, 740–741

Reconstruction 重建, 189–190, 191, 195–197, 205–214

    end of 结束, 223–228

    entrepreneurial two-faces 两面派企业家, 215–223

Reconstruction Finance Corporation (RFC) 重建金融公司, 377–378, 384, 386, 402–406, 409, 411, 427, 442, 447, 448, 718

Reengineering Management (Champy)《再造管理》(詹姆斯·尚皮), 633–634

"Regulation Q" "监管 Q 条款", 406–407, 487, 539, 579

Regulator movement 治安维持员运动, 62–63

"regulatory capture" "监管徇私", 573

Reich, John 约翰·赖克, 690–691, 691

Reid, Harry 哈里·瑞德, 714

Reign of Terror 恐怖统治时期, 84

Relief Party 救济党, 103

Reno, Milo 米洛·雷诺, 407–408

"repo" market "回购"市场, 706, 708–708, 710

Report on a National Bank《关于国民银行的报告》, 76

Report on Economic Conditions in the South《关于南方经济状况的报告》,428

Report on Public Credit《关于公共信贷的报告》, 80–81

Report on the Establishment of a Mint《关于建立铸币局的报告》, 72, 74

Report on the Privileges and Restrictions on the Commerce of the United States in Foreign Countries《关于美利坚合众国商业活动在外国所获优惠和所受限制的报告》, 82

Report on the Subject of Manufactures《关于制造业问题的报告》, 82, 83

Republican Party 共和党, 152, 153, 170, 176, 180–182, 184, 195–196 另参见共和党激进派

Republican political economy 共和主义政治经济学, 5–6, 65–93

    Federalists and Republicans 联邦党人和共和党人, 84–86

    Hamilton and "pecuniary capital" 汉密尔顿与"金钱资本", 68–77

    Jefferson's "Empire of Liberty" 杰斐逊的"自由帝国", 77–84

    postrevolutionary settlement 独立战争后的解决方案, 87–93

reserve currency 储备货币, 468–69, 479–80, 628, 631, 656, 672–673, 701, 735–736

    Volcker Shock and 沃尔克冲击与, 597, 600–601, 601

"restricted covenants" "限制性约定", 496

resumption 恢复(硬币支付), 196–197, 205–210, 224, 226–228

Return on Invested Capital 投入资本回报, 526, 603

Reuther, Walter 沃尔特·鲁瑟, 423, 473–475, 479

Revenue Act of 1862 1862 年《税收法》, 202–203

Revenue Act of 1943 1943 年《税收法》, 416, 437, 457

索引

Revenue Act of 1948 1948年《税收法》, 479

Revenue Act of 1962 1962年《税收法》, 534–535

Revenue Act of 1964 1964年《税收法》, 535–537, 538

Revenue Commission's Annual Reports 税务委员会的年度报告, 208–209

"Revlon doctrine" "露华浓规则", 851n

"Revolt of the White Lower Middle Class, The" (Hamill)《白人下层中产阶级的反抗》(皮特·哈米尔), 557

Revolutionary War 独立战争, 4, 43, 65–68, 69, 78, 80

R.G. Dun & Co. 邓氏公司, 131

R.H. Macy & Co. 梅西百货公司, 489

Rhode Island 罗得岛州, 49

rice 稻米, 32, 98, 158, 204

Rice, Elmer 埃尔默·赖斯, 353

Richmond, Virginia 弗吉尼亚州里士满, 158, 204, 229

Richmond Enquirer《里士满问讯报》, 154

Riesman, David 戴维·里斯曼, 502

righteous livelihood 正直的生活, 138–139

"right to manage" 管理权, 473–474, 475

right-to-work laws 劳工就业权法规, 479, 537, 567

Riis, Jacob 雅各布·里斯, 281, 281

Ritchie v. People 里奇诉伊利诺伊州全体公民, 291–292

Rivera, Diego 迭戈·里韦拉, 349–351

RJR Nabisco 雷诺兹-纳贝斯克公司, 618–619

"robber barons" "强盗资本家", 219

Robbins, Lionel 莱昂内尔·罗宾斯, 371

Robert Taylor Homes 罗伯特·泰勒家园, 563

Robespierre, Maximilien 马克西米利安·罗伯斯庇尔, 113

Rochester, New York 纽约州罗切斯特市, 118, 246

Rochester *Democrat & Chronicle* 罗切斯特《民主党人纪事报》, 650–651

Rockefeller, John D. 约翰·D.洛克菲勒, 245, 280, 295, 296, 314, 321–322, 417

Rockefeller Brothers Fund 洛克菲勒兄弟基金会, 523

Rockefeller Foundation 洛克菲勒基金会, 369–370

Roderick, David 戴维·罗德里克, 604

Romanticism 浪漫主义, 134–135

Romer, Christina 克里斯蒂娜·罗默, 718, 721

Roosevelt, Eleanor 埃莉诺·罗斯福, 410

Roosevelt, Franklin Delano (FDR) 富兰克林·德拉诺·罗斯福, 385–387, 391–392, 536, 599 另参见罗斯福新政

 back from the brink 悬崖勒马, 403–407

 big government and 大政府与罗斯福, 453–461

 death of 去世, 452

 election of 1932 1932年选举, 385–386, 739

 election of 1936 1936年选举, 420–421, 422, 428

 election of 1940 1940年选举, 443

 fate of the "all-class alliance" "全阶级大联盟"的宿命, 412–415

 First Hundred Days 百日新政, 407–412

 "Four Freedoms" speech "四种自由"演讲, 490

 inauguration of 就职总统, 386–387, 391,

403–404

Obama compared with 奥巴马与罗斯福相比，717, 718

opposition to 反对意见，415–423

"Second Bill of Rights"《第二权利法案》，460–461

Second Hundred Days 第二个百日新政，415–418

Roosevelt, Franklin Delano (FDR) (cont.) 富兰克林·德拉诺·罗斯福（接前页）

World War I and 第一次世界大战与罗斯福，369

World War II and 第二次世界大战与罗斯福，439–440, 442, 443, 446, 447, 448, 452

Rose, The (ship) 玫瑰号（船），12

"Rosie the Riveter" "铆工罗茜"，460

Rossellini, Roberto 罗伯托·罗塞利尼，476

Rothko, Mark 马克·罗思科，531

Rothschild, Emma 艾玛·罗斯柴尔德，544

Rousseau, Jean-Jacques 让-雅克·卢梭，135, 143

Rowson, Susanna 苏珊娜·罗森，90

Royal African Company 皇家非洲公司，30, 31

Royal Bank of Scotland 苏格兰皇家银行，715

Royal Proclamation of 1763《1763年王室公告》，54

Rubin, Robert 罗伯特·鲁宾，654–661, 666–667, 707, 709, 718

Rubinomics 鲁宾经济学，654–661

Ruhr Valley 鲁尔河谷，360

Ruml, Beardsley 比尔兹利·拉姆尔，433, 434–435, 458

Rumsfeld, Donald 唐纳德·拉姆斯菲尔德，609

Rural Electrification Administration(REA) 农村电气化管理局，427

Ruscha, Ed 埃德·鲁沙，510, 510, 515

Russia 俄罗斯，672, 724

Russian financial crisis of 1998 1998年俄罗斯金融危机，664, 665

Russian Revolution 俄国革命，343

Ruttenberg, Harold J. 哈罗德·J. 鲁滕伯格，458

S

Saarinen, Eero 埃罗·萨里宁，528, 528–529, 529

"sacrifice zones" 环境"牺牲区"，242, 251, 257

"safety first" agriculture "安全第一"农业，64, 78, 161, 162, 178, 209, 252

Safire, William 威廉·萨菲尔，554

St. Andrew Golf Club 圣安德鲁高尔夫球俱乐部，319

St. Croix 圣克鲁瓦岛，74

St. Louis 圣路易斯，246, 384, 562

St. Louis strike of 1877 1877年圣路易斯罢工，266

Salt 盐，251

Samuelson, Paul 保罗·萨缪尔森，456, 533–534

Sandberg, Sheryl 谢里尔·桑德伯格，684

Sandburg, Carl 卡尔·桑德堡，249

San Diego 圣地亚哥，562, 627

San Francisco 旧金山，414, 682, 693

San Francisco strike of 1877 1877年旧金山罢工，266

San Jacinto Savings and Loan 圣哈辛托储蓄

索 引

贷款协会, 624–625

Santa Barbara oil spill of 1969 1969 年圣巴巴拉石油泄漏事件, 555

Santa Clara v. Southern Pacific Railroad Company 圣克拉拉县诉南太平洋铁路公司, 220

Santelli, Rick 里克·圣泰利, 722

Sarbanes-Oxley Act of 2002 2002 年《萨班斯—奥克斯利法》, 680

Sargent, Daniel 丹尼尔·萨金特, 580

Sargent, John Singer 约翰·辛格·萨金特, 282, 283, 284, 284–285

Saunders, George 乔治·桑德斯, 690, 700

savings and loan crisis 储蓄与贷款危机, 655–656, 679, 694, 695

Say, Jean-Baptiste 让·巴蒂斯特·萨伊, 432

Say's Law 萨伊定律, 432–433

"scalability" "可扩增性", 245, 271, 648–649

scarcity value 稀缺价值, xvi–xvii

Scarlet Letter, The (Hawthorne)《红字》(纳撒尼尔·霍桑), 129

Schechter Poultry Corp. v. United States 谢克特家禽公司诉美利坚合众国, 416, 428

Schlafly, Phyllis 菲莉丝·施拉夫利, 571

Scholes, Myron 迈伦·斯科尔斯, 664–665

Schultze, Charles 查尔斯·舒尔茨, 574–575, 578

Schumpeter, Joseph 约瑟夫·熊彼特, xii, 135–136

Schwab, Charles M. 查尔斯·M. 施瓦布, 232, 318–319

Schwartz, Anna 安娜·施瓦茨, 356

Scientific American《科学美国人》, 352

Scots-Irish Americans 苏格兰及爱尔兰裔美国人, 106

Scott, Thomas A. 托马斯·A. 斯科特（汤姆·斯科特）, 199–200, 204–205, 215, 223, 227–231, 264–265, 266, 272, 275, 292–293

"scrip" "认购证", 77, 79, 82

Seabreeze (yacht) 海风号（游艇）, 294

Seagram Building 西格拉姆大厦, 528

Seattle Computer Products 西雅图计算机产品公司, 641

Second Bank of the United States 美国第二银行, 93, 95, 100–101, 105, 107, 111, 120, 131, 199, 375

"Second Bill of Rights" "第二权利法案", 460–461

Second Book (Hitler)《第二本书》(阿道夫·希特勒), 440

Second Great Awakening 第二次大觉醒运动, 132–133

Second Middle Passage 第二中途, 90

Second Treatise of Government (Locke)《政府论·第二篇》(约翰·洛克), 14, 27, 32, 49–50

"Secret Life of Walter Mitty, The" (Thurber)《白日梦想家》(詹姆斯·瑟伯), 504

Section 7(a)《国家工业复兴法》第 7 节 a 项规定, 411, 413–414, 419

Section 13(3)《联邦储备法》第 13 节第 3 项规定, 708, 709, 710–711, 729

Securities Act of 1933 1933 年《证券法》, 406

Securities Exchange Act of 1934 1934 年《证券交易法》, 412–413

Securities Exchange Commission (SEC) 证券交易委员会, 399, 412–413, 418, 606, 629, 679, 695, 700

Sedgwick, Theodore 西奥多·塞奇威克, 124

Seduction of the Innocent, The (Wertham)

《对纯真一族的诱惑》（弗雷德里克·沃瑟姆），509–10

Self, Robert O. 罗伯特·O. 塞尔夫，557

Self-employment 个体经营，626–627, 650–651, 653–654

self-interest 自利，自身利益，3, 4, 5, 10, 12, 14–17, 38, 126–127, 286

"self-love" "自恋"，5, 15, 135

"self-made man" "白手起家者" 90

"Self-Portrait in a Convex Mirror" (Ashbery)《凸面镜中的自画像》（约翰·阿什伯里），550

Seminole Indians 塞米诺尔印第安人，108–109

"separate spheres" "划分不同领域"，153, 171–174, 280, 291

Sequoia Capital 红杉资本，641, 644–645

Serra, Richard 理查德·塞拉，604, 605

Service Employees International Union (SEIU) 服务业雇员国际工会，627, 653–654

service sector 服务业，550, 590, 622–623, 626–627, 653, 682

Seven Financial Conspiracies Which Have Enslaved the American People (Emery)《奴役美国人民的七大金融阴谋》（萨拉·E.V. 埃默里），313

Seven Years' War 七年战争，5, 65, 87

Seward, William 威廉·苏厄德，153, 185, 415

Sex and the City (TV show)《欲望都市》（电视剧集），646

sex and the Internet 性与互联网，646

Sex and the Office (Brown)《性与办公室》（海伦·格利·布朗），530–531

sex differences 性别差异，56, 460, 635

sex discrimination 性别歧视，557, 569–570, 631, 652–53

sexual liberation 性解放，364, 491, 646

Sexual Suicide (Gilder)《性自杀》（乔治·吉尔德），571

Shad, John 约翰·沙德，606

Shaftesbury, Anthony Ashley Cooper, 1st Earl of 第一代沙夫茨伯里伯爵安东尼·阿什利·库珀，3, 11–14, 18–19, 22, 25–28, 30, 32, 38, 104

Shakespeare, William 威廉·莎士比亚，313

Shapiro, Irving 欧文·夏皮罗，573

sharecropping 佃农分成制，190, 197, 212–214, 304

shareholder value 股东价值，611–622

Sharlow, Jim 吉姆·沙洛，650–651

Shasta Dam 沙斯塔水坝，427

Shaw, Lemuel 莱缪尔·肖，140

Shawnee Indians 肖尼印第安人，182

Shays's Rebellion 谢斯起义，70

Sheeler, Charles 查尔斯·希勒，349–351, 350

Shelley v. Kraemer 谢利诉克雷默案，496

Shell Oil Company 壳牌石油公司，540

Shepard, Thomas 托马斯·谢泼德，16

Sherman, William Tecumseh 威廉·特库姆塞·谢尔曼，206, 222

Sherman Antitrust Act of 1890 1890 年《谢尔曼反托拉斯法》，309, 317, 685

Sherman Silver Purchase Act of 1890 年《谢尔曼白银采购法》，309

Shine Building Maintenance 闪耀楼宇维护公司，654

Shinn, William P. 威廉·P. 希恩，232

Shockley, William 威廉·肖克利，640

Shoe & Leather Petroleum Company 制鞋与

索 引

皮革石油公司, 243
shopping malls 购物中心, 488, 497–502
short sellers 卖空者, 202–202, 703
Shultz, George 乔治·舒尔茨, 558, 610
Shylock 夏洛克, 102, 313
Silent Majority 沉默的大多数, 550, 554
Silicon Graphics 硅图公司, 643
Silicon Valley 硅谷, 450, 591, 592, 637–647, 652–653, 675, 682–684 另参见具体公司
silver 白银, 19, 24, 121
 Comstock Lode 卡姆斯托克银矿脉, 251
 Sherman Silver Purchase Act of 1890 1890 年《谢尔曼白银采购法》, 309
 silver standard 银本位制, 72, 207, 208, 210, 228, 297–298, 300, 309, 313–314
Simon, Herbert 赫伯特·西蒙, 527
Simon, William 威廉·西蒙, 574
Sinclair, Upton 厄普顿·辛克莱, 256, 335
single-family homes, postwar 单户住宅，战后, 491–497, 494
Sion, Kenneth 肯尼思·赛恩, 604–605
Sioux Indians 苏族印第安人, 266
Sixteenth Amendment《宪法第十六条修正案》, 321
Skibo Castle 斯基博城堡, 294
Skilling, Jeffrey 杰弗里·斯基林, 678–680
slavery 奴隶制, 4, 6, 120, 150–152
 abolition of 废除奴隶制, 189, 195, 205–206
 in the American colonies 美洲殖民地的奴隶制, 29–34, 36, 51, 55, 58–60
 in the American South 美国南方的奴隶制, xxv, 6, 150–152, 153–164, 185, 185–186, 190, 203, 204–205
 average price of slave 平均奴隶价格, 154, 185, 185–186
 Barbados Slave Code of 1661 1661 年《巴巴多斯奴隶法》, 30–31, 32, 58
 Civil War and 南北战争与奴隶制, 195–96, 197, 200, 203, 204–205, 740–741
 cotton and 棉花与奴隶制, 97, 98, 100
 geography of 奴隶制的地理分布, 156, 156–157
 Jefferson and 杰斐逊与奴隶制, 80, 86, 164
 paternalism and 家长主义与奴隶制, 160–161, 162–164
 patriarchy and 父权制与奴隶制, 55, 160
 pre-Civil War 南北战争之前, 176–177, 180, 181–186, 189
 Reconstruction and 南方重建与奴隶制, 205–214
 Second Middle Passage 第二中途, 90
 as source of productivity gains 作为生产力增长的源泉, 154, 157–158
sliding wage scale 浮动工资制, 258–259, 261–262
Sloan, Alfred P. 阿尔弗雷德·P. 斯隆, 353, 458, 473, 474, 475, 528
"slum clearance" "清除贫民窟", 484, 491
Smith, Adam 亚当·斯密, xii, 9–11
 An Inquiry into the Nature and Causes of the Wealth of Nations《国富论》, 4, 9–11, 28–29, 36, 37–38, 127, 192, 267
 commercial "self-interest" 商业自利, 4, 10, 126–127, 286
 "commercial society" "商业社会", 33–34, 53, 143
 "division of labor" "劳动分工", 4, 10, 29, 168

Ford and 福特与斯密, 332
Hamilton and 汉密尔顿和, 75, 76
"invisible hand" "看不见的手", 29, 31, 90, 175–176, 411
"political economy" "政治经济学", 17–18, 40
Rousseau and 卢梭与斯密, 135
slavery and 奴隶制与斯密, 30, 31
The Theory of Moral Sentiments《道德情操论》, 127, 147
Thoreau and 梭罗与斯密, 126–127, 136, 139
trade and 贸易与斯密, 19–20, 40, 63, 661
The Wealth of Nations《国富论》, 4, 9–11, 28–29, 36, 37–38, 40, 127, 192, 267
Smith, Al 阿尔·史密斯, 415
Smith, John 约翰·史密斯, 51
Smith, William A. 威廉·A. 史密斯, 160
"Smithian commercial multiplier" "斯密型商业倍增器", 4, 29, 36, 40, 94–95, 165, 168, 190, 235, 267
"Smithian growth" "斯密型增长", 4, 6, 10, 37, 53, 115–116, 117, 126–127, 236
roots of 的根源, 28–36
Smithsonian Agreement《史密森尼协议》, 554
Smoot-Hawley Tariff《斯穆特—霍利关税税则》, 372
Smyth v. Ames 史密斯诉埃姆斯, 322
"social capital" "社交资本", 281, 591, 642
social constructionism 社会建构主义, 635
Social Contract, The (Rousseau)《社会契约论》(卢梭), 135
Social Darwinism 社会达尔文主义, 280, 286–288, 368

"social documentary" "社会纪实", 421–22
social media 社交媒体, 592, 652, 689, 724–725
Social Network, The (film)《社交网络》(电影), 652
Social Research 社会研究咨询公司, 503
Social Security 社会保障, 418–419, 429, 482, 518, 522, 570, 722–723
Social Security Act of 1935 1935 年《社会保障法》, 392, 402, 416, 418–419
Social Security Act of 1965 1965 年《社会保障法》, 539
Social Security Amendment of 1950 1950 年《社会保障修正案》, 484
Social Security Amendments of 1965 1965 年《社会保障修正案》, 394
"social structure" "社会结构", 517
Society for Establishing Useful Manufactures (SEUM) 实用品制造业筹建协会, 82–83, 245
Society to Promote the Science of Management 管理科学促进会, 333
Soil Conservation and Domestic Allotment Act of 1936 1936 年《土壤保护和国内生产配给法》, 428
Solomon, Anthony 安东尼·所罗门, 607
Solow, Robert 罗伯特·索洛, 533, 538
Solow growth model, 533, 538
Sopranos, The (TV show)《黑道家族》(电视剧集), 689, 697
Sorensen, Charlie 查利·索伦森, 331, 335, 336, 344, 348
soup kitchens 施粥所, 384
South, the 南方。参见美国南方；
Confederate States of America 南部邦联；

South Carolina 南卡罗来纳州, 13, 81, 98, 113, 156
Southdale Shopping Center 绍斯代尔购物中心, 499–500
Southern Agriculturalist《南方农学家》, 157
Southern Baptist Convention (1979) 美南浸信会大会（1979 年）, 571
Southern Railroad 南方铁路, 316
South Korea 韩国, 664
Southmark Corporation 南汇有限公司, 624–625
"Southwest System" "西南体系", 275, 277
Soviet Union 苏联, 420 另参见冷战；俄罗斯
collapse of 解体, 633
grain harvests 谷物收成, 152, 559
during World War II 第二次世界大战期间, 438–439, 443, 444, 445, 450, 452, 460, 462
Spanish-American War 美西战争, 440
Spanish Empire 西班牙帝国, 15, 18, 28, 87–88
"special privilege" "特权", 220
Specie Payment Resumption Act of 1875 1875 年《恢复硬币支付法》, 227, 228
speculation 投机, xxiv, 191, 215–223, 229–230, 359–360, 364–365, 589
"speculative" liquidity "投机性流动性", xxiii–xxiv
"speculative orgy" "投机狂欢", 365, 366, 370
Spencer, Herbert 赫伯特·斯宾塞, 286–287
Spider-Man 蜘蛛侠, 507
Spindletop 斯宾德尔托普, 251, 564
Spivey, Victoria 维多利亚·斯皮维, 382
Splitting 2 (Matta-Clark)《分·作品 2 号》（戈登·马塔-克拉克）, 548, 548

"spooze" 标准普尔 500 指数, 617, 629
Sproul, Allan 艾伦·斯普劳尔, 487
Squatters, The (Bingham)《擅占者》（乔治·凯莱布·宾厄姆）, 109, 109
squatting 擅占, 48, 100, 109
stagflation 滞胀, 395, 548, 560–561, 575–578
Staggers Rail Act of 1980 1980 年《斯塔格斯铁路法》, 579
Stalin, Joseph 约瑟夫·斯大林, 397, 404, 439, 443, 452, 477
Stamp Act of 1765 1765 年《印花税法》, 65, 69, 72, 86
"standardized" tests "标准化" 考试, 353
Standard Oil Co. of New Jersey v. United States 新泽西标准石油公司诉美利坚合众国, 322
Standard Oil Company 标准石油公司, 321–322
Standard & Poor 500 标准普尔 500 指数, 617
standard time zone 标准时区, 235
Stanford, Leland 利兰·斯坦福, 223
Stanford Research Park 斯坦福研究园区, 640–641
Stanford University 斯坦福大学, 368, 449, 638, 639–640, 643, 644
Stanley, Amy Dru 埃米·德鲁·斯坦利, 171
Staple Act of 1663 1663 年《大宗出产法》, 25
Stark v. Parker 斯塔克诉帕克, 170
state-chartered banks 州立特许银行, 120–121, 121, 124
"State in Relation to Industrial Action, The" (Adams)《政府与劳工行动之关系》（亨利·卡特·亚当斯）, 307
State Street Corporation 道富公司, 715

Statute of Tenures《保有权法》, 46

stay laws 延付法令, 102

Steagall, Henry B. 亨利·B. 斯蒂高尔, 406

steam engine 蒸汽机, 116, 153, 166, 168, 229, 237–238, 241–242, 331–332

steelworks 钢铁厂, 230–235, 238, 244, 257–264, 271, 318–320, 448, 579, 604–605。另参见具体各钢铁厂

Steffens, Lincoln 林肯·斯蒂芬斯, 488, 491

Steichen, Edward 爱德华·斯泰肯, 285, 285

Steinbeck, John 约翰·斯坦贝克, 382, 383, 454

Stevens, Thaddeus 撒迪厄斯·史蒂文斯, 206, 209, 210, 212

Stevens, Wallace 华莱士·史蒂文斯, 421–422

Stock Market Crash of 1987 1987 年股市崩盘, 629–630

Stone, Oliver 奥利弗·斯通, 619

stoneboats 运石平底橇, 51

storming of the Bastille 攻占巴士底狱, 78

Story, Joseph 约瑟夫·斯托里, 61

Stowe, Harriet Beecher 哈丽雅特·比彻·斯托, 172–173, 174, 181

Strategy of Desire, The (Dichter)《欲望的策略》（埃内斯特·迪希特）, 504–505

"stress tests" "压力测试", xi, 726

Strong, Benjamin 本杰明·斯特朗, 359, 363, 364–365

structure 结构, 517

"structured investment vehicles"（SIV）结构性投资工具, 696–697

Struggles and Triumphs (Barnum)《奋斗与胜利》（菲尼亚斯·泰勒·巴纳姆）, 129

Stuart, Granville 格兰维尔·斯图尔特, 254–255

Sturm und Drang 狂飙突进运动, 135

sublime 崇敬（自然）, 43–44

subprime mortgages 次级贷款, 693–694, 695, 701, 705

"subtreasury plan" "国库分库计划", 307–310, 324

suburbia 郊区生活, 488

consumer landscape 消费场景, 491–502

interstate highway system 州际高速公路系统, 496–497, 497

shopping malls 购物商场, 488, 497–502

single-family homes 单户住宅, 491–497, 494

Sugar 糖, 30–31, 100, 150, 158, 279

Summers, Lawrence 劳伦斯·萨默斯, 634, 666–667, 698–699, 700, 718, 721, 725–726

Sumner, Charles 查尔斯·萨姆纳, 179

Sumner, William Graham 威廉·格雷厄姆·萨姆纳, 287, 288, 490

Sunbelt South 南方阳光带, 396, 538, 550, 551, 561, 563–564, 572, 574, 597, 602–603, 697 另参见休斯敦

Sun Microsystems 太阳微系统公司, 665

"super cycle" 超级周期, 38

Supplemental Nutrition Assistance Program (Food Stamps) 补充营养援助计划（食品券）, 610, 723

supply-side economics 供应经济学, 71, 447, 596–597, 609–610, 613

Supreme Court, U.S. 美国高等法院。参见具体裁决。

Surplus Property Act of 1944 1944 年《剩余财产法》, 470–471

"surplus value" 剩余价值, 267–270, 294

"survival of the fittest" 适者生存, 286–288

索引

Sweeney, John 约翰·斯威尼, 627
swivel chair 转椅, 66

T

Taft-Ellender-Wagner Act of 1949 1949 年《塔夫脱—埃伦德—瓦格纳法》, 484, 491–492
Taft-Hartley Act of 1947 1947 年《塔夫脱—哈特利法》, 479, 537
Tallapoosa River 塔拉普萨河, 100
Taney, Roger B. 罗杰·B. 塔尼, 112, 124, 183
Tappan, Lewis 刘易斯·塔潘, 131, 132
tariffs 关税, 6, 22, 38, 82, 95–96, 105, 114, 198, 209, 211, 212, 234, 441, 480, 480
 Tariff of 1791 1791 年《关税税则》, 84
 Tariff of 1824 1824 年《关税税则》, 105
 Tariff of 1828 (Tariff of Abominations) 1828 年《关税税则》(可憎关税), 108
 Tariff of 1832 1832 年《关税税则》, 113, 114
TARP (Troubled Asset Relief Program 问题资产救助计划), 593, 714–715, 717, 726
Task Force on Private Sector Initiatives(1981) 私营部门创新行动工作组, 611
Tatum, Channing 钱宁·塔特姆, 727
taxation (taxes) 税收（税）另参见资本利得税；公司税；所得税；工资税；关税
 first, during Civil War 南北战争期间的首度征税, 202–203, 204
 Pollock v. Farmers' Loan & Trust, Co. 波洛克诉农场主贷款与信托公司, 810n
 progressive 累进式, 320–324, 416–417, 457, 465, 518
 Shays's Rebellion 谢斯起义, 70

Sixteenth Amendment《宪法第十六条修正案》, 321
Stamp Act of 1765 1765 年《印花税法》, 65 69, 72, 86
Tax Cuts and Job Act of 2017 2017 年《减税与就业法》, 738
Tax Reduction Act of 1964 1964 年《减税法》, 395, 519
Tax Reduction Act of 1975 1975 年《减税法》, 560
Tax Reform Act of 1986 1986 年《税收改革法》, 624
Taylor, Frederick Winslow 弗雷德里克·温斯洛·泰勒, 333
Taylor, John 约翰·泰勒, 107
Taylor, Robert 罗伯特·泰勒, 639–641
"Taylorized" 泰勒化改造, 333
Tea Party 茶党, 594, 717, 722–725, 728, 731
Technics and Civilization (Mumford)《技术与文明》（刘易斯·芒福德）, 329–330, 337
tectonic plates 构造板块, 239
Teflon 特富龙, 425
Telecommunications Act of 1996 1996 年《电信法》, 659–660, 678
telecoms 电信公司, 678–680
telephone strike of 1947 1947 年电话工人罢工, 472–473
Temporary Assistance for Needy Families (TANF) 贫困家庭临时援助金, 723
Temporary Emergency Relief Administration 临时紧急救济管理局, 385
Temporary National Economic Committee (TNEC) 临时国家经济委员会, 431
tenant farmers 佃农, 46–47, 213–214, 408,

426

Tennessee 田纳西, 98

Tennessee Valley Authority (TVA) 田纳西河谷管理局（TVA）, 352, 402, 411, 418, 426–427, 443, 453

tenures 保有权, 45–46

Tenures Abolition Act of 1660 1660 年《保有权废除法》, 46

Terkel, Studs 斯塔兹·特克尔, 652

Term Asset-Backed Securities Loan Facility 定期资产担保证券贷款工具 (TALF), 725

Term Auction Facility (TAF) 定期拍卖工具（TAF）, 707–708

Terminator 2 (film)《终结者 2》（电影）, 635

Term Securities Lending Facility (TSLF) 定期证券借贷工具（TSLF）, 708–709, 715

territorial evolution of America 美洲的领地演变. See westward expansion 参见西向扩张

Tesla, Nikola 尼古拉·特斯拉, 335

Texaco 德士古公司, 617

Texas 得克萨斯州, 150, 179, 223, 251, 569–570, 571. 另参见休斯敦
    cattle 牛, 254–255
    oil discovery at Spindletop 在斯宾德尔托普发现石油, 251, 564

Texas Church of Christ 得克萨斯基督教会, 571

Texas Exchange 得克萨斯合作社, 308

Texas Farmers Alliance 得克萨斯州农场主联盟, 303–304, 307, 308

Texas & Pacific Railroad 得克萨斯与太平洋铁路, 223, 227–228, 231, 275, 277–278, 292, 303

textiles 纺织业, 167–169, 241, 242, 245

textile workers strike of 1934 1934 年纺织业工人罢工, 414

Thain, John 约翰·塞恩, 710

Theory of Justice, A (Rawls)《正义论》（约翰·罗尔斯）, 518

Theory of Moral Sentiments, The (Smith)《道德情操论》（亚当·斯密）, 127, 147

"Theory of the Firm" (Jensen and Meckling)《公司理论》（迈克尔·詹森和威廉·梅克林）, 620

Theory of the Leisure Class, The (Veblen)《有闲阶级论》（索尔斯坦·凡勃伦）, 502

Theory of Unemployment, The (Pigou)《失业论》（阿瑟·皮古）, 371

Thibodaux massacre 蒂博多大屠杀, 279

Thin Red Line, The (Jones)《细细的红线》（詹姆斯·琼斯）, 437

Thirteen Colonies 13 殖民地。参见美洲殖民地

Thirteenth Amendment《宪法第十三条修正案》, 205–206

$30 Billion Negro, The (Gibson)《价值 300 亿美元的黑人》（D. 帕克·吉布森）, 503

Thomas A. Scott Professor of Mathematics 托马斯·A. 斯科特数学教授讲席, 292

Thompson, J. Walter 智威汤逊广告公司, 512

Thompson, William 威廉·汤普森, 140–141

Thomson, J. Edgar J. 埃德加·汤姆森, 229–230, 231

Thoreau, Henry David 亨利·戴维·梭罗, xiii, 6, 126–127, 129–130, 133–139, 143, 148
    Walden《瓦尔登湖》, 128, 129, 133–139

Thornwell, James Henley 詹姆斯·亨利·桑

索引

韦尔, 160
three-fifths clause of Constitution 宪法五分之三妥协条款, 48, 86
three-strikes law "三击出局"法, 644
thrifts 互助储蓄机构, 624–625
Thumb, Tom 拇指将军汤姆, 130, 139
Thurber, James 詹姆斯·瑟伯, 504, 509
Thurmond, Strom 斯特罗姆·瑟蒙德, 482
Tilden, Samuel J. 塞缪尔·J. 蒂尔登, 227–228
Time for Truth (Simon)《真相时刻》（威廉·西蒙）, 574
"time-motion studies" "时间—运动研究", 333
Time's Arrow (Amis)《时间之箭》（马丁·埃米斯）, 622
time signature 旋律拍号, 191, 235, 269, 330
time zones 时区, 235
Title VII of Civil Rights Act of 1964 1964年《民权法》第7章, 535–536, 556–557
tobacco 烟草, 32–33, 78, 80, 158
Tobin, James 詹姆斯·托宾, 533–534
Tocqueville, Alexis de 阿列克西·德·托克维尔, 95
Tokugawa Japan 德川幕府统治下的日本, 37
Tokyo, Stock Exchange (Gursky)《东京证券交易所》（安德烈亚斯·古尔斯基）, 662, 662
Tokyo Summit (1979) 东京峰会（1979年）, 581
Toledo Auto-Lite Strike 托莱多汽车零部件工人罢工, 414
Tombigbee River 汤比格比河, 100
"too big to fail" "太大而不能倒", 606, 711
Tooze, Adam 亚当·图兹, 329, 437

Tornado Over Kansas (Curry)《龙卷风袭向堪萨斯》（约翰·斯图尔特·柯里）, 380, 380
Tortilla Flat (Steinbeck)《煎饼坪》（约翰·斯坦贝克）, 383
Townsend, Francis 弗朗西斯·汤森, 414
trade deficits 贸易逆差, 673
    1780s 18世纪80年代, 70
    1890s 19世纪90年代, 311
    1970s 20世纪70年代, 546, 552–554, 558, 560, 580
    1980s 20世纪80年代, 596, 601
    1990s 20世纪90年代, 658, 658–659
Trade Expansion Act of 1962 1962年《贸易扩张法》, 555
trade unions 行业工会。参见工会
"transactional" liquidity "交易"流动性, xxiii–xxiv
transaction costs 交易成本, 620
Transcendentalism 超验主义, 126, 137–138, 139
"Transcendentalist, The" (Emerson)《超验主义者》（拉尔夫·沃尔多·爱默生）, 126
transcontinental railroad 横贯大陆铁路, 177, 198–199, 221–223
transportation infrastructure 交通基础设施, 117–120, 165
    canal construction 运河建设, 118–119
    principals roads 主要道路, 117, 117
    revolution of 1820s and 1830s 19世纪20年代和19世纪30年代的交通革命, 119
Treasury-Federal Reserve Accord of 1951 1951年《财政部—联邦储备系统谅解协议》, 465, 486–487
Treatise on Domestic Economy, A (Beecher)

《关于家庭经济的论文，供年轻女士在家中和学校使用》（凯瑟琳·比彻），172–173, 174

Treatise on the Law of Stock and Stockholders, A (Cook)《关于股票及股票持有人法的论文》（威廉·C. 库克），315

Treaty of Detroit "底特律条约"，475, 526

Treaty of Fort Laramie《拉勒米堡条约》，222

Treaty of Ghent《根特条约》，91

Treaty of Greenville《格林维尔条约》，84

Treaty of Guadalupe Hidalgo《瓜达卢佩—伊达尔戈条约》，176

Treaty of Paris《巴黎条约》，65, 69, 85, 87

Treaty of Versailles《凡尔赛条约》，360

Tredegar Iron Works 特里迪加钢铁厂，204

Trenton, New Jersey 新泽西州托伦顿，165, 245

Trollope, Anthony 安东尼·特罗洛普，221

Trollope, Fanny 范妮·特罗洛普，95

Troubled Asset Relief Program 问题资产救助计划 (TARP)，593, 714–715, 717, 726

"truck farming" 商品蔬菜栽培，116

Truman, David 戴维·杜鲁门，483

Truman, Harry S. 哈里·S. 杜鲁门，471, 473, 474

 containment strategy of 遏制战略，477, 479

 election of 1948 1948 年大选，465, 482

 Fair Deal 公平施政，393, 465, 482–487

 during World War II 第二次世界大战期间，452–453

Trump, Donald 唐纳德·特朗普，622, 623, 630, 643, 689, 724, 736–737, 738

"truthful hyperbole" 真实的夸大，622–627, 637

Tugwell, Rexford 雷克斯福德·特格韦尔，320–321, 411

tungsten 钨，251

turnpike corporations 收费公路公司，77, 110, 117–118

Twain, Mark 马克·吐温，221

Twitter 推特，682

Typee (Melville)《泰比》（赫尔曼·梅尔维尔），139

Tyranny Unmasked (Taylor)《揭露暴政》（约翰·泰勒），107

U

UAW 参见美国汽车工人联合会

UBS Group 瑞银集团，715

Uncle Tom's Cabin (Stowe)《汤姆叔叔的小屋》（哈丽雅特·比彻·斯托），172

"Underconsumption" 消费不足，427, 432

Underemployment 就业不足，426, 449

Unemployed Man and His Family, The (Komarovsky)《失业男人和他的家庭》（米拉·科马罗夫斯基），382

unemployment 失业，287, 371, 372, 384, 392, 403, 575 另参见无就业复苏

 relief during Great Depression 大萧条期间的失业救济，399–400, 402, 409–410, 410, 414–416, 420–421

unemployment rate 失业率，360

 1894 1894 年，312

 1920 1920 年，343

 1929 1929 年，356

 1970s 20 世纪 70 年代，562–563

 1980s 20 世纪 80 年代，598, 599, 603

 1990s 20 世纪 90 年代，654–655, 668

 Great Depression 大萧条，356, 368, 370,

378–379, 381, 384, 392, 415, 425

Great Recession 大衰退, 719, 721, 724, 728

postwar period 战后时期, 523, 524, 533, 536, 538, 541

Union Army 联邦军队, 197, 199–200, 254

Union Iron and Steel Company 联合钢铁公司, 278–279

Union League Club 联合俱乐部, 280

Union Pacific Railroad 联合太平洋铁路公司, 199, 220, 222, 223, 224–226, 230, 233

"unit" banking "单位"银行业务, 375

United Automobile, Aircraft, and Vehicle Workers' Union 全美汽车、飞机和交通工具工人联合会, 351

United Auto Workers (UAW) 美国汽车工人联合会, 422–423, 471, 472, 473–475, 526

strike of 1945-1946 1945年至1946年罢工, 472–475

United Fruit Company 联合水果公司, 481

United Mine Workers 美国矿工联合会, 319, 420

United Mine Workers strike of 1942 美国矿工联合会1942年罢工, 459

United Nations（UN）联合国, 463

United States v. Butler 美利坚合众国诉巴特勒案, 428

United States v. E.C. Knight Co. 美利坚合众国诉E.C.奈特公司, 317

United States v. Microsoft Corp. 美利坚合众国诉微软公司, 685

United Textile Workers of America(UTW) 美国纺织工人联合会, 414

United Way 联合劝募会, 518

"University as Villain, The" (Bellow)《作为反派的大学》(索尔·贝娄), 532

University of Chicago 芝加哥大学, xii, 296, 358, 532.

另参见芝加哥经济学派

University of Pennsylvania 宾夕法尼亚大学, 292

Unsafe at Any Speed (Nader)《任何速度都不安全》(拉尔夫·纳德), 555

"urban crisis" 城区危机, 537

urbanization 城市化, 115, 116–117, 130, 180, 241, 248–249

U.S. Steel Corporation 美国钢铁公司, 302, 318–320, 322, 369, 377, 422, 538, 604

usury 高利贷, 21, 34

Utah 犹他州, 176, 177, 251

V

Valentine, Don 唐·瓦伦丁, 641

"value at risk" models "风险价值"模型, 695

Van Buren, Martin 马丁·范布伦, 110, 111, 123

Vanderbilt, Commodore "海军准将"范德比尔特, 215–217, 218–220, 280

Vanity Fair (magazine)《名利场》(杂志), 351

Vaughan, Henry 亨利·沃恩, 41

Veblen, Thorstein 索尔斯坦·凡勃伦, xii, xvi, 502

Vichy France 维希法国, 476

Victoria of England 英格兰女王维多利亚, 139

Vienna 维也纳, 373, 498, 500, 512

Vienna Stock Exchange 维也纳证券交易所, 224

Vietnam War 越南战争, 395, 541, 550, 552

Viglione, Raffaello 拉法埃洛·维廖内, 411

Village of Arlington Heights v. Metropolitan Housing Development Corp. 阿灵顿海茨

村诉大都会房屋开发公司, 563
Virginia Colony 弗吉尼亚殖民地, 16, 23, 24, 32–33, 48, 55, 61–62, 78
Virginia Company 弗吉尼亚公司, 23, 41
Volcker, Paul 保罗·沃尔克, 559, 582, 588, 596–608, 718
Volcker Rule 沃尔克法则, 729
Volcker Shock 沃尔克冲击, xvii, 545, 582, 597–608, 623, 630–631, 670, 705, 739
 balance on U.S. current account 美国经常账目余额, 602, 602–603
 effective federal funds rate 联邦基金有效利率, 597–598, 598
 inflation expectations 通胀预期, 599, 599
 trade weighted U.S. dollar index against major currencies 美元兑各主要货币的贸易加权指数, 600–601, 601
Volkswagen Beetle 大众甲壳虫汽车, 511, 511–512
"voluntary associations" 志愿服务协会, 171, 383
Vultee Aircraft 伏尔提飞机公司, 449

W

Wages 工资, 57, 395, 428 另参见男性赚钱养家者
 in American colonies 美洲殖民地的工资, 57
 average hourly compensation growth 平均每小时工资增长, 547, 612–613, 613
 class wars 阶级战争, 264–266, 300–301
 education wage premium 教育工资红利, 688, 688–689
 fate of "free labor" "自由劳动"的宿命, 270–279
 Ford's five-dollar workday 福特的五美元日薪, 328, 338–340, 351
 Great Depression and 大萧条与工资, 371–372
 labor unions and 工会与工资, 192, 257–259, 289–292, 425, 474–475 另参见罢工
 Marx's theory of industrial capital 马克思的工业资本理论, 267–270
 minimum 最低工资, 413, 426, 428, 482
 New Deal and 罗斯福新政与, 402, 410–411, 413–414, 418–419
 rise of industrial labor 产业工人的兴起, 169–171
 sliding scale 浮动工资制, 258–259, 261–262
 during World War II 第二次世界大战期间的工资, 473
wage labor 受薪劳动, 57, 206, 213, 234, 238, 271. 另参见"自由劳动"
wage standards 工资标准, 410–411, 413
Wagner, Robert F. 罗伯特·F. 瓦格纳, 419
Wagner Act of 1935 1935年《瓦格纳法》, 392, 402, 416, 419–420, 422, 425, 428, 479
Walden (Thoreau)《瓦尔登湖》(大卫·梭罗), 128, 129, 133–139
Walking Dead, The (TV show)《行尸走肉》(电视剧集), 705
Wallace, Henry 亨利·华莱士, 408
Wall Street 华尔街, 132, 190, 274, 405–407
Wall Street (film)《华尔街》(电影), 619
Wall Street bombing of 1920 1920年华尔街爆炸事件, 343
Wall Street Crash of 1929 1929年华尔街崩盘, 357, 361, 366–368, 367, 370–371

索 引

Wall Street Crash of 1987 1987 年华尔街崩盘 , 629–630
Wall Street Journal《华尔街日报》, 320, 339, 609, 616, 667
Wal-Mart 沃尔玛 , 649, 653, 663, 683
Walpole, Robert 罗伯特·沃波尔 , 79
Wampanoag Indians 万潘诺格印第安人 , 41–42, 49
Wanniski, Jude 祖德·万尼斯基 , 609
Warburg, James P. 詹姆斯·P. 沃伯格 , 414
Warehouse Act of 1916 1916 年《仓库法》, 324
Warhol, Andy 安迪·沃霍尔 , 507, 508
War Industries Board 战争工业委员会 , 411
War Labor Disputes Act of 1943 1943 年《战时劳动争议法》, 459
War Manpower Commission 战时人力委员会 , 449, 460
Warner, Charles Dudley 查尔斯·达德利·沃纳 , 221
War News from Mexico (Woodville)《来自墨西哥的战报》(理查德·卡顿·伍德维尔), 150, 151
War of 1812 1812 年战争 , 6, 65, 91–94, 98, 106
"war of the factories" 工厂之战 , 445–453
War of the Spanish Succession 西班牙王位继承战争 , 28
War on Poverty 向贫困宣战 , 395, 539, 540–541, 552
War Powers Acts of 1941 and 1942 1941 年和 1942 年《战时权力法》, 454–455
War Production Board (WPB) 战时生产委员会 , 446, 447
Washburn and Moen Company 沃什伯恩与莫恩公司 , 255
Washington, George 乔治·华盛顿 , 61, 67, 68, 74, 79, 83–84, 130
Washington Globe《华盛顿环球报》, 113
Washington Mutual 华盛顿互惠银行 , 692, 714
"wasted motion" 浪费运动 , 333
Waste in Industry (study)《工业中的浪费》(研究), 369
Waste Makers, The (Packard)《废物制造者》(万斯·帕卡德), 507
Watch (Murphy)《钟表》(杰拉尔德·墨菲), 348, 349
"watered stock" 灌水股票 , 216
Watergate scandal 水门事件 , 560, 572
waterwheels 水车 , 166
Watson, John B. 约翰·B. 沃森 , 364
Watson, Tom 汤姆·沃森 , 310
Watts uprising of 1965 1965 年沃茨暴动 , 541
Way We Live Now, The (Trollope)《如今世道》(安东尼·特罗洛普), 221
"wealth effect" 财富效应 , 668, 675
Wealth of Nations, The (Smith)《国富论》(亚当·斯密), 4, 9–11, 28–29, 36, 37–38, 127, 192, 267
Weaver, James B. 詹姆斯·B. 韦弗 , 310
Webb, Sidney 西德尼·韦布 , 375
Weber, Max 马克斯·韦伯 , 17
Webster, Daniel 丹尼尔·韦伯斯特 , 112
Week on the Concord and Merrimack Rivers, A (Thoreau)《河上一周》(亨利·戴维·梭罗), 147
Weinberger v. Wiesenfeld 温伯格诉维森菲尔德 , 570
Welch, Jack 杰克·韦尔奇 , 647

"welfare dependency" 福利依赖性, 588, 723
Wells, David A. 戴维·A. 韦尔斯, 208–209, 211, 234–235, 250–251
Wells Fargo 富国银行, 715
Wertham, Fredric 弗雷德里克·沃瑟姆, 509–510
West, Kanye 坎耶·韦斯特, 688, 700
West Germany 西德, 478–479, 481, 553, 558, 579–580
Westinghouse, George 乔治·威斯汀豪斯, 335
Weston, J. Fred J. 弗雷德·韦斯顿, 603
westward expansion 西向扩张, 87–90, 98–102, 105, 175–180, 185
    early national American colonization, c.1820 早期美国的全国性殖民, 1820 年前后, 99
What Is a Monopoly? (Sedgwick)《什么是垄断？》(西奥多·塞奇威克), 124
What Makes Shopping Centers Tick (Feinberg)《购物中心成功之道》(塞缪尔·范伯格), 488, 491
What Makes Women Buy (Wolff)《什么让女性花钱购买》(珍妮特·沃尔夫), 503
What the Negro Wants《黑人想要什么》, 460
What the Social Classes Owe to Each Other (Sumner)《社会各阶级彼此有何相欠》(威廉·格雷厄姆·萨姆纳), 287, 288
wheat 小麦, 52, 118, 152, 158, 179–180, 184, 246, 250, 251–252, 303–305
    dollars per bushel, in Age of Capital 资本时代的每蒲式耳小麦价格, 304–305, 305
Where to Go to Become Rich (guidebook)《到哪里致富》(指南), 252
Whigs (Whig Party) 辉格党, 12, 27–28, 77, 79, 94, 95, 121, 177, 180
Whiskey Rebellion 威士忌叛乱, 84
White, Harry Dexter 哈里·德克斯特·怀特, 466–468
White Collar (Mills)《白领》(C. 赖特·米尔斯), 529
White Collar Girl (Baldwin)《白领女郎》(费思·鲍德温), 425
white-collar workers 白领工人, 271–272, 353, 416, 425, 516–517
white supremacy 白人至上主义, xiii, 160, 183, 197, 214, 222, 228, 288, 300, 310, 397, 426, 428, 460, 534–536
Whitman, Walt 沃尔特·惠特曼, 129, 295
Whyte, William 威廉·怀特, 529–530
Why We Fight (films)《我们为何战斗》(电影), 454
Wilder, Billy 比利·怀尔德, 531
Willard, Francis 弗朗西丝·威拉德, 283–284
William and Mary College 威廉与玛丽学院, 78
William III of England 英格兰国王威廉三世, 27
Williams, Roger 罗杰·威廉姆斯, 49
Williams, William Carlos 威廉·卡洛斯·威廉斯, 348
Williams v. Saxbe 威廉斯诉萨克斯比, 557
Willkie, Wendell 温德尔·威尔基, 443
Wills, Harold 哈罗德·威尔斯, 331, 335
Wilson, Charlie 查利·威尔逊, 479
Wilson, Edmund 埃德蒙·威尔逊, 346
Wilson, Woodrow 伍德罗·威尔逊, 301, 321, 360
Windsor Hotel 温莎酒店, 230, 231

索引

Winthrop, John 约翰·温思罗普, 16–17, 31, 49–50, 51
Wisconsin 威斯康星州, 179, 180
Wolff, Janet 珍妮特·沃尔夫, 503
Wolff, Michael 迈克尔·沃尔夫, 646
women 女性
    Cult of True Womanhood 女性特质崇拜, 282–285
    divorce law 离婚法, 56, 493, 548, 569–571
    gender ideology of "separate spheres" "划分不同领域"的性别意识形态, 153, 171–174, 280, 291
    patriarchy and 父权制与女性, 54–57, 160
women in the workforce 劳动人口中的女性
    1800s 19 世纪 00 年代, 167–168, 276–277, 291–292
    1940s 20 世纪 40 年代, 460
    1970s 20 世纪 70 年代, 557, 567, 569–571
    1980s 20 世纪 80 年代, 631
    1990s 20 世纪 90 年代, 652–653
    labor force participation rate 劳动参与率, 460, 535–536, 567, 625, 628, 652–653, 674
    labor unions and equal pay 工会与男女同工同酬, 276–277
    New Deal era 新政时期, 425
    postwar period 战后时期, 530–531, 535–536
    sex discrimination 性别歧视, 557, 569–570, 631, 652–653
Women's Christian Temperance Union 基督教妇女禁酒联盟, 283–284
women's suffrage 女性选举权, 276–277, 283–284, 288, 310, 323
Woodville, Richard Caton 理查德·卡顿·伍德维尔, 150, 151
Woodward, Ellen 埃伦·伍德沃德, 410
workday 工作日, 258, 266, 270, 289, 291–292
worker cooperatives 工人合作社, 275–277, 296, 302, 303, 307–308, 313, 331, 370, 409, 428
"workfare" 工作福利, 610–611
workforce productivity 劳动人口生产率, 10, 168, 214, 233–236, 271, 327, 355, 425, 547, 612–613
    average hourly compensation growth and 平均每小时工资增长与, 547, 612–613, 613
work hours 工时, 411, 428
Working (Terkel)《工作》(斯塔兹·特克尔), 652
Workingmen's Party of the United States 美国劳工党, 266, 272, 274
Working Women in Large Cities (report)《大城市中的劳动女性》(报告), 284
workmen's compensation 男性工作者薪酬, 323
Works Financing Act of 1939 1939 年《工程融资法》, 434–435, 471
Works Progress Administration (WPA) 公共事业振兴署（WPA）, 402, 415–416, 420–422, 426, 431
workweek 每周工作时间, 413, 422, 428, 458–459
World Bank 世界银行, 478
WorldCom 世通公司, 680
World Is Flat, The (Friedman)《世界是平的》(托马斯·弗里德曼), 682
World Trade Organization 世界贸易组织（WTO）, 592, 672

World War I 第一次世界大战, 328–329, 341, 342, 343, 351, 360, 361, 369, 489
reparations 战争赔款, 360, 366, 374
World War II 第二次世界大战, 392–393, 436–461
arsenal of democracy 民主国家的军火库, 439–445
attack on Pearl Harbor 偷袭珍珠港, 438, 445
battle of the factories 工厂之战, 445–453
big government 大政府, 453–461
known military bases abroad, c. 2019 2019 年前后的已知美军海外基地, 478
World Wide Web 万维网, 643
worm fences 蛇形栅栏, 52
Worsley, Benjamin 本杰明·沃斯利, 14
Wozniak, Steve 史蒂夫·沃兹尼亚克, 640–641
Wright, Frank Lloyd 弗兰克·劳埃德·赖特, 352, 495
Wright, Gavin 加文·赖特, 151
Wrigley, E. A. E.A. 里格利, 39
Wriston, Walter 沃尔特·里斯顿, 607
Wyatt, Addie 阿迪·怀亚特, 460
Wyatt, Oscar, Jr. 小奥斯卡·怀亚特, 616
Wyler, William 威廉·惠勒, 436–437
Wyoming 怀俄明州, 176

XYZ

Xerox PARC 施乐公司帕洛阿尔托研究中心, 640–641, 645
Yahoo! 雅虎, 633, 644
Yankee Doodle《扬基佬》, 140
Yellowstone National Park 黄石国家公园, 256–257
"Yellow Wallpaper, The" (Perkins)《黄壁纸》（夏洛特·珀金斯·吉尔曼）, 285
"yield control" 收益率控制, 456
Yom Kippur War 赎罪日战争, 559
Youmans, Edward 爱德华·尤曼斯, 287–288
"Young American, The" (Emerson)《青年美国人》（拉尔夫·沃尔多·爱默生）, 136
Young Merchant, The (Frost)《青年商人》（约翰·弗罗斯特）, 127–128, 137
Young Plan "扬计划", 366
You're Going to Employ Women (pamphlet)《你要雇用女性》（小册子）, 460
"youth culture" 青年文化, 509
YouTube, 684
Zara 飒拉, 648–649
zinc 锌, 251
Zuckerberg, Mark 马克·扎克伯格, 652, 684, 689

理想国译丛

imaginist [MIRROR]

- 001 没有宽恕就没有未来
  [南非] 德斯蒙德·图图 著
- 002 漫漫自由路：曼德拉自传
  [南非] 纳尔逊·曼德拉 著
- 003 断臂上的花朵：人生与法律的奇幻炼金术
  [南非] 奥比·萨克斯 著
- 004 历史的终结与最后的人
  [美] 弗朗西斯·福山 著
- 005 政治秩序的起源：从前人类时代到法国大革命
  [美] 弗朗西斯·福山 著
- 006 事实即颠覆：无以名之的十年的政治写作
  [英] 蒂莫西·加顿艾什 著
- 007 苏联的最后一天：莫斯科，1991年12月25日
  [爱尔兰] 康纳·奥克莱利 著
- 008 耳语者：斯大林时代苏联的私人生活
  [英] 奥兰多·费吉斯 著
- 009 零年：1945：现代世界诞生的时刻
  [荷] 伊恩·布鲁玛 著
- 010 大断裂：人类本性与社会秩序的重建
  [美] 弗朗西斯·福山 著
- 011 政治秩序与政治衰败：从工业革命到民主全球化
  [美] 弗朗西斯·福山 著
- 012 罪孽的报应：德国和日本的战争记忆
  [荷] 伊恩·布鲁玛 著
- 013 档案：一部个人史
  [英] 蒂莫西·加顿艾什 著
- 014 布达佩斯往事：冷战时期一个东欧家庭的秘密档案
  [美] 卡蒂·马顿 著
- 015 古拉格之恋：一个爱情与求生的真实故事
  [英] 奥兰多·费吉斯 著
- 016 信任：社会美德与创造经济繁荣
  [美] 弗朗西斯·福山 著
- 017 奥斯维辛：一部历史
  [英] 劳伦斯·里斯 著
- 018 活着回来的男人：一个普通日本兵的二战及战后生命史
  [日] 小熊英二 著
- 019 我们的后人类未来：生物科技革命的后果
  [美] 弗朗西斯·福山 著

020　奥斯曼帝国的衰亡：一战中东，1914—1920
　　　[美] 尤金·罗根 著

021　国家构建：21世纪的国家治理与世界秩序
　　　[美] 弗朗西斯·福山 著

022　战争、枪炮与选票
　　　[英] 保罗·科利尔 著

023　金与铁：俾斯麦、布莱希罗德与德意志帝国的建立
　　　[美] 弗里茨·斯特恩 著

024　创造日本：1853—1964
　　　[荷] 伊恩·布鲁玛 著

025　娜塔莎之舞：俄罗斯文化史
　　　[英] 奥兰多·费吉斯 著

026　日本之镜：日本文化中的英雄与恶人
　　　[荷] 伊恩·布鲁玛 著

027　教宗与墨索里尼：庇护十一世与法西斯崛起秘史
　　　[美] 大卫·I. 科泽 著

028　明治天皇：1852—1912
　　　[美] 唐纳德·基恩 著

029　八月炮火
　　　[美] 巴巴拉·W. 塔奇曼 著

030　资本之都：21世纪德里的美好与野蛮
　　　[英] 拉纳·达斯古普塔 著

031　回访历史：新东欧之旅
　　　[美] 伊娃·霍夫曼 著

032　克里米亚战争：被遗忘的帝国博弈
　　　[英] 奥兰多·费吉斯 著

033　拉丁美洲被切开的血管
　　　[乌拉圭] 爱德华多·加莱亚诺 著

034　不敢懈怠：曼德拉的总统岁月
　　　[南非] 纳尔逊·曼德拉、曼迪拉·蓝加 著

035　圣经与利剑：英国和巴勒斯坦——从青铜时代到贝尔福宣言
　　　[美] 巴巴拉·W. 塔奇曼 著

036　战争时期日本精神史：1931—1945
　　　[日] 鹤见俊辅 著

037　印尼Etc.：众神遗落的珍珠
　　　[英] 伊丽莎白·皮萨尼 著

038　第三帝国的到来
　　　[英] 理查德·J. 埃文斯 著

039　当权的第三帝国
　　　[英] 理查德·J. 埃文斯 著
040　战时的第三帝国
　　　[英] 理查德·J. 埃文斯 著
041　耶路撒冷之前的艾希曼：平庸面具下的大屠杀刽子手
　　　[德] 贝蒂娜·施汤内特 著
042　残酷剧场：艺术、电影与战争阴影
　　　[荷] 伊恩·布鲁玛 著
043　资本主义的未来
　　　[英] 保罗·科利尔 著
044　救赎者：拉丁美洲的面孔与思想
　　　[墨] 恩里克·克劳泽 著
045　滔天洪水：第一次世界大战与全球秩序的重建
　　　[英] 亚当·图兹 著
046　风雨横渡：英国、奴隶和美国革命
　　　[英] 西蒙·沙玛 著
047　崩盘：全球金融危机如何重塑世界
　　　[英] 亚当·图兹 著
048　西方政治传统：近代自由主义之发展
　　　[美] 弗雷德里克·沃特金斯 著
049　美国的反智传统
　　　[美] 理查德·霍夫施塔特 著
050　东京绮梦：日本最后的前卫年代
　　　[荷] 伊恩·布鲁玛 著
051　身份政治：对尊严与认同的渴求
　　　[美] 弗朗西斯·福山 著
052　漫长的战败：日本的文化创伤、记忆与认同
　　　[美] 桥本明子 著
053　与屠刀为邻：幸存者、刽子手与卢旺达大屠杀的记忆
　　　[法] 让·哈茨菲尔德 著
054　破碎的生活：普通德国人经历的 20 世纪
　　　[美] 康拉德·H. 雅劳施 著
055　刚果战争：失败的利维坦与被遗忘的非洲大战
　　　[美] 贾森·斯特恩斯 著
056　阿拉伯人的梦想宫殿：民族主义、世俗化与现代中东的困境
　　　[美] 福阿德·阿贾米 著
057　贪婪已死：个人主义之后的政治
　　　[英] 保罗·科利尔　约翰·凯 著

058　最底层的十亿人：贫穷国家为何失败？
　　　[英]保罗·科利尔 著

059　坂本龙马与明治维新
　　　[美]马里乌斯·詹森 著

060　创造欧洲人：现代性的诞生与欧洲文化的形塑
　　　[英]奥兰多·费吉斯 著

061　圣巴托罗缪大屠杀：16世纪一桩国家罪行的谜团
　　　[法]阿莱特·茹阿纳 著

062　无尽沧桑：一纸婚约与一个普通法国家族的浮沉，1700—1900
　　　[英]艾玛·罗斯柴尔德 著

063　何故为敌：1941年一个巴尔干小镇的族群冲突、身份认同与历史记忆
　　　[美]马克斯·伯格霍尔兹 著

064　狼性时代：第三帝国余波中的德国与德国人
　　　[德]哈拉尔德·耶纳 著

065　毁灭与重生：二战后欧洲文明的重建
　　　[英]保罗·贝茨 著

066　现代日本的缔造
　　　[美]马里乌斯·詹森 著

067　故国曾在：我的巴勒斯坦人生
　　　[巴勒斯坦]萨里·努赛贝 著

068　美国资本主义时代
　　　[美]乔纳森·利维 著